W0371528

AUGUSTINUS · CONFESSIONES

AUGUSTINUS

CONFESSIONES

BEKENNTNISSE

LATEINISCH UND DEUTSCH

KÖSEL-VERLAG MÜNCHEN

EINGELEITET, ÜBERSETZT UND ERLÄUTERT
VON JOSEPH BERNHART

CIP-Kurztitelaufnahme der Deutschen Bibliothek

Augustinus, Aurelius:
Confessiones : lat. u. dt. = Bekenntnisse / Augustinus. [Eingel., übers. u. erl. von Joseph Bernhart]. – 4. Aufl., 18.–24. Tsd. – München : Kösel, 1980.
ISBN 3-466-20004-0

ISBN 3-466-20004-0
Vierte Auflage 1980, 18.–24. Tausend
© 1955 by Kösel-Verlag GmbH & Co., München. Printed in Germany. Mit kirchlicher Druckerlaubnis: München, 24. 5. 1955, GV Nr. 3964, Dr. Johann Fuchs, Generalvikar. Herstellung: Kösel, Kempten

INHALT

Confessiones, Text und Übersetzung

Liber Primus / Erstes Buch 11

Liber Secundus / Zweites Buch 65

Liber Tertius / Drittes Buch 95

Liber Quartus / Viertes Buch 137

Liber Quintus / Fünftes Buch 189

Liber Sextus / Sechstes Buch 241

Liber Septimus / Siebentes Buch 299

Liber Octavus / Achtes Buch 361

Liber Nonus / Neuntes Buch 421

Liber Decimus / Zehntes Buch 485

Liber Undecimus / Elftes Buch 601

Liber Duodecimus / Zwölftes Buch 673

Liber Tertius Decimus / Dreizehntes Buch 751

Augustin über seine Bekenntnisse im literarischen Rückblick 845

Anmerkungen 847

Anhang

Zum Aufbau der Confessiones 927

Zu dieser Ausgabe 933

Aus der Literatur 938

Zur Biographie 943

Register 1009

AUGUSTINUS

CONFESSIONES

BEKENNTNISSE

LIBER PRIMUS

ERSTES BUCH

Lobpreisung Gottes, des Unfaßlichen [1-4]. Bitte um Herzensreinigung [5]. - Das Kind: Die ersten Jahre [6]. Schon Neigung zum Bösen [7]. Sprechenlernen [8]. - Der Knabe: Lernen, Rute, Spieltrieb [9. 10]. Aufschub der Taufe [11]. Der Lernzwang und sein Gutes [12]. Vorliebe für Dichter [13]. Abneigung gegen das Griechische [14]. Gebet der Weihung des Gelernten an Gott [15]. - Tadel an Erziehung und Unterricht [16-18]. Frühe Irrung und Wirrung [19]. - Dennoch Dank für die Kindheit [20].

Magnus es, domine, et laudabilis valde«: 1,1 Ps 144, 3
»magna virtus tua et sapientiae tuae non Ps 146, 5
est numerus«.
Et laudare te vult homo, aliqua portio crea-
turae tuae, et homo circumferens mortalita- [II Kor 4, 10]
tem suam, circumferens testimonium peccati
sui et testimonium, quia »superbis resistis«. I Petr 5, 5
Et tamen laudare te vult homo, aliqua portio Jak 4, 6
creaturae tuae.
Tu excitas, ut laudare te delectet, quia fecisti nos ad te et inquietum est cor nostrum, donec requiescat in te.
Da mihi, domine, scire et intellegere, utrum
sit prius invocare te an laudare te et scire te
prius sit an invocare te. Sed quis te invocat
nesciens te? Aliud enim pro alio potest invo-
care nesciens. An potius invocaris, ut sciaris?
»Quomodo« autem »invocabunt, in quem non Röm 10, 14
crediderunt? Aut quomodo credent sine prae-
dicante?« »Et laudabunt dominum qui requi- Ps 21, 27
runt eum.« Quaerentes enim invenient eum et
invenientes laudabunt eum.
Quaeram te, domine, invocans te et invocem te credens in te: praedicatus enim es nobis. Invocat te, domine, fides mea, quam dedisti mihi, quam inspirasti mihi per humanitatem filii tui, per ministerium praedicatoris tui.

Et quomodo invocabo deum meum, deum et 2,2
dominum meum, quoniam utique in me ipsum
eum vocabo, cum invocabo eum? Et quis locus
est in me, quo veniat in me deus meus? Quo

Groß bist Du,[1] Herr, und hoch zu preisen«, »und groß ist Deine Macht und Deine Weisheit unermeßlich.«
Und preisen will Dich der Mensch, ein kümmerlicher Abriß Deiner Schöpfung, ja der Mensch, der herumschleppt sein Sterbewesen, herumschleppt das Zeugnis seiner Sünde und das Zeugnis, daß Du »den Hochfährigen widerstehst«.
Und dennoch preisen will Dich der Mensch, ein kümmerlicher Abriß Deiner Schöpfung.
Du selber reizest an, daß Dich zu preisen Freude ist; denn geschaffen hast Du uns zu Dir, und ruhelos ist unser Herz, bis daß es seine Ruhe hat in Dir.
Laß mich, Herr, es wissen und erkennen, was denn früher sei: ob Dich anrufen oder Dich preisen; ob Dich kennen oder Dich anrufen früher sei! Aber wer riefe Dich, ohne von Dir zu wissen? Er möchte ja, so Wissens ohne, ein andres für das Rechte rufen. Oder ruft man zu Dir, auf daß man Dich wisse? Aber »wie sollen sie ihn anrufen, an den sie nicht glauben? Oder wie sollen sie glauben, wenn keiner ihn verkündigt?« »Und preisen werden den Herrn, die ihn auch nur suchen.« Denn wer ihn sucht, wird ihn finden, und wer ihn findet, wird ihn preisen.
Ich will Dich suchen, Herr, mit meinem Rufen, und ich will Dich rufen, indem ich an Dich glaube;[2] denn verkündigt worden bist Du uns. Herr, es ruft Dich mein Glaube, der Glaube, den Du mir gegeben, den Du mir eingegeben hast durch das Menschsein Deines Sohnes, durch das Amt Deines Predigers.[3]

Wie aber soll ich meinen Gott anrufen, meinen Gott und meinen Herrn, da ich doch, wann ich ihn rufe, in mich herein ihn rufe? Und welches ist der Ort in mir, wohin er kommen soll, mein Gott? Wohin soll Gott in mir denn kommen, Gott, der »den Himmel gemacht hat und die

deus veniat in me, deus, qui »fecit caelum et terram«? Itane, domine deus meus, est quicquam in me, quod capiat te? An vero caelum et terra, quae fecisti et in quibus me fecisti, capiunt te? An quia sine te non esset quidquid est, fit, ut quidquid est capiat te? Quoniam itaque et ego sum, quid peto, ut venias in me, qui non essem, nisi esses in me? Non enim ego iam in inferis, et tamen etiam ibi es. Nam »etsi descendero in infernum, ades«. Gen 1, 1 Ps 138, 8

Non ergo essem, deus meus, non omnino essem, nisi esses in me. An potius non essem, nisi essem in te, »ex quo omnia, per quem omnia, in quo omnia«? Etiam sic, domine, etiam sic. Quo te invoco, cum in te sim? Aut unde venias in me? Quo enim recedam extra caelum et terram, ut inde in me veniat deus meus, qui dixit: »caelum et terram ego impleo«? Röm 11, 36 Jer 23, 24

3, 3

Capiunt ergone te caelum et terra, quoniam tu imples ea? An imples et restat, quoniam non te capiunt? Et quo refundis quidquid impleto caelo et terra restat ex te? An non opus habes, ut quoquam continearis, qui contines omnia, quoniam quae imples continendo imples? Non enim vasa, quae te plena sunt, stabilem te faciunt, quia etsi frangantur non effunderis. Et cum effunderis super nos, non tu iaces, sed erigis nos, nec tu dissiparis, sed colligis nos.

Sed quae imples omnia, te toto imples omnia? An quia non possunt te totum capere omnia,

Erde«? Ja ist denn, Herr, mein Gott, etwas in mir, das Dich fassen könnte? Aber Himmel und Erde, die Du gemacht, in denen Du mich gemacht hast, fassen die Dich denn? Oder - weil ohne Dich nicht wäre, was da immer nur ist: steht es so, daß alles, was ist, Dich faßt? Nun aber bin auch ich, was bitt ich also noch, daß Du kommest in mich, der ich nicht wäre, wenn Du nicht wärest in mir? Denn - noch hat mich nicht die Unterwelt, und wär's, Du bist auch dort. Denn »ob ich fahre auch zur Unterwelt, Du bist da«.

Nicht also wäre ich, mein Gott, ja gar nicht wäre ich, wenn Du nicht wärest in mir. Oder vielmehr, wär ich nicht, wenn ich nicht wär in Dir, »aus dem alles, durch den alles, in dem alles«? Auch so ist's, Herr, auch so. Wohin soll ich Dich rufen, da ich in Dir doch bin? Oder von wannen kämest Du in mich? Wohin sollt ich entwandern, hinaus über Himmel und Erde, daß von dannen in mich käme mein Gott, der da gesprochen: »Himmel und Erde erfülle Ich«?

Fassen sie Dich also, Himmel und Erde, da Du sie erfüllst? Oder erfüllst Du sie und bleibt etwas über, weil sie Dich nicht fassen? Und was da überbleibt, wenn Himmel und Erde Deiner voll sind - wohin ergießest Du's? Oder hast Du es nicht not, daß irgend Du von anderem enthalten wirst, der alles Du enthältst; weil Du alles ja, was Du erfüllst, dadurch erfüllst, daß Du es in Dir enthältst? Denn nicht die Gefäße, die voll von Dir, sind Dein Halt und Stand - ja brächen sie auch: Du wirst nicht ausergossen. Und wenn Du auf uns Dich ergießest, so lässest nicht Du Dich nieder, sondern uns erhebst Du, und Du verströmst Dich nicht, nein, uns sammelst Du.

Aber was alles Du erfüllst, erfüllst Du es mit Deinem ganzen Wesen? Oder - weil Dich als Ganzen die Dinge all nicht fassen können: fassen sie Deiner nur einen Teil?

partem tui capiunt et eandem partem simul 3,3
omnia capiunt? An singulas singula et maiores
maiora, minores minora capiunt? Ergo est
aliqua pars tua maior, aliqua minor? An ubique totus es et res nulla te totum capit?

Quid es ergo, deus meus? Quid, rogo, nisi 4,4
dominus deus? »Quis enim dominus praeter Ps 17, 32
dominum? Aut quis deus praeter deum nostrum?«

Summe, optime, potentissime, omnipotentissime, misericordissime et iustissime, secretissime et praesentissime, pulcherrime et fortissime, stabilis et inconprehensibilis, inmutabilis, mutans omnia, numquam novus, num-
quam vetus, innovans omnia; »in vetusta- Job 9, 5
tem perducens superbos et nesciunt«; semper agens, semper quietus, colligens et non egens, portans et implens et protegens, creans et nutriens, perficiens, quaerens, cum nihil desit tibi. Amas nec aestuas, zelas et securus es, paenitet te et non doles, irasceris et tranquillus es, opera mutas nec mutas consilium; recipis quod invenis et numquam amisisti; numquam inops et gaudes lucris, numquam avarus et
usuras exigis. Supererogatur tibi, ut debeas, [Mt 25, 27]
et quis habet quicquam non tuum? Reddis debita nulli debens, donas debita nihil perdens.

Et quid diximus, deus meus, vita mea, dulcedo mea sancta, aut quid dicit aliquis, cum

oder Einzelnes wieder Einzelnes von Dir: das Große Großes, das Kleine Kleines? Und wäre dann irgendwelcher Teil von Dir größer, ein anderer kleiner? Oder bist Du allenthalben der Ganze, und keins der Dinge faßt Dich als den Ganzen? [4]

Was also bist Du, mein Gott? Ja, was anders denn als Gott der Herr? Denn »wer ist der Herr außer dem Herrn? Oder wer ist Gott außer unserm Gott«?

Du, über alles bist Du der Hohe, der Gute, der Mächtige, der Allmächtige, der Erbarmende, der Gerechte, der Geheime und der Offenbare, der Schöne und der Gewaltige, der Feste und der Unergreifliche,[5] der Unwandelbare, der alles wandelt: nie bist Du neu, nie bist Du alt und erneust doch alles und »lässest die Hochfährigen veraltern, und sie merken's nicht«;[6] immer bist Du der Wirkende, immer der Ruhende, bist der Sammelnde und nichts Bedürfende, bist der Tragende, Erfüllende, Schirmende über allem, bist der Erschaffende, Nährende und Vollendende, bist Suchender, obgleich doch nichts Dir mangelt. Du liebest, doch ohne Wallung; Du eiferst und bist stillsicher in Dir, Du hast Gereuen und es härmt Dich nicht, ergrimmst und bist doch gleichgemut, Du machest anders die Werke und doch nicht anders den Ratschluß. Du nimmst zu Dir, was Du findest und niemals doch verloren hast; niemals in Armut, hast Du doch Freude über Gewonnenes; nie nach Habe geizend, forderst Du doch Zinsen. Über die Schuld hinaus wird Dir gezahlt, daß Du zum Schuldner werden sollst, aber wer hätte irgend zu eigen, was nicht das Deine wäre? Schulden zahlst Du, niemands Schuldner; Schulden schenkst Du, ohne zu verlieren.

Und was ist nun gesagt, mein Gott, mein Leben, mein heilig Köstliches? Oder was sagt denn irgendein Mensch, wenn er von Dir etwas sagt? Aber wehe denen, die da

de te dicit? Et vae tacentibus de te, quoniam 4,4
loquaces muti sunt.

Quis mihi dabit adquiescere in te? Quis dabit 5,5
mihi, ut venias in cor meum et inebries illud,
ut obliviscar mala mea et unum bonum meum
amplectar, te?
Quid mihi es? Miserere, ut loquar. Quid tibi
sum ipse, ut amari te iubeas a me et, nisi fa-
ciam, irascaris mihi et mineris ingentes mise-
rias? Parvane ipsa est, si non amem te? Ei
mihi! dic mihi per miserationes tuas, domine
deus meus, quid sis mihi. »Dic animae meae: Ps 34, 3
salus tua ego sum.« Sic dic, ut audiam. Ecce
aures cordis mei ante te, domine; aperi eas et
»dic animae meae: salus tua ego sum«. Cur- Ps 34, 3
ram post vocem hanc et adprehendam te.
Noli abscondere a me faciem tuam: moriar,
ne moriar, ut eam videam.
Angusta est domus animae meae, quo venias 5,6
ad eam: dilatetur abs te. Ruinosa est: refice
eam. Habet quae offendant oculos tuos: fa-
teor et scio. Sed quis mundabit eam? Aut cui
alteri praeter te clamabo: »ab occultis meis
munda me, domine, et ab alienis parce servo
tuo«? »Credo, propter quod et loquor.« »Do- Ps 18, 13 Ps 115, 1
mine, tu scis.« Nonne tibi »prolocutus sum Jo 21, 15
adversum me delicta mea«, deus meus, »et Ps 31, 5
tu dimisisti inpietatem cordis mei«? Non iudi- [Job 9, 3]
cio contendo tecum, qui veritas es; et ego nolo
fallere me ipsum, »ne mentiatur iniquitas mea Ps 26, 12
sibi«. Non ergo iudicio contendo tecum, quia,

schweigen wollten über Dich, wo auch die Redseligen noch Stumme sind.[7]

Wer gibt mir, daß ich Ruhe finde in Dir? Wer gibt mir, daß Du kommest in mein Herz und es trunken machest; daß ich mein Schlechtes vergesse und mein einziges Gut umfange - Dich?

Was bist Du mir? Erbarm Dich, daß ich reden kann! Und ich, was bin ich Dir, daß Du von mir geliebt sein willst und, tu ich's nicht, in Deinem Zorn mit Elend drohest ohne Maß? Als ob es dann nur kleines Elend wäre, wenn ich Dich nicht liebte! O, ich Armer! Bei Deinen Erbarmungen, Herr, mein Gott, sag es mir, was Du mir bist! »Sag meiner Seele: Dein Heil bin Ich.« Und also sag es, daß ich's höre. Siehe Herr, meines Herzens Ohr ist bei Dir; tu es auf und »sag meiner Seele: dein Heil bin Ich«. Ich will nachlaufen dieser Stimme, bis ich Dich fassen kann. Verbirg nicht Dein Angesicht vor mir: ja sterben will ich daran, um nicht zu sterben, - auf daß ich es schaue.

Eng ist das Haus meiner Seele, in das Du kommen sollst zu ihr: weit soll es werden, weit durch Dich! Baufällig ist es: setz es in Stand! Ist manches darin, woran Dein Auge sich stoßen mag, ich gestehe es, ich weiß es. Aber wer soll es reinigen? Oder zu wem außer Dir kann ich rufen: »Vom versteckten Bösen in mir, Herr, läutre mich, vor Fremdem bewahre Deinen Knecht«? »Ich glaube, darum rede ich so.«[8] »Herr, Du weißt es.« Hab ich nicht, mein Gott, »gegen mich gezeugt von meiner Schuld und hast nicht Du vergeben den Frevel meines Herzens«? Ich rechte nicht mit Dir, der Du die Wahrheit bist; ich will mich auch nicht selbst betrügen, auf daß nicht »meine Sünde vor sich schöntue.« Ich rechte also nicht mit Dir,

»si iniquitates observaveris, domine, domine, Ps 129, 3
quis sustinebit«?

Sed tamen sine me loqui apud misericordiam 6,7
tuam, me terram et cinerem, sine tamen loqui, quoniam ecce misericordia tua est, non homo, inrisor meus, cui loquor. Et tu fortasse inrides me, sed conversus misereberis mei. Quid enim est quod volo dicere, domine, nisi quia nescio, unde venerim huc, in istam dico vitam mortalem an mortem vitalem? Nescio. Et susceperunt me consolationes miserationum tuarum, sicut audivi a parentibus carnis meae, ex quo et in qua me formasti in tempore: non enim ego memini.
Exceperunt ergo me consolationes lactis humani, nec mater mea vel nutrices meae sibi ubera implebant, sed tu mihi per eas dabas alimentum infantiae secundum institutionem tuam et divitias usque ad fundum rerum dispositas. Tu etiam mihi dabas nolle amplius, quam dabas, et nutrientibus me dare mihi velle quod eis dabas: dare enim mihi per ordinatum affectum volebant quo abundabant ex te. Nam bonum erat eis bonum meum ex eis, quod ex eis non, sed per eas erat: ex te quippe bona omnia, deus, et ex deo meo salus mihi universa. Quod animadverti postmodum clamante te mihi per haec ipsa, quae tribuis intus et foris. Nam tunc sugere noram et adquiescere delectationibus, flere autem offensiones carnis meae, nihil amplius.

denn »wenn Du auf die Sünden siehest, Herr: Herr, wer kann da noch bestehen«?

Und dennoch laß mich reden vor Deiner Barmherzigkeit, mich Staub und Asche, laß mich dennoch reden: Denn siehe, Deine Erbarmung ist es, zu der ich rede, nicht ein Mensch, der mein Spötter wäre. Auch Du vielleicht wirst meiner spotten, aber hersehen und meiner Dich erbarmen. Denn was ist es, Herr, was ich sagen will, als daß ich nicht weiß, woher[9] ich daher gekommen bin in dieses - soll ich sagen Sterbeleben oder Lebesterben?[10] Ich weiß es nicht. Aber mich trugen sogleich die Wohltaten Deiner Erbarmung, wie ich vernommen habe von den Zeugeltern meines Fleisches, dem Vater, der Mutter, aus welchem, in welcher Du mich gestaltet hast in der Zeit[9] - denn ich selber habe kein Erinnern daran.

Es empfingen mich also die Wohltaten der menschlichen Milch, und nicht meine Mutter und nicht meine Ammen füllten sich die Brüste, sondern Du gabst mir durch sie die Nahrung des Säuglings nach Deiner Ordnung aus dem bis in der Dinge Tiefen angelegten Reichtum. Du auch gabest mir, daß ich mehr nicht wollte, als Du gabst, meinen Nährerinnen aber, daß sie mir's auch geben wollten, was Du ihnen gabst. Denn woran sie Überfluß aus Dir besaßen, das waren sie in zubestimmtem Drange willens auch zu geben. Denn es war für sie ein Gut, mein Gut aus ihnen, das ja nicht aus ihnen, sondern durch sie war: kommt doch aus Dir, Gott, jeglich Gut, und aus meinem Gott mir alles Heil. Das habe ich später erst verstanden, als Du mir riefest durch jenes alles, was Du darreichst innen und außen. Denn damals wußt ich nur zu saugen und wohlig mich im Genuß zu stillen, aber zu weinen nur im Mißbehagen meines Fleisches - sonst nichts.[11]

Post et ridere coepi, dormiens primo, deinde 6,8
vigilans. Hoc enim de me mihi indicatum est et credidi quoniam sic videmus alios infantes: nam ista mea non memini. Et ecce paulatim sentiebam, ubi essem, et voluntates meas volebam ostendere eis, per quos implerentur, et non poteram, quia illae intus erant, foris autem illi nec ullo suo sensu valebant introire in animam meam. Itaque iactabam et membra et voces, signa similia voluntatibus meis, pauca quae poteram, qualia poteram: non enim erant veri similia. Et cum mihi non obtemperabatur vel non intellecto vel ne obesset, indignabar non subditis maioribus et liberis non servientibus et me de illis flendo vindicabam. Tales esse infantes didici, quos discere potui, et me talem fuisse magis mihi ipsi indicaverunt nescientes quam scientes nutritores mei.

Et ecce infantia mea olim mortua est et ego 6,9
vivo. Tu autem, domine, qui et semper vivis et nihil moritur in te, quoniam ante primordia saeculorum et ante omne, quod vel ante dici potest, tu es et deus es dominusque omnium, quae creasti, et apud te rerum omnium instabilium stant causae et rerum omnium mutabilium inmutabiles manent origines et omnium inrationalium et temporalium sempiternae vivunt rationes, dic mihi supplici tuo, deus, et misericors misero tuo, dic mihi, utrum alicui iam aetati meae mortuae successerit infantia mea. An illa est, quam egi intra viscera matris meae? Nam et de illa mihi non-

Danach begann ich auch zu lächeln, zuerst im Schlafe, dann im Wachen. So ist mir wenigstens über mich berichtet worden, und ich glaube es, sieht man's doch auch bei andern Kindern; denn mein Damals ist mir nicht im Gedächtnis. Und nun so allgemach empfand ich, wo ich war, und ich verlangte, mein Verlangen denen beizubringen, die es erfüllen sollten, und ich konnte es nicht, weil es doch innen war, jene andern aber draußen, und mit keinerlei Fühlung vermochten sie sich in meine Seele zu versetzen. Also rührte ich mich kräftig mit meinen Gliedern und mit Schreien, den Zeichen für mein Begehren, den wenigen, die ich vermochte und wie ich sie eben vermochte: denn deutliche Zeichen waren sie ja nicht. Und wenn mir nicht gehorcht wurde, sei's weil man mich nicht verstand oder vor Schaden bewahren wollte, so erboste ich, daß die Großen mir nicht ergeben, die Freien mir nicht zu Diensten sein wollten, und rächte mich an ihnen durch Geheul. Daß Kinder so seien, erlebte ich an denen, die mich's erleben ließen, und daß ich selber so war, das haben sie, ohne darum zu wissen, mich besser gelehrt als meine Ernährer, die es wußten.

Und jetzt ist meine Kindheit längst gestorben, und ich, ich lebe. Du aber, Herr, welcher Du immer lebst, in welchem nichts stirbt - denn vor der Zeiten Anfang und vor jeglichem, wovon sich das Vor auch nur sagen läßt, bist Du, und bist Gott und der Herr von allem, was Du erschaffen, und bei Dir haben aller der unständigen Dinge Ursachen ihren Stand, dauern alles des Wandelbaren unwandelbare Entsprünge, und sind lebendig alles Nichtgeistigen und Zeitverfangenen immerseiende Geistgedanken -, sage mir, Gott, Deinem Flehenden, sag es, Erbarmer, Deinem Armen, ob mir nicht irgendein Leben schon verlebt war,[9] auf welches mein Kindesanfang erst folgte. Oder ist's jenes, das ich hinbrachte in den Eingeweiden meiner Mutter? Denn auch über jenes ist mir manches gesagt

nihil indicatum est et praegnantes ipse vidi 6,9
feminas. Quid ante hanc etiam, dulcedo mea,
deus meus? Fuine alicubi aut aliquis? Nam
quis mihi dicat ista, non habeo; nec pater nec
mater potuerunt nec aliorum experimentum
nec memoria mea. An irrides me ista quaeren-
tem teque de hoc, quod novi, laudari a me
iubes et confiteri me tibi?

Confiteor tibi, domine caeli et terrae, laudem 6,10
dicens tibi de primordiis et infantia mea, quae
non memini; et dedisti ea homini ex aliis de
se conicere et auctoritatibus etiam mulier-
cularum multa de se credere. Eram enim et
vivebam etiam tunc et signa, quibus sensa
mea nota aliis facerem, iam in fine infantiae
quaerebam.

Unde hoc tale animal nisi abs te, domine? An
quisquam se faciendi erit artifex? Aut ulla
vena trahitur aliunde, qua esse et vivere cur-
rat in nos, praeterquam quod tu facis nos, do-
mine, cui esse et vivere non aliud atque aliud
est, quia summe esse atque summe vivere id
ipsum est?

Summus enim es et non mutaris, neque per- [Mal 3, 6]
agitur in te hodiernus dies, et tamen in te per-
agitur, quia in te sunt et ista omnia: non enim
haberent vias transeundi, nisi contineres ea.
Et quoniam »anni tui non deficiunt«, anni tui Ps 101, 28
hodiernus dies: et quam multi iam dies nostri
et patrum nostrorum per hodiernum tuum
transierunt et ex illo acceperunt modos et
utcumque extiterunt, et transibunt adhuc alii

worden, und schwangere Frauen hab ich selbst gesehen. Was aber war noch vor dieser Zeit, meine Wonne, mein Gott? War ich da irgendwo, und war ich irgendwer?[9] Ich habe ja niemand, der mir darüber etwas sagen könnte. Nicht Vater noch Mutter konnten es, nicht das Wissen eines andern, nicht mein eigenes Erinnern. Oder verlachst Du mich, wenn ich so frage, und heißest mich auf das hin, was ich eben weiß, Dich loben und Deine Herrlichkeit bekennen?

Ich bekenne Deine Herrlichkeit, Herr des Himmels und der Erde, ich preise Dich für mein Erwerden und jenes Kindesalter, wovon ich nichts mehr weiß. Du hast dem Menschen ja gegeben, von anderen auf sich zu schließen und auf Zeugnis selbst von Weibern hin vieles aus seiner Vergangenheit zu glauben. Ich war damals schon und lebte und suchte, fast noch Säugling, nach Zeichen, mein Empfundenes andern kundzutun.

Woher so ein Lebewesen, wenn nicht von Dir, Herr? Oder sollte einer die Kunst besitzen, sich selbst zu schaffen? Oder bewegt sich sonstwoher ein Quell, mit dem sich Sein und Leben in uns ergösse, also daß nicht Du uns schüfest, Herr, welchem Sein und Leben nicht eines und ein anderes ist, weil höchsterweise sein und höchsterweise leben eines und dasselbe ist?

Ja, der Höchste bist Du und wandelst Dich nicht, und der heutige Tag geht nicht hin in Dir, und dennoch geht er in Dir hin, weil doch dies alles ist in Dir: denn es hätte keine Pfade des Dahingehens, wenn Du nicht der Allhaltende wärst. Und weil »Deine Jahre nicht schwinden«, sind Deine Jahre heutiger Tag. Und wie viele von unsern und unserer Väter Tagen sind schon durchgezogen durch dein Heute und haben aus ihm das Gemaß empfangen und waren jeder auf sondere Weise da,[12] und es werden noch andere ziehen und empfangen und jeder auf

et accipient et utcumque existent. »Tu autem idem ipse es« et omnia crastina atque ultra omniaque hesterna et retro hodie facies, hodie fecisti. Ps 101, 28

Quid ad me, si quis non intellegat? Gaudeat et ipse dicens: »quid est hoc?« Gaudeat etiam sic et amet non inveniendo invenire potius quam inveniendo non invenire te. Ex 16, 15

Exaudi, deus. Vae peccatis hominum! Et homo dicit haec, et misereris eius, quoniam tu fecisti eum et peccatum non fecisti in eo. 7, 11

Quis me commemorat peccatum infantiae meae, quoniam nemo mundus a peccato coram te, nec infans, cuius est unius diei vita super terram? Quis me commemorat? an quilibet tantillus nunc parvulus, in quo video quod non memini de me? [JobSept 14, 5]

Quid ergo tunc peccabam? An quia uberibus inhiabam plorans? Nam si nunc faciam, non quidem uberibus, sed escae congruenti annis meis ita inhians, deridebor atque reprehendar iustissime. Tunc ergo reprehendenda faciebam, sed quia reprehendentem intellegere non poteram, nec mos reprehendi me nec ratio sinebat. Nam extirpamus et eicimus ista crescentes, nec vidi quemquam scientem, cum aliquid purgat, bona proicere. An pro tempore etiam illa bona erant, flendo petere etiam quod noxie daretur, indignari acriter non subiectis hominibus liberis et maioribus hisque, a quibus genitus est, multisque praeterea pru-

sondere Weise dasein. »Du aber bist der Immergleiche«, und alles Morgige und was noch ferner, und alles Gestrige und was noch weiter dahinten - heute wirst Du es tun, heute hast Du es getan.

Was soll es mir, wenn einer das nicht fassen kann? Es freue sich auch er und spreche: »Was ist dies?« Er freue sich auch so, und möge lieber im Nichtfinden Dich finden als im Finden doch Dich nicht finden.[13]

Höre, Gott! Wehe über die Sünden der Menschen! - Und das sagt ein Mensch, und Du erbarmst Dich seiner, denn ihn hast Du erschaffen und hast nicht erschaffen die Sünde in ihm.

Wer macht der Sünde meiner Kindheit mich gedenk? Ist vor Dir doch keiner rein von Sünde, auch das Kind nicht, das nur einen Tag lang auf der Welt ist. Wer macht ihrer mich gedenk? Nicht schon jedes kleine Kindlein, an dem ich sehe, was ich von mir selber nicht mehr weiß?

Was habe ich damals wohl gesündigt?[14] Daß ich plärrend gierte nach den Brüsten? Ja tät ich's heute - so gierend, nicht nach Brüsten, aber nach Nahrung, die für meine Jahre ist -, man verlachte mich, man nähme Anstoß, und wahrlich mit Recht. Damals tat ich also, was Tadel verdient, aber weil ich den Tadelnden nicht verstanden hätte, ließen Brauch und Vernunft nicht zu, mich zu tadeln. Nun rotten wir dergleichen mit den Jahren aus und werfen es ab, nur habe ich noch keinen gesehen, der wissentlich etwas Gutes fortwürfe, wenn er ans Reinigen geht. Oder entschuldigt das zarte Alter auch die Unart, mit Geheul zu verlangen, was nur zum Schaden gegeben worden wäre, sich ungebärdig aufzuführen gegen freie und erwachsene Menschen, weil sie nicht sich beugen, ja gegen die Erzeuger, gegen viele sonst, die gescheiter sind, so-

dentioribus non ad nutum voluntatis obtemperantibus feriendo nocere niti quantum potest, quia non oboeditur imperiis, quibus perniciose oboediretur? 7,11

Ita imbecillitas membrorum infantilium innocens est, non animus infantium. Vidi ego et expertus sum zelantem parvulum: nondum loquebatur et intuebatur pallidus amaro aspectu conlactaneum suum. Quis hoc ignorat? Expiare se dicunt ista matres atque nutrices nescio quibus remediis. Nisi vero et ista innocentia est, in fonte lactis ubertim manante atque abundante opis egentissimum et illo adhuc uno alimento vitam ducentem consortem non pati. Sed blande tolerantur haec, non quia nulla vel parva, sed quia aetatis accessu peritura sunt. Quod licet probes, cum ferri aequo animo eadem ipsa non possunt, quando in aliquo annosiore deprehenduntur.

Tu itaque, domine deus meus, qui dedisti vi- 7,12
tam infanti et corpus, quod ita, ut videmus,
instruxisti sensibus, conpegisti membris, figura [Ps 8, 6]
decorasti proque eius universitate atque incolumitate omnes conatus animantis insinua-
sti, iubes me laudare te in istis et »confiteri Ps 91, 2
tibi et psallere nomini tuo, altissime«, quia deus es omnipotens et bonus, etiamsi sola ista fecisses, quae nemo alius potest facere nisi tu, une, a quo est omnis modus, formosissime, qui formas omnia et lege tua ordinas omnia.

Hanc ergo aetatem, domine, qua me vixisse non memini, de qua aliis credidi et quam me

bald sie nicht auf Wunsch und Wink gehorchen, nach Kräften anzugehen mit böswilligem Zuschlagen, weil herrischen Wünschen nicht gefolgt wird, denen nur zum Unheil gefolgt würde?

Nun sind ja Kindesglieder harmlos in ihrer Schwäche, aber nicht so das Kindesherz. Ich selber sah einen eifersüchtigen Kleinen und machte meine Erfahrung an ihm: noch konnte er nicht sprechen, aber bleich, mit bitterbösem Blick schaute er auf seinen Milchbruder hin. Wer kennt das nicht? Sie brächten, sagen Mütter und Ammen, derlei schon noch weg, ich weiß nicht mit welchen Mitteln. Das ist doch wohl nicht Unschuld, bei reichem Fluß und Überfluß des Milchquells den andern Bedürftigen und einzig erst von dieser Nahrung Lebenden nicht als Genossen zu dulden. Aber hätschelnd läßt man's hingehn, nicht als Garnichts oder Kleinigkeit, sondern weil es mit der Zeit doch vergehen werde. Nun, es läßt sich drauf die Probe machen: man kann ein gleiches Verhalten nicht mehr ruhig ertragen, wenn ein Mensch in reiferen Jahren dabei betroffen wird.

Du also, Herr mein Gott, der Du das Leben gabst dem Kinde, der Du, wie es ja zu sehen, begabtest seinen Leib mit Sinnen, aus Gliedern ihn erbautest, ihn durch Wohlgestalt in Ehre setztest und zu seiner Vollwirklichung mit allen Trieben der Lebendigkeit erfülltest: Du heißest mich in alledem Dich preisen, »Dich bekennen und Deinem Namen singen, Hocherhabener«. Denn Du bist Gott der Allmächtige und Gute, und hättest Du nur dies allein erschaffen, das niemand sonst erschaffen kann als Du, Alleinziger, von dem da jeglich Maß ist, Du Form der Formen, der Du alles formest und alles ordnest nach Deinem Gesetz.

Diese Frühzeit also, Herr, in der gelebt zu haben ich mich nicht erinnere, worüber ich nur fremdem Zeugnis glaube

egisse ex aliis infantibus conieci, quamquam 7,12
ista multum fida coniectura sit, piget me ad-
numerare huic vitae meae, quam vivo in hoc
saeculo. Quantum enim adtinet ad oblivionis
meae tenebras, par illi est, quam vixi in ma-
tris utero. Quod si et »in iniquitate concep- Ps 50,7
tus sum et in peccatis mater mea me in utero
aluit«, ubi, oro te, deus meus, ubi, domine,
ego, servus tuus, ubi aut quando innocens
fui? Sed ecce omitto illud tempus: et quid
mihi iam cum eo est, cuius nulla vestigia
recolo?

Nonne ab infantia huc pergens veni in pueri- 8,13
tiam? Vel potius ipsa in me venit et successit
infantiae? Nec discessit illa: quo enim abiit?
Et tamen iam non erat. Non enim eram in-
fans, qui non farer, sed iam puer loquens
eram. Et memini hoc, et unde loqui didiceram,
post adverti. Non enim docebant me maiores
homines praebentes mihi verba certo aliquo
ordine doctrinae, sicut paulo post litteras, sed
ego ipse mente, quam dedisti mihi, deus meus,
cum gemitibus et vocibus variis et variis mem-
brorum motibus edere vellem sensa cordis mei,
ut voluntati pareretur, nec valerem quae vole-
bam omnia nec quibus volebam omnibus. Pren-
sabam memoria, cum ipsi appellabant rem ali-
quam et cum secundum eam vocem corpus ad
aliquid movebant: videbam et tenebam hoc
ab eis vocari rem illam, quod sonabant, cum
eam vellent ostendere. Hoc autem eos velle ex

und von andern Kindern auf mich schließe, daß auch ich sie verlebt habe: ich mag sie, so zwingend der Schluß auch ist, nicht zu diesem meinem Leben rechnen, das ich in dieser Zeitlichkeit lebe. Denn sie liegt mit jener andern, die ich im Mutterschoß verlebt habe, in der gleichen Finsternis meines Nichtmehrwissens. Wenn aber »in Bosheit[15] ich empfangen bin und in Sünden meine Mutter in ihrem Schoß mich nährte«: Wo, ich frage Dich, mein Gott, wo, Herr, war ich, Dein Knecht, wo und wann in Unschuld? Aber laß mich jene Zeit übergehen: was hätt ich noch mit ihr zu schaffen, von der ich keine Spur mehr finde?

Bin ich nicht von der Kindheit heranlebend in die Knabenzeit gekommen, vielmehr diese in mich, auf meine Kindheit folgend? Aber die Kindheit ist doch nicht entwichen: wohin denn wäre sie gegangen? Und dennoch, sie war nicht mehr. Denn nun war ich nicht mehr das Kind, das noch nicht sprechen konnte, sondern schon der Knabe, der redete. Und das weiß ich noch, und woher ich sprechen gelernt hatte, das erfuhr ich später. Nicht die Großen lehrten es mich, mir Wörter, wie bald danach die Buchstaben, in bestimmtem Lehrgang bietend, sondern ich selber lernte es, vermöge meines Geistes, den Du mir, mein Gott, gegeben, ich war es, da ich mit mancherlei Klagelauten, mancherlei Gliedergebärden die Fühlung meines Herzens kundzumachen suchte und es doch nicht in allem vermochte, worauf ich ausging, noch bei allen, die es anging. Da kam ich zu Urteil durch Erinnerung: wenn die Menschen eine Sache nannten, und wenn sie entsprechend diesem Wort ihren Körper auf etwas hin bewegten, so sah ich und behielt ich, daß durch diese ihre Laute jene Sache von ihnen bezeichnet werde, auf die sie mich hinweisen wollten. Daß sie dies aber wollten, wurde

motu corporis aperiebatur tamquam verbis 8,13
naturalibus omnium gentium, quae fiunt vultu et nutu oculorum ceterorumque membrorum actu et sonitu vocis indicante affectionem animi in petendis, habendis, reiciendis fugiendisve rebus. Ita verba in variis sententiis locis suis posita et crebro audita quarum rerum signa essent paulatim colligebam measque iam voluntates edomito in eis signis ore per haec enuntiabam.

Sic cum his, inter quos eram, voluntatum enuntiandarum signa conmunicavi et vitae humanae procellosam societatem altius ingressus sum pendens ex parentum auctoritate nutuque maiorum hominum.

Deus, deus meus, quas ibi miserias expertus 9,14
sum et ludificationes, quandoquidem recte mihi vivere puero id proponebatur, obtemperare monentibus, ut in hoc saeculo florerem et excellerem linguosis artibus ad honorem hominum et falsas divitias famulantibus! Inde in scholam datus sum, ut discerem litteras, in quibus quid utilitatis esset ignorabam miser. Et tamen, si segnis in discendo essem, vapulabam. Laudabatur enim hoc a maioribus, et multi ante nos vitam istam agentes praestruxerant aerumnosas vias, per quas transire cogebamur multiplicato labore et dolore filiis Adam.

Invenimus autem, domine, homines rogantes te et didicimus ab eis, sentientes te, ut potera-

offenbar aus der Bewegung ihres Körpers, jener natürlichen Sprache aller Völker, die durch Miene und Augenwink zustandekommt, durch die Gebärden der übrigen Glieder und den Ton der Stimme, der die Regung der Geistseele erkennen läßt, ob sie nach etwas verlange, es besitze, es abweise oder fliehe. So lernte ich allmählich, für welche Sachen die Wörter, die ich in allerlei Sätzen an ihrer bestimmten Stelle immer wieder hörte, die Bezeichnungen waren, und als mein Mund an diese Bezeichnungen sich gewöhnt hatte, begann ich mein Willensleben durch sie auszudrücken.

So tauschte ich mit denen, unter denen ich lebte, gemeinschaftliche Zeichen, in denen das Willensleben nach Ausdruck verlangt, und tiefer geriet ich in das Sturmbereich der menschlichen Gesellschaft, noch abhängend von der Eltern Gewalt, von der Weisung erwachsener Leute.

Gott, mein Gott, was habe ich Jammers da erfahren und Irrgegaukel! Ja mir, dem Knaben, stellte man's als Lebensregel auf, denen zu gehorchen, die mich antrieben, ich müsse zu Ruhm gelangen in der Welt, mich hervortun in den Künsten des üppigen Wortes, in denen, die zu Ehren bei den Menschen und zu trüglichem Reichtum verhelfen.[16] So gab man mich zur Schule, damit ich lesen und schreiben lernte, wovon ich Armer nicht einsah, was das nützen sollte, - und bekam doch, wenn ich lässig war im Lernen, meine Schläge. Denn so lobten sich's die Großen, und viele, die vor uns ein solches Leben führten, hatten die Mühsalswege eingerichtet, die man uns zu gehen zwang, daß noch mehr der Last und Plage sei unter den Adamskindern.[17]

Aber, Herr, ich traf auch Menschen, die zu Dir beteten, und von ihnen lernte ich in schwacher Fühlung, so gut es

mus, esse magnum aliquem, qui posses etiam 9,14
non adparens sensibus nostris exaudire nos et subvenire nobis. Nam puer coepi rogare te,
»auxilium et refugium meum«, et in tuam Ps 17, 3
invocationem rumpebam nodos linguae meae et rogabam te parvus non parvo affectu, ne in schola vapularem. Et cum me non exaudi-
ebas, quod »non erat ad insipientiam mihi«, Ps 21, 3
ridebantur a maioribus hominibus usque ab ipsis parentibus, qui mihi accidere mali nihil volebant, plagae meae, magnum tunc et grave malum meum.

Estne quisquam, domine, tam magnus animus, 9,15
praegrandi affectu tibi cohaerens, estne, inquam, quisquam - facit enim hoc quaedam etiam stoliditas - est ergo, qui tibi pie cohaerendo ita sit affectus granditer, ut eculeos et ungulas atque huiuscemodi varia tormenta, pro quibus effugiendis tibi per universas terras cum timore magno supplicatur, ita parvi aestimet, diligens eos, qui haec acerbissime formidant, quemadmodum parentes nostri ridebant tormenta, quibus pueri a magistris affligebamur? Non enim aut minus ea metuebamus aut minus te de his evadendis deprecabamur, et peccabamus tamen minus scribendo aut legendo aut cogitando de litteris, quam exigebatur a nobis.

Non enim deerat, domine, memoria vel ingenium, quae nos habere voluisti pro illa aetate satis, sed delectabat ludere et vindicabatur in nos ab eis qui talia utique agebant. Sed maio-

eben ging, daß Du jemand Großer seist, der uns, auch ohne unsern Sinnen dazusein, erhören und uns helfen könne. Schon als Knabe also fing ich an, zu Dir zu beten, »meine Hilfe und Zuflucht«, und brach mir für Deine Anrufung schier die Zunge, und ich betete, ich, der Kleine, mit nicht kleiner Inbrunst, ich möchte in der Schule doch nicht geschlagen werden. Und wenn Du mich nicht erhörtest - was »mir freilich keine schlechte Lehre war« -,[18] so gab es Gelächter bei den großen Leuten, bei meinen Eltern sogar, die gewiß nicht wollten, daß mir ein Übel widerführe, Gelächter über meine Schläge, damals für mich das große, das schwere Übel.

Herr, gibt es eine Menschenseele von solchem Starkmut, so in Liebesüberschwang an Dir hangend - so frage ich, weil auch eine Art Stumpfheit das fertig bringt -, gibt es einen Menschen, der fromm mit Dir verbunden so von Liebesgewalt erfüllt wäre, daß er Folterbretter und Eisenkrallen und sonst dergleichen Marterzeug, vor dem verschont zu werden alle Welt mit Furcht und Zittern Dich anfleht, gibt es jemand, der dies bei Menschen seines Liebeskreises, die in gleicher Angst vor Pein erbeben, für ein so Geringes hielte, wie unsere Eltern lachten über die Qualen, die wir Knaben von den Lehrern zu leiden hatten? Denn wir fürchteten uns nicht weniger davor, und wir flehten auch nicht weniger zu Dir um das Entrinnen. Sünde war es gleichwohl, wenn ich im Schreiben oder Lesen oder im Nachdenken über den Lernstoff zurückblieb hinter dem, was man von uns verlangte.

Es fehlte ja nicht an Gedächtnis und Begabung, Herr, wovon ich nach Deinem Willen genug für jenes Alter hatte, aber schöner war es halt zu spielen, und dafür straften mich Menschen, die doch selber derlei trieben. Freilich, bei den Großen heißt Nichtig Wichtig, das Spiel

rum nugae negotia vocantur, puerorum autem 9,15
talia cum sint, puniuntur a maioribus, et nemo
miseratur pueros vel illos vel utrosque. Nisi
vero adprobat quisquam bonus rerum arbiter
vapulasse me, quia ludebam pila puer et eo
ludo inpediebar, quominus celeriter disce-
rem litteras, quibus maior deformius luderem.
Aut aliud faciebat idem ipse, a quo vapula-
bam, qui si in aliqua quaestiuncula a con-
doctore suo victus esset, magis bile atque in-
vidia torqueretur quam ego, cum in certamine
pilae a conlusore meo superabar?

Et tamen peccabam, domine deus meus, ordi- 10,16
nator et creator rerum omnium naturalium,
peccatorum autem tantum ordinator, domine
deus meus, peccabam faciendo contra prae-
cepta parentum et magistrorum illorum. Pot-
eram enim postea bene uti litteris, quas vole-
bant ut discerem quocumque animo illi mei.
Non enim meliora eligens inoboediens eram,
sed amore ludendi, amans in certaminibus »su- Cic Marc 3
perbas victorias« et scalpi aures meas falsis fa-
bellis, quo prurirent ardentius, eadem curio-
sitate magis magisque per oculos emicante in
spectacula, ludos maiorum; quos tamen qui
edunt, ea dignitate praediti excellunt, ut hoc
paene omnes optent parvulis suis, quos tamen
caedi libenter patiuntur, si spectaculis talibus
inpediantur ab studio, quo eos ad talia edenda
cupiunt pervenire.

Vide ista, domine, misericorditer et libera nos

der Knaben aber, obwohl es für sie eine ernste Sache ist, wird von den Großen geahndet, und niemand bedauert die Knaben oder ihre Züchtiger oder beide zugleich. Fürwahr, ein trefflicher Richter, der meine Schläge ganz in der Ordnung findet, weil ich als Knabe Ball spielte und dieses Spiel mich abhielt, mir rasch die Kenntnisse anzueignen, mit denen ich später viel zuchtloser spielen sollte. Oder machte der Mann, der mich schlug, es anders, wenn er im belanglosen Disput mit seinem gelehrten Kollegen den kürzeren zog und Neid und Galle quälender empfand als ich, wenn ich im Wettkampf mit dem Balle meinem Mitspieler unterlag?[19]

Und trotzdem, Sünde war es, Gott und Herr, Walter und Schöpfer aller Dinge der Natur, über die Sünde freilich nur Waltender,[20] ja Sünde war es, Herr mein Gott, daß ich handelte gegen die Gebote der Eltern, auch der Lehrer, wie jene es waren. Es stand ja bei mir, später die Kenntnisse gut zu gebrauchen, die ich auf Geheiß meiner Erzieher erlernen sollte, was immer auch ihre Absicht dabei war. Und nicht weil ich Besseres gewollt hätte, war ich ungehorsam, sondern aus Liebe zum Spiel: ich liebte ja beim Wettkampf das »hohe Siegesgefühl«, bei phantastischen Geschichten den Kitzel im Ohr, begierig, es möchte noch heftiger jucken, indessen das gleiche Gelüst mehr und mehr auch übers Auge nach den Schauspielen zückte, dem Vergnügen der Großen. Seltsam aber! Wer sie veranstalten läßt, erhebt sich zu solchem Ansehen, daß wohl alle für ihre Kinder sich ein Gleiches wünschen, und eben diese läßt man ruhig verprügeln, wenn sie von solchen Schauspielen an dem Studium verhindert werden, durch das man sie doch selber gern dahin brächte, auch einmal solche Schauspiele zu veranstalten.

Auf all das schau mit Erbarmen, Herr! Befreie uns, die

iam invocantes te, libera etiam eos qui non- 10,16
dum te invocant, ut invocent te et liberes eos.

Audieram enim ego adhuc puer de ,vita ae- 11,17
terna' promissa nobis per humilitatem domini dei nostri descendentis ad superbiam nostram et signabar iam signo crucis eius et condiebar eius sale iam inde ab utero matris meae, quae multum speravit in te.

Vidisti, domine, cum adhuc puer essem et quodam die pressu stomachi repente aestuarem paene moriturus, vidisti, deus meus, quoniam custos meus iam eras, quo motu animi et qua fide baptismum Christi tui, dei et domini mei, flagitavi a pietate matris meae et matris omnium nostrum, ecclesiae tuae.

Et conturbata mater carnis meae, quoniam et sempiternam salutem meam carius parturiebat corde casto in fide tua, iam curaret festinabunda, ut sacramentis salutaribus initiarer et abluerer, te, domine Iesu, confitens in remissionem peccatorum, nisi statim recreatus essem. Dilata est itaque mundatio mea, quasi necesse esset, ut adhuc sordidarer, si viverem, quia videlicet post lavacrum illud maior et periculosior in sordibus delictorum reatus foret.

Ita iam credebam et illa et omnis domus, nisi pater solus, qui tamen non evicit in me ius maternae pietatis, quominus in Christum crederem, sicut ille nondum crediderat. Nam illa

wir schon rufen zu Dir, befreie die auch, die noch nicht zu Dir rufen, auf daß sie zu Dir rufen und Du sie befreiest.

Schon als Knabe hatte ich von einem ‚ewigen Leben' gehört, das uns verheißen ist kraft der Demut des Herrn, unseres Gottes, der sich herabließ zu unserem Hochmut. Und man hatte mich schon mit dem Zeichen seines Kreuzes bezeichnet und mit seinem Salze gewürzt,[21] als ich kaum den Leib meiner Mutter verlassen hatte, die all ihr Hoffen auf Dich baute.

Du sahest, Herr - ich war da noch ein Knabe und rang eines Tages in plötzlich wühlenden Magenschmerzen fiebernd mit dem Tode -, Du sahst, mein Gott, schon warst Du mein Wächter, mit welcher Inbrunst, welchem Glauben ich die Taufe auf Deinen Gesalbten, meinen Gott und Herrn, begehrte von der frommen Liebe meiner Mutter und unser aller Mutter, Deiner Kirche.

Und die bestürzte Mutter meines Fleisches - sie litt ja, weil sie gläubig die Deine war, Wehen auch, und liebender noch, um mein ewiges Heil im keuschen Herzen - sie hätte eilends das ihrige getan, daß ich durch die rettenden sakramentlichen Zeichen die Einführungsweihe[22] und Abwaschung empfinge, Dich, Herr Jesu, bekennend zum Nachlaß der Sünden, - aber sogleich erholte ich mich wieder. So wurde meine Reinigung hinausgeschoben, denn hinterher, nach dem Taufbad - so war die Rechnung - würde meine Schuld am Sündenschmutz noch größer und strafwürdiger sein: gleich als wäre es unabwendbar, daß ich beim Weiterleben auch tiefer in den Schmutz geriete.

Schon damals also war ich gläubig, so auch die Mutter und das ganze Haus, einzig den Vater ausgenommen, aber auch er konnte bei mir das Vorrecht mütterlicher Gläubigkeit nicht entkräften, so daß er mir, obwohl noch ungläubig, den Glauben an Christus verwehrt hätte. Ja die

satagebat, ut tu mihi pater esses, deus meus, 11,17
potius quam ille, et in hoc adiuvabas eam, ut superaret virum, cui melior serviebat, quia et in hoc tibi utique id iubenti serviebat.

Rogo te, deus meus, vellem scire, si tu etiam 11,18
velles, quo consilio dilatus sum, ne tunc baptizarer, utrum bono meo mihi quasi laxata sint lora peccandi an non laxata sint. Unde ergo etiam nunc de aliis atque aliis sonat undique in auribus nostris: „Sine illum, faciat; nondum enim baptizatus est." Et tamen in salute corporis non dicimus: „Sine vulneretur amplius; nondum enim sanatus est." Quanto ergo melius et cito sanarer et id ageretur mecum meorum meaque diligentia, ut recepta salus animae meae tuta esset tutela tua, qui dedisses eam.

Melius vero. Sed quot et quanti fluctus inpendere temptationum post pueritiam videbantur, noverat eos iam illa mater et »terram« Gen 2, 7
potius, unde postea »formarer«, quam ipsam iam effigiem conmittere volebat.

In ipsa tamen pueritia, de qua mihi minus 12,19
quam de adulescentia metuebatur, non amabam litteras et me in eas urgeri oderam; et urgebar tamen et bene mihi fiebat, nec faciebam ego bene: non enim discerem, nisi cogerer. Nemo enim invitus bene facit, etiamsi

Mutter sorgte schon dafür, daß Du, mein Gott, mir Vater seiest, mehr als der leibliche, und darin standest Du ihr bei, so daß sie obsiegte über den Mann, dem sie, obwohl ihm sittlich überlegen, diente; denn auch hierin diente sie ja Dir, der es so geboten hat.

Eine Bitte, mein Gott! Ich wollte wohl wissen - wenn auch Du willst, daß ich es weiß -, was der Beschluß, der damals meine Taufe hinausschob, eigentlich für einen Sinn hatte: ob es mir zum Guten gereichte, daß man mir sozusagen die Zügel für die Sünde lockerte, oder ob man sie besser nicht gelockert hätte. Noch heut, von allen Seiten und immer wieder tönt's uns in die Ohren: „Laß ihn doch, - soll er nur! Er ist ja noch nicht getauft." Aber geht es um den Leib und sein Wohl, da sagt man nicht: „Laß ihn ruhig sich weiter noch Wunden holen; er ist ja noch nicht geheilt." Wieviel besser also, ich wäre rasch geheilt worden, und es hätte meine und der Meinen Sorge vereint darauf gedrungen, das Heil meiner Seele, einmal empfangen, zu sichern unter Deiner Hut, der Hut des Spenders!

Ja besser, wahrhaftig! Aber wie viele, wie schwere Wogen der Versuchungen drohten sich heranzuwälzen, wäre ich einmal über die Knabenzeit hinaus! Die Mutter sah sie schon voraus und wollte ihnen lieber den »Erdenstoff« ausgesetzt wissen, aus dem ich nachmals [zum »Ebenbild«] würde »geformt« werden, als das [durch die Taufe] schon geformte Ebenbild.[23]

Damals, in meiner Knabenzeit, von der man weniger für mich befürchtete als von den Jünglingsjahren, hatte ich keine Freude am Lernen, und der Zwang dazu war mir verhaßt. Aber man zwang mich eben, und so war es auch gut für mich, nur ich meinesteils handelte nicht gut; denn ohne Zwang hätte ich nicht gelernt, aber gut handelt keiner, wenn es gegen seinen Willen ist, auch wenn

bonum est quod facit. Nec qui me urgebant, 12,19
bene faciebant, sed bene mihi fiebat abs te,
deus meus. Illi enim non intuebantur, quo re-
ferrem quod me discere cogebant praeter-
quam ad satiandas insatiabiles cupiditates co-
piosae inopiae et ignominiosae gloriae. Tu vero,
»cui numerati sunt capilli nostri«, errore om- Mt 10,30
nium, qui mihi instabant ut discerem, utebaris
ad utilitatem meam, meo autem, qui discere
nolebam, utebaris ad poenam meam, qua
plecti non eram indignus, tantillus puer et
tantus peccator. Ita non de bene facientibus
tu bene faciebas mihi et de peccante me ipso
iuste retribuebas mihi. Iussisti enim et sic est,
ut poena sua sibi sit omnis inordinatus animus.

Quid autem erat causae, cur graecas litteras 13,20
oderam, quibus puerulus imbuebar, ne nunc
quidem mihi satis exploratum est. Adama-
veram enim latinas, non quas primi magistri,
sed quas docent qui grammatici vocantur.
Nam illas primas, ubi legere et scribere et
numerare discitur, non minus onerosas poena-
lesque habebam quam omnes graecas. Unde
tamen et hoc nisi de peccato et vanitate vitae,
qua »caro« eram »et spiritus ambulans et non Ps 77,39
revertens?« Nam utique meliores, quia cer-
tiores, erant primae illae litterae, quibus fie-
bat in me et factum est et habeo illud, ut et
legam, si quid scriptum invenio, et scribam
ipse, si quid volo, quam illae, quibus tenere
cogebar Aeneae nescio cuius errores oblitus

das gut ist, was er tut. Und auch die mich zwangen, handelten nicht gut, sondern gut ward mir getan von Dir, mein Gott; denn bei all ihrem Gezwäng hatten sie nichts anderes vor Augen, was mich beim Lernen bestimmen sollte, als dies eine: künftige Sättigung unersättlichen Begehrens nach Haben voller Darben und nach Ruhm voller Schmach. Du aber, bei dem selbst »unsere Haare gezählt sind«, gebrauchtest den Irrtrieb aller derer, die mich zum Lernen drängten, zu meinem Besten, meinen eigenen aber, daß ich nicht lernen wollte, zu meiner Bestrafung, der wohlverdienten - ein so kleiner Knabe und so großer Sünder. So also tatest Du durch Menschen, die nicht gut taten, gut an mir, und durch mich selbst, der ich fehlte, vergaltst Du mir nach Gerechtigkeit. Denn Du hast bestimmt, und so ist es: daß jeder mißordnete Geist sich selbst zur Strafe ist.[24]

Woran es aber lag, daß ich das Griechische haßte, in dem ich schon als Bübchen unterrichtet wurde, das ist mir noch heute nicht recht verständlich.[25] Ich hatte doch das Lateinische liebgewonnen, freilich nicht das der untersten Stufe, sondern wie es die sogenannten Grammatiker lehren;[26] denn die Anfangsgründe mit Lesen und Schreiben und Rechnen waren mir lästig und qualvoll wie nur je das Griechische. Woher anders aber kam auch dieses, als allein von der Sünde und dem Unbestand des Lebens: daß ich »Fleisch« war »und ein Windhauch, der dahinfährt und nicht wiederkehrt«? Denn besser jedenfalls, weil grundhafter, war dieser erste Unterricht, der in mir die Fähigkeit entwickelte, befestigte und zum dauernden Besitz machte, daß ich lesen kann, was mir Geschriebenes unterkommt, und selber auch schreiben kann, wenn ich will, - er war besser, sage ich, als ein Unterricht, der mich zwang, mir eines unbekannten Äneas[27] Irrfahrten, der eigenen Irrwege vergessend, ins Gedächtnis zu prägen, und den

*errorum meorum et plorare Didonem mor- 13,20
tuam, quia se occidit ab amore, cum interea
me ipsum in his a te morientem, deus, vita
mea, siccis oculis ferrem miserrimus.*

*Quid enim miserius misero non miserante se 13,21
ipsum et flente Didonis mortem, quae fiebat
amando Aenean, non flente autem mortem
suam, quae fiebat non amando te, deus, lumen
cordis mei et panis oris intus animae meae et
virtus maritans mentem meam et sinum cogi-
tationis meae? Non te amabam et »fornica- Ps 72, 27
bar abs te« et fornicanti sonabat undique:
»Euge, euge«. »Amicitia« enim »mundi« huius Ps 39, 16
fornicatio est abs te et »Euge, euge« dicitur, Jak 4, 4
ut pudeat, si non ita homo sit. Et haec non
flebam et flebam Didonem extinctam »ferro- Aen 6, 457
que extrema secutam«, sequens ipse extrema
condita tua relicto te et terra iens in terram:
et si prohiberer ea legere, dolerem, quia non
legerem quod dolerem. Talis dementia hone-
stiores et uberiores litterae putantur quam
illae, quibus legere et scribere didici.*

*Sed nunc in anima mea clamet deus meus, et 13,22
veritas tua dicat mihi: „non est ita, non est
ita. Melior est prorsus doctrina illa prior“.
Nam ecce paratior sum oblivisci errores Ae-
neae atque omnia eius modi quam scribere et
legere. At enim vela pendent liminibus gram-
maticarum scholarum, sed non illa magis ho-
norem secreti quam tegimentum erroris signi-
ficant. Non clament adversus me quos iam
non timeo, dum confiteor tibi quae vult anima*

Tod einer Dido zu beweinen, weil sie vor Liebe sich ums Leben gebracht hat, während ich, erbärmlich genug, es trockenen Auges hinnahm, selber über diesen Dingen Dir zu entsterben, Gott, Du mein Leben.

Was wäre auch erbärmlicher als solch ein Erbärmlicher ohne Erbarmen mit sich selbst, der Tränen hat für den Tod einer Dido, den sie vor Liebe zu Äneas starb, und nicht Tränen hat bei dem eigenen Tod, den er stirbt, weil er Dich nicht liebte, Gott, Du meines Herzens Licht, Du Brot dem Munde drin in meiner Seele, Du zeugende Kraft, die meinen Geist befruchtet und den Schoß meines Denkens? Ich liebte nicht Dich, »ich buhlte fern von Dir herum«, und dem Buhlenden erscholl es von allerwärts: »Recht so, recht so.« Denn »Freund dieser Welt sein« ist Gebuhle fern von Dir, und »recht so, recht so« ruft man, damit es sollte Schande sein, wenn der Mensch nicht so ist. Und hierob weinte ich nicht, ich weinte über die entseelte Dido, die »mit dem Stahl in der Hand sich hin ans Allerletzte ließ«, und ließ doch mich selber hin ans Allerletzte[28] Deiner Schöpfung, und Dich verlassend ging ich - Staub - zum Staube. Und hätte man mir verwehrt, dies zu lesen, - es wäre mir schmerzlich gewesen, daß ich nicht lesen sollte, was mich mit Schmerz erfüllte. Solche Torheit gilt für edlere, ersprießlichere Bildung als der Unterricht, in dem ich Lesen und Schreiben lernte.

Jetzt aber soll in meiner Seele Seine Stimme erheben mein Gott, ja Deine Wahrheit soll zu mir sprechen: „Nein, so ist es nicht, so ist es nicht; schlechterdings ist besser jener erste Unterricht.“ Denn wahrhaftig, ich vergäße doch lieber die Irrfahrten des Äneas und alles sonst dergleichen als das Schreiben und das Lesen. Ach ja, am Eingang zu den Gelehrtenschulen hängt ein Vorhang herab, aber er sinnbildet weniger die Würde des Heiligen als die Decke der Verblendung. Sie sollen nur nicht belfern wider mich, ich fürchte sie nicht mehr - da ich vor Dir,

mea, deus meus, et adquiesco in reprehensione 13,22
malarum viarum mearum, ut diligam bonas
vias tuas, non clament adversus me venditores
grammaticae vel emptores, quia, si proponam
eis interrogans, utrum verum sit quod Aenean
aliquando Carthaginem venisse poeta dicit,
indoctiores nescire se respondebunt, doctiores
autem etiam negabunt verum esse. At si quae-
ram, quibus litteris scribatur Aeneae nomen,
omnes mihi, qui haec didicerunt, verum re-
spondent secundum id pactum et placitum,
quo inter se homines ista signa firmarunt.
Item si quaeram, quid horum maiore vitae
huius incommodo quisque obliviscatur, legere
et scribere an poetica illa figmenta, quis non
videat, quid responsurus sit, qui non est peni-
tus oblitus sui?
Peccabam ergo puer, cum illa inania istis
utilioribus amore praeponebam vel potius
ista oderam, illa amabam. Iam vero „unum
et unum duo, duo et duo quattuor“ odiosa
cantio mihi erat et dulcissimum spectaculum
vanitatis equus ligneus plenus armatis et
Troiae incendium atque »ipsius umbra Creu- Aen 2,772
sae«.

Cur ergo graecam etiam grammaticam ode- 14,23
ram talia cantantem? Nam et Homerus peri-
tus texere tales fabellas et dulcissime vanus
est et mihi tamen amarus erat puero. Credo
etiam graecis pueris Vergilius ita sit, cum eum
sic discere coguntur ut ego illum. Videlicet

mein Gott, nach meines Herzens Drang bekenne und in der Verwerfung meiner schlechten Wege zur Ruhe komme, um Deinen guten Wegen die Ehre zu erweisen. Sie sollen nur nicht belfern wider mich, nicht die Verkäufer noch die Käufer der Schöngeisterei.[29] Denn wenn ich ihnen mit der Frage käme, ob es wahr sei, daß Äneas, wie der Dichter erzählt, einst nach Karthago gekommen, so werden die minder gelehrten antworten, sie wüßten es nicht, und die gelehrteren sogar bestreiten, daß es wahr sei; aber wenn ich frage, mit welchen Buchstaben der Name Äneas geschrieben wird, so antworten mir alle, die die Buchstaben gelernt haben, das Wahre, gemäß der Übereinkunft und Regelung, nach der man sich über die Buchstabenzeichen geeinigt hat. Gleichso, wenn ich etwa fragte, was man zum größeren Nachteil für das Leben vergäße, ob das Lesen und Schreiben oder solches Gefabel der Dichter, wer könnte um die Antwort verlegen sein, wenn er nicht ganz von Sinnen ist?

Ich sündigte also, wenn ich als Knabe an jenen Nichtigkeiten so viel größeres Gefallen hatte als an den nützlichen Kenntnissen, vielmehr diese haßte, die anderen liebte. Wirklich, eine verhaßte Leier war mir dies „eins und eins ist zwei, zwei und zwei ist vier", aber köstliches Schauspiel der Einbildung das hölzerne Pferd, vollgestopft mit Soldaten, und Trojas Brand und »Creusas leibhaftiger Schatten«.

Warum aber haßte ich griechische Bücher, in denen doch ganz Ähnliches besungen wird? Denn auch Homer versteht sich darauf, solches Gefabel daherzuspinnen, ist nichtig auf die süßeste Weise, und mir, dem Knaben, war er doch so bitter. Ich glaube, so geht es den griechischen Knaben mit Vergil, wenn sie gleicherweise zu seiner Bekanntschaft gezwungen werden wie ich bei Homer. Offenbar die Schwierigkeit, sich eine fremde Sprache völlig

difficultas, difficultas omnino ediscendae lin- 14,23
guae peregrinae quasi felle aspergebat omnes
suavitates graecas fabulosarum narrationum.
Nulla enim verba illa noveram et saevis ter-
roribus ac poenis, ut nossem, instabatur mihi
vehementer.

Nam et latina aliquando infans utique nulla noveram et tamen advertendo didici sine ullo metu atque cruciatu inter etiam blandimenta nutricum et ioca arridentium et laetitias alludentium. Didici vero illa sine poenali onere urgentium, cum me urgeret cor meum ad parienda concepta sua, id quod non esset, nisi aliqua verba didicissem non a docentibus, sed a loquentibus, in quorum et ego auribus parturiebam quidquid sentiebam.

Hinc satis elucet maiorem habere vim ad discenda ista liberam curiositatem quam meticulosam necessitatem. Sed illius fluxum haec restringit legibus tuis, deus, legibus tuis a magistrorum ferulis usque ad temptationes martyrum, valentibus legibus tuis miscere salubres amaritudines revocantes nos ad te a iucunditate pestifera, qua recessimus a te.

»Exaudi«, domine, »deprecationem meam«, 15,24
ne deficiat anima mea sub disciplina tua ne- Ps 60, 2
que deficiam in confitendo tibi miserationes
tuas, quibus eruisti me ab omnibus viis meis
pessimis, ut dulcescas mihi super omnes seduc-
tiones, quas sequebar, et amem te validissime

anzueignen, diese Schwierigkeit war es, die mir in all den süßen Zauber griechischer Sagendichtung ihre Galle mischte. Ich kannte sie doch gar nicht, diese Wörter, und um sie mir beizubringen, drang man hart auf mich ein, mit grausamen Drohungen und Strafen.

Allerdings, als kleines Kind hatte ich ja auch die lateinischen Wörter noch nicht verstanden, und dennoch erlernte ich sie ohne jede Furcht und Qual durch das bloße Aufmerken, ja unter Koseworten der Kinderfrauen, unter fröhlichen Scherzen meiner Umgebung, die mit mir lachte und schäkerte. Ja da lernte ich meine lateinische Muttersprache ohne die zwängende Pein von Bedrängern, weil mein eigenes Herz mich drängte, seine Empfängnisse auszugebären. Das wäre nun freilich nicht so gewesen, hätte ich meine paar Wörter von strengen Lehrern lernen müssen, statt von Sprechenden, in deren Ohren nun auch ich meine allerlei Empfindungen zur Welt brachte.[30]

Daraus wird doch genugsam klar, daß freie Wißbegier beim Erwerb solcher Kenntnisse viel mehr vermag als bedrohender Zwang.[31] Allerdings, er setzt dem wilden Strom der Wissensgier auch seinen Damm, und dies dank Deinen Gesetzen, Herr, ja Deinen Gesetzen, angefangen von der Rute des Schulmeisters bis zu den Versuchungen der Märtyrer;[32] denn Deine Gesetze haben die Kraft, heilsam bittere Kümmernisse zu erzeugen, die uns zurückrufen zu Dir von der Wohligkeit im Verderben, in der wir abgekommen sind von Dir.

»Erhöre, Herr, mein Flehen«, daß meine Seele nicht ermüde unter Deiner Zucht, daß ich auch nicht müde werde, Dir zu lobdanken für Deine Erbarmungen, durch die Du allen meinen argen Wegen mich entrissen hast, damit Du meine Freude werdest, süßer als alle Verlockungen, denen ich nachgelaufen; und daß ich Dich liebe aus all mei-

et amplexer manum tuam totis praecordiis 15,24
meis et eruas me ab omni temptatione »usque I Kor 1, 8
in finem«. Ecce enim tu, domine, »rex meus Ps 5, 3
et deus meus«, tibi serviat quidquid utile puer didici, tibi serviat quod loquor et scribo et lego et numero, quoniam cum vana discerem, tu disciplinam dabas mihi et in eis vanis peccata delectationum mearum dimisisti mihi. Didici enim in eis multa verba utilia; sed et in rebus non vanis disci possunt, et ea via tuta est, in qua pueri ambularent.

Sed vae tibi, flumen moris humani! Quis resi- 16,25
stet tibi? Quamdiu non siccaberis? Quousque volves Evae filios in mare magnum et formidulosum, quod vix transeunt qui lignum conscenderint? Nonne ego in te legi et tonantem Iovem et adulterantem? Et utique non posset haec duo, sed actum est, ut haberet auctoritatem ad imitandum verum adulterium lenocinante falso tonitru.

Quis autem paenulatorum magistrorum audit aure sobria ex eodem pulvere hominem cla-
mantem et dicentem: »fingebat haec Homerus Cic. Tusc. 1, 2
et humana ad deos transferebat; divina mallem ad nos«? Sed verius dicitur, quod fingebat haec quidem ille, sed hominibus flagitiosis divina tribuendo, ne flagitia flagitia putarentur et ut quisquis ea fecisset, non homines perditos, sed caelestes deos videretur imitatus.

ner Kraft und Deine Hand ergreife mit der Kraft meines Herzens und Du mich entreißest jeglicher Versuchung »bis zum Ende«! Denn siehe, Herr, Du bist »mein König und mein Gott«, Deinem Dienste sei alles geweiht, was ich Nützliches in Knabenjahren gelernt, Deinem Dienste, was ich rede und schreibe und lese und rechne. Denn auch beim Lernen an den Nichtigkeiten hast doch Du mich unterwiesen, und mein sündhaftes Vergnügen an diesen Nichtigkeiten hast Du mir vergeben. Ja ich erwarb mir dabei einen reichen und nützlichen Wortschatz; aber den könnte man sich freilich auch an nicht so hohlem Stoff erwerben, und das ist für Knaben der Weg, auf dem sie ohne Schaden sich ergehen könnten.

Wehe, Strom des gemeinen menschlichen Treibens! Wer wird dir widerstehen? Wirst du je einmal versiegen? Wie lang noch reißest du Evas Kinder fort ins weite, schauerliche Meer, über das kaum die hinüberkommen, die die Arche[33] bestiegen haben. Trieb ich nicht auf deiner Flut, wenn ich von Jupiter las, wie er den Donner rollen läßt und die Ehe bricht? Natürlich, er dürfte doch nicht beides können,[34] aber so hat man's dargestellt: es sollte mit der kupplerischen Hilfe des falschen Donners der wirkliche Ehebruch als Nachahmung des Götterbeispiels seine Berechtigung empfangen.

Hört auch nur einer von diesen Magistern im Gelehrtentalar nüchternen Ohres einen Mann aus derselben Arena[35] sein Zeugnis rufen: »Das hat Homer erdichtet und Menschliches auf die Götter übertragen; hätt er doch Göttliches auf uns übertragen - so säh ich es lieber«? Aber richtiger müßte man sagen: Zwar hat Homer das nur erdichtet, aber er hat lasterhaften Menschen Göttliches beigelegt, damit man Schandtaten nicht für Schandtaten halte und jeder, der sie begeht, nicht verkommenen Menschen, sondern himmlischen Göttern es gleichzutun sich schmeichle.

Et tamen, o flumen tartareum, iactantur in te filii hominum cum mercedibus, ut haec discant, et magna res agitur, cum hoc agitur publice in foro, in conspectu legum supra mercedem salaria decernentium, et saxa tua percutis et sonas dicens: „Hinc verba discuntur, hinc adquiritur eloquentia rebus persuadendis sententiisque explicandis maxime necessaria". Ita ergo non cognosceremus verba haec, ‚imbrem aureum' et ‚gremium' et ‚fucum' et ‚templa caeli' et alia verba, quae in eo loco scripta sunt, nisi Terentius induceret nequam adulescentem proponentem sibi Iovem ad exemplum stupri, dum spectat tabulam quandam pictam in pariete, ubi »inerat pictura haec, Iovem quo pacto Danaae misisse aiunt in gremium quondam imbrem aureum, fucum factum mulieri?« Et vide, quemadmodum se concitat ad libidinem quasi caelesti magisterio: 16,26 Ter. Eun. 585, 589 f

»At quem deum!« inquit, »qui templa caeli
summo sonitu concutit.
Ego homuncio id non facerem? Ego vero illud
feci ac libens.«

Non omnino, non omnino per hanc turpitudinem verba ista conmodius discuntur, sed per haec verba turpitudo ista confidentius perpetratur. Non accuso verba quasi vasa lecta atque pretiosa, sed vinum erroris, quod in eis nobis propinabatur ab ebriis doctoribus, et nisi biberemus, caedebamur nec appellare ad aliquem iudicem sobrium licebat.

Und dennoch, Strom du aus der Hölle, wirft man in deine Fluten Menschenkinder und das Schulgeld noch dazu, damit sie diese Dinge lernen. Und welch große Sache das ist, wenn öffentlich auf dem Markte verhandelt wird, unter den Augen der Gesetze, die [dem Lehrer] zum Schulgeld hinzu noch ein Gehalt bestimmen! Da schlägst du an die Felsen deiner Ufer und lärmst es in die Ohren: „Hier, bei mir, lernt man die Wörter; hier erwirbt man sich Beredsamkeit, so hochnotwendig zum Überreden, zum Entwickeln der Gedanken!" Also wirklich, wir wüßten nichts von Wörtern wie ‚Goldregen' und ‚Schoß' und ‚Betrug' und ‚Himmelshalle' und anderen bei Terenz, wenn der Dichter nicht einen liederlichen jungen Menschen vorführte, der sich für seine Unzucht den Jupiter zum Vorbild nimmt, nämlich bei Betrachtung »eines Wandgemäldes, das darstellt, wie Jupiter einst, der Sage nach, goldenen Regen in den Schoß der Danae ergoß, um so das Weib zu berücken«? Und hört nur, wie er an der gleichsam himmlischen Belehrung seine Lust in Bewegung bringt: »Und welch ein Gott«, sagt er, »die Himmelshallen macht sein Donnern erzittern! Und ich, das schwache Erdenkind, ich sollte das nicht tun? Ja, ich hab's getan, und ich tat's mit Freude!«[36]

Nein, und nochmal nein! Nicht leichter lernt man an dieser Schandtat die Wörter, aber an diesen Wörtern erfrecht man sich bis zur fertigen Schandtat. Nicht die Wörter spreche ich schuldig, sie sind erlesene, kostbare Gefäße, aber den Taumelwein, den uns trunkene Lehrer darin reichten; und tranken wir nicht, so wurden wir geschlagen, und es gab da keine Berufung an einen verständigen Richter.

Et tamen ego, deus meus, in cuius conspectu 16, 26
iam secura est recordatio mea, libenter haec didici et eis delectabar miser et ob hoc bonae spei puer appellabar.

Sine me, deus meus, dicere aliquid et de in- 17, 27
genio meo, munere tuo, in quibus a me deliramentis atterebatur. Proponebatur enim mihi negotium animae meae satis inquietum praemio laudis et dedecoris vel plagarum metu, ut dicerem verba Iunonis irascentis et dolen-
tis, quod non possit »Italia Teucrorum aver- Aen 1, 38
tere regem«, quae numquam Iunonem dixisse audieram. Sed figmentorum poeticorum vestigia errantes sequi cogebamur et tale aliquid dicere solutis verbis, quale poeta dixisset versibus: et ille dicebat laudabilius, in quo pro dignitate adumbratae personae irae ac doloris similior affectus eminebat verbis sententias congruenter vestientibus.

Ut quid mihi illud, o vera vita, deus meus? Quid mihi recitanti adclamabatur prae multis coaetaneis et conlectoribus meis? Nonne ecce illa omnia fumus et ventus? Itane aliud non erat, ubi exerceretur ingenium et lingua mea? Laudes tuae, domine, laudes tuae per scripturas tuas suspenderent palmitem cordis mei, et non raperetur per inania nugarum turpis praeda volatilibus. Non enim uno modo sacrificatur transgressoribus angelis.

Und dennoch, mein Gott, vor dessen Angesicht ich heute ohne Fährnis dieser Dinge gedenke, ich habe derlei gerne gelernt und hatte, erbärmlich genug, meine Freude daran, und man nannte mich dafür einen hoffnungsvollen Knaben.

Laß mich, mein Gott, ein Wort auch über meine Begabung sagen, die Gabe von Dir, - an was für dummes Zeug ich sie vergeudete. Da war mir beispielhalber die Aufgabe gestellt - und sie trieb mich gewaltig um mit ihrer Aussicht auf Lob und Ehre oder Schande und Schläge -, die Aufgabe also, Zorn und Schmerz der Juno, daß sie es nicht vermochte, »von Latien den König der Teukrer fernzuhalten«, in Worte zu bringen. Ich wußte sehr wohl, daß Juno solche Klagen nie gesprochen hat. Aber man verlangte von uns, aufs Geratewohl uns auf der Fährte der dichterischen Erfindung zu bewegen und in ungebundener Rede vorzutragen, was der Dichter in Versen gesagt haben könnte;[37] und wer angemessen der Würde der Göttin, die er sprechen ließ, die Wallungen von Zorn und Schmerz am echtesten wiederzugeben, die Gedanken in die passendsten Worte zu kleiden verstand, der erntete das größte Lob.
Was sollte mir's, Du wahres Leben, mein Gott? Was sollte es, daß bei meinem Vortrag das Beifallrufen stürmischer war als bei vielen meiner Alters- und Vortragsgenossen? War das alles nicht nur Wind und Rauch? Hätte es sonst nichts gegeben, woran ich Geist und Zunge hätte üben können? Dein Lob, Herr, Dein Lob, das verkündet ist in Deiner Schrift, - das wäre der schwachen Ranke meines Herzens der Halt gewesen, um daran emporzuwachsen, und sie wäre nicht im Windgezerr von Sinnlosigkeiten die schmähliche Beute der Geflügelten geworden.[38] Denn es gibt mehr als eine Weise, den abtrünnigen Engeln zu opfern.

Quid autem mirum, quod in vanitates ita ferebar et a te, deus meus, ibam foras, quando mihi imitandi proponebantur homines, qui aliqua facta sua non mala si cum barbarismo aut soloecismo enuntiarent, reprehensi confundebantur, si autem libidines suas integris et rite consequentibus verbis copiose ornateque narrarent, laudati gloriabantur? 18,28

Vides haec, domine, et taces »longanimis et multum misericors et verax«. Numquid semper tacebis? Et nunc eruis de hoc inmanissimo profundo quaerentem te animam et sitientem delectationes tuas et cuius cor dicit tibi: »quaesivi vultum tuum; vultum tuum, domine, requiram«: nam longe a vultu tuo in affectu tenebroso. Non enim pedibus aut spatiis locorum itur abs te aut reditur ad te, aut vero filius ille tuus minor equos aut currus vel naves quaesivit aut avolavit pinna visibili aut moto poplite iter egit, ut in longinqua regione vivens prodige dissiparet quod dederas proficiscenti dulcis pater, quia dederas et egeno redeunti dulcior: in affectu ergo libidinoso, id enim est tenebroso atque id est longe a vultu tuo. Ps 102, 8; 85, 15 Ps 26, 8 [Lk 15, 12-32]

Vide, domine deus meus, et patienter, ut vides, vide, quomodo diligenter observent filii hominum pacta litterarum et syllabarum accepta a prioribus locutoribus et a te accepta aeterna pacta perpetuae salutis neglegant, ut qui illa sonorum vetera placita teneat aut doceat, si 18,29

Was Wunder auch, daß ich mich solcherweise in Eitelkeiten verlor und mich von Dir, mein Gott, hinweg nach außen wandte? Ja, man stellte mir als Vorbilder Menschen hin, die sich bei der Mitteilung etwelcher guter Handlungen, die sie aufzuweisen hatten, in die Seele hinein schämten, wenn sie für einen Verstoß gegen die Aussprache oder den Satzbau[39] getadelt wurden, aber beim Erzählen ihrer Liebesgenüsse, wenn sie nur in fehlerloser, wohlgesetzter Rede üppig und blumig zu schildern wußten, sich vor Freude über empfangene Komplimente nicht zu fassen wußten.

Das siehst Du, Herr, und schweigst, »langmütig und huldreich und getreu«. Ob Du wohl immer schweigen wirst? Jetzt schon entreißest Du solch abgründigem Pfuhl die Seele, die Dich sucht, die dürstet nach Deinen Freuden, die aus ihrem Grunde redet mit Dir: »Dein Angesicht habe ich gesucht; Dein Angesicht, Herr, werde ich suchen«; denn fern ist sie Deinem Angesicht, wenn ihr's finstert in der Leidenschaft. Es geht ja nicht auf seinen Füßen, nicht durch Raum und Ort, wer sich scheidet von Dir oder wiederkommt zu Dir. Oder brauchte Dein jüngerer Sohn[40] Pferde und Wagen oder Schiff? oder flog er auf sichtbaren Schwingen davon? oder machte er seinen Weg mit rüstig strebendem Knie, als er weit in die Fremde zog, um in einem Lotterleben zu vergeuden, was Du dem Scheidenden gegeben hattest, - ein liebereicher Vater, weil Du ihm gabst, und noch liebereicher, als er arm und elend wiederkam: nein, in Lüsten leben, das ist das finsternde Leben, und dies ist das Leben fern von Deinem Angesicht.

Sieh es, Herr, mein Gott, sieh es mit der Langmut Deines Zusehens, sieh, wie genau die Menschenkinder achten auf die Regeln über Buchstaben und Silben, die sie mit der Sprache ihrer Vordern empfangen haben, wie wenig sie achten auf die ewigen Regeln unvergänglichen Heils, die sie von Dir empfangen haben! Schon ist es so: wer die

contra disciplinam grammaticam sine adspi- 18,29
ratione primae syllabae „ominem“ dixerit,
magis displiceat hominibus, quam si contra
tua praecepta hominem oderit, cum sit homo.
Quasi vero quemlibet inimicum hominem per-
niciosius sentiat quam ipsum odium, quo in
eum irritatur, aut vastet quisquam perse-
quendo alium gravius, quam cor suum vastat
inimicando. Et certe non est interior litte-
rarum scientia quam scripta conscientia, id se
alteri facere quod nolit pati. - Quam tu secre- [Tob 4, 16;
tus es, habitans in excelsis in silentio, deus so- Mt 7, 12]
lus magnus, lege infatigabili spargens poena-
les caecitates supra inlicitas cupiditates, cum
homo eloquentiae famam quaeritans ante ho-
minem iudicem circumstante hominum mul-
titudine inimicum suum odio inmanissimo
insectans vigilantissime cavet, ne per linguae
errorem dicat „inter omines“ et ne per mentis
furorem hominem auferat ex hominibus non
cavet.

Horum ego puer morum in limine iacebam 19,30
miser, et huius harenae palaestra erat illa, ubi
magis timebam barbarismum facere quam
cavebam, si facerem, non facientibus invi-
dere.
Dico haec et confiteor tibi, deus meus, in qui-
bus laudabar ab eis, quibus placere tunc mihi
erat honeste vivere. Non enim videbam vora-
ginem turpitudinis, in quam »proiectus eram Ps 30, 23
ab oculis tuis«.

überkommenen Lautsatzungen kennt oder lehrt, erregt mehr den Anstoß bei den ‚homines', wenn er, der Wortlehre zuwider, ohne den Hauchlaut am Anfang „omo" sagt, als wenn er einen ‚homo', der doch ‚homo' ist, gegen Dein Gebot haßt. [Die Toren!] Als ob man wirklich auch vom feindseligsten Menschen Übleres erfahren könnte als grade vom eigenen Haß gegen ihn, oder als vermöchte einer einen andern, den er verfolgt, schwerer zuzurichten, als er durch seinen Feindhaß das eigene Herz verwüstet! Und gewiß, es steckt uns doch kein Wissen von der Sprache tiefer drin als die geschriebene Warnung des Gewissens, einem andern anzutun, was man selber nicht erleiden möchte. - Und Du, wie verborgen bist Du, der Du erhaben thronest in Schweigen, der allein große Gott! Nach nimmer ruhendem Gesetz verhängst Du Blindheit als die Strafe für frevle Leidenschaften: da hascht ein ‚homo' nach Rednerruhm, er tut es vor einem ‚homo' Richter, umringt von einer Menge ‚homines', haßerfüllt fällt er über seinen Gegner her, nur ängstlich in Sorge, daß er ja sich nicht verspreche und sage „inter omines", und - macht sich keine Sorge darum, ob er nicht vor Wut verrückt einen ‚homo' wegfege aus der Gesellschaft der ‚homines'.

Solche Sitten waren in meiner Knabenzeit die Schwelle [zwischen Schule und Leben], von der ich Armer mich nicht erheben konnte; das war die Ringschule für den öffentlichen Kampfplatz, in der ich einen Sprachschnitzer viel mehr zu fürchten hatte, als ich, war mir eben doch einer unterlaufen, vor dem Neid auf die, die keinen gemacht hatten, mich zu hüten brauchte.
Da nenne ich Dinge und bekenne sie Dir, mein Gott, die mir Lob eintrugen von denen, deren Beifall zu haben mir damals soviel bedeutete wie tugendhaft zu leben. Ich sah ja nicht die abgründige Schmach, in die »ich versunken war, fern von Deinem Auge«.

Nam in illis iam quid me foedius fuit, ubi 19,30
etiam talibus displicebam fallendo innumera-
bilibus mendaciis et paedagogum et magistros
et parentes amore ludendi, studio spectandi
nugatoria et imitandi ludicra inquietudine?
Furta etiam faciebam de cellario parentum et
de mensa, vel gula imperitante vel ut haberem
quod darem pueris, ludum suum mihi, quo
pariter utique delectabantur, tamen venden-
tibus. In quo etiam ludo fraudulentas vic-
torias ipse vana excellentiae cupiditate victus
saepe aucupabar. Quid enim tam nolebam
pati atque atrociter, si deprehenderem, argue-
bam, quam id quod aliis faciebam? Et, si
deprehensus arguerer, saevire magis quam
cedere libebat.

Istane est innocentia puerilis? Non est, domine, non est, oro te, deus meus. Nam haec ipsa sunt, quae a paedagogis et magistris, a nucibus et pilulis et passeribus, ad praefectos et reges, aurum, praedia, mancipia, haec ipsa omnino succedentibus maioribus aetatibus transeunt, sicuti ferulis maiora supplicia succedunt.

Humilitatis ergo signum in statura pueritiae,
rex noster, probasti, cum aisti: »talium est Mt 19,14
regnum caelorum«.

Sed tamen, domine, tibi excellentissimo, op- 20,31
timo conditori et rectori universitatis, »deo« II Kor 2,14;
nostro »gratias«, etiamsi me puerum tantum 8,16
esse voluisses. Eram enim etiam tunc, vive-

Was hätte es aber Häßlicheres vor Dir gegeben als mich, der ich auch schon in dieser Umwelt Mißfallen erregte? Denn mit ungezählten Lügen hinterging ich den Zuchtmeister, die Lehrer und die Eltern aus meinem Hang zum Spiel, aus Leidenschaft, mir dummes Zeug im Theater anzusehen und mit nervöser Lust am Mimischen nachzuspielen. Auch Diebstähle beging ich im Keller der Eltern und vom Tisch weg, weil mein Gaumen über mich gebot oder weil ich für die Kameraden etwas brauchte, die sich ihre Spielgesellschaft, an der sie freilich das nämliche Vergnügen hatten, gleichwohl bezahlen ließen. Und dann, wenn wir spielten, gewann ich oft nur ermogelte Siege, selber doch besiegt von der hohlen Gier, mich hervorzutun. Und was ertrug ich weniger - wie schimpfte ich gewaltig, wenn ich dahinterkam - als eben das, was ich anderen tat? Und schimpfte man über mich, wenn man mir dahinterkam, so tobte ich lieber in Zorn und Wut, als daß ich es eingestanden hätte.

Ist das die Kindesunschuld? Nein, die gibt es nicht, Herr, nein, die gibt es nicht, laß es mich sagen, mein Gott. Mit diesen Dingen bleibt es doch das gleiche: nur daß für die Leute vom Ziehen und Unterrichten, für Nüsse und Bälle und Spatzen Statthalter und Könige kommen, Geld und Gut und Sklavenbesitz - und es bleibt doch jenes gleiche, ob auch die Jahre darüber fortgehen in die höheren, wie es von der Schulrute fortgeht zu den höheren Strafen.

Also nur der Geringigkeit, die an der Kindgestalt ihr Sinnbild findet, hast Du, unser König, Dein Lob gesprochen, als Du sagtest: »Für solche ist das Himmelreich.«

Dennoch Dank Dir, Herr, und hätte ich nach Deinem Willen auch nur die Knabenzeit verlebt, - Dir dem Hocherhabenen, dem allgütigen Schöpfer und Lenker des Alls, Dir unserm »Gotte Dank«. Denn auch damals war und

bam atque sentiebam meamque incolumita- 20,31
tem, vestigium secretissimae unitatis, ex qua eram, curae habebam, custodiebam interiore sensu integritatem sensuum meorum inque ipsis parvis parvarumque rerum cogitationibus veritate delectabar. Falli nolebam, memoria vigebam, locutione instruebar, amicitia mulcebar, fugiebam dolorem, abiectionem, ignorantiam. Quid in tali animante non mirabile atque laudabile?

At ista omnia dei mei dona sunt, non mihi ego dedi haec: et bona sunt et haec omnia ego. Bonus ergo est qui fecit me, et ipse est bonum meum et illi exulto bonis omnibus, quibus etiam puer eram. Hoc enim peccabam, quod non in ipso, sed in creaturis eius me atque ceteris voluptates, sublimitates, veritates quaerebam, atque ita inruebam in dolores, confusiones, errores.

Gratias tibi, dulcedo mea et honor meus et fiducia mea, deus meus, gratias tibi de donis tuis; sed tu mihi ea serva. Ita enim servabis me, et augebuntur et perficientur quae dedisti mihi, et ero ipse tecum, quia et ut sim tu dedisti mihi.

lebte und empfand ich, und als Nachbild der tiefgeheimen Einheit, der ich entstammte, war ich auf das unversehrte Heil meines Daseins bedacht: ich wachte mit dem inneren Sinn über die Vollkräftigkeit meiner äußeren Sinne, und schon bei meinen kleinen Gedanken über meine kleinen Dinge entzückte mich die Wahrheit - irren wollte ich mich nicht. Ich hatte ein treffliches Gedächtnis und lernte, mich gut auszudrücken; Freundschaft tat mir wohl, dem Schmerz, der Erniedrigung, der Unwissenheit suchte ich auszukommen. Was wäre an einem solchen Lebewesen nicht lob- und wunderwürdig?

Aber das alles ist Geschenk meines Gottes, nicht ich hab mir's gegeben; und gut ist das alles, und das alles - das war Ich. So ist Er gut, Er, der mich erschaffen hat, und Er selber ist für mich das Gut, und Ihm frohlocke ich für alles Gute, dank dessen ich schon als Knabe - war. Doch darin habe ich gesündigt, daß ich nicht in Ihm, sondern in seinen Geschöpfen, in mir und bei den anderen, das Freuliche, das Erhabene, das Wahre suchte, und so stürzte ich in Schmerz, in Wirrnis und Irrsal.

Dank sei Dir, der Du mir Süße bist und Ehre und Zuversicht, mein Gott! Dank sei Dir für Deine Gaben! Aber Du erhalte sie mir! Denn so nur wirst Du mich erhalten, und mehren wird sich und vollenden, was Du mir gegeben, und ich werde ich selber sein, seiend mit Dir; denn auch daß ich sein soll, das hast Du mir gegeben.

LIBER SECUNDUS

ZWEITES BUCH

Frühstürme der Jugend [16.-19. Lebensjahr]: Geschlechtliche Begierden [2]. Häuslicher Aufenthalt zwischen den Studien in Madaura und Karthago. Verhalten der Eltern in seiner Pubertät [3]. Birnendiebstahl [4]. Reflexionen aus Anlaß dieser Übeltat [5-10].

Recordari volo transactas foeditates meas 1, 1
et carnales corruptiones animae meae, non quod eas amem, sed ut amem te, deus meus. Amore amoris tui facio istud, recolens vias meas nequissimas in amaritudine recogitationis meae, ut tu dulcescas mihi, dulcedo [Ps 30, 20]
non fallax, dulcedo felix et secura, et colligens me a dispersione, in qua frustatim discissus sum, dum ab uno te aversus in multa evanui. Exarsi enim aliquando satiari inferis in adulescentia et silvescere ausus sum variis et umbrosis amoribus, et contabuit species [Dan 10, 8]
mea et conputrui coram oculis tuis placens mihi et placere cupiens oculis hominum.

Et quid erat, quod me delectabat, nisi amare 2, 2
et amari? Sed non tenebatur modus ab animo usque ad animum, quatenus est luminosus limes amicitiae, sed exhalabantur nebulae de limosa concupiscentia carnis et scatebra pubertatis et obnubilabant atque obfuscabant cor meum, ut non discerneretur serenitas dilectionis a caligine libidinis. Utrumque in confuso aestuabat et rapiebat inbecillam aetatem per abrupta cupiditatum atque mersabat gurgite flagitiorum.

Invaluerat super me ira tua, et nesciebam. Obsurdueram stridore catenae mortalitatis meae, poena superbiae animae meae, et ibam longius a te, et sinebas, et iactabar et effunde-

Ich will mir ins Gedächtnis rufen meinen Schmutz in abgelebten Jahren und das verderbliche Werk des Fleisches an meiner Seele; nicht als ob ich es liebte, sondern um Dich zu lieben, mein Gott. Aus Liebe zu der Liebe gegen Dich tu ich das; ich überblicke meine nichtswürdigen Wege in der Bitterkeit meiner Erinnerung, damit Du mir Wonne werdest, Du Wonne sonder Trug, Du Wonne voll Glück und Verlaß, und ich sammle mich zur Einheit aus der Zerfahrenheit, in der ich Stück um Stück zerfiel, da ich, abgekehrt von dem Einen, von Dir, mich vernichtigte an das Viele. Denn einst in jungen Jahren entbrannte ich vor Gier, am Niederen mich zu sättigen, und ich trieb es bis zum Verwildern im Wechsel tagscheuer Liebesfreuden. Da schwand meine Schönheit dahin, und in Fäulnis ging ich über in Deinen Augen und gefiel mir selbst dabei und suchte den Augen der Menschen zu gefallen.

Und was war es anderes, was mich freute, als zu lieben und geliebt zu werden? Aber es blieb nicht bei der Weise von Seele zu Seele, wie es auf der lichten Straße der Freundschaft ist, sondern Nebeldünste stiegen aus dem sumpfigen Gelüst des Fleisches und dem Strudel sich regender Mannbarkeit, und sie verwölkten und verdunkelten mein Herz, daß sich der heiter ruhige Glanz der Liebe nicht mehr unterscheiden ließ von der Finsternis der Wollust. Beides wogte durcheinander und schleifte meine wehrlose Jugend durch Abgründe von Leidenschaft und riß sie hinein in einen Wirbel von Schändlichkeiten.

Schon zog sich Dein Zorn über mir zusammen, und ich merkte nichts davon; in den Ketten meines Sterbelebens hörte ich nicht mehr vor ihrem Geklirr, - es war die Strafe für den Hochmut meiner Seele. Und immer weiter ging ich fort von Dir, und Du ließest es geschehen. Ich

bar et diffluebam et ebulliebam per fornica- 2,2
tiones meas, et tacebas.
O tardum gaudium meum! Tacebas tunc, et
ego ibam porro longe a te in plura et plura
sterilia semina dolorum superba deiectione et
inquieta lassitudine.
Quis mihi modularetur aerumnam meam et 2,3
novissimarum rerum fugaces pulchritudines
in usum verteret earumque suavitatibus metas
praefigeret, ut usque ad coniugale litus exae-
stuarent fluctus aetatis meae, si tranquillitas
in eis non poterat esse, fine procreandorum
liberorum contenta, sicut praescribit lex tua,
domine, qui formas etiam propaginem mortis
nostrae, potens inponere lenem manum ad
temperamentum spinarum a paradiso tuo se-
clusarum? Non enim longe est a nobis omni-
potentia tua, etiam cum longe sumus a te. Aut
certe sonitum nubium tuarum vigilantius ad-
verterem: »tribulationem autem carnis habe- I Kor 7, 28
bunt huius modi, Ego autem vobis parco«
et: »bonum est homini mulierem non tangere« I Kor 7, 1
et: »qui sine uxore est, cogitat ea quae sunt I Kor 7, 32 f
dei, quomodo placeat deo; qui autem matri-
monio iunctus est, cogitat ea quae sunt
mundi, quomodo placeat uxori.« Has ergo
voces exaudirem vigilantior et »abscisus prop- Mt 19, 12
ter regnum caelorum« felicior expectarem
amplexus tuos.
Sed efferbui miser, sequens impetum fluxus 2,4
mei relicto te, et excessi »omnia legitima tua« Lev 10, 11
nec evasi flagella tua: quis enim hoc morta- [Weish 16, 15]

wälzte mich in meinen Unzüchten, ich ergoß mich darein, ich zerfloß und verschäumte, - und Du schwiegst.

O Du, so spät erst meine Freude! Du schwiegst zu jener Zeit, und ich, ich ging weiter auf meinem Wege, fort von Dir zu immer neuer Saat, die nichts als Schmerzen fruchtet, - hochfahrend noch im Sturze, ruhlos noch in der Müdigkeit.

Wer hätte meiner Drangsal ein Maß gesetzt, die flüchtigen Reize niederster Ordnung mir zum Nutzen gewendet und ihren Wonnen ein Ziel gesteckt, daß die Wogen meiner Jugendkraft doch bis zum Gestade der Ehe gebrandet wären! Wenn es volle Ruhe hier nun einmal nicht geben konnte, so doch die Ruhe der befriedenden Absicht, Kinder zu erzeugen, wie Dein Gesetz es vorschreibt, Herr. Denn Du bildest auch die Nachkommenschaft unseres todgeweihten Geschlechtes, mächtig genug, mit linde aufgelegter Hand die Dornen zu stumpfen, die Dein Paradies nicht getragen hat. Ist ja nicht fern von uns Deine Allmacht, ob wir auch ferne sind von Dir. Oder hätte ich für die Donnerworte Deiner Wolken doch ein achtsamer Ohr gehabt: »Solche werden Drangsal des Fleisches haben, Ich aber meine es gut mit euch«, und wieder: »Gut ist es für den Mann, kein Weib zu berühren«; und wieder: »Wer keine Frau hat, ist auf die Sache des Herrn bedacht, wie er Gott gefalle; wer aber in der Ehe lebt, ist bedacht auf die Dinge der Welt, wie er seiner Frau gefalle«. Hätte ich wachsameren Ohres diese Stimme aufgenommen - ich hätte als ein »Verschnittener um des Himmelreichs willen« glücklicheren Herzens Deiner Umarmungen gewärtig sein dürfen.

Aber ich Unseliger lebte im Saus dahin und überließ mich dem Ungestüm des Gewoges in mir, los und weit von Dir, und brach »all Deine Satzungen«, - aber Deiner

lium? Nam tu semper aderas misericorditer 2,4
saeviens, et amarissimis aspergens offensioni-
bus omnes illicitas iucunditates meas, ut ita
quaererem sine offensione iucundari, et ubi
hoc possem, non invenirem quicquam praeter
te, domine, praeter te, »qui fingis dolorem in Ps 93, 20
praecepto« et percutis, ut sanes, et occidis nos,
ne moriamur abs te. [Deut 32, 39]
Ubi eram et quam longe exulabam a deliciis domus tuae anno illo sexto decimo aetatis carnis meae, cum accepit in me sceptrum et totas manus ei dedi vesania libidinis licentiosae per dedecus humanum, inlicitae autem per leges tuas? Non fuit cura meorum ruentem excipere me matrimonio, sed cura fuit tantum, ut discerem sermonem facere quam optimum et persuadere dictione.

Et anno quidem illo intermissa erant studia 3,5
mea, dum mihi reducto a Madauris, in qua vicina urbe iam coeperam litteraturae atque oratoriae percipiendae gratia peregrinari, longinquioris apud Carthaginem peregrinationis sumptus praeparabantur animositate magis quam opibus patris, municipis Thagastensis admodum tenuis.
Cui narro haec? Neque enim tibi, deus meus: sed apud te narro haec generi meo, generi humano, quantulacumque ex particula incidere potest in istas meas litteras. Et ut quid hoc? Ut videlicet ego et quisquis haec legit
cogitemus, de quam profundo clamandum sit [Ps 129, 1]

Rute kam ich nicht aus. Welcher Sterbliche auch vermöchte es? Du warst immer da, Dein Grimm war Erbarmen, und den vergällenden Ekel sprengtest Du in all meine unerlaubten Freuden, auf daß ich nach Freuden ohne Ekel verlangen sollte und es einzig nur in Dir vermöchte, Herr, ja in Dir, der Du uns »den Schmerz zur Lehre werden läßt« und Wunden schlägst, um zu heilen, und tödlich triffst. damit wir nicht sterben fern von Dir.

Wo war ich doch, wie weit von den Wonnen Deines Hauses - damals in jenem sechzehnten Jahr meines Daseins im Fleische, da die Herrschaft über mich ergriff - und ich ergab mich ihr ganz - die Raserei der Lustbegier, erlaubt nach dem Schandurteil der Welt, aber unerlaubt nach Deinen Gesetzen? Und die Meinen sorgten nicht dafür, den Fallenden wenigstens in einer Ehe aufzufangen, sondern ihre einzige Sorge war es, daß ich einen möglichst guten Stil mir aneigne und durch die Kunst des Wortes zu überreden lerne.

In jenem Jahr hatte mein Studium eine Unterbrechung erfahren. Man rief mich zurück aus der Nachbarstadt Madaura, wo ich bereits das Studium der Literatur[1] und der Redekunst begonnen hatte, und traf Anstalt für mich, die Mittel zu einem längeren Auswärtsstudium in Karthago aufzubringen. So entsprach es dem Ehrgeiz, weniger dem Vermögen meines Vaters, der im kleinen Thagaste in recht bescheidenen bürgerlichen Verhältnissen lebte.

Aber wem erzähle ich das? Nicht Dir, mein Gott; ich erzähle es in Deiner Gegenwart meinesgleichen, dem Menschengeschlecht, wie klein auch das Häufchen sein mag, das einst an dies mein Buch geraten wird. Und wozu erzähl ich's denn? Damit ich und jeder, der es liest, bedenke, daß man aus jeder Tiefe, noch so groß, zu Dir

ad te. Et quid propius auribus tuis, si cor con- 3,5
fitens et vita ex fide est?
Quis enim non extollebat laudibus tunc homi-
nem, patrem meum, quod ultra vires rei fami-
liaris suae impenderet filio, quidquid etiam
longe peregrinanti studiorum causa opus es-
set? Multorum enim civium longe opulentio-
rum nullum tale negotium pro liberis erat,
cum interea non satageret idem pater, qualis
crescerem tibi aut quam castus essem, dum-
modo essem disertus vel desertus potius a cul-
tura tua, deus, qui es unus verus et bonus
dominus agri tui, cordis mei.
Sed ubi sexto illo et decimo anno interposito 3,6
otio ex necessitate domestica feriatus ab omni
schola cum parentibus esse coepi, excesserunt
caput meum vepres libidinum, et nulla erat
eradicans manus. Quin immo ubi me ille pater
in balneis vidit pubescentem et inquieta indu-
tum adulescentia, quasi iam ex hoc in nepotes
gestiret, gaudens matri indicavit, gaudens
vinulentia, in qua te iste mundus oblitus est
creatorem suum et creaturam tuam pro te
amavit, de vino invisibili perversae atque
inclinatae in ima voluntatis suae. Sed matris
in pectore iam inchoaveras templum tuum et
exordium »sanctae habitationis« tuae: nam Sir
ille adhuc catechumenus, et hoc recens, erat. 24, 14
Itaque illa exsiluit pia trepidatione ac tremore
et quamvis mihi nondum fideli, timuit tamen
vias distortas, in quibus ambulant qui »po-
nunt« ad te »tergum et non faciem«. Jer 2, 27

rufen soll. Denn was ist näher Deinem Ohr als ein bekennendes Herz und ein Leben aus dem Glauben?

Alle rühmten sie damals einen Menschen, meinen Vater, daß er über seine Kräfte hinaus für seinen Sohn alle Mittel aufwenden wollte, die ein Studium in der Fremde, gar noch ein langes, erforderte - viele weit vermöglichere Bürger brachten für die Ausbildung ihrer Kinder kein solches Opfer. Aber derselbe Vater machte sich keine Sorge darum, als welcher Mensch ich wohl vor Dir in die Jahre wüchse oder wie es um meine Keuschheit stehe: wenn ich's nur zur wohlgebauten Rede brächte, richtiger zu einem Menschen, bei dem nicht Du, o Gott, zu bauen hättest, der einzig wahre und gute Herr Deines Ackers, meines Herzens.

Eben damals aber, in meinem sechzehnten Jahr, als ich des Geldmangels wegen wieder bei meinen Eltern lebte, nun ein Müßiggänger und aller Schule ledig, wuchs mir das Dorngestrüpp der Sinnlichkeit über den Kopf, und keine Hand war da, es auszureißen. Im Gegenteil, mein Vater, wie er nun einmal war, erzählte, als er beim Bäderbesuch die Zeichen durchbrechender Mannesreife und den Drang meines jungen Leibes bemerkt hatte,[2] voll Vergnügen der Mutter davon, als trüge er bereits auf Enkel an, vergnügt in dem Rausche, in dem diese Welt Dich, ihren Schöpfer, vergißt und Dein Geschöpf statt Deiner liebt, trunken vom heimlichen Taumelwein ihres verkehrten und aufs Niederste geneigten Trachtens. Aber im Herzen der Mutter hattest Du schon Deinen Tempel zu bauen begonnen und den Anfang mit Deiner »heiligen Einwohnung« gemacht - der Vater war ja noch Taufbewerber, und das seit kurzem erst -, und so fuhr sie auf, erzitternd in frommer Angst, und ob ich gleich noch nicht zu den Gläubigen zählte, bangte sie für mich vor den krummen Wegen, wie die sie wandeln, die Dir »den Rükken kehren, nicht das Angesicht«.

Ei mihi! Et audeo dicere tacuisse te, deus 3,7
meus, cum irem abs te longius? Itane tu tace-
bas tunc mihi? Et cuius erant nisi tua verba
illa per matrem meam, fidelem tuam, quae
cantasti in aures meas? Nec inde quicquam
descendit in cor, ut facerem illud. Volebat
enim illa, et secreto memini ut monuerit cum
sollicitudine ingenti, ne fornicarer maximeque
ne adulterarem cuiusquam uxorem.

Qui mihi monitus muliebres videbantur, qui-
bus obtemperare erubescerem. Illi autem tui
erant, et nesciebam et te tacere putabam atque
illam loqui, per quam mihi tu non tacebas, et
in illa contemnebaris a me, a me, filio eius,
»filio ancillae tuae, servo tuo«. Sed nesciebam Ps 115, 16
et praeceps ibam tanta caecitate, ut inter coae-
taneos meos puderet me minoris dedecoris,
quoniam audiebam eos iactantes flagitia sua
et tanto gloriantes magis, quanto magis turpes
essent, et libebat facere non solum libidine
facti verum etiam laudis. Quid dignum est
vituperatione nisi vitium? Ego ne vituperarer,
vitiosior fiebam, et ubi non suberat, quo ad-
misso aequarer perditis, fingebam me fecisse
quod non feceram, ne viderer abiectior, quo
eram innocentior, et ne vilior haberer, quo
eram castior.

Ecce cum quibus comitibus iter agebam pla- 3,8
tearum Babyloniae et volutabar in caeno eius
tamquam in cinnamis et unguentis pretiosis.
Et in umbilico eius quo tenacius haererem,

Ach, und da wage ich zu sagen, Du, mein Gott, habest geschwiegen, da ich weiter und weiter von Dir ging! Wirklich, Du hättest damals mir geschwiegen? Und wessen waren denn die Worte, wenn nicht die Deinen, die Du durch den Mund der Mutter, die an Dich glaubte, mir oft und oft in meine Ohren riefst? Nur ist freilich nichts ins Herz hinabgedrungen, daß ich danach gehandelt hätte. Denn was sie wollte - und ich erinnere mich, wie unendlich besorgt sie unter vier Augen mahnte -, das war, ich sollte keine Unzucht treiben, gar die Ehe brechen mit der Frau eines andern.

Solche Ermahnungen hielt ich für weibisch, und ich hätte mich geschämt, sie zu befolgen. Und es waren doch Deine Mahnungen, und ich wußte es nicht und dachte, Du schwiegest und nur die Mutter rede, und doch warst Du es, der durch sie sein Schweigen brach, und in ihr wardst Du von mir verachtet, von mir, ihrem Sohn, dem »Sohn Deiner Magd, Deinem Knecht«. Aber ich wußte es nicht, und rannte weiter in solcher Blindheit, daß ich mich vor meinen Altersgenossen schämte, wenn ich es weniger schamlos trieb als sie; ich hörte doch, wie sie ihrer Schandtaten sich rühmten und um so mehr mit ihnen prahlten, je schändlicher sie waren, und so gefiel ich mir in gleichem Tun schon nicht mehr bloß aus Lust an der Tat, sondern auch am Ruhm. Was verdient denn Tadel, wenn nicht das Laster? Und ich, um nicht getadelt zu werden, wurde noch lasterhafter, und wenn ich keine wirkliche Untat aufzuweisen hatte, die mich der verworfenen Gesellschaft gleichstellte, so log ich ihnen vor, ich hätte getan, was ich nicht getan,[3] damit ich nicht um so verächtlicher schien, als ich unschuldiger war, um so kümmerlicher dastand, als ich keuscher war.

Welche Gesellschaft, in der ich mich auf den Straßen Babylons herumtrieb, in seinem Schmutz mich wälzte, als wäre er Balsam und köstliche Narde! Und mitten drin,

calcabat me inimicus invisibilis et seducebat 3,8
me, quia ego seductilis eram. Non enim et
illa, quae iam de »medio Babylonis« fugerat, Jer 51, 6
sed ibat in ceteris eius tardior, mater carnis
meae, sicut monuit me pudicitiam, ita curavit
quod de me a viro suo audierat, iamque pestilentiosum et in posterum periculosum sentiebat
cohercere termino coniugalis affectus, si resecari ad vivum non poterat; non curavit hoc,
quia metus erat, ne inpediretur spes mea conpede uxoria, non spes illa, quam in te futuri
saeculi habebat mater, sed spes litterarum, quas ut nossem nimis volebat parens uterque,
ille, quia de te prope nihil cogitabat, de me autem inania, illa autem, quia non solum
nullo detrimento, sed etiam nonnullo adiumento ad te adipiscendum futura existimabat usitata illa studia doctrinae.

Ita enim conicio recolens, ut possum, mores parentum meorum. Relaxabantur etiam mihi
ad ludendum habenae ultra temperamentum severitatis in dissolutionem affectionum variarum, et in omnibus erat caligo intercludens
mihi, deus meus, serenitatem veritatis tuae,
et »prodiebat tamquam ex adipe iniquitas Ps 72, 7
mea«.

Furtum certe punit lex tua, domine, et lex 4,9
scripta in cordibus hominum, quam ne ipsa quidem delet iniquitas: quis enim fur aequo animo furem patitur? Nec copiosus adactum

damit ich um so fester steckenbliebe, trat mich der unsichtbare Feind noch unter seine Füße und verführte mich, weil ich leicht zu verführen war. Und auch die Mutter, die freilich aus dem »Innern Babylons« schon geflohen war, aber an seinem Rande es doch nicht mehr so eilig hatte, die Mutter meines Fleisches, sie ermahnte mich wohl zu einem züchtigen Leben, aber nicht so lag es ihr am Herzen, meinen Zustand, den sie aus der Erzählung ihres Mannes kannte und als Verderbnis und kommendes Unheil empfand, wenigstens in die Schranken ehelicher Liebe zu bannen, wenn sich das Schwärende schon nicht aufs gesunde Fleisch zurückschneiden ließe.[4] Und das machte ihr nur deshalb keine Sorge, weil zu befürchten stand, die eheliche Fessel könnte die Hoffnung vereiteln, die man auf mich setzte, nicht die Jenseitshoffnung - die setzte meine Mutter auf Dich -, sondern die Hoffnung auf die wissenschaftliche Ausbildung: daß ich die mir erwürbe, darauf drangen meine Eltern allzusehr - der Vater, weil er an Dich überhaupt kaum dachte, an mich nur mit dem Kopf voll eitler Pläne, die Mutter, weil sie den üblichen Bildungsgang nicht nur für keinen Schaden hielt, sondern eher für eine Förderung auf dem Weg zu Dir.
So vermute ich wenigstens, wenn ich mir den Charakter meiner Eltern, so gut ich kann, vergegenwärtige. Auch für meine Liebhabereien ließ man über eine angemessene Strenge hinaus die Zügel locker, daß ich in wechselnden Leidenschaften allen Halt verlor. Überall umgab mich ein Dunkel, das mich absperrte gegen das heitere Licht Deiner Wahrheit, mein Gott, und »üppig wie aus fettem Boden schoß meine Bosheit ins Kraut«.

Den Diebstahl - daran ist kein Zweifel - ahndet Dein Gesetz, Herr, und zwar schon das ins Menschenherz geschriebene Gesetz, das nicht einmal die Schlechtigkeit zum Erlöschen bringt.[5] Oder welcher Dieb ließe sich ruhig einen Diebstahl gefallen? Nicht einmal einer, der's hat,

inopia. Et ego furtum facere volui et feci nulla conpulsus egestate nisi penuria et fastidio iustitiae et sagina iniquitatis. Nam id furatus sum, quod mihi abundabat et multo melius, nec ea re volebam frui, quam furto appetebam, sed ipso furto et peccato. 4,9

Arbor erat pirus in vicinia nostrae vineae pomis onusta nec forma nec sapore inlecebrosis. Ad hanc excutiendam atque asportandam nequissimi adulescentuli perreximus nocte intempesta, quousque ludum de pestilentiae more in areis produxeramus, et abstulimus inde onera ingentia non ad nostras epulas, sed vel proicienda porcis, etiamsi aliquid inde comedimus, dum tamen fieret a nobis quod eo liberet, quo non liceret.

Ecce cor meum, deus, ecce cor meum, quod miseratus es in imo abyssi. Dicat tibi nunc ecce cor meum, quid ibi quaerebat, ut essem gratis malus et malitiae meae causa nulla esset nisi malitia. Foeda erat, et amavi eam; amavi perire, amavi defectum meum, non illud, ad quod deficiebam, sed defectum meum ipsum amavi, turpis anima et dissiliens a firmamento tuo in exterminium, non dedecore aliquid, sed dedecus appetens.

Etenim species est pulchris corporibus et auro 5,10
et argento et omnibus, et in contactu carnis congruentia valet plurimum ceterisque sensi-

von einem, der's braucht. Und ich, ich wollte einen Diebstahl begehen und beging ihn, von keiner Not gedrungen, nur vom Mangel und Überdruß am Gutsein und vom feisten Behagen am Bösen. Denn was ich stahl, davon besaß ich selbst im Überfluß und noch viel besser. Ich wollte mich ja auch gar nicht an der Beute letzen, auf die ich beim Stehlen ausging, sondern allein an der Dieberei und der Sünde.

Ein Birnbaum stand in der Nähe unseres Weinbergs, schwer mit Früchten beladen, die aber nichts Verlockendes hatten, weder nach Aussehen noch Geschmack. Wir Bürschchen, eine Bande von Taugenichtsen - es war schon tief in der Nacht, und so lang hatten wir uns nach übler Gewohnheit auf den Spielplätzen herumgetrieben - zogen los, den Baum zu schütteln und die Beute fortzuschaffen. Birnen, die schwere Menge, schleppten wir weg - nicht für unsern Verzehr, denn höchstens den Schweinen wollten wir sie hinwerfen -, und wenn wir einiges davon aßen, so taten wir's, nur damit wir etwas täten, was eine Lust ist, weil es nicht erlaubt ist.

Ja, so war mein Herz, Gott, Du weißt es, so war mein Herz, dessen Du in der Tiefe seines Abgrunds Dich erbarmt hast. Siehe, nun soll dieses Herz Dir auch sagen, was es dabei suchte: daß ich um nichts und wieder nichts schlecht war, meine Bosheit eben nur die Bosheit zum Grunde hatte. Abscheulich war sie, und ich liebte sie; ich liebte es, zu verkommen, ich liebte meine Sünde: nicht das, wonach ich in der Sünde griff, sondern mein Sündigen selbst. Schändliche Seele! Von dem festen Grunde, der Du bist, sprang sie ab ins reine Nichts: denn nicht ein Etwas begehrte sie, ob auch schändlicherweise, sondern das Schändliche selbst.

Unser Gefallen ruht auf schönen Körpern, auch auf Gold und Silber und was noch allem; bei der fleischlichen Berührung beruht die höchste Wirkung auf einer Harmonie

bus est sua cuique adconmodata modificatio 5,10
corporum; habet etiam honor temporalis et
imperitandi atque superandi potentia suum
decus, unde etiam vindictae aviditas oritur:
et tamen in cuncta haec adipiscenda non est
egrediendum abs te, domine, neque devian-
dum a lege tua. Et vita, quam hic vivimus,
habet inlecebram suam propter quendam mo-
dum decoris sui et convenientiam cum his om-
nibus infimis pulchris. Amicitia quoque homi-
num caro nodo dulcis est propter unitatem
de multis animis.

Propter universa haec atque huius modi pec-
catum admittitur, dum inmoderata in ista
inclinatione, cum extrema bona sint, meliora
et summa deseruntur, tu, domine deus noster,
et veritas tua et lex tua. Habent enim et haec
ima delectationes, sed non sicut deus meus,
qui fecit omnia, quia in ipso delectatur iustus,
et ipse est deliciae rectorum corde. [Ps 63, 11; 103, 34]

Cum itaque de facinore quaeritur, qua causa 5,11
factum sit, credi non solet, nisi cum appetitus
adipiscendi alicuius illorum bonorum, quae
infima diximus, esse potuisse adparuerit aut
metus amittendi. Pulchra sunt enim et decora,
quamquam prae bonis superioribus et beati-
ficis abiecta et iacentia. Homicidium fecit.
Cur fecit? Adamavit eius coniugem aut prae-
dium, aut voluit depraedari, unde viveret,
aut timuit ab illo tale aliquid amittere aut
laesus ulcisci se exarsit. Num homicidium sine
causa faceret ipso homicidio delectatus? Quis

in der Wechselfühlung;[6] und auch von den übrigen Sinnen hat jeder im Bereich des Sinnfälligen die ihm angemessene Entsprechung. Aber gleichso hat die irdische Ehre und die Befehls- und Herrschgewalt ihre Würde; daher denn auch der starke Drang nach persönlicher Geltung. Und dennoch, man darf sich im Trachten nach all dem nicht von Dir entfernen, Herr, noch von Deinem Gesetz abgehen. Das Leben überhaupt, das wir hienieden verbringen, hat sein Verlockendes; es liegt dies an einem gewissen Maß von Schönheit und Würde und an der Sympathie mit diesem ganzen untersten Bereich des Schönen. Nicht minder hat Freundschaft unter Menschen ihre Köstlichkeit in der verknüpfenden Treue, die aus vielen Gemütern eine Einheit schafft.

All das und Ähnliches wird Anlaß zur Sünde, wenn man in übertriebener Hinneigung zu diesen doch nur untersten Gütern bessere und höchste preisgibt: Dich, Herr unser Gott, und Deine Wahrheit und Dein Gesetz. Auch diese niedrigsten Güter haben etwas Freuliches, doch nicht so wie mein Gott, der alles erschaffen hat; so erfreut sich denn in ihm, wer gerecht ist, und er ist die Wonne denen, die aufrechten Herzens sind.[7]

Erhebt sich also bei einer Untat die Frage nach dem Beweggrund, so pflegt man den Aussagen nicht eher Glauben beizumessen, als bis sich herausgestellt hat, daß eines jener untersten Güter im Spiele war, sei es in der Gier, es zu erlangen, oder in der Furcht, es zu verlieren; ja, sie sind schön und wohlgestalt, freilich gegenüber den höheren und beseligenden Gütern nieder und gering. Einen Mord hat der begangen. Warum hat er's getan? Er liebte des andern Weib oder Gut, oder er wollte ihn berauben, um davon zu leben, oder er fürchtete vom andern einen solchen Verlust, oder er brannte als Beleidigter, sich zu rächen. Sollte er ohne Grund gemordet haben, bloß aus Freude am Mord? Wer möchte das glauben? Selbst bei

crediderit? Nam et de quo dictum est vaecordi et nimis crudeli homine, quod gratuito potius malus atque crudelis erat; praedicta est tamen causa: »ne per otium«, inquit, »torpesceret manus aut animus.« Quare id quoque? Cur ita? Ut scilicet illa exercitatione scelerum, capta urbe, honores, imperia, divitias adsequeretur et careret metu legum et difficultate rerum propter inopiam rei familiaris et conscientiam scelerum. Nec ipse igitur Catilina amavit facinora sua, sed utique aliud, cuius causa illa faciebat. 5,11 Sall Cat 9

Quid ego miser in te amavi, o furtum meum, o facinus illud meum nocturnum sexti decimi anni aetatis meae? Non enim pulchrum eras, cum furtum esses. Aut vero aliquid es, ut loquar ad te? Pulchra erant poma illa, quae furati sumus, quoniam creatura tua erat, pulcherrime omnium, creator omnium, deus bone, deus summum bonum et bonum verum meum; pulchra erant illa poma, sed non ipsa concupivit anima mea miserabilis. Erat mihi enim meliorum copia, illa autem decerpsi, tantum ut furarer. Nam decerpta proieci epulatus inde solam iniquitatem, qua laetabar fruens. Nam et si quid illorum pomorum intravit in os meum, condimentum ibi facinus erat. 6,12

Et nunc, domine deus meus, quaero, quid me in furto delectaverit, et ecce species nulla est: non dico sicut in aequitate atque prudentia, sed neque sicut in mente hominis atque me-

jenem wahrlich grausamen Wüterich, von dem berichtet wird, er sei eigentlich um nichts und wieder nichts schlecht und grausam gewesen, wird doch zuvor ein Beweggrund angegeben: »Damit nicht aus Untätigkeit Arm und Mut erschlaffe.«[8] Auch hier - was war der Grund? Warum dies so? Er wollte durch solche Übung im Verbrechen, sobald er nur erst Rom in seine Gewalt gebracht hätte, zu Ehren, Macht und Reichtum gelangen, ledig werden aller Furcht vor dem Strafgesetz und aus der mißlichen Lage herauskommen, in die er durch die Zerrüttung seines Vermögens und das Bewußtsein seiner Verbrechen geraten war. Selbst ein Catilina also liebte nicht seine Schandtaten, sondern etwas anderes, eben das, weswegen er sie beging.

Und ich! Was habe ich an dir geliebt, du mein Diebstahl, du meine nächtliche Schandtat im sechzehnten Jahr meines Lebens? Schön warst du nicht, denn du warst ja Diebstahl! Aber bist du überhaupt etwas, daß ich dich anrede? Schön waren die Früchte, die wir stahlen, weil Du sie geschaffen, Du Schönster von allem, Gott der Güte, höchstes Gut und mein wahres Gut; schön waren jene Früchte, aber nicht nach ihnen verlangte es mich in meinem erbärmlichen Herzen. Ich hatte ja bessere in Menge, die fremden aber schüttelte ich nur, um zu stehlen. Denn kaum waren sie geschüttelt, warf ich sie weg und aß davon nur die Sünde, die aber genoß ich mit Freude. Und führte ich mir auch einen Bissen von diesen Birnen zum Munde, so war doch die Würze dran der Frevel.

Und jetzt, Herr mein Gott, frage ich, was eigentlich an dem Diebstahl mich freute, und - vom Reiz des Schönen nicht die Spur. Ich rede nicht von der Schönheit, wie sie der Billigkeit und Klugheit eigen ist, aber es war dabei auch nichts von einer Schönheit, wie sie im Geist des Menschen und in der Erinnerungskraft, wie sie in den Sin-

moria et sensibus et vegetante vita, neque sic- 6,12
ut speciosa sunt sidera et decora locis suis et
terra et mare plena fetibus, qui succedunt na-
scendo decedentibus; non saltem ut est quae-
dam defectiva species et umbratica vitiis fal-
lentibus.

Nam et superbia celsitudinem imitatur, cum 6,13
tu sis unus super omnia deus excelsus. Et am-
bitio, quid nisi honores quaerit et gloriam,
cum tu sis prae cunctis honorandus unus et
gloriosus in aeternum? Et saevitia potesta-
tum timeri vult: quis autem timendus nisi
unus deus, cuius potestati eripi aut subtrahi
quid potest, quando aut ubi aut quo vel a
quo potest? Et blanditiae lascivientium amari
volunt: sed neque blandius est aliquid tua cari-
tate nec amatur quicquam salubrius quam illa
prae cunctis formosa et luminosa veritas tua.
Et curiositas affectare videtur studium scien-
tiae, cum tu omnia summe noveris. Ignorantia
quoque ipsa atque stultitia simplicitatis et
innocentiae nomine tegitur, quia te simplicius
quicquam non reperitur. Quid te autem inno-
centius, quandoquidem opera sua malis ini-
mica sunt? Et ignavia quasi quietem appetit:
quae vero quies certa praeter dominum? Lu-
xuria satietatem atque abundantiam se cupit
vocari: tu es autem plenitudo et indeficiens
copia incorruptibilis suavitatis. Effusio libe-
ralitatis obtendit umbram: sed bonorum om-
nium largitor affluentissimus tu es. Avaritia
multa possidere vult: et tu possides omnia.

nen, auch schon im bloß wüchsigen Leben sich findet, nichts auch von der Art, wie die Gestirne schön sind und eine Zier an ihrem Ort, wie die Erde und das Meer mit ihrem Lebendigen, das sich drängt im Wechsel von Werden und Vergehen; selbst nichts von jener wesenlosen, schattenhaften Schönheit, mit der die Laster uns betören.

Erst[9] einmal die Hoffart - sie will sich geben als Erhabenheit, da doch Du, o Gott, allein erhaben bist über alles. Dann der Ehrgeiz - er trachtet einzig nach Würden und Ruhm, da doch Du, und Du allein, es bist, dem Ehre gebührt und Ruhm in Ewigkeit. Und die Unmenschlichkeit bei Machthabern will gefürchtet sein: aber wen hat man zu fürchten als Gott allein, dessen Macht man nichts entreißen, der nichts sich entziehen kann - wer denn auch könnte es? Und wo? Und wohin? Und Zärtlichkeiten der Lüstlinge werben um Liebe: aber nichts zärtlicher, als wenn Deine Liebe sich neigt, und nichts Heilsameres läßt sich lieben als Deine Wahrheit, schön über alles und Licht verstrahlend. Und der Fürwitz gibt sich als Wissensdrang, da doch höchstes Wissen um alles bei Dir ist. Selbst auch die Unwissenheit verkleidet sich und möchte für Einfalt und Unschuld gehen: denn Einfalt findet sich bei Dir und nirgend reiner, und wo wäre Unschuld gleich der Deinen, da sich an den Bösen doch nur ihre eigenen Werke rächen. Trägheit will so scheinen, als suchte sie die Ruhe: aber gibt es sichere Ruhe außer im Herrn? Üppigkeit möchte Wohlstand und Reichtum heißen: Du aber bist das letzte Genügen und unvergänglicher Erquickung unerschöpflicher Überfluß. Verschwendung stellt sich in den Schatten der Freigebigkeit; doch Geber aller guten Gaben in strömender Fülle bist Du. Habsucht will viel besitzen; aber Du hast alles im Besitz. Eifersucht streitet um Vorrang; was hat den Vorrang vor Dir? Zorn will Ahndung: wer ahndet gerechter als Du? Furcht - sie zit-

Invidentia de excellentia litigat: quid te ex- cellentius? Ira vindictam quaerit: te iustius quis vindicat? Timor insolita et repentina ex- horrescit rebus, quae amantur, adversantia, dum praecavet securitati: tibi enim quid in- solitum? Quid repentinum? Aut quis a te separat quod diligis? Aut ubi nisi apud te firma securitas? Tristitia rebus amissis conta- bescit, quibus se oblectabat cupiditas, quia ita sibi nollet, sicut tibi auferri nihil potest. 6,13

Ita fornicatur anima, cum avertitur abs te et quaerit extra te ea quae pura et liquida non invenit, nisi cum redit ad te. Perverse te imi- tantur omnes, qui longe se a te faciunt et ex- tollunt se adversum te. Sed etiam sic te imi- tando indicant creatorem te esse omnis na- turae et ideo non esse, quo a te omni modo recedatur. 6,14

Quid ergo in illo furto ego dilexi et in quo dominum meum vel vitiose atque perverse imitatus sum? An libuit facere contra legem saltem fallacia, quia potentatu non poteram, ut mancam libertatem captivus imitarer fa- ciendo inpune quod non liceret tenebrosa omnipotentiae similitudine? Ecce est ille »ser- vus fugiens dominum suum et consecutus um- bram«. O putredo, o monstrum vitae et mor- tis profunditas! Potuitne libere quod non lice- bat, non ob aliud, nisi quia non licebat? Job Sept 7, 2

»Quid retribuam domino«, quod recolit haec memoria mea et anima mea non metuit inde? 7,15 Ps 115, 12

tert um geliebte Dinge vor feindlich Ungewohntem, Unverhofftem, das teuren Gütern droht, immer auf Sicherung bedacht; doch bei Dir - was wäre ungewohnt, was käme unverhofft? Oder wer entrisse Dir, was Du liebst? Oder wo sonst als bei Dir ist fester Stand auf festem Grund? Trauer verzehrt sich um Verlorenes, woran das begehrliche Herz sich geweidet hat: ihm sollte, gleichwie Dir, so möchte es, kein Verlust geschehen können.

So buhlt die Seele umher, wenn sie von Dir sich wendet und außer Dir das sucht, was sie rein und ungetrübt nur findet, wenn sie zurückkehrt zu Dir. Schlecht machen sie Dich nach, alle, die so tun, als wären sie Dir weit entwischt, und dann großtun wider Dich. Aber auch so, wenn sie es äffisch Dir nachtun wollen, verraten sie, daß der Schöpfer alles Wesenhaften[10] Du bist und deshalb kein Wohin ist, wollte einer ganz und gar Dich los sein.

Was also hab denn ich an jenem Diebstahl geliebt? Worin wollte ich - freilich auf die üble, zerrbildliche Weise der Sünde - mich ähnlich machen meinem Herrn? War meine Lust, wenigstens als heimlicher Betrüger gegen Dein Gesetz zu handeln, weil ich es mit offener Gewalt ja nicht vermochte, - war es die Lust des Sklaven, im straflosen Treiben des Verbotenen mir Freiheit, eine verkrüppelte Freiheit vorzuspielen, als ich nur das schattenschwarze Spottbild von Allmächtigkeit war? Ja, das ist er, »der Sklave, der seinem Herrn entläuft und einen Schatten greift«. O Verderb! O Unnatur von Leben, in Wahrheit Tod im Bodenlosen! War's denn möglich, zu wollen, was nicht sein sollte, und dies einzig deshalb, weil es nicht sein sollte?

»Wie soll ich's dem Herrn vergelten«,[11] daß ich diese Dinge im Gedächtnis wiederholen kann, ohne daß meine

Diligam te, domine, et gratias agam et confitear nomini tuo; quoniam tanta dimisisti mihi mala et nefaria opera mea. Gratiae tuae deputo et misericordiae tuae, quod peccata mea tamquam glaciem solvisti. Gratiae tuae deputo et quaecumque non feci mala: quid enim non facere potui, qui etiam gratuitum facinus amavi? 7,15
Et omnia mihi dimissa esse fateor, et quae mea sponte feci mala et quae te duce non feci. Quis est hominum, qui suam cogitans infirmitatem audet viribus suis tribuere castitatem atque innocentiam suam, ut minus amet te, quasi minus ei necessaria fuerit misericordia tua, qua donas peccata conversis ad te? Qui enim vocatus a te secutus est vocem tuam et vitavit ea, quae me de me ipso recordantem et fatentem legit, non me derideat ab eo medico aegrum sanari, a quo sibi praestitum est, ut non aegrotaret, vel potius ut minus aegrotaret, et ideo te tantundem, immo vero amplius diligat, quia per quem me videt tantis peccatorum meorum languoribus exui, per eum se videt tantis peccatorum languoribus non inplicari.

»Quem fructum« habui miser aliquando »in 8,16
his«, quae »nunc« recolens »erubesco«, ma- Röm 6,21
xime in illo furto, in quo ipsum furtum amavi, nihil aliud, cum et ipsum esset nihil et eo ipso ego miserior? Et tamen solus id non fecissem – sic recordor animum tunc meum – solus om-

Seele darob in Furcht gerät? Ich will Dich lieben, Herr, Dir danken, Deinen Namen preisen, daß Du mir so viel Böses und Ruchloses, das ich getan, vergeben hast. Deiner Gnade, Deiner Erbarmung rechne ich es zu, daß Du meine Sünden wie Eis hinweggeschmolzen hast. Deiner Gnade rechne ich auch das Nichttun anderes Bösen zu: denn wozu sonst noch wäre ich imstande gewesen, ich, der ich die Sünde sogar als Sünde ohne Entgelt liebte!

Und alles, ich bekenne es, ist mir vergeben: was ich Böses ganz aus mir getan, und was ich Böses nur dank Deiner Führung nicht getan. Wo ist der Mensch, der es wagte, wenn er seine Schwäche bedenkt, seine Keuschheit und Unschuld der eigenen Kraft zuzuschreiben, so daß er Dich also weniger liebte, gleich als wäre ihm Dein Erbarmen weniger nötig gewesen, das Erbarmen, mit dem Du die Sünden denen vergibst, die wieder zu Dir sich wenden? Wer immer, von Dir gerufen, Deinem Rufe folgte und dem entgangen ist, was ich hier, wie er liest, in der Erinnerung aufleben lasse und bekenne, hat wahrhaftig keinen Grund, zu lachen über mich: ihn hat der gleiche Arzt, der mich von meiner Krankheit geheilt hat, davor bewahrt, zu erkranken, oder vielmehr so schwer zu erkranken; und also soll er Dich gleichso, nein, viel mehr noch lieben; er sieht es doch, daß durch den allein, dem ich die Befreiung von schwerem Siechtum in Sünden verdanke, er selbst vor gleich schwerem Siechtum in Sünden bewahrt blieb.

»Was für eine Frucht« hatte ich Unseliger jemals »von den Dingen«, über die ich »nun«, im Zurückschauen, »erröte«, zumal von jenem Diebstahl, an dem ich nur den Diebstahl liebte und sonst nichts. Und er selbst? Ein Nichts - und ich dafür um so erbärmlicher! Nun freilich: allein hätte ich's nicht getan - so stand mir damals der Sinn, ich erinnere mich -, nein, ich hätte allein es gewiß

nino id non fecissem. Ergo amavi ibi etiam con- 8,16
sortium eorum, cum quibus id feci. Non ergo
nihil aliud quam furtum amavi; immo vero
nihil aliud, quia et illud nihil est.

Quid est re vera? Quis est, qui doceat me, nisi qui inluminat cor meum et discernit umbras eius? Quid est, quod mihi venit in mentem quaerere et discutere et considerare, quia si tunc amarem poma illa, quae furatus sum, et eis frui cuperem, possem etiam solus, si satis esset, conmittere illam iniquitatem, qua pervenirem ad voluptatem meam, nec confricatione consciorum animorum accenderem pruritum cupiditatis meae?

Sed quoniam in illis pomis voluptas mihi non erat, ea erat in ipso facinore, quam faciebat consortium simul peccantium.

Quid erat ille affectus animi? Certe enim 9,17
plane turpis erat nimis, et vae mihi erat, qui
habebam illum. Sed tamen quid erat? »Delicta Ps 18, 13
quis intellegit?«

Risus erat quasi titillato corde, quod fallebamus eos, qui haec a nobis fieri non putabant et vehementer nolebant. Cur ergo eo me delectabat, quo id non faciebam solus? An quia etiam nemo facile solus ridet? Nemo quidem facile, sed tamen etiam solos et singulos homines, cum alius nemo praesens est, vincit risus aliquando, si aliquid nimie ridiculum vel sensibus occurrit vel animo. At ego illud solus non facerem, non facerem omnino solus.

nicht getan. Also liebte ich damals auch das Zusammengehen mit Schuldgenossen meiner Tat, und also war es doch nicht so, daß ich sonst nichts als den Diebstahl geliebt hätte. Gleichwohl, es gilt: sonst nichts; denn ein Nichts war [als Sünde] auch jenes Mittun.

Wie ist das nun eigentlich? Wer kann es mich lehren als einzig Du, der mein Herz erleuchtet und sein Dunkel verdrängt? Wie kommt es mir überhaupt in den Sinn, so zu fragen, zu forschen, ein Urteil zu gewinnen? Denn hätte ich damals die Früchte geliebt, die ich stahl, und ihren Genuß begehrt, so hätte ich, wäre das alles gewesen, die Sünde doch für mich allein begehen können, um mein Gelüste zu stillen, und hätte meine kitzelnde Begierde nicht erst im Anreiben an mitschuldigen Gewissen zu entflammen brauchen.

Allein da ja nicht jene Früchte meine Lust ausmachten, so lag sie im Freveln selbst, und sie entzündete sich erst am Miteinander gleichsündiger Genossen.

Was war das für ein Trieb des Herzens? Gewiß ist, er war schändlich durch und durch, und ein Wehe über mich, der ich ihn hatte. Aber was da eigentlich vorging? »Wer durchschaut die Sünden?«

Ein Hohnlachen war's, wie aus gekitzeltem Herzen, daß wir Leute hintergingen, die sowas von uns nicht erwartet hätten und sich schwer darüber ärgern würden.[12] Warum aber war es mein ganzes Vergnügen, daß ich es nicht allein tat? Etwa weil niemand leicht für sich allein lacht? Niemand leicht, gewiß; aber manchmal überkommt das Lachen doch wohl auch den Einsamen und Einzelnen, ohne daß sonst jemand dabei ist, wenn einem etwas gar zu Komisches auffällt oder durch den Sinn geht. Aber ich, ich hätte den Diebstahl nicht allein begangen, nie hätte ich das allein getan.

Ecce est coram te, deus meus, viva recordatio animae meae. Solus non facerem furtum illud, in quo me non libebat id quod furabar, sed quia furabar: quod me solum facere prorsus non liberet, nec facerem. O nimis inimica amicitia, seductio mentis investigabilis, ex ludo et ioco nocendi aviditas et alieni damni appetitus nulla lucri mei, nulla ulciscendi libidine, sed cum dicitur: „Eamus, faciamus" et pudet non esse impudentem. [Num 10, 9]

Quis exaperit istam tortuosissimam et inplicatissimam nodositatem? Foeda est; nolo in eam intendere, nolo eam videre. Te volo, iustitia et innocentia, pulchra et decora honestis luminibus et insatiabili satietate. Quies est apud te valde et vita inperturbabilis. Qui intrat in te, »intrat in gaudium domini sui« et non timebit et habebit se optime in optimo. Defluxi abs te ego et erravi, deus meus, nimis devius ab stabilitate tua in adulescentia et factus sum mihi regio egestatis. 10,18 Mt 25,21

Siehe, mein Gott, offen liegt vor Dir die lebendige Erinnerung meiner Seele: allein hätte ich diesen Diebstahl nicht begangen, bei dem mich nicht die Beute, nur das Stehlen lockte, und für mich allein zu stehlen, das hätte mich nicht im mindesten gelockt, und ich hätte es nicht getan. O Freundschaft, so feindlich! Unergründlich diese Verirrung des Geistes! Aus Spiel und Scherz heraus die Sucht zu schaden, ein Drang nach Unheil für den andern! Nicht auf Gewinn, nicht auf Rache war ich aus - ein Stichwort war genug: »Los, das machen wir!« Und man schämt sich schon, nicht ohne Scham zu sein.

Wer brächte es auseinander, dies heillos verwickelte Knotengewirr? Schändlich ist es; ich will keinen Blick mehr dran wenden, ich will es nicht sehen. Dich will ich, die Gerechtigkeit und Sündelosigkeit, schön und hehr im reinen Ehrenglanz, in der Fülle, die allein das Genügen ist, woran doch keiner je genug hat. Ruhe ist bei Dir, die reine Ruhe; Leben, das Leben ohne Wirrung. Wer eingeht in Dich, »geht ein in die Freude seines Herrn«; er wird sein, ohne zu fürchten, und vollauf gut wird er's haben im vollauf Guten.

Ich, ich ging von Dir und ging irr, mein Gott, in meiner Jugend pfadlos so weit von Stand und Halt in Dir, und ward mir selbst zum Lande der Not.[13]

LIBER TERTIUS

DRITTES BUCH

Auf der Hochschule in Karthago. Liebesleidenschaft [1]. Theaterleidenschaft [2]. Liebeleien; Zurückhaltung von Lümmeleien [3]. - Lektüre des Hortensius von Cicero [4]. - Enttäuscht von der Bibel; Hinwendung zum Manichäismus [5-10]. Traum der Mutter und Beruhigung durch einer Bischof [11-12].

Veni Carthaginem, et circumstrepebat me undique sartago flagitiosorum amorum. Nondum amabam et amare amabam et secretiore indigentia oderam me minus indigentem. Quaerebam quid amarem, amans amare, et oderam securitatem et viam sine muscipulis, quoniam famis mihi erat intus ab interiore cibo, te ipso, deus meus, et ea fame non esuriebam, sed eram sine desiderio alimentorum incorruptibilium, non quia plenus eis eram, sed quo inanior, fastidiosior. Et ideo non bene valebat anima mea et ulcerosa proiciebat se foras, miserabiliter scalpi avida contactu sensibilium. Sed si non haberent animam, non utique amarentur. 1,1

Amare et amari dulce mihi erat magis, si et amantis corpore fruerer. Venam igitur amicitiae coinquinabam sordibus concupiscentiae candoremque eius obnubilabam de tartaro libidinis, et tamen, foedus atque inhonestus, elegans et urbanus esse gestiebam abundanti vanitate. Rui etiam in amorem, quo cupiebam capi. Deus meus, misericordia mea, quanto felle mihi suavitatem illam et quam bonus aspersisti, quia et amatus sum et perveni occulte ad vinculum fruendi et conligabar laetus aerumnosis nexibus, ut caederer virgis ferreis ardentibus zeli et suspicionum et timorum et irarum atque rixarum.

Ich kam nach Karthago. Es brodelte um mich her von schändlichem Liebestreiben - wie das Wallen in einem kochenden Kessel. Noch liebte ich nicht und liebte doch Liebe, und aus tiefgeheimem Ungenügen haßte ich mich, daß mir zu wenig am Genügen lag; ich suchte, das Lieben liebend, was ich lieben könnte, und haßte den sicheren, kummerfreien Weg, auf dem es keine Fallen gibt. Denn Hunger war da wohl in meinem Innern nach der Speise für das Innere, nach Dir selbst, mein Gott, und in diesem Hunger wollte ich doch nicht essen; ja ich war ohne Verlangen nach unvergänglicher Nahrung, - nicht als wäre ich ihrer voll gewesen, nein, ich war um so tiefer von ihr angewidert, als ich ihrer leer war. Und also fand sich übel meine Seele, und voller juckender Schwären warf sie sich nach draußen in ihrer Gier, sich - jammervoll genug - zu scheuern an den Sinnendingen. Aber sie mußten doch Seele haben, denn anders könnte man sie nicht lieben!

Lieben und geliebt werden war mir erhöhte Lust, wenn ich auch des Liebenden Leib genoß. So vertrübte ich das Rinnsal freundschaftlicher Fühlung[1] mit dem Schlamm sinnlichen Begehrens, und ihren reinen Glanz verwölkte ich durch die Dünste aus dem Unterreich der Lüstigkeit. Und gleichwohl, so häßlich und sittenlos ich war, kehrte ich in der Fülle meines Dünkels doch den feinen Mann von Welt hervor. Ich stürzte mich auch in ein Liebesverhältnis, nach dessen Fessel mich verlangte. Mein Gott, mein Erbarmen, wieviel Galle - wie gut Du bist! - sprengtest Du mir in diese Süße! Ja, ich ward geliebt, ich gelangte heimlich zur Vereinigung im Genuß, ich ließ mich vergnügt in die Bande von Not und Jammer schlagen, nur um gepeitscht zu werden mit den glühenden Eisenruten der Eifersucht, des Argwohns, des Befürchtens und Zürnens und Zankens.

Rapiebant me spectacula theatrica plena imaginibus miseriarum mearum et fomitibus ignis mei. 2,2

Quid est, quod ibi homo vult dolere cum spectat luctuosa et tragica, quae tamen pati ipse nollet? Et tamen pati vult ex eis dolorem spectator et dolor ipse est voluptas eius. Quid est nisi miserabilis insania? Nam eo magis eis movetur quisque, quo minus a talibus affectibus sanus est, quamquam, cum ipse patitur, miseria, cum aliis compatitur, misericordia dici solet. Sed qualis tandem misericordia in rebus fictis et scenicis? Non enim ad subveniendum provocatur auditor, sed tantum ad dolendum invitatur et auctori earum imaginum amplius favet, cum amplius dolet. Et si calamitates illae hominum vel antiquae vel falsae sic agantur, ut qui spectat non doleat, abscedit inde fastidiens et reprehendens; si autem doleat, manet intentus et gaudens.

Lacrimae ergo amantur et dolores. Certe omnis homo gaudere vult. An cum miserum esse neminem libeat, libet tamen esse misericordem, quod quia non sine dolore est, hac una causa amantur dolores? 2,3

Et hoc de illa vena amicitiae est. Sed quo vadit? Quo fluit? Ut quid decurrit in torrentem picis bullientis, aestus inmanes taetrarum libidinum, in quos ipsa mutatur et vertitur per nutum proprium de caelesti serenitate detorta atque deiecta?

Es riß mich fort das Theater mit seinen Spielen, voll von Bildern meines Elends, voll des Zunders für meine Brunst.

Wie kommt es, daß der Mensch dort schmerzlich fühlen will, wenn er Trauriges und Tragisches sich ansieht? Er möchte es gewiß nicht an sich selbst erleiden, und gleichwohl, als Zuschauer will er Schmerz dabei empfinden, und gerade der Schmerz ist sein Genuß. Was ist das, wenn nicht Irrsinn zum Erbarmen? Denn um so mehr wird einer davon bewegt, je mehr er selbst an solchen Leidenschaften krankt. Freilich, man macht einen Unterschied und spricht von Leid, wenn man's an sich selbst erlebt, von Mitleid, wenn man es an anderen miterlebt. Aber was ist das schließlich für ein Mitleid mit dem vorgemachten Leben in Dichtung und Theater? Da wird der Zuschauer nicht zum Helfen aufgerufen, nur zum Schmerzempfinden eingeladen, und je schmerzlicher er bewegt wird, um so reicher ist sein Beifall für den Spieler solcher Szenen. Und werden die Geschichten von Menschenleid, ob frei erdichtet oder voreinst geschehen, so dargestellt, daß der Zuschauer nicht zu seiner Rührung kommt, geht er verdrießlich und absprechend davon; wird ihm aber ans Herz gegriffen, so bleibt er gefesselt sitzen und hat sein Vergnügen.[2]

Also Tränen liebt man und Schmerzen, - und es will doch gewiß jeder Mensch sich freuen. Wie nun? Da doch keiner gern Leid hat, aber doch gern Mitleid und dies ohne Schmerz nicht sein kann, - liebt man aus diesem einen Grund auch Schmerzen?

Auch dies entstammt jenem Lebensstrom freundschaftlicher Sympathie. Wohin aber führt er, wo mündet er ein? Warum ergießt er sich in den kochenden Pechstrom, in das wilde Gewühl schändlicher Lüste, worein er nun selber sich verwandelt und, sich selber willfährig, zusammenmischt, da er von der himmlisch heiteren Reine sich losgewunden zu seinem Sturze?[3]

Repudietur ergo misericordia? Nequaquam. 2,3
Ergo amentur dolores aliquando. Sed cave
inmunditiam, anima mea, sub tutore deo meo,
»deo patrum nostrorum et laudabili et super- Dan 3, 52
exaltato in omnia saecula«, cave inmundi-
tiam.

Neque enim nunc non miseror, sed tunc in
theatris congaudebam amantibus, cum sese
fruebantur per flagitia, quamvis haec imagi-
narie gererent in ludo spectaculi, cum autem
sese amittebant, quasi misericors contristabar;
et utrumque delectabat tamen. Nunc vero
magis miseror gaudentem in flagitio quam
velut dura perpessum detrimento perniciosae
voluptatis et amissione miserae felicitatis.
Haec certe verior misericordia, sed non in ea
delectat dolor. Nam etsi adprobatur officio
caritatis qui dolet miserum, mallet tamen uti-
que non esse quod doleret, qui germanitus
misericors est. Si enim est malivola benivolen-
tia, quod fieri non potest, potest et ille, qui
veraciter sinceriterque miseretur, cupere esse
miseros, ut misereatur. Nonnullus itaque dolor
adprobandus, nullus amandus est. Hoc enim
tu, domine deus, qui animas amas, longe alte-
que purius quam nos et incorruptibilius mise-
reris, quod nullo dolore sauciaris. »Et ad haec II Kor 2, 16
quis idoneus?«

At ego tunc miser dolere amabam et quaere- 2,4
bam, ut esset quod dolerem, quando mihi in
aerumna aliena et falsa et saltatoria ea magis

Ist also Mitleid zu verwerfen? Mitnichten! Also mag es bisweilen auch Liebe zu Schmerzen geben. Aber hüte dich vor der Unreinheit, meine Seele! Unter den Augen meines Gottes als »Schutzherrn, des Gottes unserer Väter, ruhmwürdig und in alle Ewigkeit hocherhaben«, hüte Dich vor Unreinheit!

Mitleiden ist mir auch heute nicht fremd. Aber damals, im Theater, freute ich mich mit den Liebenden, wenn sie, obzwar es nur scheinweise auf der Bühne geschah, in Schanden einander genossen; mußten sie aber voneinander lassen, so war ich wie aus Mitleid betrübt: doch am einen wie am andern hatte ich mein Vergnügen. Dagegen heute habe ich tieferes Mitleid mit einem, der im Schändlichen seine Freude findet, als mit einem andern, der ein hartes Los zu tragen glaubt, weil ihm eine verderbliche Lust entgeht und ein erbärmliches Glück entschwindet, und das ist gewiß das wahre Mitleid, aber von Lust am Schmerz ist da nichts zu spüren. Denn mag sich, was die Liebespflicht betrifft, ein gutes Zeugnis geben, wer über einen Unglückseligen Schmerz empfindet, so säh es ein Mensch von herzensechtem Mitleid doch lieber, es wäre überhaupt nicht da, was ihn schmerzlich berühren muß. Ja, nur wenn es ein übelwollendes Wohlwollen gibt - was doch nicht sein kann -, kann einer, der wirklich und aufrichtig Mitleid hat, sich wünschen, daß es Unglückliche gebe, um für sein Mitleid da zu sein. So gibt es wohl etwelchen Schmerz, der sich bejahen, aber keinen, der sich lieben läßt. Und deshalb ist bei Dir, Herr und Gott, der Du die Seelen liebst, das Erbarmen weit, weit tiefer, reiner, unverweslicher als unser Mitleid, weil Du von keinem Schmerz versehrt wirst. »Und wo ist der Mensch, der dies vermöchte?«

Ich aber, ich Armer, liebte damals die schmerzliche Rührung und suchte mir, was sich beschmerzen ließe. Gefiel mir doch beim Anblick fremder, von Gauklern vorge-

placebat actio histrionis meque alliciebat vehementius, qua mihi lacrimae excutiebantur. Quid autem mirum, cum infelix pecus aberrans a grege tuo et inpatiens custodiae tuae turpi scabie foedarer? Et inde erant dolorum amores, non quibus altius penetrarer - non enim amabam talia perpeti, qualia spectare - sed quibus auditis et fictis tamquam in superficie raderer: quos tamen quasi ungues scalpentium fervidus tumor et tabes et sanies horrida consequebatur. 2,4
Talis vita mea: numquid vita erat, deus meus?

Et circumvolabat super me fidelis a longe misericordia tua. In quantas iniquitates distabui et sacrilegam curiositatem secutus sum, ut deserentem te deduceret me ad ima infida et circumventoria obsequia daemoniorum, quibus immolabam facta mea mala, et in omnibus flagellabas me! Ausus sum etiam in celebritate sollemnitatum tuarum intra parietes ecclesiae tuae concupiscere et agere negotium procurandi fructus mortis: unde me verberasti gravibus poenis, sed nil ad culpam meam, o tu praegrandis misericordia mea, deus meus, refugium meum a terribilibus nocentibus, in quibus vagatus sum praefidenti collo ad longe recedendum a te, amans vias meas et non tuas, amans fugitivam libertatem. 3,5 [Lev 26, 39] [Deut 32, 17; I Kor 10, 20]

Habebant et illa studia, quae honesta vocabantur, ductum suum intuentem »fora liti- 3,6 Ov Fast 4, 188

täuschter Leiden das Spiel des Mimen um so besser, zog mich um so mächtiger an, je mehr Tränen es mich kostete. Was Wunder auch, daß ich armes Schaf, entlaufen Deiner Herde, überdrüssig Deiner Hut, von häßlicher Räude befallen wurde? Daher mein süchtiger Hang zum Schmerzlichen, freilich nicht Schmerzen, die mir tiefer gegangen wären - denn ich hätte nicht gern erlitten, was ich gern im Spiele sah -, Schmerz vielmehr, der beim Hören und Vorstellen nur obenhin mich jucken sollte. Aber was dem folgte - wie es eben geht, wenn man sich mit Nägeln kratzt -, war hitzige Geschwulst und Eiter und ekler Fluß.

So war mein Leben; war's noch ein Leben, mein Gott?

Und es umkreiste mich in ferner Höhe der Flügelschlag Deiner getreuen Erbarmung. Wie groß auch die Sünden waren, in die ich mich vergeudete, wie frevlerisch der Fürwitz, dem ich nachgab, bis daß er mich Ungetreuen, der Dich verließ, zutiefst hinabzog in den schleichlings umgarnenden Dienst der Dämonen, denen ich Huldigungsopfer brachte durch meine schlechten Taten: es traf mich doch in all dem Deine Peitsche! Ich erfrechte mich, sogar bei der Feier Deiner Gottesdienste, in den Wänden Deiner Kirche, im Gelüsten nach der tödlichen Frucht gleich auszuhandeln, wie wir uns ihren Genuß verschaffen könnten. Du hast mich dafür gezüchtigt, Deine Strafen waren schwer, aber ein Nichts, gemessen an meiner Schuld, o Du übergroße Erbarmung, mein Gott, meine Rettung vor argen Verderbern, unter denen ich mich herumtrieb, das dreiste Haupt zurückgeworfen für den Lauf weit fort von Dir, ein Mensch, der die eigenen Wege liebt, nicht die Deinen, der - ein entlaufender Sklave - seine Freiheit liebt.

Auch mit jenen Studien, die man die höheren nennt, war es im ganzen nur auf »die kampferfüllten Gerichtshallen«

giosa«, ut excellerem in eis, hoc laudabilior, 3,6
quo fraudulentior. Tanta est caecitas hominum de caecitate etiam gloriantium! Et maior iam eram in schola rhetoris et gaudebam superbe et tumebam tyfo, quamquam longe sedatior, domine, tu scis, et remotus omnino ab eversionibus, quas faciebant eversores - hoc enim nomen scaevum et diabolicum velut insigne urbanitatis est - inter quos vivebam pudore inpudenti, quia talis non eram: et cum eis eram et amicitiis eorum delectabar aliquando, a quorum semper factis abhorrebam, hoc est ab eversionibus, quibus proterve insectabantur ignotorum verecundiam, quam proturbarent gratis inludendo atque inde pascendo malivolas laetitias suas. Nihil est illo actu similius actibus daemoniorum. Quid itaque verius quam eversores vocarentur, eversi plane prius ipsi atque perversi deridentibus eos et seducentibus fallacibus occulte spiritibus in eo ipso, quo alios inridere amant et fallere?

Inter hos ego inbecilla tunc aetate discebam 4,7
libros eloquentiae, in qua eminere cupiebam fine damnabili et ventoso per gaudia vanitatis humanae, et usitato iam discendi ordine perveneram in librum cuiusdam Ciceronis, cuius linguam fere omnes mirantur, pectus non ita. Sed liber ille ipsius exhortationem continet ad philosophiam et vocatur ‚Hortensius'.

abgesehen: dort wollte ich glänzen, um so ruhmreicher, je gewandter ich das Recht verdrehen würde. So groß ist die Verblendung der Menschen: sie rühmen sich noch ihrer Verblendung. Und schon galt ich was in der Schule des Rhetors und freute mich dessen höchlich und schwoll von Selbstgefühl, immerhin, Du weißt es, Herr, war ich viel gesetzter und stand völlig fern dem Unfug, wie ihn die ‚Eversoren' [Verwüster] trieben - diese abscheuliche und teuflische Bezeichnung ist ja gleichsam das Kennwort feiner Bildung -, in deren Gesellschaft ich lebte in schamloser Scham darüber, daß ich nicht so war wie sie.[4] Und doch verkehrte ich mit ihnen und hatte manchmal wohl auch Gefallen an ihrer Freundschaft, wenngleich ihr Treiben mich immer abstieß, ich meine die lärmenden Auftritte, in denen sie unverschämt gegen die Anständigkeit unerfahrener Neulinge den Kampf eröffneten, um sie durch grundlos höhnende Beschimpfung aus der Fassung zu bringen und so die Freuden ihrer Bosheit zu genießen, ein Treiben, dem der Dämonen ähnlich auf ein Haar. ‚Verderber' - kein Name träfe sie besser. Sie sind selber schon grundverdorben und entartet, die Beute unvermerkt betrügender Geister, die sich, hohnkichernd und übertölpelnd, genau dieselbe Schadenfreude machen, andere spottlachend zu übertölpeln.

In solcher Gesellschaft studierte ich damals, in noch ungefestigtem Alter, die Lehrbücher der Redekunst, in der mich auszuzeichnen mein ganzer Ehrgeiz war, als verwerfliches, windiges Wunschbild vor Augen die Triumphe menschlicher Eitelkeit. Im Verlauf des gewohnten Lehrgangs war ich schon an die Schrift eines gewissen Cicero gelangt, dessen Sprache fast allgemein bewundert wird, - nicht so freilich seine Gesinnung. Jene Schrift aber hat zum Gegenstand die Aufmunterung zur Philosophie und führt den Titel ‚Hortensius'.

Ille vero liber mutavit affectum meum et ad 4,7
te ipsum, domine, mutavit preces meas et vota
ac desideria mea fecit alia. Viluit mihi repente
omnis vana spes et inmortalitatem sapientiae
concupiscebam aestu cordis incredibili et sur-
gere coeperam, ut ad te redirem. Non enim ad
acuendam linguam, quod videbar emere ma-
ternis mercedibus, cum agerem annum aetatis
undevicensimum iam defuncto patre ante
biennium, non ergo ad acuendam linguam
referebam illum librum neque mihi locu-
tionem, sed quod loquebatur persuaserat.
Quomodo ardebam, deus meus, quomodo 4,8
ardebam revolare a terrenis ad te, et nescie-
bam quid ageres mecum! »Apud te est« enim Job
»sapientia«. Amor autem sapientiae nomen 12,13.16
graecum habet philosophiam, quo me accende-
bant illae litterae. Sunt qui seducant per phi-
losophiam magno et blando et honesto nomine
colorantes et fucantes errores suos, et prope
omnes, qui ex illis et supra temporibus tales
erant, notantur in eo libro et demonstrantur,
et manifestatur ibi salutifera illa admonitio
spiritus tui per servum tuum bonum et pium:
»videte, ne quis vos decipiat per philosophiam
et inanem seductionem secundum traditionem
hominum, secundum elementa huius mundi et
non secundum Christum, quia in ipso inhabi-
tat omnis plenitudo divinitatis corporaliter.« Kol
Et ego illo tempore, scis tu, lumen cordis mei, 2,8 ff
quoniam necdum mihi haec apostolica nota
erant, hoc tamen solo delectabar in illa ex-

Sie gab meinem Gemütsleben eine andere Richtung, meinen Gebeten die Richtung auf Dich selbst, o Herr,[5] und machte, daß mein Wünschen und Sehnen nun auf anderes ging. Es schwand mir mit einem Schlag alle Hoffnung auf Nichtiges, mit ungemeiner Bewegung des Herzens verlangte ich nach dem Unvergänglichen der Weisheit, und ich begann aufzustehen, um zu Dir zurückzukehren. Denn nicht um meine Sprache zu schleifen - dies, so schien es, erkaufte ich mir vom Gelde der Mutter, als ich neunzehn Jahre zählte und mein Vater schon seit zwei Jahren tot war -, nicht also um meine Sprache zu schleifen, las ich wieder und wieder dieses Buch, und nicht wie, sondern was es zu mir sprach, hatte es mir angetan.[6]

O wie brannte ich, mein Gott, wie brannte ich, mich wieder aufzuschwingen,[7] weg vom Irdischen, zu Dir, und wußte doch nicht, was Du mit mir wolltest. Denn »ihren Sitz hat die Weisheit bei Dir«; ‚Liebe zur Weisheit' aber besagt das griechische Wort Philosophie, und zu dieser Liebe entflammte mich jene Schrift. Es gibt Verführer durch Philosophie, Leute, die mit dem hehren, lockenden, ehrenreichen Namen ihre Irrtümer schminken und herausputzen, und fast alle von dieser Sorte, Zeitgenossen des Buches und Frühere, werden darin aufgeführt und dargestellt, und so fällt von dort ein Licht auf die heilsame Warnung, die Dein Geist durch Deinen treuen und frommen Knecht ergehen läßt: »Sehet zu, daß euch niemand einfange durch Philosophie und leere Trügerei, die auf menschliche Überlieferung sich gründet, auf die Naturmächte dieser Welt, und nicht auf Christus, in dem doch allein die ganze Fülle der Gottheit leibhaftig wohnt!«

Aber mir - Du weißt es, Licht meines Herzens - mir waren diese Apostelworte damals noch gar nicht bekannt, und doch hatte ich an jener Aufforderung Ciceros allein

hortatione, quod non illam aut illam sectam, 4,8
sed ipsam quaecumque esset sapientiam ut
diligerem et quaererem et adsequerer et tene-
rem atque amplexarer fortiter, excitabar ser-
mone illo et accendebar et ardebam, et hoc
solum me in tanta flagrantia refrangebat,
quod nomen Christi non erat ibi, quoniam
hoc nomen »secundum misericordiam tuam, Ps 24, 7
domine«, hoc nomen salvatoris mei, fili tui, in
ipso adhuc lacte matris tenerum cor meum pie
biberat et alte retinebat, et quidquid sine hoc
nomine fuisset quamvis litteratum et expoli-
tum et veridicum, non me totum rapiebat.

Itaque institui animum intendere in scripturas 5,9
sanctas et videre, quales essent. Et ecce video
rem non conpertam superbis neque nudatam
pueris, sed incessu humilem, successu excel-
sam et velatam mysteriis, et non eram ego
talis, ut intrare in eam possem aut inclinare
cervicem ad eius gressus. Non enim sicut
modo loquor, ita sensi, cum adtendi ad illam
scripturam, sed visa est mihi indigna, quam
Tullianae dignitati conpararem. Tumor enim
meus refugiebat modum eius et acies mea non
penetrabat interiora eius. Verum tamen illa
erat, quae cresceret cum parvulis, sed ego
dedignabar esse parvulus et turgidus fastu
mihi grandis videbar.

Itaque incidi in homines superbe delirantes, 6,10
carnales nimis et loquaces, in quorum ore

schon darum meine Freude, weil ihr Wort mich erweckte, begeisterte, befeuerte, nicht für diese oder jene Philosophenschule, sondern für die Weisheit selbst, was sie auch sei, mich zu entscheiden, sie zu erstreben, sie zu erlangen, sie festzuhalten und mit aller Kraft an mein Herz zu schließen. Nur das eine dämpfte mich bei all meiner Feurigkeit: der Name Christi kam dort nicht vor. Denn diesen Namen - »Herr, Dein Erbarmen hat es gefügt« - diesen Namen meines Heilands, Deines Sohnes, hatte mein Herz in der ersten Zarte kindlich schon mit der Muttermilch getrunken und behielt ihn tief im Grunde, und noch so Gelehrtes, Ausgefeintes und Redliches ohne diesen Namen vermochte mich nicht völlig hinzunehmen.

Daher beschloß ich, mich der Heiligen Schrift zu widmen, um zu sehen, wie es mit ihr wäre. Und siehe! Da ist etwas, was die Hochmütigen nicht heranläßt und sich auch den Kleinen nicht enthüllt, sondern nieder ist fürs Eingehen, beim Vorangehen erhaben wird und sich ins Geheimnis schleiert; und ich, wie ich damals war, hätte nicht vermocht, hineinzugelangen oder den Nacken zu beugen, um in der Sache voranzukommen. Denn nicht so, wie ich jetzt davon rede, urteilte ich damals, als ich mich der Schrift zuwandte, vielmehr erschien sie mir unwürdig, mit der Würde des Ciceronischen in Vergleich zu treten; ja, mein geschwelltes Pathos sträubte sich wider ihre unscheinbare Weise, und meine Sehkraft reichte nicht in ihr Inneres hinein. Und gerade ihre Art wäre es gewesen, zu wachsen mit den Kleinen, ich aber hielt es unter meiner Würde, ein Kleiner zu sein; vom Hochmut nur geschwollen, deuchte ich mich groß.

Und also verfiel ich hochmutverrückten Menschen, Menschen des Stoffglaubens und des Irrgeschwätzes. Ihr Mundwerk waren Teufelsschlingen, der Köder war bereitet un-

laquei diaboli et viscum confectum conmixtione syllabarum nominis tui et domini Iesu Christi et paracleti consolatoris nostri spiritus sancti. Haec nomina non recedebant de ore eorum, sed tenus sono et strepitu linguae; ceterum cor inane veri. Et dicebant: „veritas et veritas“ et multum eam dicebant mihi, et nusquam erat in eis, sed falsa loquebantur non de te tantum, qui vere veritas es, sed etiam de istis elementis huius mundi, creatura tua, de quibus etiam vera dicentes philosophos transgredi debui prae amore tuo, mi pater summe bone, pulchritudo pulchrorum omnium. 6, 10

O veritas, veritas, quam intime etiam tum medullae animi mei suspirabant tibi, cum te illi sonarent mihi frequenter et multipliciter voce sola et libris multis et ingentibus! Et illa erant fercula, in quibus mihi esurienti te inferebatur pro te sol et luna, pulchra opera tua, sed tamen opera tua, non tu, nec ipsa prima. Priora enim spiritalia opera tua quam ista corporea quamvis lucida et caelestia. At ego nec priora illa, sed te ipsam, veritas, in qua »non est conmutatio nec momenti obumbratio«, esuriebam et sitiebam. Et apponebantur adhuc mihi in illis ferculis phantasmata splendida, quibus iam melius erat amare istum solem saltem istis oculis verum quam illa falsa animo decepto per oculos. Et tamen, quia te putabam, manducabam, non avide quidem, quia nec sapiebas in ore meo sicuti Jak 1, 17

ter Zutat von Silben Deines Namens und der Namen unsers Herrn Jesus Christus und des Parakleten, unsers Trösters, des Heiligen Geistes.[8] Diese Namen führten sie beständig im Munde, aber nur zu Hall und Schall von ihrer Zunge; das Herz war leer an Wahrheit. Und doch war ihre Losung: „Wahrheit, Wahrheit«, und sie redeten mir viel davon, aber bei ihnen war sie nirgend. Sie schwätzten irrgläubig nicht nur über Dich, der Du in Wahrheit die Wahrheit bist, auch über die Elemente dieser Welt[9] - Deine Schöpfung -, eine Sache, in der ich auch über das richtig von Philosophen Gesagte noch hätte hinausgehen sollen aus Liebe zu Dir, mein Vater, gut über alles, Urgrund der Schönheit alles Schönen.

O Wahrheit, Wahrheit, wie innig schmachtete mein Herzinnerstes schon damals nach Dir, wenn mir diese Menschen immer wieder, immer anders gewendet, mit dem bloßen Stimmschall und in vielen großmächtigen Büchern ihr Getön von Dir machten! Und das war das Geschirr, in dem sie mir, dem Menschen voll Hunger nach Dir, statt Deiner nur Sonne und Mond vorsetzten, die schöne Werke Deiner Hände sind, gewiß, doch eben bloß Dein Werk, nicht Du, und auch sie nicht Deine erstigen; denn erstiger als die sichtbar körperhaften Werke, so herrlich sie leuchten am Himmel, sind Deine geistigen. Aber auch sie, diese ursprünglichen, meinte ich nicht, wenn mich hungerte und dürstete: das warst Du selbst, o Wahrheit, in der es »keinen Wandel gibt noch Beschattung im Umlauf der [Gestirn-] Bewegung«. Und was man weiter in jenem Geschirr noch auftischte, waren scheinschöne Attrappen, so daß es immer noch besser war, seine Liebe gleich an die Sonne dort zu hängen, die wenigstens auch fürs Auge hier ein Wahres ist, als an jenes Falsche, Ausgeburten des vom Augentrug berückten Geistes. Und gleichwohl, Dich darin vermeinend, aß ich, nicht eben gierig, da es in meinem Munde nicht nach Deiner Wirklichkeit

es – neque enim tu eras illa figmenta inania – nec nutriebar eis, sed exhauriebar magis. 6,10

Cibus in somnis simillimus est cibis vigilantium, quo tamen dormientes non aluntur; dormiunt enim. At illa nec similia erant ullo modo tibi, sicut nunc mihi locuta es, quia illa erant corporalia phantasmata, falsa corpora, quibus certiora sunt vera corpora ista, quae videmus visu carneo, sive caelestia sive terrestria: cum pecudibus et volatilibus videmus haec, et certiora sunt, quam cum imaginamur ea. Et rursus certius imaginamur ea quam ex eis suspicamur alia grandiora et infinita, quae omnino nulla sunt. Qualibus ego tunc pascebar inanibus et non pascebar.

At tu, amor meus, in quem deficio, ut fortis sim, nec ista corpora es, quae videmus quamquam in caelo, nec ea, quae non videmus ibi, quia tu ista condidisti nec in summis tuis conditionibus habes. Quanto ergo longe es a phantasmatibus illis meis, phantasmatibus corporum, quae omnino non sunt! Quibus certiores sunt phantasiae corporum eorum, quae sunt, et eis certiora corpora, quae tamen non es. Sed nec anima es, quae vita est corporum – ideo melior vita corporum certiorque quam corpora – sed tu vita es animarum, vita vitarum, vivens te ipsa et non mutaris, vita animae meae. [II Kor 11,10] [Spr 3,22]

schmeckte - denn dies Chimärische warst ja auch nicht Du -, und statt mich daran zu nähren, zehrte es mich aus.

Speise, von der man träumt, gleicht genau den Speisen, die man wach genießt, aber sie nährt den Schlafenden nicht, er schläft ja. Aber was dort mir vorgesetzt wurde, war Dir auch nicht irgendwie ähnlich, o Wahrheit, wie Du seither zu mir gesprochen hast. Es waren phantastische Bilder von körperhaftem Anschein, bloß erdichtete Körpergebilde, aber gewisser für die Erkenntnis[10] sind die wirklich existierenden Körper um uns, die wir mit dem leiblichen Auge sehen, am Himmel oder auf Erden: sie sind uns vor Augen wie den Vierfüßlern und den Vögeln, sie sind für uns gewisser, als wenn wir sie uns vorstellen; und wiederum ist größere Gewißheit in unserer bloßen Vorstellung von ihnen, als wenn wir uns auf Grund dieser Dinge das Dasein anderer, gewaltiger und unbegrenzter Körper einbilden, dergleichen es überhaupt nicht gibt. - Ja, Chimären waren zu jener Zeit meine Speise, und ich Ungespeister ging hungrig.

Aber Du, meine Liebe, an die ich mich lasse, daß ich stark sei, Du bist nicht die Körper da, nicht, die wir sehen, wär's auch am Himmel, nicht, die wir dort nicht sehen; sie sind nur Deine Schöpfungen, und Du siehst sie nicht einmal für Deine höchsten an. Wie weit erst bist Du von den Phantasien, wie ich sie hegte, phantasierten Körperwesen, die ganz und gar nicht sind! Gewisser als auf ihnen gründet die Erkenntnis auf den Vorstellungsbildern von Körpern, welche sind, und gewisser wiederum als diese sind die Körperwesen selbst; - aber Du bist nicht sie. Und auch die Seele bist Du nicht, die bei Körpern das Leben ausmacht - daher das Leben der Körper höher steht und gewisser ist als die Körper an und für sich -, sondern Du bist das Leben der Seelen, das Leben der Leben, als welches Du lebst durch Dich selbst und nicht Dich wandelst, Du Leben meiner Seele.

Ubi ergo mihi tunc eras et quam longe? Et 6,11
longe peregrinabar abs te exclusus et a siliquis [Lk 15, 16]
porcorum, quos de siliquis pascebam. Quanto enim meliores grammaticorum et poetarum fabellae quam illa decipula! Nam versus et carmen et Medea volans utiliores certe quam quinque elementa varie fucata propter quinque antra tenebrarum, quae omnino nulla sunt et occidunt credentem. Nam versum et carmen etiam ad vera pulmenta transfero; volantem autem Medeam etsi cantabam, non asserebam, etsi cantari audiebam, non credebam: illa autem credidi, vae, vae! Quibus gradibus deductus »in profunda inferi«, quippe Spr 9, 18
laborans et aestuans inopia veri, cum te, deus meus - tibi enim confiteor, qui me miseratus es et nondum confitentem - cum te non secundum intellectum mentis, quo modo praestare voluisti beluis, sed secundum sensum carnis quaererem. Tu autem eras interior intimo meo et superior summo meo. Offendi illam mulierem audacem, inopem prudentiae, aenigma Salomonis, sedentem super sellam in foribus et dicentem: »panes occultos libenter edite et Spr 9, 17
aquam dulcem furtivam bibite.« Quae me seduxit, quia invenit foris habitantem in oculo carnis meae et talia ruminantem apud me, qualia per illum vorassem.

Nesciebam enim aliud, vere quod est, et quasi 7,12
acutule movebar, ut suffragarer stultis deceptoribus, cum a me quaererent, unde malum et

Wo nur warest Du mir damals und wie weit von mir? Und weit von Dir in der Fremde ging ich, selbst von den Trebern der Schweine ausgeschlossen, die ich mit Trebern fütterte. Wie viel besser da noch die Geschichten bei Grammatikern und Dichtern sind als dieses Fallenwerk! Denn Vers und Dichtung und die fliegende Medea fördern ohne Zweifel mehr als die fünf Elemente von verschiedener Färbung je nach den fünf Höhlen der Finsternis,[11] die reinsten Hirngespinste, aber eine Marter für den, der daran glaubt. Denn Vers und Gedicht weiß ich immerhin in echte Nahrung umzusetzen, und wenn ich die fliegende Medea auch besang, so gab ich sie doch nicht für geschichtlich aus, und wenn ich sie besingen hörte, so glaubte ich doch nicht an sie; aber jene Torheiten habe ich geglaubt. Wehe, wehe! Wie ließ ich Stufe um Stufe mich hinabführen »in die Tiefe des Totenreichs«! Aber ich litt und lechzte ja in meiner Not um die Wahrheit, da ich Dich, mein Gott - denn Dir bekenne ich, der Du meiner Dich erbarmt hast, noch bevor ich Dir bekannte - da ich Dich nicht suchte nach Maßen der Sehkraft des Geistes, durch die Du den Menschen über das Tier erheben wolltest, sondern nach Maßen des leiblichen Gesinns. Du aber warst noch innerer als mein Innerstes und höher noch als mein Höchstes. An jenes freche, einsichtslose Weib im Rätsel Salomons war ich geraten, das vor der Tür auf dem Stuhle sitzt und ruft: »Esset, genießet verhohlenes Brot und trinket die Süße gestohlenen Wassers.« Und sie hat mich verführt, denn sie fand mich, wie ich draußen wohnte, in dem, was meine leiblichen Augen sahen, und wie ich im Inneren nur wiederkäute, was ich durchs Auge verschlungen hatte.

Denn von etwas anderem, das wirklich seiend wäre, wußte ich nicht. Und eine spitze Geistelei verführte mich, den albernen Betrügern beizufallen, wenn ich gefragt

utrum forma corporea deus finiretur et ha- 7,12
beret capillos et ungues et utrum iusti existi-
mandi essent qui haberent uxores multas simul
et occiderent homines et sacrificarent de ani-
malibus. Quibus rerum ignarus perturbabar
et recedens a veritate ire in eam mihi videbar,
quia non noveram malum non esse nisi pri-
vationem boni usque ad quod omnino non
est. Quod unde viderem, cuius videre usque
ad corpus erat oculis et animo usque ad phan-
tasma?

Non noveram deum esse spiritum, non cui
membra essent per longum et latum nec cui
esse moles esset, quia moles in parte minor est
quam in toto suo, et si infinita sit, minor est
in aliqua parte certo spatio definita quam per
infinitum et non est tota ubique sicut spiritus,
sicut deus. Et quid in nobis esset, secundum
quod essemus, et quid in scriptura diceremur
»ad imaginem dei«, prorsus ignorabam. Gen 1,27

Et non noveram iustitiam veram interiorem 7,13
non ex consuetudine iudicantem, sed ex lege
rectissima dei omnipotentis, qua formarentur
mores regionum et dierum pro regionibus et
diebus, cum ipsa ubique ac semper esset, non
alibi alia nec alias aliter, secundum quam
iusti essent Abraham et Isaac et Iacob et Moy-
ses et David et illi omnes laudati ore dei; sed
eos ab imperitis iudicari iniquos, iudicantibus
»ex humano die« et universos mores humani I Kor 4, 3

wurde: Woher das Übel?; ob denn Gott wie Körper gestaltlich umschrieben werde?; ob er Haare und Nägel habe?[12]; ob auch die für Gerechte gelten könnten, die in Vielweiberei lebten, Menschen töteten und Tieropfer darbrachten? Unkundig des Sachverhalts, ließ ich mich verblüffen, und während ich abkam von der Wahrheit, glaubte ich ihr entgegenzuwandeln. Denn ich wußte nicht, daß das Übel weiter nichts ist als Ausfall an Gut, der schließlich bis zum Nichtsein führt. Wie auch hätte ich das einsehen sollen, wo doch mein Sehen mit den Augen nur bis zu Körpern, mein Sehen mit dem Geiste nur bis zu Einbildungen reichte?

Ich wußte nicht, daß Gott ein Geist ist, nicht etwas mit Gliedern in die Länge und Breite, nicht etwas, dessen Wesen eine Masse wäre - wie könnte er es sein, da Masse im Teil doch kleiner ist als in ihrem Ganzen und, ihre Unbegrenztheit angenommen, in einem räumlich begrenzten Teil doch kleiner ist als in ihrer Ausdehnung über den unbegrenzten Raum hin, und auch nicht allerorten ganz ist wie der Geist, wie Gott. Und was in uns das sei, worin wir »nach Gottes Bild« gestaltet sind, und was die Schrift damit sagen will, das war mir völlig unbekannt.

Und ich wußte nicht um die wahre und innere Gerechtigkeit, die nicht auf Grund des Herkommens urteilt, sondern nach dem allein richtigen Gesetz des allmächtigen Gottes, durch das die Sitten der Länder und der Zeiten je nach Ländern und Zeiten verschieden sich gestalten sollten, während es selbst überall und immer als das gleiche zugegen ist, nicht anderswo ein anderes ist, noch ein andermal anders, ein Gesetz, an dem gemessen Gerechte waren Abraham, Isaak und Jakob, Moses und David und überhaupt alle durch Gottes Mund Gepriesenen, mögen sie auch als Ungerechte von Unwissenden gerichtet werden, die »nach Art eines menschlichen Gerichtstages« Urteil sprechen und die Sitten des Menschengeschlechtes

generis ex parte moris sui metientibus, tam- 7,13
quam si quis nescius in armamentis, quid cui
membro adcommodatum sit, ocrea velit caput
contegi et galea calciari et murmuret, quod
non apte conveniat, aut in uno die indicto a
pomeridianis horis iustitio quisquam stoma-
chetur non sibi concedi quod venale propo-
nere, quia mane concessum est, aut in una
domo videat aliquid tractari manibus a quo-
quam servo, quod facere non sinatur qui po-
cula ministrat, aut aliquid post praesepia
fieri, quod ante mensam prohibeatur, et in-
dignetur, cum sit unum habitaculum et una
familia, non ubique atque omnibus idem tri-
bui.

Sic sunt isti qui indignantur, cum audierint
illo saeculo licuisse iustis aliquid, quod isto non
licet iustis, et quia illis aliud praecepit deus,
istis aliud pro temporalibus causis, cum eidem
iustitiae utrique servierint, cum in uno ho-
mine et in uno die et in unis aedibus videant
aliud alii membro congruere et aliud iam du-
dum licuisse, post horam non licere, quiddam
in illo angulo permitti aut iuberi, quod in isto
iuxta vetetur et vindicetur. Numquid iusti-
tia varia est et mutabilis? Sed tempora, qui-
bus praesidet, non pariter eunt; tempora
enim sunt. Homines autem, quorum »vita Weish 15, 9
super terram brevis est«, quia sensu non va-
lent causas contexere saeculorum priorum

allgesamt an dem Maßstab ihrer teilbesondern Sitte messen. Sie machen es so wie einer, der sich in den Waffenstücken nicht auskennt, der nicht weiß, welches Stück zu welchem Glied gehört, nun die Beinschiene über den Kopf stülpen, den Helm an den Fuß schnallen will und dann aufbegehrt, daß nichts paßt; oder wie einer, der am gleichen Tag, da von der Mittagsstunde ab Handelsstille geboten ist, darüber sich ärgern wollte, daß er am Nachmittag nichts feil halten dürfe, wo es doch am Vormittag erlaubt gewesen; oder wie einer, der im selben Haushalt einen Sklaven mit seinen Händen eine Arbeit verrichten sieht, die man beim Mundschenk nicht dulden würde, oder hinten in den Ställen etwas geschehen sieht, was vorn im Speisezimmer verboten ist, und sich nun darüber entrüsten wollte, daß nicht das nämliche überall und allen verstattet sei, wo es doch ein und dasselbe Haus, eine und dieselbe Familie ist.

Genau so ist es mit denen, die sich entrüsten, wenn sie hören, daß in jenen früheren Zeiten den Gerechten etwas verstattet war, was heute den Gerechten nicht verstattet ist, und daß Gott in Anbetracht der geschichtlichen Lage den Menschen damals und denen heute je andere Weisungen gab, indes doch beide im Dienst der nämlichen Gerechtigkeit stehen: es spielt sich ja vor Augen ab, wie an ein und demselben Menschen, an ein und demselben Tag, in ein und demselben Haushalt für das eine Glied dies, für das andere jenes sich gehört, etwas stundenlang erlaubt gewesen, dann aber nicht mehr erlaubt ist, etwas in diesem Winkel zulässig oder geboten ist, was in einem anderen gleich daneben verwehrt und strafbar ist. Wäre deshalb die Gerechtigkeit wetterwendisch und wandelbar?[13] Nein, die Zeiten, die sie regiert, halten sich nicht im gleichen Gang; es sind ja - Zeiten. Die Menschen aber, deren »Leben auf Erden kurz ist«, sind nicht imstande, die Verhältnisse in früheren Jahrhunderten und

aliarumque gentium, quas experti non sunt, 7,13
cum his quas experti sunt, in uno autem corpore vel die vel domo facile possunt videre, quid cui membro, quibus momentis, quibus partibus personisve congruat, in illis offenduntur, hic serviunt.

Haec ego tunc nesciebam et non advertebam, 7,14
et feriebant undique ista oculos meos, et non videbam. Et cantabam carmina et non mihi licebat ponere pedem quemlibet ubilibet, sed in alio atque alio metro aliter et in uno aliquo versu non omnibus locis eundem pedem; et ars ipsa, qua canebam, non habebat aliud alibi, sed omnia simul. Et non intuebar iustitiam, cui servirent boni et sancti homines, longe excellentius atque sublimius habere simul omnia quae praecipit et nulla ex parte variari et tamen variis temporibus non omnia simul, sed propria distribuentem ac praecipientem. Et reprehendebam caecus pios patres non solum, sicut deus iuberet atque inspiraret, utentes praesentibus verum quoque, sicut deus revelaret, futura praenuntiantes.

Numquid aliquando aut alicubi iniustum est 8,15
»diligere deum ex toto corde et ex tota anima Mk 12,30 f
et ex tota mente et diligere proximum tam- Mt 22,37-39
quam se ipsum«? Itaque flagitia, quae sunt

bei anderen Völkern, die sie ja nicht erlebt haben, mit denen, die sie selbst erlebt haben, als einziges Geflecht zu begreifen; aber handelt sich's um diesen einzelnen Leib, um diesen Tag, diesen Haushalt, so können sie unschwer überblicken, was für das und das Körperglied, was für diesen Zeitpunkt, diesen Platz, diese Person des Hauses sich gehört: so nehmen sie dort Anstoß, hier schicken sie sich darein.

Das verstand ich damals nicht, vielmehr, ich ging nicht darauf ein; überall drängte es sich meinen Augen auf, und ich sah es nicht. Machte ich Gedichte, so durfte ich doch auch nicht einen beliebigen Versfuß an beliebiger Stelle setzen, sondern mußte je nach dem Versmaß wechseln und durfte wiederum in ein und demselben Vers nicht fortweg den gleichen Versfuß setzen, aber die Verskunst selbst, nach deren Regeln ich dichtete, hatte nicht hier dieses, dort ein anderes Grundgesetz, sondern befaßte alles zugleich in einem einheitlichen Ganzen. Dennoch ging es mir nicht auf, daß die Gerechtigkeit, der jene guten und heiligen Männer gehorchten, das, was sie anordnet, mit weit erhabenerer Meisterschaft alles zugleich in sich befaßt, selber keinerlei Wechsel unterliegt und dennoch den wechselnden Zeiten nicht alles zugleich, sondern jeder das ihrige zuweist und vorschreibt. Und so tadelte ich in meiner Blindheit die frommen Väter, die nicht nur, wie Gott es ihnen befahl und eingab, vom Gegenwärtigen ihren Gebrauch machten, sondern darüber, wie Gott es ihnen enthüllte, Künftiges vorherverkündeten.

Wäre es irgendwann und irgendwo wider die Gerechtigkeit, »Gott zu lieben aus ganzem Herzen und aus ganzer Seele und aus ganzer Geisteskraft und den Nächsten wie sich selbst«? Demnach sind Schandtaten,[14] die wider die Natur gehen, wie die der Sodomiter, überall und jeder-

contra naturam, ubique ac semper detestanda 8,15
atque punienda sunt, qualia Sodomitarum fuerunt. Quae si omnes gentes facerent, eodem criminis reatu divina lege tenerentur, quae non sic fecit homines, ut hoc se uterentur modo. Violatur quippe ipsa societas, quae cum deo nobis esse debet, cum eadem natura, cuius ille auctor est, libidinis perversitate polluitur.

Quae autem contra mores hominum sunt flagitia, pro morum diversitate vitanda sunt, ut pactum inter se civitatis aut gentis consuetudine vel lege firmatum nulla civis aut peregrini libidine violetur. Turpis enim omnis pars universo suo non congruens. Cum autem deus aliquid contra morem aut pactum quorumlibet iubet, etsi numquam ibi factum est, faciendum est, et si omissum, instaurandum, et si institutum non erat, instituendum est. Si enim regi licet in civitate, cui regnat, iubere aliquid, quod neque ante illum quisquam nec ipse umquam iusserat, et non contra societatem civitatis eius obtemperatur, immo contra societatem non obtemperatur - generale quippe pactum est societatis humanae oboedire regibus suis - quanto magis deo regnatori universae creaturae suae ad ea quae iusserit sine dubitatione serviendum est! Sicut enim in potestatibus societatis humanae maior potestas minori ad oboediendum praeponitur, ita deus omnibus.

Item in facinoribus, ubi libido est nocendi 8,16

zeit verabscheuungswürdig und strafbar. Selbst wenn alle Völker sie verübten, sie wären alle in der gleichen verbrecherischen Schuld nach dem göttlichen Gesetz, das die Menschen nicht so eingerichtet hat, daß sie auf solche Weise miteinander verkehren dürften. Denn nichts Geringeres als die Gemeinschaft, die uns mit Gott selbst verbinden soll, wird verletzt, wenn eben die Natur, die von ihm geschaffen ist, durch mißordnete Lust geschändet wird.

Was aber als Schandtat gilt, weil es gegen Sitten und Gewohnheiten verstößt, ist je nach den herrschenden Sitten zu meiden, damit nicht die Gemeinschaftsordnung, wie sie innerhalb eines Staates oder Volkes durch Herkommen oder Gesetz festgelegt ist, irgendwie durch die Willkür eines Bürgers oder eines Fremden verletzt werde; denn immer ist es häßlich, wenn irgendein Teil nicht zu seinem Ganzen stimmt. Befiehlt aber Gott etwas im Widerspruch mit der üblichen Sitte oder der vereinbarten Ordnung wo immer, so hat es zu geschehen, mag es dort auch nie geschehen sein, es ist zu erneuern, wenn es abgekommen war, und ist einzuführen, wenn es bisher noch nicht eingeführt war. Denn wenn es einem König zusteht, in dem Staat, den er regiert, etwas zu befehlen, was vor ihm noch keiner und bis dahin auch er selbst nie befohlen hatte, und wenn in solchem Fall nicht der Gehorsam ein Verstoß gegen die staatliche Gemeinschaft wäre, vielmehr der Ungehorsam ein Verstoß gegen das Staatsgefüge - denn der Gehorsam gegen die Regierenden ist allgemeines Ordnungsgesetz menschlicher Vereinung -, um wieviel mehr erst muß man Gott, dem Beherrscher seiner gesamten Schöpfung, in allem, was er befiehlt, sich ohne Bedenklichkeit untergeben! Wie nämlich bei den Befehlsgewalten einer Menschengemeinschaft die höhere über der niederen steht, so ist Gott über allem.

Das gleiche [wie von den Schändlichkeiten wider die Na-

sive per contumeliam sive per iniuriam et 8,16
utrumque vel ulciscendi causa, sicut inimico inimicus, vel adipiscendi alicuius extra commodi, sicut latro viatori, vel evitandi mali, sicut ei qui timetur, vel invidendo, sicut feliciori miserior aut in aliquo prosperatus ei, quem sibi aequari timet aut aequalem dolet, vel sola voluptate alieni mali, sicut spectatores gladiatorum aut inrisores aut inlusores quorumlibet.

Haec sunt capita iniquitatis, quae pullulant [I Jo 2, 16]
principandi et spectandi et sentiendi libidine aut una aut duabus earum aut simul omnibus,
et vivitur male adversus tria et septem, »psal- Ps 32, 2
terium decem chordarum«, decalogum tuum, Ps 143, 9
deus altissime et dulcissime. Sed quae flagitia in te, qui non corrumperis? Aut quae adversus te facinora, cui noceri non potest? Sed hoc vindicas, quod in se homines perpetrant, quia etiam cum in te peccant, inpie faciunt
in animas suas, »et mentitur iniquitas sibi« Ps 26, 12
sive corrumpendo ac pervertendo naturam suam, quam tu fecisti et ordinasti, vel inmoderate utendo concessis rebus vel in non
concessa flagrando, »in eum usum, qui est Röm 1, 26
contra naturam«; aut rei tenentur animo et
verbis saevientes adversus te et adversus sti- [Apg 9, 5]
mulum calcitrantes, aut cum diruptis limitibus humanae societatis laetantur audaces

tur] gilt von den Übeltaten, d. i. von solchen Vergehen, bei denen die Lust zu schaden waltet, zu schaden durch Schmähung oder durch Tätlichkeit: beides entweder aus Rachsucht - so zwischen Feind und Feind; oder aus Begier nach einem äußerlichen Vorteil - der Bandit überfällt einen Reisenden; oder um einem Übel vorzubeugen - der wird schadlos gemacht, von dem man Schaden befürchtet; oder man tut Unrecht im Neid - so wer übel dran ist, dem, der besser dran ist, und wieder, wer Erfolg hat in einer Sache, dem andern, von dem er fürchtet eingeholt zu werden oder zu seiner Pein schon eingeholt ist; oder endlich rein aus Lust an fremdem Leid - so die Zuschauer bei den Gladiatorenkämpfen und all die Bespötter und Verhöhner geschlagener Mitmenschen.

Das sind die Hauptarten des menschlichen Schuldstandes,[15] und sie sprossen hervor aus Herrschsucht und Augenlust und Fleischeslust, aus einer oder zweien davon oder aus allen zumal, und so lebt man übel im Gegensatz zu den Drei und Sieben, der »Zehnsaitenharfe«, Deinem Dekalog, Gott, Du Erhabenster, Süßester. Aber wie? Welche Schändlichkeit soll Dich treffen, den nichts entweihen kann? Welche Übeltat beginge man gegen Dich, den kein Schaden treffen kann? Gleichwohl strafst Du, aber strafst, was die Menschen gegen sich selbst begehen; denn indem sie an Dir sich versündigen, freveln sie auch gegen die eigene Seele, »sich selbst betrügen sie mit ihrer Bosheit«, ob sie nun die eigene Natur, die Du erschaffen, der Du eine Ordnung gesetzt hast, verderben und aus der Ordnung bringen - sei es durch maßlosen Gebrauch des Erlaubten, sei es in der Brunst nach Unerlaubtem, »nach einem Verkehr, der wider die Natur ist« -; oder sie machen sich schuldig, wenn sie in Gedanken und Worten sich gegen Dich empören und wider den Stachel ausschlagen; oder sie zerbrechen die Schranken der menschlichen Gesellschaftsordnung und haben als Menschen der Will-

privatis conciliationibus aut diremptionibus, 8,16
prout quidque delectaverit aut offenderit. Et
ea fiunt, cum tu derelinqueris, »fons vitae«, Ps 35, 10
qui es unus et verus creator et rector universitatis, et privata superbia diligitur in parte unum falsum.

Itaque pietate humili reditur in te, et purgas
nos a consuetudine mala et »propitius« es Ps 77, 38
»peccatis« confitentium et exaudis »gemitus Ps 78, 9
conpeditorum« et solvis a vinculis, quae nobis Ps 101, 21
fecimus, si »iam non erigamus adversus te [Ps 74, 5 f]
cornua« falsae libertatis avaritia plus habendi et damno totum amittendi, amplius amando proprium nostrum quam te, omnium bonum.

Sed inter flagitia et facinora et tam multas 9,17
iniquitates sunt peccata proficientium, quae a bene iudicantibus et vituperantur ex regula perfectionis et laudantur spe frugis sicut herba segetis. Et sunt quaedam similia vel flagitio vel facinori et non sunt peccata, quia nec te offendunt, dominum deum nostrum, nec sociale consortium, cum conciliantur aliqua in usum vitae congrua et tempori, et incertum est an libidine habendi, aut puniuntur corrigendi studio potestate ordinata, et incertum est an libidine nocendi.

Multa itaque facta, quae hominibus inprobanda viderentur, testimonio tuo adprobata sunt et multa laudata ab hominibus te teste

kür ihre Lust an Sonderbünden und selbstischen Spaltungen, je nachdem sie zu einer Sache mit Gefallen oder Abneigung stehen. Und dahin kommt es, wenn man Dich verläßt, den »Quell des Lebens«, den einen und wahren Schöpfer und Lenker des Alls, und in abspenstigem Hochmut das Eine seiner Vorliebe sich zum Ganzen fälscht.[16] Hinwieder ist die beugsam hingegebene Sinnesweise der Weg, der in Dich zurückführt,[17] und Du reinigst uns vom Unflat der Gewöhnung an das Böse und bist »nachsichtig gegen die Sünden«, wenn man sie bekennt, und erhörst »die Seufzer der Gefesselten« und lösest von den Banden, die wir uns geschmiedet haben, wenn wir nur erst »das Gehörn« einer falschen Freiheit »nicht mehr wider Dich erheben«,[18] gierig, noch mehr zu haben, und ausgesetzt der Strafe, das Ganze zu verlieren, indem wir jeder sein sonderlich Eigenes mehr lieben als Dich, Du Aller Gut.

Nun gibt es neben den Schandtaten und Übeltaten und so vielerlei Unrecht auch Sünden derer, die im Guten voranstreben. Menschen von abwägendem Urteil mißbilligen, das Maß der Vollkommenheit vor Augen, solche Sünden, aber sie wissen auch zu loben, weil Hoffnung ist auf Frucht wie beim Unkraut im Saatfeld.[19] Und manches sieht aus wie Schandtat oder Übeltat und ist doch keine Sünde, weil es nicht gegen Dich, unsern Herrn und Gott, noch gegen die menschliche Gemeinschaft sich richtet: so wenn man, dem Lebensbedarf und den Zeitumständen Rechnung tragend, Vorräte ansammelt und es im ungewissen bleibt, ob das nicht aus Habgier geschieht,[20] oder wenn die ordentliche Obrigkeit in der Absicht zu bessern mit Strafen vorgeht und es im ungewissen bleibt, ob das nicht aus der Lust am Wehtun geschieht.
So sind viele Handlungen, die in den Augen der Menschen Tadel verdienen, durch Dein Zeugnis gebilligt worden, und viele, die von den Menschen gerühmt wurden,

damnantur, cum saepe se aliter habet species 9,17
facti et aliter facientis animus atque articulus occulti temporis. Cum vero aliquid tu repente inusitatum et inprovisum imperas, etiamsi hoc aliquando vetuisti, quamvis causam imperii tui pro tempore occultes et quamvis contra pactum sit aliquorum hominum societatis, quis dubitet esse faciendum, quando ea iusta est societas hominum, quae servit tibi? Sed beati qui te imperasse sciunt. Fiunt enim omnia a servientibus tibi vel ad exhibendum, quod ad praesens opus est, vel ad futura praenuntianda.

Haec ego nesciens inridebam illos sanctos 10,18
servos et prophetas tuos. Et quid agebam, cum inridebam eos, nisi ut inriderer abs te sensim atque paulatim perductus ad eas nugas, ut crederem ficum plorare, cum decerpitur, et matrem eius arborem lacrimis lacteis? Quam tamen ficum si comedisset aliquis ‚sanctus' alieno sane, non suo scelere decerptam, misceret visceribus et anhelaret de illa angelos, immo vero particulas dei gemendo in oratione atque ructando: quae particulae summi et veri dei ligatae fuissent in illo pomo, nisi ‚electi sancti' dente ac ventre solverentur. Et credidi miser magis esse misericordiam praestandam fructibus terrae quam hominibus, propter quos nascerentur. Si quis enim esuriens peteret, qui manichaeus non esset, quasi capitali

sind verurteilt durch Dein Wort; denn oft ist es ein anderes um das äußere Gesicht einer Handlung, ein anderes um die Gesinnung des Handelnden mitsamt dem uns verborgenen Erfordernis seiner Zeit. Wenn aber Du mit einemmal etwas Ungewohntes und Unerwartliches befiehlst, so hat es, magst Du es einst auch verboten haben, ohne alles Bedenken zu geschehen, obgleich Du vorerst Grund und Sinn Deines Befehls verborgen hältst und obgleich er der Gemeinschaftsordnung einer Menschengruppe zuwiderläuft; denn eine Menschengemeinschaft ist eben dann in der rechten Ordnung, wenn sie Dir sich fügt. Glückselig aber, die es wissen, daß Du befohlen hast. Denn was die tun, die Dir sich fügen, geschieht alles entweder, um der Notwendigkeit ihrer Gegenwart zu genügen, oder um Künftiges im Vorbild anzukünden.[21]

Ich aber wußte von alldem nichts und spottete über Deine heiligen Diener und Deine Propheten. Und was bewirkte ich anderes mit meinem Gespött, als daß ich mich selber zum Gespött vor Dir machte, als ich unvermerkt und Schritt für Schritt mich so ins Alberne verirrte, daß ich glaubte, wenn man eine Feige pflücke, so weinten sie und ihr Mutterbaum milchige Tränen; äße aber ein ‚Heiliger'[22] die Feige, die natürlich von fremder, nicht der eignen Frevelhand gepflückt sein mußte, so werde sie seinem Innern anvermischt, und er enthauche beim Seufzen im Gebet und beim Rülpsen Engel oder vielmehr Teilchen Gottes: diese Teilchen des höchsten und wahren Gottes wären gebunden in der Frucht verblieben, wenn sie nicht durch Zahn und Magen der ‚auserwählten Heiligen' befreit worden wären. Und ich armer Narr, ich glaubte wirklich, man müsse mit den Früchten der Erde mehr Erbarmen haben als mit den Menschen, für die sie wachsen; denn hätte ein Hungriger, der nicht Manichäer war, danach verlangt, es hätte uns geschienen, der Bissen, ihm

supplicio damnanda buccella videretur, si ei daretur. 10,18

Et misisti manum tuam ex alto et de hac profunda caligine eruisti animam meam, cum pro me fleret ad te mea mater, fidelis tua, amplius quam flent matres corporea funera. Videbat enim illa mortem meam ex fide et spiritu, quem habebat ex te, et exaudisti eam, domine. Exaudisti eam nec despexisti lacrimas eius, cum profluentes rigarent terram sub oculis eius in omni loco orationis eius: exaudisti eam. Nam unde illud somnium, quo eam consolatus es, ut vivere mecum cederet et habere mecum eandem mensam in domo? Quod nolle coeperat aversans et detestans blasphemias erroris mei. Vidit enim se stantem in quadam regula lignea et venientem ad se iuvenem splendidum hilarem atque arridentem sibi, cum illa esset maerens et maerore confecta. Qui cum causas ab ea quaesisset maestitiae suae cotidianarumque lacrimarum docendi, ut adsolet, non discendi gratia, atque illa respondisset perditionem meam se plangere, iussisse illum, quo secura esset, atque admonuisse, ut adtenderet et videret, ubi esset illa, ibi esse et me. Quod illa ubi adtendit, vidit me iuxta se in eadem regula stantem. 11,19 [Ps 85, 13] [Gal 5, 5]

Unde hoc, nisi quia erant aures tuae ad cor eius, o tu bone omnipotens, qui sic curas unumquemque nostrum, tamquam solum cures, et sic omnes, tamquam singulos?

gereicht, sei gleichsam der Todesstrafe schuldig geworden.[23]

Du aber strecktest Deine Hand aus der Höhe und rissest meine Seele aus dieser tiefen Finsternis; denn es weinte zu Dir meine Mutter, Deine Getreue, weinte um mich mehr, als Mütter Leichname beweinen. Sie sah meinen Tod durch den Glauben und den Geist, den sie durch Dich besaß. Und Du, Herr, hast sie erhört. Du hast sie erhört und hast ihre Tränen nicht verachtet, wenn sie strömend den Boden unter ihren Augen benetzten, wo immer der Ort ihres Betens war: ja, Du hast sie erhört.[24]

Woher sonst jener Traum, durch den Du ihr die Kraft gabst, so daß sie wieder willens ward, mit mir zu leben und im gleichen Hause den gleichen Tisch mit mir zu teilen? Das hatte sie schon nicht mehr dulden wollen, angewidert bis zum Abscheu von dem Gotteslästerlichen meines Irrwegs.[25] Da sah sie im Traum sich auf einem Richtholz[26] stehen, gramvoll, von Gram gebrochen, und da kam ein lichter Jüngling auf sie zu und lächelte sie fröhlich an. Er fragte sie nach dem Grunde ihres Trauerns, ihres Weinens Tag für Tag, so wie man eben fragt, um aufzurichten, nicht um bloß Bescheid zu erfahren. Sie sagte, sie härme sich über mein Verderben. Da hieß er sie getrost sein, sie brauche ja nur schärfer zuzusehen, so werde sie's gewahr: da, wo sie sei, da sei auch ich. Und als sie nun schärfer zusah, erblickte sie mich, wie ich an ihrer Seite auf demselben Richtscheit stand.

Woher kam ihr dies? Davon allein, daß Dein Ohr an ihrem Herzen war, o Du Gütiger, Du Allmächtiger, der Du Sorge trägst um jeden von uns, als sorgtest Du nur für den einen, und Sorge trägst um alle, als wären sie nur einer.

Unde illud etiam, quod cum mihi narrasset ipsum visum et ego ad id detrahere conarer, ut illa se potius non desperaret futuram esse quod eram, continuo sine aliqua haesitatione: „Non" inquit „non enim mihi dictum est: ubi ille, ibi et tu, sed: ubi tu, ibi et ille". 11,20

Confiteor tibi, domine, recordationem meam, quantum recolo, quod saepe non tacui, amplius me isto per matrem vigilantem responso tuo, quod tam vicina interpretationis falsitate turbata non est et tam cito vidit quod videndum fuit - quod ego certe, antequam dixisset, non videram - etiam tum fuisse conmotum quam ipso somnio, quo feminae piae gaudium tanto post futurum ad consolationem tunc praesentis sollicitudinis tanto ante praedictum est.

Nam novem ferme anni secuti sunt, quibus ego in illo »limo profundi« ac tenebris falsitatis, cum saepe surgere conarer et gravius allidere, volutatus sum, cum tamen illa vidua casta, pia et sobria, quales amas, iam quidem spe alacrior, sed fletu et gemitu non segnior, non desineret horis omnibus orationum suarum de me plangere ad te, et intrabant »in conspectum tuum preces eius«, et me tamen dimittebas adhuc volvi et involvi illa caligine. Ps 68, 3 Ps 87, 3

Et dedisti alterum responsum interim, quod recolo. Nam et multa praetereo, propter quod propero ad ea quae me magis urguent confiteri tibi, et multa non memini. 12,21

Und von Dir kam auch das Weitere. Als sie mir dieses Gesicht erzählte und ich's ihr so verdeuten wollte, daß vielmehr gerade sie nicht daran verzweifeln dürfe, dereinst zu sein, was ich schon war, gab sie mir schlagfertig zur Antwort: „Nein! Es hieß nicht: Wo er, da auch du. Es hieß: Wo du, da auch er."

Herr, nun bekenne ich Dir meine Erinnerung, so gut ich dessen, wovon ich oft und oft gesprochen habe, noch gedenke: jene Antwort von Dir, die meine Mutter hellen Sinnes mir gab, hat eben deshalb, weil ihr Geist von meiner falschen, aber so nah gelegenen Deutung sich nicht verwirren ließ und so rasch ersah, worauf es ankam - was ich meinerseits, bevor sie's aussprach, gar nicht gesehen hatte -, also jene Antwort hat mich schon damals tiefer bewegt als das Traumgesicht selbst, durch welches der frommen Frau die Freude, die so lang danach erst Ereignis ward, zur Tröstung in dem Kummer, der damals Gegenwart für sie war, so lang zuvor schon angesagt worden ist.

Denn es währte noch fast neun Jahre, daß ich in diesem »Schlamm der Tiefe«, um mich her die Finsternis des Irrwahns, mich wälzte, zwar oft versuchte aufzustehen, dabei nur um so schwerer wieder stürzte, hingegen diese Witwe, keusch, fromm und klug, wie Du Witwen liebst, schon getroster im Hoffen, doch nicht lässiger im Weinen und Seufzen, beharrlich zu allen Stunden ihres Betens um mich zu Dir wehklagte. Und es drangen »ihre Bitten vor Dein Angesicht«, und dennoch ließest Du immer noch mich wühlen und tiefer mich verwühlen in jener Finsternis.

Du gabst indessen noch einen zweiten Bescheid, dessen ich gedenken will. Über vieles gehe ich ja hinweg, um bald an das zu kommen, was noch mehr mich drängt, es zu bekennen, und vieles hab ich auch vergessen.

Dedisti ergo alterum per sacerdotem tuum, 12,21
quendam episcopum nutritum in ecclesia et exercitatum in libris tuis. Quem cum illa femina rogasset, ut dignaretur mecum conloqui et refellere errores meos et dedocere me mala ac docere bona - faciebat enim hoc, quos forte idoneos invenisset - noluit ille, prudenter sane, quantum sensi postea. Respondit enim me adhuc esse indocilem, eo quod inflatus essem novitate haeresis illius et nonnullis quaestiunculis iam multos inperitos exagitassem, sicut illa indicaverat ei. „Sed" inquit „sine illum ibi. Tantum roga pro eo dominum: ipse legendo reperiet, quis ille sit error et quanta inpietas." Simul etiam narravit se quoque parvulum a seducta matre sua datum fuisse manichaeis, et omnes paene non legisse tantum verum etiam scriptitasse libros eorum sibique adparuisse nullo contra disputante et convincente, quam esset illa secta fugienda: itaque fugisse. Quae cum ille dixisset atque illa nollet adquiescere, sed instaret magis deprecando et ubertim flendo, ut me videret et mecum dissereret, ille iam substomachans taedio: „Vade" inquit „a me; ita vivas, fieri non potest, ut filius istarum lacrimarum pereat".

Quod illa ita se accepisse inter conloquia sua mecum saepe recordabatur, ac si de caelo sonuisset.

Also Du gabst noch einen zweiten Bescheid, und zwar durch einen Deiner Priester, einen Bischof, im Schoß der Kirche aufgewachsen und wohlbewandert in Deinen heiligen Büchern. Als meine Mutter ihn bat, er möge sich zu einem Gespräch mit mir herbeilassen, um meine Irrtümer zu widerlegen und mir die üblen Lehren auszureden und heilsame beizubringen - das tat er nämlich des öfteren, wofern er empfängliche Gemüter antraf -, da lehnte er es ab, wohlweislich allerdings, wie ich später erkannte. Er gab nämlich zur Antwort, ich sei vorerst unbelehrbar, und zwar deshalb, weil der Reiz der Neuheit, den jene Ketzerei für mich habe, mir zu Kopf gestiegen sei und ich - wie ihm die Mutter selbst verraten hatte - durch allerlei verfängliche Fragen[27] schon manche Unerfahrene aus der Fassung gebracht hätte. „Aber laß ihn dabei“, sagte er, „nur bete für ihn zum Herrn; durch Studium wird er selbst dahinterkommen, welch ein Irrtum das ist, welche Gottvergessenheit.“ Zugleich erzählte er, wie auch er in jungen Jahren von seiner betörten Mutter den Manichäern zugeführt worden sei und fast all ihre Schriften gelesen, viele sogar abgeschrieben habe, und darüber sei ihm von selbst, ohne daß ihn jemand widerlegt oder überzeugt hätte, die Erkenntnis aufgegangen, wie sehr diese Sekte zu meiden sei, und so habe er sich abgewandt. Als sich die Mutter von diesen Worten nicht beruhigen ließ, sondern mit Bitten und reichlich Weinen noch weiter in ihn drang, er möge mich kommen lassen und sich mit mir besprechen, da sagte er, schon im Ton des Überdrusses: „Nun geh und laß mich! So wahr du lebst, es ist unmöglich, daß ein Sohn solcher Tränen verlorengeht.“
In ihren Gesprächen mit mir kam sie oft darauf zurück, sie habe dieses Wort so aufgenommen, als wäre es eine Stimme vom Himmel gewesen.

LIBER QUARTUS

VIERTES BUCH

Tiefer im Manichäismus - 19. bis 28. Lebensjahr - [1]: Lehrer der Rhetorik in Thagaste und Konkubinat [2]. Verhältnis zur Astrologie [3]. Schmerz über den Tod eines Freundes [4-6]. Übersiedlung nach Karthago [7] und allmähliche Beruhigung [8]. Glück, den Menschen in Gott zu lieben [9]. Glück nicht in Vergänglichem, nur in Gott [10-12]. Abfassung einer ästhetischen Schrift - ungefähr 26. oder 27. Lebensjahr - [13-15]. Rückblick auf Aristotelesstudium, Klage über Studien ohne religiöse Frucht [16].

Per idem tempus annorum novem, ab undevicesimo anno aetatis meae usque ad duodetricensimum, seducebamur et seducebamus falsi atque fallentes in variis cupiditatibus et palam per doctrinas quas ‚liberales' vocant, occulte autem falso nomine religionis, hic superbi, ibi superstitiosi, ubique vani, hac popularis gloriae sectantes inanitatem usque ad theatricos plausus et contentiosa carmina et agonem coronarum faenearum et spectaculorum nugas et intemperantiam libidinum, illac autem purgari nos ab istis sordibus expetentes, cum eis, qui appellarentur electi et sancti, afferremus escas, de quibus nobis in officina aqualiculi sui fabricarent angelos et deos, per quos liberaremur. Et sectabar ista atque faciebam cum amicis meis per me ac mecum deceptis. *1, 1*

Inrideant me arrogantes et nondum salubriter prostrati et elisi a te, deus meus, ego tamen
»confitear« tibi dedecora mea »in laude tua«. Ps 105, 47
Sine me, obsecro, et da mihi circuire praesenti memoria praeteritos circuitus erroris mei et
»immolare« tibi »hostiam iubilationis«. Quid Ps 26, 6
enim sum ego mihi sine te nisi dux in praeceps? Aut quid sum, cum mihi bene est, nisi sugens lac tuum aut fruens te cibo, qui non corrumpitur? Et quis homo est quilibet homo, cum sit homo? Sed inrideant nos fortes et
potentes, nos autem infirmi et inopes confiteamur tibi. [Ps 73, 21]

Während dieser neun Jahre, von meinem neunzehnten bis zum achtundzwanzigsten Lebensjahr, war ich Verführter und Verführer, Betrogener und Betrüger in der Vielgestalt meiner Leidenschaften: öffentlich durch die sogenannten ‚Wissenschaften für die Freigeborenen', dazu noch heimlich unter der falschen Marke der Religion; dort eingebildet, hier abergläubisch, ein Windbeutel da wie dort. Denn als Rhetor jagte ich dem nichtigen Ruhm bei der Menge nach, - und wäre es nur der Beifall des Theaters gewesen, der Wettbewerb der Dichter, der Siegesstreit um Kränze von Heu, das hohle Possenspiel und die Reizung zum Unmaß sinnlicher Lust, und wiederum verlangte ich doch sehnlich, von all dem Schmutze rein zu werden, und trug denen, die man die Auserwählten und Heiligen nannte, Speise zu, aus der sie mir in ihrer Bauchküche Engel und Götter zubereiten würden, die mich befreien sollten. Ja, so trieb ich es, und das tat ich zusammen mit meinen Freunden, die durch mich und mit mir dem Trug verfallen waren.

Da mögen sie meiner nun lächeln, die Selbstsichern, die noch nicht heilsam von Dir, mein Gott, hingeworfen und zermalmt sind: ich will Dir dennoch meine Schmach »bekennen zu Deinem Preis«. Laß mich, innig fleh ich um Deinen Beistand, laß mich in der Erinnerung von heute meine Irrgänge von damals gehen und Dir »die Opfergabe des Jubels darbringen«! Denn ich, was bin ich mir ohne Dich? Ein Führer in den Abgrund. Oder was bin ich, wenn es gut um mich steht? Doch nur einer, der Deine Milch saugt oder schon als Speise Dich genießt, die nicht verderben kann. Und jeglicher Mensch, was ist er für ein Mensch, wenn er eben nur Mensch ist? Aber mögen sie lächeln über mich, diese Starken und Mächtigen, ich Schwacher und Ohnmächtiger will Dir Preis bekennen.

Docebam in illis annis artem rhetoricam et victoriosam loquacitatem victus cupiditate vendebam. Malebam tamen, domine, tu scis, bonos habere discipulos, sicut appellantur boni, et eos sine dolo docebam dolos, non quibus contra caput innocentis agerent, sed aliquando pro capite nocentis. Et, deus, vidisti de longinquo lapsantem in lubrico et in multo fumo scintillantem fidem meam, quam exhibebam in illo magisterio »diligentibus vanitatem et quaerentibus mendacium«, socius eorum. 2, 2 [Mt 12, 20] Ps 4, 3

In illis annis unam habebam non eo quod legitimum vocatur coniugio cognitam, sed quam indagaverat vagus ardor inops prudentiae, sed unam tamen, ei quoque servans tori fidem; in qua sane experirer exemplo meo, quid distaret inter coniugalis placiti modum, quod foederatum esset generandi gratia, et pactum libidinosi amoris, ubi proles etiam contra votum nascitur, quamvis iam nata cogat se diligi.

Recolo etiam, cum mihi theatrici carminis certamen inire placuisset, mandasse mihi nescio quem haruspicem, quid ei dare vellem mercedis, ut vincerem, me autem foeda illa sacramenta detestatum et abominatum respondisse, nec si corona illa esset inmortaliter aurea, muscam pro victoria mea necari sinere. Necaturus enim erat ille in sacrificiis suis animantia et illis honoribus invitaturus mihi suffragatura daemonia videbatur. Sed hoc quoque ma- 2, 3

Ich lehrte in diesen Jahren die Redekunst und bot die siegeskundige Wortmacherei zum Kaufe, selber besiegt von der Lebensgier. Mehr freilich lag es mir an,[1] Herr, Du weißt es, gute Schüler zu haben, was man eben so nennt, und ohne Trug lehrte ich sie die Listen des Trugs, nicht damit sie sich ihrer wider Leib und Leben eines Unschuldigen bedienen sollten, aber doch etwan für Leib und Leben eines Schuldigen. Und Du sahest, o Gott, von Ferne mein zwar redliches, aber auf schlüpfrigem Boden wankendes und in dichtem Qualm unruhig flackerndes Bemühen, das ich als Lehrer denen zuwandte, die »Nichtigkeiten liebten und auf Trug sannen«, selber einer von ihnen.

Ich hatte in diesen Jahren geschlechtlichen Umgang mit einer einzigen, nicht in einer Ehe, die man gesetzmäßig nennt[2] - die schweifende Brunst, der Besonnenheit bar,[3] hatte sie aufgespürt -, immerhin nur mit der einen, auch ihr die Treue im Umgang wahrend; dabei sollte ich freilich aus eigener Erfahrung lernen, welch ein Unterschied sei zwischen dem Besonderen einer ehelichen Bindung, die man der Zeugung wegen eingeht, und einem Abkommen zu geschlechtlichem Liebestausch, dem Nachkommenschaft auch wider Wunsch und Wille entsproßt, obzwar sie, einmal geboren, sich doch Liebe zu verschaffen weiß.

Ich erinnere mich auch, wie sich mir bei dem Vorhaben, mit einer Theaterdichtung mich in Wettbewerb einzulassen, irgendein Wahrsager antrug mit der Frage, was ich ihm zahlen wolle, um mir den Sieg zu sichern, und ich voll Widerwillen und Abscheu gegen solch greuliche Geheimbräuche ihm die Antwort gab: Und wenn der Siegeskranz aus Gold für die Unsterblichkeit wäre, möchte ich nicht zugeben, daß für meinen Sieg auch nur eine Fliege getötet würde: er wollte nämlich bei seinen Opfern Tiere töten, und gedachte offenbar, durch solche Ehrenspende Dämonen zu veranlassen, mir zur Seite zu

lum non ex tua castitate repudiavi, »deus cordis mei«. Non enim amare te noveram, qui nisi fulgores corporeos cogitare non noveram. Talibus enim figmentis suspirans anima nonne »fornicatur abs te« et fidit in falsis et »pascit ventos«? Sed videlicet sacrificari pro me nollem daemonibus, quibus me illa superstitione ipse sacrificabam. Quid est enim aliud »ventos pascere« quam ipsos pascere, hoc est errando eis esse voluptati atque derisui? Ps 72, 26 Ps 72, 27 Os 12, 1

3, 4 *Ideoque illos planos, quos mathematicos vocant, plane consulere non desistebam, quod quasi nullum eis esset sacrificium et nullae preces ad aliquem spiritum ob divinationem dirigerentur. Quod tamen christiana et vera pietas consequenter repellit et damnat.*

Bonum est enim confiteri tibi, domine, et dicere: »miserere mei: cura animam meam, quoniam peccavi tibi«, neque ad licentiam peccandi abuti indulgentia tua, sed meminisse dominicae vocis: »ecce sanus factus es; iam noli peccare, ne quid tibi deterius contingat«. Ps 40, 5 Jo 5, 14

Quam totam illi salubritatem interficere conantur, cum dicunt: „De caelo tibi est inevitabilis causa peccandi“ et „Venus hoc fecit aut Saturnus aut Mars“, scilicet ut homo sine culpa sit, »caro et sanguis« et superba putredo, culpandus sit autem caeli ac siderum creator Mt 16, 17

stehen. Allein auch diese Schlechtigkeit habe ich nicht aus heiliger Scheu vor Dir zurückgewiesen, »Du Gott meines Herzens«. Wirklich Dich lieben, das vermochte ich ja nicht, da ich [nicht reinen, geistigen,] nur sinnenhaften Glanz mir vorzustellen vermochte. Die Seele, wenn sie nach solchen Gebilden schmachtet, »buhlt« sie da nicht »fern von Dir« und vertraut auf Trug und »weidet Winde«? Natürlich, den Dämonen für mich opfern lassen, das hätte ich nicht gewollt, aber selber brachte ich mich ihnen zum Opfer durch solchen Aberglauben. Denn »Winde weiden«, heißt das nicht eben diese Geister weiden, nämlich als Irrender ihnen zu Spaß und Gelächter werden?

So zog ich denn jene Art von Betrügern, die man Astrologen nennt, unbedenklich immer wieder zu Rate, in der Erwägung, daß es ja bei ihnen so gut wie keine Opfer gebe und keine Gebete an irgendeinen Geist zum Zweck der Wahrsagung gerichtet würden. Aber der wahrhaft fromme Christ verurteilt und verdammt folgerecht auch dieses.

Denn gut ist allein, Dir einzubekennen, Herr, und zu sprechen: »Erbarme Dich meiner, heile meine Seele; denn gesündigt habe ich wider Dich«, und nicht Deine Nachsicht zu mißbrauchen zur Freiheit im Sündigen, sondern eingedenk zu sein des Herrnwortes: »Nun bist du ja gesund geworden! Sündige nicht mehr, damit dir nicht Schlimmeres widerfahre!«

Aber all solche Heilsmahnung erdreisten sich jene Blinden zunichte zu machen, wenn sie sagen: „Vom Himmel kommt dir der unausweichliche Anstoß zum Sündigen« und „Venus hat das bewirkt oder Saturn oder Mars", in der Absicht, wie leicht zu sehen, den Menschen von der Schuld zu entlasten, sein »Fleisch und Blut« und seine von Hochmut stinkende Fäulnis, hingegen dem Schöpfer und

et ordinator. Et quis est hic nisi deus noster, 3,4
suavitas et origo iustitiae, qui »reddes uni- Mt
cuique secundum opera eius« et »cor contri- 16, 27; Röm 2, 6
tum et humiliatum non spernis«? Ps 50, 19

Erat eo tempore vir sagax, medicinae artis 3,5
peritissimus atque in ea nobilissimus, qui proconsul manu sua coronam illam agonisticam inposuerat non sano capiti meo, sed non ut medicus. Nam illius morbi tu sanator, qui
»resistis superbis, humilibus autem das gra- Jak 4, 6; I Petr
tiam«. Numquid tamen etiam per illum senem 5, 5
defuisti mihi aut destitisti mederi animae meae?

Quia enim factus ei eram familiarior et eius sermonibus - erant enim sine verborum cultu vivacitate sententiarum iucundi et graves - adsiduus et fixus inhaerebam, ubi cognovit ex conloquio meo libris genethliacorum esse me deditum, benigne ac paterne monuit, ut eos abicerem neque curam et operam rebus utilibus necessariam illi vanitati frustra inpenderem, dicens ita se illa didicisse, ut eius professionem primis annis aetatis suae deferre voluisset, qua vitam degeret, et si Hippocraten intellexisset, et illas utique litteras potuisse intellegere: et tamen non ob aliam causam se postea illis relictis medicinam adsecutum, nisi quod eas falsissimas conperisset et nollet vir gravis decipiendis hominibus victum quaerere. „At tu" inquit „quo te in hominibus sustentas,

Ordner des Himmels und der Gestirne die Schuld aufzubürden. Und das ist doch kein anderer als unser Gott, der wonnesame Urgrund der Gerechtigkeit, Du, der Du »jedem nach seinen Werken vergiltst« und »ein zerknirschtes und gedemütigtes Herz nicht verwirfst«.

Zu der Zeit lebte [in Karthago] ein scharfsinniger Mann, ein Arzt, in seiner Kunst sehr erfahren und eine Berühmtheit; als Prokonsul hatte er eigenhändig bei dem erwähnten Wettkampf den Siegeskranz auf mein krankes Haupt gedrückt, doch nicht als Arzt für mich; denn solche Krankheit heilst Du allein, der Du »den Hochmütigen widerstehst, den Demütigen aber Gnade widerfahren läßt«. Aber wie, standest Du nicht auch durch diesen Alten mir bei oder ließest meiner Seele Heilkraft angedeihen?

Als ich nämlich mit ihm auf vertrauteren Fuß gekommen war und seinen Gesprächen - sie verrieten ja keine wohlgepflegte Ausdrucksweise, aber die Lebensnähe der Gedanken machte sie angenehm und bedeutsam - fleißig und angespannt lauschte, da ward er aus der Zwiesprache mit mir nicht so bald meine Hinneigung zu den Büchern der Nativitätssteller inne, als er auch schon mit väterlicher Güte mahnte, die Hand davon zu lassen und doch nicht Mühe und Arbeit, die nützlicheren Dingen gehörten, auf so nichtiges Zeug zu verwenden; er selbst, sagte er, habe es sich mit einer Gründlichkeit angeeignet, daß er in seiner frühen Jugend willens gewesen sei, die Nativitätsstellerei zur Quelle des Lebensunterhaltes zu machen, und wo er doch den Hippokrates begriffen habe, habe er natürlich auch diese Wissenschaft zu begreifen vermocht; aber trotzdem habe er sich davon abgekehrt und sich auf die ärztliche Kunst verlegt, einzig deshalb, weil er jener andern völligen Ungrund erkannt und als ernsthafter Mann doch nicht von der Irreführung der Mitmenschen habe leben wollen. „Aber du“, sagte er, „hast ja schon

rhetoricam tenes, hanc autem fallaciam libero 3,5
studio, non necessitate rei familiaris sectaris. Quo magis mihi te oportet de illa credere, qui eam tam perfecte discere elaboravi, quam ex ea sola vivere volui.“ A quo ego cum quaesissem, quae causa ergo faceret, ut multa inde vera pronuntiarentur, respondit ille, ut potuit, vim sortis hoc facere in rerum natura usquequaque diffusam. Si enim de paginis poetae cuiuspiam longe aliud canentis atque intendentis, cum forte quis consulit, mirabiliter consonus negotio saepe versus exiret, mirandum non esse dicebat, si ex anima humana superiore aliquo instinctu nesciente, quid in se fieret, non arte, sed sorte sonaret aliquid, quod interrogantis rebus factisque concineret.

Et hoc quidem ab illo vel per illum procu- 3,6
rasti mihi, et quid ipse postea per me ipsum quaererem, in memoria mea deliniasti. Tunc autem nec ipse nec carissimus meus Nebridius, adulescens valde bonus et valde castus, inridens totum illud divinationis genus, persuadere mihi potuerunt, ut haec abicerem, quoniam me amplius ipsorum auctorum movebat auctoritas et nullum certum quale quaerebam documentum adhuc inveneram, quo mihi sine ambiguitate appareret, quae ab eis consultis vera dicerentur, forte vel sorte, non arte inspectorum siderum dici.

einen Beruf, der dich über Wasser hält in der Menschengesellschaft, den eines Rhetors, und betreibst dieses Trugwerk nur als Liebhaberei, nicht zum Erwerb des nötigen Unterhalts. Erst recht also mußt du meinem Urteil darüber Glauben schenken, da ich es mir alle Mühe kosten ließ, mich in dieser Scheinkunst so vollständig zu unterrichten, wie es die Absicht, davon allein zu leben, erforderte." Als ich ihn dann fragte, woher es denn aber komme, daß die Sterndeuterei oft das Richtige voraussage, erwiderte er, so gut als er es verstand, eine Orakelkraft[4] sei da im Spiele, wie sie ja überall in der Welt anzutreffen sei; springe doch auch, wenn man etwa ratsuchend einen beliebigen Dichter aufschlage, der etwas ganz anderes besinge und im Auge habe, oft ein Vers heraus, der merkwürdig gut auf das Anliegen passe; und so möge recht wohl auch aus der Menschenseele, kraft einer Art höherer Eingebung, ohne daß die Seele weiß, was in ihr vorgeht, nicht auf Grund einer Berechnungskunst, sondern durch Orakelüberkunst etwas verlauten, was zu den Umständen und Unternehmungen des Fragenden stimme.

Diese vorläufige Antwort ließest Du mir von jenem Manne, vielmehr durch ihn zuteil werden und hast in meinem Gedächtnis vorgezeichnet, was ich später in eigenem Forschen ausführen sollte.[5] Damals vermochte nicht er und nicht mein lieber Nebridius, ein gar guter und kluger junger Mann, der für alle diese Art von Wahrsagerei nur ein Lächeln hatte, mich zum Aufgeben meiner Liebhaberei zu überreden; denn gewichtiger wogen mir doch meine Sterngelehrten, und noch war mir kein sicherer Beweis, wie ich ihn suchte, zu Händen gekommen, wodurch mir unzweideutig klar geworden wäre, das Richtige in den Antworten der Befragten rühre aus Zufallsgunst oder aus Orakeldunst und nicht aus Gelehrtenkunst der Sternbetrachter her.

In illis annis, quo primum tempore in muni- 4,7
cipio, quo natus sum, docere coeperam, conparaveram amicum societate studiorum nimis carum, coaevum mihi et conflorentem flore adulescentiae. Mecum puer creverat et pariter in scholam ieramus pariterque luseramus. Sed nondum erat sic amicus, quamquam ne tunc quidem sic, uti est vera amicitia, quia non est vera, nisi cum eam tu agglutinas inter haeren-
tes tibi caritate »diffusa in cordibus nostris Röm 5,5
per spiritum sanctum, qui datus est nobis«. Sed tamen dulcis erat nimis, cocta fervore parilium studiorum. Nam et a fide vera, quam non germanitus et penitus adulescens tenebat deflexeram eum in superstitiosas fabellas et perniciosas, propter quas me plangebat mater. Mecum iam errabat in animo ille homo, et non poterat anima mea sine illo. Et ecce tu in-
minens dorso fugitivorum tuorum, »deus ul- Ps 93,1
tionum« et fons misericordiarum simul, qui convertis nos ad te miris modis, ecce abstulisti hominem de hac vita, cum vix explevisset annum in amicitia mea, suavi mihi super omnes suavitates illius vitae meae.

Quis laudes tuas enumerat unus in se uno, quas 4,8
expertus est? Quid tunc fecisti, deus meus, et
quam investigabilis abyssus iudiciorum tuo- [Ps 35,7; Röm
rum? Cum enim laboraret ille febribus, iacuit 11,33]
diu sine sensu in sudore laetali et, cum desperaretur, baptizatus est nesciens me non curante et praesumente id retinere potius animam eius quod a me acceperat, non quod in

In diesen Jahren - es war noch zu Anfang meiner Lehrtätigkeit, die ich in meiner kleinen Geburtsstadt eröffnet hatte - hatte ich einen Freund gewonnen, der mir überaus teuer war ob der Gemeinsamkeit der Neigungen, gleichaltrig mit mir und brüderlich blühend in der Blüte der Jugend.[6] Er war mit mir als Knabe herangewachsen, wir waren mitsammen in die Schule gegangen, wir hatten mitsammen gespielt. Aber damals war er mir noch nicht so Freund gewesen, und auch jetzt noch war unsere Freundschaft nicht der Art, wie es echte Freundschaft ist; denn echt ist sie allein, wenn Du sie zwischen solchen, die Dir anhangen, durch jene Liebe zusammenkittest, die »ausgegossen ist in unsern Herzen durch den Heiligen Geist, der uns gegeben worden ist«. Aber köstlich war sie gleichwohl überaus, gereift an der Glut der gleichen Neigungen. Denn ich hatte den Freund auch vom wahren Glauben, der ja bei seiner Jugend nicht so echt und tiefinnerlich in ihm saß, weggelenkt zu den abergläubischen und verderblichen Fabeleien, derentwegen meine Mutter um mich trauerte. An meiner Seite wandelte dieser Mensch in der Irre des Geistes, und meine Seele konnte nicht leben ohne ihn. Aber siehe, da hast Du, der Du drohend hinter denen her bist, die Dir entlaufen wollen, »Gott der Rache« und Quell des Erbarmens zugleich, der Du wunderbare Weisen kennst, uns hinzukehren zu Dir - hast Du ihn hinweggenommen aus diesem Leben, da er kaum ein Jahr der Freundschaft mir erfüllt hatte, die mir wonnig über alle Wonnen im Leben jener Tage war.

Wer zählte alles Preisenswürdige Deines Waltens auf, auch nur was er an sich allein erfahren hat? Was wirktest Du damals, mein Gott, und wie unausforschlich ist der Abgrund Deiner Gerichte! Jener Freund war am Fieber erkrankt und lag geraume Zeit bewußtlos im Todesschweiß, und da man ihn schon aufgab, ließ man ihn taufen ohne sein Wissen; ich kümmerte mich nicht und er-

nescientis corpore fiebat. Longe autem aliter 4,8
erat. Nam recreatus est et salvus factus, statimque, ut primo cum eo loqui potui - potui autem mox, ut ille potuit, quando non discedebam et nimis pendebamus ex invicem - temtavi apud illum inridere, tamquam et illo inrisuro mecum baptismum, quem acceperat mente atque sensu absentissimus. Sed tamen iam se accepisse didicerat. At ille ita me exhorruit ut inimicum admonuitque mirabili et repentina libertate, ut, si amicus esse vellem, talia sibi dicere desinerem. Ego autem stupefactus atque turbatus distuli omnes motus meos, ut convalesceret prius essetque idoneus viribus valetudinis, cum quo agere possem quod vellem. Sed ille abreptus dementiae meae, ut apud te servaretur consolationi meae: post paucos dies me absente repetitur febribus et defungitur.

Quo dolore contenebratum est cor meum, et 4,9
quidquid aspiciebam mors erat. Et erat mihi patria supplicium et paterna domus mira infelicitas, et quidquid cum illo conmunicaveram, sine illo in cruciatum inmanem verterat. Expetebant eum undique oculi mei, et non dabatur; et oderam omnia, quod non haberent eum, nec mihi iam dicere poterant: „Ecce veniet", sicut cum viveret, quando absens erat. Factus eram ipse mihi magna quaestio et interrogabam animam meam, quare
tristis esset et quare conturbaret me valde, et [Ps 42, 5]
nihil noverat respondere mihi. Et si dicebam:

wartete ohne weiteres, seine Seele werde doch eher festhalten, was sie von mir in sich aufgenommen, als was ihr unbewußt am Leibe geschehen war. Aber ganz anders kam es. Er erholte sich und überstand die Gefahr, und sobald ich nur wieder mit ihm reden konnte - und ich konnte es, sobald nur er es konnte, denn ich wich ja nicht von seiner Seite, so innig hingen wir aneinander -, gleich also machte ich mich dran, in seiner Gegenwart, seines Beifalls gewärtig, die Taufe ins Lächerliche zu ziehen, die er ganz ohne Bewußtsein und Wahrnehmung empfangen hatte. Er aber hatte schon erfahren, daß er getauft war. Da faßte ihn ein Schauer vor mir wie vor einem Feind, und mit erstaunlichem, jähem Freimut verbat er sich solches Gerede, wenn ich sein Freund sein wolle. Verblüfft und außer Fassung, drängte ich all meine Aufregung zurück: er sollte erst genesen, und wenn er wieder bei seinen gesunden Kräften wäre, dann könnte ich über ihn verfügen nach meinem Wunsche. Allein er ward meinem Aberwitz entrissen, um in Dir bewahrt zu sein zu meiner Aufrichtung: wenige Tage danach, ich war nicht bei ihm, wird er abermals vom Fieber gepackt und stirbt.

Vom Schmerz darüber ward es finster in meinem Herzen, und was ich ansah, war alles nur Tod. Die Heimat war mir Qual, wunders unselig das Vaterhaus, und alles, was ich gemeinsam mit ihm erlebt hatte, war ohne ihn verwandelt zu grenzenloser Pein. Überall suchten ihn meine Augen, und er zeigte sich nicht. Und ich haßte alles, weil es ihn nicht barg und nichts von allem mir noch sagen konnte: „sieh, bald kommt er“, so wie es ehemals gewesen, wenn er eine Weile nicht zugegen war. Ich war mir selbst zur großen Frage geworden, und ich nahm meine Seele ins Verhör, warum sie traurig sei und mich so sehr verstöre, und sie wußte mir nichts zu sagen. Und wenn ich ihr sagte: »Hoffe auf Gott«, so gab sie billig kein Gehör: denn wirklicher und besser war der Mensch,

»Spera in deum«, iuste non obtemperabat, quia verior erat et melior homo, quem carissimum amiserat, quam phantasma, in quod sperare iubebatur. Solus fletus erat dulcis mihi et successerat amico meo in deliciis animi mei. Ps 42, 5 [Ps 138, 11]

Et nunc, domine, iam illa transierunt, et tempore lenitum est vulnus meum. Possumne audire abs te, qui veritas es, et admovere aurem cordis mei ori tuo, ut dicas mihi, cur fletus dulcis sit miseris? An tu, quamvis ubique adsis, longe abiecisti a te miseriam nostram, et tu in te manes, nos autem in experimentis volvimur? Et tamen nisi ad aures tuas ploraremus, nihil residui de spe nostra fieret. Unde igitur suavis fructus de amaritudine vitae carpitur gemere et flere et suspirare et conqueri? An hoc ibi dulce est, quod speramus exaudire te? Recte istud in precibus, quia desiderium perveniendi habent. Num in dolore amissae rei et luctu, quo tunc operiebar? Neque enim sperabam revivescere illum aut hoc petebam lacrimis, sed tantum dolebam et flebam. Miser enim eram et amiseram gaudium meum. An et fletus res amara est et prae fastidio rerum, quibus prius fruebamur, et tunc, dum ab eis abhorremus, delectat? 5, 10

Quid autem ista loquor? Non enim tempus quaerendi nunc est, sed confitendi tibi. Miser eram, et miser est omnis animus vinctus ami- 6, 11

mit dem sie den liebsten verloren hatte, als der Truggott, auf den zu bauen sie geheißen war. Einzig das Weinen war mir süß, und es war an meines Freundes Statt gefolgt als die Wonne meines Herzens.

Und heute, Herr, ist das auch schon vorüber, und die Zeit hat meine Wunde beruhigt. Kann ich vernehmen von Dir, der Du die Wahrheit bist, kann ich das Ohr meines Innern Deinem Munde nähern, daß Du mir sagtest, warum das Weinen süß ist den Elenden? Oder hast Du unser Elend, obgleich Du überall gegenwärtig bist, doch weit von Dir getan und ruhest unbeweglich in Dir, indes wir Menschen von Prüfung zu Prüfung gewälzt werden? Und doch, wenn wir nicht weinten zu Dir, daß Du es hörst, unsere Hoffnung wäre dahin, und es bliebe nichts von ihr. Woher also kommt es, daß von der Bitternis des Lebens als süße Frucht gepflückt wird das Seufzen und Weinen und Stöhnen und Klagen?[7] Ist es das Süße darin, daß wir hoffen, Du erhörest? Gewiß, so ist es beim Beten unter Tränen, weil es das Verlangen hat, ganz bis zu Dir zu kommen. Aber ist es so beim Schmerz um Verlorenes, bei der Trauer, wie sie mich damals umfing? Ich hoffte ja nicht, durch den Schmerz werde der Freund wieder lebendig, noch erbat ich es mit meinen Tränen, sondern ich härmte mich nur und weinte; denn elend fühlte ich mich, und verloren war mir, was meine Freude gewesen. Oder ist auch das Weinen selbst etwas Bitteres, und wird uns nur wohl dabei vor Überdruß an allem, was uns vordem ein Freugenuß gewesen, alsdann zum Ekel geworden ist?

Aber was rede ich da? Nicht Fragen aufzuwerfen ist jetzt die Zeit, sondern Dir zu bekennen. Elend war ich dran, und elend dran ist jeder Geist in der Fessel seiner Freund-

citia rerum mortalium et dilaniatur, cum eas 6,11
amittit, et tunc sentit miseriam, qua miser est et antequam amittat eas. Sic ego eram illo tempore et flebam amarissime et requiescebam »in amaritudine«. Ita miser eram et habebam Job 3,20; Is 38,15
cariorem illo amico meo vitam ipsam miseram. Nam quamvis eam mutare vellem, nollem tamen amittere magis quam illum et nescio an vellem vel pro illo, sicut de Oreste et Pylade traditur, si non fingitur, qui vellent pro invicem simul mori, quia morte peius eis erat non simul vivere. Sed in me nescio quis affectus nimis huic contrarius ortus erat et taedium vivendi erat in me gravissimum et moriendi metus. Credo, quo magis illum amabam, hoc magis mortem, quae mihi eum abstulerat, tamquam atrocissimam inimicam oderam et timebam et eam repente consumpturam omnes homines putabam, quia illum potuit. Sic eram omnino, memini.

Ecce cor meum, deus meus, ecce intus; vide, quia memini, spes mea, qui me mundas a talium affectionum inmunditia, dirigens oculos meos ad te et »evellens de laqueo pedes meos«. Ps 24,15
Mirabar enim ceteros mortales vivere, quia ille, quem quasi non moriturum dilexeram, mortuus erat, et me magis, quia ille alter eram, vivere illo mortuo mirabar. Bene quidam dixit de amico suo: dimidium animae suae. Nam ego sensi animam meam et animam illius unam fuisse animam in duobus corporibus, et ideo mihi horrori erat vita, quia nolebam dimi-

schaft mit dem Vergänglichen, und zerrissen wird er, wenn er's verliert, und nun erst fühlt er das Elend, worin er doch schon gewesen, noch eh das Verlieren kam. So war es in jener Zeit mit mir, und ich weinte bitterlich und fand Ruhe[8] »in der Bitternis«. Ja, so elend war ich, und dennoch galt mir selbst dieses elende Leben teurer als der heißgeliebte Freund. Denn so sehr ich es anders gewollt hätte: es verlieren lieber als ihn - nein, das wollte ich nicht, und ich weiß nicht, ob auch nur für ihn, so wie man von Orestes und Pylades erzählt, vielleicht nur fabelt, sie hätten miteinander einer für den andern sterben wollen, weil ohne einander zu leben sie schlimmer deuchte als der Tod. Nein, ich weiß nicht, welch ein völlig entgegengesetztes Gefühl in mir erwacht war: der Überdruß am Leben lastete schwer auf mir, aber gleichschwer auch die Furcht vor dem Sterben. Ich glaube, je tiefer ich den Freund geliebt hatte, um so tiefer haßte und fürchtete ich als den wütendsten Feind den Tod, der ihn mir entrissen hatte, und ich meinte schon, er werde jählings alle Menschen verschlingen, da er ihn hatte verschlingen können. Ja so war mir zumute, genau so, ich erinnere mich.

Sieh mein Herz, mein Gott, sieh hinein: Du siehst, daß ich mich erinnere, Du meine Hoffnung, der Du mich reinigst vom Unreinen solcher Gefühle, indem Du meine Augen lenkest zu Dir und »meine Füße aus der Schlinge befreist«! In der Tat, ich wunderte mich, daß die übrigen Sterblichen noch lebten, da doch er, den ich geliebt hatte, als könnte er nie sterben, gestorben war, und mehr noch wunderte ich mich, daß ich selbst, da ich doch ein zweiter Er gewesen, noch lebte, nun, da er tot war. Trefflich hat jemand[9] von seinem Freund gesagt: die Hälfte meiner Seele. Wahrhaftig, ich hatte das Gefühl, als wären seine Seele und meine Seele nur eine Seele gewesen in zwei Leibern. Und es war mir das Leben deshalb so gänzlich verleidet, weil ich nicht hälftig leben wollte; und wenn ich

dius vivere, et ideo forte mori metuebam, ne totus ille moreretur, quem multum amaveram. 6,11

O dementiam nescientem diligere homines 7,12
humaniter! O stultum hominem inmoderate humana patientem! Quod ego tunc eram. Itaque aestuabam, suspirabam, flebam, turbabar, nec requies erat nec consilium. Portabam enim concisam et cruentam animam meam inpatientem portari a me, et ubi eam ponerem non inveniebam.

Non in amoenis nemoribus,
non in ludis atque cantibus
nec in suave olentibus locis
nec in conviviis apparatis
nec in voluptate cubilis et lecti,
non denique in libris atque carminibus

adquiescebat. Horrebant omnia et ipsa lux, et quidquid non erat quod ille erat, inprobum et taediosum erat praeter gemitum et lacrimas: nam in eis solis aliquantula requies. Ubi autem inde auferebatur anima mea, onerabat me grandis sarcina miseriae.

Ad te, domine, levanda erat et curanda, scie- [Ps 24, 1]
bam, sed nec volebam nec valebam, eo magis, quod mihi non eras aliquid solidum et firmum, cum de te cogitabam. Non enim tu eras, sed vanum phantasma et error meus erat deus meus. Si conabar eam ibi ponere, ut requiesceret, per inane labebatur et iterum ruebat super me, et ego mihi remanseram infelix locus,

trotzdem vor dem Sterben zurückscheute, so vielleicht aus dem Grunde, daß hinwieder der nicht ganz sterben sollte, den ich so heiß geliebt hatte.[10]

O Irrwahn, der Menschen nicht menschlich zu lieben versteht! O törichter Mensch, der Menschliches maßlos leidet! So war ich damals. Ich war in Aufruhr, ich seufzte und weinte und war verstört, und alle Ruhe war dahin und aller Verstand. Ich trug meine Seele zerschlagen und blutend herum, und sie hielt es nicht aus, daß ich sie noch trug, und ich fand doch keine Stätte, sie niederzulegen. Nirgend kam sie zur Ruhe,

nicht im lauschigen Hain,
nicht bei Spiel und Gesang;
weder im salbenduftenden Bad,
noch beim wohlbereiteten Mahl -,
noch in Lager und Bett mit ihrer Lust;
und auch nicht über Buch und Gedicht.

Alles war mir zum Überdruß, selbst das Licht, und alles, was nicht war, was er gewesen, war mir anstößig und verleidet, erwünscht nur Seufzer und Tränen; denn darin allein fand meine Seele einigermaßen Ruhe; aber sowie sie davon abgezogen wurde, lastete auf mir mein Elend mit seiner ganzen Wucht.

Zu Dir, Herr, hätte sie sich erheben sollen, um Heilung zu finden, ich wußte es, aber ich wollte nicht und vermochte es nicht, um so weniger, als Du mir nicht etwas Festes und Sicheres warst, wenn ich über Dich nachdachte; denn nicht Du warst mein Gott, sondern ein nichtiges Trugbild meines irren Traumes hielt ich dafür. Versuchte ich nun, dort meine Seele zur Ruhe zu legen, so fiel sie ins Leere und stürzte auf mich zurück, und nach wie vor blieb eben ich mir die unselige Stätte, an der ich nicht sein und von der ich doch nicht weichen konnte. Wohin auch hätte mein Herz fliehen sollen vor meinem Herzen?

ubi nec esse possem nec inde recedere. Quo 7,12
enim cor meum fugeret a corde meo? Quo a
me ipso fugerem? Quo non me sequerer?
Et tamen fugi de patria. Minus enim eum quaerebant oculi mei, ubi videre non solebant, atque a Thagastensi oppido veni Carthaginem.

Non vacant tempora nec otiose volvuntur 8,13
per sensus nostros: faciunt in animo mira opera. Ecce veniebant et praeteribant de die in diem et veniendo et praetereundo inserebant mihi spes alias et alias memorias et paulatim resarciebant me pristinis generibus delectationum, quibus cedebat dolor meus ille; sed succedebant non quidem dolores alii, causae tamen aliorum dolorum. Nam unde me facillime et in intima dolor ille penetraverat, nisi quia fuderam in harenam animam meam diligendo moriturum acsi non moriturum?
Maxime quippe me reparabant atque recreabant aliorum amicorum solacia, cum quibus amabam quod pro te amabam, et hoc erat ingens fabula et longum mendacium, cuius
adulterina confricatione corrumpebatur mens [II Tim 4, 4]
nostra pruriens in auribus. Sed illa mihi fabula non moriebatur, si quis amicorum meorum moreretur. Alia erant, quae in eis amplius capiebant animum,
conloqui et conridere et vicissim benivole obsequi,
simul legere libros dulciloquos, simul nugari et simul honestari,

Wohin hätte ich vor mir selbst fliehen sollen? Wohin wäre ich mir nicht nachgefolgt?
Gleichwohl floh ich, ich floh aus der Heimat: denn weniger würden meine Augen den Verlorenen dort suchen, wo sie nicht gewohnt waren, ihn zu sehen. So verließ ich Thagaste und kam nach Karthago.

Sie feiern nicht, die Zeiten, und nicht müßig rollen sie hinweg über unser empfindendes Leben: sie wirken im Geiste seltsame Dinge. Da kamen sie, kamen und gingen Tag um Tag, und im Kommen und Gehen brachten sie meinem Innern andere Eindrücke und andere Erfahrnisse zu, und allgemach machten sie mich wieder empfänglich für die früheren Arten von Ergötzung, und ihrem Andrang wich mein Schmerz. Allein, was ihm nachrückte, das waren, ob auch nicht schon neue Schmerzen, doch die Ursachen neuer Schmerzen. Hatte mich jener vorige Schmerz nicht deshalb so überaus leicht und bis ins Innerste durchschauern können, weil ich meine Seele in den Sand gegossen hatte, indem ich einem Sterblichen eine Liebe zuwandte, als ob er niemals sterben müßte.
Und was mich nun allermeist erquickte und erneute, das war der tröstliche Umgang mit anderen Freunden, mit denen zusammen ich liebte, was ich statt Deiner liebte, und das war die ungeheuerliche Fabelei, das weitschichtige Truggeschwätz, durch dessen buhlerische Reizung unser Verstand sich verführen ließ, weil es die Ohren kitzelte. Aber dieses Gefabel starb mir nicht, wenn einer meiner Freunde sterben sollte. Andere Dinge übrigens waren es, die an den Freunden das Gemüt stärker anzogen:
mitsammen plaudern und mitsammen lachen und sich einander gefällig erzeigen;
gemeinsam schöne Bücher lesen, gemeinsam scherzen und sich gemeinsam Artigkeiten sagen;

dissentire interdum sine odio tamquam ipse homo secum atque ipsa rarissima dissensione condire consensiones plurimas, 8,13
docere aliquid invicem aut discere ab invicem, desiderare absentes cum molestia, suscipere venientes cum laetitia:
his atque huius modi signis a corde amantium et redamantium procedentibus per os, per linguam, per oculos et mille motus gratissimos quasi fomitibus conflare animos et ex pluribus unum facere.

Hoc est, quod diligitur in amicis et sic diligi- 9,14
tur, ut rea sibi sit humana conscientia, si non amaverit redamantem aut si amantem non redamaverit, nihil quaerens ex eius corpore praeter indicia benivolentiae. Hinc ille luctus, si quis moriatur, et tenebrae dolorum et versa dulcedine in amaritudinem cor madidum et ex amissa vita morientium mors viventium.

Beatus qui amat te et amicum in te et inimicum propter te. Solus enim nullum carum amittit, cui omnes in illo cari sunt, qui non amittitur. Et quis est iste nisi deus noster, deus,
»qui fecit caelum et terram« et inplet ea, quia Ps 145, 6
inplendo ea fecit ea? Te nemo amittit, nisi qui dimittit, et quia dimittit, quo it aut quo fugit nisi a te placido ad te iratum? Nam ubi non
invenit legem tuam in poena sua? »Et lex tua Ps 118, 142
veritas et veritas tu.«

bisweilen sich veruneinen ohne Haß, so wie man wohl einmal es mit sich selbst erfährt, und eben durch die seltene Uneinigkeit die herrschende Eintracht würzen;
einander belehren und lernen voneinander;
die Ausbleibenden schmerzlich vermissen, die Erscheinenden herzlich begrüßen;
durch solche und ähnliche Zeichen, die bei Liebe und Gegenliebe aus dem Herzen sich äußern in Miene und Wort, im Auge und in tausend freundlich lieben Gebärden, wie durch immer neuen Zunder die Gemüter in warme Bewegung setzen und aus vielen ein Eines machen.

Das ist es, was man schätzt an den Freunden, und so hoch schätzt, daß ein menschenwürdiges Gewissen sich schuldig fühlte, wollte man einem, der Liebe erwidert, die Liebe aufsagen, oder dem, der liebt, nicht Gegenliebe schenken, ohne vom Leibe des andern außer den Zeichen freundlieber Gesinnung irgend etwas zu verlangen. Daher die große Trauer, wenn ein Freund uns stirbt, die schwere Nacht des Schmerzes und das im Wandel von Süße zu Bitternis tränende Herz und über dem verlorenen Leben der Sterbenden das Sterbensweh der Überlebenden.
Selig, wer Dich liebt und den Freund in Dir und den Feind um Deinetwillen. Denn der allein verliert keinen Teuren, dem alle teuer sind in dem, den man nicht verliert.[11] Und das ist allein unser Gott [nicht der der Manichäer], der Gott, »der Himmel und Erde erschaffen hat« und alles Erschaffene erfüllt, weil er dadurch es erschaffen hat, daß er es erfüllt.[12] Dich verliert niemand, er verließe Dich denn, und wer Dich verläßt, wohin führt ihn der Weg oder die Flucht? Nur wieder zu Dir: vom gnädigen zum erzürnten Gott. Denn wo stieße er nicht auf Dein Gesetz in seiner Strafe? »Und Dein Gesetz ist Wahrheit« und eben »die Wahrheit bist Du«.

»Deus virtutum, converte nos et ostende fa- 10, 15
ciem tuam, et salvi erimus.« Nam quoquover- Ps 79, 8
sum se verterit anima hominis, ad dolores figitur alibi praeterquam in te, tametsi figitur in pulchris extra te et extra se. Quae tamen nulla essent, nisi essent abs te. Quae oriuntur et occidunt et oriendo quasi esse incipiunt et crescunt, ut perficiantur, et perfecta senescunt et intereunt: et non omnia senescunt et omnia intereunt. Ergo cum oriuntur et tendunt esse, quo magis celeriter crescunt, ut sint, eo magis festinant, ut non sint. Sic est modus eorum. Tantum dedisti eis, quia partes sunt rerum, quae non sunt omnes simul, sed decedendo ac succedendo agunt omnes universum, cuius partes sunt. Ecce sic peragitur et sermo noster per signa sonantia. Non enim erit totus sermo, si unum verbum non decedat, cum sonuerit partes suas, ut succedat aliud.

Laudet te ex illis »anima mea, deus, creator omnium«, sed non in eis infigatur glutine amoris per sensus corporis. Eunt enim quo ibant, ut non sint, et conscindunt eam desideriis pestilentiosis, quoniam ipsa esse vult et requiescere amat in eis, quae amat. In illis autem non est ubi, quia non stant: fugiunt, et quis ea sequitur sensu carnis? Aut quis ea conprehendit, vel cum praesto sunt? Tardus est enim sensus carnis, quoniam sensus carnis est: ipse est modus eius. Sufficit ad aliud, ad quod factus est, ad illud autem non sufficit,

»Herr der Heerscharen, kehr uns zu Dir und zeig uns Dein Angesicht, so werden wir heil sein!« Denn wohin sich, ohne Dich zu haben, die Seele des Menschen auch wendet, sie heftet sich dort an Schmerzen, auch wenn sie, so außer Dir und außer ihr, an schöne Dinge sich heftet.[13] Die aber wären gar nicht, wenn sie nicht wären von Dir. Sie werden und sie vergehen,[14] und im Werden heben sie gleichsam an zu sein, und sie wachsen, um sich zu vollenden, und vollendet altern sie und gehen zugrunde: und kommt auch nicht alles zu Alter, so geht doch alles zugrunde. Kaum also daß sie entstehen und streben zu sein - je schneller sie wachsen, damit sie seien, so mehr auch eilen sie, nicht mehr zu sein. So ist es die Weise, die ihnen gesetzt ist. Nur so viel hast Du ihnen gegeben: denn sie sind jedes nur Part in dieser Welt der Dinge, die nicht alle im Zugleich bestehen, sondern in Gehen und Kommen als Insgesamt das All agieren, an dem sie Teile sind. Sieh, so vollwirklicht auch unser Reden sich in tönenden Zeichen. Denn nie ergäbe sich ein Ganzes von Rede, wenn nicht das eine Wort, sobald es seine Rolle verlauten ließ, entschwände, damit ihm ein anderes folge. Preisen soll Dich ob dieser Dinge »meine Seele, o Gott, Du Schöpfer aller Welt«,[15] doch ihnen nicht in klebender Liebe sich verhaften durch des Leibes Sinne. Denn die Dinge gehen hin, wohin sie von je gegangen sind, so daß sie nicht mehr sind, und reißen noch an der Seele mit Süchten voll Verderben: denn sie verlangt zu sein, und sie liebt es zu verruhen in dem, was sie liebt. In den Dingen aber ist nicht, wo sich ruhen ließe, weil sie nicht stehen: sie fliehen, und wer vermöchte ihnen beizukommen mit der Sinnenkraft seines Leibes? Oder wer ergreift, begreift sie ganz, selbst wenn sie dasind vor ihm?[16] Denn zögerig ist Leibessinn, weil er Sinn des Leibes ist: selber ist er sich Weise und Maß. Er reicht für anderes, wozu er geschaffen ist, dazu aber reicht er nicht, zum Stand die

ut teneat transcurrentia ab initio debito usque 10, 15
ad finem debitum. In verbo enim tuo, per
quod creantur, ibi audiunt: „Hinc et huc us-
que".

Noli esse vana, anima mea, et obsurdescere 11, 16
in aure cordis tumultu vanitatis tuae. Audi et
tu: verbum ipsum clamat, ut redeas, et ibi est
locus quietis inperturbabilis, ubi non deseri-
tur amor, si ipse non deserat. Ecce illa disce-
dunt, ut alia succedant et omnibus suis parti-
bus constet infima universitas. „Numquid ego
aliquo discedo?" ait verbum dei. Ibi fige man-
sionem tuam, ibi conmenda quidquid inde ha-
bes, anima mea, saltem fatigata fallaciis. Veri-
tati conmenda quidquid tibi est a veritate, et
non perdes aliquid, et reflorescent putria tua
et sanabuntur omnes languores tui et fluxa tua [Ps 102, 3]
reformabuntur et renovabuntur et constrin-
gentur ad te et non te deponent, quo descen-
dunt, sed stabunt tecum et permanebunt ad
semper stantem ac permanentem deum.

Ut quid perversa sequeris carnem tuam? Ipsa 11, 17
te sequatur conversam. Quidquid per illam
sentis in parte est et ignoras totum, cuius hae
partes sunt, et delectant te tamen. Sed si ad
totum conprehendendum esset idoneus sensus
carnis tuae ac non et ipse in parte universi
accepisset pro tua poena iustum modum, vel-
les, ut transiret quidquid existit in praesen-

Dinge zu bringen, die da vorüberlaufen von ihrem zubestimmten Anfang bis zum zubestimmten Ende. Denn in Deinem Wort, durch das sie geschaffen werden, da hören sie: „Von hier an und bis da!"

Werde nicht nichtig, meine Seele, und laß das Ohr des Innern nicht ertauben durch das Lärmen gegen die Nichtigkeit in dir! Hör auch du; es ist das Wort-selbst, das ruft, du solltest heim, und nur dort ist die Stätte unstörbarer Ruhe, wo die Liebe vom ihrigen nicht verlassen wird, wenn nicht sie selber es verläßt. Sieh, es schwinden die Dinge, daß andere folgen und so das All hier unten durch all seine Teile Bestand gewinne. »Werde auch ich«, spricht das Wort Gottes, „irgendwohin verschwinden?" Dort schlag deine Bleibe auf, dorthin birg es alles, was du von dorther hast, meine Seele, gewiß doch dann, wenn Trug um Trug dich ermüdet hat. Der Wahrheit übergib alles, was dein ist von der Wahrheit her, und du wirst nicht irgendwelches verlieren. Und in blühend Fleisch werden deine Eiterbeulen sich wandeln, und all deine Krankheiten werden ausheilen, und dein unstet Wandeliges wird seine erste Gestalt und Frische gewinnen und fest sich deinem Selbst verbinden und dich nicht daniederziehen, wohinab es selber sinkt, sondern mit dir aufrecht stehen und dauern im Hin auf den immer aufrecht stehenden und fürdauernden Gott.[17]

Warum läßt du verkehrterweise von deinem Leibe dich leiten? Nein, er soll sich kehren und dir folgen! Was du auf Leibes Wegen wahrnimmst, ist doch immer nur ein Teilstück, und du kennst nicht das Ganze, wovon diese Stücke Teile sind, und schon sie bereiten dir Genuß. Wenn aber das Gesinn deines Leibes fähig zur Auffassung des Ganzen wäre, und wenn es nicht selber, dir zu Leid und Beschwer, für sein bloßes Teilsein im Ganz-All gerecht auch Maß und Weise, zu sein, was es ist, empfangen hätte, so

tia, ut magis tibi omnia placerent. Nam et quod loquimur, per eundem sensum carnis audis et non vis utique stare syllabas, sed transvolare, ut aliae veniant et totum audias. Ita semper omnia, quibus unum aliquid constat, et non sunt omnia simul ea, quibus constat: plus delectant omnia quam singula, si possint sentiri omnia. Sed longe his melior qui fecit omnia, et ipse est deus noster, et non discedit, quia nec succeditur ei. 11,17 [Weish 13, 3]

Si placent corpora, deum ex illis lauda et in »artificem« eorum retorque amorem, ne in his, quae tibi placent, tu displiceas. Si placent animae, in deo amentur, quia et ipsae mutabiles sunt et in illo fixae stabiliuntur: alioquin irent et perirent. In illo ergo amentur, et rape ad eum tecum quas potes et dic eis: „Hunc amemus: ipse fecit haec et non est longe.“ Non enim fecit atque abiit, sed ex illo in illo sunt. Ecce ubi est, ubi sapit veritas? Intimus cordi est, sed cor erravit ab eo. »Redite, praevaricatores, ad cor« et inhaerete illi, qui fecit vos. State cum eo et stabitis, requiescite in eo et quieti eritis. Quo itis in aspera? Quo itis? Bonum, quod amatis, ab illo est: sed quantum est ad illum, bonum est et suave; sed amarum erit iuste, quia iniuste amatur deserto illo quidquid ab illo est. Quo vobis adhuc et adhuc 12,18 Weish 13, 1 [Apg 17, 27] [Röm 11, 36] Is 46, 8

würdest du wollen, es möchte, was dir in Gegenwart da ist, vorübergehen, auf daß du am Allgesamt dich erfreutest. Auch bei unserem Reden ist es doch so, daß du ebenso mit dem Leibessinn es hörst und doch gewiß nicht willst, es möchten die Silben stehenbleiben, vielmehr, daß sie vorübereilen, damit andere nachkommen und du das Ganze hörest. So ist es immer ein Alles, aus dem ein Eines besteht, und nicht im Allzugleich ist dies Alles, aus dem es besteht, vorhanden: mehr erfreut das Alles als das Einzelne, wenn etwan das Alles sich wahrnehmen läßt. Aber weit besser als der Dinge Insgesamt ist, der das alles erschaffen hat. Und das ist unser Gott, und er geht nicht dahin, weil ihm auch nichts nachfolgt.

Wenn dir schöne Leiblichkeit gefällt, so preise Gott darob und auf ihren »Bildner« kehre deine Liebe, damit nicht an dem, was dir gefällt, du selber mißfällig werdest. Findest du Gefallen an schönen Seelen, so seien sie in Gott geliebt, weil auch sie wandelbar sind und nur an Ihm befestigt ihren Stand gewinnen; sonst gingen sie dahin und auch zugrunde. In Ihm also liebe sie und reiße mit dir zu Ihm empor, so viele du vermagst, und sprich zu ihnen: „Den, ja Den laßt uns lieben; Er hat das erschaffen und Er ist nicht ferne.“ Denn nicht hat Er's geschaffen und ist dann weggegangen, sondern wie es ist aus Ihm, so auch in Ihm. Wo doch ist Er? Da, wo die Wahrheit gekostet wird: zu innerst im Herzen ist Er; aber das Herz ist abgeirrt von Ihm. »Wendet euch zurück, ihr Abtrünnigen, zum Herzen« und hanget Dem an, der euch erschaffen hat! Stehet bei Ihm, und ihr werdet Stand haben, ruhet in Ihm, und ihr werdet Ruhe haben. Wozu geht ihr ins Wilde? Wozu geht ihr? Das Gut, das ihr liebt, ist von Ihm; aber nur im Hin zu Ihm ist es gut und süß; aber wo Scheidung ist von Ihm, wird alles, was von Ihm ist, bitter sein, und dies zu Recht,

ambulare vias difficiles et laboriosas? Non [Weish
est requies, ubi quaeritis eam. Quaerite quod 5, 7]
quaeritis, sed ibi non est, ubi quaeritis. Beatam vitam quaeritis in regione mortis: non est illic. Quomodo enim beata vita, ubi nec vita?

Et descendit huc ipsa vita nostra et tulit mor- 12, 19
tem nostram et occidit eam de abundantia vi- [Jo 14, 16]
tae suae et tonuit clamans, ut redeamus hinc
ad eum in illud secretum, unde processit ad
nos in ipsum primum virginalem uterum, ubi
ei nupsit humana creatura, caro mortalis, ne
semper mortalis; et inde »velut sponsus pro- Ps
cedens de thalamo suo exultavit ut gigans ad 18, 6 f
currendam viam«. Non enim tardavit, sed
cucurrit clamans dictis, factis, morte, vita,
descensu, ascensu, clamans, ut redeamus ad
eum. Et discessit ab oculis, ut redeamus »ad Is 46, 8
cor« et inveniamus eum. Abscessit enim et
»ecce hic est«. Noluit nobiscum diu esse et Mt 24, 23
non reliquit nos. Illuc enim abscessit, unde
numquam recessit, quia »mundus per eum fac- Jo 1, 10
tus est, et in hoc mundo erat et venit in hunc I Tim 1, 15
mundum peccatores salvos facere«. Cui con-
fitetur anima mea, et sanat eam, quoniam [Ps 40, 5; 50, 6]
peccavit illi. »Fili hominum, quo usque gra- Ps 4, 3
ves corde?« Numquid et post descensum vitae
non vultis ascendere et vivere? Sed quo ascen-
ditis, quando in alto estis et »posuistis in caelo Ps 72, 9
os« vestrum? Descendite, ut ascendatis et a-
scendatis ad deum. Cecidistis enim ascenden-
do contra deum.

weil es nun zu Unrecht geliebt wird. Wozu doch wollt ihr wieder und wieder schwere und mühevolle Wege wandern? Nicht da ist die Ruhe, wo ihr sie sucht. Suchet, was ihr sucht, aber dort ist es nicht, wo ihr suchet. Das glückselige Leben sucht ihr im Lande des Todes: da ist es nicht. Wie sollte da seliges Leben sein, wo nicht einmal Leben ist? Und herniedergestiegen ins Todesreich ist Er, unser Leben selbst, und hat unsern Tod aufgehoben und ihn getötet aus der Überfülle Seines Lebens. Und mit Donnerstimme rief Er, wir sollen von hier zu Ihm heimkehren in jenes Stillgeheime, daraus Er hervorkam zu uns, in den ersten jungfräulichen Mutterschoß, wo Ihm die menschliche Kreatur anvermählt ward, das sterbliche Fleisch, auf daß es nicht auf immer sterblich bleibe: und von dannen »wie ein Bräutigam aus dem Brautgemach hervortretend, frohlockte Er wie ein Held, die Bahn zu durchlaufen.« Denn Er kannte kein Säumen, Er lief, Er rief in Worten und Taten, durch Tod und Leben, durch Niederfahren und Auferstehen, er rief uns, daß wir wieder sollten kommen zu Ihm. Und Er schwand aus den Augen, damit wir zurück uns wändten »zum Herzen« und ihn dort fänden. Ja, weggegangen ist Er, und »siehe, hier ist Er«. Nicht lange wollte Er unter uns weilen und hat uns doch nicht verlassen. Denn Er ist dorthin gegangen, von wo Er niemals weggegangen ist, da doch »die Welt durch Ihn erschaffen ist und Er in dieser Welt war und in diese Welt kam, die Sünder heil zu machen.« Ihm lobbekennt meine Seele, und Er macht sie gesund; denn wider Ihn hat sie gesündigt. »Ihr Menschenkinder, wie lang noch ist schwer euer Herz?« Wollt ihr nun, auch nachdem das Leben herniedergestiegen, nicht emporsteigen und leben? Aber wohin noch emporsteigen, wenn ihr schon hoch hinaus seid und euer »Maul an den Himmel zu setzen« wähnt? Steigt herab, um emporzusteigen, emporzusteigen zu Gott. Denn gefallen seid ihr, da ihr emporstieget wider Gott.[18]

Dic eis ista, ut plorent »in convalle ploratio- Ps 83, 7
nis«, et sic eos rape tecum ad deum, quia de spiritu eius haec dicis eis, si dicis ardens igne caritatis.

Haec tunc non noveram et amabam pulchra 13, 20
inferiora et ibam in profundum et dicebam amicis meis: „Num amamus aliquid nisi pulchrum? Quid est ergo pulchrum? Et quid est pulchritudo? Quid est quod nos allicit et conciliat rebus, quas amamus? Nisi enim esset in eis decus et species, nullo modo nos ad se moverent." Et animadvertebam et videbam in ipsis corporibus aliud esse quasi totum et ideo pulchrum, aliud autem, quod ideo deceret, quoniam apte accommodaretur alicui, sicut pars corporis ad universum suum aut calciamentum ad pedem et similia. Et ista consideratio scaturriit in animo meo ex intimo corde meo, et scripsi libros ‚De pulchro et
apto', puto, duos aut tres; »tu scis, deus«: nam Ps 68, 6
excidit mihi. Non enim habemus eos, sed aberraverunt a nobis nescio quomodo.

Quid est autem, quod me movit, domine deus 14, 21
meus, ut ad Hierium, Romanae urbis oratorem, scriberem illos libros? Quem non noveram facie, sed amaveram hominem ex doctrinae fama, quae illi clara erat, et quaedam verba eius audieram, et placuerant mihi. Sed magis, quia placebat aliis et eum efferebant laudibus stupentes, quod ex homine Syro,

Sag ihnen dies, damit sie weinen lernen »im Tale der Tränen«, und so reiße sie mit dir empor zu Gott; denn aus Seinem Geiste sagst du's ihnen, wenn du's sagst in der Feuerglut der Liebe.

Das alles wußte ich damals nicht, und meine Liebe galt dem Schönen hier unten. Und ich wanderte der Tiefe zu und sagte zu meinen Freunden: „Lieben wir denn anderes als allein das Schöne? Was also ist das Schöne? Und was ist die Schönheit? Was ist es, das uns anzieht und den Dingen geneigt macht, die wir lieben? Doch nur weil ihnen Anmut und Wohlgestalt eigen ist, nehmen sie uns für sich ein." Und ich bedachte es näher und gewahrte, daß schon an körperhaften Dingen etwas anderes die Schönheit ist, die auf einer Art von Geschlossenheit des Ganzen beruht, ein anderes wiederum, was deshalb schön sich ausnimmt, weil es gut zu etwas paßt,[19] so wie ein Teil des Körpers zu seinem Ganzen paßt oder der Schuh zum Fuß und ähnliches. Diese Erwägung, aus meinem innersten Herzen kommend, brodelte in meinem Geist,[20] und ich schrieb die Bücher ‚Über das Schöne und das Angemessene', zwei oder drei, glaube ich, »Du, Gott, weißt es«; mir ist es entfallen. Ich habe sie auch nicht mehr, sie sind mir abhanden gekommen, ich weiß nicht wie.

Doch was bestimmte mich, Herr, mein Gott, dem Hierius, einem Redner der Stadt Rom, diese Schrift zu widmen? Ich kannte ihn nicht von Angesicht, aber ich war dem Manne wegen seines Gelehrtenrufes zugetan, der ihm so hell erstrahlte, und auch einige seiner Worte waren mir zu Ohr gekommen, und sie hatten mir gefallen. Aber mehr noch deshalb gefiel er mir, weil er andern gefiel und andere ihn aufs höchste priesen, voll des Staunens, daß er, ein Syrer von Geburt, der sich zuerst in

docto prius graecae facundiae, post in latina etiam dictor mirabilis extitisset et esset scientissimus rerum ad studium sapientiae pertinentium, mihi placebat. 14,21

Laudatur homo et amatur absens. Utrumnam ab ore laudantis intrat in cor audientis amor ille? Absit; sed ex amante alio accenditur alius. Hinc enim amatur qui laudatur, dum non fallaci corde laudatoris praedicari creditur, id est cum amans eum laudat.

Sic enim tunc amabam homines ex hominum iudicio; non enim ex tuo, deus meus, in quo nemo fallitur. 14,22

Sed tamen cur non sicut auriga nobilis, sicut venator studiis popularibus diffamatus, sed longe aliter et graviter et ita, quemadmodum et me laudari vellem? Non autem vellem ita laudari et amari me ut histriones, quamquam eos et ipse laudarem et amarem, sed eligens latere quam ita notus esse et vel haberi odio quam sic amari. Ubi distribuuntur ista pondera variorum et diversorum amorum in anima una? Quid est, quod amo in alio, quod rursus nisi odissem, non a me detestarer et repellerem, cum sit uterque nostrum homo? Non enim sicut equus bonus amatur ab eo qui nollet hoc esse, etiamsi posset, hoc et de histrione dicendum est, qui naturae nostrae socius est. Ergone amo in homine quod odi

der griechischen Beredsamkeit ausgebildet hatte, nachmals auch in der lateinischen sich als wahrer Meister hervortat, dazu noch in philosophischen Dingen außerordentlich bewandert war.

Da wird ein Mensch gelobt, und schon wird er geliebt, obgleich die Augen ihn nicht kennen. Ist es nun der Mund des Lobenden, von dem aus solche Liebe ins Herz des Hörenden eingeht? Keineswegs. Aber an der Liebe des einen entzündet sich der andere. Dann nämlich faßt man Liebe zu einem, der gelobt wird, wenn sich glauben läßt, daß kein Herzensfalsch des Lobenden in seinem Rühmen ist, mit anderen Worten, wenn er als Liebender so lobt.

So aber liebte ich damals die Menschen: auf der Menschen Urteil hin, nicht auf dem Grunde des Deinigen, mein Gott, das keinen in die Irre führt.

Und doch, warum rühmte man diesen Hierius nicht so wie einen berühmten Wagenlenker, wie einen durch die Volksgunst weitum bekannten Tierfechter, sondern ganz in anderm Ton, gewichtiger und so, wie auch ich mir gerühmt zu werden wünschte? Und ich hätte doch nicht wie Komödianten geliebt und gerühmt sein wollen, obgleich ich selbst sie rühmte und liebte, aber freilich lieber unbekannt gewesen wäre als in solcher Art bekannt, ja lieber noch gehaßt als in solcher Art geliebt. Wo verteilen sich nur in einer und derselben Seele diese Gewichte für so mannigfache, unterschiedliche Arten von Liebe? Wie kommt es, daß ich an einem andern etwas liebe, was ich, wenn ich nicht wieder auch Haß dagegen hätte, nicht von mir fernwünschen und abweisen würde? Und sind wir beide doch Menschen. Es ist ja mit einem Komödianten, da er die menschliche Natur mit uns teilt, nicht das gleiche wie mit einem guten Pferd, das man liebt, das man aber nicht sein möchte, auch wenn man könnte. Liebe ich also an einem Menschen etwas, was selber zu sein ich hasse,

esse, cum sim homo? Grande profundum est 14,22
ipse homo, cuius etiam capillos tu, domine,
numeratos habes et non minuuntur in te: et
tamen capilli eius magis numerabiles quam [Mt 10, 30]
affectus eius et motus cordis eius.

At ille rhetor ex eo erat genere, quem sic ama- 14,23
bam, ut esse me vellem talem; et errabam tyfo
et »circumferebar omni vento« et nimis oc- Eph 4, 14
culte gubernabar abs te. Et unde scio et unde certus confiteor tibi, quod illum in amore laudantium magis amaveram quam in rebus ipsis, de quibus laudabatur? Quia si non laudatum vituperarent eum idem ipsi et vituperando atque spernendo ea ipsa narrarent, non accenderer in eo et non excitarer, et certe res non aliae forent nec homo ipse alius, sed tantummodo alius affectus narrantium. Ecce ubi iacet anima infirma nondum haerens soliditati veritatis. Sicut aurae linguarum flaverint a pectoribus opinantium, ita fertur et vertitur, torquetur ac retorquetur, et obnubilatur ei lumen et non cernitur veritas. Et ecce est ante nos.

Et magnum quiddam mihi erat, si sermo meus et studia mea illi viro innotescerent: quae si probaret, flagrarem magis; si autem inprobaret, sauciaretur cor vanum et inane soliditatis tuae. Et tamen ‚pulchrum illud atque aptum', unde ad eum scripseram, libenter animo versabam ob os contemplationis meae et nullo conlaudatore mirabar.

obwohl ich auch ein Mensch bin? Ein abgrundtiefes Geheimnis ist sich der Mensch. Selbst noch seine Haare, die Du, Herr, gezählt hast, und deren keines verlorengeht bei Dir, sind leichter zu zählen, als was sich regt und wegt in seinem Herzen.

Nun, jener Rhetor war vom Schlage derer, die ich so liebte, daß ich mir wünschte, selber so zu sein. Und irre ging ich aus Stolz und »umhergetrieben« ward ich »von jedem Windhauch«, und ganz im Geheimen ward ich doch gelenkt von Dir. Woher weiß ich es, und woher die Sicherheit, mit der ich Dir's bekenne, daß ich mehr ihn liebte wegen der Liebe der Rühmenden als wegen der Sache selbst, um derentwillen er gerühmt wurde? Nun: hätten dieselben Leute statt ihres Rühmens ihn getadelt und tadelnd und mißächtlich ganz das gleiche von ihm erzählt, - ich hätte mich nicht an ihm entzündet und begeistert, und es wäre doch wahrhaftig die Wirklichkeit keine andere gewesen, kein anderer der Mann selbst, sondern anders lediglich die Stimmung der Berichtenden. Ach ja, so kläglich steht es um die schwanke Seele, eh sie nicht Halt und Stand in der Wahrheit hat. So wie der Wind der Rede ihr zuweht aus der Brust Vermeinender, so läßt sie sich tragen und treiben, drehen hin und drehen her, und das Licht verwölkt sich ihr, und die Wahrheit wird nicht gesehen. Und doch liegt sie da vor uns.

So galt es mir als große Sache, es möchten meine Sprachkunst und meine Studien dem berühmten Manne zur Kenntnis gelangen: wenn sie ihm gefielen, so würde ich noch mehr entbrennen; wenn sie ihm mißfielen, so wäre mir das Herz verwundet, das hohle, das nicht an Dir sein Festes hat. Jenes ‚Schöne und Angemessene' aber, worüber ich ihm eine Abhandlung zugeeignet hatte, wandte ich vor meinem Geistesauge mit Wohlgefallen hin und her und bewunderte es auch ohne Mitbewunderer.

Sed tantae rei cardinem in arte tua nondum videbam, omnipotens, »qui facis mirabilia solus«, et ibat animus meus per formas corporeas et pulchrum, quod per se ipsum, aptum autem, quod ad aliquid adconmodatum deceret, definiebam et distinguebam et exemplis corporeis adstruebam. Et converti me ad animi naturam, et non me sinebat falsa opinio, quam de spiritalibus habebam, verum cernere. Et inruebat in oculos ipsa vis veri et avertebam palpitantem mentem ab incorporea re ad liniamenta et colores et tumentes magnitudines et, quia non poteram ea videre in animo, putabam me non posse videre animum meum. Et cum in virtute pacem amarem, in vitiositate autem odissem discordiam, in illa unitatem, in ista quandam divisionem notabam, inque illa unitate mens rationalis et natura veritatis ac summi boni mihi esse videbatur, in ista vero divisione inrationalis vitae nescio quam substantiam et naturam summi mali, quae non solum esset substantia, sed omnino vita esset et tamen abs te non esset, deus meus, »ex quo sunt omnia«, miser opinabar.

15,24 — Ps 71, 18; 135, 4 — I Kor 8, 6

Et illam ‚monadem' appellabam tamquam sine ullo sexu mentem, hanc vero ‚dyadem', iram in facinoribus, libidinem in flagitiis, nesciens quid loquerer. Non enim noveram neque didiceram nec ullam substantiam malum esse nec ipsam mentem nostram summum atque inconmutabile bonum.

Aber den Ausgangspunkt dieser großen Sache, der in Deinem Gestaltungswerk zu suchen ist, Allmächtiger, »der allein Wunderdinge schafft«, sah ich noch nicht, und nur in körperhaften Formen erging sich mein Geist.[21] Ich bestimmte begrifflich und unterschied das Schöne als das, was sich an sich gut ausnimmt,[22] und das Angemessene als das, was sich erst in der Angleichung an anderes gut ausnimmt, und belegte beides mit Beispielen aus der Körperwelt. Dann wandte ich mich dem Wesen des Geistes zu, aber die falsche Ansicht, die ich vom Geistigen hatte, ließ mich das Wahre nicht schauen. Und es sprang doch in die Augen, das Wahre, mit seiner ganzen Wucht, und ich wandte den vom Ansprung zitternden Verstand von der unkörperlichen Wirklichkeit ab, hin zu Umriß, Farbe und schwellender Größe,[23] und weil ich dergleichen am Geiste nicht wahrzunehmen vermochte, glaubte ich, ich könne meinen Geist überhaupt nicht wahrnehmen. Und weiter, da ich an der Tugend den begleitenden Frieden liebte, am Lasterleben aber den Zwiespalt haßte, so stellte ich als Merkmal der Tugend die Einheit fest, als Merkmal des Lasters eine Art Entzweiung, und in jener Einheit schien mir die vernünftige Seelenkraft und das Wesen der Wahrheit und des höchsten Gutes dazusein, in dieser Entzweiung aber, wie sie dem der Vernunft baren Leben eigen ist, wähnte ich Unseliger etwas wie Substanz und Wesen des höchsten Übels vor mir zu haben, ein Wesen, das nicht nur Substanz, sondern geradezu Leben sei und doch nicht von Dir stamme, »aus dem alle Dinge sind«.
Und ich nannte das eine ‚Monas' als gleichsam geschlechtslose Geistigkeit, das andere ‚Dyas', da es sich als Zornmut äußert in Untaten, als Begier in Schandtaten, und wußte doch gar nicht, was ich sagte. Denn ich wußte nicht und hatte nicht gelernt, daß das Böse keinerlei Wesenheit und daß selbst auch unsere Geisteskraft nicht höchstes und unwandelbares Gut ist.

Sicut enim facinora sunt, si vitiosus est ille 15,25
animi motus, in quo est impetus, et se iactat
insolenter ac turbide, et flagitia, si est in-
moderata illa animae affectio, qua carnales
hauriuntur voluptates, ita errores et falsae
opiniones vitam contaminant, si rationalis
mens ipsa vitiosa est. Qualis in me tunc erat
nesciente alio lumine illam inlustrandam esse,
ut sit particeps veritatis, quia non est ipsa
natura veritatis, quoniam »tu inluminabis lu- Ps 17, 29
cernam meam, domine; deus meus, inlumina-
bis tenebras meas«, »et de plenitudine tua om- Jo 1, 16
nes nos accepimus«. Es enim »tu lumen ve- Jo 1, 9
rum, quod inluminat omnem hominem venien-
tem in hunc mundum«, quia »in te non est Jak 1, 17
transmutatio nec momenti obumbratio«.
Sed ego conabar ad te et repellebar abs te, 15,26
ut saperem mortem, quoniam »superbis re- [Ps 42, 2]
sistis«. Quid autem superbius, quam ut assere- [Mt 16, 28]
rem mira dementia me id esse naturaliter, I Petr 5, 5;
quod tu es? Cum enim ego essem mutabilis et Jak 4, 6
eo mihi manifestum esset, quod utique ideo
sapiens esse cupiebam, ut ex deteriore melior
fierem, malebam tamen etiam te opinari mu-
tabilem quam me non hoc esse, quod tu es.
Itaque repellebar, et resistebas ventosae cer-
vici meae et imaginabar formas corporeas et
caro carnem accusabam et »spiritus ambulans« Ps 77, 39
nondum revertebar ad te et ambulando am-
bulabam in ea, quae non sunt neque in te
neque in me neque in corpore neque mihi
creabantur a veritate tua, sed a mea vanitate

Denn wie es zu Gewalttaten kommt, wenn jene Bewegung der Seele, die zu Taten drängt, mißartet ist und wild und stürmisch sich aufwirft, und zu Schandtaten kommt, wenn jene Wallung der Seele, mit der die Lüste des Fleisches genossen werden, ins Maßlose geht, so verderben Irrtum und falsches Denken unser Leben, wenn der Seele ihre vernünftige Kraft selbst mißartet ist. So war sie damals bei mir, als ich nicht wußte, daß ein anderes Licht sie erhellen muß, soll sie teilhaben an der Wahrheit, weil nicht sie selber wesenhaft Wahrheit ist; denn Du »erleuchtest meine Leuchte, Herr; Du, mein Gott, machest hell meine Finsternis«, »und von Deiner Fülle haben wir alle empfangen«. Ja »Du bist das wahre Licht, das jeden Menschen erleuchtet, der in diese Welt kommt«, denn »in Dir allein gibt es keinen Wandel noch Verschattung auch nur auf einen Augenblick«.

Ich aber reckte mich zu Dir und ward zurückgestoßen von Dir: ich sollte ihn nur kosten, den Tod, weil »Du den Hochmütigen widerstehst«. Was konnte größerer Hochmut sein, als daß ich in unbegreiflichem Wahnwitz behauptete, ich sei wesenhaft, was Gott ist?[24] Denn obgleich ich dem Wechsel unterworfen war und dies schon daran erkannte, daß ich weise eben deshalb werden wollte, um aus einem minderen in einen besseren Zustand zu gelangen, so wollte ich doch lieber glauben, es gebe Wechsel auch bei Dir, als das andere, daß ich nicht sei, was Du bist. Und also prallte ich mit meiner windigen Frechheit ab an Deinem Widerstand, und ich hegte sie weiter, meine sinnlichen Gestalten, und ich Fleisch gab Schuld dem Fleische, und ich »Windhauch, der herumirrt«, fand nicht heim zu Dir, und herumirrend verirrte ich mich in etwas, was gar nicht ist, nicht in Dir und nicht in mir und nicht in der Welt der Körper, in etwas, was nicht von Deiner Wahrheit mir geschaffen wurde, sondern nach Bildern der Körperwelt von meinem Wahn Gestalt emp-

fingebantur ex corpore, et dicebam »parvulis« Mt 11, 25:
fidelibus tuis, civibus meis, a quibus nesciens 18, 3 ff
exulabam, dicebam illis garrulus et ineptus: 9, 14
„Cur ergo errat anima, quam fecit deus?“
Et mihi nolebam dici: „Cur ergo errat deus?“
Et contendebam magis inconmutabilem tuam
substantiam coactam errare quam meam mu-
tabilem sponte deviasse et poena errare con-
fitebar.
Et eram aetate annorum fortasse viginti sex 15,27
aut septem, cum illa volumina scripsi, volvens
apud me corporalia figmenta obstrepentia
cordis mei auribus, quas intendebam, dulcis
veritas, in interiorem melodiam tuam, cogi-
tans de pulchro et apto et stare cupiens et
»audire te et gaudio gaudere propter vocem Jo 3, 29
sponsi«, et non poteram, quia vocibus erroris
mei rapiebar foras et pondere superbiae meae
in ima decidebam. Non enim dabas »auditui Ps 50, 10
meo gaudium et laetitiam«, aut »exultabant
ossa«, quae »humiliata« non erant.

Et quid mihi proderat, quod annos natus 16,28
ferme viginti, cum in manus meas venissent
Aristotelica quaedam, quas appellant ‚decem
categorias‘ - quarum nomine, cum eas rhetor
Carthaginiensis, magister meus, buccis tyfo
crepantibus conmemoraret et alii qui docti
habebantur, tamquam in nescio quid magnum
et divinum suspensus inhiabam - legi eas solus
et intellexi? Quas cum contulissem cum eis,
qui se dicebant vix eas magistris eruditissimis

fing. Und zu den »Kleinen«, Deinen Gläubigen, meinen Mitbürgern, sagte ich, in einer andern Welt doch lebend, ohne es zu wissen, sagte zu ihnen, schwätzend und abgeschmackt: „Warum kann die Seele in die Irre gehen, wenn doch Gott sie erschaffen hat", aber ich wollte nicht, daß man mir[25] entgegenhielt: „Warum geht Gott dann in die Irre?" Und lieber behauptete ich, Dein unwandelbares Wesen gehe irre unter Zwang,[26] als daß ich zugab, mein wandelbares Wesen sei aus freiem Willen abgeirrt und zur Strafe dem Irrtum verfallen.

Etwa sechs- oder siebenundzwanzig Jahre war ich alt, als ich jenes Werk schrieb. In meinen Gedanken bewegte ich körperliche Bilder, die des Herzens Gehör umrauschten, das ich, wonnesame Wahrheit, doch Deiner Melodie im Innern zuspannte, wenn ich über das Schöne und das Angemessene dachte und mich sehnte, stillzustehen und »Dich zu hören und in Freude mich zu freuen der Stimme des Geliebten« - und vermochte es nicht: die Stimmen meines Irrtums rissen mich hinaus aus mir, und von der Last meines Hochmuts sank ich in die unterste Tiefe. Denn Du gabst nicht »Wonne und Freude meinem Ohr« noch »frohlockten meine Gebeine«, die nicht »gedemütigt« waren.

Und was nützte es mir, daß ich mit etwa Zwanzig eine aristotelische Schrift, die mir damals zuhanden kam, betitelt ‚Die zehn Kategorien' - schon auf ihren Ruf hin, da mein Lehrer der Rhetorik in Karthago und andere, die für gelehrt galten, sie mit stolzgeblähten Backen anzuführen pflegten, war ich gierig darauf gespannt wie auf wer weiß was Großes und Göttliches - daß ich also ohne Hilfe sie las und auch verstand? Als ich mit anderen mich besprach, die das Werk, wie sie sagten, kaum unter Anleitung von grundgelehrten Lehrern verstanden hatten,

non loquentibus tantum, sed multa in pulvere 16,28
depingentibus intellexisse, nihil inde aliud mihi dicere potuerunt, quam ego solus apud me ipsum legens cognoveram.
Et satis aperte mihi videbantur loquentes de substantiis, sicuti est homo, et quae in illis essent, sicuti est figura hominis, qualis sit et statura, quot pedum sit, et cognatio, cuius frater sit, aut ubi sit constitutus aut quando natus, aut stet an sedeat aut calciatus vel armatus sit aut aliquid faciat aut patiatur aliquid, et quaecumque in his novem generibus, quorum exempli gratia quaedam posui, vel in ipso substantiae genere innumerabilia reperiuntur.

Quid hoc mihi proderat, quando et oberat, 16,29
cum etiam te, deus meus, mirabiliter simplicem atque inconmutabilem, illis decem praedicamentis putans quidquid esset omnino conprehensum, sic intellegere conarer, quasi et tu subiectus esses magnitudini tuae aut pulchritudini, ut illa essent in te quasi in subiecto sicut in corpore, cum tua magnitudo et tua pulchritudo tu ipse sis, corpus autem non eo sit magnum et pulchrum, quo corpus est, quia etsi minus magnum et minus pulchrum esset, nihilominus corpus esset? Falsitas enim erat, quam de te cogitabam, non veritas, et figmenta miseriae meae, non firmamenta beatitudinis tuae. Iusseras enim, et ita fiebat in me,
ut terra »spinas et tribulos« pareret mihi et Gen
cum labore pervenirem ad »panem« meum. 3, 18 f

die nicht nur mit Worten es erläuterten, auch mit Figuren, die sie in den Sand zeichneten, da konnten sie mir darüber auch nichts anderes sagen, als was ich beim eigenen Lesen allein schon erkannt hatte.

Hinreichend deutlich erschien mir die Schrift,[27] wenn sie von Substanzen spricht, wie zum Beispiel Mensch, und von dem, was sich bei ihnen findet [Akzidentien], wie Gestalt des Menschen: wie er beschaffen ist; und Größe: wieviel Fuß er mißt; oder verwandtliche Bezogenheit: wessen Bruder er ist; oder räumliches Verhältnis: wo er sich befindet; oder zeitliches Verhältnis: wann er geboren ist; oder die Befindlichkeit des Körpers selbst: ob er steht oder sitzt; oder was er hat: Schuhe, Waffen; oder ob er sich tätig oder leidentlich verhält, und was es sonst noch Unzähliges gibt, es gehöre zu diesen neun Arten akzidentellen Seins, für die ich nur je das eine und andere Beispiel angegeben habe, oder es falle unter den Begriff des substantiellen Seins selbst.

Was half mir dies? Geschadet hat es mir. Denn da ich vermeinte, es ließe sich unter jene zehn Kategorien alles Seiende überhaupt befassen, so versuchte ich, auch Dich, mein Gott, der Du unbegreiflich einfach und wandellos bist, so zu denken, als ob auch Du der Träger Deiner Größe oder Schönheit wärest, in der Weise also, daß sie, wie beim Körper, Dir, dem Träger, nur als Eigenschaften inne wären. Aber Deine Größe, Deine Schönheit bist Du selbst und wesentlich, wogegen ein Körper groß und schön nicht schon dadurch ist, daß er Körper ist, weil er doch auch dann, wenn er weniger groß und schön wäre, gleichwohl Körper wäre. So war es Falschheit, was ich von Dir dachte, nicht Wahrheit, und war Trug aus meiner Erbärmlichkeit, nicht Sicherheit in Deinem Seligsein. Du hattest geboten, und so geschah an mir, daß die Erde mir »Dornen und Disteln« trage und ich unter Mühsal zu meinem »Brot« käme.

Et quid mihi proderat, quod omnes libros 16,30
artium, quas liberales vocant, tunc nequissi-
mus malarum cupiditatum servus per me ip-
sum legi et intellexi, quoscumque legere potui?
Et gaudebam in eis et nesciebam, unde esset
quidquid ibi verum et certum esset. Dorsum
enim habebam ad lumen et ad ea, quae in-
luminantur, faciem: unde ipsa facies mea,
qua inluminata cernebam, non inluminabatur.
Quidquid de arte loquendi et disserendi, quid-
quid de dimensionibus figurarum et de musi-
cis et de numeris sine magna difficultate nullo
hominum tradente intellexi, »scis tu«, domine Ps 68, 6
deus meus, quia et celeritas intellegendi et
dispiciendi acumen donum tuum est. Sed non
inde sacrificabam tibi. Itaque mihi non ad
usum, sed ad perniciem magis valebat, quia
tam bonam »partem substantiae meae« sategi Lk 15, 12
habere in potestate et »fortitudinem meam« Ps 58, 10
non »ad te custodiebam«, sed »profectus sum« Lk 15, 13
abs te »in longinquam regionem«, ut eam »dissi-
parem« in meretrices cupiditates. Nam quid
mihi proderat bona res non utenti bene? Non
enim sentiebam illas artes etiam ab studiosis
et ingeniosis difficillime intellegi, nisi cum eis
eadem conabar exponere et erat ille excellen-
tissimus in eis, qui me exponentem non tar-
dius sequeretur.

Sed quid mihi hoc proderat putanti, quod tu, 16,31
domine deus veritas, corpus esses lucidum et
inmensum et ego frustum de illo corpore?
Nimia perversitas! Sed sic eram nec erubesco,

Und was half es mir, dem nichtswürdigen Knecht böser Lüste, der ich damals war, daß ich alle Bücher der freien Künste, wie sie heißen, für mich las und auch verstand, soviel ich ihrer nur immer lesen konnte? Ich hatte meine Freude dran und wußte nicht um den Quell all des Wahren und Gewissen in ihnen. Den Rücken hatte ich gegen das Licht gekehrt, das Angesicht zu den Dingen, die es beleuchtete, und also ward mein Angesicht, mit dem ich das Erleuchtete schaute, selbst nicht erleuchtet. Was alles ich von der Kunst der Rede und Auseinandersetzung, von Geometrie und Musik und Arithmetik ohne große Schwierigkeit, ohne irgendwelche Menschenhilfe erfaßte, »Du weißt es«, Herr, mein Gott, weil auch die Raschheit der Auffassung wie die Schärfe des Geistesblicks Dein Geschenk ist. Doch habe ich Dir kein Opfer davon dargebracht.[28] So war es mir nicht zum Nutzen, mehr zum Verderben, da ich einen so köstlichen »Teil meines Vermögens« vollmächtig zu haben versessen war und »meine Stärke« nicht »bei Dir verwahrte«, sondern »fortzog« von Dir »in ein fernes Land«, um ihn zu »verschwenden« auf hurende Gelüste.[29] Denn was half mir mein gutes Vermögen, da ich es nicht auch gut gebrauchte? Denn ich merkte nicht einmal, daß diese Wissenschaften selbst von fleißigen und begabten Schülern nur sehr schwer begriffen werden, bis ich mit ihnen die Erklärung versuchte, wobei dann der vorzüglichste immer noch der war, der meiner Erklärung nicht gar zu langsam folgte.[30]

Aber was half mir das alles, solang ich glaubte, Du, Herr, Gott, Wahrheit, seiest ein unermeßlicher lichter Körper und ich ein Stück von diesem Körper? Verkehrtheit über alles Maß! Aber so war ich, und ich erröte nicht, mein

deus meus, confiteri tibi in me misericordias 16,31
tuas et invocare te, qui non erubui tunc pro- [Ps 104, 1;
fiteri hominibus blasphemias meas et latrare 106, 8]
adversum te. Quid ergo tunc mihi proderat ingenium per illas doctrinas agile et nullo adminiculo humani magisterii tot nodosissimi libri enodati, cum deformiter et sacrilega turpitudine in doctrina pietatis errarem? Aut
quid tantum oberat »parvulis« tuis longe tar- Mt 11, 25
dius ingenium, cum a te longe non recederent,
ut in nido ecclesiae tuae tuti plumescerent et [Ps 83, 4]
alas caritatis alimento sanae fidei nutrirent?
O domine deus noster, »in velamento alarum Ps 62, 8
tuarum« speremus, »et protege nos« et porta Ps 16, 8
nos. Tu portabis, tu portabis et parvulos »et Is 46, 4
usque ad canos tu portabis«, quoniam firmitas nostra quando tu es, tunc est firmitas, cum autem nostra est, infirmitas est. Vivit apud te semper bonum nostrum, et quia inde aversi sumus, perversi sumus. Revertamur iam, domine, ut non evertamur, quia vivit apud te sine ullo defectu bonum nostrum, quod tu ipse es, et non timemus, ne non sit quo redeamus, quia nos inde ruimus; nobis autem absentibus non ruit domus nostra, aeternitas tua.

Gott, Deine Erbarmungen gegen mich Dir preisend zu bekennen und Dich anzurufen, da ich zu jener Zeit auch nicht errötete, den Menschen meine Lästerungen zu verkünden und zu bellen wider Dich. Was half es mir, daß mein Geist so behend in diesen Wissenschaften sich bewegte, ohne Beistand eines menschlichen Lehrers so viele knotenreiche Bücher entknotete, wenn ich voll der Schande des Lästerers irrging in der Wissenschaft vom frommen Leben? Oder war es Deinen »Kleinen« [31] so zum Schaden, weit langsamern Geistes zu sein, da sie von Dir sich nicht weit entfernten, auf daß sie, im Neste Deiner Kirche geborgen, sich befiederten und die Schwingen der Liebe [32] nährten mit der Speise des gesunden Glaubens? [33]

O Herr, unser Gott, »im Schatten Deiner Flügel« laß uns guter Hoffnung leben, »und schirm uns« und trag uns! Du wirst tragen, tragen wirst Du auch die Kleinen, »und wirst sie tragen, bis ihr Haar ergraut«. Denn unsere Kraft, - ja wann Du sie bist, dann ist sie Kraft; ist sie nur die unsere, so ist sie Unkraft. Unser Gut hat sein Leben allzeit bei Dir,[34] und weil wir hievon uns abgekehrt haben, sind wir verkehrt geworden. Nun, Herr, wollen wir zurückkommen,[35] auf daß wir nicht umkommen; denn bei Dir hat sein Leben sonder Mangel unser Gut, das Du selber bist. Und wir brauchen nicht zu fürchten, daß fürder nicht mehr sei, wohin unser Heimweg geht: denn nur wir sind von dort herabgestürzt; doch ob wir auch ferne sind, stürzt darum nicht ein unser Haus, Deine Ewigkeit.

LIBER QUINTUS

FÜNFTES BUCH

Aufschwung zum Preise Gottes [1-2]. - Allmähliche Abkehr vom Manichäismus in 3 Stufen [29. Lebensjahr]: 1. Begegnung mit dem Manichäer Faustus [3-7] und ihre Wirkung [6-7]: Bedenken gegen die Kosmogonie der Manichäer [3], gegen ihr Religionssystem [4-5]. - 2. Übersiedlung nach Rom und Erkrankung [8-11]: Fortbestand des äußeren Verhältnisses zu den Manichäern [8-9], aber Lockerung des inneren zu ihrer Lehre, Hinwendung zur Philosophie der Neuen Akademie [10-11]; schlimme Lehrerfahrungen in Rom [12]. - 3. In Mailand [ab 13]: Übernahme des Mailänder Lehrstuhls und erste Annäherung an Ambrosius [13]. Überwindung des manichäischen Anstoßes am Alten Testament, des Manichäismus überhaupt, Entschluß zum ernsthaften Katechumenat [14].

Accipe sacrificium confessionum mearum de manu linguae meae, quam formasti et excitasti, ut confiteatur nomini tuo, et »sana omnia ossa mea, et dicant: domine, quis similis tibi?« Neque enim docet te, quid in se agatur, qui tibi confitetur, quia oculum tuum non excludit cor clausum nec manum tuam repellit duritia hominum, sed solvis eam, cum voles, aut miserans aut vindicans, »et non est qui se abscondat a calore tuo«. 1,1 [Ps 50, 21] [Ps 53, 8] Ps 6, 3; 34, 10 Ps 18, 7

Sed te laudet anima mea, ut amet te, et confiteatur tibi miserationes tuas, ut laudet te. Non cessat nec tacet laudes tuas universa creatura tua nec spiritus omnis per os conversum ad te nec animalia nec corporalia per os considerantium ea, ut exsurgat in te a lassitudine anima nostra innitens eis, quae fecisti, et transiens ad te, qui fecisti haec mirabiliter: et ibi refectio et vera fortitudo. [Ps 145, 2] [Ps 106, 8. 15. 21. 31]

Eant et fugiant a te inquieti et iniqui. Et tu vides eos et distinguis umbras, et ecce pulchra sunt cum eis omnia et ipsi turpes sunt. Et quid nocuerunt tibi? Aut in quo imperium tuum dehonestaverunt a caelis usque in novissima iustum et integrum? Quo enim fugerunt, cum fugerent a facie tua? Aut ubi tu non invenis eos? Sed fugerunt, ut non viderent te videntem se atque excaecati in te offenderent – quia non deseris aliquid eorum, quae fecisti – in te offenderent iniusti et iuste vexarentur, sub- 2,2 [Weish 11, 25]

Nimm auf das Opfer meiner Bekenntnisse[1] aus der Hand meiner Zunge,[2] die Du gebildet und aufgerufen hast, Deinen Namen preisend zu bekennen, und »mache heil all mein Gebein, und es spreche: Herr, wer ist Dir gleich«? Denn wer sich Dir bekennt, der lehrt Dich nicht erst, was in ihm vorgeht: das Herz, das sich verschließt, schließt ja nicht Dein Auge weg, und keine Starre des Menschen hält Deine Hand ab, denn Du machst sie schmelzen, wenn Du willst, ob erbarmend oder rächend, »und niemand ist, der vor Deiner Glut sich bergen könnte«.

Meine Seele aber soll Dich preisen, damit sie Dich liebe,[3] und sie soll Dir Deine Erbarmungen bekennen, damit sie Dich preise. Nimmer ruht noch schweigt Dein Schöpfungsall in Deinem Lob, nicht der Menschengeist, der durch den Mund sich an Dich wendet, nicht die beseelte noch die unbeseelte Natur, die da redet durch den Mund ihrer Betrachter: auf daß sich unsere Seele, gestützt auf die Dinge, die Du erschaffen, aus ihrer Schlaffheit nach Dir recke und zu Dir, der Du dies alles wunderbar erschaffen, sich hinüberfinde - und dort ist ihr Erquickung und die wahre Kraft.[4]

Sollen sie laufen und fliehen vor Dir - die Ruch- und Ruhelosen! Du siehst sie nicht bloß, Du weißt auch, wohin mit den Schatten.[5] Und siehe, samt ihnen ist schön das All, und selber sind sie häßlich. Und was Schaden hätten sie an Dir vermocht? Worin hätten sie Deine Herrschaft geschändet, die vom Himmel bis zum Untersten hinab gerecht ist und unversehrt? Wohin auch wären sie geflohen, da sie flohen vor Deinem Angesicht? Oder wo fändest Du sie nicht? Ja das gelingt ihrer Flucht, Dich nicht mehr zu sehen, der Du sie siehst, und dieserweise blind, geraten sie doch an Dich - denn nichts, was Du geschaffen, gibst Du auf - geraten an Dich als Ungerechte

trahentes se lenitati tuae et offendentes in rec- 2,2
titudinem tuam et cadentes in asperitatem tuam. Videlicet nesciunt, quod ubique sis, quem nullus circumscribit locus, et solus es praesens etiam his, qui longe fiunt a te. Convertantur ergo et quaerant te, quia non, sicut ipsi deseruerunt creatorem suum, ita tu deseruisti creaturam tuam. Ipsi convertantur et quaerant te, et ecce ibi es in corde eorum, in corde confitentium tibi et proicientium se in
te et plorantium in sinu tuo post »vias suas Weish 5,7
difficiles«: et tu facilis terges lacrimas eorum, et magis plorant et gaudent in fletibus, quon-
iam tu, domine, non aliquis homo, »caro et Mt 16,17
sanguis«, sed tu, domine, qui fecisti, reficis et consolaris eos.

Et ubi ego eram, quando te quaerebam? Et tu eras ante me, ego autem et a me discesseram nec me inveniebam: quanto minus te!

Proloquar in conspectu dei mei annum illum 3,3
undetricesimum aetatis meae.

Iam venerat Carthaginem quidam manichaeo-
rum episcopus, Faustus nomine, magnus »la- I Tim 3,7
queus diaboli«, et multi inplicabantur in eo per inlecebram suaviloquentiae. Quam ego iam tametsi laudabam, discernebam tamen a veritate rerum, quarum discendarum avidus eram, nec quali vasculo sermonis, sed quid mihi scientiae comedendum adponeret nominatus apud eos ille Faustus intuebar. Fama enim de illo praelocuta mihi erat, quod esset

und leiden ihre gerechte Pein: die Deiner milden Weise sich entwanden, geraten an Dein strenges Recht und schlagen bei Dir auf harten Boden.[6] Natürlich, sie wissen ja nichts davon, daß Du, den Ort und Raum nicht hegen, allenthalben bist, und Du allein bist auch in denen zugegen, die weitweg sind von Dir. Sie sollen umkehren und Dich suchen, denn nicht, wie sie selber ihren Schöpfer verlassen haben, nicht so hast Du Dein Geschöpf verlassen. Sie sollen umkehren, und siehe, in ihrem Herzen bist Du da, bist denen im Herzen, die sich Dir bekennen, Dir in die Arme werfen und weinen an Deiner Brust nach ihren »Mühsalwegen«; und Du, leicht versöhnbar, wischest ihre Tränen ab, und sie weinen noch mehr, im Weinen sich erquickend, weil Du, Herr, nicht irgendein Mensch, nicht »Fleisch und Blut«, sondern Du, Herr, der sie erschaffen, ihnen neu schaffst das Leben und den Mut.

Und ich, wo war ich, als ich Dich suchte?[7] Und Du standest doch vor mir; ich aber war auch von mir hinweggegangen und fand nicht einmal mich, geschweige Dich.

Im Angesicht meines Gottes will ich offen von jenem neunundzwanzigsten Jahre meines Lebens reden.[8]

Da war Faustus nach Karthago gekommen, ein Bischof der Manichäer, ein rechter »Teufelsstrick«, in dem sich viele fingen, verlockt von dem Reiz seines angenehmen Vortrags. Dem konnte auch ich meinen Beifall nicht versagen, aber ich wußte ihn zu unterscheiden von der Wahrheitsfrage in diesen Dingen, in die ich begierig einzudringen suchte. So sah ich nicht auf das Sprachgefäß, sondern auf das Wissen, das er mir als Speise auftischen würde, dieser bei den Seinen so hochgelobte Faustus. Denn der Ruf, der ihm vorausging, hatte mir eingeredet, er sei in allen angesehenen Wissenschaften außerordent-

honestarum omnium doctrinarum peritissimus 3, 3
et adprime disciplinis liberalibus eruditus.

Et quoniam multa philosophorum legeram
memoriaeque mandata retinebam, ex eis quae-
dam conparabam illis manichaeorum longis
fabulis, et mihi probabiliora ista videbantur,
quae dixerunt illi, qui »tantum potuerunt va- Weish 13, 9
lere, ut possent aestimare saeculum«, quam-
quam »eius dominum minime invenerint«.
»Quoniam magnus es, domine, et humilia re- Ps 137, 6
spicis, excelsa autem a longe cognoscis« nec
propinquas nisi »obtritis corde«. Nec inve- Ps 33, 19
niris a superbis, nec si illi curiosa peritia nu-
merent stellas et harenam et dimetiantur si-
dereas plagas et vestigent vias astrorum.

Mente sua enim quaerunt ista et ingenio, quod 3, 4
tu dedisti eis, et multa invenerunt et praenun-
tiaverunt ante multos annos, defectus lumi-
narium solis et lunae, quo die, qua hora,
quanta ex parte futuri essent, et non eos fe-
fellit numerus, et ita factum est, ut praenun-
tiaverunt. Et scripserunt regulas indagatas, et
leguntur hodie atque ex eis praenuntiatur,
quo anno et quo mense anni et quo die mensis
et qua hora diei et quota parte luminis sui
defectura sit luna vel sol: et ita fiet, ut prae-
nuntiatur.

Et mirantur haec homines et stupent qui ne-
sciunt ea, et exultant atque extolluntur qui
sciunt, et per inpiam superbiam recedentes et
deficientes a lumine tuo tanto ante solis defec-
tum futurum praevident et in praesentia suum

lich beschlagen, zumal in den freien Künsten wohl bewandert.

Nun hatte ich ja vieles Philosophische gelesen, ich hatte es auch im Gedächtnis; so verglich ich manches davon mit den weitschweifigen Geschichten der Manichäer. Da kamen mir die Ansichten der Philosophen wahrscheinlicher vor, die Lehren von Männern, die immerhin »soviel Einsicht hatten, daß sie über das Weltall mit Verstand urteilen konnten«, mochten sie auch »seinen Herrn auf keine Weise finden«. »Denn hocherhaben bist Du, Herr, und schauest gleichwohl auf das Niedrige; was sich aber hoch dünkt, kennst Du nur von ferne«. Du nahest Dich nur den »Zermalmten« und lässest Dich nicht finden von den Hochfährigen, mögen sie auch mit dem Eifer der Kennerschaft die Sterne zählen und den Sand, die Himmelsräume ausmessen und nach den Bahnen der Gestirne spüren.

Mit ihrem Verstande forschen sie nach diesen Dingen mit dem Scharfsinn, den ihnen Du verliehen hast, und sie haben auch vieles entdeckt, viele Jahre zuvor die Sonnen- und Mondfinsternisse angekündigt auf Tag und Stunde und Grad, und ihre Rechnung hat sie nicht getäuscht: es kam so, wie sie es vorhergesagt hatten. Sie zeichneten die erforschten Gesetze auf, und man liest sie heute und sagt nach ihnen voraus, in welchem Jahr und Jahresmonat, an welchem Tag und zu welcher Tagesstunde und zu welchem Teil ihrer Lichtscheibe sich Mond und Sonne verdunkeln werden, und es kommt so, wie es vorhergesagt ist.

Und die Menschen wundern sich darüber; die Unwissenden staunen, die Wissenden prahlen und werden hoch gepriesen; in frechem Stolze kehren sie sich von Deinem Licht und haben es nicht mehr, und während sie auf weite Zukunft die Verfinsterung der Sonne vorhersehen, sehen sie nicht die eigene Verfinsterung, die schon da ist. Sie

non vident - non enim religiose quaerunt, unde 3,4
habeant ingenium, quo ista quaerunt - et in-
venientes, quia tu fecisti eos, non ipsi dant
tibi se, ut serves quod fecisti, et quales se ipsi
fecerant occidunt se tibi et trucidant exalta-
tiones suas sicut »volatilia« et curiositates suas
sicut »pisces maris«, quibus »perambulant« Ps 8, 9
secretas »semitas« abyssi, et luxurias suas sic-
ut »pecora campi«, ut tu, deus, »ignis edax« Ps 8, 7 [Deut
consumas mortuas curas eorum recreans eos 4, 24; Hebr
immortaliter. 12, 29] [Gal 6, 15]

Sed non noverunt viam, verbum tuum, per 3,5 [Jo
quod fecisti ea quae numerant et ipsos qui 14, 6] [Jo
numerant et sensum, quo cernunt quae nu- 1, 3]
merant, et mentem, de qua numerant; »et Ps 146, 5
sapientiae tuae non est numerus«. Ipse autem
unigenitus »factus est nobis sapientia et iusti- I Kor 1, 30
tia et sanctificatio« et numeratus est inter nos
et solvit tributum Caesari. Non noverunt hanc [Mt 22, 21]
viam, qua descendant ad illum a se et per
eum ascendant ad eum. Non noverunt hanc
viam et putant se excelsos esse cum sideribus
et lucidos, et ecce ruerunt in terram, et »ob- Röm 1, 21
scuratum est insipiens cor eorum«. Et multa
vera de creatura dicunt et veritatem, creaturae
artificem, non pie quaerunt et ideo non inve-
niunt, aut si inveniunt, »cognoscentes deum Röm 1, 21
non sicut deum honorant aut gratias agunt«
et »evanescunt in cogitationibus suis et dicunt Röm 1, 22
se esse sapientes« sibi tribuendo quae tua sunt,
ac per hoc student perversissima caecitate
etiam tibi tribuere quae sua sunt, mendacia

forschen nicht frommen Sinnes, woher sie die Geisteskraft haben, mit der sie jene Dinge erforschen. Und finden sie auch, daß doch Du sie gemacht hast, so geben sie sich nicht in Deine Hand, damit Du bewahrest, was Du gemacht hast, und als die, zu denen sie sich selbst gemacht haben, ersterben sie Dir nicht,[9] schlachten nicht die »Vögel« ihrer Überheblichkeiten, nicht ihre den »Fischen des Meeres« gleichen Neugierden, mit denen sie die dunklen »Pfade« der Tiefe »durchwandern«, nicht ihre den »Tieren des Feldes« gleichen Lüste:[10] auf daß Du, o Gott, ein »fressend Feuer«, ihre tote Wisserei verzehrtest, sie selbst aber neu machtest für das Nimmersterben.

Aber sie kennen nicht den Weg, Dein Wort, durch das Du beerschaffen, was sie berechnen, und sie selber, die da berechnen, und die Sinneskraft, durch die sie wahrnehmen, was sie berechnen, und den Verstand, mit dem sie berechnen. »Und nicht rechnen läßt sich Deine Weisheit.« Aber Er, der Eingeborene, »ist uns zur Weisheit und Rechtfertigung und Heiligung geworden« und ist gezählt worden als unsereiner und hat dem Kaiser die Steuer gezahlt. Sie kennen ihn nicht, diesen Weg, auf dem sie von ihrem Ich zu Ihm hinabsteigen und durch Ihn hinaufsteigen sollten zu Ihm. Sie kennen diesen Weg nicht und dünken sich erhaben und leuchtend wie die Sterne, und siehe, sie sind herabgestürzt auf die Erde, und »verfinstert ward ihr törichtes Herz«. Viel Wahres sagen sie über die Schöpfung, aber die Wahrheit selbst, den Meister der Schöpfung, suchen sie nicht, ihm zugetan, und darum finden sie ihn nicht, oder wenn sie ihn finden, so »erkennen sie zwar Gott, ehren ihn aber nicht als Gott, noch danken sie ihm«. Und sie werden »hohl in ihren Gedanken und sagen, sie seien weise«, und schreiben sich selber zu, was Dein ist. Da bleibt es auch nicht aus, daß diese Blinden in ihrer Verkehrtheit eben Dir zuschreiben möchten, was ganz das ihrige ist, daß sie Lügen, meine ich, auf Dich, der Du

scilicet in te conferentes, qui veritas es, et 3,5
»inmutantes gloriam incorrupti dei in simili- Röm 1, 23
tudinem imaginis corruptibilis hominis et
volucrum et quadrupedum et serpentium,« et
»convertunt veritatem tuam in mendacium et Röm 1, 25
colunt et serviunt creaturae potius quam crea-
tori«.
Multa tamen ab eis ex ipsa creatura vera dicta 3,6
retinebam, et occurrebat mihi ratio per nume-
ros et ordinem temporum et visibiles atte-
stationes siderum et conferebam cum dictis
Manichaei, quae de his rebus multa scripsit
copiosissime delirans, et non mihi occurrebat
ratio nec solistitiorum et aequinoctiorum nec
defectuum luminarium nec quidquid tale in
libris saecularis sapientiae didiceram. Ibi au-
tem credere iubebar, et ad illas rationes nu-
meris et oculis meis exploratas non occurre-
bat et longe diversum erat.

Numquid, »domine deus veritatis«, quisquis 4,7
novit ista, iam placet tibi? Infelix enim homo, Ps 30, 6
qui scit illa omnia, te autem nescit; beatus
autem, qui te scit, etiamsi illa nesciat. Qui
vero et te et illa novit, non propter illa bea-
tior, sed propter te solum beatus est, si cog-
noscens te sicut te glorificet et gratias agat et
non »evanescat in cogitationibus suis«. Röm 1, 21
Sicut enim melior est, qui novit possidere ar-
borem et de usu eius tibi gratias agit, quam-
vis nesciat vel quot cubitis alta sit vel quanta
latitudine diffusa, quam ille, qui eam metitur

die Wahrheit bist, zusammentragen. Sie »verstalten die Herrlichkeit des unvergänglichen Gottes zur Ebenbildlichkeit mit dem sterblichen Menschen, mit Vögeln und vierfüßigen Tieren und kriechendem Gewürm« und »verkehren Deine Wahrheit in Lüge und huldigen und dienen dem Geschöpf mehr als dem Schöpfer«.

Vieles Richtige indessen, das sie auf Grund der Schöpfung selbst ausgesagt hatten, blieb mir gegenwärtig. Ich traf hier eine Methode an, die sich an Zahlen hielt, an die tatsächliche Ordnung der Zeitabläufe und das augenfällige Zeugnis der Gestirne. Wenn ich nun den Vergleich mit den Behauptungen des Mani[11] zog, der über diese Dinge vieles geschrieben und weitschweifig gefaselt hat, so fand ich hier nichts von vernünftiger Begründung, sei es der Sonnwenden oder der Tag- und Nachtgleichen oder der Sonnen- und Mondfinsternisse, nichts von der Art, was ich aus den Büchern der weltlichen Philosophie gelernt hatte. Da hieß es einfach glauben, aber es stimmte nichts mit jenen Einsichten zusammen, die auf Rechnung und dem eigenen Augenschein beruhten, und war etwas ganz anderes.

Ob Dir, »Herr, Gott der Wahrheit«, einer, der diese Dinge versteht, darum auch schon gefällt? Unselig doch der Mensch, der all das weiß, aber Dich nicht kennt; glückselig aber, wer Dich kennt, wenn er auch von all dem nichts weiß. Wer aber Dich kennt und zugleich all das weiß, ist glückseliger nicht ob solchen Wissens, sondern allein durch das Verhältnis zu Dir ist er selig, wenn er, Dich erkennend, Dich auch als den, der Du bist, verherrlicht und Dir Dank sagt und nicht »nichtig wird in seinen Gedanken«.

Denn so wie einer, der sich im Besitz eines Baumes weiß und für den Nutzen, den er hat, Dir Dank sagt, auch ohne zu wissen, wieviel Ellen der hoch ist, wie weit er in

et omnes ramos eius numerat et neque possidet 4,7
eam neque creatorem eius novit aut diligit, sic fidelis homo, cuius totus mundus divitiarum est et quasi »nihil habens omnia possidet« in- II Kor 6,10
haerendo tibi, cui serviunt omnia, quamvis nec saltem septentrionum gyros noverit, dubitare stultum est, quin utique melior sit quam mensor caeli et numerator siderum et pensor elementorum et neglegens tui, qui »omnia in Weish 11,21
mensura et numero et pondere disposuisti«.

Sed tamen quis quaerebat Manichaeum nescio 5,8
quem etiam ista scribere, sine quorum peritia pietas disci poterat? Dixisti enim homini: »ecce pietas est sapientia«. Quam ille ignorare Job Sept 28,28
posset, etiamsi ista perfecte nosset: ista vero quia non noverat, impudentissime audens docere, prorsus illam nosse non posset. Vanitas est enim mundana ista etiam nota profiteri, pietas autem tibi confiteri. Unde ille devius ad hoc ista multum locutus est, ut convictus ab eis, qui ista vere didicissent, quis esset eius sensus in ceteris, quae abditiora sunt, manifeste cognosceretur. Non enim parvi se aestimari voluit, sed spiritum sanctum, consolatorem et ditatorem fidelium tuorum, auctoritate plenaria personaliter in se esse persuadere conatus est. Itaque cum de caelo ac stellis et de solis ac lunae motibus falsa dixisse deprehenderetur, quamvis ad doctrinam religionis ista non pertineant, tamen ausus eius sacrilegos fuisse satis emineret, cum ea non solum

die Breite geht, besser dran ist als einer, der ihn ausmißt und genau die Zahl seiner Äste kennt, ihn aber nicht besitzt noch seinen Schöpfer kennt und liebt, so ist - es wäre Torheit, daran zu zweifeln - ein gläubiger Mensch, dem doch die ganze reiche Welt gehört, weil er »nichts habend alles besitzt«, indem er Dir anhängt, dem alles dient, jedenfalls, auch wenn er nicht einmal vom Sternbild des Wagens und seinem Umlauf weiß, besser dran als der Himmelsmesser und der Sternezähler und der Elementewäger, wenn er doch mit Dir nicht rechnet, der Du »alles nach Maß und Zahl und Gewicht geordnet hast«.

Wer hieß denn aber diesen Mani, sei er wer immer, auch über solche Dinge schreiben,[12] die man doch nicht zu kennen braucht, um Frömmigkeit zu lernen? »Siehe, fromm sein ist weise sein«, hast Du dem Menschen gesagt; und solche Weisheit hätte ihm auch dann etwas Unbekanntes bleiben können, wenn er jene Dinge vollkommen verstanden hätte. Aber nichts davon verstand er, er vermaß sich nur, in aller Unverschämtheit, darüber zu dozieren, und also hätte er sich am wenigsten auf jene Weisheit verstehen können. Ist es ja schon Eitelkeit, sein Weltwissen, mag es auch richtig sein, als Kenner auszubieten, Frommheit aber ist es, Dein Bekennender zu sein. Doch hievon weit auf jenes andere abgekommen, erging sich dieser Mann umständlich über Naturvorgänge, aber weil er von denen, die wirklich etwas davon verstanden, widerlegt wurde, so war es klar zu sehen, wie es gar erst um seine Meinung in den andern, doch wahrlich verborgeneren Dingen bestellt sein müsse. In nicht geringer Schätzung wollte er stehen, ja er versuchte, den Glauben zu erwecken, der Heilige Geist, der Tröster und Spender Deiner Gläubigen, wohne in seiner Machtfülle persönlich in ihm.[13] So also steht es: über Himmel und Sterne, über die Bewegung von Sonne und Mond hat er Falsches

ignorata, sed etiam falsa tam vesana superbiae vanitate diceret, ut ea tamquam divinae personae tribuere sibi niteretur. 5,8

Cum enim audio christianum aliquem fratrem illum aut illum ista nescientem et aliud pro alio sentientem, patienter intueor opinantem hominem nec illi obesse video, cum de te, domine »creator omnium«, non credat indigna, si forte situs et habitus creaturae corporalis ignoret. Obest autem, si hoc ad ipsam doctrinae pietatis formam pertinere arbitretur et pertinacius affirmare audeat quod ignorat. Sed etiam talis infirmitas in fidei cunabulis a caritate matre sustinetur, donec assurgat »novus homo« in »virum perfectum« et »circumferri non possit omni vento doctrinae«. 5,9 II Makk 1,24 Eph 4,24 Eph 4,13 f

In illo autem, qui doctor, qui auctor, qui dux et princeps eorum, quibus illa suaderet, ita fieri ausus est, ut qui eum sequerentur non quemlibet hominem, sed spiritum tuum sanctum se sequi arbitrarentur, quis tantam dementiam, sicubi falsa dixisse convinceretur, non detestandam longeque abiciendam esse iudicaret?

Sed tamen nondum liquido conpereram, utrum etiam secundum eius verba vicissitudines longiorum et breviorum dierum atque noctium et ipsius noctis et diei et deliquia luminum et si quid eius modi in aliis libris legeram, posset exponi, ut, si forte posset, incertum qui-

behauptet und ist darauf ertappt worden, und wenn derlei auch nicht zum Lehrbereich der Religion gehört, so springt das Verruchte seiner Frechheit um so mehr hervor, als er nicht nur über Dinge sprach, von denen er nichts wußte, sondern offenkundig Falsches aus solchem Rauschwahn seines Hochmuts vortrug, daß er den Anspruch erhob, sein Wort sei aufzunehmen als das einer göttlichen Person.

Ja, wenn einmal der oder jener Bruder in Christo mit mir redet, der von diesen Dingen nichts versteht, sie wohl auch durcheinanderbringt, so sehe ich geduldig zu, was der Mann sich da zusammenreimt, und finde es keinen Schaden für ihn, daß er etwa über Wo und Wie körperlicher Schöpfungswerke in Unwissenheit ist, wenn er nur von Dir, Herr, »Schöpfer aller Welt«, nichts Unwürdiges glaubt. Aber Schaden nimmt er, wenn er meint, diese Sache betreffe das Wesen der Heilslehre, und hartnäckig zu behaupten wagt, was er nicht weiß. Nun, auch solche Schwäche wird im Wiegenalter des Glaubens ertragen von der Allmutter Liebe,[14] bis »der neue Mensch« heranwächst »zur vollen Mannheit« und »nicht mehr sich herumwirbeln läßt von jedem Wind einer Lehre«.

Bei einem Menschen aber, der zum Lehrer, Stifter, Führer und Obherrn derer, die er überredet, sich aufwirft, ja von seiner Gefolgschaft den Glauben fordert, sie folge in ihm nicht irgendeinem Menschen, sondern Deinem Heiligen Geiste, - wer muß da solchen Wahnsinn, sobald das Falsche der Behauptungen erwiesen ist, nicht verabscheuen und weit von sich werfen?

Aber damals war mir's noch nicht völlig klar geworden, ob sich der Wechsel der Tag- und Nachtlängen, der von Tag und Nacht überhaupt, die Verfinsterungen der Gestirne und die andern Erscheinungen dieser Art, über die ich sonstwo gelesen hatte, nicht auch nach den Worten des Mani erklären ließen. In diesem Falle blieb es mir frei-

dem mihi fieret, utrum ita se res haberet an 5,9
ita, sed ad fidem meam illius auctoritatem propter creditam sanctitatem praeponerem.

Et per annos ferme ipsos novem, quibus eos 6,10
animo vagabundus audivi, nimis extento desiderio venturum expectabam istum Faustum. Ceteri enim eorum, in quos forte incurrissem, qui talium rerum quaestionibus a me obiectis deficiebant, illum mihi promittebant, cuius adventu conlatoque conloquio facillime mihi haec et si qua forte maiora quaererem enodatissime expedirentur.

Ergo ubi venit, expertus sum hominem gratum et iucundum verbis et ea ipsa, quae illi solent dicere, multo suavius garrientem. Sed quid ad meam sitim pretiosorum poculorum decentissimus ministrator? Iam rebus talibus satiatae erant aures meae, nec ideo mihi meliora videbantur, quia melius dicebantur, nec ideo vera, quia diserta, nec ideo sapiens anima, quia vultus congruus et decorum eloquium. Illi autem, qui eum mihi promittebant, non boni rerum existimatores erant, et ideo illis videbatur prudens et sapiens, quia delectabat eos loquens.

Sensi autem aliud genus hominum etiam veritatem habere suspectam et ei nolle adquiescere, si comto atque uberi sermone promeretur. Me

lich ungewiß, ob sich die Sache so oder so verhalte, aber was meinen Glauben betraf, so hätte ich doch der Autorität jenes Mannes, eben wegen seiner vermeinten Heiligkeit, den Vorzug gegeben.[15]

Und fast die vollen neun Jahre hindurch, in denen ich unstet schweifenden Geistes auf die Manichäer hörte, erwartete ich mit wahrer Sehnsucht die Ankunft des erwähnten Faustus. Denn die anderen, mit denen ich etwa sonst zusammentraf, sie versagten alle in den hier obschwebenden Fragen, wenn ich sie ihnen vorlegte, und vertrösteten mich auf ihn: wäre er nur einmal da und bespräche sich mit mir darüber, so möchten sich mit Leichtigkeit all meine Bedenken hierin und noch gewichtigere, die ich etwa vorzubringen hätte, bis zu vollster Klarheit zerstreuen lassen.
Als er nun kam, fand ich an ihm einen angenehmen Mann, dem gut zuzuhören war, und der über die gewöhnlichen Gesprächsstoffe dieser Leute viel anziehender als die andern zu plaudern wußte. Aber was halfen meinem Durst die edlen Becher von der Hand des artigsten Schenken? Solcher Dinge hatte ich schon lang die Ohren voll, und sie schienen mir nicht darum besser, weil sie nun besser vorgetragen wurden, noch deshalb schon richtig, weil sie aus beredtem Munde kamen, auch nicht die Seele deshalb schon weise, weil das Mienenspiel angemessen, die Ausdrucksweise gefällig war. Aber die mich auf ihn vertröstet hatten, gehörten nicht zu den Urteilsfähigen in dieser Sache; ihnen kam er allein schon deshalb klug und weise vor, weil sie Vergnügen an seinem Sprechen hatten.
Indessen, auch eine andere Art Menschen habe ich erlebt, die selbst die Wahrheit für verdächtig halten und ihr nicht trauen wollen, sobald sie in schmucker, reicher Sprache auftritt. Mich aber hattest Du schon belehrt,[16]

autem iam docueras, deus meus, miris et occultis modis et propterea credo, quod tu me docueris, quoniam verum est, nec quisquam praeter te alius doctor est veri, ubicumque et undecumque claruerit. Iam ergo abs te didiceram nec eo debere videri aliquid verum dici, quia eloquenter dicitur, nec eo falsum, quia inconposite sonant signa labiorum; rursus nec ideo verum, quia inpolite enuntiatur, nec ideo falsum, quia splendidus sermo est, sed perinde esse sapientiam et stultitiam, sicut sunt cibi utiles et inutiles, verbis autem ornatis et inornatis sicut vasis urbanis et rusticanis utrosque cibos posse ministrari. 6,10

Igitur aviditas mea, qua illum tanto tempore expectaveram hominem, delectabatur quidem motu affectuque disputantis et verbis congruentibus atque ad vestiendas sententias facile occurrentibus. Delectabar autem et cum multis vel etiam prae multis laudabam ac ferebam; sed moleste habebam, quod in coetu audientium non sinerer ingerere illi et partiri cum eo curas quaestionum mearum conferendo familiariter et accipiendo ac reddendo sermonem. Quod ubi potui et aures eius cum familiaribus meis eoque tempore occupare coepi, quo non dedeceret alternis disserere, et protuli quaedam, quae me movebant, expertus sum prius hominem expertem liberalium disciplinarum nisi grammaticae atque 6,11

mein Gott, auf wunderbaren und geheimnisvollen Wegen - und daß Du es warst, der mich belehrt hat, glaube ich deshalb, weil es das Wahre ist und niemand außer Dir das Wahre lehrt, mag es wo immer und woher immer auch leuchten -,[17] von Dir also hatte ich bereits gelernt, daß etwas nicht deshalb, weil es mit rednerischer Kunst gesprochen wird, als wahr gesprochen zu gelten habe, noch etwas deshalb als falsch, weil das Sprachgebild der Lippen sich holperig anhört; und umgekehrt, daß nicht etwas deshalb als wahr zu gelten habe, weil es ungeschlacht herauskommt, noch etwas deshalb schon als falsch, weil Stil und Vortrag glänzend sind; daß es vielmehr Weisheit und Torheit geradeso nebeneinander gibt wie gesunde und ungesunde Speisen; daß man aber Weisheit wie Torheit ebensowohl in ausgeschmücktem wie in schmucklosem Vortrag bieten könne, wie man auch Speisen der einen und der andern Art sowohl in feinem wie in grobem Geschirr auftragen kann.

So fand denn meine Begierde, mit der ich so lang auf diesen Mann gewartet hatte, zwar ihr freudiges Genügen, was das Gebärdenspiel und die Lebhaftigkeit des Partners betraf, auch seine Gewandtheit im Ausdruck, der sich ihm mühelos darbot, seine Gedanken einzukleiden. Ich hatte wirklich mein Gefallen, und gleich vielen andern, oder noch mehr als sie, rühmte und pries ich den Mann; aber ungern ertrug ich es, daß ich in der versammelten Hörerschaft keine Möglichkeit hatte, ihm die Fragen, die mich bedrängten, vorzulegen und in vertraulichem Austausch von Rede und Gegenrede darauf einzugehen. Sobald sich aber Gelegenheit dazu bot und ich zu guter Stunde, die schicklich war für ein Zwiegespräch, samt meinen Freunden sein Ohr gewann und ihm einiges, was mich bewegte, vortrug, hatte ich nur zu bald mein Wissen von dem Unwissen des Mannes, der in den freien Wissenschaften nicht bewandert war, außer

eius ipsius usitato modo. Et quia legerat ali- 6, 11
quas Tullianas orationes et paucissimos Senecae libros et nonnulla poetarum et suae sectae si qua volumina latine atque conposite conscripta erant, et quia aderat cotidiana sermocinandi exercitatio, inde suppetebat eloquium, quod fiebat acceptius magisque seductorium moderamine ingenii et quodam lepore naturali.

Itane est, ut recolo, domine deus meus, arbiter
conscientiae meae? Coram te cor meum et [Num 10, 9]
recordatio mea, qui me tunc agebas abdito
secreto providentiae tuae et inhonestos errores
meos iam »convertebas ante faciem meam«, Ps 49, 21
ut viderem et odissem.

Nam posteaquam ille mihi inperitus earum 7, 12
artium, quibus eum excellere putaveram, satis apparuit, desperare coepi posse mihi eum illa, quae me movebant, aperire atque dissolvere; quorum quidem ignarus posset veritatem tenere pietatis, sed si manichaeus non esset. Libri quippe eorum pleni sunt longissimis fabulis de caelo et sideribus et sole et luna: quae mihi eum, quod utique cupiebam, conlatis numerorum rationibus, quas alibi ego legeram, utrum potius ita essent, ut Manichaei libris continebantur, an certe vel par etiam inde ratio redderetur, subtiliter explicare posse iam non arbitrabar.

im Fach der Sprache, und auch hier nur im Maße des Gewöhnlichen. Er hatte ein paar Reden Ciceros gelesen, herzlich wenig von den Schriften Senecas, dazu etliches von Poesie und Bücher seiner Sekte, soweit sie lateinisch und in guter Form geschrieben waren, und jeder Tag bot ihm Gelegenheit zur Übung im Reden: so stand ihm eine Beredtheit zur Verfügung, die durch ein zurückhaltendes Wesen und eine gewisse natürliche Anmut an verführerischem Reize noch gewann.

Ist es nicht so, wie mir mein Gedächtnis sagt, Herr, mein Gott, Richter über mein Gewissen? Offen liegt mein Herz und meine Erinnerung vor Dir, der Du nach dem verborgenen Geheimnis Deiner Vorsehung mich damals in Bewegung brachtest und auch schon meine schändlichen Verirrungen »mir vor Augen stelltest«, damit ich sie sähe und sie hassen lernte.[18]

Denn als ich genugsam überzeugt war, daß Faustus in den Wissenschaften, in denen ich an seine Meisterschaft geglaubt hatte, nichts verstand, gab ich allmählich die Hoffnung auf, er könnte mir in den Fragen, die mich bewegten, Aufschluß und Antwort geben. Er hätte gewiß auch ohne Kenntnisse in diesen Dingen den Sinn für echtes Frommsein haben können, nur durfte er dann nicht Manichäer sein; denn die Schriften dieser Leute sind voll der weitschweifigsten Geschichten über Himmel und Sterne und Sonne und Mond. Ich hätte natürlich gewünscht, er möchte mir durch Gegenüberstellung solcher Ansichten und der auf Berechnung fußenden Beweise, die ich anderwärts gelesen hatte, gründlich Auskunft darüber geben, ob es sich mit den Himmelskörpern in der Tat so verhalte, wie es in den Büchern der Manichäer stand, oder sich wenigstens ein gleichwertiger Vernunftbeweis auch für diese Auffassung beibringen lasse; aber daß er dazu fähig wäre, glaubte ich schon nicht mehr.

Quae tamen ubi consideranda et discutienda 7,12
protuli, modeste sane ille nec ausus est subire ipsam sarcinam. Noverat enim se ista non nosse nec eum puduit confiteri. Non erat de talibus, quales multos loquaces passus eram, conantes ea me docere et dicentes nihil. Iste vero »cor« Ps 77, 37
habebat, etsi »non rectum« ad te, nec tamen nimis incautum ad se ipsum. Non usquequaque inperitus erat inperitiae suae et noluit se temere disputando in ea coartari, unde nec exitus ei ullus nec facilis esset reditus: etiam hinc mihi amplius placuit. Pulchrior est enim temperantia confitentis animi quam illa, quae nosse cupiebam. Et eum in omnibus difficilioribus et subtilioribus quaestionibus talem inveniebam.

Refracto itaque studio, quod intenderam in 7,13
Manichaei litteras, magisque desperans de ceteris eorum doctoribus, quando in multis, quae me movebant, ita ille nominatus apparuit, coepi cum eo pro studio eius agere vitam, quo ipse flagrabat in eas litteras, quas tunc iam rhetor Carthaginis adulescentes docebam, et legere cum eo sive quae ille audita desideraret sive quae ipse tali ingenio apta existimarem. Ceterum conatus omnis meus, quo proficere in illa secta statueram, illo homine cognito prorsus intercidit, non ut ab eis omnino separarer, sed quasi melius quicquam non inveniens eo, quo iam quoquo modo inrueram, contentus interim esse decreveram, nisi ali-

Als ich gleichwohl diese Dinge zur Erwägung und Besprechung vorbrachte, ließ er sich bescheidenerweise gar nicht erst drauf ein, die Last einer solchen Aufgabe zu übernehmen; seiner Unzulänglichkeit bewußt, gestand er sie auch unumwunden ein. Er gehörte nicht zu denen - und viele solche Schwätzer hatte ich schon ertragen müssen -, die mich anmaßlich belehren wollten und doch nichts zu sagen wußten. Anders bei ihm: er hatte ein »Herz«, zwar »nicht aufgerichtet« zu Dir, doch auch nicht allzu arglos auf sich gestellt. Er war nicht ohne Wissen um seine Unwissenheit und wollte sich darin nicht durch vermessenes Disputieren in eine Enge treiben lassen, aus der er nirgends einen Ausgang und nicht leicht den Rückweg gefunden hätte. Auch dadurch gewann er in meinen Augen; denn die Selbstbescheidung eines seiner Schranken geständigen Kopfes ist ein schöneres Gut als das Wissen, nach dem ich verlangte. Und ich fand ihn so bei allen etwas schwierigen und heiklen Fragen.

Solcherweise kam nun mein Eifer, den ich an die Schriften der Manichäer gewendet hatte, ins Stocken. Da ich zu ihren übrigen Lehrmeistern, wo doch dieser gerühmte Mann in so vielem, was mich bewegte, gänzlich versagt hatte, erst recht kein Vertrauen besaß, ging ich dazu über, meinen Verkehr mit Faustus seiner Bildung zu widmen. Er war lebhaft eingenommen für jene Wissenschaften, die ich damals, schon Lehrer der Beredsamkeit in Karthago, jungen Leuten beibrachte, und so las ich mit ihm, was er auf Hörensagen hin zu kennen wünschte, oder was nach meinem eigenen Urteil für eine solche Veranlagung das Passende schien. Im übrigen war es, seit der Bekanntschaft mit ihm, mit meinem ganzen Bemühen, zu dem ich mich entschlossen hatte, um in jener Sekte voranzukommen, jetzt vorbei. Nicht als hätte ich mich gänzlich von ihr losgesagt, vielmehr, wie wenn ich doch nichts Besseres finden könnte als eben dies, woran

quid forte, quod magis eligendum esset, elu- 7,13
ceret.

Ita ille Faustus, qui multis »laqueus mortis« Ps 17, 6
extitit, meum quo captus eram relaxare iam
coeperat nec volens nec sciens. Manus enim
tuae, deus meus, in abdito providentiae tuae
non deserebant animam meam, et de sanguine
cordis matris meae per lacrimas eius diebus
et noctibus pro me sacrificabatur tibi, et egisti
mecum »miris modis«. Tu illud egisti, deus Joel 2, 26
meus. Nam »a domino gressus hominis diri- Ps 36, 23
guntur, et viam eius volet«. Aut quae pro-
curatio salutis praeter manum tuam reficien-
tem quae fecisti?

Egisti ergo mecum, ut mihi persuaderetur 8,14
Romam pergere et potius ibi docere quod
docebam Carthagini.

Et hoc unde mihi persuasum est, non praeteribo confiteri tibi, quoniam et in his altissimi tui recessus et praesentissima in nos misericordia tua cogitanda et praedicanda est.

Non ideo Romam pergere volui, quod maiores quaestus maiorque mihi dignitas ab amicis, qui hoc suadebant, promittebatur - quamquam et ista ducebant animum tunc meum - sed illa erat causa maxima et paene sola, quod audiebam quietius ibi studere adulescentes et ordinatiore disciplinae cohercitione sedari, ne in eius scholam, quo magistro non utuntur, passim et proterve inruant, nec eos admitti

ich nun einmal geraten war, kam ich mit mir überein, mich einstweilen zufrieden zu geben, bis vielleicht irgend ein Licht erschiene, das besser für mich wäre.
So hatte dieser Faustus, der vielen eine »Schlinge zum Tod« geworden war, mir die Schlinge, in der ich gefangen saß, bereits zu lockern begonnen, ohne es zu wollen noch zu wissen. Denn Deine Hand, mein Gott, die Hand Deiner verborgen waltenden Vorsehung, ließ nicht von meiner Seele, und aus dem blutenden Herzen meiner Mutter stieg Tag und Nacht ein Tränenopfer auf zu Dir für mich.[19] Und Du hast es »auf wunderbare Art« mit mir gefügt; ja, Deine Fügung ist es. Denn »vom Herrn werden die Schritte des Menschen gelenkt, und so nur wird sich der Mensch für den Weg des Herrn entscheiden«. Woher auch käme Heil, wenn nicht Deine Hand dafür sorgte, die neu schafft, was Du geschaffen?

Deine Fügung also war es, daß ich mich bestimmen ließ, nach Rom zu gehen und lieber dort das Lehramt fortzusetzen, das ich in Karthago ausgeübt hatte.
Und weshalb ich mich dazu bestimmen ließ, will ich nicht unterlassen Dir zu bekennen, weil auch hierin der tiefen Verborgenheit Deiner Absichten und der unmittelbaren Gegenwart Deiner Erbarmung gegen uns preisend zu gedenken ist.
Nicht deshalb wollte ich nach Rom gehen, weil mir die Freunde, die dazu rieten, bessere Einnahmen und erhöhtes Ansehen in Aussicht stellten, wenn schon derlei Dinge ebenfalls etwas Verlockendes hatten bei meiner damaligen Sinnesart; sondern der hauptsächliche und fast alleinige Grund war der, daß ich hörte, die jungen Leute oblägen dort ihrem Studium in besserer Haltung und hüteten sich unter dem Zwang einer strenger geregelten Zucht, in die Schule eines Lehrers, bei dem sie gar nicht hörten, wild und frech einzudringen, und es würde ohne Genehmi-

omnino, nisi ille permiserit. Contra apud Carthaginem foeda est et intemperans licentia scholasticorum: inrumpunt inpudenter et prope furiosa fronte perturbant ordinem, quem quisque discipulis ad proficiendum instituerit. Multa iniuriosa faciunt mira hebetudine et punienda legibus, nisi consuetudo patrona sit, hoc miseriores eos ostendens, quo iam quasi liceat faciunt, quod per tuam aeternam legem numquam licebit, et inpune se facere arbitrantur, cum ipsa faciendi caecitate puniantur et inconparabiliter patiantur peiora, quam faciunt. 8, 14

Ergo quos mores cum studerem meos esse nolui, eos cum docerem cogebar perpeti alienos, et ideo placebat ire, ubi talia non fieri omnes qui noverant indicabant.

Verum autem tu, »spes mea et portio mea in Ps 141, 6
terra viventium«, ad mutandum terrarum locum pro salute animae meae et Carthagini stimulos, quibus inde avellerer, admovebas, et Romae inlecebras, quibus adtraherer, proponebas mihi per homines, qui diligunt vitam mortuam, hinc insana facientes, inde vana
pollicentes, et ad corrigendos »gressus meos« Ps 39, 3
utebaris occulte et illorum et mea perversitate. Nam et qui perturbabant otium meum, foeda rabie caeci erant, et qui invitabant ad aliud, terram sapiebant, ego autem, qui detestabar

gung des Lehrers überhaupt keiner zugelassen. Dagegen ist in Karthago eine abstoßende, maßlose Ausgelassenheit der Schüler das Übliche: sie stürzen unverschämt herein, und wie eine Horde von Rasenden bringen sie die Ordnung durcheinander, die der einzelne Lehrer zum Besten seiner Schüler eingeführt hat. Mit unbegreiflicher Roheit treiben sie Frevel über Frevel, Dinge, die vor den Gesetzen strafbar wären, wenn nicht die Gewohnheit ihr schützender Anwalt wäre. Aber bei diesem Herkommen führen sie ihre Nichtswürdigkeit um so deutlicher vor Augen, als sie nun Dinge, die Dein ewiges Gesetz niemals erlaubt, wie etwas Erlaubtes tun, nach ihrer Meinung ungestraft, indes sie doch eben an der Verblendung bei solchem Freveln ihre Strafe haben und darin unvergleichlich Schlimmeres erleiden, als sie anrichten.

Also war ich in Karthago gezwungen, Unsitten, an denen ich als Student mich nie beteiligt hatte, wohl oder übel als Lehrer an andern zu ertragen. Das war der Grund, weshalb ich mich entschloß wegzugehen, dorthin, wo nach der Aussage aller Kenner der Verhältnisse derlei Unfug nicht im Schwange war.

In Wahrheit aber bist Du es gewesen, »meine Zuversicht und mein Anteil im Lande der Lebendigen«, Du warst es, der zum Ortswechsel um meines Seelenheiles willen bestimmte: einmal in Karthago gabst Du mir die Stachelstöße, von dort mich wegzubringen, und Rom umgabst Du mir, mich hinzuziehen, mit verlockenden Aussichten, und in beidem waren Menschen, die ein totes Leben liebten, die Vermittler, dort durch ein törichtes Treiben, hier durch betörende Verheißungen, - Du aber, »meine Schritte« auf den rechten Weg zu führen, bedientest Dich im Verborgenen sowohl ihrer wie meiner Verkehrtheit. Denn die einen, die mir den Frieden raubten, waren blind in ihrem wüsten Toben, und die mir zum Wechsel rieten, rochen ganz nach Erde, ich aber, der ich hier eine

hic veram miseriam, illic falsam felicitatem 8,14
appetebam.
Sed quare hinc abirem et illuc irem, tu scie- 8,15
bas, deus, nec indicabas mihi nec matri, quae
me profectum atrociter planxit et usque ad
mare secuta est. Sed fefelli eam violenter me
tenentem, ut aut revocaret aut mecum per-
geret, et finxi me amicum nolle deserere, do-
nec vento facto navigaret. Et mentitus sum
matri, et illi matri, et evasi, quia et hoc dimisi-
sti mihi misericorditer servans me ab aquis
maris plenum exsecrandis sordibus usque ad
aquam gratiae tuae, qua me abluto siccaren-
tur flumina maternorum oculorum, quibus pro
me cotidie tibi rigabat terram sub vultu suo.

Et tamen recusanti sine me redire vix persuasi, ut in loco, qui proximus nostrae navi erat, memoria beati Cypriani, maneret ea nocte. Sed ea nocte clanculo ego profectus sum, illa autem mansit orando et flendo.

Et quid a te petebat, deus meus, tantis lacrimis, nisi ut navigare me non sineres? Sed tu alte consulens et exaudiens cardinem desiderii eius non curasti quod tunc petebat, ut me faceres quod semper petebat.

Flavit ventus et implevit vela nostra et litus subtraxit aspectibus nostris, in quo mane illa insaniebat dolore et querellis et gemitu implebat aures tuas contemnentis ista, cum et me

wirkliche Beschwer verwünschte, erstrebte dort ein vermeintes Glück.

Den wahren Grund aber, weshalb ich von Karthago fortging und mich nach Rom wandte, Du, Gott, wußtest ihn, aber Du gabst ihn weder mir noch der Mutter kund, die meinen Weggang leidenschaftlich beklagte und mich bis ans Meer hinaus begleitete. Aber ich hinterging sie, als sie mich gewaltsam festhalten wollte, um mich entweder wieder heimzubringen oder mit mir zusammen abzureisen; ich gab vor, ich wolle nur einem Freund noch Gesellschaft leisten, bis ihm eine aufkommende Brise die Seefahrt verstatte. So belog ich die Mutter, - welch eine Mutter! - und kam denn wirklich über, weil Du auch dies mir gnädig hingehen ließest: ja, da hast Du mich bewahrt, in so häßlichem Schmutz ich auch steckte, bewahrt vor den Wassern des Meeres für das Wasser Deiner Gnade, die mich waschen und also den Tränenfluß der mütterlichen Augen trocknen sollten, mit dem sie Dir Tag um Tag für mich den Boden unter ihrem Angesicht benetzte.[20]

Da sie denn sich weigerte, ohne mich nach Hause zu gehen, brachte ich sie wenigstens dahin, daß sie die Nacht in der Memorie des heiligen Cyprian[21] verbrachte, die ganz in der Nähe unseres Schiffes lag. In dieser Nacht fuhr ich heimlich davon; sie aber blieb zurück, betend und weinend.

Und was begehrte sie von Dir, mein Gott, mit so viel Tränen, als daß Du mich nicht reisen lassest? Du aber, erhaben waltend, erhörtest ihr innerstes Verlangen: die Bitte der Stunde hast Du ihr nicht erfüllt, um mich zu dem zu machen, was allzeit ihre Bitte war.

Der Wind war günstig und blähte unsere Segel. Unsern Blicken entschwand die Küste, wo die Mutter am Morgen, fassungslos vor Schmerz, mit Klagen und Seufzen Dir in den Ohren lag, die das alles überhörten: mich

cupiditatibus meis raperes ad finiendas ipsas 8,15
cupiditates et illius carnale desiderium iusto dolorum flagello vapularet. Amabat enim secum praesentiam meam more matrum, sed multis multo amplius, et nesciebat, quid tu illi gaudiorum facturus esses de absentia mea. Nesciebat, ideo flebat et eiulabat atque illis cruciatibus arguebatur in ea reliquiarium Evae, cum gemitu quaerens quod cum gemitu pepererat. Et tamen post accusationem fallaciarum et crudelitatis meae conversa rursum ad deprecandum te pro me abiit ad solita, et ego Romam.

Et ecce excipior ibi flagello aegritudinis cor- 9,16
poralis et ibam iam »ad inferos« portans om- Job 7, 9
nia mala, quae conmiseram et in te et in me et in alios, multa et gravia super originalis
peccati vinculum, quo »omnes in Adam« mori- I Kor 15, 22
mur. Non enim quicquam eorum mihi donaveras in Christo, nec solverat ille in cruce sua [Eph 2, 14]
inimicitias, quas tecum contraxeram peccatis meis. Quomodo enim eas solveret in cruce phantasmatis, quod de illo credideram? Quam ergo falsa mihi videbatur mors carnis eius, tam vera erat animae meae, et quam vera erat mors carnis eius, tam falsa vita animae meae, quae id non credebat.

Et ingravescentibus febribus iam ibam et peribam. Quo enim irem, si hinc tunc abirem, nisi
»in ignem« atque tormenta digna factis meis Mt 25,41

zogst Du ja an meinen Leidenschaften fort, um diesen Leidenschaften ein Ende zu machen, und der Mutter aus Fleisch und Blut geborenes Verlangen nahmst Du in die gerechte Zucht ihres geißelnden Schmerzes. Sie hing ja nach der Mütter Weise, nur viel inniger noch als viele, an meinem Beisammensein mit ihr, und sie ahnte nicht, was Du an Freuden ihr bereiten würdest durch mein Fernsein. Sie ahnte es nicht, darum weinte sie und jammerte, und es tat sich in diesen Qualen das Erbteil der Eva in ihr kund, da sie mit Seufzen suchte, was sie unter Seufzen geboren hatte. Und doch nahm sie, nach all dem Klagen über meine Falschheit, meine Grausamkeit, das Gebet für mich wieder auf und ging ihrem Alltag nach; und ich ging nach Rom.[22]

Und dort - was wartete meiner? Die Geißel körperlicher Krankheit, und schon war ich auf dem Weg »zur Unterwelt«, beladen mit all dem Üblen, das ich wider Dich und wider mich und wider andere begangen hatte, Vieles und Schweres, noch hinzu zur Kettenlast der Erbsünde, an der wir »alle in Adam« sterben. Denn noch hattest Du mir nichts davon vergeben in Christo, und Christus hatte an seinem Kreuz nicht die Feindschaft mit Dir aufgehoben, die ich durch meine Sünden mir zugezogen hatte. Wie auch hätte er sie aufheben sollen, er, am Kreuze hängend mit dem Scheinleib,[23] den mein Glaube ihm zuschrieb? So unwirklich also der Tod seines Leibes mich deuchte, so wirklich war der Tod meiner Seele, und so wirklich der Tod seines Leibes war, so unwirklich war das Leben meiner Seele, die nicht daran glaubte.
Und da sich das Fieber steigerte, stand mir's nahe, abzugehen - zugrunde zu gehen. Denn wäre es damals mit mir zu Ende gegangen, wohin anders wäre es mit mir gegangen nach Deiner Ordnung schaffenden Wahrheit als »in das Feuer« und in die Qual, die meinen Taten ge-

in veritate ordinis tui? Et hoc illa nesciebat et 9,16
tamen pro me orabat absens. Tu autem ubique
praesens ubi erat exaudiebas eam et ubi eram
miserebaris mei, ut recuperarem salutem cor-
poris adhuc insanus corde sacrilego.

Neque enim desiderabam in illo tanto periculo baptismum tuum et melior eram puer, quo illum de materna pietate flagitavi, sicut iam recordatus atque confessus sum. Sed in dedecus meum creveram et consilia medicinae tuae demens irridebam, qui non me sivisti talem bis mori. Quo vulnere si feriretur cor matris, numquam sanaretur. Non enim satis eloquor, quid erga me habebat animi et quanto maiore sollicitudine me parturiebat spiritu, quam carne pepererat. [Gal 4, 19]

Non itaque video, quomodo sanaretur, si mea 9,17
talis illa mors transverberasset viscera dilec-
tionis eius. Et ubi essent tantae preces, tam
crebrae sine intermissione?
Nusquam nisi ad te. An vero tu, deus misericordiarum, sperneres »cor contritum et humiliatum« viduae castae ac sobriae, frequentantis elemosynas, obsequentis atque servientis sanctis tuis, nullum diem praetermittentis oblationem ad altare tuum, bis die, mane et vespere, ad ecclesiam tuam sine ulla intermissione venientis, non ad vanas fabulas et aniles loquacitates, sed ut te audiret in tuis sermonibus et tu illam in suis orationibus? Huiusne tu Ps 50, 19

bührte? - Und meine Mutter wußte nichts davon, doch sie betete für mich in der Ferne. Du aber, überall zugegen, erhörtest sie dort, wo sie war; und wo ich war, erbarmtest Du Dich meiner, daß ich die Gesundheit des Leibes wiedergewann, immer noch krank an gotteslästerlichem Herzen.

Ja, nicht einmal in dieser schweren Gefahr verlangte ich nach Deiner Taufe, und besser war ich damals in der Knabenzeit gewesen, als ich sie von der frommen Mutter begehrte, wie ich erinnernd schon berichtet und Dir bekannt habe.[24] Aber mir zur Schande war ich herangewachsen, und ich machte mich noch lustig, ich Narr, über die Weisungen Deiner Heilkunst, Du aber littest nicht, daß ich, so wie ich war, zwei Tode auf einmal stürbe. Hätte dieser Schlag das Herz meiner Mutter getroffen, es wäre nie mehr genesen; ich kann es ja mit Worten gar nicht sagen, wieviel an Liebesgedanken sie trug für mich, wieviel mehr sie bangte in ihren Wehen, daß ich im Geiste geboren würde, als einst, da sie mich im Fleische gebar.

Nein, ich wüßte nicht, wie sie je noch hätte genesen können, hätte damals mein Tod, ein solcher Tod, ihre herzinnerste Liebe durchbohrt. Wo wären sie geblieben, ihre Gebete, die heißen, die Gebete ohne Zahl und Unterlaß? Wo sonst, wenn nicht bei Dir? Aber hättest Du, Gott der Erbarmungen, dieses »zerknirschte und gedemütigte Herz« verachten können? Das Herz einer Witwe, wie sie es war - die keusch und eingezogen, freigebig mit Almosen, gefällig und dienstfertig gegen Deine Geweihten, Tag um Tag mit ihrer Opferspende an Deinen Altar, zweimal des Tags, morgens und abends, ohne je zu fehlen, in Deine Kirche ging, nicht zu Klatsch und Altweiberschwatz, sondern daß sie in Deinem Predigtwort Dich höre und Du sie hörest in ihrem Gebet?[25] Um die Tränen einer solchen Frau, die ja nicht Gold und Silber von Dir

lacrimas, quibus non a te aurum et argentum 9,17
petebat nec aliquod nutabile aut volubile bonum, sed salutem animae filii sui, tu, cuius munere talis erat, contemneres et repelleres ab auxilio tuo? Nequaquam, domine, immo vero aderas et exaudiebas et faciebas ordine, quo praedestinaveras esse faciendum. Absit, ut tu falleres eam in illis visionibus et responsis tuis, quae iam conmemoravi et quae non conmemoravi, quae illa fideli pectore tenebat et semper orans tamquam chirografa tua ingerebat tibi. Dignaris enim, quoniam »in sae- Ps 117, 1; 137, 8
culum misericordia tua«, eis quibus omnia debita dimittis, etiam promissionibus debitor fieri.

Recreasti ergo me ab illa aegritudine et »sal- 10,18
vum fecisti filium ancillae tuae« tunc interim Ps 85, 16
corpore, ut esset cui salutem meliorem atque certiorem dares.

Et iungebar etiam tunc Romae falsis illis atque fallentibus sanctis: non enim tantum ‚auditoribus' eorum, quorum e numero erat etiam is, in cuius domo aegrotaveram et convalueram, sed eis etiam, quos ‚electos' vocant. Adhuc enim mihi videbatur non esse nos, qui peccamus, sed nescio quam aliam in nobis peccare naturam et delectabat superbiam meam extra culpam esse et, cum aliquid mali fecissem, non confiteri me fecisse, ut »sanares Ps 40, 5
animam meam, quoniam peccabat tibi«, sed excusare me amabam et accusare nescio quid aliud, quod mecum esset et ego non essem.

erflehte, keins der schwanken, flüchtigen Güter, sondern das Heil der Seele ihres Sohnes, um solches Weinen hättest Du, von dessen Gnaden sie geworden, die sie war, nichts geben, es ohne Hilfe lassen sollen? Nein, Herr, nein! Du warst da und gabst Gehör und tatest in der Ordnung, in der zu tun es ehe schon Dein Wille gewesen. Nicht zu denken, Du hättest sie getäuscht mit jenen Gesichten und Bescheiden - ich habe davon gesprochen, nicht von allen[25a] -, die sie gläubig im Herzen bewahrte und in ihrem steten Gebet wie als Schuldbrief von Deiner Hand Dir vorhielt. Denn weil »in Ewigkeit Dein Erbarmen währt«, erachtest Du es würdig Deiner Hoheit, bei denen, welchen Du schon ihre Schulden all erlässest, durch Versprechungen auch noch zum Schuldner zu werden.

So also hast Du mich damals von meiner Krankheit wiederhergestellt und hast den »Sohn Deiner Magd gesund gemacht«, einstweilen dem Leibe nach, damit er sein Dasein dafür habe, daß Du ihm noch die Gesundheit schenkest, die vollkommener und verlässiger wäre.
Auch damals in Rom unterhielt ich engeren Verkehr mit jenen betrogenen und betrügenden Heiligen,[26] nicht nur mit ihren ‚Hörern', wie auch der einer gewesen, in dessen Haus ich krank gelegen und genesen war, sondern auch mit solchen, die bei ihnen die ‚Auserwählten' heißen.
Ich war ja immer noch des Glaubens, daß nicht wir es seien, die sündigen, sondern es sündige in uns eine andere, nicht näher bekannte Natur, und meinem Hochmut schmeichelte der Gedanke, außer Schuld zu sein und, wenn ich etwas Böses getan hatte, nicht bekennen zu müssen, daß ich es getan, bekennen, auf daß Du »heilest meine Seele, weil sie an Dir auch gesündigt hat«. Ich war gewohnt, mich freizusprechen und etwas unbekanntes anderes schuldig zu sprechen, das in mir stecke und

Verum autem totum ego eram et adversus me 10, 18
inpietas mea me diviserat, et id erat peccatum insanabilius, quo me peccatorem non esse arbitrabar, et execrabilis iniquitas, te, deus omnipotens, te in me ad perniciem meam, quam me a te ad salutem malle superari.

Nondum ergo posueras »custodiam ori meo Ps 140, 3 f
et ostium continentiae circum labia mea«, ut »non declinaret cor meum in verba mala ad excusandas excusationes in peccatis cum hominibus operantibus iniquitatem«, et ideo adhuc conbinabam »cum electis eorum«, sed tamen iam desperans in ea falsa doctrina me posse proficere, eaque ipsa, quibus, si nil melius reperirem, contentus esse decreveram, iam remissius neglegentiusque retinebam.

Etenim suborta est etiam mihi cogitatio, pru- 10, 19
dentiores illos ceteris fuisse philosophos, quos Academicos appellant, quod de omnibus dubitandum esse censuerant nec aliquid veri ab homine conprehendi posse decreverant. Ita enim et mihi liquido sensisse videbantur, ut vulgo habentur, etiam illorum intentionem nondum intellegenti.

Nec dissimulavi eundem hospitem meum reprimere a nimia fiducia, quam sensi eum habere de rebus fabulosis, quibus manichaei libri pleni sunt. Amicitia tamen eorum familiarius utebar quam ceterorum hominum, qui in illa haeresi non fuissent. Nec eam defendebam

gar nicht ich sei. In Wirklichkeit aber stand hinter dem Ganzen ich allein, und nur meine Gottferne war es, die mich wider mich aufgespaltet hatte, und das war Sünde, um so unheilbarer, als ich selbst ja nun vermeinte, nicht Sünder zu sein, und es war eine fluchwürdige Verstörung des Rechten, daß ich - zu meinem Verderben - lieber Dich, allmächtiger Gott, in mir überwunden sah,[27] als mich - zu meinem Heil - überwunden von Dir.

Noch also hattest Du nicht »eine Wache vor meinen Mund gesetzt und ein schließendes Tor der Zucht an meine Lippen«, damit »mein Herz nicht abirre in üble Reden, zu schuldbaren Entschuldigungen beim Sündigen im Bunde mit Menschen, die Böses tun«; und so blieb ich noch in Gemeinschaft »mit ihren Auserwählten«.[28] Immerhin, es schwand mir schon die Hoffnung, diese Irrlehre könnte mich noch weiterbringen, und obgleich ich entschlossen war, mit der Sache mich zu begnügen, wenn ich nichts Besseres fände, war mein Interesse an ihr schon loser und gleichgültiger geworden.

Allgemach wuchs ja auch in mir der Gedanke, die gescheitesten von allen Philosophen seien doch die üblich so genannten Akademiker[29] gewesen, weil sie der Ansicht waren, man müsse an allem zweifeln,[30] und sich für den Satz entschieden, der Mensch sei nicht imstande, irgendwelches Wahre in seinen Griff zu bekommen. Denn dies hielt ich, wie sie ja üblich so ausgelegt werden, allen Ernstes für ihre Lehre, da ich auch selber ihre eigentliche Meinung damals noch nicht kannte.[31]

Ich suchte auch in aller Offenheit meinem schon erwähnten Gastgeber den überschwenglichen Glauben zu dämpfen, mit dem er, wie ich sehen konnte, den Phantastereien, von denen die Bücher der Manichäer voll sind, ergeben war. Doch stand ich mit diesen Leuten auf vertrauterem Fuße als mit Menschen sonst, die sich nicht zu dieser Häresie bekannten. Ich verteidigte sie zwar nicht mehr

pristina animositate, sed tamen familiaritas 10,19
eorum - plures enim eos Roma occultabat - pigrius me faciebat aliud quaerere praesertim desperantem in ecclesia tua, »domine caeli Gen
et terrae«, creator omnium visibilium et invisibilium, posse inveniri verum, unde me illi averterant, multumque mihi turpe videbatur credere figuram te habere humanae carnis et membrorum nostrorum liniamentis corporalibus terminari. Et quoniam cum de deo meo cogitare vellem, cogitare nisi moles corporum non noveram - neque enim videbatur mihi esse quicquam, quod tale non esset - ea maxima et prope sola causa erat inevitabilis erroris mei. 24, 3

Hinc enim et mali substantiam quandam cre- 10,20
debam esse talem et habere suam molem tetram et deformem, sive crassam, quam terram dicebant, sive tenuem atque subtilem, sicuti est aeris corpus: quam malignam mentem per illam terram repentem imaginantur. Et quia deum bonum nullam malam naturam creasse qualiscumque me pietas credere cogebat, constituebam ex adverso sibi duas moles, utramque infinitam, sed malam angustius, bonam grandius, et ex hoc initio pestilentioso me cetera sacrilegia sequebantur.

Cum enim conaretur animus meus recurrere in catholicam fidem, repercutiebatur, quia non erat catholica fides, quam esse arbitrabar. Et magis pius mihi videbar, si te, deus meus, cui »confitentur« ex me »miserationes tuae«, vel ex [Ps 106, 8]

mit der früheren Begeisterung, aber der vertraute Umgang mit ihnen - und Rom hielt ihrer viele verborgen[32] - machte mich doch zu lässig, mich nach etwas anderem umzusehen, zumal ich alle Hoffnung aufgegeben hatte, daß man in Deiner Kirche, »Herr des Himmels und der Erde«, Schöpfer alles Sichtbaren[33] und Unsichtbaren, in Deiner Kirche, von der sie mich abwendig gemacht hatten, die Wahrheit finden könne. Ich hielt es für eine Schande, zu glauben, Du hättest die Gestalt eines Menschenleibes und wärest von den Umrissen unserer Körperglieder in Grenzen eingeschlossen.[34] Und daß ich dennoch, wenn ich denken wollte über meinen Gott, immer nur eine körperhafte Masse zu denken wußte - denn es schien mir überhaupt gar nicht zu sein, was nicht so, was nicht körperhaft wäre -, dies eben war die stärkste, nahezu einzige Ursache meines Irrtums, dem ich nicht entrinnen konnte.

Denn damit hing es zusammen, daß ich glaubte, auch das Böse sei ein selbständiges Sein dieser Art und bilde eigens eine häßliche und ungestalte Masse, entweder dicht - die nannten sie Erde - oder dünn und fein, wie der Luftkörper eine ist, die als bösartiges Geistwesen, so bilden sie sich ein, jene Erde durchschleiche.[35] Und da mich ein ungefähres Gottgefühl doch noch zu glauben zwang, daß ein guter Gott kein böses Wesen erschaffen hat, so stellte ich mir zwei sich feindliche Massen einander gegenüber, beide unbegrenzt, aber die böse gedranger, die gute freier in ihrer Dehnung, und aus diesem verhängnisvollen Ansatz erfloß mein weiteres gottschänderisches Denken.

Denn versuchte mein Geist zum katholischen Glauben umzukehren, so prallte er zurück; freilich war das, was ich dafür hielt, nicht der katholische Glaube. Und so glaubte ich Gottes würdiger zu denken, wenn ich von Dir, mein Gott, dem »Deine Erbarmungen Lobpreis sind«

ceteris partibus infinitum crederem, quamvis 10,20
ex una, qua tibi moles mali opponebatur, cogerer finitum fateri, quam si ex omnibus partibus in corporis humani forma te opinarer finiri. Et melius mihi videbar credere nullum malum te creasse - quod mihi nescienti non solum aliqua substantia sed etiam corporea videbatur, quia et mentem cogitare non noveram nisi eam subtile corpus esse, quod tamen per loci spatia diffunderetur - quam credere abs te esse qualem putabam naturam mali. Ipsum quoque salvatorem nostrum, unigenitum tuum, tamquam de massa lucidissimae molis tuae porrectum ad nostram salutem ita putabam, ut aliud de illo non crederem nisi quod possem vanitate imaginari.
Talem itaque naturam eius nasci non posse de Maria virgine arbitrabar, nisi carni concerneretur. Concerni autem et non coinquinari non videbam, quod mihi tale figurabam. Metuebam itaque credere incarnatum, ne credere cogerer ex carne inquinatum.

Nunc spiritales tui blande et amanter ridebunt me, si has confessiones meas legerint; sed tamen talis eram.

Deinde quae illi in scripturis tuis reprehen- 11,21
derant defendi posse non existimabam, sed aliquando sane cupiebam cum aliquo illorum librorum doctissimo conferre singula et experiri, quid inde sentiret.

aus meinem Munde, die Vorstellung hatte, Du seiest wenigstens nach den übrigen Seiten hin unbegrenzt, obschon ich gezwungen war, Dich nach der einen Seite hin, wo Dir die Masse des Bösen entgegenwirkte, begrenzt zu denken,[36] als wenn ich den Glauben geteilt hätte, Du wärest allerseits in die Form des menschlichen Leibes geschränkt. Und besser schien es mir, zu glauben, Du habest nichts Böses erschaffen - und in meiner Unwissenheit verstand ich unter dem Bösen nicht nur eine Substanz überhaupt, sondern geradezu eine körperhafte, weil ich mir auch den denkenden Geist nur als feinen Körper, der sich aber durch die Weiten des Raumes verbreite, vorstellen konnte -, als anzunehmen, es stamme von Dir, was ich für das Naturwesen des Bösen hielt. Selbst unsern Erlöser, Deinen Eingeborenen, dachte ich mir als zu unserm Heile gleichsam ausgestrahlt aus Deiner stofflichen Lichtmasse, so daß ich über ihn nur glaubte, was meine Wahngedanken aus ihm machten.

Natur dieser Art, mußte ich mir sagen, konnte er nicht aus Maria der Jungfrau geboren werden, ohne sich mit dem Fleische zu verbinden; ich konnte aber nicht sehen, wie das, was ich mir so [nämlich als reine Lichtnatur] vorstellte, diese Verbindung hätte eingehen können, ohne befleckt zu werden. So scheute ich mich, an seine Geburt im Fleische zu glauben, um nicht an einen vom Fleische her Befleckten glauben zu müssen.

Heute werden Deine Geistigen lieb und freundlich ein Lächeln für mich haben, wenn sie meine Bekenntnisse hier lesen; aber - so war ich.

Des weiteren hielt ich zwar für unwiderleglich, was die Manichäer an Deinen heiligen Schriften auszusetzen hatten, aber zu Zeiten verlangte ich doch, einmal mit einem wirklichen Kenner dieser Bücher über Einzelheiten zu sprechen, um seine Meinung in der Sache zu erfahren.

Iam enim Elpidii cuiusdam adversus eosdem 11,21
manichaeos coram loquentis et disserentis ser-
mones etiam apud Carthaginem movere me
coeperant, cum talia de scripturis proferret,
quibus resisti non facile posset. Et inbecilla
mihi responsio videbatur istorum; quam qui-
dem non facile palam promebant, sed nobis
secretius, cum dicerent scripturas novi testa-
menti falsatas fuisse a nescio quibus, qui Iu-
daeorum legem inserere christianae fidei vo-
luerunt, atque ipsi incorrupta exemplaria nulla
proferrent. Sed me maxime captum et offoca-
tum quodam modo deprimebant corporalia
cogitantem moles illae, sub quibus anhelans in
auram tuae veritatis liquidam et simplicem
respirare non poteram.

Sedulo ergo agere coeperam, propter quod 12,22
veneram, ut docerem Romae artem rhetori-
cam, et prius domi congregare aliquos, quibus
et per quos innotescere coeperam.

Et ecce cognosco alia Romae fieri, quae non patiebar in Africa. Nam re vera illas eversiones a perditis adulescentibus ibi non fieri manifestatum est mihi: „Sed subito“ inquiunt „ne mercedem magistro reddant, conspirant multi adulescentes et transferunt se ad alium, desertores fidei et quibus prae pecuniae caritate iustitia vilis est.“

Oderat etiam istos cor meum quamvis non

Denn die Reden eines gewissen Elpidius,[37] der sich in öffentlichen Religionsgesprächen gegen die Manichäer wandte, hatten mich, auch schon in Karthago, nachdenklich gestimmt, da er Beweise aus der Schrift vorbrachte, gegen die so leicht nicht aufzukommen war, und die Entgegnung der Manichäer schien mir recht unzulänglich. Übrigens rückten sie nicht gerne öffentlich damit heraus, sondern im privaten Gespräch mit uns. Da sagten sie dann, die Schriften des Neuen Testaments seien verfälscht worden, wer weiß von welchen Leuten, die das Gesetz der Juden dem christlichen Glauben hätten aufpfropfen wollen; selber wußten sie freilich niemals eine Handschrift unverfälschten Wortlauts beizubringen.[38] Auf mich indessen, der sich alles als Materie vorstellte und darin bis zum Ersticken befangen war, drückten am allermeisten jene ‚Massen', und unter ihren Lasten vermochte ich nicht, in der klaren und reinen Luft Deiner Wahrheit Atem zu holen.

Mit allem Eifer hatte ich mein Wirken als Lehrer der Rhetorik begonnen, wozu ich ja nach Rom gekommen war; ich hatte zunächst bei mir zu Hause einige Schüler um mich gesammelt, mit denen und durch die ich allmählich bekannt wurde.

Und was mußte ich erfahren? Auch in Rom gab es Mißstände, andere, unter denen ich in Afrika nicht zu leiden hatte. In der Tat, es erwies sich, daß jene Rüpeleien verkommener junger Leute hier nicht im Schwange waren. „Aber eines schönen Tages", so hieß es, „soll der Lehrer um sein Honorar geprellt werden: eine beträchtliche Zahl der Studenten tut sich zusammen und läuft zu einem andern Lehrer über, Treubrecher, denen Recht und Billigkeit um das geliebte Geld wohlfeil sind."

Ich haßte in meinem Herzen auch eine solche Gesellschaft, aber freilich nicht »mit dem Hasse der Vollkommenheit«;

»perfecto odio«. Quod enim ab eis passurus eram, magis oderam fortasse quam eo, quod cuilibet inlicita faciebant. Ps 138, 22

Certe tamen turpes sunt tales et »fornicantur abs te« amando volatica ludibria temporum et lucrum luteum, quod cum adprehenditur manum inquinat, et amplectendo mundum fugientem, contemnendo te manentem et revocantem et ignoscentem redeunti ad te meretrici humanae animae. Et nunc tales odi pravos et distortos, quamvis eos corrigendos diligam, ut pecuniae doctrinam ipsam, quam discunt, praeferant, ei vero te deum veritatem et ubertatem certi boni et pacem castissimam. Sed tunc magis eos pati nolebam malos propter me, quam fieri propter te bonos volebam. Ps 72, 27

Itaque posteaquam missum est a Mediolanio Romam ad praefectum urbis, ut illi civitati rhetoricae magister provideretur inpertita etiam evectione publica, ego ipse ambivi per eos ipsos manichaeis vanitatibus ebrios – quibus ut carerem ibam, sed utrique nesciebamus – ut dictione proposita me probatum praefectus tunc Symmachus mitteret. 13, 23

Et veni Mediolanium ad Ambrosium episcopum, in optimis notum orbi terrae, pium cultorem tuum, cuius tunc eloquia strenue mini-

denn was ich von ihnen erleiden würde, das haßte ich wohl mehr, als daß ich in ihnen das Unrecht haßte, das sie gegen jeden Lehrer verübten.
In der Tat, solche Menschen sind ehrlos. »Im Treubruch fallen sie ab von Dir«: ihr Herz gehört den windigen Possen des Zeitgeistes und dem schmutzigen Gewinn, der die Hand schon im Greifen nach ihm besudelt; sie umarmen eine immer enteilende Welt, aber sie machen sich nichts aus Dir, dem immer Beständigen, der der buhlenden Menschenseele ruft und, wenn sie heimfindet, ihr verzeiht. Auch heute sind mir Menschen dieses Schlages, sittlich verkommen und aus den Fugen, ein Abscheu, aber es bleibt mir doch die Liebe, die sie bessern möchte,[39] damit sie höher als ihr Geld das Wissen stellten, das sie dafür erwerben, und höher als das Wissen Dich, mein Gott, die Wahrheit und die Fülle sicheren Gutes und den unversehrbaren Frieden. Aber damals bestimmte mich um meinetwillen das Nichtwollen all der Unbill von diesen Schlechten um vieles mehr als das Wollen, sie möchten gut um Deinetwillen werden.[40]

Als nun von Mailand nach Rom an den Stadtpräfekten das Ansuchen erging, für diese Stadt einen Lehrer der Rhetorik zu besorgen, dem auch schon die Reise mit der kaiserlichen Post zugesagt wäre, bewarb ich mich selbst, und zwar durch Vermittlung eben jener Freunde, die von der manichäischen Torheit trunken waren - mein Weggang sollte auch mein Bruch mit ihnen werden, aber wir ahnten das nicht, weder sie noch ich -, und als Symmachus, damals der Stadtpräfekt, die mir auferlegte Proberede beifällig angehört hatte, schickte er mich dorthin.[41]
So kam ich nach Mailand zum Bischof Ambrosius,[42] der der ganzen Welt als einer der Besten bekannt ist, Deinem frommen Verehrer, der damals mit seinem kraft-

strabant »adipem frumenti« tui et »laetitiam olei« et »sobriam vini ebrietatem« populo tuo. Ad eum autem ducebar abs te nesciens, ut per eum ad te sciens ducerer. Ps 80, 17; 147, 3 Ps 44, 8

Suscepit me paterne ille »homo dei« et peregrinationem meam satis episcopaliter dilexit. IV Kön 1,9

Et eum amare coepi, primo quidem non tamquam doctorem veri, quod in ecclesia tua prorsus desperabam, sed tamquam hominem benignum in me. Et studiose audiebam disputantem in populo, non intentione, qua debui, sed quasi explorans eius facundiam, utrum conveniret famae suae an maior minorve proflueret, quam praedicabatur, et verbis eius suspendebar intentus, rerum autem incuriosus et contemptor adstabam et delectabar suavitate sermonis, quamquam eruditioris, minus tamen hilarescentis atque mulcentis, quam Fausti erat, quod attinet ad dicendi modum. Ceterum rerum ipsarum nulla conparatio: nam ille per manichaeas fallacias aberrabat, iste autem saluberrime docebat salutem.

Sed »longe est a peccatoribus salus«, qualis ego tunc aderam. Et tamen propinquabam sensim et nesciens. Ps 118, 155

Cum enim non satagerem discere quae dicebat, sed tantum quemadmodum dicebat audire – ea mihi quippe iam desperanti ad te viam patere homini inanis cura remanserat – *14, 24*

vollen Wort Deinem Volke das »Mark Deines Weizens« und das »Freudenöl« und »des Weines nüchterne Trunkenheit«[43] darbot. Nicht wissend, daß Du mich führst, kam ich zu ihm, um durch ihn, nun aber wissend, zu Dir geführt zu werden.

Väterlich nahm er mich auf, dieser »Gottesmann«, und begrüßte meine Ankunft mit dem ganzen Wohlwollen eines Bischofs.[44]

Ich fühlte mich zu ihm hingezogen, aber vorerst nicht zum Lehrer der Wahrheit - ich hatte keine Hoffnung mehr, sie in Deiner Kirche zu finden -, sondern zu dem Menschen, der mir gütig entgegenkam. Ich hörte ihn, wenn er zum Volke sprach, voll Interesse, freilich nicht in der gehörigen inneren Verfassung, vielmehr um mir ein Urteil zu bilden, ob seine Rednergabe ihrem Ruf entspräche oder stärker, vielleicht schwächer hervorkäme, als es die öffentliche Meinung war. So hing ich wohl gespannt an seiner Sprache, im übrigen stand ich unter den anderen als ein Hörer, den die Sache selbst nichts anging, ja dem sie verächtlich war. Ich freute mich nur an der einnehmenden Art seines Vortrags; er zeugte von höherer Bildung als der des Faustus, aber was das rednerische Gehaben betrifft, wirkte er weniger strahlend und bestrickend. Im übrigen, dem Gehalt nach, kein Vergleich: der eine verlor sich in den manichäischen Gaukeleien, der andere dagegen lehrte auf die heilsamste Weise das Heil.

Aber »das Heil ist ferne von den Sündern«, und als solcher hörte ich damals Ambrosius. Und doch kam ich ihm näher, langsam und unvermerkt.

Denn während ich ohne alles Verlangen war, mir anzueignen, was er sprach, und nur hören wollte, wie er sprach - ja bei aller Verzweiflung an einem Weg vom Menschen zu Dir war mir dieses nichtige Interesse ge-

veniebant in animum meum simul cum verbis, quae diligebam, res etiam, quas neglegebam. Neque enim ea dirimere poteram. Et dum cor aperirem ad excipiendum, quam diserte diceret, pariter intrabat et quam vere diceret, gradatim quidem. 14,24

Nam primo etiam ipsa defendi posse mihi iam coeperunt videri et fidem catholicam, pro qua nihil posse dici adversus oppugnantes manichaeos putaveram, iam non inpudenter asseri existimabam, maxime audito uno atque altero et saepius aenigmate soluto de scriptis veteribus, ubi, cum ad litteram acciperem, occidebar. Spiritaliter itaque plerisque illorum librorum locis expositis iam reprehendebam desperationem meam illam dumtaxat, qua credideram legem et prophetas detestantibus atque irridentibus resisti omnino non posse. [II Kor 3, 6]

Nec tamen iam ideo mihi catholicam viam tenendam esse sentiebam, quia et ipsa poterat habere doctos adsertores suos, qui copiose et non absurde obiecta refellerent, nec ideo iam damnandum illud, quod tenebam, quia defensionis partes aequabantur. Ita enim catholica non mihi victa videbatur, ut nondum etiam victrix appareret.

Tunc vero fortiter intendi animum, si quo modo possem certis aliquibus documentis manichaeos convincere falsitatis. Quod si possem spiritalem substantiam cogitare, statim ma- 14,25

blieben -, kam in meinen Geist zugleich mit der Sprache, die ich liebte, auch die Sache, die für mich doch das Geringste dabei war; beides voneinander zu trennen war mir nicht möglich. Ich hielt mein Herz nur aufgetan, um zu hören, wie beredt er sprach, indessen trat zugleich die Erkenntnis ein, wie wahr er sprach - allerdings nur Schritt um Schritt.

Zunächst begann ich einzusehen, es lasse sich auch dies hier wohl vertreten, und ich kam zu dem Urteil, daß die Verteidigung des katholischen Glaubens, zu dessen Gunsten sich, wie ich gemeint hatte, wider die Angriffe der Manichäer nichts vorbringen lasse, keine Unverschämtheit sei. Was mich vor allem bewegte, war die Behandlung des einen und andern alttestamentlichen Textes, wobei des öfteren sich Rätsel lösten, die mir, nach dem Buchstaben aufgefaßt, tödlich geworden waren. Da nun viele Stellen der alttestamentlichen Bücher eine Auslegung in geistigem Sinne erfuhren,[45] so nahm ich vorerst meine frühere Meinung zurück, die mir keine Hoffnung mehr gelassen hatte, man könne denen, die das Gesetz und die Propheten verwarfen und verlachten, überhaupt etwas entgegensetzen.

Aber ich glaubte nicht, ich müßte mich an den katholischen Weg schon deshalb halten, weil auch er seine gelehrten Anwälte haben konnte, die erhobene Einwürfe ausführlich und geschickt zu widerlegen wußten, noch fand ich die Lehre, zu der ich mich bekannte, nicht schon deshalb verdammlich, weil sich die Parteien in der Verteidigung die Waage hielten. Die katholische Sache, so schien es mir, ist noch nicht besiegt, aber doch auch noch nicht siegreich.

Fortan war ich scharf darauf bedacht, ob es mir gelänge, mit irgendwelchen zwingenden Beweisen die Manichäer zu überführen, daß sie auf dem falschen Wege seien. Hätte ich mir eine geistige Wesenheit zu denken ver-

chinamenta illa omnia solverentur et abicerentur ex animo meo: sed non poteram. Verum tamen de ipso mundi huius corpore omnique natura, quam sensus carnis attingeret, multo probabiliora plerosque sensisse philosophos magis magisque considerans atque comparans iudicabam. 14,25

Itaque Academicorum more, sicut existimantur, dubitans de omnibus atque inter omnia fluctuans manichaeos quidem relinquendos esse decrevi, non arbitrans eo ipso tempore dubitationis meae in illa secta mihi permanendum esse, cui iam nonnullos philosophos praeponebam: quibus tamen philosophis, quod sine salutari nomine Christi essent, curationem languoris animae meae conmittere omnino recusabam.

Statui ergo tamdiu esse catechumenus in catholica ecclesia mihi a parentibus conmendata, donec aliquid certi eluceret, quo cursum dirigerem.

mocht, so wäre mit einem Schlag dieses ganze Machwerk zerbrochen, und ich hätte es aus mir hinausgeworfen; aber das vermochte ich nicht. Indessen kam ich, je länger, je mehr, durch Beobachten und Vergleichen zu dem Urteil, daß gerade in Hinsicht des Weltkörpers und der gesamten, unserer leiblichen Sinneskraft zugänglichen Natur die meisten Philosophen sich viel wahrscheinlichere Gedanken gemacht hatten.

Und also, zweifelnd an allem, nach Art der Akademiker, wie sie üblich verstanden werden, und wank und schwank zwischen den Meinungen, wurde ich wenigstens in dem einen mit mir einig, daß ich von den Manichäern abzurücken hätte. Denn selbst in jener Periode meiner Skepsis hielt ich es für unzulässig, in einer Sekte zu verbleiben, der ich allbereits nicht wenige Philosophen vorzog. Aber diesen Philosophen nun die Pflege meiner kranken Seele anzuvertrauen, lehnte ich entschieden ab, weil sich bei ihnen der heilbringende Name Christi nicht fand.[46]

Ich beschloß also, so lange noch Katechumen in der von den Eltern mir ans Herz gelegten katholischen Kirche zu bleiben, bis mir das Licht einer Gewißheit aufginge, wohin ich meinen Weg zu nehmen hätte.

LIBER SEXTUS

SECHSTES BUCH

Zeit religiöser Gärung: Ankunft der Mutter in Mailand [1]. Ihr Verzicht auf eine afrikanische Form des Totenkults [2]. - Unter Ambrosius' Einfluß Überwindung der Vorurteile gegen die Kirche und langsame Annäherung [3-5]. - Erleuchtendes Erlebnis an einem Bettler [6]. - Der Freund Alypius [7-10] und seine Leidenschaft für Zirkusspiele [8]. Alypius kommt in Diebstahlsverdacht [9]; seine Unbestechlichkeit [10]. - Freund Nebridius [10]. - Umgetrieben zwischen Gott und Welt - 30. Lebensjahr - [11], Widerstreit zwischen Wunsch nach Ehe und einem enthaltsamen Leben für die Weisheit in einem Gemeinschaftsleben [12-14]. Neue Konkubine [15]. Unruhe im Gedanken an Ewigkeit und Vergeltung [16].

Spes mea a iuventute mea«, ubi mihi eras 1,1
et quo recesseras? An vero non tu feceras Ps 70, 5
me et discreveras me a quadrupedibus et »vo- Ps 8, 9
latilibus caeli« sapientiorem me feceras? Et
ambulabam per »tenebras et lubricum« et Ps 34, 6
quaerebam te foris a me et non inveniebam
»deum cordis mei«; et veneram in »profun- Ps 72, 26
dum maris«. Et diffidebam et desperabam de Ps 67, 23
inventione veri.

Iam venerat ad me mater pietate fortis, terra
marique me sequens et in periculis omnibus de
te secura. Nam et per marina discrimina ipsos
nautas consolabatur, a quibus rudes abyssi
viatores, cum perturbantur, consolari solent,
pollicens eis perventionem cum salute, quia
hoc ei tu per visum pollicitus eras.

Et invenit me periclitantem quidem graviter
desperatione indagandae veritatis, sed tamen
ei cum indicassem non me quidem iam esse
manichaeum, sed neque catholicum christia-
num, non, quasi inopinatum aliquid audierit,
exiluit laetitia, cum iam secura fieret ex ea
parte miseriae meae, in qua me tamquam mor-
tuum, sed resuscitandum tibi flebat et feretro
cogitationis offerebat, ut diceres filio viduae:
»iuvenis, tibi dico, surge«, et revivesceret et Lk 7, 14
inciperet loqui et traderes illum matri suae.
Nulla ergo turbulenta exultatione trepidavit
cor eius, cum audisset ex tanta parte iam fac-
tum, quod tibi cotidie plangebat ut fieret,
veritatem me nondum adeptum, sed falsitati
iam ereptum: immo vero quia certa erat et

Meine Hoffnung von Jugend auf«, wo warst Du mir, und wohin warst Du gewichen? Hattest nicht Du mich erschaffen, mich geschieden von den vierfüßigen Tieren, mich weiser gemacht als »die Vögel des Himmels«?[1] Und ich - wandelte »in Finsternis und auf schlüpfrigem Boden« und suchte Dich draußen, außer mir, und da fand ich den »Gott meines Herzens« nicht. In »Meerestiefe« abgekommen, verlor ich das Vertrauen und verzweifelte an aller Wahrheit.

Schon war meine Mutter, liebestark im Glauben, zu mir gekommen, war über Land und Meer mir nachgefolgt, inmitten aller Gefahren furchtlos in Deiner Hut. In Stunden der Seenot war sie es gewesen, die sogar den Matrosen Mut zusprach, während sonst doch die Seeleute den meerfremden Reisenden, wenn sie die Fassung verlieren, Mut zusprechen, und sie verhieß ihnen die heile Ankunft, weil Du es ihr in einem Gesicht so verheißen hattest.

Und nun traf sie mich in der Not und Gefahr des Hoffnungslosen, der am Finden der Wahrheit verzweifelte. Als ich ihr aber eröffnete, ich sei nun doch nicht mehr Manichäer, allerdings auch nicht katholischer Christ, frohlockte sie darüber nicht wie über unverhofft gute Botschaft. Denn was diese Seite meines Elends betraf, kam sie bereits zur Ruhe: sie hatte mich vor Dir beweint wie einen Toten, aber einen Toten zum Auferwecken, und mich auf der Bahre ihres Sinnens und Denkens Dir entgegengetragen, auf daß Du zum Sohn der Witwe sprächest: »Jüngling, ich sage Dir, steh auf«, und er zurück ins Leben käme und zu reden anfinge und Du ihn seiner Mutter wiedergäbest.[2] Nein, es war kein Freudensturm, von dem ihr das Herz gezittert hätte, als sie hörte, es sei zum guten Teil bereits geschehen, um was sie klagend Tag um Tag Dir angelegen hatte - ich sei, obgleich noch nicht der Wahrheit gewonnen, so doch dem Irrtum schon entronnen -, nein, weil sie ge-

quod restabat te daturum, qui totum promise- 1, 1
ras, placidissime et pectore pleno fiduciae re-
spondit mihi credere se in Christo, quod prius-
quam de hac vita emigraret, me visura esset
fidelem catholicum. Et hoc quidem mihi. Tibi
autem, fons misericordiarum, preces et lacri-
mas densiores, ut accelerares adiutorium tuum
et »inluminares tenebras meas«, et studiosius Ps 17, 29
ad ecclesiam currere et in Ambrosi ora su-
spendi, ad »fontem salientis aquae in vitam Jo 4, 14
aeternam«. Diligebat autem illum virum »si- Gal 4, 14
cut angelum dei«, quod illum cognoverat me
interim ad illam ancipitem fluctuationem iam
esse perductum, per quam transiturum me ab
aegritudine ad sanitatem intercurrente artiore
periculo quasi per accessionem, quam criticam
medici vocant, certa praesumebat.

Itaque cum ad memorias sanctorum, sicut in 2, 2
Africa solebat, pultes et panem et merum ad-
tulisset atque ab ostiario prohiberetur, ubi hoc
episcopum vetuisse cognovit, tam pie atque
oboedienter amplexa est, ut ipse mirarer,
quam facile accusatrix potius consuetudinis
suae quam disceptatrix illius prohibitionis
effecta sit. Non enim obsidebat spiritum eius
vinulentia eamque stimulabat in odium veri
amor vini, sicut plerosque mares et feminas,
qui ad canticum sobrietatis sicut ad potionem
aquatam madidi nausiant: sed illa cum attu-
lisset canistrum cum sollemnibus epulis prae-
gustandis atque largiendis, plus etiam quam

wiß war, Du werdest, da Du ihr das Ganze versprochen, auch das jetzt noch Fehlende gewähren, gab sie mir in aller Ruhe, aus einem Herzen voller Zuversicht, zur Antwort, sie vertraue in Christo, mich noch als gläubigen Katholiken zu sehen, ehe sie aus diesem Leben scheide. Das sagte sie zu mir. Zu Dir aber, Quell der Erbarmungen, drangen verdoppelt ihre Bitten, ihre Tränen, Du mögest Deine Hilfe beschleunigen und »Licht in meine Finsternis bringen«, und eifriger noch eilte sie, um am Munde des Ambrosius zu hängen, in die Kirche, an den »Wasserquell, der ins ewige Leben sprudelt«. Jenen Mann aber verehrte sie »wie einen Engel Gottes«, weil sie erkannt hatte, daß er es war, durch den ich vorerst doch schon den Zustand unschlüssigen Schwankens erreicht hatte; und durch diesen Zustand hindurch - sie war fest davon überzeugt - würde ich, sobald meine gefährliche Lage sich noch weiter verschärfte, in einer Art Krisis, wie die Ärzte es nennen, von der Krankheit zur Gesundheit übergehen.

Als sie zu den Gedächtnisstätten der Heiligen, wie sie es nach dem Brauch in Afrika gewohnt war, Mehlbrei, Brot und ungemischten Wein brachte,[3] aber vom Türhüter damit zurückgewiesen wurde - der Bischof habe es verboten -, nahm sie es so ehrfürchtig hin, daß selbst ich mich wunderte, mit welcher Willfährigkeit sie lieber ihre eigene Gepflogenheit verurteilte, statt sich zur Richterin über das Verbot des Bischofs aufzuwerfen. Denn Trunksucht hatte keine Macht über ihren Geist, und so reizte sie kein Weingelüst zum Aufbegehren gegen das Rechte, wie so viele nasse Brüder, Mann und Weib, denen das Loblied der Nüchternheit zum Ekel ist wie der wassergemischte Trunk dem Säufer. Anders bei ihr. Wenn sie ihren Korb mit dem bei der Begehung vorzukostenden und dann zu verteilenden Inhalt herbeigebracht hatte, kredenzte sie nur einen kleinen Becher Weins zum Bescheidtun, auch den nur ge-

unum pocillum pro suo palato satis sobrio 2, 2
temperatum, unde dignationem sumeret, non ponebat, et si multae essent quae illo modo videbantur honorandae memoriae defunctorum, idem ipsum unum, quod ubique poneret, circumferebat, quo iam non solum aquatissimo, sed etiam tepidissimo cum suis praesentibus per sorbitiones exiguas partiretur, quia pietatem ibi quaerebat, non voluptatem.
Itaque ubi conperit a praeclaro praedicatore atque antistite pietatis praeceptum esse ista non fieri nec ab eis qui sobrie facerent, ne ulla occasio se ingurgitandi daretur ebriosis, et quia illa quasi parentalia superstitioni gentilium essent simillima, abstinuit se libentissime et pro canistro pleno terrenis fructibus plenum purgatioribus votis pectus ad memorias martyrum afferre didicerat, ut et quod posset daret egentibus et sic communicatio dominici corporis illic celebraretur, cuius passionis imitatione immolati et coronati sunt martyres.
Sed tamen videtur mihi, domine deus meus
- et ita est »in conspectu tuo« de hac re cor Ps 68, 21
meum - non facile fortasse de hac amputanda consuetudine matrem meam fuisse cessuram, si ab alio prohiberetur, quem non sicut Ambrosium diligebat. Quem propter salutem meam maxime diligebat, eam vero ille propter eius religiosissimam conversationem, qua in bonis operibus tam »fervens spiritu« frequentabat Apg 18, 25; Röm 12, 11
ecclesiam, ita ut saepe erumperet, cum me videret, in eius praedicationem gratulans mihi,

mischt, wie es ihr nüchterner Gaumen liebte. Und galt es, gleich mehrere Memorien Entschlafener in solcher Art zu ehren, auch dann trug sie immer nur jenes eine Becherlein herum und setzte es überall auf, um den stark gewässerten Trunk, der auch noch alle Frische dabei verlor, mit den anwesenden Ihrigen in kleinen Schlucken zu teilen; denn nur um die fromme Sitte war es ihr zu tun, nicht um Genuß.[4]

Kaum nun daß sie erfuhr, von dem berühmten Prediger und Meister der Frömmigkeit sei das Verbot dieses Brauches ergangen, und zwar auch wenn er in aller Nüchternheit geübt würde, um den Trunksüchtigen ja keine Gelegenheit für ihre Leidenschaft zu bieten, es sei aber auch deshalb ergangen, weil derlei Totenmähler heidnischem Aberglauben aufs Haar ähnlich sähen, stand sie mit größter Bereitwilligkeit davon ab und lernte bald, statt einen Korb voller Gaben der Erde ein Herz voll um so reinerer Gebete zu den Memorien der Martyrer mitzubringen.[5] Nun gab sie dafür nach Kräften den Bedürftigen, und also ward an jenen Stätten die Gemeinschaft mit dem Leibe des Herrn begangen: denn in der Nachfolge seines Leidens hatten die Martyrer sich hingeopfert und die Krone empfangen.[6]

Dennoch - so will mich bedünken, Herr, mein Gott, und so faßt »vor Deinem Angesicht« mein Herz die Sache auf - dennoch hätte meine Mutter kaum so leicht von diesem abständigen Brauche gelassen, wäre das Verbot von einem andern ausgegangen, den sie nicht so hoch wie den Ambrosius verehrt hätte. Und vor allem um meines Heiles willen verehrte sie ihn, er aber schätzte sie wegen ihres gottesfürchtigen Wandels, in dem sie »glühenden Geistes« gute Werke tat und viel zur Kirche ging; oft brach er in ihr Lob aus, wenn er mich sah, und sprach von meinem Glück, eine solche Mutter zu haben, -

*quod talem matrem haberem, nesciens, qua- 2,2
lem illa filium, qui dubitabam de illis omnibus et inveniri posse »viam vitae« minime Ps 15, 11
putabam.*

*Nec iam ingemescebam orando, ut subvenires 3,3
mihi, sed ad quaerendum intentus et ad disserendum inquietus erat animus meus, ipsumque Ambrosium felicem quendam hominem secundum saeculum opinabar, quem sic tantae potestates honorarent: caelibatus tantum eius mihi laboriosus videbatur. Quid autem ille spei gereret, adversus ipsius excellentiae temtamenta quid luctaminis haberet quidve solaminis in adversis, et occultum os eius, quod erat in corde eius, quam sapida gaudia de pane tuo ruminaret, nec conicere noveram nec expertus eram.*
Nec ille sciebat aestus meos nec foveam periculi mei. Non enim quaerere ab eo poteram quod volebam, sicut volebam, secludentibus me ab eius aure atque ore catervis negotiosorum hominum, quorum infirmitatibus serviebat: cum quibus quando non erat, quod perexiguum temporis erat, aut corpus reficiebat necessariis sustentaculis aut lectione animum.
Sed cum legebat, oculi ducebantur per paginas et cor intellectum rimabatur, vox autem et lingua quiescebant. Saepe, cum adessemus - non enim vetabatur quisquam ingredi aut ei venientem nuntiari mos erat - sic eum legentem vidimus tacite et aliter numquam sedentes-

ohne zu ahnen, was sie für einen Sohn an mir habe, der ich doch an all dem zweifelte und ohne jeden Glauben war, daß ein »Weg des Lebens« sich finden lasse.

Ich seufzte auch kein Gebet mehr, daß Du mir zu Hilfe kämest, nur noch zum Forschen und zum Reden hin und her spannte sich mein ruheloser Geist. Selbst Ambrosius hielt ich nach dem Allerweltsurteil für einen glücklichen Mann, da ihm die Mächtigen so viel Ehre erwiesen; nur seine Unbeweibtheit schien mir eine beschwerliche Sache. Aber was das war, worauf dieser Mann baute, was für Kämpfe in den Anfechtungen aus der eigenen Erhabenheit, was für Trost er fand im Unglück und welch köstlichen Wohlschmacks er sich freute, wenn der tiefinnerste Mund, der Mund seines Herzens, vom Brote Deines Wortes immer aufs neue zehrte: von all dem hatte ich keinen Begriff und keine eigene Erfahrung.

Und ebensowenig wußte er von dem Aufruhr in mir und dem Abgrund der mir drohenden Gefahr. Denn es wollte mir nicht glücken, von ihm, so wie ich wünschte, zu erfragen, was ich wünschte. Was mich nicht zu ihm und seinem Wort gelangen ließ, war der Andrang von Menschen mit Alltagssorgen, denen er in ihrer Hilflosigkeit zu Diensten stand;[7] und war er gerade nicht in dieser Weise in Anspruch genommen, was immer nur für ein Weilchen der Fall war, so stärkte er seinen Leib durch die nötige Nahrung oder seinen Geist durch Lesung.

Wenn er aber las, so glitten die Augen über die Blätter, und das Herz spürte nach dem Sinn, Stimme und Zunge aber ruhten. Oft, wenn ich zugegen war - denn niemand war der Zutritt verwehrt, noch war es üblich, ihm Besuche anzumelden -, sah ich ihn so still ins Lesen versunken, und anders nie. Und war ich dann geraume Zeit schweigend dagesessen - wie hätte man es auch gewagt,

que in diuturno silentio [quis enim tam intento esse oneri auderet?] discedebamus et coniectabamus eum parvo ipso tempore, quod reparandae menti suae nanciscebatur, feriatum ab strepitu causarum alienarum nolle in aliud avocari et cavere fortasse, ne auditore suspenso et intento, si qua obscurius posuisset ille quem legeret, etiam exponere esset necesse aut de aliquibus difficilioribus dissertare quaestionibus atque huic operi temporibus inpensis minus quam vellet voluminum evolveret, quamquam et causa servandae vocis, quae illi facillime obtundebatur, poterat esse iustior tacite legendi. Quolibet tamen animo id ageret, bono utique ille vir agebat. 3,3

Sed certe mihi nulla dabatur copia sciscitandi quae cupiebam de tam sancto oraculo tuo, pectore illius, nisi cum aliquid breviter esset audiendum. Æstus autem illi mei otiosum eum valde, cui refunderentur, requirebant nec unquam inveniebant. Et eum quidem in populo »verbum veritatis recte tractantem« omni die dominico audiebam, et magis magisque mihi confirmabatur omnes versutarum calumniarum nodos, quos illi deceptores nostri adversus divinos libros innectebant, posse dissolvi. 3,4 II Tim 2, 15

Ubi vero etiam conperi »ad imaginem tuam hominem a te factum« ab spiritalibus filiis tuis, quos de matre catholica per gratiam regenerasti, non sic intellegi, ut humani corporis forma determinatum crederent atque Gen 9, 6

ihm lästig zu fallen in solcher Sammlung -, so entfernte ich mich wieder und machte mir meine Gedanken: gewiß, er will in dieser knappen Zeit, die er sich zur Erholung seines Geistes abgewann, wenn der Tumult der Geschäfte für andere einmal aussetzte, nicht abgelenkt werden; wenn er liest, so tut er es vielleicht darum nicht laut, weil er sich nicht gern gezwungen sähe, einem aufmerksam hinhorchenden Zuhörer bei dunklen Stellen des Textes Aufklärung zu geben oder mit ihm in die Erörterung schwieriger Fragen einzutreten, wobei er dann wegen dieses Zeitaufwands in seinem Buch nicht nach Wunsch vorankäme; aber auch die Schonung der Stimme, die bei ihm sehr leicht in Heiserkeit übergeht, kann recht wohl der Grund sein, warum er das stille Lesen vorzieht. Nun, was immer seine Absicht dabei ist, sicherlich kann sie bei einem solchen Manne nur gut sein.[8]

Jedenfalls, ich hatte nie Gelegenheit, von Deinem heiligen Orakel, das sein Herz war, über die Fragen, die mich bewegten, Bescheid zu empfangen, außer es brauchte nur ein paar kurze Worte. Aber um all das, was mich umtrieb, vor ihm auszuschütten, hätte ich ihn bei voller Muße treffen sollen, aber so fand ich ihn nie. Indessen hörte ich ihn jeden Sonntag vor dem Volke »das Wort der Wahrheit richtig behandeln«, und mehr und mehr wurde ich bestärkt in der Zuversicht, daß sich das ganze Geschling knifflich verdrehender Deutung, das jene Betrüger, meine Betörer, wider die göttlichen Schriften geknüpft hatten, entwirren ließe.

Als ich aber noch erfuhr, das Wort, daß »nach Deinem Bild der Mensch erschaffen ward« von Dir, werde von Deinen geistigen Kindern - denen, die Du aus dem Mutterschoß der katholischen Kirche durch die Gnade neu gezeugt hast - gar nicht so aufgefaßt, daß sie glaubten und sich vorstellten, Du seiest in der Form eines menschlichen Leibes beschlossen, da überkam mich, mochte ich

cogitarent, quamquam quomodo se haberet 3,4
spiritalis substantia, ne quidem tenuiter atque in aenigmate suspicabar, tamen gaudens erubui non me tot annos adversus catholicam fidem, sed contra carnalium cogitationum figmenta latrasse. Eo quippe temerarius et inpius fueram, quod ea quae debebam quaerendo discere, accusando dixeram. Tu autem, altissime et proxime, secretissime et praesentissime, cui membra non sunt alia maiora et alia minora, sed ubique totus es et nusquam locorum es, non es utique forma ista corporea, tamen »fecisti hominem ad imaginem tuam«, Gen 9, 6
et ecce ipse a capite usque ad pedes in loco est.

Cum ergo nescirem, quomodo haec subsi- 4,5
steret imago tua, pulsans proponerem, quomodo credendum esset, non insultans opponerem, quasi ita creditum esset. Tanto igitur acrior cura rodebat intima mea, quid certi retinerem, quanto me magis pudebat tam diu inlusum et deceptum promissione certorum puerili errore et animositate tam multa incerta quasi certa garrisse. Quod enim falsa essent, postea mihi claruit. Certum tamen erat, quod incerta essent et a me aliquando pro certis habita fuissent, cum catholicam tuam caecis contentionibus accusarem, etsi nondum conpertam vera docentem, non tamen ea docentem, quae graviter accusabam. Itaque confundebar et convertebar et gaude-

auch vorerst von einer rein geistigen Wesenheit keine noch so blasse und schleierhafte Ahnung haben, gleichwohl ein lebhaftes Gefühl von Freude und Scham zugleich, daß es ja gar nicht der katholische Glaube gewesen, wider den ich so viele Jahre gebellt hatte, sondern die Phantome eines ganz von Fleisch und Blut gebundenen Bewußtseins. Es war vermessen und frivol gewesen, daß ich Beschuldigungen erhoben hatte, wo es meine Schuldigkeit gewesen wäre, erst einmal nach dem Rechten zu fragen, um es zu erfahren. Denn Du, Erhabenster und doch Allernächster, Tiefstverborgener und doch Allergegenwärtigster, der Du keine Glieder hast, die einen größer, die andern kleiner, vielmehr überall in Deiner Ganzheit bist und doch nirgends nach Raum und Ort bist, Du bist wahrlich nicht Gestalt nach Menschenart - und hast dennoch den »Menschen nach Deinem Bild erschaffen«, und siehe, er ist vom Kopf bis zum Fuß an Ort im Raume.

Da ich also nichts davon wußte, worin diese Ebenbildlichkeit mit Dir bestehe, hätte ich um Bescheid anklopfen sollen, in welchem Sinn man das zu glauben habe, statt höhnisch abzuweisen, was eben ich für das Geglaubte hielt. Nun nagte mir die Sorge, was ich denn als sicher festzuhalten hätte, um so schärfer am Herzen, je mehr ich mich darüber schämte, daß ich, so lange genarrt und betrogen durch die Verheißung sicheren Wissens, jungenhaft verrannt und vertrotzt so viel Ungewisses für gewiß hinausgeschwätzt hatte. Daß es aber falsch war, ging mir erst später auf. Das aber war mir jetzt schon gewiß, daß es ungewiß sei und daß ich es einmal für gewiß genommen hatte, damals als ich blindstreitig Deine katholische Kirche verrief; und wenn ich jetzt auch noch nicht wußte, daß sie die Wahrheit lehre, so doch dies, daß sie das nicht lehre, was ich ihr zum schweren Vorwurf machte. Und schamwirr ward ich und lenkte um und freute mich, mein

bam, deus meus, quod ecclesia unica corpus 4,5
unici tui, in qua mihi nomen Christi infanti est inditum, non saperet infantiles nugas neque hoc haberet in doctrina sua sana, quod te creatorem omnium in spatium loci quamvis summum et amplum, tamen undique terminatum membrorum humanorum figura contruderet.

Gaudebam etiam, quod vetera scripta legis et 4,6
prophetarum iam non illo oculo mihi legenda proponerentur, quo antea videbantur absurda, cum arguebam tamquam ita sentientes sanctos tuos; verum autem non ita sentiebant. Et tamquam regulam diligentissime conmendaret, saepe in popularibus sermonibus suis dicentem Ambrosium laetus audiebam: »littera II Kor 3, 6
occidit, spiritus autem vivificat«, cum ea, quae ad litteram perversitatem docere videbantur, remoto mystico velamento spiritaliter aperiret, non dicens quod me offenderet, quamvis ea diceret, quae utrum vera essent adhuc ignorarem. Tenebam cor meum ab omni adsensione timens praecipitium et suspendio magis necabar. Volebam enim eorum quae non viderem ita me certum fieri, ut certus essem, quod septem et tria decem sint. Neque enim tam insanus eram, ut ne hoc quidem putarem posse conprehendi, sed sicut hoc, ita cetera cupiebam sive corporalia, quae coram sensibus meis non adessent, sive spiritalia, de quibus cogitare nisi corporaliter nesciebam.

Et sanari credendo poteram, ut purgatior

Gott, daß die einige Kirche, Deines Einigen Leib, in der mir in Kindesjahren der Name Christi beigebracht worden war, keinen Geschmack an Kindereien habe und in ihrer gesunden Lehre mit keinem Satze Dich, den Schöpfer des Alls, in ein Wo im Raume sperrte, der, wenn auch noch so hoch und weit, doch von allen Seiten gestalthaft begrenzt wäre wie der Mensch mit seinen Gliedern.

Ich freute mich auch, daß ich nun die alten Schriften des Gesetzes und der Propheten nicht mehr mit jenem Auge zu lesen brauchte wie vordem, als sie mir unsinnig vorkamen, da ich Deine Heiligen bezichtigte, als ob sie es so [buchstäblich] gemeint hätten; und sie meinten es doch gar nicht so.[9] Und als ob er eine Regel aufs nachdrucksamste einprägen wollte, hörte ich - wie war ich doch so froh - Ambrosius in seinen Predigten ans Volk oft jenes Wort anführen: »Der Buchstabe tötet, der Geist ist's, der lebendig macht«. Und wenn er dann von Stellen, wo sich dem Buchstaben nach ein übler Sinn ergab, den geheimnishaften Schleier wegzog und ihren geistlichen Sinn erschloß, lehrte er nichts, woran ich mich gestoßen hätte, wenngleich ich noch nicht wußte, ob das, was er sagte, die Wahrheit sei. Ich hütete mein Herz vor jeder Entscheidung, aus Furcht mich zu überstürzen, und das Hangen in der Unentschiedenheit brachte mich erst recht dem Tode nah. Denn ich wollte über Dinge, die ich nicht sehen konnte, so gewiß werden, als ich gewiß war, daß sieben und drei zehn sind.[10] So von Sinnen war ich nicht, daß ich geglaubt hätte, es lasse sich auch dies nicht eigentlich begreifen; aber gleichso sicher wollte ich alles andere fassen, sei es Körperhaftes, wenn es meinen Sinnen nicht zugegen war, sei es rein Geistiges, das ich mir anders als körperhaft geformt nicht denken konnte.

Ich hätte glauben müssen, um gesund zu werden; dann hätte die Sehe meines Geistes, endlich reiner geworden, einigermaßen die Richtung auf Deine Wahrheit gewon-

acies mentis meae dirigeretur aliquo modo in 4,6
veritatem tuam semper manentem et ex nullo
deficientem; sed, sicut evenire assolet, ut ma-
lum medicum expertus etiam bono timeat se
conmittere, ita erat valetudo animae meae,
quae utique nisi credendo sanari non poterat
et, ne falsa crederet, curari recusabat, resi-
stens manibus tuis, qui medicamenta fidei con-
fecisti et sparsisti super morbos orbis terrarum
et tantam illis auctoritatem tribuisti.

Ex hoc tamen quoque iam praeponens doc- 5,7
trinam catholicam modestius ibi minimeque
fallaciter sentiebam iuberi, ut crederetur quod
non demonstrabatur - sive esset quid, sed cui
forte non esset, sive nec quid esset - quam
illic temeraria pollicitatione scientiae creduli-
tatem inrideri et postea tam multa fabulosis-
sima et absurdissima, quia demonstrari non
poterant, credenda imperari.
Deinde paulatim tu, domine, manu mitissima
et misericordissima pertractans et conponens
cor meum, consideranti, quam innumerabilia
crederem, quae non viderem neque cum gere-
rentur affuissem, sicut tam multa in historia
gentium, tam multa de locis atque urbibus,
quae non videram, tam multa amicis, tam mul-
ta medicis, tam multa hominibus aliis, atque
aliis, quae nisi crederentur, omnino in hac vita
nihil ageremus, postremo quam inconcusse
fixum fide retinerem, de quibus parentibus or-
tus essem, quod scire non possem, nisi audiendo

nen, die immerfort sich gleiche, durch nichts zu entkräftende Wahrheit.[11] Aber wie es zu gehen pflegt: wer einmal seine Erfahrung mit einem schlechten Arzt gemacht hat, scheut es, auch einem guten sich anzuvertrauen. So war es auch bei mir mit dem Zustand meiner Seele. Ohne Zweifel, nur durch Glauben hätte sie genesen können, aber aus Furcht, es möchte falsch sein, was sie glauben sollte, lehnte sie es ab, geheilt zu werden: sie wehrte sich gegen Deine Hände, der Du im Glauben Arzneien gerichtet und wider die Krankheiten des Erdkreises verbreitet hast - diese Mittel des Heils mit der Kraft und Würde von Dir.

Immerhin, von jener Zeit an gab ich der katholischen Lehre den Vorzug. Sie verlangte Glauben ohne Beweis - ob es solchen Beweis nun gebe, wenn vielleicht auch nicht für jedermann, oder daß überhaupt keiner möglich wäre -, und ich fand, daß diese Forderung hier billiger, ganz ohne Falsch, erhoben wurde, während man dort unter Gespött auf die Glaubwürdigkeit keck drauflos das pure Wissen versprach und einem hinterher einen Wust von Gefabel und Unsinn aufbinden wollte, was alles eben geglaubt werden müßte, versteht sich, denn was möchte man da beweisen?[12]

Und dann, o Herr, der Du mit sanfter, gütiger Hand mein Herz in Angriff nahmst und in Ordnung brachtest - indessen ich mir viel Gedanken machte, wie Unzähliges ich doch glaubte, ohne es zu sehen oder beim Geschehen dabei zu sein:[13] so vieles in der Geschichte der Völker, so vieles von Ländern und Städten, die ich selbst nicht gesehen, ja wie vieles ich meinen Freunden geglaubt, wie vieles den Ärzten, allen möglichen Leuten, weil sich's ohne solchen Glauben gar nicht leben ließe, und daß ich schließlich doch nur als unerschütterlich Glaubender mich versichert hielt, von diesen Eltern zu stammen, was ich ja nicht hätte wissen können, wenn ich es nicht auf Hören-

credidissem, persuasisti mihi non qui crederent 5,7
libris tuis, quos tanta in omnibus fere gentibus auctoritate fundasti, sed qui non crederent esse culpandos nec audiendos esse, si qui forte mihi dicerent: „Unde scis illos libros unius veri et veracissimi dei spiritu esse humano generi ministratos?" Id ipsum enim maxime credendum erat, quoniam nulla pugnacitas calumniosarum quaestionum per tam multa quae legeram inter se confligentium philosophorum extorquere mihi potuit, ut aliquando non crederem te esse quidquid esses, quod ego nescirem, aut administrationem rerum humanarum ad te pertinere.

Sed id credebam aliquando robustius, ali- 5,8
quando exilius, semper tamen credidi et esse te et curam nostri gerere, etiamsi ignorabam vel quid sentiendum esset de substantia tua vel quae via duceret aut reduceret ad te.

Ideoque cum essemus infirmi ad inveniendam liquida ratione veritatem et ob hoc nobis opus esset auctoritate sanctarum litterarum, iam credere coeperam nullo modo te fuisse tributurum tam excellentem illi scripturae per omnes iam terras auctoritatem, nisi et per ipsam tibi credi et per ipsam te quaeri voluisses.

Iam enim absurditatem, quae me in illis litteris solebat offendere, cum multa ex eis probabiliter exposita audissem, ad sacramentorum altitudinem referebam eoque mihi illa

sagen geglaubt hätte - Du also ließest mir sachte die Überzeugung reifen, nicht denen müsse man Vorwürfe machen, die Deinen Büchern Glauben schenken, die Du so wirkungsmächtig bei fast allen Völkern eingegründet hast, sondern vielmehr denen, die ihnen keinen Glauben schenken wollen, und man brauche gar nicht zu hören, wenn jene Leute mich etwa fragten: „Woher weißt du denn, daß diese Bücher vom Geiste des Einen Gottes, der die Wahrheit und die Wahrhaftigkeit ist, der Menschheit gegeben worden sind?" Und genau das war es, dies vor allem, was Sache des Glaubens war. Denn aller Dialektik schikanöser Probleme in den vielen Büchern sich bekämpfender Philosophen, die ich gelesen hatte, war das eine nie gelungen, mir den Glauben zu entwinden, daß Du bist - mochte ich auch nicht wissen, was Du bist -, noch den Glauben, daß die Führung der menschlichen Dinge bei Dir steht.

Wenn auch mein Glaube daran bald mehr, bald weniger beherzt war, so habe ich doch immer geglaubt, daß Du bist und daß Du unser Dich auch annimmst, wenn ich schon nicht wußte, was von Deiner Wesenheit zu denken sei und welcher Weg zu Dir führe oder wieder zu Dir führe.

Und also, in der Erkenntnis, daß unsere Kraft nicht ausreicht, auf dem Wege der schließenden Vernunft die Wahrheit zu finden, und daß uns aus diesem Grunde die Autorität heiliger Schriften vonnöten sei, begann ich schon zu glauben: Du hättest keinesfalls gerade dieser Schrift so erhabene Macht der Geltung über alle Länder hin verliehen, wenn Du nicht auch gewollt hättest, daß man durch sie Dir glaube und durch sie Dich suche.

Ich brachte ja, nachdem ich vieles aus diesen Büchern in wohl annehmbarer Auslegung gehört hatte, das Ungereimte, an dem ich mich zu stoßen pflegte, schon mit Geheimnistiefen [14] in Zusammenhang, und es deuchte mich

*venerabilior et sacrosancta fide dignior apparebat auctoritas, quo et omnibus ad legendum esset in promptu et secreti sui dignitatem in intellectu profundiore servaret, verbis apertissimis et humillimo genere loquendi se cunctis praebens et exercens intentionem eorum, qui non sunt »leves corde«, ut excipe*ret omnes populari sinu et per angusta foramina paucos ad te traiceret, multo tamen plures, quam si nec tanto apice auctoritatis emineret nec turbas gremio sanctae humilitatis hauriret.* 5,8 Sir 19,4

Cogitabam haec et aderas mihi, suspirabam et audiebas me, fluctuabam et gubernabas me, ibam per viam saeculi latam nec deserebas.

Inhiabam honoribus, lucris, coniugio, et tu inridebas. Patiebar in eis cupiditatibus amarissimas difficultates te propitio tanto magis, quanto minus sinebas mihi dulcescere quod non eras tu. 6,9

Vide cor meum, domine, qui voluisti, ut hoc recordarer et confiterer tibi. Nunc tibi inhaereat anima mea, quam de visco tam tenaci mortis exuisti.

Quam misera erat! Et sensum vulneris tu pungebas, ut »relictis omnibus« converteretur ad te, »qui es super omnia« et sine quo nulla essent omnia, converteretur et sanaretur. Quam ergo miser eram et quomodo egisti, ut sentirem miseriam meam die illo, quo, cum pararem recitare imperatori laudes, quibus Lk 5,11.28 Röm 9,5

nun diese Autorität gerade deshalb um so verehrenswerter und unverbrüchlichen Glaubens würdiger, weil Deine Schrift durch ihren Doppelsinn einerseits jedermann sich zugänglich erweist, andrerseits die Würde ihres Geheimnisses unter einem tieferen geistigen Sinngehalt wahrt; sie bietet sich solcherweise in gemeinverständlichen Worten und schlichtestem Ausdruck der Allgemeinheit dar und spannt hinwieder die Aufmerksamkeit derer an, die nicht »leichten Sinnes« sind. Und so läßt ihr menschenliebend Herz alle zu und leitet durch enge Pforten wenige zu Dir hinüber, immerhin viel mehr, als wenn sie nicht so in die äußerste Vollmachtshöhe reichte, noch die Massen in den Schoß ihrer heiligen Einfalt zöge.
Das bedachte ich, und Du warst um mich; ich seufzte in Nöten, und Du hörtest mich; ich war ein Spiel der Wellen, und Du saßest am Steuer; ich ging die breite Straße der Welt, und Du verließest mich nicht.

Ich lechzte nach Ruhm, nach Gewinn,[15] nach Ehe, und Du lachtest meiner. Ich litt in solchem Begehren die bitterste Not - Du aber warst mir um so gnädiger, je weniger Du geschehen ließest, daß ich an dem, was Du nicht warst, meine Süße fände.
Sieh mein Herz, o Herr, der Du gewollt hast, daß ich dessen gedenke und Dir bekenne. Jetzt soll sie Dir anhangen, meine Seele, die Du aus der zähen Klebrigkeit todhaften Lebens gezogen hast.
Wie elend sie war! Du machtest ihr Wundgefühl zum stechenden Schmerz, damit sie, »alles lassend«, zu Dir sich kehre, »der Du bist über allem« und ohne den gar nicht wäre dies alles, ja, zu Dir sich kehre und genese. Wie elend also war ich, und wie hast Du getan, daß ich mein Elend fühlte, - ja, an jenem Tag! Ich rüstete mich für eine Lobrede auf den Kaiser,[16] bei der es nicht ohne Verlogenheit abging und ich, der Verlogene, auf die Gunst von

plura mentirer, et mentienti faveretur ab 6,9 *scientibus easque curas anhelaret cor meum et cogitationum tabificarum febribus aestuaret, transiens per quendam vicum Mediolanensem animadverti pauperem mendicum, iam, credo, saturum, iocantem atque laetantem. Et ingemui et locutus sum cum amicis, qui mecum erant, multos dolores insaniarum nostrarum, quia omnibus talibus conatibus nostris, qualibus tunc laborabam, sub stimulis cupiditatum trahens infelicitatis meae sarcinam et trahendo exaggerans nihil vellemus aliud nisi ad securam laetitiam pervenire, quo nos mendicus ille iam praecessisset numquam illuc fortasse venturos. Quod enim iam ille pauculis et emendicatis nummulis adeptus erat, ad hoc ego tam aerumnosis anfractibus et circuitibus ambiebam, ad laetitiam scilicet temporalis felicitatis. Non enim verum gaudium habebat: sed et ego illis ambitionibus multo falsius quaerebam. Et certe ille laetabatur, ego anxius eram, securus ille, ego trepidus. Et si quisquam percontaretur me, utrum mallem exultare an metuere, responderem: „exultare"; rursus si interrogaret, utrum me talem mallem, qualis ille, an qualis ego tunc essem, me ipsum curis timoribusque confectum eligerem, sed perversitate; numquid veritate? Neque enim eo me praeponere illi debebam, quo doctior eram, quoniam non inde gaudebam, sed placere inde quaerebam hominibus, non ut eos docerem, sed tantum ut placerem. Prop-*

Leuten rechnete, die doch auch Bescheid wußten -, und kaum zu Atem kam mein Herz über diesen Sorgen, und im Fieber zehrender Überlegungen glühte es: da sehe ich, als ich durch eine Gasse Mailands ging, einen armen Teufel von Bettler, der, ein wenig voll schon, glaube ich, angeheitert seine Scherze machte. Ich tat einen Seufzer und sagte zu meinen begleitenden Freunden, wie viel Plakkerei uns doch unser Narrentreiben koste, da wir mit all unserem Aufwand an solcher Arbeit, wie sie damals mich bedrückte, da ich unter den Stachelstößen der Begierden die Fuhre meines Elends zog, und im Ziehen immer noch häufte, - ja mit all dem, sagte ich, wollten wir doch weiter nichts als auf die sorglose Fröhlichkeit hinausfinden, zu der der Bettler schon vorangegangen sei und wir vielleicht nie gelangen könnten. Denn was der mit wenigen erbettelten Pfennigen bereits erreicht hatte, ich meine die Freude aus zeitlichem Glück, das erstrebte ich mit all der Beschwer krummer, umschweifiger Wege. Gewiß, er hatte nicht die wahre Freude, aber ich suchte mit solchem Gunstgebuhl erst recht eine trügerische. Und dabei war sicherlich er in Freuden, ich in Ängsten, er sorglos, ich aufgeregt. Und hätte mich jemand gefragt, ob ich lieber fröhlich oder in Sorgen wäre, ich hätte geantwortet: „Fröhlich"; aber hätte er weiter gefragt, ob ich lieber so wie dieser Bettler sein wollte oder so, wie ich damals war, so hätte ich mich für meinen Zustand mit all seinen Sorgen und Ängsten entschieden: das freilich aus Verkehrtheit; oder doch in Wahrheit? Nein, ich hätte mich ja nicht darin ihm vorziehen dürfen, daß ich gelehrter war, was doch nicht meine eigentliche Freude ausmachte, sondern mir zum Mittel diente, den Menschen zu gefallen, nicht einmal, um sie zu belehren, nein, nur um zu gefallen. Darum auch kamst Du mit der Rute Deiner Zucht über mich und »zermalmtest meine Gebeine«.

terea et baculo disciplinae tuae »confringe- Ps 41, 11
bas ossa mea«.
Recedant ergo ab anima mea qui dicunt ei: 6,10
„Interest, unde quis gaudeat. Gaudebat men-
dicus ille vinulentia, tu gaudere cupiebas glo-
ria". Qua gloria, domine? Quae non est in te. [Ps 61, 8;
Nam sicut verum gaudium non erat, ita nec Jer 9, 23 f;
illa vera gloria et amplius vertebat mentem I Kor 1, 31;
meam. Et ille ipsa nocte digesturus erat ebrie- II Kor 10, 17]
tatem suam, ego cum mea dormieram et surrexeram et dormiturus et surrecturus eram; vide quot dies! Interest vero, unde quis gaudeat, scio, et gaudium spei fidelis inconparabiliter distat ab illa vanitate. Sed et tunc distabat inter nos: nimirum quippe ille felicior erat, non tantum quod hilaritate perfundebatur, cum ego curis eviscerarer, verum etiam quod ille bene optando adquisiverat vinum, ego mentiendo quaerebam tyfum.
Dixi tunc multa in hac sententia caris meis et saepe advertebam in his, quomodo mihi esset, et inveniebam male mihi esse et dolebam et conduplicabam ipsum male, et si quid adrisisset prosperum, taedebat adprehendere, quia paene priusquam teneretur avolabat.

Congemescebamus in his qui simul amice 7,11
vivebamus, et maxime ac familiarissime cum Alypio et Nebridio ista conloquebar. Quorum Alypius ex eodem quo ego eram ortus municipio, parentibus primatibus municipalibus, me minor natu. Nam et studuerat apud me,

Also weg mit euch, wenn ihr mir sagen wollt: „Woran einer seine Freude hat, das macht den Unterschied: jener freute sich des Weines, dir stand der Sinn nach der Freude des Ruhmes." Welchen Ruhmes, Herr? Eines Ruhmes, der doch nicht ist bei Dir. Denn so wenig die Freude des Bettlers die wahre gewesen ist, sagte ich, so wenig war ein solcher Ruhm der wahre, und er verkehrte mir meinen Geist nur noch mehr. Und der Bettler würde noch in der gleichen Nacht seinen Rausch ausschlafen, ich war mit dem meinigen schon eingeschlafen und aufgestanden und schliefe weiter mit ihm ein und stünde auf, ach wie viele, viele Tage! Gewiß, es macht einen Unterschied, an was sich einer freut, ich weiß, und es steht die Freude aus gläubiger Hoffnung unermeßlich weit von jenem Wahnglück. Aber auch zwischen uns beiden gab es damals einen Unterschied: ohne Zweifel war der Bettler der Glücklichere, nicht allein, weil ihn Fröhlichkeit durchströmte, während mich Sorgen auszehrten, sondern mehr noch, weil er mit Heilwünschen an die Leute sich Wein verschafft hatte, ich mit Schmeicheleien nur dem Wind nachjagte.

Vieles in diesem Sinne sagte ich damals zu meinen lieben Freunden, und oft bedachte ich dabei, wie es denn um mich stehe, und ich fand, daß es übel um mich stehe. Und ich beklagte es und verdoppelte so das Übel. Und lächelte mir einmal auch ein Glück, so war ich's müde, es zu greifen, weil es, noch eh es mein geworden, von dannen flog.

Gemeinsam seufzten wir darüber, die wir in Freundschaft miteinander lebten, und am meisten, am vertraulichsten sprach ich mit Alypius und Nebridius über diese Dinge. Alypius stammte aus der gleichen Stadt wie ich,[17] wo seine Eltern zu den angesehensten Bürgern gehörten, und war jünger als ich. Er war schon mein Schüler gewesen, als ich in unserm Städtchen Thagaste meine Lehr-

cum in nostro oppido docere coepi, et postea 7,11
Carthagini et diligebat multum, quod ei bonus et doctus viderer, et ego illum propter magnam virtutis indolem, quae in non magna aetate satis eminebat. Gurges tamen morum Carthaginensium, quibus nugatoria fervent spectacula, absorbuerat eum in insaniam circensium. Sed cum in eo miserabiliter volveretur, ego autem rhetoricam ibi professus publica schola uterer, nondum me audiebat ut magistrum propter quandam simultatem, quae inter me et patrem eius erat exorta. Et conpereram, quod circum exitiabiliter amaret, et graviter angebar, quod tantam spem perditurus vel etiam perdidisse mihi videbatur. Sed monendi eum et aliqua cohercitione revocandi nulla erat copia vel amicitiae benivolentia vel iure magisterii. Putabam enim eum de me cum patre sentire, ille vero non sic erat. Itaque postposita in hac re patris voluntate salutare me coeperat veniens in auditorium meum et audire aliquid atque abire.

Sed enim de memoria mihi lapsum erat agere 7,12
cum illo, ne vanorum ludorum caeco et praecipiti studio tam bonum interimeret ingenium. Verum autem, domine, tu, qui praesides gubernaculis omnium, quae creasti, non eum oblitus eras futurum inter filios tuos antistitem sacramenti tui et, ut aperte tibi tribueretur eius correctio, per me quidem illam sed nescientem operatus es.

Nam quodam die cum sederem loco solito et

tätigkeit begann, und später dann in Karthago, und er schätzte mich hoch, weil er mich für gut und für gelehrt hielt, wie auch ich ihn liebte wegen seiner reichen Anlage zum Tugendhaften, die schon in seinen jungen Jahren stark hervortrat. Aber der Strudel des karthagischen Lebens, in dem das niedrige Theater so gut gedeiht, hatte ihn in wahnsinnige Begeisterung für Zirkusspiele hineingerissen. Zu der Zeit indes, da er jämmerlich in diesem Wirbel herumgetrieben wurde, während ich dort als Professor der Rhetorik öffentlich Schule hielt, war er noch nicht mein Hörer, und zwar einer Spannung wegen, die zwischen mir und seinem Vater eingetreten war. Aber ich hatte von seiner verhängnisvollen Vorliebe für den Zirkus schon erfahren, und es bedrückte mich sehr, daß ich allem Anschein nach um eine solche Hoffnung kommen sollte oder gar schon gekommen sei. Aber ihn zu warnen oder durch irgendein Zuchtmittel zur Besinnung zu bringen, dazu bot mir weder das Wohlwollen einer Freundschaft noch die rechtliche Befugnis meines Lehramts die Möglichkeit; denn ich glaubte, er teile des Vaters Gesinnung gegen mich. Aber so war er nicht. Er achtete hierin nicht auf den Willen seines Vaters, fing an mich zu grüßen, kam auch in meinen Hörsaal, hörte mir eine Weile zu und entfernte sich wieder.

Nun war es meinem Gedächtnis entschwunden, daß ich ja mit ihm hatte reden wollen, er möchte nicht durch diesen blinden, hemmungslosen Hang zu nichtsnutzigen Spielen eine so treffliche Naturanlage zugrunde richten. Aber Du, Herr, wahrlich, der Du am Steuer sitzest überall in Deiner Schöpfung, Du hattest ihn, der doch inmitten Deiner Söhne ein Bischof Deines heiligen Dienstes werden sollte, nicht vergessen und hast seine Besserung, damit kein Zweifel bestünde, daß sie nur Dir zuzuschreiben sei, zwar durch mich herbeigeführt, aber ohne mein Wissen.

Eines Tages nämlich, als ich am gewohnten Platze saß,

coram me adessent discipuli, venit, salutavit, 7,12
sedit atque in ea quae agebantur intendit ani-
mum. Et forte lectio in manibus erat. Quam
dum exponerem et oportune mihi adhibenda
videretur similitudo circensium, quo illud
quod insinuabam et iucundius et planius fieret
cum inrisione mordaci eorum, quos illa capti-
vasset insania, »scis tu, deus« noster, quod Ps 68, 6
tunc de Alypio ab illa peste sanando non
cogitaverim. At ille in se rapuit meque illud
non nisi propter se dixisse credidit et quod
alius acciperet ad suscensendum mihi, accepit
honestus adulescens ad suscensendum sibi et
ad me ardentius diligendum.

Dixeras enim tu iam olim et innexueras litte-
ris tuis: »corripe sapientem, et amabit te«. At Spr 9, 8
ego illum non corripueram, sed utens tu omni-
bus et scientibus et nescientibus ordine quo
nosti - et ille ordo iustus est - de corde et
lingua mea carbones ardentes operatus es, qui- [Röm 12, 20]
bus mentem spei bonae adureres tabescentem
ac sanares. Taceat laudes tuas qui miserationes
tuas non considerat, quae tibi de medullis [Ps 106, 8]
meis confitentur.

Etenim vero ille post illa verba proripuit se
ex fovea tam alta, qua libenter demergebatur
et cum mira voluptate caecabatur, et excussit
animum forti temperantia, et resiluerunt om-
nes circensium sordes ab eo ampliusque illuc
non accessit. Deinde patrem reluctantem evi-
cit, ut me magistro uteretur: cessit ille atque
concessit. Et audire me rursus incipiens illa

meine Schüler vor mir, kam er, grüßte, setzte sich und spannte sein Interesse auf den Gegenstand der Erörterung. Es traf sich, daß wir eben einen Text in Arbeit hatten. Bei seiner Auslegung hielt ich es, um die Sache angenehmer und deutlicher zu machen, für passend, die Zirkusspiele zum Vergleich heranzuziehen, wobei ich mit beißendem Spott von denen sprach, die wahnsinniger Leidenschaft verfallen waren. Ich dachte nicht daran, »Gott, Du weißt es«, Alypius von dieser Pest zu heilen. Er aber griff es auf als Wort an ihn und glaubte bestimmt, ich hätte das nur seinetwegen gesagt. Was nun ein anderer mir erbost verübelt hätte, nahm dieser hochgesinnte junge Mann zum Anlaß, böse auf sich zu werden und mich nur noch inniger zu verehren.[18]

Du hattest ja vor langem schon das Wort gesprochen und Deinen Schriften einverwoben: »Schilt den Weisen, so wird er dich lieben.« Ich aber war es nicht, der ihn gescholten hatte, sondern Du, der Du aller, ob sie's wissen oder nicht, Dich bedienst nach der Ordnung, wie sie Dir vor Augen steht - und sie ist die gerechte, die verdiente -, ja Du hast aus meinem Herzen, meinem Munde glühende Kohlen hervorgebracht, um den angesehrten Geist dieses Hoffnungsvollen auszubrennen und zu heilen. Von Deinem Lob zu schweigen, das vermöchte nur, wer Deine Erbarmungen nicht zu Herzen faßt, wie sie bei mir aus meinem tiefsten Innern Deinen Preis bekennen.

Denn wirklich schwang sich auf diese Worte hin Alypius aus der tiefen Grube, worein er wohlig sich hatte sinken lassen, um eine wunderlich umnachtende Lust zu genießen, er schüttelte in tapferem Verzicht seinen Geist, daß aller Schmutz des Zirkus von ihm abfiel, - und fortan ging er nicht mehr hin. Dann brachte er auch seinen widerstrebenden Vater dazu, daß er ihm erlaubte, meinen Unterricht zu besuchen; der gab nach und gab es zu. Und kaum besuchte er wieder meine Vorlesungen, so verstrickte

mecum superstitione involutus est amans in manichaeis ostentationem continentiae, quam veram et germanam putabat. Erat autem illa vecors et seductoria, pretiosas animas captans nondum virtutis altitudinem scientes tangere et superficie decipi faciles, sed tamen adumbratae simulataeque virtutis. 7,12

Non sane relinquens incantatam sibi a parentibus terrenam viam Romam praecesserat, ut ius disceret, et ibi gladiatorii spectaculi hiatu incredibili et incredibiliter abreptus est. 8,13

Cum enim aversaretur et detestaretur talia, quidam eius amici et condiscipuli, cum forte de prandio redeuntibus per viam esset, recusantem vehementer et resistentem familiari violentia duxerunt in amphitheatrum crudelium et funestorum ludorum diebus haec dicentem: „Si corpus meum in locum illum trahitis et ibi constituitis, numquid et animum et oculos meos in illa spectacula potestis intendere? Adero itaque absens ac sic et vos et illa superabo“. Quibus auditis illi nihilo setius eum adduxerunt secum id ipsum forte explorare cupientes utrum posset efficere.

Quo ubi ventum est et sedibus quibus potuerunt locati sunt, fervebant omnia inmanissimis voluptatibus. Ille clausis foribus oculorum interdixit animo, ne in tanta mala procederet. Atque utinam et aures opturasset! Nam quodam pugnae casu, cum clamor in-

er sich mit mir in jenen Aberglauben, da er an den Manichäern die Sittenstrenge liebte, die sie zur Schau trugen und die er für echt und ehrlich hielt, aber sie war unaufrichtig und auf Verführung berechnet, wie sie denn auch wertvolle Menschen einfing, wenn sie die Tugend noch nicht in ihrer Tiefe zu fassen wußten und leicht sich täuschen ließen durch den oberflächlichen Schein - der Tugend natürlich, aber einer gespielten und erheuchelten.[19]

Ohne deshalb den weltlichen Lebensweg, den seine Eltern ihm gepriesen hatten, aufzugeben, war er schon vor mir nach Rom gegangen, um die Rechtswissenschaft zu studieren. Hier war es nun der Gladiatorenkampf, der ihn mit unglaublicher Anziehungskraft und in unglaublichem Maße hinriß.
Obwohl er gegen derlei schon Abneigung, ja Abscheu hatte, nahmen ihn doch einige Freunde und Mitschüler, die - vom Mittagsimbiß kommend - ihm zufällig begegneten, unter seinem heftigen Widerspruch und Widerstand so gewalttätig, wie es sich Freunde herausnehmen dürfen, mit ins Amphitheater, eben an einem der Tage, da grausame Spiele auf Leben und Tod gegeben wurden. Er meinte dazu: „Meinen Leib könnt ihr ja wohl da hinschleppen und dort placieren, aber nicht meinen Geist und meine Augen an diese Spiele fesseln; ich würde also da sein und doch nicht da sein und so Sieger bleiben über euch und über das Spiel.“ Sie hörten's wohl, aber sie nahmen ihn einfach mit, vielleicht weil sie gar zu gern gewußt hätten, ob er das fertigbrächte.
Als sie das Theater erreicht und sich einen Platz erobert hatten, fieberte schon alles in wilder Lust. Alypius schloß die Pforten seiner Augen und verbot seinem Geiste, sich an den sündhaften Greuel hinzugeben. Hätte er sich doch auch die Ohren verstopft! Denn als bei einem Zwischenfall im Kampfe das unbändige Geschrei der ganzen Menge

gens totius populi vehementer eum pulsasset, 8,13
curiositate victus et quasi paratus, quidquid illud esset, etiam visum contemnere et vincere, aperuit oculos et percussus est graviore vulnere in anima quam ille in corpore, quem cernere concupivit, ceciditque miserabilius quam ille, quo cadente factus est clamor: qui per eius aures intravit et reseravit eius lumina, ut esset, qua feriretur et deiceretur audax adhuc potius quam fortis animus et eo infirmior, quo de se praesumserat, qui debuit de te. Ut enim vidit illum sanguinem, inmanitatem simul ebibit et non se avertit, sed fixit aspectum et hauriebat furias et nesciebat et delectabatur scelere certaminis et cruenta voluptate inebriabatur. Et non erat iam ille, qui venerat, sed unus de turba, ad quam venerat, et verus eorum socius, a quibus adductus erat. Quid plura? Spectavit, clamavit, exarsit, abstulit inde secum insaniam, qua stimularetur redire non tantum cum illis, a quibus prius abstractus est, sed etiam prae illis et alios trahens.

Et inde tamen manu validissima et misericordissima eruisti eum tu et docuisti eum non sui habere, sed tui fiduciam, sed longe postea.

Verum tamen iam hoc ad medicinam futu- 9,14
ram in eius memoria reponebatur. Nam et illud, quod, cum adhuc studeret iam me audiens apud Carthaginem et medio die cogitaret in foro quod recitaturus erat, sicut exer-

auf ihn einbrauste, öffnete er die Augen, von der Neugier überwältigt, und als wäre er gerüstet, auch aus dem Anblick sich nichts zu machen, sei es was immer, und Herr über sich zu bleiben. Da ward er an der Seele mit schwererer Wunde geschlagen, als am Leib der andere, den er sehen wollte, und er stürzte elender als der, bei dessen Sturz sich das Geschrei erhoben hatte. Durch seine Ohren war es in sein Inneres gedrungen und hatte seine Augen aufgeriegelt. So war der Geist dem ausgesetzt, daß er geschlagen und geworfen wurde: er war ja vorerst eher verwegen als stark, ja um so unkräftiger, als er seiner sich vermaß, wo er hätte auf Dich vertrauen sollen. Denn kaum sah er das Blut, trank er auch schon wilde Grausamkeit in sich hinein, und er sah nicht weg, sondern fest dahin und trank die wilde Wut und wußte es nicht und letzte sich an der Untat dieses Kampfes und berauschte sich in blutsüchtiger Wollust. Nein, er war nicht mehr derselbe, der gekommen war, sondern einer aus dem Haufen, in den er sich gemischt hatte, und der echte Genosse derer, die ihn hergeschleppt hatten. Brauch ich mehr zu sagen? Er schaute, schrie, flammte, er nahm von dort den Wahnsinn mit, der ihn stachelte, immer wieder zu kommen, nicht mehr nur mit denen, die ihn vordem mitgezogen hatten, sondern ihnen voran, und andere mit sich ziehend.

Und selbst noch hieraus hast Du ihn mit Deiner Hand, stark und erbarmungsreich ohnegleichen, entrissen und ihn gelehrt, nicht auf sich, sondern auf Dich sein Vertrauen zu setzen. Aber das war viel später.

Immerhin, diese Erfahrung blieb als heilsame Arznei für künftige Tage in seinem Gedächtnis verwahrt. Ähnlich war es auch mit einem anderen Erlebnis: Als er noch in Karthago studierte und schon mein Hörer war, dachte er eines Tages um Mittag auf dem Forum über einen Vor-

ceri scholastici solent, sivisti eum conprehendi ab aeditimis fori tamquam furem, non arbitror aliam ob causam te permisisse, deus noster, nisi ut ille vir tantus futurus iam inciperet discere, quam non facile in noscendis causis homo ab homine damnandus esset temeraria credulitate. 9,14

Quippe ante tribunal deambulabat solus cum tabulis ac stilo, cum ecce adulescens quidam ex numero scholasticorum, fur verus, securim clanculo apportans illo non sentiente ingressus est ad cancellos plumbeos, qui vico argentario desuper praeminent, et praecidere plumbum coepit. Sono autem securis audito submurmuraverunt argentarii, qui subter erant, et miserunt qui adprehenderent quem forte invenissent. Quorum vocibus auditis relicto instrumento ille discessit timens, ne cum eo teneretur. Alypius autem, qui non viderat intrantem, exeuntem sensit et celeriter vidit abeuntem et causam scire cupiens ingressus est locum et inventam securim stans atque admirans considerabat, cum ecce illi, qui missi erant, reperiunt eum solum ferentem ferrum, cuius sonitu exciti venerant: tenent, adtrahunt, congregatis inquilinis fori tamquam furem manifestum se conprehendisse gloriantur, et inde offerendus iudiciis ducebatur.

Sed hactenus docendus fuit. Statim enim, do- 9,15
mine, adfuisti innocentiae, cuius testis eras tu solus. Cum enim duceretur vel ad custodiam vel ad supplicium, fit eis obviam quidam ar-

trag nach, den er, als eine der herkömmlichen Übungen für Schüler, halten sollte. Da ließest Du es geschehen, daß er von Forumswächtern als Dieb verhaftet wurde; ich glaube, das hast Du, unser Gott, nur zugelassen, damit er, der zu hoher Stellung bestimmt war, schon jetzt durch eigene Erfahrung belehrt würde, wie sehr man sich bei Untersuchung von Rechtshändeln, wo doch Mensch über Mensch befindet, vor Schuldigsprechung auf voreiliges Urteil hin zu hüten habe.

Alypius ging also vor dem Tribunal auf und ab, Schreibtafel und Stift in der Hand, niemand weit und breit; da trat, ohne daß er es merkte, ein junger Mensch, ebenfalls ein Schüler, der wirkliche Dieb, ein versteckt gehaltenes Beil bei sich, an das Bleigeländer heran, das über der tiefer gelegenen Wechslergasse [20] aufragt, und machte sich darran, Blei abzuschlagen. Als die Wechsler unten die Beilhiebe hörten, besprachen sie sich in aller Stille und sandten Häscher aus, zu ergreifen, wen sie irgend fänden. Aber der Dieb hörte die Stimmen der Nahenden und machte sich aus dem Staub, das Werkzeug zurücklassend, um nicht mit ihm erwischt zu werden. Alypius aber, der ihn nicht hatte herantreten sehen, bemerkte sein Weggehen und die Eile, die er dabei hatte, und da er den Grund wissen wollte, ging er selbst an den Tatort. Als er so dasteht und sich das vorgefundene Beil verwundert ansieht, kommen eben die ausgeschickten Leute und treffen ihn allein, in der Hand das Beil, dessen Klang sie herbeigerufen hatte. Sie packen ihn, machen ihn dingfest und brüsten sich vor den zusammengeströmten Anwohnern des Forums, sie hätten den Dieb auf frischer Tat ertappt, - und fort führt man ihn, um ihn vor Gericht zu stellen.

Das sollte für ihn genug der Lehre sein. Denn sogleich, Herr, standest Du seiner Unschuld zur Seite, von der Du allein Zeuge warst. Als man ihn nämlich abführte, in die

chitectus, cuius maxima erat cura publicarum 9,15
fabricarum. Gaudent illi eum potissimum occurrisse, cui solebant in suspicionem venire ablatarum rerum, quae perissent de foro, ut quasi tandem iam ille cognosceret, a quibus haec fierent.

Verum autem viderat homo saepe Alypium in domo cuiusdam senatoris, ad quem salutandum ventitabat, statimque cognitum manu adprehensa semovit a turbis et tanti mali causam quaerens, quid gestum esset, audivit omnesque tumultuantes, qui aderant, et minaciter frementes iussit venire secum. Et venerunt ad domum illius adulescentis, qui rem conmiserat. Puer vero erat ante ostium et tam parvus erat, ut nihil exinde domino suo metuens facile posset totum indicare; cum eo quippe in foro fuit pedisecus. Quem posteaquam recoluit Alypius, architecto intimavit. At ille securim demonstravit puero quaerens ab eo, cuius esset. Qui confestim „nostra“ inquit; deinde interrogatus aperuit cetera.

Sic in illam domum translata causa confusisque turbis, quae de illo triumphare iam coeperant, futurus dispensator verbi tui et multarum in ecclesia tua causarum examinator experientior instructiorque discessit.

Hunc ergo Romae inveneram, et adhaesit mihi 10,16
fortissimo vinculo mecumque Mediolanium profectus est, ut nec me desereret et de iure, quod didicerat, aliquid ageret secundum vo-

Haft oder zur Abstrafung, da begegnet dem Zug ein Baumeister, dem die Oberaufsicht über die öffentlichen Gebäude oblag. Schon freuen sich die Mitlaufenden, gerade auf den zu stoßen, der allemal sie im Verdacht hatte, wenn auf dem Forum Sachen verschwanden; jetzt werde er endlich sehen, was für Leute da schuldig seien.

Nun hatte dieser Mann den Alypius oft im Hause eines Senators getroffen, bei dem er viel verkehrte, und da er ihn sofort erkannte, nahm er ihn bei der Hand, führte ihn von der Menge weg und fragte ihn, wie er in so üble Lage gekommen sei. Als er den Hergang erfahren hatte, hieß er den ganzen lärmenden und drohenden Haufen mit sich kommen. Und sie kamen an das Haus des jungen Mannes, der die Tat begangen hatte. Da stand ein kleiner Sklave vor der Tür, noch so jung, daß man leicht von ihm die ganze Geschichte erfahren konnte, weil er von der Aussage keine schlimmen Folgen für seinen Herrn befürchtete und als Begleiter doch mit ihm auf dem Forum gewesen war. Alypius erinnerte sich jetzt an ihn und sagte das dem Baumeister. Dieser zeigte dem Kleinen das Beil und fragte ihn, wem es gehöre. »Uns doch«, erwiderte er sofort und erzählte im Verhör auch alles übrige.

So fiel der ganze Handel auf dieses Haus, und die Menge, die schon ihren Triumph über Alypius zu haben glaubte, stand beschämt. Der künftige Verwalter Deines Wortes, der noch so viele Rechtshändel in Deiner Kirche untersuchen sollte,[21] ging um eine Erfahrung und Lehre reicher davon.

Ihn also hatte ich in Rom wieder gefunden, und er war mir aufs engste verbunden.[22] Er ging auch mit mir nach Mailand, einmal um sich nicht von mir zu trennen, sodann um mit der erworbenen Rechtskenntnis etwas anzufangen, dies mehr auf Wunsch der Eltern als nach dem eigenen.

tum magis parentum quam suum. Et ter iam adsederat mirabili continentia ceteris, cum ille magis miraretur eos, qui aurum innocentiae praeponerent. Temtata est quoque eius indoles non solum inlecebra cupiditatis sed etiam stimulo timoris. 10,16

Romae adsidebat comiti largitionum Italicianarum. Erat eo tempore quidam potentissimus senator, cuius et beneficiis obstricti multi et terrori subditi erant. Voluit sibi licere nescio quid ex more potentiae suae, quod esset per leges inlicitum; restitit Alypius. Promissum est praemium: inrisit animo. Praetentae minae: calcavit mirantibus omnibus inusitatam animam, quae hominem tantum et innumerabilibus praestandi nocendique modis ingenti fama celebratum vel amicum non optaret vel non formidaret inimicum. Ipse autem iudex, cui consiliarius erat, quamvis et ipse fieri nollet, non tamen aperte recusabat, sed in istum causam transferens ab eo se non permitti adserebat, quia et re vera, si ipse faceret, iste discederet.

Hoc solo autem paene iam inlectus erat studio litterario, ut pretiis praetorianis codices sibi conficiendos curaret, sed consulta iustitia deliberationem in melius vertit utiliorem iudicans aequitatem, qua prohibebatur, quam potestatem, qua sinebatur. Parvum est hoc; sed
»qui in parvo fidelis est, et in magno fidelis Lk 16, 10-12
est«, nec ullo modo erit inane, quod tuae veritatis ore processit: »si in iniusto mamona fide-

Und dreimal war er schon beisitzender Richter gewesen, mit einer Uneigennützigkeit, die alles in Staunen setzte, während es ihn erstaunte, wie man das Gold höher als die Lauterkeit schätzen könne. Seinen Charakter stellte man auf die Probe durch die Reizung der Habsucht, wie auch unter dem Druck der Einschüchterung.

In Rom stand er dem Staatsschatzmeister[23] für Italien zur Seite. Damals lebte dort ein sehr einflußreicher Senator, dem viele für Gunsten verpflichtet waren oder aus Furcht sich unterwürfig zeigten. Er wollte sich, wie es bei Leuten von seiner Machtfülle vorkommt, ich weiß nicht was für einen Übergriff erlauben. Alypius widersetzte sich. Man versprach ihm eine Belohnung: er hatte nur sein stilles Vergnügen; man drohte ihm: er hatte nur Verachtung. Alle wunderten sich über den seltenen Charakter, der einen so mächtigen Mann, von dem gewaltig der Ruf ging, daß er auf alle erdenkliche Art nützen oder schaden könne, nicht als seinen Gönner suchte und nicht als Gegner fürchtete. Der Vorsitzende selbst, dessen Beisitzer Alypius war, wollte jenem zwar auch nicht zu Willen sein, aber er weigerte sich nicht offen und ehrlich, sondern redete sich auf Alypius hinaus, der es ihm nicht erlaube, wie denn auch wirklich, wenn er eingewilligt hätte, Alypius seinen eigenen Weg gegangen wäre.

Es gab eine einzige Versuchung, die ihn aufs Haar übermannt hätte, entspringend seiner Neigung zur Gelehrsamkeit: daß er sich von den Sporteln des Praetorius Buchhandschriften herstellen ließ. Aber von der Gerechtigkeit beraten, besann er sich eines Besseren und stellte den rechtlichen Sinn, der es ihm verbot, als zuträglicher über die Macht, die es ihm erlaubt hätte. Gewiß, es ging da nur um Kleines; aber »wer im Kleinen treu ist, ist auch im Großen treu«, und es ist kein leeres Wort, das aus dem Munde Deiner Wahrheit kam: »Habt ihr euch dem ungerechten Mammon nicht treu erwiesen, wer wird euch den

les non fuistis, verum quis dabit vobis? Et si 10,16
in alieno fideles non fuistis, vestrum quis dabit vobis?«

Talis tunc ille inhaerebat mihi mecumque nutabat in consilio, quisnam esset tenendus vitae modus.

Nebridius etiam, qui relicta patria vicina 10,17
Carthagini atque ipsa Carthagine, ubi frequentissimus erat, relicto paterno rure optimo, relicta domo et non secutura matre nullam ob aliam causam Mediolanium venerat, nisi ut mecum viveret in flagrantissimo studio veritatis atque sapientiae, pariter suspirabat pariterque fluctuabat beatae vitae inquisitor ardens et quaestionum difficillimarum scrutator acerrimus. Et erant ora trium egentium et inopiam suam sibimet invicem anhelantium et
ad te expectantium, ut »dares eis escam in Ps 144, 15
tempore oportuno«. Et in omni amaritudine, quae nostros saeculares actus de misericordia tua sequebatur, intuentibus nobis finem, cur ea pateremur, occurrebant tenebrae, et aversabamur gementes et dicebamus: „Quamdiu haec?“ Et hoc crebro dicebamus et dicentes non relinquebamus ea, quia non elucebat certum aliquid, quod illis relictis adprehenderemus.

Et ego maxime mirabar satagens et recolens, 11,18
quam longum tempus esset ab undevicensimo anno aetatis meae, quo fervere coeperam studio sapientiae, disponens ea inventa relinquere

wahren Schatz[24] anvertrauen? Und wenn ihr mit fremdem Gut nicht treu gewesen, wer wird euch geben, was euch bestimmt ist?«

So war er, der damals mir anhing und mit mir in gleichen Zweifeln schwankte, für welche Lebensform wir uns entscheiden sollten.

Auch Nebridius - er hatte seine Heimat bei Karthago verlassen, auch Karthago selbst, wo er so häufig sich aufhielt, verlassen auch den köstlichen väterlichen Landsitz, verlassen seine Häuslichkeit, ohne die Hoffnung, daß ihm die Mutter folgen würde, und war nach Mailand gekommen, einzig und allein, um gemeinsam mit mir im heißen Verlangen nach der Wahrheit und der Weisheit zu leben -, auch er war von gleichem Sehnen bewegt, von den gleichen Stürmen umgetrieben, ein brennender Sucher des glückseligen Lebens und ein scharfer Grübler in den schwierigsten Fragen. So waren wir da beisammen, drei arme Kreaturen, hungeroffene Münder, einer dem andern seine Not vorstöhnend und wartend auf Dich, daß Du »ihnen Atzung gäbest zur rechten Zeit«. Und so wir in all der Bitterkeit, die - ja dank Deiner Erbarmung - unser Tun und Treiben in der Welt uns eintrug, nach Sinn und Zweck ausschauten, warum wir dies zu tragen hätten, war es finster vor den Augen. Und seufzend gaben wir es auf und sagten: „Wie lang das noch?" Und wir sagten es noch oft, und obwohl wir es sagten, ließen wir nicht von unserm Leben, weil uns ein wahrer Verlaß, an dem wir, ledig alles andern, uns hätten halten können, nicht aufschimmern wollte.

Ich selber, wenn ich aus all meiner Unrast das Vergangene bedachte, war tief betroffen darüber, wie lange Zeit nun schon dahin war, seitdem ich - damals neunzehnjährig - im Verlangen nach der Weisheit erglüht war, entschlossen, einmal, wenn ich sie gefunden hätte, all dem vergeblichen

omnes vanarum cupiditatum spes inanes et in- 11,18
sanias mendaces. Et ecce iam tricenariam aetatem gerebam in eodem luto haesitans aviditate fruendi praesentibus fugientibus et dissipantibus me, dum dico: „Cras inveniam; ecce manifestum apparebit, et tenebo; ecce Faustus veniet et exponet omnia. O magni viri Academici! Nihil ad agendam vitam certi conprehendi potest. Immo quaeramus diligentius et non desperemus. Ecce iam non sunt absurda in libris ecclesiasticis, quae absurda videbantur, et possunt aliter atque honeste intellegi. Figam pedes in eo gradu, in quo puer a parentibus positus eram, donec inveniatur perspicua veritas. Sed ubi quaeretur? Quando quaeretur? Non vacat Ambrosio, non vacat legere. Ubi ipsos codices quaerimus? Unde aut quando conparamus? A quibus sumimus? Deputentur tempora, distribuantur horae pro salute animae. Magna spes oborta est: non docet catholica fides, quod putabamus et vani accusabamus.

Nefas habent docti eius credere deum figura
humani corporis terminatum. Et dubitamus [Mt 7,7]
pulsare, quo aperiantur cetera? Antemeridianis horis discipuli occupant; ceteris quid facimus? Cur non id agimus? Sed quando salutamus amicos maiores, quorum suffragiis opus habemus? Quando praeparamus quod emant scholastici? Quando reparamus nos ipsos relaxando animo ab intentione curarum?

Pereant omnia et dimittamus haec vana et 11,19

Hoffen, all dem Trugwahn dieses Gierens zu entsagen.[25] Und nun, ich zählte schon dreißig Jahre, und noch immer steckte ich im alten Schlamm, verfangen in der Sucht, die entwischenden Güter des Augenblicks zu trinken, die mich hierhin, dorthin zogen. Und da sagte ich noch immer: „Morgen werd ich's finden! Ja, da wird es hell, und da pack ich's! - Ha, Faustus wird kommen, und der macht alles klar. - O ihr großen Männer von der Akademie: ja, es läßt sich nichts Gewisses greifen, wonach das Leben einzurichten wäre! - Aber nein, laßt uns beherzt noch weiter suchen und nicht verzweifeln! - Ja, wirklich, es ist da in den Büchern der Kirche gar nicht so unsinnig, was sich wie Unsinn ausnahm, und es läßt sich anders und annehmbar deuten; ich will dort meinen Stand nehmen, wohin die Eltern mich als Kind gesetzt haben, bis die lichte Wahrheit sich finden läßt. - Aber wo sie suchen? Wann sie suchen? Ambrosius hat keine Zeit, zum Lesen fehlt die Zeit. Woher auch nur die Bücher nehmen? Womit und wann sie kaufen? Von wem entleihen wir sie? - Zeiten muß man festsetzen, Stunden bestimmen, die dem Seelenheil gehören! - Eine große Hoffnung hat sich aufgetan: der katholische Glaube lehrt ja gar nicht, was wir annahmen und ihm grundlos zur Last legten.

Für Frevel halten es seine Kenner, sich Gott in Gestalt des menschlichen Leibes zu denken. Und da zögern wir noch anzupochen, damit auch das übrige sich öffne? - Die Stunden des Vormittags gehören meinen Schülern; gut, was tun wir in den übrigen? Warum wagen wir uns nicht an das eine? Aber wann dann die hochmögenden Freunde besuchen, deren Gunst wir brauchen? Wann das vorbereiten, was uns die Schüler doch abkaufen sollen? Wann uns erholen, den Geist ausruhen lassen vom Gezerr der Sorgen?

Weg und Schluß damit! Wir wollen sie fahren lassen,

inania: conferamus nos ad solam inquisitio- 11,19
nem veritatis. Vita misera est, mors incerta est; subito obrepat: quomodo hinc exibimus? Et ubi nobis discenda sunt quae hic neglecimus? Ac non potius huius neglegentiae supplicia luenda? Quid, si mors ipsa omnem curam cum sensu amputabit et finiet? Ergo et hoc quaerendum.

Sed absit, ut ita sit. Non vacat, non est inane, quod tam eminens culmen auctoritatis christianae fidei toto orbe diffunditur. Numquam tanta et talia pro nobis divinitus agerentur, si morte corporis etiam vita animae consumeretur. Quid cunctamur igitur relicta spe saeculi conferre nos totos ad quaerendum deum et vitam beatam?

Sed expecta: iucunda sunt etiam ista, habent non parvam dulcedinem suam; non facile ab eis praecidenda est intentio, quia turpe est ad ea rursum redire. Ecce iam quantum est, ut inpetretur aliquis honor. Et quid amplius in his desiderandum? Suppetit amicorum maiorum copia: ut nihil aliud multum festinemus, vel praesidatus dari potest. Et ducenda uxor cum aliqua pecunia, ne sumptum nostrum gravet, et ille erit modus cupiditatis. Multi magni viri et imitatione dignissimi sapientiae studio cum coniugibus dediti fuerunt.“

Cum haec dicebam et alternabant hi venti et 11,20
inpellebant huc atque illuc cor meum, transibant tempora, et »tardabam converti ad do- Sir 5, 8

diese Gaukelbilder und Nichtigkeiten; wir wollen uns einzig auf die Erforschung der Wahrheit verlegen! - Das Leben ist erbärmlich, der Tod liegt auf der Lauer, er mag uns plötzlich überfallen, - in welchem Zustand fahren wir dann dahin? Und wo lernt man nach, was man hier versäumt hat? Oder werden wir nicht doch für dieses Versäumnis unsre Strafe zahlen müssen? Was dann, wenn der Schnitt des Todes mit eins aller Fühlung, aller Sorge Schluß und Ende machte? Auch das ist noch die Frage.

Nein, weit gefehlt, es wäre so! Es ist nicht ohne Grund, ohne Sinn, daß die erhabene Macht und Würde des christlichen Glaubens in aller Welt verbreitet ist; nie geschähe aus göttlicher Fügung so Großes und Herrliches für uns, wäre mit dem Tod des Leibes auch das Leben der Seele aus. - Was säumen wir also, die Hoffnung auf die Welt aufzugeben und all unser Sein dem Suchen nach Gott und dem glückseligen Leben zu weihen?

Doch gemach! Freude machen auch die Dinge dieser Welt, sie haben ihre Süße, und die ist nicht gering; nicht so leichthin soll man mit ihnen brechen, es wäre ja schimpflich, hinterher doch wieder umzukehren. - Ach, so einen besseren Posten zu ergattern, - wie viel wär schon gewonnen! Was sollte ich mir mehr noch wünschen auf dieser Welt? Hochmögende Freunde hätte ich ja genug: so ein Ämtchen als Tribunalpräsident, um nichts zu überstürzen, das ließe sich doch kriegen! Und dann nimmt man sich eine Frau mit etwas Geld, damit sie einem das Budget nicht belaste, und die Seele hätte ihre Ruh! Viele bedeutende, wahrhaft vorbildliche Männer haben auch in der Ehe ganz dem Dienste der Weisheit gelebt."

Während ich so sprach und die wechselnden Winde mir das Herz hierhin, dorthin trieben, verging die Zeit, und ich »säumte, mich zum Herrn zu kehren, und verschob von Tag zu Tag«, in Dir zu leben, aber nicht verschob ich's,

minum et differebam de die in diem« vivere 11,20
in te et non differebam cotidie in memet ipso
mori: amans beatam vitam timebam illam in
sede sua et ab ea fugiens quaerebam eam.
Putabam enim me miserum fore nimis, si
feminae privarer amplexibus, et medicinam
misericordiae tuae ad eandem infirmitatem
sanandam non cogitabam, quia expertus non
eram, et propriarum virium credebam esse
continentiam, quarum mihi non eram con-
scius, cum tam stultus essem, ut nescirem,
sicut scriptum est, neminem posse esse con- [Weish 8, 21]
tinentem, nisi tu dederis. Utique dares, si ge-
mitu interno pulsarem aures tuas et fide solida
in te iactarem curam meam. [Ps 54, 23]

Prohibebat me sane Alypius ab uxore du- 12,21
cenda cantans nullo modo nos posse securo
otio simul in amore sapientiae vivere, sicut
iam diu desideraremus, si id fecissem. Erat
enim ipse in ea re etiam tunc castissimus, ita
ut mirum esset, quia vel experientiam con-
cubitus ceperat in ingressu adulescentiae suae,
sed non haeserat magisque doluerat et spre-
verat et deinde iam continentissime vivebat.
Ego autem resistebam illi exemplis eorum, qui
coniugati coluissent sapientiam et promeruis- [Hebr 13, 16]
sent deum et habuissent fideliter ac dilexissent
amicos. A quorum ego granditate quidem ani-
mi longe aberam et deligatus morbo carnis
mortifera suavitate trahebam catenam meam
solvi timens et quasi concusso vulnere repel-

Tag für Tag in mir selbst meinen Tod zu sterben: es zog mich nach dem glückseligen Leben, und ich fürchtete es dort, wo es zuhause ist; auf der Flucht vor ihm war ich auf der Suche nach ihm. Denn ich glaubte, ich wäre doch zu übel dran, wenn ich der Umarmungen des Weibes entbehren müßte, aber ich dachte nicht an die Heilkraft Deiner erbarmenden Hilfe für solche Schwachheit, weil mir die Erfahrung fehlte und die Enthaltsamkeit als die Sache der eigenen Kraft erschien, der Kraft, die ich an mir nicht kannte. Ich Tor, ich wußte ja nicht, daß niemand, wie geschrieben steht, enthaltsam sein kann, wenn nicht Du es gewährst. Gewiß hättest Du es gewährt, hätte ich mit Herzensklage an Dein Ohr gepocht und mit fester Zuversicht meine Sorge auf Dich geworfen.

Übrigens suchte mich Alypius von einer Heirat abzuhalten. Immer wieder sagte er: wenn ich das täte, könnten wir unmöglich in ungestörter Muße gemeinsam unserer Liebe zur Weisheit leben, wie es doch längst unser Wunsch gewesen. Denn er selbst hielt sich auch in dieser Hinsicht schon damals völlig in Zucht, so daß man sich wundern mußte, da er doch beim Eintritt ins erste Mannesalter auch die Erfahrung des Beilagers gemacht hatte; aber er war nicht hängen geblieben, ja noch mehr, er hatte es beklagt und verurteilt und lebte seitdem vollkommen enthaltsam.

Ich widersprach ihm und wies auf das Beispiel derer hin, die sich auch im Ehestand der Weisheit ergeben, Gottes Wohlgefallen erworben und ihren Freunden die Treue und die Liebe gewahrt hätten. Von solcher Größe war ich selber freilich weit entfernt. Gebunden von der Sucht des Fleisches, schleppte ich meine Kette todeswonnetrunken, ja ich fürchtete, daraus befreit zu werden, und wies das

lens verba bene suadentis tamquam manum solventis. 12,21

Insuper etiam per me ipsi quoque Alypio loquebatur serpens et innectebat atque spargebat per linguam meam dulces laqueos in via eius, quibus illi honesti et expediti pedes implicarentur.

Cum enim me ille miraretur, quem non parvi 12,22
penderet, ita haerere visco illius voluptatis, ut me adfirmarem, quotienscumque inde inter nos quaereremus, caelibem vitam nullo modo posse degere atque ita me defenderem, cum illum mirantem viderem, ut dicerem multum interesse inter illud, quod ipse raptim et furtim expertus esset, quod paene iam ne meminisset quidem atque ideo nulla molestia facile contemneret, et delectationes consuetudinis meae, ad quas si accessisset honestum nomen matrimonii, non eum mirari oportere, cur ego illam vitam nequirem spernere, coeperat et ipse desiderare coniugium nequaquam victus libidine talis voluptatis, sed curiositatis. Dicebat enim scire se cupere, quidnam esset illud, sine quo vita mea, quae illi sic placebat, non mihi vita, sed poena videretur. Stupebat enim liber ab illo vinculo animus servitutem meam et stupendo ibat in experiendi cupidinem venturus in ipsam experientiam atque inde fortasse lapsurus in eam quam stupebat servitutem, quoniam sponsionem volebat facere cum [Is 28, 18]
morte, »et qui amat periculum, incidet in Sir 3, 27
illud«.

gute Zureden des Freundes zurück, als hätte mir die Hand, die mich befreien wollte, an die Wunde gestoßen.

Nicht genug, es sprach durch mich sogar auch zu einem Alypius die Schlange, und durch mein Reden flocht sie ihre lockenden Fangstricke und legte sie aus an seinem Wege, worein sich die Füße dieses frei und ehrbar Wandelnden verwickeln sollten.

Denn als er sich wunderte, wie ich, ein Mensch, der hoch in seiner Schätzung stand, so als Gefangener an der Wollust leimte, daß ich bei all unsern Gesprächen über diese Frage versicherte, ich könne unmöglich ein weibloses Leben führen,[26] und als ich dann auf seine Verwunderung hin mit der Bemerkung mich verteidigte, es sei doch ein großer Unterschied zwischen seinen verstohlen errafften Abenteuern, die er beinahe schon vergessen habe, darum leicht und ohne Mißvergnügen als belanglos abtun könne, und den Freuden meines Verhältnisses, denen nur noch der Würdename der Ehe fehle, - ja, als ich so sprach, um sein Befremden zu zerstreuen, daß ich ein solches Leben nicht verwerfen könne, da regte sich auch bei ihm das Verlangen nach Ehe, keineswegs freilich aus Lustgelüste, sondern Neugier. Er möchte doch wissen, sagte er, was eigentlich das sei, ohne das mein Leben, das ja im übrigen ganz seinen Beifall fand, mir nicht als Leben, sondern Qual erschiene. Selber frei von solcher Fessel, erstaunte er über meine Knechtschaft, und vom Erstaunen ging er über zum Verlangen, es selbst zu probieren, so auf dem besten Wege, es wirklich zu versuchen, vielleicht also dieser Knechtschaft, die ihn erstaunte, selbst zu verfallen, da er doch ein Verlöbnis mit dem Tode schließen wollte, der aber, »der die Gefahr liebt, ihr erliegen wird«.

Denn für uns beide war das, was die Würde des Verheirateten ausmacht, die Pflicht der Führung in der ehelichen Gemeinschaft und die Aufziehung von Kindern, nur ein

Neutrum enim nostrum, si quod est coniu- 12,22
gale decus in officio regendi matrimonii et suscipiendorum liberorum, ducebat nisi tenuiter. Magna autem ex parte atque vehementer consuetudo satiandae insatiabilis concupiscentiae me captum excruciabat, illum autem admiratio capiendum trahebat.

Sic eramus, donec tu, altissime, non deserens humum nostram miseratus miseros subvenires miris et occultis modis.

Et instabatur inpigre, ut ducerem uxorem. 13,23
Iam petebam, iam promittebatur maxime matre dante operam, quo me iam coniugatum baptismus salutaris ablueret, quo me in dies gaudebat aptari et vota sua ac promissa tua in mea fide conpleri animadvertebat.

Cum sane et rogatu meo et desiderio suo forti clamore cordis abs te deprecaretur cotidie, ut ei per visum ostenderes aliquid de futuro matrimonio meo, numquam voluisti. Et videbat quaedam vana et phantastica, quo cogebat inpetus de hac re satagentis humani spiritus, et narrabat mihi non cum fiducia, qua solebat, cum tu demonstrabas ei, sed contemnens ea. Dicebat enim discernere se nescio quo sapore, quem verbis explicare non poterat, quid interesset inter revelantem te et animam suam somniantem.

Instabatur tamen, et puella petebatur, cuius aetas ferme biennio minus quam nubilis erat, et quia ea placebat, exspectabatur.

schwacher Beweggrund; was mich hauptsächlich und so ungestüm in meiner Verstricktheit peinigte, war meine Gewohnheit, der unstillbaren Lustbegier zur Stillung nachzugehen, ihn aber zog das Interessante zur Umstrickung.
Ja, so waren wir, bis Du, Allerhöchster, der Du uns Erdgebilde nicht im Stiche lässest, im Erbarmen mit den Erbärmlichen zu Hilfe kamst auf wunderbaren und verborgenen Wegen.

Man drängte mich unablässig, eine Gattin heimzuführen. Schon bewarb ich mich, schon erhielt ich die Zusage, hauptsächlich auf Betreiben der Mutter: ich sollte bereits verehelicht sein, wenn das Heilswasser der Taufe mich reinwüsche.[27] Zu ihrer Freude fand sie mich von Tag zu Tag besser dazu gerüstet und sah mit den Fortschritten meines Glaubens ihren Herzenswunsch und Deine Verheißungen der Erfüllung nahe.
Obwohl sie übrigens, ebenso auf meine Bitte wie aus eigenem Antrieb, mit großer Inbrunst alltäglich Dir anlag, Du möchtest sie doch in einem Gesicht etwas über meine künftige Ehelichkeit wissen lassen, hast Du ihr nie den Willen getan. Sie sah wohl dies und jenes, nichtige Bilder ihrer Phantasie, auf die ihr eigener menschlicher Geist, der so leidenschaftlich diesem Anliegen sich hingab, von sich aus verfiel, und sie erzählte mir auch davon, aber nicht mit der Zuversicht, die sie immer zeigte, wenn Du ihr Weisung gabst, sondern ohne etwas darauf zu geben. Sie behauptete nämlich, sie erkenne an einer Art Wohlempfindung, die sie mit Worten nicht zu beschreiben vermochte, den Unterschied zwischen dem, was Du kundtust, und dem, was ihre eigene Seele träumt.
Indes, das Drängen hielt an, und die Werbung erging an ein Mädchen, dem noch fast zwei Jahre zum heiratsfähigen Alter fehlten; doch weil gerade sie entsprach, so hieß es eben warten.

Et multi amici agitaveramus animo et con- 14, 24
loquentes ac detestantes turbulentas humanae
vitae molestias paene iam firmaveramus re-
moti a turbis otiose vivere, id otium sic moliti,
ut, si quid habere possemus, conferremus in
medium unamque rem familiarem conflare-
mus ex omnibus, ut per amicitiae sinceritatem
non esset aliud huius et aliud illius, sed quod
ex cunctis fieret unum, et universum singu-
lorum esset et omnia omnium, cum videremur
nobis esse posse decem ferme homines in eadem
societate essentque inter nos praedivites, Ro-
manianus maxime communiceps noster, quem
tunc graves aestus negotiorum suorum ad co-
mitatum adtraxerant, ab ineunte aetate mihi
familiarissimus. Qui maxime instabat huic rei
et magnam in suadendo habebat auctorita-
tem, quod ampla res eius multum ceteris an-
teibat.

Et placuerat nobis, ut bini annui tamquam
magistratus omnia necessaria curarent ceteris
quietis. Sed posteaquam coepit cogitari, u-
trum hoc mulierculae sinerent, quas et alii
nostrum iam habebant et nos habere voleba-
mus, totum illud placitum, quod bene forma-
bamus, dissiluit in manibus atque confractum
et abiectum est.

Inde ad suspiria et gemitus et gressus ad se- [Mt 7, 13]
quendas latas et tritas vias saeculi, quoniam
»multae cogitationes erant in corde nostro«, Spr 19, 21
»consilium autem tuum manet in aeternum«. Ps 32, 11
Ex quo consilio deridebas nostra et tua prae-

Wir Freunde, nicht wenige, hatten uns damals mit einem gemeinsamen Gedanken getragen und ihn auch besprochen. In unserem Widerwillen gegen die Unrast und Beschwer des menschlichen Treibens waren wir schon so gut wie schlüssig geworden, fern vom Gewühl ein ungestörtes Leben zu führen, und gedachten uns dieses Leben in der Weise zu verschaffen, daß wir alles, was jeder eben hätte oder bekäme, zusammenlegten und daraus ein einziges Vermögen machten. So sollte auf dem Grunde lauterer Freundschaft nicht das eine dem, das andere dem gehören, sondern aus allem sollte Eines werden und dieser Gemeinschaftsbesitz jedem einzelnen gehören und alles allen. Wir sahen, es könnten dann wohl unser zehn in solcher Gemeinschaft sein, worunter sich einige sehr reiche Freunde befänden, vor allem Romanianus, unser[28] Mitbürger, mir seit früher Jugend in enger Freundschaft verbunden, den eben damals wichtige und schwierige Geschäfte an den Hof gerufen hatten. Hauptsächlich er betrieb mit Eifer diesen Plan, und seine Stimme fiel besonders ins Gewicht, weil sein beträchtliches Vermögen das der andern weit überwog.

Wir hatten ausgemacht, daß je zwei in jährlichem Wechsel als Verwalter alles Nötige zu besorgen hätten, so daß die übrigen sich um nichts zu kümmern brauchten. Doch als wir uns nun fragten, ob auch das liebe Weibervolk sich dazu verstünde - einige von uns hatten schon ihre Frauen, und wir andern wollten eine haben -, da zerfuhr uns der ganze, so trefflich ausgedachte Plan unter den Händen, er ging zuschanden und war abgetan.

Also zurück zu den Klagen und Seufzern und den breiten, ausgetretenen Wegen der Welt! Ja, es waren »der Gedanken viele in unserem Herzen«, »Dein Ratschluß aber währt in Ewigkeit«. Aus diesem Deinem Plane lachtest

parabas nobis daturus escam in oportunitate et aperturus manum atque impleturus animas nostras benedictione. [Ps 144, 15 f]

Interea mea peccata multiplicabantur, et avulsa a latere meo tamquam inpedimento coniugii cum qua cubare solitus eram, cor, ubi adhaerebat, concisum et vulneratum mihi erat et trahebat sanguinem. Et illa in Africam redierat vovens tibi alium se virum nescituram, relicto apud me naturali ex illa filio meo. At ego infelix nec feminae imitator, dilationis inpatiens, tamquam post biennium accepturus eam quam petebam, quia non amator coniugii sed libidinis servus eram, procuravi aliam, non utique coniugem, quo tamquam sustentaretur et perduceretur vel integer vel auctior morbus animae meae satellitio perdurantis consuetudinis in regnum uxorium. Nec sanabatur vulnus illud meum, quod prioris praecisione factum erat, sed post fervorem doloremque acerrimum putrescebat et quasi frigidius, sed desperatius dolebat. 15, 25

Tibi laus, tibi gloria, fons misericordiarum! Ego fiebam miserior et tu propinquior. Aderat iam iamque dextera tua raptura me de caeno et ablutura, et ignorabam. Nec me revocabat a profundiore voluptatum carnalium gurgite nisi metus mortis et futuri iudicii tui, qui, per varias quidem opiniones, numquam tamen recessit de pectore meo. 16, 26

Du der unsern und warest nach den Deinen schon bereit, uns Speise zur rechten Zeit zu geben und aufzutun die Hand und unsere Seelen zu sättigen mit Segen.

Mittlerweile häuften sich meine Sünden. Man hatte mir die Genossin meines Lagers als Hindernis für die Ehe von der Seite gerissen, sie, die mir ans Herz gewachsen war, und von Schnitt und Wunde vergoß dies Herz von seinem Lebensblut. Sie war heimgekehrt nach Afrika, nicht ohne Dir gelobt zu haben, sie wolle keinem andern Manne mehr gehören, und hatte meinen natürlichen Sohn, dessen Mutter sie war, bei mir zurückgelassen.
Ich aber, ich Unseliger, nicht einmal imstande, es einem Weibe gleichzutun, fand den Aufschub, daß ich erst nach zwei Jahren die erhalten sollte, um die ich warb, unerträglich und verschaffte mir, weil ich ja nicht Freund der Ehe war, sondern Sklave der Lust, eine andere Genossin, natürlich nicht Gattin, so als ginge es darum, die Sucht meiner kranken Seele im Verlaß auf die Dienste eingefleischter Gewohnheit bei Kraft zu erhalten und unversehrt, ja noch üppiger, hinüberzuschleppen ins Reich des ehelich Fordernden.[29] Und doch heilte jene Wunde nicht, die mir die Losreißung von der früheren Gefährtin geschlagen hatte; nach dem wühlenden Schmerz der Entzündung ging sie in Fäulnis über, und ihr gleichsam nun kälteres Schmerzen ließ um so weniger Hoffnung.[30]

Dir sei Dank, Dir sei Ruhm, Du Quell der Erbarmung! Elender ward ich - Du mir näher. Nun um Nun war sie da, Deine Rechte, mich dem Schmutze zu entreißen und zu waschen, und ich wußte es nicht. Und noch tiefer mich dem Pfuhl der Fleischeslust zu überlassen, davor bewahrte mich allein die Furcht vor dem Tode, die Furcht vor Deinem kommenden Gericht, die mir doch nie, bei allem Wechsel der Weltbetrachtung, aus der Brust gewichen ist.

Et disputabam cum amicis meis Alypio et Nebridio de finibus bonorum et malorum Epicurum accepturum fuisse palmam in animo meo, nisi ego credidissem post mortem restare animae vitam et tractus meritorum, quod Epicurus credere noluit. Et quaerebam, si essemus inmortales et in perpetua corporis voluptate sine ullo amissionis terrore viveremus, cur non essemus beati aut quid aliud quaereremus, nesciens id ipsum ad magnam miseriam pertinere, quod ita demersus et caecus cogitare non possem lumen honestatis et gratis amplectendae pulchritudinis, quam non videt oculus carnis et videtur ex intimo. Nec considerabam miser, ex qua vena mihi manaret, quod ista ipsa foeda tamen cum amicis dulciter conferebam nec esse sine amicis poteram beatus etiam secundum sensum, quem tunc habebam quantalibet afluentia carnalium voluptatum. Quos utique amicos gratis diligebam vicissimque ab eis me diligi gratis sentiebam. 16,26

O tortuosas vias! Vae animae audaci, quae speravit, si a te recessisset, se aliquid melius habituram! Versa et reversa in tergum et in latera et in ventrem, et dura sunt omnia, et tu solus requies. Et ecce ades et liberas a miserabilibus erroribus et constituis nos in tua via et consolaris et dicis: „Currite, ego feram et ego perducam et ibi ego feram". [Is 3, 9] [Ps 85, 11]

Im Gespräch mit meinen Freunden Alypius und Nebridius erklärte ich, in der Frage nach dem höchsten Gut und dem größten Übel müßte ich im Geist dem Epikur die Palme reichen, wenn nicht ich für meinen Teil an das Weiterleben der Seele nach dem Tode und das Fortwirken von Verdienst und Mißverdienst glaubte, woran ja Epikur nicht glauben wollte. So warf ich denn die Frage auf: wenn wir nie zu sterben brauchten und immer nur in Sinnesfreude lebten, ohne alle Furcht, dies je zu verlieren, warum sollten wir nicht glücklich sein oder noch anderes uns wünschen - und merkte nicht, wie eben dies mein großes Elend war, daß ich, so gesunken und erblindet, nicht vermochte, das Licht der Tugend und der um ihrer selbst willen zu liebenden Schönheit zu fassen, die sich dem stoffverfangenen Auge nicht sehen läßt, aber gesehen wird im Innersten. Und ich Elendsmensch bedachte nicht, aus welch edler Quelle es floß, daß mir schon die Unterhaltung mit Freunden köstlich war, selbst wenn sie diese schändlichen Dinge betraf, und daß ich ohne Freunde ja nicht glücklich zu sein vermochte - auch nicht bei der Gemütsverfassung, in der ich damals lebte, wahrlich im Überschwang aller Lust des Fleisches: und die Freunde liebte ich doch ohne Eigennutz und wußte mich hinwieder auch von ihnen ohne Eigennutz geliebt.

O Wege wirr verschlungen! Ach der Seele, daß sie tollkühn sich erhoffte, sie werde, wenn sie Dich verlassen, etwas Besseres haben können! Sie legte sich so, sie legte sich anders, auf den Rücken, auf die Seiten, auf den Bauch: hart war jedes Liegen, und Du allein bist die Ruhe. Und Du bist wirklich da und holst uns aus Irrsalsnöten[31] und bringst uns auf Deinen Weg und machst uns Mut und sprichst: „Lauft nur, ich, ich werde euch halten, euch führen bis ans Ziel, und dort bin vollends ich es, der euch trägt.“

LIBER SEPTIMUS

SIEBENTES BUCH

Reinigung des Verstandes auf dem Weg zum Glauben [seit dem 31. Lebensjahr]: Gott körperlich gedacht; Not, die Geistigkeit Gottes zu verstehen [1-2]. - Woher das Böse? [3. 4. 5. 7]. Verwerfung der Astrologie [6]. Die große Hilfe aus dem Neuplatonismus [9-13]. Die Schöpfung, in ihrer Ganzheit gesehen, ist gut [13-16]. - Einsicht aus dem Intellekt bedarf zur Verwirklichung auch der sittlichen Kraft [17]. Noch Mangel an Demut [18]. Der Mittler-Heiland gilt Augustinus nur als unvergleichlicher Weiser [19]. Hochmütige Erkenntnis ohne demütiges Bekenntnis [20]. Aus der Heiligen Schrift, hauptsächlich aus den paulinischen Briefen, wird ihm die demütige Einsicht, daß Erkenntnis zum Heil Gnade ist [21].

Iam mortua erat adulescentia mea mala et nefanda, et ibam in iuventutem, quanto aetate maior, tanto vanitate turpior, qui cogitare aliquid substantiae nisi tale non poteram, quale per hos oculos videri solet. Non te cogitabam, deus, in figura corporis humani, ex quo audire aliquid de sapientia coepi - semper hoc fugi et gaudebam me hoc reperire in fide spiritalis matris nostrae, catholicae tuae - sed quid te aliud cogitarem non occurrebat. Et conabar cogitare te homo et talis homo, summum et solum et verum deum, et te incorruptibilem et inviolabilem et inconmutabilem totis medullis credebam, quia nesciens, unde et quomodo, plane tamen videbam et certus eram, id quod corrumpi potest, deterius esse quam id quod non potest, et quod violari non potest, incunctanter praeponebam violabili, et quod nullam patitur mutationem, melius esse quam id quod mutari potest. 1,1

Clamabat violenter cor meum adversus omnia phantasmata mea et hoc uno ictu conabar abigere circumvolantem turbam inmunditiae ab acie mentis meae: et vix dimota in ictu oculi ecce conglobata rursus aderat et inruebat in aspectum meum et obnubilabat eum, ut quamvis non forma humani corporis, corporeum tamen aliquid cogitare cogerer per spatia locorum sive infusum mundo sive etiam extra mundum per infinita diffusum, etiam ipsum incorruptibile et inviolabile et incon-

Schon war meine Jugend gestorben, die üble, die gottlose, und ich ging in die Mannesreife, und je mehr ich in die Jahre kam, um so beschämender war mein Unvermögen, etwas Wirkliches anders zu denken, als es sich mit diesen Augen sehen läßt.[1] Wohl dachte ich Dich, mein Gott, nicht in Menschengestalt, seitdem ich einiges von Philosophie vernommen hatte - immer schon habe ich mich dagegen gesträubt, und ich freute mich, daß ich jene Vorstellung auch im Glauben unserer geistlichen Mutter, Deiner katholischen Kirche verworfen fand - aber wie anders ich Dich denken sollte, das wollte mir nicht kommen. Und doch versuchte ich, ich, ein Mensch, und was für ein Mensch, Dich zu denken, Dich, den erhabenen, alleinen, wahren Gott, und mit aller herzinnersten Kraft glaubte ich Dich unvergänglich, unversehrbar und unwandelbar; denn deutlich sah ich, wenn auch ohne zu wissen, woher und wie mir die Einsicht kam,[2] deutlich sah ich und war gewiß, daß etwas, was der Verderbnis ausgesetzt ist, minder gut ist als etwas, was ihr nicht ausgesetzt ist, ohne weiteres stellte ich Unversehrbares höher als Versehrbares, und ich zweifelte nicht, daß etwas, was keinem Wandel unterliegt, besser sei als etwas, was dem Wandel unterliegt.

Laut empörte sich mein Geist[3] gegen alle meine Phantasien, und mit diesem einzigen Hieb versuchte ich, das umfliegende Geschwärm von Vertrübnis abzuscheuchen von der Sehe meines Geistes. Aber kaum war es für einen Augenblick verjagt, gleich war es wieder da, noch dichter, und stürzte vor mein Auge und umwölkte es. So fand ich mich gezwungen, auch von dieser unvergänglichen, unversehrbaren, unwandelbaren Natur, die mir doch über allem Vergänglichen, Versehrbaren, Wandelbaren stand, mir eine Vorstellung zu machen, und war dies auch nicht die Gestalt eines Menschenleibes, so doch etwas Körperhaftes im Raume, sei es nun der Welt einergossen oder

mutabile, quod corruptibili et violabili et conmutabili praeponebam, quoniam quidquid privabam spatiis talibus, nihil mihi esse videbatur, sed prorsus nihil, ne inane quidem, tamquam si corpus auferatur loco et maneat locus omni corpore vacuatus et terreno et humido et aerio et caelesti, sed tamen sit locus inanis tamquam spatiosum nihil. 1,1

Ego itaque incrassatus corde nec mihimet ipsi vel ipse conspicuus, quidquid non per aliquanta spatia tenderetur vel diffunderetur vel conglobaretur vel tumeret vel tale aliquid caperet aut capere posset, nihil prorsus esse arbitrabar. Per quales enim formas ire solent oculi mei, per tales imagines ibat cor meum, nec videbam hanc eandem intentionem, qua illas ipsas imagines formabam, non esse tale aliquid: quae tamen ipsas non formaret, nisi esset magnum aliquid. 1,2

Ita etiam te, vita vitae meae, grandem per infinita spatia undique cogitabam penetrare totam mundi molem et extra eam quaquaversum per inmensa sine termino, ut haberet te terra, haberet caelum, haberent omnia et illa finirentur in te, tu autem nusquam. Sicut autem luci solis non obsisteret aeris corpus, aeris huius, qui supra terram est, quominus per eum traiceretur penetrans eum non dirumpendo aut concidendo, sed implendo eum totum, sic tibi putabam non solum caeli et

außer der Welt ins Unendliche hinausergossen. Denn was ich mir ohne solche räumliche Ausdehnung dachte, das schien mir nun einmal nichts zu sein, ja das bare Nichts, nicht einmal eine Leere, ein Leerraum, wie er immer noch vorhanden wäre, wenn man einen Körper von seinem Ort entfernte, und es bliebe ein von jeglichem Körper, ob Erden-, Wasser-, Luft- oder Himmelskörper, entleerter Raum übrig, sozusagen ein ausgedehntes Nichts.
Also ich, so verplumpt an Geist, selbst meiner selbst nicht ansichtig,[4] für schlechthin Nichts hielt ich, was nicht sich würde über irgendwelchen Raum erstrecken oder sich ausbreiten oder sich darin verdichten oder wachsen und schwellen, oder was nichts von derart körperlichem Verhalten an sich hätte oder gar nicht dazu fähig wäre. Denn wie die sinnfälligen Gestalten waren, über die mein Auge hinglitt, so sah ich die Vorstellungsbilder, in denen mein Geist sich erging, und ich bemerkte nicht, daß gerade diese Geistestätigkeit, mit der ich die Vorstellungsbilder gestaltete, nicht etwas von dieser Art ist: und sie hätte sie doch nicht gestalten können, wenn sie nicht etwas Wirkliches wäre, sogar etwas Großes.
So machte ich mir auch von Dir, Du Leben meines Lebens, die Vorstellung, Du durchdrängest, gewaltig groß über begrenzte Räume hin, allenthalben die gesamte Masse der Welt und drängest darüber hinaus nach allen Seiten hin ins Unermeßliche ohne Begrenzung, so daß Dich in sich schließe die Erde, in sich schließe der Himmel, in sich schließe gar alles Seiende, und daß all das seine Begrenzung finde in Dir, während Du nirgends eine Grenze habest. Wie aber für das Licht der Sonne der Luftkörper - ich meine den über der Erde[5] - kein Hindernis des Durchkommens bilde, und zwar des Durchkommens in der Weise des Durchdringens, nicht des Zerreißens oder Zerschlagens, sondern durch völliges Ausfüllen der Luft, gleichso, dachte ich mir, sei für Dich nicht nur des Him-

aeris et maris sed etiam terrae corpus pervium 1,2
et ex omnibus maximis minimisque partibus
penetrabile ad capiendam praesentiam tuam,
occulta inspiratione intrinsecus et extrinsecus
administrante omnia, quae creasti. Ita suspi-
cabar, quia cogitare aliud non poteram; nam
falsum erat. Illo enim modo maior pars terrae
maiorem tui partem haberet et minorem mi-
nor, atque ita te plena essent omnia, ut am-
plius tui caperet elephanti corpus quam pas-
seris, quo esset isto grandius grandioremque
occuparet locum, atque ita frustatim partibus
mundi magnis magnas, brevibus breves partes
tuas praesentes faceres. Non est autem ita. Sed
nondum inluminaveras »tenebras meas«. Ps 17, 29

Sat erat mihi, domine, adversus illos decep- 2,3
tos deceptores et loquaces mutos, quoniam non
ex eis sonabat verbum tuum, sat erat ergo illud
quod iam diu ab usque Carthagine a Nebri-
dio proponi solebat et omnes, qui audieramus,
concussi sumus: quid erat tibi factura nescio
qua gens tenebrarum, quam ex adversa mole
solent proponere, si tu cum ea pugnare noluis-
ses? Si enim responderetur aliquid fuisse noci-
turam, violabilis tu et corruptibilis fores. Si
autem nihil ea nocere potuisse diceretur, nulla
afferretur causa pugnandi et ita pugnandi, ut
quaedam portio tua et membrum tuum vel
proles de ipsa substantia tua misceretur ad-
versis potestatibus et non a te creatis naturis

mels, der Luft und des Meeres, sondern auch der Erde Körper zugänglich und durchdringbar in allen Teilen, den kleinsten wie den größten, um Deine Gegenwart in sich aufzunehmen, wobei Du in geheimnisvollem Innewirken alles, was Du erschaffen, innerlich und äußerlich lenkest. So legte ich mir's zurecht; denn etwas anderes zu denken, war ich nicht imstande. Und das, was ich dachte, war falsch. Denn nach dieser Annahme müßte ja ein größerer Teil der Erde einen größeren Teil von Dir in sich schließen und ein kleinerer einen kleineren, und das All wäre auf eine Art von Dir erfüllt, daß ein Elefantenleib mehr von Dir in sich faßte als ein Spatzenleib, genau um so viel mehr, als er größer wäre und mehr Platz einnähme als dieser, und Du würdest also stückweise große Teile von Dir den großen, kleine den kleinen Teilstücken der Welt gegenwärtig machen. So freilich steht es nicht. Aber Du hattest »meine Finsternis« noch nicht erleuchtet.

Es konnte mir genug sein, Herr, gegenüber jenen betrogenen Betrügern, jenen redelosen Schwätzern - es war nicht Dein Wort, das aus ihrem Munde sprach -, genug sein jener Einwand, den immer schon, bereits seit der karthagischen Zeit, Nebridius vorzubringen pflegte, und der auf alle, die wir ihn hörten, starken Eindruck machte: Was hätte Dir, ich weiß nicht wie, ein Geschlecht der Finsternis anhaben können, das aus feindlichem Urweltstoff die Manichäer Dir gegenüberzustellen lieben, wenn Du Deinerseits den Kampf mit ihm nicht wolltest? Denn sagte man darauf, das hätte irgendwie Schaden über Dich gebracht, so hieße das, daß Du versehrbar und verderbbar bist.[6] Sagte man aber, es hätte Dir nicht schaden können, so entfiele jeder Grund zum Kampfe, einem Kampfe, bei dem ein Teil und Glied von Dir oder ein Sproß aus Deinem eigenen Wesen mit feindlichen Mächten und nicht von Dir erschaffenen Naturen ins

atque in tantum ab eis corrumperetur et con- 2,3
mutaretur in deterius, ut a beatitudine in miseriam verteretur et indigeret auxilio, quo erui purgarique posset, et hanc esse animam, cui tuus sermo servienti liber et contaminatae purus et corruptae integer subveniret, sed et ipse corruptibilis, quia ex una eademque substantia. Itaque si te, quidquid es, id est substantiam tuam, qua es, incorruptibilem dicerent, falsa esse illa omnia et exsecrabilia; si autem corruptibilem, id ipsum iam falsum et prima voce abominandum.

Sat erat ergo istuc adversus eos omni modo evomendos a pressura pectoris, quia non habebant, qua exirent sine horribili sacrilegio cordis et linguae sentiendo de te ista et loquendo.

Sed et ego adhuc, quamvis incontaminabilem 3,4
et inconvertibilem et nulla ex parte mutabilem dicerem firmeque sentirem dominum nostrum, deum verum, qui fecisti non solum animas nostras sed etiam corpora, nec tantum nostras animas et corpora, sed omnes et omnia, non tenebam explicitam et enodatam causam mali. Quaecumque tamen esset, sic eam quaerendam videbam, ut non per illam constringerer deum inconmutabilem mutabilem credere, ne ipse fierem quod quaerebam. Itaque securus eam quaerebam et certus non esse verum quod illi dicerent, quos toto animo

Gemenge käme und von ihnen so angesehrt und zum Übel hin verändert würde, daß er aus der Seligkeit in Unseligkeit überginge und nun einer Hilfe bedürfte, um wieder loszukommen und gereinigt zu werden: und dieser Sproß sei die Seele, der Dein eigenes Wort zu Hilfe komme, der versklavten das freie, der befleckten das reine, der verderbten das unverderbte, doch selber auch, weil aus demselben Wesen wie die Seele hervorgegangen, der Verderbnis ausgesetzt. Wofern also die Manichäer - was immer auch Du bist - Dich, das heißt Deine Wesenheit, durch die Du bist, als unverderbbar anerkennten, so seien all jene Ungedanken falsch und verdammenswert; hielten sie Dich aber für verderbbar, so sei gerade diese Voraussetzung urfalsch und von vornherein schon zu verwerfen. Dies war Beweis genug gegen die Leute, von denen man wie ein Erbrechender, koste es, was es wolle, die notbeklemmte Brust befreien muß: denn so, wie sie von Dir dachten, von Dir sprachen, fanden sie auf keinen Weg hinaus, der nicht schreckliche Gotteslästerung mit Herz und Zunge gewesen wäre.

Aber auch mir - obwohl ich schon offen meine feste Überzeugung aussprach, unser Herr, der wahre Gott, der nicht nur unsere Seele, auch unseren Leib, sondern alle und alles überhaupt geschaffen hat,[7] sei erhaben über Befleckung, über Wechsel, über jede Art Veränderung - auch mir blieb der Ursprung des Bösen eine Frage, die sich nicht entwirren und nicht lösen wollte. Aber das eine war mir klar: ich dürfe mich, was immer diese Ursache sein möge, im Verfolg der Frage nicht in die Notwendigkeit verstricken, Gott den Unveränderlichen veränderlich zu glauben, - sollte ich nicht selber werden, was ich erklären wollte: böse. Und so forschte ich in der Sache ohne Gefahr, überzeugt, daß die Lehre der Manichäer - ich mied sie jetzt mit allem Bedacht - nicht wahr sei; denn ich fand

fugiebam, quia videbam quaerendo, unde ma- 3,4
lum, repletos malitia, qua opinarentur tuam potius substantiam male pati quam suam male facere.

Et intendebam, ut cernerem quod audiebam, 3,5
liberum voluntatis arbitrium causam esse, ut male faceremus et rectum iudicium tuum ut pateremur, et eam liquidam cernere non valebam. Itaque aciem mentis de profundo educere conatus mergebar iterum et saepe conatus mergebar iterum atque iterum.

Sublevabat enim me in lucem tuam, quod tam sciebam me habere voluntatem quam me vivere. Itaque cum aliquid vellem aut nollem, non alium quam me velle ac nolle certissimus eram et ibi esse causam peccati mei iam iamque animadvertebam. Quod autem invitus facerem, pati me potius quam facere videbam et id non culpam, sed poenam esse iudicabam, qua me non iniuste plecti te iustum cogitans cito fatebar.

Sed rursus dicebam: „Quis fecit me? Nonne deus meus, non tantum bonus, sed ipsum bonum? Unde igitur mihi male velle et bene nolle? Ut esset, cur iuste poenas luerem? Quis in me hoc posuit et insevit mihi plantarium amaritudinis, cum totus fierem a dulcissimo deo meo? Si diabolus auctor, unde ipse diabolus? Quod si et ipse perversa voluntate ex bono angelo diabolus factus est, unde et in ipso voluntas mala, qua diabolus fieret, quando totus angelus a conditore optimo factus esset?"

sie bei ihrem Forschen nach dem Ursprung des Bösen selbst so voller Bosheit, daß sie lieber von Deinem Wesen glaubten, es leide vom Bösen, als von ihrem eigenen, daß es Böses tue.

Und ich gab mir alle Mühe, einzusehen, was ich gehört hatte: die Wahlfreiheit des Willens sei die Ursache, daß wir böse tun, und Dein gerechtes Gericht die Ursache, daß wir leiden;[8] aber hierin klar zu sehen, vermochte ich nicht. Und wenn ich so die Sehe meines Geistes aus der Niederung aufrichten wollte - wieder sank ich, und sooft ich es wollte, wieder sank ich und immer wieder.

Es hob mich Deinem Lichte näher, daß ich Willen zu haben so gewiß war, wie daß ich lebe. Wenn ich also etwas wollte oder nicht wollte, so war ich es, dessen war ich vollkommen sicher, und nicht ein anderer, der wollte und nicht wollte, und mehr und mehr wurde ich gewahr, hier fasse meine Sünde Grund.[9] Und daß ich, wenn ich etwas wider Willen tue, es mehr erleide als tue, das sah ich ebenfalls und sagte mir, daß hier nicht Schuld, sondern Strafe walte, die mich nicht ungerechterweise treffe, - wie ich alsbald mir eingestand, da Du mir als der Gerechte bewußt warst.

Dann aber fragte ich mich wieder: „Wer hat mich erschaffen? War's nicht mein Gott, der nicht bloß gut, sondern das Gut schlechthin ist? Also woher dies in mir: Bös wollen und Gut nichtwollen? Nur damit Grund sei, daß ich gerechterweise mit Strafe büße? Wer hat's in mich hineingetan und diese Pflanzung der Bitternis in mir angelegt, wenn ich doch ganz von meinem ohnegleichen liebesamen Gott erschaffen bin? Hat's der Teufel getan, - woher kommt der Teufel? Und wenn auch er durch Verkehrung des Willens aus einem guten Engel der Teufel geworden ist, woher dann bei ihm der böse Wille, der ihn zum Teufel machen sollte, wenn er doch als vollkommener Engel vom allguten Schöpfer erschaffen wurde?“[10]

His cogitationibus deprimebar iterum et suffo- 3,5
cabar, sed non usque ad illum »infernum« Ps 6,6
subducebar erroris, ubi nemo »tibi confitetur«,
dum tu potius mala pati quam homo facere
putatur.

Sic enim nitebar invenire cetera, ut iam in- 4,6
veneram melius esse incorruptibile quam corruptibile, et ideo te, quidquid esses, esse incorruptibilem confitebar. Neque enim ulla anima umquam potuit poteritve cogitare aliquid, quod sit te melius, qui summum et optimum bonum es. Cum autem verissime atque certissime incorruptibile corruptibili praeponatur, sicut ego iam praeponebam, poteram iam cogitatione aliquid adtingere, quod esset melius deo meo, nisi tu esses incorruptibilis. Ubi igitur videbam incorruptibile corruptibili esse praeferendum, ibi te quaerere debebam atque inde advertere, ubi sit malum, id est unde sit ipsa corruptio, qua violari substantia tua nullo modo potest. Nullo enim prorsus modo violat corruptio deum nostrum, nulla voluntate, nulla necessitate, nullo inproviso casu, quoniam ipse est deus et quod sibi vult, bonum est, et ipse est idem bonum; corrumpi autem non est bonum. Nec cogeris invitus ad aliquid, quia voluntas tua non est maior quam potentia tua. Esset autem maior, si te ipso tu ipse maior esses: voluntas enim et potentia dei deus ipse est. Et quid inprovisum tibi, qui nosti omnia? Et nulla natura est, nisi quia

Solche Gedanken drückten mich immer wieder und wollten mich ersticken. Doch ward ich nicht bis hinab in jene »Höllentiefe« des Irrsals gezogen, wo Deiner niemand »mit Lobpreisung gedenkt«, befangen in dem Wahn, daß eher Du vom Bösen littest, als daß der Mensch es tue.

So ward es mein Bemühen, auch die übrigen Wahrheiten auf die Weise aufzufinden, in der ich gefunden hatte, daß das Unverderbbare besser sei als das Verderbbare, und nun folgerecht zu dem Bekenntnis gelangte, daß Du, was immer auch Dein Wesen sei, frei von Verderbnis bist. Es hat doch nie eine Seele etwas zu denken vermocht oder wird es je vermögen, was besser wäre als Du, der das höchste und beste Gut ist. Da nun das Unverderbbare auf das bestimmteste und ohne allen Zweifel über das Verderbbare zu stellen ist, wie denn ich schon es darüber stellte, so hätte ich immerhin, wenn Du nicht unverderbbar wärest, im Gedanken etwas ertasten können, was besser wäre als mein Gott. Dort also, wo ich sah,[11] daß das Unverderbbare über das Verderbbare zu stellen sei, mußte ich nach Dir forschen, ich mußte von dort aus meine Betrachtung darüber weiterspannen, wo denn das Böse eigentlich ist, mit andern Worten, woher denn eben die Verderbnis kommt, durch die doch Deine Wesenheit in keiner Weise versehrt werden kann. Denn auch nicht im geringsten sehrt Verderbnis unsern Gott an, nicht von einem Willen her, nicht durch eine Notwendigkeit, nicht unversehens durch Zufall; denn er ist Gott, und darum ist gut, was er von sich aus will, und er selbst ist dieses Gut: aber Verderbnis erleiden ist nicht gut. Und nicht genötigt wirst Du zu etwas, was Du nicht willst, denn Dein Wille ist nicht über Deine Macht hinaus groß. Größer wäre er dann, wenn Du selbst größer wärest als Du selbst; denn der Wille Gottes und die Macht Gottes - das ist Gott selbst. Und was käme Dir unversehens, Dir, der

nosti eam. Et ut quid multa dicimus, cur non 4,6
sit corruptibilis substantia, quae deus est, quando, si hoc esset, non esset deus?

Et quaerebam, unde malum, et male quaere- 5,7
bam et in ipsa inquisitione mea non videbam malum. Et constituebam in conspectu spiritus mei universam creaturam, quidquid in ea cernere possumus, sicuti est terra et mare et aer et sidera et arbores et animalia mortalia, et quidquid in ea non videmus, sicut firmamentum caeli insuper et omnes angelos et cuncta spiritalia eius, sed etiam ipsa, quasi corpora essent, locis et locis ordinavit imaginatio mea; et feci unam massam grandem distinctam generibus corporum creaturam tuam, sive re vera quae corpora erant, sive quae ipse pro spiritibus finxeram, et eam feci grandem, non quantum erat, quod scire non poteram, sed quantum libuit, undiqueversum sane finitam, te autem, domine, ex omni parte ambientem et penetrantem eam, sed usquequaque infinitum, tam quam si mare esset ubique et undique per inmensa infinitum solum mare et haberet intra se spongiam quamlibet magnam, sed finitam tamen, plena esset utique spongia illa ex omni sua parte ex inmenso mari.
Sic creaturam tuam finitam te infinito plenam putabam et dicebam: „Ecce deus et ecce quae creavit deus, et bonus deus atque his validis-

Du alles kennst! Ist ja nicht irgend ein Ding, als nur, weil Du es kennst.[12] Doch wozu so viele Worte, warum das Wesen, welches Gott ist, unversehrbar sein muß, da es doch nicht Gott wäre, wenn es versehrbar wäre.

Und ich forschte, woher das Übel [des Bösen] - und forschte übel und sah nicht das Üble in meiner Forschung.[13] Vor das Auge meines Geistes baute ich die ganze Schöpfung hin, was immer nur in ihr sich zeigt, so Land und Meer und Luft und Stern und Baum und sterblich seelebewegtes Leben, und auch was uns von ihr verborgen bleibt, so die obere Himmelsfeste[14] und ihre ganze Welt von Engeln und Geistern, - auch sie indessen, als ob sie Körper wären, verteilte meine Phantasie auf Ort und Ort im Raume. Ich machte mir aus Deiner Schöpfung eine gewaltig große Masse, gegliedert nach den verschiedenen Arten der Körper, sei es daß es wirklich Körper waren oder daß nur ich in meiner Einbildung reine Geister zu Körpern machte. Und diese Masse ließ ich gewaltig groß sein - nicht wie groß sie an sich war, was ich ja nicht wissen konnte, sondern groß nach meinem Belieben, aber nach allen Seiten hin begrenzt -, Dich aber, Herr, ließ ich diese Masse rings umfluten und sie durchdringen, doch allerwärts grenzenlos: so als wäre allenthalben Meer und durch's Unermeßliche allseits nichts als Meer ohne Enden und das hätte in sich einen Schwamm, wie groß auch, so doch in Grenzen, und dieser Schwamm nun wäre durch und durch getränkt vom unermeßlichen Meer.

Also dachte ich mir Deine Schöpfung, die endliche, erfüllt von Dir, dem Unendlichen, und sprach: „Hier also Gott, und hier, was Gott erschaffen hat. Und gut ist Gott, und er ist besser, ist gewaltig weit erhaben über dieses alles. Doch auch erschaffen hat der Gute Gutes: und seht

sime longissimeque praestantior; sed tamen 5,7
bonus bona creavit: et ecce quomodo ambit atque implet ea? Ubi ergo malum et unde et qua huc inrepsit? Quae radix eius et quod semen eius? An omnino non est? Cur ergo timemus et cavemus quod non est? Aut si inaniter timemus, certe vel timor ipse malum est, quo incassum stimulatur et excruciatur cor, et tanto gravius malum, quanto non est, quod timeamus, et timemus. Idcirco aut est malum, quod timemus, aut hoc malum est, quia timemus. Unde est igitur, quoniam deus fecit haec omnia bonus bona? Maius quidem et summum bonum minora fecit bona, sed tamen et creans et creata bona sunt omnia. Unde est malum? An unde fecit ea, materies aliqua mala erat, et formavit atque ordinavit eam, sed reliquit aliquid in illa, quod in bonum non converteret? Cur et hoc? An inpotens erat totam vertere et conmutare, ut nihil mali remaneret, cum sit omnipotens? Postremo cur inde aliquid facere voluit ac non potius eadem omnipotentia fecit, ut nulla esset omnino? Aut vero exsistere poterat contra eius voluntatem? Aut si aeterna erat, cur tam diu per infinita retro spatia temporum sic eam sivit esse ac tanto post placuit aliquid ex ea facere? Aut iam, si aliquid subito voluit agere hoc potius ageret omnipotens, ut illa non esset atque ipse solus esset totum verum et summum et infinitum bonum? Aut si non erat bene, ut non aliquid boni etiam fabri-

nur, wie er alles umgibt und in allem auch darinnen ist! Wo also ist Raum für das Böse, und woher und auf welchem Wege hat es sich hereingeschlichen? Was ist seine Wurzel, was sein Keim?[15] Oder ist es überhaupt nicht? Warum dann fürchten wir und scheuen, was nicht ist? Oder wenn wir so um nichts uns fürchten, ist doch jedenfalls die Furcht, die das Herz grundlos beunruhigt und peinigt, ein Übel, und dieses Übel ist um so schwerer, als doch nichts vorhanden ist, was zu fürchten wäre: und dennoch fürchten wir. Entweder also ist da ein Übel, das wir fürchten, oder das schon ist ein Übel, daß wir uns fürchten. Woher also stammt es, da doch Gott all das erschaffen hat, der Gute Gutes? Gewiß, das höhere, ja höchste Gut hat geringere Güter erschaffen, aber doch ist gut nicht nur der Schöpfer, ist gut auch alles Geschaffene. Woher das Übel? War ein böser Urstoff, woraus er schuf, und er hätte ihn zwar geformt und geordnet, aber darin einen Rest belassen, den er nicht zum Guten wandelte? Warum dann wieder dies? Fehlte ihm, dem Allmächtigen, an der Macht, den ganzen Stoff so durch und durch zu wandeln, daß nichts Böses zurückgeblieben wäre? Und schließlich, warum wollte er überhaupt aus solchem Stoff etwas machen und machte nicht vielmehr, kraft eben seiner Allmächtigkeit, daß überhaupt keine böse Materie sei? Oder konnte sie gar sich gegen seinen Willen bilden? Oder wenn sie von Ewigkeit schon war, warum hat er sie so lang über unendliche Räume der Zeiten zurück so belassen und sich so spät erst entschlossen, etwas daraus zu machen? Oder, wenn er schon mit einem Male den Willen hatte, etwas zu wirken, so hätte er in seiner Allmacht doch eher bewirken sollen, daß die böse Materie verschwinde und also er allein da wäre, ganz und gar das wahre und das höchste und das unendliche Gut. Oder wenn es nicht gut war, daß der, welcher gut

caretur et conderet qui bonus erat, illa sublata 5,7
et ad nihilum redacta materie, quae mala erat, bonam ipse institueret, unde omnia crearet? Non enim esset omnipotens, si condere non posset aliquid boni, nisi ea quam non ipse condiderat adiuvaretur materia".
Talia volvebam pectore misero, ingravidato curis mordacissimis de timore mortis et non inventa veritate; stabiliter tamen haerebat in
corde meo in catholica ecclesia fides »Christi« II Petr 2, 20
tui, »domini et salvatoris nostri«, in multis quidem adhuc informis et praeter doctrinae normam fluitans, sed tamen non eam relinquebat animus, immo in dies magis magisque inbibebat.

Iam etiam mathematicorum fallaces divina- 6,8
tiones et inpia deliramenta reieceram. Confiteantur etiam hinc tibi de intimis visceribus animae meae miserationes tuae, deus meus! Tu enim, tu omnino - nam quis alius a morte omnis erroris revocat nos nisi vita, quae mori nescit, et sapientia mentes indigentes inluminans, nullo indigens lumine, qua mundus administratur usque ad arborum volatica folia? - tu procurasti pervicaciae meae, qua obluctatus sum Vindiciano acuto seni et Nebridio adulescenti mirabilis animae, illi vehementer adfirmanti, huic cum dubitatione quidem aliqua, sed tamen crebro dicenti non esse illam artem futura praevidendi, coniecturas autem hominum habere saepe vim sortis et

ist, nicht auch etwas Gutes zustande bringe und einrichte, so hätte er doch die böse Materie aufheben und vernichten und seinerseits eine gute ins Dasein setzen können, um aus dieser alles zu erschaffen; er wäre ja nicht allmächtig, wenn er Gutes nur erbilden könnte mit Hilfe eines Stoffes, den nicht er selbst hervorgebracht hatte."

Solche Gedanken wälzte ich unselig in meinem Innern, beschwert von nagender Sorge, weil ich fürchtete, ich möchte sterben, eh daß ich die Wahrheit gefunden hätte. Aber fest in meinem Herzen haftete[16] der in der katholischen Kirche lebendige Glaube an Deinen »Gesalbten, unsern Herrn und Erlöser«. War er in vielem auch noch ungestalt und schwankte neben der gesatzten Lehre[17] einher, so ließ doch mein Geist nicht mehr von ihm, ja er sog ihn von Tag zu Tag tiefer in sich ein.

Auch mit den Astrologen,[18] ihrer falschen Wahrsagerei, ihren gottvergessenen Verrücktheiten war ich schon fertig geworden. Auch dafür sollen sich aus den Tiefen meiner Seele Deine Erbarmungen vor Dir, mein Gott, bekennen! Denn Du, nur Du - was sonst ruft uns von der Todesbahn alljeglichen Irrtums zurück als das Leben, das den Tod nicht kennt, und die keiner Leuchte bedürftige, aber die bedürftigen Geister erleuchtende Weisheit, von der die Welt regiert wird bis zu den Blättern vom Baume, die der Wind entführt -, ja Du hast den rechten Mann besorgt für meinen Starrsinn, den ich einem so scharfen Kopf wie dem greisen Vindicianus[19] entgegengesetzt hatte, und einem Nebridius, dem Jüngling mit der herrlichen Seele,[20] von denen der eine aufs bestimmteste versicherte, der andere, ob auch mit einiger Unsicherheit, doch einums andremal sagte, eine wirkliche Kunst der Vorschau in die Zukunft gebe es überhaupt nicht, es handle sich um rein menschliche Mutmaßungen, bei denen oft der Zufall

multa dicendo dici pleraque ventura nescientibus eis, qui dicerent, sed in ea non tacendo incurrentibus, procurasti tu ergo hominem amicum, non quidem segnem consultorem mathematicorum nec eas litteras bene callentem, sed, ut dixi, consultorem curiosum et tamen scientem aliquid, quod a patre suo se audisse dicebat: quod quantum valeret ad illius artis opinionem evertendam, ignorabat. 6,8

Is ergo vir nomine Firminus, liberaliter institutus et excultus eloquio, cum me tamquam carissimum de quibusdam suis rebus, in quas saecularis spes eius intumuerat, consuleret, quid mihi secundum suas quas constellationes appellant videretur, ego autem, qui iam de hac re in Nebridii sententiam flecti coeperam, non quidem abnuerem conicere ac dicere quod nutanti occurrebat, sed tamen subicerem prope iam esse mihi persuasum ridicula illa esse et inania, tum ille mihi narravit patrem suum fuisse librorum talium curiosissimum et habuisse amicum aeque illa simulque sectantem. Qui pari studio et conlatione flagrabant in eas nugas igne cordis sui, ita ut mutorum quoque animalium, si quae domi parerent, observarent momenta nascentium atque ad ea caeli positionem notarent, unde illius quasi artis experimenta colligerent.

Itaque dicebat audisse se a patre suo, quod, cum eundem Firminum praegnans mater esset, etiam illius paterni amici famula quaedam pa-

* Rätsel (oder auch Rätsel in prophetischer Form)

die Rolle des Orakels spiele, und wer vieles sage, sage allerlei, was hinterher eintreffe, nicht, als hätten die Aussagenden ein Wissen darum, sondern weil sie im Dahinschwatzen auch auf Richtiges kämen. Du also hast mich mit einem Freund versorgt, einem wahrhaft nicht lässigen Befrager der Astrologen, selber zwar in dieser Wissenschaft nicht sehr beschlagen, der aber, wie gesagt, ein neugieriger Frager war und auch einiges davon verstand - was er, wie er sagte, von seinem Vater gehört hatte: aber wie sehr es dazu angetan war, die gute Meinung über jene Kunst gründlich zu zerstören, das ahnte er nicht.

Also dieser Mann, Firminus hieß er und hatte studiert und sich ausgebildet für die Beredsamkeit, zog mich als seinen besten Freund zu Rate in einer für ihn wichtigen Entscheidung, auf die er für sein Vorankommen in der Welt hochgespannte Hoffnungen gesetzt hatte: ich sollte ihm sagen, was ich auf Grund seiner Konstellationen,[21] wie man das heißt, für eine Meinung hätte. Ich aber, der ich in Sachen der Astrologie bereits der Meinung des Nebridius zuneigte, schlug es zwar nicht ab, vermutungsweise zu äußern, was mir in dieser unsicheren Sache eben einfiel, fügte aber bei, ich sei so gut wie überzeugt, daß die ganze Wahrsagerei lächerlich und sinnlos sei. Da erzählte er mir, sein Vater sei auf derlei Bücher ganz versessen gewesen und habe einen Freund gehabt, der ebenfalls und zusammen mit ihm diese Dinge trieb. Einander würdig im Eifer und im Austausch ihrer Beobachtungen waren sie in glühender Begeisterung dieser Spielerei ergeben, so daß sie sogar beim unvernünftigen Vieh im Hause auf den Zeitpunkt des Jungewerfens achteten und die augenblickliche Stellung der Gestirne aufzeichneten, um Erfahrungen in dieser vermeintlichen Kunst zu sammeln.

Von seinem Vater habe er, Firminus, auch gehört, daß zu derselben Zeit, als die Mutter mit ihm schwanger ging, auch eine Magd bei jenem Freunde des Vaters in gleichen

riter utero grandescebat. Quod latere non potuit dominum, qui etiam canum suarum partus examinatissima diligentia nosse curabat; atque ita factum esse, ut cum iste coniugis, ille autem ancillae dies et horas minutioresque horarum articulos cautissima observatione numerarent, enixae essent ambae simul, ita ut easdem constellationes usque ad easdem minutias utrique nascenti facere cogerentur, iste filio, ille servulo. Nam cum mulieres parturire coepissent, indicaverunt sibi ambo, quid sua cuiusque domo ageretur, et paraverunt quos ad se invicem mitterent, simul ut natum quod parturiebatur esset cuique nuntiatum: quod tamen ut continuo nuntiaretur, tamquam in regno suo facile effecerant. Atque ita qui ab alterutro missi sunt, tam ex paribus domorum intervallis sibi obviam factos esse dicebat, ut aliam positionem siderum aliasque particulas momentorum neuter eorum notare sineretur. Et tamen Firminus amplo apud suos loco natus dealbatiores vias saeculi cursitabat, augebatur divitiis, sublimabatur honoribus, servus autem ille conditionis iugo nullatenus relaxato dominis serviebat, ipso indicante qui noverat eum. 6,8

His itaque auditis et creditis - talis quippe narraverat - omnis illa reluctatio mea resoluta concidit, et primo Firminum ipsum conatus sum ab illa curiositate revocare, cum dicerem, constellationibus eius inspectis ut vera pronuntiarem, debuisse me utique videre ibi 6,9

Umständen war. Das konnte natürlich dem Herrn, der sogar auf das Werfen seiner Hündinnen mit peinlichster Genauigkeit acht hatte, nicht verborgen bleiben. Und nun habe es sich gefügt, während so der eine bei seiner Frau, der andere bei der Magd die Tage, die Stunden, ja die kleinsten Stundenteilchen mit schärfster Aufmerksamkeit berechnete, daß beide Frauen gleichzeitig niederkamen, und so die Beobachter sich genötigt sahen, jedem der Neugeborenen die gleiche Nativität bis ins kleinste hinein zu stellen, der eine dem Sohn, der andere dem Sklavenkind. Als nämlich die Frauen in die Wehen fielen, ließen beide einander wissen, was bei jeder zu Hause vorging, und sie hielten Boten bereit, die sie gegenseitig sich zuschicken wollten, um zu melden, sobald geboren wäre, was schon unterwegs war; und daß die Meldung sofort erfolgte, war für sie, jeder Herr in seinem Hause, doch ein leichtes. Und nun begegneten sich, wie er erzählte, die Boten beiderseits in so genau gleicher Entfernung von beiden Häusern, daß der Vater und der Freund nicht umhin konnten, die gleiche Gestirnstellung und die gleiche Geburtsminute in genauer Übereinstimmung aufzuzeichnen. Und dennoch ging es mit Firminus, der aus einer in der Heimat angesehenen Familie stammte, auf den hellgetünchten[22] Pfaden der Welt prächtig voran, er kam zu Reichtum, er stieg zu Ehren auf, während jener Sklave, dem das Standesjoch in nichts erleichtert wurde, im Herrndienst blieb, wie Firminus bezeugte, der ihn kannte.

Als ich das hörte und auch es glaubte, weil der Gewährsmann danach war, brach mein voriger Widerstand vollends zusammen, und mein erstes war, bei Firminus selbst den Versuch zu machen, ihn von solchem Vorwitz abzubringen. Ich sagte ihm, ich hätte doch nach dem Einblick in seine Konstellation, der mir eine wahre Voraussage ermöglichen sollte, die Vorrangstellung seiner Eltern unter ihren Mitbürgern ersehen müssen, den freien Ge-

parentes inter suos esse primarios, nobilem fa- 6,9
miliam propriae civitatis, natales ingenuos,
honestam educationem liberalesque doctrinas;
at si me ille servus ex eisdem constellationi-
bus - quia et illius ipsae essent - consuluisset,
ut eidem quoque vera proferrem, debuisse me
rursus ibi videre abiectissimam familiam, con-
ditionem servilem et cetera longe a prioribus
aliena longeque distantia. Unde autem fieret,
ut eadem inspiciens diversa dicerem, si vera
dicerem - si autem eadem dicerem, falsa di-
cerem - inde certissime colligi ea, quae vera
consideratis constellationibus dicerentur, non
arte dici, sed sorte, quae autem falsa, non
artis inperitia, sed sortis mendacio.

Hinc autem accepto aditu ipse mecum talia 6,10
ruminando, ne quis eorundem delirorum, qui
talem quaestum sequerentur, quos iam iam-
que invadere atque inrisos refellere cupiebam,
mihi ita resisteret, quasi aut Firminus mihi
aut illi pater falsa narraverit, intendi con-
siderationem in eos qui gemini nascuntur,
quorum plerique ita post invicem funduntur
ex utero, ut parvum ipsum temporis interval-
lum, quantamlibet vim in rerum natura ha-
bere contendant, colligi tamen humana ob-
servatione non possit litterisque signari om-
nino non valeat, quas mathematicus inspec-
turus est, ut vera pronuntiet. Et non erunt
vera, quia easdem litteras inspiciens eadem
debuit dicere de Esau et Iacob; sed non eadem
utrique acciderunt. Falsa ergo diceret aut, si

burtsstand, die gehobene Erziehung und die Ausbildung in den Wissenschaften. Dagegen, hätte mich jener Sklave auf Grund der gleichen Konstellation - es war ja in der Tat die gleiche - befragt, so hätte ich hinwieder, sollte ich auch ihm die Wahrheit herauslesen, in ihr eine Familie von niederstem Rang ersehen müssen, den Sklavenstand und die übrigen hier in weitem Abstand vom ersten Fall verschiedenen Verhältnisse. Gerade daraus aber, daß ich auf Grund des gleichen Befundes Entgegengesetztes sagen müßte, wenn ich wahr aussagen sollte, hingegen, wenn ich das gleiche sagte, falsch aussagen würde, gerade daraus also folge doch mit voller Sicherheit, daß wahre Aussagen auf Grund der Konstellation nicht durch Wissenschaft zustande kommen, sondern durch Spruch auf gut Glück, falsche aber nicht durch Unkenntnis dieser Wissenschaft, sondern eben durch den Unverlaß solchen Spruches auf gut Glück.

Von jetzt an sah ich den Weg für mein Vorhaben frei. Ich ließ mir die Dinge durch den Kopf gehen, damit mir keiner dieser Leute, die sich aus dem Aberwitz ein Gewerbe machten - ich wollte sie längst schon packen und dem Spotte preisgeben -, mit dem Einwand kommen könne, als habe mir Firminus oder ihm der Vater falsch berichtet, und wandte meine Betrachtung auf die als Zwillinge Geborenen. Ihr Ausgang vom Mutterleib erfolgt in der Regel so rasch nacheinander, daß die kleine Zwischenzeit - welche Wichtigkeit man ihr auch beimessen mag im natürlichen Verlauf der Dinge - von der menschlichen Beobachtung nicht erfaßt und erst recht nicht in den Aufzeichnungen vermerkt werden kann, die dann der Astrolog einzusehen hat, um Richtiges auszusagen. Und er wird das Richtige auch nicht treffen: denn über Esau und Jakob müßte er auf Grund der gleichen Zeichen das gleiche voraussagen, und doch ist den beiden nicht das gleiche widerfahren. Unrichtiges würde er also sagen, oder, wenn er das

vera diceret, non eadem diceret: at eadem 6,10
inspiceret. Non ergo arte, sed sorte vera diceret.

Tu enim, domine, iustissime moderator universitatis, consulentibus consultisque nescientibus occulto instinctu agis, ut, dum quisque consulit, hoc audiat, quod eum oportet audire
occultis meritis animarum ex abysso iusti iu- [Ps 35, 7]
dicii tui. Cui non dicat homo: „Quid est hoc?
Ut quid hoc?" Non dicat, non dicat: homo [Job 9, 12]
est enim.

Iam itaque me, »adiutor meus«, illis vincu- 7,11
lis solveras, et quaerebam, unde malum, et non Ps 18, 15
erat exitus. Sed me non sinebas ullis fluctibus cogitationis auferri ab ea fide, qua credebam et esse te et esse inconmutabilem substantiam tuam et esse de hominibus curam et iudicium tuum et in Christo, filio tuo, domino nostro, atque scripturis sanctis, quae ecclesiae tuae catholicae conmendaret auctoritas, viam te posuisse salutis humanae ad eam vitam, quae post hanc mortem futura est.

His itaque salvis atque inconcusse roboratis in animo meo quaerebam aestuans, unde sit malum. Quae illa tormenta parturientis cordis mei, qui gemitus, deus meus! Et ibi erant aures tuae nesciente me. Et cum in silentio fortiter quaererem, magnae voces erant ad misericordiam tuam, tacitae contritiones animi mei. Tu sciebas, quid patiebar, et nullus hominum. Quantum enim erat, quod inde

Richtige sagte, könnte er nicht das gleiche sagen, - und hätte doch die gleichen Zeichen gesehen. Also nicht durch Wissenschaft, sondern durch Spruch auf gut Glück hätte er das Richtige gesagt.
Denn Du, Herr, allgerechter Lenker des Alls, Du bewirkst, den Fragenden und den Befragten unbewußt, durch geheime Eingebung, aus der undurchdringlichen Tiefe Deines Gerichtes heraus, daß jeder beim Befragen das vernimmt, was ihm je nach dem verborgenen Verdienst oder Mißverdienst der Seele zu vernehmen gebührt. Es soll kein Mensch zu Dir sagen: „Was ist das? Warum das?" Er soll es nicht, nein, er soll es nicht; er ist ja nur Mensch.

So hattest Du, »mein Helfer«, mich aus diesen Banden schon befreit, und ich forschte weiter, woher das Böse sei, und es zeigte sich kein Ausweg aus dem Gewirr.[23] Aber Du ließest es nicht geschehen, daß all das Wogen der Gedanken mich je noch von dem Glauben losgerissen hätte, durch den ich glaubte, daß Du bist und daß Dein Wesen Wandels ohne ist und daß ob den Menschen Deine Sorge ist[24] und Dein Gericht[25] und daß Du in Christus, Deinem Sohn, unserm Herrn, dazu in den Heiligen Schriften, die uns Deine ermächtigte katholische Kirche darreicht, für die Menschen bereitet hast den Weg des Heiles zu dem Leben, welches nach dieser Sterbnis sein wird.[26]
Das alles stand gesichert und unerschütterlich fest in meinem Geiste, aber in Ängsten wälzte ich die Frage, woher das Böse sei. Was für Qualen des gebärenden Herzens, welches Seufzen, mein Gott! Aber Du warst da und hörtest, ohne daß ich es wußte. Und während ich in der Stille hingegeben forschte, war die schweigende Not meines Geistes ein lautes Rufen zu Deiner Erbarmung. Du allein wußtest, was ich litt; von den Menschen keiner. Denn wie wenig war es, was meine Zunge davon dem Ohr meiner

digerebatur per linguam meam in aures fami- 7, 11
liarissimorum meorum! Numquid totus tu-
multus animae meae, cui nec tempora nec os
meum sufficiebat, sonabat eis? Totum tamen
ibat in auditum tuum, quod »rugiebam a ge- Ps 37, 9 ff
mitu cordis mei, et ante te erat desiderium
meum et lumen oculorum meorum non erat
mecum«. Intus enim erat, ego autem foris,
nec in loco illud. At ego intendebam in ea,
quae locis continentur, et non ibi inveniebam
locum ad requiescendum, nec recipiebant me
ista, ut dicerem: „Sat est et bene est", nec
dimittebant redire, ubi mihi satis esset bene.
Superior enim eram istis, te vero inferior, et
tu gaudium verum mihi subdito tibi et tu mihi
subieceras quae infra me creasti. Et hoc erat
rectum temperamentum et media regio salu-
tis meae, ut manerem ad imaginem tuam et
tibi serviens dominarer corpori. Sed cum su-
perbe contra te surgerem et currerem adver-
sus dominum »in cervice crassa scuti mei«, Job Sept 15, 26
etiam ista infima supra me facta sunt et pre-
mebant, et nusquam erat laxamentum et re-
spiramentum. Ipsa occurrebant undique acer-
vatim et conglobatim cernenti, cogitanti au-
tem imagines corporum ipsae opponebantur
redeunti, quasi diceretur: „Quo is, indigne et
sordide?" Et haec de vulnere meo creverant,
quia »humiliasti tamquam vulneratum super- Ps 88, 11
bum«, et tumore meo separabar abs te et ni-
mis inflata facies claudebat oculos meos.

nächsten Freunde auseinandersetzte! Wie hätten sie auch den ganzen Aufruhr meiner Seele sollen tosen hören, der ja nicht in Zeiten, nicht in meinem eigenen Wort sich sagen ließ![27] Alles aber drang es in Dein Gehör, was »ich aufschrie vor Gestöhn meines Herzens, und offen lag Dir mein Verlangen, und doch war sie nicht bei mir, meiner Augen Leuchte«. Inwendig, ja da war sie; aber ich war draußen - und ihrer ist doch kein Ort im Raume. Ich aber, ich hatte Augen nur für das, was seinen Ort im Raume hat, und da fand ich keinen Ort zum Ruhen, und auch die Dinge des Raumes nahmen mich nicht auf, daß ich hätte sagen können: „So ist es genug, so ist es gut." Aber sie ließen mich auch nicht mehr los, dorthin, wo es gut für mich gewesen wäre. Ich war ja mehr als sie, aber weniger als Du,[28] und Du nur wärest das wahre Freudengut für mich gewesen, der ich unter Dich gestellt bin, und Du auch hattest alles mir unterworfen, was Du unterhalb meiner erschaffen hast. Und es wäre das gerechte Wohlverhältnis und die sichere Mitte für mein Heil gewesen, treu Deinem Bild in mir zu bleiben und Dir dienend Herr über das zu sein, was Körper ist. Da ich aber im Hochgefühl meines Selbst mich gegen Dich erhob und wider den Herrn anstürmte »mit steifem Nacken als meinem Schild«, wuchsen auch schon jene niederen Dinge über mich und drückten schwer, und nirgend gab es mehr Entlastung, nirgend freies Atemholen. Sie drängten sich von allerwärts, schwarmweise, haufenweise vor dem Auge des Blickenden; aber dem Geiste des Denkenden vertraten wieder die Bilder des Körperhaften den Heimweg nach innen, - so als hieße es: „Wohin, wohin? So unwürdig, so schmutzig?" Das alles kam von meiner Wunde, weil »Du wie einen Wunden beugest den Menschen des Hochmuts«, und ichgebläht verlor ich Dich, und mein geschwollenes Gesicht schloß mir die Augen zu.

Tu vero, domine, »in aeternum manes« et 8,12 Ps 32, 11
»non in aeternum irasceris nobis«, quoniam Ps 84, 6
miseratus es »terram et cinerem«, et placuit Sir 17, 31
»in conspectu tuo« reformare deformia mea. Ps 68, 21
Et stimulis internis agitabas me, ut inpatiens
essem, donec mihi per interiorem aspectum
certus esses. Et residebat tumor meus ex oc-
culta manu medicinae tuae aciesque contur-
bata et contenebrata mentis meae acri colly-
rio salubrium dolorum de die in diem sana-
batur.

Et primo volens ostendere mihi, quam »re- 9,13 I Petr
sistas superbis, humilibus autem des gratiam« 5, 5
et quanta misericordia tua demonstrata sit Jak 4, 6
hominibus via humilitatis, quod »verbum« tu- Jo 1, 14
um »caro factum est et habitavit inter homi-
nes«, procurasti mihi per quendam hominem
inmanissimo tyfo turgidum quosdam Platoni-
corum libros ex graeca lingua in latinam versos.
Et ibi legi non quidem his verbis, sed hoc idem
omnino multis et multiplicibus suaderi ratio-
nibus, quod »in principio erat verbum et ver- Jo 1, 1-5
bum erat apud deum et deus erat verbum:
hoc erat in principio apud deum; omnia per
ipsum facta sunt, et sine ipso factum est nihil;
quod factum est, in eo vita est, et vita erat
lux hominum; et lux in tenebris lucet, et tene-
brae eam non conprehenderunt«; et quia ho-
minis anima, quamvis »testimonium perhibeat Jo
de lumine, non est« tamen »ipsa lumen«, sed 1, 7-10
verbum, deus ipse, »est lumen verum, quod

Aber Du, Herr, »bleibst in Ewigkeit«, aber »nicht auf ewig zürnst Du uns«, weil Du Dich erbarmst über »Staub und Asche«. Und es war »Deinen Augen« ein Wohlgefallen, mich Mißgestalt aufs neue zu gestalten. Und mit innerlichen Stachelstößen triebst Du mich, daß mir's unerträglich würde, bis ich, innen Deiner ansichtig, die Gewißheit hätte. Und was Geschwulst an mir war, ging unter der Pflege Deiner verborgenen Hand zurück, und die gestörte und verfinsterte Sehkraft meines Geistes genas von Tag zu Tag durch die scharfe Salbe heilsamer Schmerzen.

Und dessen zum Beginn wolltest Du mir zeigen, wie sehr Du »den Hochmütigen widerstehst, den Demütigen aber Gnade gibst« und aus welcher Tiefe Deiner Erbarmung den Menschen der Weg der Demut gewiesen ward, da Dein »Wort Fleisch geworden ist und gewohnt hat unter den Menschen«.[29] Dank Deiner Fügung erhielt ich durch einen von maßlosem Stolze geblähten Menschen einige Schriften der Platoniker, die aus dem Griechischen ins Lateinische übersetzt waren.[30] Hier las ich, wenn auch nicht gerade wörtlich, so doch dem Sinne nach dasselbe, und durch viele und vielfache Vernunftgründe glaubhaft gemacht: daß »im Anfang das Wort war und das Wort bei Gott war und daß das Wort Gott war; daß es im Anfang bei Gott war, daß alles durch dies geworden ist und ohne dies nichts geworden ist; daß alles, was geworden ist, Leben ist in ihm,[31] und das Leben das Licht war für die Menschen und daß das Licht in der Finsternis leuchtet und die Finsternis es nicht erfaßt hat«; und daß die Menschenseele, ob sie schon »Zeugnis gibt vom Licht«, doch »nicht selber das Licht ist«, sondern daß das Wort, Gott selbst, »das wahre Licht ist, das jeden Menschen erleuchtet,

inluminat omnem hominem venientem in hunc 9,13
mundum«; et quia »in hoc mundo erat, et mundus per eum factus est, et mundus eum non cognovit«. Quia vero »in sua propria Jo 1, 11 f
venit et sui eum non receperunt, quotquot autem receperunt eum, dedit eis potestatem filios dei fieri credentibus in nomine eius«, non ibi legi.

Item legi ibi, quia verbum, deus, »non ex 9,14
carne, non ex sanguine neque ex voluntate Jo 1, 13
viri neque ex voluntate carnis, sed ex deo
natus« est; sed quia »verbum caro factum est Jo 1, 14
et habitavit in nobis«, non ibi legi.

Indagavi quippe in illis litteris varie dictum
et multis modis, quod sit filius »in forma pa- Phil 2, 6
tris non rapinam arbitratus esse aequalis deo«,
quia naturaliter id ipsum est, sed quia »semet Phil 2, 7-11
ipsum exinanivit formam servi accipiens, in similitudinem hominum factus et habitu inventus ut homo, humiliavit se factus oboediens usque ad mortem, mortem autem crucis; propter quod deus eum exaltavit« a mortuis »et donavit ei nomen, quod est super omne nomen, ut in nomine Iesu omne genu flectatur caelestium, terrestrium et infernorum et omnis lingua confiteatur, quia dominus Iesus in gloria est dei patris«, non habent illi libri.

Quod autem ante omnia tempora et supra omnia tempora inconmutabiliter manet uni-
genitus filius tuus coaeternus tibi et quia »de Jo 1, 16
plenitudine eius« accipiunt animae, ut beatae sint, et quia participatione manentis in se sa-

der in diese Welt kommt«; und daß Gott »in dieser Welt war und die Welt durch ihn erschaffen ist und die Welt ihn nicht erkannt hat«.[32] Das andere aber, daß »er in sein Eigentum kam und die Seinen ihn nicht aufnahmen, er aber allen, die ihn aufnahmen, die Macht gab, Kinder Gottes zu werden durch den Glauben an seinen Namen«, - das habe ich dort nicht gelesen.

Gleichso las ich dort, daß das Wort, Gott, »nicht aus dem Fleische, nicht aus dem Geblüte, nicht aus Mannes- noch Fleischeswillen, sondern aus Gott geboren« ist; aber daß »das Wort Fleisch geworden ist und unter uns gewohnt hat«, habe ich dort nicht gelesen.

Wohl fand ich in jenen Büchern verschiedentlich und mannigfach gesagt, daß der Sohn, weil »in Gleichgestalt mit dem Vater, das Gottgleichsein nicht für einen Raub erachtet hat«, da er dieses selbe ja von Natur ist. Aber daß »er sich selbst entäußerte, indem er Knechtsgestalt annahm, den Menschen sich gleich machte und im Verhalten sich befinden ließ wie ein Mensch«, daß »er sich erniedrigt hat, gehorsam geworden bis zum Tode, ja bis zum Kreuzestod, weshalb ihn Gott erhöht hat« von den Toten, »und ihm einen Namen verliehen hat, der über alle Namen ist, auf daß sich im Namen Jesu beugen alle Knie im Himmel, auf Erden und in der Unterwelt und jegliche Zunge zur Ehre Gottes des Vaters bekenne: Jesus ist der Herr«, - davon sagen jene Bücher nichts.

Ja, daß vor allen Zeiten und erhaben über alle Zeiten unwandelbar beharrt Dein eingeborener Sohn, gleichewig mit Dir, und daß alle Seelen das Glücklichsein »aus seiner Fülle« empfangen und zum Weisesein durch Teilnahme an der sich beharrenden Weisheit erneuert werden, das findet sich dort, - daß er aber »zur bestimmten Zeit für

pientiae renovantur, ut sapientes sint, est ibi; 9,14
quod autem »secundum tempus pro inpiis Röm 5,6
mortuus est« »et filio unico tuo non pepercisti, Röm 8,32
sed pro nobis omnibus tradidisti eum«, non est
ibi. »Abscondisti« enim »haec a sapientibus Mt 11,25
et revelasti ea parvulis«, ut venirent ad eum
»laborantes et onerati et reficeret eos«, quon- Mt 11,28 f
iam »mitis est et humilis corde«, et »dirigit Ps 24,9
mites in iudicio et docet mansuetos vias suas«
videns »humilitatem« nostram »et laborem« Ps 24,18
nostrum et dimittens »omnia peccata nostra«.
Qui autem cothurno tamquam doctrinae sub-
limioris elati non audiunt dicentem: »discite Mt 11,29
a me, quoniam mitis sum et humilis corde, et
invenietis requiem animabus vestris«, etsi »co- Röm 1,21 f
gnoscunt deum, non sicut deum glorificant
aut gratias agunt, sed evanescunt in cogita-
tionibus suis et obscuratur insipiens cor eo-
rum; dicentes se esse sapientes stulti fiunt«.
Et ideo legebam ibi etiam inmutatam »glo- 9,15
riam incorruptionis tuae« in idola et varia Röm 1,23
simulacra, »in similitudinem imaginis cor-
ruptibilis hominis et volucrum et quadrupe-
dum et serpentium«, videlicet Aegyptium ci-
bum, quo Esau perdidit primogenita sua,
quoniam caput quadrupedis pro te honoravit [Ex 32,1-6]
populus primogenitus, »conversus corde in Apg 7,39
Aegyptum« et curvans imaginem tuam, ani-
mam suam, ante imaginem »vituli manducan- Ps 105,20
tis faenum«.
Inveni haec ibi et non manducavi. Placuit
enim tibi, domine, auferre opprobrium dimi-

Gottlose gestorben ist« und daß Du Deines »einzigen Sohnes nicht geschont, sondern für uns alle ihn dahingegeben hast«, das steht dort nicht. Denn »verborgen hast Du dies vor den Weisen und hast es Kleinen offenbart«, damit zu ihm kämen »die Mühseligen und Beladenen und er sie erquicke«, weil er »milde ist und demütig von Herzen« und »die Milden leitet auf den rechten Pfad und die Lenksamen seine Wege weist«; er sieht unsere »Armseligkeit und Mühsal«, und vergibt uns »all unsre Sünden«. Die aber auf dem Kothurn[33] eines, wie sie sagen, höheren Wissens zu groß sind, um ihn zu hören, wie er spricht: »Lernet von mir, denn ich bin milde und demütig von Herzen, und ihr werdet Ruhe finden für eure Seelen«, - die mögen wohl »Gott erkennen, aber sie verherrlichen ihn nicht als Gott noch sagen sie ihm Dank, sie gehen in der Nichtigkeit ihrer eigenen Gedanken auf, und finster wird es in ihrem törigen Herzen; sie sagen, sie seien Weise, und sie machen sich zu Narren.«

Dies erklärt mir, daß ich auch bei Platonikern »die Herrlichkeit Deines unvergänglichen Wesens« vertauscht fand gegen Götzen und allerhand Gestalten »in Ebenbildlichkeit mit dem vergänglichen Menschen, mit Vögeln und Vierfüßlern und kriechendem Getier«. Das ist, versteht sich, jene Speise Ägyptens, um welche Esau sein Recht des Erstgeborenen dahingab,[34] da doch Dein erstgebornes Volk statt Deiner den Kopf eines vierfüßigen Tieres verehrte, und, »mit dem Herzen wieder in Ägypten«, Dein Ebenbild, seine Seele, beugte vor dem Bild eines »heufressenden Kalbes«.

Ja, das fand ich dort, aber ich aß nicht davon. Denn es hat Dir gefallen, Herr, die Schmach der Hintansetzung wegzunehmen von Jakob, so daß »der Ältere dem Jün-

nutionis ab Iacob, ut »maior serviret minori«, Röm
et vocasti gentes in hereditatem tuam. Et ego 9, 12
ad te veneram ex gentibus et intendi in aurum,
quod ab Aegypto voluisti ut auferret populus [Ex
tuus, quoniam tuum erat, ubicumque erat. Et 3, 22; 11, 2]
dixisti Atheniensibus per apostolum tuum,
quod in te »vivimus et movemur et sumus, Apg
sicut et quidam secundum eos dixerunt«, et 17, 28
utique inde erant illi libri. Et non adtendi in
idola Aegyptiorum, quibus de auro tuo mini-
strabant, »qui transmutaverunt veritatem dei Röm
in mendacium et coluerunt et servierunt crea- 1, 25
turae potius quam creatori«.

Et inde admonitus redire ad memet ipsum in- *10, 16*
travi in intima mea duce te et potui, quoniam
»factus es adiutor meus«. Intravi et vidi quali- Ps 29, 11
cumque oculo animae meae supra eundem ocu-
lum animae meae, supra mentem meam lucem
inconmutabilem, non hanc vulgarem et con-
spicuam omni carni nec quasi ex eodem genere
grandior erat, tamquam si ista multo multo-
que clarius claresceret totumque occuparet
magnitudine. Non hoc illa erat, sed aliud,
aliud valde ab istis omnibus. Nec ita erat su-
pra mentem meam, sicut oleum super aquam
nec sicut caelum super terram, sed superior,
quia ipsa fecit me, et ego inferior, quia factus
ab ea. Qui novit veritatem, novit eam, et qui
novit eam, novit aeternitatem. Caritas novit
eam.

O aeterna veritas et vera caritas et cara aeter-

geren dienen mußte«,[35] und die Heiden waren es, die Du berufen hast in Dein Erbe. Auch ich war zu Dir gekommen aus der Heidenschaft, und ich richtete mein Augenmerk auf das Gold, das nach Deinem Geheiß Dein eigen Volk aus Ägypten mitnehmen sollte, weil das Gold [der Wahrheit] Dein war, mochte es sein wo immer.[36] Und Du hast zu den Athenern - und dorther eben stammten jene Bücher - durch Deinen Apostel gesagt, daß wir in Dir »leben und weben und sind, wie es auch einige aus ihrer Mitte ausgesprochen haben«.[37] Und so ließ ich unbeachtet die Götzenbilder der Ägypter, denen sie von Deinem Golde opferten, »sie, welche die Wahrheit Gottes mit der Lüge vertauscht und lieber dem Geschöpf als dem Schöpfer Verehrung und Dienst erwiesen haben«.

Von[38] dannen aufgefordert, zu mir selbst zurückzukehren, betrat ich, von Dir geführt, mein Innerstes,[39] und ich vermochte es, weil »Du mein Helfer geworden«. Ich trat ein und schaute mit dem Auge meiner Seele, so schwach es war, hoch über diesem selben Auge meiner Seele, hoch über meinem Geist das unwandelbare Licht,[40] nicht dieses allen gemeine, sichtbar allem Fleische, auch nicht ein größeres von derselben Natur, so als wenn es nur heller, viel heller leuchtete und in seiner Gewaltigkeit alljegliches erfaßte. Nein, nicht also war es, sondern etwas anderes, weit anderes als alles sonst. Auch war es nicht in der Weise über meinem Geist, wie Öl auf Wasser oder der Himmel über der Erde, sondern erhaben über mich,[41] weil es mich erschaffen hat, und ich war unter ihm, weil ich von ihm geschaffen bin. Wer die Wahrheit kennt, kennt es, und wer es kennt, der kennt die Ewigkeit. Die Liebe kennt es.[42]

O Wahrheit, du ewige, o Liebe, du allein wahre, o Ewigkeit, allein liebenswert! Du bist es, Du mein Gott, nach

nitas! Tu es deus meus, tibi suspiro »die ac Ps 1, 2
nocte«. Et cum te primum cognovi, tu assumsisti me, ut viderem esse, quod viderem, et nondum me esse, qui viderem. Et reverberasti infirmitatem aspectus mei radians in me vehementer, et contremui amore et horrore: et inveni longe me esse a te in regione dissimilitudinis, tamquam audirem vocem tuam de excelso: „Cibus sum grandium: cresce et manducabis me. Nec tu me in te mutabis sicut cibum carnis tuae, sed tu mutaberis in me".
Et cognovi, quoniam »pro iniquitate erudisti Ps 38, 12
hominem et tabescere fecisti sicut araneam animam« meam, et dixi: „Numquid nihil est veritas, quoniam neque per finita neque per infinita locorum spatia diffusa est?" Et clamasti de longinquo: »Immo vero ego sum qui sum«. Ex 3, 14
Et audivi, sicut auditur in corde, et non erat prorsus, unde dubitarem faciliusque dubitarem vivere me quam non esse veritatem, quae »per ea, quae facta sunt, intellecta conspicitur«. Röm 1, 20

Et inspexi cetera infra te et vidi nec omnino 11, 17
esse nec omnino non esse: esse quidem, quoniam abs te sunt, non esse autem, quoniam id quod es non sunt. Id enim vere est, quod inconmutabiliter manet. »Mihi autem inhaerere Ps 72, 28
deo bonum est«, quia, si non manebo in illo, nec in me potero. Ille autem »in se manens Weish 7, 27
innovat omnia«; et »dominus meus es, quoniam bonorum meorum non eges«. Ps 15, 2

Dir ist mein Sehnen »Tag und Nacht«. Und sobald ich Deiner inne ward, da nahmst Du mich hin, damit ich sähe, daß etwas sei, was ich sehen sollte, aber ich noch nicht der wäre, der es zu sehen vermöchte. Und Du schlugest, blendhell in mich strahlend, zurück meines Auges Unkraft, und ich erschauerte in Liebe und Erschrecken.[43] Und ich fand mich weit von Dir in der Fremde des entstellten Ebenbildes,[44] und mir war, als hörte ich aus ferner Höhe Deine Stimme: „Ich bin das Brot der Starken: wachse, und du wirst mich essen. Und nicht du wirst mich in dich verwandeln wie die Speise für deinen Leib, sondern du wirst in mich gewandelt werden."

Und ich erkannte, daß »Du ob seiner Missetat[45] den Menschen in Deine Zucht genommen« und meine »Seele wie eine Spinne hast vertrocknen lassen«.[46] Und ich fragte mich: „Ist denn die Wahrheit Nichts, weil sie nicht Ort bei Ort sich durch Räume breitet, nicht durch begrenzte, nicht durch unbegrenzte?" Und Du riefest aus der Ferne: »Nein! Ich bin es, der Ich bin.« Und ich hörte es, so wie man mit dem Herzen hört, und fürder war nicht mehr, daß ich noch hätte zweifeln können, und eher hätte ich gezweifelt, daß ich lebe, als daran, daß Wahrheit ist, die »am Geschaffenen durch seine Erkenntnis sich erschauen läßt«.

Und ich betrachtete all die Dinge unter Dir, und ich erfand sie weder ganz im Sein noch ganz im Nichtsein: daß sie zwar seien, weil sie von Dir her sind, aber auch nicht seien, weil sie nicht sind, was Du bist; denn vollwirklich seiend ist, was unwandelbar besteht. »Für mich aber ist das Gut, Gott anzuhangen«; denn nur wenn ich in ihm beharre, verharre ich auch in mir. Er aber »bleibt in sich derselbe und macht doch alles sich erneuen«; und »mein Herr bist Du, denn meiner Güter bedarfst Du nicht«.

Et manifestatum est mihi, quoniam bona sunt, 12, 18
quae corrumpuntur, quae neque si summa bona
essent, corrumpi possent, neque nisi bona es-
sent, corrumpi possent, quia, si summa bona
essent, incorruptibilia essent, si autem nulla
bona essent, quid in eis corrumperetur, non
esset. Nocet enim corruptio et, nisi bonum
minueret, non noceret. Aut igitur nihil nocet
corruptio, quod fieri non potest, aut, quod
certissimum est, omnia, quae corrumpuntur,
privantur bono. Si autem omni bono priva-
buntur, omnino non erunt. Si enim erunt et
corrumpi iam non poterunt, meliora erunt,
quia incorruptibiliter permanebunt. Et quid
monstrosius quam ea dicere omni bono amisso
facta meliora? Ergo si omni bono privabun-
tur, omnino nulla erunt: ergo quamdiu sunt,
bona sunt. Ergo quaecumque sunt, bona sunt,
malumque illud, quod quaerebam unde esset,
non est substantia, quia, si substantia esset,
bonum esset. Aut enim esset incorruptibilis
substantia, magnum utique bonum, aut sub-
stantia corruptibilis esset, quae nisi bona es-
set, corrumpi non posset.

Itaque vidi et manifestatum est mihi, quia
omnia bona tu fecisti et prorsus nullae sub-
stantiae sunt, quas tu non fecisti. Et quoniam
non aequalia omnia fecisti, ideo sunt omnia,
quia singula bona sunt et simul omnia »valde Gen 1, 31
bona«, quoniam fecit deus noster »omnia bona Sir 39, 21
valde«.

Und auch dieses ward mir klar, daß sie gut sind, die Dinge, die dem Verderb unterliegen. Wohl, sie könnten, wenn sie höchstes Gut wären, nicht verderben, aber sie könnten Verderb auch nicht erleiden, wenn sie gar nichts von Gut wären: denn wenn sie höchstes Gut wären, so gäbe es bei ihnen nicht Verderb, und wenn sie gar nichts von Gut wären, so wäre nichts, was in ihnen dem Verderb unterliegen könnte. Denn Verderb richtet Schaden an, und minderte er nicht an Gut, so machte er nicht Schaden. Entweder also tut Verderb keinen Schaden, was doch unmöglich ist, oder, was schlechthin gewiß ist, alles, was Verderb erleidet, wird an Gut beraubt. Entfiele aber jeglich Gut bei einem Ding, so würde es überhaupt nicht mehr sein.[47] Denn bestünde es weiterhin, ohne daß es noch Verderb erleiden könnte, so wäre es nun besser, weil es unvergänglich dauern würde. Aber gäbe es größeren Widersinn, als von ihm auszusagen, nun, da es jeglich Gut verloren hat, sei es besser geworden? Also, wenn es jeglich Gut verliert, ist es überhaupt nicht mehr: solang es also ist, ist es gut. Also ist alles, was da seiend ist, gut, und jenes Böse, dessen Ursprung ich suchte, ist nicht Wesenheit; denn wäre es Wesenheit, so wäre es gut.[48] Es wäre entweder eine dem Verderb überhobene Wesenheit, dann allerdings ein hohes Gut, oder eine dem Verderb zugängliche Wesenheit, die ohne Gut in ihr nicht Verderb erleiden könnte.

So erkannte ich, ich sah's mir offenbar, daß Du jegliches als ein Gut erschaffen hast, und daß es schlechterdings keine Wesenheiten gibt, die nicht Du erschaffen hättest. Und da Du nicht alle Dinge gleichgestalt erschaffen hast, deswegen sind sie alle: denn jedes für sich ist gut, und alle in ihrer Allheit sind sie »sehr gut«, denn unser Gott hat »alles zusammen sehr gut« gemacht.[49]

Et tibi omnino non est malum, non solum tibi 13,19
sed nec universae creaturae tuae, quia extra
non est aliquid, quod inrumpat et corrumpat
ordinem, quem inposuisti ei. In partibus au-
tem eius quaedam quibusdam quia non con-
veniunt, mala putantur; et eadem ipsa con-
veniunt aliis et bona sunt et in semet ipsis
bona sunt. Et omnia haec, quae sibimet in-
vicem non conveniunt, conveniunt inferiori
parti rerum, quam terram dicimus, habentem
caelum suum nubilosum atque ventosum con-
gruum sibi. Et absit, ut dicerem iam: „Non
essent ista", quia etsi sola ista cernerem, desi-
derarem quidem meliora, sed iam etiam de
solis istis laudare te deberem, quoniam lau-
dandum te ostendunt »de terra dracones et Ps 148,7-12
omnes abyssi, ignis, grando, nix, glacies, spiri-
tus tempestatis, quae faciunt verbum tuum,
montes et omnes colles, ligna fructifera et om-
nes cedri, bestiae et omnia pecora, reptilia
et volatilia pinnata; reges terrae et omnes po-
puli, principes et omnes iudices terrae, iuvenes
et virgines, seniores cum iunioribus laudant
nomen tuum«. Cum vero etiam »de caelis« te Ps 148,1-5
laudent, laudent te, deus noster, »in excelsis
omnes angeli tui, omnes virtutes tuae, sol et
luna, omnes stellae et lumen, caeli caelorum
et aquae, quae super caelos sunt, laudent no-
men tuum«, non iam desiderabam meliora,
quia omnia cogitabam, et meliora quidem
superiora quam inferiora, sed meliora omnia
quam sola superiora iudicio saniore pendebam.

Und für Dich gibt es Bös und Übel überhaupt nicht, und nicht nur für Dich nicht, auch nicht für Deine Schöpfung in ihrer Allheit; denn außerhalb ist kein Etwas, das einbrechen, das die Ordnung, die Du dem Universum gesetzt hast, zerbrechen könnte. Unter seinen Teilen aber gilt für Übel manches, weil es mit manchem nicht zusammenstimmt; das nämliche aber stimmt doch wiederum zu anderem und ist gut so, und auch in sich selbst ist es gut. Und die Ganzheit dessen, worin es hin und her Nichtstimmen gibt, stimmt zu dem niederen Teil der Schöpfung, den wir die Erde nennen, und sie hat ihren Himmel, wie er stimmt zu ihr, wolkig, windig. Es sei mir ferne, noch zu sagen: „Dies sollte gar nicht sein!" Denn sähe ich die niederen Dinge für sich allein, gewiß, ich wünschte mir was Besseres, aber schon um ihretwillen müßte ich Dich lobpreisen. Denn der Preisung würdig offenbaren Dich »von der Erde her die Ungeheuer und alle Abgrundtiefen, Feuer, Hagel, Schnee und Eis und Sturmgeister und alles, was da tut, wie Du befiehlst; die Berge, Hügel alle, die tragenden Bäume und alle die Zedern, Gewild und alles zahme Vieh und, was da kreucht und fleucht; der Erde Könige und alle Völker, die Fürsten und die Richter all der Erden, Jünglinge und Jungfrauen, die Greise wie die Kinder rühmen Deinen Namen«. Und weil sie auch »vom Himmel her« Dich preisen, ja preisen Dich, o unser Gott, »all Deine Engel in den Höhen, all Deine Mächte, die Sonne und der Mond, alle Sterne und das Licht, die obersten Himmel und die Wasser über dem Himmel Deinen Namen rühmen«: so wünschte ich nicht mehr, es sollte Ding für Ding vollkommener sein, weil ich das Ganze bedachte und mit mehr Verstand erwog, es sei das Höhere zwar besser als das Niedere, doch besser als das Höhere für sich allein sei die Allheit dessen, was da ist.[50]

Non est sanitas eis, quibus displicet aliquid 14,20
creaturae tuae, sicut mihi non erat, cum dis-
plicerent multa, quae fecisti. Et quia non
audebat anima mea, ut ei displiceret deus
meus, nolebat esse tuum quidquid ei displice-
bat. Et inde ierat in opinionem duarum sub-
stantiarum et non requiescebat et aliena lo-
quebatur. Et inde rediens fecerat sibi deum
per infinita spatia locorum omnium et eum pu-
taverat esse te et eum collocaverat in corde
suo et facta erat rursus templum idoli sui abo-
minandum tibi. Sed posteaquam fovisti caput
nescientis et clausisti »oculos meos, ne vide- Ps 118, 37
rent vanitatem«, cessavi de me paululum, et
consopita est insania mea; et evigilavi in te
et vidi te infinitum aliter, et visus iste non a
carne trahebatur.

Et respexi alia et vidi tibi debere quia sunt 15,21
et in te cuncta finita, sed aliter, non quasi in loco, sed quia tu es omnitenens manu veritate, et omnia vera sunt, in quantum sunt, nec quicquam est falsitas, nisi cum putatur esse quod non est.

Et vidi quia non solum locis sua quaeque suis conveniunt sed etiam temporibus et quia tu, qui solus aeternus es, non post innumerabilia spatia temporum coepisti operari, quia omnia spatia temporum, et quae praeterierunt et quae praeteribunt, nec abirent nec venirent nisi te operante et manente.

Sie sind nicht bei Trost, denen etwelches an Deiner Schöpfung mißfällt, wie auch ich es war, als vieles, was Du erschaffen, mir mißfiel. Und weil sich meine Seele nicht so weit erkühnte, daß ihr mein Gott mißfallen hätte, so wollte sie nicht wahr haben, daß irgend etwas, was ihr mißfiel, Dein Werk sein sollte. Darum war sie bis zum Glauben an zwei Urwesen fortgegangen[51] und fand doch keine Ruhe und redete irr. Und wieder davon abgekommen, hatte sie sich einen Gott gemacht, der den grenzenlosen Raum allerorts erfüllte,[52] und hatte ihn für Dich gehalten und im Herzen aufgestellt, und so war sie abermals der Tempel ihres eigenen Götzen geworden, ein Greuel vor Dir. Da nahmst Du - mir ward es nicht bewußt - liebreich mein Haupt an Dich und schlossest mir »die Augen, daß sie Eitles nicht mehr sähen«. Ich war eine Weile weg von mir, und Schlummer legte sich auf meinen Wahn. Und dann erwachte ich in Dir[53] und sah Dich als den anderswie Unendlichen, und dies war nun ein Sehen, das nicht aus dem Fleische kam.

Und wieder wandte ich den Blick auf das andere,[54] und ich sah, daß es Dir das Dasein verdankt, daß alles auch als so und so Bestimmtes in Dir sich findet, aber anderswie, nicht als hätte es da Ort wie im Raume,[55] sondern deshalb, weil Du der Allhaltende bist durch die Wahrwirklichkeit, die Deine Hand ist, und weil alles, sofern es seiend ist, wahrwirklich ist, mitnichten aber sich Fälsche findet, außer es werde für seiend gehalten, was nicht ist. Und ich sah, daß jegliches recht an seinem angewiesenen Ort,[56] aber auch recht in seiner Zeit ist,[57] und daß Du, der allein Ewige, nicht erst nach unausmeßlichen Zeiträumen zu wirken begonnen hast,[58] da ja alles, was nur immer Zeit heißt, sie sei vergangen oder werde erst vergehend sein, dies Gehen und Kommen hat, nur weil Du bist, [ewig] wirkend und [ewig gleich] verharrend.[59]

Et sensi expertus non esse mirum, quod pa- 16,22
lato non sano poena est et panis, qui sano sua-
vis est, et oculis aegris odiosa lux, quae puris
amabilis. Et iustitia tua displicet iniquis, ne-
dum vipera et vermiculus, quae bona creasti,
apta inferioribus creaturae tuae partibus, qui-
bus et ipsi iniqui apti sunt, quanto dissimiliores
sunt tibi, apti autem superioribus quanto si-
miliores fiunt tibi. Et quaesivi, quid esset ini-
quitas, et non inveni substantiam, sed a sum-
ma substantia, te deo, detortae in infima vo-
luntatis perversitatem »proicientis intima sua« Sir 10, 10
et tumescentis foras.

Et mirabar, quod iam te amabam, non pro te 17,23
phantasma, et non stabam frui deo meo, sed
rapiebar ad te decore tuo moxque diripiebar
abs te pondere meo et ruebam in ista cum ge-
mitu; et pondus hoc consuetudo carnalis. Sed
mecum erat memoria tui, neque ullo modo
dubitabam esse, cui cohaererem, sed nondum
me esse, qui cohaererem, quoniam »corpus, Weish 9, 15
quod corrumpitur, adgravat animam et depri-
mit terrena inhabitatio sensum multa cogitan-
tem«, eramque certissimus, quod »invisibilia Röm 1, 20
tua a constitutione mundi per ea quae facta
sunt intellecta conspiciuntur, sempiterna quo-
que virtus et divinitas tua«. Quaerens enim,
unde adprobarem pulchritudinem corporum
sive caelestium sive terrestrium et quid mihi

Und von der Erfahrung belehrt, fand ich es nicht erstaunlich, daß einem angegriffenen Gaumen selbst das Brot, das dem gesunden wohlschmeckt, zur Pein wird, und daß das Licht, das süß ist dem gesunden Auge, widerwärtig ist dem kranken. So ist auch Deine Gerechtigkeit den Bösen zum Anstoß: was wunder, wenn auch Viper und Gewürm - die Du gut geschaffen hast, eingepaßt den niederen Bereichen Deiner Schöpfung. Und zu ihnen passen auch die Bösen, und um so mehr, je weniger sie Dir ähnlich sind, wogegen sie den höheren Ordnungen um so näher kommen, je mehr sie Dir ähnlich werden.[60] Und ich forschte, was das Böse sei, und ich fand in ihm nicht Wesenheit,[61] sondern Umsturz im Willen, eines Willens, der sich dem höchsten Wesen, Dir, Gott, entwindet ins Niedere hinab, »sein Herz hinauswirft« und weltfeist sich ins Außen bläht.[62]

Ich konnte nicht verstehen, daß ich Dich schon liebte, nicht statt Deiner ein Hirngespinst, aber gleichwohl in der Freude an meinem Gott kein Beharren fand: von Deiner Schöne zu Dir hingerissen, ward ich bald durch meine eigene Schwere von Dir wieder weggerissen und fiel mit Seufzen zurück ins Alte;[63] und diese Schwere war mein gewohntes Haften an der Stofflichkeit.[64] Aber Du bliebst in meinem Bewußtsein, und jeder Zweifel war mir benommen, daß etwas ist, mit dem ich verbunden sein sollte, nur daß es an mir noch fehle, mit ihm verbunden zu sein; denn »der Leib, der in der Vergängnis west, beschwert die Seele, und die irdische Behausung drückt den vielerwägenden Geist«. Ich war mir auch völlig gewiß, daß »Dein Unschaubares seit Erschaffung der Welt im Mittel der Schöpfungsdinge erkenntnisweise zu ersehen ist, auch Deine ewige Macht und göttliche Größe«. Denn wenn ich mich fragte, worauf es denn gründe, daß ich die Schönheit der körperlichen Dinge am Himmel und auf der Erde

praesto esset integre de mutabilibus iudicanti 17,23
et dicenti: „Hoc ita esse debet, illud non ita",
hoc ergo quaerens, unde iudicarem, cum ita iudicarem, inveneram inconmutabilem et veram veritatis aeternitatem supra mentem meam conmutabilem.

Atque ita gradatim a corporibus ad sentientem per corpus animam atque inde ad eius interiorem vim, cui sensus corporis exteriora nuntiaret, et quousque possunt bestiae, atque inde rursus ad ratiocinantem potentiam, ad quam refertur iudicandum, quod sumitur a sensibus corporis; quae se quoque in me conperiens mutabilem erexit se ad intellegentiam suam et abduxit cogitationem a consuetudine, subtrahens se contradicentibus turbis phantasmatum, ut inveniret, quo lumine aspergeretur, cum sine ulla dubitatione clamaret inconmutabile praeferendum esse mutabili, unde nosset ipsum inconmutabile - quod nisi aliquo modo nosset, nullo modo illud mutabili certa praeponeret - et pervenit ad id, quod est in
ictu trepidantis aspectus. Tunc vero »invisi- Röm
bilia tua per ea quae facta sunt intellecta« 1, 20
conspexi, sed aciem figere non evalui et repercussa infirmitate redditus solitis non mecum ferebam nisi amantem memoriam et quasi olefacta desiderantem, quae comedere nondum possem.

würdigen kann, und was für Maß mir zuhanden sei, wenn ich über Dinge, die so oder anders sein können, frischweg urteile und sage: „das ist, wie es sein soll, und jenes nicht", wenn ich also fragte, wovon mein bestimmtes Urteil eigentlich bestimmt sei, so stieß ich jenseits meines doch selbst auch wandelbaren Geistes auf eine unwandelbare und in sich ewig feste Wahrheit.

So stieg ich denn Stufe um Stufe empor, von der Körperwelt zu der durch den Körper empfindenden Seele, weiter zu ihrem inneren Vermögen, dem das leibliche Gesinn über die Außendinge Meldung macht, und welches auch noch dem tierlichen Erkennen als seine obere Grenze eignet, und ich gelangte abermals weiter zu der überlegenden Kraft der Vernunft, bei der das Urteil über die sinnlichen Wahrnehmungen liegt. Indem nun auch diese Urteilskraft sich noch als wandelbar in mir erfuhr, reckte sie sich zur rein geistig schauenden Selbstdurchdringung: sie führte das Denken aus der Bahn des Gewohnten, sie entzog sich dem ganzen widersinnigen Geschwärm von Phantasien,[65] um auszufinden, was für ein Licht es sei, von dem getroffen sie schlechtweg und bestimmt erklärt, das Wandellose sei höher zu stellen als das Wandelbare, woher sie also Bescheid habe vom Wandellosen als solchem, - denn hätte sie nicht irgendwie Bescheid davon, sie vermöchte es keinerweise so sicher über das Wandelbare zu stellen -, und so gelangte meine vernünftige Kraft zuletzt bis an das, was Ist, gelangte dorthin in dem blitzenden Moment eines zitternden Erblickens.[66] Ja, da schaute ich »Dein Unschaubares im Mittel der Schöpfungsdinge erkenntnisweise«, - aber daran mich festzuschauen, das vermochte ich nicht:[67] den Schwachen schlug es zurück ins Gewohnte, und was ich in mir davon noch herumtrug, war nur der liebende Gedanke daran, bei dem mich verlangte, als hätte ich den Duft einer Speise verspürt, die zu essen ich noch nicht fähig war.

Et quaerebam viam conparandi roboris, quod 18,24
esset idoneum ad fruendum te, nec invenie-
bam, donec amplecterer »mediatorem dei et I Tim 2, 5
hominum, hominem Christum Iesum«, »qui Röm 9, 5
est super omnia deus benedictus in saecula«,
vocantem et dicentem: »ego sum via et veri- Jo 14, 6
tas et vita«, et cibum, cui capiendo invali-
dus eram, miscentem carni, quoniam »verbum Jo 1, 14
caro factum est«, ut infantiae nostrae lacte-
sceret sapientia tua, per quam creasti omnia.

Non enim tenebam deum meum Iesum hu-
milis humilem nec cuius rei magistra esset eius
infirmitas noveram. Verbum enim tuum, ae-
terna veritas, superioribus creaturae tuae parti- [Hebr 1, 4-14]
bus supereminens subditos erigit ad se ipsam,
in inferioribus autem aedificavit sibi humilem
domum de limo nostro, per quam subdendos [Gen 2, 7]
deprimeret a se ipsis et ad se traiceret, sanans
tumorem et nutriens amorem, ne fiducia sui
progrederentur longius, sed potius infirmaren-
tur videntes ante pedes suos infirmam divini-
tatem ex participatione tunicae pelliciae no- [Gen 3, 21]
strae et lassi prosternerentur in eam, illa au-
tem surgens levaret eos.

Ego vero aliud putabam tantumque sentie- 19,25
bam de domino Christo meo, quantum de ex-
cellentis sapientiae viro, cui nullus posset ae-
quari, praesertim quia mirabiliter natus ex
virgine ad exemplum contemnendorum tem-
poralium prae adipiscenda immortalitate di-

Und ich suchte den Weg, auf dem ich die Kraft gewänne, die mich rüsten könnte zum Genusse Deiner,[68] und ich fand ihn nicht, bis daß ich Ihn umfing, »den Mittler zwischen Gott und den Menschen, den Menschen Christus Jesus«, »der da ist über alles, Gott, hochgelobt in Ewigkeit«, Ihn, der uns ruft, wenn er spricht: »Ich bin der Weg, die Wahrheit und das Leben.« Er hat die Speise, die zu nehmen ich die Kraft nicht hatte, dem Fleische verbunden, da »das Wort Fleisch geworden ist«, damit für unsere Kindesschwäche Milch werde Deine Weisheit, durch die Du alles erschaffen hast.

Ja, noch faßte ich ihn nicht, demütig den Demutvollen, meinen Gott Jesus, und wußte nicht, was seine Schwachheit uns hätte lehren sollen.[69] Denn Dein Wort, die ewige Wahrheit, hocherhaben über den höheren Bereich Deiner Schöpfung, hebt die zu sich empor,[70] die sich ihm beugen, aber im unteren Bereich hat es sich aus dem Lehm, daraus wir gebildet, eine niedere Hütte gebaut, damit es jene, die sich erst beugen sollen, aus ihrer Eigenhöhe hinabdrücke und auf seine Seite bringe, den Hochmut brechend und die Liebe nährend: sie sollten nicht noch weiter ins Selbstgenügen sich verirren, sie sollten ihre Schwachheit fühlen, wenn sie zu ihren Füßen die Gottheit sehen, wie sie im Fellkleid unsersgleichen sich erschwacht hat, sie sollten, im Gefühle ihrer Ohnmacht, sich zu ihr zu Boden werfen, - sie aber stünde auf, um sie mit sich emporzuheben.

Ich aber hatte eine andere Meinung. In Christus meinem Herrn sah ich lediglich einen Mann von überragender Weisheit,[71] welchem keiner sich vergleichen ließe. Dies zumal, daß er wunderbar aus einer Jungfrau zum Vorbild geboren war, wie das Zeitliche in Ansehung der Unsterblichkeit, die wir erlangen sollen, gering zu achten sei, verstand ich so, daß er dank der göttlichen Waltung

vina pro nobis cura tantam auctoritatem magisterii meruisse videbatur. Quid autem sacramenti haberet »verbum caro factum«, ne suspicari quidem poteram. Tantum cognoveram ex his, quae de illo scripta traderentur, quia manducavit et bibit, dormivit, ambulavit, exhilaratus est, contristatus est, sermocinatus est, non haesisse carnem illam verbo tuo nisi cum anima et mente humana. Novit hoc omnis, qui novit incommutabilitatem verbi tui, quam ego iam noveram, quantum poteram, nec omnino quicquam inde dubitabam. Etenim nunc movere membra corporis per voluntatem, nunc non movere, nunc aliquo affectu affici, nunc non affici, nunc proferre per signa sapientes sententias, nunc esse in silentio propria sunt mutabilitatis animae et mentis. Quae si falsa de illo scripta essent, etiam omnia periclitarentur mendacio neque in illis litteris ulla fidei salus generi humano remaneret. Quia itaque vera scripta sunt, totum hominem in Christo agnoscebam, non corpus tantum hominis aut cum corpore sine mente animum, sed ipsum hominem, non persona veritatis, sed magna quadam naturae humanae excellentia et perfectiore participatione sapientiae praeferri ceteris arbitrabar.

19,25 Jo 1,14

Alypius autem deum carne indutum ita putabat credi a catholicis, ut praeter deum et carnem non esset in Christo anima, mentemque hominis non existimabat in eo praedicari. Et

für uns diese erhabene Würde für sein Lehramt empfangen habe. Aber welches Heilsgeheimnis der Satz »das Wort ist Fleisch geworden« in sich schließe, das vermochte ich nicht einmal zu ahnen.[72] Aus dem, was in den Schriften über ihn berichtet ist - daß er aß und trank, daß er schlief und wanderte, frohlockte, trauerte und zu den Leuten sprach -, war mir das eine klar geworden, daß dieses Fleisch nicht anders als mitsamt einer Seele und einem Geist, wie sie zur menschlichen Natur gehören, Deinem Wort verbunden sein konnte.[73] Das weiß ein jeder, der von der Unwandelbarkeit Deines Wortes weiß, und von ihr wußte ich bereits nach dem Maß meiner Kraft und hatte überhaupt noch nie daran gezweifelt. Denn die Glieder des Leibes willentlich jetzt bewegen, jetzt wieder nicht bewegen, einer Wallung des Gemüts das einemal sich hingeben, ein andermal nicht, jetzt Gedanken der Weisheit im Wort verkünden, dann wieder in Schweigen verharren: das sind die eigentümlichen Merkmale einer Seele, eines Geistes, in denen es Veränderung gibt. Wäre das nun falscher Schein, was ihm hier zugeschrieben ist, so würde doch gleich alles der Lüge verdächtig, und dem Menschengeschlecht verbliebe in diesen Büchern nichts mehr von Verlaß für das Heil durch Glauben. Weil hier also der Wirklichkeit Gemäßes aufgezeichnet ist, so sprach ich Christus das volle Menschsein zu, nicht nur den Körper eines Menschen oder mit dem Körper noch die sinnliche Seele ohne den Geist, - aber von diesem wirklichen Menschen nahm ich an, daß er nicht als die Wahrheit in Person, sondern auf Grund etwelcher besonderen Vortrefflichkeit seiner Menschennatur und einer vollkommeneren Teilhabe an der Weisheit über alle anderen zu stellen sei.

Alypius dagegen meinte, daß nach dem Glauben der Katholiken Gott sich also mit Fleisch umkleidet habe, daß in Christo nur Gott und Fleisch, nicht auch die Seele gewesen sei, und Menschengeist, so meinte er, werde ihm

quoniam bene persuasum tenebat ea, quae de 19,25
illo memoriae mandata sunt, sine vitali et
rationali creatura non fieri, ad ipsam chri-
stianam fidem pigrius movebatur. Sed postea
haereticorum Apollinaristarum hunc errorem
esse cognoscens catholicae fidei conlaetatus et
contemperatus est.
Ego autem aliquanto posterius didicisse me
fateor, in eo, quod »verbum caro factum« est, Jo 1, 14
quomodo catholica veritas a Fotini falsitate
dirimatur. Inprobatio quippe haereticorum
facit eminere, quid ecclesia tua sentiat et quid
habeat sana doctrina. »Oportuit enim et hae- I Kor 11, 19
reses esse, ut probati manifesti fierent« inter
infirmos.

Sed tunc lectis Platonicorum illis libris po- 20,26
steaquam inde admonitus quaerere incorpo-
ream veritatem »invisibilia tua per ea quae Röm 1, 20
facta sunt intellecta« conspexi et repulsus
sensi, quid per tenebras animae meae contem-
plari non sinerer, certus esse te et infinitum
esse nec tamen per locos finitos infinitosve
diffundi et vere te esse, qui semper »idem ipse« Ps 101, 28;
esses, ex nulla parte nulloque motu alter aut Hebr 1, 12
aliter, cetera vero ex te esse omnia, hoc solo
firmissimo documento, quia sunt, certus qui-
dem in istis eram, nimis tamen, infirmus ad
fruendum te. Garriebam plane quasi peritus
et, nisi in »Christo, salvatore nostro«, viam Tit 1, 4
tuam quaererem, non peritus, sed periturus
essem. Iam enim coeperam velle videri sa-

nicht zugeschrieben. Und weil er völlig überzeugt war, daß alles, was die Überlieferung von Christus aussage, nur auf Grund animalischer und vernünftiger Geschöpflichkeit möglich sei, so konnte er sich mit dem christlichen Glauben überhaupt nur sehr lässig befreunden. Aber später, als er darin die Irrlehre der Apollinaristen[74] erkannte, schloß er sich freudig dem katholischen Glauben an.

Was aber mich betrifft, so gestehe ich, daß ich erst einige Zeit danach begriff, wie sich in der Auffassung des Satzes »das Wort ist Fleisch geworden« die katholische Wahrheit vom Irrtum des Photinus[75] unterscheide. In der Verwerfung häretischer Lehren tritt es ja deutlich hervor, was das Urteil Deiner Kirche und die gesunde, rechte Lehre ist. »Denn es mußten auch Irrlehren sein, damit die Bewährten offenbar würden« im Unterschied von den Schwachen.

Damals aber, als ich, vom Lesen jener platonischen Bücher zur Suche nach der unstofflichen Wirklichkeit aufgefordert, »Dein Unschaubares durch das Mittel der Schöpfungsdinge erkenntnisweise« gewahrt, und in einem Zurückprallen auch empfunden hatte, was das wäre, zu dessen Schauung mich die Finsternis in meiner Seele nicht hindurchgelangen ließ,[76] da war ich des einen gewiß, daß Du bist und unendlich bist, freilich nicht ausgebreitet über endlich oder unendlich gedachten Raum hin,[77] und war mir auch des andern gewiß, daß nur Du wirklich seiend bist, weil Du immerdar »ein und derselbe« bist, in keiner Hinsicht Deines Wesens und durch keine Veränderung ein anderer oder einmal anderswie,[78] daß aber das übrige jegliches aus Dir her ist, wofür allein schon als sicherstes Zeugnis spricht, daß es ist.[79] In diesen Fragen also hatte ich Gewißheit, und war doch viel zu schwach, in ganzer Freude Dein zu sein. Ja, ich schwatzte so drauf los, recht wie ein Eingeweihter, und war doch, wenn ich nicht in

piens plenus poena mea et non flebam, insuper 20, 26
et inflabar scientia. Ubi enim erat illa aedi-
ficans caritas a fundamento humilitatis, quod [I Kor 8, 1; 3, 11]
est Christus Iesus? Aut quando illi libri me
docerent eam? In quos me propterea, prius-
quam scripturas tuas considerarem, credo voluisti incurrere, ut inprimeretur memoriae meae, quomodo ex eis affectus essem et, cum postea in libris tuis mansuefactus essem et curantibus digitis tuis contrectarentur vulnera mea, discernerem atque distinguerem, quid interesset inter praesumptionem et confessionem, inter videntes, quo eundum sit, nec videntes qua, et viam ducentem ad beatificam patriam non tantum cernendam sed et habitandam.

Nam si primo sanctis tuis litteris informatus essem et in earum familiaritate obdulcuisses mihi et post in illa volumina incidissem, fortasse aut abripuissent me a solidamento pietatis, aut si in affectu, quem salubrem inbiberam, perstitissem, putarem etiam ex illis libris eum posse concipi, si eos solos quisquam didicisset.

Itaque avidissime arripui venerabilem stilum 21, 27
spiritus tui et prae ceteris apostolum Paulum, et perierunt illae quaestiones, in quibus mihi aliquando visus est adversari sibi et non

»Christo, unserm Heiland« den Weg zu Dir suchte, kein Eingeweihter, nur ein Todgeweihter. Denn schon wandelte mich's an, daß ich für weise gelten wollte, so sattvoll meiner Not ich auch war, und ich weinte nicht darüber, im Gegenteil, ich blähte mich vor Wissenschaft. Wo blieb denn auch die Liebe, jene, die da aufbaut aus dem Grunde der Demut, welcher Christus Jesus ist? Oder hätten jene Bücher sie je mich lehren können? Aber daß sie mir in die Hände fielen, noch bevor ich mich in Deine Schriften versenkte, das geschah, so glaube ich, nach der Fügung Deines Willens: es sollte sich mir ins Gedächtnis prägen, welche Wirkung auf mein Inneres ich von ihnen empfangen hatte, und mit aller Deutlichkeit sollte mir, wenn ich nachmals über Deiner Schrift zur Ruhe gekommen wäre und meine Wunden von Deinen pflegsamen Fingern behandelt würden, der Unterschied aufgehen zwischen anmaßlichem Selbstgenügen und demütigem Bekenntnis,[80] zwischen solchen, die wohl sehen, wohin die Reise zu gehen hätte, aber den Weg dahin nicht sehen, und dem Wege selbst,[81] der zur Seligkeit in der Heimat führt, die wir nicht nur erschauen, die wir auch bewohnen sollen.

Denn hätte ich mich zuerst an Deinen heiligen Schriften gebildet, hätte in der Vertrautheit mit ihnen Deine Süße gekostet und wäre dann erst an die Bücher der Platoniker gekommen, - vielleicht hätten sie mich vom festen Grunde der Gottesverehrung abgebracht, oder ich hätte, wenn ich bei der heilsam eingetrunkenen Sinnesart verblieben wäre, doch vermeint, sie ließe sich auch aus diesen Schriften gewinnen, ohne daß man noch andere läse.

So griff ich gierig nach dem ehrwürdigen Buche Deines Geistes, vorab nach dem Apostel Paulus.[82] Und von selber schwanden jene Fragen von ehedem, als es mir noch geschienen hatte, er bewege sich im Widerspruch mit sich

congruere testimoniis legis et prophetarum 21, 27
textus sermonis eius, et apparuit mihi una fa-
cies »eloquiorum castorum«, et »exultare cum Ps 11, 7 Ps 2, 11
tremore« didici. Et coepi et inveni, quidquid
illac verum legeram, hac cum conmendatione
gratiae tuae dici, ut qui videt non sic »glorie- I Kor 4, 7
tur, quasi non acceperit« non solum id quod
videt, sed etiam ut videat - »quid« enim »ha-
bet quod non accepit?« - et ut te, qui es sem-
per idem, non solum admoneatur ut videat,
sed etiam sanetur ut teneat, et qui de longin-
quo videre non potest, viam tamen ambulet,
qua veniat et videat et teneat, quia, etsi »con-
delectetur« homo »legi dei secundum interio- Röm 7, 22
rem hominem«, quid faciet de »alia lege in
membris suis repugnante legi mentis suae et
se captivum ducente in lege peccati, quae est
in membris eius«? »Quoniam iustus es«, do- Dan 3, 27. 29
mine; nos autem »peccavimus, inique feci- III Kön 8, 47
mus«, »inpie gessimus«, »et gravata est super Ps 31, 4
nos manus tua«, et iuste traditi sumus anti-
quo peccatori, praeposito mortis, quia per-
suasit voluntati nostrae similitudinem volun-
tatis suae, qua »in veritate« tua »non stetit«. Jo 8, 44
Quid faciet »miser homo? Quis eum liberabit Röm 7, 24 f
de corpore mortis huius nisi gratia tua per
Iesum Christum dominum nostrum«, quem
genuisti coaeternum et creasti »in principio Spr 8, 22
viarum tuarum«, in quo »princeps huius mun- Jo 14, 30
di« »non invenit quicquam morte dignum«, Lk 23, 4
et occidit eum; et »evacuatum est chirogra- Kol 2, 14
fum, quod erat contrarium nobis«?

selbst, und der Wortlaut seiner Verkündigung stimme mit den Zeugnissen des Gesetzes und der Propheten nicht zusammen. Ein und dasselbe Angesicht »des lauteren Wortes« blickte mir entgegen, und ich lernte »frohlocken mit Zittern«. Und allmählich fand ich, daß alles Wahre, was ich bei den Platonikern gelesen, auch hier gesagt werde, aber nicht ohne Preisung Deiner Gnade: denn es sollte, wer da sieht, nicht so »sich rühmen, als hätte er nicht empfangen«, empfangen nicht nur, was er sieht, auch daß er sehen kann - denn »was hat er, das er nicht empfangen hätte?« -; und er sollte Dich, der Du immerdar derselbe bist, nicht bloß zu sehen bewogen werden, sondern auch festzuhalten die Kraft gewinnen; und es sollte, wer zu fern ist, um sehen zu können, dennoch wandeln den Weg, daß er hingelangen und sehen und besitzen könne. Denn wenn der Mensch auch »Gefallen findet am Gesetze Gottes dem inneren Menschen nach«, was macht er mit dem »andern Gesetz in seinen Gliedern, das dem Gesetz seines Geistes widerstreitet und ihn gefangen hält unter dem Gesetz der Sünde, das in seinen Gliedern ist«? »Denn gerecht bist Du«, Herr, wir aber »haben gesündigt, haben übel getan«, »gottlos gehandelt«, »und schwer liegt auf uns Deine Hand«, und zu Recht sind wir dem Ursünder, dem Fürsten des Todes überliefert worden, weil er unsern Willen dazu gebracht hat, es seinem Willen gleichzutun, mit dem »er in der Wahrheit nicht bestanden hat«. Was wird er machen, der »unselige Mensch? Wer macht ihn frei vom Leibe dieses Sterbelebens als allein Deine Gnade durch Jesus Christus, unsern Herrn«, den Du als den Gleichewigen gezeugt und »am Anfang Deiner Wege« geschaffen hast, an dem »der Fürst dieser Welt« »nichts Todwürdiges fand«? Und hat ihn doch getötet, und »gelöscht ist der Schuldschein, der zeugte gegen uns«.

Hoc illae litterae non habent. Non habent 21, 27
illae paginae vultum pietatis huius, lacrimas confessionis, »sacrificium tuum, spiritum contribulatum, cor contritum et humiliatum«, populi salutem, »sponsam civitatem«, »arram spiritus sancti«, poculum pretii nostri. Nemo ibi cantat: »nonne deo subdita erit anima mea? Ab ipso enim salutare meum: etenim ipse deus meus et salutaris meus, susceptor meus: non movebor amplius«. Nemo ibi audit vocantem: »venite ad me, qui laboratis«. Dedignantur ab eo »discere, quoniam mitis est et humilis corde«. »Absconditi« enim »haec a sapientibus et prudentibus et revelasti ea parvulis«. Et aliud est de silvestri cacumine videre patriam pacis et iter ad eam non invenire et frustra conari per invia circum obsidentibus et insidiantibus fugitivis desertoribus cum principe suo »leone et dracone«, et aliud tenere viam illuc ducentem cura caelestis imperatoris munitam, ubi non latrocinantur, qui caelestem militiam deseruerunt; vitant enim eam sicut supplicium.

Ps 50, 19 — Apk 21, 2 — II Kor 5, 5 — Ps 61, 2 f — Mt 11, 28 f — Mt 11, 25 — Ps 90, 13

Haec mihi inviscerabantur miris modis, cum »minimum apostolorum tuorum« legerem, et consideraveram opera tua et expaveram.

I Kor 15, 9

Davon liest man nichts bei jenen Philosophen. Ihren Blättern fehlt das Gesicht der Gottanheimgegebenheit, sie kennen nicht die Träne der Beichte, das »Opfer«, wie Du es willst, »den zerbrochenen Geist, das zerknirschte und zerschlagene Herz«, nicht das Heil für das Volk, nicht die »bräutliche Stadt«, nicht das »Unterpfand des Heiligen Geistes«, nicht den Kelch, der unser Kaufpreis ist. Niemand singt da: »Soll meine Seele nicht Gott unterworfen sein? Kommt ja von ihm mein Heil; ist doch er mein Gott und mein Retter, mein Hort, nicht mehr werde ich wanken«. Niemand hört da den Ruf: »Kommet zu mir, die ihr beladen seid«; sie verschmähen es, von ihm »zu lernen, der da sanftmütig und demütig ist von Herzen«. Denn Du hast dies »verborgen vor Weisen und Klugen und es den Kleinen offenbart«. Und ein anderes ist es, von waldiger Höhe aus die Heimat des Friedens zu sehen und den Weg dorthin nicht zu finden und vergeblich sich zu mühen in unwegsamer Wildnis, da ringsum Entlaufene auf ihrer Flucht im Hinterhalt liegen und lauern mit ihrem Häuptling »Löwe und Drache« - ein anderes aber, den Weg dorthin einzuhalten, den die Liebessorge des himmlischen Herrschers gebahnt hat, wo keine Wegelagerer ihr Unwesen treiben, die vom himmlischen Kriegsdienst ausgerissen sind; denn die meiden ihn wie Folterqual.

Das alles durchdrang mich, ich weiß nicht wie, bis ins Innerste, als ich den »geringsten unter Deinen Aposteln« las. Deine Werke hatte ich betrachtet, - und ich war erschrocken.

LIBER OCTAVUS

ACHTES BUCH

Reinigung des Herzens [32. Lebensjahr] durch gnadenreiche Führungen: Absicht, Simplizian zu besuchen [I, 1]. Noch gefesselt durch die Frau [I, 2]. Simplizian erzählt von der Bekehrung des Rhetors Victorinus [2-4]. Die zwei Willen [5]. - Die entscheidende Krisis [6-12]: Pontizians Erzählungen vom Mönchsleben und von zwei zum Mönchtum übergehenden Hofbeamten [6]. Innerer Aufruhr [7. 8]. - Im Garten [8-12]: Auch im Kampf mit sich selbst [9] ist der Wille nur einer [10]. Die letzten Widerstände der Sinnlichkeit [11]. »Nimm und lies!« Mit Augustins Bekehrung ist ein Traumgesicht Monnicas erfüllt [12].

Deus meus, recorder in gratiarum actione 1, 1
tibi et confitear misericordias tuas super [Ps 32, 22]
me. Perfundantur »ossa mea« dilectione tua Ps 34, 10
et dicant: »domine, quis similis tibi?« »Diru- Ps 115, 16 f
pisti vincula mea: sacrificem tibi sacrificium
laudis«. Quomodo dirupisti ea, narrabo, et
dicent omnes, qui adorant te, cum audient
haec: »benedictus dominus in caelo et in terra; Ps 88, 53; 134, 6; 75, 2
magnum et mirabile nomen eius«.

Inhaeserant praecordiis meis verba tua, et
undique circumvallabar abs te. De vita tua
aeterna certus eram, quamvis eam »in aenig- I Kor 13, 12
mate« et quasi »per speculum videram«; du-
bitatio tamen omnis de incorruptibili sub-
stantia, quod ab illa esset omnis substantia,
ablata mihi erat, nec certior de te, sed stabilior
in te esse cupiebam. De mea vero temporali
vita nutabant omnia et mundandum erat cor
a »fermento veteri«; et placebat via ipse sal- I Kor 5, 7
vator et ire per eius angustias adhuc pigebat.

Et inmisisti in mentem meam visumque est bonum in conspectu meo pergere ad Simplicianum, qui mihi bonus apparebat servus tuus et lucebat in eo gratia tua. Audieram etiam, quod a iuventute sua devotissime tibi viveret; iam vero tunc senuerat et longa aetate in tam bono studio sectandae viae tuae multa expertus, multa edoctus mihi videbatur: et vere sic erat. Unde mihi ut proferret volebam conferenti secum aestus meos, quis esset aptus modus sic affecto, ut ego eram, ad ambulandum in via tua.

Mein Gott! Laß mich in Danksagung Deiner Erbarmungen über mich gedenken und sie preisend Dir bekennen. Durchgossen werde »mein Gebein« von Liebe zu Dir, und es rufe: »Herr, wer ist Dir gleich?« »Du hast meine Fesseln gesprengt; Dir will ich ein Opfer des Lobes weihen.« Wie Du sie gesprengt hast, will ich erzählen, und alle, die Dich anbeten, werden sagen, wenn sie es hören: »Gepriesen sei der Herr im Himmel und auf Erden; groß und wunderbar ist sein Name.«

Deine Worte waren tief in mein Herz gedrungen, und allerwärts war ich umgeben von Dir. Daß Du das ewige Leben bist, des war ich schon gewiß: ob ich es auch »im Rätsel nur« und »wie im Spiegel geschaut«, so war mir doch aller Zweifel an einer unzerstörbaren Wesenheit, der Ursache alljeglicher Wesenheit, benommen, und meine Sehnsucht war es nicht, gewisser von Dir zu wissen, sondern fester in Dir zu stehen. Aber bei mir, in meinem zeithaften Leben, wankte noch alles, und mein Herz mußte noch vom »alten Sauerteig« gereinigt werden. Und schon lud der Weg in Person mich zum Heile, doch seine Beschwernisse fochten mich noch an.[1]

Da gabst Du mir in den Sinn, und es schien mir gut in meinen Augen, mich an Simplicianus[2] zu wenden. Er machte mir den Eindruck eines aufrichtigen Dieners Deines Namens; es widerstrahlte aus ihm Deine Gnade. Ich hatte auch gehört, daß er seit seiner Jugend frommen Sinnes Dir lebe. Nun aber war er schon alt, und mich deuchte, er müsse sich während eines langen Lebens in der trefflichen Kunst, Deinen Weg zu gehen, viel Erfahrung und ein reiches Wissen angeeignet haben: so war es in der Tat. Ich wünschte sehr, er möchte mir aus seinem Schatze, wenn ich über meine Bedrängnisse mit ihm spräche, guten Rat erteilen, wie ich bei der Gemütsverfassung, in der ich war, es richtig anfinge, auf Deinem Weg zu wandeln.

Videbam enim plenam ecclesiam, et alius sic ibat, alius autem sic. Mihi autem displicebat, quod agebam in saeculo, et oneri mihi erat valde non iam inflammantibus cupiditatibus, ut solebant, spe honoris et pecuniae ad tolerandam illam servitutem tam gravem. Iam enim me illa non delectabant prae dulcedine tua et »decore domus tuae, quam dilexi«, sed adhuc tenaciter conligabar ex femina, nec me prohibebat apostolus coniugari, quamvis exhortaretur ad melius maxime volens omnes homines sic esse, ut ipse erat. Sed ego infirmior eligebam molliorem locum et propter hoc unum volvebar in ceteris languidus et tabescens curis marcidis, quod et in aliis rebus, quas nolebam pati, congruere cogebar vitae coniugali, cui deditus obstringebar. 1, 2 Ps 25, 8 [I Kor 7, 27 ff]

Audieram ex ore veritatis esse »spadones, qui se ipsos absciderunt propter regnum caelorum«; sed, »qui potest«, inquit, »capere, capiat«. »Vani« sunt certe »omnes homines, quibus non inest dei scientia, nec de his, quae videntur bona, potuerunt invenire eum, qui est«. At ego iam non eram in illa vanitate; transcenderam eam et contestante universa creatura inveneram te creatorem nostrum et verbum tuum apud te deum tecumque unum deum, per quod creasti omnia. Mt 19, 12 Weish 13, 1 [Jo 1, 1-3]

Et est aliud genus inpiorum, qui »cognoscentes deum non sicut deum glorificaverunt aut gratias egerunt«. In hoc quoque incideram, Röm 1, 21

Menschen der Kirche sah ich ja viele, und der eine ging diesen Weg, der andere jenen. Mir aber gefiel mein Treiben in der Welt nicht mehr, es lag auf mir als Last, seitdem nicht mehr wie sonst die Lebensgier mich befeuerte, in Hoffnung auf Ehre und Gewinn diese harte Knechtschaft zu ertragen. Meine Freude an diesen Dingen hatte sich verloren vor Deiner Köstlichkeit und dem »Glanze Deines Hauses, das ich liebte«. Nur dem Weibe war ich mit zäher Fessel noch verbunden. Es wehrte mir ja auch der Apostel nicht die eheliche Gemeinschaft, obzwar er zum Besseren mahnt, indem er am liebsten gewollt hätte, alle Menschen möchten es halten wie er. Dazu war ich zu schwach, ich zog es vor, mich weicher zu betten, und einzig deshalb schlug ich auch mit all dem übrigen mich herum, müd und krank von Sorgenlast:[3] denn wohl oder übel mußte ich mit dem Eheleben, an dem ich nun einmal sklavisch hing, auch zu den andern Dingen mich bequemen, von denen ich nichts wissen wollte.

Aus dem Munde der Wahrheit hatte ich freilich vernommen, daß es »Verschnittene gibt, die sich selbst um des Himmelreiches willen zurückhalten«, aber es ist beigefügt: »Wer es fassen kann, der fasse es«. Nun sind ja sicherlich »Toren alle Menschen, die keine Erkenntnis Gottes haben und von den sichtbaren Gütern aus nicht vorzudringen vermochten zu dem, welcher ist«; allein ich war ja in solcher Torheit schon nicht mehr befangen, ich war über sie hinausgeschritten und dank dem Zeugnisse der gesamten Schöpfung vorgedrungen zu Dir, unserm Schöpfer, und zu Deinem Wort, das bei Dir ist und Gott ist, Ein Gott nur mit Dir, durch welches Du alles erschaffen hast.

Und noch eine andere Art von Gottlosen gibt es, die »Gott zwar erkannt, aber ihn nicht als Gott verherrlicht noch Ihm Dank gesagt haben«. Auch diesem Weisheitsstolze war ich verfallen gewesen, »und Deine Rechte hat nach

»et dextera tua suscepit me« et inde ablatum posuisti, ubi convalescerem, quia dixisti homini: »ecce pietas est sapientia«, et: »noli velle videri sapiens«, quoniam »dicentes se esse sapientes stulti facti sunt«. Et inveneram iam bonam margaritam, et venditis omnibus, quae haberem, emenda erat, et dubitabam. Ps 17, 36 Job Sept 28, 28 Spr 26, 5 Röm 1, 22

Perrexi ergo ad Simplicianum, patrem in accipienda gratia tunc episcopi Ambrosii et quem vere ut patrem diligebat. Narravi ei circuitus erroris mei. Ubi autem conmemoravi legisse me quosdam libros Platonicorum, quos Victorinus quondam rhetor urbis Romae, quem christianum defunctum esse audieram, in latinam linguam transtulisset, gratulatus est mihi, quod non in aliorum philosophorum scripta incidissem plena fallaciarum et deceptionum »secundum elementa huius mundi«, in istis autem omnibus modis insinuari deum et eius verbum. Deinde, ut me exhortaretur ad humilitatem Christi »sapientibus absconditam et revelatam parvulis«, Victorinum ipsum recordatus est, quem, Romae cum esset, familiarissime noverat, deque illo mihi narravit quod non silebo. Habet enim magnam laudem gratiae tuae confitendam tibi, quemadmodum ille doctissimus senex et omnium liberalium doctrinarum peritissimus quique philosophorum tam multa legerat et diiudicaverat, doctor tot nobilium senatorum, qui etiam ob insigne praeclari magisterii, quod cives huius mundi exi- 2, 3 Kol 2, 8 Mt 11, 25

mir gegriffen« und von da mich weggeführt, mir die Stätte angewiesen, wo ich genesen konnte, genesen an Deinem Wort: »Siehe, die Gottanheimgegebenheit ist die Weisheit«, und »nicht für weise sollst du gelten wollen«, weil »Toren geworden sind, die sich für weise ausgaben«. Und so hatte ich ja schon die echte Perle gefunden, und sie stand zu kaufen gegen Hingabe all des Meinigen, und ich - schwankte noch.

So ging ich also zu Simplicianus, der dem damaligen Bischof Ambrosius bei Empfang der Gnade Vater gewesen war und den er wirklich wie einen Vater verehrte. Ihm erzählte ich die Umwege, die mein Irrwandel mich geführt hatte. Als ich dabei erwähnte, ich hätte einige Bücher der Platoniker gelesen, die vormals Victorinus, ein Rhetor der Stadt Rom,[4] der, wie ich vernommen, als Christ gestorben war, ins Lateinische übersetzt hatte, wünschte er mir Glück, daß ich nicht auf andere Philosophen verfallen war, Schriften voller Trug und Täuschung »nach dem Naturglauben dieser Welt«; hier werde doch Gott und sein Wort auf alle Weise nahegebracht. Dann gedachte er, um mich zu Christi Demut aufzumuntern, die »den Weisen verborgen« bleibt »und den Kleinen sich kundtut«, eben dieses Victorinus, mit dem er während seines Aufenthalts in Rom auf vertrautestem Fuß gestanden war, und erzählte mir von ihm Dinge, die ich hier nicht verschweigen will. Denn ein herrliches Lob auf Deine Gnade, das Dir gebührt, ist die Geschichte dieses Mannes. Der hochgelehrte Greis, in allen Wissenschaften wohl bewandert, überlegener Kenner so vieler Bücher von Philosophen, der Lehrer so vieler erlauchter Senatoren, der sogar, was die Bürger dieser Welt aufs höchste schätzen, für seine glänzende Lehrtätigkeit ein Standbild auf dem römischen Forum verdient und auch erhalten hatte, dieser

mium putant, statuam Romano foro meruerat 2,3
et acceperat, usque ad illam aetatem venerator idolorum sacrorumque sacrilegorum particeps, quibus tunc tota fere Romana nobilitas inflata spirabat populo Osirim et »omni- Aen VIII 698 ff
genum deum monstra et Anubem latratorem« quae aliquando »contra Neptunum et Venerem contraque Minervam« tela tenuerant et a se victis iam Roma supplicabat, quae iste senex Victorinus tot annos ore terricrepo defensitaverat, non erubuerit esse puer Christi tui et infans fontis tui subiecto collo ad humilitatis iugum et edomita fronte ad crucis opprobrium.

O domine, »domine, qui inclinasti caelos et 2,4
descendisti, tetigisti montes, et fumigaverunt«, Ps 143, 5
quibus modis te insinuasti illi pectori?

Legebat, sicut ait Simplicianus, sanctam scripturam omnesque christianas litteras investigabat studiosissime et perscrutabatur et dicebat Simpliciano non palam, sed secretius et familiarius: „Noveris iam me esse christianum." Et respondebat ille: „Non credam nec deputabo te inter christianos, nisi in ecclesia Christi videro". Ille autem inridebat dicens: „Ergo parietes faciunt christianos?" et hoc saepe dicebat, iam se esse christianum, et Simplicianus illud saepe respondebat et saepe ab illo parietum inrisio repetebatur. Amicos enim suos reverebatur offendere, superbos daemonicolas, quorum ex culmine Babylonicae dignitatis quasi ex cedris Libani, quas »nondum Ps 28, 5

Mann, der bis in die hohen Jahre ein Verehrer der Götter geblieben war, Teilnehmer an abgöttischen Gottesdiensten, an denen sich damals fast die ganze römische Adelswelt so begeisterte,[5] daß sie auch dem Volke selbst Osiris und »jegliche Art von Götter-Greuelgestalten und den Kläffer Anubis«[6] mundgerecht machte, die voreinst »wider Neptun und Venus und wider Minerva« ihre Schwerter gezückt und die nun Rom anflehte, obwohl es sie besiegt hatte, ja die auch der greise Victorinus viele Jahre mit seiner erdumtönenden Rede verteidigt hatte, - dieser Greis, will ich sagen, fand den schönen Mut, als ein Knecht Deines Christus und ein Kind an Deinem Gnadenborn den Nacken zu beugen unter das Joch der Demut und die Stirne zu senken vor der Schmach des Kreuzes.

O Herr, »Herr, der Du die Himmel geneigt hast und herabgestiegen bist, die Berge berührt hast, und sie rauchen«,[7] welcherweise hast Du Dich hinein in diese Brust gelassen?

Victorinus las, wie Simplicianus sagt, die Heilige Schrift und spürte emsig alle christlichen Bücher auf und durchforschte sie. Dem Simplician offenbarte er sich, freilich nicht vor andern Ohren, nur vertraulich und geheim: „Du magst es wissen: Ich bin schon Christ." Worauf ihm der zur Antwort gab: „Ich möchte das nicht glauben und Dich als Christen unter Christen zählen, ehvor ich Dich in der Kirche Christi gesehen habe." Er lächelte nur und sagte: „So sind's die Kirchenwände, die den Christen machen?" Und oft wiederholte er, er sei bereits Christ, und immer wieder antwortete Simplicianus das gleiche, und immer wieder brachte der andere das Scherzwort von den Mauern vor. Denn er scheute sich, bei seinen Freunden anzustoßen, hochtragenden Verehrern der Dämonen, und glaubte wohl, daß von der Höhe ihrer Babelwürde, alswie von Libanons Zederbäumen, die der Herr »noch

contriverat dominus«, graviter ruituras in se 2,4
inimicitias arbitrabatur. Sed posteaquam le-
gendo et inhiando hausit firmitatem timuitque Lk 12, 8 f;
negari a Christo »coram angelis sanctis«, si Mk 8, 38
eum timeret »coram hominibus confiteri«, Mt 10, 32
reusque sibi magni criminis adparuit erube-
scendo de sacramentis humilitatis verbi tui et
non erubescendo de sacris sacrilegis 'super-
borum daemoniorum, quae imitator superbus
acceperat, depuduit vanitati et erubuit veri-
tati subitoque et inopinatus ait Simpliciano,
ut ipse narrabat: „Eamus in ecclesiam: chri-
stianus volo fieri". At ille non se capiens lae-
titia perrexit cum eo. Ubi autem imbutus est
primis instructionis sacramentis, non multo
post etiam nomen dedit, ut per baptismum
regeneraretur mirante Roma, gaudente eccle-
sia. Superbi »videbant et irascebantur, denti- Ps 111, 10
bus suis stridebant et tabescebant«: servo
autem tuo dominus deus erat »spes eius et Ps 39, 5
non respiciebat in vanitates et insanias men-
daces«.

Denique ut ventum est ad horam profitendae 2,5
fidei, quae verbis certis conceptis retentisque
memoriter de loco eminentiore in conspectu
populi fidelis Romae reddi solet ab eis, qui
accessuri sunt ad gratiam tuam, oblatum esse
dicebat Victorino a presbyteris, ut secretius
redderet, sicut nonnullis, qui verecundia tre-
pidaturi videbantur, offerri mos erat; illum
autem maluisse salutem suam in conspectu
sanctae multitudinis profiteri. Non enim erat

nicht zerschmettert« hat, Feindschaften schwer auf ihn niederbrechen möchten. Als er dann durch vieles Lesen und Bemühen Festigkeit gewonnen hatte, als er fürchten mußte, einst von Christus »vor seinen Engeln« verleugnet zu werden, wenn er jetzt sich fürchtete, ihn »vor den Menschen zu bekennen«, und als er sich schuldig einer großen Sünde vorkam, wenn er ob der Herablassung Deines Worts in sakramentlichen Zeichen errötete, aber nicht errötete ob des sakrilegischen Heiligdienstes hochfähriger Dämonen, dem er, ein Schüler ihrer Hochfährigkeit, beigetreten war, - ja, da schämte er sich los vom Wahne und ward schamrot vor dem Wahren, und plötzlich, unverhofft, sagte er zu Simplicianus, wie dieser selbst erzählte: „Gehen wir zur Kirche, ich will Christ werden." Da wußte der sich kaum zu fassen vor Freude und ging mit ihm. Als er nun mit dem ersten Eingeleite in die Zeichenwelt des Heiligen versehen war,[8] meldete er sich alsbald auch zur Namenseintragung,[9] um durch die Taufe wiedergeboren zu werden, zum Staunen Roms, zur Freude der Kirche. Die Hochfahrenden »sahen es und zürnten, knirschten mit den Zähnen und vergingen vor Ärger«, Deinem Knecht aber, Herr, war Gott »die Hoffnung, und er fragte nichts nach Nichtigkeiten, Trug und Wahn«.

So kam nun auch die Stunde, da er das Bekenntnis seines Glaubens sprechen sollte. Es pflegt von denen, die [als Täuflinge] hintreten zu Deiner Gnade, dort zu Rom in festgesetztem Wortlaut, der dem Gedächtnis eingeprägt worden ist, von erhöhtem Ort im Angesicht des Volkes abgelegt zu werden. Dem Victorinus aber, so erzählte Simplicianus, hätten nun die Priester angeraten, sein Bekenntnis im stillen abzulegen, so wie man denen, die aus Schüchternheit im Worte etwa unsicher werden mochten, vorzuschlagen pflegte; ihm aber sei es lieber gewesen, im Angesicht der frommen Menge sich zu seinem Heile zu bekennen. Es war ja nicht das Heil, das er als Professor

salus quam docebat in rhetorica, et tamen 2,5
eam publice professus erat. Quanto minus ergo vereri debuit mansuetum gregem tuum pronuntians verbum tuum, qui non verebatur in verbis suis turbas insanorum? Itaque ubi ascendit, ut redderet, omnes sibimet invicem, quisque ut eum noverat, instrepuerunt nomen eius strepitu gratulationis. Quis autem ibi non eum noverat? Et sonuit presso sonitu per ora cunctorum conlaetantium: „Victorinus, Victorinus". Cito sonuerunt exultatione, quia videbant eum, et cito siluerunt intentione, ut audirent eum. Pronuntiavit ille fidem veracem praeclara fiducia, et volebant eum omnes rapere intro in cor suum. Et rapiebant amando et gaudendo: hae rapientium manus erant.

Deus bone, quid agitur in homine, ut plus 3,6
gaudeat de salute desperatae animae et de maiore periculo liberatae, quam si spes ei semper affuisset aut periculum minus fuisset? Etenim tu quoque, misericors pater, plus gaudes »de uno paenitente quam de nonaginta Lk 15,7
novem iustis, quibus non opus est paenitentia«. Et nos cum magna iucunditate audimus, cum audimus quam exsultantibus pastoris [Lk
umeris reportetur ovis, quae erraverat, et 15,4-32]
dragma referatur in thesauros tuos conlaetantibus vicinis mulieri, quae invenit, et lacrimas excutit gaudium sollemnitatis »domus Ps 83,5
tuae«, cum legitur in domo tua de minore filio

der Rhetorik lehrte, und er hatte sie doch in aller Öffentlichkeit vorgetragen. Um wieviel weniger durfte er sich vor Deiner sanften Herde scheuen, wenn er Dein Wort aussprach, er, der keine Scheu getragen hat, mit dem eigenen Wort vor einen unweisen Haufen hinzutreten! Und als er nun hinaufstieg, das Bekenntnis abzulegen, da murmelten sie einander, sobald sie ihn erkannt hatten - und wer hätte ihn dort nicht gekannt -, in einem Freudenmurmeln seinen Namen zu. Und von Mund zu Munde ging es durch die ganze Gemeinschaft der Frohbewegten und ward es laut gedämpften Lautes: „Victorinus, Victorinus!" Mit einem Male erhoben sie ein helles Frohlocken, weil sie ihn sahen, und mit einem Male verstummten sie vor Spannung ihn zu hören. Er aber sprach den Glauben, den wahren, mit strahlender Zuversicht. Da war's, als wollten sie alle den Mann zu sich reißen, in ihr Herz hinein. Ja, ein Reißen war es, wie sie da liebten und sich freuten: das eben waren die Hände der Reißenden zu seiner Umarmung.

Gott der Güte, was geht da doch im Menschen vor, daß er mehr sich über die Rettung einer Seele freut, wenn er schon an ihr verzweifelt war und sie aus übergroßer Gefahr befreit worden ist, als wenn ihm immer noch Hoffnung geblieben oder weniger Gefahr für sie gewesen wäre? Freust doch auch Du Dich mehr, barmherziger Vater, »über einen, der Buße tut, als über neunundneunzig Gerechte, die der Buße nicht bedürfen«. Und wir hören es mit innigem Gefallen, wenn wir hören, wie auf des Hirten jubelnden Schultern das Schaf wird heimgetragen, das in die Irre gegangen war, und wie unter der Freude der Nachbarn allzusammen das Weib ihre Drachme, die es wiedergefunden hat, zu Deinem Schatze bringt. Und Tränen treibt uns die Freudenfeier »Deines Hauses« in die Augen, wenn man da vorliest in Deinem Hause [das

tuo, »quoniam mortuus erat et revixit, per- ierat et inventus est«. Gaudes quippe in nobis et in angelis tuis sancta caritate sanctis. Nam tu semper idem, qui ea quae non semper nec eodem modo sunt eodem modo semper nosti omnia. Lk 15, 24. 32

Quid ergo agitur in anima, cum amplius de- 3,7
lectatur inventis aut redditis rebus, quas diligit, quam si eas semper habuisset? Contestantur enim et cetera et plena sunt omnia testimoniis clamantibus: „Ita est". Triumphat victor imperator et non vicisset, nisi pugnavisset, et quanto maius periculum fuit in proelio, tanto est gaudium maius in triumpho. Iactat tempestas navigantes minaturque naufragium; omnes futura morte pallescunt: tranquillatur caelum et mare, et exultant nimis, quoniam timuerunt nimis. Aeger est carus et vena eius malum renuntiat; omnes, qui eum salvum cupiunt, aegrotant simul animo: fit ei recte et nondum ambulat pristinis viribus, et fit iam tale gaudium, quale non fuit, cum antea salvus et fortis ambularet. Easque ipsas voluptates humanae vitae etiam non inopinatis et praeter voluntatem inruentibus, sed institutis et voluntariis molestiis homines adquirunt. Edendi et bibendi voluptas nulla est, nisi praecedat esuriendi et sitiendi molestia. Et ebriosi quaedam salsiuscula comedunt, quo fiat molestus ardor, quem dum exstinguit potatio, fit delectatio. Et institutum est, ut iam

Gleichnis] von Deinem jüngeren Sohn, »weil er ein Toter war und wieder zum Leben kam, verloren war und gefunden wurde«. Du freust Dich ja eben in uns und in Deinen Engeln, die heilig sind, weil sie heilig lieben; denn Du bist immer der Gleiche: das was nicht immer und nicht in einerlei Weise ist, das weißt Du ewig in der gleichen Weise.

Was geht da in der Seele vor, daß sie mehr darüber sich freut, Dinge, die ihr teuer sind, erst zu erringen oder die verlorenen wiederzugewinnen, als wenn sie schon immer ihr Eigen gewesen wären? Das gleiche erwahrt sich auch sonst, und alles ist voll der Beweise dafür, die laut bezeugen: „So ist es." Es triumphiert der siegreiche Kaiser, und er hätte doch nicht siegen können, wenn er nicht gekämpft hätte, und je größer die Gefahr in der Schlacht gewesen, um so größer die Freude beim Triumph. Der Sturm wirft die Menschen auf dem Schiffe hin und her und droht ihnen Untergang, alle sehen bleich dem Tod entgegen:[10] da wird es still in der Luft, still auf dem Meere, und übergroß ist jetzt der Jubel, weil übergroß die Angst gewesen war. Ein lieber Mensch ist krank, sein Puls verheißt nichts Gutes; alle, die seine Gesundheit wünschen, sind in ihrer Seele krank mit ihm: es geht wieder gut, und noch bewegt sich der Genesende nicht mit der alten Kraft, da herrscht schon eine Freude, wie sie vordem nicht gewesen war, als er in voller Kraft und Gesundheit sich bewegte. Und derlei Lustfreuungen des menschlichen Lebens suchen sich die Menschen auch durch Beschwerlichkeiten zu verschaffen, die gar nicht unversehens und ohne ihren Willen sie befallen, sondern mit Vorsatz und Willen herbeigeführt werden. Essen und Trinken sind keine Lust, wenn nicht die Beschwer des Hungerns und Dürstens vorangeht. Und die gerne trinken, essen scharf Gesalzenes, damit ein lästig brennender Durst entstehe, den im Trinken zu löschen eine Lust ist. So ist es auch der Brauch,

pactae sponsae non tradantur statim, ne vile 3,7
habeat maritus datam, quam non suspiraverit
sponsus dilatam.
Hoc in turpi et exsecranda laetitia, hoc in ea, 3,8
quae concessa et licita est, hoc in ipsa sinceris-
sima honestate amicitiae, hoc in eo, qui »mor- Lk 15,24.32
tuus erat et revixit, perierat et inventus est«:
ubique maius gaudium molestia maiore prae-
ceditur.
Quid est hoc, domine deus meus, cum tu aeter-
num tibi, tu ipse sis gaudium, et quaedam de
te circa te semper gaudeant? Quid est, quod
haec rerum pars alternat defectu et profectu,
offensionibus et conciliationibus? An is est
modus earum, et tantum dedisti eis, cum »a Mt 24,31
summis caelorum usque ad ima« terrarum ab
initio usque in finem saeculorum, ab angelo
usque ad vermiculum, a motu primo usque
ad extremum omnia genera bonorum et om-
nia iusta opera tua suis quaeque sedibus lo-
cares et suis quaeque temporibus ageres? Ei
mihi, quam excelsus es in excelsis et quam pro-
fundus in profundis! Et nusquam recedis, et
vix redimus ad te.

Age, domine, fac excita et revoca nos, ac- 4,9
cende et rape, flagra, dulcesce: amemus, cur-
ramus.
Nonne multi ex profundiore tartaro caeci-
tatis quam Victorinus redeunt ad te et ac-
cedunt et inluminantur recipientes lumen,
quod si qui recipiunt, accipiunt a te potesta-

die schon verlobten Bräute nicht sogleich zu übergeben: der Gatte soll inskünftig die Frau nicht so gering achten, als hätte ehdem der Bräutigam nicht nach der zurückgehaltenen Braut geschmachtet.[11]

So ist es mit der Freude an Schändlichem und Verwerflichem, so bei dem, was erlaubt und zugelassen ist, so auch beim lautersten Verhältnis menschlicher Freundschaft; so bei dem, der »ein Toter war und wieder zum Leben kam, verloren war und gefunden wurde«: immer ist da vor der größeren Freude auch die größere Beschwer.

Was ist dies, Herr, mein Gott? Du, ja Du selbst bist die ewige Freude, und ein Teil Deiner Schöpfung, der um Dich ist, erfreut sich immerdar an Dir. Wie kommt es, daß die Dinge des unteren Alls in schwankem Wechsel sind von Schwinden und Gedeihen, von Wehgeschick und Einungsglück? Ist es so ihr Seinsgesetz und hast Du nur eben dieses Maß ihnen zugeteilt,[12] als Du »vom höchsten Himmel bis hinab« in die Tiefen der Erde, vom Anfang der Weltzeit bis zu ihrem Ende, vom Engel bis zum Wurm, von der ersten Bewegung bis zur letzten alljegliche Arten des Guten und alle Deine gerechten Werke je an seine gehörige Stelle setztest und je zu seiner gehörigen Zeit ausführtest? Oh, wie hocherhaben bist Du in der Höhe, wie tiefgeheim in der Tiefe! Und nirgends gehst Du weg von uns, und so schwer finden wir zurück zu Dir!

Wohlan,[13] Herr, wirke, weck uns auf und ruf uns zurück! Entzünde uns und reiß uns hin! Sei uns Glut und sei uns Süße! Auf, laßt uns lieben, laßt uns eilen!

Kommen denn nicht viele aus tieferem Abgrund der Blindheit als Victorinus wieder heim zu Dir und treten hin und werden erleuchtet, weil sie das Licht aufnehmen, durch das die Menschen, die es aufnehmen, von Dir die Macht empfangen, daß sie Deine Kinder werden? Freilich, wenn sie der Menge weniger bekannt sind, ist weniger Freude

tem, ut filii tui fiant? Sed si minus noti sunt [Jo
populis, minus de illis gaudent etiam qui nove- 1, 9; 12]
runt eos. Quando enim cum multis gaudetur,
et in singulis uberius est gaudium, quia ferve-
faciunt se et inflammantur ex alterutro. Dein-
de, quod multis noti, multis sunt auctoritati
ad salutem et multis praeeunt secuturis, ideo-
que multum de illis et qui eos praecesserunt
laetantur, quia non de solis laetantur.

Absit enim, ut in tabernaculo tuo prae pau-
peribus accipiantur personae divitum aut prae
ignobilibus nobiles, quando potius »infirma I Kor
mundi elegisti, ut confunderes fortia, et igno- 1, 27 f
bilia huius mundi elegisti et contemtibilia et
ea quae non sunt, tamquam sint, ut ea quae
sunt evacuares«. Et tamen idem ipse »mini- I Kor
mus apostolorum« tuorum, per cuius linguam 15, 9
tua ista verba sonuisti, cum Paulus proconsul [Apg
per eius militiam debellata superbia sub lene 13, 7-12]
iugum Christi tui missus esset regis magni pro-
vincialis effectus, ipse quoque ex priore Saulo
Paulus vocari amavit ob tam magnae insigne
victoriae. Plus enim hostis vincitur in eo,
quem plus tenet et de quo plures tenet. Plus
autem superbos tenet nomine nobilitatis et de
his plures nomine auctoritatis. Quanto igi-
tur gratius cogitabatur Victorini pectus, quod
tanquam inexpugnabile receptaculum diabo-
lus obtinuerat, Victorini lingua, quo telo grandi
et acuto multos peremerat, abundantius exul-
tare oportuit filios tuos, quia rex noster »alli- Mt 12, 29

darüber auch bei solchen, die sie kennen. Denn die Freude, die viele miteinander haben, ist auch in den einzelnen eine größere Freude, weil sie einer am andern sich erwärmen und entflammen. Überdies, wenn solche Männer vielen bekannt sind, werden sie auch vielen bewegendes Beispiel, das Heil zu suchen, und gehen vielen voran, die ihnen folgen, und so ist groß auch die Freude derer, die jenen anderen vorangegangen sind, weil sie nicht nur über sich allein sich zu freuen haben.

Soll man doch nicht wähnen, es gäbe in Deinem Gezelte ein Ansehen der Person, des Reichen vor dem Armen, des Vornehmen vor dem Geringen: vielmehr »was in den Augen der Welt schwach ist, hast Du erwählt, um das Starke zu beschämen, und das, was vor dieser Welt ohne Ansehen und verachtet, ja was ihr gar nicht da ist, das hast Du erwählt, als ob es doch wäre, auf daß Du, was da etwas ist, zunichte machest«. Und dennoch, als eben dieser »geringste unter Deinen Aposteln«, durch dessen Mund Du diese Worte gesprochen hast, mit seinen Waffen den Stolz des [Sergius] Paulus, des Prokonsuls, niedergerungen, ihn dem leichten Joche Christi unterworfen und zum schlichten Bürger im Reich des großen Königs gemacht hatte, da wollte auch er, der vordem Saulus hieß, zum Zeichen dieses herrlich großen Sieges nun lieber Paulus heißen. Denn am meisten wird der Feind in dem geschlagen, an dem er am meisten festhält, und durch den er die meisten bei sich festhält. Am meisten aber hält er die Hochfährigen durch den Glanz hohen Ranges fest und durch sie hinwieder die meisten dank dem Glanze öffentlicher Geltung.[14] Je größer also die Teilnahme war, die sich mit der Sinnesweise des Victorinus beschäftigte, wo der Teufel eine gleichsam uneinnehmbare Zuflucht gefunden hatte, auch mit der Sprache des Victorinus, dem schweren, scharfen Geschoß, durch das er viele verdorben hatte, um so lauter mußten Deine Kinder jubeln, da unser

gavit fortem«, et videbant »vasa eius erepta« 4,9
mundari et aptari in honorem tuum et fieri
»utilia domino ad omne opus bonum«. II Tim 2, 21

Sed ubi mihi homo tuus Simplicianus de Vic- 5,10 [II Tim
torino ista narravit, exarsi ad imitandum: ad 3, 17]
hoc enim et ille narraverat. Posteaquam vero et illud addidit, quod imperatoris Iuliani temporibus lege data prohibiti sunt christiani docere litteraturam et oratoriam - quam legem ille amplexus loquacem scholam deserere maluit quam verbum tuum, quo »linguas infan- Weish 10, 21
tium facis disertas« - non mihi fortior quam felicior visus est, quia invenit occasionem vacandi tibi. Cui rei ego suspirabam ligatus non ferro alieno, sed mea ferrea voluntate. Velle meum tenebat inimicus et inde mihi catenam fecerat et constrinxerat me. Quippe ex voluntate perversa facta est libido, et dum servitur libidini, facta est consuetudo, et dum consuetudini non resistitur, facta est necessitas. Quibus quasi ansulis sibimet innexis - unde catenam appellavi - tenebat me obstrictum dura servitus. Voluntas autem nova, quae mihi esse coeperat, ut te gratis colerem fruique te vellem, deus, sola certa iucunditas, nondum erat idonea ad superandam priorem vetustate roboratam. Ita duae voluntates meae, una vetus, alia nova, illa carnalis, illa spiritalis, confligebant inter se atque discordando dissipabant animam meam.

Sic intellegebam in me ipso experimento id 5,11

König »den Starken gebunden« hatte und sie nun sahen, wie das ihm »abgenommene Gerät« Deiner Ehre dienstbar wurde, »gefüge dem Herrn zu jedem guten Werke«.

Als mir nun der Gottesmann Simplicianus solchen Bericht über Victorinus gab, entbrannte ich vor Eifer, es ihm nachzutun; denn zu diesem Ende hatte er mir berichtet. Und als er gar noch beifügte, Victorinus habe sich dem Gesetze unterworfen, durch welches zu Kaiser Julians Zeiten den Christen die Ausübung des Lehramtes in Literatur und Redekunst[15] verboten wurde, und sich lieber von der Wortmacherei der Schule als von Deinem Worte trennen wollen, durch das Du »die Zungen der Kinder beredt machst«, da deuchte mich sein Glück nicht geringer als der Mut seines Entschlusses, weil es ihm nun möglich war, ganz Dir zu leben. Und darnach stand das Sehnen auch mir, der ich in Banden lag, nicht in fremdem Eisen, sondern in der eisernen Fessel des eigenen Willens. Mein Wollen hielt der Feind in seiner Hand, er hatte mir's zur Kette gemacht und mich ganz gebunden. Denn weil der Wille verkehrt war, kam aus ihm das Gelüste, und da ich dem Gelüste dienstbar wurde, kam es zur Gewohnheit, und da ich der Gewohnheit nicht widerstand, kam es zur Notwendigkeit.[16] Durch diese gleichsam ineinander gefügten Ringe - deshalb sprach ich von Kette - hielt mich eine harte Knechtschaft fest. Der neue Wille aber, der in mir aufkam, daß ich frei Dir dienen und an Dir mich beseligen wollte, Gott, Du einzig sichere Wonne, - er taugte noch zu wenig, um den alten zu besiegen, der in langer Gewohnheit fest geworden war. So kämpften zwei Willen miteinander, beide die meinigen, der eine alt, der andere neu, vom Fleische der eine, vom Geiste der andre, und ihre Zwietracht zerriß mir die Seele.

So konnte ich aus eigener Erfahrung verstehen, was ich gelesen hatte: wie »das Fleisch aufbegehrt wider den

quod legeram, quomodo »caro concupisceret adversus spiritum et spiritus adversus carnem«, ego quidem in utroque, sed magis ego in eo, quod in me approbabam, quam in eo, quod in me improbabam. Ibi enim magis iam non ego, quia ex magna parte id patiebar invitus quam faciebam volens. Sed tamen consuetudo adversus me pugnacior ex me facta erat, quoniam volens quo nollem perveneram. Et quis iure contradiceret, cum peccantem iusta poena sequeretur? Et non erat iam illa excusatio, qua videri mihi solebam propterea me nondum contemto saeculo servire tibi, quia incerta mihi esset perceptio veritatis: iam enim et ipsa certa erat. Ego autem adhuc terra obligatus militare tibi recusabam et inpedimentis omnibus sic timebam expediri, quemadmodum inpediri timendum est. Gal 5, 17

5, 12 *Ita sarcina saeculi, velut somno assolet, dulciter premebar, et cogitationes, quibus meditabar in te, similes erant conatibus expergisci volentium, qui tamen superati soporis altitudine remerguntur. Et sicut nemo est, qui dormire semper velit, omniumque sano iudicio vigilare praestat, differt tamen plerumque homo somnum excutere, cum gravis torpor in membris est, eumque iam displicentem carpit libentius, quamvis surgendi tempus advenerit: ita certum habebam esse melius tuae caritati me dedere quam meae cupiditati cedere; sed illud placebat et vincebat, hoc libebat et vinciebat. Non enim erat quod tibi responderem*

Geist und der Geist wider das Fleisch«. Mein Ich war freilich in beiden,[17] aber Ich war ich mehr in dem, was ich in mir billigte, als in dem, was ich in mir mißbilligte. Denn hierin war ich schon weniger Ich, weil ich zu gutem Teil es ungern ertrug, mehr, als daß ich mit Willen es getan hätte. Aber dennoch, ich war es ja selbst gewesen, aus dem her die Gewohnheit gegen mich bedrängerisch geworden, weil ich doch wollend zu dem, was mir täglich gegen den Willen ging, gelangt war. Und wer kann rechtens sich beschweren, wenn dem Sünder die gerechte Strafe auf dem Fuße folgt?[18] Da gab es auch den Freispruch nicht mehr, mit dem ich sonst mich gern beschwichtigte, daß ich nur deshalb noch nicht in Weltverachtung Dir diene, weil mir der Ergriff der Wahrheit noch ungewiß wäre: denn auch dieser war mir schon gewiß. Ich aber, noch gebunden von der Erde, weigerte mich, Dir den Dienst zu leisten, und von den Fesseln allen frei zu werden, fürchtete ich allsosehr, wie man sich fürchten soll, in Fesseln zu sein.

Also war ich von der Schwere der Welt, wie es gewöhnlich ist beim Schlafe, süß beladen, und die Gedanken, mit denen zu Dir ich sann, glichen den Bemühungen der zum Vollerwachen Gewillten, die gleichwohl, von der Tiefe der Schläfrigkeit übermannt, wieder doch sich sinken lassen. Und wie es keinen gibt, der immer nur schlafen möchte, und nach dem gesunden Urteil aller das Wachsein doch das Bessere ist, aber freilich der Mensch, wenn ihm der schwere Taumel in den Gliedern ist, zumeist es hinausschiebt, den Schlaf von sich zu schütteln, und ihn gar zu gern, auch wenn schon einiges Mißbehagen dabei ist, noch fortgenießt, obgleich es Zeit zum Aufstehen wäre: genau so war es mir gewiß, daß es besser wäre, mich Deiner Liebe hinzugeben, als meinem Gelüste nachzugeben, aber das eine empfahl sich und überzeugte, das andere tat wohl und überwältigte.[19] Denn da gab es nichts, was ich

dicenti mihi: »surge qui dormis et exsurge a Eph 5, 14
mortuis, et inluminabit te Christus«, et undique ostendenti vera te dicere, non erat omnino, quid responderem veritate convictus, nisi tantum verba lenta et somnolenta: „Modo", „ecce modo", „sine paululum". Sed „modo et modo" non habebat modum et „sine
paululum" in longum ibat. Frustra »condelec- Röm 7, 22 f
tabar legi tuae secundum interiorem hominem«, cum »alia lex in membris meis repugnaret legi mentis meae et captivum me duceret in lege peccati, quae in membris meis erat«. »Lex« enim »peccati« est violentia consuetudinis, qua trahitur et tenetur etiam invitus animus eo merito, quo in eam volens in-
labitur. »Miserum« ergo »me quis liberaret de Röm 7, 24
corpore mortis huius nisi gratia tua per Iesum Christum, dominum nostrum?«

Et de vinculo quidem desiderii concubitus, 6, 13
quo artissimo tenebar, et saecularium negotiorum servitute quemadmodum exemeris, nar-
rabo et »confitebor nomini tuo, domine, adiu- Ps 53, 8; 18, 15
tor meus et redemptor meus«.
Agebam solita crescente anxitudine et cotidie suspirabam tibi, frequentabam ecclesiam tuam, quantum vacabat ab eis negotiis, sub quorum pondere gemebam. Mecum erat Alypius otiosus ab opere iuris peritorum post assessionem tertiam, expectans, quibus iterum consilia venderet, sicut ego vendebam dicendi

Dir hätte antworten können, als Du zu mir sagtest: »Steh auf, der du schläfst, und aufersteh von den Toten, und erleuchten wird dich Christus!« Und da Du mir von allerwärts vor Augen hieltest,[20] daß Du Wahres sprichst, so gab es überhaupt nichts, was ich, von der Wahrheit überführt, hätte antworten sollen, als nur die Worte, die säumigen, träumigen: „Gleich", „ach ja gleich", „nur ein klein wenig laß mich noch." Aber auf das „gleich, gleich" geschah doch nichts dergleichen, und das „laß mich nur ein wenig noch" zog sich in die Länge. Umsonst war, daß ich »nach dem inneren Menschen Freude hatte an Deinem Gesetz«, da »ein anderes Gesetz in meinen Gliedern im Streite lag mit dem Gesetze meines Geistes und mich zum Gefangenen unter dem Gesetz der Sünde machte, das in meinen Gliedern war«. Das »Gesetz der Sünde« ist nämlich die Zwängnis der Gewohnheit, von der, auch wider Willen, der Geist gezogen und gebunden wird, so rechtens, als er wollend in sie hineingerät. »Mich unseligen Menschen« also, »wer sollte mich erretten von diesem Todesleib als allein Deine Gnade durch Jesum Christum, unsern Herrn!«

Und welcherweise Du mich denn befreit hast aus der Fessel des Verlangens nach dem Beischlaf, von der ich so notvoll gebunden war, und von der Knechtschaft der Weltgeschäftigkeit, das will ich nun erzählen und »preisend Deinem Namen bekennen, Herr, mein Helfer und mein Erlöser«.

Ich trieb das Gewohnte in wachsender Ängstlichkeit und seufzte Tag um Tag zu Dir, ich suchte oft Deine Kirche auf, soviel Zeit blieb bei diesen Geschäften, unter deren Last ich stöhnte. Alypius lebte bei mir, frei zur Zeit von der Tätigkeit als Rechtsgelehrter, nachdem er zum drittenmal Beisitzer gewesen war, und wartete, wem er seinen Rechtsbeistand wieder verkaufen könnte, so wie ich die

facultatem, si qua docendo praestari potest. 6,13
Nebridius autem amicitiae nostrae cesserat, ut omnium nostrum familiarissimo Verecundo, Mediolanensi et civi et grammatico, subdoceret, vehementer desideranti et familiaritatis iure flagitanti de numero nostro fidele adiutorium, quo indigebat nimis. Non itaque Nebridium cupiditas conmodorum eo traxit - maiora enim posset, si vellet, de litteris agere - sed officio benivolentiae petitionem nostram contemnere noluit amicus dulcissimus et mitissimus. Agebat autem illud prudentissime cavens innotescere personis »secun- Eph 2, 2
dum hoc saeculum« maioribus, devitans in eis omnem inquietudinem animi, quem volebat habere liberum et quam multis posset horis feriatum ad quaerendum aliquid vel legendum vel audiendum de sapientia.
Quodam igitur die - non recolo causam, qua 6,14
erat absens Nebridius - cum ecce ad nos domum venit ad me et Alypium Ponticianus quidam, civis noster, in quantum Afer, praeclare in palatio militans: nescio quid a nobis volebat. Et consedimus, ut conloqueremur. Et forte supra mensam lusoriam, quae ante nos erat, adtendit codicem: tulit, aperuit, invenit apostolum Paulum, inopinate sane; putaverat enim aliquid de libris, quorum professio me conterebat. Tum vero arridens meque intuens gratulatorie miratus est, quod eas et solas prae oculis meis litteras repente conperisset. Christianus quippe et fidelis erat et saepe tibi, deo

Redekunst verkaufte, wofern sie überhaupt durch Unterricht beizubringen ist.[21] Nebridius aber hatte unserer freundschaftlichen Bitte nachgegeben, er möchte doch den Unterlehrer machen[22] bei dem uns allen gleich liebwerten Verecundus, Bürger von Mailand und Grammatiker, der die verlässige Hilfskraft, die er wahrlich nötig hatte, angelegentlich aus unserm Kreise sich wünschte, ja mit dem Rechte der Freundschaft forderte. Nicht also ein Streben nach Gewinn zog Nebridius dahin - er hätte ja, bei solcher Absicht, mit der Wissenschaft bessere Geschäfte gemacht -, vielmehr wollte sich der so liebenswürdige und entgegenkommende Freund nur eben aus Gefälligkeit unserer Bitte nicht versagen. Hierin ging er übrigens mit großer Klugheit zu Werke, wohl auf der Hut, mit Großen »im Sinne dieser Welt« bekannt zu werden, und entging so jeglichem aus solchem Umgang zu befürchtenden Ungemach des Geistes, - den aber wollte er sich frei und für möglichst viele Stunden zur Muße bewahren, um sich mit einer Frage zu befassen, zu lesen, zu hören, was der Weisheit ist.

Eines Tages also - an dem Nebridius, ich erinnere mich des Grundes nicht mehr, eben fort war -, siehe, da kam zu uns, zu Alypius und mir, unerwartet Besuch ins Haus, ein gewisser Ponticianus, ein Landsmann von uns, da er Afrikaner war, ein Mann in hoher Stellung am kaiserlichen Hofe: ich kann nicht sagen, was er wollte. So setzten wir uns zusammen, um uns zu besprechen. Da bemerkte er zufällig auf dem Spieltisch, der vor uns stand, das Buch: er nahm es, schlug es auf und entdeckte den Apostel Paulus, - sehr zu seiner Überraschung; er hatte es natürlich für eines von den Lehrbüchern gehalten, mit denen ich von Berufs wegen mich zu plagen hatte. Dann aber, wie zum Glückwunsch, schaute er mich lächelnd an und sprach seine Verwunderung aus, gerade dieses Buch, das einzige, das vor meinen Augen lag, anzutreffen. Denn er war Christ und gläubig und warf sich in der Kirche

nostro, prosternebatur in ecclesia crebris et 6,14
diuturnis orationibus. Cui ego cum indicassem illis me scripturis curam maximam impendere, ortus est sermo ipso narrante de Antonio Aegyptio monacho, cuius nomen excellenter clarebat apud servos tuos, nos autem usque in illam horam latebat. Quod ille ubi conperit, inmoratus est in eo sermone insinuans tantum virum ignorantibus et admirans eandem nostram ignorantiam. Stupebamus autem audientes tam recenti memoria et prope
nostris temporibus testatissima »mirabilia tua« Ps 144, 5
in fide recta et catholica ecclesia. Omnes mirabamur, et nos, quia tam magna erant, et ille, quia inaudita nobis erant.

Inde sermo eius devolutus est ad monaste- 6,15
riorum greges et mores suaveolentiae tuae et ubera deserta heremi, quorum nos nihil sciebamus. Et erat monasterium Mediolanii plenum bonis fratribus extra urbis moenia sub Ambrosio nutritore, et non noveramus. Pertendebat ille et loquebatur adhuc, et nos intenti tacebamus. Unde incidit ut diceret nescio quando se et tres alios contubernales suos, nimirum apud Treveros, cum imperator pomeridiano circensium spectaculo teneretur, exisse deambulatum in hortos muris contiguos atque illic, ut forte combinati spatiabantur, unum secum seorsum et alios duos itidem seorsum pariterque digressos; sed illos vagabundos inruisse in quandam casam, ubi habi-
tabant quidam servi tui »spiritu pauperes, Mt 5, 3

oft vor Dir, unserm Gott, zu vielem, beharrlichem Beten nieder. Als ich ihm eröffnet hatte, daß ich diese Schriften mit höchster Hingabe läse, kam in seinen Erzählungen die Rede auf den Antonius, den ägyptischen Einsiedler, dessen Name bei Deinen Dienern schon hoch berühmt, uns aber bis zur Stunde unbekannt geblieben war.[23] Als er das bemerkte, verweilte er bei diesem Gegenstand, um den großen Mann uns Unwissenden nahezubringen, und wunderte sich sehr, daß wir so gar nichts von ihm wußten. Wir hörten mit Erstaunen, daß in kaum verwichener Zeit, fast noch in unseren Tagen, in der rechtgläubigen Welt und in der katholischen Kirche »Deine Wunder«, wahrlich wohl bezeugte, noch geschähen. Wir alle verwunderten uns: wir, daß da so große Dinge waren, er aber, daß sie uns noch nicht zu Ohren gekommen waren.

Dann lenkte er das Gespräch auf die Scharen in den Klöstern, ihre Sitten voll von Deinem Wohlgeruch und die fruchtbaren Einöden in der Wüste, - uns lauter unbekannte Dinge. Und es gab doch schon in Mailand, draußen vor den Mauern der Stadt, ein Kloster mit vielen trefflichen Brüdern, das unter der Obhut des Ambrosius stand, und wir wußten nichts davon. Er verharrte bei dieser Sache und sprach noch weiter, wir aber lauschten ihm voll Spannung. So kam es auch, daß er uns erzählte, wie er mit drei Kameraden einmal - ich weiß nicht mehr wann, doch war's in Trier -, als der Kaiser[24] des Nachmittags durch die Zirkusspiele in Anspruch genommen war, hinausspazierte in die Gärten vor der Stadtmauer, und wie sie dort, von ungefähr zu Paaren vereinigt, sich ergingen, einer mit ihm zusammen, gleichso die andern zwei für sich, aber in verschiedenen Richtungen sich verloren, wobei denn jene beiden im Dahinschlendern auf eine Hütte stießen, wo einige Deiner Diener wohnten, »Arme im Geiste, derer das Himmelreich ist«, und

qualium est regnum caelorum«, et invenisse 6,15
ibi codicem, in quo scripta erat vita Antonii. Quam legere coepit unus eorum et mirari et accendi et inter legendum meditari arripere talem vitam et relicta militia saeculari servire tibi. Erant autem ex eis, quos dicunt agentes in rebus. Tum subito repletus amore sancto et sobrio pudore iratus sibi coniecit oculos in amicum et ait illi: „Dic, quaeso te, omnibus istis laboribus nostris quo ambimus pervenire? Quid quaerimus? Cuius rei causa militamus? Maiorne esse poterit spes nostra in palatio, quam ut amici imperatoris simus? Et ibi quid non fragile plenumque periculis? Et per quot pericula pervenitur ad grandius periculum? Et quando istuc erit? Amicus autem dei, si voluero, ecce nunc fio". Dixit hoc et turbidus parturitione novae vitae reddidit oculos paginis: et legebat et mutabatur intus, ubi tu videbas, et exuebatur mundo mens eius, ut mox apparuit. Namque dum legit et volvit fluctus cordis sui, infremuit aliquando et discrevit decrevitque meliora iamque tuus ait amico suo: „Ego iam abrupi me ab illa spe nostra et deo servire statui et hoc ex hac hora, in hoc loco aggredior. Te si piget imitari, noli adversari". Respondit ille adhaerere se socium tantae mercedis tantaeque militiae. Et ambo iam tui aedi- [Lk 14, 28]
ficabant turrem sumptu idoneo relinquendi [Lk 5, 11. 28]
omnia sua et sequendi te.

Tum Ponticianus et qui cum eo per alias horti

dort ein Buch vorfanden, in dem das Leben des Antonius beschrieben war. Der eine von ihnen begann zu lesen, zu staunen und Feuer zu fangen, ja über dem Lesen packte ihn schon der Gedanke, selber solch ein Leben zu ergreifen, den Hofdienst zu verlassen - sie gehörten zu der Klasse von Beamten, die man kaiserliche Agenten nennt - und Dir zu dienen. Plötzlich überwältigt von heiliger Liebe, in nüchterner Scham zornig auf sich selbst, wandte er den Blick auf den Freund und sprach zu ihm: „Sag, ich bitte dich, worauf trachten wir denn hinaus mit all unseren Plackereien? Was suchen wir? Wessentwegen machen wir denn unseren Dienst? Haben wir bei Hofe jemals Größeres zu erwarten, als daß wir ‚Freunde des Kaisers‘[25] seien? Und ist dabei nicht alles so zerbrechlich, immer so gefährlich? Und durch wie viele Gefahr geht der Weg zu noch größerer Gefahr? Und wann endlich ist es so weit? Freund Gottes aber, wenn ich nur will, - ich bin's in diesem Augenblick.“ Das sagte er, und aufgewühlt vom Gebärdrang eines neuen Lebens schaute er wieder in die Blätter und las und ward im Innern andern Sinnes, wo nur Du es sahst, und sein Geist entkleidete sich der Welt, wie es dann auch bald schon an den Tag kam. Denn während er las und das Wogen in seinem Herzen spürte, war sein Atmen oft ein Seufzen, und scheidend, für das Bessere sich entscheidend, wandte er sich, nun schon der Deine, an den Freund: „Ich bin sie los, unsere alte Rechnung mit der Zukunft. Ich bin entschlossen, Gott zu dienen, und von dieser Stunde an, hier, an diesem Ort, nehme ich das Werk in Angriff. Und du, wenn du mir nicht folgen willst, sei mir wenigstens nicht dagegen.“ Er aber gab zur Antwort, er wolle bei ihm bleiben und so hohen Lohn, so hohen Dienst mit ihm teilen. Und beide waren schon Dein, und sie bauten ihren Turm mit dem gehörigen Aufwand, daß sie alles verließen und Dir nachfolgten.

Da kamen Pontician und der andere, die anderswo in

partes deambulabant, quaerentes eos devene- 6,15
runt in eundem locum et invenientes admo-
nuerunt, ut redirent, quod iam declinasset
dies. At illi narrato placito et proposito suo, [Lk 24, 29]
quoque modo in eis talis voluntas orta est at-
que firmata petiverunt, ne sibi molesti essent,
si adiungi recusarent. Isti autem nihil mutati
a pristinis fleverunt se tamen, ut dicebat, at-
que illis pie congratulati sunt et conmendave-
runt se orationibus eorum et trahentes cor in
terra abierunt in palatium, illi autem affigen-
tes cor caelo manserunt in casa.
Et habebant ambo sponsas: quae posteaquam
hoc audierunt, dicaverunt etiam ipsae virgi-
nitatem tibi.

Narrabat haec Ponticianus. Tu autem, do- 7,16
mine, inter verba eius retorquebas me ad me
ipsum, auferens me a dorso meo, ubi me po-
sueram, dum nollem me adtendere, et consti- [Ps 49, 21]
tuebas me ante faciem meam, ut viderem,
quam turpis essem, quam distortus et sordi-
dus, maculosus et ulcerosus. Et videbam et
horrebam, et quo a me fugerem non erat. Et
si conabar a me avertere aspectum, narrabat
ille quod narrabat, et tu me rursus opponebas
mihi et inpingebas me in oculos meos, ut in- [Ps 35, 3]
venirem iniquitatem meam et odissem. No-
veram eam, sed dissimulabam et cohibebam
et obliviscebar.
Tunc vero quanto ardentius amabam illos, de 7,17
quibus audiebam salubres affectus, quod se to-

dem Gartenland sich ergangen hatten, auf der Suche nach ihnen an denselben Ort und fanden sie und mahnten zur Rückkehr, da sich der Tag schon geneigt habe. Aber nun erzählten die von ihrem Entschluß und Vorsatz, auch welcherweise dies Verlangen in ihnen aufgekommen und fest geworden sei, und baten, sie möchten sie nicht behelligen, wenn sie selbst sich nicht anschließen wollten. Sie aber, die jetzt keine anderen waren als zuvor, beweinten sich zwar, wie Pontician sich ausdrückte, und wünschten den anderen treulich Glück und empfahlen sich in ihr Gebet. So kehrten sie, das Herz auf der Erde schleppend, zurück an den Hof, die andern aber, ihr Herz an den Himmel bindend, verblieben in der Hütte.

Und beide hatten sie doch Bräute. Als die erfuhren, was geschehen war, gelobten auch sie die Jungfräulichkeit.

So erzählte Pontician. Du aber, Herr, Du wandest mich während seines Redens zu mir selbst herum, Du holtest hinter meinem eigenen Rücken mich hervor, wo ich mich eingerichtet hatte, dieweil ich mich nicht anschaun wollte, und stelltest mich meinem Angesicht gegenüber, damit ich sähe, wie häßlich ich sei, wie verkrüppelt und schmutzig, voll Sudel und Geschwür. Und ich sah es und schauderte, und es war nicht, wohin ich hätte vor mir fliehen können. Und wenn ich versuchte, den Anblick von mir abzuschlagen: jener erzählte eben, was er erzählte, und Du, Du stelltest mich abermal gegen mich und drängtest mich meinen Augen auf, damit ich meine Schuld erkennen und hassen sollte. Ich kannte sie, aber ich wollte nichts davon merken, ich schloß sie weg und wollte nicht dran denken.

Jetzt aber - je brennender ich sie lieben mußte, diese Männer, von denen ich da hörte, daß sie mit heilsamer Leidenschaft sich ganz Dir übergeben hatten, um gesund zu werden, mit um so größerem Abscheu haßte ich mich,

tos tibi sanandos dederant, tanto exsecrabilius 7,17
me conparatum eis oderam, quoniam multi
mei anni mecum effluxerant - forte duodecim
anni - ex quo ab undevicensimo anno aetatis
meae lecto Ciceronis Hortensio excitatus eram
studio sapientiae et differebam contemta feli-
citate terrena ad eam investigandam vacare,
cuius non inventio, sed vel sola inquisitio
iam praeponenda erat etiam inventis thesau-
ris regnisque gentium et ad nutum circum-
fluentibus corporis voluptatibus. At ego adu-
lescens miser valde, miser in exordio ipsius
adulescentiae, etiam petieram a te castitatem
et dixeram: „Da mihi castitatem et continen-
tiam, sed noli modo". Timebam enim, ne me
cito exaudires et cito sanares a morbo con-
cupiscentiae, quem malebam expleri quam
exstingui. Et ieram per »vias pravas« super- Sir 2, 16
stitione sacrilega non quidem certus in ea, sed
quasi praeponens eam ceteris, quae non pie
quaerebam, sed inimice oppugnabam.

Et putaveram me propterea differre de die in 7,18
diem contemta spe saeculi te solum sequi, quia
non mihi apparebat certum aliquid, quo diri-
gerem cursum meum. Et venerat dies, quo
nudarer mihi et increparet in me conscientia
mea: „Ubi est lingua? Nempe tu dicebas prop-
ter incertum verum nolle te abicere sarcinam
vanitatis. Ecce iam certum est, et illa te ad-
huc premit umerisque liberioribus pinnas re-
cipiunt, qui neque ita in quaerendo adtriti
sunt nec decennio et amplius ista meditati".

wenn ich ihnen mich verglich, daß schon so viele meiner Jahre, zwölf Jahre wohl, mit mir geschwunden waren, seitdem ich, im neunzehnten Jahr meines Lebens, an Ciceros Hortensius[26] zum Streben nach der Weisheit erwacht war, und noch immer schob ich's hinaus, nichts nach Erdenglück zu fragen und frei für das Forschen nach ihr zu werden, die nicht erst gefunden, nein, auch nur gesucht, für köstlicher gelten müßte als aller Gewinn von Schätzen und Kronen der Erde und auf bloße Wunschgewalt ringsum sich ergießender Sinnenlust des Leibes. Ich aber, erbärmlich sehr, als ich zum Manne reifte, erbärmlich gar, als meine Manneszeit begann, ich hatte auch um Keuschheit zu Dir gebetet, aber so: „Gib mir Keuschheit und Enthaltsamkeit, nur gib sie nicht schon jetzt!" Denn ich fürchtete, Du möchtest mich sogleich erhören und sogleich mich heilen von der Krankheit der Begier, die ich lieber stillen wollte, als daß sie mir erloschen wäre. Und ich hatte »böse Wege« eingeschlagen, Wege frevlen Aberwitzes, zwar nicht eben sicher meiner Sache, aber doch wie einer bessern Wahl ihm zugetan, als mich das andere deuchte, dem ich feind entgegenstand, statt fromm es zu erstreben.[27]

Dann hatte ich mir auch gesagt, nur deshalb verschöb ich es von Tag zu Tag, meine Hoffnung auf die Welt dahinzugeben und mich an Dich allein zu halten, weil mir noch nichts von festem Zuverlaß erschienen sei, wohin ich meine Fahrt hätte steuern sollen.[28] Jetzt aber war der Tag gekommen, da ich nackt ward vor mir und mein Gewissen hart mich anließ: „Und was nun für eine Sprache? Du sagtest doch, weil das Wahre sich nicht ausmachen ließe, wollest du deinen Packen Eitelkeiten noch nicht abwerfen. Sieh, es gibt Gewißheit, und noch immer liegt die Last auf dir, wo doch den freieren Schultern derer Flügel[29] wuchsen, die sich nicht im Suchen so zergrübelt und ein Jahrzehnt und länger sich daran versonnen haben."

Ita rodebar intus et confundebar pudore horribili vehementer, cum Ponticianus talia loqueretur. Terminato autem sermone et causa, qua venerat, abiit ille, et ego ad me. Quae non in me dixi? Quibus sententiarum verberibus non flagellavi animam meam, ut sequeretur me conantem post te ire? Et renitebatur, recusabat et non se excusabat. Consumpta erant et convicta argumenta omnia: remanserat muta trepidatio et quasi mortem reformidabat restringi a fluxu consuetudinis, quo tabescebat in mortem. 7,18

Tum in illa grandi rixa interioris domus 8,19
meae, quam fortiter excitaveram cum anima mea in cubiculo nostro, corde meo, tam vultu quam mente turbatus invado Alypium, exclamo: „Quid patimur? Quid est hoc, quod audisti? Surgunt indocti et caelum rapiunt, et nos cum doctrinis nostris sine corde ecce ubi volutamur in carne et sanguine! An quia praecesserunt, pudet sequi et non pudet nec saltem sequi?“
Dixi nescio qua talia, et abripuit me ab illo aestus meus, cum taceret attonitus me intuens. Neque enim solita sonabam. Plus loquebantur animum meum frons, genae, oculi, color, modus vocis quam verba, quae promebam.
Hortulus quidam erat hospitii nostri, quo nos utebamur sicut tota domo: nam hospes ibi non habitabat, dominus domus. Illuc me abstu-

So nagte es innen, und ein Schauer von Scham bestürzte mich, als Pontician so sprach. Nachdem er seine Rede beendet hatte, auch das Geschäft, in dem er gekommen war, ging er weg und ich zu mir. Was mußte ich mir nicht alles sagen! Mit welchen Urteilshieben hätte ich meine Seele nicht gezüchtigt, daß sie mir folge, wenn ich willens bin, den Weg mit Dir zu gehn! Und - sie sträubte sich, sie erhob ihren Einspruch und fand keinen Freispruch. Alle ihre Gründe waren erschöpft und widerlegt: geblieben war ihr die stumme Angst, und sie fürchtete es wie den Tod, sich loszumachen vom Flusse der Gewohnheit, in dem sie dem Tod entgegensiechte.

Und jetzt, in diesem gewaltigen Kampf meines innern Hauses, den ich in unsrer geheimsten Kammer, in meinem Herzen, so heftig wider meine Seele heraufbeschworen hatte, stürme ich, verstört im Antlitz und im Geiste, auf Alypius ein und schreie: „Wie geschieht uns? Was ist das? Hast du's gehört? Ungelehrte raffen sich auf und reißen den Himmel an sich, und wir mit unserer Schulweisheit ohne Herz, wir wälzen uns in Fleisch und Blut! Schämen wir uns, daß sie uns voraus sind und wir erst hinterdrein kämen, - und sollten uns doch schämen, nicht einmal nachzukommen!"

So sprach ich, ich weiß nicht, was alles. In meinem Aufruhr riß ich mich los von ihm, und bestürzt sah er mich an und schwieg. Das war ja nicht ein Reden wie sonst bei mir. Mehr als die Worte, die ich hervorstieß, sprachen Stirn und Wange und Auge und die Farbe des Gesichts und der Ton der Stimme von meiner Gemütsverfassung.

Zu unserer Herberge gehörte ein kleiner Garten, und er stand uns zur Verfügung wie das ganze Haus; denn unser Wirt, der Hausherr, wohnte nicht da. Dorthin hatte mich

lerat tumultus pectoris, ubi nemo impediret 8,19
ardentem litem, quam mecum aggressus eram,
donec exiret, qua tu sciebas, ego autem non:
sed tantum insaniebam salubriter et morie-
bar vitaliter, gnarus, quid mali essem, et ig-
narus, quid boni post paululum futurus es-
sem. Abscessi ergo in hortum et Alypius pe-
dem post pedem. Neque enim secretum meum
non erat, ubi ille aderat. Aut quando me sic
affectum desereret?

Sedimus quantum potuimus remoti ab aedi-
bus. Ego fremebam spiritu indignans indig-
natione turbulentissima, quod non irem in
placitum et pactum tecum, deus meus, in quod
eundum esse »omnia ossa mea« clamabant et Ps 34, 10
in caelum tollebant laudibus. Et non illuc iba-
tur navibus aut quadrigis aut pedibus, quan-
tum saltem de domo in eum locum ieram,
ubi sedebamus. Nam non solum ire verum
etiam pervenire illuc nihil erat aliud quam
velle ire, sed fortiter et integre, non semisau-
ciam hac atque hac versare et iactare volun-
tatem parte adsurgente cum alia parte cadente
luctantem.

Denique tam multa faciebam corpore in ip- 8,20
sis cunctationis aestibus, quae aliquando vo-
lunt homines et non valent, si aut ipsa mem-
bra non habeant aut ea vel conligata vin-
culis vel resoluta languore vel quoquo modo
impedita sint. Si vulsi capillum, si percussi
frontem, si consertis digitis amplexatus sum
genu, quia volui, feci. Potui autem velle et

der Sturm in meiner Brust getrieben, wo niemand den heißen Streit verhindern sollte, den ich mit mir begonnen hatte, bis er seinen Ausgang nähme, - wie, das wußtest Du, ich nicht: mein Teil war nur, daß ich von Sinnen kam zu meinem Heil und erstarb zu meinem Leben, und ich wußte wohl von dem Schlechten an mir, ich wußte nicht, was Gutes schon so bald an mir werden sollte. Ich zog mich also in den Garten zurück, und Alypius folgte mir auf dem Fuße. Denn allein und einsam blieb ich, auch wenn er zugegen war. Und konnte er mich jetzt verlassen in diesem Sturm?

Wir setzten uns so weit vom Hause weg als möglich. Ich aber zitterte im Geiste und ergrimmte in wildem Ingrimm, daß ich den Schritt nach Deinem Gefallen und zum Bunde mit Dir, mein Gott, nicht vermochte, den Schritt, den doch »all mein Gebein« so laut verlangte und preisend als den Himmel verhieß. Und nicht Schiff noch Wagen brauchte man dazu, mußte nicht zu Fuße gehen, auch nur so weit, wie vom Hause zu der Stelle, wo wir saßen. Denn dorthin zu gehen, ja dorthin zu gelangen, brauchte es nichts als gehen zu wollen, aber wollen stark und ganz, nicht den halbwunden Willen wendisch hierhin und dorthin werfen und in balgenden Hälften Stand und Sturz erfahren.

Und schließlich noch eins.[30] In dieser Drangsal meiner Halbheit tat ich leiblich vieles, wie es der Mensch wohl manchmal möchte und nicht vermag, wenn ihm die Glieder dazu fehlen oder mit Fesseln gebunden oder krank und lahm oder wie sonst gehindert sind. Wenn ich mir das Haar raufte, wenn ich an die Stirne schlug, wenn ich mit ringenden Händen das Knie umspannte, so tat ich's, weil ich wollte. Ich hätte es wollen, aber nicht tun können, wäre

non facere, si mobilitas membrorum non ob- 8, 20
sequeretur. Tam multa ergo feci, ubi non hoc erat velle quod posse: et non faciebam, quod et inconparabili affectu amplius mihi placebat et mox, ut vellem, possem, quia mox, ut vellem, utique vellem. Ibi enim facultas ea, quae voluntas, et ipsum velle iam facere erat; et tamen non fiebat, faciliusque obtemperabat corpus tenuissimae voluntati animae, ut ad nutum membra moverentur, quam ipsa sibi anima ad voluntatem suam magnam in sola voluntate perficiendam.

Unde hoc monstrum? Et quare istuc? Luceat 9, 21
misericordia tua, et interrogem, si forte mihi respondere possint latebrae poenarum hominum et tenebrosissimae contritiones filiorum Adam. Unde hoc monstrum? Et quare istuc? Imperat animus corpori, et paretur statim: imperat animus sibi, et resistitur. Imperat animus, ut moveatur manus, et tanta est facilitas, ut vix a servitio discernatur imperium: et animus animus est, manus autem corpus est. Imperat animus, ut velit animus, nec alter est nec facit tamen. Unde hoc monstrum? Et quare istuc? Imperat, inquam, ut velit, qui non imperaret, nisi vellet, et non fit quod imperat.
Sed non ex toto vult: non ergo ex toto imperat. Nam in tantum imperat, in quantum vult, et in tantum non fit quod imperat, in quantum non vult, quoniam voluntas imperat,

mir die Beweglichkeit der Glieder versagt gewesen. So tat ich vieles, wo Wollen nicht dasselbe war wie Können: das aber tat ich nicht, was mir unvergleichlich mehr am Herzen lag, und was ich, so bald als ich nur wollte, auch gekonnt hätte, weil ich es so bald, als ich es gewollt, - eben gewollt hätte; denn hier war eins der Wille und die Macht, das Wollen selbst schon Tun. Und doch geschah es nicht. Leichter gehorchte der Körper dem leisesten Willen der Seele und bewegte auf ihren Wink die Glieder, als die Seele sich selbst gehorchte, um ihren großen Willen auch nur im Willen durchzusetzen.

Woher dies Unfaßliche? Warum ist das so? Laß Dein Erbarmen leuchten, und ich will fragen, ob mir nicht Antwort käme aus dem Abgrund menschlicher Pein und der Leidensnacht der Adamskinder. Woher dies Unfaßliche? Warum ist das so? Befehl gibt der Geist dem Körper, und sogleich wird gehorcht; Befehl gibt der Geist sich selbst, und da ist Widerstand. Befehl gibt der Geist, daß die Hand sich bewege, und mit einer Leichtigkeit geschieht es, daß man Befehl und Vollzug kaum mehr unterscheiden kann: und der Geist ist doch Geist, die Hand aber ist Körper. Befehl gibt der Geist, der Geist soll wollen; er ist ein und derselbe, und doch tut er's nicht. Woher dies Unfaßliche? Warum ist das so? Er befiehlt, wie gesagt, daß er wolle, und er würde nicht befehlen, wenn er nicht wollte, und er tut nicht, was er befiehlt.

Aber er will nicht ganz und gar, also befiehlt er nicht ganz und gar. Denn er befiehlt nur insoweit, als er will, und insoweit geschieht nicht, was er befiehlt, inwieweit er nicht will; denn der Wille befiehlt, daß da ein Wille sei, er, der befohlene. Er befiehlt also nicht als der volle; des-

ut sit voluntas, nec alia, sed ipsa. Non itaque 9, 21
plena imperat; ideo non est, quod imperat.
Nam si plena esset, nec imperaret, ut esset,
quia iam esset. Non igitur monstrum partim
velle, partim nolle, sed aegritudo animi est,
quia non totus assurgit veritate sublevatus,
consuetudine praegravatus. Et ideo sunt duae
voluntates, quia una earum tota non est et
hoc adest alteri, quod deest alteri.

»Pereant a facie tua«, deus, sicuti pereunt 10, 22 Ps 67, 3
»vaniloqui et mentis seductores«, qui cum Tit 1, 10
duas voluntates in deliberando animadver-
terint, duas naturas duarum mentium esse as-
severant, unam bonam, alteram malam. Ipsi
vere mali sunt, cum ista mala sentiunt, et idem
ipsi boni erunt, si vera senserint verisque con-
senserint, ut dicat eis apostolus tuus: »fuistis Eph 5, 8
aliquando tenebrae, nunc autem lux in do-
mino«. Illi enim dum volunt esse lux non in
domino, sed in se ipsis, putando animae na-
turam hoc esse, quod deus est, ita facti sunt
densiores tenebrae, quoniam longius a te re-
cesserunt horrenda arrogantia, a te, »vero Jo 1, 9
lumine inluminante omnem hominem venien-
tem in hunc mundum«. Adtendite, quid dica-
tis, et erubescite et »accedite ad eum et in- Ps 33, 6
luminamini, et vultus vestri non erubescent«.
Ego cum deliberabam, ut iam servirem do-
mino deo meo, sicut diu disposueram, ego
eram, qui volebam, ego, qui nolebam; ego ego
eram. Nec plene volebam nec plene nolebam.

halb ist auch nicht, was er befiehlt. Denn wenn er ungeteilt voll wäre, brauchte er sich nicht erst herbeizubefehlen, er solle dasein, weil er schon da wäre. Also nicht Unfaßliches ist es, teils zu wollen, teils nicht zu wollen, sondern eine Schwäche des inneren Menschen, weil er nicht ganz sich aufrichtet, zwar gehoben vom erkannten Wahren, aber mehr noch hinabgedrückt von der Last der Gewohnheit. Und deshalb sind zwei Willen da, weil der eine von ihnen nicht ganzer Wille ist und das, was dem einen fehlt, der andere hat.[31]

»Es sollen verderben vor Deinem Angesicht«, o Gott, wie eben »nichtige Schwätzer und Geistesverführer« verderben, die da höchlich beteuern,[32] weil sie die zweierlei Willen des unschlüssigen Menschen bemerken, es gebe zwei Naturen des zwiegeteilten Geistes, die eine gut, die andere böse. Wahrlich, sie selbst sind böse, wenn sie so Böses denken, und sie selbst werden gut sein, wenn sie das Wahre erkennen und das Wahre anerkennen, auf daß Dein Apostel zu ihnen spräche: »Ihr waret einmal Finsternis, jetzt aber seid ihr Licht im Herrn.« Denn da sie nicht im Herrn, sondern in sich selbst Licht sein wollen mit ihrem Wahn, die Seele sei, was Gott ist,[33] sind sie um so dichtere Finsternis geworden, weil sie in erschreckender Anmaßung nur um so weiter von Dir abgekommen sind, von Dir, dem »wahren Licht, das jeden Menschen erleuchtet, der in diese Welt kommt«. Bedenket doch, was ihr sagt, und schämt euch und »nahet euch ihm, so werdet ihr erleuchtet, und euer Antlitz wird nicht erröten müssen«.

Damals, als ich bei mir erwog, nun wolle ich meinem Herrn und Gott in den Dienst mich geben, wie es lange schon mein Vorsatz gewesen, da war ich es, der wollte, ich auch, der nicht wollte; ich, ich war es. Aber nicht vollauf wollte ich, nicht vollauf wollte ich nicht. Deshalb

Ideo mecum contendebam et dissipabar a me 10,22
ipso, et ipsa dissipatio me invito quidem fie-
bat, nec tamen ostendebat naturam mentis
alienae, sed poenam meae. Et ideo non iam
ego operabar illam, »sed quod habitabat in Röm
me peccatum« de supplicio liberioris peccati, 7,17
quia eram filius Adam.

Nam si tot sunt contrariae naturae, quot vo- 10,23
luntates sibi resistunt, non iam duae, sed plu-
res erunt. Si deliberet quisquam, utrum ad
conventiculum eorum pergat an ad theatrum,
clamant isti: „Ecce duae naturae, una bona
hac ducit, altera mala illac redducit. Nam
unde ista cunctatio sibimet adversantium vo-
luntatum?" Ego autem dico ambas malas, et
quae ad illos ducit et quae ad theatrum red-
ducit. Sed non credunt nisi bonam esse, qua
itur ad eos. Quid? Si ergo quisquam nostrum
deliberet et secum altercantibus duabus vo-
luntatibus fluctuet, utrum ad theatrum pergat
an ad ecclesiam nostram, nonne et isti quid
respondeant fluctuabunt? Aut enim fatebun-
tur, quod nolunt, bona voluntate pergi in ec-
clesiam nostram, sicut in eam pergunt qui
sacramentis eius imbuti sunt atque detinentur,
aut duas malas naturas et duas malas men-
tes in uno homine confligere putabunt, et non
erit verum quod solent dicere, unam bonam,
alteram malam, aut convertentur ad verum
et non negabunt, cum quisque deliberat, ani-
mam unam diversis voluntatibus aestuare.

Iam ergo non dicant, cum duas voluntates in 10,24

hatte ich Streit mit mir und spaltete mich von mir. Und zwar geschah mir diese Spaltung wider meinen Willen, aber sie zeigte nicht das Wesen eines fremden Geistes an, sondern die Strafe des eigenen.[34] Und also war nicht eben ich es, der den Zwiespalt wirkte, »sondern Sünde war's, die in mir wohnte« [sündhafte Gewohnheit] zur Strafe für eine Sünde, die aus größerer Freiheit geschehen war, - denn ich war ein Sohn des Adam.

Denn gäbe es so viele entgegengesetzte Naturen, als sich Wollungen gegeneinander stellen, so wären es nicht nur zwei, sondern mehr. Wenn einer unschlüssig ist, ob er in die Versammlung dieser Leute oder ins Theater gehen soll, so schreien sie gleich: „Da haben wir sie ja, die zwei Naturen! Die eine, die gute, führt ihn her zu uns, die andere, die böse, führt ihn weg dorthin. Woher denn sonst diese Unschlüssigkeit zwischen Wille und Wille im Widerstreit?" Ich aber heiße sie beide bös, den Willen, der zu ihnen führt, und den, der ins Theater wegführt. Sie aber glauben, gut sei allein der Wille, der seinen Weg zu ihnen nimmt. Wie aber, wenn da einer von den Unsern überlegte und im Widerstreit zweier Willen schwankte, ob er ins Theater oder in unsere Kirche gehen solle, werden nicht auch sie jetzt schwanken, was sie dazu sagen sollen? Denn entweder müßten sie es zugeben, was sie doch nicht wollen, daß es ein guter Wille sei, aus dem man zu unsrer Kirche geht, wie die eben hingehen, die mit ihren Geheimnissen vertraut sind und daran sich binden. Oder sie müßten annehmen, in einem und demselben Menschen stritten sich zwei böse Naturen und zwei böse Seelen, und es wäre dann nicht wahr, was sie doch zu sagen pflegen, die eine sei gut, die andere bös. Oder sie müßten der Wahrheit die Ehre geben und könnten nicht mehr leugnen, daß im unschlüssigen Menschen die Eine Seele zwischen verschiedenem Wollen schwankt.

Wenn sie also sehen, wie zwei Willen in einem Menschen

homine uno adversari sibi sentiunt, duas con- 10,24
trarias mentes de duabus contrariis substantiis et de duobus contrariis principiis contendere, unam bonam, alteram malam. Nam, tu
»deus verax«, inprobas eos et redarguis at- Jo 3,33
que convincis eos, sicut in utraque mala voluntate, cum quisque deliberat, utrum hominem veneno interimat an ferro, utrum fundum alienum illum an illum invadat, quando utrumque non potest, utrum emat voluptatem luxuria an pecuniam servet avaritia, utrum ad circum pergat an ad theatrum, si uno die utrumque exhibeatur; addo etiam tertium, an ad furtum de domo aliena, si subest occasio; addo et quartum, an ad conmittendum adulterium, si et inde simul facultas aperitur, si omnia concurrant in unum articulum temporis pariterque cupiantur omnia, quae simul agi nequeunt: discerpunt enim animum sibimet adversantibus quattuor voluntatibus vel etiam pluribus in tanta copia rerum, quae appetuntur, nec tamen tantam multitudinem diversarum substantiarum solent dicere.

Ita et in bonis voluntatibus. Nam quaero ab eis, utrum bonum sit delectari lectione apostoli et utrum bonum sit delectari psalmo sobrio et utrum bonum sit evangelium disserere. Respondebunt ad singula: „Bonum.“ Quid? Si ergo pariter delectent omnia simulque uno tempore, nonne diversae voluntates distendunt cor hominis, dum deliberatur, quid potissimum arripiamus? Et omnes bonae sunt

sich entgegen sind, so sollen sie doch nicht mehr sagen, da kämpften zwei gegensätzliche Seelen aus zwei gegensätzlichen Urwesenheiten und zwei gegensätzlichen Uranfängen, die eine gut, die andere bös. Denn Du, Du »Gott der Wahrheit«, strafst sie Lügen und widerlegst und überführst sie. Es kann doch im Widerstreit des Wollens das Böse auf beiden Seiten sein: so wenn einer sich nicht schlüssig ist, ob er einen Menschen durch Gift oder mit dem Dolche morden, ob er dieses oder jenes fremde Grundstück sich ergaunern soll, da beides ihm nicht möglich ist; ob er in üppigem Leben sich seine Lust erkaufen oder in Habsucht sein Geld zusammenhalten soll; ob er in den Zirkus oder ins Theater gehen soll, wenn man hier und dort am gleichen Tage spielt, oder, um noch ein drittes hinzuzufügen, zu einem Diebstahl aus fremdem Hause, weil die Gelegenheit sich bietet, oder, ich füge ein viertes an, zur Ausübung eines Ehebruchs, weil auch hiefür die Stunde günstig wäre: wenn das alles zur gleichen Zeit sich böte und gleichermaßen Lockung wäre, dies alles, was unmöglich auf einmal sich machen läßt, so zerreißt es den Geist, daß vier böse Willen, ja wohl noch mehr, da es doch so vieles ist, wonach die Lust begehrt, sich im Kampfe liegen, aber keiner spricht hier von einer gleichso großen Zahl verschiedener Wesenheiten.

Genau so steht es mit den Neigungen des Willens auf das Gute. Etwa, ich möchte von diesen Leuten hören, ob es gut sei, an der Lesung des Apostels sich zu freuen, und ob es gut sei, am Ernst eines Psalms sich zu freuen, und ob es gut sei, das Evangelium auszulegen, so werden sie jedesmal antworten: „gut". Wie aber, wenn etwa das alles in gleichem Maße und zu gleicher Zeit uns zur Freude wäre, sind es dann nicht verschiedene Willen, die das Herz des Menschen zerspannen in der Unschlüssigkeit, womit wir uns am besten jetzt befassen sollen? Und alle sind sie gut und streiten doch miteinander, bis endlich für

et certant secum, donec eligatur unum, quo 10,24
feratur tota voluntas una, quae in plures dividebatur.

Ita etiam, cum aeternitas delectat superius et temporalis boni voluptas retentat inferius, eadem anima est non tota voluntate illud aut hoc volens et ideo discerpitur gravi molestia, dum illud veritate praeponit, hoc familiaritate non ponit.

Sic aegrotabam et excruciabar accusans me- 11,25
met ipsum solito acerbius nimis ac volvens et versans me in vinculo meo, donec abrumperetur totum, quo iam exiguo tenebar. Sed tenebar tamen. Et instabas tu in occultis meis, domine, severa misericordia flagella ingeminans timoris et pudoris, ne rursus cessarem et non abrumperetur id ipsum exiguum et tenue, quod remanserat, et revalesceret iterum et me robustius alligaret.

Dicebam enim apud me intus: „Ecce modo fiat, modo fiat“, et cum verbo iam ibam in placitum. Iam paene faciebam, et non faciebam, nec relabebar tamen in pristina, sed de proximo stabam et respirabam. Et item conabar et paulo minus ibi eram et paulo minus, iam iamque adtingebam et tenebam: et non ibi eram nec adtingebam nec tenebam, haesitans mori morti et vitae vivere, plusque in me valebat deterius inolitum, quam melius insolitum, punctumque ipsum temporis, quo aliud futurus eram, quanto propius admovebatur,

das eine entschieden wird, so daß sich hierauf der Wille, der in mehrere sich zerteilt hatte, nun als der ganze und eine richtet.

So[35] ist es auch, wenn höherher die Ewigkeit ladet und hienieden die Lust an zeitlichem Gut nicht losläßt: es ist ein und dieselbe Seele, nur ist sie nicht mit ganzem Willen zu dem einen oder andern gewillt, und so zerspannt sie sich zu ihrer schweren Pein, weil sie dem einen, kraft der Wahrheit, wohl die Ehre gibt, aber das andere, kraft der Gewohnheit, doch nicht aufgibt.

So war ich krank und marterte mich in Vorwürfen gegen mich selbst, bitterer noch als sonst, und wand und wälzte mich in meiner Fessel, daß sie nun endlich, dem Gebundenen schon so dünn geworden, ganz zerrisse. Aber ich blieb doch gebunden. Da warst Du es, Herr, der in strenger Milde[36] meinen geheimen Tiefen sich nahte mit der Doppelpeitsche der Furcht und der Scham, daß ich nicht wieder lässig würde und dieses schwache, dünne Letzte meiner Fessel zu neuer Kraft erwüchse und mich noch fester schnürte.

Ich sprach in meinem Innern: „Ja gleich soll's geschehen, gleich soll's geschehen", und im Worte schritt ich schon zum Entschlusse. Hart schon war ich dran, es auch zu tun - und ich tat es nicht. Aber ich fiel auch nicht zurück ins Alte, sondern ich faßte Stand in nächster Nähe und schöpfte Atem. Und ich ermannte mich aufs neue, und immer weniger fehlte, und ich war dort, und immer weniger, und im nächsten Augenblick ergriffe ich's und hielte es ganz - und nicht war ich dort und griff es nicht und hielt es nicht, immer noch im Zaudern, dem Sterben abzusterben und zum Leben aufzuleben. Mehr vermochte über mich das altgewohnte Schlechtere als das ungewohnte Bessere, und je näher es herankam, das spitze Nun der Zeit, da ich etwas anderes sollte sein, desto mächtiger

tanto ampliorem incutiebat horrorem; sed 11,25
non recutiebat retro nec avertebat, sed sus-
pendebat.
Retinebant nugae nugarum et vanitates vani- 11,26
tantium, antiquae amicae meae, et succutie-
bant vestem meam carneam et submurmura-
bant: „Dimittisne nos?" et „a momento isto
non erimus tecum ultra in aeternum" et „a
momento isto non tibi licebit hoc et illud ul-
tra in aeternum". Et quae suggerebant in eo,
quod dixi „hoc et illud", quae suggerebant,
deus meus? Avertat ab anima servi tui miseri-
cordia tua! Quas sordes suggerebant, quae
dedecora! Et audiebam eas iam longe minus
quam dimidius, non tamquam libere contra-
dicentes eundo in obviam, sed velut a dorso
mussitantes et discedentem quasi furtim vel-
licantes, ut respicerem. Retardabant tamen
cunctantem me abripere atque excutere ab eis
et transilire quo vocabar, cum diceret mihi
consuetudo violenta: „Putasne sine istis pot-
eris?"
Sed iam tepidissime hoc dicebat. Aperiebatur 11,27
enim ab ea parte, qua intenderam faciem et
quo transire trepidabam, casta dignitas con-
tinentiae, serena et non dissolute hilaris, ho-
neste blandiens, ut venirem neque dubitarem,
et extendens ad me suscipiendum et amplec-
tendum pias manus plenas gregibus bonorum
exemplorum. Ibi tot pueri et puellae, ibi iu-
ventus multa et omnis aetas et graves viduae
et virgines anus, et in omnibus ipsa continen-

schlug in mich sein Schauer, aber es schlug mich nicht zurück und nicht in die Flucht, - es hielt mich in der Schwebe.

Noch hielten sie mich auf, Torheit über Torheit und Eitelkeit über Eitelkeit, sie meine alten Freundinnen, und zupften heimlich am Gewande meiner Sinnlichkeit und raunten: „Schickst du uns weg?“ Und dann: „Von jenem Augenblick an werden wir nicht mehr bei dir sein in alle Ewigkeit.“ Und dann: „Von jenem Augenblick darfst du das und jenes nicht mehr tun, nicht in alle Ewigkeit.“ Und was rückten sie mir vor in meinem „das und jenes“, was rückten sie mir vor, mein Gott? Daß doch Deine Barmherzigkeit es wegnehme von der Seele Deines Knechtes! Welchen Schmutz rückten sie mir vor, welche Schande! Schon hörte ich sie nur mehr halb, viel weniger noch: sie traten mir sozusagen nicht entgegen mit offenem Widerspruch, nur so von hinten war es wie Gezischel und heimliches Gezupf am Gehenden, damit ich umsähe. Gleichwohl, sie verlangsamten mir den Schritt in meinem Zögern, mich loszureißen und sie wegzustoßen und mit einem Sprunge dort zu sein, wohin es mich rief, - denn Gewohnheit, zwingerisch, sprach zu mir: „Du glaubst, du hältst es aus ohne sie?“ [37]

Aber schon sagte sie's wie nahe dem Erlöschen. Denn auf jener Seite, nach der ich mein Auge gewendet hatte, aber den Weg zu gehen zitterte, trat in reiner Würde die Keuschheit hervor, heiter, doch nicht ausgelassen fröhlich, in Züchten liebewerbend, daß ich käme ohne Säumen, und streckte mir, mich aufzunehmen und in ihre Arme zu schließen, die frommen Hände entgegen, voll der Scharen guten Beispiels. Wie viel da Knaben und Mädchen, viel junges Volk und Menschen jeden Alters, die ernste Witwe und die Jungfrau hoch in Jahren. In allen diese

tia nequaquam sterilis, sed fecunda mater filiorum gaudiorum de marito te, domine. 11,27
Et inridebat me inrisione hortatoria, quasi diceret: „Tu non poteris, quod isti, quod istae? An vero isti et istae in se ipsis possunt ac non in domino deo suo? Dominus deus eorum me dedit eis. Quid in te stas et non stas? Proice te in eum, noli metuere; non se subtrahet, ut cadas: proice te securus, excipiet et sanabit te." Et erubescebam nimis, quia illarum nugarum murmura adhuc audiebam, et cunctabundus pendebam. Et rursus illa, quasi diceret: „Obsurdesce adversus inmunda illa »membra tua super terram, ut mortificentur«. »Narrant tibi delectationes, sed non sicut lex« domini dei tui." Ista controversia in corde meo non nisi de me ipso adversus me ipsum. At Alypius affixus lateri meo inusitati motus mei exitum tacitus opperiebatur. (Kol 3, 5; Ps 118, 85)

Ubi vero a fundo arcano alta consideratio traxit et congessit totam miseriam meam in conspectu cordis mei, oborta est procella ingens ferens ingentem imbrem lacrimarum. Et ut totum effunderem cum vocibus suis, surrexi ab Alypio – solitudo mihi ad negotium flendi aptior suggerebatur – et secessi remotius, quam ut posset mihi onerosa esse etiam eius praesentia. 12,28
Sic tunc eram, et ille sensit: nescio quid enim puto, dixeram, in quo apparebat sonus vocis meae iam fletu gravidus, et sic surrexeram.

Keuschheit, mitnichten unfruchtbar, ja Mutter vieler Kinder aus bräutlichen Wonnen, Herr, mit Dir!
Und sie lächelte mir ein Lächeln leise spottenden Ermunterns, als wollte sie sagen: „Du solltest es nicht vermögen wie diese Männer, diese Frauen? Ja vermögen sie es denn aus sich und nicht vielmehr im Herrn, ihrem Gott? Der Herr, ihr Gott, hat mich ihnen gegeben. Was stehst du auf dir, und stehst doch nicht? Wirf dich auf Ihn! Hab keine Angst; er wird nicht weichen, daß du fällst: getrost wirf dich auf Ihn, er fängt dich auf und macht dich heil!"
Da schämte ich mich sehr, daß ich noch immer das Geflüster jener Wahnwelt nicht aus den Ohren brachte und schwank in Zweifeln hing. Und wiederum die Keuschheit, so als sagte sie: „Gib nicht Gehör deinen unreinen »Gliedern, die da erdhaft sind, damit sie ertötet werden«. »Sie reden dir von Freuden, aber nicht wie das Gesetz« des Herrn, deines Gottes." So ging im Streit die Rede, aber nur von mir zu mir.[38] Alypius aber, immer mir zur Seite, erwartete schweigend den Ausgang meiner ungewohnten Erregung.

Jetzt aber, da meine grabende Selbstschau aus dem geheimen Grunde mein ganzes Elend hervorgebracht und dem Herzen zum Anblick gehäuft hatte, erhob sich der schwere Sturm, der einen schweren Regen von Tränen brachte. Um ihn ganz und laut zu vergießen, stand ich auf und ging weg von Alypius - denn Alleinsein schien mir besser zum Werke der Tränen[39] - und ging weit genug, bis mir die Gegenwart auch des Freundes nicht mehr lästig fallen konnte.[40]

So war mir's jetzt, und er fühlte es; ich hatte, glaube ich, ein paar Worte gesagt, schon mit tränenschwerem Klang der Stimme, und also war ich aufgestanden. Er blieb zu-

Mansit ergo ille ubi sedebamus nimie stupens. 12,28
Ego sub quadam fici arbore stravi me nescio quomodo et dimisi habenas lacrimis, et proruperunt flumina oculorum meorum, acceptabile sacrificium tuum, et non quidem his verbis, sed in hac sententia multa dixi tibi: »Et tu, domine, usquequo? Usquequo, domine, irasceris in finem? Ne memor fueris iniquitatum nostrarum antiquarum«. Sentiebam enim eis me teneri. Iactabam voces miserabiles: „Quamdiu, quamdiu, ‚cras et cras'? Quare non modo? Quare non hac hora finis turpitudinis meae?" [Ps 50, 19] Ps 6, 4; 78, 5. 8
Dicebam haec et flebam amarissima contritione cordis mei. Et ecce audio vocem de vicina domo cum cantu dicentis et crebro repetentis quasi pueri an puellae, nescio: „Tolle, lege; tolle, lege". Statimque mutato vultu intentissimus cogitare coepi, utrumnam solerent pueri in aliquo genere ludendi cantitare tale aliquid, nec occurrebat omnino audisse me uspiam repressoque impetu lacrimarum surrexi nihil aliud interpretans divinitus mihi iuberi, nisi ut aperirem codicem et legerem quod primum caput invenissem. Audieram enim de Antonio, quod ex evangelica lectione, cui forte supervenerat, admonitus fuerit, tamquam sibi diceretur quod legebatur: »vade, vende omnia, quae habes, da pauperibus et habebis thesaurum in caelis; et veni, sequere me«, et tali oraculo confestim ad te esse conversum. 12,29 Mt 19, 21
Itaque concitus redii in eum locum, ubi sede-

rück, wo wir gesessen hatten, sehr betroffen. Ich aber warf mich unter einem Feigenbaum zu Boden, ich weiß nicht, wie es kam, und ließ den Tränen ihren Lauf, und Ströme brachen aus meinen Augen, das Opfer, das Du liebst, und vieles sagte ich Dir, nicht in diesen Worten, aber in diesem Sinne: »Und Du, Herr, wie lange noch? Wie lange noch, Herr? Wirst Du zürnen bis zum Ende? Ach, denke nicht mehr unserer alten Missetaten!« Denn nur sie, ich fühlte es, hielten mich noch auf. Ich stieß meinen Jammer laut hinaus: „Wie lange noch, wie lange dieses ‚Morgen, ja morgen'?[41] Warum nicht heute? Warum nicht in dieser Stunde das Ende meiner Schmach?"

So sprach ich und weinte in der bittersten Zerknirschung meines Herzens. Da auf einmal höre ich aus dem Nachbarhaus die Stimme eines Knaben oder Mädchens im Singsang wiederholen: „Nimm es, lies es, nimm es, lies es!" Augenblicklich machte ich andere Miene, gespannt besann ich mich, ob unter Kindern bei irgendeinem Spiel so ein Leierliedchen üblich wäre, aber ich entsann mich nicht, das irgendwo gehört zu haben. Ich hemmte die Gewalt der Tränen und stand vom Boden auf: ich wußte keine andere Deutung, als daß mir Gott befehle, das Buch zu öffnen und die Stelle zu lesen, auf die zuerst ich träfe. Denn von Antonius hatte ich gehört, wie er bei einer Evangelienverlesung, zu der er sich von ungefähr eingefunden hatte, die Worte »Geh hin, verkaufe alles, was du hast, gib es den Armen, und du wirst einen Schatz im Himmel haben; und komm und folge mir nach«, als wäre es für ihn vermeint, was man da las, sich zur Mahnung genommen und bei diesem Gottesspruch sogleich zu Dir gekehrt hatte.[42]

So ging ich eilends wieder an den Platz, wo Alypius saß;

bat Alypius: ibi enim posueram codicem apo- 12,29
stoli, cum inde surrexeram. Arripui, aperui
et legi in silentio capitulum, quo primum con-
iecti sunt oculi mei: »non in comisationibus Röm 13,13 f
et ebrietatibus, non in cubilibus et inpudici-
tiis, non in contentione et aemulatione, sed
induite dominum Iesum Christum et carnis
providentiam ne feceritis in concupiscentiis«.
Nec ultra volui legere nec opus erat. Statim
quippe cum fine huiusce sententiae quasi luce
securitatis infusa cordi meo omnes dubita-
tionis tenebrae diffugerunt.

Tum interiecto aut digito aut nescio quo alio 12,30
signo codicem clausi et tranquillo iam vultu
indicavi Alypio. At ille quid in se ageretur
- quod ego nesciebam - sic indicavit. Petit vi-
dere quid legissem: ostendi, et adtendit etiam
ultra quam ego legeram. Et ignorabam quid
sequeretur. Sequebatur vero: »infirmum au- Röm 14,1
tem vero in fide recipite«. Quod ille ad se ret-
tulit mihique aperuit. Sed tali admonitione
firmatus est placitoque ac proposito bono et
congruentissimo suis moribus, quibus a me in
melius iam olim valde longeque distabat, sine
ulla turbulenta cunctatione coniunctus est.

Inde ad matrem ingredimur, indicamus: gau-
det. Narramus quemadmodum gestum sit:
exultat et triumphat et benedicebat tibi, »qui Eph 3,20
potens es ultra quam petimus aut intellegimus
facere«, quia tanto amplius sibi a te conces-
sum de me videbat, quam petere solebat mise-
rabilibus flebilibusque gemitibus. Convertisti

denn dort hatte ich das Buch des Apostels hingelegt, als ich aufgestanden war. Ich ergriff es, schlug es auf und las still für mich den Abschnitt, auf den zuerst mein Auge fiel:[43] »Nicht in Schmausereien und Trinkgelagen, nicht in Schlafkammern und Unzucht, nicht in Zank und Neid, vielmehr ziehet an den Herrn Jesus Christus und pfleget nicht des Fleisches in seinen Lüsten.« Weiter wollte ich nicht lesen, und weiter war es auch nicht nötig. Denn kaum war dieser Satz zu Ende, strömte mir Gewißheit als ein Licht ins kummervolle Herz, daß alle Nacht des Zweifelns hin und her verschwand.

Dann legte ich den Finger, vielleicht war's auch ein Merkzeichen, in das Buch, schloß es und teilte mich, schon Ruhe im Gesicht, dem Alypius mit. Dann aber teilte er mir, was in ihm jetzt vorging und was ich nicht wissen konnte, auf folgende Weise mit. Er wollte sehen, was ich gelesen hätte: ich zeigte es ihm, und er las noch hinaus über die Stelle. Ich wußte nicht, was da noch folgte. Es folgte aber: »Des Schwachen im Glauben aber nehmt euch an.« Das bezog er auf sich, und er sagte es mir. Ihn aber konnte diese Mahnung nur bestärken, und ohne alle Unruhe des mit sich Kämpfenden trat er dem Entschluß und Vorsatz zum Guten bei, der ganz zu seiner sittlichen Verfassung paßte, durch die er sich schon lange sehr zu seinen Gunsten von mir unterschieden hatte.

Wir gehen hinein zur Mutter, sagen's ihr: sie freut sich. Wir erzählen, wie alles herging: sie jubelt und frohlockt, und immer wieder pries sie Dich, »der Du mächtig bist, mehr zu tun, als wir erbitten und erdenken«, weil sie sah, wieviel mehr Du ihr gewährt hattest, als was sie für mich in Jammer, Weinen und Seufzen zu erbitten pflegte. Denn Du hast mich gewandelt hin zu Dir, daß

enim me ad te, ut nec uxorem quaererem nec 12,30
aliquam spem saeculi huius, stans in ea regula
fidei, in qua me ante tot annos ei revelaveras,
et »convertisti luctum eius in gaudium« multo Ps 29, 12
uberius, quam voluerat, et multo carius atque
castius, quam de nepotibus carnis meae re-
quirebat.

ich nichts mehr nach dem Weibe fragte, nichts nach einer Hoffnung sonst auf diese Welt: nun stand ich mit ihr auf jenem Richtscheit des Glaubens, auf dem Du mich vor so vielen Jahren ihr im Gesichte gezeigt hattest.[44] Und »Du hattest ihre Trauer in Freude gewandelt«, viel reichlicher, als ihr Wunsch gegangen war, viel köstlicher und keuscher als die an Enkeln aus meinem Fleische, die sie erwartet hatte.

LIBER NONUS

NEUNTES BUCH

Das Glück des Neubekehrten [1-7]. - Lobgebet [1]. Niederlegung des Lehramtes [2]. - Die Freunde Verecundus und Nebridius [3]. Auf dem Landgut des Verecundus in Cassiciacum; Dialoge, Psalmenlesung, Heilung von Zahnübel [4]. - Briefliche Verbindung mit Ambrosius [5]. Mit Alypius und Adeodat nach Mailand zur Vorbereitung auf die Taufe [6]. Der Mailänder Kirchen-Volksgesang; Auffindung von Martyrerleibern, durch die ein Blinder geheilt wird [7]. Bekehrung des Evodius [8]. - Der Tod der Mutter [8-13]: Rückblick auf ihre Jugend [8] und ihre Ehe [9]. Gespräch und Schauung in Ostia [10]. Die letzten Worte der Mutter und ihr Sterben [11]. Die Tränen um Monnica [12]. Gebet für die Tote [13].

O domine, ego servus tuus, ego servus tuus 1, 1
et filius ancillae tuae. Dirupisti vincula Ps 115, 16 f
mea; tibi sacrificabo hostiam laudis.« Laudet
te cor meum et lingua mea, et »omnia ossa Ps 34, 10
mea dicant: domine, quis similis tibi?« Di-
cant, et responde mihi et »dic animae meae: Ps 34, 3
salus tua ego sum«.

Quis ego et qualis ego? Quid non mali aut facta mea aut, si non facta, dicta mea aut, si non dicta, voluntas mea fuit? Tu autem, domine, bonus et misericors et dextera tua [Ps 102, 8] respiciens profunditatem mortis meae et a fundo cordis mei exhauriens abyssum corruptionis. Et hoc erat totum, nolle quod volebam, et velle quod volebas.

Sed ubi erat tam annoso tempore et de quo imo altoque secreto evocatum est in momento liberum arbitrium meum, quo subderem cervicem »leni iugo« tuo et umeros »levi sarcinae« tuae, Christe Iesu, »adiutor meus et redemptor meus«? (Mt 11, 30; Ps 18, 15) Quam suave mihi subito factum est carere suavitatibus nugarum, et quas amittere metus fuerat, iam dimittere gaudium erat.

Eiciebas enim eas a me, vera tu et summa suavitas, eiciebas et intrabas pro eis omni voluptate dulcior, sed non carni et sanguini, omni luce clarior, sed omni secreto interior, omni honore sublimior, sed non sublimibus in se. Iam liber erat animus meus a curis mordacibus ambiendi et adquirendi et volutandi atque scalpendi scabiem libidinum, et garriebam

O Herr,[1] ich bin Dein Knecht, ich bin Dein Knecht und der Sohn Deiner Magd.[2] Zerrissen hast Du meine Bande; Dir will ich opfern ein Opfer des Lobes.« Preisen soll Dich mein Herz und meine Zunge, und »all mein Gebein soll rufen: Herr, wer ist Dir gleich?« Das soll es rufen, und Du antworte mir und »sprich zu meiner Seele: Dein Heil bin ich«.

Wer war ich, wie war ich? Was war nicht böse an meinem Tun; wenn nicht im Tun, so an meinem Reden; wenn nicht im Reden, so an meinem Wollen?[3] Du aber, Herr, bist gut und barmherzig : und Deine Rechte sorgte in der Tiefe meines Todes und schöpfte bis auf den Grund meines Herzens das Unmaß des Verderbens aus. Und dies war des Ganzen Sinn: nichtwollen sollte ich, was ich wollte, und wollen, was Du wolltest.

Aber mein freier Wille, wo war er in all der jahrelangen Zeit, und aus welchem tiefuntersten Geheimen ward er in einem Augenblick herausgerufen, auf daß ich den Nakken beugte Deinem »sanften Joch« und die Schultern Deiner »leichten Bürde«, Christus Jesus, »Du mein Helfer und mein Erlöser«? Wie süß mit einemmal war mir's geworden, der Süße des Nichtigen ledig zu sein; was zu verlieren meine Furcht gewesen, das zu verlassen war mir nun Freude.[4]

Denn Du hast sie aus mir vertrieben, Du, die wahre und höchste Süße, sie vertrieben und tratest ein an ihrer Statt, süßer als jegliche Lust, aber nicht für Fleisch und Blut, strahlender als jegliches Licht, aber ingründiger[5] als jegliches Geheime, hoch über jegliche Ehre, aber nur denen, die nicht ihre Höhe suchen in sich.[6] Nun aber war der Geist mir frei von den nagenden Sorgen des Bewerbens, des Gewinnens, des Wälzens und Kratzens in der jukkenden Räude der Lüste, und ich redete leicht mit Dir,

tibi, claritati meae et divitiis meis et saluti 1,1
meae, domino deo meo.

Et placuit mihi »in conspectu tuo« non tu- 2,2
multuose abripere, sed leniter subtrahere mini- Ps 68, 21
sterium linguae meae nundinis loquacitatis, ne
ulterius pueri »meditantes« non »legem tuam«, Ps 118, 70
non pacem tuam, sed insanias mendaces et
bella forensia mercarentur ex ore meo arma
furori suo.
Et opportune iam paucissimi dies supererant
ad vindemiales ferias, et statui tolerare illos,
ut sollemniter abscederem et redemptus a te
iam non redirem venalis.
Consilium ergo nostrum erat coram te, coram
hominibus autem nisi nostris non erat. Et con-
venerat inter nos, ne passim cuiquam effun-
deretur, quamquam tu nobis a »convalle plo- Ps 83, 7; Ps
rationis« ascendentibus et cantantibus »can- 119, 1;
ticum graduum« dederas »sagittas acutas et 120, 1; Ps
carbones vastatores adversus linguam subdo- 119, 3 f
lam« velut consulendo contradicentem et, sic-
ut cibum assolet, amando consumentem.
Sagittaveras tu cor nostrum caritate tua, et 2,3
gestabamus verba tua transfixa visceribus et
exempla servorum tuorum, quos de nigris lu-
cidos et de mortuis vivos feceras, congesta in
sinum cogitationis nostrae urebant et absume-
bant gravem torporem, ne in ima vergeremus,
et accendebant nos valide, ut omnis ex »lin- Ps 119, 3
gua subdola« contradictionis flatus inflam-
mare nos acrius posset, non extinguere.

meinem Ruhm, meinem Reichtum, meinem Heil, dem Herrn meinem Gott.

Und ich beschloß »vor Deinem Angesicht«, ohne geräuschvollen Abbruch, sondern sachte den Dienst meiner Zunge zurückzuziehen vom Markte der Geschwätzigkeit, damit nicht länger eine Jugend, die nicht »Dein Gesetz im Auge hat« und nicht den Frieden in Dir, sondern Lug und Trug des Worts und den Streit vor Gericht, sich die Waffen für ihr Toben aus meinem Munde kaufe.

Da traf es sich denn gut, daß nur mehr wenige Tage bis zu den Ferien der Weinlese waren, und ich beschloß, sie noch auszuhalten, um dann zur üblichen Zeit zu schließen und, losgekauft von Dir, nicht mehr als feiler Sklave zurückzukehren.

Dir lag offen unser Entschluß; unter den Menschen nur unsern Nächsten. Wir hatten auch vereinbart, es nicht dem Nächstbesten mitzuteilen, wenn schon Du uns, da wir nun aufstiegen aus dem »Tal der Tränen« und das »Stufenlied« sangen, »scharfe Pfeile und sengende Kohlen« gegeben hattest wider »die trügerische Zunge«, die, zum Scheine wohlberatend, sich dagegen ausgesprochen und, wie sie's mit der Speise tut, uns liebehalber auch verschlungen hätte.

Aber unser Herz hattest Du durchpfeilt mit Deiner Liebe, und wir trugen, in unsern Eingeweiden steckend, Deine Worte und die Beispiele Deiner Diener, an denen Du die Schwärze zu Licht gemacht hast, die Töte zu Leben: diese Beispiele, im Schoße unseres Denkens geschichtet wie zum Scheiterhaufen, loderten und vertrieben die schlaffe Schwere, damit wir nicht zur Tiefe kehrten, und sie befeuerten uns so kräftig, daß jeder Windstoß eines Widerspruchs von »trügerischer Zunge« die Flammen noch heftiger angefacht, nicht gelöscht hätte.

Verum tamen quia propter nomen tuum, quod sanctificasti per terras, etiam laudatores utique haberet votum et propositum nostrum, iactantiae simile videbatur non opperiri tam proximum feriarum tempus, sed de publica professione atque ante oculos omnium sita ante discedere, ut conversa in factum meum ora cunctorum intuentium, quam vicinum vindemialium diem praevenire voluerim, multa dicerent, quod quasi appetissem magnus videri. Et quo mihi erat istud, ut putaretur et disputaretur de animo meo et »blasphemaretur bonum nostrum«? [Ez 36, 23] Röm 14, 16

Quin etiam quod ipsa aestate litterario labori nimio pulmo meus cedere coeperat et difficulter trahere suspiria doloribusque pectoris testari se saucium vocemque clariorem productioremve recusare, primo perturbaverat me, quia magisterii illius sarcinam paene iam necessitate deponere cogebat aut, si curari et convalescere potuissem, certe intermittere. Sed ubi plena voluntas »vacandi et videndi, quoniam tu es dominus«, oborta mihi est atque firmata - nosti, deus meus - etiam gaudere coepi, quod haec quoque suberat non mendax excusatio, quae offensionem hominum temperaret, qui propter liberos suos me liberum esse numquam volebant. 2, 4 Ps 45, 11

Plenus igitur tali gaudio tolerabam illud intervallum temporis, donec decurreret - nescio utrum vel viginti dies erant - sed tamen fortiter tolerabantur, quia recesserat cupiditas,

Aber weil Deines Namens wegen, dem Du über den Erdkreis hin Weihe verliehen hast, unser Entschluß und Vorhaben auch Lobredner finden konnte, so hätte es nach Großtun ausgesehen, hätte ich die so nahe Ferienzeit nicht abwarten, sondern noch vorher von meinem öffentlichen Amt, das mich den Blicken aller aussetzte, zurücktreten wollen; dann wäre bei allen Zeugen meines Schrittes viel Gerede gewesen, daß ich so hart vor Ferienbeginn ihn täte, als legte ich es nur darauf an, mich wichtig zu machen. Und wozu das schon, daß hin und her Vermutung und Geschwätz sich über mein Inneres ergingen und »verlästert würde, was unser Heil ausmacht«?

Daß überdies in eben diesem Sommer die Überanstrengung bei den Vorlesungen meine Lunge angegriffen hatte und Atemnot und Brustschmerzen ihren üblen Zustand verrieten und ein längeres lautes Sprechen unmöglich machten,[7] das hatte mich zuerst beunruhigt, weil diese äußere Notwendigkeit mich fast schon zwang, die Last meines Lehramts niederzulegen oder, wenn noch Heilung und Genesung möglich wäre, doch die Arbeit zu unterbrechen. Aber als der volle Wille, »zu feiern und mich der Schauung hinzugeben, daß Du der Herr bist«, in mir hervorbrach und fest und fester wurde, da wurde ich, Du weißt es, mein Gott, sogar froh darüber, weil nun eine ungeheuchelte Entschuldigung gegeben war, wenn ich den Unmut der Leute beschwichtigen mußte, die mir ihrer Söhne wegen überhaupt keine Freiheit gönnen wollten.

In der Freude darüber ertrug ich also den Aufschub, bis die Tage - kaum zwanzig Tage mochten es sein - vergangen wären; aber sie wollten auch mit Kraft überstanden sein: denn der Ehrgeiz, der mir die Last des Amtes hatte

quae mecum solebat ferre grave negotium, et ego premendus remanseram, nisi patientia succederet. 2,4
Peccasse me in hoc quisquam servorum tuorum, fratrum meorum, dixerit, quod iam pleno corde militia tua passus me fuerim vel una hora sedere in cathedra mendacii. At ego non contendo. Sed tu, domine misericordissime, nonne et hoc peccatum cum ceteris horrendis et funereis in aqua sancta ignovisti et remisisti mihi?

Macerabatur anxitudine Verecundus de isto nostro bono, quod propter vincula sua, quibus tenacissime tenebatur, deseri se nostro consortio videbat. Nondum christianus coniuge fideli ea tamen ipsa artiore prae ceteris compede ab itinere, quod aggressi eramus, retardabatur nec christianum esse alio modo se velle dicebat quam illo, quo non poterat. 3,5
Benigne tamen obtulit, ut, quamdiu ibi essemus, in re eius essemus. Retribues illi, domine, in resurrectione iustorum, quia iam »ipsam sortem« retribuisti ei. Quamvis enim absentibus nobis, cum Romae iam essemus, corporali aegritudine correptus et in ea christianus et fidelis factus ex hac vita emigravit. Ita misertus es non solum eius sed etiam nostri, ne cogitantes egregiam erga nos amici humanitatem nec eum in grege tuo numerantes dolore intolerabili cruciaremur. Ps 124, 3
Gratias tibi, deus noster. Tui sumus. Indicant

tragen helfen, war gewichen, und ich wäre verlassen ihrem Druck wohl erlegen, hätte nicht Geduld jetzt ausgeholfen.

Vielleicht sagt mancher Deiner Diener, meiner Mitbrüder, ich hätte sündhaft gehandelt, daß ich, von Herzen schon Deinem Heerbann zugetan, es über mich brachte, auch nur eine Stunde noch auf dem Katheder für Lug und Trug zu sitzen. Ich rechte nicht darüber. Du aber, Herr voll Erbarmen, hättest Du im heiligen Wasser mit den andern schauerlichen, tödlichen Sünden nicht auch diese mir verziehen und nachgelassen?

Was unser Glück ausmachte, das war ein zehrender Kummer für Verecundus; er sah sich durch die Fessel, die ihn umschlungen hielt, um die Gemeinschaft mit uns gebracht. Noch nicht Christ, ward er durch seine gläubige Gattin, eben das Band, das stärker war als alle andern, von dem Wege abgehalten, den wir eingeschlagen hatten, denn er wolle, sagte er, Christ nur auf die Weise sein, die ihm jetzt unmöglich war.

Aber gütig, wie er war, stellte er uns sein Landgut zur Verfügung, solang wir in der Gegend wären. Du wirst es, Herr, ihm lohnen am Tag der Auferstehung der Gerechten, da Du ihm den »Anteil der Gerechten« doch schon zugewendet hast. Denn in schwerer Krankheit, die ihn ergriff, als wir schon in Rom weilten, wurde er Christ, obschon wir nicht um ihn waren, und schied als Gläubiger aus diesem Leben. So hast Du nicht nur seiner Dich erbarmt, auch unser; denn an die ungewöhnliche Güte des Freundes gegen uns zurückzudenken, wäre uns ein unerträglicher Schmerz gewesen, hätten wir ihn nicht zu Deiner Herde rechnen dürfen.

Dank sei Dir, unser Gott! Wir sind die Deinen; das be-

hortationes et consolationes tuae: fidelis pro- missor reddes Verecundo pro rure illo eius Cassiciaco, ubi ab aestu saeculi requievimus in te, amoenitatem sempiterne virentis paradisi tui, quoniam dimisisti ei peccata super terram in »monte incaseato, monte tuo, monte uberi«. 3,5 Ps 67, 16

Angebatur ergo tunc ipse, Nebridius autem conlaetabatur. Quamvis enim et ipse nondum christianus in illam foveam perniciosissimi erroris inciderat, ut veritatis filii tui carnem phantasma crederet, tamen inde emergens sic sibi erat, nondum imbutus ullis ecclesiae tuae sacramentis, sed inquisitor ardentissimus veritatis. Quem non multo post conversionem nostram et regenerationem per baptismum tuum ipsum etiam fidelem catholicum castitate perfecta atque continentia tibi servientem in Africa apud suos, cum tota domus eius per eum christiana facta esset, carne solvisti. 3,6

Et nunc ille vivit »in sinu Abraham«, quidquid illud est, quod illo significatur sinu, ibi Nebridius meus vivit, dulcis amicus meus, tuus autem, domine, adoptivus ex liberto filius: ibi vivit. Nam quis alius tali animae locus? Ibi vivit, unde me multa interrogabat homuncionem inexpertum. Iam non ponit aurem ad os meum, sed spiritale os ad fontem tuum et bibit, quantum potest, sapientiam pro aviditate sua sine fine felix. Nec eum sic arbitror inebriari ex ea, ut obliviscatur mei, cum tu, domine, quem potat ille, nostri sis memor. Lk 16, 22 [Ps 35, 9 f] [Ps 35, 32]

zeugen Deine Mahnungen und Deine Tröstungen. Weil Du getreu bist Deiner Verheißung, wirst Du dem Verecundus für unsern Aufenthalt auf seinem Landgut Cassiciacum,[8] wo wir vom Gewühl der Welt zur Ruhe kamen in Dir, mit der ganzen Lieblichkeit Deines ewig grünenden Paradieses vergelten, weil Du ihm die Sünden auf Erden erließest in Christo, »dem milchfließenden Berg, Deinem Berg, dem kraftspendenden Berg«.[9]

Verecundus also war damals bekümmert, Nebridius aber freute sich mit uns. Denn obgleich er, auch er noch nicht Christ, in die Grube jenes verderblichen Irrtums gestürzt war, daß er die Leiblichkeit der Wahrheit, Deines Sohnes, für ein Scheingebilde hielt,[10] kam er mit der Zeit doch wieder heraus und war so nun einer für sich, noch mit keinem Heiligzeichen Deiner Kirche versehen, aber ein Wahrheitssucher voll glühenden Eifers. Und nicht lange nach unserer Bekehrung und der Wiedergeburt durch die Taufe auf Dich, hast Du auch ihn als gläubigen Katholiken, der in vollkommener Keuschheit und Enthaltsamkeit Dir diente, in Afrika bei den Seinen, nachdem sein ganzes Haus durch ihn christlich geworden war, vom Fleische gelöst.

Nun lebt er, lebt »im Schoße Abrahams«.[11] Was es auch sei, was mit diesem Schoße gemeint ist: dort lebt mein Nebridius, mir ein lieber Freund, Dir ein Sohn, als Freigelassener zum Kinde angenommen; dort lebt er. Denn wo wäre sonst der Ort für eine solche Seele? Dort lebt er, wonach er mich unerfahrenes Menschenkind so viel gefragt hat. Nun hängt sein Ohr nicht mehr an meinem Munde, aber seines Geistes Mund neigt sich zu Deinem Quell und trinkt, soviel er kann, trinkt Weisheit nach Durst, selig ohne Ende. Und ich glaube nicht, er werde so trunken von ihr, daß er meiner vergäße; denn Du, Herr, den er trinkt, bist unser eingedenk.[12]

Sic ergo eramus, Verecundum consolantes tri- 3,6
stem salva amicitia de tali conversione nostra et exhortantes ad fidem gradus sui, vitae scilicet coniugalis, Nebridium autem opperientes, quando sequeretur. Quod de tam proximo poterat et erat iam iamque facturus, cum ecce evoluti sunt dies illi tandem. Nam longi et multi videbantur prae amore libertatis otiosae ad cantandum de medullis om-
nibus: »tibi dixit cor meum, quaesivi vultum Ps 26, 8
tuum; vultum tuum, domine, requiram«.

Et venit dies, quo etiam actu solverer a pro- 4,7
fessione rhetorica, unde iam cogitatu solutus eram. Et factum est, eruisti linguam meam, unde iam erueras cor meum, et benedicebam tibi gaudens profectus in villam cum meis omnibus.

Ibi quid egerim in litteris iam quidem servientibus tibi, sed adhuc superbiae scholam tamquam in pausatione anhelantibus testantur libri disputati cum praesentibus et cum ipso me solo coram te; quae autem cum absente Nebridio, testantur epistulae.

Et quando mihi sufficiat tempus conmemorandi omnia magna erga nos beneficia tua in illo tempore praesertim ad alia maiora properanti? Revocat enim me recordatio mea, et dulce mihi fit, domine, confiteri tibi, quibus internis me stimulis perdomueris et quemad-
modum me conplanaveris humiliatis monti- [Is 40, 4;
bus et collibus cogitationum mearum et tor- Lk 3, 4 f]

So also war es mit uns: wir trösteten Verecundus, der in aller Freundschaft traurig war über die Wendung in unserem Leben, und ermahnten zum Glauben, wie er seinem Stande, dem ehelichen, entsprach. Auf Nebridius aber warteten wir, wann er uns folgen werde. Das konnte er von heut auf morgen, und schon nahe, nahe war er dran, es auch zu tun, als mit einmal diese Tage doch zu Ende gingen. Endlich - denn es waren lange, viele Tage für uns, da wir die ruhige Freiheit ersehnten, um aus innerster Fülle zu singen: »Zu Dir spricht mein Herz, ich suche Dein Angesicht, ja Herr, Dein Angesicht will ich suchen.«

Und er kam, der Tag, der mich nun auch wirklich vom Lehramt der Rhetorik lösen sollte, von dem ich mich im Geiste schon gelöst hatte. Es geschah, und Du befreitest meine Zunge von dem, wovon Du mein Herz schon befreit hattest, und ich benedeite Dich, als ich nun frohgemut mit all den Meinen [13] auf das Landgut gezogen war.

Was ich dort an Wissenschaften trieb, die zwar schon in Deinem Dienste stehen sollten, aber doch noch, gleichsam im Todesröcheln,[14] die von Hochmut besessene Schule atmen,[15] davon zeugen die Schriften über philosophische Gespräche, die ich mit den Anwesenden führte, auch mit mir allein in Deiner Gegenwart;[16] was ich mit dem abwesenden Nebridius verhandelte, bekunden die Briefe.[17] [Dieser Hinweis genüge; denn] Wann aber reichte mir die Zeit, gar all Deine großen Wohltaten gegen uns in jenen Tagen zu erzählen, zumal es mich drängt, von andern, noch größeren zu sprechen. Mich fordert die Erinnerung auf - süße Freude ist es mir -, Dir, Herr, preisend zu bekennen, wie Du mit dem inneren Treibstachel mich vollends handsam gemacht und wie Du mich geebnet, Berg und Hügel meines Sinnens abgetragen, und das Krumme in mir gerade gemacht, die Härten geschmeidigt

tuosa mea direxeris et aspera lenieris quoque 4,7
modo ipsum etiam Alypium, fratrem cordis
mei, subegeris nomini unigeniti tui, »domini II Petr 3, 18
et salvatoris nostri Iesu Christi«, quod primo
dedignabatur inseri litteris nostris. Magis
enim eas volebat redolere gymnasiorum »ce-
dros«, quas iam contrivit dominus, quam [Ps 28, 5]
salubres herbas ecclesiasticas adversas serpen-
tibus.

Quas tibi, deus meus, voces dedi, cum lege- 4,8
rem psalmos David, cantica fidelia, sonos pie-
tatis excludentes turgidum spiritum, rudis in
germano amore tuo, catechumenus in villa
cum catechumeno Alypio feriatus, matre ad-
haerente nobis muliebri habitu, virili fide,
anili securitate, materna caritate, christiana
pietate! Quas tibi voces dabam in psalmis illis
et quomodo in te inflammabar ex eis et ac-
cendebar eos recitare, si possem, toto orbe ter-
rarum adversus tyfum generis humani! Et ta-
men toto orbe cantantur, et »non est qui se Ps 18, 7
abscondat a calore tuo«. Quam vehementi et
acri dolore indignabar manichaeis et misera-
bar eos rursus, quod illa sacramenta, illa me-
dicamenta nescirent et insani essent adversus
antidotum, quo sani esse potuissent! Vellem,
ut alicubi iuxta essent tunc et me nesciente,
quod ibi essent, intuerentur faciem meam et
audirent voces meas, quando legi quartum
psalmum in illo tunc otio, quid de me fecerit
ille psalmus: »cum invocarem te, exaudisti Ps 4, 2
me, deus iustitiae meae; in tribulatione dila-

hast, auch wie Du meinen Herzensbruder Alypius gebeugt hast dem Namen Deines Eingeborenen, »unsers Herrn und Heilands Jesus Christus«, den er anfangs in unsern Schriften nicht dulden wollte; denn lieber war es ihm, sie dufteten nach den »Zedern« unserer Schulen, die der Herr doch schon zersplittert hat, als nach den heilsamen Kräutern wider Schlangengift im Garten der Kirche.

Wie hab ich, mein Gott, zu Dir gerufen, als ich die Psalmen Davids las, Lieder des Vertrauens, fromme Weisen, die allem Hochmutsgeist den Einlaß wehren: ich, Neuling noch in der echten Liebe zu Dir, ich Katechumene, in ländlicher Muße vereint mit dem Katechumenen Alypius, die Mutter um uns, Weib in ihrem Gehaben, Mann in ihrem Glauben, mit der Abgeklärtheit des Alters, mit der Liebe einer Mutter, der Frömmigkeit einer Christin! Wie rief ich auf zu Dir mit diesen Psalmen, wie entflammte ich an ihnen für Dich und erglühte vor Verlangen, sie dem ganzen Erdkreis, hätt ich's nur gekonnt, zu verkündigen wider den Hochmut der Menschheit! Und man singt sie doch schon auf dem ganzen Erdkreis, und »keiner ist, der sich bergen könnte vor Deiner Lichtglut«. Mit welchem Schmerz, welcher Bitterkeit zürnte ich den Manichäern und hatte wieder auch Mitleid mit ihnen, daß sie für diese heiligen Worte, diese heilsamen Arzneien keinen Sinn hatten und wahnkrank das Gegengift verwarfen, an dem sie hätten genesen können![18] Ich wollte nur, sie wären damals irgendwo in meiner Nähe gewesen und hätten, ohne daß ich von ihnen wußte, mein Gesicht gesehen, meine Rufe gehört, als ich in jenen beschaulichen Tagen den vierten Psalm las, und wären Zeugen gewesen, was mir da geschah bei diesem Psalm: »Da ich Dich anrief, erhörtest Du mich, Gott meiner Gerechtigkeit; in der Drangsal hast Du Raum mir geschaffen.

tasti mihi. Miserere mei, domine, et exaudi 4,8
orationem meam:« audirent ignorante me,
utrum audirent, ne me propter se illa dicere
putarent, quae inter haec verba dixerim, quia
et re vera nec ea dicerem nec sic ea dicerem,
si me ab eis audiri viderique sentirem, nec, si
dicerem, sic acciperent, quomodo mecum et
mihi coram te de familiari affectu animi mei.
Inhorrui timendo ibidemque inferbui speran- 4,9
do et exultando »in tua misericordia«, pater. Ps 30, 8
Et haec omnia exibant per oculos et vocem
meam, cum conversus ad nos spiritus tuus bo-
nus ait nobis: »filii hominum, quousque gra- Ps 4, 3
ves corde? Ut quid diligitis vanitatem et quae-
ritis mendacium?« Dilexeram enim vanita-
tem et quaesieram mendacium. Et tu, domine,
iam »magnificaveras sanctum tuum«, »susci- Ps 4, 4 Eph
tans eum a mortuis et collocans ad dexteram 1, 20
tuam«, unde mitteret ex alto promissionem [Lk 24, 49]
suam, »paracletum, spiritum veritatis«. Et mi- Jo 14, 16 f
serat eum iam, sed ego nesciebam. Miserat
eum, quia iam »magnificatus« erat resurgens
a mortuis et ascendens in caelum. Ante autem
»spiritus nondum erat datus, quia Iesus non- Jo 7, 39
dum erat clarificatus«. Et clamat propheta:
»quousque graves corde? Ut quid diligitis Ps 4, 3 f
vanitatem et quaeritis mendacium? Et scitote
quoniam dominus magnificavit sanctum su-
um«. Clamat »quousque«, clamat »scitote«,
et ego tamdiu nesciens vanitatem dilexi et
mendacium quaesivi et ideo audivi et con-
tremui, quoniam talibus dicitur, qualem me

Erbarme Dich meiner, Herr, und erhöre mein Gebet.« Was ich zwischen diesen Worten sprach - hätten sie's nur gehört und ich nicht gewußt, daß sie mich hören, damit sie nicht meinen konnten, ich spräche so um ihretwillen; denn von ihnen belauscht oder belauert, hätte ich das wirklich nicht gesagt oder doch nicht so gesagt, und wenn schon, - sie hätten eben die Weise nicht gehört, wie es so vor Dir im Reden mit mir zu mir aus der Vertraulichkeit meines Herzens hervorkam.

Ich schauerte in Furcht, und an den gleichen Worten erglühte ich in Hoffnung und Frohlocken »über Deine Erbarmung«, Vater. Und dies alles brach hervor in meinen Augen, meiner Stimme, da ich las, wie Dein guter Geist sich also an mich wandte: »Ihr Menschensöhne, wie lang noch herzensstarr? Was liebt ihr die Nichtigkeit und geht der Lüge nach?« Das war es ja: die Nichtigkeit hatte ich geliebt, und der Lüge war ich nachgegangen. Und Du, Herr, hattest bereits »Deinen Heiligen erhöht«, »da Du ihn von den Toten auferweckt und zu Deiner Rechten gesetzt hast«, damit er von dort, aus der Höhe, seine Verheißung sende, »den Beistand, den Geist der Wahrheit«. Und er hatte ihn gesandt, aber ich, ich wußte es nicht. Er hatte ihn gesandt, weil er schon »erhöht« war, auferstanden von den Toten und aufgefahren in den Himmel. Aber vorher »war der Geist noch nicht verliehen, weil Jesus noch nicht verherrlicht war«. Und da ruft denn der Prophet: »Wie lang noch herzensstarr? Was liebt ihr die Nichtigkeit und geht der Lüge nach? Wisset, daß der Herr seinen Heiligen erhöht hat!« Er ruft: »Wie lang noch«, er ruft: »Wisset doch«, und ich, ich hatte so lang, ohne zu wissen, die Nichtigkeit geliebt und war der Lüge nachgegangen. Darum hörte ich das Wort mit Zittern, weil es ergeht an solche, wie ich einer, das sah ich, gewesen war.

fuisse reminiscebar. In phantasmatis enim, 4,9
quae pro veritate tenueram, vanitas erat et
mendacium. Et insonui multa graviter ac for-
titer in dolore recordationis meae. Quae uti-
nam audissent qui adhuc usque diligunt vani-
tatem et quaerunt mendacium! Forte contur-
barentur et evomuissent illud, et exaudires eos,
cum clamarent ad te, quoniam vera morte car-
nis »mortuus est« pro nobis, »qui te interpellat Röm 8, 34
pro nobis«.

Legebam: »irascimini et nolite peccare«, et 4,10
quomodo movebar, deus meus, qui iam didi- Ps 4, 5
ceram irasci mihi de praeteritis, ut de cetero
non peccarem, et merito irasci, quia non alia
natura gentis tenebrarum de me peccabat, sic-
ut dicunt qui sibi non irascuntur et »thesauri- Röm 2, 5
zant sibi iram in die irae et revelationis iusti
iudicii tui«! Nec iam »bona« mea foris erant Ps 4, 6
nec oculis carneis in isto sole quaerebantur.
Volentes enim gaudere forinsecus facile vane-
scunt et effunduntur in ea, quae videntur et
temporalia sunt, et imagines eorum famelica
cogitatione lambiunt. Et o si fatigentur inedia
et dicant: »quis ostendet nobis bona?« et di- Ps 4, 6
camus, et audiant: »signatum est in nobis lu- Ps 4, 7
men vultus tui, domine«. Non enim lumen nos
sumus, »quod inluminat omnem hominem«, Jo 1, 9
sed inluminamur a te, ut, qui fuimus »ali- Eph 5, 8
quando tenebrae, simus lux in te«. O si vide-
rent internum aeternum, quod ego quia gusta-
veram, frendebam, quoniam non eis poteram
ostendere, si afferrent ad me cor in oculis suis

Denn Lug und Trug war in den Phantasien, die ich statt der Wahrheit festgehalten hatte. Und da ich des Vergangenen dachte, war es Schmerz, und ich klagte viel und laut und schwer. Das hätten sie hören sollen, die bis auf den Tag noch die Nichtigkeit lieben und der Lüge nachgehen! Vielleicht hätte sie's angegriffen, hätten sie das Zeug ausgespieen, und Du würdest sie erhören, wenn sie riefen zu Dir, da doch eines wirklichen Todes dem Leibe nach[19] Der für uns »gestorben ist, der bei Dir eintritt für uns«.

Da las ich: »Zürnet euch, und sündigt nicht weiter«,[20] und wie ward ich ergriffen, mein Gott! Denn schon hatte ich gelernt, mir zu zürnen wegen des Vergangenen, um fortan nicht mehr zu sündigen, mit Recht zu zürnen, weil ja nicht eine andere Natur aus dem Geschlechte der Finsternis in mir die Sünde tat,[21] wie jene sagen, die sich selbst nicht zürnen und so »sich Zorn aufhäufen für den Tag des Zornes und der Offenbarung Deines gerechten Wahrspruchs«. Schon waren auch meine »Güter« nicht mehr draußen, und nicht mit den Augen des Fleisches ließen sie sich suchen in diesem Sonnenlicht. Denn die draußen ihre Freuden schöpfen wollen, kommen leicht um sich selbst und verströmen an dem, was den Augen da ist und wieder auch vergeht, und sie lecken hungernden Geistes, was nur Bild ist und Schein.[22] O daß sie's müde wären, dieses Darben, und sprächen: »Wer zeigt uns das Glück?« Und ich gäbe ihnen zu hören: »Eingeprägt ist uns Dein lichtes Angesicht, Herr.«[23] Denn nicht wir sind das Licht, »das jeden Menschen erleuchtet«, sondern werden erleuchtet von Dir, so daß wir, »vordem Finsternis, nun Licht sind in Dir«: O daß sie sähen das Inwendig-Ewige![24] Weil ich es gekostet hatte, darum knirschte ich, daß ich es ihnen nicht weisen könnte, wenn sie mir ihr Herz in ihren Augen brächten, das Herz, das draußen und Dir ferne ist,

foris a te et dicerent: »quis ostendet nobis Ps 4, 6
bona?« Ibi enim, ubi mihi iratus eram, intus
»in cubili«, ubi »conpunctus eram«, ubi »sacri- Ps 4, 5 Ps 4, 6
ficaveram« mactans vetustatem meam et in-
choata meditatione renovationis meae sperans
in te, ibi mihi dulcescere coeperas et »dederas Ps 4, 7
laetitiam in corde meo«. Et exclamabam le-
gens haec foris et agnoscens intus nec vole-
bam multiplicari terrenis bonis et devorans
tempora et devoratus temporibus, cum habe-
rem in aeterna simplicitate aliud »frumentum Ps 4, 8
et vinum et oleum«.

Et clamabam in consequenti versu clamore 4,11
alto cordis mei: »o in pace! o in id ipsum!« Ps 4, 9
o quid dixit: »obdormiam et somnum ca-
piam?« Quoniam »quis resistet nobis«, cum Ps 75, 8
»fiet sermo, qui scriptus est: absorta est mors
in victoriam«? Et tu es »id ipsum« valde, qui I Kor 15, 54
non mutaris, et in te requies obliviscens la- [Mal 3, 6;
borum omnium, quoniam nullus alius tecum Ps 101, 28]
nec ad alia multa adipiscenda, quae non sunt
quod tu, sed tu, »domine, singulariter in spe Ps 4, 10
constituisti me«.

Legebam et ardebam nec inveniebam, quid
facerem surdis mortuis, ex quibus fueram, pe-
stis, latrator amarus et caecus adversus lit-
teras de melle caeli melleas et de lumine tuo
luminosas, et »super inimicis« scripturae huius Ps 138, 21
»tabescebam«.

Quando recordabor omnia dierum illorum 4,12
feriatorum? Sed nec oblitus sum nec silebo

und sagten: »Wer zeigt uns das Glück?« Ja dort, wo mich der Zorn auf mich gefaßt hatte, drinnen »im innersten Gemach«, wo ich »zerknirscht« war, wo ich meinen alten Menschen »Dir zum Opfer« geschlachtet hatte und auf Dich hoffend schon das neue Werden in mir übersann - ja dort war Deine Süße mir aufgegangen, »und Du hattest Freude in mein Herz gegossen«. So rief ich laut hinaus, als ich das alles außen las und innen wahr erfand, und fürder trug ich kein Verlangen, an den Gütern des Irdischen mich zu verstücken, im Verschlingen des Zeitlichen vom Zeitlichen auch verschlungen, da ich am Einfach-Ewigen »Getreide und Wein und Öl« von anderer Art besaß.[25]

Und mit dem folgenden Vers erhob ich laut die Stimme meines Herzens: »O in Frieden, o ins Eine sich Gleiche!«[26] Wie heißt es? »Ich werde einschlafen und des Schlafes genießen.«[27] Denn »wer sollte wider uns aufstehn«, wenn »sich das Wort erfüllt, das geschrieben steht: Verschlungen ist der Tod im Siege«? Und Du, der sich nicht wandelt, Du bist vollauf »das Eine sich Gleiche«, und in Dir ist denn Ruhe, die alle Mühsal vergessen läßt, weil neben Dir kein anderer ist, und weil Du »Herr, auf Dich, den Einen und Einfachen,[28] mich in Hoffnung angewiesen hast«, nicht auf das Vielerlei anderer begehrter Güter, die nicht sind, was Du bist.

Ich las und entbrannte und fand und fand keinen Weg, den tauben Toten damit zu helfen, zu denen ich gehört hatte, ich Unheilsmensch, ein blindwütiger Beller wider Schriften so honigsüß von Himmelshonig und Lichtes voll von Deinem Licht. Und »ich vergrämte mich über die Feinde« dieser Schrift.

Wann werde ich alles Einzelne jener Ferientage mir je noch einmal zu Gemüte führen? Aber nicht vergessen und

flagelli tui asperitatem et misericordiae tuae [Deut 32, 39] mirabilem celeritatem.

Dolore dentium tunc excruciabas me, et cum in tantum ingravesceret, ut non valerem loqui, ascendit in cor meum admonere omnes meos, qui aderant, ut deprecarentur te pro me, deum salutis omnimodae. Et scripsi hoc [Ps 37, 23] in cera et dedi, ut eis legeretur. Mox ut genua supplici affectu fiximus, fugit dolor ille. Sed quis dolor? Aut quomodo fugit? Expavi, fateor, domine meus et deus meus: nihil enim tale ab ineunte aetate expertus fueram. Et insinuati sunt mihi in profundo nutus tui et gaudens in fide laudavi nomen tuum, et ea fides me securum esse non sinebat de praeteritis peccatis meis, quae mihi per baptismum tuum remissa nondum erant.

Renuntiavi peractis vindemialibus, ut schola- 5,13
sticis suis Mediolanenses venditorem verborum alium providerent, quod et tibi ego servire delegissem et illi professioni prae difficultate spirandi ac dolore pectoris non sufficerem.

Et insinuavi per litteras antistiti tuo, viro sancto Ambrosio, pristinos errores meos et praesens votum meum, ut moneret, quid mihi potissimum de libris tuis legendum esset, quo percipiendae tantae gratiae paratior aptiorque fierem. At ille iussit Esaiam prophetam, credo, quod prae ceteris evangelii vocationisque gentium sit praenuntiator apertior. Verum

nicht verschweigen will ich auch die Schärfe Deiner Geißel noch die wunderbare Eile Deines Erbarmens.

Du foltertest mich damals mit Zahnschmerz, und als er so heftig wurde, daß ich nicht mehr sprechen konnte, da kam mir der Gedanke, all die Meinen, die um mich waren, aufzufordern, Dich, den Gott alljeglichen Heiles, für mich anzuflehen. Das schrieb ich auf die Wachstafel und ließ es ihnen vorlesen. Und kaum hatten wir die Knie zum Gebet gebeugt, schwand der Schmerz. Aber was für ein Schmerz? Und auf welche Weise schwand er?[29] Mir graute, offen gesagt, mein Herr und mein Gott; denn seit frühester Jugend hatte ich so etwas nicht erlebt. Und ich verstand in der Tiefe meiner Seele Deinen Wink, und freudigen Glaubens pries ich Deinen Namen, und eben dieser Glaube ließ mir keine Ruhe wegen meiner früheren Sünden, die mir noch nicht nachgelassen waren durch die Taufe auf Dich.

Zu Ende der Ferien kündigte ich auf, damit sich die Mailänder um einen andern Worthändler für ihre Schüler umsehen könnten: ich hätte mich entschlossen, Dir zu dienen, und wäre auch wegen der Atembeschwerden und Brustschmerzen diesem Amt nicht mehr gewachsen.

Durch einen Brief setzte ich auch den heiligen Mann Ambrosius, Deinen Bischof, in Kenntnis über meine früheren Irrgänge und mein neues Vorhaben, und ich bat ihn, mir von Deinen Schriften die zu bezeichnen, die ich vor allem zu lesen hätte, um für den Empfang der großen Gnade mich nach Kräften zu richten und zu rüsten. Da wies er mich auf Esaias den Propheten, auf ihn wohl deshalb, weil er so deutlich wie kein anderer das Evangelium[30] und die Berufung der Heiden vorausverkündet hat. Aber

tamen ego, primam huius lectionem non intellegens totumque talem arbitrans, distuli repetendum exercitatior in dominico eloquio. 5,13

Inde ubi tempus advenit, quo me nomen dare oporteret, relicto rure Mediolanium remeavimus. 6,14

Placuit et Alypio renasci in te mecum iam induto humilitate sacramentis tuis congrua et fortissimo domitori corporis usque ad Italicum solum glaciale nudo pede obterendum insolito ausu. - Adiunximus etiam nobis puerum Adeodatum ex me natum carnaliter de peccato meo. Tu bene feceras eum. Annorum erat ferme quindecim et ingenio praeveniebat multos graves et doctos viros. Munera tua tibi confiteor, domine deus meus, creator omnium et multum potens reformare nostra deformia: nam ego in illo puero praeter delictum nihil habebam. Quod enim enutriebatur a nobis in disciplina tua, tu inspiraveras nobis, nullus alius: munera tua tibi confiteor.

Est liber noster, qui inscribitur ‚de Magistro'. Ipse ibi mecum loquitur. Tu scis illius esse sensa omnia, quae inseruntur ibi ex persona conlocutoris mei, cum esset in annis sedecim.

Multa eius alia mirabiliora expertus sum. Horrori mihi erat illud ingenium: et quis praeter te talium miraculorum opifex?

Cito de terra abstulisti vitam eius, et securior eum recordor non timens quicquam pueritiae nec adulescentiae nec omnino homini illi.

da ich den Anfang nicht verstehen konnte und das Ganze für so schwierig hielt, verschob ich das Wiederlesen, bis ich in der Redeweise des Herrn geübter wäre.

Als dann die Zeit gekommen war, da ich meinen Namen eintragen sollte,[31] begaben wir uns vom Lande wieder nach Mailand.

Mit mir wollte auch Alypius wiedergeboren werden in Dir. Ihm war die Demut,[32] wie sie dem Geiste Deiner Sakramente entspricht, schon zu eigen, auch eine solche Kraft der leiblichen Selbstbeherrschung, daß er, ein ungewohntes Wagnis, über den eisbedeckten Boden Italiens barfuß ging. Auch den Knaben Adeodatus nahmen wir mit uns, meinen Sohn dem Fleische nach, die Frucht meiner Sünde. Du hattest ihn so wohl geschaffen. Er zählte an die fünfzehn Jahre;[33] an Begabung tat er's vielen Männern von Rang und Bildung zuvor. Dein sind diese Gaben, für die ich preisend mich vor Dir bekenne, Herr, mein Gott, Du Schöpfer aller Wesen und machtgewaltig, unserm Mißgetanen wohlzutun: denn mein eigener Anteil an diesem Knaben war nichts als die Sünde. Denn daß er in Deiner Zucht von uns auferzogen wurde, das hattest Du uns eingegeben, niemand sonst: Deine Gaben sind es, für die ich preisend mich Dir bekenne.

Es gibt von mir ein Buch mit der Überschrift ‚Der Lehrmeister': der dort mit mir die Zwiesprache führt, das ist er. Du weißt, daß alles, was dort als Rede des Teilnehmers steht, seine, des erst Sechzehnjährigen, Gedanken sind. Und vieles andere, noch erstaunlicher, habe ich an ihm erlebt. Zum Erschrecken war mir diese Begabung; und wer sonst als Du wäre der Meister so wundergroßer Dinge?

Früh hast Du sein Leben hinweggenommen von der Erde, und ich gedenke seiner um so ruhiger, kummerlos, was seine Kindheit angeht, seine Jugend, ja diesen Menschen überhaupt.

Sociavimus eum coaevum nobis in gratia tua, educandum in disciplina tua: et baptizati sumus et fugit a nobis sollicitudo vitae praeteritae. 6,14

Nec satiabar illis diebus dulcitudine mirabili, considerare altitudinem consilii tui super salutem generis humani. Quantum flevi in hymnis et canticis tuis suave sonantis ecclesiae tuae vocibus conmotus acriter! Voces illae influebant auribus meis et eliquabatur veritas in cor meum et exaestuabat inde affectus pietatis, et currebant lacrimae, et bene mihi erat cum eis.

Non longe coeperat Mediolanensis ecclesia genus hoc consolationis et exhortationis celebrare magno studio fratrum concinentium vocibus et cordibus. Nimirum annus erat aut non multo amplius, cum Iustina, Valentiniani regis pueri mater, hominem tuum Ambrosium persequeretur haeresis suae causa, qua fuerat seducta ab Arrianis. Excubabat pia plebs in ecclesia mori parata cum episcopo suo, servo tuo. Ibi mater mea, ancilla tua, sollicitudinis et vigiliarum primas tenens, orationibus vivebat. Nos adhuc frigidi a calore spiritus tui excitabamur tamen civitate adtonita atque turbata. Tunc hymni et psalmi ut canerentur secundum morem orientalium partium, ne populus maeroris taedio contabesceret, institutum est: et ex illo in hodiernum retentum mul- 7,15 [II Tim 3, 17]

Ihn also, gleichen Alters mit uns in Deiner Gnade, nahmen wir auf in unsern Kreis, ihn zu erziehen in Deiner Zucht. So wurden wir getauft,[34] und von Stund an wich auch die Unruhe wegen des vergangenen Lebens von uns.

Ja, ich konnte nicht genug der wunderbaren Süße jener Tage kosten, nachzudenken der Tiefe Deines Planes zum Heil des Menschengeschlechtes. Wie weinte ich bei den Hymnen und Gesängen auf Dich, mächtig bewegt vom Wohllaut dieser Lieder Deiner Kirche! Die Weisen drangen an mein Ohr, und die Wahrheit flößte sich ins Herz, und fromminniges Gefühl wallte über: die Tränen flossen, und mir war wohl bei ihnen.

Vor gar nicht langer Zeit erst hatte die Kirche von Mailand diese Art von Erbauung und Erhebung, wobei die Brüder in heiligem Eifer wie aus Einer Kehle, Einer Seele zusammen sangen, in ihren Brauch genommen. Denn ein Jahr, oder nicht viel drüber, war es her, daß Justina, die Mutter des noch in Kindesjahren stehenden Kaisers Valentinianus, den Gottesmann Ambrosius verfolgte, ihrer Häresie zuliebe, zu der sie sich von den Arianern hatte verführen lassen. Das fromme Volk hielt Nachtwache in der Kirche, bereit, mit seinem Bischof, Deinem Knecht, zu sterben. Hier tat es meine Mutter, Deine Magd, im Sorgen und Wachen allen zuvor; sie lebte nur mehr dem Gebet. Auch wir, obgleich noch kalt, nicht von Deinem Geist befeuert, waren doch aufgewühlt von all dem Schrecken und Tumult in der Stadt.[35] Damals ward das Singen von Hymnen und Psalmen nach der Weise der Ostkirche eingeführt, damit das Volk im Übermaß seiner Niedergeschlagenheit sich nicht erschöpfe. Seither, bis auf diesen Tag, hat sich der Brauch erhalten und ist bereits

tis iam ac paene omnibus gregibus tuis et per 7,15
cetera orbis imitantibus.
Tunc memorato antistiti tuo per visum ape- 7,16
ruisti quo loco laterent martyrum corpora Protasi et Gervasi, quae per tot annos incorrupta in thesauro secreti tui reconderas, unde oportune promeres ad cohercendam rabiem femineam, sed regiam. Cum enim propalata et effossa digno cum honore transferrentur ad Ambrosianam basilicam, non solum quos inmundi vexabant spiritus confessis eisdem daemonibus sanabantur, verum etiam quidam plures annos caecus civis civitatique notissimus, cum populi tumultuante laetitia causam quaesisset atque audisset, exilivit eoque se ut duceret suum ducem rogavit. Quo perductus inpetravit admitti, ut sudario tangeret feretrum »pretiosae in conspectu tuo mortis sanc- Ps 115, 15
torum« tuorum. Quod ubi fecit atque admovit oculis, confestim aperti sunt. Inde fama discurrens, inde laudes tuae ferventes, lucentes, inde illius inimicae animus etsi ad credendi sanitatem non applicatus, a persequendi tamen furore conpressus est.
Gratias tibi, deus meus! Unde et quo duxisti recordationem meam, ut haec etiam confiterer tibi, quae magna oblitus praeterieram? Et tamen tunc, cum ita flagraret »odor unguen- Hl 1,3
torum tuorum«, non currebamus post te; ideo plus flebam inter cantica hymnorum tuorum olim suspirans tibi et tandem respirans, quantum patet aura in domo faenea.

von vielen, ja fast allen Deinen Kirchengemeinden auch sonst auf dem Erdkreis übernommen worden.

Damals hast Du demselben Bischof in einem Gesichte kund getan, an welcher Stätte die Leiber der Blutzeugen Protasius und Gervasius verborgen seien. So lange Jahre hattest Du sie unversehrt aufbewahrt in einer Schatzkammer, die Dein Geheimnis war, um sie daraus zur rechten Zeit hervorzuholen, damit dem Wüten eines Weibes, das aber Kaiserin war, Einhalt geschähe. Denn als sie nach ihrer Entdeckung und Ausgrabung mit gebührenden Ehren in die Basilika des Ambrosius übertragen wurden,[36] geschahen an Menschen, die von unreinen Geistern gequält waren, Heilungen, die von diesen Dämonen selbst zugegeben wurden, aber auch ein in der ganzen Stadt bekannter Bürger, seit Jahren blind, der die Ursache des stürmischen Jubels im Volke erfragt hatte, sprang auf und bat seinen Führer, ihn dorthin zu bringen. Das geschah, und er setzte es durch, daß er mit seinem Schweißtuch den heiligen Schatz berühren durfte, den Leib Deiner »Heiligen, deren Tod so kostbar ist in Deinen Augen«. So tat er, brachte das Tuch an seine Augen, und alsbald wurden sie sehend. Das sprach sich weit herum, das erweckte Dir feurige, strahlende Lobgesänge, das brachte die Seele jenes feindseligen Weibes zwar nicht zum Heil des Glaubens, aber es bändigte doch ihre Wut, uns zu verfolgen.

Dank sei Dir, mein Gott! Woher und wohin nun hast Du mein Erinnern geleitet, daß ich auch dieses Dir bekenne, so Großes, das ich doch vergessen und achtlos übergangen hatte? Damals, als »der Wohlgeruch Deiner Salben« doch alsosehr duftete, liefen wir gleichwohl Dir nicht nach: darum weinte ich um so mehr beim Gesang Deiner Hymnen, ich, der ich einst so schwer nach Dir geatmet und endlich nun aufatme - soweit denn eine Strohhütte Himmelsluft einläßt.

»Qui habitare facis unanimes in domo«, con- 8, 17
sociasti nobis et Evodium iuvenem ex nostro Ps 67, 7
municipio. Qui cum agens in rebus militaret, prior nobis ad te conversus est et baptizatus et relicta militia saeculari accinctus in tua. Simul eramus, simul habitaturi placito sancto.

Quaerebamus, quisnam locus nos utilius haberet servientes tibi: pariter remeabamus in Africam. Et cum apud Ostia Tiberina essemus, mater defuncta est.

Multa praetereo, quia multum festino. Accipe confessiones meas et gratiarum actiones, deus meus, de rebus innumerabilibus, etiam in silentio. Sed non praeteribo quidquid mihi anima parturit de illa famula tua, quae me parturivit et carne, ut in hanc temporalem, et corde, ut in aeternam lucem nascerer.

Non eius, sed tua dicam dona in eam. Neque enim se ipsa fecerat aut educaverat se ipsam: tu creasti eam, nec pater nec mater sciebat,
qualis ex eis fieret. Et erudivit eam »in timore Ps 5, 8
tuo« virga Christi tui, regimen unici filii tui in domo fideli, bono membro ecclesiae tuae.

Nec tantam erga suam disciplinam diligentiam matris praedicabat quantam famulae cuiusdam decrepitae, quae patrem eius infantem portaverat, sicut dorso grandiuscularum puellarum parvuli portari solent. Cuius rei gratia et propter senectam ac mores optimos in domo christiana satis a dominis honorabatur. Unde

»Der Du die Gleichgesinnten in einem Hause wohnen lässest«, Du hast uns auch den Evodius zugesellt, einen jungen Mann aus unserer Vaterstadt. Er hatte als kaiserlicher Kommissar in Dienst gestanden, hatte sich eher noch als wir zu Dir bekehrt, ließ sich taufen und verließ den weltlichen Dienst, um sich für den Deinen zu gürten. Wir waren beisammen und wollten in heiliger Sinnesweise beisammen leben.

Wir fragten uns, welcher Ort uns wohl der förderlichste wäre zu Deinem Dienst, und wir machten uns alle auf nach Afrika. Und da wir in Tiber-Ostia waren, starb die Mutter.

Vieles übergehe ich, weil ich viel Eile habe; nimm auf, mein Gott, meinen Lobpreis und Dank für Unzähliges, auch wo ich schweige. Aber nicht übergehen will ich, was ich noch in schwangerer Seele trage über sie, Deine Dienerin, die mich auch im Fleische getragen hat, damit ich diesem zeitlichen Licht, und im Herzen, damit ich dem ewigen geboren würde.

Nicht von ihren, sondern von Deinen Gaben an sie will ich reden. Denn nicht sie selbst hatte sich erschaffen, noch hatte sie sich selbst erzogen: Du schufest sie, und nicht Vater noch Mutter wußten, wie beschaffen das Wesen sein würde, das aus ihnen hervorging; und erzogen hat sie »in Deiner Furcht« die Rute Deines Christus, das Walten Deines eingebornen Sohnes, in gläubigem Hause, einem würdigen Glied Deiner Kirche.

Sie rühmte übrigens, was ihre Erziehung betrifft, nicht so sehr den Eifer ihrer Mutter als den einer schon gebrechlichen Dienerin, die schon ihren Vater als Kind herumgetragen hatte, wie halberwachsene Mädchen kleine Kinder auf dem Rücken eben herumtragen. Aus diesem Grunde und wegen ihres Alters und ihrer trefflichen Sinnesart stand sie in dem christlichen Hause bei der Herrschaft recht in Ehren. So waren ihrer Obsorge auch die

etiam curam dominicarum filiarum conmissam diligenter gerebat et erat in eis cohercendis, cum opus esset, sancta severitate vehemens atque in docendis sobria prudentia. 8,17
Nam eas praeter illas horas, quibus ad mensam parentum moderatissime alebantur, etiamsi exardescerent siti, nec aquam bibere sinebat praecavens consuetudinem malam et addens verbum sanum: „Modo aquam bibitis, quia in potestate vinum non habetis; cum autem ad maritos veneritis, factae dominae apothecarum et cellariorum, aqua sordebit, sed mos potandi praevalebit". Hac ratione praecipiendi et auctoritate imperandi frenabat aviditatem tenerioris aetatis et ipsam puellarum sitim formabat ad honestum modum, ut iam non liberet quod non deceret.

Et subrepserat tamen, sicut mihi filio famula 8,18
tua narrabat, subrepserat ei vinulentia. Nam cum de more tanquam puella sobria iuberetur a parentibus de cupa vinum depromere, submisso poculo, qua desuper patet, priusquam in laguunculam funderet merum, primoribus labris sorbebat exiguum, quia non poterat amplius sensu recusante. Non enim ulla temulenta cupidine faciebat hoc, sed quibusdam superfluentibus aetatis excessibus, qui ludicris motibus ebulliunt et in puerilibus animis maiorum pondere premi solent.

Itaque ad illud modicum cotidiana modica
addendo - quoniam »qui modica spernit, pau- Sir 19, 1
latim decidit« - in eam consuetudinem lapsa

Töchter des Hauses anvertraut, und mit Eifer nahm sie sich ihrer an und wehrte den Mädchen, wenn es nottat, heftig mit heiliger Strenge und lehrte sie mit kluger Besonnenheit.

So erlaubte sie ihnen nicht, außerhalb der Stunden, da sie am Tisch der Eltern das schlichte Mahl einnahmen, auch nur Wasser zu trinken, war ihr Durst auch noch so groß. Sie wollte schlimmer Gewohnheit steuern und hatte dann ihr heilsames Wort: „Freilich, jetzt trinkt ihr Wasser, weil ihr über den Wein nicht Herr seid; aber habt ihr einmal eure Männer und regiert über Speis und Keller, dann wird euch das Wasser nicht mehr schmecken, aber die Gewohnheit des Trinkens läßt euch nicht mehr los." Durch solche Vernünftigkeit ihres Warnens und das Gewicht ihres Befehlens zügelte sie die Gierde dieses zarten Alters und gewöhnte die Mädchen, auch nicht im Durst die gute menschliche Weise zu vergessen, so daß sie gar nicht mehr wollten, was sie nicht sollten.

Dennoch, ihr war die Lust zum Wein - wie mir, dem Sohne, Deine Dienerin erzählte -, unversehens war ihr die Lust zum Wein gekommen. Da sie als verständiges Mädchen von den Eltern, wie es so üblich ist, mit dem Geschäfte des Weinholens aus der Kufe betraut wurde, nippte sie gern, bevor sie den Wein in die Flasche goß, mit gespitzten Lippen vom Rande des Schöpfbechers, nur ein bißchen, mehr konnte sie nicht, weil ihr der Geschmack zuwider war; das tat sie nicht aus Trunksucht, nur im Mutwillen ihres Alters, der in allerhand Keckheiten übersprudelt und gewöhnlich schon in den frühen Jahren durch den Druck der Erwachsenen ernsthaft gedämpft wird.

Und so, dem bißchen täglich ein bißchen zusetzend, war sie unversehens - weil »allmählich zu Falle kommt, wem das bißchen gering gilt« - ihrer Gewohnheit verfallen,

erat, ut prope iam plenos mero caliculos inhianter hauriret. 8,18

Ubi tunc sagax anus et vehemens illa prohibitio? Numquid valebat aliquid adversus latentem morbum, nisi tua medicina, domine, vigilaret super nos? Absente patre et matre et nutritoribus tu praesens, qui creasti, qui vocas, qui etiam per praepositos homines boni aliquid agis ad animarum salutem. Quid tunc egisti, deus meus? unde curasti? unde sanasti? nonne protulisti durum et acutum ex altera anima convicium tamquam medicinale ferrum ex occultis provisionibus tuis et uno ictu putredinem illam praecidisti?

Ancilla enim, cum qua solebat accedere ad cupam, litigans cum domina minore, ut fit, sola cum sola, obiecit hoc crimen amarissima insultatione vocans meribibulam. Quo illa stimulo percussa respexit foeditatem suam confestimque damnavit atque exuit.

Sicut amici adulantes pervertunt, sic inimici litigantes plerumque corrigunt. Nec tu quod per eos agis, sed quod ipsi voluerunt, retribuis eis. Illa enim irata exagitare appetivit minorem dominam, non sanare, et ideo clanculo, aut quia ita eas invenerat locus et tempus litis, aut ne forte et ipsa periclitaretur, quod tam sero prodidisset.

At tu, domine, rector caelitum et terrenorum, ad usus tuos contorquens profunda torrentis, fluxum saeculorum ordinate turbulentum, etiam de alterius animae insania sanasti al-

bis sie schließlich fast die vollen Becher ungemischten Weines hinuntertrank.

Was war es jetzt mit der klugen Alten und ihrem strengen Wort? Was hätte sie gegen die heimliche Sucht denn überhaupt vermocht, wäre nicht Deine heilende Hilfe, Herr, die da wacht über uns? Du, gegenwärtig, auch wenn Vater und Mutter und Erzieher fern sind, gegenwärtig Du, der Schöpfer, der Mahner, der doch auch durch die Vorgesetzten wirkt, wenn sie etwas Gutes erreichen zum Heil der Seelen,[37] - was hast Du jetzt getan, Du, mein Gott? wie geholfen? wie geheilt? Hast Du nicht das harte, scharfe Schimpfwort einer andern Seele hervorgeholt aus Deinen geheimen Vorkehrungen wie ein Arzt sein Eisen und mit einem einzigen Schnitt die Fäulnis beseitigt?

Die Sklavin, mit der sie gewöhnlich zur Kufe ging, geriet in Streit mit der jungen Herrin, wie es so geht, beide allein miteinander, und warf ihr bitter schmähend ihr Vergehen vor: sie nannte sie Weinsäuferin.[38] Und dieser Stachel traf; sie fand es häßlich, wie sie's trieb, sie verdammte es auf der Stelle und machte sich los.

Wie schmeichelnde Freunde zum Verderben sind, so zankende Feinde meist zur Besserung. Ihnen aber vergiltst Du nicht, was Du wirkst durch sie, sondern das, was sie selber gewollt haben. Diese Sklavin, so ausbrüchig, wollte ja die junge Herrin nur schmähen, nicht besser machen, darum ergriff sie die heimliche Gelegenheit, vielleicht weil es hier und jetzt so gut sich streiten ließ, vielleicht auch, daß sie für sich selber fürchtete, da sie die Sache so spät erst aufgedeckt hätte.

Aber Du, Herr, Herrscher über die im Himmel und die auf der Erde, den brausenden Sturzbach lenkend, wie Du ihn brauchst, den Weltlauf ordnend, so wirr es hergeht: Du auch machtest aus des einen Menschen Wut die Hut

teram, ne quisquam, cum hoc advertit, potentiae suae tribuat, si verbo eius alius corrigatur, quem vult corrigi. 8,18

Educata itaque pudice ac sobrie potiusque a 9,19
te subdita parentibus quam a parentibus tibi, ubi plenis annis nubilis facta est, tradita viro servivit veluti domino et sategit eum lucrari tibi loquens te illi moribus suis, quibus eam pulchram faciebas et reverenter amabilem atque mirabilem viro. Ita autem toleravit cubilis iniurias, ut nullam de hac re cum marito haberet umquam simultatem. Expectabat enim misericordiam tuam super eum, ut in te credens castificaretur.

Erat vero ille praeterea sicut benivolentia praecipuus, ita ira fervidus. Sed noverat haec non resistere irato viro, non tantum facto, sed ne verbo quidem. Iam vero refractum et quietum cum oportunum viderat, rationem facti sui reddebat, si forte ille inconsideratius conmotus fuerat.

Denique cum matronae multae, quarum viri mansuetiores erant, plagarum vestigia etiam dehonestata facie gererent, inter amica conloquia illae arguebant maritorum vitam, haec earum linguam, veluti per iocum graviter admonens, ex quo illas tabulas, quae matrimoniales vocantur, recitari audissent, tamquam instrumenta, quibus ancillae factae essent, deputare debuisse; proinde memores conditionis superbire adversus dominos non

des andern, auf daß niemand, der diesen Fall beherzigt, der eigenen Kraft es zuschreibe, wenn durch sein Wort sich einer bessert, von dem er will, daß er sich bessere.

Züchtig und nüchtern erzogen, durch Dich viel mehr den Eltern untertan gemacht als durch die Eltern Dir, wurde sie im heiratsfähigen Alter alsbald einem Manne gegeben, und sie diente ihm als ihrem Herrn und bemühte sich, ihn für Dich zu gewinnen, selber ein Zeugnis für Dich schon in Wandel und Sitte, durch die Du sie so schön gemacht und ehrgebietend, liebenswert und bewundernswert für den Mann. Seine eheliche Untreue ertrug sie auf eine Weise, daß sie es dieserhalb nie zu einem Zerwürfnis mit ihrem Gatten kommen ließ. Denn sie wartete auf Dein Erbarmen über ihn, daß er, wenn er einmal an Dich glaubte, auch keuscher würde.

Und überdies war er, so gutmütig er sein konnte, so hitzig auch im Zorn. Aber sie verstand es, sich dem Zürnenden nicht zu widersetzen, nicht durch ihr Tun, auch nicht einmal durch ein Wort. Sobald sie aber den Abgezürnten und Beruhigten wieder zugänglich fand, gab sie Rechenschaft von ihrem Tun, wenn er gar zu unbedacht sich aufgeregt hatte.

Und wenn da viele Frauen von Stand, die handsamere Männer hatten, Spuren von Schlägen im entehrten Gesicht trugen, im vertrauten Gespräch dem Lebenswandel ihrer Gatten die Schuld dran gaben, so sagte sie, das hätten nur sie mit ihrer Zunge angerichtet, und gab ihnen mit Ernst im Scherze zu bedenken, sie hätten seit der Stunde, da sie der Verlesung des Ehevertrags[39] zuhörten, gleichsam mit der Verbriefung, daß sie nun Mägde geworden seien, rechnen sollen; also dürften sie auch, ihres Standes eingedenk, nicht gegen ihre Herren sich auflehnen. Und wenn die andern dann, die doch wußten, was

oportere. Cumque mirarentur illae scientes, 9,19
quam ferocem coniugem sustineret, numquam
fuisse auditum aut aliquo indicio claruisse,
quod Patricius ceciderit uxorem aut quod a
se invicem vel unum diem domestica lite dis-
senserint, et causam familiariter quaererent,
docebat illa institutum suum, quod supra me-
moravi. Quae observabant, expertae gratula-
bantur; quae non observabant, subiectae vexa-
bantur.

Socrum etiam suam primo susurris malarum 9,20
ancillarum adversus se irritatam sic vicit obse-
quiis perseverans tolerantia et mansuetudine,
ut illa ultro filio suo medias linguas famula-
rum proderet, quibus inter se et nurum pax
domestica turbabatur, expeteretque vindic-
tam. Itaque posteaquam ille et matri obtem-
perans et curans familiae disciplinam et con-
cordiae suorum consulens proditas ad pro-
dentis arbitrium verberibus coercuit, promisit
illa talia de se praemia sperare debere, quae-
cumque de sua nuru sibi, quo placeret, mali
aliquid loqueretur, nullaque iam audente me-
morabili inter se benivolentiae suavitate vi-
xerunt.

Hoc quoque illi bono mancipio tuo, in cuius 9,21
utero me creasti, »deus meus, misericordia Ps 58,18
mea«, munus grande donaveras, quod inter dis-
sidentes atque discordes quaslibet animas, ubi
poterat, tam se praebebat pacificam, ut cum
ab utraque multa de invicem audiret ama-
rissima, qualia solet eructare turgens atque

für einen jähzornigen Ehemann sie auszustehen habe, sich wunderten, daß man noch nie gehört oder ein Anzeichen dafür bemerkt hatte, Patrizius hätte seine Frau geschlagen oder es hätte auch nur einen Tag lang häuslichen Streit gegeben, und wenn die andern sie vertraulich nach der Erklärung fragten, so beschrieb sie ihr Verhalten, von dem ich vorhin gesprochen habe. Und die es befolgten, fuhren gut und dankten's ihr; die es nicht befolgten, blieben der Mißhandlung ausgesetzt.

Auch ihre Schwiegermutter, die anfangs vom Gezischel böser Mägde gegen sie aufgehetzt war, gewann sie sich durch dauerndes Nachgeben in freundlichem Ertragen so sehr, daß jene von selber ihrem Sohn die Schwätzereien der Mägde aufdeckte, die den häuslichen Frieden zwischen ihr und der Schwiegertochter störten, und ihre Bestrafung von ihm verlangte. Und er, der Mutter gehorsam und auf die Zucht im Hause und die Eintracht unter den Seinigen bedacht, strafte die Angegebenen nach dem Willen der Angeberin mit Schlägen, sie aber versprach, daß eine jede den gleichen Lohn von ihr zu erwarten habe, die ihr, um sich gefällig zu erweisen, über die Schwiegertochter etwas Böses sagte, und da es fortan keine mehr wagte, lebten beide im denkbar glücklichsten Einvernehmen miteinander.

Und noch eine große Gabe hast Du der Dienerin, in deren Schoß Du mich erschaffen, »mein Gott, meine Barmherzigkeit«, verliehen: wo immer Seelen sich entzweiten und zertrugen, bewährte sie sich, soviel sie nur konnte, als Friedestifterin, und dies auf solche Weise, daß sie beim Anhören all der Bitterkeiten hin und her, wie die aufwallende, unverdaute Zwietracht sie auszustoßen pflegt,

indigesta discordia, quando praesenti amicae 9,21
de absente inimica per acida conloquia cruditas exhalatur odiorum, nihil tamen alteri de altera proderet, nisi quod ad eas reconciliandas valeret.

Parvum hoc bonum mihi videretur, nisi turbas innumerabiles tristis experirer nescio qua horrenda pestilentia peccatorum latissime pervagante non solum iratorum inimicorum iratis inimicis dicta prodere, sed etiam quae non dicta sunt addere, cum contra homini humano parum esse debeat inimicitias hominum nec excitare nec augere male loquendo, nisi eas etiam extinguere bene loquendo studuerit. Qualis illa erat docente te magistro intimo in schola pectoris.

Denique etiam virum suum iam in extrema 9,22
vita temporali eius lucrata est tibi nec in eo iam fideli planxit, quod in nondum fideli toleraverat. Erat etiam serva servorum tuorum. Quisquis eorum noverat eam, multum in ea laudabat et honorabat et diligebat te, quia sentiebat praesentiam tuam in corde eius sanctae conversationis fructibus testibus. Fuerat
enim »unius viri uxor«, »mutuam vicem pa- I Tim 5, 9. 4
rentibus reddiderat«, »domum suam pie tractaverat«, »in operibus bonis testimonium« I Tim 5, 10
habebat. Nutrierat filios totiens eos parturiens, quotiens abs te deviare cernebat. Postremo nobis, domine, omnibus, quia ex munere tuo sinis loqui servis tuis, qui ante dormitionem eius in te iam consociati vivebamus

wenn es vor der anwesenden Freundin über die abwesende Feindin hergeht und der Haß in beißender Rede seine Völle von sich gibt, gleichwohl der einen nichts von der anderen sagte, als was der Versöhnung dienen konnte. Nur für ein kleines Gut wollte ich dies ansehen, hätte ich nicht an einer unzählbaren Menge von Menschen die traurige Erfahrung machen müssen, wie sie als Opfer, ich weiß nicht welch einer schrecklichen, allum verbreiteten Sündenseuche nicht nur vom verzürnten Feinde Gesagtes dem verzürnten Feinde hinterbringen, sondern noch hinzumachen, was nicht gesagt worden ist, - wo es doch im Gegenteil einem menschlichen Menschen zu wenig sein sollte, daß er nicht mit Bösreden Feindschaft unter Menschen hervorruft oder schlimmer macht, statt darauf bedacht zu sein, durch Gutreden sie aus der Welt zu schaffen.

Und dies ist ihre Art gewesen, und von Dir hat sie's gelernt, dem innerlichsten Meister in der Schule des Herzens.

Und nun auch dies: in seiner letzten Erdenzeit gewann sie ihren Mann für Dich, und sie beklagte an dem Gläubigen nicht mehr, was sie an dem noch Glaubensfernen ertragen hatte. Wahrhaftig, sie war die Magd derer, die Dir dienen. Und wer von denen sie kannte, - viel lobte, ehrte, liebte er Dich in ihr, weil er angesichts der Früchte dieses heiligen Wandels Deine Gegenwart in ihrem Herzen fühlte. Denn sie war »Eines Mannes Weib gewesen«, »hatte ihren Eltern treu vergolten«, »hatte gottesfürchtig ihr Haus geführt« und besaß »ihr Zeugnis in guten Werken«. Sie zog ihre Kinder so auf, daß sie jedesmal aufs neue in Wehen um sie lag, wenn sie sah, daß sie von Deinen Wegen abirrten. Endlich aber - denn aus Deiner Gnade lässest Du Deine Diener davon reden - hat sie für uns alle, die wir vor ihrem Entschlafen bereits in Dir vereint zusammenlebten, nachdem wir die Gnade Deiner

percepta gratia baptismi tui, ita curam gessit, 9,22
quasi omnes genuisset, ita servivit, quasi ab omnibus genita fuisset.

Impendente autem die, quo ex hac vita erat 10,23
exitura - quem diem tu noveras, ignorantibus nobis - provenerat, ut credo, procurante te occultis tuis modis, ut ego et ipsa soli staremus incumbentes ad quandam fenestram, unde hortus intra domum, quae nos habebat, prospectabatur, illic apud Ostia Tiberina, ubi remoti a turbis post longi itineris laborem instaurabamus nos navigationi. Conloquebamur ergo soli valde dulciter et »praeterita obliviscentes Phil 3, 13
in ea quae ante sunt extenti« quaerebamus inter nos apud praesentem veritatem, quod tu es, qualis futura esset vita aeterna sanctorum, quam »nec oculus vidit nec auris au- I Kor 2, 9
divit nec in cor hominis ascendit«. Sed inhiabamus ore cordis in superna fluenta »fontis tui«, »fontis vitae, qui est apud te«, ut inde Ps 35, 10
pro captu nostro aspersi quoquo modo rem tantam cogitaremus.

Cumque ad eum finem sermo perduceretur, ut 10,24
carnalium sensuum delectatio quantalibet in quantalibet luce corporea prae illius vitae iucunditate non conparatione, sed ne conmemoratione quidem digna videretur, erigentes nos ardentiore affectu in »id ipsum« perambula- Ps 4, 9; 121, 3
vimus gradatim cuncta corporalia et ipsum caelum, unde sol et luna et stellae lucent super terram. Et adhuc ascendebamus interius

Taufe empfangen hatten, so gesorgt, als wäre sie eines jeden leibliche Mutter, und hat uns so gedient, als wäre sie eines jeden leibliches Kind gewesen.

Schon nahte der Tag, da sie aus diesem Leben scheiden sollte - Du kanntest ihn, wir nicht -, da traf es sich, wie ich glaube durch Deine geheime Fügung, daß wir beide allein, ich und sie, an ein Fenster [40] gelehnt standen, das in den Garten innerhalb des Hauses ging, das uns beherbergte, dort in Tiber-Ostia, wo wir, dem Trubel entrückt, nach der Mühsal der langen Reise Kräfte sammelten für die Seefahrt. Wir unterhielten uns also allein, köstlich innig, und, »vergessend, was hinter uns lag, auslangend nach dem, was vor uns liegt«, fragten wir uns im Angesicht der Wahrheit, die Du bist, welcher Art wohl dereinst das ewige Leben der Heiligen sei, jenes Leben, das freilich »kein Auge geschaut und kein Ohr vernommen, und das in keines Menschen Herz gedrungen ist«, und doch lechzte begierig unser Herz nach den Wassern aus der Höhe, den Wassern »Deiner Quelle«, der »Quelle des Lebens, die bei Dir ist«, um von dorther, nach unseres Fassens Maß benetzt, einem so erhabenen Gegenstand auf alle Weise nachzusinnen.

Im Fortgang des Gespräches ergab sich uns, daß mit der Wonne des ewigen Lebens kein Entzücken unserer fleischlichen Sinne, wie groß es sei, wie köstlich es im irdischen Lichte gleiße, sich vergleichen, ja daneben auch nur nennen lasse: da erhoben wir uns mit heißerer Inbrunst nach dem »wesenhaften Sein«; [41] und durchwanderten stufenweise die ganze Körperwelt, auch den Himmel, von dem herab Sonne, Mond und Sterne leuchten über die Erde. Und höher stiegen wir auf im Betrachten, Bereden, Bewundern Deiner Werke, und wir gelangten zu unserer

cogitando et loquendo et mirando opera tua 10,24
et venimus in mentes nostras et transcendimus
eas, ut attingeremus regionem ubertatis inde-
ficientis, ubi pascis Israel in aeternum veri-
tatis pabulo, et ibi vita sapientia est, per quam [Ps 103, 24]
fiunt omnia ista, et quae fuerunt et quae fu-
tura sunt, et ipsa non fit, sed sic est, ut fuit,
et sic erit semper. Quin potius fuisse et futu-
rum esse non est in ea, sed esse solum, quon-
iam aeterna est: nam fuisse et futurum esse
non est aeternum. Et dum loquimur et inhia-
mus illi, attigimus eam modice toto ictu cor-
dis; et suspiravimus et reliquimus ibi religatas
»primitias spiritus« et remeavimus ad strepi- Röm 8, 23
tum oris nostri, ubi verbum et incipitur et
finitur. Et quid simile verbo tuo, domino no-
stro, in se permanenti sine vetustate atque in-
novanti omnia?

Dicebamus ergo: Si cui sileat tumultus carnis, 10,25
sileant phantasiae terrae et aquarum et aeris,
sileant et poli et ipsa sibi anima sileat et trans-
eat se non se cogitando, sileant somnia et ima-
ginariae revelationes, omnis lingua et omne
signum et quidquid transeundo fit si cui sileat
omnino - quoniam si quis audiat, dicunt haec
omnia: »non ipsa nos fecimus, sed fecit nos Ps 99, 3. 5
qui manet in aeternum« - his dictis si iam
taceant, quoniam erexerunt aurem in eum,
qui fecit ea, et loquatur ipse solus non per ea,
sed per se ipsum, ut audiamus verbum eius,
non per linguam carnis neque per vocem an-
geli nec per sonitum nubis nec per aenigma

Geisteswelt. Und wir schritten hinaus über sie, um die Gefilde unerschöpflicher Fülle zu erreichen, auf denen Du Israel auf ewig weidest mit der Speise der Wahrheit; und dort ist das Leben die Weisheit, die Weisheit, durch die alles Geschöpfliche entsteht, was je gewesen ist und was je sein wird; und sie selbst ist ohne Werden, sie ist, wie sie gewesen ist, und also wird sie stetsfort sein; vielmehr, es gibt in ihr kein Gewesensein noch ein Künftigsein, sondern das Sein allein, weil sie ewig ist; denn Gewesensein und Künftigsein ist nicht ewig. Und während wir so reden von dieser ewigen Weisheit, voll Sehnsucht nach ihr, da streiften wir sie leise in einem vollen Schlag des Herzens;[42] da seufzten wir auf und ließen dort festgebunden »die Erstlinge des Geistes«; und wir wandten uns wieder dem Getön der Rede zu, bei der das Wort Anfang und Ende hat; was auch wäre ähnlich Deinem Wort, unserm Herrn, dem Wort, das in sich verbleibt, ohne zu altern, und doch alles erneut!

Wir sagten uns also: Brächte es einer dahin, daß ihm alles Getöse der Sinnlichkeit schwände, daß ihm schwänden alle Inbilder von Erde, Wasser, Luft, daß ihm schwände auch das Himmelsgewölbe und selbst die Seele gegen sich verstummte und selbstvergessen über sich hinausschritte, daß ihm verstummten die Träume und die Kundgaben der Phantasie, daß jede Art Sprache, jede Art Zeichen und alles, was in Flüchtigkeit sich ereignet, ihm völlig verstummte - denn wer ein Ohr dafür hat, dem sagt das alles: »nicht wir sind's, die uns schufen, sondern es schuf uns, der da bleibt in Ewigkeit« - wenn also nach diesem Wort das All in Schweigen versänke, weil es sein Lauschen zu dem erhoben hat, der es erschaffen, und wenn nun Er allein spräche, nicht durch die Dinge, nur durch sich selbst, so daß wir sein Wort vernähmen nicht durch Menschenzunge, auch nicht durch Engelsstimme und nicht im Donner aus Wolken, noch auch in Rätsel und

similitudinis, sed ipsum, quem in his amamus, 10,25
ipsum sine his audiamus, sicut nunc extendimus nos et rapida cogitatione attigimus aeternam sapientiam super omnia manentem, si continuetur hoc et subtrahantur aliae visiones longe inparis generis et haec una rapiat et absorbeat et recondat in interiora gaudia spectatorem suum, ut talis sit sempiterha vita, quale fuit hoc momentum intellegentiae, cui
suspiravimus, nonne hoc est: »intra in gau- Mt 25,21
dium domini tui«? Et istud quando? An »cum I Kor 15,51
omnes resurgemus, sed non omnes inmutabimur«?

Dicebam talia, etsi non isto modo et his ver- 10,26
bis, tamen, domine, tu scis, quod illo die, cum talia loqueremur et mundus iste nobis inter verba vilesceret cum omnibus delectationibus suis, tunc ait illa: „Fili, quantum ad me adtinet, nulla re iam delector in hac vita. Quid hic faciam adhuc et cur hic sim, nescio, iam consumpta spe huius saeculi. Unum erat, propter quod in hac vita aliquantum inmorari cupiebam, ut te christianum catholicum viderem, priusquam morerer. Cumulatius hoc mihi deus meus praestitit, ut te etiam contemta felicitate terrena servum eius videam. Quid hic facio?"

Ad haec ei quid responderim, non satis re- 11,27
colo, cum interea vix intra quinque dies aut non multo amplius decubuit febribus. Et cum aegrotaret, quodam die defectum animae passa

Gleichnis, sondern Ihn selbst vernähmen, den wir in allem Geschaffenen lieben, Ihn selbst ganz ohne dieses, wie wir eben jetzt uns nach ihm reckten und in windschnell flüchtigem Gedanken an die ewige, über allen beharrende Weisheit rührten; und wenn dies Dauer hätte und alles andere Schauen, von Art so völlig anders, uns entschwände und einzig dieses den Schauenden ergriffe, hinnähme, versenkte in tiefinnere Wonnen, daß so nun ewig Leben wäre,[43] wie jetzt dieser Augenblick Erkennen, dem unser Seufzen galt: ist nicht dies es, was da gesagt ist: »Geh ein in die Freude deines Herrn«? Und wann das? Dann, »wenn wir alle auferstehen, aber nicht alle verwandelt werden«?

Solcherlei sprach ich, obzwar nicht in dieser Form und denselben Worten. Gleichviel, Du, Herr, weißt, daß an dem Tage, da wir ein solches Gespräch führten und darüber die Welt uns mit all ihren Reizen in Nichts versank, meine Mutter in die Worte ausbrach: „Mein Sohn, was mich anlangt, so hat nichts mehr Reiz für mich in diesem Leben. Was ich hier noch tue, warum ich überhaupt noch hier bin, ich weiß es nicht, da ich von dieser Zeitlichkeit nichts mehr erwarte. Eines nur war es, um deswillen ich noch ein Weilchen zu leben wünschte: Dich wollte ich als katholischen Christen sehen, ehe ich stürbe. Überreich hat es mein Gott mir gewährt: als seinen Knecht darf ich dich sehen, da nun auch das Erdenglück dir nichts mehr bedeutet. Was tu ich noch hier?"

Was ich darauf ihr sagte, weiß ich nicht genau mehr. Denn alsbald schon, es mochten fünf Tage sein oder wenig darüber, legte sie sich fieberkrank zu Bett.[44] Und während ihrer Krankheit erlitt sie eines Tages einen Ohn-

est et paululum subtracta a praesentibus. Nos 11,27
concurrimus, sed cito reddita est sensui et
aspexit astantes me et fratrem meum et ait
nobis quasi quaerenti similis: „Ubi eram?“
Deinde nos intuens maerore attonitos: „Po-
netis hic“ inquit „matrem vestram“. Ego sile-
bam et fletum frenabam. Frater autem meus
quiddam locutus est, quo eam non peregre,
sed in patria defungi tamquam felicius op-
taret. Quo audito illa vultu anxio reverberans
eum oculis, quod talia saperet, atque inde me
intuens: „Vide“ ait „quid dicit“. Et mox am-
bobus: „Ponite“ inquit „hoc corpus ubicumque:
nihil vos eius cura conturbet; tantum illud
vos rogo, ut ad domini altare memineritis mei,
ubiubi fueritis“. Cumque hanc sententiam ver-
bis quibus poterat explicasset, conticuit et in-
gravescente morbo exercebatur.
Ego vero cogitans dona tua, deus invisibilis, 11,28
quae immittis in corda fidelium tuorum, et
proveniunt inde fruges admirabiles, gaudebam
et gratias tibi agebam recolens, quod noveram,
quanta cura semper aestuasset de sepulchro,
quod sibi providerat et praeparaverat iuxta
corpus viri sui. Quia enim valde concorditer
vixerant, id etiam volebat, ut est animus hu-
manus minus capax divinorum, adiungi ad
illam felicitatem et conmemorari ab homini-
bus, concessum sibi esse post transmarinam
peregrinationem, ut coniuncta terra amborum
coniugum terra tegeretur.
Quando autem ista inanitas plenitudine boni-

machtsanfall und verlor auf kurze Zeit das Bewußtsein. Wir eilten hinzu, aber bald schon kam sie wieder zu sich und sah uns, die wir bei ihr standen, mich und meinen Bruder,[45] an und sagte zu uns mit dem Ausdruck des Forschens: „Wo war ich?" Dann, als sie uns die Erschütterung ansah, sprach sie: „Ihr begrabt hier eure Mutter." Ich schwieg und kämpfte mit dem Weinen. Mein Bruder aber sagte einige Worte, er sähe sie doch lieber in der Heimat als hier in der Fremde sterben; das wäre glücklicher gestorben. Worauf nun sie erschreckten Gesichtes mit einem Blick es ihm verwies, so zu denken, dann aber mich ansah: „Sieh doch, was er sagt!" Und dann zu uns beiden: „Begrabet diesen Leib wo immer, er soll euch keine Sorge machen. Nur um das eine bitt ich euch, daß ihr am Altar des Herrn meiner gedenkt, wo ihr auch seid." Als sie diesen Wunsch in Worten, so gut es noch ging, ausgedrückt hatte, verstummte sie, und die Krankheit packte sie schwerer.

Ich aber, wie ich so Deine Gaben erwog, Gott, Du Unsichtbarer, die Du hineinsenkst in die Herzen Deiner Gläubigen, daraus dann wunderbare Früchte erwachsen, ich freute mich und dankte Dir, denn ich bedachte wieder, was ich schon wußte: wie leidenschaftlich sie immer um das Grab besorgt gewesen, das sie neben der Ruhestätte ihres Mannes sich vorgesehen und auch schon zubereitet hatte. Weil sie doch beide recht in Eintracht gelebt, so sollte nach ihrem Wunsche - wie Menschensinn nun einmal ist, solang es ihm an der vollen Empfänglichkeit für das Göttliche fehlt - zu jenem ersten Glück sich auch noch das andere fügen und von der Welt besprochen werden, daß nach der weiten Reise übers Meer nun doch die vereinte Erde die Erdenreste der beiden ehelich Vereinten bedecke.

Wann nun dieser armselige Wunsch[46] dank der Fülle Dei-

tatis tuae coeperat in eius corde non esse, 11,28
nesciebam et laetabar admirans, quod sic mihi
apparuisset, quamquam et in illo sermone
nostro ad fenestram, cum dixit: „Iam quid
hic facio?“ non apparuit desiderare in patria
mori. Audivi etiam postea, quod iam, cum
Ostiis essemus, cum quibusdam amicis meis
materna fiducia conloquebatur quodam die de
contemtu vitae huius et bono mortis, ubi ipse
non aderam, illisque stupentibus virtutem fe-
minae - quam tu dederas ei - quaerentibusque
utrum non formidaret tam longe a sua civitate
corpus relinquere: „Nihil“ inquit „longe est
deo, neque timendum est, ne ille non agnoscat
in fine saeculi, unde me resuscitet“. Ergo die
nono aegritudinis suae, quinquagesimo et sexto
anno aetatis suae, tricesimo et tertio aetatis
meae, anima illa religiosa et pia corpore so-
luta est.

Premebam oculos eius, et confluebat in prae- 12,29
cordia mea maestitudo ingens et transfluebat
in lacrimas, ibidemque oculi mei violento ani-
mi imperio resorbebant fontem suum usque
ad siccitatem, et in tali luctamine valde male
mihi erat. Tum vero, ubi efflavit extremum,
puer Adeodatus exclamavit in planctum at-
que ab omnibus nobis cohercitus tacuit. Hoc
modo etiam meum quiddam puerile, quod la-
bebatur in fletus, iuvenali voce, voce cordis,
cohercebatur et tacebat. Neque enim decere
arbitrabamur funus illud questibus lacrimosis

ner Güte in ihrem Herzen sich verloren hatte, ich wußte es nicht, und in meiner Verwunderung freute ich mich, daß ich jetzt auf solche Weise es erfuhr. Freilich, schon bei jenem Gespräch am Fenster, als sie sagte: „Was tu ich noch hier?“, hatte sich ein Verlangen, in der Heimat zu sterben, nicht mehr gezeigt. Ich hörte auch später, daß sie damals schon in Ostia eines Tages - ich selber war eben nicht da - mit einigen meiner Freunde in mütterlicher Vertraulichkeit von der Verachtung des Lebens hier und der Wohltat des Sterbens gesprochen habe, wobei denn die Freunde die Seelengröße der Frau - Du ja hast sie ihr gegeben - bewunderten und fragten, ob es ihr nicht furchtbar wäre, so fern der Heimat ihren toten Leib zu lassen, worauf sie erwiderte: „Nichts ist fern von Gott, es ist auch nicht zu fürchten, daß er beim Ende der Welt nicht wüßte, wo er mich erwecken soll.“ Und also ward am neunten Tage ihrer Krankheit, im sechsundfünfzigsten Jahre ihres Lebens, im dreiunddreißigsten meines Lebens diese gottverbundene, edle Seele aus ihrem Leibe gelöst.

Ich drückte ihr die Augen zu, und es floß mir in der Brust gewaltiges Weh zusammen und floß über zu Tränen, und schon tranken meine Augen unter dem Machtgebot des Geistes ihren Quell wieder auf, daß sie trocken blieben - ein Kampf, in dem es erbärmlich um mich stand. Nun war in dem Augenblick, da sie verhauchte, der Knabe Adeodat in lautes Weinen ausgebrochen, dann aber, als wir alle ihn zurechtgewiesen, wieder still geworden. Und also ward auch bei mir etwas Knabenhaftes, das schon ins Weinen fallen wollte, von dem herzhaften Wort des Mannes zurechtgewiesen und stille. Es schien uns denn auch ungehörig, dieses Todeslager mit lautem Weinen und Seufzen zu erfüllen: denn so klagt man gewöhnlich doch

gemitibusque celebrare, quia his plerumque 12,29
solet deplorari quaedam miseria morientium
aut quasi omnimoda extinctio. At illa nec mi-
sere moriebatur nec omnino moriebatur. Hoc
et documentis morum eius et »fide non ficta« I Tim
rationibusque certis tenebamus. 1,5

Quid erat ergo, quod intus mihi graviter dole- 12,30
bat, nisi ex consuetudine simul vivendi dul-
cissima et carissima repente dirrupta vulnus
recens? Gratulabar quidem testimonio eius,
quod in ea ipsa ultima aegritudine obsequiis
meis interblandiens appellabat me pium et
conmemorabat grandi dilectionis affectu num-
quam se audisse ex ore meo iaculatum in se
durum aut contumeliosum sonum.

Sed tamen quid tale, deus meus, qui fecisti
nos, quid conparabile habebat honor a me de-
latus illi et servitus ab illa mihi? Quoniam ita-
que deserebar tam magno eius solacio, saucia-
batur anima mea et quasi dilaniabatur vita,
quae una facta erat ex mea et illius.

Cohibito ergo a fletu illo puero psalterium 12,31
arripuit Evodius et cantare coepit psalmum.
Cui respondebamus omnis domus: »misericor- Ps 100,1
diam et iudicium cantabo tibi, domine«. Au-
dito autem quid ageretur, convenerunt multi
fratres ac religiosae feminae, et de more illis,
quorum officium erat, funus curantibus ego
in parte, ubi decenter poteram, cum eis, qui
me non deserendum esse censebant, quod erat
tempori congruum disputabam eoque fomento
veritatis mitigabam cruciatum tibi notum illis

über das Elendslos der Sterbenden oder als käme nun das gänzliche Verlöschen. Sie aber starb nicht elend, und sie starb nicht ganz. Das stand uns fest auf das Zeugnis ihres Wandels hin, ihren »Glauben ohne Falsch« und Gründe von sicherem Verlaß.[47]

Was also war es, was innen so schwer mich schmerzte? Doch nur die frische Wunde vom jähen Zerreißen der süßen, lieben Gewohnheit des Zusammenlebens. Es blieb mir wohl die Freude über ihr Wort, mit dem sie mich in ihrer letzten Krankheit, noch zärtlich meiner Dienste gedenkend, ihren guten Sohn nannte und mit großer Liebeswärme davon sprach, nie habe sie aus meinem Munde ein hartes Wort oder einen kränkenden Ton vernommen.

Aber was ist das schon, mein Gott, der uns erschaffen, - wie ließ sich die Ehre, die ich ihr erwies, vergleichen mit ihrem Dienst an mir? Also weil sie, mein großer Trost, mich allein ließ, darum ward meine Seele verwundet, wie auseinandergerissen das Leben, das aus dem meinigen und dem ihrigen eins geworden war.

So griff denn Evodius, als der Knabe nicht mehr weinte, nach dem Psalter und begann im Wechsel mit uns, dem ganzen Hause, den Psalm zu singen: »Von Erbarmen und Gerechtigkeit will ich Dir singen, Herr.« Und auf die Kunde, was bei uns vorging, kamen viele Brüder und fromme Frauen, und während die Leiche, wie üblich, der Sorge der hiezu bestallten Leute überlassen wurde, besprach ich an einem Ort, wo ich schicklich es konnte, mit denen, die mich jetzt nicht verlassen wollten, der Stunde angemessene Fragen und linderte mit dieser Wohltat der Wahrheit die Qual, die Du ja kanntest, wo die andern nichts merkten und gespannt mich hörten und mich frei

ignorantibus et intente audientibus et sine sensu 12,31
doloris me esse arbitrantibus. At ego in auri-
bus tuis, ubi eorum nullus audiebat, increpa-
bam mollitiam affectus mei et constringebam
fluxum maeroris, cedebatque mihi paululum:
rursusque impetu suo ferebatur non usque ad
eruptionem lacrimarum nec usque ad vultus
mutationem, sed ego sciebam, quid corde pre-
merem. Et quia mihi vehementer displicebat
tantum in me posse haec humana, quae ordine
debito et sorte conditionis nostrae accidere ne-
cesse est, alio dolore dolebam dolorem meum
et duplici tristitia macerabar.
Cum ecce corpus elatum est, imus, redimus 12,32
sine lacrimis. Nam neque in eis precibus, quas
tibi fudimus, cum offerretur pro ea sacrificium
pretii nostri iam iuxta sepulchrum posito ca-
davere, priusquam deponeretur, sicut illic fieri
solet, nec in eis ergo precibus flevi, sed toto
die graviter in occulto maestus eram et mente
turbata rogabam te, ut poteram, quo sanares
dolorem meum, nec faciebas, credo, conmen-
dans memoriae meae vel hoc uno documento
omnis consuetudinis vinculum etiam adversus
mentem, quae iam non fallaci verbo pascitur.
Visum etiam mihi est, ut irem lavatum, quod
audieram inde ‚balneis' nomen inditum, quia
Graeci ‚balaneion' dixerint, quod anxietatem
pellat ex animo. Ecce et hoc confiteor miseri-
cordiae tuae, »pater orfanorum«, quoniam Ps 67,6
lavi et talis eram, qualis priusquam lavissem.
Neque enim exudavit de corde meo maeroris

von schmerzlicher Empfindung glaubten. Ich aber warf mir vor Deinen Ohren, wo keiner von ihnen es hörte, meine weichselige Stimmung vor und zwang die Flut des Wehs, und sie verging mir auch ein wenig. Und wieder brach sie mit ihrem Ungestüm hervor, nicht so, daß ich Tränen vergossen oder mein Gesicht verändert hätte, - aber ich wußte auch, was da im Herzen ich niederhielt. Und weil ich tief über mich verstimmt war, daß dieses Menschliche, das nach der Ordnung der Dinge und nach der Fügung unseres Daseins doch einmal kommen muß, so mächtig mich ergriff, schmerzte mich mein Schmerz zu neuem Schmerz, und ich härmte mich in doppeltem Leide ab.

Man trug die Leiche fort, wir gingen mit hin, wir gingen zurück, - und ohne Tränen. Denn auch bei den Gebeten, die wir dort Dir weihten, als das Opfer unserer Erlösung für sie dargebracht wurde, indes der Leib, wie es da Sitte ist, noch unbestattet neben seinem Grabe lag, - auch bei diesen Gebeten also weinte ich nicht, aber den ganzen Tag über trug ich im stillen die Last der Trauer, und verstörten Geistes bat ich Dich, so gut es ging, um eine Hilfe gegen meinen Schmerz. Du tatst es nicht, - ich glaube, um es an diesem einen Beispiel eben mir bewußt zu machen, welche Fessel doch jede Gewohnheit ist, selbst für einen Geist, der sich schon am truglosen Wort seine Nahrung sucht. Ich hielt es auch für gut, ein Bad zu nehmen, weil ich gehört hatte, ‚balnea' hießen die Bäder deshalb, weil den Griechen ihr Wort ‚balaneion' für Bad etwas bezeichne, was das Gemüt von seinem Druck befreie.[48] Sieh, auch das bekenne ich Deinem Erbarmen, »Vater der Waisen«, daß ich zum Bade ging und dann als der gleiche zurückkam, der ich vor dem Bad gewesen. Denn nicht wegzuschwitzen war aus meinem Herzen die Bitternis

amaritudo. Deinde domivi, evigilavi, et non parva ex parte mitigatum inveni dolorem meum atque, ut eram in lecto meo solus, recordatus sum veridicos versus Ambrosii tui: tu es enim, 12,32

Deus, creator omnium
Polique rector vestiens
Diem decoro lumine,
Noctem soporis gratia,

Artus solutos ut quies
Reddat laboris usui
Mentesque fessas allevet
Luctusque solvat anxios.

Atque inde paulatim reducebam in pristinum 12,33
sensum ancillam tuam conversationemque eius piam in te et sancte in nos blandam atque morigeram, qua subito destitutus sum, et libuit flere in conspectu tuo de illa et pro illa, de me et pro me. Et dimisi lacrimas quas continebam ut effluerent quantum vellent, substernens eas cordi meo: et requievit in eis, quoniam ibi erant aures tuae, non cuiusquam hominis superbe interpretantis ploratum meum.

Et nunc, domine, confiteor tibi in litteris. Legat qui volet et interpretetur ut volet et si peccatum invenerit, flevisse me matrem exigua parte horae, matrem oculis meis interim mortuam, quae me multos annos fleverat, ut oculis tuis viverem, non inrideat, sed potius, si est grandi caritate, pro peccatis meis fleat ipse ad te, patrem omnium fratrum Christi tui.

der Trauer. Dann tat ich einen Schlaf, und ich erwachte und fand meinen Schmerz um nicht weniges gemildert. Und in der Einsamkeit auf meinem Lager kamen mir die wahren Verse Deines Ambrosius.[49] Ja Du, Du bist es -

Du Gott und Schöpfer alles Seins,
Du führst die Himmel ihre Bahn,
Du kleidest uns den Tag in Licht,
Du schenkst die Nacht so ruhesam,

Daß stille Rast den müden Leib
Erquicke für die neue Müh,
Das Herz veratme von der Last
Und lasse von der Traurigkeit.

Und wieder umsann ich gemach mit den alten Gefühlen Deine Magd, und wie sie wandelte, so fromm vor Dir, so heilighaft liebreich und dienstsam gegen uns, und daß ich nun plötzlich ihrer beraubt war, und es wollte geweint sein vor Deinem Angesicht - über und für sie, über und für mich. Und ich ließ die Tränen los, die ich verhalten, daß sie strömten, wie sie wollten. Ich bettete mein Herz darein, und es ruhte in ihnen, weil da nur Deine Ohren waren, nicht die eines Menschen, der mein lautes Weinen kaltstolz aufgenommen hätte.

Und heute, Herr, bekenne ich Dir in diesem Buche. Das lese, wer will, und nehm es auf, wie er will, und wenn er es sündhaft findet, daß ich nur den Teil eines Stündchens um meine Mutter weinte, die meinen Augen einstweilen tot war, um sie, die viele Jahre um mich geweint hatte, damit ich in Deinen Augen lebe, so spotte er nicht darüber, sondern weine besser, wenn er die große Liebe hat, für meine Sünden selber zu Dir, dem Vater aller Brüder Deines Christus.

Ego autem iam sanato corde ab illo vulnere, 13,34
in quo poterat redargui carnalis affectus, fun-
do tibi, deus noster, pro illa famula tua longe
aliud lacrimarum genus, quod manat de con-
cusso spiritu consideratione periculorum om-
nis animae, quae »in Adam moritur«. Quam- I Kor 15, 22
quam illa in Christo vivificata etiam nondum
a carne resoluta sic vixerit, ut laudetur nomen
tuum in fide moribusque eius, non tamen au-
deo dicere, ex quo eam per baptismum re-
generasti, nullum verbum exisse ab ore eius
contra praeceptum tuum. Et dictum est a ve-
ritate, filio tuo: »si quis dixerit fratri suo „fa- Mt 5, 22
tue“ reus erit gehennae ignis«; et vae etiam
laudabili vitae hominum, si remota misericor-
dia discutias eam! Quia vero non exquiris de-
licta vehementer, fiducialiter speramus ali-
quem apud te locum. Quisquis autem tibi
enumerat vera merita sua, quid tibi enumerat
nisi munera tua? O si cognoscant se homines
homines et »qui gloriatur, in domino glo- II Kor 10, 17
rietur«!

Ego itaque, »laus mea« et vita mea, »deus cor- 13,35
dis mei,« sepositis paulisper bonis eius acti- Ps 117, 14
bus, pro quibus tibi gaudens gratias ago, nunc Ps 72, 26
pro peccatis matris meae deprecor te; exaudi
me per medicinam vulnerum nostrorum, quae
»pependit in ligno« et »sedens ad dexteram Gal 3, 13
tuam te interpellat pro nobis«. Scio miseri- Röm 8, 34
corditer operatam et ex corde »dimisisse de- Mt 6, 12
bita debitoribus suis«: dimitte illi et tu debita
sua, si qua etiam contraxit per tot annos post

Ich aber, dem das Herz nun heil geworden von jener Wunde, in der sich ein schuldbarer Hang des fleischlichen Herzens wohl finden ließ, ich vergieße heut vor Dir, unser Gott, für diese Deine Magd Tränen ganz anderer Art, - so wie sie dem erschütterten Geist entströmen, wenn er die Fährnisse betrachtet, die jede Seele bedrohen, die »in Adam stirbt«. Zwar führte meine Mutter, in Christo zum Leben erweckt, vor ihrer Lösung vom Fleische ihr Zeitliches so, daß ihr Glaube und Wandel Dir zum Lob sein sollte, dennoch wage ich nicht zu sagen, daß seit dem Tage, da Du in der Taufe ihr die Wiedergeburt schenktest, kein Wort aus ihrem Munde gegen Dein Gebot verstoßen hätte. Denn von der Wahrheit, Deinem Sohne, ist das Wort: »Wer zu seinem Bruder sagt: „Du Narr", der ist des höllischen Feuers schuldig.« Und wehe auch dem ehrenwerten Menschenleben, wolltest Du es ohne Dein Erbarmen durchforschen! Aber weil Du mit unseren Vergehen nicht heftig ins Gericht gehst, hoffen wir in Zuversicht vor Dir zu bestehen. Wer aber seine echten Verdienste Dir aufzählt, was zählt er Dir anderes vor als Deine Gaben? O daß doch die Menschen sich als Menschen erkännten und »wer sich rühmt, im Herrn sich rühmte«!

Ich will denn, Du »mein Ruhm« und mein Leben, »Gott meines Herzens«, nur eine Weile von ihren guten Taten, für die ich freudig Dir danke, absehen und bete jetzt für die Sünden meiner Mutter um Vergebung zu Dir. Erhöre mich um des Arztes unserer Wunden willen,[50] der »am Holze hing« und »sitzend zu Deiner Rechten Fürsprache einlegt für uns«. Ich weiß, daß sie Barmherzigkeit geübt und von Herzen »ihren Schuldigern die Schulden vergeben« hat: vergib ihr auch Du ihre Schulden, die sie vielleicht in so vielen Jahren seit dem Bade des Heils

aquam salutis. Dimitte, domine, dimitte, ob- 13,35
secro, »ne intres« cum ea »in iudicium«. »Su- Ps 142, 2 Jak 2, 13
perexaltet misericordia iudicio«, quoniam elo- [Mt 5, 7]
quia tua vera sunt et promisisti misericordiam
misericordibus. Quod ut essent, tu dedisti eis,
qui »misereberis, cui misertus eris, et miseri- Röm 9, 15
cordiam praestabis, cui misericors fueris«.
Et, credo, iam feceris quod te rogo, sed »vo- 13,36
luntaria oris mei adproba, domine«. Namque Ps 118, 108
illa imminente die resolutionis suae non cogi-
tavit suum corpus sumptuose contegi aut con-
diri aromatibus aut monumentum electum
concupivit aut curavit sepulchrum patrium:
non ista mandavit nobis, sed tantummodo
memoriam sui ad altare tuum fieri desidera-
vit, cui nullius diei praetermissione servierat,
unde sciret dispensari victimam sanctam, qua
»deletum est chirografum, quod erat contra- Kol 2, 14
rium nobis«, qua triumphatus est hostis con-
putans delicta nostra et quaerens, quid obi-
ciat, et nihil inveniens in illo in quo vincimus.
Quis ei refundet innocentem sanguinem? Quis
ei restituet pretium, quo nos emit, ut nos au-
ferat ei? Ad cuius pretii nostri sacramentum
ligavit ancilla tua animam suam vinculo fidei.
Nemo a protectione tua dirrumpat eam. Non
se interponat nec vi nec insidiis »leo et draco«: Ps 90, 13
neque enim respondebit illa nihil se debere,
ne convincatur, et obtineatur ab accusatore
callido, sed respondebit dimissa debita sua ab
eo, cui nemo reddet, quod pro nobis non de-
bens reddidit.

sich zugezogen hat. Vergib, Herr, vergib, inständig bitt ich Dich: »geh nicht ins Gericht« mit ihr. »Erbarmen triumphiere über das Gericht«; denn was Du sagst, ist wahr, und Du hast Barmherzigkeit den Barmherzigen versprochen. Und daß sie es sind, auch das hast Du gegeben, der »Du Dich erbarmen wirst, wessen Du Dich erbarmst, und Barmherzigkeit erweisen wirst, wem Du sie erweisest«.

Und ich glaube, schon hast Du getan, worum ich Dich bitte; aber nimm auch »die überschüssigen Opfer meines Mundes auf, o Herr«. Denn als jener Tag ihrer Auflösung nahte, machte sie sich keine Sorgen um eine kostbare Bestattung ihres Leibes oder Einbalsamierung, verlangte nicht das ausersehene Denkmal und kümmerte sich nicht um das Grab in der Heimat: nichts von alldem trug sie uns auf. Nur eines wünschte sie sehnlich: ihr Gedächtnis sollte begangen werden an Deinem Altare, dem zu dienen sie auch nicht einen Tag[51] unterlassen hatte: dort wußte sie doch das heilige Opfer verwaltet, durch welches »der Schuldschein vernichtet ist, der gegen uns zeugte«, durch welches der Triumph geschah über den Feind, der schon unsere Sünden überschlug und suchte, was er uns entgegenhielte, aber nichts an Dem erfand, in dem wir siegen. Wer soll Ihm sein schuldlos hingegebenes Blut erstatten? Wer Ihm den Preis vergelten, mit dem Er uns erkauft hat, um uns dem Feinde zu entreißen? An das Sakrament dieses Lösepreises hat Deine Magd ihre Seele festgebunden mit dem Bande des Glaubens. Niemand reiße sie von Dir und Deinem Schutze. Nicht sollen »Löwe und Drache« sich ins Mittel schlagen, nicht mit Gewalt und nicht mit List: denn sie wird ja nicht sagen, sie sei nichts schuldig, - daß nicht der verschlagene Kläger sie überführe und in seine Gewalt bekomme; sie wird sagen, daß ihre Schulden von Dem vergeben sind, dem niemand erstatten kann, was Er für uns, ohne Schuldner zu sein, erstattet hat.

Sit ergo in pace cum viro, ante quem nulli et 13,37
post quem nulli nupta est, cui servivit »fruc- Lk 8,15
tum tibi afferens cum tolerantia«, ut eum quoque lucraretur tibi. Et inspira, domine meus, deus meus, inspira servis tuis, fratribus meis, filiis tuis, dominis meis, quibus et corde et voce et litteris servio, ut quotquot haec legerint, meminerint ad altare tuum Monnicae, famulae tuae, cum Patricio, quondam eius coniuge, per quorum carnem introduxisti me in hanc vitam, quemadmodum nescio. Meminerint cum affectu pio parentum meorum in hac luce transitoria et fratrum meorum sub te patre in matre catholica et civium meorum in aeterna Hierusalem, cui suspirat peregrinatio populi tui ab exitu usque ad reditum, ut quod a me illa poposcit extremum uberius ei praestetur in multorum orationibus per confessiones quam per orationes meas.

So ruhe sie denn im Frieden mit dem Manne, vor welchem sie keinem, nach welchem sie keinem vermählt war, und dem sie gedient hat, »Frucht Dir bringend in der Geduld«, daß sie auch ihn gewänne für Dich. Und gib es, mein Herr, mein Gott, Deinen Knechten ein, meinen Brüdern gib es ein, Deinen Söhnen und meinen Herren, denen ich diene mit Herz und Mund und Schrift, daß ihrer alle, die dieses lesen, an Deinem Altare gedenken Deiner Dienerin Monnica, zusammen mit Patricius,[52] weiland ihrem Gatten, aus deren beider Fleisch Du mich hereingeführt hast in dieses Leben; wie, ich weiß es nicht.[53] Sie mögen frommen Sinnes ihrer gedenken, die meine Eltern waren in diesem flüchtigen Lichte hier, die von Dir, dem Vater her, meine Brüder sind in der Mutter Kirche, meine Mitbürger in dem ewig währenden Jerusalem, nach dem die Pilgerschaft Deines Volkes mit Seufzen sich sehnt vom Auszug bis zur Heimkehr. Dann wird dank dem Beten vieler ihr letzter Wunsch an mich durch diese meine Bekenntnisse reichlicher als durch meine Gebete erfüllt.

So ruhe sie denn im Frieden mit dem Manne, vor welchem sie keinem, nach welchem sie keinem vermählt war, und dem sie gedient hat, Frucht Dir bringend in der Geduld, daß sie auch ihn gewänne für Dich. Und gib es, mein Herr, mein Gott, Deinen Knechten ein, meinen Brüdern gib es ein, Deinen Söhnen und meinen Herren, denen ich diene mit Herz und Mund und Schrift, daß ihrer alle, die dieses lesen, an Deinem Altare gedenken Deiner Dienerin Monnica, zusammen mit Patricius,[24] weiland ihrem Gatten, aus deren beider Fleisch Du mich hereingeführt hast in dieses Leben, wie, ich weiß es nicht.[25] Sie mögen frommen Sinnes ihrer gedenken, die meine Eltern waren in diesem flüchtigen Lichte hier, die von Dir, dem Vater, hier meine Brüder sind in der Mutter Kirche, meine Mitbürger in dem ewig währenden Jerusalem, nach dem die Pilgerschaft Deines Volkes mit Seufzen sich sehnt vom Auszug bis zur Heimkehr. Dann wird dank dem Beten vieler ihr letzter Wunsch an mich durch diese meine Bekenntnisse reichlicher als durch meine Gebete erfüllt.

LIBER DECIMUS

ZEHNTES BUCH

1. Besinnung auf Sinn und Zweck seiner Bekenntnisse [1-5]. - 2. Auf der Suche nach Gott: Was ist Gott? [6] Er ist sinnlich nicht erkennbar [7]. Augustinus sucht Gott im Gedächtnis - Analyse der *memoria* [8-26]: Macht des Gedächtnisses, das sensuelle Gedächtnis [8]. Das intellektuelle Gedächtnis [9-13]: Das Lernen [11]. Das Gedächtnis in bezug auf Zahl und Raum [12]. Die Erinnerung an Erinnerung [13]. Die Erinnerung an Affekte [14-15]. Gedächtnis für das Vergessene [16]. Der Gottsuchende muß auch die große Kraft des Gedächtnisses überschreiten [17]. Das Gedächtnis als Stützpunkt bei der Gottsuche [18-19]. Glückverlangen aus Urkenntnis von Glück [20-23]. Gedächtnis als Stätte Gottes [24-26]. - 3. Augustin beschreibt seinen moralischen Zustand zur Zeit der Abfassung der Confessiones: »Du hast mich berührt« [27]. Das Leben eine dauernde Versuchung [28]. Gott die Hoffnung [29]. Sein Verhalten in der dreifachen Versuchung: der Fleischeslust [30-33], der Augenlust [34 bis 35] und der Hoffart des Lebens [36-39]. - 4. Zusammenfassender Rückblick auf X [40] und Abschluß: Jesus Christus der Eine wahre Mittler [42-43].

Cognoscam« te, cognitor meus, »cognoscam, sicut et cognitus sum«. 1,1 I Kor 13, 12
Virtus animae meae, intra in eam et coapta tibi, ut habeas et possideas »sine macula et ruga«. Eph 5, 27
Haec est mea spes, ideo loquor et in ea spe gaudeo, quando sanum gaudeo. [Röm 12, 12]
Cetera vero vitae huius tanto minus flenda, quanto magis fletur, et tanto magis flenda, quanto minus fletur in eis. »Ecce enim veritatem dilexisti«, Ps 50, 8
quoniam qui facit eam, »venit ad lucem«. Jo 3, 21
Volo eam facere in corde meo coram te in confessione, in stilo autem meo coram multis testibus.

Et tibi quidem, domine, cuius »oculis nuda« 2,2 Hebr 4, 13
est abyssus humanae conscientiae, quid occultum esset in me, etiamsi nollem confiteri tibi? Te enim mihi absconderem, non me tibi. Nunc autem quod gemitus meus testis est displicere me mihi, tu refulges et places et amaris et desideraris, ut erubescam de me et abiciam me atque eligam te et nec tibi nec mihi placeam nisi de te.
Tibi ergo, domine, »manifestus sum«, quicumque sim. II Kor 5, 11
Et quo fructu tibi confitear, dixi. Neque enim id ago verbis carnis et vocibus, sed verbis animae et clamore cogitationis, quem novit auris tua. Cum enim malus sum, nihil est aliud confiteri tibi quam displicere mihi; cum vero pius, nihil est aliud confiteri tibi quam hoc non tribuere mihi, quoniam tu, domine, »benedicis iustum«, sed prius eum iusti- Ps 5, 13

Erkennen werde ich« Dich, der Du mich kennst, »erkennen, wie ich erkannt bin«. Du, Kraft meiner Seele, tritt ein und bilde sie Dir an, damit Du sie »ohne Makel und Runzel« habest und besitzest. Das ist meine Hoffnung, darum rede ich, und in dieser Hoffnung bin ich in Freude, wann immer ich in wahrer Freude bin. Die Dinge sonst in diesem Leben sind um so weniger Grund zum Weinen, je mehr um sie geweint wird, und sind Grund zum Weinen um so mehr, je weniger man darüber weint. »O ja, die Wahrheit liebst Du«; denn nur, wer sie tut, »kommt zum Licht«. Also will ich sie tun in meinem Herzen vor Dir im Bekenntnis, hier in meiner Schrift aber vor vielen Zeugen.

Dir freilich, Herr, vor dessen »Auge offenliegt« der Abgrund des menschlichen Bewußtseins, was in mir wäre Dir verborgen, auch wenn ich nicht bekennen wollte? So täte ich wohl mein Auge weg von Dir, aber Du nicht das Deine von mir. Aber nun, da doch mein Seufzen Zeugnis gibt, daß ich mir mißfalle, nun erstrahlest Du, und auf Dich geht Gefallen, Liebe, Verlangen, so daß ich erröte über mich, mich verwerfe, Dich wähle und wie Dir so mir nur allein in Dir gefallen will.

Dir also, Herr, »bin ich offenbar«, mag ich sein wie immer; und was Sinn und Ende sei, daß ich Dir bekenne, habe ich gesagt. Ich tu es auch nicht mit Worten meines Fleisches, nicht mit Lauten der Stimme, nur in Worten der Seele und im Aufschrei der Gedanken: ihn kennt Dein Ohr. Denn so ich schlecht bin, ist Dir Bekennen nichts anderes als mein Mißfallen an mir; so ich aber fromm bin, ist Dir bekennen nichts anderes, als daß ich es nicht mir zuschreibe, weil Du, Herr, es bist, der »den Gerechten segnet«, aber zuerst, da er noch gottlos ist, ihn gerecht macht. So geschieht denn mein Bekenntnis »vor Deinem Angesicht«,

ficas inpium. Confessio itaque mea, deus meus, [Röm 4, 5]
»in conspectu tuo« tibi tacite fit et non tacite. Ps 68, 21
Tacet enim strepitu, clamat affectu. Neque enim dico recti aliquid hominibus, quod non a me tu prius audieris, aut etiam tu aliquid tale audis a me, quod non mihi tu prius dixeris.

Quid mihi ergo est cum hominibus, ut au- 3, 3
diant confessiones meas, quasi ipsi sanaturi
sint »omnes languores meos«? Curiosum ge- Ps 102, 3
nus ad cognoscendam vitam alienam, desidiosum ad corrigendam suam. Quid a me quaerunt audire qui sim, qui nolunt a te audire qui sint? Et unde sciunt, cum a me ipso de me ipso audiunt, an verum dicam, quan-
doquidem nemo »scit« hominum, »quid agatur I Kor 2, 11
in homine, nisi spiritus hominis, qui in ipso est«? Si autem a te audiant de se ipsis, non poterunt dicere: „Mentitur dominus". Quid est enim a te audire de se, nisi cognoscere se? Quis porro cognoscit et dicit: „Falsum est",
nisi ipse mentiatur? Sed quia »caritas omnia I Kor 13, 7
credit«, inter eos utique, quos conexos sibimet unum facit, ego quoque, domine, etiam sic tibi confiteor, ut audiant homines, quibus demonstrare non possum an vera confitear; sed credunt mihi, quorum mihi aures caritas aperit.

Verum tamen tu, medice meus intime, quo 3, 4
fructu ista faciam, eliqua mihi. Nam confessiones praeteritorum malorum meorum, quae
remisisti et texisti, ut beares me in te, mutans [Ps 31, 1]

mein Gott, schweigend und auch nicht schweigend: es schweigt der Mund, es schreit das Herz. Und wenn ich so mit Worten zu den Menschen rede, sag ich ihnen nichts Wahres, was nicht Du zuvor von mir vernommen, und Du vernimmst von mir Wahres nur, wenn Du zuvor es mir gesagt hast.

Was habe ich also mit den Menschen zu schaffen, daß sie meine Bekenntnisse hören sollen, gleich als wären sie es, die mir von »all meinen Schwachheiten« helfen könnten - ein Geschlecht, neugierig nach anderer Leben, aber unlustig, das eigene zu bessern?[1] Was begehren sie von mir zu hören, wie ich bin, wenn sie von Dir nicht hören wollen, wie sie selber sind? Und wenn sie mich hören über mich, woher wüßten sie, ob ich die Wahrheit sage, da kein Mensch doch »weiß, was im Innern des Menschen vorgeht, als allein der eigene Geist im Menschen«? Hören sie aber von Dir über sich, so werden sie nicht sagen können: „Der Herr lügt." Denn über sich Dich reden hören, was wäre das anderes als sich selbst erkennen. Aber erkennen und sagen: „Falsch ist's", da lügt man doch in den eigenen Hals! Indes, weil »die Liebe alles glaubt«, im Kreise derer, meine ich, die sie miteinander zur Einheit verbindet, so bekenne denn auch ich, Herr, Dir, und tu es so, daß die Menschen es hören sollen.[2] Und kann ich ihnen nicht beweisen, daß ich die Wahrheit sage: die aber werden mir glauben, bei denen mir die Liebe das Ohr geneigt macht.

Du aber, mein Arzt im Innersten, kläre mir Sinn und Zweck, warum ich das tue. - Das Bekenntnis über mein vergangenes Schlechtes, das Du erlassen und zugedeckt hast, um mich zu beseligen in Dir, da Du Wandel schufst

animam meam fide et sacramento tuo, cum 3,4
leguntur et audiuntur, excitant cor, ne dormiat in desperatione et dicat: „Non possum", sed evigilet in amore misericordiae tuae et dulcedine gratiae tuae, qua potens est omnis [II Kor 12, 10]
infirmus, qui sibi per ipsam fit conscius infirmitatis suae. Et delectat bonos audire praeterita mala eorum, qui iam carent eis, nec ideo delectat, quia mala sunt, sed quia fuerunt et non sunt.

Quo itaque fructu, domine meus, cui cotidie confitetur conscientia mea spe misericordiae tuae securior quam innocentia sua, quo fructu, quaeso, etiam hominibus coram te confiteor per has litteras adhuc, quis ego sim, non quis fuerim? Nam illum fructum vidi et conmemoravi. Sed quis adhuc sim ecce in ipso tempore confessionum mearum, et multi hoc nosse cupiunt, qui me noverunt, et non me noverunt, qui ex me vel de me aliquid audierunt, sed auris eorum non est ad cor meum, ubi ego sum quicumque sum. Volunt ergo audire confitentem me, quid ipse intus sim, quo nec oculum nec aurem nec mentem possunt intendere; credituri tamen volunt, numquid cognituri? Dicit enim eis caritas, qua boni sunt, non mentiri me de me confitentem, et ipsa in eis credit mihi.

Sed quo fructu id volunt? An congratulari 4,5
mihi cupiunt, cum audierint, quantum ad te accedam munere tuo, et orare pro me, cum

in meiner Seele durch den Glauben und Dein Sakrament, - wenn man es liest und hört,[3] rüttelt das Herz auf, damit es nicht, in den Schlaf der Verzweiflung sinkend, sein „Ich kann nicht“ sage, sondern aufwache unter der Liebe Deiner Erbarmung, dem Trost Deiner Gnade, durch die zu Kraft kommt jeder Schwache, der an ihr sich seiner Schwäche bewußt wird. Und die Guten freut es, von vergangenem Schlechten bei denen zu hören, die nun frei davon sind, und was sie freut, ist nicht das Schlechte, sondern daß es vorüber und nicht mehr da ist.

Was soll es also fruchten, Herr, dem doch Tag für Tag mein Gewissen bekennt, fester auf Dein Erbarmen bauend als auf eigene Unschuld, was soll es, bitt ich, fruchten, daß ich vor Deinem Angesicht auch den Menschen mit diesem Buch bekenne, nicht nur, was ich gewesen, auch was ich heute bin? Was das erinnernde Bekenntnis fruchtet, weiß ich ja und habe es gesagt. Aber wie es heute um mich steht, eben jetzt, da ich meine Bekenntnisse niederschreibe, auch das möchten viele wissen, die mich kennen und mich doch nicht kennen: sie haben wohl dies und jenes aus meinem Mund oder über mich gehört, aber ihr Ohr ist nicht an meinem Herzen, dort, wo ich wirklich bin, wie ich bin. Und so wollen sie es aus meinem Bekenntnis erfahren, was ich da innen eigentlich bin, wohin sie keinen Zugang haben, nicht ihr Auge, nicht ihr Ohr und auch nicht ihr Gedanke. Sie wollen mich also hören, bereit, mir zu glauben; werden sie darum auch erkennen? Ja die Liebe, durch die sie gut sind, sagt ihnen, daß ich nicht lüge, wenn ich über mich bekenne, und diese Liebe in ihnen ist es, die mir glaubt.

Aber was bezwecken sie damit? Wollen sie das Glück mit mir teilen, wenn sie hören, wie nahe ich Dir komme dank Deiner Gnade, und beten für mich, wenn sie hören,

audierint, quantum retarder pondere meo? 4,5
Indicabo me talibus. Non enim parvus est
fructus, domine deus meus, ut »a multis tibi II Kor 1, 11
gratiae agantur de nobis« et a multis rogeris
pro nobis. Amet in me fraternus animus quod
amandum doces, et doleat in me quod dolendum doces.

Animus ille hoc faciat fraternus, non extraneus, non »filiorum alienorum, quorum os lo- Ps 143, 7 f
cutum est vanitatem, et dextera eorum dextera iniquitatis«, sed fraternus ille, qui cum approbat me, gaudet de me, cum autem inprobat me, contristatur pro me, quia sive approbet sive inprobet me, diligit me. Indicabo me talibus: respirent in bonis meis, suspirent in malis meis. Bona mea instituta tua sunt et dona tua, mala mea delicta mea sunt et iudicia tua. Respirent in illis et suspirent in his, et hymnus et fletus ascendant in conspectum
tuum de fraternis cordibus, turibulis tuis. [Offb 5, 8]
Tu autem, domine, delectatus odore »sancti I Kor 3, 17
templi« tui, »miserere mei secundum magnam Ps 50, 1
misericordiam tuam« propter nomen tuum et nequaquam deserens coepta tua consumma inperfecta mea.

Hic est fructus confessionum mearum, non 4,6
qualis fuerim, sed qualis sim, ut hoc confitear
non tantum coram te secreta exultatione cum [Ps 2, 11]
tremore et secreto maerore cum spe, sed etiam in auribus credentium filiorum hominum, sociorum gaudii mei et consortium mortalitatis meae, civium meorum et mecum peregrino-

wie weit ich noch zurück bin durch die eigene Schwere?[4] Ja denen will ich mich offenbaren. Denn nicht gering ist die Frucht, Herr, mein Gott, wenn »Dir von vielen Dank gesagt wird um unsertwillen« und von vielen für uns gebetet wird. Möchte Brudersinn an mir lieben, was Du als liebenswert ihm zeigst, und an mir beklagen, was Du als beklagenswert ihm zeigst.

Das tue der wahrhaft brüderliche Sinn, der nicht von draußen ist, nicht der »von fremden Kindern,[5] deren Mund Nichtigkeit redet und deren Rechte die Rechte der Bosheit ist«, nein, jener Brudersinn, dem ich, wo er loben kann, zur Freude bin, aber zur Betrübnis, wenn er mich tadeln muß; denn, ob er mich lobt oder tadelt, er tut es mir zu Liebe. Ja, solchen will ich mich offenbaren. Aufatmen sollen sie bei allem Guten an mir, aufseufzen bei allem Schlechten an mir; das Gute an mir, Dein Werk ist es und Deine Gabe, das Schlechte an mir ist meine Schuld und Deine Strafe. Aufatmen sollen sie dort, aufseufzen hier, und Lobgesang und Klaggesang[6] steige auf zu Deinem Angesicht aus brüderlichen Herzen, Deinen Weihrauchschalen.

Du aber, Herr, erfreut über den Duft Deines »heiligen Tempels«, »erbarme Dich meiner nach Deiner großen Barmherzigkeit« um Deines Namens willen. Gib das Werk nicht auf, das Du begonnen, sondern vollende, was unvollkommen ist in mir.

Das soll die Frucht meiner Bekenntnisse sein, wenn sie nunmehr zeigen, nicht wie ich gewesen bin, sondern wie ich bin.[7] Ich will es bekennen nicht nur vor Dir in stillem Jubel unter Zittern und in stiller Trauer unter Hoffnung, - auch für die Ohren der glaubenden Menschenkinder, mir Genossen in meiner Freude, Gefährten meines Schwindens zum Tode, meiner Mitbürger, mit mir auf der Wander-

rum, praecedentium et consequentium et co- 4,6
mitum viae meae. Hi sunt servi tui, fratres
mei, quos filios tuos esse voluisti dominos
meos, quibus iussisti ut serviam, si volo tecum [I Jo 3, 14;
de te vivere. Et hoc mihi verbum tuum parum II Kor 5, 13]
erat si loquendo praeciperet, nisi et faciendo [Mt 20, 26 f]
praeiret. Et ego id ago factis et dictis, id ago [Jo 13, 15]
sub alis tuis nimis cum ingenti periculo, nisi [Deut 32, 11;
quia sub alis tuis tibi subdita est anima mea Ps 16, 8; 35, 8]
et infirmitas mea tibi nota est. Parvulus sum,
sed vivit semper pater meus et idoneus est mihi
tutor meus; idem ipse est enim, qui genuit me
et tuetur me, et tu ipse es omnia bona mea,
tu omnipotens, qui mecum es et priusquam
tecum sim. Indicabo ergo talibus, qualibus
iubes ut serviam, non quis fuerim, sed quis
iam sim et quis adhuc sim; »sed neque me I Kor 4, 3
ipsum diiudico«.
Sic itaque audiar.

Tu enim, domine, diiudicas me, quia etsi »ne- 5,7
mo scit hominum, quae sunt hominis, nisi spi- I Kor 2, 11
ritus hominis, qui in ipso est«, tamen est ali-
quid hominis, quod nec ipse scit spiritus ho-
minis, qui in ipso est, tu autem, domine, scis
eius omnia, qui fecisti eum. Ego vero quam-
vis prae tuo conspectu me despiciam et aesti-
mem me terram et cinerem, tamen aliquid de
te scio, quod de me nescio. Et certe »videmus I Kor 13, 12
nunc per speculum in aenigmate«, nondum
»facie ad faciem«; et ideo, quamdiu peregri- [II Kor 5, 6]
nor abs te, mihi sum praesentior quam tibi et

schaft, ob sie voran, ob sie hinter mir oder mich begleitend meines Weges wandeln. Sie sind Deine Diener, meine Brüder, und diese Deine Kinder sollten - so ist es Dein Wille - meine Herren[8] sein, denen Du mich zu dienen geheißen hast, wenn ich mit Dir von Dir leben will. Aber hätte Dein Wort nur mit Worten so befohlen, es wäre mir nicht genug gewesen, ohne daß es selber tuend mir voranging. So tu auch ich mein dienend Werk in Tat und Wort,[9] ich tu es in der Bahn Deines Fluges, denn ich liefe allzu große Gefahr, wäre nicht meine Seele in der Bahn Deines Fluges Dir untergeben und meine Schwachheit Dir bekannt. Ich bin ein Kind, aber immerdar lebt mein Vater, und der weiß mir zu helfen. Er ist der eine und derselbe, der mich gezeugt hat und der mich beschützt, und Du selber bist all das Gute, was an mir ist, Du, der Allmächtige, der mit mir ist, noch ehe ich mit Dir bin.[10] Denen also, denen Du mich dienen heißest, will ich mich offenbaren, und nicht, wie ich vordem gewesen, sondern, wie ich seither bin und annoch bin. »Doch ich richte nicht mich selbst.«
In diesem Sinn soll man mich hören!

Ja Du, Herr, bist es, der mich richtet. Denn wenn auch »kein Mensch weiß, wie es um einen Menschen steht, außer allein der eigene Geist des Menschen«, etwas steckt doch im Menschen, worum auch der eigene Geist des Menschen nicht weiß; Du aber, Herr, der Du ihn erschaffen hast, Du weißt um sein Alles. Ich aber, so gering ich angesichts Deiner mich sehe und für Staub und Asche halte, weiß etwas von Dir, was ich von mir nicht weiß.[11] Es ist wahr, »wir schauen jetzt nur erst im Spiegel, im Rätsel«, noch nicht »von Angesicht zu Angesicht«, und darum bist Du, solang ich, fern von Dir, noch Pilger bin, mir nicht so gegenwärtig wie ich mir selbst. Und dennoch weiß ich von Dir, daß Du keinerweise Schaden nehmen kannst: von

tamen te novi nullo modo posse violari; ego 5,7
vero quibus temptationibus resistere valeam
quibusve non valeam nescio. Et spes est, quia
»fidelis« es, »qui nos non sinis temptari supra I Kor 10, 13
quam possumus ferre, sed« facis »cum temp-
tatione etiam exitum, ut possimus sustinere«.
Confitear ergo quid de me sciam, confitear
et quid de me nesciam, quoniam et quod de
me scio, te mihi lucente scio, et quod de me
nescio, tamdiu nescio, donec »fiant tenebrae«
meae »sicut meridies« in vultu tuo. Is 58, 10

Non dubia, sed certa conscientia, domine, 6,8
amo te. Percussisti cor meum verbo tuo, et
amavi te. Sed et caelum et terra et omnia,
quae in eis sunt, ecce undique mihi dicunt, ut
te amem, nec cessant dicere omnibus, »ut sint Röm 1, 20
inexcusabiles«. Altius autem tu misereberis,
cui misertus eris, et misericordiam praestabis,
cui misericors fueris: alioquin caelum et terra [Röm 9, 15]
surdis loquuntur laudes tuas.
Quid autem amo, cum te amo? Non speciem
corporis, non decus temporis, non candorem
lucis ecce istis amicum oculis, non dulces me-
lodias cantilenarum omnimodarum, non flo-
rum et ungentorum et aromatum suaviolen-
tiam, non manna et mella, non membra ac-
ceptabilia carnis amplexibus: non haec amo,
cum amo deum meum. Et tamen amo quan-
dam lucem et quandam vocem et quendam
odorem et quendam cibum et quendam am-
plexum, cum amo deum meum, lucem, vo-

mir aber weiß ich nicht, welchen Versuchungen ich zu widerstehen die Kraft habe und welchen nicht; nur daß eben Hoffnung ist, weil Du »getreu« bist und uns »nicht über unsere Kraft versucht werden läßt, sondern zugleich mit der Versuchung auch einen Ausgang« offen hältst, »so daß wir bestehen können«.
So möchte ich bekennen, was ich weiß von mir, auch bekennen, was ich nicht weiß von mir; denn was ich weiß von mir, ich weiß es nur, weil Du mir leuchtest, und was ich nicht weiß von mir, nur so lang weiß ich's nicht, bis mein »Dunkel« im Licht Deines Angesichts »wie heller Mittag wird«.

Ich liebe Dich, Herr - ohne Wank und Zweifel, meiner Liebe voll und fest bewußt. Mein Herz hast Du mit Deinem Wort getroffen, und ich war Dein. Aber auch Himmel und Erde und alles, was sie füllt, das alles sagt es mir von allerwärts, daß ich Dich lieben soll, und hört nicht auf, es allen zu sagen, »so daß sie unentschuldbar sind«. Doch tiefer noch bist Erbarmung Du, wenn einem Menschen Du Erbarmer wirst, und Erbarmung wirst Du schenken, wem Du gnädig bist: denn anders sprächen auch Himmel und Erde nur zu Tauben Deinen Preis.

Was aber liebe ich, da ich Dich liebe? Nicht die Schönheit eines Körpers noch den Rhythmus der bewegten Zeit; nicht den Glanz des Lichtes, der da so lieb den Augen; nicht die süßen Melodien in der Welt des Tönens aller Art; nicht der Blumen, Salben, Spezereien Wohlgeruch; nicht Manna und nicht Honig; nicht Leibesglieder, die köstlich sind der fleischlichen Umarmung: nichts von alledem liebe ich, wenn ich liebe meinen Gott. Und dennoch liebe ich ein Licht und einen Klang und einen Duft und eine Speise und eine Umarmung,[12] wenn ich liebe meinen Gott: Licht und Klang und Duft und Speise und Um-

cem, odorem, cibum, amplexum interioris ho- 6,8
minis mei, ubi fulget animae meae, quod non
capit locus, et ubi sonat, quod non rapit tem-
pus, et ubi olet, quod non spargit flatus, et ubi
sapit, quod non minuit edacitas, et ubi haeret,
quod non divellit satietas. Hoc est quod amo,
cum deum meum amo.

Et quid est hoc? 6,9

Interrogavi terram, et dixit: non sum; et quae-
cumque in eadem sunt, idem confessa sunt.
Interrogavi mare et abyssos et reptilia ani- [Gen 1, 20]
marum vivarum, et responderunt: non su-
mus deus tuus; quaere super nos. Interrogavi
auras flabiles, et inquit universus aer cum in-
colis suis: fallitur Anaximenes; non sum deus.
Interrogavi caelum, solem, lunam, stellas: ne-
que nos sumus deus, quem quaeris, inquiunt.
Et dixi omnibus his, quae circumstant fores
carnis meae: dicite mihi de deo meo, quod
vos non estis, dicite mihi de illo aliquid. Et
exclamaverunt voce magna: »ipse fecit nos«. Ps 99, 3
Interrogatio mea intentio mea et responsio
eorum species eorum.

Et direxi me ad me et dixi mihi: tu quis es?
Et respondi: homo. Et ecce corpus et anima
in me mihi praesto sunt, unum exterius et
alterum interius. Quid horum est, unde quae-
rere debui deum meum, quem iam quaesi-
veram per corpus a terra usque ad caelum
quousque potui mittere nuntios radios ocu-
lorum meorum? Sed melius quod interius.
Ei quippe renuntiabant omnes nuntii corpo-

armung meinem inneren Menschen. Dort erstrahlt meiner Seele, was kein Raum erfaßt; dort erklingt, was keine Zeit entführt; dort duftet, was kein Wind verweht; dort mundet, was keine Sattheit vergällt; dort schmiegt sich an, was kein Überdruß auseinanderlöst. Das ist es, was ich liebe, wenn ich liebe meinen Gott.

Was aber ist es?

Ich fragte die Erde, und sie sagte mir: ich bin es nicht; und alles, was in ihr ist, gestand mir das gleiche. Ich fragte das Meer und seine Tiefen und das Gekrieche seiner Lebewesen, und sie gaben mir die Antwort: wir sind dein Gott nicht; such droben über uns. Ich fragte die wehenden Winde, und es sprach das ganze Luftbereich mit seinen Bewohnern: es irrt sich Anaximenes; ich bin nicht Gott.[13] Ich fragte den Himmel und Sonne, Mond und Sterne: auch wir sind nicht der Gott, den du suchest. Und ich sagte zu allen Dingen, die um mich her sind vor den Toren meines Fleisches: so saget mir von meinem Gott, weil nicht ihr selbst es seid, saget mir von ihm doch etwas. Und sie erhoben ein Rufen mit lauter Stimme: »Er ist's, der uns geschaffen hat.« Meine Frage war mein Gedanke, ihre Antwort war ihre Schönheit.

Und ich wandte mich auf mich und sprach zu mir: wer bist nun du? Und gab zur Antwort: Mensch. Und da erzeigen sich in meinem Sinne Leib und Seele, eines draußen und das andere drinnen. Was von beiden ist's, wo ich meinen Gott erfragen soll, nach dem ich auf Leibes Weise schon auf der Suche war von der Erde bis zum Himmel, soweit ich nur als Boten die Blicke meiner Augen schicken konnte? Aber besser ist, was innen ist. Denn alle Boten meines Leibes brachten Meldung bis dorthin in das Ich, das waltet und urteilt über die Antworten des Himmels

rales praesidenti et iudicanti de responsionibus caeli et terrae et omnium, quae in eis sunt, 6,9
dicentium: non sumus deus et: »ipse fecit Ps 99, 3
nos«. Homo interior cognovit haec per exterioris ministerium; ego interior cognovi haec, ego, ego animus per sensus corporis mei. Interrogavi mundi molem de deo meo, et respondit mihi: non ego sum, sed ipse me fecit.

Nonne omnibus, quibus integer sensus est, ap- 6,10
paret haec species? Cur non omnibus eadem
loquitur? »Animalia pusilla et magna« vident Ps 103, 25
eam, sed interrogare nequeunt. Non enim praeposita est in eis nuntiantibus sensibus iudex ratio. Homines autem possunt interrogare, ut
»invisibilia dei per ea, quae facta sunt, intel- Röm 1, 20
lecta conspiciant«, sed amore subduntur eis et subditi iudicare non possunt. Nec respondent ista interrogantibus nisi iudicantibus nec vocem suam mutant, id est speciem suam, si alius tantum videat, alius autem videns interroget, ut aliter illi appareat, aliter huic, sed eodem modo utrique apparens illi muta est, huic loquitur: immo vero omnibus loquitur, sed illi intellegunt, qui eius vocem acceptam foris intus cum veritate conferunt. Veritas enim dicit mihi: non est deus tuus caelum et terra neque omne corpus. Hoc dicit eorum natura. Videnti moles est minor in parte quam in toto. Iam tu melior es, tibi dico, anima, quoniam tu vegetas molem corporis tui praebens ei vitam, quod nullum corpus praestat corpori. Deus autem tuus etiam tibi vitae vita est.

und der Erde und aller Dinge in ihnen, als sie sagten: nicht wir sind Gott und »Er ist's, der uns erschaffen hat«. Der innere Mensch ward es inne durch den Dienst des äußern; ich, der Innenmensch, ward es inne, ich, das Seele-Ich, durch das Sinnenwesen meines Leibes. Ich fragte die Weltenmasse nach meinem Gott, und sie gab mir zur Antwort: ich bin es nicht, doch geschaffen hat mich Er.

Erbietet sich nicht allen, die gesunden Sinnes sind, dieses Bild der Welt?[14] Warum redet es nicht allen auch die gleiche Sprache?[15] »Die Tiere, klein und groß«, sie sehen es, aber fragen[16] können sie nicht. Denn ihrer Sinne Boten haben keinen Herrn und Richter, den Verstand. Die Menschen vermögen wohl zu fragen, auf daß sie, »was sie nicht sehen an Gott, denkend am Geschaffenen erfassen«; aber dem verfallen sie in ihrer Liebe unterwürfig, und Unterworfene vermögen nicht zu richten.[17] Und Rede stehen diese Dinge nur dem Frager, der auch Urteil hat, und sie ändern ihre Stimme, das ist ihr Aussehen, nicht, wenn der eine nur sieht, der andere im Sehen fragt, so daß es dem und jenem in anderer Gestalt erschiene: sondern jedem erscheint es in gleicher Weise, doch dem einen bleibt es stumm, zum andern redet es. Vielmehr: es redet zu allen, aber die allein verstehen es, die das Vernommene von draußen drinnen mit der Wahrheit, die dort ist, zusammenbringen.[18] Denn die Wahrheit ist es, die mir sagt: dein Gott sind Himmel nicht und Erde nicht noch irgend was Körper ist. Das sagt schon die Natur der Dinge dem, der sieht: denn jede Masse ist geringer im Teil als im Ganzen.[19] So bist denn du, dir sag ich es, Seele, das Bessere, denn du durchdringst mit Kraft die Masse deines Leibes und verleihst ihm Leben, so wie es kein Körper einem Körper verleihen kann. Aber auch für dich ist ein Lebendigmacher, dein Gott, des Lebens Leben.

Quid ergo amo, cum deum meum amo? Quis 7,11
est ille super caput animae meae? Per ipsam
animam meam ascendam ad illum. Transibo
vim meam, qua haereo corpori et vitaliter
compagem eius repleo. Non ea vi reperio
deum meum: nam reperiret et »equus et mu- Ps 31,9
lus, quibus non est intellectus«, et est eadem
vis, qua vivunt etiam eorum corpora.
Est alia vis, non solum qua vivifico sed etiam
qua sensifico carnem meam, quam mihi fabri-
cavit dominus, iubens oculo, ut non audiat,
et auri, ut non videat, sed illi, per quem vi-
deam, huic, per quam audiam, et propria sin-
gillatim ceteris sensibus sedibus suis et officiis
suis: quae diversa per eos ago unus ego ani-
mus. Transibo et istam vim meam; nam et
hanc habet equus et mulus: sentiunt enim
etiam ipsi per corpus.

Transibo ergo et istam naturae meae, gradi- 8,12
bus ascendens ad eum, qui fecit me, et venio
in campos et lata praetoria memoriae, ubi sunt
thesauri innumerabilium imaginum de cuius-
cemodi rebus sensis invectarum. Ibi recondi-
tum est, quidquid etiam cogitamus, vel augen-
do vel minuendo vel utcumque variando ea
quae sensus attigerit, et si quid aliud conmen-
datum et repositum est, quod nondum absor-
buit et sepelivit oblivio.
Ibi quando sum, posco, ut proferatur quid-
quid volo, et quaedam statim prodeunt, quae-
dam requiruntur diutius et tamquam de ab-

Was also ist es, was ich liebe, wenn ich liebe meinen Gott? Wer ist Er dort über meiner Seele Scheitel? Durch diese meine Seele selbst will ich klimmen hinauf zu Ihm.[20] Übersteigen will ich diese meine Kraft, durch welche ich dem Leibe verbunden bin und sein Gefüge lebendig erfülle. Nicht mit dieser Kraft finde ich meinen Gott: denn sonst fänden ihn auch »Pferd und Maultier, denen kein Verstand gegeben«; leben doch von jener gleichen Kraft auch ihre Körper.

Es ist noch eine andere Kraft, durch welche ich meinem Fleische, das mir der Herr gebildet, nicht nur Lebendigkeit, auch Empfindung gebe: dem Auge gebietend, damit es nicht höre, dem Ohr, damit es nicht sehe, sondern dem einen, daß ich mit ihm sehe, dem andern, daß ich mit ihm höre, und also auch den andern Sinnen je nach ihrem Sitz und Amt. In diesem Mancherlei von Empfindung bin ich es, der durch die Sinne tätig ist: Einer, Ich, die Seele. Und auch diese Kraft in mir will ich übersteigen; denn auch die haben Pferd und Maultier, weil sie empfinden durch den Körper.

Hinausschreiten also will ich auch über dieses Teil meines Wesens und auf Stufen mich zu Dem erheben, der mich geschaffen hat. Da komme ich denn in die Gefilde und die weiten Hallen des Gedächtnisses,[21] wo die gehäuften Schätze sind der unzählbaren Bilder, die von Dingen aller Art meine Sinne mir zusammentrugen.[22] Dort ist auch alles aufbewahrt, was immer wir denken, indem wir, was unsere Sinne berührt hat, mehren oder mindern oder sonstwie umgestalten; und all das andre, was nicht im Vergessen schon geschwunden und begraben ist, ruht dort geborgen und verwahrt.

Wenn ich hier verweile, so ist es ein Fordern, daß man mir bringe, was ich will, und manches kommt sogleich hervor, manches läßt sich länger suchen, und gleichsam

strusioribus quibusdam receptaculis eruuntur, 8,12
quaedam catervatim se proruunt et, dum aliud
petitur et quaeritur, prosiliunt in medium quasi
dicentia: ne forte nos sumus? Et abigo ea manu
cordis a facie recordationis meae, donec enu-
biletur quod volo atque in conspectum prod-
eat ex abditis. Alia faciliter atque inpertur-
bata serie sicut poscuntur suggeruntur et ce-
dunt praecedentia consequentibus et cedendo
conduntur, iterum cum voluero processura.
Quod totum fit, cum aliquid narro memo-
riter.

Ibi sunt omnia distincte generatimque servata, 8,13
quae suo quaeque aditu ingesta sunt, sicut lux
atque omnes colores formaeque corporum per
oculos, per aures autem omnia genera sono-
rum omnesque odores per aditum narium, om-
nes sapores per oris aditum, a sensu autem
totius corporis, quid durum, quid molle, quid
calidum frigidumve, lene aut asperum, grave
seu leve sive extrinsecus sive intrinsecus cor-
pori. Haec omnia recipit recolenda, cum opus
est, et retractanda grandis memoriae recessus
et nescio qui secreti atque ineffabiles sinus eius:
quae omnia suis quaeque foribus intrant ad
eam et reponuntur in ea. Nec ipsa tamen in-
trant sed rerum sensarum imagines illic prae-
sto sunt cogitationi reminiscenti eas.

Quae quomodo fabricatae sint, quis dicit, cum
appareat, quibus sensibus raptae sint interius-
que reconditae? Nam et in tenebris atque in
silentio dum habito, in memoria mea profero,

aus entlegnen Kammern wird es erst hervorgezogen, manches stürzt sich im Schwall daher, und während doch anderes gefordert und gesucht wird, springt es mitten vor dich hin, als riefe es: Sind wir's vielleicht? Und ich scheuche[23] es mit der Hand des Innern weg vom Auge meines Nachdenkens, bis sich entwölkt, was ich will, und aus dem Versteck hervortritt in die Sichtbarkeit. Anderes wieder stellt leicht und in unverwirrter Folge, wie es gewünscht, sich ein, und das Frühere weicht dem Spätern, und im Weichen geht es ins Verwahr, bereit zu kommen, wann ich will. Das alles geht vor sich, wenn ich etwas aus der Erinnerung erzähle.

Dort ist alles nun geordnet und artweise aufbewahrt, wie jedes eben durch seine Türe kam, so das Licht und alle Farben und Formen der Körper durch die Augen, durch die Ohren jede Art von Schall und Laut, alle Gerüche durch die Nase, alle Schmäcke durch den Mund, und durch den Tastsinn, der dem ganzen Körper eigen, all das, was hart oder weich, heiß oder kalt, was glatt oder rauh, schwer oder leicht ist, ob der Körper es von innen oder von außen empfinde. Dies alles nimmt der weite Raum des Gedächtnisses in seine - ich weiß nicht was für geheimen, unfaßbaren - Winkel auf, um es wieder herauszulassen, wenn es verlangt wird, und aufs neue zur Hand zu haben. Was nun alles dorthin eingeht, jegliches durch seine besondere Tür, und im Verwahre aufgehoben wird, das sind nicht die Dinge selber, sondern ihre sinnlich empfangenen Bilder liegen dort bereit für den Aufruf des tätigen Geistes, der ihrer sich erinnert.

Nun ist es zwar offenkundig, welcher von den Sinnen sie aufgegriffen und im Inneren geborgen hat; wer aber könnte sagen, wie sie zu Bildern geworden sind? Denn auch in Finsternis und Stille verweilend erwecke ich, wenn ich will, in meinem Gedächtnis Farben, unterscheide

si volo, colores, et discerno inter album et ni- 8,13
grum et inter quos alios volo, nec incurrunt
soni atque perturbant quod per oculos hau-
stum considero, cum et ipsi ibi sint et quasi
seorsum repositi lateant. Nam et ipsos posco,
si placet, atque adsunt illico, et quiescente
lingua ac silente gutture canto quantum volo,
imaginesque illae colorum, quae nihilo minus
ibi sunt, non se interponunt neque interrum-
punt, cum thesaurus alius retractatur, qui in-
fluxit ab auribus. Ita cetera quae per sensus
ceteros ingesta atque congesta sunt, recordor
prout libet et auram liliorum discerno a vio-
lis nihil olfaciens et mel defrito, lene aspero,
nihil tum gustando neque contrectando, sed
reminiscendo antepono.

Intus haec ago, in aula ingenti memoriae meae. 8,14
Ibi enim mihi caelum et terra et mare prae-
sto sunt cum omnibus, quae in eis sentire po-
tui, praeter illa, quae oblitus sum. Ibi mihi et
ipse occurro meque recolo, quid, quando et
ubi egerim quoque modo, cum agerem, affec-
tus fuerim. Ibi sunt omnia, quae sive experta
a me sive credita memini. Ex eadem copia
etiam similitudines rerum vel expertarum vel
ex eis, quas expertus sum, creditarum alias
atque alias et ipse contexo praeteritis atque
ex his etiam futuras actiones et eventa et spes,
et haec omnia rursus quasi praesentia medi-
tor. „Faciam hoc et illud“ dico apud me in
ipso ingenti sinu animi mei pleno tot et tan-
tarum rerum imaginibus, „et hoc aut illud

Weiß und Schwarz und zwischen beliebigen andern vorgestellten Farben; da laufen keine Töne unter und stören das, was vom Auge geschöpft vor meinem Geiste steht, obwohl auch sie, freilich jetzt verborgen und gleichsam für sich eigens aufbewahrt, dort im Gedächtnis sind. Denn auch sie, gefällt es mir, rufe ich heran, und sogleich sind sie da: bei ruhender Zunge und schweigender Kehle singe ich, soviel ich will. Und jene Bilder von Farben, obgleich auch sie vorhanden sind, treten nicht dazwischen und unterbrechen mich nicht, wenn jener andere Teil des Schatzes mich beschäftigt, der durch das Ohr hereingekommen ist. So erneue ich in mir nach Belieben auch das andere, was von den andern Sinnen eingebracht und zusammengebracht worden. Ich unterscheide den Duft der Lilie von dem des Veilchens, obgleich ich nichts davon rieche, und ziehe in bloßer Erinnerung, nichts schmeckend oder befühlend, Honig dem Most, das Glatte dem Rauhen vor.

Im Innern tue ich dies, im ungeheueren Raume meines Gedächtnisses. Dort sind mir gegenwärtig Himmel, Erde, Meer und alles, was ich von ihren Dingen mit meinen Sinnen fassen konnte, nur jenes nicht, was ich vergessen habe. Dort begegne ich auch mir selbst und erlebe es noch einmal, was und wann und wo mein Tun gewesen und was ich bei diesem Tun empfunden. Dort ist alles, wessen ich mich entsinne, sei es von mir erlebt oder daß ich es von anderen erfahren habe. Aus derselben Masse hervor verknüpfe ich mir selber auch immer neue Bilder erlebter oder dem fremden Erlebnis - weil es meinem eigenen entsprach - geglaubter Dinge mit vergangenen zu einem Gefüge und erwäge auf Grund dessen auch schon künftiges Tun, wie es ausgehen mag, was sich hoffen läßt, und wiederum ist dies alles wie gegenwärtig vor meinem Geiste. „Das und jenes will ich tun - das und jenes wird die Folge sein"; so spreche ich bei mir in der Meeresweite meiner Seele, wo alles voll von Bildern großer Dinge ist.

sequitur". „O si esset hoc aut illud!" „Aver- 8,14
tat deus hoc aut illud!": dico apud me ista et,
cum dico, praesto sunt imagines omnium quae
dico ex eodem thesauro memoriae, nec om-
nino aliquid eorum dicerem, si defuissent.
Magna ista vis est memoriae, magna nimis, 8,15
deus meus, penetrale amplum et infinitum.
Quis ad fundum eius pervenit? Et vis est haec
animi mei atque ad meam naturam pertinet,
nec ego ipse capio totum, quod sum. Ergo ani-
mus ad habendum se ipsum angustus est, ut
ubi sit quod sui non capit? Numquid extra
ipsum ac non in ipso? Quomodo ergo non ca-
pit? Multa mihi super hoc oboritur admiratio,
stupor adprehendit me.

Et eunt homines mirari alta montium et ingentes fluctus maris et latissimos lapsus fluminum et Oceani ambitum et gyros siderum, et relinquunt se ipsos nec mirantur, quod haec omnia cum dicerem, non ea videbam oculis, nec tamen dicerem, nisi montes et fluctus et flumina et sidera, quae vidi, et Oceanum, quem credidi, intus in memoria mea viderem spatiis tam ingentibus, quasi foris viderem. Nec ea tamen videndo absorbui, quando vidi oculis, nec ipsa sunt apud me, sed imagines eorum, et novi, quid ex quo sensu corporis impressum sit mihi.

Sed non ea sola gestat immensa ista capaci- 9,16
tas memoriae meae. Hic sunt et illa omnia, quae
de doctrinis liberalibus percepta nondum ex-

„O daß doch dieses oder jenes wäre!" „Gott verhüte dies und jenes!" So spreche ich bei mir, und während ich es sage, sind die Bilder alles dessen, was ich sage, vom nämlichen Erinnerungsschatze her schon gegenwärtig; ja ich könnte, wären sie nicht da, von alledem nicht einmal sprechen.

Groß ist die Macht meines Gedächtnisses, gewaltig groß, o Gott, ein Inneres, so weit und grenzenlos. Wer ergründet es in seiner ganzen Tiefe? Diese Kraft gehört meinem eigenen Ich hier an, sie ist in meiner Natur gelegen, und gleichwohl fasse ich selber nicht ganz, was ich bin. So ist der Geist zu eng, sich selbst zu fassen. Wo aber ist es, was er an Eigenem nicht fassen kann? Ist es etwa außer ihm, nicht in ihm selbst? Wie also faßt er's nicht? Ein groß Verwundern überkommt mich da, Staunen ergreift mich über diese Dinge.

Und da gehen die Menschen hin und bewundern die Höhen der Berge,[24] das mächtige Wogen des Meeres, die breiten Gefälle der Ströme, die Weiten des Ozeans und den Umschwung der Gestirne - und verlassen dabei sich selbst. Sie finden nichts daran zu staunen, daß ich jetzt beim Nennen all der Dinge nichts davon mit Augen sehe: und könnte doch davon nicht reden, schaute ich nicht Berg und Meer und Fluß und Sterne, die ich gesehen, und den Ozean, von dem ich sagen hörte, drinnen in meinem Gedächtnis so gewaltig im Raume gelagert, als erblickte ich sie draußen. Und doch habe ich, als ich sie mit den Augen sah, in meinem Sehen sie nicht verschlungen, und sie sind ja auch nicht selbst in mir, nur ihre Bilder; von jeglichem aber weiß ich, durch welchen Sinn des Leibes es zum Eindruck wurde meinem Ich.

Aber das ist's nicht allein, was mein Gedächtnis in seinem unermessenen Raume hegt. Da sind auch all die gelernten, noch unversunkenen Dinge des Wissens und der

ciderunt, quasi remota interiore loco, non lo- 9,16
co; nec eorum imagines, sed res ipsas gero. Nam quid sit litteratura, quid peritia disputandi, quot genera quaestionum, quidquid horum scio, sic est in memoria mea, ut non retenta imagine rem foris reliquerim aut sonuerit et praeterierit, sicut vox inpressa per aures vestigio, quo recoleretur, quasi sonaret, cum iam non sonaret, aut sicut odor dum transit et evanescit in ventos, olfactum afficit, unde traicit in memoriam imaginem sui, quam reminiscendo repetamus, aut sicut cibus, qui certe in ventre iam non sapit et tamen in memoria quasi sapit, aut sicut aliquid, quod corpore tangendo sentitur, quod etiam separatum a nobis imaginatur memoria. Istae quippe res non intromittuntur ad eam, sed earum solae imagines mira celeritate capiuntur et miris tamquam cellis reponuntur et mirabiliter recordando proferuntur.

At vero, cum audio tria genera esse quaestio- 10,17
num, an sit, quid sit, quale sit, sonorum quidem, quibus haec verba confecta sunt, imagines teneo et eos per auras cum strepitu transisse ac iam non esse scio. Res vero ipsas, quae illis significantur sonis, neque ullo sensu corporis attigi neque uspiam vidi praeter animum meum et in memoria recondidi non imagines earum, sed ipsas.

Quae unde ad me intraverint dicant, si pos-

Bildung, gleichsam tiefer weg verstaut an noch inwärtigerem Ort - und doch nicht Ort; und auch nicht Bilder nur dieser Sachen, die Sachen selber habe ich inne.[25] Denn was Sprachlehre, was Disputierkunst ist und wie vielerlei Arten der Frage es gibt: was ich von all dem weiß, das ist mir im Gedächtnis nicht etwa so vorhanden, als hätte ich von einem Ding, das ich draußen ließ, nur das Bild zurückbehalten; nicht so, als wär es nur ein Erklingen gewesen, das vorübergeht, und hätte bloß wie eine Stimme meinem Ohr eine Spur geprägt, die sich den Klang, auch wenn sie nicht mehr klingt, wiederholen kann; nicht wie ein Duft, der im Vorüberwehen, wenn er in die Winde schwindet, den Geruchsinn erregt und so zugleich auch ins Gedächtnis sein Abbild wirft, das wir uns erinnernd wiederholen mögen; nicht wie eine Speise, die man genossen und im Magen nicht mehr schmeckt, doch im Erinnern gleichsam schmecken kann; auch nicht wie ein Ding, das wir leiblich berührend empfinden, und das noch, wenn es fern von uns, als Vorstellung im Gedächtnis bleibt. Denn diese Dinge gelangen ja nicht selbst ins Gedächtnis, nur ihre Bilder werden mit wunderbarer Schnelligkeit erfaßt, wie in wunderbaren Kammern aufgehoben und beim Erinnern wunderbar hervorgeholt.

Nun aber - wenn ich höre, drei Arten gebe es von Fragen: ob etwas ist, was es ist und wie beschaffen es ist -, so halte ich wohl die Bilder der Laute, aus denen diese Worte sich zusammensetzen, im Gedächtnis fest, und ich weiß, sie sind mit ihrem Hall im Winde verweht und sind nicht mehr. Die Dinge selbst aber, die durch jene Laute bedeutet werden, habe ich nie mit einem Sinne meines Leibes erfaßt noch irgendwo vor meinem Geiste draußen gesehen, und also habe ich sie selbst, nicht ihre Bilder, im Gedächtnis aufbewahrt.

Woher sie nun zu mir hereingefunden, das mögen sie mir

sunt. Nam percurro ianuas omnes carnis meae 10,17
nec invenio, qua earum ingressae sint. Quippe oculi dicunt: si coloratae sunt, nos eas nuntiavimus; aures dicunt: si sonuerunt, a nobis indicatae sunt; nares dicunt: si oluerunt, per nos transierunt; dicit etiam sensus gustandi: si sapor non est, nihil me interroges; tactus dicit: si corpulentum non est, non contrectavi, si non contrectavi, non indicavi.

Unde et qua haec intraverunt in memoriam meam? Nescio quomodo; nam cum ea didici, non credidi alieno cordi, sed in meo recognovi et vera esse approbavi et conmendavi ei tamquam reponens, unde proferrem, cum vellem. Ibi ergo erant et antequam ea didicissem, sed in memoria non erant. Ubi ergo aut quare, cum dicerentur, agnovi et dixi: „Ita est, verum est", nisi quia iam erant in memoria, sed tam remota et retrusa quasi in caveis abditioribus, ut, nisi admonente aliquo eruerentur, ea fortasse cogitare non possem?

Quocirca invenimus nihil esse aliud discere 11,18
ista, quorum non per sensus haurimus imagines, sed sine imaginibus, sicuti sunt, per se ipsa intus cernimus, nisi ea, quae passim atque indisposite memoria continebat, cogitando quasi colligere atque animadvertendo curare, ut tamquam ad manum posita in ipsa memoria, ubi sparsa prius et neglecta latita-

selber sagen, wenn sie's können. Denn geh ich alle Türen meines Fleisches ab, ich finde keine, durch die sie eingetreten wären. Da sagen die Augen: wenn sie Farbe hatten, waren wir die Boten; die Ohren sagen: wenn sie erklangen, so haben wir sie angezeigt; die Nase sagt: wenn sie Geruch hatten, so ging ihr Weg durch mich; der Geschmacksinn aber sagt: war nichts daran zu schmecken, so frage nicht bei mir; das Gefühl sagt: war es nicht Körper, so hab ich es nicht getastet, und habe ich es nicht getastet, so hab ich nichts gemeldet.

Woher nun und auf welchem Wege traten diese Dinge in mein Gedächtnis? Ich weiß nicht, wie's geschah. Denn als ich sie lernte, glaubte ich nicht einem fremden Geist, sondern erkannte sie wieder in dem meinigen, anerkannte sie als wahr und vertraute sie ihm an, als stellte ich sie nur zurück an ihren Ort, um sie von da hervorzuholen, wann ich wollte. Dort in meinem Geiste also waren sie, und schon bevor ich sie gelernt; nur in meinem Gedächtnis waren sie nicht. Wo also denn? Oder warum erkannte ich sie, als sie ausgesprochen wurden, und sagte mir: „So ist es, es ist wahr"? Doch nur deshalb, weil sie bereits auch im Gedächtnis waren, freilich noch so fern und tief verborgen, gleichsam in entlegenen Höhlen, daß ich vielleicht, wenn sie nicht auf fremden Ruf hervorgebrochen wären, sie niemals hätte denken können.

Also finden wir: jene Dinge lernen,[26] von denen wir nicht durch die Sinne Bilder schöpfen, sondern die wir ohne das Mittel des Bildes so, wie sie sind, an und durch sich selbst inwendig schauen, heißt nichts anderes, als daß wir das, was ungesammelt und regellos im Gedächtnis enthalten war, nun denkend gleichsam zusammenlesen und mit hingespanntem Geiste uns bemühen, daß es im nämlichen Gedächtnis, wo es vordem verstreut und unbeachtet abseits lag, nun gleichsam zur Hand liege und

bant, iam familiari intentioni facile occurrant. 11,18

Et quam multa huius modi gestat memoria mea, quae iam inventa sunt et, sicut dixi, quasi ad manum posita, quae didicisse et nosse dicimur. Quae si modestis temporum intervallis recolere desivero, ita rursus demerguntur et quasi in remotiora penetralia dilabuntur, ut denuo velut nova excogitanda sint indidem iterum - neque enim est alia regio eorum - et cogenda rursus, ut sciri possint, id est velut ex quadam dispersione colligenda, unde dictum est cogitare. Nam ‚cogo‘ et ‚cogito‘ sic est ut ‚ago‘ et ‚agito‘, ‚facio‘ et ‚factito‘. Verum tamen sibi animus hoc verbum proprie vindicavit, ut non quod alibi, sed quod in animo colligitur, id est cogitur, cogitari proprie iam dicatur.

Item continet memoria numerorum dimensionumque rationes et leges innumerabiles, 12,19
quarum nullam corporis sensus inpressit, quia nec ipsae coloratae sunt aut sonant aut olent aut gustatae aut contrectatae sunt. Audivi sonos verborum, quibus significantur, cum de his disseritur, sed illi alii, istae autem aliae sunt. Nam illi aliter graece, aliter latine sonant, istae vero nec graecae nec latinae sunt nec aliud eloquiorum genus. Vidi lineas fabrorum vel etiam tenuissimas, sicut filum araneae; sed illae aliae sunt, non sunt imagines earum, quas mihi nuntiavit carnis oculus: no-

einem allbereits gewöhnten Blick des Geistes leicht sich erbiete.
Und wie mancherlei der Art hegt mein Gedächtnis, was schon herausgefunden und, wie gesagt, gleichsam zur Hand ist - wovon es nun heißt, wir haben es gelernt und wissen es. Und wenn ich es auch nur kurze Zeit lang nicht erneuere, so taucht es wieder unter und zerstreut sich gleichsam in entferntere Geräume, so daß ich es von dort - in anderem Bereiche kann es ja nicht sein - wie etwas Neues wieder hersinnen und zusammenbringen muß, damit es ein Gewußtes sei: das heißt aus der Zerstreuung sammeln, was ja unter Denken eigentlich zu verstehen ist. Denn ‚cogo' [zusammenbringen] und ‚cogito' [denken] sind so verwandt wie ‚ago' und ‚agito', ‚facio' und ‚factito'. Nun aber hat der Geist dies Wort für sich allein beansprucht, so daß, was nicht draußen etwa, sondern im Geiste gesammelt [colligitur], will sagen zusammengebracht wird [cogitur], nun die besondere Bedeutung von ‚denken' hat [cogitari].

Ebenso enthält das Gedächtnis von Zahlen und Maßen unzählige Verhältnisse und Gesetze, deren keines je durch einen körperlichen Sinn ihm eingeprägt worden, weil sie doch nicht farbig sind, nicht tönen und nicht riechen, sich nicht schmecken und nicht tasten lassen. Ich habe wohl, wenn die Rede davon war, den Schall der Worte gehört, durch die sie bezeichnet werden; aber ein anderes sind diese Worte, ein anderes jene Gegenstände. Denn die Worte klingen anders im Griechischen, anders im Latein, die Gegenstände aber sind weder griechisch noch lateinisch noch überhaupt von sprachlicher Art. Ich habe schon Linien von Meisterhand gesehen, aufs feinste gezogen wie der Faden einer Spinne; aber jene [des rechnerischen Denkens] sind andere, sind auch nicht Bilder von solchen, die mir das Auge meines Fleisches gemeldet hat: es kennt sie

vit eas quisquis sine ulla cogitatione qualis- 12,19
cumque corporis intus agnovit eas. Sensi etiam numeros omnibus corporis sensibus, quos numeramus; sed illi alii sunt, quibus numeramus, nec imagines istorum sunt et ideo valde sunt. Rideat me ista dicentem, qui non eos videt, et ego doleam ridentem me.

Haec omnia memoria teneo et quomodo ea 13,20
didicerim memoria teneo. Multa etiam, quae adversus haec falsissime disputantur, audivi et memoria teneo; quae tametsi falsa sunt, tamen ea meminisse me non est falsum; et discrevisse me inter illa vera et haec falsa, quae contra dicuntur, et hoc memini aliterque nunc video discernere me ista, aliter autem memini saepe me discrevisse, cum ea saepe cogitarem. Ergo et intellexisse me saepius ista memini, et quod nunc discerno et intellego, recondo in memoria, ut postea me nunc intellexisse meminerim. Ergo et meminisse me memini, sicut postea, quod haec reminisci nunc potui, si recordabor, utique per vim memoriae recordabor.

Affectiones quoque animi mei eadem memo- 14,21
ria continet non illo modo, quo eas habet ipse animus, cum patitur eas, sed alio multum diverso, sicut sese habet vis memoriae.
Nam et laetatum me fuisse reminiscor non

jeder, der sie, ohne auch an Körperliches nur zu denken, innerlich gesehen hat. Auch Zahlen[27] habe ich mit allen Leibessinnen an Dingen schon erfahren, die sich zählen lassen; etwas anderes als diese aber sind die Zahlen selbst, mit denen wir zu zählen wissen, und sind auch nicht die Bilder der gezählten Dinge; und darum eben haben sie ein Sein für sich. Wer sie nicht sieht, der lache, wenn er mich so reden hört; mir aber soll er leid tun, wenn er mich verlachen kann.

Dies alles hege ich im Gedächtnis, und im Gedächtnis hege ich, auf welche Weise ich's gelernt habe. Vieles wiederum, was man dagegen und durchaus fälschlich eingewandt, habe ich auch gehört und hege es im Gedächtnis. Aber wie falsch es auch sei: das ist nicht falsch, daß ich mich seiner entsinne. Und auch dessen entsinne ich mich, daß ich unterschieden habe zwischen jenem Richtigen und diesem eingewandten Falschen. Und es ist ein anderes, wenn ich jetzt sehe, daß ich beides unterscheide, und wenn ich mich erinnere, daß ich beides oft schon unterschieden habe, weil ich oft schon darüber nachgedacht. Ich erinnere mich also auch dessen, daß ich es oft schon eingesehen habe, und was ich heute unterscheide und verstehe, auch dieses berge ich im Gedächtnis, so daß ich später mich erinnern kann, daß ich es heut verstanden habe. Und ich erinnere mich auch, daß ich mich erinnert habe, so wie ich späterhin, wenn ich mir ins Gedächtnis rufen werde, daß ich mich dessen heut entsinnen konnte, auch dies künftige Erinnern kraft meines Gedächtnisses vermögen werde.

Auch die Bewegungen meines Gemütes[28] bewahrt dieses nämliche Gedächtnis, doch nicht so, wie das Gemüt selber beim Erleben sie inne wird, sondern ganz in anderer Weise, wie es eben in der Natur des Gedächtnisses liegt.
Vergangener Fröhlichkeit entsinne ich mich, ohne froh zu

laetus et tristitiam meam praeteritam recordor non tristis et me aliquando timuisse recolo sine timore et pristinae cupiditatis sine cupiditate sum memor. Aliquando et e contrario tristitiam meam transactam laetus reminiscor et tristis laetitiam. 14,21

Quod mirandum non est de corpore: aliud enim animus, aliud corpus. Itaque si praeteritum dolorem corporis gaudens memini, non ita mirum est. Hic vero, cum animus sit etiam ipsa memoria - nam et cum mandamus aliquid, ut memoriter habeatur, dicimus: „Vide, ut illud in animo habeas", et cum obliviscimur, dicimus: „Non fuit in animo" et „Elapsum est animo", ipsam memoriam vocantes animum.

Cum ergo ita sit, quid est hoc, quod cum tristitiam meam praeteritam laetus memini, animus habet laetitiam et memoria tristitiam laetusque est animus ex eo, quod inest ei laetitia, memoria vero ex eo, quod inest ei tristitia, tristis non est? Num forte non pertinet ad animum? Quis hoc dixerit?

Nimirum ergo memoria quasi venter est animi, laetitia vero atque tristitia quasi cibus dulcis et amarus: cum memoriae conmendantur, quasi traiecta in ventrem recondi illic possunt, sapere non possunt.

Ridiculum est haec illis similia putare, nec tamen sunt omni modo dissimilia.

Sed ecce de memoria profero, cum dico quattuor esse perturbationes animi, cupiditatem, 14,22

sein; vergangener Traurigkeit gedenke ich, ohne traurig zu sein; daß ich einmal mich gefürchtet, erinnere ich mich ohne Furcht; alten Verlangens bin ich, frei von Verlangen, eingedenk. Ja, im Gegenteil, an meine überstandene Traurigkeit denke ich zuweilen froh zurück, und traurig an die Fröhlichkeit.

Das wäre bei Empfindungen des Leibes nicht verwunderlich; denn der Leib ist ja nicht die Seele. Und so ist daran nichts Wunderbares, wenn ich vergangenen körperlichen Schmerzes mit Freude mich erinnere. Aber hier bei der Seele - und Seele ist doch auch das Gedächtnis, denn man sagt zu einem Menschen, den man auffordert, daß er etwas nicht vergessen soll: „Vide, ut illud in animo habeas“ [Sieh zu, daß du's in der Seele behältst], und haben wir etwas vergessen, sagen wir: „Non fuit in animo“ [Es war mir nicht in der Seele] und „Elapsum est animo“ [Es ist meiner Seele entfallen], womit wir also das Gedächtnis Seele nennen. -

Wenn sich's da so verhält, wie kommt es, daß, wenn ich vergangener Traurigkeit froh gedenke, die Seele Freude hat, wo Trauer im Gedächtnis ist, und daß die Seele froh ist, eben weil sie Freude in sich trägt, das Erinnern aber an der Trauer, die ihm inne ist, selbst nicht traurig wird? Gehört vielleicht das Gedächtnis also doch nicht zur Seele? Wer möchte das behaupten!

Nein, das Gedächtnis ist gleichsam der Magen der Seele, Freude aber und Trauer wie süße und bittere Speise; einmal dem Gedächtnis übergeben, sind sie gleichsam in den Magen eingegangen, der sie verwahren, aber doch nicht schmecken kann.

Wie lächerlich es wäre, hier und dort an Ähnlichkeit zu glauben - so völlig unvergleichbar sind die Dinge nicht.

Sieh doch! aus dem Gedächtnis hol ich es hervor, wenn ich sage, es gebe vier Bewegungen der Seele: Begierde, Freude,

laetitiam, metum, tristitiam, et quidquid de his disputare potuero dividendo singula per species sui cuiusque generis et definiendo, ibi invenio quid dicam atque inde profero, nec tamen ulla earum perturbatione perturbor, cum eas reminiscendo conmemoro; et antequam recolerentur a me et retractarentur, ibi erant; propterea inde per recordationem potuere depromi. 14,22

Forte ergo sicut de ventre cibus ruminando, sic ista de memoria recordando proferuntur. Cur igitur in ore cogitationis non sentitur a disputante, hoc est a reminiscente, laetitiae dulcedo vel amaritudo maestitiae? An in hoc dissimile est, quod non undique simile est? Quis enim talia volens loqueretur, si quotiens tristitiam metumve nominamus, totiens maerere vel timere cogeremur? Et tamen non ea loqueremur, nisi in memoria nostra non tantum sonos nominum secundum imagines impressas a sensibus corporis sed etiam rerum ipsarum notiones inveniremus, quas nulla ianua carnis accepimus, sed eas ipse animus per experientiam passionum suarum sentiens memoriae conmendavit aut ipsa sibi haec etiam non conmendata retinuit.

Sed utrum per imagines an non, quis facile dixerit? 15,23

Nomino quippe lapidem, nomino solem, cum res ipsae non adsunt sensibus meis; in memoria sane mea praesto sunt imagines earum.

Furcht und Trauer. Und was immer ich davon noch sagen kann, indem ich die einzelnen nach ihrer Art und Gattung sondere und ihren Begriff bestimme, dort nur finde ich, was zu sagen ist, und dort hol ich's hervor, und gleichwohl bin ich von keiner der Bewegungen bewegt, wenn ich im Erinnern davon rede. Und bevor ich sie mir ins Gedächtnis rief und mit ihnen wieder mich befaßte, waren sie doch dort; nur darum war es möglich, sie hervorzulangen.

Vielleicht also wie beim Wiederkäuen die Speise aus dem Magen, kommen auch diese Dinge beim Erinnern aus dem Gedächtnis hervor. Wie aber kommt es denn, daß man beim Reden, also auch Erinnern, im Gaumen des Bewußtseins nicht auch die Süßigkeit der Freude und die Bitterkeit des Trübsinns schmeckt? Oder liegt hierin das Unähnliche, da die Ähnlichkeit doch keine volle war? Wer spräche denn noch gern von solchen Dingen, müßten wir Trauer und Angst erleben, sooft wir Trauer und Angst nur nennen. Und dennoch ließe sich nicht eigentlich davon reden, fänden wir in unserm Gedächtnis nur den Klang von Worten, die sinnlich empfangene Bilder bedeuten, nicht auch die Begriffe von den Dingen selbst, die uns nicht durch irgendeine Tür unseres Fleisches eingegangen, sondern der Seele selbst, als sie ihre Leidenschaft erlebte, innegeworden und dem Gedächtnis überkommen waren, es sei denn, dies für sich, ohne solches Überkommen, hat sie festgehalten.

Ob Bilder hier die Mittler sind oder nicht, wer könnte das so leichthin sagen?

Ich sage Stein, ich sage Sonne, auch wenn die Dinge selbst nicht vor meinen Sinnen sind; ihre Bilder freilich sind da meinem Gedächtnis gegenwärtig. Ich nenne einen körperlichen Schmerz, und er ist doch nicht vorhanden, solange

Nomino dolorem corporis, nec mihi adest, 15,23
dum nihil dolet; nisi tamen adesset imago eius
in memoria mea, nescirem, quid dicerem nec
eum in disputando a voluptate discernerem.
Nomino salutem corporis, cum salvus sum cor-
pore; adest mihi quidem res ipsa; verum ta-
men nisi et imago eius inesset in memoria mea,
nullo modo recordarer, quid huius nominis sig-
nificaret sonus, nec aegrotantes agnoscerent sa-
lute nominata, quid esset dictum, nisi eadem
imago vi memoriae teneretur, quamvis ipsa
res abesset a corpore.
Nomino numeros, quibus numeramus; en as-
sunt in memoria mea non imagines eorum, sed
ipsi. Nomino imaginem solis, et haec adest in
memoria mea; neque enim imaginem imaginis
eius, sed ipsam recolo: ipsa mihi reminiscenti
praesto est. Nomino memoriam et agnosco
quod nomino. Et ubi agnosco nisi in ipsa me-
moria? Nunc et ipsa per imaginem suam sibi
adest ac non per se ipsam?

Quid, cum oblivionem nomino atque itidem 16,24
agnosco quod nomino, unde agnoscerem, nisi
meminissem? Non eundem sonum nominis
dico, sed rem, quam significat; quam si obli-
tus essem, quid ille valeret sonus, agnoscere
utique non valerem. Ergo cum memoriam me-
mini, per se ipsam sibi praesto est ipsa me-
moria; cum vero memini oblivionem, et me-
moria praesto est et oblivio, memoria, ex qua
meminerim, oblivio, quam meminerim. Sed

mich nichts schmerzt; doch wenn in meinem Gedächtnis nicht ein Bild von ihm wäre, so wüßte ich ja gar nicht, was ich sage, und könnte ihn beim Reden nicht von der Lust unterscheiden. Ich spreche von Gesundheit des Leibes im Stande der Gesundheit; da ist die Sache selbst mir zugegen. Aber wenn nicht auch ein Bild von ihr in meinem Gedächtnis wäre, so könnte ich auf keine Weise mich erinnern, was der Klang dieses Wortes zu bedeuten hat. Und auch die Kranken wüßten nicht, wenn man ihnen von Gesundheit spricht, was das ist, besäßen sie nicht kraft des Gedächtnisses das nämliche Bild, obgleich die Sache selber nun ihrem Leibe fern ist.
Ich nenne Zahlen, mit denen wir zählen, und sieh da, jetzt sind nicht etwa Bilder nur von ihnen, sie selber sind in meinem Gedächtnis. Ich sage Bild der Sonne, und schon ist es in meinem Gedächtnis; was ich da erwecke, nicht nur ein Bild von ihrem Bilde ist es jetzt, sondern das Bild selber, und dieses steht mir beim Erinnern gegenwärtig. Ich sage Gedächtnis, und ich erkenne die Sache, wenn ich ihren Namen sage. Und wo anders erkenne ich sie als im Gedächtnis selbst? Ist nun auch dieses nur in seinem Abbild sich gegenwärtig, nicht vielmehr in seiner Wirklichkeit an sich?

Wie aber, wenn ich Vergessenheit sage und auch hier erkenne, was ich sage? Wie erkenne ich die Sache ohne Erinnern? Und wieder meine ich nicht den Klang dieses Wortes, sondern die Sache, die er bedeutet; hätte ich die vergessen, was vermöchte jener Klang - ich vermöchte ihn ja gar nicht zu verstehen! Wenn ich des Gedächtnisses gedenke, so ist das Gedächtnis selber durch sich selber gegenwärtig; aber wenn ich der Vergessenheit gedenke, so ist beides, Gedächtnis und Vergessenheit, gegenwärtig: das Gedächtnis, durch das ich gedenke, die Vergessenheit, deren ich gedenke. Aber was ist Vergessenheit anderes als

quid est oblivio nisi privatio memoriae? Quomodo ergo adest, ut eam meminerim, quando cum adest meminisse non possum? At si quod meminimus memoria retinemus, oblivionem autem nisi meminissemus, nequaquam possemus audito isto nomine rem, quae illo significatur, agnoscere, memoria retinetur oblivio. 16,24

Adest ergo, ne obliviscamur, quae cum adest, obliviscimur. An ex hoc intellegitur non per se ipsam inesse memoriae, cum eam meminimus, sed per imaginem suam, quia, si per se ipsam praesto esset oblivio, non ut meminissemus, sed ut oblivisceremur, efficeret?

Et hoc quis tandem indagabit? Quis conprehendet quomodo sit?

Ego certe, domine, laboro hic et laboro in me 16,25
ipso: factus sum mihi terra difficultatis et sudoris nimii. Neque enim nunc scrutamur plagas caeli aut siderum intervalla demetimur vel terrae libramenta quaerimus: ego sum, qui memini, ego animus. Non ita mirum, si a me longe est quidquid ego non sum: quid autem propinquius me ipso mihi? Et ecce memoriae meae vis non conprehenditur a me, cum ipsum me non dicam praeter illam. Quid enim dicturus sum, quando mihi certum est meminisse me oblivionem? An dicturus sum non esse in memoria mea quod memini? An dicturus sum ad hoc inesse oblivionem in memoria mea, ut non obliviscar? Utrumque absurdissimum est. [Gen 3, 17 ff]

ein Ermangeln des Gedächtnisses? Welcherweise ist sie nun vorhanden, so daß ich ihrer mich erinnern kann, da mir doch, wenn sie schon vorhanden, ein Erinnern unmöglich ist? Anderseits: wessen wir uns erinnern, das haben wir schon im Gedächtnis; wenn wir aber der Vergessenheit uns nicht erinnerten, so könnten wir beim Hören dieses Wortes die Sache, die es bedeutet, gar nicht erkennen: also im Gedächtnis bleibt auch das Vergessen.

So ist es da, daß wir es nicht vergessen; indem es da ist, vergessen wir. Oder läßt sich hieraus erkennen, daß es nicht selber, wenn wir seiner uns erinnern, im Gedächtnis ist, sondern nur sein Bild? Denn wäre es an sich selbst dort gegenwärtig, so wäre doch die Folge, daß wir vergäßen, nicht daß wir uns erinnerten.[29]

Wer wird dies Rätsel einmal lösen? Wer begreifen, wie das ist?

Ich wenigstens, o Herr, mühe mich daran ab und mühe mich an mir selber ab: es ward mein eigen Ich mir zum Boden der Mühsal, und ich bestelle ihn mit vielem Schweiß. Jetzt ist es kein Forschen an den Gefilden des Himmels,[30] kein Messen zwischen den Gestirnen, kein Loten auf der Erde: das bin ich selbst, ich bin mein Erinnern, ich bin meine Seele. Kein Wunder ist es, wenn sich meinem Ich entlegen zeigt, was ich nicht bin; was aber ist mir näher als mein Ich? Und siehe, da wird schon diese meine Kraft Gedächtnis nicht von mir begriffen, ohne die ich doch mich selbst nicht einmal nennen könnte. Denn was will ich dazu sagen, wenn es mir Gewißheit ist, daß ich meines Vergessens mich erinnere? Soll ich etwa sagen, es sei nicht in meinem Gedächtnis, wessen ich mich doch erinnere? Oder soll ich sagen, nur zu dem Ende sei mir das Vergessen in meinem Gedächtnis inne, daß ich nicht vergesse? Beides ist der reine Unsinn.

16,25 Quid illud tertium? Quo pacto dicam imaginem oblivionis teneri memoria mea, non ipsam oblivionem, cum eam memini? Quo pacto et hoc dicam, quandoquidem cum inprimitur rei cuiusque imago in memoria, prius necesse est, ut adsit res ipsa, unde illa imago possit inprimi? Sic enim Carthaginis memini, sic omnium locorum, quibus interfui, sic facies hominum, quas vidi, et ceterorum sensuum nuntiata, sic ipsius corporis salutem sive dolorem: cum praesto essent ista, cepit ab eis imagines memoria, quas intuerer praesentes et retractarem animo, cum illa et absentia reminiscerer.
Si ergo per imaginem suam, non per se ipsam in memoria tenetur oblivio, ipsa utique aderat, ut eius imago caperetur. Cum autem adesset, quomodo imaginem suam in memoria conscribebat, quando id etiam, quod iam notatum invenit, praesentia sua delet oblivio? Et tamen quocumque modo, licet sit modus iste inconprehensibilis et inexplicabilis, etiam ipsam oblivionem meminisse me certus sum, qua id quod meminerimus obruitur.

17,26 Magna vis est memoriae, nescio quid horrendum, deus meus, profunda et infinita multiplicitas; et hoc animus est, et hoc ego ipse sum. Quid ergo sum, deus meus? Quae natura sum? Varia, multimoda vita et inmensa vehementer.
Ecce in memoriae meae campis et antris et cavernis innumerabilibus atque innumerabi-

Und jene dritte Meinung? Wie kann ich sagen, nur ein Bild des Vergessens finde sich in meinem Gedächtnis, nicht das Vergessen selbst, wenn ich dessen mich erinnere? Ja, mit welchem Grunde könnte ich auch dies behaupten, da notwendig doch, wo das Bild einer Sache sich ins Gedächtnis prägen soll, hier zuvor die Sache selbst sein muß, damit von ihr jenes Bild sich prägen könne? So ist es mit meiner Erinnerung an Karthago,[31] an alle Orte, an denen ich gewesen bin; an die Gesichter der Menschen, die ich gesehen habe, an alles, was die andern Sinne mir zugetragen, auch an meines Leibes Wohl und Wehe. Als diese Dinge mir zugegen waren, faßte an ihnen das Gedächtnis Bilder, auf daß ich mit dem inneren Blick sie gegenwärtig haben und in der Seele wiederholen könne, wenn ich der Dinge, die nun abhanden sind, mich erinnere.

Wenn nun das Vergessen auch nur seinem Bilde nach, nicht an sich selbst sich im Gedächtnis erhält, so war es eben doch auch selber da, so daß sein Bild sich fassen ließ. Als es aber dagewesen, welcherweise schrieb es da sein Bild ins Gedächtnis, wo ja durch seine Gegenwart auch das Gewußte, das es antrifft, getilgt wird im Vergessen? Und dennoch bin ich mir gewiß, daß ich auf irgendwelche Weise, und mag sie unbegreiflich, unerklärlich sein, ein Erinnern habe an dieses nämliche Vergessen, das eben das, woran ich mich erinnern möchte, begraben hat.

Groß ist die Macht des Gedächtnisses.[32] Welch schauerlich Geheimnis, mein Gott, welch tiefe, uferlose Fülle! Und das ist die Seele, und das bin ich selbst? Was bin ich also, mein Gott? Was bin ich für ein Wesen? Ein Leben, so mannigfach und vielgestalt und völlig unermeßlich!

Mein Gedächtnis, siehe, das sind Felder, Höhlen, Buchten ohne Zahl, unzählig angefüllt von unzählbaren Din-

liter plenis innumerabilium rerum generibus 17,26
sive per imagines, sicut omnium corporum, sive per praesentiam, sicut artium, sive per nescio quas notiones vel notationes, sicut affectionum animi - quas et cum animus non patitur, memoria tenet, cum in animo sit quidquid est in memoria - per haec omnia discurro et volito hac illac, penetro etiam, quantum possum, et finis nusquam: tanta vis est memoriae, tanta vitae vis est in homine vivente mortaliter!

Quid igitur agam, tu vera mea vita, deus meus? Transibo et hanc vim meam, quae memoria vocatur, transibo eam, ut pertendam ad te, dulce lumen. Quid dicis mihi? Ecce ego ascendens per animum meum ad te, qui desuper mihi manes, transibo et istam vim meam, quae memoria vocatur, volens te attingere, unde attingi potes, et inhaerere tibi, unde inhaereri tibi potest. Habent enim memoriam et pecora et aves, alioquin non cubilia nidosve repeterent, non alia multa, quibus assuescunt; neque enim et assuescere valerent ullis rebus nisi per memoriam. Transibo ergo et memoriam, ut attingam eum, qui separavit me a quadrupedibus et volatilibus caeli sapientiorem me [Apg 10, 12]
fecit. Transibo et memoriam, ut ubi te inveniam, vere bone et secura suavitas, ut ubi te inveniam? Si praeter memoriam meam te invenio, inmemor tui sum. Et quomodo iam inveniam te, si memor non sum tui?

gen jeder Art, seien es Bilder, wie insgesamt von den Körpern, seien es die Sachen selbst, wie bei den Wissenschaften, seien es irgendwelche Begriffe oder Zeichen, wie bei den Bewegungen des Gemüts, die sich, wenn die Seele auch schon nicht mehr leidet, im Gedächtnis erhalten und also mit diesem in der Seele sind: durch alles dieses laufe ich hin und her, fliege hierhin, dorthin, dringe vor, soweit ich kann, und nirgend ist Ende: von solcher Gewaltigkeit ist das Gedächtnis, von solcher Gewaltigkeit ist das Leben im Menschen, der da sterblich lebt!

Was also soll ich tun, Du mein wahres Leben, Du mein Gott? Hinaus will ich selbst über diese meine Kraft, die Gedächtnis heißt, hinaus will ich über sie, um an Dich zu reichen, süßes Licht! Was sagst Du mir?[33] Indem ich über meine Seele mich zu Dir erhebe, der Du dauerst über mir, werde ich auch diese meine Kraft, die Gedächtnis heißt, überklimmen, willens, Dich zu berühren, von wo man Dich berühren kann, mich an Dich hängen, von wo man an Dir hängen kann. Denn Gedächtnis haben Vieh und Vogel auch, wie fänden sie sonst Nest und Lager wieder und manches andere, woran sie sich gewöhnt; ja sie vermöchten an keinerlei Dinge sich zu gewöhnen ohne Gedächtnis. So will ich denn hinaus auch über das Gedächtnis, um Den zu berühren, der mich geschieden hat von den vierfüßigen Tieren und weiser mich geschaffen als was da fliegt am Himmel. Auch über mein Gedächtnis will ich hinaus, um Dich - wo? - zu finden, Du wahrhaft Guter, Du wahrhaft verlässige Wonne, ja - wo Dich zu finden? Denn finde ich Dich draußen und nicht bei mir im Gedächtnis, so bin ich ja Deiner nicht gedenk. Und wie sollte ich Dich finden können, bin ich Deiner nicht gedenk?

Perdiderat enim mulier dragmam et quaesivit 18, 27
eam cum lucerna et, nisi memor eius esset, non [Lk 15, 8]
inveniret eam. Cum enim esset inventa, unde sciret, utrum ipsa esset, si memor eius non esset? Multa memini me perdita quaesisse atque invenisse. Inde istuc scio, quia, cum quaererem aliquid eorum et diceretur mihi: „num forte hoc est?" „num forte istud?", tamdiu dicebam: „non est", donec id offerretur quod quaerebam. Cuius nisi memor essem, quidquid illud esset, etiamsi mihi offerretur, non invenirem, quia non agnoscerem. Et semper ita fit, cum aliquid perditum quaerimus et invenimus. Verum tamen si forte aliquid ab oculis perit, non a memoria, veluti corpus quodlibet visibile, tenetur intus imago eius et quaeritur, donec reddatur aspectui. Quod cum inventum fuerit, ex imagine, quae intus est, recognoscitur. Nec invenisse nos dicimus quod perierat, si non agnoscimus, nec agnoscere possumus, si non meminimus: sed hoc perierat quidem oculis, memoria tenebatur.

Quid? Cum ipsa memoria perdit aliquid, sic- 19, 28
ut fit, cum obliviscimur et quaerimus, ut recordemur, ubi tandem quaerimus nisi in ipsa memoria? Et ibi si aliud pro alio forte offeratur, respuimus, donec illud occurrat quod quaerimus. Et cum occurrit, dicimus: „hoc est"; quod non diceremus, nisi agnosceremus, nec agnosceremus, nisi meminissemus. Certe ergo obliti fueramus.

So hatte das Weib seine Drachme verloren und suchte sie mit der Lampe; und wenn sie nicht ihrer sich erinnert hätte, sie hätte vergebens gesucht. Denn als sie sie fand, woher wußte sie, daß es die Drachme war, wenn sie sich ihrer nicht erinnert hätte? Ich weiß von mir, wieviel ich Verlorenes gesucht und auch gefunden habe. Darum weiß ich um das Finden, weil ich beim Suchen solcher Dinge, wenn es hieß: „ist es dies vielleicht", „ist es das vielleicht", so lange sagte: „nein, das ist es nicht", bis man mir brachte, was ich suchte. Hätte ich mich seiner nicht erinnert, was es auch war, ich hätte die Sache, selbst wenn sie mir gebracht war, ohne Wiedererkennen nicht gefunden. Und so ist's immer, wenn wir Verlorenes suchen und es wiederfinden. Wofern dann eine Sache zwar dem Auge, aber nicht dem Gedächtnis entschwunden ist, etwa ein sichtbarer Körper, so wird ihr Bild im Innern festgehalten, und man sucht, bis auch das Auge sie wiedersieht. Und hat sie sich gefunden, so wird sie an dem Bilde, das im Innern ist, erkannt. Wir sagen auch nicht, daß wir etwas, was verloren war, gefunden haben, wenn wir es nicht erkennen, und wir können es nicht erkennen, wenn wir uns nicht erinnern. Immerhin, hier waren es nur die Augen, die etwas verloren hatten: im Gedächtnis blieb es aufbewahrt.[34]

Wie aber, wenn das Gedächtnis selbst etwas verliert - wie es der Fall ist, wenn wir etwas vergessen und wieder es suchen, um uns zu erinnern -, wo suchen wir denn da, wenn nicht im Gedächtnis? Und erbietet sich hier statt dessen etwas anderes, so weisen wir's zurück, bis endlich das Gesuchte kommt. Und kommt es, so rufen wir: „das ist's!" So rufen wir doch nur, weil wir's erkennen; und wir erkennen es, weil wir seiner uns erinnern. Freilich, wir hatten es vergessen.

An non totum exciderat, sed ex parte, qua 19, 28
tenebatur, pars alia quaerebatur, quia sentiebat se memoria non simul volvere, quod simul solebat, et quasi detruncata consuetudine claudicans reddi quod deerat flagitabat?

Tamquam si homo notus sive conspiciatur oculis sive cogitetur et nomen eius obliti requiramus, quidquid aliud occurrerit non conectitur, quia non cum illo cogitari consuevit ideoque respuitur, donec illud adsit, ubi simul adsuefacta notitia non inaequaliter adquiescat. Et unde adest nisi ex ipsa memoria? Nam et cum ab alio conmoniti recognoscimus, inde adest. Non enim quasi novum credimus, sed recordantes adprobamus hoc esse, quod dictum est. Si autem penitus aboleatur ex animo, nec admoniti reminiscimur. Neque enim omni modo adhuc obliti sumus, quod vel oblitos nos esse meminimus. Hoc ergo nec amissum quaerere poterimus, quod omnino obliti fuerimus.

Quomodo ergo te quaero, domine? Cum enim 20, 29
te, deum meum, quaero, vitam beatam quaero. [Ps 68, 33]
Quaeram te, ut vivat anima mea. Vivit enim corpus meum de anima mea et vivit anima mea de te. Quomodo ergo quaero vitam beatam? Quia non est mihi, donec dicam: „Sat, est illic“. Ubi oportet ut dicam, quomodo eam quaero, utrum per recordationem, tamquam eam oblitus sim oblitumque me esse adhuc

Oder war es uns nicht ganz entfallen, und wir suchten von dem Teile aus, den wir behalten hatten, den andern Teil, weil das Gedächtnis merkte, daß es nicht das geläufige Ganze fasse, und, verstümmelt an der Denkgewohnheit, gleichsam hinkend zurückbegehrte, was ihm fehlte?

So machen wir's, wenn wir einen Menschen, den wir kennen, vor Augen haben oder an ihn denken, und suchen nach seinem Namen, der uns entfallen ist; was da sonst an Namen uns einfällt, will sich nicht verbinden, weil die Gewohnheit beides nicht mitsammen dachte, und so weisen wir zurück, bis endlich der Name sich einstellt, bei dem nun die gewohnte Einheit der Erfahrung frei von Zwiespalt sich beruhigt. Und woher kommt der Name, wenn nicht aus dem Gedächtnis? Denn ob uns auch ein anderer an ihn erinnert und wir ihn als den rechten erkennen: aus dem eigenen Gedächtnis stellt er sich ein. Es ist ja nicht, als nähmen wir gläubig etwas Neues hin, sondern aus der Erinnerung sagen wir: „ja, der ist es". Doch wär er ganz getilgt aus unserm Geiste, so brächte auch kein anderer zuwege, daß wir uns erinnern. Noch nicht völlig also haben wir vergessen, wovon wir uns wenigstens erinnern, daß wir es vergessen haben. Darum: was wir ganz vergessen hätten, könnten wir auch gar nicht als Verlorenes suchen.

Wie also soll ich, Herr, Dich suchen? Denn such ich Dich, meinen Gott, so suche ich das Selige Leben. Suchen will ich Dich, daß meine Seele lebe. Denn es lebt mein Leib von meiner Seele, und es lebt meine Seele von Dir.[35] Wie also such ich das Selige Leben? Denn nicht eher hab ich es, als bis ich sagen kann: „Genug, das ist es!" - bis ich so sagen muß. Wie aber suche ich's? In der Besinnung, so als hätt ich es vergessen, aber wüßte noch, daß ich es verges-

teneam, an per appetitum discendi incogni- 20,29
tam, sive quam numquam scierim sive quam sic oblitus fuerim, ut me nec oblitum esse meminerim. Nonne ipsa est beata vita, quam omnes volunt et omnino qui nolit nemo est? Ubi noverunt eam, quod sic volunt eam? Ubi viderunt, ut amarent eam? Nimirum habemus eam nescio quomodo. Et est alius quidam modus, quo quisque cum habet eam, tunc beatus est, et sunt, qui spe beati sunt. Inferiore modo isti habent eam quam illi, qui iam re ipsa beati sunt, sed tamen meliores quam illi, qui nec re nec spe beati sunt. Qui tamen etiam ipsi nisi aliquo modo haberent eam, non ita vellent beati esse: quod eos velle certissimum est. Nescio quomodo noverunt eam ideoque habent eam in nescio qua notitia, de qua satago, utrum in memoria sit, quia, si ibi est, iam beati fuimus aliquando, utrum singillatim omnes, an in illo homine, qui primus pec-
cavit, in quo et omnes mortui sumus et de [I Kor 15, 22]
quo omnes cum miseria nati sumus, non quaero nunc, sed quaero, utrum in memoria sit beata vita. Neque enim amaremus eam, nisi nossemus. Audimus nomen hoc et omnes rem ipsam nos adpetere fatemur; non enim solo sono delectamur. Nam hoc cum latine audit Graecus, non delectatur, quia ignorat, quid dictum sit; nos autem delectamur, sicut etiam ille, si graece hoc audierit, quoniam res ipsa nec graeca nec latina est, cui adipiscendae Graeci Latinique inhiant ceterarumque linguarum homines. No-

sen habe? oder im Langen wie nach etwas Unbekanntem, das ich nie erfahren oder so völlig vergessen, daß ich nicht einmal mich erinnere, es vergessen zu haben? Aber ist es nicht dies Selige Leben, was sie alle wollen, und ist auch einer nur, der es nicht will? Woher kennen sie's, daß sie's so sehnlich wollen? Wo haben sie's gesehen, daß sie's lieben? Ja, wir besitzen es, ich weiß nicht wie. Eine Weise gibt es, da ist der Mensch, indem er's hat, schon selig; und andere gibt es, die sind selig in der Hoffnung. Diese haben es weniger als jene andern, die schon selig es selber besitzen, aber sie finden sich doch besser als solche, die weder vom Haben noch vom Hoffen selig sind. Und auch diese haben es auf irgendeine Weise, sonst begehrten sie nicht so sehr glückselig zu sein; daß sie's begehren, das ist gewiß. Ich weiß nicht, wie sie's innegeworden und nun auf irgendeine Art im Sinne tragen. Und ich mühe mich ab, zu ergründen, ob diese Kenntnis aus Erinnerung kommt. Denn ist sie dort, so waren wir zu einer Zeit einmal schon selig; ob wir alle jeder für sich,[36] ob alle nur in jenem Einen Menschen, der die erste Sünde getan, in dem wir alle schon gestorben, von dem wir alle ins Elend geboren sind, danach frage ich hier nicht; ich frage nur, ob wir das Selige Leben im Gedächtnis haben. Denn wir liebten es ja nicht, wenn es uns unbekannt wäre. Wir hören nur den Namen, und schon gestehen wir, daß wir alle, alle nach der Sache streben; denn nicht vom Klang allein zuckt uns die Wonne auf. Hört das lateinische Wort ein Grieche, er findet's nicht wonnesam, denn er weiß nicht, was es bedeutet; aber wir empfinden Wonne, wie der Grieche sie empfindet, hört er's griechisch: denn nicht griechisch, nicht lateinisch ist die Sache selber, nach der es Griechen und Lateiner und die Menschen aller andern Sprachen dürstet. Also alle kennen sie, und wär es möglich, sie in einer einzigen Sprache zu fragen, ob sie wollten selig sein, das ist gewiß, sie sagten alle Ja. Das könnte

ta est igitur omnibus, qui una voce si interrogari possent, utrum beati esse vellent, sine ulla dubitatione velle responderent. Quod non fieret, nisi res ipsa, cuius hoc nomen est, eorum memoria teneretur. 20,29

Numquid ita, ut meminit Carthaginem qui vidit? Non: vita enim beata non videtur oculis, quia non est corpus. 21,30
Numquid sicut meminimus numeros? Non: hos enim qui habet in notitia, non adhuc quaerit adipisci, vitam vero beatam habemus in notitia ideoque amamus et tamen adhuc adipisci eam volumus, ut beati simus.
Numquid sicut meminimus eloquentiam? Non: quamvis enim et hoc nomine audito recordentur ipsam rem, qui etiam nondum sunt eloquentes multique esse cupiant - unde apparet eam esse in eorum notitia - tamen per corporis sensus alios eloquentes animadverterunt et delectati sunt et hoc esse desiderant, quamquam nisi ex interiore notitia non delectarentur neque hoc esse vellent, nisi delectarentur: beatam vero vitam nullo sensu corporis in aliis experimur.
Numquid sicut meminimus gaudium? Fortasse ita. Nam gaudium meum etiam tristis memini sicut vitam beatam miser, neque umquam corporis sensu gaudium meum vel vidi vel audivi vel odoratus sum vel gustavi vel tetigi, sed expertus sum in animo meo, quando laetatus sum, et adhaesit eius notitia memo-

nicht so sein, wäre nicht die Sache selber, die jener Name besagt, in ihrem Gedächtnis.

Ist es hier nun so, wie ich etwa an Karthago, das ich gesehen habe, mich erinnere? Nein. Das Selige Leben ist mit Augen nicht zu sehen, denn es ist nicht Körper.

Oder so, wie wir uns der Zahlen erinnern? Nein. Denn wer sie einmal kennt, sucht fortan nicht mehr, sie zu erwerben. Um das Selige Leben aber haben wir ein Wissen, darum lieben wir's, und dennoch wollen wir's uns erst erwerben, daß wir selig seien.

Oder so, wie wir uns der Redekunst erinnern? Nein. Denn wohl erinnern sich viele, wenn sie das Wort nur hören, der Sache selber, wenn sie auch noch keine Redner sind, und wünschen viele andere es zu werden, woraus nun doch hervorgeht, daß ein Begriff von Redekunst in ihnen ist. Sie haben mit den Sinnen ihres Leibes schon Redner auf sich wirken lassen, haben sich daran gefreut und wünschen es selber zu werden. Freilich, ohne den inneren Begriff könnten sie sich daran nicht freuen, und ohne diese Freude wünschten sie auch nicht, es selber zu werden: aber das Selige Leben ist mit keinem Sinn des Leibes an anderen Menschen zu erleben.

Oder ist es so, wie wenn wir uns einer Freude erinnern? Vielleicht. Denn meiner Freuden denke ich, auch wenn ich traurig bin,[37] wie ich an das Selige Leben denke, wenn ich elend bin. Auch hab ich nie mit körperlichem Sinn meine Freude gesehen, gehört, gerochen, nicht geschmeckt und nicht getastet, sondern in meiner Seele hab ich sie erlebt, wenn ich fröhlich war, und davon haftet ein Wissen

riae meae, ut id reminisci valeam aliquando 21,30
cum aspernatione, aliquando cum desiderio pro earum rerum diversitate, de quibus me gavisum esse memini. Nam et de turpibus gaudio quodam perfusus sum, quod nunc recordans detestor atque exsecror, aliquando de bonis et honestis, quod desiderans recolo, tametsi forte non adsunt, et ideo tristis gaudium pristinum recolo.

Ubi ergo et quando expertus sum vitam meam 21,31
beatam, ut recorder eam et amem et desiderem? Nec ego tantum aut cum paucis, sed beati prorsus omnes esse volumus. Quod nisi certa notitia nossemus, non tam certa voluntate vellemus. Sed quid est hoc? Quod si quaeratur a duobus, utrum militare velint, fieri possit, ut alter eorum velle se, alter nolle respondeat: si autem ab eis quaeratur, utrum esse beati velint, uterque se statim sine ulla dubitatione dicat optare, nec ob aliud velit ille militare, nec ob aliud iste nolit, nisi ut beati sint. Num forte quoniam alius hinc, alius inde gaudet? Ita se omnes beatos esse velle consonant, quemadmodum consonarent, si hoc interrogarentur, se velle gaudere atque ipsum gaudium vitam beatam vocant. Quod etsi alius hinc, alius illinc assequitur, unum est tamen, quo pervenire omnes nituntur, ut gaudeant. Quae quoniam res est, quam se expertum non esse nemo potest dicere, propterea reperta in memoria recognoscitur, quando beatae vitae nomen auditur.

meinem Gedächtnis, so daß ich mich daran erinnern kann, einmal mit Widerwillen, ein andermal mit Sehnsucht, so wie die Dinge verschieden waren, von denen mein Erinnern sagt, daß sie mir zur Freude gewesen. Denn auch an gemeinen Dingen habe ich Schauer der Freude empfunden, die ich heute, im Gedanken daran, verabscheue und verwünsche, und manchmal waren es gute und schöne, und ihrer denke ich jetzt mit Sehnsucht, ob sie mir vielleicht auch fehlen und ich darüber traurig der vergangenen Freude denke.

Wo nun und wann habe ich mein Seliges Leben erlebt, daß ich seiner gedenke und es liebe und ersehne? Und nicht ich allein oder wenige mit mir, sondern alle, alle wollen wir glückselig sein.[38] Und hätten wir davon nicht ein festes Wissen, so wollten wir's nicht mit so festem Willen. Aber was ist es? was? Fragen wir zwei Menschen, ob sie im Heere dienen wollen, kann es sein, daß der eine sagt, er wolle, der andere, er wolle nicht. Fragen wir sie aber, ob sie glückselig sein wollen, so wird jeder gleich ohne Besinnen sagen, daß er's wünsche; und beide, der eine, der dienen will, wie der andere, der es nicht will, suchen jeder nichts als nur ihr Glück. Freut sich der eine vielleicht an dem, der andere am andern? Ja, so sind sich alle einig in dem Wunsche nach dem Seligen Leben, ganz so wie sie einig wären auf die Frage, ob sie sich freuen wollen: Ja, sie wollen es, und eben die Freude nennen sie das Selige Leben. Mag der sie hier, dort der andere suchen, es ist nur Eines, wonach das Trachten aller geht: sich zu freuen. Was für ein Ding das sei - keiner kann sagen, daß er's nie erfahren; darum findet sich's im Gedächtnis, und es wird erkannt, wenn das Wort vom Seligen Leben erklingt.

Absit, domine, absit a corde servi tui, qui con- 22,32
fitetur tibi, absit, ut, quocumque gaudio gaudeam, beatum me putem. Est enim gaudium, [Is 48, 22]
quod non datur inpiis, sed eis, qui te gratis colunt, quorum gaudium tu ipse es. Et ipsa est beata vita, gaudere ad te, de te, propter te: ipsa est et non est altera. Qui autem aliam putant esse, aliud sectantur gaudium neque ipsum verum. Ab aliqua tamen imagine gaudii voluntas eorum non avertitur.

Non ergo certum est, quod omnes esse beati 23,33
volunt, quoniam qui non de te gaudere volunt, quae sola vita beata est, non utique vitam beatam volunt. An omnes hoc volunt, sed quoniam »caro concupiscit adversus spiritum Gal 5, 17
et spiritus adversus carnem«, ut non faciant quod volunt, cadunt in id quod valent eoque contenti sunt, quia illud, quod non valent, non tantum volunt, quantum sat est, ut valeant?
Nam quaero ab omnibus, utrum malint de veritate quam de falsitate gaudere: tam non dubitant dicere de veritate se malle, quam non dubitant dicere beatos esse se velle. Beata quippe vita est gaudium de veritate. Hoc est enim gaudium de te, »qui veritas es«, deus, »in- Jo 14, 6; Ps 41, 12
luminatio mea, salus faciei meae, deus meus«. Hanc vitam beatam omnes volunt, hanc vitam, quae sola beata est, omnes volunt, gaudium de veritate omnes volunt.
Multos expertus sum, qui vellent fallere, qui

Es sei ferne, Herr, sei ferne vom Herzen Deines Knechtes, der vor Dir bekennt, ferne sei es von mir, daß ich darum schon mich selig wähne, weil ich in irgendwelcher Freude freudig bin. Denn eine Freude gibt es, die den Unfrommen nicht gegeben wird, aber denen, die um nichts sich Dir ergeben und denen Du selbst ihre Freude bist. Und dies ist das Selige Leben, sich zu freuen an Dir, auf Dich hin, um Deinetwillen: dies ist es und nichts anderes.[39] Aber die ein anderes dafür halten, drängen auch nach einer andern Freude, die nicht die wahre ist. Doch von irgendeinem Bild von Freude kann ihr Wille gar nicht lassen.

So ist es denn nicht ausgemacht, daß alle glückselig sein wollen; denn die da nicht an Dir sich freuen wollen, was allein das Selige Leben ist, wollen ja nicht das Selige Leben. Oder wollen dies alle? Und weil »das Fleisch begehrt wider den Geist und der Geist wider das Fleisch«, so daß sie nicht vermögen, was sie möchten, so fallen sie auf das, was ihnen erreichbar ist, und sind damit zufrieden, weil sie das, was ihnen nicht erreichbar ist, auch nicht so ernstlich wollen, als ihnen nötig wäre, um es zu erreichen.[40]

Ich frage alle, ob sie lieber an der Wahrheit oder an der Lüge ihre Freude haben wollen: so unbedenklich sagen sie, daß ihnen die Wahrheit lieber sei, als sie unbedenklich sagen, sie wollten selig sein. Denn Freude an der Wahrheit ist Seliges Leben. Und das ist Freude, Gott, an Dir, »der Du die Wahrheit bist«, »meine Erleuchtung, Heil meines Angesichts, mein Gott«. Dieses Selige Leben wollen alle, dieses Leben, das allein das selige ist, das wollen alle, Freude an der Wahrheit wollen alle.

Manchen habe ich gefunden, der andere täuschen wollte, aber keinen, der getäuscht sein wollte. Wo also sind sie

autem falli, neminem. Ubi ergo noverunt hanc 23,33
vitam beatam nisi ubi noverunt etiam veri-
tatem? Amant enim et ipsam, quia falli no-
lunt, et cum amant beatam vitam, quod non
est aliud quam de veritate gaudium, utique
amant etiam veritatem nec amarent, nisi es-
set aliqua notitia eius in memoria eorum.

Cur ergo non de illa gaudent? Cur non beati
sunt? Quia fortius occupantur in aliis, quae
potius eos faciunt miseros quam illud beatos,
quod tenuiter meminerunt. »Adhuc enim mo- Jo 12, 35
dicum lumen est in hominibus«; ambulent,
ambulent, ne eos tenebrae conprehendant.

Cur autem veritas parit odium et inimicus 23,34
eis factus est homo tuus verum praedicans, [Gal 4, 16]
cum ametur beata vita, quae non est nisi gau-
dium de veritate, nisi quia sic amatur veritas,
ut, quicumque aliud amant, hoc quod amant
velint esse veritatem, et quia falli nollent, no-
lunt convinci, quod falsi sint? Itaque propter
eam rem oderunt veritatem, quam pro veri-
tate amant. Amant eam lucentem, oderunt [Jo 3, 20]
eam redarguentem. Quia enim falli nolunt
et fallere volunt, amant eam, cum se ipsa in-
dicat, et oderunt eam, cum eos ipsos indicat.
Inde retribuet eis, ut, qui se ab ea manifestari
nolunt, et eos nolentes manifestet et eis ipsa
non sit manifesta.

Sic, sic, etiam sic animus humanus, etiam sic
caecus et languidus, turpis atque indecens la-
tere vult, se autem ut lateat aliquid non vult.
Contra illi redditur, ut ipse non lateat veri-

das Selige Leben innegeworden, wenn nicht dort, wo sie auch die Wahrheit innegeworden? Denn auch diese lieben alle, da sie nicht getäuscht sein wollen, und wenn sie das Selige Leben lieben, das nichts anderes ist als Freude an der Wahrheit, so lieben sie ja auch die Wahrheit, und sie könnten sie nicht lieben, besäßen sie nicht irgendwelche Kenntnis von ihr im Gedächtnis.

Aber warum gelangen sie nicht zur Freude in der Wahrheit? Warum sind sie nicht selig? Weil sie tiefer schon eingenommen sind von andern Dingen, die mehr sie elend machen als jenes andere glücklich, an das sie nur schwach sich erinnern. Ja, »nur eine kleine Weile ist das Licht bei den Menschen«:[41] laufet, laufet, daß nicht die Finsternis euch überfalle.

Doch warum erzeugt die Wahrheit Haß?[42] Warum ist ihnen verhaßt geworden Dein Mensch, da er das Wahre predigte, wenn es doch geliebt wird, das Selige Leben, das da Freude ist an der Wahrheit? Nur darum, weil man die Wahrheit solcherweise liebt, daß alle, die ein anderes lieben, wünschen müssen, es möchte, was sie lieben, die Wahrheit sein: und weil sie nicht getäuscht sein wollen, darum wollen sie sich auch nicht überführen lassen, daß sie die Getäuschten sind. Und sie hassen die Wahrheit um desselben Dinges willen, das sie für Wahrheit lieben. Sie lieben an ihr das Licht, sie hassen an ihr das Gericht. Denn weil sie nicht getrogen sein, aber selber trügen wollen, so lieben sie Wahrheit, die sich offenbart, und hassen die Wahrheit, an der sie offenbar werden. Aber sie zahlt es ihnen heim: wer nicht von ihr enthüllt sein will, den enthüllt sie gegen seinen Willen, und sie selbst verhüllt sich ihm.

So, ja so, so ist der Mensch in seinem Innern: blind und schlaff, schlumpig und unanständig, will er verborgen bleiben, aber ihm soll nichts verborgen bleiben. Aber umgekehrt wird ihm vergolten: er bleibt der Wahrheit nicht

tatem, ipsum autem veritas lateat. Tamen et- 23,34
iam sic, dum miser est, veris mavult gaudere
quam falsis. Beatus ergo erit, si nulla interpel-
lante molestia de ipsa, per quam vera sunt
omnia, sola veritate gaudebit.

Ecce quantum spatiatus sum in memoria mea 24,35
quaerens te, domine, et non te inveni extra
eam. Neque enim aliquid de te inveni, quod
non meminissem, ex quo didici te. Nam ex
quo didici te, non sum oblitus tui. Ubi enim
inveni veritatem, ibi inveni deum meum, ip-
sam veritatem, quam ex quo didici, non sum
oblitus. Itaque ex quo te didici, manes in me-
moria mea, et illic te invenio, cum reminiscor
tui et delector in te. Hae sunt sanctae deli-
ciae meae, quas donasti mihi misericordia tua
respiciens paupertatem meam.

Sed ubi manes in memoria mea, domine, ubi 25,36
illic manes? Quale cubile fabricasti tibi? Quale
sanctuarium aedificasti tibi? Tu dedisti hanc
dignationem memoriae meae, ut maneas in ea,
sed in qua eius parte maneas, hoc considero.
Transcendi enim partes eius, quas habent et
bestiae, cum te recordarer, quia non ibi te in-
veniebam inter imagines rerum corporalium,
et veni ad partes eius, ubi conmendavi affec-
tiones animi mei, nec illic inveni te. Et in-
travi ad ipsius animi mei sedem, quae illi est
in memoria mea, quoniam sui quoque memi-
nit animus, nec ibi tu eras, quia sicut non es

verborgen, doch die Wahrheit bleibt ihm verborgen. Und dennoch will er, so elend er schon ist, lieber sich am Wahren freuen als am Falschen. Selig also mag er sein, wenn er einmal frei von aller hemmenden Last sich an der Wahrheit selbst, kraft welcher alles Wahre ist, rein und allein erfreuen wird.

Siehe, welchen Raum ich durchmesse in meinem Gedächtnis, um Dich zu suchen, Herr, und es war nicht außerhalb, wo ich Dich gefunden habe. Denn ich finde nichts von Dir, was nicht ein Erinnern wäre von der Zeit her, da ich Dich kennen lernte. Denn seitdem ich Dich kennen lernte, habe ich Deiner nicht vergessen. Und wo ich Wahrheit fand, da fand ich meinen Gott, die Wahrheit selbst, und seit ich Wahrheit kennen lernte, habe ich ihrer nicht vergessen. So also, seit dem Tage, da ich Dich kennen lernte, wohnst Du in meinem Gedächtnis, und dort finde ich Dich, sooft ich Deiner gedenke, und freue mich in Dir. Das sind meine heiligen Freuden, die Du, auf meine Armut sehend, in Deiner Erbarmung mir geschenkt hast.

Wo aber wohnst Du in meinem Gedächtnis, Herr, wo wohnst Du dort? Welche Kammer hast Du Dir bereitet? Welche heilige Zelle hast Du Dir erbaut? Du hast diese Ehre meinem Innern angetan, daß Du wohnst darin; aber an welcher Stelle dort Du wohnest, darüber sinne ich jetzt. Da ich Deiner inne werden wollte, bin ich durch jene Teile, die auch die Tiere haben, hinausgeschritten, weil ich dort, unter lauter Bildern körperlicher Dinge,[43] Dich nicht finden konnte. Und ich kam zu jenen Teilen, wo ich die Bewegungen meines Gemütes verwahre, und ich fand Dich nicht.[44] Und ich drang bis zum Sitze meines Geistes selbst - ihn hat der Geist in meinem Gedächtnis, weil ja auch der Geist im Erinnern sich erfährt -, und auch dort warst Du nicht.[45] Denn wie Du nicht Bild einer

imago corporalis nec affectio viventis, qualis 25,36
est, cum laetamur, contristamur, cupimus, metuimus, meminimus, obliviscimur et quidquid huius modi est, ita nec ipse animus es, quia dominus deus animi tu es, et conmutantur haec omnia, tu autem inconmutabilis manes super omnia et dignatus es habitare in memoria mea, ex quo te didici.
Et quid quaero, quo loco eius habites, quasi vero loca ibi sint? Habitas certe in ea, quoniam tui memini, ex quo te didici, et in ea te invenio, cum recordor te.

Ubi ergo te inveni, ut discerem te? Neque 26,37
enim iam eras in memoria mea, priusquam te discerem. Ubi ergo te inveni, ut discerem te, nisi in te supra me? Et nusquam locus, et recedimus et accedimus, et nusquam locus. Veritas, ubique praesides omnibus etiam consulentibus te simulque respondes omnibus diversa consulentibus. Liquide tu respondes, sed non liquide omnes audiunt. Omnes unde volunt consulunt, sed non semper quod volunt audiunt. Optimus minister tuus est, qui non magis intuetur hoc a te audire quod ipse voluerit, sed potius hoc velle quod a te audierit.

Sero te amavi, pulchritudo tam antiqua et 27,38
tam nova, sero te amavi! Et ecce intus eras et ego foris et ibi te quaerebam et in ista formosa, quae fecisti, deformis inruebam. Mecum eras, et tecum non eram. Ea me tenebant

körperlichen Sache bist, nicht eine Empfindung des lebendigen Menschen, wie wir sie erfahren in der Freude, in der Trauer, im Begehren und Fürchten, beim Erinnern und Vergessen, und was es sonst dergleichen gibt, so bist Du auch nicht der Geist, denn Du bist Herr und Gott des Geistes. Und es wandelt sich dies alles, aber Du beharrst über allem wandellos: und hast Dich doch gewürdigt, in meinem Gedächtnis zu wohnen seit dem Tage, da ich Dich kennen lernte.

Und was frage ich hier nach einem Ort, wo Du wohnst, als wäre da Raum und Ort! Genug, ich weiß, Du bist darin; denn ich bewahre Dich im Geiste, seit dem Tage, da ich Dich kennen lernte, und ich finde Dich dort, wenn ich Deiner eingedenk werde.

Wo also habe ich Dich gefunden, daß ich Dich kennen lernte? Denn in meinem Gedächtnis warst Du ja nicht, ehvor ich Dich kennen lernte. Wo also habe ich Dich gefunden, daß ich Dich kennen lernte? Wo anders als in Dir, über mir?[46] Nirgend ist der Ort; wir gehen weg, wir gehen hin;[47] und nirgend ist doch Ort. O Wahrheit, allenthalben ist Dein Stuhl für alle, die Dich fragen, und an alle, die so vielerlei Dich fragen, ergeht Dein Antwortspruch zumal. Klar gibst Du Antwort, aber nicht hören es alle klar.[48] Alle fragen Dich, was sie wissen wollen, aber nicht immer hören sie, was sie hören wollen.[49] Der ist Dein bester Diener, der nicht das von Dir zu hören trachtet, was er sich selber wünscht, sondern das zu wollen, was er von Dir hört.

Spät hab ich Dich geliebt, Du Schönheit, ewig alt und ewig neu, spät hab ich Dich geliebt. Und siehe, Du warst innen und ich war draußen,[50] und da suchte ich nach Dir, und auf das Schöngestalte, das Du geschaffen, warf ich mich, selber eine Mißgestalt. Du warst bei mir, ich war

longe a te, quae si in te non essent, non essent. 27,38
Vocasti et clamasti et rupisti surditatem me-
am, coruscasti, splenduisti et fugasti caecita-
tem meam, flagrasti, et duxi spiritum et an-
helo tibi, gustavi et esurio et sitio, tetigisti me,
et exarsi in pacem tuam.

Cum inhaesero tibi ex omni me, nusquam erit 28,39
mihi dolor et labor, et viva erit vita mea tota
plena te. Nunc autem quoniam quem tu im-
ples, sublevas eum, quoniam tui plenus non
sum, oneri mihi sum. Contendunt laetitiae
meae flendae cum laetandis maeroribus, et ex
qua parte stet victoria nescio.
»Ei mihi! Domine, miserere mei!« Conten- Ps 30, 10
dunt maerores mei mali cum gaudiis bonis, et
ex qua parte stet victoria nescio. »Ei mihi!
Domine, miserere mei!« Ei mihi! Ecce vul-
nera mea non abscondo: medicus es, aeger
sum; misericors es, miser sum. Numquid non
»temptatio est vita humana super terram«? Job 7, 1
Quis velit molestias et difficultates? Tolerari
iubes ea, non amari. Nemo quod tolerat amat,
etsi tolerare amat. Quamvis enim gaudeat se
tolerare, mavult tamen non esse quod toleret.
Prospera in adversis desidero, adversa in pro-
speris timeo. Quis inter haec medius locus,
ubi non sit humana vita temtatio? Vae pro-
speritatibus saeculi semel et iterum a timore
adversitatis et a corruptione laetitiae! Vae ad-
versitatibus saeculi semel et iterum et tertio
a desiderio prosperitatis, et quia ipsa adver-

nicht bei Dir. Was doch nicht wäre, wär es nicht in Dir: das eben zog mich weit von Dir. Du hast gerufen und geschrien und meine Taubheit zerrissen; Du hast geblitzt, geleuchtet und meine Blindheit verscheucht; Du hast Duft verbreitet, und ich sog den Hauch und schnaube jetzt nach Dir; ich habe gekostet, nun hungere ich und dürste; Du hast mich berührt, und ich brenne nach dem Frieden in Dir.[51]

Wenn[52] ich erst mit meinem ganzen Wesen Dir anhange, dann wird nirgend Schmerz mir sein und Mühe, und mein Leben, ganz voll von Dir, wird erst lebendiges Leben sein. Wen Du erfüllst, den richtest Du auf, ich aber, weil ich Deiner noch nicht voll, ich bin mir selber jetzt zur Last. Es streiten noch meine jämmerlichen Freuden mit freuenswerten Kümmernissen,[53] und wo der Sieg sein wird, ich weiß es nicht.[54]

»Ach! Erbarm Dich meiner, Herr!« Es streiten meine bösen Kümmernisse noch mit guten Freuden, und wo der Sieg sein wird, ich weiß es nicht. »Ach! Erbarm Dich meiner, Herr!« Ach! Sieh, meine Wunden verhehle ich nicht: Arzt bist Du, ich bin krank; Du bist erbarmungsvoll, ich bin erbärmlich. Ist nicht »Versuchung das menschliche Leben auf der Erde«? Wer wollte denn Mühsal und Beschwer! Sie ertragen - das verlangst Du; nicht sie lieben. Keiner hat gerne, was er tragen muß, auch wenn er gerne trägt. Denn ob er gleich am Tragen Freude hätte, er wollte lieber, daß nicht wäre, was er tragen muß. Im Unglück ersehne ich das Glück, im Glücke bin ich vor Unglück in Furcht. Wo ist dazwischen die goldene Mitte, wo das Menschenleben nicht Versuchung wäre? Weh dem Glück dieser Welt! Weh und aber Wehe, weil diese Furcht ist vor dem Unglück und weil Verderben lauert in der Freude. Weh dem Unglück dieser Welt, zweimal, dreimal Wehe, weil dieses Sehnen ist nach Glück und weil

sitas dura est, et ne frangat tolerantiam! Num- 28, 39
quid non »temptatio est vita humana super Job 7, 1
terram« sine ullo interstitio?

Et tota spes mea non nisi in magna valde 29, 40
misericordia tua. Da quod iubes et iube quod
vis. Imperas nobis continentiam. »Et cum sci- Weish 8, 21
rem«, ait quidam, »quia nemo potest esse con-
tinens, nisi deus det, et hoc ipsum erat sapien-
tiae, scire cuius esset hoc donum«. Per con-
tinentiam quippe colligimur et redigimur in
unum, a quo in multa defluximus. Minus enim
te amat qui tecum aliquid amat, quod non
propter te amat. O amor, qui semper ardes et
numquam extingueris, caritas, deus meus, ac-
cende me! Continentiam iubes: da quod iubes
et iube quod vis.

Iubes certe, ut contineam »a concupiscentia 30, 41
carnis et concupiscentia oculorum et ambi- I Jo 2, 16
tione saeculi«.
Iussisti a concubitu et de ipso coniugio melius [I Kor 7, 38]
aliquid, quam concessisti, monuisti. Et quon-
iam dedisti, factum est, et antequam dispen-
sator sacramenti tui fierem. Sed adhuc vivunt
in memoria mea, de qua multa locutus sum,
talium rerum imagines, quas ibi consuetudo
mea fixit, et occursantur mihi vigilanti qui-
dem carentes viribus, in somnis autem non
solum usque ad delectationem, sed etiam us-
que ad consensionem factumque simillimum.
Et tantum valet imaginis inlusio in anima

das Unglück hart zu tragen und die Kraft so bald zerbricht. Ist »des Menschen Leben auf der Erde nicht Versuchung« ohne Unterlaß?

Und meine ganze Hoffnung ist nur in Deinem großen Erbarmen. Gib, was Du verlangst, dann verlange, was Du willst.[55] Enthaltsamkeit[56] befiehlst Du. »Und da ich wußte«, sagt uns einer, »daß niemand könne enthaltsam sein, wenn nicht Gott es ihm gibt, so war es Weisheit schon, daß ich wußte, wer der Geber sei«. Durch Enthaltsamkeit wird der Mensch gesammelt und zurückgeführt in die Einheit, von der entfernt er ins Vielerlei zerflossen war. Denn es liebt Dich zu wenig, wer neben Dir ein anderes liebt, das er nicht Deinetwegen liebt. O Liebe, die Du immer brennst und nie erlischst, o Liebe, mein Gott, entzünde mich! Enthaltsamkeit verlangst Du: gib, was Du verlangst, dann verlange, was Du willst.

Gewiß verlangst Du, daß ich mich enthalte »von Fleischeslust, Augenlust und Hoffart dieser Welt«.[57]

Du hast den Beischlaf, der nicht Ehe ist, verboten und hast zu Besserem noch als diesem Erlaubten der Ehe gemahnt. Und weil Du mir's gegeben hast, so vollbrachte ich's, noch eh ich Verwalter Deines Sakramentes wurde. Aber in meinem Gedächtnis, von dem ich jetzt so viel gesprochen, da sind lebendig noch die Bilder von solchen Dingen, die meine Gewohnheit dort befestigt hat. Sie drängen sich im Wachen, freilich ohne Kraft, heran, im Schlafe aber wird daraus ein Wohlgefallen, mehr noch, schon ein Ja und Tun so ganz nach ihresgleichen. Und so viel vermag der Trug solchen Bildes in meiner Seele, mei-

mea et in carne mea, ut dormienti falsa visa 30,41
persuadeant quod vigilanti vera non possunt. Numquid tunc ego non sum, domine deus meus? Et tamen tantum interest inter me ipsum et me ipsum intra momentum, quo hinc ad soporem retranseo vel huc inde retranseo! Ubi est tunc ratio, quae talibus suggestionibus resistit vigilans et, si res ipsae ingerantur, inconcussus manet? Numquid clauditur cum oculis? Numquid sopitur cum sensibus corporis? Et unde saepe etiam in somnis resistimus nostrique propositi memores atque in eo castissime permanentes nullum talibus inlecebris adhibemus adsensum? Et tamen tantum interest, ut, cum aliter accidit, evigilantes ad conscientiae requiem redeamus ipsaque distantia reperiamus nos non fecisse, quod tamen in nobis quoquo modo factum esse doleamus.

Numquid non potens est manus tua, deus 30,42 [Num
omnipotens, sanare omnes languores animae 11, 23]
meae atque abundantiore gratia tua lascivos motus etiam mei soporis extinguere? Augebis, domine, magis magisque in me munera tua, ut anima mea sequatur me ad te concupiscentiae visco expedita, ut non sit rebellis sibi atque ut in somnis etiam non solum non perpetret istas corruptelarum turpitudines per imagines animales usque ad carnis fluxum, sed ne consentiat quidem. Nam ut nihil tale vel tantulum libeat, quantulum possit nutu cohiberi etiam in casto dormientis affectu non tantum in hac vita, sed etiam in hac aetate, non magnum est

nem Fleische, daß mich im Schlafe unwirkliche Gesichte überreden, wozu den Wachen auch die gesehene Wirklichkeit nicht bringt.[58] Bin ich dann nicht ich, Herr, mein Gott? Wahrhaftig, solch ein Unterschied ist zwischen mir und mir, schon innerhalb des Augenblicks, wo ich von hinnen in den Schlaf hinübergehe oder vom Schlafe zurück herüberkomme. Wo bleibt alsdann die Vernunft, kraft welcher sich der Wache solcher Traumbetörung widersetzt und selbst von der Wirklichkeit, wenn etwa diese Dinge vor ihm geschehen, sich nicht erschüttern läßt? Schließt sie sich zugleich mit den Augen? Schläft sie mit den Sinnen des Leibes ein? Und wie kommt es, daß wir oft auch im Schlafe widerstehen und eingedenk unseres Vorsatzes, keusch in ihm verharrend, solchen Lockreizen jegliche Zustimmung versagen? Und doch ist jener Unterschied [zwischen mir und mir] so groß, daß, wenn es eben anders kam, wir beim Erwachen zurückfinden zur Ruhe des Gewissens und dank gerade jener Ungleichheit erkennen, daß nicht wir es getan, was da immerhin als irgendwie an uns Geschehenes uns traurig macht.[59]

Ist denn, allmächtiger Gott, Deine Hand nicht mächtig, alle die Unkraft meiner Seele zu heilen und mit reicherer Gnade die lüsternen Regungen auch meines Schlafes zu ersticken? Ja, Herr, Du lässest reich und reicher Deine Gnaden in mir wachsen, daß meine Seele, ledig von diesem Vogelleim des Gelüstes, mir zu Dir hin folge, daß sie nicht mehr rebelliere gegen sich selbst, daß sie auch im Schlafe nicht unter Bildern von tierischer Geile jene Schändlichkeiten der Unzucht bis zum Fluß des Fleisches treibe, nein, daß sie nicht einmal den Willen dazu habe. Denn zu verhüten, daß nichts dergleichen, nicht so viel, als der keusche Wille des Entschlummerten mit einem bloßen Winke schon verscheuchen könnte, uns noch gelüste, in diesem Leben überhaupt, nicht nur in diesem Mannesalter, ist doch ein Kleines für Dich, den Allmächtigen,

omnipotenti, qui »vales facere supra quam Eph 3, 20
petimus et intellegimus«. Nunc tamen quid
adhuc sim in hoc genere mali mei, dixi bono
domino meo »exultans cum tremore« in eo, Ps 2, 11
quod donasti mihi, et lugens in eo, quod in-
consummatus sum, sperans perfecturum te in
me misericordias tuas usque ad pacem plena-
riam, quam tecum habebunt interiora et ex-
teriora mea, cum »absorpta fuerit mors in I Kor 15, 54
victoriam«.

Est alia »malitia diei«, quae utinam sufficiat 31,43
ei. Reficimus enim cotidianas ruinas corporis Mt 6, 34
edendo et bibendo, priusquam »escas et ven- I Kor 6, 13
trem destruas«, cum occideris indigentiam
meam satietate mirifica et »corruptibile hoc I Kor 15, 53
indueris incorruptione sempiterna«.
Nunc autem suavis est mihi necessitas, et ad-
versus istam suavitatem pugno, ne capiar, et
cotidianum bellum gero »in ieiuniis«, saepius II Kor 6, 5
»in servitutem redigens corpus meum«, et do- I Kor 9, 27
lores mei voluptate pelluntur. Nam fames et
sitis quidam dolores sunt, urunt et sicut febris
necant, nisi alimentorum medicina succurrat.
Quae quoniam praesto est ex consolatione
munerum tuorum, in quibus nostrae infirmi-
tati terra et aqua et caelum serviunt, calami-
tas deliciae vocantur.
Hoc me docuisti, ut quemadmodum medica- 31,44
menta sic alimenta sumpturus accedam. Sed
dum ad quietem satietatis ex indigentiae mole-
stia transeo, in ipso transitu mihi insidiatur

der Du »mehr zu tun vermagst, als wir bitten und verstehen«. Nun hab ich es meinem Herrn gesagt, wie es in diesem Stücke meines Sündenwesens annoch um mich steht, »frohlockend mit Zittern« ob dessen, was Du mir schon gegeben, trauernd ob dessen, was an mir noch unvollendet, und hoffend, daß Du Dein Erbarmen in mir vollenden werdest bis zu jenem vollen Frieden, den mein Innen und mein Außen haben wird bei Dir, wenn »der Tod verschlungen ist im Sieg«.

Noch eine andere »Plage« hat der »Tag«; wär's ihm nur genug an ihr! Den täglichen Schwund von Leibesstoff ersetzen wir durch Essen und Trinken, so lang bis Du »tilgest Speise und Magen«, wenn Du dereinst das Bedürfnis aufhebst durch wunderherrliche Sättigung und »dieses Vergängliche bekleidest mit immerwährender Unvergänglichkeit«.

Doch dermalen sind mir die Notdürfte lustlich, und wider dieses Lustliche kämpfe ich an, um nicht bestrickt zu werden, und einen täglichen Krieg führe ich dawider, indem ich »in Fasten« immer wieder »meinen Leib in Dienstbarkeit bringe«, und - mir die Schmerzen zu vertreiben, das ist nun einmal Lust. Denn Hunger und Durst sind eine Art Schmerzen, sie zehren und führen gleich dem Fieber zum Tode, wenn nicht das Heilmittel der Nahrung Hilfe bringt.[60] Und da dieses zur Hand ist dank der Stärkung durch Deine Gaben, in denen Erde und Wasser und Himmel unserer Schwachheit dienstbar sind, so nennt man Genuß, was eigentlich vom Übel ist.

Das hast Du mich gelehrt, Nahrung so zu gebrauchen, wie man Heilmittel einnimmt. Aber indem ich von der Beschwer des Bedürfnisses übergehe zum Behagen der Stillung, ist es dieser Übergang, in dem die Schlinge der Be-

laqueus concupiscentiae. Ipse enim transitus 31,44
*voluptas est, et non est alius, qua transeatur,
quo transire cogit necessitas. Et cum salus sit
causa edendi ac bibendi, adiungit se tamquam
pedisequa periculosa iucunditas et plerumque
praeire conatur, ut eius causa fiat, quod salu-
tis causa me facere vel dico vel volo.*

*Nec idem modus utriusque est: nam quod sa-
luti satis est, delectationi parum est, et saepe
incertum fit, utrum adhuc necessaria corporis
cura subsidium petat an voluptaria cupidita-
tis fallacia ministerium suppetat. Ad hoc in-
certum hilarescit infelix anima et in eo prae-
parat excusationis patrocinium gaudens non
adparere, quid satis sit moderationi valetu-
dinis, ut obtentu salutis obumbret negotium
voluptatis. His temptationibus cotidie conor
resistere et invoco dexteram tuam et ad te re-
fero aestus meos, quia consilium mihi de hac
re nondum stat.*

Audio vocem iubentis dei mei: »non graven- 31,45 Lk
tur corda vestra in crapula et ebrietate«. Eb- 21, 34
*rietas longe est a me: misereberis, ne adpro-
pinquet mihi. Crapula autem nonnumquam
subrepit servo tuo: misereberis, ut longe fiat* [Ps 39, 12]
a me. »Nemo enim potest esse continens, nisi Weish 8, 21
*tu des«. Multa nobis orantibus tribuis, et quid-
quid boni antequam oraremus accepimus, a
te accepimus; et ut hoc postea cognosceremus,* [I Kor 4, 7]
*a te accepimus. Ebriosus numquam fui, sed
ebriosos a te factos sobrios ego novi. Ergo a
te factum est, ut hoc non essent qui numquam*

gier auf mich lauert. Denn der Übergang selbst ist Lust, und es gibt doch keinen andern als ihn, den zu gehen die Not erzwingt. Auch wenn man nur des Lebens wegen ißt und trinkt, gesellt sich doch als Begleiterin eine gefährliche Wohlempfindung bei, ja sie gewinnt zumeist den Vorsprung, daß nun der Lust wegen das geschieht, wovon ich sage, ja auch möchte, ich täte es nur der Gesundheit wegen.

Auch das Maß ist hier und dort verschieden: denn was zur Gesundheit hinreicht, ist der Lust noch zu wenig, und oft kann man sich fragen, ob noch die notwendige Sorge für den Leib um Hilfe bittet, oder schon die lüstern heuchelnde Genüßlichkeit bedient sein will. Sie hat ihr Vergnügen, die arme Seele, an dieser Ungewißheit und schafft sich gleich den Beistand einer Entschuldigung, sehr erfreut, daß man ja nicht wissen könne, wieviel die Gesundheit als ihr Maß erfordert, und so möchte sie unter dem Vorwand der Leibesdurft das Geschäft der Lust verbergen. Solchen Versuchungen zu widerstehen, bin ich täglich bemüht, und Deine Rechte rufe ich zu meiner Hilfe und vertraue Dir die Unruhe meines Herzens an, da ich in Fragen dieser Art noch kein festes Urteil habe.

Ich höre die Stimme meines Gottes, der mir befiehlt: »Beschwert eure Herzen nicht mit Schwelgerei und Trunksucht«. Trunksucht liegt mir fern; Du wirst Dich erbarmen, daß sie mir nicht nahe. Aber Gaumenlust wandelt zuweilen Deinen Knecht so manchmal an; Du wirst Dich erbarmen, daß sie mir fern bleibe; »niemand ja kann enthaltsam sein, es sei denn, Du gibst es«. Vieles gewährst Du uns auf Gebet hin, und alles Gute, was uns zuteil wird, bevor wir auch nur gebetet hätten, von Dir haben wir es empfangen; und daß wir das hinterher einsahen, auch das haben wir von Dir empfangen. Ein Trinker war ich nie, aber Trinker, die durch Dich zur Nüchternheit gekommen sind, ja, solche kenne ich. Also kam es von Dir,

fuerunt, a quo factum est, ut hoc non semper 31,45
essent qui fuerunt, a quo etiam factum est, ut
scirent utrique a quo factum est.

Audivi aliam vocem tuam: »post concupi- Sir
scentias tuas non eas et a voluptate tua aver- 18, 30
tere.« Audivi et illam ex munere tuo, quam
multum amavi: »neque si manducaverimus, I Kor
abundabimus, neque si non manducaverimus, 8, 8
deerit nobis«; hoc est dicere: nec illa res me
copiosum faciet nec illa aerumnosum. Audivi
et alteram: »ego enim didici, in quibus sum, Phil
sufficiens esse et abundare novi et penuriam 4, 11 ff
pati novi. Omnia possum in eo, qui me con-
fortat.« Ecce miles castrorum caelestium, non
pulvis, quod sumus. Sed memento, domine, Ps
»quia pulvis sumus«, et de pulvere fecisti 102, 14; Gen
hominem, et »perierat et inventus est«. Nec 3, 19 Lk
ille in se potuit, quia idem pulvis fuit, quem 15, 24
talia dicentem adflatu tuae inspirationis ada-
mavi: »omnia possum«, inquit, »in eo qui me Phil
confortat«. Conforta me, ut possim, da quod 4, 13
iubes et iube quod vis. Iste se »accepisse« con-
fitetur et quod »gloriatur in domino gloria- I Kor
tur«. Audivi alium rogantem, ut accipiat: 1, 31
»aufer«, inquit, »a me concupiscentias ven- Sir 23, 6
tris«. Unde adparet, sancte deus meus, te dare,
cum fit quod imperas fieri.

Docuisti me, pater bone: »omnia munda mun- 31,46
dis, sed malum esse homini qui per offensionem Röm
manducat«; et »omnem creaturam tuam bo- 14, 20 I Tim
nam esse nihilque abiciendum, quod cum gra- 4, 4
tiarum actione percipitur«; et quia »esca nos I Kor 8, 8

daß es die nicht sind, die es niemals waren, wie es von Dir kam, daß solche, die es waren, nicht immer Trinker geblieben sind, und von Dir auch kam es, daß die einen wie die andern wissen, von wem es kam.

Ich hörte abermals Deine Stimme: »Deinen Begierden folge nicht und wende dich ab von dem, was dir zur Lust ist«. Ich hörte auch - Deine Gabe ist es - noch eine Stimme, und ich liebe sie sehr: »Wenn wir essen, gewinnen wir nichts, und wenn wir nicht essen, verlieren wir nichts«; das will sagen: das eine macht mich nicht üppig und das andere nicht elend. Und weiter hörte ich: »Ich habe nämlich gelernt, mich zu begnügen mit dem Vorhandenen; ich weiß, im Überfluß zurechtzukommen, und ich weiß, den Mangel zu ertragen. Alles vermag ich in dem, der mich stärkt.« Ja, das ist der Soldat des himmlischen Heerlagers,[61] und nicht Staub, wie wir es sind! Aber sei eingedenk, o Herr, »daß wir Staub sind« und daß Du aus Staub den Menschen gemacht hast und daß »er verloren war und wiedergefunden ward«. Auch ein Paulus, in sich vermochte er es nicht, weil Staub auch er gewesen, den ich so lieb gewann ob solcher Worte, die er dem Hauche Deiner Eingebung verdankt. »Alles vermag ich«, sagt er, »vermag es in dem, der mich stärkt.« Stärke mich, daß ich vermöge! Gib, was Du befiehlst, so befiehl, was Du willst.[62] Ein Paulus gesteht, »empfangen« zu haben, und wo er »sich rühmt, rühmt er sich im Herrn«. Ich hörte einen andern bitten, daß er empfange: »Nimm von mir des Bauches Lust«, sagt er. Und so ist es klar, mein heiliger Gott, daß Du es gibst, wenn geschieht, was Du befohlen, daß es geschehe.

Du hast mich belehrt, guter Vater, daß »den Reinen alles rein ist, aber dennoch vom Übel, wenn ein Mensch durch Essen Anstoß gibt«; und daß »Deine gesamte Schöpfung gut und nichts verwerflich ist, was man mit Danksagung entgegennimmt«; und daß »Speise uns keinen Wert vor

non conmendat deo«, et ut »nemo nos iudicet Kol 2, 16
in cibo aut potu«; et ut »qui manducat non Röm 14, 3
manducantem non spernat, et qui non man-
ducat manducantem non iudicet«. Didici haec,
gratias tibi, laudes tibi, deo meo, magistro meo,
pulsatori aurium mearum, inlustratori cordis
mei: eripe me ab omni temptatione. Non ego
inmunditiam obsonii timeo, sed inmunditiam
cupiditatis. Scio Noe omne carnis genus, quod [Gen 9, 2 f]
cibo esset usui, manducare permissum, Heliam [III Kön 17, 6]
cibo carnis refectum, Iohannem mirabili abs- [Mt 3, 4]
tinentia praeditum animalibus, hoc est locu-
stis in escam cedentibus, non fuisse pollutum:
et scio Esau lenticulae concupiscentia decep- [Gen 25, 34]
tum et David propter aquae desiderium a se [II Kön 23, 15 ff]
ipso reprehensum et regem nostrum non de [Mt 4, 3]
carne, sed de pane temptatum. Ideoque et po-
pulus in heremo non quia carnes desideravit,
sed quia escae desiderio adversus dominum [Num 11]
murmuravit, meruit inprobari.

In his ergo temptationibus positus certo coti- 31, 47
die adversus concupiscentiam manducandi et
bibendi: non enim est quod semel praecidere
et ulterius non attingere decernam, sicut de
concubitu potui. Itaque freni gutturis tem-
perata relaxatione et constrictione tenendi
sunt. Et quis est, domine, qui non rapiatur ali-
quantum extra metas necessitatis? Quisquis
est, magnus est, »magnificet nomen tuum«. Ps 33, 4
Ego autem non sum, »quia peccator homo Lk 5, 8
sum«. Sed et ego magnifico nomen tuum, et
»interpellat te« pro peccatis meis, qui »vicit Röm 8, 34

Gott verleiht«; und daß »niemand über uns richten soll wegen Speise und Trank«; und daß »der, der alles ißt, den nicht verachten soll, der nicht alles ißt, und dieser wieder nicht richten soll über jenen«. Das habe ich gelernt,[63] und Dank Dir, Preis Dir, meinem Gott, meinem Lehrer, der an mein inneres Ohr pocht, und mir das Herz erleuchtet. Mach mich frei von aller Versuchung! Was mich in Furcht setzt, ist nicht Unreinheit des Fleischgenusses, sondern die Unreinheit der Genußgier. Ich weiß, daß dem Noe jede Art von Fleisch, die zur Nahrung dienen kann, zu essen erlaubt war, daß Elias an Fleischnahrung sich stärkte, daß Johannes, dem eine so wunderbare Enthaltungsgabe verliehen war, sich nicht verunreinigte an tierischen Wesen, an den Heuschrecken, die ihm zur Speise dienten. Aber ich weiß auch, daß Esau sich durch die Gier nach Linsenmus betören ließ, daß ein David das Gelüste nach einem Trunk Wasser sich zum Vorwurf machte und daß unser König nicht mit Fleisch, sondern mit Brot versucht ward. So hat sich auch das Volk in der Wüste Strafe nicht deshalb zugezogen, weil es nach Fleisch begehrte, sondern weil es in der Begier nach Speise murrte wider den Herrn.[64]

Solchen Versuchungen ausgesetzt, führe ich einen täglichen Kampf wider das Gelüst nach Essen und Trinken; denn hier geht es nicht, durch Willensentschluß auf einmal abzubrechen und nicht mehr darauf zurückzukommen, wie ich es beim geschlechtlichen Umgang vermochte.[65] Also gilt es, dem Gaumen maßvoll die Zügel bald zu lokkern, bald zu straffen. Und wo wäre, Herr, der Mensch, der nicht um ein kleines über die Grenzen des Notwendigen sich fortreißen ließe? Wenn es einen gibt, er ist groß, »groß mache er Deinen Namen«. Ich bin es nicht, »denn ich bin ein sündiger Mensch«. Aber auch ich mache groß Deinen Namen, und der, der »die Welt überwunden« hat, legt »Fürsprache ein bei Dir« wegen meiner

saeculum«, numerans me inter infirma membra corporis sui, quia et »inperfectum eius viderunt oculi tui, et in libro tuo omnes scribentur«. Jo 16, 33 Ps 138, 16

32, 48 *De inlecebra odorum non satago nimis: cum absunt, non requiro, cum assunt, non respuo, paratus eis etiam semper carere. Ita mihi videor; forsitan fallar. Sunt enim et istae plangendae tenebrae, in quibus me latet facultas mea, quae in me est, ut animus meus de viribus suis ipse se interrogans non facile sibi credendum existimet, quia et quod inest plerumque occultum est, nisi experientia manifestetur, et nemo securus esse debet in ista vita, quae »tota temptatio« nominatur, utrum qui fieri potuit ex deteriore melior, non fiat etiam ex meliore deterior. Una spes, una fiducia, una firma promissio misericordia tua.* Job 7, 1

33, 49 *Voluptates aurium tenacius me inplicaverant et subiugaverant, sed resolvisti et liberasti me. Nunc in sonis, quos animant eloquia tua, cum suavi et artificiosa voce cantantur, fateor, aliquantulum adquiesco, non quidem ut haeream, sed ut surgam, cum volo. Attamen cum ipsis sententiis quibus vivunt ut admittantur ad me, quaerunt in corde meo nonnullius dignitatis locum, et vix eis praebeo congruentem. Aliquando enim plus mihi videor honoris eis tribuere, quam decet, dum ipsis sanctis dictis religiosius et ardentius sentio moveri animos nostros in flamma pietatis, cum ita cantantur,* 33, 49
quam si non ita cantarentur, et omnes affec-

Sünden, mich zählend unter die schwachen Glieder seines Leibes; denn auch was an diesem »unvollkommen ist, sehen Deine Augen, und in Deinem Buch sind alle eingeschrieben«.

An der Lockung von Wohlgerüchen ist mir nicht viel gelegen. Sind sie nicht da, so such ich sie nicht; sind sie da, so verschmäh ich sie nicht, aber ich wäre bereit, sie für immer zu entbehren. So kommt es mir vor; mag sein, daß ich mich täusche. Denn da ist ja - was ich beklage - auch das tiefe Dunkel, worein das Mögliche, das in mir ist, sich verbirgt, so daß mein Geist, wenn er sich selbst befragt über seine Kräfte, nicht leichtlich es wagen möchte, sich selber zu trauen: einmal, weil das, was ihm eigen ist, zumeist verborgen bleibt, bis es durch Erlebnis offenbar wird; dann aber, weil in diesem Leben, das »eine immerwährende Versuchung«[66] genannt wird, sich niemand dessen sicher wähnen darf, ob nicht gleichso, wie aus einem Schlechteren ein Besserer werden konnte, aus dem Besseren auch wieder ein Schlechterer werden möchte. Die einzige Hoffnung, der einzige Verlaß, die einzig sichere Verheißung ist Dein Erbarmen.

Die Freuden des Gehörs hatten mich fester umstrickt und ins Joch gebeugt, aber Du hast mich los und frei gemacht. Noch heute, ich gesteh es, kann ich an den Weisen, die von Deinen Worten durchseelt sind, gern mich ein wenig verruhen, wenn sie von angenehmer, künstlerischer Stimme gesungen werden; nicht als ob ich mich daran verlöre, - ich kann mich darüber erheben, wann immer ich es will. Gleichwohl, da sie eben durch die Wortgedanken, die ihr Leben ausmachen, um den Eingang in mich werben, beanspruchen sie in meinem Herzen einen Platz nach ihrer beträchtlichen Würde, und es fällt mir nicht leicht, ihnen den gemäßen einzuräumen. Mitunter will mir scheinen, ich gäbe den Melodien doch mehr Ehre, als ihnen gebührt. Wohl fühle ich, daß die heiligen Worte selber,

tus spiritus nostri pro sui diversitate habere proprios modos in voce atque cantu, quorum nescio qua occulta familiaritate excitentur. Sed delectatio carnis meae, cui mentem enervandam non oportet dari, saepe me fallit, dum rationi sensus non ita comitatur, ut patienter sit posterior, sed tantum, quia propter illam meruit admitti, etiam praecurrere ac ducere conatur. Ita in his pecco non sentiens, sed postea sentio.

Aliquando autem hanc ipsam fallaciam inmo- 33,50
deratius cavens erro nimia severitate, sed valde interdum, ut melos omne cantilenarum suavium, quibus Davidicum psalterium frequentatur, ab auribus meis removeri velim atque ipsius ecclesiae, tutiusque mihi videtur, quod de Alexandrino episcopo Athanasio saepe dictum mihi conmemini, qui tam modico flexu vocis faciebat sonare lectorem psalmi, ut pronuntianti vicinior esset quam canenti.
Verum tamen cum reminiscor lacrimas meas, quas fudi ad cantus ecclesiae tuae in primordiis recuperatae fidei meae, et nunc ipsum cum moveor non cantu, sed rebus quae cantantur, cum liquida voce et convenientissima modulatione cantantur, magnam instituti huius utilitatem rursus agnosco.
Ita fluctuo inter periculum voluptatis et experimentum salubritatis magisque adducor non quidem inretractabilem sententiam pro-

so gesungen, unser Gemüt inniger und lebhafter in der Flamme der Andacht bewegen, als wenn sie nicht so gesungen würden: finden doch alle Regungen unseres Geistes je nach ihrer besonderen Art auch in Stimme und Gesang ihren eigentümlichen Ausdruck, und ich weiß nicht, durch welch geheimnisvolle Verwandtschaft er den Stimmungen entsprechend hervorkommt. Aber meine Sinnesfreude, der sich der Geist doch nicht zur Verweichlichung ergeben darf, hintergeht mich oft: statt daß der empfindende Sinn sich der Vernunft als Begleiter anschlösse, um geruhig ihr zu folgen, da er doch nur ihretwegen verdient dabeizusein, nimmt er sich heraus, ihr voranzugehen und sie auf seinen Weg zu bringen. So sündige ich hierin ohne Gefühl der Sünde, danach aber fühl' ich es: Sünde!

Manchmal aber, übermäßig auf der Hut vor diesem Trugspiel, fehle ich durch allzugroße Strenge, bisweilen doch so sehr, daß ich all den Wohlklang der köstlichen Weisen, in denen die Psalmen Davids feierlich gesungen werden, von meinem und selbst der Kirche Ohr am liebsten verbannt wüßte. Dann erscheint mir das Verfahren des Bischofs Athanasius von Alexandrien für unbedenklicher: er ließ, wie mir oft erzählt wurde - ich erinnere mich -, den Psalmenlektor mit so gelindem Auf und Ab der Stimme vortragen, daß es mehr einem getragenen Lesen als einem Singen glich.[67] Dennoch, wenn ich meiner Tränen gedenke, die ich damals, in der ersten Zeit meiner Rückkehr zum Glauben,[68] bei den Gesängen Deiner Kirche vergossen habe, und wenn es doch auch heute nicht die Melodien sind, die mich bewegen, sondern die gesungenen Worte, wenn sie mit reiner Stimme im gehörigen Tonfluß gesungen werden, dann ersehe ich wiederum auch den großen Segen dieser Einrichtung.[69]
So schwanke ich hin und her zwischen der Gefahr der Sinneslust und dem Erlebnis heilsamer Wirkung, aber ich

ferens cantandi consuetudinem approbare in 33, 50
ecclesia, ut per oblectamenta aurium infir-
mior animus in affectum pietatis adsurgat.
Tamen cum mihi accidit, ut me amplius can-
tus quam res, quae canitur, moveat, poenali-
ter me peccare confiteor et tunc mallem non
audire cantantem.

Ecce ubi sum! Flete mecum et pro me flete
qui aliquid boni vobiscum intus agitis, unde
facta procedunt. Nam qui non agitis, non
vos haec movent. Tu autem, »domine deus Ps 12, 4
meus, exaudi, respice« et vide et »miserere et Ps 6, 3
sana me«, in cuius oculis mihi quaestio factus
sum, et ipse est languor meus.

Restat voluptas oculorum istorum carnis 34, 51
meae, de qua loquar confessiones, quas au-
diant aures »templi« tui, aures fraternae ac I Kor 3, 17;
piae, ut concludamus temptationes »concu- II Kor 6, 16;
piscentiae carnis«, quae me adhuc pulsant I Jo 2, 16
»ingemescentem« et »habitaculum« meum,
»quod de caelo est, superindui cupientem«. II Kor 5, 2
Pulchras formas et varias, nitidos et amoenos
colores amant oculi. Non teneant haec ani-
mam meam; teneat eam deus, qui fecit haec
»bona quidem valde«, sed ipse est bonum Gen 1, 31
meum, non haec. Et tangunt me vigilantem
totis diebus, nec requies ab eis datur mihi,
sicut datur a vocibus canoris, aliquando ab
omnibus, in silentio. Ipsa enim regina colo-
rum lux ista perfundens cuncta, quae cerni-
mus, ubiubi per diem fuero, multimodo ad-

neige, ohne freilich ein unwiderrufliches Urteil auszusprechen, mehr dahin, den Brauch des Singens in der Kirche gutzuheißen: es sollen die Freuden des Gehörs dem unstarken Gemüt zur höheren Seelenbewegung der Andacht verhelfen. Freilich, wenn es mir geschieht, daß mich das Singen mehr bewegt als das gesungene Wort, so ist es, ich bekenne, meine sträfliche Sünde, und ich möchte dann lieber gar nicht singen hören.

So ist das jetzt mit mir! Weint mit mir, weinet zu Gott für mich, die ihr im Innern um irgend Gutes mit euch zu Rate geht, woraus denn auch solches Handeln hervorgeht; denn euch andere wird so was gar nicht bewegen. Du aber, »Herr, mein Gott, höre und schau auf mich«, sieh doch und »hab' Erbarmen und heile mich«. Unter dem Blick Deiner Augen bin ich mir zur Frage geworden, und das ist mein Elend.

Bleibt noch die Lust dieser Augen meines Fleisches. Und was ich hierüber bekenne, das soll auch das Ohr liebreicher Brüder, Deines »Tempels«, vernehmen; dann aber sei nicht mehr die Rede von den Versuchungen durch »Begierlichkeit des Fleisches«, die noch immer mich bedrängen, der ich »erseufze« und mit meiner »himmlischen Behausung überkleidet zu werden mich sehne«.

Schönheit und Wechsel der Formen, Leuchtkraft und Anmut der Farben liebt das Auge. Aber diese Dinge sollen nicht meine Seele haben; haben soll sie Gott: Er hat das wohl erschaffen, ja »sehr gut« erschaffen, aber Er, nicht das, ist mein Gut. Und den ganzen Tag, solang ich wach bin, treffen mich diese Erscheinungen, und es wird mir keine Ruh vor ihnen, wie ich doch vor Sang und Klang sie habe, ja manchmal vor allen Lauten, wenn es stille ist. Denn der Farben Königin selbst, das irdische Licht, das über alles, was wir sehen, sich ergießt, umkost mich, wo immer ich tagüber bin, in tausendfachem Anfluß, auch

lapsu blanditur mihi aliud agenti et eam non 34,51
advertenti. Insinuat autem se ita vehementer, ut, si repente subtrahatur, cum desiderio requiratur; et si diu absit, contristat animum.

O lux, quam videbat Tobis, cum clausis istis 34,52
oculis filium docebat vitae viam et ei prae- [Tob 4, 2 ff]
ibat pede caritatis nusquam errans; aut quam videbat Isaac praegravatis et opertis senec-
tute carneis luminibus, cum filios non agno- [Gen 27]
scendo benedicere, sed benedicendo agno-
scere meruit; aut quam videbat Iacob, cum [Gen 48, 8-20]
et ipse prae grandi aetate captus oculis in filiis praesignata futuri populi genera luminoso corde radiavit et nepotibus suis ex Ioseph divexas mystice manus, non sicut pater eorum foris corrigebat, sed sicut ipse intus discernebat, imposuit. Ipsa est lux, una est et unum omnes, qui vident et amant eam.

At ista corporalis, de qua loquebar, inlecebrosa ac periculosa dulcedine condit vitam saeculi caecis amatoribus. Qui autem et de
ipsa laudare te norunt, »deus creator om- Ambr Hymn
nium«, assumunt eam in hymno tuo, non assumuntur ab ea in somno suo: sic esse cupio. Resisto seductionibus oculorum, ne inplicentur pedes mei, quibus ingredior viam tuam,
et erigo ad te invisibiles oculos, ut tu »evel- Ps 24, 15
las de laqueo pedes meos«. Tu subinde evellis eos, nam inlaqueantur. Tu non cessas evellere, ego autem crebro haereo in ubique spar-
sis insidiis, quoniam »non dormies neque dor- Ps 120, 4
mitabis, qui custodis Israel«.

wenn ich, mit anderm beschäftigt, seiner gar nicht achte, aber es schmeichelt mit solcher Kraft sich ein, daß es, plötzlich fortgenommen, sehnlich wieder gerufen wird; und bleibt es lange aus, so legt sich Schwere aufs Gemüt.

O Licht, das Tobias schaute, da er, blinden Auges, dem Sohn den Weg des Lebens wies und ihm ohne Irren mit dem Schritt der Liebe voranging; - das Isaak schaute, die Lichter seines Leibes vor Alter übermatt und schon verhangen, da ihm vergönnt war, seine Söhne, sie nicht erkennend, zu segnen, aber segnend sie zu erkennen; - das Jakob schaute, als er, auch er vor hohem Alter schon nachtenden Auges, dank dem Licht im Innern schon die in den Söhnen vorbedeuteten Stämme des künftigen Volkes erscheinen sah und seinen Enkeln aus Joseph die Hände auflegte, aber die Arme übers Kreuz, also nicht wie der Söhne Vater, in seinem Draußen zusehend, ihn berichtigen wollte, sondern wie er selbst in seinem Innern zu unterscheiden wußte. Ja, das ist das Licht! Nur eines ist es, und eins sind alle, die es sehen und es lieben.[70]

Aber das stoffliche Licht hier, von dem ich sprach, hat eine lockende, gefährliche Süße, die dem blinden Weltling das Leben so schmackhaft macht. Die aber - auch um seinetwillen - Dich, »o Gott, Du Schöpfer aller Welt«[71], zu loben wissen, nehmen es auf im Hymnus auf Dich. sie lassen sich von ihm nicht hinnehmen in einem Schlaf ihrer Seele.[72] So wünsche ich mir zu sein. Ich widersetze mich den Verführungen durch die Augen, damit meine Füße, mit denen ich meinen Weg zu Dir gehe, sich nicht verfangen, und ich erhebe unsichtbare Augen zu Dir, auf daß Du, ja Du »vom Strick losmachest meine Füße«. Du bist es, der nach und nach sie losmachen wird; denn sie verstricken sich. Du bist es, der sie immer wieder losmacht, und ich, ich hänge ein ums andre Mal in den allerwärts verstreuten Schlingen; Du aber, »Wächter Israels, schlummerst nicht und schläfst nicht«.

Quam innumerabilia variis artibus et opi- 34,53
ficiis in vestibus, calciamentis, vasis et cuius-
cemodi fabricationibus, picturis etiam diver-
sisque figmentis atque his usum necessarium
atque moderatum et piam significationem
longe transgredientibus addiderunt homines
ad inlecebras oculorum, foras sequentes quod
faciunt, intus relinquentes a quo facti sunt
et exterminantes quod facti sunt.

At ego, deus meus et decus meum, etiam hinc
tibi dico hymnum et sacrifico laudem sacri-
ficatori meo, quoniam pulchra traiecta per
animas in manus artificiosas ab illa pulchri-
tudine veniunt, quae super animas est, cui
suspirat anima mea »die ac nocte«. Sed pul- Ps 1, 2
chritudinum exteriorum operatores et secta-
tores inde trahunt adprobandi modum, non
autem inde trahunt utendi modum. Et ibi est
et non vident eum, ut non eant longius et
»fortitudinem suam ad te custodiant« nec Ps 58, 10
eam spargant in deliciosas lassitudines.

Ego autem haec loquens atque discernens
etiam istis pulchris gressum innecto, sed tu
evellis, domine, evellis tu, »quoniam miseri- Ps 25, 3
cordia tua ante oculos meos est«. Nam ego
capior miserabiliter, et tu evelles misericor-
diter aliquando non sentientem, quia suspen-
sius incideram, aliquando cum dolore, quia
iam inhaeseram.

Huc accedit alia forma temptationis mul- 35,54
tiplicius periculosa. Praeter enim »concu- I Jo 2, 16

Um wie Vieles, Unzähliges haben doch die Menschen die Dinge der Augenlust durch allerlei Kunst und Handwerk vermehrt, so an Kleidern und Schuhzeug, Geschirr und Hausrat aller Art,[73] auch an Malereien und Plastiken in reicher Abwechslung, und das alles weit hinaus über den notwendigen und maßvollen Bedarf und ohne jeden Sinnbezug auf Religion: ja draußen laufen sie dem nach, was sie selber sich schaffen, und drinnen geben sie Den auf, von dem sie geschaffen sind, und lassen das verkommen, als was sie geschaffen sind.[74]

Aber ich, mein Gott und meine Zier - auch um dieser Dinge willen stimme ich Dir mein Preislied an und weihe heiliges Lob meinem Heiliger. Denn was an Schönem auf dem Weg durch die Seele überwirkt auf die kunstvermögenden Hände, stammt von jener Schönheit, der erhabenen über den Seelen,[75] nach der meine Seele seufzt »bei Tag und bei Nacht«. Von dort her nehmen die Bildner und die Liebhaber äußerlicher Schönheiten wohl das Maß des guten Urteils,[76] aber sie nehmen nicht dorther auch das Maß des guten Gebrauchs. Und doch ist es dort, und sie sehen es nicht: sonst schweiften sie nicht ins Weite und »gäben ihre Kraft in Deine Hut«, statt sie in den feinen Strapazen des Luxus zu vergeuden.[77]

Ich selbst, der ich das sage und zu scheiden weiß, auch ich verfange mich auf meinem Weg in diesen schönen Dingen; aber Du, Herr, machst mich los davon, ja Du machst mich los, »weil Dein Erbarmen mir voranleuchtet«. Denn ich, wie ich bin, lasse mich erbärmlich fangen, aber Du machst erbarmend mich los, bald ohne daß ich es merke, weil ich nur leicht gestrauchelt war, bald zum Schmerz für mich, weil ich bereits mich verhangen hatte.

Dazu kommt eine andere Form der Versuchung, die au versteckterе Weise gefährlich ist. Außer der »Begierlich-

piscentiam carnis«, quae inest in delectatione 35, 54
omnium sensuum et voluptatum, cui servien-
tes depereunt qui longe se faciunt a te, inest [Ps 118, 150]
animae per eosdem sensus corporis quaedam
non se oblectandi in carne, sed experiendi per
carnem vana et curiosa cupiditas nomine
cognitionis et scientiae palliata. Quae quon-
iam in appetitu noscendi est, oculi autem
sunt ad noscendum in sensibus principes,
»concupiscentia oculorum« eloquio divino I Jo 2, 16
adpellata est.

Ad oculos enim videre proprie pertinet. Uti-
mur autem hoc verbo etiam in ceteris sensi-
bus, cum eos ad cognoscendum intendimus.
Neque enim dicimus: „audi quid rutilet",
aut: „olefac quam niteat", aut: „gusta quam
splendeat", aut: „palpa quam fulgeat": ‚vi-
deri' enim dicuntur haec omnia. Dicimus
autem non solum: „vide quid luceat", quod
soli oculi sentire possunt, sed etiam: „vide
quid sonet, vide quid oleat, vide quid sapiat,
vide quam durum sit".

Ideoque generalis experientia sensuum »con- I Jo 2, 16
cupiscentia«, sicut dictum est, »oculorum«
vocatur, quia videndi officium, in quo pri-
matum oculi tenent, etiam ceteri sensus sibi
de similitudine usurpant, cum aliquid cogni-
tionis explorant.

Ex hoc autem evidentius discernitur, quid 35, 55
voluptatis, quid curiositatis agatur per sen-
sus, quod voluptas pulchra, canora, suavia,
sapida, lenia sectatur, curiositas autem etiam

keit des Fleisches«, die allen sinnlichen Freuungen und Genüssen zugrunde liegt und denen, die sich von Dir zurückziehen, um ihre Knechte zu werden, nur Verderben bringt, wohnt in der Seele noch eine andere Art von Begier. Durch die gleichen Sinne des Leibes will sie zwar nicht im Fleische ihre Lust haben, aber durch das Mittel des Fleisches Erfahrung machen: sie bemäntelt ihren hohlen Fürwitz mit dem Namen Erkenntnis und Wissenschaft. Da sie auf dem Erkenntnistrieb beruht und zum Erkennen an erster Stelle unter den Sinnen die Augen da sind, ist sie durch göttlichen Ausspruch »Begierlichkeit der Augen« genannt worden.[78]

Das Sehen ist nur dem Auge eigentümlich. Wir gebrauchen aber dieses Wort auch von den andern Sinnen, wenn wir sie auf das Erkennen richten. Wir sagen ja nicht „horch, was da schimmert", oder „riech nur, wie es glänzt", oder „schmeck doch, wie es leuchtet", oder „fühl an, wie hell es ist". Für all diese Eindrücke gebrauchen wir das ‚Sehen'. Dagegen sagen wir nicht nur „schau, was da leuchtet", sondern auch „schau nur, was für ein Lärm; schau nur, welcher Geruch; schau nur, was für ein Geschmack; schau nur, wie hart das ist".

Sonach wird alle Erfahrung überhaupt, wie gesagt, als »Begierlichkeit der Augen« bezeichnet, weil auch die andern Sinne, wenn sie auf ihren Gegenstand erkenntnishaft eingehen, vergleichsweise das Amt des Sehens ausüben, das eigentlich und erstlich nur den Augen zukommt.

Daraus ergibt sich deutlich genug der Unterschied zwischen dem Gebrauch der Sinne zur Lust und dem zum Fürwitz: die Lust geht auf das Schöne aus, das Wohlklingende, Duftende, Schmackhafte, lindig zu Befühlende, der Fürwitz aber, probierenshalber, auch aufs Gegenteil

his contraria temptandi causa non ad subeundam molestiam, sed experiendi noscendique libidine. 35, 55

Quid enim voluptatis habet videre in laniato cadavere quod exhorreas? Et tamen sicubi iaceat, concurrunt, ut contristentur, ut palleant. Timent etiam, ne in somnis hoc videant, quasi quisquam eos vigilantes videre coegerit aut pulchritudinis ulla fama persuaserit.

Ita et in ceteris sensibus, quae persequi longum est. Ex hoc morbo cupiditatis in spectaculis exhibentur quaeque miracula. Hinc ad perscrutanda naturae, quae praeter nos est, operta proceditur, quae scire nihil prodest et nihil aliud quam scire homines cupiunt. Hinc etiam, si quid eodem perversae scientiae fine per artes magicas quaeritur. Hinc etiam in ipsa religione deus temptatur, cum signa et prodigia flagitantur non ad aliquam salutem, sed ad solam experientiam desiderata.

In hac tam immensa silva plena insidiarum 35, 56
et periculorum ecce multa praeciderim et a meo corde dispulerim, sicuti donasti me facere,
cere, »deus salutis meae«; attamen quando Ps 17, 47
audeo dicere, cum circumquaque cotidianam vitam nostram tam multa huius generis rerum circumstrepant, quando audeo dicere nulla re tali me intentum fieri ad spectandum et vana cura capiendum?

Sane me iam theatra non rapiunt, nec curo nosse transitus siderum, nec anima mea um-

davon, nicht um Widerwärtiges auf sich zu nehmen, sondern aus dem Gelüst, zu erfahren und kennen zu lernen.

Was Lust auch wäre dabei, einen zerfleischten Leichnam mit all seinem Grauen zu betrachten? Und doch, wenn irgendwo einer liegt, laufen sie hin, um sich zu entsetzen, zu erbleichen. Sie fürchten sogar, davon zu träumen, - grad als hätte im Wachen einer sie gezwungen hinzusehen oder eine noch so leise Kunde von was Schönem sie dazu bewogen.

So auch bei den übrigen Sinnen; das auszuführen ginge zu weit. Es ist diese krankhafte Neugier, für die man im Theater all die Sensationen zeigt. Sie ist es, die dazu verleitet, das Verborgene der Natur, die außer uns ist, zu erforschen, das zu wissen für nichts gut und der Mensch eben nur zu wissen begierig ist. Von ihr auch rührt es her, wenn man in gleicher Absicht auf Aberwissen Fragen stellt durch Künste der Magie. Von da her rührt es auch, wenn selbst in der Religion Gott versucht wird, indem man Zeichen und Wunder fordert, die man nicht herbeiwünscht um irgendeiner heilsamen Wirkung willen,[79] sondern einzig, weil man sie erlebt haben will.

In diesem ungeheuerlichen Walde voll lauernder Gefahr - sieh, schon mag ich manchen Hieb getan, manches aus meinem Herzen hinausgeworfen haben, wozu mir Du, »Gott meines Heils«, die Kraft gabst: dennoch, wann darf ich es zu sagen wagen - denn allerwärts schwirrt es von Dingen dieser Art um unser Leben Tag für Tag - wann werde ich sagen dürfen, daß nun nichts dergleichen mich noch ziehe, es anzuschauen und mit nichtiger Wichtigkeit drauf einzugehen?

Gewiß, die Theaterleidenschaft ist vorbei,[80] es liegt mir nichts daran, den Durchgang der Sterne zu wissen,[81] und

quam responsa quaesivit umbrarum; omnia 35,56
sacrilega sacramenta detestor. A te, domine
deus meus, cui humilem famulatum ac sim-
plicem debeo, quantis mecum suggestionum
machinationibus agit inimicus ut »signum ali- Mt 16, 4
quod petam«! Sed obsecro te per regem no-
strum et patriam Hierusalem simplicem, ca-
stam, ut quemadmodum a me longe est ista
consensio, ita sit semper longe atque longius.
Pro salute autem cuiusquam cum te rogo,
alius multum differens finis est intentionis
meae, et te facientem quod vis das mihi et
dabis libenter sequi.

Verum tamen in quam multis minutissimis 35,57
et contemtibilibus rebus curiositas cotidie
nostra temtetur et quam saepe labamur, quis
enumerat? Quotiens narrantes inania primo
quasi toleramus, ne offendamus infirmos,
deinde paulatim libenter advertimus. Canem
currentem post leporem iam non specto, cum
in circo fit; at vero in agro, si casu transeam,
avertit me fortassis et ab aliqua magna cogi-
tatione atque ad se convertit illa venatio, non
deviare cogens corpore iumenti, sed cordis
inclinatione, et nisi iam mihi demonstrata in-
firmitate mea cito admoneas aut ex ipsa vi-
sione per aliquam considerationem in te ad-
surgere aut totum contemnere atque transire,
vanus hebesco.

Quid cum me domi sedentem stelio muscas
captans vel aranea retibus suis inruentes in-
plicans saepe intentum facit? Num quia par-

Schatten zu beschwören ist meiner Seele nie eingefallen; all die sakrilegischen Sakramente sind mir ein Abscheu.[82] Freilich, mit welchen Künsten der Eingebung treibt es der Feind mit mir: ich solle von Dir, Herr, mein Gott, dem ich doch den Dienst in Demut und Einfalt schulde, irgend »ein Zeichen fordern«! Aber ich beschwöre Dich bei unserm König und dem ewigen Jerusalem, unserer Heimat ohne Arg und Makel: wie es heute mir fern liegt, darein zu willigen, so laß es immer fern und ferner sein. Wenn ich aber für jemands Heil Dich darum bitte, so geht meine Absicht auf ein anderes, sehr verschiedenes Ziel, und Du, der Du tust, was Deines Willens ist, gibst und wirst mir geben, daß ich mich gern Dir füge.

Wer möcht es aber zählen, wie viele lächerlich geringe Anlässe unserm Fürwitz tagtäglich zur Versuchung werden und wie oft wir dabei auch straucheln! Wie manchmal lassen wir uns Alltagsschwätzer anfangs, möcht ich sagen, aus Duldsamkeit gefallen, nur um die Leutchen nicht zu kränken, und so allmählich hören wir der Erzählerei recht gerne zu. Wie ein Hund einen Hasen hetzt, das schaue ich mir im Zirkus freilich nicht mehr an; aber wenn ich es zufällig im Vorbeikommen im offenen Felde sehe, so fesselt mich ein solches Jagen, es bringt mich vielleicht aus einem wichtigen Gedankengang, und zwingt es mich auch nicht, den Weg, den mein Reittier mich trägt, zu verlassen, so doch die Richtung meines Herzens; und blöde starr ich so hin, es sei denn, Du gibst mir im Bewußtwerden meiner Schwäche sogleich einen Wink, ich solle durch ein tieferes Nachdenken, das dem Anblick selbst entspringt, mich zu Dir erheben oder den ganzen Vorgang nicht beachten und darüber weggehen.

Was soll's? Oft wenn ich zu Hause sitze, kann ich gespannt einer Eidechse zuschauen, wie sie Fliegen fängt, einer Spinne, die sie umwickelt, wenn sie ihr ins Netz geraten

va sunt animalia, ideo non res eadem geritur? 35, 57
Pergo inde ad laudandum te, creatorem mirificum atque ordinatorem rerum omnium, sed non inde intentus esse incipio. Aliud est cito surgere, aliud est non cadere.

Et talibus vita mea plena est et una spes mea magna valde misericordia tua. Cum enim huiuscemodi rerum conceptaculum fit cor nostrum et portat copiosae vanitatis catervas, hinc et orationes nostrae saepe interrumpuntur atque turbantur, et ante conspectum tuum, dum ad aures tuas vocem cordis intendimus, nescio unde inruentibus nugatoriis cogitationibus res tanta praeciditur.

Numquid etiam hoc inter contemnenda de- 36, 58
putabimus aut aliquid nos reducet in spem
nisi nota misericordia tua, quoniam coepisti
mutare nos? Et tu scis, quanta ex parte muta-
veris, qui me primitus sanas a libidine vindi-
candi me, ut »propitius fias etiam ceteris Ps 102, 3 ff
omnibus iniquitatibus meis et sanes omnes
languores meos et redimas de corruptione vi-
tam meam et corones me in miseratione et
misericordia et saties in bonis desiderium
meum«, qui conpressisti a timore tuo super-
biam meam et mansuefecisti iugo tuo cer-
vicem meam. Et nunc porto illud, et lene est [Mt 11, 30;
mihi, quoniam sic promisisti et fecisti; et vere 1 Jo
sic erat, et nesciebam, quando id subire me- 5, 3]
tuebam.

Sed numquid, domine, qui solus sine tyfo do- 36, 59

sind. Kleine Tierchen, gewiß, aber ist die Sache nicht die gleiche? Wohl gehe ich von solchen Eindrücken dazu über, Dich zu preisen, wundergroßer Schöpfer und Ordner der Dinge all und all, aber das war nicht von Anfang gleich der Grund, mich ihnen hinzugeben. Ein anderes ist es, schnell wieder hochzukommen, ein anderes, überhaupt nicht zu fallen.

Von solchen Erfahrungen ist mein Leben voll, und meine einzige Hoffnung ist Dein großes, großes Erbarmen. Denn wenn unser Herz zum Speicher für derlei Dinge wird und ein dichtes Geschwirr von Nichtigkeiten mit sich herumträgt, so zerreißt und verwirrt dies oft auch unsere Gebete, und vor Deinem Angesicht wird, indes wir zu Deinem Ohr die Stimme des Herzens erheben, durch dummes Zeug, das, wer weiß woher, uns einfällt, die erhabene Sache vernichtigt.

Soll ich auch dies zu den Bagatellen rechnen? Und was andres wird mir wieder Hoffnung geben als Dein offenbar gewordenes Erbarmen, - da Du ja begonnen hast mich umzuwandeln.[83] In welchem Maße Du mich gewandelt hast, Du weißt es. Du hast mich zuerst von der Sucht geheilt, mich selber zu rechtfertigen,[84] um daraufhin mir »gnädig zu werden auch in all meiner andern Sündhaftigkeit, und all meine Schwächen zu heilen, und mein Leben vor dem Untergang zu retten, und mich zu krönen mit Huld und Erbarmen, und mein Verlangen zu stillen an Deinen Gütern«. Durch die Furcht vor Dir[85] hast Du meinen Hochmut gebeugt und meinen Nacken an Dein Joch gewöhnt.[86] Nun trag ich es, und es ist mir sanft; so hast Du ja verheißen, so hast Du auch getan; wahrhaftig, so ist es immer schon gewesen, aber ich wußte es nicht, damals, als ich mich noch fürchtete, es aufzunehmen.

Aber, das frage ich, Herr, der Du allein ohne Überhebung

minaris, quia »solus verus dominus es«, qui Is 37, 20
non habes dominum, numquid hoc quoque tertium temtationis genus cessavit a me aut cessare in hac tota vita potest, timeri et amari velle ab hominibus non propter aliud, sed ut inde sit gaudium, quod non est gaudium? Misera vita est et foeda iactantia. Hinc fit vel maxime non amare te nec caste timere te,
ideoque »tu superbis resistis, humilibus autem I Petr 5, 5;
das gratiam« et »intonas« super ambitiones Jak 4, 6 Ps
saeculi, et contremunt »fundamenta mon- 17, 14. 8
tium«.

Itaque nobis, quoniam propter quaedam humanae societatis officia necessarium est amari et timeri ab hominibus, instat adversarius verae beatitudinis nostrae ubique spargens in
laqueis »euge, euge«, ut, dum avide colligi- Ps 69, 4 u. a.
mus, incaute capiamur et a veritate tua gaudium nostrum deponamus atque in hominum fallacia ponamus, libeatque nos amari et timeri non propter te, sed pro te, atque isto modo sui similes factos secum habeat non ad concordiam caritatis, sed ad consortium sup-
plicii, qui statuit sedem suam ponere in aqui- [Is 14, 13]
lone, ut te perversa et distorta via imitanti tenebrosi frigidique servirent.

Nos autem, domine, »pusillus grex« tuus ecce Lk 12, 32
sumus, tu nos posside. Praetende alas tuas, et fugiamus sub eas. Gloria nostra tu esto; propter te amemur et verbum tuum timeatur in nobis. Qui laudari vult ab hominibus vitu-

herrschest, weil Du »allein der wahre Herr bist«, der Du selber keinen Herrn hast, ich frage, ob auch jene dritte Art von Versuchung von mir gewichen ist oder je in diesem Leben weichen kann, der Wunsch, von den Menschen gefürchtet und geliebt zu werden, aber allein nur wegen der Freude daran, die - keine Freude ist. Erbärmliches Leben ist es, gemeines Sichgroßmachen. Daher vor allem kommt es, daß man Dich nicht liebt und auch nicht in frommer Scheu Dich fürchtet.[87] Und darum ist es so bei Dir: »Den Hoffärtigen widerstehest Du, den Demütigen aber gibst Du Gnade« und »lässest Deinen Donner grollen« über die Ehrsüchte der Welt, und es erbeben »die Berge[88] bis in ihren Grund«.

Uns aber - bei Pflichtverhältnissen im Leben der Gesellschaft ist es nun einmal notwendig, von den Menschen geliebt oder auch gefürchtet zu werden - uns ist gleich der Widersacher unseres wahren Glücks an der Seite und legt uns mit seinem »Recht so, recht so« überall die Schlingen des Beifalls aus: den Köder gierig haschend sollen wir unversehens gefangen werden; sollen unsere Freude nicht mehr an Deine Wahrheit binden, lieber im Unverlaß der Menschen finden; es soll uns gefallen, daß wir geliebt und gefürchtet sind, aber nicht mehr Deinetwegen, sondern wir an Deiner Statt; sollen, dieserweise ihm ähnlich geworden, auch ganz die seinen werden, nicht für einen Liebesbund, sondern zur Mitleidenschaft an seiner Qual, der Strafe dessen, der beschlossen hat, seinen Thron gegen Mitternacht aufzuschlagen, auf daß wir ihm, der auf seine Weise, verartet und tausendlistig, Dir es nachtun möchte, in der Finsternis und Kälte dienen.[89]

Wir aber, Herr, sieh doch, Deine »kleine Herde« sind wir, und Du sollst uns besitzen. Breite Deine Flügel aus, und wir wollen darunter flüchten. Unser Ruhm sei Du! Deinetwegen wollen wir geliebt sein, und Dein Wort soll es sein, das man in Furcht an uns ehre. Wer gelobt sein will von

perante te, non defendetur ab hominibus 36,59
iudicante te nec eripietur damnante te.
Cum autem non »peccator laudatur in deside- Ps 9, 24
riis animae suae, nec qui iniqua gerit benedi-
citur«, sed laudatur homo propter aliquod do-
num, quod dedisti ei, at ille plus gaudet sibi
laudari se quam ipsum donum habere, unde
laudatur, etiam iste te vituperante laudatur,
et melior iam ille, qui laudavit, quam iste, qui
laudatus est. Illi enim placuit in homine do-
num dei, huic amplius placuit donum hominis
quam dei.

Temtamur his temtationibus cotidie, domi- 37,60
ne, sine cessatione temtamur. Cotidiana for-
nax nostra est humana lingua. Imperas nobis
et in hoc genere continentiam: da quod iubes
et iube quod vis. Tu nosti de hac re ad te »ge- Ps 37, 9
mitum cordis mei« et flumina oculorum meo-
rum. Neque enim facile colligo, quam sim ab
ista peste mundatior, et multum timeo »oc- Ps 18, 13
culta mea«, quae norunt oculi tui, mei autem
non. Est enim qualiscumque in aliis generibus
temtationum mihi facultas explorandi me, in
hoc paene nulla est. Nam et a voluptatibus
carnis et a curiositate supervacanea cogno-
scendi video quantum assecutus sim posse re-
frenare animum meum, cum eis rebus careo
vel voluntate vel cum absunt. Tunc enim me
interrogo, quam magis minusve mihi mo-
lestum sit non habere.
Divitiae vero, quae ob hoc expetuntur, ut

Menschen, wo Du tadelst, den werden Menschen nicht verteidigen, wenn Du ihn richtest, und keiner wird ihn retten, wenn Du ihn verdammst.

Allerdings wird nicht »der Sünder gelobt ob der Gelüste seiner Seele, nicht gepriesen, der auf Übles sinnt«, sondern gelobt wird der Mensch einer Gabe wegen, die Du ihm verliehen hast: aber wenn es einem die größere Freude ist, daß er Lob empfange, als daß er die Gabe selbst besitze, die ihm Lob einträgt, so läßt auch er zu Deinem Mißfallen sich loben, und besser ist da jener, der gelobt hat, als dieser, der gelobt worden ist. Denn was dem einen an dem Menschen gefallen hat, ist ja die Gabe Gottes; was dem andern mehr gefallen hat, ist nicht Gottes, sondern des Menschen Gabe.

Wir werden, Herr, von solchen Versuchungen Tag für Tag versucht, ohne Unterlaß werden wir versucht. Unser tägliches Prüfungsfeuer ist des Menschen Zunge.[90] Auch in dieser Anfechtung forderst Du Beherrschung von uns: gib, was Du befiehlst, so befiehl, was Du willst. Du kennst da »meines Herzens Seufzen« zu Dir und den Tränenguß meiner Augen. Ich könnte auch schwerlich sagen, wieweit ich von dieser Pest vielleicht schon genesen bin, und ich fürchte »meine unbewußten Sünden«,[91] die Deinen Augen offenbar sind, aber nicht den meinen. Bei den andern Arten von Versuchung habe ich irgendwie die Möglichkeit, über mich klar zu werden, bei dieser einen so gut wie nicht. Denn wie weit ich es darin gebracht habe, meinen Geist vor den sinnlichen Lüsten und sinnloser Wißgier im Zaum zu halten, das zeigt sich mir beim Nichthaben der hierauf bezüglichen Dinge, sei es, daß ich mit Willen auf sie verzichte, sei es, daß sie eben nicht da sind. Ich brauche mich dann nur zu fragen, wie schwer oder wie leicht es mir fällt, sie nicht zu haben.

Was aber den Reichtum angeht, den man zu dem Zweck

alicui trium istarum cupiditatum vel duabus 37,60
earum vel omnibus serviant, si persentiscere non potest animus, utrum eas habens contemnat, possunt et dimitti, ut se probet.

Laude vero ut careamus atque in eo experiamur, quid possumus, numquid male vivendum est et tam perdite atque immaniter, ut nemo nos noverit, qui non detestetur? Quae maior dementia dici aut cogitari potest? At si bonae vitae bonorumque operum comes et solet et debet esse laudatio, tam comitatum eius quam ipsam bonam vitam deseri non oportet. Non autem sentio, sine quo esse aut aequo animo aut aegre possim, nisi cum afuerit.

Quid igitur tibi in hoc genere temptationis, 37,61
domine, confiteor? Quid, nisi delectari me laudibus? Sed amplius ipsa veritate quam laudibus. Nam si mihi proponatur, utrum malim furens aut in omnibus rebus errans ab omnibus hominibus laudari an constans et in veritate certissimus ab omnibus vituperari, video quid eligam. Verum tamen nollem, ut vel augeret mihi gaudium cuiuslibet boni mei suffragatio oris alieni. Sed auget, fateor, non solum, sed et vituperatio minuit.

Et cum ista miseria mea perturbor, subintrat mihi excusatio, quae qualis sit, tu scis, deus; nam me incertum facit. Quia enim nobis imperasti non tantum continentiam, id est a quibus rebus amorem cohibeamus, verum etiam iustitiam, id est quo eum conferamus, nec te tantum voluisti a nobis verum etiam

erstrebt, daß er einer jener drei Weltlüste oder zweien davon oder allen zumal dienen soll, so kann man, wenn anders der Geist nicht durchspürt, ob er besitzend den Besitz auch zu verachten imstande sei, sich auch von ihm trennen, damit er wisse, der Geist, woran er mit sich ist.
Was aber das Lob betrifft: damit wir seiner doch ganz ledig würden und hierin die Kraft unseres Verzichts erführen, - soll man dafür ein schlechtes Leben führen, so verkommen und verrucht, daß jeder, der uns kennt, uns auch verabscheut? Was ließe sich Verrückteres behaupten, auch nur denken! Wenn aber gutes Leben und gutes Handeln zum Begleiter gewöhnlich das Lob hat und auch haben soll, so darf man dieses Geleit so wenig preisgeben wie das gute Leben selbst. Ob ich nun das Nichthaben einer Sache gleichmütig oder nur schmerzlich ertragen kann, erfahre ich erst in der Beraubung.
Was also soll ich bei dieser Art von Versuchung, Herr, Dir bekennen? Ja, was sonst, als daß mich Lob erfreut? Allerdings die Wahrheit noch mehr als das Lob. Denn vor die Wahl gestellt, bei einem tollen Leben oder jeder Art von Irrung das Lob aller Welt zu haben, oder als Mensch der Stete und des festen Standes in der Wahrheit den allgemeinen Tadel, ich weiß, was ich mir wählte. Gleichwohl, es bleibt mir noch zu wünschen, es möchte Beifall aus fremdem Munde auch nicht meine Freude über etwelches Gute an mir erhöhen. Aber, ich gesteh es, sie erhöht sich, nicht nur dies, sondern Tadel stimmt mich herab.
Und wenn mich diese meine Armseligkeit beunruhigt, so stellt sich unversehens eine Entschuldigung ein. Was sie wert ist, Du, Herr, weißt es; mich läßt sie im Ungewissen. Denn - Du hast uns nicht nur die Enthaltsamkeit geboten, das heißt, wovor wir unsere Liebe abschränken sollen, auch die Gerechtigkeit, das heißt, worauf wir die Liebe richten sollen, und hast nicht gewollt, daß wir Dich allein, sondern daß wir auch den Nächsten lieben: so scheint es

proximum diligi, saepe mihi videor de pro- 37,61
vectu aut spe proximi delectari, cum bene intellegentis laude delector, et rursus eius malo contristari, cum eum audio vituperare quod aut ignorat aut bonum est.

Nam et contristor aliquando laudibus meis, cum vel ea laudantur in me, in quibus mihi ipse displiceo, vel etiam bona minora et levia pluris aestimantur, quam ąestimanda sunt. Sed rursus unde scio, an propterea sic afficior, quia nolo de me ipso a me dissentire laudatorem meum, non quia illius utilitate moveor, sed quia eadem bona, quae mihi in me placent, iucundiora mihi sunt, cum et alteri placent? Quodam modo enim non ego laudor, cum de me sententia mea non laudatur, quandoquidem aut illa laudantur, quae mihi displicent, aut illa amplius, quae mihi minus placent. Ergone de hoc incertus sum mei?

Ecce in te, veritas, video non me laudibus 37,62
meis propter me, sed propter proximi utilitatem moveri oportere. Et utrum ita sim, nescio. Minus mihi in hac re notus sum ipse quam tu. Obsecro te, deus meus, et me ipsum mihi indica, ut confitear oraturis pro me fratribus meis, quod in me saucium conpero. Iterum me diligentius interrogem. Si utilitate proximi moveor in laudibus meis, cur minus moveor, si quisquam alius iniuste vituperetur quam si ego? Cur ea contumelia magis mordeor, quae in me quam quae in

mir oft, wenn das Lob eines richtig Verstehenden mich freut, ich freute mich über des Nächsten fortgeschrittene oder weiter noch zu hoffende Einsicht,[92] und umgekehrt, es verstimme mich am Tadler nur sein Unrecht, wenn ich höre, wie er verneint, was er nicht versteht oder was recht so und gut ist.

Denn manchmal kann auch Lob, das man mir sagt, mich verstimmen, wenn man etwas lobt an mir, worin ich selbst mir mißfalle, oder kleine, belanglose Vorzüge über Gebühr Schätzung finden. Wiederum, wie kann ich wissen, ob ich nicht deshalb verstimmt bin, weil ich nicht dulde, daß mein Lobredner anders über mich urteilt als ich selbst, - nicht als bewegte mich dabei der Gedanke an sein Bestes, sondern doch deshalb, weil mich das Gute, das mir an mir gefällt, noch inniger freut, wenn es auch einem andern gefällt? In gewissem Sinn nämlich bin nicht ich es, der gelobt wird, wenn mein Urteil über mich nicht gelobt wird, weil dann entweder das gelobt wird, was mir mißfällt, oder das zu sehr, was mir weniger gefällt. Bin ich also in dieser Sache nicht im Ungewissen über mich?

Aber siehe, in Dir, o Wahrheit, erkenne ich, daß mich Lob nicht meinetwegen, nur in Rücksicht auf das Wohl des Nächsten bewegen dürfe. Und ob das bei mir so ist, weiß ich nicht. Hierin bin ich selbst mir weniger bekannt, als Du mir bist.[93] Ich beschwöre Dich, mein Gott, enthülle mir auch mich selbst, damit ich den Brüdern, die für mich beten sollen,[94] die wunde Stelle eingestehe, die mir alsdann offenbar sein wird. Ich will mich nocheinmal, noch genauer ins Verhör nehmen. Wenn es nur das Wohl des Nächsten ist, was mich bei Lob auf mich bewegt, warum bewegt es mich dann weniger, wenn es ein anderer ist, der zu Unrecht getadelt wird, als wenn ich es bin? Warum kränkt mich empfindlicher die Schmähung, die gegen mich, als eine, die in meiner Gegenwart mit dem gleichen Un-

alium eadem iniquitate coram me iacitur? 37,62
An et hoc nescio? Etiamne id restat, et ipse
me seducam et verum non faciam coram te in [Jo 3, 21]
corde et lingua mea? Insaniam istam, domine, [Ps 39, 12]
longe fac a me, ne »oleum peccatoris mihi sit Ps 140, 5
os meum ad inpinguandum caput meum«.

»Egenus et pauper ego sum« et melior in oc- 38,63
culto gemitu displicens mihi et quaerens mi- Ps 108, 22
sericordiam tuam, donec reficiatur defectus
meus et perficiatur usque in pacem, quam
nescit arrogantis oculus. Sermo autem ore
procedens et facta, quae innotescunt homini-
bus, habent temptationem periculosissimam
ab amore laudis, qui ad privatam quandam
excellentiam contrahit emendicata suffra-
gia: temtat, et cum a me in me arguitur, eo
ipso, quo arguitur, et saepe homo de ipso
vanae gloriae contemptu vanius gloriatur
ideoque non iam de ipso contemptu gloriae
gloriatur: non enim eam contemnit, cum glo-
riatur.

Intus etiam, intus est aliud in eodem genere 39,64
temtationis malum, quo inanescunt qui pla-
cent sibi de se, quamvis aliis vel non pla-
ceant vel displiceant nec placere affectent ce-
teris. Sed sibi placentes multum tibi displi-
cent non tantum de non bonis quasi bonis ve-
rum etiam de bonis tuis quasi suis, aut etiam
sicut de tuis, sed tamquam ex meritis suis, aut

recht gegen einen andern ausgestoßen wird? Weiß ich auch das nicht? Sollte es gar an dem sein, daß ich mich selbst betrüge[95] und vor Deinem Angesicht das Wahre nicht tue im Herzen und mit meiner Zunge? Solche Torheit, Herr, halte fern von mir, damit nicht mein eigenes Wort mir werde »das Öl des Sünders, mein Haupt zu salben«.[96]

»Dürftig bin ich und arm«, aber besser steht es um mich, wenn ich mit stiller Klage mir mißfalle und Deine Barmherzigkeit erflehe, bis mein Mangel behoben wird, endlich aufgehoben ist in jenem Frieden, den des Selbstischen Auge nie erblickt. Die Rede aber, die aus dem Munde hinausgeht, und die Taten, von denen die Welt erfährt, sind von einer äußerst gefährlichen Versuchung bedroht, verursacht eben durch Ehrverlangen, das sich Beifall zusammenbettelt, um das liebe Ich in seiner sonderen Bedeutung hervorzuheben. Diese Liebe ist noch meine Versuchung, auch wenn sie an mir - von mir - gerügt wird, ja gerade in solchem Rügen. Denn es rühmt sich der Mensch - was die höhere Eitelkeit ist - oft auch der Verachtung eitlen Ruhmes; nein, es ist schon nicht mehr Verachtung des Ruhmes, ihrer sich zu rühmen: man verachtet ihn nicht, wenn man sich rühmt.

Innen, tief innen gibt es noch ein anderes Übel von derselben Art der Versuchung. Daran entwesen sich die Menschen, die sich selbst ein Wohlgefallen sind, obwohl sie andern nicht gefallen, sogar schon mißfallen und auf den Beifall der Mitwelt auch gar nicht bedacht sind. Aber sich selbst gefallend mißfallen sie Dir doch sehr, nicht nur wenn sie das Nichtgute an ihnen für gut erachten,[97] auch wenn sie das Gute, das Gabe ist von Dir, sich selbst zuschreiben oder Dich zwar als den Geber, aber Deine Gabe als von ihnen wohlverdient ansehen, oder endlich, wenn sie die Gaben Deiner Gnade zuschreiben, doch

etiam sicut ex tua gratia, non tamen socia- 39,64
liter gaudentes, sed aliis invidentes eam.

In his omnibus atque huiuscemodi periculis et laboribus vides tremorem cordis mei, et vulnera mea magis subinde a te sanari quam mihi non infligi sentio.

Ubi non mecum ambulasti, veritas, docens, 40,65
quid caveam et quid appetam, cum ad te referrem inferiora visa mea, quae potui, teque consulerem?

Lustravi mundum foris sensu, quo potui, et adtendi vitam corporis mei de me sensusque ipsos meos. Inde ingressus sum in recessus memoriae meae, multiplices amplitudines plenas
»miris modis« copiarum innumerabilium, et Joel 2, 26
consideravi et expavi et nihil eorum discernere potui sine te et nihil eorum esse te inveni.

Nec ego ipse inventor, qui peragravi omnia et distinguere et pro suis quaeque dignitatibus aestimare conatus sum, excipiens alia nuntiantibus sensibus et interrogans, alia mecum conmixta sentiens ipsosque nuntios dinoscens atque dinumerans iamque in memoriae latis opibus alia pertractans, alia recondens, alia eruens: nec ego ipse, cum haec agerem, id est vis mea, qua id agebam, nec ipsa eras tu, quia lux es tu permanens, quam de omnibus consulebam, an essent, quid essent, quanti pendenda essent: et audiebam docentem ac iuben-

ihrer nicht in Gemeinschaft sich freuen, sondern sie andern mißgönnen.[98]

In alldem, in solchen Nöten und Gefahren, siehst Du mein Herz erzittern, und gewisser ist mir das Gefühl, daß meine Wunden fort und fort von Dir geheilt, als daß mir keine neuen mehr geschlagen werden.[99]

O Wahrheit, immer mir zur Seite! Wo wärest Du nicht mitgewandelt, mich zu lehren, wovor ich mich hüten, wonach ich langen soll, indes ich hier meine Selbstschau, so schwach sie in der Niederung[100] meiner Kraft gelang, Dir anheimgab und mir Deinen Spruch erbat?[101]

Ich habe die Welt da draußen mit dem Gesinn, so gut ich es vermochte, durchstreift[102] und das Leben bedacht, mit dem ich meinen Leib beseele, und auch meine Sinne selbst.[103] Dann bin ich eingetreten in die abgeschiedenen Räume meines Gedächtnisses,[104] die vielen weitläufigen Hallen, »auf wunderbare Weise« gefüllt mit unübersehbaren Vorräten. Ich blickte umher und erschrak. Und ohne Dich hätte ich von allem nichts mir deutlich machen können, aber nichts in allem fand ich, was nun Du gewesen wärest.

Ja, auch ich selbst, der Findende, der ich alles durchwanderte, bemüht, zu unterscheiden und jegliches nach seinem Wert zu schätzen, manches durch die Sinne als Boten bald empfangend, bald erfragend,[105] anderes als mir völlig anvermischt erfühlend,[106] wiederum meine Boten selbst unterscheidend und aufzählend, alsdann nun schon befaßt mit den weitgehäuften Schätzen meines Gedächtnisses, das eine prüfend, anderes zurücklegend, wieder anderes erst hervorgrabend:[107] auch nicht ich selbst, will ich sagen, nicht ich, da ich dies tat, oder vielmehr meine Kraft, durch die ich es tat, auch nicht sie warst Du. Denn Du bist das immerseiende Licht,[108] bei dem ich über jegliches mir Rats erholte, ob das sei, was es sei, wie es

tem. Et saepe istuc facio; hoc me delectat, et 40,65
ab actionibus necessitatis, quantum relaxari
possum, ad istam voluptatem refugio. Neque
in his omnibus, quae percurro consulens te,
invenio tutum locum animae meae nisi in te,
quo colligantur sparsa mea nec a te quicquam
recedat ex me. Et aliquando intromittis me
in affectum multum inusitatum introrsus ad
nescio quam dulcedinem, quae si perficiatur
in me, nescio quid erit, quod vita ista non erit.
Sed recido in haec aerumnosis ponderibus et
resorbeor solitis et teneor et multum fleo, sed
multum teneor. Tantum consuetudinis sar-
cina digna est! Hic esse valeo nec volo, illic
volo nec valeo, miser utrobique.

Ideoque consideravi languores peccatorum 41,66
meorum in cupiditate triplici et dexteram
tuam invocavi ad salutem meam. Vidi enim
splendorem tuum corde saucio et repercussus
dixi: quis illuc potest? »Proiectus sum a facie Ps 30, 23
oculorum tuorum«. Tu es veritas super omnia
praesidens. At ego per avaritiam meam non
amittere te volui, sed volui tecum possidere
mendacium, sicut nemo vult ita falsum di-
cere, ut nesciat ipse, quid verum sit. Itaque
amisi te, quia non dignaris cum mendacio
possideri.

zu werten sei, und ich hörte, was Du lehrtest, was Du befahlst. Ich tue das oft,[109] es ist meine Freude, und soweit ich vom Zwang der Geschäfte mich entspannen kann, flüchte ich in diese Wonne.[110] Und in all diesen Dingen, die ich, Deinen Rat erbittend, durcherwäge, finde ich nichts, was der sichere Ort für meine Seele wäre,[111] als Dich allein, den Ort der Sammlung für alles in mir Verstreute, der nicht duldet, daß von dem, was ich bin, irgendwas sich löse von Dir. Und manchmal entrückst Du mein Inneres in einen so ungewöhnlichen Zustand unsäglichen Glücks: wenn es je noch in seiner Vollkommenheit mir währen sollte, so wird das ich weiß nicht was sein, was dieses Leben hier nie sein wird.[112] Aber - ich sinke, jammervoll beladen, zurück ins alte Leben,[113] der Alltag schlingt mich wieder ein und nimmt mich fest in seine Bande: ich klage schwer, aber schwer auch bleiben die Bande. So kann Gewohnheit lasten! Hier, wo ich zu sein vermag, mag ich nicht sein; dort, wo ich sein möchte, vermag ich nicht zu sein: elend im Haben, elend im Mangel.

So habe ich die Kränke meines Sünderlebens nach der dreifachen Begierlichkeit betrachtet und Deine Machthand zu meiner Heilung gerufen.[114] Denn zum Kummer meines Herzens sah ich Deinen Glanz erstrahlen, und zurückgeworfen[115] sprach ich zu mir: Wer kann da hin? »Ich bin verbannt aus Deinen Augen.« Du Herr, bist die Wahrheit, die da thront über allem. Und ich - welche Habsucht! Ich wollte Dich nicht verlieren, aber ich wollte neben Dir doch auch die Lüge haben: keiner will ja so in seinen Lug und Trug sich verlieren, daß er nicht selber wissen möchte, was die Wahrheit ist. Und also habe ich Dich verloren, weil Du nicht leidest, daß man in Einem die Lüge und Dich besitze.

Quem invenirem, qui me reconciliaret tibi? 42,67
Ambiendum mihi fuit ad angelos? Qua prece?
Quibus sacramentis? Multi conantes ad te
redire neque per se ipsos valentes, sicut audio,
temtaverunt haec et inciderunt in desiderium
curiosarum visionum et digni habiti sunt in-
lusionibus.

Elati enim te quaerebant doctrinae fastu ex-
serentes potius quam tundentes pectora et
adduxerunt sibi per similitudinem cordis sui
conspirantes et socias superbiae suae »pote- Eph 2, 2
states aeris huius«, a quibus per potentias ma-
gicas deciperentur, quaerentes mediatorem,
per quem purgarentur, et non erat. »Diabo- II Kor 11, 14
lus« enim erat »transfigurans se in angelum
lucis«. Et multum inlexit superbam carnem,
quod carneo corpore ipse non esset.

Erant enim illi mortales et peccatores, tu
autem, domine, cui reconciliari superbe quae-
rebant, immortalis et sine peccato. Mediator [I Tim 2, 5]
autem inter deum et homines oportebat ut
haberet aliquid simile deo, aliquid simile ho-
minibus, ne in utroque hominibus similis longe
esset a deo aut in utroque deo similis longe
esset ab hominibus atque ita mediator non
esset. Fallax itaque ille mediator, quo per se-
creta iudicia tua superbia mereretur inludi,
unum cum hominibus habet, id est peccatum,
aliud videri vult habere cum deo, ut, quia car-
nis mortalitate non tegitur, pro inmortali se

Wen hätte ich finden können, der mich aussöhnte mit Dir? Sollte ich Engel darum angehen? Mit welchem Gebet? Mit welchen heiligen Verrichtungen? Viele, so höre ich, die es versuchten, zu Dir zurückzukehren, und aus eigner Kraft es nicht vermochten, haben diesen Weg beschritten;[116] sie sind der Sucht nach Phantasien des Fürwitzes verfallen und haben nichts Besseres verdient, als genarrt zu werden.

Sich was dünkend im Prunke ihrer Wissenschaft, in die Brust sich werfend, statt an die Brust zu schlagen - so suchten sie Dich. Und kraft der Verwandtschaft der Herzen lockten sie gleichgesinnte und mit ihrem Stolz sich verbündende »Machthaber dieses Luftkreises« herbei, mit dem Erfolg, daß sie von ihnen durch magische Kräfte betrogen wurden, indes sie doch nach dem Mittler suchten, der sie reinigen sollte, - und der Gerufene war es nicht: es war »der Teufel in der Gestalt eines Engels des Lichts«. Und daß er selbst, der Verbündete, nicht Leib von Fleisch und Bein war, das schmeichelte gewaltig dem Hochmut des Fleisches.[117]

Denn die Suchenden waren Sterbliche und Sünder, Du aber, Herr, mit dem sie auf dem Wege der Anmaßung wieder ins gleiche kommen wollten, Du bist unsterblich und ohne Sünde. Der Mittler aber zwischen Gott und den Menschen mußte etwas haben, das ihn Gott, und etwas, das ihn den Menschen ähnlich machte: in jeder Hinsicht den Menschen ähnlich, wär er weit von Gott; in jeder Hinsicht Gott ähnlich, wär er weit von den Menschen und wäre so nicht Mittler. Jener betrügliche Mittler also, durch den nach Deiner geheimen Rechtsordnung der Hochmut sich sein Spottgericht verdienen sollte, - er hat eines mit den Menschen gemein, das ist die Sünde. Das andere, so will er sich den Anschein geben, habe er mit Gott gemein: denn weil nicht das sterbliche Fleisch sein Kleid ist, so brüstet er sich, unsterblich zu sein. Aber

ostentet. Sed quia »stipendium peccati mors Röm 6, 23
est«, hoc habet conmune cum hominibus,
unde simul damnetur in mortem.

Verax autem mediator, quem secreta tua mi- 43,68
sericordia demonstrasti hominibus et misisti,
ut eius exemplo etiam ipsam discerent humi-
litatem, »mediator« ille »dei et hominum, I Tim 2, 5
homo Christus Iesus«, inter mortales pecca-
tores et inmortalem iustum apparuit, morta-
lis cum hominibus, iustus cum deo, ut, quon-
iam stipendium iustitiae vita et pax est, per
iustitiam coniunctam deo evacuaret mortem
iustificatorum inpiorum, quam cum illis vo-
luit habere conmunem. Hic demonstratus est
antiquis sanctis, ut ita ipsi per fidem futurae
passionis eius, sicut nos per fidem praeteritae,
salvi fierent. In quantum enim homo, in tan-
tum mediator, in quantum autem verbum,
non medius, quia »aequalis deo« et »deus Phil 2, 6
apud deum« et simul unus deus. Jo 1, 1
Quomodo nos amasti, pater bone, »qui filio 43,69
tuo unico non pepercisti, sed pro nobis inpiis Röm 8, 32
tradidisti eum«! Quomodo nos amasti, pro
quibus »ille non rapinam arbitratus esse Phil 2, 6; 8
aequalis tibi factus est subditus usque ad mor-
tem crucis«, unus »ille in mortuis liber«, »po- Ps 87, 6
testatem habens ponendi animam suam et po- Jo 10, 18
testatem habens iterum sumendi eam«, pro
nobis tibi victor et victima, et ideo victor,
quia victima, pro nobis tibi sacerdos et sacri-
ficium, et ideo sacerdos, quia sacrificium, fa-

weil »der Sünde Sold der Tod ist«, so ist ihm und den Menschen eben das gemein, was Grund ist der gemeinsamen Verdammung zum Tode.

Aber der wahrhafte Mittler, den Du in geheimnisvoller Erbarmung den Menschen angezeigt und gesandt hast, damit an seinem Beispiel auch sie die Demut lernten,[118] jener »Mittler zwischen Gott und den Menschen, der Mensch Jesus Christus«, ist zwischen die sterblichen Sünder und den unsterblichen Gerechten getreten, - sterblich gleich den Menschen, gerecht gleich Gott, auf daß er, weil der Sold der Gerechtigkeit das Leben und der Friede ist, durch die gottverbundene Gerechtigkeit für die gerechtfertigten Gottlosen den Tod vernichtige, den er mit ihnen gemeinsam haben wollte. Er ward bezeichnet schon den Heiligen des Alten Bundes, damit sie durch den Glauben an sein künftiges Leiden, wie wir durch den Glauben an sein vergangenes, gerettet würden. Denn nur sofern er Mensch ist, ist er Mittler; sofern er aber das Wort ist, steht er nicht inmitten, weil er da »Gott gleich« ist und »Gott bei Gott« und ein einiger Gott mit ihm.[119]

Wie hast Du uns geliebt, guter Vater, »der Du Deines eingeborenen Sohnes nicht geschont, sondern ihn für uns Gottlose hingegeben hast«! Wie hast Du uns geliebt, um derentwillen »jener, dem es nicht für Raub galt, Dir gleich zu sein, unterwürfig ward bis zum Tod am Kreuz«; er, dieser einzige »Freie unter den Todverhafteten«, der es »in der Macht hatte, sein Leben hinzugeben, und gleichso in der Macht, es wieder an sich zu nehmen«; er, in Deinen Augen für uns der Sieger und das Opfer, und deshalb Sieger, weil Opfer, in Deinen Augen für uns der Priester und die Opfergabe, und deshalb Priester, weil Opfergabe; er, der bei Dir uns aus der Knechtschaft ver-

ciens tibi nos de servis filios de te nascendo, 43,69
nobis serviendo. Merito mihi spes valida in [Mt 20, 28]
illo est, quod »sanabis omnes languores meos« Ps 102, 3
per eum, qui »sedet ad dexteram tuam et te Röm 8, 34
interpellat pro nobis«: alioquin desperarem.
Multi enim et magni sunt idem languores mei,
multi sunt et magni; sed amplior est medicina
tua. Potuimus putare verbum tuum remotum
esse a coniunctione hominis et desperare de
nobis, nisi caro fieret et habitaret in nobis. [Jo 1, 14]
Conterritus peccatis meis et mole miseriae 43,70
meae agitaveram corde meditatusque fueram
fugam in solitudinem, sed prohibuisti me et
confirmasti me dicens: »ideo Christus pro II Kor 5, 15
omnibus mortuus est, ut qui vivunt iam non
sibi vivant, sed ei qui pro ipsis mortuus est«.
Ecce, domine, iacto in te curam meam, ut [Ps 54, 23]
»vivam«, et »considerabo mirabilia de lege Ps 118, 18
tua«. Tu scis inperitiam meam et infirmita-
tem meam: »doce me« et »sana me«. Ille tuus Ps 118, 12 u. a.
unicus, »in quo sunt omnes thesauri sapien- Ps 6, 3 Kol 2, 3
tiae et scientiae absconditi«, redemit me san-
guine suo. »Non calumnientur mihi superbi«, Ps 118, 122
quoniam cogito pretium meum et manduco
et bibo et erogo et pauper cupio saturari ex [Lk 16, 21]
eo inter illos, qui »edunt et saturantur: et lau- Ps 21, 27
dabunt dominum qui requirunt eum«.

setzt hat in die Sohnschaft, da er, Dein Sohn, unser Knecht ward. Rechtens baue ich auf ihn meine starke Hoffnung, daß Du »all mein Krankes heilen« wirst durch ihn, der »zu Deiner Rechten sitzt und Fürsprache einlegt für uns«; anders müßte ich verzweifeln. Denn viel und groß ist dies mein Krankes, ja viel und groß; aber größer ist Deine Macht, es zu heilen. Wir hätten glauben können, Dein Wort sei weit davon, sich dem Menschen zu verbinden, hätten an uns verzweifeln können, wäre es nicht Fleisch geworden und hätte unter uns gewohnt.
Bestürzt im Gedanken an meine Sünden und die Last meiner ganzen Misere, hatte ich[120] in Herz und Kopf schon die Flucht in die Wüste erwogen, aber Du hast mich abgehalten und mich gestärkt durch Dein Wort: »Dazu ist Christus für alle gestorben, damit, wer da lebt, nicht mehr sich lebe, sondern dem, der für alle gestorben ist«.[121] Sieh, Herr, so werfe ich auf Dich meine Sorge, damit ich »lebe«, und »ich werde Wunder erschauen aus Deinem Gesetz«. Du kennst meine Unwissenheit und meine Schwachheit: »lehre mich« und »heile mich«. Er, Dein Eingeborner, »in dem alle Schätze der Weisheit und der Erkenntnis verborgen ruhen«, hat mich erlöst mit seinem Blut. »Nicht sollen mich schmähen die Hochmütigen«, daß ich meinen Lösepreis vor Augen habe und esse und trinke und spende davon und mich als ein Armer daran zu sättigen verlange, zusammen mit denen, die hier »Mahl halten und sich sättigen.[122] Und preisen werden den Herrn, die ihn suchen.«

ELFTES BUCH

Neuerliche Danksagung [1]. Gebet um Verständnis der Hl. Schrift [2]. Auslegung des ersten Verses der Genesis [3-9]. Gegen die Frage: Was hat Gott vor der Schöpfung getan? [10-13] Untersuchung des Zeitbegriffs [14-20]. Wie läßt sich Zeit messen? [21] Gebet um die Lösung des Rätsels Zeit [22]. Wesen der Zeit; irrige Annahmen [23]. Wie messen wir die Zeit? Zeit als Ausdehnung des Geistes [24-27]. Gebet zu Gott dem Ewigen um das Ewige [29-31].

Numquid, domine, cum tua sit aeternitas, 1, 1
ignoras, quae tibi dico, aut ad tempus
vides quod fit in tempore? Cur ergo tibi tot
rerum narrationes digero? Non utique ut per
me noveris ea, sed affectum meum excito in te
et eorum, qui haec legunt, ut dicamus omnes:
»magnus dominus et laudabilis valde«. Iam Ps 95, 4
dixi et dicam: amore amoris tui facio istuc.
Nam et oramus, et tamen »veritas« ait: »no- Jo 14, 6
vit pater vester quid vobis opus sit, prius- Mt 6, 8
quam petatis ab eo«. Affectum ergo nostrum
patefacimus in te confitendo tibi miserias no-
stras et »misericordias tuas super nos«, ut Ps 32, 22
liberes nos omnino, quoniam coepisti, ut
desinamus esse miseri in nobis et beatificemur
in te, quoniam vocasti nos, ut simus pauperes [Mt 5, 3-9]
spiritu et mites et lugentes et esurientes ac
sitientes iustitiam et misericordes et mundi-
cordes et pacifici.
Ecce narravi tibi multa, quae potui et quae
volui, quoniam tu prior voluisti, ut »confite- Ps 117, 1
rer tibi, domino« deo meo, »quoniam bonus
es, quoniam in saeculum misericordia tua«.

Quando autem sufficio lingua calami enun- 2, 2
tiare omnia hortamenta tua et omnes terrores
tuos et consolationes et gubernationes, quibus
me perduxisti praedicare verbum et sacra-
mentum tuum dispensare populo tuo? Et si
sufficio haec enuntiare ex ordine, caro mihi
valent stillae temporum.
Et olim inardesco »meditari in lege tua« et in Ps 1, 2; 118, 70

Herr, Dein ist die Ewigkeit. Wüßtest Du nicht schon, was ich Dir sage, oder sähest, was in der Zeit geschieht, nur auf Zeit? Wozu also erzähle ich Dir weitläufig von so vielen Dingen? Wahrlich nicht, damit Du es durch mich erfahrest, nein, die Liebe zu Dir will ich erwecken in mir und in denen, die das lesen, auf daß wir alle rufen: »Groß ist der Herr und hoch zu preisen.«[1] Ich hab es schon gesagt[2] und will es wieder sagen: Aus Liebe zu Deiner Liebe tu ich dies. Wir beten doch auch, und gleichwohl sagt »die Wahrheit«: »Euer Vater weiß, was euch not tut, noch ehe ihr ihn bittet.« Unsern Herzenszug nach Dir also drücken wir aus, wenn wir Dir bekennen unsere Erbärmlichkeit und »Dein Erbarmen über uns«, daß Du unsere Freiheit, die Du schon ins Werk gesetzt hast, vollenden möchtest und wir aufhören, unselig in uns zu sein, und beseligt werden in Dir: denn Du hast uns berufen, arm im Geiste[3] zu sein, sanft und trauernd und hungernd und dürstend nach der Gerechtigkeit und barmherzig und herzensrein und friedsam.

Siehe, darum hab ich vieles Dir erzählt, wie ich es vermochte und es wollte, weil zuvor doch Du gewollt hast,[4] daß ich Dir »bekenne, dem Herrn«, meinem Gott: »denn gut bist Du, und ewig währet Dein Erbarmen«.

Aber könnte ich mit der Rede meines Griffels je genugsam verkünden all Deine Zusprachen, all die Erschütterungen, die Tröstungen, die Führungen, durch die Du endlich mich dahin brachtest, Dein Wort zu predigen und Dein Sakrament zu verwalten zum Besten Deines Volkes?[5] Und reichte mir schon die Kraft dazu, der Reihe nach es aufzuzählen: kostbar ist mir jeder Tropfen Zeit. Und längst schon brenne ich darauf, »nachzudenken Deinem Gesetz«[6] und Dir mein Wissen und Unwissen dar-

ea tibi confiteri scientiam et inperitiam meam, 2,2
primordia inluminationis tuae et reliquias te-
nebrarum mearum, quousque devoretur a
fortitudine infirmitas. Et nolo in aliud horae
diffluant, quas invenio liberas a necessitati-
bus reficiendi corporis et intentionis animi et
servitutis, quam debemus hominibus et quam
non debemus et tamen reddimus.
Domine »deus« meus, »intende orationi 2,3 Ps 60, 2
meae«, et misericordia tua »exaudiat deside- Ps 10, 17
rium« meum, quoniam non mihi soli aestuat,
sed usui vult esse fraternae caritati: et vides
in corde meo quia sic est. Sacrificem tibi fa-
mulatum cogitationis et linguae meae, et da
quod »offeram tibi«. »Inops« enim »et pau- Ps 65, 15 Ps 85, 1
per sum«, tu »dives in omnes invocantes te«, Röm 10, 12
qui securus curam nostri geris. Circumcide ab
omni temeritate omnique mendacio interiora [Exod 6, 12;
et exteriora, labia mea. Sint castae deliciae Apg 7, 51]
meae scripturae tuae, nec fallar in eis nec fal-
lam ex eis. »Domine, adtende« et »miserere, Jer 18, 19
domine« deus meus, lux caecorum et virtus
infirmorum statimque lux videntium et vir-
tus fortium, adtende animam meam et audi
clamantem de profundo. Nam nisi assint et [Ps 129, 1]
in profundo aures tuae, quo ibimus? Quo cla- [Jo 6, 69]
mabimus? »Tuus est dies et tua est nox«: ad Ps 73, 16
nutum tuum momenta transvolant. Largire
inde spatium meditationibus nostris in abdita
legis tuae neque adversus »pulsantes« clau- [Mt 7, 7]
das eam. Neque enim frustra scribi voluisti
tot paginarum »opaca« secreta, aut non ha-

über zu bekennen, den ersten Schimmer der Erleuchtung durch Dich und den Rest von Finsternis, der mir bleibt, bis daß dereinst meine Ohnmacht von Deiner Kraft wird aufgezehrt werden. Ich will nicht, daß mir die Stunden, die von Pflichten frei sind, für anderes verrinnen sollen als für die leibliche Erholung, die geistige Arbeit und den Dienst, den ich dem Nächsten schulde oder auch nicht schulde und doch leiste.

Herr, mein »Gott, merk auf mein Gebet«, und Dein Erbarmen »erhöre« mein »Sehnen«; denn es glüht ja nicht nur meinethalben, auch der Liebe zu den Brüdern will es dienen, und Du siehst in meinem Herzen, daß es so ist. So laß mich diesen Dienst des Gedankens und des Worts Dir als Opfer weihen, und gib es auch, was ich »Dir darbringen möchte«. Denn »dürftig bin ich und arm«, Du bist »reich für alle, die Dich anrufen«, ja Du, der Du sonder Sorge Sorge trägst um uns. Schneide alle Unbesonnenheit und alle Unwahrheit von meinen Lippen, so innen wie außen! Meine keusche Wonne sei mir Deine Schrift; laß mich in ihr nicht irren, durch sie nicht irreführen! »Herr, hab acht« und »erbarme Dich, Herr«, mein Gott, Licht der Blinden und Kraft der Schwachen, und gleichso dann das Licht der Sehenden und die Kraft der Starken, hab acht meiner Seele und höre ihren Ruf aus der Tiefe! Denn wenn Dein Ohr nicht auch die Tiefe hörte, wohin dann sollten wir gehen, wohin dann rufen? »Dein ist der Tag und Dein ist die Nacht«: Deinem Wink gehorsam eilen die Augenblicke vorüber. Gewähre mir davon die Spanne Zeit, mich betrachtend in die Tiefen Deines Gesetzes[7] zu versenken, und halte es denen, die da »anklopfen«, nicht verschlossen! Denn nicht umsonst hast Du gewollt, daß auf so vielen Blättern »dunkle« Geheimnisse[8] aufgezeichnet würden. Diese Wälder - haben nicht auch sie ihre Hirsche, die sich dort zurückziehen und

bent illae silvae cervos suos recipientes se in 2,3
eas et resumentes, ambulantes et pascentes,
recumbentes et ruminantes. O domine, »per-
fice« me et »revela« mihi eas. Ecce vox tua [Jo
gaudium meum, vox tua super affluentiam 3, 29]
voluptatum. Da quod amo: amo enim. Et hoc
tu dedisti. Ne dona tua deseras nec herbam
tuam spernas sitientem. Confitear tibi quid-
quid invenero in libris tuis et »audiam vocem Ps 25, 7
laudis« et te bibam et »considerem mirabilia Ps 118, 18
de lege tua« ab usque »principio«, in quo
»fecisti caelum et terram«, usque ad regnum
tecum perpetuum »sanctae civitatis« tuae. Offb 21, 2
»Domine, miserere mei et exaudi desiderium 2,4
meum«. Puto enim, quod non sit de terra, Ps 26, 7; 10, 17
non de auro et argento et lapidibus aut de-
coris vestibus aut honoribus et potestatibus
aut voluptatibus carnis neque de necessariis
corpori et huic vitae peregrinationis nostrae,
quae »omnia« nobis »adponuntur quaerenti- Mt 6, 33
bus regnum et iustitiam tuam«.
Vide, deus meus, unde sit desiderium meum.
»Narraverunt mihi iniusti delectationes, sed Ps 118, 85
non sicut lex tua, domine.« Ecce unde est desi-
derium meum. Vide, pater, »aspice« et vide Ps 83, 10
et adproba, et placeat in conspectu misericor-
diae tuae »invenire me gratiam« ante te, ut Lk 1, 30
aperiantur pulsanti mihi interiora sermonum [Mt 7, 7]
tuorum. Obsecro per dominum nostrum Iesum
Christum filium tuum, »virum dexterae tuae, Ps 79, 18
filium hominis, quem confirmasti tibi« media-
torem tuum et nostrum, per quem nos quae-

sich erquicken, sich ergehen und äsen, sich legen und wiederkäuen?[9] O Herr, »vollende« mein Tun und »lichte« sie mir, diese »Wälder«! Sieh doch, Deine Stimme ist meine Freude, Dein Wort[10] mir köstlicher als strömende Fülle der Lüste. Gib mir, was ich liebe, denn ich liebe; und auch das hast Du gegeben.[11] Laß die Gaben, die Dein sind, nicht verkommen, und sieh nicht hinweg über Dein durstiges Gras! Ich will Dir bekennen über alles, was ich finde in Deinen Büchern. Ich möchte darin »vernehmen die Stimme des Lobpreises« und Dich trinken und »Wunder schauen anhanden Deines Gesetzes«, von dem »Anfang« an, in dem Du »Himmel und Erde erschaffen« hast, bis zu dem ewig mit Dir dauernden Reich Deiner »heiligen Stadt«.

»Herr, erbarme Dich meiner und erhöre mein Sehnen.« Denn ich glaube, es geht nicht von der Erde aus, erfleht nicht Gold und Silber und Edelgestein, nicht prächtige Gewänder, nicht Ehre und Macht oder die Lüste der Sinnlichkeit, auch nicht den Bedarf des Leibes und was sonst unser Wandern hier vonnöten hat: dies »alles« wird uns »beigegeben, wenn wir Dein Reich und Deine Gerechtigkeit suchen«.

Sieh, mein Gott, was mein Verlangen ist! »Die Gottlosen sprachen mir von ihren Freuden, weit von den Freuden, wie Dein Gesetz, Herr, sie gewährt.« Die aber sind es, die mein Sehnen bewegen.[12] Sieh doch, Vater, »schau her« und sieh und heiße es gut und laß mich unter Deinen erbarmenden Augen die »Gnade finden« vor Dir, daß meinem Klopfen sich auftue der verborgene Sinn Deiner Worte. Ich beschwöre Dich bei unserm Herrn Jesus Christus, Deinem Sohn, »dem Mann Deiner Rechten, dem Sohn des Menschen, den Du Dir gestellt hast« zum Mittler zwischen Dir und uns, durch den Du uns schon gesucht

sisti »non quaerentes« te, quaesisti autem, ut Röm 10, 20
quaereremus te, verbum tuum, »per quod fe- Jo 1, 3
cisti omnia«, in quibus et me, unicum tuum,
per quem vocasti in »adoptionem« populum Röm 8, 23
credentium, in quo et me: per eum te obsecro,
»qui sedet ad dexteram tuam et te interpellat Röm 8, 34
pro nobis«, »in quo sunt omnes thesauri sa- Kol 2, 3
pientiae et scientiae absconditi«. Ipsos quaero
in libris tuis. Moyses de illo scripsit: hoc ipse [Jo 5, 46]
ait, hoc »veritas« ait. Jo 14, 6

Audiam et intellegam, quomodo »in principio 3,5 Gen 1, 1
fecisti caelum et terram«. Scripsit hoc Moyses, scripsit et abiit, transiit hinc a te ad te neque nunc ante me est. Nam si esset, tenerem eum et rogarem eum et per te obsecrarem, ut mihi ista panderet, et praeberem aures corporis mei sonis erumpentibus ex ore eius, et si hebraea voce loqueretur, frustra pulsaret sensum meum nec inde mentem meam quicquam tangeret; si autem latine, scirem quid diceret. Sed unde scirem, an verum diceret? Quod si et hoc scirem, num ab illo scirem? Intus utique mihi, intus in domicilio cogitationis nec hebraea nec graeca nec latina nec barbara veritas sine oris et linguae organis, sine strepitu syllabarum diceret: „Verum dicit“ et ego statim certus confidenter illi homini tuo dicerem: „Verum dicis.“
Cum ergo illum interrogare non possim, te, quo plenus vera dixit, veritas, rogo, te, deus
meus, rogo, »parce peccatis meis«, et qui illi Job 14, 16

hast, als wir Dich »nicht suchten«, gesucht, auf daß wir Dich suchten, - bei Deinem Wort, »durch das Du alles gemacht hast« und mit dem Allen auch mich, - bei Deinem Eingeborenen, durch den Du zur »Sohnschaft« berufen hast das Volk der Glaubenden, mit ihm auch mich: bei Ihm beschwöre ich Dich, »der da sitzt zu Deiner Rechten und Fürsprache einlegt für uns«, »in dem alle Schätze der Weisheit und Erkenntnis verborgen liegen«. Ihn suche ich in Deinen Büchern. Moses hat von Ihm geschrieben; das sagt Er selbst, das sagt »die Wahrheit«.

Laß mich vernehmen und verstehen, wie Du »im Anfang Himmel und Erde erschaffen hast«. Geschrieben hat das Moses, geschrieben und ist dahingegangen, hinübergegangen von hinnen, von Dir zu Dir, und ist jetzt nicht vor mir. Wäre er da, ich hielte ihn fest, ich bäte ihn, flehte ihn an, beschwüre ihn bei Dir, daß er mir das alles enthülle. Und ich hinge leiblich hörend an den Worten, die seinem Mund entströmten; und spräche er hebräisch, so klopfte er vergebens an die Pforte meines Sinnes, und nichts davon erreichte meinen Geist; aber spräche er lateinisch, so wüßte ich, was er sagt. Allein woher sollte ich dann wissen, ob wahr ist, was er sagt? Und wüßte ich auch das, wüßte ich's etwa von ihm? Nein, da würde innen, dort innen, wo die Denkkraft wohnt, mir die Wahrheit, die nicht hebräische, nicht griechische, nicht lateinische, noch barbarische Wahrheit, ohne das Werkzeug von Mund und Zunge, ohne Silbengetön es sagen: „Wahr ist's, was er sagt." Und ich, ich würde augenblicks, aus vollgewisser Zuversicht, diesem Deinem Manne sagen: „Wahr ist's, was Du sagst."
Aber von ihm kann ich's nicht erfragen. So frag und bitt ich Dich, von dem erfüllt er Wahres gesagt hat, Dich, o Wahrheit, mein Gott, frage ich. »Schau nicht auf meine

servo tuo dedisti haec dicere, da et mihi haec 3,5
intellegere.

Ecce sunt caelum et terra, clamant, quod 4,6
facta sint; mutantur enim atque variantur. [Ps
Quidquid autem factum non est et tamen est, 101, 27]
non est in eo quicquam, quod ante non erat: quod est mutari atque variari.

Clamant etiam, quod se ipsa non fecerint: „Ideo sumus, quia facta sumus; non ergo eramus, antequam essemus, ut fieri possemus a nobis". Et vox dicentium est ipsa evidentia.

Tu ergo, domine, fecisti ea, qui pulcher es: pulchra sunt enim; qui bonus es: bona sunt enim; qui es: sunt enim. Nec ita pulchra sunt nec ita bona sunt nec ita sunt, sicut tu conditor eorum, quo conparato nec pulchra sunt nec bona sunt nec sunt.

Scimus haec, gratias tibi, et scientia nostra scientiae tuae conparata ignorantia est.

Quomodo autem fecisti caelum et terram et 5,7
quae machina tam grandis operationis tuae? Non enim sicut homo artifex formans corpus de corpore arbitratu animae valentis imponere utcumque speciem, quam cernit in semet ipsa interno oculo - et unde hoc valeret, nisi quia tu fecisti eam? - et imponit speciem iam exsistenti et habenti, ut esset, veluti terrae aut lapidi aut ligno aut auro aut id genus rerum cuilibet. Et unde ista essent, nisi tu in-

Sünden«, und der Du ihm, Deinem Knecht, es zu sagen eingegeben hast, gib mir auch ein, es zu verstehen.

Also denn: Himmel und Erde sind da! Laut rufen sie, daß sie erschaffen sind; denn sie ändern sich und wandeln sich. Was aber nicht erschaffen ist und gleichwohl ist, kann nicht etwas in sich haben, das vorher nicht gewesen wäre, - so daß es also Wechsel und Wandel in ihm gäbe.
Laut rufen sie auch, daß nicht sie selbst sich erschaffen haben: „Deshalb nur sind wir, weil wir erschaffen worden sind; wir waren also nicht, bevor wir waren, so daß von uns wir hätten erschaffen werden können." Und die Stimme der so Rufenden ist genau der Augenschein, den sie uns bieten.
Du also, Herr, hast sie erschaffen, der Du schön bist - denn sie sind schön; der Du gut bist - denn sie sind gut; der Du bist - denn sie sind. Aber nicht in gleicher Weise schön sind sie, nicht in gleicher Weise gut sind sie, nicht in gleicher Weise seiend wie Du, ihr Schöpfer, mit dem verglichen sie weder schön sind noch gut sind noch seiend sind.
Ich weiß das, Dank sei Dir, ob unser Wissen auch, verglichen mit Deinem, Nichtwissen ist.

Wie also hast Du Himmel und Erde erschaffen, und was ist Dir Rüstzeug gewesen bei Deinem ungeheuren Wirken? Du vollbringst ja nicht wie der Bildner Mensch: der formt aus etwas, was schon Körper ist, einen Körper nach dem Gutdünken der Seele, kraft ihrer Fähigkeit, ihm beliebig eine Gestalt zu geben, die sie mit dem inneren Auge in sich schaut - und wie vermöchte sie zu schauen, hättest nicht Du sie erschaffen? - Und er prägt nun die Gestalt schon vorhandenem, das Sein besitzendem Stoffe auf, etwa dem Ton oder Stein oder Holz oder Gold oder sonst einem - und woher hätten diese Stoffe das Sein,

stituisses ea? Tu fabro corpus, tu animum 5,7
membris imperitantem fecisti, tu materiam, unde facit aliquid, tu ingenium, quo artem capiat et videat intus quid faciat foris, tu sensum corporis, quo interprete traiciat ab animo ad materiam id quod facit, et renuntiet animo quid factum sit, ut ille intus consulat praesidentem sibi veritatem, an bene factum sit.

Te laudant haec omnia creatorem omnium. Sed tu quomodo facis ea? Quomodo fecisti, deus, caelum et terram? Non utique in caelo neque in terra fecisti caelum et terram neque in aere aut in aquis, quoniam et haec pertinent ad caelum et terram, neque in universo mundo fecisti universum mundum, quia non erat, ubi fieret, antequam fieret, ut esset. Nec manu tenebas aliquid, unde faceres caelum et terram: nam unde tibi hoc quod tu non feceras, unde aliquid faceres? Quid enim est, nisi quia tu es?

Ergo »dixisti et facta sunt« atque in »verbo« Ps 32, 9. 6
tuo fecisti ea.

Sed quomodo dixisti? Numquid illo modo, 6,8
quo facta est »vox de nube« dicens: »hic est Mt 17, 5
filius meus dilectus«? Illa enim vox acta atque transacta est, coepta et finita. Sonuerunt syllabae atque transierunt, secunda post primam, tertia post secundam atque inde ex ordine, donec ultima post ceteras silentiumque

hättest nicht Du es ihnen gegeben? Du hast dem Bildner den Leib erschaffen, Du ihm die Seele, die den Gliedern gebietet, Du den Stoff, daraus er etwas schafft, Du die Begabung, die ihn befähigt, einen Kunstgedanken zu fassen[13] und inwendig zu schauen, was er nach außen hin schaffen soll, Du auch den leiblichen Sinn, seinen Vermittler, durch den er sein Inbild aus dem Geist überträgt auf den Stoff und wiederum dem Geiste von dem schon Gemachten vermelden kann, damit er in sich selbst die Wahrheit, die sein Richter ist, befrage, ob es auch wohlgeschaffen sei.

All diese Verhältnisse zeugen rühmend von Dir, dem Schöpfer aller Dinge. Du aber, welcherweise erschaffest Du es alles? Wie hast Du Himmel und Erde erschaffen, o Gott? Offenbar nicht im Himmel und nicht auf der Erde hast Du Himmel und Erde erschaffen, nicht in der Luft und nicht im Wasser, weil auch das zu Himmel und Erde gehört, nicht im Weltall hast Du das Weltall erschaffen, denn da war nicht, wo es hätte werden können, - noch bevor es zum Dasein erschaffen wurde. Du hattest auch nicht irgendwas zuhanden, um hieraus Himmel und Erde zu erschaffen: woher auch sollte Dir dies kommen, ohne daß Du selbst es erschaffen hättest, damit Du daraus etwas erschüfest? Was ist denn, ohne daß es wäre, weil Du bist?

Also: nur »gesprochen« hast Du, »und es ward«, und in Deinem »Wort« hast Du es erschaffen.

Aber wie hast Du gesprochen? Doch wohl nicht in der Weise, wie einst »eine Stimme aus der Wolke« kam, die sprach: »Dieser ist mein geliebter Sohn«? Denn diese Stimme klang und verklang, hub an und hörte wieder auf; die Silben ertönten und zogen vorüber, die zweite nach der ersten, die dritte nach der zweiten, und so der Reihe nach, bis die letzte den übrigen folgte und nach

post ultimam. Unde claret atque eminet, quod 6,8
creaturae motus expressit eam serviens aeternae voluntati tuae ipse temporalis. Et haec ad tempus facta verba tua nuntiavit auris exterior menti prudenti, cuius auris interior posita est ad aeternum verbum tuum. At illa conparavit haec verba temporaliter sonantia cum aeterno in silentio verbo tuo et dixit: „Aliud est, longe aliud est. Haec longe infra me sunt nec sunt, quia fugiunt et praetereunt:
»verbum autem« dei mei supra me »manet in Is 40, 8
aeternum«."

Si ergo verbis sonantibus et praetereuntibus dixisti, ut fieret caelum et terra, atque ita fecisti caelum et terram, erat iam creatura corporalis ante caelum et terram, cuius motibus temporalibus temporaliter vox illa percurreret. Nullum autem corpus ante caelum et terram, aut si erat, id certe sine transitoria voce feceras, unde transitoriam vocem faceres, qua diceres ut fieret caelum et terra. Quicquid enim illud esset, unde talis vox fieret, nisi abs te factum esset, omnino non esset. Ut ergo fieret corpus, unde ista verba fierent, quo verbo a te dictum est?

Vocas itaque nos ad intellegendum »verbum, 7,9
deum apud te deum«, quod sempiterne dici- Jo 1, 1 f
tur et eo sempiterne dicuntur omnia. Neque enim finitur, quod dicebatur, et dicitur aliud,

der letzten die Stille. Daraus ist klar zu ersehen, daß Bewegung von Geschöpflichem diese Stimme hervorgebracht hat, selber zeitlich, aber dienstbar Deinem zeitlos ewigen Willen. Und diese Deine nur auf Zeit gebildeten Worte vermeldete das leibliche Ohr dem verstehenden Geist, dessen inneres Ohr gesetzt ist, Dein ewiges Wort zu vernehmen. Der hörende Geist aber maß diese auf Zeit nur tönenden Worte an Deinem schweigend-zeitlosen Wort und sagte sich: „Dies ist etwas anderes, ganz etwas anderes; jenes leiblich Gehörte ist tief unter mir, ja es ist gar nicht seiend, weil es flüchtig ist und vergeht, »wogegen das Wort« meines Gottes über mir »bleibt in Ewigkeit«."
Also gesetzt, Du habest mit tönenden und vergehenden Worten gesprochen, es sollen Himmel und Erde werden, und habest so Himmel und Erde erschaffen, so gab es vor Himmel und Erde schon körperliche Schöpfung, in deren zeithafter Bewegtheit für gewisse Zeit jene Stimme dauern konnte. Aber keinerlei Körperwesen gab es vor Himmel und Erde, oder wenn je eines da war, so hattest Du es - das ist gewiß - nicht vermittels eines in der Zeit vorübertönenden Wortes erschaffen, um so das zeitlich vorübertönende Wort zu bewirken, mit dem Du sagen wolltest, Himmel und Erde sollen werden. Denn das, woraus dieses mittelbare Werdewort gebildet werden sollte, hätte sein mögen was immer: es wäre überhaupt nicht, wenn es nicht von Dir erschaffen wäre. Sonach verbliebe doch wieder nur die Frage: Durch welcherart Wort also sprachst Du das Körperwesen ins Dasein, vermittels dessen Du jenes Werdewort ergehen ließest?

Du rufst uns also auf, hier das »Gott-Wort bei Gott« zu verstehen, das immerwährend gesprochen wird und durch welches alles immerwährend gesprochen wird. Da ist kein Nacheinander, daß endigte, was gesprochen ward, und

ut possint dici omnia, sed simul ac sempiterne 7,9
omnia: alioquin iam tempus et mutatio et non
vera aeternitas nec vera inmortalitas.
Hoc novi, deus meus, et »gratias ago«. Novi, I Kor 1, 4
confiteor tibi, domine, mecumque novit et
benedicit te quisquis ingratus non est certae
veritati. Novimus, domine, novimus, quoniam
in quantum quidque non est quod erat et est
quod non erat, in tantum moritur et oritur.
Non ergo quicquam verbi tui cedit atque succedit, quoniam vere inmortale atque aeternum
est. Et ideo verbo tibi coaeterno simul et sempiterne dicis omnia, quae dicis, et fit, quidquid dicis ut fiat; nec aliter quam dicendo
facis: nec tamen simul et sempiterna fiunt
omnia, quae dicendo facis.

Cur, quaeso, domine deus meus? Utcumque 8,10
video, sed quomodo id eloquar nescio, nisi
quia omne, quod esse incipit et esse desinit,
tunc esse incipit et tunc desinit, quando debuisse incipere vel desinere in aeterna ratione
cognoscitur, ubi nec incipit aliquid nec desinit. Ipsum est verbum tuum, quod et »principium« est, »quia« et loquitur nobis. Sic in [Jo 8, 25]
evangelio per carnem ait, et hoc insonuit foris
auribus hominum, ut crederetur et intus quaereretur et inveniretur in aeterna veritate, ubi
omnes discipulos bonus et »solus magister« Mt 23, 8
docet.
Ibi audio vocem tuam, domine, dicentis mihi,
quoniam ille loquitur nobis, qui docet nos,

anderes gesprochen würde, damit alles könne gesprochen werden, sondern zugleich und immerwährend wird alles gesprochen; sonst wäre ja Zeitfolge darin und Wandel und nicht wahre Ewigkeit noch wahre Unvergänglichkeit.

Das weiß ich, mein Gott, und »ich sage Dank«. Ich weiß es, das bekenne ich Dir preisend, Herr, und mit mir weiß es und preist Dich dafür jeder, der sich nicht undankbar der sicheren Wahrheit verschließt. Wir wissen, Herr, wir wissen: wo etwas nicht mehr ist, was es war, und etwas ist, was vorher nicht war, da ist ein Sterben und Entstehen. Bei Deinem Worte also ist nicht, was entweicht, und ist nicht, was nachkommt, weil es wahrhaft unvergänglich und ewig ist. Und sonach sprichst Du durch das mit Dir gleichewige Wort zumal und immerwährend alles, was Du sprichst, und alles wird, wozu Du Dein ‚Werde' sprichst. Und nicht anders als durch Sprechen schaffst Du; und dennoch wird nicht allzugleich und nicht auf immer das alles, was Du sprechend erschaffst.

Warum so, ich bitte, Herr, mein Gott! Irgendwie sehe ich es ja, aber wie ich es ausdrücken soll, weiß ich nicht. Etwa so: Alles, was anfängt zu sein und aufhört zu sein, fängt dann an zu sein und hört dann auf zu sein, alswann sein Anfangensollen oder Aufhörensollen in der ewigen Vernunft geschaut wird, in der all das weder einen Anfang noch ein Aufhören hat. Eben sie ist Dein Wort, das auch der »Anfang« ist, »weil«[14] es auch spricht zu uns. So hat das Wort im Evangelium durch Vermittlung des Fleisches gesagt, und das ertönte äußerlich in den Ohren der Menschen, damit man es glaube und es innen in sich suche und es finde in der ewig feststehenden Wahrheit,[15] dort, wo jeglichen Schüler der gute und »einzige Meister« belehrt.

Dort vernehme ich Deine Stimme, Herr, die mir sagt, daß jener zu uns spricht, der uns belehrt, wogegen einer, der

qui autem non docet nos, etiam si loquitur, 8,10
non nobis loquitur. Quis porro nos docet nisi
stabilis veritas? Quia et per creaturam muta-
bilem cum admonemur, ad veritatem stabilem
ducimur, ubi vere discimus, cum »stamus et Jo 3, 29
audimus eum et gaudio gaudemus propter
vocem sponsi«, reddentes nos, unde sumus. Et
ideo »principium«, quia, nisi maneret, cum
erraremus, non esset quo rediremus. Cum au-
tem redimus ab errore, cognoscendo utique
redimus; ut autem cognoscamus, docet nos,
quia »principium est et loquitur nobis«. Jo 8, 25

»In« hoc »principio«, deus, »fecisti caelum 9,11
et terram« in verbo tuo, in filio tuo, in »vir- Gen 1, 1 I Kor 1, 24
tute« tua, in »sapientia« tua, in »veritate« Jo 14, 6
tua miro modo dicens et miro modo faciens.
Quis conprehendet? Quis enarrabit? Quid est
illud, quod interlucet mihi et percutit cor
meum sine laesione? Et inhorresco et inar-
desco: inhorresco, in quantum dissimilis ei
sum, inardesco, in quantum similis ei sum.
Sapientia, sapientia ipsa est, quae interlucet
mihi, discindens nubilum meum, quod me rur-
sus cooperit deficientem ab ea caligine atque
aggere poenarum mearum, quoniam sic »in- Ps 30, 11
firmatus est in egestate vigor meus«, ut non
sufferam bonum meum, donec tu, domine,
qui »propitius factus es omnibus iniquitatibus Ps 102, 3 ff
meis«, etiam »sanes omnes languores meos«,
quia et redimes »de corruptione vitam meam«
et »coronabis me in miseratione et misericor-

uns nicht belehrt, auch wenn er spricht, doch nicht zu uns spricht. Wer aber lehrt uns als allein die unwandelbare Wahrheit? Denn auch wenn wir durch ein wandelbares Schöpfungswesen die Anregung empfangen, werden wir zur unwandelbaren Wahrheit nur erst hingeleitet,[16] und dort erst lernen wir wirklich, indem wir »stehen und ihn hören, den Bräutigam, und aufs innigste uns freuen seiner Stimme«, da er uns dorthin zurückleitet, woher wir sind. Und »Anfang« deshalb, weil uns, verharrte er nicht in Unwandelbarkeit, in der Irre nichts gegeben wäre, um heimzufinden. Von Irrtum aber kehren wir allemal durch Erkennen zurück; damit wir aber erkennen, belehrt er uns, weil er der »Anfang ist und zu uns spricht«.[17]

»In« diesem »Anfang«, o Gott, hast Du »Himmel und Erde erschaffen«: in Deinem Wort, in Deinem Sohn, in Deiner »Kraft«, in Deiner »Weisheit«, in Deiner »Wahrheit«, auf unfaßliche Weise sprechend und auf unfaßliche Weise erschaffend. Wer kann es begreifen, wer erzählen? Was ist das, was je und je mir aufblitzt, mir das Herz trifft, ohne es zu versehren? Beides - ich erschrecke, ich entbrenne: erschrecke darüber, weil ich dem so ungleich bin, entbrenne danach, weil ich so sehr ihm gleiche.[18] Die Weisheit ist es, die Weisheit selber, die mir da aufblitzt, das Gewölk um mich zerreißend. Und abermals, da ich in ihrem Anblick nicht verharren kann, deckt es die schweren Finsternisse über mich, die zur Strafe ich erleide; denn so sehr »ist in Armutstiefe mir die Kraft erschwacht«, daß ich nicht ertrage, was mein Gut ist,[19] bis Du, Herr, der Du bereits »alle meine Missetaten verziehen hast«, auch »all meine Schwächen heilst«. Denn Du wirst auch erlösen »von Verderbnis mein Leben« und »in Huld und Erbarmen mich krönen und mein Verlangen nach Gütern sättigen«, da denn »meine Jugend sich erneuen wird wie die des Adlers«. Denn erst »der Hoffnung nach sind wir

dia et satiabis in bonis desiderium meum«, 9,11
quoniam »renovabitur iuventus mea sicut
aquilae«. »Spe enim salvi facti sumus« et Röm 8, 24 f
promissa tua »per patientiam expectamus«.
Audiat te intus sermocinantem qui potest;
ego fidenter ex oraculo tuo clamabo: »quam Ps 103, 24
magnificata sunt opera tua, domine, omnia
in sapientia fecisti!« Et illa »principium«, Gen 1,1
et in eo »principio fecisti caelum et terram«.

Nonne ecce pleni sunt vetustatis suae qui no- 10,12
bis dicunt: „Quid faciebat deus, antequam faceret caelum et terram? Si enim vacabat, inquiunt, et non operabatur aliquid, cur non sic semper et deinceps, quemadmodum retro semper cessavit ab opere? Si enim ullus motus in deo novus extitit et voluntas nova, ut creaturam conderet, quam numquam ante condiderat, quomodo iam vera aeternitas, ubi oritur voluntas, quae non erat? Neque enim voluntas dei creatura est, sed ante creaturam, quia non crearetur aliquid, nisi creatoris voluntas praecederet. Ad ipsam ergo dei substantiam pertinet voluntas eius. Quod si exortum est aliquid in dei substantia, quod prius non erat, non veraciter dicitur aeterna illa substantia; si autem dei voluntas sempiterna erat, ut esset creatura, cur non sempiterna et creatura?“

Qui haec dicunt, nondum te intellegunt, o 11,13
»sapientia dei«, lux mentium, nondum intel- I Kor 1, 24

heil geworden« und Deiner Verheißungen »harren wir in Geduld«. Es höre, wer da kann, Deine Stimme in seinem Innern; ich aber will getrost mit Deinem Verkünder rufen: »Wie hochherrlich, Herr, sind Deine Werke! Alles hast Du in der Weisheit erschaffen.« Und die Weisheit ist der »Anfang«, und in diesem »Anfang« hast Du »Himmel und Erde erschaffen«.

Wie - stecken sie nicht in ihrem alten Wahn,[20] die Leute, die uns entgegenhalten: „Was tat denn Gott, ehvor er Himmel und Erde erschuf?[21] Denn, war er müßig, sagen sie, und wirkte kein Werk, warum blieb er so nicht immer und alle Zeiten fort, wie er vor der Schöpfung immer des Wirkens müßig gewesen? Wenn in Gott irgendein neuer Antrieb, ein neuer Wille auftrat, eine Schöpfung ins Dasein zu rufen, die er niemals vorher ins Dasein gerufen hatte: wie kann da schon wahre Ewigkeit sein, wo doch ein Wille ersteht, der vorher nicht da war? Ist doch Gottes Wille nicht selber ein Geschöpf, er ist vor jedem Geschöpf, weil nicht das Geringste erschaffen würde, ginge nicht des Schöpfers Wille voraus. So gehört denn zur Wesenheit Gottes sein Wille. Entstand nun aber in Gottes Wesenheit etwas, was vordem nicht da war, so kann man diese Wesenheit nicht in wahrem Sinn als ewig bezeichnen; war aber der Wille Gottes, daß es eine Schöpfung gebe, immerseiender Wille, warum sollte dann nicht gleichso immerseiend auch die Schöpfung sein?“[21a]

Die so sprechen, verstehen Dich noch nicht, o »Weisheit Gottes«, Licht der Geister. Sie verstehen noch nicht, auf

legunt, quomodo fiant, quae per te atque in 11, 13
te fiunt, et conantur aeterna sapere, sed adhuc in praeteritis et futuris rerum motibus »cor eorum« volitat et adhuc »vanum est«. Ps 5, 10
Quis tenebit illud et figet illud, ut paululum stet et paululum rapiat splendorem semper stantis aeternitatis et conparet cum temporibus numquam stantibus et videat esse inconparabilem et videat longum tempus nisi ex multis praetereuntibus motibus, qui simul extendi non possunt, longum non fieri; non autem praeterire quicquam in aeterno, sed totum esse praesens; nullum vero tempus totum esse praesens: et videat omne praeteritum propelli ex futuro et omne futurum ex praeterito consequi et omne praeteritum ac futurum ab eo, quod semper est praesens, creari et excurrere? Quis tenebit cor hominis, ut stet et videat, quomodo stans dictet futura et praeterita tempora nec futura nec praeterita aeternitas?
Numquid »manus mea valet hoc« aut manus Gen 31, 29
oris mei per loquellas agit tam grandem rem?

Ecce respondeo dicenti: „Quid faciebat deus, 12, 14
antequam faceret caelum et terram?"
Respondeo non illud, quod quidam respondisse perhibetur ioculariter eludens quaestionis violentiam: „Alta", inquit, „scrutantibus gehennas parabat". Aliud est videre, aliud ridere. Haec non respondeo. Libentius enim responderim: „Nescio quod nescio", quam

welche Weise geschieht, was durch Dich und in Dir geschieht. Sie wenden ihren Witz ans Ewige, »ihr Herz« aber treibt noch auf der Dinge Wogenschlag mit seinem Gestern und Morgen und weiß sich »keinen Halt«.
Wer hält es auf, wer stellt es still, daß es für ein Weilchen Stand fasse, für ein Weilchen sich erhasche vom Glanz der immer stehenden Ewigkeit[22] und ihn vergleiche mit den nimmer stehenden Zeiten und also sähe, wie da nichts zu vergleichen ist? Ja, er müßte sehen, daß auch langhin dauernde Zeit nur durch die bewegte Folge flüchtiger Augenblicke, die allzugleich nicht Platz greifen können, zur langen Zeit wird, daß aber im Ewigen nicht irgend etwas dahingeht, vielmehr das Ganze gegenwärtig ist, während es doch keinerweise Zeit gibt, die als Ganzes gegenwärtig wäre; er müßte endlich sehen, daß alles Vergangene verdrängt wird von Kommendem, daß alles Kommende auf Vergangenes folgt und daß alles Vergangene und alles Kommende von dem, was stete Gegenwart ist, erschaffen wird und hervorbricht.[23] Wer hält das Herz des Menschen auf, daß es Stand habe und sehe, wie die stehende Ewigkeit, in der es kein Künftig, kein Gewesen gibt, das Künftig und Gewesen der Zeiten verfügt?
»Steht das in meiner Hand«? Oder kann meine Rede, gleichsam die Hand meines Mundes, so Gewaltiges vollbringen?

Wohlan, ich antworte dem, der da fragt: „Was tat Gott, bevor er Himmel und Erde erschuf?"
Ich antworte nicht mit dem Spaßwort, das einer, der Wucht der Frage ausweichend, erwidert haben soll: „Er hat Höllen hergerichtet für Leute, die so hohe Geheimnisse ergrübeln wollen." Aber fassen und spaßen ist zweierlei. Nein, das ist meine Antwort nicht. Lieber gäbe ich zur Antwort: „Was ich nicht weiß, das weiß

illud, unde irridetur qui alta interrogavit et 12,14
laudatur qui falsa respondit.

Sed dico te, deus noster, omnis creaturae creatorem et, si ‚caeli et terrae' nomine omnis creatura intellegitur, audenter dico: „Antequam faceret deus caelum et terram, non faciebat aliquid." Si enim faciebat, quid nisi creaturam faciebat? Et utinam sic sciam, quicquid utiliter scire cupio, quemadmodum scio, quod nulla fiebat creatura, antequam fieret ulla creatura.

At si cuiusquam volatilis sensus vagatur per 13,15
imagines retro temporum et te, deum omnipotentem et omnicreantem et omnitenentem, caeli et terrae artificem, ab opere tanto, antequam id faceres, per innumerabilia saecula cessasse miratur, evigilet atque adtendat, quia falsa miratur.

Nam unde poterant innumerabilia saecula praeterire, quae ipse non feceras, cum sis omnium saeculorum auctor et conditor? Aut quae tempora fuissent, quae abs te condita non essent? Aut quomodo praeterirent, si numquam fuissent?

Cum ergo sis operator omnium temporum, si fuit aliquod tempus, antequam faceres caelum et terram, cur dicitur, quod ab opere cessabas? Id ipsum enim tempus tu feceras, nec praeterire potuerunt tempora, antequam faceres tempora. Si autem ante caelum et ter-

ich eben nicht" - als daß ich etwas sagte, was den, der nach hohen Dingen fragt, dem Gelächter aussetzt, und dem andern, der mit einer Unwahrheit erwidert, Beifall einbringt.
Nein, ich sage: „Du, unser Gott, bist alljeglicher Schöpfung Schöpfer", und wenn unter ‚Himmel und Erde' alljegliche Schöpfung verstanden wird, so sage ich beherzt: „Ehvor Gott Himmel und Erde wirkte, hat er nicht irgend etwas gewirkt." Denn was er auch gewirkt hätte, was wäre es denn andres als Geschöpf gewesen? Und ich wollte nur, ich wüßte alles, was ich mir zum Besten wissen möchte, so sicher, als ich weiß: es ward kein Geschöpf, ehbevor denn Schöpfung ward.

Wenn aber ein schwärmerischer Kopf in Phantasien von abgelegenen Zeiten schweift und nun sich wundert, daß Du, der allmächtige, allerschaffende, allerhaltende Gott, der kunstreiche Bildner Himmels und der Erde, durch unzählige Jahrhunderte, eh Du das erschufst, so mächtigen Wirkens müßig bliebest, so tu' er sich den Schlaf aus den Augen, um zu merken, daß es ein Wahngedanke ist, über den er sich verwundert.
Denn woher denn der Fluß dieser unzähligen Jahrhunderte, die nicht Du geschaffen hättest, der Du doch der Urheber und Gründer aller Jahrhunderte bist? Oder was für Zeiten wären da gewesen, die nicht Du gegründet hättest? Oder wie sollten sie verfließen, wenn sie nicht waren?
Da Du also gar aller Zeiten Wirker bist, wie kann man, wenn also doch etwelche Zeit gewesen wäre, ehvor Du Himmel schufst und Erde - wie kann man sagen, da seiest Du des Wirkens müßig gewesen? Eben diese Zeit auch hattest doch Du erschaffen, und Zeiten konnten nicht verfließen, ehe Du Zeiten erschufst. Wenn aber vor Himmel und Erde Zeit überhaupt nicht war, was soll

ram nullum erat tempus, cur quaeritur, quid ‚tunc' faciebas? Non enim erat ‚tunc', ubi non erat tempus. 13,15

Nec tu tempore tempora praecedis: alioquin non omnia tempora praecederes. Sed praecedis omnia praeterita celsitudine semper praesentis aeternitatis et superas omnia futura, quia illa futura sunt, et cum venerint, praeterita erunt; »tu autem idem ipse es, et anni tui non deficient«. Anni tui nec eunt nec veniunt: isti enim nostri eunt et veniunt, ut omnes veniant. Anni tui omnes simul stant, quoniam stant, nec euntes a venientibus excluduntur, quia non transeunt: isti autem nostri omnes erunt, cum omnes non erunt. »Anni tui dies unus«, et dies tuus non ‚cotidie', sed ‚hodie', quia hodiernus tuus non cedit crastino; neque enim succedit hesterno. Hodiernus tuus aeternitas: ideo coaeternum genuisti, cui dixisti: »ego hodie genui te«. Omnia tempora tu fecisti et ante omnia tempora tu ‚es', nec aliquo tempore non erat tempus. 13,16 Ps 101,28 II Petr 3,8 Ps 2,7

Nullo ergo tempore non feceras aliquid, quia ipsum tempus tu feceras. Et nulla tempora tibi coaeterna sunt, quia tu permanes; at illa si permanerent, non essent tempora. 14,17

Quid est enim ‚tempus'? Quis hoc facile breviterque explicaverit? Quis hoc ad verbum de illo proferendum vel cogitatione conpre-

dann die Frage, was Du ‚damals' tatest? Es gab kein ‚Damals', wo es Zeit nicht gab.
Nein, Du gehst den Zeiten nicht in Zeit voraus; sonst gingest Du ja nicht all und jeder Zeit voraus. Sondern Du gehst allen vergangenen Zeiten voraus durch die zeitlose Erhabenheit stets gegenwärtiger Ewigkeit, und Du stehst über allen Zukunftszeiten deshalb, weil sie noch nicht sind und, wenn gekommen, schon vergangen sein werden: »Du aber bist das wandellos gleiche Sein, und Deine Jahre schwinden nicht dahin.« Deine Jahre gehen nicht und kommen nicht; aber unsere Jahre hier - sie gehen und kommen, und so nur können sie alle kommen. Deine Jahre stehen ein für allemal zugleich, eben weil sie stehen, und da werden gehende nicht von andern, die nun kommen, verstoßen, weil ja keine vorübergehn: aber unsere Jahre hier werden dann erst sie alle samt und sonders sein, wenn sie allesamt nicht mehr sein werden. Deine »Jahre sind ein einziger Tag«, und Dein Tag ist nicht ein ‚Tag um Tag', sondern ein ‚Heute', weil Dein heutiger Tag nicht einem morgigen weicht, wie er denn auch nicht einem Gestern folgt. Dein Heute ist Ewigkeit. Darum hast Du einen Gleichewigen gezeugt und zu ihm gesprochen: »Heute habe ich Dich gezeugt.« Die Zeiten alle hast Du gewirkt, und vor den Zeiten allen ‚bist' Du, und niemals gab es eine Zeit, wo Zeit nicht war.

Also gab es nie die Zeit, da Du müßig noch nichts geschaffen hattest, denn die Zeit selber hast ja Du geschaffen. Und es gibt keine Zeit, die mit Dir mit-ewig wäre, denn Du verharrst als der Du bist; aber verharrten so die Zeiten, es wären gar nicht Zeiten.
Denn was ist ‚Zeit'? Wer könnte das leicht und kurz erklären? Wer vermöchte es auch nur gedanklich zu begreifen, um sich dann im Wort darüber auszusprechen?

henderit? Quid autem familiarius et notius 14,17
in loquendo conmemoramus quam ‚tempus'? Et intellegimus utique, cum id loquimur, intellegimus etiam, cum alio loquente id audimus.

Quid est ergo ‚tempus'? Si nemo ex me quaerat, scio; si quaerenti explicare velim, nescio: fidenter tamen dico scire me, quod, si nihil praeteriret, non esset praeteritum tempus, et si nihil adveniret, non esset futurum tempus, et si nihil esset, non esset praesens tempus.

Duo ergo illa tempora, praeteritum et futurum, quomodo sunt, quando et praeteritum iam non ‚est' et futurum nondum ‚est'? Praesens autem si semper esset praesens nec in praeteritum transiret, non iam esset tempus, sed aeternitas. Si ergo praesens, ut tempus sit, ideo fit, quia in praeteritum transit, quomodo et hoc esse dicimus, cui causa, ut sit, illa est, quia non erit, ut scilicet non vere dicamus tempus esse, nisi quia tendit non esse?

Et tamen dicimus longum tempus et breve 15,18
tempus neque hoc nisi de praeterito aut futuro dicimus. Praeteritum tempus ‚longum' verbi gratia vocamus ante centum annos, futurum itidem ‚longum' post centum annos, ‚breve' autem ‚praeteritum' sic, ut puta dicimus ante decem dies, et ‚breve futurum' post decem dies. Sed quo pacto longum est aut breve, quod non ‚est'? Praeteritum enim iam

Gleichwohl, was ginge uns beim Reden vertrauter und geläufiger vom Munde als ‚Zeit'? Beim Aussprechen des Wortes verstehen wir auch, was es meint, und verstehen es gleichso, wenn wir es einen andern aussprechen hören.

Was ist also ‚Zeit'? Wenn mich niemand danach fragt, weiß ich es; will ich einem Fragenden es erklären, weiß ich es nicht.[24] Aber zuversichtlich behaupte ich zu wissen, daß es vergangene Zeit nicht gäbe, wenn nichts verginge, und nicht künftige Zeit, wenn nichts herankäme, und nicht gegenwärtige Zeit, wenn nichts seiend wäre.

Diese beiden Zeiten, Vergangenheit und Zukunft, wie sollten sie seiend sein, da das Vergangene doch nicht mehr ‚ist', das Zukünftige noch nicht ‚ist'? Die Gegenwart hinwieder, wenn sie stetsfort Gegenwart wäre und nicht in Vergangenheit überginge, wäre nicht mehr Zeit, sondern Ewigkeit. Wenn also die Gegenwart nur dadurch zu Zeit wird, daß sie in Vergangenheit übergeht, wie können wir dann auch nur von der Gegenwartszeit sagen, daß sie ist, da doch ihr Seinsgrund eben der ist, daß sie nicht sein wird? Rechtens also nennen wir sie Zeit nur deshalb, weil sie dem Nichtsein zuflieht.[25]

Und dennoch sprechen wir von langer Zeit und kurzer Zeit, freilich nur mit Bezug auf Vergangenheit und Zukunft. Hundert Jahre vor heute zum Beispiel nennen wir eine ‚lange Zeit' nach rückwärts, so auch hundert Jahre nach heute eine ‚lange Zeit' nach vorwärts, und ‚kurz vergangen' sagen wir, wenn etwa erst zehn Tage um sind, und ‚kurz bevorstehende Zeit', wenn etwas nach zehn Tagen sein wird. Doch wie kann denn lang oder kurz sein, was nicht ‚ist'? Die abgelaufene Zeit ‚ist' ja nicht mehr, und die kommende ‚ist' noch nicht. Wir

non ‚est‘ et futurum nondum ‚est‘. Non itaque 15,18
dicamus: longum ‚est‘, sed dicamus de praeterito: longum ‚fuit‘, et de futuro: longum ‚erit‘.

Domine meus, »lux mea«, nonne et hic veri- Mich 7,8
tas tua deridebit hominem? Quod enim longum ‚fuit‘ praeteritum tempus, cum iam esset praeteritum, longum fuit, an cum adhuc praesens esset? Tunc enim poterat esse longum, quando erat, quod esset longum; praeteritum vero iam non erat; unde nec ‚longum‘ esse poterat, quod omnino non ‚erat‘.

Non ergo dicamus: longum ‚fuit‘ praeteritum tempus; neque enim inveniemus, quid fuerit longum, quando, ex quo praeteritum est, non est, sed dicamus: Longum fuit illud ‚praesens‘ tempus, quia cum praesens esset, longum erat. Nondum enim praeterierat, ut non esset, et ideo erat, quod longum esse posset; postea vero quam praeteriit, simul et longum esse destitit, quod ‚esse‘ destitit.

Videamus ergo, o anima humana, utrum prae- 15,19
sens tempus possit esse longum: datum enim tibi est sentire moras atque metiri. Quid respondebis mihi?

An centum anni praesentes longum tempus est? Vide prius, utrum possint ‚praesentes‘ esse centum anni. Si enim primus eorum annus agitur, ipse ‚praesens‘ est, nonaginta vero et novem futuri sunt, et ideo nondum ‚sunt‘: si autem secundus annus agitur, iam unus est praeteritus, alter praesens, ceteri futuri. At-

sollten also nicht sagen: ‚Es ist‘ lang, sondern mit Bezug auf die Vergangenheit: so lang schon ‚ist es gewesen‘, und mit Bezug auf die Zukunft: so lang noch ‚wird es sein‘.

Mein Herr, mein Gott, »mein Licht«, wird Deine Wahrheit nicht auch hier des Menschen lachen? Denn wiefern ist verflossene Zeit denn lang ‚gewesen‘? Ist sie lang gewesen, als sie schon verflossen war, oder als sie noch Gegenwart war? Doch wohl nur damals konnte sie lang sein, als sie etwas war, was lang sein kann; einmal vergangen aber, war sie nicht mehr; also konnte doch auch nicht ‚lang‘ sein, was überhaupt nicht ‚war‘.

So sollten wir auch von vergangener Zeit nicht sagen: sie ist lang ‚gewesen‘; denn wir werden an ihr nichts finden, das hätte langsein können, da doch Zeit, sobald sie abgelaufen ist, nicht seiend ist. Vielmehr sollten wir sagen: Lang gewesen ist eine Zeit ‚in ihrer Gegenwart‘; denn nur als anwesend seiende war sie lang. Da war sie ja noch nicht vergangen, so daß sie seinslos gewesen wäre, und war sonach, was langsein konnte; aber dann, nun schon vergangen, hat sie zugleich auch aufgehört, lang zu sein, weil sie aufgehört hat zu ‚sein‘.

Laß uns denn sehen, du menschliche Seele, ob eine gegenwärtige Zeit lang sein könne; es ist dir ja gegeben, währende Zeit wahrzunehmen und auch zu messen. Was gibst du mir zur Antwort?

Sind hundert Jahre Gegenwart eine lange Zeit? Sieh erst zu, ob hundert Jahre überhaupt ‚gegenwärtig‘ sein können. Nehmen wir an, das erste davon sei im Lauf, so ist es, eben als dieses, ‚gegenwärtig‘, aber neunundneunzig sind erst im Kommen und ‚sind‘ darum noch nicht. Ist aber das zweite Jahr im Lauf, so ist eines schon vergangen, das zweite ist gegenwärtig, die übrigen kommen erst. So mögen wir jedes beliebige Jahr innerhalb der Hun-

que ita mediorum quemlibet centenarii huius 15,19
numeri annum praesentem posuerimus: ante illum praeteriti erunt, post illum futuri. Quocirca centum anni praesentes esse non poterunt.

Vide saltem, utrum qui agitur unus ipse sit praesens. Et eius enim si primus agitur mensis, futuri sunt ceteri, si secundus, iam et primus praeteriit et reliqui nondum sunt. Ergo nec annus, qui agitur, totus est praesens, et si non totus est praesens, non annus est praesens. Duodecim enim menses annus est, quorum quilibet unus mensis, qui agitur, ipse praesens est, ceteri aut praeteriti aut futuri. Quamquam neque mensis, qui agitur, praesens est, sed unus dies: si primus, futuris ceteris, si novissimus, praeteritis ceteris, si mediorum quilibet, inter praeteritos et futuros.

Ecce ‚praesens‘ tempus, quod solum invenie- 15,20
bamus ‚longum‘ appellandum, vix ad unius diei spatium contractum est. Sed discutiamus etiam ipsum, quia nec unus dies totus est praesens. Nocturnis enim et diurnis horis omnibus viginti quattuor expletur, quarum prima ceteras futuras habet, novissima praeteritas, aliqua vero interiectarum ante se praeteritas, post se futuras. Et ipsa una hora fugitivis particulis agitur: quidquid eius avolavit, ‚praeteritum‘ est, quidquid ei restat, ‚futurum‘. Si quid intellegitur temporis, quod in nullas iam vel minutissimas momentorum partes dividi possit, id solum est, quod ‚praesens‘ dicatur;

dertreihe von Jahren als gegenwärtig annehmen, es wird abgelaufene hinter sich, kommende vor sich haben. Sonach muß man sagen: Hundert Jahre können nicht gegenwärtig sein.

Nun sieh zu, ob wenigstens das eine, eben laufende Jahr gegenwärtig sei. Nun, auch bei ihm sind, wenn sein erster Monat läuft, die übrigen erst im Kommen, und läuft der zweite, so ist der erste schon vergangen und die übrigen sind noch nicht da. Also ist auch das laufende Jahr nicht als ganzes gegenwärtig, und wenn es nicht als ganzes gegenwärtig ist, so ist es als Jahr nicht gegenwärtig. Denn zwölf Monate machen das Jahr aus, und von ihnen ist jeweils nur der laufende Monat gegenwärtig, die übrigen sind vergangen oder kommen erst. Indes auch nicht der Monat, der da läuft, ist als solcher gegenwärtig, sondern nur ein Tag: ist es der erste, so sind die übrigen erst im Kommen; ist es der letzte, sind die übrigen schon vergangen; ist es einer von den mittleren, so steht er zwischen vergangenen und kommenden Tagen.

Sieh, so ist ‚gegenwärtige' Zeit, von der allein wir fanden, man könne von ihr sagen ‚lang': auf kaum eines Tages Dauer eingeschwunden. Doch laßt uns auch den noch zerlegen, weil ja auch nur ein Tag nicht als Ganzes gegenwärtig ist. Er erfüllt sich nur im Ganzen von vierundzwanzig Nacht- und Tagesstunden. Für die erste sind die anderen künftig, für die letzte die anderen vergangen, aber jede dazwischen hat vergangene voraus und künftige nach ihr. Und auch die einzelne Stunde selbst läuft in flüchtigen Teilchen ab: was von ihr entflogen ist, ist ‚vergangen', was von ihr noch übrig ist, ist ‚künftig'. Könnte man irgendwas von Zeit sich vorstellen, so winzig, daß es gar nicht mehr sich teilen läßt, auch nicht in Splitter von Augenblicken: solche Zeit allein wäre es, die man ‚gegenwärtig' nennen dürfte; sie aber fliegt so

quod tamen ita raptim a futuro in praeteritum transvolat, ut nulla morula extendatur. Nam si extenditur, dividitur in praeteritum et futurum: praesens autem nullum habet spatium. 15,20

Ubi est ergo tempus, quod ‚longum' dicamus? An futurum? Non quidem dicimus: longum ‚est', quia nondum est quod longum sit, sed dicimus: longum ‚erit'. Quando igitur erit? Si enim et tunc adhuc futurum erit, non erit longum, quia quid sit longum nondum erit: si autem tunc erit longum, cum ex futuro quod nondum est esse iam coeperit et praesens factum erit, ut possit esse quod longum sit, iam superioribus vocibus clamat praesens tempus longum se esse non posse.

Et tamen, domine, sentimus intervalla temporum et conparamus sibimet et dicimus alia longiora et alia breviora. Metimur etiam, quanto sit longius aut brevius illud tempus quam illud et respondemus duplum esse hoc vel triplum, illud autem simplum aut tantum hoc esse quantum illud. Sed praetereuntia metimur tempora, cum sentiendo metimur; praeterita vero, quae iam non ‚sunt', aut futura, quae nondum ‚sunt', quis metiri potest, nisi forte audebit quis dicere metiri posse quod non est? Cum ergo praeterit tempus, sentiri et metiri potest, cum autem praeterierit, quoniam non ‚est', non potest. 16,21

reißend schnell von Künftig zu Vergangen, daß auch nicht ein Weilchen Dauer sich dehnt. Denn sowie sie sich ausdehnt, zerfällt sie schon wieder in Vergangenheit und Zukunft; aber als Gegenwart ist sie ohne Ausdehnung.

Wo also ist die Zeit, die wir ‚lang' nennen könnten? Ist es die Zukunft? Aber von der Zukunft sagen wir ja gar nicht: sie ‚ist' lang, weil von ihr noch nichts da ist, was lang sein könnte; vielmehr sagen wir: sie ‚wird' lang ‚sein'. Wann aber wird sie es sein? Wenn wir den Zeitpunkt selbst dann ansetzen, wann sie noch ganz Zukunft ist, so wird sie doch nicht lang sein, weil sie, noch nicht seiend, auch nicht hat, was lang sein könnte; wenn sie aber dann erst lang sein wird, wenn sie aus der Zukunft, die noch nicht seiend ist, ins Sein getreten und Gegenwart geworden sein wird, nunmehr des Langseins fähig, so ruft uns laut die Gegenwart - wir hörten's ja -, daß sie nicht lang sein könne.

Und gleichwohl, Herr, nehmen wir Zeiträume wahr und vergleichen sie miteinander und sprechen von längeren und kürzeren. Wir messen auch, um wieviel diese Zeitspanne länger oder kürzer ist als jene, und sagen, sie sei doppelt so lang oder dreimal so lang im Vergleich zu dieser einfachen, oder sie sei ebenso lang wie diese. Aber wir messen die Zeiten nur in ihrem Vorübergehen, wenn wir eben wahrnehmend sie messen; dagegen die Vergangenheit, die nicht mehr ‚ist', oder die Zukunft, die noch nicht ‚ist', wer kann die messen? Keiner, er wagte denn zu sagen, er könne messen, was gar nicht ist. Dann also, wenn die Zeit vorüberzieht, ist es möglich, sie wahrzunehmen und zu messen; ist sie schon vorüber, so kann man das nicht, weil sie nicht ‚ist'.

Quaero, pater, non adfirmo: deus meus, prae- 17,22
side mihi et rege me. [Ps 22, 1]

Quisnam est, qui dicat mihi non esse tria tempora, sicut pueri didicimus puerosque docuimus, praeteritum, praesens et futurum, sed tantum praesens, quoniam illa duo non ‚sunt'? An et ipsa ‚sunt', sed ex aliquo procedit occulto, cum ex futuro fit praesens, et in aliquod recedit occultum, cum ex praesenti fit praeteritum? Nam ubi ea viderunt qui futura cecinerunt, si nondum ‚sunt'? Neque enim potest videri id quod non ‚est'. Et qui narrant praeterita, non utique vera narrarent, si animo illa non cernerent: quae si nulla ‚essent', cerni omnino non possent. ‚Sunt' ergo et futura et praeterita.

Sine me, »domine«, amplius quaerere, »spes 18,23
mea«; non conturbetur intentio mea. Ps 70, 5

Si enim ‚sunt' futura et praeterita, volo scire, ubi sint. Quod si nondum valeo, scio tamen, ubicumque ‚sunt', non ibi ea futura esse aut praeterita, sed praesentia. Nam si et ibi futura sunt, nondum ibi ‚sunt', si et ibi praeterita sunt, iam non ibi ‚sunt'. Ubicumque ergo sunt, quaecumque sunt, non ‚sunt' nisi praesentia. Quamquam praeterita cum vera narrantur, ex memoria proferuntur non res ipsae, quae praeterierunt, sed verba concepta ex imaginibus earum, quae in animo velut vestigia per sensus praetereundo fixerunt. Pueritia quippe mea, quae iam non ‚est', in tempore

Ich frage nur, Vater, ich behaupte nichts; mein Gott, steh mir bei und leite mich!
Wer ist es, der mir sagen wollte, es seien nicht drei der Zeiten, wie wir es als Knaben gelernt und die Knaben gelehrt haben: Vergangenheit, Gegenwart und Zukunft, sondern es gebe nur Gegenwart, weil die beiden andern nicht ‚sind'? Oder ‚sind' auch diese, aber so, daß aus irgendwelchem Versteck hervortritt, was aus Zukunft zu Gegenwart wird, und daß in irgendwelches Versteck zurücktritt, was aus Gegenwart zu Vergangenheit wird? Denn wo hätten Verkünder der Zukunft das Kommende geschaut, wenn es noch nicht ‚ist'? Man kann doch nicht schauen, was nicht ‚ist'. Und die Vergangenes erzählen, könnten unmöglich Wahres erzählen, wenn sie es nicht im Geiste schauten; würde dies Vergangene gar nicht ‚sein', so könnte es auch gar nicht gesehen werden. So also ‚sind' sie doch, Zukunft und Vergangenheit.

Laß mich noch weiter forschen, »Herr, meine Hoffnung!« Daß nur meinen Gedanken nichts verwirre!
Wenn sie denn ‚sind', Zukunft und Vergangenheit, so will ich wissen, wo sie sind. Wenn ich das vorerst auch nicht vermag, so weiß ich doch so viel, daß sie dort, wo sie ‚sind', sei das wo immer, nicht Zukunft und Vergangenheit sind, sondern Gegenwart. Denn ist das Künftige auch dort als erst künftig, so ‚ist' es dort noch nicht; ist das Vergangene auch dort vergangen, so ‚ist' es dort nicht mehr. Mögen sie also beide, was immer auch sie sind, sein wo immer: sie ‚sind' nur als Gegenwart. Freilich werden, wenn man Vergangenes der Wahrheit getreu erzählt, nicht die Wirklichkeiten selbst hervorgeholt, die nun einmal vergangen sind, sondern nur Worte, geschöpft aus Bildern, die im Geiste, als sie durch unsere Sinne hindurchzogen, gleichsam Spuren eingedrückt haben. So gehört meine Knabenzeit, die nicht mehr ‚ist', der Ver-

praeterito est, quod iam non ‚est'; imaginem 18,23
vero eius, cum eam recolo et narro, in praesenti tempore intueor, quia est adhuc in memoria mea.

Utrum similis sit causa etiam praedicendorum futurorum, ut rerum, quae nondum ‚sunt', iam exsistentes praesentiantur imagines, confiteor, deus meus, nescio. Illud sane scio, nos plerumque praemeditari futuras actiones nostras eamque praemeditationem esse praesentem, actionem autem, quam praemeditamur, nondum ‚esse', quia futura est; quam cum aggressi fuerimus et quod praemeditabamur agere coeperimus, tunc erit illa actio, quia tunc non futura, sed praesens erit.

Quoquo modo se itaque habeat arcana prae- 18,24
sensio futurorum, videri nisi quod ‚est' non potest. Quod autem iam ‚est', non futurum sed praesens est. Cum ergo videri dicuntur futura, non ipsa, quae nondum ‚sunt', id est quae futura sunt, sed eorum causae vel signa forsitan videntur, quae iam ‚sunt': ideo non futura, sed praesentia sunt iam videntibus, ex quibus futura praedicantur animo concepta. Quae rursus conceptiones iam ‚sunt', et eas praesentes apud se intuentur qui illa praedicunt.

Loquatur mihi aliquod exemplum tanta rerum numerositas.

Intueor auroram: oriturum solem praenuntio. Quod intueor, praesens est, quod praenuntio, futurum: non sol futurus, qui iam est,

gangenheit an, die nicht mehr ‚ist'; aber ein Bild von ihr schaue ich, wenn ich sie ins Gedächtnis rufe und schildere, in der Gegenwart, weil dieses Bild annoch in meinem Erinnern ist.

Ob eine ähnliche Ursache auch bei der Vorhersage von Künftigem im Spiele ist, also von Wirklichkeiten, die noch nicht ‚sind', bereits vorhandene Bilder vorweg schon wahrgenommen werden: ich bekenne, mein Gott, das weiß ich nicht. Das allerdings weiß ich, daß wir gewöhnlich unsere künftigen Handlungen vorbedenken und daß dieses Vorbedenken gegenwärtig ist, während das Handeln, das wir vorbedenken, noch nicht ‚ist', weil es künftig ist; erst in der Zukunft, wenn wir darangehen und das Vorbedachte auszuführen beginnen, tritt jene Handlung ins Sein, weil sie dann nicht mehr künftig, sondern gegenwärtig sein wird.

Mag es sich also mit dem Geheimnis der vorgängigen Wahrnehmung von Künftigem verhalten wie immer: schauen kann man jedenfalls nur, was ‚ist'; was aber schon ‚ist', das kommt nicht erst, sondern ist gegenwärtig. Heißt es also, daß man Künftiges sehe, so betrifft dies nicht die Wirklichkeit selbst, die noch nicht ‚ist', will sagen erst sein wird, sondern gesehen werden etwa ihre Ursachen, ihre Anzeichen, die schon ‚sind' und deshalb für den Seher nicht in der Zukunft, sondern in der Gegenwart liegen, so daß sich aus ihnen das Künftige im Geiste erfassen und verkünden läßt. Und auch diese Geistesbilder wiederum ‚sind' bereits, und als gegenwärtig schauen sie die Verkünder erst kommender Dinge in ihrem Innern.[26]

Aus der Unzahl von Fällen soll mir nur ein Beispiel sprechen.

Ich betrachte die Morgenröte; ich sage den Aufgang der Sonne voraus. Was ich betrachte, ist gegenwärtig, was ich voraussage, ist künftig; nicht die Sonne ist künftig,

sed ortus eius, qui nondum ‚est': tamen etiam 18,24
ortum ipsum nisi animo imaginarer, sicut modo cum id loquor, non eum possem praedicere. Sed nec illa aurora, quam in caelo video solis ortus est, quamvis eum praecedat nec illa imaginatio in animo meo: quae duo praesentia cernuntur, ut futurus ille ante dicatur.

Futura ergo nondum sunt et si nondum sunt, non ‚sunt', et si non ‚sunt', videri omnino non possunt; sed praedici possunt ex praesentibus, quae iam ‚sunt' et videntur.

Tu itaque, regnator creaturae tuae, quis est 19,25
modus, quo doces animas ea quae futura ‚sunt'? Docuisti enim prophetas tuos. Quisnam ille modus est, quo doces futura, cui futurum quicquam non est? Vel potius de futuris doces praesentia? Nam quod non est, non doceri utique potest. Nimis longe est modus
iste ab acie mea; invaluit; ex me »non pot- Ps 138, 6
ero« ad illum, potero autem ex te, cum de-
deris tu, dulce »lumen« occultorum »oculo- Ps 37, 11
rum meorum«.

Quod autem nunc liquet et claret, nec fu- 20,26
tura ‚sunt' nec praeterita, nec proprie dicitur: tempora ‚sunt' tria, praeteritum, praesens et futurum, sed fortasse proprie diceretur: tempora ‚sunt' tria, praesens de praeteritis, praesens de praesentibus, praesens de fu-

die ist ja schon, sondern ihr Aufgang, der noch nicht ‚ist'; aber auch diesen Aufgang könnte ich nicht voraussagen, wenn ich nicht im Geiste ein Vorstellungsbild davon hätte, wie eben jetzt, da ich das ausspreche. Indes, nicht jene Morgenröte, die ich am Himmel sehe, ist der Sonnenaufgang, obwohl sie ihm vorangeht, noch auch dieses Vorstellungsbild davon in meinem Geiste; beide aber werden als gegenwärtig wahrgenommen, so daß sich erst Kommendes, der Aufgang, vorhersagen läßt.
Das Künftige also ist noch nicht seiend, und wenn es noch nicht seiend ist, so ‚ist' es nicht, und wenn es nicht ‚ist', kann es unmöglich geschaut werden; daß es aber vorhergesagt werden kann, beruht auf Gegenwärtigem, das schon ‚ist' und gesehen wird.

Du, Beherrscher Deiner Schöpfung, in welcher Weise also geschieht es, wenn Du die Seelen über das belehrst, was erst künftig ‚ist'? Denn in der Tat, Deine Propheten hast Du belehrt. Welches ist doch die Weise, in der Du über Künftiges belehrst, Du, für den es irgend etwas Künftiges nicht gibt? Oder belehrst Du vielmehr über Gegenwärtiges mit Bezug auf Künftiges? Denn über Nichtseiendes kann man schlechterdings nicht belehren. Allzuweit für meine Sehkraft liegt Deine Weise; es ist mir zu gewaltig; aus mir selbst »vermag ich nicht hinzukommen«; ich werde es aber vermögen in Deiner Kraft, wenn Du es gibst, süßes »Licht meines« inneren »Auges«.

Soviel aber ist nun klar und deutlich: Weder die Zukunft noch die Vergangenheit ‚ist', und nicht eigentlich läßt sich sagen: Zeiten ‚sind' drei: Vergangenheit, Gegenwart und Zukunft; vielmehr sollte man, genau genommen, etwa sagen: Zeiten ‚sind' drei: eine Gegenwart von Vergangenem, eine Gegenwart von Gegenwärtigem,

turis. Sunt enim haec in anima tria quaedam et alibi ea non video, praesens de praeteritis memoria, praesens de praesentibus contuitus, praesens de futuris expectatio. Si haec permittimur dicere, tria tempora video fateorque, tria ‚sunt'. 20,26

Dicatur etiam: tempora ‚sunt' tria, praeteritum, praesens et futurum, sicut abutitur consuetudo; dicatur. Ecce non curo nec resisto nec reprehendo, dum tamen intellegatur, quod dicitur, neque id, quod futurum est, ‚esse' iam, neque id, quod praeteritum est. Pauca sunt enim, quae proprie loquimur, plura non proprie, sed agnoscitur quid velimus.

Dixi ergo paulo ante, quod praetereuntia tempora metimur, ut possimus dicere duplum esse hoc temporis ad illud simplum aut tantum hoc quantum illud et si quid aliud de partibus temporum possumus renuntiare metiendo. 21,27

Quocirca, ut dicebam, praetereuntia metimur tempora, et si quis mihi dicat: „Unde scis?", respondeam: Scio, quia metimur, nec metiri quae non ‚sunt' possumus, et non ‚sunt' praeterita vel futura. Praesens vero tempus quomodo metimur, quando non habet spatium? Metitur ergo, cum praeterit, cum autem praeterierit, non metitur; quid enim metiatur, non erit.

Sed unde et qua et quo praeterit, cum meti-

eine Gegenwart von Künftigem. Denn es sind diese Zeiten als eine Art Dreiheit in der Seele, und anderswo sehe ich sie nicht: und zwar ist da Gegenwart von Vergangenem, nämlich Erinnerung; Gegenwart von Gegenwärtigem, nämlich Augenschein; Gegenwart von Künftigem, nämlich Erwartung. Erlaubt man uns, so zu sprechen, dann seh ich auch drei Zeiten und gebe zu: ja, es ‚sind' drei.

Und so mag man immerhin sagen: Drei der Zeiten ‚sind': Vergangenheit, Gegenwart und Zukunft, wie es nun einmal mißbräuchlich gang und gäbe ist. Sage man's; mir ist es gleich, ich widerstrebe nicht, ich tadle nicht; nur muß man, was damit gesagt wird, auch richtig verstehen, und darf nicht wähnen, daß die Zukunft wirklich schon ‚ist', daß die Vergangenheit wirklich noch ‚ist'. Nur selten sprechen wir ja sachgenau, zumeist doch ungenau, aber man weiß schon, wie wir's meinen.

Nun habe ich vorhin gesagt, wir messen die Zeiten in ihrem Vorübergehen, so daß wir sagen können, diese Zeitspanne betrage das Doppelte von jener oder diese das gleiche wie jene, und was wir eben sonst über Zeitteile auf Grund von Messung angeben können.

Zu diesem Zwecke messen wir die Zeiten, wie gesagt, während sie vorübergehen. Und fragt mich einer: »Woher weißt du das?«, so ist meine Antwort: Ich weiß, daß wir messen, und messen können wir nicht, was nicht ‚ist', und Vergangenheit und Zukunft ‚sind' nicht. Nun aber die jeweils gegenwärtige Zeit - wie messen wir sie, da sie doch keine Ausdehnung hat? Sie wird, wie gesagt, gemessen, indes sie vorübergeht; ist sie vergangen, so ist sie der Messung entzogen, weil dann gar nicht da ist, was sich messen ließe.

Allein, wenn man sie mißt, von woher und wo hindurch

tur? Unde nisi ex futuro? Qua nisi per prae- 21,27
sens? Quo nisi in praeteritum? Ex illo ergo, quod nondum est, per illud, quod spatio caret, in illud, quod iam non est.
Quid autem metimur nisi tempus in aliquo spatio? Neque enim dicimus simpla et dupla et tripla et aequalia et si quid hoc modo in tempore dicimus nisi spatia temporum. In quo ergo spatio metimur tempus praeteriens? Utrum in futuro, unde praeterit? Sed quod nondum ‚est', non metimur. An in praesenti, qua praeterit? Sed nullum spatium non metimur. An in praeterito, quo praeterit? Sed quod iam non ‚est', non metimur.

Exarsit animus meus nosse istuc implicatissi- 22,28
mum aenigma. Noli claudere, domine deus meus, bone pater, per Christum obsecro, noli claudere desiderio meo ista et usitata et abdita, quominus in ea penetret et dilucescant allucente misericordia tua, domine. Quem percontabor de his? Et cui fructuosius confitebor inperitiam meam nisi tibi, cui non sunt molesta studia mea flammantia vehementer in scripturas tuas? Da quod amo: amo enim, et hoc tu dedisti. Da, pater, qui vere nosti
»data bona dare filiis tuis«, da, quoniam Mt 7, 11
suscepi cognoscere et »labor est ante me« do- Ps 72, 16
nec aperias. Per Christum obsecro, in nomine eius sancti sanctorum nemo mihi obstrepat.
Et ego »credidi, propter quod et loquor«. Ps 115, 1
Haec est spes mea; ad hanc vivo, »ut con- Ps 26, 4

und wohin verläuft die Zeit? Von woher sonst als aus der Zukunft? Wo hindurch sonst als durch die Gegenwart? Wohin sonst als in der Vergangenheit? Also aus dem, was noch nicht ist, durch das hindurch, was ohne Ausdehnung ist, in das, was nicht mehr ist.

Was aber messen wir, wenn nicht die Zeit in etwelcher Ausdehnung? Denn sprechen wir bei Dauer von einfach und doppelt und dreifach und gleich oder sonstwie in dieser Art, so gilt es je von Zeit als Ausdehnung. In welchem Gebiet von Zeit also, der fließenden, bestimmen wir Maße von Zeit? Etwa in der Zukunft, aus der heran sie vorüberzieht? Aber was noch nicht ‚ist', das können wir nicht messen. Oder in der Gegenwart, durch die hindurch sie vorübereilt? Aber Ausdehnungsloses können wir nicht messen. Oder in der Vergangenheit, wohin sie vorüberflieht? Aber was nicht mehr ‚ist', können wir nicht messen.

Mir brennt der Geist danach, dies ungemein verwickelte Rätsel zu entwirren. Halt nicht verschlossen, Herr, mein Gott, guter Vater, bei Christus beschwöre ich Dich, halte diese Dinge, so alltäglich und so abgründig, nicht verschlossen meinem Verlangen, daß es in sie eindringt und sie licht werden am Lichte Deiner Erbarmung, Herr! Wen sollte ich zu Rate ziehen? Wem mein Unwissen fruchtbarer bekennen als Dir, dem mein heißes Mühen um Deine Schrift nicht lästig ist? Gib, was ich liebe; ja ich liebe, und auch das hast Du gegeben. Gib, Vater, der Du wahrlich »gute Gaben Deinen Kindern zu geben« weißt, gib, da ich es zu erkennen unternommen habe und »Mühsal mein Anteil ist«, bis Du öffnest. Bei Christus beschwöre ich Dich, im Namen dieses Heiligen der Heiligen: Niemand lärme mir dazwischen! Und ich, »ich vertraue, deshalb rede ich«. Das ist meine Hoffnung, ihr

templer delectationem domini«. »Ecce veteres posuisti dies meos« et transeunt, et quomodo, nescio. Ps 38, 6

Et dicimus tempus et tempus, tempora et tempora: „Quamdiu dixit hoc ille?", „Quamdiu fecit hoc ille!" et: „Quam longo tempore illud non vidi!" et: „Duplum temporis habet haec syllaba ad illam simplam brevem." Dicimus haec et audimus haec et intellegimur et intellegimus. Manifestissima et usitatissima sunt, et eadem rursus nimis latent et nova est inventio eorum.

Audivi a quodam homine docto, quod solis et lunae ac siderum motus ipsa sint tempora, et non adnui. Cur enim non potius omnium corporum motus sint tempora? An vero, si cessarent caeli lumina et moveretur rota figuli, non esset tempus, quo metiremur eos gyros et diceremus aut aequalibus morulis agi, aut si alias tardius, alias velocius moveretur, alios magis diuturnos esse, alios minus? Aut cum hoc diceremus, non et nos in tempore loqueremur aut essent in verbis nostris aliae longae syllabae, aliae breves, nisi quia illae longiore tempore sonuissent, istae breviore? 23, 29

Deus, dona hominibus videre in parvo communes notitias rerum parvarum atque magnarum. Sunt sidera et luminaria caeli in signis et in temporibus et in diebus et in annis. Sunt vero; sed nec ego dixerim circuitum illius

lebe ich, »daß ich die Wonnen des Herrn schaue«. »Siehe, daß sie altern, hast Du meine Tage gemacht«, und sie ziehen vorüber, - welcherweise aber, das weiß ich nicht.

Und da reden wir von Zeit und Zeit, von Zeiten und Zeiten: „Wie lange hat er darüber gesprochen?" - „Wie lang hat er daran gemacht!" - „Wie lange Zeit schon hab ich das nicht mehr gesehen!" - „Diese Silbe braucht die doppelte Zeit jener einfachen kurzen." So sagen wir und so hören wir, und wir werden verstanden und wir verstehen. Es scheint uns sonnenklar und kommt aus aller Munde, und dies nämliche liegt doch so tief im Dunkel und bleibt erst neu zu finden.

Einen Gelehrten hörte ich sagen, die Bewegungen von Sonne, Mond und Sternen seien selber die Zeit; ich habe nicht zugestimmt. Warum sollte dann Zeit nicht eher die Bewegung von Körpern überhaupt sein? Oder gäbe es wirklich, wenn des Himmels Lichter stillestände und eine Töpferscheibe sich drehte, keine Zeit, diese Umläufe zu messen und je nachdem zu sagen, die Scheibe gehe in gleichen Weilchen um, oder, wenn sie bald langsamer sich bewegte, bald schneller, die Umläufe währten bald länger, bald kürzer? [27] Oder sprächen nicht auch wir, wenn wir das sagten, innerhalb einer Zeit? Oder wären nicht in unseren Wörtern eben deshalb die einen Silben lang, die anderen kurz, weil die einen während längerer Zeit erklängen, die anderen während kürzerer?

Gott, laß die Menschen am Kleinen die Begriffe ersehen, die bei kleinen wie großen Dingen gemeinsam gelten. Gewiß, die Sterne und Leuchten am Himmel dienen zu Merkzeichen und zur Bestimmung von Zeiten und Tagen und Jahren; ja, dazu sind sie. Nun behaupte ich meinesteils nicht, daß die Umlaufsdauer jener kleinen

ligneolae rotae diem esse, nec tamen ideo tem- 23,29
pus non esse ille dixerit.

Ego scire cupio vim naturamque temporis, 23,30
quo metimur corporum motus et dicimus illum motum verbi gratia tempore duplo esse diuturniorem quam istum. Nam quaero, quoniam dies dicitur non tantum mora solis super terram, secundum quod aliud est dies, aliud nox, sed etiam totius eius circuitus ab oriente usque ad orientem, secundum quod dicimus: „Tot dies transierunt“ - cum suis enim noctibus dicuntur tot dies, nec extra reputantur spatia noctium - quoniam ergo dies expletur motu solis atque circuitu ab oriente usque ad orientem, quaero, utrum motus ipse sit dies an mora ipsa, quanta peragitur, an utrumque.

Si enim primum dies esset, dies ergo esset, etiamsi tanto spatio temporis sol cursum illum peregisset, quantum est horae unius. Si secundum, non ergo esset dies, si ab ortu solis usque in ortum alterum tam brevis mora esset, quam est horae unius, sed viciens et quater circuiret sol, ut expleret diem. Si utrumque, nec ille appellaretur dies, si horae spatio sol totum suum gyrum circuiret, nec ille, si sole cessante tantum temporis praeteriret, quanto peragere sol totum ambitum de mane in mane adsolet.

Non itaque nunc quaeram, quid sit illud, quod vocatur dies, sed quid sit tempus, quo metientes solis circuitum diceremus eum di-

Holzscheibe ein Tag sei, aber auch jener Gelehrte sollte nicht behaupten wollen, sie sei deshalb gar nicht Zeit.

Was ich erkennen möchte, ist Sein und Seinsmacht der Zeit, die es möglich macht, die Bewegungen von Körpern zu messen und dann zu sagen, diese Bewegung währe beispielsweise doppelt so lang wie jene. Meine Frage hat ihren Grund. Man nennt ja Tag nicht nur die Dauer, während welcher die Sonne am Himmel steht, wonach denn Tag etwas anderes ist und Nacht etwas anderes, sondern auch die Dauer ihres völligen Umlaufs von Aufgang zu Aufgang, wonach wir denn sagen: „So und so viele Tage sind seither verflossen", mithin die Tage mit ihren Nächten meinen und die Nächte nicht eigens rechnen. Da also ein Tag in diesem Sinne zustandekommt durch Bewegung und Umlauf der Sonne von Aufgang zu Aufgang, so frage ich, was nun eigentlich der Tag ist: ob diese Bewegung selber, oder aber die Dauer, die sie beansprucht, oder beides zumal.

Wäre Tag die Sonnenbewegung, so hätten wir folgerecht einen Tag auch dann, wenn die Sonne im Zeitraum einer einzigen Stunde ihren Lauf vollendete. Wäre Tag die Bewegungsdauer des ordnungsgemäßen Sonnenumlaufs, so hätten wir folgerecht dann keinen Tag, wenn die Zeitspanne von einem Sonnenaufgang bis zum nächsten nur eine Stunde betrüge, sondern vierundzwanzigmal müßte die Sonne umlaufen, um einen Tag zu bilden. Wäre Tag beides zumal, so könnte man von einem Tag weder dann sprechen, wenn im Zeitraum einer Stunde die Sonne ihren ganzen Umlauf vollendete, noch auch dann, wenn ohne Sonnenbewegung so viel Zeit abliefe, als die Sonne ordnungsgemäß braucht zur Vollendung ihres ganzen Kreislaufes von einem Morgen zum andern.

So will ich jetzt nicht weiter danach fragen, was das sei, was man Tag nennt, sondern danach, was die Zeit sei, mit der wir den Sonnenumlauf messen, so daß wir etwa

midio spatio temporis peractum minus quam 23,30
solet, si tanto spatio temporis peractus esset, quanto peraguntur horae duodecim, et utrumque tempus conparantes diceremus illud simplum, hoc duplum, etiamsi aliquando illo simplo, aliquando isto duplo sol ab oriente usque ad orientem circuiret.

Nemo ergo mihi dicat caelestium corporum motus esse tempora, quia et cuiusdam voto
cum sol stetisset, ut victoriosum proelium per- [Jos 10, 12 f]
ageret, sol stabat, sed tempus ibat. Per suum quippe spatium temporis, quod ei sufficeret, illa pugna gesta atque finita est.

Video igitur tempus quandam esse distentionem. Sed video? An videre mihi videor? Tu demonstrabis, lux, veritas.

Iubes ut adprobem, si quis dicat tempus esse 24,31
motum corporis? Non iubes. Nam corpus nullum nisi in tempore moveri audio: tu dicis. Ipsum autem corporis motum tempus esse non audio: non tu dicis. Cum enim movetur corpus, tempore, metior, quamdiu moveatur, ex quo moveri incipit, donec desinat. Et si non vidi, ex quo coepit, et perseverat moveri, ut non videam, cum desinit, non valeo metiri, nisi forte ex quo videre incipio, donec desinam. Quod si diu video, tantummodo longum tempus esse renuntio, non autem, quantum sit, quia et quantum cum dicimus conlatione dicimus, velut: „tantum hoc, quantum illud“ aut: „duplum hoc ad illud“ et si

sagen würden, er habe sich in der Hälfte der ordnungsgemäßen Zeitdauer vollzogen, falls er sich in einer Zeitspanne vollzogen hätte, in der zwölf Stunden voll werden. Und verglichen wir beide Zeiten miteinander, so würden wir sagen, die eine sei das Einfache, die andere das Doppelte, und wir sagten so ganz unabhängig davon, daß die Sonne einmal im Einheitsmaß, einmal im Doppelmaß von Aufgang zu Aufgang umliefe.
Also komme mir niemand mit der Behauptung, die Zeiten seien Bewegungen von Himmelskörpern. Denn auch damals, als auf das Gebet eines Mannes hin die Sonne stillstand, damit er siegreich seine Schlacht vollenden könne, blieb die Sonne stehen, aber die Zeit ging weiter; die Schlacht ist geschlagen und beendet worden in ihrer eigenen, für sie hinreichenden Spanne Zeit.
Ich sehe also, daß Zeit eine Art Ausdehnung ist. Aber ist's wirklich ein Sehen? Oder wähn ich's nur zu sehen? Du wirst es weisen, Licht, Wahrheit.

Befiehlst Du, ich solle beistimmen, wenn einer behauptet, Zeit sei Bewegung eines Körpers? Du befiehlst es nicht. Denn ich höre, daß kein Körper sich bewege, außer in der Zeit: Du bist es, der es sagt. Daß aber die Bewegung eines Körpers nun selber die Zeit sei, höre ich nicht: Du bist es nicht, der das sagt.[28] Wenn ein Körper in Bewegung ist, so ist die Zeit nur das Mittel, die Dauer der Bewegung zu messen von dem Augenblick, da sie anfing, bis zu dem, da sie aufhört. Wenn ich ihren Anfang nicht wahrgenommen habe und der Körper seine Bewegung fortsetzt, ohne daß ich ihr Ende wahrnehme, so vermag ich die Dauer der Bewegung nicht zu messen, außer etwa vom Beginn meiner Wahrnehmung bis zu ihrem Aufhören. Wenn ich lange demnach zusehe, so kann ich nur angeben, die Bewegung dauere lange Zeit, nicht aber, wie lang sie dauere, weil wir auch bei der

quid aliud isto modo. Si autem notare potuerimus locorum spatia, unde et quo veniat corpus, quod movetur, vel partes eius, si tamquam in torno movetur, possumus dicere, quantum sit temporis, ex quo ab illo loco usque ad illum locum motus corporis vel partis eius effectus est. 24, 31

Cum itaque aliud sit motus corporis, aliud, quo metimur quamdiu sit, quis non sentiat, quid horum potius tempus dicendum sit? Nam si et varie corpus aliquando movetur, aliquando stat, non solum motum eius, sed etiam statum tempore metimur et dicimus: „tantum stetit, quantum motum est" aut: „duplo vel triplo stetit ad id quod motum est" et si quid aliud nostra dimensio sive conprehenderit sive existimaverit, ut dici solet ‚plus minus'.

Non est ergo tempus corporis motus.

Et confiteor tibi, domine, ignorare me adhuc, 25, 32
quid sit tempus, et rursus confiteor tibi, domine, scire me in tempore ista dicere et diu me iam loqui de tempore atque ipsum ‚diu' non esse diu nisi mora temporis. Quomodo igitur hoc scio, quando quid sit tempus nescio? An forte nescio, quemadmodum dicam quod scio? Ei mihi, qui nescio saltem quid nesciam! Ecce, deus meus, coram te, quia non mentior:
sicut loquor, ita est cor meum. Tu »inlumina- Ps 17, 29
bis lucernam meam, domine, deus meus«, inluminabis »tenebras meas«.

Aussage über Dauerlänge nur auf Grund von Vergleichung aussagen, etwa: „dies so lang wie das“ oder: „dies doppelt so lang im Vergleich zu dem“, oder wie sonst eben das Verhältnis ist. Sind wir aber in der Lage, die örtliche Strecke zu bestimmen, von wo an und bis wohin ein bewegter Körper oder - etwa bei Drehungen um die eigene Achse - ein beliebiger Teil davon seinen Weg macht, so vermögen wir auszusagen, innerhalb wie langer Zeit die Bewegung des Körpers oder seines Teiles von diesem zu jenem Ort sich vollzogen hat.

Also ist die Bewegung eines Körpers etwas anderes als das, woran wir ihre Dauer messen, und wer fühlt da nicht heraus, was von beiden eher Zeit zu nennen sei? Auch wenn ein Körper im Wechsel bald sich bewegt, bald stillsteht, messen wir nicht nur die Dauer seiner Bewegung, auch die Dauer seines Stillstands mittels der Zeit und sagen: „er war so lang in Ruhe wie in Bewegung“ oder: „zweimal, dreimal so lang in Ruhe wie in Bewegung“ oder wie sonst unsere Messung ausfiel, genau oder nur schätzungsweise - ‚mehr oder weniger‘, wie man sagt.

Demnach ist Zeit nicht Bewegung eines Körpers.

Und doch bekenne ich Dir, Herr, ich weiß immer noch nicht, was Zeit ist. Und wiederum auch dies bekenne ich Dir: ich weiß, daß ich in der Zeit das sage und schon lang von der Zeit rede, und daß dieses ‚lang‘ nur durch die Dauer der Zeit lang ist. Wie aber weiß ich das nur, da ich doch nicht weiß, was Zeit ist? Oder ist es vielleicht so, daß ich nur nicht weiß, wie ich das sagen soll, was ich doch weiß? Ich Armer, so weiß ich denn nicht einmal, was ich da nicht-weiß! Siehe, mein Gott, vor Dir ist es offenbar, daß ich nicht lüge: wie ich rede, so ist mein Herz. Du wirst »meine Leuchte hell machen, Herr, mein Gott«, wirst hell machen »meine Finsternis«.

Nonne tibi confitetur anima mea confessione veridica metiri me tempora? Itane, domine deus meus, metior et quid metiar nescio. Metior motum corporis tempore. Item ipsum tempus nonne metior? An vero corporis motum metirer, quamdiu sit et quamdiu hinc illuc perveniat, nisi tempus, in quo movetur, metirer? 26,33

Ipsum ergo tempus unde metior? An tempore breviore metimur longius sicut spatio cubiti spatium transtri? Sic enim videmur spatio brevis syllabae metiri spatium longae syllabae atque id duplum dicere. Ita metimur spatia carminum spatiis versuum et spatia versuum spatiis pedum et spatia pedum spatiis syllabarum et spatia longarum spatiis brevium, non in paginis - nam eo modo loca metimur, non tempora - sed cum voces pronuntiando transeunt et dicimus: „Longum carmen est, nam tot versibus contexitur; longi versus, nam tot pedibus constant; longi pedes, nam tot syllabis tenduntur; longa syllaba est, nam dupla est ad brevem".

Sed neque ita conprehenditur certa mensura temporis, quandoquidem fieri potest, ut ampliore spatio temporis personet versus brevior, si productius pronuntietur, quam longior, si correptius. Ita carmen, ita pes, ita syllaba.

Inde mihi visum est nihil esse aliud tempus quam distentionem: sed cuius rei, nescio, et mirum, si non ipsius animi. Quid enim me-

Ist es nicht ein ehrliches Bekenntnis, wenn meine Seele Dir bekennt, daß ich die Zeit messe? Also wirklich, Herr, ich messe, und was ich da messe, kenne ich nicht? Ich messe die Bewegung eines Körpers mittels der Zeit; messe ich da nicht eben auch die Zeit selbst? Könnte ich denn überhaupt die Bewegung eines Körpers messen, wie lang sie währt und wie lang der Körper unterwegs ist von hier bis dort, ohne die Zeit zu messen, in der er sich bewegt?

Die Zeit selbst also, womit messe ich sie? Messen wir vielleicht mit einer kürzeren Zeitspanne eine längere, so wie mit der Länge einer Elle die Länge eines Balkens? So messen wir ja offenbar mit der Dauer einer kurzen Silbe die Dauer einer langen und sagen, sie betrage das Doppelte; so messen wir die Länge von Gedichten an der Zahl der Verse und die Länge von Versen an der Zahl der Füße und die Länge von Versfüßen an der Zahl der Silben und die Dauer von langen Silben an der von kurzen, nicht auf dem Papier, versteht sich - denn da messen wir die räumliche, nicht die zeitliche Ausdehnung -, sondern wenn beim Vortrag die Worte vorüberziehen und wir dann sagen: „Ein langes Gedicht, aus soundso vielen Versen setzt es sich zusammen; lange Verse, aus soundso vielen Füßen bestehen sie; lange Versfüße, sie machen soundso viele Silben aus; diese Silbe ist lang, sie mißt das Doppelte einer kurzen."

Allein auch so ist kein festes Maß für die Zeit zu gewinnen, da ja ein kürzerer Vers, gedehnter ausgesprochen, mehr Zeit erfordern kann als ein längerer, der rasch gesprochen wird; das gilt ebenso vom Gedicht, gilt vom Versfuß, gilt von der Silbe.

Darum wollte es mich dünken, Zeit sei Ausdehnung und nichts anderes: aber wessen Ausdehnung, weiß ich nicht. Es sollte mich wundernehmen, wäre es nicht der Geist selbst. Denn, ich bitte Dich, mein Gott, was messe ich

tior, obsecro, deus meus, et dico aut indefinite: „Longius est hoc tempus quam illud“ aut etiam definite: „Duplum est hoc ad illud“? Tempus metior, scio; sed non metior futurum, quia nondum ‚est‘, non metior praesens, quia nullo spatio tenditur, non metior praeteritum, quia iam non ‚est‘. Quid ergo metior? An praetereuntia tempora, non praeterita? Sic enim dixeram. 26, 33

Insiste, anime meus, et adtende fortiter: »deus adiutor noster; ipse fecit nos et non ipsi nos«. Adtende, ubi albescit veritas. 27, 34 Ps 61, 9; 99, 3

Ecce puta vox corporis incipit sonare et sonat et adhuc sonat et ecce desinit, iamque silentium est, et vox illa praeterita est et non ‚est‘ iam vox. Futura erat, antequam sonaret, et non poterat metiri, quia nondum ‚erat‘, et nunc non potest, quia iam non ‚est‘. Tunc ergo poterat, cum sonabat, quia tunc ‚erat‘, quae metiri posset. Sed et tunc non stabat; ibat enim et praeteribat. An ideo magis poterat? Praeteriens enim tendebatur in aliquod spatium temporis, quo metiri posset, quoniam praesens nullum habet spatium.

Si ergo tunc poterat, ecce puta altera coepit sonare et adhuc sonat continuato tenore sine ulla distinctione: metiamur eam, dum sonat; cum enim sonare cessaverit, iam praeterita erit et non erit, quae possit metiri. Metiamur plane et dicamus, quanta sit. Sed adhuc sonat

eigentlich und sage dann entweder unbestimmt: „Diese Zeitspanne ist länger als jene", oder bestimmt: „Diese ist das Doppelte von jener"? Ich messe die Zeit, gewiß; aber ich messe ja nicht die künftige, weil sie noch nicht ‚ist', messe nicht die gegenwärtige, weil sie gar keine Ausdehnung hat, messe nicht die vergangene, weil sie nicht mehr ‚ist'. Was also messe ich? Die Zeit, die im Vorübergehn nicht schon vergangen ist? So habe ich's vorhin gesagt.

Laß nicht aus, mein Geist, und spähe scharf: »Gott ist unser Helfer; er hat uns erschaffen, nicht wir uns.« Späh aus, wo der Wahrheit Morgen dämmert![29]
Denke dir: eine körperliche Stimme hebt an zu ertönen und tönt und tönt, und mit einemmal hört sie auf, und nun ist es still, und die Stimme ist vergangen und es ‚ist' keine Stimme mehr. Sie war künftig, bevor sie ertönte, und man konnte sie gar nicht messen, weil sie noch nicht ‚war'; jetzt kann man sie nicht messen, weil sie nicht mehr ‚ist'. Also nur während sie erklang, konnte man sie messen, denn da ‚war', was gemessen werden konnte. Aber auch da stand sie nicht unbewegt; sie ging und verging. Konnte sie gerade deshalb gemessen werden? Denn nur während sie vorüberging, dehnte sie sich zu einer gewissen Dauer aus, so daß sie eben hieran zu messen war, da ja Gegenwart als solche keine Ausdehnung hat.
War diese Stimme während ihrer Dauer meßbar, so stelle dir nun weiter vor, eine zweite Stimme habe zu erklingen begonnen und klinge noch ohne Unterbrechung fort. Messen wir sie doch, solang sie erklingt, denn wird sie aufgehört haben zu erklingen, wird sie bereits vergangen sein, und es wird nichts mehr da sein, was sich messen ließe. Messen wir sie genau und sagen dann, wie lang sie ist! Aber noch erklingt sie ja, und gemessen

nec metiri potest nisi ab initio sui, quo sonare 27,34
coepit, usque ad finem, quo desinit. Ipsum quippe intervallum metimur ab aliquo initio usque ad aliquem finem. Quapropter vox, quae nondum finita est, metiri non potest, ut dicatur, quam longa vel brevis sit, nec dici aut aequalis alicui aut ad aliquam simpla vel dupla vel quid aliud. Cum autem finita fuerit, iam non ‚erit'. Quo pacto igitur metiri poterit? Et metimur tamen tempora, nec ea, quae nondum ‚sunt', nec ea, quae iam non ‚sunt', nec ea, quae nulla mora extenduntur, nec ea, quae terminos non habent. Nec futura ergo nec praeterita nec praesentia nec praetereuntia tempora metimur et metimur tamen tempora.

‚Deus creator omnium': versus iste octo sylla- 27,35
barum brevibus et longis alternat syllabis: quattuor itaque breves, prima, tertia, quinta, septima, simplae sunt ad quattuor longas, secundam, quartam, sextam, octavam. Hae singulae ad illas singulas duplum habent temporis; pronuntio et renuntio, et ita est, quantum sentitur sensu manifesto. Quantum sensus manifestus est, brevi syllaba longam metior eamque sentio habere bis tantum. Sed cum altera post alteram sonat, si prior brevis, longa posterior, quomodo tenebo brevem et quomodo eam longae metiens applicabo, ut inveniam, quod bis tantum habeat, quandoquidem longa sonare non incipit, nisi brevis

werden kann sie nur von dem Zeitpunkt an, da sie anhebt, bis zu dem, da sie aufhört. Denn was Zeitspanne ist, messen wir nur von einem Anfang bis zu einem Ende. Deshalb kann man eine Stimme, die noch nicht zu Ende gekommen ist, nicht messen, so daß man sagen könnte, wie lang oder kurz sie dauere, noch läßt sich sagen, sie ist gleich lang mit einer andern, sie ist im Verhältnis zu einer andern das Einfache, das Doppelte oder sonst dergleichen. Soweit sie aber aufgehört hat, ‚ist' sie nicht mehr. Wie soll man sie da noch messen können? Und gleichwohl messen wir die Zeiten und messen doch die Zeiten nicht, die noch nicht ‚sind', auch nicht solche, die nicht mehr ‚sind', nicht solche, die sich über keine Dauer erstrecken, noch solche, die keine Grenzen haben. Weder künftige Zeiten also messen wir noch vergangene noch gegenwärtige noch solche, die vorüberziehen, - und dennoch messen wir die Zeiten.

‚Deus, creator omnium' [O Gott, Du Schöpfer aller Welt]: Dieser Vers hat acht Silben im Wechsel von kurz und lang.[30] Die vier kurzen sind die erste, dritte, fünfte, siebente und sind der Dauer nach das Einfache im Vergleich zu den vier langen, der zweiten, vierten, sechsten und achten. Von diesen vier langen beansprucht jede im Vergleich zu jeder kurzen das Doppelte an Zeit. Ich spreche den Vers und spreche dieses Urteil aus, und es verhält sich auch so, soweit man im offenbaren Sinneseindruck wahrnimmt. Soweit nun sinnlicher Eindruck verlässiges Zeugnis sein kann, messe ich mit einer kurzen Silbe eine lange und nehme wahr, daß diese die doppelte Dauer hat. Aber wenn die eine doch erst nach Ablauf der andern erklingt, zuerst etwa die kurze, dann die lange, wie halte ich die kurze fest, und wie bringe ich sie als Maß an die lange heran, um herauszufinden, daß diese die doppelte Dauer hat, da doch die lange zu erklingen erst anfängt, wenn die kurze zu erklingen auf-

sonare destiterit? Ipsamque longam num prae- 27,35
sentem metior, quando nisi finitam non metior? Eius autem finitio praeteritio est.

Quid ergo est, quod metior? Ubi est qua metior brevis? Ubi est longa, quam metior? Ambae sonuerunt, avolaverunt, praeterierunt, iam non ‚sunt': et ego metior. fidenterque respondeo, quantum exercitato sensu fiditur, illam simplam esse, illam duplam, in spatio scilicet temporis. Neque hoc possum, nisi quia praeterierunt et finitae sunt. Non ergo ipsas, quae iam non ‚sunt', sed aliquid in memoria mea metior quod infixum manet.

In te, anime meus, tempora metior. Noli mihi 27,36
obstrepere: quod est; noli mihi obstrepere turbis affectionum tuarum. In te, inquam, tempora metior. Affectionem, quam res praetereuntes in te faciunt et, cum illae praeterierint, manet, ipsam metior praesentem, non ea quae praeterierunt, ut fieret; ipsam metior, cum tempora metior. Ergo aut ipsa sunt tempora, aut non tempora metior.

Quid cum metimur silentia et dicimus illud silentium tantum tenuisse temporis, quantum illa vox tenuit, nonne cogitationem tendimus ad mensuram vocis, quasi sonaret, ut aliquid de intervallis silentiorum in spatio temporis renuntiare possimus? Nam et voce atque ore cessante peragimus cogitando carmina et versus et quemque sermonem motionumque di-

gehört hat? Und messe ich denn die lange selbst, während sie gegenwärtig ist, - da ich sie doch erst messen kann, wenn sie beendet ist? Aber ihr Ende ist auch schon Vorbeisein.

Was also ist es, was ich da messe? Wo ist die kurze Silbe, mit der ich messen will? Wo ist die lange, die ich messen will? Beide sind verklungen, verflogen, vorbei, sie ‚sind' nicht mehr. Und ich, ja ich messe und sage mit allem Verlaß auf einen geübten Sinn, soweit da Verlaß ist, die kurze Silbe sei das Einfache, die lange das Doppelte, nämlich der Zeitdauer nach; und ich vermag das nur, weil sie vorbei und beendigt sind. Daraus folgt: Nicht die gehörten Silben selbst, die nicht mehr ‚sind', messe ich, ich messe etwas in meinem Gedächtnis, was dort als Eindruck haftet.

In dir, mein Geist, messe ich die Zeiten.[31] Nein, lärme mir nicht dagegen an! Es ist so; lärme mir nicht dagegen mit dem Schwall deiner sinnlichen Eindrücke! In dir, sage ich, messe ich die Zeiten. Der Eindruck, der von den Erscheinungen bei ihrem Vorüberziehen in dir erzeugt wird und dir zurückbleibt, wenn die Erscheinungen vorüber sind, der ist es, den ich messe als etwas Gegenwärtiges, nicht das, was da, den Eindruck erzeugend, vorüberging; nur ihn, den Eindruck, messe ich, wenn ich Zeiten messe. Also sind entweder die Eindrücke die Zeiten, oder ich messe die Zeiten überhaupt nicht.

Ist es so nicht auch, wenn wir die Stille einer Pause messen und sagen, diese Stille habe ebensolang gedauert wie jene Stimme, spannen wir da nicht unsern Gedanken auf das Zeitmaß der Stimme, als ob sie noch klänge, und legen es an die Stille der Pausen an, um ein Urteil über ihre Dauer zu gewinnen? Wir tragen uns ja auch ohne Beteiligung von Stimme und Mund, bloß in Gedanken, Gedichte vor und Verse, Rede jeder Art und alles Mögliche von Bewegungsmaßen und urteilen dabei über die

mensiones quaslibet et de spatiis temporum, 27,36
quantum illud ad illud sit, renuntiamus non aliter, ac si ea sonando diceremus. Si voluerit aliquis edere longiusculam vocem et constituerit praemeditando, quam longa futura sit, egit utique iste spatium temporis in silentio memoriaeque conmendans coepit edere illam vocem, quae sonat, donec ad propositum terminum perducatur: immo sonuit et sonabit; nam quod eius iam peractum est, utique sonuit, quod autem restat, sonabit atque ita peragitur, dum praesens intentio futurum in praeteritum traicit deminutione futuri crescente praeterito, donec consumptione futuri sit totum praeteritum.

Sed quomodo minuitur aut consumitur futu- 28,37
rum, quod nondum ‚est‘, aut quomodo crescit praeteritum, quod iam non ‚est‘, nisi quia in animo, qui illud agit, tria sunt? Nam et expectat et adtendit et meminit, ut id quod expectat per id quod adtendit transeat in id quod meminerit. Quis igitur negat futura nondum ‚esse‘? Sed tamen iam est in animo expectatio futurorum. Et quis negat praeterita iam non ‚esse‘? Sed tamen est adhuc in animo memoria praeteritorum. Et quis negat praesens tempus carere spatio, quia in puncto praeterit? Sed tamen perdurat attentio, per quam pergat abesse quod aderit. Non igitur longum tempus futurum, quod non ‚est‘, sed longum futurum longa expectatio futuri est,

zeitlichen Ausdehnungen, wie da sich die eine zur andern verhalte, nicht anders, als ob wir es laut aussprächen. Will jemand seine Stimme in längerem Anhalten von sich geben und bestimmt zum Voraus in seiner Überlegung, wie lang es sein soll, so macht er diese Länge eben im stillen mit sich aus, übergibt sie dem Gedächtnis, und dann erst beginnt er mit seiner Stimme, die nun tönend anhält bis zur vorbedachten Grenze. Oder besser, sie hat getönt, sie wird tönen; denn was davon bereits vollendet ist, das hat ja schon getönt; was übrig ist, das wird erst tönen. So vollzieht sich das Ganze, indem der gegenwärtige Bewußtseinsakt das noch Künftige in die Vergangenheit hinüberschafft, so daß um die Minderung der Zukunft die Vergangenheit wächst, bis schließlich durch Aufbrauch des Künftigen das Ganze vollends vergangen ist.

Aber - wie kann das Künftige, das noch gar nicht ‚ist', abnehmen oder aufgebraucht werden; wie kann das Vergangene wachsen, das doch nicht mehr ‚ist'? Nicht eben deshalb, weil im Geiste, der dies wirkt, ein Dreifaches da ist? Nämlich: er erwartet, er nimmt wahr, er erinnert sich, so daß also das, was er erwartet, durch das hindurch, was er wahrnimmt, übergeht in das, woran er sich erinnert. Gewiß, Künftiges ‚ist' noch nicht, aber dennoch ist im Geiste Erwartung von Künftigem. Gewiß, Vergangenes ‚ist' nicht mehr, aber dennoch ist im Geiste noch Erinnerung an Vergangenes. Gewiß, Gegenwart ist ohne Ausdehnung, weil sie im Augenblick ist und nicht mehr ist, aber dennoch dauert die Wahrnehmung, über die hin es in einem fort geschieht, daß, was erst dasein wird, auch schon dagewesen ist. - Also lang ist nicht künftige Zeit, die nicht ‚ist', sondern eine lange künftige Zeit ist nur eine lang sich dehnende Erwartung von Künf-

neque longum praeteritum tempus, quod non 28,37
‚est', sed longum praeteritum longa memoria
praeteriti est.

Dicturus sum canticum, quod novi: antequam 28,38
incipiam, in totum expectatio mea tenditur, cum autem coepero, quantum ex illa in praeteritum decerpsero, tenditur et memoria mea, atque distenditur vita huius actionis meae in memoriam propter quod dixi et in expectationem propter quod dicturus sum: praesens tamen adest attentio mea, per quam traicitur quod erat futurum, ut fiat praeteritum. Quod quanto magis agitur et agitur, tanto breviata expectatione prolongatur memoria, donec tota expectatio consumatur, cum tota illa actio finita transierit in memoriam. Et quod in toto cantico, hoc in singulis particulis eius fit atque in singulis syllabis eius, hoc in actione longiore, cuius forte particula est illud canticum, hoc in tota vita hominis, cuius partes sunt omnes actiones hominis, hoc in toto saeculo filiorum hominum, cuius partes sunt omnes vitae hominum.

Sed »quoniam melior est misericordia tua 29,39 Ps 62, 4
super vitas«, ecce distentio est vita mea, »et Ps 62, 9
me suscepit dextera tua« in domino meo, mediatore filio hominis inter te unum et nos
multos, in multis per multa, ut per eum »ad- Phil 3, 12
prehendam, in quo et adprehensus sum«, et a veteribus diebus colligar sequens unum,

tigem; und lang ist nicht eine vergangene Zeit, die nicht ‚ist', sondern lange Vergangenheit ist lediglich eine langhin sich erstreckende Erinnerung an Vergangenes.

Ich will ein Lied singen, eines, das ich kenne. Eh ich beginne, erstreckt sich meine Erwartung über das Ganze; habe ich begonnen, so erstreckt sich so viel, als ich von meiner Erwartung schon zum Vergangenen hinübergepflückt habe, nun in die Erinnerung, und zerstreckt ist das Leben meines Tuns: es ist Erinnerung, soweit ich schon gesungen habe, es ist Erwartung, soweit ich erst noch singen will: was dennoch in Gegenwärtigkeit dableibt, ist eben mein Bedacht im Vollzug, durch den, was erst noch künftig war, hinüberfährt, so daß es nun zu Vergangenem wird. In dem Maße, als das fortschreitend geschieht, längt sich die Erinnerung und kürzt sich die Erwartung, bis endlich alles, was Erwartung gewesen, sich erschöpft, wenn mein ganzes Tun vollendet und in Erinnerung übergegangen ist. Und so wie mit dem Liedganzen, geht es mit jedem seiner Teilchen, mit jeder seiner Silben; geht es auch mit der szenischen Handlung, von der jenes Lied etwa ein Teilchen ist; geht es mit dem ganzen Menschenleben, dessen Teile die Handlungen alle des Menschen sind; geht es mit der ganzen Geschichte des Menschengeschlechts, von der die Einzelleben alle doch nur Teilchen sind.

Allein, »da Dein Erbarmen über allem Leben gütig schwebt«, so sieh denn: Zerfahrenheit ist mein Leben. »Und Deine Machthand hat mich ergriffen« in meinem Herrn, dem Menschensohn, dem Mittler zwischen Dir dem Einen und uns den Vielen - Mittler in Vielem durch Vieles -, damit durch ihn »ich den ergreife, in dem ich auch ergriffen worden bin«, und weg von den alten Tagen mich zusammenraffe im Streben nur nach dem

»praeterita oblitus«, non in ea quae futura et transitura sunt, sed »in ea quae ante sunt« non distentus, sed »extentus«, non secundum distentionem, sed secundum intentionem »sequor ad palmam supernae vocationis«, ubi »audiam vocem laudis et contempler delectationem tuam« nec venientem nec praetereuntem. Phil 3, 12 ff; Ps 25, 7; 26, 4

Nunc vero »anni mei in gemitibus«, et tu solacium meum, domine, pater meus aeternus es; at ego in tempora dissilui, quorum ordinem nescio, et tumultuosis varietatibus dilaniantur cogitationes meae, intima viscera animae meae, donec in te confluam purgatus et liquidus igne amoris tui. Ps 30, 11

Et stabo atque solidabor in te, in forma mea, 30,40
veritate tua, nec patiar quaestiones hominum, qui poenali morbo plus sitiunt, quam capiunt, et dicunt: „Quid faciebat deus, antequam faceret caelum et terram?" aut „Quid ei venit in mentem, ut aliquid faceret, cum antea numquam aliquid fecerit?"

Da illis, domine, bene cogitare, quid dicant, et invenire, quia non dicitur ‚numquam', ubi non est tempus. Qui ergo dicitur numquam fecisse, quid aliud dicitur nisi nullo tempore fecisse? Videant itaque nullum tempus esse posse sine creatura et desinant istam vanitatem loqui. Extendantur etiam »in ea, quae ante sunt«, et intellegant te ante omnia tem- Phil 3, 13

einen.[32] »Was dahinten liegt vergessend«, nicht zerspannt in das Viele, was da kommt und geht, sondern »ausgespannt nach dem, was vorweg [zeitlos] da ist«, »ringe ich«, nicht in der Weise des Zerfahrens, sondern in der Weise der gespannten Sammlung »um die Palme der Berufung nach oben«, wo »ich das Loblied vernehmen und Deine Wonne schauen soll«, die nicht kommt und nicht geht.

Noch aber »schwinden meine Jahre in Seufzen dahin«, und Du nur bist mein Trost, Herr, mein Vater, und Du bist ewig; ich aber splittere in Zeit und Zeit und kenne ihre [sinnvolle] Ordnung [zur Einheit] nicht, und im aufgeregten Unbestand der Dinge werden meine Gedanken, wird das tiefste Leben meiner Seele hierhin, dorthin gezerrt, bis ich, in der Glut Deiner Liebe zu lauterem Fluß geschmolzen, in Dir ein ungeteilt Eines werde.[33]

Dann wird mir Stand und Festigkeit sein in Dir, meiner Form, der Wahrheit, die Du bist, und ich werde nicht mehr die Fragen von Leuten hören müssen, die, von der eigenen Sucht bestraft, dürsten nach viel mehr, als sie fassen können, und mir sagen: „Was tat denn Gott, bevor er Himmel und Erde machte?" Oder: „Wie kam er nur auf den Gedanken, etwas zu machen, da er doch vorher niemals etwas gemacht hatte?"

Laß sie doch wohl überlegen, Herr, was sie sagen, laß sie einsehen, daß man, wo es keine Zeit gibt, von ‚niemals' nicht reden kann. Von dem man also sagt, daß er niemals etwas geschaffen habe, - was sagt man anderes von ihm, als daß er zu keiner Zeit etwas geschaffen habe? Möchten sie also einsehen, daß es ohne Schöpfung auch Zeit nicht geben kann, und aufhören mit ihrem nichtigen Gerede.[34] Möchten sie ihr Verlangen strecken »nach dem, was vorweg da ist«, und erkennen, daß Du vor allen

pora aeternum creatorem omnium temporum neque ulla tempora tibi esse coaeterna nec ullam creaturam, etiamsi est aliqua supra tempora. 30,40

Domine deus meus, quis ille »sinus« est alti 31,41
secreti tui et quam longe inde me »proiece- Jo 1, 18 Ps 30, 23
runt« consequentia delictorum meorum? Sa-
na oculos meos, et congaudeam luci tuae. [I Kor 13, 6]
Certe si est tam grandi scientia et praescientia pollens animus, cui cuncta praeterita et futura ita nota sint, sicut mihi unum canticum notissimum, nimium mirabilis est animus iste atque ad horrorem stupendus, quippe quem ita non lateat quidquid peractum et quidquid relicum saeculorum est, quemadmodum me non latet cantantem illud canticum, quid et quantum eius abierit ab exordio, quid et quantum restet ad finem. Sed absit, ut tu, conditor universitatis, conditor animarum et corporum, absit, ut ita noveris omnia futura et praeterita. Longe tu, longe mirabilius longeque secretius. Neque enim sicut nota cantantis notumve canticum audientis expectatione vocum futurarum et memoria praeteritarum variatur affectus sensusque distenditur, ita tibi aliquid accidit inconmutabiliter aeterno, hoc est vere aeterno creatori mentium. Sicut ergo nosti »in principio caelum et terram« sine varietate notitiae tuae, ita fecisti
»in principio caelum et terram« sine distinc- Gen. 1, 1
tione actionis tuae.

Zeiten der ewige Schöpfer aller Zeiten bist und daß keine Zeit und kein Geschöpf teilhat an Deiner Ewigkeit, mag es auch ein Schöpfungswerk geben, das über den Zeiten steht.[35]

Herr, mein Gott, was ist es um den »Schoß« Deines tiefen Geheimnisses, und wie weit haben mich die Folgen meiner Sünden »verschlagen«? Heile meine Augen, daß ich Deines Lichtes mich freue! Kein Zweifel, gäbe es einen Geist, begabt mit so gewaltigem Wissen und Vorherwissen, daß er alles Vergangene, alles Zukünftige so kennte, wie ich ein wohlbekanntes Lied, ein solcher Geist erregte unsere höchste Bewunderung, ja ein Staunen, das schon Erschrecken wäre. Ihm bliebe ja von allem Weltzeitgeschehen nichts verborgen, nichts Vergangenes, nichts Künftiges, wie auch mir beim Absingen meines Liedes nicht verborgen ist, was und wieviel davon seit Beginn entschwunden ist, und was und wieviel bis zum Ende noch übrig ist. Aber keine Rede, daß Du, der Schöpfer des Alls, der Schöpfer der Geister- und Körperwelt, keine Rede davon, daß Du nur in solcher Weise um alles Künftige und Vergangene wüßtest. Dein Wissen ist weit, weit wunderbarer und ist weit geheimnisvoller. Wer ein vertrautes Lied singt oder singen hört, erlebt in Erwartung der kommenden, in Erinnerung an die verklungenen Töne einen Wechsel der Gefühle und die Aufspaltung seiner sinnlichen Teilnahme. Nicht so bei Dir, dem unwandelbar Ewigen, das ist dem wahrhaft ewigen Schöpfer der Geister. Wie »im Anfang Himmel und Erde« war in Deinem Wissen ohne Veränderung Deines Wissens, so hast Du »im Anfang Himmel und Erde« geschaffen ohne Aufspaltung Deines Tuns.

Qui intellegit, confiteatur tibi, et qui non in- 31, 41
tellegit, confiteatur tibi. O quam excelsus es,
et »humiles corde« sunt domus tua! Tu enim Dan 3, 87
»erigis elisos«, et non cadunt, quorum celsi- [Is 57, 15]
tudo tu es. Ps 145, 8

Wer es versteht, bekenne Dir, und wer es nicht versteht, bekenne Dir! O wie erhaben bist Du, und »die von Herzen Demütigen« sind Dein Haus! Denn Du »richtest die Zerschlagenen auf«, und es fallen nicht, denen Du die Hoheit bist.

LIBER DUODECIMUS

ZWÖLFTES BUCH

Fortsetzung der Genesisauslegung [1-15]: Schwierigkeit der Schrifterkenntnis [1]. »Himmel des Himmels« [2]. »Finsternis über dem Abgrund« [3]. Die ungeformte Materie [4-8]. »Anfang« zeitlos zu verstehen [9]. Gebet und Rückschau [10-11]. Geschöpfliches, das der Zeit nicht unterworfen ist [12-14]. Stellung zu diskutablen und undiskutablen Einwendungen [15-16]. - Einige Prinzipien der Schriftauslegung [17-31]: Freiheit der Auslegung bei Mehrdeutigkeit des Schriftsinns [18]. Eindeutig feste Sätze [19]. Freiheit der Deutung, vorausgesetzt die Liebe zur Wahrheit [20-31]. Gebet um Bewahrung vor Irrtum [32].

Multa satagit cor meum, domine, in hac 1, 1
inopia vitae meae pulsatum verbis sanctae scripturae tuae, et ideo plerumque in sermone copiosa est egestas humanae intellegentiae, quia plus loquitur inquisitio quam inventio et longior est petitio quam inpetratio et operosior est manus pulsans quam sumens. Tenemus promissum: quis corrumpet illud?
»Si deus pro nobis, quis contra nos?« »Petite, Röm 8, 31
et accipietis; quaerite, et invenietis; pulsate, Mt 7, 7 f
et aperietur vobis. Omnis enim, qui petit, accipit et quaerens inveniet et pulsanti aperietur.«
Promissa tua sunt, et quis falli timeat, cum promittit veritas?

Confitetur »altitudini tuae« humilitas lin- 2, 2
guae meae, quoniam tu fecisti caelum et ter- Ps 11, 9
ram, hoc caelum, quod video, terramque, quam calco, unde est haec terra, quam porto. Tu fecisti.
Sed ubi est »caelum caeli«, domine, de quo
audivimus in voce psalmi: »caelum caeli do- Ps 113, 16
mino: terram autem dedit filiis hominum«? Ubi est caelum, quod non cernimus, cui ‚terra' est hoc omne, quod cernimus? Hoc enim totum corporeum non ubique totum ita cepit speciem pulchram in novissimis, cuius fundus est terra nostra, sed ad illud »caelum caeli« etiam terrae nostrae caelum terra est. Et hoc utrumque magnum corpus non absurde ‚terra'

Schwer hat mein Herz mit sich zu schaffen, Herr, wenn in der Drangsal hier meines Lebens die Worte Deiner Heiligen Schrift bei ihm um Einlaß klopfen. Und wenn die Armut menschlicher Einsicht gewöhnlich so üppig im Reden ist, so deshalb, weil das Suchen mehr Worte macht als das Finden und das Bitten länger währt als das Empfangen und die Hand mehr Arbeit mit dem Pochen hat als mit dem Nehmen. Aber wir haben die Verheißung - wer kann sie entkräften? -: »Wenn Gott für uns ist, wer ist wider uns?« »Bittet, und ihr werdet empfangen; suchet, und ihr werdet finden; klopfet an, und es wird euch aufgetan werden; denn jeder, der bittet, empfängt, und der Suchende wird finden, und dem Anklopfenden wird aufgetan werden.«
Das sind Deine Verheißungen, und wer sollte Trug befürchten, wenn die Wahrheit verheißt?

In all ihrer Niedrigkeit bekennt meine Zunge »Deiner Hoheit«, daß Du es bist, der Himmel und Erde gemacht hat. Diesen Himmel, den ich sehe, und die Erde, die ich trete, und von wannen auch dieser Erdenstaub genommen ist, den ich trage: Du hast sie gemacht.
Aber wo ist »der Himmel des Himmels«, Herr, von dem uns Kunde wird im Wort des Psalms: »Der Himmel des Himmels ist dem Herrn, aber die Erde gab er den Menschenkindern«? Wo ist der Himmel, den wir nicht sehen, und dem verglichen all das, was wir sehen, ‚Erde' ist? Denn dieses körperhafte Allganze, das ja nicht in jeglichem Einzelnen all-ganz ist, hat zwar noch in seinen äußersten Bereichen die Schöne empfangen, der unsere Erde hier der tragende Boden ist, aber im Vergleich mit jenem »Himmel des Himmels« ist selbst auch unser irdischer Himmel nur Erde, und diese beiden großen Weltkörper bilden zusammen das, was nicht unpassend schlechthin ‚die Erde' heißt, nämlich gegenüber jenem

est ad illud nescio quale ‚caelum', quod »do- 2, 2
mino est«, non »filiis hominum«.

Et nimirum haec »terra erat invisibilis et in- 3, 3
conposita« et nescio qua profunditas abyssi, Gen 1, 2
super quam non erat lux, quia nulla species
erat illi: unde iussisti, ut scriberetur, quod
»tenebrae erant super abyssum«; quid aliud Gen 1, 2
quam lucis absentia? Ubi enim lux esset, si
esset, nisi ‚super' esset eminendo et inlustran-
do? Ubi ergo lux nondum erat, quid erat
adesse ‚tenebras' nisi abesse lucem? »Super«
itaque »erant tenebrae«, quia ‚super' lux abe-
rat, sicut sonus ubi non est, silentium est. Et
quid est esse ibi silentium nisi sonum ibi non
esse?
Nonne tu, domine, »docuisti« hanc animam, Ps 70, 17
quae tibi confitetur? Nonne tu, domine, »do-
cuisti me«, quod, priusquam istam informem
materiam formares atque distingueres, non
erat aliquid, non color, non figura, non cor-
pus, non spiritus? Non tamen omnino nihil:
erat quaedam informitas sine ulla specie.

Quid ergo vocaretur, quo etiam sensu tar- 4, 4
dioribus utcumque insinuaretur, nisi usitato
aliquo vocabulo? Quid autem in omnibus
mundi partibus reperiri potest propinquius
informitati omnimodae quam ‚terra' et ‚abys-
sus'? Minus enim speciosa sunt pro suo gradu
infimo quam cetera superiora perlucida et
luculenta omnia. Cur ergo non accipiam in-

unfaßbaren ‚Himmel des Himmels‘, der »dem Herrn gehört«, und nicht »den Menschenkindern«.[1]

Und die »Erde« in diesem Sinn war freilich »unsichtbar und ungeordnet«[2] und eine unvorstellbare Abgrundstiefe, über der es kein Licht gab, weil sie bar jeder Gestalt war. Daher ließest Du auch schreiben, daß »Finsternis war über dem Abgrund«. Was hieße das anderes als Nichtdasein von Licht? Denn wo hätte Licht, wäre es da gewesen, sein sollen, als ‚darüber‘ in Erhabenheit und Leuchtung? Wo also Licht noch nicht war, was war da das Dasein von ‚Finsternis‘ anderes als eben Nichtdasein von Licht? »Darüber« also »war Finsternis«, weil Licht ‚darüber‘ nicht da war, so wie da, wo kein Laut ist, Stille ist. Und daß hier Stille ist, was heißt das anderes, als eben daß hier ein Laut nicht da ist?

Bist nicht Du es, Herr, der so die Seele »belehrt hat«, die Dir bekennt?[3] Hast nicht Du »mich belehrt«, daß, ehvor Du diesen formlosen Stoff[4] formtest und besondertest, nicht irgend etwas [Bestimmtes] war, nicht Farbe, nicht Gestalt, nicht Körper, nicht Geist? Gleichwohl, es war nicht schlechthin Nichts da: es war etwas Formloses,[5] ohne alle Erscheinungsweise.

Wie sollte dieses Formlose bezeichnet werden, um es auch den langsamern Köpfen in etwa faßlich zu machen, - wie anders als durch ein gebräuchliches Wort? Nun, was ließe in aller Welt sich finden, das dem gänzlich Formlosen näher wäre als ‚Erde‘ und ‚Abgrund‘? Denn die Erde und der Abgrund sind, entsprechend ihrem untersten Rang in der Schöpfung, weniger zu Erscheinung geformt als alles das übrige auf höheren Stufen in seiner deutlich lichten Schöne. Warum also sollte

formitatem materiae, quam sine specie fece- 4,4
ras, unde speciosum mundum faceres, ita con-
mode hominibus intimatam, ut appellaretur
terra ‚invisibilis' et ‚inconposita'?

Ut, cum in ea quaerit cogitatio, quid sensus 5,5
attingat, et dicit sibi: „Non est intellegibilis
forma sicut vita, sicut iustitia, quia materies
est corporum, neque sensibilis, quoniam quid
videatur et quid sentiatur in invisibili et in-
conposita non est", dum sibi haec dicit hu-
mana cogitatio, conetur eam vel nosse igno-
rando vel ignorare noscendo.

Ego vero, domine, si totum confitear tibi ore 6,6
meo et calamo meo, quidquid de ista materia
docuisti me, cuius antea nomen audiens et
non intellegens narrantibus mihi eis, qui non
intellegerent, eam cum speciebus innumeris
et variis cogitabam et ideo non eam cogita-
bam; foedas et horribiles formas perturbatis
ordinibus volvebat animus, sed formas ta-
men, et informe appellabam non quod careret
forma, sed quod talem haberet, ut, si appa-
reret, insolitum et incongruum aversaretur
sensus meus et conturbaretur infirmitas ho-
minis.
Verum autem illud quod cogitabam non priva-
tione omnis formae, sed conparatione formo-

ich nicht annehmen, das Ungestalte der Materie, die Du bar der Formen geschaffen hattest, um aus ihr das in Formen erscheinende All zu schaffen, sei uns Menschen passend in der Weise nahegebracht, daß die Erde als ‚unsichtbar‘ und ‚ungeordnet‘ bezeichnet wird.

Denkt man nun darüber nach, wie denn der Verstand solche Materie fassen solle, und muß man sich sagen: „Eine übersinnliche, nur dem Geiste schaubare Seinsform, wie die Begriffe Leben, Gerechtigkeit, ist sie nicht, weil sie ja für Körperhaftes der Urstoff ist, aber auch eine den Sinnen zugängliche Seinsform ist sie nicht, da doch an einem unsichtbaren und ungeordneten Stoff nichts zu sehen noch sonstwie wahrzunehmen ist“, - wenn also das menschliche Denken sich dies sagen muß, so mag es in seinem Bemühen um die Materie die Wahl treffen: sie als das zu kennen, was man nicht weiß, oder bei solchem Kennen eben nichts zu wissen.[6]

Was, Herr, nun mich betrifft - wenn ich Dir mit Mund und Griffel alles bekennen soll, was Du über diesen Urstoff mich gelehrt hast, von dem ich ehdem den Namen hörte, ohne einen Begriff zu fassen, da mir nur Leute davon sprachen, die selber keinen Begriff hatten - ich also dachte mir den Urstoff unter zahllosen wechselnden Erscheinungsformen, und so war es nichts weniger als Formloses, was ich mir dachte. Häßliche und schreckliche Formen in wildem Durcheinander wälzte meine Phantasie, immerhin doch Formen, und als formlos galt mir nicht, was bar der Form überhaupt gewesen wäre, sondern, was solch eine Form besaß, daß mein Sinn, wäre es in die Erscheinung getreten, vor so Nichtgeheurem, Nichtgemäßem sich abgewandt und der hilflose Mensch die Fassung verloren hätte.
So war denn, was ich mir dachte, formlos nicht eigentlich durch das Nichtsein jeglicher Form, sondern nur im Ver-

siorum erat informe, et suadebat vera ratio, ut omnis formae qualescumque reliquias omnino detraherem, si vellem prorsus informe cogitare et non poteram; citius enim non esse censebam, quod omni forma privaretur, quam cogitabam quiddam inter formam et nihil nec formatum nec nihil, informe prope nihil. 6,6

Et cessavit mens mea interrogare hinc spiritum meum plenum imaginibus formatorum corporum et eas pro arbitrio mutantem atque variantem, et intendi in ipsa corpora eorumque mutabilitatem altius inspexi, qua desinunt esse quod fuerant et incipiunt esse quod non erant, eundemque transitum de forma in formam per informe quiddam fieri suspicatus sum, non per omnino nihil.

Sed nosse cupiebam, non suspicari; et si totum tibi confiteatur vox et stilus meus, quidquid de ista quaestione enodasti mihi, quis legentium capere durabit? Nec ideo tamen cessabit cor meum tibi dare honorem et canticum laudis de his, quae dictare non sufficit.

Mutabilitas enim rerum mutabilium ipsa capax est formarum omnium, in quas mutantur res mutabiles. Et haec quid est? Numquid animus? Numquid corpus? Numquid species animi vel corporis? Si dici posset ‚nihil aliquid' et ‚est non est', hoc eam dicerem; et tamen iam utcumque erat, ut species caperet istas visibiles et conpositas.

gleich mit formvolleren Dingen, und das strenge Denken sagte mir auch, ich müßte, wenn ich mir das gänzlich Formlose vorstellen sollte, auch den letzten Rest von Form noch hinwegdenken. Das aber vermochte ich nicht. Denn eher hätte ich geurteilt, daß, was gar keine Form hat, überhaupt nicht ist, als daß ich mir ein Etwas zwischen Form und Nichts hätte denken können, etwas, was nicht geformt ist und auch nicht nichts ist, ein formloses Beinah-Nichts.

Mein Verstand gab es auf, hierüber meinen Geist[7] zu befragen, der erfüllt war von Bildern geformter Körper, die er nach Willkür mannigfach vertauschte. Da richtete ich auf die Körper selbst mein Augenmerk und schaute tiefer in ihr Wandelwesen, wodurch sie aufhören zu sein, was sie gewesen, und anfangen zu sein, was sie nicht waren. Und ich kam auf die Vermutung, eben dieser Übergang von Form zu Form vollziehe sich durch ein formloses Etwas hindurch, nicht über ein reines Nichts hinweg.

Aber ich wollte wissen, nicht bloß vermuten. Doch brächte ich Dir mit Stimme und Griffel für alles, was Du mir in dieser Frage entknotet hast, mein Bekenntnis dar, welcher Leser hielte aus, bis er's begriffe? Sei dem so, es wird mein Herz nicht davon lassen, Dir die Ehre zu erweisen, Dir ein Loblied zu singen für das, was in die Feder zu sagen es nicht im Vermögen hat.

Ja, der wandeligen Dinge Wandelwesen selber ist es, das hinfähig aller der Formen ist, worein wandelige Dinge sich wandeln.[8] Und was ist es, dieses Wandelige? Ist es Geist? Ist es Körper? Ist es eine Seinsweise des Geistes oder Körpers? Ließe sich sagen: ‚etwas Nichts‘ und ‚ist ein Nicht-ist‘, so würde ich sie so bezeichnen. Und dennoch, sie war schon, wieso dies auch immer, sonst hätte sie nicht all diese sichtbaren und geordneten Erscheinungsformen annehmen können.

Et unde utcumque erat, nisi esset abs te, a 7,7
quo sunt omnia, in quantumcumque ‚sunt'? Sed tanto a te longius, quanto dissimilius: neque enim locis. Itaque tu, domine, qui non es alias aliud et alias aliter, sed id ipsum et id
ipsum et id ipsum, »sanctus, sanctus, sanctus, Is 6, 3
dominus deus« omnipotens, in »principio«, quod est de te, in sapientia tua, quae nata est de substantia tua, fecisti aliquid et de nihilo.

Fecisti enim »caelum et terram« non de te: nam esset aequale unigenito tuo ac per hoc et tibi, et nullo modo iustum esset, ut aequale tibi esset, quod de te non esset. Et aliud praeter te non erat, unde faceres ea, deus, una trinitas et trina unitas: et ideo de nihilo fecisti »caelum et terram«, magnum quiddam et parvum quiddam, quoniam omnipotens et bonus es ad facienda omnia bona, magnum caelum et parvam terram. Tu ‚eras' et aliud nihil, unde fecisti »caelum et terram«, duo quaedam, unum prope te, alterum prope nihil, unum, quo superior tu esses, alterum, quo inferius nihil esset.

Sed illud »caelum caeli« tibi, domine; »terra 8,8
autem«, quam »dedisti filiis hominum« cer- Ps 113, 25
nendam atque tangendam, non erat talis, qualem nunc cernimus et tangimus. Invisibilis enim erat et inconposita et »abyssus« erat, super quam non erat lux, aut »tenebrae erant super abyssum«, id est magis quam in abysso.

Und woher - wieso auch immer - war es da, wenn es nicht wäre von Dir, von welchem jegliches da ist, sofern es überhaupt denn ‚ist'? Freilich um so weiter im Abstand von Dir, je weniger Dir ähnlich; im Abstand, doch nicht dem Raume nach.
Also Du, Herr,[9] der Du nicht hier dies und dort etwas anderes bist, nicht hier auf diese, dort auf andere Weise, sondern immer dasselbe und dasselbe und dasselbe, »heilig, heilig, heilig, Herr, Gott« der Allmächtige, Du hast in dem »Anfang«, welcher ist aus Dir, hast in Deiner Weisheit, die geboren ist aus Deinem Wesen, Etwas erschaffen und dies aus dem Nichts.
Denn »Himmel und Erde« hast Du nicht aus Dir gebildet; es gäbe sonst, was gleich wäre Deinem Eingeborenen, mithin auch Dir, und es wäre keinerweise in der Ordnung, gäbe es Dir Gleiches, das nicht des Seins wäre, das Du bist. Und etwas anderes außer Dir gab es nicht, woraus Du, Gott, die Eine Dreifaltigkeit und Dreifaltige Einheit, das erschaffen hättest. Und also hast Du aus Nichts erschaffen »Himmel und Erde«, etwas Großes und etwas Kleines. Denn der All-mächtige bist Du und bist der Gute, alles gut zu erschaffen, den großen Himmel und die kleine Erde. Du allein ‚warst', und sonst war Nichts. Und hieraus hast Du »Himmel und Erde« erschaffen, ein Zweifaches, nahe Dir das eine, das andere nah dem Nichts, das eine, das über sich nur Dich, das andere, das unter sich nur das Nichts haben sollte.

Jener »Himmel des Himmels«, Herr, ist Dein; die »Erde aber«, die Du »den Menschenkindern« zu schauen und zu greifen »gegeben«, die war nicht so, wie wir jetzt sie schauen und im Griffe haben. Sie war unsichtbar und ungeordnet, und sie war »Abgrund«, und nicht war Licht über dem Abgrund. Oder das Schriftwort besagt: »Finsternis war über einen Abgrund noch hinaus«, d. h.

Ista quippe abyssus aquarum iam visibilium 8,8 *etiam in profundis suis habet speciei suae lucem utcumque sensibilem piscibus et repentibus in suo fundo animantibus: illud autem totum prope nihil erat, quoniam adhuc omnino informe erat; iam tamen erat, quod formari poterat.*

Tu enim, domine, fecisti mundum de materia informi, quam fecisti de nulla re paene nullam rem, unde faceres magna, quae miramur »filii hominum«. Valde enim mirabile hoc caelum corporeum, quod firmamentum inter aquam et aquam secundo die post conditionem lucis dixisti: »fiat«, et sic est factum. Gen 1, 6 *Quod »firmamentum« vocasti »caelum«, sed* Gen 1, 8 *caelum terrae huius et maris, quae fecisti tertio die dando speciem visibilem informi materiae, quam fecisti ante omnem diem. Iam enim feceras et caelum ante omnem diem sed »caelum caeli« huius, quia »in principio« feceras »caelum et terram«.*

‚Terra' autem ipsa, quam feceras, informis materies erat, »quia invisibilis erat et inconposita et tenebrae super abyssum«: de qua ‚terra' invisibili et inconposita, de qua informitate, de quo paene nihilo faceres haec omnia, quibus iste mutabilis mundus constat et non constat, in quo ipsa mutabilitas apparet in qua sentiri et dinumerari possunt tempora, quia rerum mutationibus fiunt tempora, dum variantur et vertuntur species, quarum materies praedicta est »terra invisibilis«.

dichter noch als im Abgrund [der Urtiefe]. Denn was wir Abgrund nennen, der Abgrund in den schon sichtbaren Meeren, hat auch in seinen Tiefen noch Licht nach seiner Art, spürbar irgendwie den Fischen und dem gewürmigen Leben auf seinem Grunde: hingegen war jener All-Abgrund des Urstoffs ein »Beinah-Nichts«, weil er noch gänzlich formlos war; immerhin, er war, was geformt werden konnte.

Denn Du, Herr, hast die Welt gemacht aus dem formlosen Stoff, und ihn hast Du gemacht aus Nichts zu Beinah-Nichts, um daraus das Große zu machen, das wir bewundern, wir »Menschenkinder«. Ja, wunderwürdig überaus dieser körperliche Himmel, den Du nach Erschaffung des Lichtes am zweiten Tag als Firmament zwischen Wasser und Wasser durch Dein »Werde« gesprochen hast - und so ist er geworden. Dieses »Firmament« hast Du »Himmel« genannt, aber als Himmel dieser Erde, dieses Meeres, die Du am dritten Tage machtest, schauliche Gestalt verleihend dem formlosen Stoffe, den Du vor jeglichem Tag erschaffen. Denn bereits einen Himmel hattest Du erschaffen vor jeglichem Tag, das aber war der »Himmel« dieses irdischen »Himmels«, da Du »im Anfang« doch »einen Himmel und eine Erde« erschaffen hast.

Diese ‚Erde' eben, von Dir geschaffen, war formloser Stoff, denn »sie war unsichtbar und ungeordnet und Finsternis über einem Abgrund«. Und aus dieser unsichtbaren und ungeordneten ‚Erde', aus dieser Formlosigkeit, aus diesem Beinah-Nichts, da solltest Du das alles machen, woraus diese wandelige Welt besteht, ja sie, die nicht besteht: denn an ihr erscheint ja eben die Wandeligkeit, bei der sich Zeiten wahrnehmen und berechnen lassen; werden doch Zeiten erst mit Wandel und Wechsel der Dinge, indem die Erscheinungen, deren Urstoff jene »unsichtbare Erde« ist, sich ändern und sich wenden.

Ideoque spiritus, doctor famuli tui, cum te 9,9
conmemorat fecisse »in principio caelum et terram«, tacet de temporibus, silet de diebus. Nimirum enim »caelum caeli«, quod »in principio« fecisti, creatura est aliqua intellectualis, quamquam nequaquam tibi, trinitati, coaeterna, particeps tamen aeternitatis tuae, valde mutabilitatem suam prae dulcedine felicissimae contemplationis tuae cohibet et sine ullo lapsu, ex quo facta est, inhaerendo tibi excedit omnem volubilem vicissitudinem temporum.

Ista vero informitas, »terra invisibilis et inconposita«, nec ipsa in ,diebus' numerata est. Ubi enim nulla species, nullus ordo, nec venit quicquam nec praeterit, et ubi hoc non fit, non sunt utique ,dies' nec vicissitudo spatiorum temporalium.

O veritas, lumen cordis mei, non tenebrae 10,10
meae loquantur mihi! Defluxi ad ista et obscuratus sum, sed hinc, etiam hinc adamavi
te. »Erravi« et »recordatus sum tui«. »Audivi Ps 118, 176
vocem« tuam »post me«, ut redirem, et vix Jon 2, 8 Ez 3, 12
audivi propter tumultus inpacatorum. Et nunc ecce redeo aestuans et anhelans ad fontem tuum. Nemo me prohibeat: hunc bibam et tunc vivam. Non ego vita mea sim: male vixi ex me, mors mihi fui: in te revivesco. Tu me alloquere, tu mihi sermocinare. Credidi libris tuis, et verba eorum arcana valde.

Und das ist auch der Grund, weshalb der Geist, der Lehrer Deines Dieners [Moses], wo er davon spricht, daß Du »im Anfang einen Himmel und eine Erde« schufest, schweigt von Zeiten, schweigt von Tagen. Denn freilich, jener »Himmel des Himmels«, den Du »im Anfang« erschaffen, ist Schöpfung von Art des Geistes. Zwar mitnichten ewig wie Du, Dreieinigkeit, doch beigesellt Deiner Ewigkeit, bändigt sie - vor Wonneseligkeit, Dich zu schauen -, was da Wandeliges auch in ihr ist, und ohne Fall und Fehl Dir zugetan, seitdem sie geworden ist, erhebt sie sich über all den flüchtigen Zeitenwechsel.
Aber auch jenes Formlose, »die unsichtbare und ungeordnete Erde«, auch dies ist nicht bei den ‚Tagen' gerechnet; denn wo nicht Gestaltung, nicht Ordnung ist, da kommt nichts und geht nichts, und wo diese Folge nicht besteht, da gibt es freilich auch nicht ‚Tage' und nicht den Wechsel in zeitlicher Räumigkeit.

O Wahrheit, Du Licht meines Herzens, nicht meine Finsternis soll reden zu mir! In jene Dinge des Wandeligen habe ich mich ergossen und bin umdunkelt worden; aber an ihnen, ja auch an ihnen faßte ich Liebe zu Dir. »In die Irre bin ich gegangen«, und da »gedachte ich Deiner«. »Ich hörte« Deine »Stimme hinter mir«, ich solle umkehren, und ich hörte sie kaum vor all dem Getöse der Ruhelosen. Jetzt aber, siehe, ich kehre durstgepeinigt, atemlos zurück zu Deinen Wassern. Niemand soll mir's wehren: hier will ich trinken, dann werd' ich leben. Nicht ich selbst will mir das Leben sein, schlecht habe ich gelebt aus mir, ich bin mir mein Tod gewesen: in Dir werde ich wieder lebendig. Sprich Du mich an, Du rede zu mir! Vollen Glauben habe ich gewonnen zu Deinen Büchern; doch ihre Worte - wie geheimnisvoll!

Iam dixisti mihi, domine, voce forti in aurem 11,11
interiorem, quia tu aeternus es, »solus habens I Tim 6, 16
inmortalitatem«, quoniam ex nulla specie mo-
tuve mutaris nec temporibus variatur volun-
tas tua, quia non est immortalis voluntas, quae
alia et alia est. Hoc »in conspectu tuo« claret Ps 78, 11
mihi et magis magisque clarescat, oro te, at-
que in ea manifestatione persistam sobrius sub [Ps 35, 8]
alis tuis.

Item dixisti mihi, domine, voce forti in aurem interiorem, quod omnes naturas atque substantias, quae non sunt quod tu es et tamen ‚sunt', tu fecisti: hoc solum a te non est, quod non ‚est'; motusque voluntatis a te, qui es, ad id quod minus est, quia talis motus delictum atque peccatum est, et quod nullius peccatum aut tibi nocet aut perturbat ordinem imperii tui vel in primo vel in imo. Hoc »in conspectu tuo« claret mihi et magis magisque clarescat, oro te, atque in ea manifestatione persistam sobrius sub alis tuis.

Item dixisti mihi voce forti in aurem interio- 11,12
rem, quod nec illa creatura tibi coaeterna est, cuius voluptas tu solus es teque perseverantissima castitate hauriens mutabilitatem suam nusquam et numquam exerit et te sibi semper praesente, ad quem toto affectu se tenet, non habens futurum quod expectet nec in praeteritum traiciens quod meminerit, nulla vice variatur nec in tempora ulla distenditur.

Schon sagtest Du mir, Herr, mit lauter Stimme in das Ohr meines Innern, daß Du ewig bist, daß »Du allein im Besitz der Unsterblichkeit bist«, weil bei Dir nicht aus Gestaltlichkeit, nicht aus Bewegtheit Veränderung kommt noch auch Dein Wille je und je von einem Gang der Zeiten bestimmt wird: das wäre nicht ewiger Wille, der einmal so, dann wieder anders ist. Das ist »vor Deinem Angesicht« mir klar, und laß es mir, ich bitte Dich, immerzu noch klarer werden und mich geisteshell, geschirmt von Deinen Flügeln, in dieser Offenbarung verharren.

Gleichso sagtest Du mir, Herr, mit lauter Stimme in das Ohr meines Inneren, daß alle Naturen und Wesen, die nicht sind, was Du bist, und gleichwohl ‚sind', erschaffen sind von Dir und allein das von Dir nicht kommt, was überhaupt nicht ‚ist', nicht von Dir auch die Bewegung des Willens weg von Dir, dem höchsten Sein, hin zu dem, was da geringer ist an Sein, da eine solche Bewegung Frevel und Sünde ist, und daß Dir keines Geschöpfes Sünde Schaden tut noch die Ordnung Deiner Herrschaft stört, nicht im Oberen, nicht im Unteren. Das ist »vor Deinem Angesicht« mir klar, und laß es mir, ich bitte Dich, immerzu noch klarer werden, und mich geisteshell, geschirmt von Deinen Flügeln, in dieser Offenbarung verharren.

Gleichso sagtest Du mir mit lauter Stimme in das Ohr meines Innern, daß auch nicht jene Schöpfungswelt Dir mit-ewig ist, deren Wonne Du allein bist, die mit verharrlich reiner Liebestreue nur Dich eintrinkt, die nimmer und nirgend ihr Änderliches offenbart, die - denn Du, an den sie aus ganzer Herzenskraft sich bindet, bist fort und fort ihre Gegenwart, daß sie nicht ein Kommendes hat, das sie erwarten müßte, auch nicht, was schon Erinnerung geworden wäre, zum Vergangenen schickt - die also nicht von irgendwelchem Wechsel sich verändert, nicht in Zeit auf Zeiten sich ausspannt.

O beata, si qua ista est, inhaerendo beatitudini tuae, beata sempiterno inhabitatore te atque inlustratore suo! Nec invenio, quid libentius appellandum existimem »caelum caeli domino« quam »domum« tuam contemplantem delectationem tuam sine ullo defectu egrediendi in aliud, mentem puram concordissime unam stabilimento pacis sanctorum spirituum, civium civitatis tuae »in caelestibus« super ista caelestia. 11, 12 — Ps 113, 16 — Eph 3, 10

Unde intellegat anima, cuius peregrinatio longinqua facta est, si iam »sitit« tibi, si iam »factae sunt ei lacrimae suae panis, dum dicitur ei per singulos dies: ubi est deus tuus«? Si iam petit a te »unam et hanc requirit, ut inhabitet in domo tua per omnes dies vitae suae«? Et quae ,vita eius' nisi tu? Et qui ,dies tui' nisi aeternitas tua, sicut »anni tui, qui non deficiunt«, quia »idem ipse es«? Hinc ergo intellegat anima, quae potest, quam longe super omnia tempora sis aeternus, quando tua ,domus', quae peregrinata non est, quamvis non sit tibi coaeterna, tamen indesinenter et indeficienter tibi cohaerendo nullam patitur vicissitudinem temporum. 11, 13 — Ps 41, 3. 4. 11 — Ps 26, 4 — Ps 101, 28

Hoc »in conspectu tuo« claret mihi et magis magisque clarescat, oro te, atque in hac manifestatione persistam sobrius sub alis tuis.

Ecce nescio quid informe in istis mutationibus rerum extremarum atque infimarum, et quis dicet mihi, nisi quisquis per inania cordis sui cum suis phantasmatibus vagatur et volvitur, 11, 14

O selig, wo irgend sie nur ist, diese Schöpfung, sich hingebend Deiner Seligkeit, o selig, da ewig Du es bist, der wohnt in ihr und leuchtet! Ich weiß auch nichts, was lieber ich begriffe unter dem »Himmel des Himmels, der des Herrn ist«, als dies Dein »Haus«, wo Deine Wonne geschaut wird und kein Mangel treibt, auf anderes auszugehen, dies lautere Sein im Geiste, das aufs innigste mit sich eins ist, befestigt im Frieden heiliger Geister, der Bürger Deiner Stadt »in der Himmelswelt«, die über dem sichtbaren Himmel ist.[10]

Daraus erkenne denn die Seele, die auf ihrer Wanderschaft weit in die Fremde abgekommen ist - ja wenn sie schon »dürstet« nach Dir, wenn ihr schon ihre »Tränen zum Brot geworden, da man Tag um Tag ihr sagt: Wo ist Dein Gott?«, wenn sie schon von Dir »das eine begehrt, nur dies verlangt, zu wohnen in Deinem Hause alle Tage ihres Lebens« [und was sonst ist denn ‚ihr Leben' als Du, was ihre ‚Tage' als Deine Ewigkeit, gleich »Deinen Jahren, die nicht dahinschwinden«, weil »Du ewig derselbe bleibst«?] -, daraus, sage ich, erkenne die Seele, die es vermag, wie erhaben über alle Zeiten Du ewig bist, da selbst Dein ‚Haus', das nicht in die Fremde gegangen, wiewohl nicht Dir mit-ewig, dennoch, weil es ohne Unterlaß, ohne Ermatten sich Dir verbindet, nicht all dies So und Anders der Zeiten erleidet.

Das ist »vor Deinem Angesicht« mir klar, und laß es mir, ich bitte Dich, immerzu noch klarer werden, und mich geisteshell, geschirmt von Deinen Flügeln, in dieser Offenbarung verharren.

Nun,[11] ich weiß nicht, was Formloses das ist in den Veränderungen hier der Dinge äußerster und niederster Ordnung, und wer sonst als einer, der in der Öde seines Herzens schweifend von seinen Chimären umgetrieben wird, wer sonst als ein solcher wird mir sagen wollen: ja, wenn jegliche Form geschwunden und verbraucht ist, daß jenes

quis nisi talis dicet mihi, quod deminuta atque consumpta omni specie, si sola remaneat informitas, per quam de specie in speciem res mutabatur et vertebatur, possit exhibere vices temporum? Omnino enim non potest, quia sine varietate motionum non sunt tempora: et nulla varietas, ubi nulla species. 11,14

Quibus consideratis, quantum donas, deus meus, quantum me ad »pulsandum« excitas quantumque pulsanti »aperis«, duo reperio, quae fecisti carentia temporibus, cum tibi neutrum coaeternum sit: unum, quod ita formatum est, ut sine ullo defectu contemplationis, sine ullo intervallo mutationis, quamvis mutabile, tamen non mutatum aeternitate atque inconmutabilitate perfruatur; alterum, quod ita informe erat, ut ex qua forma in quam formam vel motionis vel stationis mutaretur, quo tempori subderetur, non haberet. Sed hoc ut informe esset, non reliquisti, quoniam »fecisti« ante omnem ‚diem' »in principio caelum et terram«, haec duo quae dicebam. »Terra autem invisibilis erat et inconposita et tenebrae super abyssum.« Quibus verbis insinuatur informitas, ut gradatim excipiantur, qui omnimodam speciei privationem nec tamen ad nihil perventionem cogitare non possunt, unde fieret alterum caelum et terra visibilis atque conposita et aqua 12,15

Formlose allein noch bleibt, durch das die Dinge bei ihrem Wandel und Umschwung von einer Erscheinungsform zu einer andern hindurchgingen, so vermöge schon dieses Formlose den Zeitenwechsel zu verursachen? Nein, das ist ganz unmöglich, weil es ohne Veränderung durch Bewegungen keine Zeit gibt, aber keine Veränderung, wo keine Form ist.

Wenn ich die Dinge so erwäge, soweit Du mir's verleihst, mein Gott, soweit Du mich ermutest zum »Anklopfen« und soweit Du dem Klopfenden »auftust«, finde ich zweierlei, was Du in Deiner Schöpfung nicht der Zeit unterworfen hast, ohne daß doch eins von ihnen Dir mitewig wäre: das eine ist so herrlich geformt, daß es, ohne je von Deiner Schauung abzulassen, ohne je den Einbruch eines Wandels zu erfahren - zwar an sich wandlungsfähig von Natur, doch tatsächlich von Wandel nicht ergriffen -, im Freugenuß der Ewigkeit und Unwandelbarkeit ist; das andere, so bar der Form, daß ihm schlechterdings alles fehlte, um aus einer Form in eine andere, sei es eine bewegte oder eine ruhende, sich zu wandeln, wodurch es der Zeit verhaftet worden wäre. Dieses zweite hast Du aber in solcher Formlosigkeit nicht belassen; denn schon vor jedem ‚Tag', schon »im Anfang« hast Du »einen Himmel und eine Erde erschaffen«, eben diese beiden, von denen ich da rede.[12] »Aber«, so heißt es von dieser Anfangserde, »die Erde war unsichtbar und ungeordnet und Finsternis über einem Abgrund«. Durch diese Worte wird der Gedanke der Formlosigkeit dem Verständnis nahegebracht, damit er schrittweise denen eingehe, die sich nicht denken können, wie gänzliche Formberaubtheit nicht eben auf das Nichts hinauslaufen müsse.[13] Aber erst aus solcher Formlosigkeit sollte ein zweiter Himmel und eine zweite Erde, die sichtbare und geordnete, entstehen und das Wasser in

speciosa et quidquid deinceps in constitu- 12,15
tione huius mundi non sine ‚diebus' factum conmemoratur, quia talia sunt, ut in eis agantur vicissitudines temporum propter ordinatas conmutationes motionum atque formarum.

Hoc interim sentio, deus meus, cum audio 13,16
loquentem scripturam tuam: »In principio fe- Gen. 1, 1
cit deus caelum et terram: terra autem erat invisibilis et inconposita et tenebrae erant super abyssum«, neque conmemorantem, quoto die feceris haec, sic interim sentio propter illud »caelum caeli«, caelum intellectuale, ubi
est intellectus nosse simul, non »ex parte«, I Kor 13, 12
non »in aenigmate«, non »per speculum«, sed ex toto, in manifestatione, »facie ad faciem«; non modo hoc, modo illud, sed, quod dictum est, nosse simul sine ulla vicissitudine temporum, et propter »invisibilem atque inconpositam terram« sine ulla vicissitudine temporum, quae solet habere modo hoc et modo illud, quia ubi nulla species, nusquam est hoc et illud.
Propter duo haec, primitus formatum et penitus informe, illud ‚caelum', sed »caelum caeli«, hoc vero ‚terram', sed »terram invisibilem et inconpositam«, propter duo haec interim sentio sine commemoratione ‚dierum' dicere
scripturam tuam: »In principio fecit deus Gen. 1, 1
caelum et terram«. Statim quippe subiecit, quam terram dixerit. Et quod secundo die

seiner Schönheit und was alles sonst dann im Schriftwort von der Gründung der sichtbaren Welt als erschaffen aufgeführt wird, nun nicht mehr ohne Bindung an ‚Tage', weil diese Dinge von solcher Art sind, daß ein Zeitenumschwung an ihnen statthat, nämlich wegen der ordnungsmäßigen Veränderung in ihren Bewegungen und Formen.

So möchte ich es vorerst verstehen, mein Gott, wenn ich Deine Schrift zwar sagen höre: »Im Anfang schuf Gott einen Himmel und eine Erde; die Erde aber war unsichtbar und ungeordnet, und Finsternis war über einem Abgrund«, wenn ich aber nichts davon vernehme, am wievielten Tage Du das erschaffen: so spricht sie nach meiner vorläufigen Auffassung im Hinblick auf jenen »Himmel des Himmels«, einen rein geistigen Himmel, wo das Erkennen ein Zusammenwissen ist, nicht »stückweise«, nicht »im Rätsel«, nicht wie »im Spiegel«, sondern aus der Ganzheit, in der Enthülltheit, »von Angesicht zu Angesicht«, wo man nicht bald dies, bald jenes, sondern, wie gesagt, alles in einem erfaßt, ohne jede zeitliche Folge; und ich verstehe das Wort im Hinblick auf die »unsichtbare und ungeordnete Erde«, eine Erde ohne jeden zeitlichen Wechsel, dem es doch eigen ist, bald dieses, bald jenes heranzubringen, - denn wo nun einmal keine Form ist, da schlechterdings auch kein dies und das.

Dieses beides also, ein von Anfang an Geformtes und ein gänzlich Formloses, ein ‚Himmel', aber der »Himmel des Himmels«, und eine ‚Erde', aber eine »unsichtbare und ungeordnete Erde«, dies beides, so versteh ich's vorerst, ist in Deiner Schrift genannt, wenn sie, ohne Erwähnung von ‚Tagen', sagt: »Im Anfang schuf Gott einen Himmel und eine Erde«. Sie fügt ja sofort hinzu, welche Erde sie meint; und wenn sie für den zweiten

commemoratur factum »firmamentum« et vocatum »caelum«, insinuat, de quo caelo prius sine ‚diebus' sermo locutus sit. 13,16

Mira profunditas eloquiorum tuorum quorum ecce ante nos superficies blandiens parvulis: sed mira profunditas, deus meus, mira profunditas! Horror est intendere in eam, horror honoris et tremor amoris. Odi hostes eius vehementer: o si occidas eos de gladio bis acuto, et non sint hostes eius! Sic enim amo eos occidi sibi, ut vivant tibi. 14,17 [Ps 138, 22] [Ps 58, 12] [Ps 149, 6; Hebr 4, 12]

Ecce autem alii non reprehensores, sed laudatores libri Geneseos: „Non" inquiunt „hoc voluit in his verbis intellegi spiritus dei, qui per Moysen famulum eius ista conscripsit, non hoc voluit intellegi, quod tu dicis, sed aliud, quod nos dicimus."

Quibus ego te arbitro, deus omnium nostrum, ita respondeo.

Num dicetis falsa esse, quae mihi veritas voce forti in aurem interiorem dicit de vera aeternitate creatoris, quod nequaquam eius substantia per tempora varietur nec eius voluntas extra eius substantiam sit? Unde non eum modo velle hoc modo velle illud, sed semel et simul et semper velle omnia quae vult, non iterum et iterum neque nunc ista nunc illa nec velle postea quod nolebat aut nolle quod volebat prius, quia talis voluntas mutabilis est et 15,18

Tag die Erschaffung des »Firmaments« und seinen Namen »Himmel« vermeldet, so gibt sie zu verstehen, von welchem Himmel zuvor ohne Zuteilung zu einem ‚Tag' die Rede gewesen.

Wunderbare Tiefe Deiner Worte! Ja, obenhin besehen reden sie, wie man Kindern lockt und schmeichelt - doch wie wunderbar die Tiefe, mein Gott, wie wunderbar die Tiefe! Schauer ist's, hinabzusehen, Schauer der Ehrfurcht und Zittern der Liebe. Ich hasse, hasse ihre Feinde. O daß Du sie töten möchtest mit dem doppelschneidigen Schwert,[14] und sie fürder nicht ihre Feinde wären! Denn also wünsche ich ihren Tod: sich selbst sollen sie sterben, um Dir zu leben.

Und siehe, andere, nicht Schmäher, sondern Lobredner des Buches Genesis, die sagen mir: „Nein, nicht so wollte bei diesen Worten der Geist Gottes verstanden sein, der durch Moses, seinen Diener, dies schreiben ließ, nicht so wollte er verstanden sein, wie du es sagst, sondern anders, so wie wir es sagen."

Denen - und Du, unser aller Gott, sei der Schiedsrichter - gebe ich hier die Antwort.

Wollt ihr sagen, das sei falsch, was mir die Wahrheit mit ihrer mächtigen Stimme ins Ohr meines Geistes spricht von des Schöpfers wahrer Ewigkeit: daß in seinem Wesen, während die Zeiten laufen, nichts und gar nichts sich verändert und sein Wille nicht als etwas anderes außer seinem Wesen ist? und daß er also nicht bald dies, bald jenes will, sondern alles, was er will, einmal und allzugleich und immer will, nicht von Mal zu Mal aufs neue ansetzt, jetzt zu dem und jetzt zu dem, nicht hinterher will, was er vorher nicht gewollt, oder etwas nun nicht mehr will, was er vordem gewollt hat: denn ein solcher Wille ist wandelbar, und alles, was

omne mutabile aeternum non est; »deus« au- Ps 47, 15
tem »noster aeternus est«.
Item, quod mihi dicit in aurem interiorem,
expectatio rerum venturarum fit contuitus,
cum venerint, idemque contuitus fit memoria,
cum praeterierint: omnis porro intentio, quae
ita variatur, mutabilis est, et omne mutabile
aeternum non est: »deus« autem »noster aeter-
nus est«. Haec colligo atque coniungo et in-
venio deum meum, deum aeternum non ali-
qua nova voluntate condidisse creaturam nec
scientiam eius transitorium aliquid pati.
Quid ergo dicetis, contradictores? An falsa 15, 19
sunt ista? „Non“ inquiunt. Quid illud? Num
falsum est omnem naturam formatam ma-
teriamve formabilem non esse nisi ab illo,
qui summe bonus est, quia summe est? „Ne-
que hoc negamus“ inquiunt. Quid igitur? An
illud negatis, sublimem quandam esse crea-
turam tam casto amore cohaerentem deo vero
et vere aeterno, ut, quamvis ei coaeterna non
sit, in nullam tamen temporum varietatem et
vicissitudinem ab illo se resolvat et defluat,
sed in eius solius veracissima contemplatione
requiescat, quoniam tu, deus, diligenti te,
quantum praecipis, ostendis ei te et sufficis
ei, et ideo non declinat a te nec ad se? Haec
est »domus dei« non terrena neque ulla cae- Gen 28, 17
lesti mole corporea, sed spiritalis et particeps
aeternitatis tuae, quia sine labe in aeternum.
»Statuisti« enim eam »in saeculum et in sae- Ps 148, 6
culum saeculi«; praeceptum posuisti »et non

wandelbar ist, ist nicht ewig - aber »unser Gott ist ewig«.

Wiederum, sollte falsch sein, was mir die Wahrheit noch ins Ohr meines Geistes spricht? Die Erwartung künftiger Dinge wird zur Anschauung, wenn sie gekommen sind, und diese Anschauung wird Erinnerung, wenn sie vorüber sind. Jedes Bewußtsein aber, in dem es solchen Wechsel gibt, ist wandelbar, und alles Wandelbare ist nicht ewig, - aber »unser Gott ist ewig«.[15] Diese Erkenntnisse stelle ich zusammen und verbinde sie und finde, daß mein Gott, der ewige Gott, nicht kraft eines neuen Willens die Schöpfung ins Dasein gerufen hat und daß es in seinem Wissen kein Kommen und Gehen gibt.

Also was sagt ihr, meine Widerredner? Ist das falsch? - „Nein“, sagen sie. - Gut, also weiter! Ist es falsch, zu behaupten, daß jedes geformte Wesen, auch jeder formbare Stoff das Sein nur von dem hat, der höchst der Gute, weil er höchst der Seiende ist? - „Auch das bestreiten wir nicht“, sagen sie. - Was dann? Bestreitet ihr, daß es eine erhabene geschöpfliche Welt gibt, die dem wahren und in Wahrheit ewigen Gott in so treukeuscher Liebe geeinigt ist, daß sie, obwohl ihm nicht gleichewig, dennoch nicht von ihm hinweg ans Wechselleben der Zeiten sich hinläßt und verströmt, sondern einzig seiner truglosen Schauung hingegeben ruhevoll verharrt? Denn weil sie, Gott, Dich liebt mit der Liebe, wie Du sie forderst, zeigst Du Dich ihr und bist ihr genug, und also artet sie nicht weg von Dir, auch nicht zu sich selbst hin. Das ist »das Haus Gottes«, nicht ein irdisches, nicht ein körperliches, wäre es auch in irgend himmlischer Stofflichkeit, sondern ein rein geistiges und teilhaft Deiner Ewigkeit, weil ohne Makel in Ewigkeit. Denn Du hast es »festgestellt auf immer und für ewig«, hast ein Gesetz erlassen, »und es wird kein Ende haben«. Und dennoch,

praeteribit«. Nec tamen tibi coaeterna, quon- 15,19
iam non sine initio: facta est enim.
Nam etsi non invenimus tempus ante illam 15,20
- »prior« quippe »omnium creata est sapien- Sir 1, 4
tia« - nec utique illa sapientia tibi, deus no-
ster, patri suo, plane coaeterna et aequalis et
per quam creata sunt omnia et in quo »prin-
cipio fecisti caelum et terram«, sed profecto
sapientia, quae creata est, intellectualis na-
tura scilicet, quae contemplatione luminis
lumen est - dicitur enim et ipsa, quamvis
creata, sapientia; sed quantum interest inter
lumen, quod inluminat et quod inluminatur,
tantum inter sapientiam, quae creat, et istam,
quae creata est, sicut inter iustitiam iustifican-
tem et iustitiam, quae iustificatione facta est;
nam et nos dicti sumus iustitia tua; ait enim
quidam servus tuus: »ut nos simus iustitia dei II Kor 5, 21
in ipso« - ergo quia »prior omnium creata est
quaedam sapientia«, quae creata est, mens
rationalis et intellectualis castae civitatis tuae
»matris nostrae, quae sursum est et libera« Gal 4, 26
est et »aeterna in caelis« - quibus caelis, nisi II Kor 5, 1
qui te laudant »caeli caelorum«, quia hoc est Ps 148, 4
et »caelum caeli domino«? - etsi non inveni- Ps 113, 16
mus tempus ante illam, quia et creaturam
temporis antecedit, quae »prior omnium cre-
ata est«, ante illam tamen est ipsius creatoris
aeternitas, a quo facta sumpsit exordium,
quamvis non temporis, quia nondum erat tem-
pus, ipsius tamen conditionis suae.
Unde ita est abs te, deo nostro, ut aliud sit 15,21

Dir gleich-ewig ist es nicht, weil es nicht ohne Anfang ist: denn es ist erschaffen.

Bevor dieses Haus ward, finden wir auch Zeit nicht; denn »früher als alles ist die Weisheit erschaffen«. Das ist freilich nicht jene Weisheit, die Dir, unser Gott, ihrem Vater, schlechthin gleichewig und gleich ist, durch welche alles erschaffen ist, in welcher als dem »Anfang« Du »Himmel und Erde gemacht« hast. Fürwahr, sie ist eine Weisheit, die erschaffen ist, rein geistige Wesenheit, die durch Schauen des Lichtes Licht ist - denn auch eine solche Wesenheit, obwohl erschaffen, wird Weisheit genannt. Aber so viel Unterschied zwischen Urlicht, das aus sich selber Leuchtung spendet, und der Leuchtung durch empfangenes Licht, so viel auch zwischen der Weisheit, die erschafft, und der Weisheit, die erschaffen ist, - wie gleichso zwischen der Gerechtigkeit, die rechtfertigt, und der, die durch die Rechtfertigung geworden ist - denn auch wir werden Deine Gerechtigkeit genannt, wie ja einer Deiner Diener sagt: »...auf daß wir Gottes Gerechtigkeit seien«. Also »früher als alles ist erschaffen eine Weisheit«, die erschaffen ist als Geist, vernunftbegabt und sinnenlos erkennend, die Deine treukeusche Stadt bewohnt, »unsere Mutter, die dort oben ist und frei« und »ewig in der Himmelswelt«, keiner andern als in den Dich preisenden »Himmeln der Himmel«, weil die auch »der Himmel des Himmels« sind, der »für den Herrn da ist«. Wir finden also, wie gesagt, Zeit nicht vor dieser »Weisheit«, die ja, weil sie »früher als alles erschaffen ist«, auch der Zeitschöpfung vorangeht. Aber vor der Weisheit ist da die Ewigkeit ihres Schöpfers selbst, von dem gewirkt sie einen Anfang nahm, nicht zwar einen zeitlichen, weil es Zeit noch nicht gab, wohl aber ihren Anfang als erschaffenes Sein.

Diese geschaffene Weisheit geht also aus von Dir, unserm

plane quam tu et non id ipsum, etsi non solum 15,21
ante illam, sed nec in illa invenimus tempus,
quia est idonea faciem tuam semper videre
nec uspiam deflectitur ab ea; quo fit, ut nulla
mutatione varietur. Inest ei tamen ipsa muta-
bilitas, unde tenebresceret et frigesceret, nisi
amore grandi tibi cohaerens tamquam semper [Is 58, 10]
meridies luceret et ferveret ex te.

O domus luminosa et speciosa, »dilexi de- Ps 25, 8
corem tuum et locum habitationis gloriae« do-
mini mei, fabricatoris et possessoris tui! Tibi
suspiret peregrinatio mea, et dico ei qui fecit
te, ut possideat et me in te, quia fecit et me.
»Erravi sicut ovis perdita«, sed in umeris pa- Ps 118, 176
storis mei, structoris tui, spero me reportari [Lk 15, 4 f]
tibi.

Quid dicitis mihi quos alloquebar contradic- 15,22
tores, qui tamen et Moysen pium famulum
dei et libros eius oracula sancti spiritus cre-
ditis? Estne ista domus dei, non quidem deo
coaeterna, sed tamen secundum modum suum
»aeterna in caelis«, ubi vices temporum fru- II Kor 5, 1
stra quaeritis, quia non invenietis? Supergre-
ditur enim omnem distentionem et omne spa-
tium aetatis volubile, cui semper »inhaerere Ps 72, 28
deo bonum est«. „Est“ inquiunt. Quid igitur
ex his, quae »clamavit« cor meum »ad deum Ps 17, 7
meum«, cum audiret interius »vocem laudis Ps 25, 7
eius«, quid tandem falsum esse contenditis?
An quia erat informis materies, ubi propter
nullam formam nullus ordo erat? Ubi autem
nullus ordo erat, nulla esse vicissitudo tem-

Gott, aber so, daß sie etwas völlig anderes ist als Du und nicht das wandellose Es-Selbst.[16] Denn obgleich wir Zeit nicht vor ihr finden, auch nicht bei ihr selbst, weil sie fähig ist, immer Dein Angesicht zu schauen, und nirgendhin von ihm sich wendet, nicht betroffen wird von Wandel und Wechsel, so ist ihr die Wandelbarkeit an sich doch wesenseigen, daß es finster und kalt über sie käme, wäre die große Liebe nicht, in der sie Dir sich einigt und also, wie ein immerwährender Mittag, leuchtet und glüht von Dir.

O Haus, so hell und schön! »Ich liebe deinen Glanz und die Wohnstatt der Herrlichkeit« meines Herrn, der dich gebaut, dich zu eigen hat. Dir seufze meine Pilgerschaft, und ich rufe zu dem, der dich erschaffen, er möge auch mich besitzen in dir, weil er auch mich erschaffen hat. »Irr bin ich gegangen wie das verlorene Schaf«, aber ich hoffe, auf den Schultern meines Hirten, der dich gebaut hat, werde ich dir heimgebracht.

Was sagt ihr mir, ihr Widersacher, zu denen ich hier gesprochen habe, ihr, die ihr doch Moses für einen treuen Diener Gottes, seine Bücher für Offenbarungen des Heiligen Geistes haltet? Ist dieses Haus Gottes, obwohl nicht gleichewig mit Gott, nicht doch in dem ihm zukommenden Maße »ewig in der Himmelswelt«, wo ihr einen Zeitenwechsel vergebens sucht, weil ihr keinen finden werdet? Denn es ist erhaben über alle Zerspreitung, alles Flüchtige eines Lebens in der Zeit, da es dieses Hauses »Gut ist, unverbrüchlich Gott anzuhangen«. - „So ist es“, sagen sie. - Also, was soll von dem, was mein Herz »aufschrie zu meinem Gott«, da es drinnen »eine Stimme hörte, die ihn pries«, was soll von all dem, wie ihr behauptet, falsch sein? Etwa daß es einen formlosen Stoff gab, in dem eben deshalb, weil er keine Form hatte, auch keine Ordnung war; daß aber, wo keine Ordnung war, auch kein Zeitenwechsel sein konnte; daß gleich-

porum poterat; et tamen hoc ‚paene nihil' in 15, 22
quantum non omnino nihil erat, ab illo utique
erat, a quo est quidquid est, quod utcumque
aliquid est. „Hoc quoque" aiunt „non negamus."

Cum his enim volo coram te aliquid conlo- 16, 23
qui, deus meus, qui haec omnia, quae intus
in mente mea non tacet veritas tua, vera esse
concedunt. Nam qui haec negant, latrent
quantum volunt et obstrepant sibi: persua-
dere conabor, ut quiescant et viam praebeant
ad se verbo tuo. Quod si noluerint et reppu-
lerint me, obsecro, »deus meus, ne tu sileas a Ps 27, 1
me«. Tu loquere in corde meo veraciter; so-
lus enim sic loqueris; et dimittam eos foris
sufflantes in pulverem et excitantes terram in
oculos suos et intrem in cubile meum et can-
tem tibi amatoria »gemens inenarrabiles ge- Röm 8, 23. 26
mitus« in peregrinatione mea et recordans [Ps 136, 1. 6]
Hierusalem extento in eam sursum corde,
Hierusalem patriam meam, Hierusalem ma- [Gal 4, 26]
trem meam, teque super eam regnatorem, in-
lustratorem, patrem, tutorem, maritum, ca-
stas et fortes delicias et solidum gaudium et
omnia bona ineffabilia, simul omnia, quia
unum summum et verum bonum: et non aver-
tar, donec in eius pacem, matris carissimae,
ubi sunt primitiae spiritus mei, unde ista mihi [Röm 8, 23]
certa sunt, colligas totum quod sum a disper-
sione et deformitate hac et conformes atque
confirmes in aeternum, »deus meus, miseri- Ps 58, 18
cordia mea«.

wohl dieses ‚Beinah-Nichts‘, sofern es doch nicht das reine Nichts war, nur von dem ausging, von dem alles Seiende ausgeht, was nur irgendwie etwas ist? - „Auch das“, sagen sie, „bestreiten wir nicht.“

Nun will ich, mein Gott, in Deiner Gegenwart mit denen reden, die all das, was Deine Wahrheit inwendig meinem Geiste so vernehmlich zuspricht, als wahr gelten lassen. Denn die das bestreiten, mögen kläffen, soviel sie wollen, und sich untereinander überlärmen: ich versuche nur, sie dahin zu bringen, daß sie Ruhe halten und Deinem Wort den Weg zu sich freigeben. Wollen sie nicht und weisen sie mich ab, so »schweige doch Du nicht gegen mich, mein Gott«, ich flehe Dich an. Du rede in meinem Herzen Wahrheit, denn so redest Du allein. Ich möchte die da draußen ihrem Treiben überlassen, daß sie in den Staub blasen und sich Sand in ihre Augen wirbeln, ich möchte in meine Kammer gehen und Dir Liebeslieder singen, auf meiner Pilgerfahrt »seufzend in unsagbaren Seufzern«, eingedenk Jerusalems, das Herz erhoben zu ihm - zu Jerusalem, meiner Heimat, Jerusalem, meiner Mutter - und zu Dir, der Du ihm bist der Herrscher, sein Erleuchter, sein Vater, Schützer und Gemahl, seine keusch bezwingende Liebeswonne, seine festgegründete Freude und der Inbegriff unaussprechlicher Güter, sein Alles in Einem, weil das alleinige, das höchste, das wahre Gut. Und nicht abwendig will ich werden, bis Du in Jerusalems, der teuersten Mutter, Frieden, wo die Erstlinge meines Geistes sind, woher mir die Gewißheit kommt über diese Dinge, - bis Du aus dieser Verstreuung und Entstellung hier alles, was ich bin, zusammengreifst und zu Gestalt und Gefüge machst auf ewig, »mein Gott, mein Erbarmer«.

Cum his autem, qui cuncta illa, quae vera sunt, falsa esse non dicunt honorantes et in culmine sequendae auctoritatis nobiscum constituentes illam per sanctum Moysen editam sanctam scripturam tuam, et tamen nobis aliquid contradicunt, ita loquor. Tu esto, deus noster, arbiter inter confessiones meas et contradictiones eorum. 16,23

Dicunt enim: „Quamvis vera sint haec, non ea tamen duo Moyses intuebatur, cum revelante spiritu diceret: »In principio fecit deus caelum et terram«. Non ‚caeli' nomine spiritalem vel intellectualem illam creaturam semper faciem dei contemplantem significavit nec ‚terrae' nomine informem materiam." Quid igitur? „Quod nos dicimus" inquiunt „hoc ille vir sensit, hoc verbis istis elocutus est". Quid illud est? „Nomine" aiunt „‚caeli' et ‚terrae' totum istum visibilem mundum prius universaliter et breviter significare voluit, ut postea digereret dierum enumeratione quasi articulatim universa, quae sancto spiritui placuit sic enuntiare. Tales quippe homines erant rudis ille atque carnalis populus, cui loquebatur, ut eis opera dei non nisi sola visibilia commendanda iudicaret." 17,24 Gen. 1, 1

Terram vero invisibilem et incompositam tenebrosamque abyssum, unde consequenter ostenditur per illos dies facta atque disposita esse cuncta ista visibilia, quae nota sunt om-

Was aber die andern betrifft, die zwar all jene Wahrheiten[17] gelten lassen, voll Ehrfurcht gegen Deine erhabene, durch den heiligen Moses verfaßte heilige Schrift und gleich uns der Überzeugung, daß sie den höchsten Rang verpflichtender Autorität einnimmt, aber gleichwohl in dem und jenem uns widersprechen, so rede ich mit ihnen, wie folgt. Du, unser Gott, sollst Schiedsrichter sein zwischen meinen Bekenntnissen und den Einwänden, die sie erheben.

Sie sagen nämlich: „Gewiß, was du vorbringst,[18] ist wahr, aber Moses hatte nicht jenes beides [Engelwelt - formlosen Urstoff der sichtbaren Welt] im Auge, als er auf Offenbarung des Geistes hin sagte: »Im Anfang schuf Gott den Himmel und die Erde.« Weder verstand er hier unter ‚Himmel' die erhabene geistige oder übersinnliche Schöpfung, die immerzu Gottes Angesicht betrachtet, noch auch unter ‚Erde' den formlosen Stoff." - Was also dann? - „So, wie wir es auslegen", erwidern sie, „so hat der vielberufene Mann es gemeint, und das hat er mit jenen Worten ausgedrückt." - Und was ist das? - „Mit den Worten ‚Himmel' und ‚Erde'", so erklären sie, „wollte er diese ganze sichtbare Welt zunächst nur überhaupt und bündig bezeichnen, um alsdann, bei Aufzählung der Tage, gleichsam Stück für Stück all das zu entfalten, was dem Heiligen Geist in solcher Weise ins Wort zu fassen gefiel. Das grobschlächtige, nur am Sinnlichen hängende Volk, zu dem er sprach, bestand doch aus Menschen von solcher Art, daß er es für recht befand, ihnen als Werke Gottes nur das zu weisen, was sie sehen konnten."

Hingegen geben sie zu, daß unter der unsichtbaren und ungeordneten Erde und dem finsteren Abgrund, woraus, wie in der Folge gezeigt wird, im Verlauf der sechs Tage

nibus, non incongruenter informem istam ma- 17,24
teriam intellegendam esse consentiunt.

Quid? Si dicat alius eandem informitatem 17,25
confusionemque materiae ‚caeli et terrae' nomine prius insinuatam, quod ex ea mundus iste visibilis cum omnibus naturis, quae in eo manifestissime apparent, qui ‚caeli et terrae' nomine saepe appellari solet, conditus atque perfectus est?

Quid? Si dicat et alius ‚caelum et terram' quidem invisibilem visibilemque naturam non indecenter appellatam ac per hoc universam creaturam, quam fecit »in sapientia«, id est »in principio«, deus, huiuscemodi duobus vocabulis esse conprehensam; verum tamen quia non de ipsa substantia dei, sed ex nihilo cuncta facta sunt, quia non sunt id ipsum quod deus, et inest quaedam mutabilitas omnibus, sive maneant, sicut aeterna »domus dei«, sive mutentur, sicut anima hominis et corpus, communem omnium rerum invisibilium visibiliumque materiem adhuc informem, sed certe formabilem, unde fieret caelum et terra, id est invisibilis atque visibilis iam utraque formata creatura, his nominibus enuntiatam, quibus appellaretur »terra invisibilis et inconposita« et »tenebrae super abyssum«, ea distinctione, ut »terra invisibilis et inconposita« intellegatur materies corporalis ante qualitatem formae, »tenebrae« autem »super abyssum« spiritalis materies

das allen bekannte Sichtbare insgesamt erschaffen und geordnet worden ist, füglich der ungestalte Stoff verstanden werden könne.

Wie aber, wenn nun ein anderer behaupten wollte, eben dieser formlose und wirre Stoff sei es, der vorweg mit dem Namen ‚Himmel und Erde' angedeutet werde, weil ja aus ihm diese sichtbare Welt mit all den Naturen, die so sinnenfällig in ihr erscheinen, gebildet und vollendet worden sei, eben die Welt, die man oft als ‚Himmel und Erde' zu bezeichnen pflege?

Und wie, wenn ein anderer behaupten wollte: mit ‚Himmel und Erde' sei nicht unpassend die unsichtbare und die sichtbare Welt bezeichnet worden, wonach denn die gesamte Schöpfung, die Gott »in der Weisheit«, d. i. »im Anfang«, erschaffen hat, unter diese beiden Wörter befaßt sei; weil aber die Dinge all nicht aus Gottes Wesenheit selbst, sondern aus dem Nichts hervorgebracht sind, weil sie nicht dasselbe sind, was Gott ist, und ihnen insgesamt Wandelbarkeit eigen ist, ob sie nun beharren, wie das ewige »Haus Gottes«, oder wirklich sich wandeln, wie Seele und Leib des Menschen, so meinten hinwieder die Worte von der »unsichtbaren und ungeordneten Erde« und von »Finsternis über einem Abgrund« den allen unsichtbaren und sichtbaren Dingen zu Grunde liegenden gemeinsamen Urstoff, den noch formlosen, doch formbaren Stoff, woraus Himmel und Erde - anders ausgedrückt: die unsichtbare und die sichtbare Schöpfung, die nun, die eine wie die andere, schon geformt bestehen - hervorgehen sollten, aber schiedlich sei unter »unsichtbare und ungeordnete Erde« der körperliche Stoff vor seinem Sosein in bestimmter Form zu verstehen, unter »Finsternis über einem Abgrund« der geistige Stoff vor der Dämmung gleichsam grenzenlosen Strömens und vor der Einstrahlung der Weisheit?

ante cohibitionem quasi fluentis immodera- 17,25
tionis et ante inluminationem sapientiae?
Est adhuc quod dicat, si quis alius velit, non 17,26
scilicet iam perfectas atque formatas invisi-
biles visibilesque naturas caeli et terrae no-
mine significari, cum legitur: »In principio Gen. 1, 1
fecit deus caelum et terram«, sed ipsam ad-
huc informem inchoationem rerum forma-
bilem creabilemque materiam his nominibus
appellatam, quod in ea iam essent ista con-
fusa, nondum qualitatibus formisque distinc-
ta, quae nunc iam digesta suis ordinibus vo-
cantur ‚caelum et terra', illa spiritalis, haec
corporalis creatura.

Quibus omnibus auditis et consideratis nolo 18,27
»verbis contendere; ad nihil enim utile est II Tim 2, 14
nisi ad subversionem audientium«. Ad aedi-
ficationem autem »bona est lex, si quis ea I Tim 1, 8. 5
legitime utatur«, quia »finis eius est caritas
de corde puro et conscientia bona et fide non
ficta«; et novit magister noster, in quibus
duobus praeceptis totam legem prophetasque [Mt 22, 40]
suspenderit. Quae mihi ardenter confitenti,
deus meus, »lumen oculorum meorum« in oc- Ps 37, 11
culto, quid mihi obest, cum diversa in his ver-
bis intellegi possint, quae tamen vera sint?
Quid, inquam, mihi obest, si aliud ego sen-
sero, quam sensit alius eum sensisse, qui
scripsit? Omnes quidem, qui legimus, nitimur
hoc indagare atque conprehendere, quod
voluit ille quem legimus, et cum eum veridi-

Bleibt noch, daß einer, wenn er will, auch das Folgende behaupten kann. Wenn es heiße: »Im Anfang schuf Gott Himmel und Erde«, so bezeichne der Ausdruck Himmel und Erde nicht die schon vollendeten und geformten Seinscharaktere, unsichtbare wie sichtbare, sondern es sei mit diesen Namen die noch formleere Anlegung[19] der Dinge benannt, der auf Formung und Dingschöpfung nur erst hingeeignete Urstoff, hingeeignet, weil in ihm bereits, zwar noch ordnungslos, noch nicht durch bestimmtes Sosein des Eigenschaftlichen und Gestaltlichen verschiedenfacht, das vorhanden sei, was heute, nun in seine Ordnungen besondert, ‚Himmel und Erde' genannt wird, - ‚Himmel' die geistige, ‚Erde' die körperhafte Schöpfungswelt.

All diese Deutungen höre ich und bedenke sie, aber ich will »nicht um Worte streiten, es taugt zu nichts als zur Verstörung der Zuhörer«. Zur Auferbauung aber »ist gut das Gesetz, wenn man es rechtmäßig anwendet«; denn »sein Endsinn ist die Liebe aus reinem Herzen, gutem Gewissen und ungeheucheltem Glauben«, und sehr wohl wußte unser Meister, an was für zwei Gebote er das ganze Gesetz und die Propheten hängen wollte. Und wenn ich mich zu ihnen brennenden Herzens bekenne, mein Gott, Du »Licht meiner Augen« im Dunkel, was macht's mir aus - da man doch Verschiedenes, aber gleichwohl die Wahrheit Treffendes, unter diesen Worten verstehen kann[20] -, ich sage, was macht's mir aus, wenn ich meinerseits etwas anderes dabei denke, als ein anderer sich's gedacht hat, daß der gedacht habe, der dies geschrieben? Wir alle freilich, die wir lesen, bemühen uns, das herauszubringen und zu erfassen, was der, den wir lesen, gewollt hat, und wenn wir seiner Wahrhaftigkeit

cum credimus, nihil, quod falsum esse vel novimus vel putamus, audemus eum existimare dixisse. Dum ergo quisque conatur id sentire scripturis sanctis, quod in eis sensit ille qui scripsit, quid mali est, si hoc sentiat, quod tu, lux omnium veridicarum mentium, ostendis verum esse, etiamsi non hoc sensit ille, quem legit, cum et ille verum nec tamen hoc senserit? 18, 27

Verum est enim, domine, »fecisse te caelum 19, 28
et terram«. Et verum est esse »principium Ps 103, 24
sapientiam« tuam, in qua »fecisti omnia«. Item verum est, quod mundus iste visibilis habet magnas partes suas caelum et terram brevi conplexione factarum omnium conditarumque naturarum. Et verum est, quod omne mutabile insinuat notitiae nostrae quandam informitatem, qua formam capit vel qua mutatur et vertitur. Verum est nulla tempora perpeti quod ita cohaeret formae incommutabili, ut, quamvis sit mutabile, non mutetur. Verum est informitatem, quae prope nihil est, vices temporum habere non posse. Verum est, quod, unde fit aliquid, potest quodam genere locutionis habere iam nomen eius rei, quae inde fit: unde potuit vocari ‚caelum et terra' quaelibet informitas, unde factum est caelum et terra. Verum est omnium formatorum nihil esse informi vicinius quam ‚terram' et ‚abyssum'. Verum est, quod non solum creatum atque formatum sed etiam quidquid creabile

trauen, wagen wir nicht anzunehmen, daß er irgend etwas gesagt hätte, wovon wir wissen oder glauben, daß es falsch ist. Wenn also nur jeder sich bestrebt, in der Heiligen Schrift den Sinn zu treffen, den der Schreibende gemeint hat, was ist dann Schlimmes dran, wenn man einen Sinn herausversteht, den Du, das Licht aller redlichen Geister, als wahr zeigst, mag immerhin der, den man liest, das nicht gemeint haben, er, der ja eben Wahres, nur nicht gerade dieses, gemeint hat?

Denn wahr ist, Herr, daß Du »Himmel und Erde erschaffen« hast, und wahr ist, daß der »Anfang« Deine »Weisheit« ist, in der »Du alles gemacht hast«. Wahr ist gleichso, daß unsere sichtbare Welt aus ihren großen Teilen Himmel und Erde besteht, wie man in kurzer Zusammenfassung aller erschaffenen und geformten Naturen sagt. Und wahr ist, daß alles Wandelbare unserem Denken die Vorstellung eines Etwas, das nicht Form hat, nahelegt, dank welcher es Form überhaupt erst aufnimmt oder sich wandelt und wendet. Wahr ist, daß keine Zeiten zu befahren hat, was so innig der unwandelbaren Form sich einigt, daß es, obschon an sich wandelbar, sich doch nicht wandelt. Wahr ist, daß ein Formloses, das nahe dem Nichts ist, einem Zeitenwechsel nicht zugänglich ist. Wahr ist, daß ein Stoff, aus dem etwas entsteht, nach gängiger Ausdrucksweise bereits den Namen des Dinges haben kann, das daraus entsteht, - weshalb als ‚Himmel und Erde' bezeichnet werden konnte etwelches Formlose, woraus Himmel und Erde erschaffen ward. Wahr ist, daß von allem Geformten nichts dem Ungeformten so nahe ist wie ‚Erde' und ‚Abgrund'. Wahr ist, daß nicht nur das schon Erschaffene und Geformte, sondern was immer auch, das zu Ge-

atque formabile est tu fecisti, »ex quo sunt omnia«. Verum est omne, quod ex informi formatur, prius esse informe, deinde formatum. I Kor 8, 6

Ex his omnibus veris, de quibus non dubitant, quorum interiori oculo talia videre donasti et qui Moysen, famulum tuum, in »spiritu veritatis« locutum esse immobiliter credunt, ex his ergo omnibus aliud sibi tollit qui dicit: »in principio fecit deus caelum et terram«, id est in verbo suo sibi coaeterno fecit deus intellegibilem atque sensibilem vel spiritalem corporalemque creaturam; aliud qui dicit: »in principio fecit deus caelum et terram«, id est in verbo suo sibi coaeterno fecit deus universam istam molem corporei mundi huius cum omnibus quas continet manifestis notisque naturis; aliud qui dicit: »in principio fecit deus caelum et terram«, id est in verbo suo sibi coaeterno fecit deus informem materiam creaturae spiritalis et corporalis; aliud qui dicit: »in principio fecit deus caelum et terram«, id est in verbo suo sibi coaeterno fecit deus informem materiam creaturae corporalis, ubi confusum adhuc erat caelum et terra, quae nunc iam distincta atque formata in istius mundi mole sentimus; aliud qui dicit: »in principio fecit deus caelum et terram«, id est in ipso exordio faciendi atque operandi fecit deus informem materiam confuse habentem caelum et terram, unde for- 20, 29 Jo 14, 17

schöpf und Form erst werden soll, gewirkt ist von Dir, »aus dem doch alles ist«. Wahr ist, daß alles, was aus Ungeformtem geformt wird, zuerst ungeformt, hernach geformt ist.

Aus all diesem Wahren, woran kein Zweifel ist für die, deren innerem Auge Du verliehen, solches zu erschauen, die auch unerschütterlich glauben, daß Dein Diener Moses im »Geiste der Wahrheit« gesprochen hat, aus all diesem Wahren also nimmt sich einer dieses eine, wenn er sagt: »Im Anfang schuf Gott Himmel und Erde« heißt, in seinem ihm selbst gleichewigen Wort schuf Gott die übersinnliche und die sinnfällige oder die geistige und die körperhafte Welt. Ein anderes Wahres ergreift, wer da sagt: »Im Anfang schuf Gott Himmel und Erde«, das heißt, in seinem ihm selbst gleichewigen Wort schuf Gott die gesamte uns gegenwärtige Masse dieser körperhaften Welt mit all den sinnfälligen und bekannten Naturen, die sie enthält. Ein anderes wieder, wenn einer sagt: »Im Anfang schuf Gott Himmel und Erde«, das heißt, in seinem ihm gleichewigen Wort schuf Gott den formlosen Urstoff der geistigen und der körperhaften Schöpfung. Abermals ein anderes, wer da sagt: »Im Anfang schuf Gott Himmel und Erde«, das heißt, in seinem ihm selbst gleichewigen Wort schuf Gott den formlosen Urstoff nur der körperhaften Welt, worin noch ungeschieden war Himmel und Erde, die beide, nun schon besondert und geformt, in der Masse dieses Weltalls wahrgenommen werden. Und noch ein anderes, wenn einer sagt: »Im Anfang schuf Gott Himmel und Erde«, das heißt, eben mit Anbeginn des Schaffens und Wirkens schuf Gott formlosen Stoff, der annoch ungeschieden in sich barg Himmel und Erde, die beide jetzt, daraus ge-

mata nunc eminent et apparent cum omnibus, 20,29
quae in eis sunt.

Item quod adtinet ad intellectum verborum 21,30
sequentium, ex illis omnibus veris aliud sibi tollit, qui dicit: »terra autem erat invisibilis et inconposita, et tenebrae erant super abyssum«, id est corporale illud, quod fecit deus, adhuc materies erat corporearum rerum informis, sine ordine, sine luce; aliud qui dicit: »terra autem erat invisibilis et inconposita, et tenebrae erant super abyssum«, id est hoc totum, quod caelum et terra appellatum est, adhuc informis et tenebrosa materies erat, unde fieret caelum corporeum et terra corporea cum omnibus quae in eis sunt corporeis sensibus nota; aliud qui dicit: »terra autem erat invisibilis et inconposita, et tenebrae erant super abyssum«, id est hoc totum, quod caelum et terra appellatum est, adhuc informis et tenebrosa materies erat, unde fieret caelum intellegibile - quod alibi dicitur »caelum caeli« - et terra, scilicet omnis natura corporea, sub quo nomine intellegatur etiam hoc caelum corporeum, id est unde fieret omnis invisibilis visibilisque creatura; aliud qui dicit: »terra autem erat invisibilis et inconposita, et tenebrae erant super abyssum«, non illam informitatem nomine caeli et terrae scriptura appellavit, sed iam erat, inquit, ipsa informitas, quam »terram invisibilem et inconpositam tenebrosamque abyssum« nomi-

formt, voll sich ausdrückend mit allen ihren Naturen, erscheinen.

Und was das Verständnis der folgenden Worte betrifft, so greift sich auch hier aus all dem Wahren eines heraus, wer da sagt: »Die Erde aber war unsichtbar und ungeordnet, und Finsternis war über einem Abgrund«, das heißt, jenes Körperhafte, das Gott erschuf, war annoch erst formloser Urstoff für die körperhaften Dinge, ohne Ordnung, ohne Licht. Andres Wahres greift sich einer, wenn er sagt: »Die Erde aber war unsichtbar und ungeordnet, und Finsternis war über einem Abgrund«, das heißt, dies Ganze, Himmel und Erde genannt, war der noch formlose und finstere Stoff, und aus ihm sollte der körperhafte Himmel und die körperhafte Erde werden mit allem, was in ihnen den leiblichen Sinnen kund wird. Ein andres wieder, der da sagt: »Die Erde aber war unsichtbar und ungeordnet, und Finsternis war über einem Abgrund«, das heißt, dies Ganze, Himmel und Erde genannt, war noch formloser und finsterer Stoff, und aus ihm sollte werden der übersinnliche Himmel - jener, der anderwärts mit »Himmel des Himmels« bezeichnet wird - und sollte werden die Erde, d. h. die gesamte körperhafte Natur, mit Einschluß also auch unseres körperhaften Himmels, mit anderen Worten die gesamte unsichtbare und sichtbare Schöpfung. Abermals ein anderes, wer da sagt: »Die Erde aber war unsichtbar und ungeordnet, und Finsternis war über einem Abgrund«, das heißt, die Schrift nennt mit Himmel und Erde nicht jenes Formlose, nein, das Formlose, das die Schrift »unsichtbare und ungeordnete Erde und finsteren Abgrund« nennt, ist zuvor schon dagewesen, und aus ihm hat Gott - so sagt die Schrift, dieses Spätere nur vorausnehmend - Himmel und Erde gewirkt, will sagen die

navit, de qua caelum et terram deum fecisse 21,30
*praedixerat, spiritalem scilicet corporalemque
creaturam; aliud qui dicit: »terra autem erat
invisibilis et inconposita, et tenebrae erant
super abyssum«, id est informitas quaedam
iam materies erat, unde caelum et terram
deum fecisse scriptura praedixit, totam scili-
cet corpoream mundi molem in duas maxi-
mas partes superiorem atque inferiorem dis-
tributam cum omnibus quae in eis sunt usita-
tis notisque creaturis.*

Cum enim duabus istis extremis sententiis 22,31
*resistere quisquam ita temptaverit: „Si non
vultis hanc informitatem materiae ‚caeli et
terrae' nomine appellatam videri, erat ergo
aliquid, quod non fecerat deus, unde caelum
et terram faceret; neque enim scriptura nar-
ravit, quod istam materiem deus fecerit, nisi
intellegamus eam ‚caeli et terrae' aut solius
‚terrae' vocabulo significatam, cum diceretur:
»in principio fecit deus caelum et terram«, ut
id, quod sequitur: »terra autem erat invisi-
bilis et inconposita«, quamvis informem ma-
teriam sic placuerit appellare, non tamen in-
tellegamus nisi eam, quam fecit deus in eo,
quod praescriptum est: »fecit caelum et ter-
ram«", respondebunt assertores duarum ista-
rum sententiarum, quas extremas posuimus,
aut illius aut illius, cum haec audierint, et
dicent: „Informem quidem istam materiam
non negamus a deo factam, deo, a quo sunt*

geistige und die körperhafte Schöpfungswelt. Ein andres noch, wer da sagt: »Die Erde aber war unsichtbar und ungeordnet, und Finsternis war über einem Abgrund«, ja das heißt, Formloses war bereits vorhanden als Urstoff, aus dem Gott - so sagt die Schrift, dieses Spätere vorausnehmend - Himmel und Erde gewirkt hat, aber unter ‚Himmel und Erde' ist nur die gesamte körperhafte Weltmasse zu verstehen, die sich in zwei gewaltige Teile scheidet, einen oberen und einen unteren, samt all den Geschöpfen in ihnen, die uns alltäglich und wohlbekannt sind.

Den beiden letzten Deutungen könnte man freilich versucht sein das Folgende entgegenzuhalten: „Wollt ihr unter den Worten ‚Himmel und Erde' nicht diesen formlosen Urstoff selbst bezeichnet sehen, so hieße das eben, daß etwas schon vorhanden war, was Gott nicht erschaffen hatte und woraus er Himmel und Erde erschaffen wollte. Denn die Schrift sagt nichts davon, daß Gott diesen Urstoff erschaffen habe, - wofern wir nicht annehmen, er sei unter dem Ausdruck ‚Himmel und Erde' oder ‚Erde' allein zu verstehen, wenn es heißt: »Im Anfang schuf Gott Himmel und Erde«, wobei wir dann unter dem Folgenden: »die Erde aber war unsichtbar und ungeordnet« [obwohl es gewiß nur ungestalter Stoff ist, was mit diesem Wort der Schrift bezeichnet werden sollte] doch keine andere Stofflichkeit zu verstehen haben als eben die - gemäß den Eingangsworten - von Gott erschaffene." Aber die Vertreter dieser beiden zuletzt genannten Deutungen, der einen wie der anderen, werden, wenn sie das hören, zur Antwort geben: „Wir stellen durchaus nicht in Abrede, daß jener formlose Urstoff von Gott erschaffen ist, von Gott, als dessen Werk ja »alles sehr gut« ist. Denn wie wir sagen, das schon Erschaffene und Geformte sei ein Gut von höherer Be-

»omnia bona valde«, quia, sicut dicimus Gen 1, 31
amplius bonum esse quod creatum atque formatum est, ita fatemur minus bonum esse quod factum est creabile atque formabile, sed tamen bonum: non autem conmemorasse scripturam, quod hanc informitatem fecerit deus, sicut alia multa non commemoravit, ut Cherubim et Seraphim, et quae apostolus
distincte ait, »sedes, dominationes, principa- Kol 1, 16
tus, potestates«, quae tamen omnia deum fecisse manifestum est. Aut si eo, quod dictum est: »fecit caelum et terram«, conprehensa
sunt omnia, quid de aquis dicimus, »super Gen 1, 2
quas ferebatur spiritus dei«? Si enim ‚terra' nominata simul intelleguntur, quomodo iam ‚terrae' nomine materies informis accipitur, quando tam speciosas aquas videmus? Aut si ita accipitur, cur ex eadem informitate scriptum est »factum firmamentum et vocatum caelum« neque scriptum est factas esse aquas? Non enim adhuc informes sunt et invisae, quas ita decora specie fluere cernimus. Aut si tunc acceperunt istam speciem, cum dixit
deus: »congregetur aqua, quae est sub firma- Gen 1, 9
mento«, ut congregatio sit ipsa formatio, quid respondebitur de aquis, quae super firmamentum sunt, quia neque informes tam honorabilem sedem accipere meruissent nec scriptum est, qua voce formatae sint?

Unde si aliquid Genesis tacuit deum fecisse, quod tamen deum fecisse nec sana fides nec certus ambigit intellectus, nec ideo ulla sobria

schaffenheit, so geben wir auch zu, daß das, was erst nur fähig ist, zu Geschöpf und Gestalt zu werden, zwar ein Gut von geringerer Beschaffenheit, aber doch ein Gut sei: nur hat die Schrift nicht eigens berichtet, daß Gott dieses Formlose erschuf, wie sie auch bei vielem andern die Erschaffung nicht berichtet hat, z. B. die der Cherubim und Seraphim und - wovon der Apostel mit deutlicher Unterscheidung spricht - der »Throne, Herrschaften, Hoheiten, Mächte«, von welchen allen es doch offenbar ist, daß Gott sie erschaffen hat. Oder wenn in den Worten: »er schuf den Himmel und die Erde« alles schon inbegriffen ist, wie kommen wir dann bei den Wassern zurecht, »darüber der Geist Gottes schwebte«? Denn werden sie mitbegriffen in dem Wort ‚Erde', wie läßt sich dann bei diesem Wort ‚Erde' noch an gestaltlosen Stoff denken, wenn wir die ganze Herrlichkeit ihrer Wasser sehen? Oder, will man es doch in diesem Sinne nehmen, warum steht dann geschrieben, aus diesem Formlosen sei »das Firmament geschaffen und der Himmel genannt« worden, und steht nichts davon geschrieben, daß auch die Wasser daraus geschaffen seien? Sie sind doch nicht mehr formlos und unsichtbar, die Gewässer, die so schön, so edel vor unsern Augen fließen? Oder wenn sie diese Schöne damals erst empfingen, als Gott sprach: »Es sammle sich das Wasser, das unter dem Firmament ist«, so daß ihre Sammlung zugleich ihre Formung gewesen wäre, was wollte man dann sagen von den Wassern, die über dem Firmament sind? Denn ungestaltet wären sie so ehrenvoller Stätte nicht würdig gewesen, und doch steht nirgend geschrieben, durch welches Schöpferwort sie ihre Wesensform empfangen hätten.

Also, es gibt etwas, wovon die Genesis nicht sagt, daß Gott es erschaffen habe, und dennoch hält gesunder Glaube und sicherer Verstand unbezweifelt fest, daß Gott es erschaffen habe, und keine nüchterne Wissen-

doctrina dicere audebit istas aquas coaeternas 22,31
deo, quia in libro Geneseos commemoratas quidem audimus, ubi autem factae sint, non invenimus, cur non informem quoque illam materiem, quam scriptura haec »terram invisibilem et inconpositam tenebrosamque abyssum« appellat, docente veritate intellegamus a deo factam esse de nihilo ideoque illi non esse coaeternam, quamvis ubi facta sit omiserit enuntiare ista narratio?“

His ergo auditis atque perspectis pro captu 23,32
infirmitatis meae, quam tibi confiteor scienti deo meo, duo video dissensionum genera oboriri posse, cum aliquid a nuntiis veracibus per signa enuntiatur, unum, si de veritate rerum, alterum, si de ipsius qui enuntiat voluntate dissensio est. Aliter enim quaerimus de creaturae conditione, quid verum sit, aliter
autem quid in his verbis Moyses, egregius do- [Exod 33, 9-11]
mesticus fidei tuae, intellegere lectorem auditoremque voluerit.

In illo primo genere discedant a me omnes, qui ea, quae falsa sunt, se scire arbitrantur. In hoc item altero discedant a me omnes, qui ea quae falsa sunt Moysen dixisse arbitrantur. Coniungar autem illis, domine, in te et delecter cum eis in te, qui veritate tua pascun-
tur in latitudine caritatis, et accedamus simul [Eph 3, 17 f]
ad verba libri tui et quaeramus in eis voluntatem tuam per voluntatem famuli tui, cuius calamo dispensasti ea.

schaft wird das Urteil wagen, es müßten diese Wasser, weil wir im Buche Genesis wohl von ihnen hören, aber nichts über ihre Erschaffung finden, gleichewig sein mit Gott. Warum also sollten wir, durch die Wahrheit belehrt, nicht einsehen, daß auch dieser formlose Stoff, den dieselbe Schrift »unsichtbare, ungeordnete Erde und finsteren Abgrund« nennt, durch Gott von Nichts erschaffen und deshalb ihm nicht gleichewig sei, obgleich der Schöpfungsbericht unterlassen hat anzugeben, wann er erschaffen wurde?"

Wenn ich das höre und nach der Fassenskraft meiner Schwachheit - Du kennst sie, und ich bekenne sie Dir, mein Gott - überdenke, so sehe ich, daß zweierlei Art von Uneinigkeit entstehen kann, sobald von wahrhaftigen Zeugen über etwas im bildlichen Worte[21] ausgesagt wird: die eine, wenn über den Sachverhalt der Dinge selbst, die andere, wenn über das, was der Zeuge eigentlich sagen wollte, Uneinigkeit besteht. Denn etwas anderes ist es, wenn wir bei der Schöpfungsgeschichte die Frage stellen, was er an Tatbestand enthält, etwas anderes die Frage, was Moses, der, wie kein zweiter, Hausfreund Deines Vertrauens war, durch diese Worte dem Leser und Hörer zu verstehen geben wollte.
Was die erste Art von Schwierigkeit betrifft, - fort von mir mit allen, die da glauben, sie hätten das, was falsch ist, als wahres Wissen! Was die zweite betrifft, - auch fort von mir mit allen, die da glauben, das, was falsch ist, habe Moses gesagt! Aber mit denen will ich einig gehen, Herr, in Dir, mit ihnen mich in Dir erfreuen, die in der Weite der Liebe sich weiden an Deiner Wahrheit, und zusammen wollen wir den Worten Deines Buches uns nahen und in ihnen Deinen Gedanken suchen im Gedanken Deines Dieners, durch dessen Griffel Du sie gespendet hast.

Sed quis nostrum sic invenit eam inter tam 24,33
multa vera, quae in illis verbis aliter atque
aliter intellectis occurrunt quaerentibus, ut
tam fidenter dicat hoc sensisse Moysen atque
hoc in illa narratione voluisse intellegi, quam
fidenter dicit hoc verum esse, sive ille hoc sen-
serit sive aliud?

Ecce enim, deus meus, »ego servus tuus«, qui
vovi tibi sacrificium confessionis in his litteris
et oro, ut ex misericordia tua »reddam tibi Ps 115, 16
vota mea«, ecce ego quam fidenter dico in tuo
verbo incommutabili omnia te fecisse, invisi-
bilia et visibilia, numquid tam fidenter dico
non aliud quam hoc adtendisse Moysen, cum
scriberet: »in principio fecit deus caelum et
terram«, quia non, sicut in tua veritate hoc
certum video, ita in eius mente video id eum
cogitasse, cum haec scriberet?

Potuit enim cogitare in ipso faciendi exordio, cum diceret: »in principio«; potuit et ‚caelum' et ‚terram' hoc loco nullam iam formatam perfectamque naturam sive spiritalem sive corporalem, sed utramque inchoatam et adhuc informem velle intellegi. Video quippe vere potuisse dici, quidquid horum diceretur, sed quid horum in his verbis ille cogitaverit, non ita video, quamvis sive aliquid horum sive aliquid aliud, quod a me conmemoratum non est, tantus vir ille mente conspexerit, cum haec verba promeret, verum eum vidisse apteque id enuntiavisse non dubitem.

Aber wer von uns träfe unter dem vielen Wahren, das in jenen Worten dem Suchenden, je nachdem man sie so oder so versteht, sich darbietet, den gemeinten Sinn so sicher, daß er mit der gleichen Zuversicht behaupten könnte, gerade dies habe Moses sagen, gerade so mit seinem Bericht verstanden sein wollen, wie er zuversichtlich behauptet, dieser Bericht entspreche der Wahrheit, mag es Moses so oder so gemeint haben?

Denn siehe, mein Gott, »ich, Dein Knecht«, der ich Dir die Opfergabe des Bekenntnisses gelobt habe mit dieser Schrift, der ich bete, daß ich in der Kraft Deiner Erbarmung »meine Gelübde Dir erfüllen könne«, siehe, ich sage wohl mit fester Zuversicht, daß Du in Deinem unwandelbaren Wort alles, das Unsichtbare und das Sichtbare, gewirkt hast. Aber dürfte ich mit der gleichen Zuversicht behaupten, daß Moses nicht etwas anderes, nur eben dies gemeint habe, als er schrieb: »Im Anfang schuf Gott Himmel und Erde«? Denn das erschaue ich im Lichte Deiner Wahrheit als gewiß, aber nicht so erschaue ich im Geiste des Moses, daß dies sein Gedanke war, als er so schrieb.

Es konnte ja bei dem Wort »im Anfang« sein Gedanke sein: zu Beginn des Erschaffens; er wollte vielleicht weder unter ‚Himmel' noch unter ‚Erde' an dieser Stelle irgendeine schon geformte und vollendete Natur, weder eine geistige noch eine körperhafte verstanden wissen, sondern beide als nur erst angelegt und noch ungeformt. Ich sehe freilich, daß der Wahrheit gemäß gesagt sein konnte, was so oder so davon gesagt ward, aber nicht gleichso sehe ich, was von beidem Moses bei diesen Worten gedacht hat; freilich, daß er Wahres gesehen und es zutreffend gekündet hat, daran zweifle ich nicht, mag der große Mann etwas von dem Erwähnten oder sonst etwas, was ich nicht erwähnt habe, im Geiste geschaut haben, da er diese Worte aussprach.

Nemo iam mihi molestus sit dicendo mihi: 25,34
„Non hoc sensit Moyses, quod tu dicis, sed
hoc sensit, quod ego dico". Si enim mihi di-
ceret: „Unde scis hoc sensisse Moysen, quod
de his verbis eius eloqueris?" aequo animo
ferre deberem et responderem fortasse, quae
superius respondi vel aliquanto uberius, si
esset durior. Cum vero dicit: „Non hoc ille
sensit, quod tu dicis, sed quod ego dico" neque
tamen negat, quod uterque nostrum dicit,
utrumque verum esse, o »vita pauperum«, Sir 34, 25
deus meus, in cuius sinu non est contradictio,
plue mihi mitigationes in cor, ut patienter ta-
les feram; qui non mihi hoc dicunt, quia di-
vini sunt et in corde famuli tui viderunt quod
dicunt, sed quia superbi sunt nec noverunt
Moysi sententiam, sed amant suam, non quia
vera est, sed quia sua est. Alioquin et aliam
veram pariter amarent, sicut ego amo quod
dicunt, quando verum dicunt, non quia ipso-
rum est, sed quia verum est: et ideo iam nec
ipsorum est, quia verum est. Si autem ideo
ament illud, quia verum est, iam et ipsorum
est et meum est, quoniam in commune om-
nium est veritatis amatorum.

Illud autem, quod contendunt non hoc sen-
sisse Moysen, quod ego dico, sed quod ipsi
dicunt, nolo, non amo, quia, etsi ita est,
tamen ista temeritas non scientiae, sed auda-
ciae est, nec visus, sed tyfus eam peperit.

Ideoque, domine, tremenda sunt iudicia tua,
quoniam veritas tua nec mea est nec illius aut

So falle mir keiner mehr lästig mit seiner Rede: „Nicht das hat Moses gemeint, was du sagst, sondern das hat er gemeint, was ich sage." Denn fragte mich ein solcher: „Woher weißt du denn, daß Moses gerade das gemeint hat, was du aus seinen Worten herausliest", so hätte ich es ruhig hinzunehmen und gäbe ihm etwa die Antwort, die ich vorhin schon dargelegt habe, vielleicht um einiges ausführlicher, wenn er gar zu hartnäckig wäre. Sagt er aber: „Nicht das hat Moses gemeint, was du sagst, sondern das, was ich sage", und bestreitet gleichwohl nicht, daß beiderlei, was wir beide meinen, die Wahrheit treffe: dann, o »Leben der Armen«, Du mein Gott, in dessen Schoß es keinen Zwiespalt gibt, dann laß es Sanftmut regnen in mein Herz hinein, daß ich Leute dieser Art in Geduld ertrage! Denn so reden sie zu mir, nicht weil sie Seher wären und im Herzen Deines Dieners gelesen hätten, was sie sagen, nein, weil sie anmaßlich sind, vom Gedanken des Moses beileibe nichts wissen, aber verliebt sind in den eigenen, nicht seiner Wahrheit wegen, sondern weil er der ihrige ist. Sonst wäre ihnen ein anderer wahrer genau so lieb, so wie mir das lieb ist, was sie sagen, wenn sie nur Wahres sagen, lieb, nicht weil es ihrer, sondern weil es wahr ist: ja deshalb eben, weil es wahr ist, ist es auch schon nicht mehr ihrer. Wenn sie es aber deshalb lieben, weil es ein Wahres ausspricht, dann ist es zumal das ihrige wie auch das meinige, weil es für alle ist, die die Wahrheit lieben.[22]

Aber jenes rechthaberische Wort, Moses habe nicht das gemeint, was ich sage, sondern das, was sie selber sagen, das will ich nicht, ich liebe das nicht: selbst wenn es sich wirklich so verhält, hat dieses Drauflosbehaupten nichts zu tun mit Wissenschaft, wohl aber mit Unverschämtheit, und es stammt nicht aus Erkenntnis, sondern aus der Überheblichkeit.

Und darum sind Deine Gerichte, Herr, zu fürchten, weil

illius, sed omnium nostrum, quos ad eius com- 25,34
munionem publice vocas, terribiliter admo-
nens nos, ut nolimus eam habere privatam,
ne privemur ea. Nam quisquis id, quod tu
omnibus ad fruendum proponis, sibi proprie
vindicat et suum vult esse quod omnium est,
a communi propellitur ad sua, hoc est a veri-
tate ad mendacium. Qui enim »loquitur men- Jo 8, 44
dacium, de suo loquitur«.

Adtende, iudex optime, deus, ipsa veritas, 25,35
adtende, quid dicam contradictori huic, ad- [Jer 18, 19]
tende; coram te enim dico et coram fratribus
meis, qui »legitime utuntur lege« usque ad I Tim 1, 8. 5
finem caritatis; adtende et vide, quid ei di-
cam, si placet tibi.

Hanc enim vocem huic refero fraternam et
pacificam: si ambo videmus verum esse quod
dicis et ambo videmus verum esse quod dico,
ubi, quaeso, id videmus? Nec ego utique in
te nec tu in me, sed ambo in ipsa quae supra
mentes nostras est inconmutabili veritate.
Cum ergo de ipsa domini dei nostri luce non
contendamus, cur de proximi cogitatione
contendimus, quam sic videre non possumus,
ut videtur inconmutabilis veritas, quando, si
ipse Moyses apparuisset nobis atque dixisset:
»Hoc cogitavi«, nec sic eam videremus, sed
crederemus? Non itaque »supra quam scrip- I Kor 4, 6
tum est unus pro altero infletur adversus al-
terum«. Diligamus »dominum deum nostrum Deut 6, 5;
ex toto corde et ex tota anima et ex tota Mt 22, 37. 39
mente nostra et proximum nostrum sicut

Deine Wahrheit nicht die meine ist, nicht von dem und nicht von dem, sondern die Wahrheit unser aller ist, die Du zu ihrer Gemeinhabe öffentlich aufforderst mit der schreckenden Vermahnung, es solle uns nicht beifallen, sie als privates Gut in Besitz zu nehmen, damit sie uns nicht gar genommen werde. Denn jeder, der für sich allein beansprucht, was Du allen zum Genusse darbietest, wer zu eigen haben will, was allen gehört, wird vom Gemeinsamen weg in das Seinige abgetrieben, von der Wahrheit weg in die Lüge; denn wer »Lüge spricht, der ist es, der aus Eigenem spricht«.[23]

Höre, bester Richter, Gott, die Wahrheit selbst, höre, was ich dem sage, der mir also widerspricht, ja höre! Ich rede ja vor Dir und vor meinen Brüdern, die »nach Gesetz das Gesetz anwenden« bis zur Erfüllung in der Liebe. Hör es und sieh, was ich ihm sage, wenn es also Dir gefällt.

Das ist das Wort, das ich an ihn richte, ein brüderliches, friedfertiges Wort: Wenn wir beide sehen, daß wahr ist, was du sagst, und wir beide sehen, daß wahr ist, was ich sage, wo, ich bitte, sehen wir das? Wahrlich nicht ich in dir, nicht du in mir, sondern beide sehen wir es in der wandellosen Wahrheit selbst, die erhaben ist über unsere Geister.[24] Da wir also über das Licht selbst, das Licht aus dem Herrn unserm Gott, nicht streiten, warum streiten wir über die Gedanken eines Mitmenschen, die wir nun einmal so nicht sehen können, wie man die unwandelbare Wahrheit sieht? Auch wenn Moses in Person uns erschiene und sagte: So hab ich gedacht - könnten wir es dann sehen, oder eben doch nur glauben? So soll also nicht »über das hinaus, was geschrieben steht, einer sich blähen für den einen gegen den andern«. Laßt uns lieben »Gott unsern Herrn aus ganzem Herzen, aus ganzer Seele, aus unserer ganzen Geisteskraft und unsern

nosmetipsos«. Propter quae duo praecepta 25, 35
caritatis sensisse Moysen, quidquid in illis
libris sensit, nisi crediderimus, »mendacem I Jo 1, 10; 5, 10
faciemus« dominum, cum de animo conservi
aliter quam ille docuit opinamur. Iam vide,
quam stultum sit in tanta copia verissimarum
sententiarum, quae de illis verbis erui possunt, temere adfirmare, quam earum Moyses
potissimum senserit, et perniciosis contentionibus ipsam offendere caritatem, propter
quam dixit omnia, cuius dicta conamur exponere.

Et tamen ego, deus meus, celsitudo humilitatis 26, 36
meae et requies laboris mei, qui audis confessiones meas et dimittis peccata mea, quoniam [Mt 6, 15]
tu mihi praecipis, ut diligam proximum meum sicut me ipsum, non possum minus credere de Moyse fidelissimo famulo tuo, quam mihi optarem ac desiderarem abs te dari muneris, si tempore illo natus essem quo ille eoque loci me constituisses, ut per servitutem cordis ac linguae meae litterae illae dispensarentur, quae tanto post essent omnibus gentibus profuturae et per universum orbem tanto auctoritatis culmine omnium falsarum superbarumque doctrinarum verba superaturae.
Vellem quippe, si tunc ego essem Moyses –
»ex eadem« namque »massa« omnes venimus; Röm 9, 21
»et quid est homo, nisi quia memor es eius?« – Ps 8, 5
vellem ergo, si tunc ego essem quod ille et mihi abs te Geneseos liber scribendus adiun-

Nächsten wie uns selbst«. Wenn wir nicht glauben, daß Moses diese zwei Gebote der Liebe im Sinne hatte, was immer für Sinn er in jenen Büchern gemeint hat, werden wir den Herrn »zum Lügner machen«, indem wir so ja glauben, das, was der Herr ihm eingegeben, sei anders im Geiste seines Knechtes gewesen. Man sehe doch, wie töricht es ist, bei solcher Fülle unzweifelhaft wahrer Sinngehalte, die man jenen Worten entnehmen kann, keckhin behaupten zu wollen, welchen Sinn vor allen anderen Moses gemeint habe, und darüber in übler Streiterei gerade die Liebe zu verletzen, um derentwillen er, dessen Worte wir auszulegen suchen, alles das gesagt hat.[25]

Aber ich, mein Gott - Du Hoheit für meine Niedrigkeit, Du Ruhe in meiner Mühsal, der Du meine Bekenntnisse hörst und meine Sünden vergibst - unmöglich kann ich, da Du mir befiehlst, den Nächsten zu lieben wie mich selbst, von Moses, Deinem treuesten Diener, mir denken, Du habest ihm weniger an Gaben verliehen, als ich sie mir wünschte und ersehnte von Dir, wäre ich zu seiner Zeit geboren und von Dir an seinen Platz gestellt worden, damit durch meines Herzens und meiner Sprache Dienst jene Bücher unter die Menschen gingen, die so lange Zeit fort allen Völkern zum Segen sein und über den ganzen Erdkreis hin durch ihr erhabenes Ansehen die Wortgebäude aller falschen und anmaßlichen Lehre stürzen sollten.

Ja, das hätte ich mir gewünscht, wäre ich damals Moses gewesen - kommen wir doch alle »aus derselben Erdmasse«, »und was wäre der Mensch, gedächtest Du nicht seiner?« - ich hätte also, wäre ich damals gewesen, was Moses war, und wäre mir Dein Befehl geworden, das Buch der Genesis zu schreiben, mir die Gabe einer sol-

geretur, talem mihi eloquendi facultatem 26,36
dari et eum texendi sermonis modum, ut neque illi, qui nondum queunt intellegere quemadmodum creat deus, tamquam excedentia vires suas dicta recusarent et illi, qui hoc iam possunt, in quamlibet veram sententiam cogitando venissent, eam non praetermissam in paucis verbis tui famuli reperirent, et si alius aliam vidisset in luce veritatis, nec ipsa in eisdem verbis intellegenda deesset.

Sicut enim fons in parvo loco uberior est plu- 27,37
ribusque rivis in ampliora spatia fluxum ministrat quam quilibet eorum rivorum, qui per multa locorum ab eodem fonte deducitur, ita narratio dispensatoris tui sermocinaturis pluribus profutura parvo sermonis modulo scatet fluenta liquidae veritatis, unde sibi quisque verum, quod de his rebus potest, hic illud, ille illud, per longiores loquellarum anfractus trahat.

Alii enim cum haec verba legunt vel audiunt, cogitant deum quasi hominem aut quasi aliquam molem inmensa praeditam potestate novo quodam et repentino placito extra se ipsam tamquam locis distantibus fecisse caelum et terram, duo magna corpora supra et infra, quibus omnia continerentur, et cum audiunt: »dixit deus: fiat« illud, et »factum est« illud, cogitant verba coepta et finita, sonantia temporibus atque transeuntia, post quorum transitum statim existere quod ius-

chen Sprachgewalt gewünscht, einer Art der Darstellung, daß die einen, die noch nicht begreifen können, wie Gott schafft, meine Worte nicht als ihre Kräfte übersteigend zurückweisen dürften, daß die andern, die das schon vermöchten, auch nicht einen wahren Sinn, auf den sie durch Nachdenken kämen, in den wenigen Worten Deines Dieners beiseitegelassen fänden, daß endlich, wenn noch ein anderer im Lichte der Wahrheit wieder einen andern Sinn erschaute, auch dieser noch in denselben Worten sich verstehen ließe.

Denn wie eine Quelle an ihrem unscheinbaren Ort in sich reicher ist und durch die mancherlei Bäche, die sie versorgt, ein weiteres Gelände bewässert als irgendein einzelner dieser Bäche für sich, der von der Quelle her sich mannigfach durch die Gegend windet, also ist es auch mit der Erzählung Deines Ausspenders, die so vielen Verkündern Deines Wortes kostbar werden sollte: sie läßt mit ihrem geringen, kargen Wort Ströme lauterer Wahrheit sich ergießen, woraus denn jeder nach seinen Kräften ein Wahres, der eine dies, der andere jenes, in längeren Windungen des Redens hervorbringen mag.

Manche stellen sich ja beim Lesen oder Hören dieser Schriftworte vor, Gott habe wie ein Mensch oder wie ein mit unermeßlicher Gewalt begabter Koloß - als hätte er plötzlich diesen neuen Entschluß gefaßt - außerhalb seiner selbst, gleichsam weg von sich in Räumen draußen, Himmel und Erde erschaffen, die zwei gewaltigen Körperwelten, oben und unten, in welchen alles enthalten sei. Und wenn sie hören: »Gott sprach: Es werde« dies und jenes, und weiter: »Es ward« dies und jenes, so denken sie an Worte, die Anfang und Ende gehabt und zeitlich erklungen und verhallt wären, nach deren Verklingen sogleich schon fertig dagestanden hätte, was ins Dasein

sum est ut existeret, et si quid forte aliud hoc 27,37
modo ex familiaritate carnis opinantur.

In quibus adhuc parvulis animalibus, dum [I Kor 2, 14; 3, 1]
isto humillimo genere verborum tamquam
materno sinu eorum gestatur infirmitas,
salubriter aedificatur fides, qua certum habeant et teneant deum fecisse omnes naturas, quas eorum sensus mirabili varietate circumspicit.

Quorum si quispiam quasi vilitatem dictorum aspernatus extra nutritorias cunas superba inbecillitate se extenderit, heu! cadet
miser et, »domine deus, miserere«, ne in- Ps 50, 3
plumem pullum conculcent qui transeunt
viam, et »mitte angelum tuum«, qui eum II Mak 15, 23
reponat in nido, ut vivat, donec volet!

Alii vero, quibus haec verba non iam nidus, 28,38
sed opaca frutecta sunt, vident in eis latentes fructus et volitant laetantes et garriunt scrutantes et carpunt eos.

Vident enim, cum haec verba legunt vel audiunt, tua, deus, aeterna et stabili permansione cuncta praeterita et futura tempora superari nec tamen quicquam esse temporalis creaturae, quod tu non feceris, cuius voluntas, quia id est quod tu nullo modo mutata vel quae antea non fuisset, exorta voluntate fecisti omnia, non de te similitudinem tuam formam omnium sed de nihilo dissimilitudinem informem, quae formaretur per similitudinem tuam recurrens in te unum pro captu

gerufen ward; und was sie sonst dergleichen nach ihrer sinnlichen Gewohnheit sich vorstellen.
Wenn diese Kleinen, die noch ganz im Sinnlichen leben, in ihrer Schwachheit von Deinem Wort so schlichter Art alswie in mütterlichem Schoße sich tragen lassen, baut sich in ihnen, zu ihrem Heil, der Glaube auf, durch den sie gewiß sind und es festhalten, daß Gott es ist, der alle die Naturen erschaffen habe, die sie rings in wunderbarer Mannigfaltigkeit mit ihren Sinnen erleben.
Wenn nun einer von diesen Kleinen die scheinbare Armut Deines Worts verschmäht und, so schwach wie übermütig, sich hinausreckt aus dem hegenden Nest, ach, er wird fallen, der Arme. Dann, »Herr und Gott, hab Erbarmen«, daß nicht, die des Weges kommen, den federlosen kleinen Vogel zertreten, und »sende Deinen Engel«, der ihn wieder ins Nest lege, damit er dort am Leben bleibe, bis er fliegen kann.

Andere aber, solche, denen diese Worte schon nicht mehr ein hegendes Nest sind, sondern schattende Gebüsche, entdecken darin verborgene Früchte und flattern fröhlich umher und zwitschern im Suchen und picken sie.
Ich meine so: wenn sie diese Worte der Genesis lesen oder hören, so sehen sie, daß von Deinem ewigen, wandellosen Bleiben, o Gott, überherrscht sind alle Zeiten, vergangene und künftige, und daß es gleichwohl in der zeitlichen Schöpfung nicht das Geringste gibt, was nicht Du erschaffen hättest; daß Dein Wille - und er ist dasselbe wie Du -, daß also Du, ohne daß Dein Wille sich irgendwie gewandelt hätte oder ein vorher nicht vorhandenes Wollen in Dir aufgetaucht wäre, alles geschaffen hast; daß Du es geschaffen nicht aus Dir als Dein Gleichnis, das Formgesetz für alles, sondern aus dem Nichts als formloses Ungleichnis, aber fähig, in der Ähnlichung mit Dir geformt zu werden, so in Dich, den Ei-

ordinato, quantum cuique rerum in suo ge- 28,38
nere datum est, et fierent »omnia bona val- Gen
de«, sive maneant circa te, sive gradatim re- 1, 31
motiori distantia per tempora et locos pul-
chras variationes faciant aut patiantur.
Vident haec et gaudent in luce veritatis tuae, quantulum hic valent.

Et alius eorum intendit in id, quod dictum 28,39
est: »in principio fecit deus«, et respicit sa-
pientiam ,principium', quia et loquitur ipsa [Jo
nobis. Alius itidem intendit in eadem verba 8, 25]
et ,principium' intellegit exordium rerum conditarum et sic accipit: »in principio fecit«, ac si diceretur: »primo fecit«.

Atque in eis, qui intellegunt ,in principio', quod in sapientia »fecisti caelum et terram«, alius eorum ipsum ,caelum et terram', creabilem materiam caeli et terrae, sic esse credit cognominatam, alius iam formatas distinctasque naturas, alius unam formatam eandemque spiritalem ,caeli' nomine, aliam informem corporalis materiae ,terrae' nomine.

Qui autem intellegunt in nominibus ,caeli et terrae' adhuc informem materiam, de qua formaretur caelum et terra, nec ipsi uno modo id intellegunt sed alius unde consummaretur intellegibilis sensibilisque creatura, alius tantum, unde sensibilis moles ista corporea sinu grandi continens perspicuas promptasque naturas.

nen, zurückstrebend nach festgesetzter Fassenskraft, soviel hieran jedwedem unter den Dingen innerhalb seiner Art gegeben ist; daß demzufolge »alles in seiner Gesamtheit sehr gut« werden sollte, ob nun das Geschaffene immer um Dich her verharre, ob es in stufenweise größerem Abstand von Dir in Zeit und Raum den schönen Unbestand des Vielen bewirke oder auch erleide.

Das erkennen sie und freuen sich im Lichte Deiner Wahrheit, soviel oder sowenig sie hienieden es vermögen.

Ein andrer von denen bedenkt die Worte: »Im Anfang schuf Gott« und sieht in dem ‚Anfang' die Weisheit, weil sie es auch ist, die zu uns redet. Ein andrer, der dieselben Worte bedenkt, versteht unter ‚Anfang' den Urbeginn der geschaffenen Dinge und faßt den Ausdruck »Im Anfang schuf er« so auf, als stünde da: »Zuerst erschuf er.«

Und von denen wieder, die das ‚im Anfang' in dem Sinne nehmen, daß Du in der Weisheit »Himmel und Erde erschaffen« hast, glaubt der eine mit ‚Himmel und Erde' bezeichnet den zur Formempfängnis nur erst fähigen Urstoff von Himmel und Erde; ein anderer die schon geformten und besonderten Naturen; wieder ein anderer will den Namen ‚Himmel' auf die einzige schon geformte, die rein geistige Welt beziehen, den Namen ‚Erde' auf die noch ungeformte Welt des körperhaften Urstoffs.

Die aber unter ‚Himmel und Erde' den noch ungeformten Urstoff verstehen, aus dem der Himmel und die Erde erst geformt werden sollten, - auch sie verstehen es doch nicht in gleicher Weise, vielmehr denkt der eine an etwas, woraus die übersinnliche und die sinnfällige Kreatur sich hervorbilden sollte, der andere an etwas, woraus erst nur diese sinnfällige, körperhafte Masse werden sollte, der weite Schoß für die erscheinenden, zuhandenen Naturen.

Nec illi uno modo qui iam dispositas diges- 28,39
tasque creaturas ‚caelum et terram' vocari hoc loco credunt, sed alius invisibilem atque visibilem, alius solam visibilem in qua luminosum caelum suspicimus et terram caliginosam quaeque in eis sunt.

At ille, qui non aliter accipit: »in principio 29,40
fecit«, quam si diceretur: »primo fecit«, non habet quomodo veraciter intellegat ‚caelum et terram' nisi materiam caeli et terrae intellegat, videlicet universae, id est intellegibilis corporalisque creaturae. Si enim iam formatam velit universam, recte ab eo quaeri poterit: „Si hoc primo fecit deus, quid fecerit deinceps?", et post universitatem non inveniet ac per hoc audiet invitus: „Quomodo illud ‚primo', si postea nihil?"

Cum vero dicit primo informem, deinde formatam, non est absurdus, si modo est idoneus discernere, quid praecedat aeternitate, quid tempore, quid electione, quid origine: aeternitate, sicut deus omnia; tempore, sicut flos fructum; electione, sicut fructus florem; origine, sicut sonus cantum.

In his quattuor primum et ultimum quae conmemoravi, difficillime intelleguntur, duo media facillime. Namque rara visio est et nimis ardua conspicere, domine, aeternitatem tuam inconmutabiliter mutabilia facientem ac per hoc priorem. Quis deinde sic acutum cernat

Und auch die sind sich nicht einig, die an unserer Stelle mit ‚Himmel und Erde' schon durchgeformte, ins Einzelne besonderte Kreaturen genannt sehen, sondern es gilt dies dem einen von der unsichtbaren und der sichtbaren Welt, dem andern von der sichtbaren allein, in der wir den lichten Himmel und die umflorte Erde gewahren mit all dem, was in ihnen ist.

Aber wer die Worte: »Im Anfang schuf Gott« so nimmt, als hieße das »zuerst schuf er«, dem bleibt, will er sie sinnvoll auffassen, kein anderer Ausweg, als unter ‚Himmel' und ‚Erde' den Urstoff für den Himmel und die Erde zu verstehen, das heißt für die Schöpfung in ihrer Ganzheit, die rein geistige und die körperhafte. Denn wollte er darunter das schon geformte All verstehen, so könnte man ihm mit Recht die Frage stellen: „Ja wenn das Gott zuerst erschaffen hat, was hat er dann hernach geschaffen?" Und nach dem All wird er nichts mehr finden und also ungern die Frage hören: „Was soll dies ‚zuerst', wenn dann nichts mehr kommt?"

Meint er aber als die Erstschöpfung das ungeformte All, auf das als weitere erst die Formschöpfung folgte, so begeht er keinen Unsinn, wofern er nur imstande ist auseinanderzuhalten, was erstig ist der Ewigkeit nach, der Zeit nach, der Wertung nach, der Voraussetzung nach: der Ewigkeit nach wie Gott vor den Dingen allen; der Zeit nach wie die Blüte vor der Frucht; der Wertung nach wie die Frucht vor der Blüte; der Voraussetzung nach wie das Tönen vor dem Singen.

Von diesen vier Arten des Zuerst sind das erste und das letzte in meiner Aufzählung sehr schwer, die beiden mittleren sehr leicht zu verstehen. Denn selten und äußerst schwierig ist das Sehen, das Deine Ewigkeit, Herr, gewahr wird, wie sie in Wandellosigkeit die wandelbaren

animo ut sine labore magno dinoscere valeat, 29,40
quomodo sit prior sonus quam cantus, ideo quia cantus est formatus sonus et esse utique aliquid non formatum potest, formari autem quod non est non potest? Sic est prior materies quam id, quod ex ea fit, non ideo prior, quia ipsa efficit, cum potius fiat, nec prior intervallo temporis. Neque enim priore tempore sonos edimus informes sine cantu et eos posteriore tempore in formam cantici coaptamus aut fingimus, sicut ligna, quibus arca, vel argentum, quo vasculum fabricatur; tales quippe materiae tempore etiam praecedunt formas rerum, quae fiunt ex eis. At in cantu non ita est. Cum enim cantatur, auditur sonus eius, non prius informiter sonat et deinde formatur in cantum. Quod enim primo utcumque sonuerit, praeterit, nec ex eo quicquam reperies, quod resumptum arte conponas: et ideo cantus in sono suo vertitur, qui sonus eius materies eius est. Idem quippe formatur, ut cantus sit. Et ideo, sicut dicebam, prior materies sonandi quam forma cantandi: non per faciendi potentiam prior; neque enim sonus est cantandi artifex, sed cantanti animae subiacet ex corpore, de quo cantum faciat; nec tempore prior: simul enim cum cantu editur; nec prior electione: non enim potior sonus quam cantus, quandoquidem cantus est non tantum sonus verum etiam speciosus sonus. Sed prior est origine, quia

Dinge erschafft und deshalb das Zuerst ist. Und dann, wer sähe so scharf mit dem Geist, daß er ohne viel Mühe zu erkennen vermöchte, wieso das Tönen vor dem Singen ist? Denn Singen ist bereits geformtes Tönen, und jedenfalls kann etwas nicht Geformtes das Dasein haben, aber es kann nicht geformt werden, was nicht da ist. In solcher Art ist der Stoff [das Material Stimme] vor dem, was aus ihm wird, aber nicht insofern ist er zuerst, als ob er selber die hervorbringende Ursache wäre - vielmehr wird er ja von Wirkendem hervorgebracht - und auch nicht der Zeit nach ist er zuerst: es ist ja nicht so, daß wir vorher, ohne schon zu singen, ungeformte Töne ausstießen, um sie danach erst durch Fügen oder Modeln in die Form von Gesang zu bringen, so wie man aus Holz einen Kasten fertigt, aus Silber ein nettes Gefäß; solche Stoffe sind ja auch der Zeit nach vor den Sachen, die daraus entstehen. Aber beim Gesang ist das nicht so. Wird gesungen, ist gleich auch Gesangston zu hören; es ist nicht zuerst formlos ein Getön und wird dann zu Gesang geformt; denn was einmal erklungen ist, gleichviel wie, das geht dahin, und nichts mehr findest du davon, was du fassen und durch Kunst gestalten könntest. Also vollzieht sich Gesang in einem Ertönen, und was in ihm Ton ist, das eben ist sein Stoff; es ist ja Ton, was geformt wird, um Gesang zu sein. Und nur in diesem Sinne, wie gesagt, ist Ton als der Stoff vor Gesang als der Form: nicht als bewirkende Kraft ist er zuvor - der Ton ist ja nicht Urheber des Gesangs, vielmehr ist er für die Seele des Singenden nur die leibliche Voraussetzung für sein Singen; auch nicht der Zeit nach ist er zuvor - er wird ja mit dem Singen selbst erst hervorgebracht; auch steht er nicht der Wertung nach voran - denn Ton ist nicht höheren Ranges als Gesang, da doch Gesang nicht einfach nur Ton ist, sondern darüber formvoll schönes Tönen. Nein, der Ton ist erstig der Voraussetzung nach;

non cantus formatur, ut sonus sit, sed sonus formatur, ut cantus sit. 29,40

Hoc exemplo qui potest intellegat materiam rerum primo factam et appellatam ‚caelum et terram', quia inde facta sunt caelum et terra, nec tempore primo factam, quia formae rerum exserunt tempora, illa autem erat informis iamque in temporibus simul animadvertitur, nec tamen de illa narrari aliquid potest, nisi velut tempore prior sit, cum pendatur extremior, quia profecto meliora sunt formata quam informia, et praecedatur aeternitate creatoris, ut esset de nihilo, unde aliquid fieret.

In hac diversitate sententiarum verarum con- 30,41
cordiam pariat ipsa veritas, et »deus noster Ps 66, 1
misereatur nostri«, ut legitime lege utamur, [I Tim 1, 8]
praecepti fine, pura »caritate«. I Tim 1, 5

Ac per hoc, si quis quaerit ex me, quid horum Moyses, tuus ille famulus, senserit, non sunt hi sermones confessionum mearum, si tibi non confiteor: nescio. Et scio tamen illas veras esse sententias exceptis carnalibus, de quibus quantum existimavi locutus sum. Quos tamen
bonae spei »parvulos« haec verba libri tui non I Kor
territant alta humiliter et pauca copiose. 3, 1

denn Gesang wird nicht geformt, nur damit Ton sei, sondern Ton wird geformt, damit Gesang sei.

An diesem Beispiel mag jedem, wenn er fähig ist, das Folgende deutlich werden: der Urstoff der Dinge wurde zuerst erschaffen und kann als ‚Himmel und Erde' bezeichnet werden, weil daraus der Himmel und die Erde erschaffen worden sind. Er ist freilich nicht der Zeit nach zuerst erschaffen, da Zeiten doch erst mit den geformten Dingen auftreten; aber der Urstoff war ungeformt, und erst in den Zeiten wird er zugleich mit den geformten Dingen wahrgenommen. Dennoch läßt sich über ihn keine Angabe machen, lediglich so sprechen, als ob er zeitlich früher wäre - denn an Wert ist er geringer zu schätzen, weil Geformtes wahrhaftig doch besser ist als Ungeformtes -, und allein des Schöpfers Ewigkeit ist vorauszusetzen, auf daß, woraus die Dinge werden sollten, der Urstoff, selber aus dem Nichts käme.

Bei solcher Mannigfaltigkeit wahrer Deutungen ist es an der Wahrheit-Selber, den Einklang zu stiften, und unser »Gott erbarme sich unser«, daß wir rechtmäßig das Gesetz anwenden, nach dem Endzweck seines Gebots, der da ist die reine »Liebe«.

Wenn also einer mich fragt, was von all dem nun eigentlich Dein Diener Moses gemeint habe, so wäre dieses Werk hier nicht das Buch meiner Bekenntnisse, wollte ich Dir nicht bekennen: ich weiß es nicht. Gleichwohl, das weiß ich, daß die angeführten Deutungen wahr sind, ausgenommen die grobsinnlichen, über die ich, soweit es mir nötig schien, bereits gesprochen habe; und wenn sie, die so denken, nur »kindliche Seelen« sind, die ja gute Hoffnung geben, so ist für sie gewiß nichts Abschreckendes an diesen Worten Deiner Schrift, die in ihrer Schlichtheit so erhaben ist, bei aller Fülle doch so knapp.

Sed omnes, quos in eis verbis vera cernere ac 30,41
dicere fateor, diligamus nos invicem pariterque diligamus te, deum nostrum, fontem veritatis, si non vana, sed ipsam sitimus, eundemque famulum tuum, scripturae huius dispensatorem, spiritu tuo plenum, ita honoremus, ut hoc eum te revelante, cum haec scriberet, adtendisse credamus, quod in eis maxime et luce veritatis et fruge utilitatis excellit.

Ita cum alius dixerit: „Hoc sensit, quod ego", 31,42
et alius: „Immo illud, quod ego", religiosius me arbitror dicere: Cur non utrumque potius, si utrumque verum est, et si quid tertium et si quid quartum et si quid omnino aliud verum quispiam in his verbis videt, cur non illa omnia vidisse credatur, per quem deus unus sacras litteras vera et diversa visuris multorum sensibus temperavit?

Ego certe, quod intrepidus de meo corde pronuntio, si ad culmen auctoritatis aliquid scriberem, sic mallem scribere, ut, quod veri quisque de his rebus capere posset, mea verba resonarent, quam ut unam veram sententiam ad hoc apertius ponerem, ut excluderem ceteras, quarum falsitas me non posset offendere. Nolo itaque, deus meus, tam praeceps esse, ut hoc illum virum de te meruisse non

Wir alle aber, die wir, wie ich offen zugebe, bei diesen Worten Erkenntnisse haben und aussprechen, die wahr sind, wir sollten einander lieben und gleicherweise lieben unsern Gott, Dich, die Quelle der Wahrheit, wenn nach ihr, nicht nach Geschwätz uns dürstet; wir sollten auch ihm, Deinem Knecht, der, Deines Geistes voll, Dein Wort geschrieben unter die Menschen brachte, die Ehre unseres Vertrauens geben, er habe unter Deiner Offenbarung beim Schreiben dieser Worte seinen Geist auf das gespannt, was darin am allermeisten durch das Leuchten der Wahrheit und die Fruchtbarkeit für das Heil sich hervorstellt.

Also, wenn einer sagt: „Das hat Moses so gemeint, wie ich es verstehe", und ein anderer: „Nein, so wie ich", dann ist es, glaube ich, ehrfürchtiger, wenn ich sage: Warum nicht lieber beides, wenn doch beides wahr ist? Und wenn einer noch einen dritten, einen vierten und irgend sonst einen wahren Sinn in diesen Worten sieht, - warum soll man diese Gedanken alle nicht auch dem Manne zutrauen, durch den der Eine Gott durch seine Heilige Schrift dem Verstande der Vielen so entsprochen hat, daß sie darin Wahres auch bei verschiedener Deutung sollten erschauen können?

Jedenfalls, was mich angeht, so erkläre ich unerschrokken und allen Ernstes: wenn ich etwas auf höchste Gültigkeit Berechnetes zu schreiben hätte, so wollte ich schon lieber so schreiben, daß aus meinen Worten das Echo aller eine Wahrheit treffenden Gedanken, die irgendwer über diesen Gegenstand sich machen kann, herauszuhören wäre, als in der andern Weise, daß ich einen einzigen wahren Sinn so überscharf ins Licht setzte, daß ich alle anderen Deutungen ausschlösse, auch wenn mir nichts Falsches daran zum Anstoß wäre. Also, mein Gott, ich will nicht so tollkühn sein, daß ich nicht glaubte, es habe ein Glei-

credam. Sensit ille omnino in his verbis atque cogitavit, cum ea scriberet, quidquid hic veri potuimus invenire et quidquid nos non potuimus aut nondum potuimus et tamen in eis inveniri potest. 31,42

Postremo, domine, qui deus es et non »caro et sanguis«, si quid homo minus vidit, numquid et »spiritum tuum bonum, qui deducet me in terram rectam«, latere potuit, quidquid eras in eis verbis tu ipse revelaturus legentibus posteris, etiamsi ille, per quem dicta sunt, unam fortassis ex multis veris sententiam cogitavit? Quod si ita est, sit igitur illa quam cogitavit ceteris excelsior, nobis autem, domine, aut ipsam demonstra aut quam placet alteram veram, ut, sive nobis hoc quod etiam illi homini tuo sive aliud ex eorundem verborum occasione patefacias, tu tamen pascas, non error inludat. 32,43 Mt 16,17 Ps 142,10

Ecce, domine deus meus, quam multa de paucis verbis, quam multa, oro te, scripsimus! Quae nostrae vires, quae tempora omnibus libris tuis ad istum modum sufficient?

Sine me itaque brevius in eis confiteri tibi et eligere unum aliquid quod tu inspiraveris verum, certum et bonum, etiamsi multa occurrerint, ubi multa occurrere poterunt, ea fide confessionis meae, ut, si hoc dixero, quod sensit minister tuus, recte atque optime - id

ches jener große Mann von Dir empfangen. Gewiß, all das Wahre, das wir durch unsere Erwägung zu finden vermochten, hat er bei jenen Worten gefühlt und beim Niederschreiben sich vorgestellt, dazu auch all das Wahre sonst, das wir eben nicht oder noch nicht zu finden vermochten, und das gleichwohl darin sich finden läßt.

Schließlich, Herr, der Du Gott bist und nicht »Fleisch und Blut«, - wenn Moses, ein Mensch, nicht alles gesehen hat, konnte denn auch »Deinem gütigen Geist, der auf die rechte Bahn mich führen wird«, etwas von dem verborgen sein, was in diesen Worten doch Du selbst den künftigen Lesern offenbaren willst, auch wenn der Mann, durch den sie ausgesprochen sind, nur an eine von den vielen wahren Bedeutungen gedacht hat? Und sollte es wirklich so sein, so wird freilich die eine, an die er gedacht hat, erhabener sein als alle sonst: doch uns, Herr, gib diese gleich kund oder sonst eine wahre nach Deinem Gefallen; denn ob Du uns das gleiche wie Deinem Getreuen oder etwas anderes auftust an Hand der nämlichen Worte: wenn nur Du uns auf die Weide führst und nicht ein Irrtum uns zum Narren hat.

Sieh, Herr, mein Gott, wie viel hab ich geschrieben über ein paar Worte, wie viel, ich bitte Dich! Wie reichten bei solch einem Angehn meine Kraft, meine Zeit für Deine ganze Schrift![26]

So laß mich es kürzer machen, wenn ich an ihrem Wort Dir mein Bekenntnis darbringe. Wenn auch viele Deutungen sich anbieten, wie eben viele hier möglich sind, so laß mich doch für eine bestimmte, die Du mir als wahr, als sicher und gut zu erkennen gibst, mich entscheiden! Laß mein Bekenntnis so in der Wahrheit sein, daß ich, wenn ich mit Sinn und Meinung Deines Dieners übereinstimme, sie richtig und aufs beste wiedergebe -

enim conari me oportet - quod si assecutus non 32, 43
fuero, id tamen dicam, quod mihi per eius verba tua veritas dicere voluerit, quae illi quoque dixit quod voluit.

denn dies muß mein Bemühen sein -, daß ich aber, wenn es mir eben nicht gelingt, immerhin etwas sage, was mir durch seine Worte Deine Wahrheit sagen wollte, die auch ihm das gesagt hat, was sie wollte!

LIBER TERTIUS DECIMUS

DREIZEHNTES BUCH

Anrufung Gottes [1]. - 1. Das Ziel der Allegorie: Die Schöpfung ist - schon in ihrer rudimentären Anlage - das freie Werk der Güte Gottes, der ihrer nicht bedarf [2-4]. Die Trinität erscheint bereits in den beiden ersten Versen der Genesis [5]. Der Geist über den Wassern [6-7]. »Es werde Licht!« [8-10] Der Mensch als Bild der Trinität [11]. Die Weltschöpfung deutet schon auf die Kirche [12]. In welchem Sinne sind wir »Licht«? [13-14] Allegorische Deutungen: »Firmament« = Hl. Schrift; »Wasser über dem Firmament« = Engel [15-16]. »Die bitteren Wasser« = Weltgelüst. »Das trockene Land« = der Gutes fruchtende Mensch [17-19]. »Die kriechenden Tiere und die Vögel« = Sakramente und Glaubensverkündiger [20]. »Die lebendige Seele« = der wahrhaft christliche Mensch [21-23]. »Wachset und mehret euch!« [24] »Die Früchte der Erde« = Liebeswerke [25-27]. - 2. Qualität der Schöpfung: »Alles sehr gut« [28-30]. Gott das Auge derer, die das Geschaffene in seinem Geiste erkennen [31]. Abriß der Schöpfungsgeschichte [32-33]. Allegorie des Schöpfungsganzen [34]. - 3. Schlußgebet: Der ewige Sabbat ohne Abend [35-38].

Invoco te, »deus meus, misericordia mea«, qui fecisti me et oblitum tui non oblitus es. Invoco te in animam meam, quam praeparas ad capiendum te ex desiderio, quod inspiras ei: nunc invocantem te ne deseras, qui priusquam invocarem praevenisti et institisti crebrescens multimodis vocibus, ut audirem de longinquo et converterer et vocantem me invocarem te. 1,1 Ps 58, 18 [Ps 58, 11]

Tu enim, domine, delevisti omnia mala merita mea, ne retribueres manibus meis, in quibus a te defeci, et praevenisti omnia bona merita mea, ut retribueres manibus tuis, quibus me fecisti, quia et priusquam essem tu eras, nec eram, cui praestares ut essem, et tamen ecce sum ex bonitate tua praeveniente totum hoc, quod me fecisti et unde me fecisti. Neque enim eguisti me, aut ego tale bonum sum, quo tu adiuveris, dominus meus et deus meus, non ut tibi sic serviam, quasi ne fatigeris in agendo, aut ne minor sit potestas tua carens obsequio meo, neque ut sic te colam quasi terram, ut sis incultus, si non te colam, sed ut serviam tibi et colam te, ut de te mihi bene sit, a quo mihi est, ut sim, cui bene sit.

Ex plenitudine quippe bonitatis tuae creatura tua subsistit, ut bonum, quod tibi nihil 2,2

Ich rufe Dich an, »mein Gott, mein Erbarmen«, der Du mich erschaffen und meiner, da ich Dein vergaß, nicht vergessen hast. Ich rufe Dich herein in meine Seele, die Du bereitest, Dich aufzunehmen, durch die Sehnsucht, die Du ihr einhauchst: nun ich rufe nach Dir, laß mich nicht ohne Dich, der Du schon gekommen warst, eh ich rief, und wieder und wieder mich drängtest mit Deinen Rufen mannigfach, daß ich es hören solle von ferne, mich umwenden, rufen nach Dir, der mir rief.

Ja Du, Herr, hast all mein Mißgetanes ausgetilgt, auf daß Du meinen Händen nicht vergelten müssest ihr Werk des Abfalls von Dir, und bist zuvorgekommen all meinem Wohlgetanen, auf daß Du Deinen Händen vergelten könnest ihr Werk, der Hände, die mich erschufen. Denn ehe ich auch nur war, warst Du, und von mir war nicht, woraufhin Du hättest gewähren können, daß ich sei. Und dennoch, siehe, bin ich, bin dank Deiner Güte, die voran war diesem Ganzen: daß Du mich erschufst und woraus Du mich erschufst. Du hast ja meiner nicht bedurft, noch bin ich ein Gut von solcher Art, daß Du Hilfe an ihm hättest, mein Herr und mein Gott. Und wenn ich Dir dienen soll, dann doch nicht deshalb, damit Du nicht gleichsam im Wirken ermüden sollest, oder damit nicht Deine Macht geringer wäre, sobald sie meine Dienste nicht hätte. Und wenn ich Deine Ehre bestellen soll, dann nicht so, wie man die Erde bestellt, - als wärst Du ohne Ehre, wenn ich Dich nicht ehre.[1] Nein, Dir dienen und Dich ehren soll ich, auf daß es wohl um mich stehe, wohl dank Dir, von dem ich es habe, daß ich bin, - bin, daß es wohl um mich stehe.

Ja, aus der Fülle Deiner Güte hat Deine Kreatur ihr Stehen im Sein,[2] nur damit ein Gut, das nichts Dir nützen, noch auch, obwohl von Dir kommend, Dir gleich

prodesset nec de te aequale tibi esset, tamen quia ex te fieri potuit, non deesset. 2,2

Quid enim te promeruit »caelum et terra«, quas fecisti »in principio«? Dicant, quid te promeruerunt spiritalis corporalisque natura, quas »fecisti in sapientia tua«, ut inde penderent etiam inchoata et informia quaeque in genere suo vel spiritali vel corporali euntia in immoderationem et in longinquam dissimilitudinem tuam, spiritale informe praestantius, quam si formatum corpus esset, corporale autem informe praestantius, quam si omnino nihil esset, atque ita penderent in tuo verbo informia, nisi per idem verbum revocarentur ad unitatem tuam et formarentur et essent ab uno te summo bono »universa bona valde«. Quid te promeruerant, ut essent saltem informia, quae neque hoc essent nisi ex te? Gen 1, 1 Ps 103, 24

Quid te promeruit materies corporalis, ut esset saltem »invisibilis et inconposita«, quia neque hoc esset, nisi quia fecisti eam? Ideoque te, quia non erat, promereri ut esset non poterat. 2,3

Aut quid te promeruit inchoatio creaturae spiritalis, ut saltem tenebrosa fluitaret similis abysso, tui dissimilis, nisi per idem verbum converteretur ad idem, a quo facta est, atque ab eo inluminata lux fieret, quamvis non aequaliter tamen conformis formae aequali tibi?

Sicut enim corpori non hoc est esse, quod pul-

sein würde, dennoch, weil es durch Dich werden konnte, nun wirklich auch sei.

Was hätten »Himmel und Erde«, die Du erschufst »im Anfang«, voraus um Dich verdient? Was hat um Dich verdient, sie soll es sagen, die geistige und körperhafte Natur, die Du »erschufst in Deiner Weisheit«, so erschufst, daß durch sie auch im gestaltlos Urbeginnlichen jegliches von seiner geistigen oder körperhaften Urart abhing, indes es noch ins Maßlose wogte und fern von Ähnlichkeit mit Dir - das Geistige in Unform schon höheren Werts, als wenn es Körper in Form gewesen wäre, das Körperhafte in Unform aber höhern Werts, als wenn es völlig Nichts gewesen wäre - und also hinge auch jenes beiderlei Ungeformte an Deinem Wort, hätte nicht dies gleiche Wort ihm abermals gerufen zur Einigung mit Dir, daß es Formen empfange, und wäre nicht von Dir her, dem Einen, dem Höchsten Gut, »alles in seiner Ganzheit sehr gut« geworden. Was hatte dies Geschaffene beides doch um Dich verdient, um - auch nur als gestaltenlos - zu sein, da es auch solcherweise nicht sein könnte, als allein aus Deiner Kraft.

Wodurch hat es der Urstoff des Körperhaften verdient um Dich, dazusein, auch nur als »unsichtbar und ungeordnet«, da er selbst solcherweise gar nicht wäre ohne Dein Bewirken? Also, nicht seiend, konnte er auch nicht um Dich verdienen, zu sein.

Oder wie hat es in ihrem Urbeginn die geistige Schöpfung verdient um Dich, auch nur im Finstern zu wogen, der Urflut so ähnlich, so unähnlich Dir, wäre sie nicht durch das nämliche Wort, das sie erschaffen hat, hingekehrt worden zu eben diesem Wort und, von ihm erleuchtet, zu Licht geworden, nicht Dir gleich, doch ebenförmig einer Dir gleichen Form?[3]

Denn wie bei einem Körper Sein und Schönsein nicht

chrum esse - alioquin deforme esse non pos- 2,3
set - ita etiam creato spiritui non id est vi-
vere, quod sapienter vivere: alioquin incon-
mutabiliter saperet. »Bonum autem« illi »est Ps 72, 28
haerere tibi« semper, ne quod adeptus est con-
versione aversione lumen amittat et relabatur
in vitam tenebrosae abysso similem.
Nam et nos, qui secundum animam creatura
spiritalis sumus, aversi a te, nostro lumine,
in ea vita fuimus »aliquando tenebrae« et in Eph 5, 8
reliquiis obscuritatis nostrae laboramus, do-
nec simus »iustitia tua« in unico tuo »sicut II Kor 5, 21
montes dei«: nam »iudicia tua« fuimus sicut Ps 35, 7
»multa abyssus«.

Quod autem in primis conditionibus dixisti: 3,4
»fiat lux, et facta est lux«, non incongruenter Gen 1, 3
hoc intellego in creatura spiritali, quia erat
iam qualiscumque vita, quam inluminares. Sed
sicut non te promeruerat, ut esset talis vita,
quae inluminari posset, ita nec cum iam esset
promeruit te, ut inluminaretur. Neque enim
eius informitas placeret tibi, si non lux fieret
non existendo, sed intuendo inluminantem lu-
cem eique cohaerendo, ut et quodcumque vi-
vit et quod beate vivit, non deberet nisi gra-
tiae tuae, conversa per conmutationem me-
liorem ad id, quod neque in melius neque in
deterius mutari potest. Quod tu solus es, quia
solus simpliciter es,.cui non est aliud vivere,
aliud beate vivere, quia tua beatitudo tu es.

zusammenfällt - es gäbe sonst keinen häßlichen -, so ist auch für den geschaffenen Geist leben nicht dasselbe wie weise leben; er wäre sonst unwandelbar weise. »Das Gut« für ihn »aber ist, Dir anzuhangen« allezeit, damit er das Licht, das er gewonnen durch Hinkehr, nicht durch Abkehr verliere und zurücksinke in abgrundfinsteres Dasein.

Ja auch wir, der Seele nach geistige Schöpfung, waren abgekehrt von Dir, unserm Licht, in solchem Dasein »einst Finsternis«, und tragen noch an den Folgen unserer Vernachtung, bis daß wir »Deine Gerechtigkeit« werden in Deinem Eingeborenen, ragend »wie die Berge Gottes«; denn »Deinen Strafgerichten« verfallen, sind wir wie »des Abgrunds Tiefe« gewesen.

Jenes Wort aber, das Du in den Anfängen der Schöpfung sprachst: »Es werde Licht, und es ward Licht«, versteh ich wohl mit Fug vom geistigen Schöpfungsreich, weil dieses irgendwie schon Leben war, fähig Deiner Erleuchtung. Aber so wenig es um Dich verdient hatte, ein Lebendiges zu sein, das Dein Licht aufnehmen konnte, so wenig hat es, als es dies geworden war, um Dich verdient, daß es erleuchtet würde. Aber so gestaltenlos wäre es gar nicht nach Deinem Willen gewesen, hätte es nicht Licht werden können, dies aber nicht durch das bloße Dasein, sondern im Schauen des erleuchtenden Lichts, und im innigen Verbunde mit ihm sollte es allein Deiner Gnade verdanken sowohl Leben überhaupt als Seligleben, in seiner Hinwandlung zum Bessern dem zugekehrt, was nicht zum Besseren und nicht zum Schlechteren sich wandeln kann: und das bist Du allein, denn schlechthin seiend bist Du allein, für den da Leben und Seligleben nicht je ein anderes ist, weil Dein Seligsein Du selbst bist.

Quid ergo tibi deesset ad bonum, quod tu tibi 4,5
es, etiamsi ista vel omnino nulla essent vel in-
formia remanerent, quae non ex indigentia
fecisti, sed ex plenitudine bonitatis tuae cohi-
bens atque convertens ad formam, non ut
tamquam tuum gaudium conpleatur ex eis?
Perfecto enim tibi displicet eorum inperfec-
tio, ut ex te perficiantur et tibi placeant, non
autem inperfecto, tamquam et tu eorum per-
fectione perficiendus sis. »Spiritus« enim tuus Gen 1, 2
bonus »superferebatur super aquas«, non fere-
batur ab eis, tamquam in eis requiesceret. In
quibus enim requiescere dicitur spiritus tuus, [Is 11, 2; I Petr
hos in se requiescere facit. Sed superferebatur 4, 14]
incorruptibilis et inconmutabilis voluntas tua,
ipsa in se sibi sufficiens, super eam quam fe-
ceras vitam; cui non hoc est ‚vivere', quod
‚beate vivere', quia vivit etiam fluitans in ob-
scuritate sua; cui restat converti ad eum, a
quo facta est, et magis magisque vivere apud
»fontem vitae et in lumine eius videre lumen« Ps 35, 10
et perfici et inlustrari et beari.

Ecce apparet mihi »in aenigmate« trinitas, 5,6
quod es, deus meus, quoniam tu, pater, »in I Kor 13, 12
principio« »sapientiae« nostrae, quod est tua Ps 103, 24
sapientia de te nata, aequalis tibi et coaeterna,
id est in filio tuo, fecisti »caelum et terram«.
Et multa diximus de »caelo caeli« et de »terra
invisibili et inconposita« et de »abysso tene-
brosa« secundum spiritalis informitatis vaga-
bunda deliquia, nisi converteretur ad eum, a

Ja, was hätte Dir zu dem Gut, das Du selbst Dir bist, gefehlt, auch wenn das alles, was da ist, überhaupt nicht geworden oder ungeformt geblieben wäre? Denn nicht aus Not hast Du's erschaffen, sondern aus der Fülle Deiner Güte, es umfangend und wandelnd auf Form, aber nicht als sollte durch Geschaffenes Deine eigene Freude erst vollkommen werden.[4] Denn bei Dir, dem Vollkommenen, ist Mißfallen an seiner Unvollkommenheit, auf daß es von Dir die Vollendung empfange und also Dir gefalle, aber nicht als wärst Du unvollkommen und müßtest durch seine Vollendung erst vollkommen werden. Denn »über den Wassern schwebte« er, Dein guter »Geist«, nicht ward er von ihnen getragen, als ruhte er darauf - denn von welchen gesagt ist, es ruhe Dein Geist auf ihnen, die läßt er Ruhe finden in ihm -, sondern es schwebte Dein unvergänglicher, unwandelbarer Wille, sich in sich selbst genug, über dem Leben, das Du geschaffen hattest: und bei ihm ist ‚leben' und ‚glückselig leben' nicht ein und dasselbe, denn es lebt schon, auch wenn es noch in seiner Finsternis wogt; aber es soll etwas, was ihm noch fehlt: daß es zu dem sich kehre, von dem es gewirkt ist, und leben mehr und mehr am »Quell des Lebens und in seinem Lichte schauen das Licht« und vollendet und verklärt und beseligt werden.

Siehe, hier erscheint mir »im Rätsel« die Dreifaltigkeit, die Du bist, mein Gott. Du, der Vater, hast »Himmel und Erde« erschaffen »im Anfang«, »in der Weisheit«, dem Urgrund der unseren, der Deine Weisheit ist, gezeugt aus Dir, Dir gleich und gleichewig, das ist in Deinem Sohn.[5] Und vieles habe ich gesagt über den »Himmel des Himmels« und über die »Erde, die unsichtbare und ungeordnete«, und über den »finsteren Abgrund«, verstanden als Flutung in Irrsal und Mangel, als der Zustand, in dem die geistige Schöpfung wäre,

quo erat qualiscumque vita, et inluminatione 5,6
fieret speciosa vita et esset »caelum caeli«
eius, quod inter aquam et aquam postea fac- [Gen 1,7 ff]
tum est.
Et tenebam iam patrem in ‚dei' nomine, qui fecit haec, et filium in ‚principii' nomine, in quo fecit haec, et trinitatem credens deum meum, sicut credebam, quaerebam in eloquiis sanctis dius, et ecce »spiritus tuus superferebatur super aquas«. Ecce trinitas deus meus, pater et filius et spiritus sanctus, creator universae creaturae.

Sed quae causa fuerat, o lumen veridicum, 6,7
tibi admoveo cor meum, ne me vana doceat; discute tenebras eius et dic mihi, obsecro te per matrem caritatem, obsecro te, dic mihi, quae causa fuerat, ut post nominatum caelum et terram invisibilem et inconpositam et tenebras super abyssum tum demum scriptura tua nominaret spiritum tuum? An quia oportebat sic eum insinuari, ut diceretur superferri et non posset hoc dici, nisi prius illud conmemoraretur, cui superferri spiritus tuus posset intellegi? Nec patri enim nec filio superferebatur nec superferri recte diceretur, si nulli rei superferretur. Prius ergo dicendum erat, cui superferretur, et deinde ille, quem non oportebat aliter conmemorari, nisi ut superferri diceretur. Cur ergo eum aliter insinuari non oportebat, nisi ut superferri diceretur?

hätte sie nicht die Lenkung auf Den hin empfangen, dem sie Leben überhaupt verdankte, und dessen Leuchtung es machte, daß es Leben wurde herrlich in Zier und »Himmel jenes Himmels«, der alsdann zwischen Wassern und Wassern geworden ist.
Und schon faßte ich im Namen ‚Gott' den Vater, der dies geschaffen, und im Namen ‚Anfang' den Sohn, in welchem er dies geschaffen, und da ich im Glauben meinen Gott als Dreifaltigkeit sah, so suchte ich sie diesem Glauben gemäß in seinen heiligen Worten, und siehe, es »schwebte Dein Geist über den Wassern«. Siehe, da ist sie, die Dreifaltigkeit, mein Gott: Vater und Sohn und Heiliger Geist, Ein Schöpfer der Schöpfung allgesamt.

Was aber ist der Grund, o wahrheitredend Licht - näher neigt sich Dir mein Herz, damit es mir nicht Torheit rede, und Du verscheuche seine Finsternis und sage mir, ich beschwöre Dich bei der Allmutter Liebe,[6] ich beschwöre Dich -, sag mir, was der Grund ist, warum Deine Schrift erst dann, nachdem sie schon den Himmel und die unsichtbare, ungeordnete Erde und die Finsternis über einem Abgrund genannt hat, endlich Deinen Geist nennt? Vielleicht, weil er dem Verständnis unter dem Wort Darüberschweben eingehen sollte, und dieses Wort über ihn doch erst gesagt werden konnte, wenn zuvor das auch genannt war, worüber schwebend Dein Geist sich vorstellen ließe? Denn nicht über dem Vater noch über dem Sohn schwebte er, und das Darüberschweben wäre nun einmal sinnlos gesagt, wenn er nicht über etwas schwebte. So mußte zuerst genannt werden, was er überschwebte, und dann erst Er, den zu vergegenwärtigen nichts so sinnvoll gewesen wäre als eben dieses Wort vom Darüberschweben. Warum aber war er anders nicht verständlich zu machen, als daß von ihm das Darüberschweben ausgesagt wurde?

Iam hinc sequatur qui potest intellectu apo- 7,8
stolum tuum dicentem, quia »caritas tua dif- Röm
fusa est in cordibus nostris per spiritum sanc- 5, 5
tum, qui datus est nobis«, et »de spiritalibus«
docentem et demonstrantem »supereminen- I Kor
tem viam caritatis« et »flectentem genua« pro 12, 1. 31 Eph 3,
nobis ad te, ut cognoscamus »supereminen- 14. 19
tem scientiam caritatis Christi«.

Ideoque ab initio »supereminens« »superfere-
batur super aquas«.

Cui dicam, quomodo dicam de pondere cu-
piditatis in abruptam abyssum et de subleva-
tione caritatis per spiritum tuum, qui »super-
ferebatur super aquas«? Cui dicam? Quomodo
dicam? Mergimur et emergimus? Neque enim
loca sunt, quibus mergimur et emergimus.
Quid similius et quid dissimilius? Affectus
sunt, amores sunt, inmunditia spiritus nostri
defluens inferius amore curarum et sanctitas
tui attollens nos superius amore securitatis,
ut »sursum cor habeamus ad te«, ubi »spiri-
tus tuus superfertur super aquas«, et venia-
mus ad supereminentem requiem, cum »per- Ps 123, 5
transierit anima nostra aquas«, quae sunt sine
substantia.

Defluxit angelus, defluxit anima hominis et in- 8,9
dicaverunt abyssum universae spiritalis crea-
turae in profundo tenebroso, nisi dixisses ab

Hier ist der Punkt, von dem aus, wer dazu fähig ist, mit seinem Verständnis sich von Deinem Apostel führen lasse. Er sagt ja: daß »Deine Liebe ausgegossen ist in unsern Herzen durch den Heiligen Geist, der uns gegeben ist«; er belehrt uns »über das, was des Geistes ist«, und weist »den über alles erhabenen Weg der Liebe«, und er »beugt die Knie« für uns vor Dir, damit wir erfassen möchten »das über alles erhabene Wissen um die Liebe Christi«.

Sie[7] also, von Anfang an »über alles erhaben«, »schwebte über den Wassern«.

Zu wem kann ich reden, und wie soll ich reden von jener Schwerkraft[8] der Begierlichkeit, die hinabzieht in den schroffen Abgrund, wie reden von dem Zug nach oben in der Liebe aus Deinem Geist, der »über den Wassern schwebte«? Zu wem kann ich reden, und wie soll ich reden? Tauchen wir hinunter und tauchen wieder auf? Aber das ist ja nicht im Raum, dieses Hinunter und Hinauf. Wie stimmt das Bild, und wie wenig stimmt es! Gemeint ist, was sich regt und wegt in uns, woran sich unser Lieben hängt: hier das trübe Gefälle unserer Lebensgeister[9] in die Niederung nichtig-wichtig sich sorgenden Verlangens, dort die Heiligkeit in Deinem Geiste, der in unserm Verlangen nach der wahren Geborgenheit ohne Sorge uns höher trägt, auf daß wir von denen seien, die »das Herz empor zu Dir erhoben halten«, wo Dein »Geist über den Wassern schwebt«, und daß wir einst, wenn »unsere Seele die Wasser durchgangen hat«, die ohne Wesen sind,[10] zu der Ruhe im Hocherhabenen gelangen.

Es ließ sich fallen der Engel, es ließ sich fallen die Seele des Menschen: sie machten wissen um das Reich der Verlorenheit, zu dem in abgründiger Finsternis die geistige Schöpfung allesamt geworden wäre, hättest Du nicht

initio: »fiat lux, et facta« esset »lux«, et in- 8, 9
haereret tibi omnis oboediens intellegentia
caelestis civitatis tuae et requiesceret in spi-
ritu tuo, qui superfertur inconmutabiliter su-
per omne mutabile. Alioquin et ipsum »cae- Ps 113, 16
lum caeli« tenebrosa abyssus esset in se; nunc
autem »lux est in domino«. Eph 5, 8
Nam et in ipsa misera inquietudine defluen-
tium spirituum et indicantium tenebras suas
nudatas veste luminis tui satis ostendis, quam
magnam rationalem creaturam feceris, cui
nullo modo sufficit ad beatam requiem quid-
quid te minus est, ac per hoc nec ipsa sibi. Tu
enim, deus noster, »inluminabis tenebras« no- Ps 17, 29
stras: ex te oriuntur vestimenta nostra, et
»tenebrae nostrae sicut meridies erunt«. Ps 138, 12
Da mihi te, deus meus, et redde mihi te: en
amo, si parum est, amem validius. Non pos-
sum metiri, ut sciam, quantum desit mihi amo-
ris ad id quod sat est, ut currat vita mea in
amplexus tuos nec avertatur, donec »abscon- Kol 3, 3
datur« »in abscondito vultus tui«. Hoc tan- Ps 30, 21
tum scio, quia male mihi est praeter te non
solum extra me sed et in me ipso, et omnis
mihi copia, quae deus meus non est, egestas est.

Numquid aut pater aut filius non superfere- 9, 10
batur super aquas? Si tamquam loco sicut cor-
pus, nec spiritus sanctus; si autem inconmu-
tabilis divinitatis eminentia super omne mu-
tabile, et pater et filius et spiritus sanctus
»superferebatur super aquas«.

von Anbeginn gesprochen »Es werde Licht«, daß auch »Licht geworden« ist, und hielte nicht all die gehorsame Geisteskraft Deiner himmlischen Stadt zu Dir und ruhte in Deinem Geist, wandellos obschwebt über allem, was sich wandelt. Und anders wäre auch der »Himmel des Himmels« Abgrund in sich und Finsternis; aber nun ist er »Licht im Herrn«.

Denn auch in der glücklosen Unrast der abwendigen Geister, die, Deines Lichtgewands entblößt, nur ihre Finsternis zu zeigen haben, erweisest Du genugsam, wie groß Du die vernunftbegabte Schöpfung angelegt hast, da ihr zum ruhevollen Seligsein nichts von allem, was weniger ist als Du, irgend genug sein kann, und darum auch sie selbst nicht. Du allein, unser Gott, wirst unsere »Finsternis zu Licht machen«: Du allein gewandest uns mit Licht, und unsere »Finsternis wird sein wie die Mittagshelle«.

Gib Dich mir, mein Gott, und gib Dich mir zurück! Ja, ich liebe, und ist es zu wenig, ich möchte lieben aus vollerer Kraft. Messen kann ich's nicht, daß ich wüßte, wie viel an Liebe mir noch fehlt, bis ihrer genug wäre, daß mein Leben sich in Deine Arme wirft und nimmer sich lösen läßt, bis es »geborgen ist« »in der Heimlichkeit Deines Angesichts«; nur das eine weiß ich, daß ich, wenn ich Dich nicht habe, im Untrost bin, nicht allein bei allem außer mir, auch in mir selbst, und daß mir jegliche Fülle, die nicht mein Gott ist, tiefe Armut ist.

Schwebte nicht der Vater, nicht der Sohn über den Wassern? Wär's ein örtliches Schweben wie bei räumlich körperlichen Dingen, so ließe sich's auch vom Heiligen Geiste nicht sagen; gilt aber das Schweben vom Erhabensein der unwandelbaren Gottheit über alles Wandelbare, so »schwebte« der Vater und der Sohn und der Heilige Geist »über den Wassern«.

Cur ergo tantum de spiritu tuo dictum est hoc? 9, 10
Cur de illo tantum dictum est quasi locus, ubi
esset, qui non est locus, de quo solo dictum
est, quod sit »donum« tuum? In dono tuo Apg
requiescimus: ibi te fruimur. Requies nostra 2, 38
»locus« noster.

Amor illuc attollit nos et »spiritus tuus bo- Ps
nus« »exaltat humilitatem nostram de portis 142, 10
mortis«. In »bona voluntate pax« nobis est. Ps 9, 14 f
Corpus pondere suo nititur ad locum suum. Lk 2, 14
Pondus non ad ima tantum est, sed ad locum
suum. Ignis sursum tendit, deorsum lapis. Pon-
deribus suis aguntur, loca sua petunt. Oleum
infra aquam fusum supra aquam attollitur,
aqua supra oleum fusa infra oleum demer-
gitur: ponderibus suis aguntur, loca sua pe-
tunt. Minus ordinata inquieta sunt: ordinan-
tur et quiescunt. Pondus meum amor meus;
eo feror, quocumque feror. »Dono« tuo ac-
cendimur et sursum ferimur; inardescimus et
imus. Ascendimus »ascensiones in corde« et Ps 83, 6
cantamus »canticum graduum«. Igne tuo, igne Ps 119, 1
tuo bono inardescimus et imus, quoniam sur-
sum imus »ad pacem Hierusalem«, quoniam Ps
»iucundatus sum in his, qui dixerunt mihi: in 121, 6. 1
domum domini ibimus«. Ibi nos conlocabit
»voluntas bona«, ut nihil velimus aliud quam Ps 60, 8
»permanere illic in aeternum«.

Beata creatura, quae non novit aliud, cum 10, 11
esset ipsa aliud, nisi »dono« tuo, quod super-

Warum ist es dann allein von Deinem Geiste ausgesagt? Warum wird nur bei ihm so von Ort gesprochen, wo er sich befinden sollte, da doch Ort nicht ist, wenn von ihm allein es gesagt ist, daß er Deine »Gabe«[11] ist? Ja, in Deiner Gabe finden wir die Ruhe, in ihr bist Du Freugenuß für uns:[12] unsere Ruhe ist unser »Ort«.
Die Liebe trägt uns dorthin, und »Dein guter Geist« »hebt uns aus der Gebeugtheit hinweg über die Pforten des Todes«; im »guten Willen« wird uns die Ruhe des »Friedens«. Einen Körper zieht sein eigenes Gewicht nach seinem Ort; aber nicht nur nach der Tiefe geht der Zug der Schwere, sondern nach dem Ruhepunkt des Körpers: nach oben strebt das Feuer, nach unten der Stein; je von ihrem Eigengewicht bewegt, suchen sie ihren Ruheort. Öl, unter Wasser gegossen, hebt sich über das Wasser, Wasser, auf Öl gegossen, sinkt unter das Öl: kraft ihres Eigengewichts kommen sie in Bewegung, suchen sie ihren Ruheort. Was nicht in seiner gehörigen Ordnung ist, ist in Unruhe; kommt es in seine Ordnung, so kommt es zu seiner Ruhe. Meine Schwere ist meine Liebe; sie zieht mich, wohin immer es mich zieht. An Deiner »Gabe« fangen wir Feuer und dringen nach der Höhe; wir entbrennen, und schon sind wir in Bewegung. Wir steigen »des Herzens Wege nach oben« und singen Dir das »Lied des Hinaufzugs«.[13] An Deinem Feuer, Deinem wohltätigen Feuer entbrennen wir, und wir setzen uns in Bewegung, denn nun geht es aufwärts »zum Frieden Jerusalems«, nun »bin ich in Freuden, da man mir sagte: wir wallen zum Hause des Herrn«. Dort wird der »gute Wille« unser Ruheort,[14] daß wir nichts andres wollen, als »dort zu bleiben in Ewigkeit«.

Glückselig jene Schöpfung, die von je kein ander Leben kannte, - und sie wäre an sich doch ein anderes, als sie ist, wenn sie nicht durch Deine »Gabe«, die da schwebt

fertur super omne mutabile, mox ut facta est 10,11
attolleretur nullo intervallo temporis in ea
vocatione, qua dixisti: »fiat lux«, et »fieret Gen 1, 3
lux«. In nobis enim distinguitur tempore,
quod »tenebrae fuimus« et »lux« efficimur: Eph 5, 8
in illa vero dictum est, quid esset, nisi inlumi-
naretur, et ita dictum est, quasi prius fuerit
fluxa et tenebrosa, ut appareret causa, qua
factum est, ut aliter esset, id est ut ad »lumen Sir 24, 6
indeficiens« conversa »lux« esset. Qui potest,
intellegat, a te petat. Ut quid mihi molestus
est, quasi ego »inluminem« ullum »hominem Jo 1, 9
venientem in hunc mundum«?

Trinitatem omnipotentem quis intellegit? Et 11,12
quis non loquitur eam, si tamen eam? Rara anima, quaecumque de illa loquitur, scit quod loquitur. Et contendunt, et dimicant, et nemo sine pace videt istam visionem.

Vellem, ut haec tria cogitarent homines in se ipsis. Longe aliud sunt ista tria quam illa trinitas, sed dico, ubi se exerceant et probent et sentiant, quam longe sunt.

Dico autem haec tria: esse, nosse, velle. Sum enim et scio et volo: sum sciens et volens et scio esse me et velle et volo esse et scire.

In his igitur tribus quam sit inseparabilis vita

über allem Wandelbaren, allsogleich, da sie erschaffen wurde, ohne Zwischenkunft von Zeit erhöht worden wäre in Kraft des Rufes, den Du ergehen ließest: »Es werde Licht«, daß »Licht auch ward«. Bei uns freilich ist Unterschied der Zeit, wenn es heißt: »Wir sind Finsternis gewesen« und wir werden »Licht«; bei jener andern Schöpfungswelt ist lediglich gesagt, was sie gewesen wäre, wenn sie nicht Licht von Dir empfangen hätte, und das ist solcherweise, als ob es für sie ein zeitliches Vorher in Chaos und Finsternis gegeben habe, nur deshalb gesagt, damit die Verurteilung ihres Andersseins hervorträte, das heißt, daß sie »Licht« ist, weil hingekehrt auf die »nie erlöschende Leuchte«. Das fasse, wer da kann, - er bitte Dich darum! Was fällt er mir denn lästig, als ob ich auch nur einen »Menschen erleuchtete, der in diese Welt kommt«?

Die allmächtige Dreifaltigkeit, wer faßt sie? Und doch, wer spräche nicht von ihr, - fragt sich nur, ob wirklich von ihr! Selten ist die Seele, die, was immer sie darüber sagt, auch weiß, was sie sagt. Man ereifert sich, bekämpft sich, und es ist doch ein Inbild, das keinem sich bildet, er sei denn im Frieden.

Ich wünschte, daß die Menschen eine Dreiheit, die in ihnen selbst ist, ins Auge faßten. Sie ist weit etwas anderes als die Dreifaltigkeit, aber ich nenne sie ja nur, damit man sich an ihr übe und erprobe und dabei herausspüre, wie weit anders diese Dreiheit ist.[15]

Und das ist die Dreiheit, die ich meine: sein, wissen, wollen. Denn ich bin und ich weiß und ich will: und zwar bin ich, indem ich weiß und will, und das weiß ich, daß ich bin und will, und das will ich, daß ich bin und weiß.

Wie nun in dieser Dreiheit das Leben schlechterdings un-

et una vita et una mens et una essentia, quam 11,12
denique inseparabilis distinctio et tamen distinctio, videat qui potest. Certe coram se est; adtendat in se et videat et dicat mihi.

Sed cum invenerit in his aliquid et dixerit, non iam se putet invenisse illud, quod supra ista est inconmutabile, quod est inconmutabiliter et scit inconmutabiliter et vult inconmutabiliter: et utrum propter tria haec et ibi trinitas, an in singulis haec tria, ut terna singulorum sint, an utrumque miris modis simpliciter et multipliciter infinito in se sibi fine, quo ‚est' et sibi notum est et sibi sufficit inconmutabiliter id ipsum copiosa unitatis magnitudine, quis facile cogitaverit? Quis ullo modo dixerit? Quis quolibet modo temere pronuntiaverit?

Procede in confessione, fides mea; dic domino 12,13
deo tuo: sancte, sancte, sancte, domine deus [Is 6, 3]
meus, in nomine tuo baptizati sumus, pater
et fili et spiritus sancte, in nomine tuo bapti- [Mt 28, 19]
zamus, pater et fili et spiritus sancte, quia et
apud nos in Christo suo »fecit deus caelum et
terram«, spiritales et carnales ecclesiae suae, [Röm 8, 4 ff]
et »terra« nostra antequam acciperet formam
doctrinae, »invisibilis erat et inconposita«, et
»ignorantiae« tenebris tegebamur, quoniam Apg 17, 30

teilbar ist - Ein Leben, Ein Geist, Eine Wesenheit -, kurz, wie völlig unscheidbar dieses Dreischiedliche ist, und gleichwohl doch dreischiedlich, das fasse, wer es kann. Jedenfalls, er hat sich ja selbst vor sich; er nehme von sich Kenntnis, nehme Einblick und lasse mich wissen!

Hat er aber in dieser Dreiheit eine Entsprechung gefunden und weiß er sie auszusprechen, so bilde er sich nicht ein, er hätte nun auch schon jenes erhabene Unwandelbare gefunden, das über diese uns zugängliche Dreiheit hinaus unwandelbar ist im Sein, unwandelbar im Wissen, unwandelbar im Wollen. Und ob nun auf dieser Dreiheit auch die göttliche Dreifaltigkeit beruht, oder ob sich in Jedem der Drei diese Dreiheit findet, so daß Jeder der Drei dieses dreischiedliche Sein ist, oder ob beides zutrifft, indem - unfaßbarerweise einfaltig und vielfaltig - die dreieinige Gottheit sich selbst in sich das unendliche Ziel und Ende ist, durch das sie ‚ist' und um sich weiß und sich genug ist, unwandelbar sich gleich in der unerschöpflichen Größe ihrer Einheit - wer käme da mit seinem Denken so leicht zurecht? Wer fände die Worte, es auszudrücken? Wer wagte so ohne weiteres, darüber etwas in der Öffentlichkeit zu sagen?

Fahr fort, mein Glaube,[16] im Bekenntnis. Sprich zum Herrn, Deinem Gott: Heilig, heilig, heilig, o Herr, mein Gott. In Deinem Namen, Vater und Sohn und Heiliger Geist, sind wir getauft, in Deinem Namen, Vater und Sohn und Heiliger Geist, taufen wir; denn auch bei uns Menschen »hat Gott« in seinem Christus »Himmel und Erde erschaffen«, die Kinder des Geistes und die Kinder des Fleisches in seiner Kirche. Auch bei uns war »die Erde«, bevor sie Form gewann durch die Lehre, »unsichtbar und ungeordnet«, und von der Finsternis der »Unwissenheit« waren wir umnachtet; denn »um seiner

»pro iniquitate erudisti hominem«, et »iudi- Ps 38, 12
cia tua sicut multa abyssus«. Ps 35, 7
Sed quia »spiritus tuus superferebatur super
aquam«, non reliquit miseriam nostram mise-
ricordia tua, et dixisti: »fiat lux; paeniten-
tiam agite, appropinquabit enim regnum cae-
lorum«. »Paenitentiam agite; fiat lux«. Et Mt 3, 2; 4, 17
quoniam »conturbata« erat ad nos ipsos »ani-
ma« nostra, conmemorati sumus tui, domine,
»de terra Iordanis« et de monte aequali tibi, Ps 41, 7
sed »parvo« propter nos, et displicuerunt no-
bis tenebrae nostrae, et conversi sumus ad te, [Ps 50, 15]
»et facta est lux«. Et ecce fuimus »aliquando
tenebrae, nunc autem lux in domino«. Eph 5, 8

Et tamen adhuc »per fidem«, nondum »per 13,14
speciem«. »Spe enim salvi facti sumus. Spes II Kor 5, 7
autem, quae videtur, non est spes«. Adhuc Röm 8, 24
»abyssus abyssum invocat«, sed iam »in voce Ps 41, 8
cataractarum tuarum«. Adhuc et ille qui di-
cit: »non potui vobis loqui quasi spiritalibus, I Kor 3, 1
sed quasi carnalibus«, etiam ipse »nondum se
arbitratur conprehendisse«, et »quae retro ob- Phil 3, 13
litus, in ea, quae ante sunt, extenditur« et in- [II Kor 5, 2]
gemescit gravatus, et sitit »anima eius ad Ps 41, 2 f
deum vivum, quemadmodum cervus ad fon-
tes aquarum«, et dicit: »quando veniam«?
»Habitaculum suum, quod de caelo est, super- II Kor 5, 2
indui« cupiens, et invocat inferiorem abys-
sum dicens: »nolite conformari huic saeculo, Röm 12, 2
sed reformamini in novitate mentis vestrae«,
et: »nolite pueri effici mentibus, sed malitia I Kor 14, 20

Sünde willen hast Du den Menschen in Deine Zucht genommen«, und »wie das Fluten im Abgrund sind Deine Gerichte«.

Aber weil Dein »Geist über dem Wasser schwebte«, hat uns Erbärmlichen Dein Erbarmen nicht gefehlt. Und Du sprachst: »Es werde Licht! tuet Buße, denn das Himmelreich ist nahe.« »Tuet Buße: es werde Licht!« Und weil unsere »Seele erschüttert war«, wenn wir unser selbst gedachten, so gedachten wir Deiner, Herr, »vom Lande am Jordan« und vom Berge her, Dir an Größe gleich, aber »klein« um unsertwillen.[17] Da mißfiel uns unsere Finsternis, und wir kehrten uns hin zu Dir, »und es ward Licht«. Und wahrhaftig sind wir »ehedem Finsternis gewesen, jetzt aber Licht im Herrn«.

Wir sind es, aber noch erst »durch den Glauben«, nicht schon »durch das Schauen«. »Denn« erst »der Hoffnung nach sind wir des Heils teilhaftig; eine Hoffnung aber, die man erfüllt sieht, wäre nicht Hoffnung«. Noch »ruft eine Abgrundflut der andern zu«, aber schon »mit Deiner Wasserstürze Donnerstimme«.[18] Auch der, der doch von sich sagt: »Ich konnte nicht zu euch reden als zu Geistigen, sondern als zu Fleischlichen«, - selbst er noch »glaubt nicht schon ergriffen zu haben«, und so greift er, »vergessend, was dahinten liegt, nach dem aus, was vorne ist«, er seufzt unter der Last, und seine »Seele dürstet nach dem lebendigen Gott wie der Hirsch nach Wasserquellen« und spricht: »Wann darf ich kommen?«, voll Sehnsucht, »mit seinem Gezelt, das vom Himmel ist, überkleidet zu werden«. Und ruft [denen in] dem unteren Abgrund zu und spricht: »Macht euch nicht gleichförmig dieser Welt, sondern wandelt euch um in Erneuerung eures Sinnes«. Und wiederum: »Seid nicht Kinder an Verstand, sondern in der Bosheit sollt ihr

parvuli estote, ut mentibus perfecti sitis«, et: 13,14
»o stulti Galatae, quis vos fascinavit«? Sed Gal 3, 1
iam non in voce sua; in tua enim, qui misisti
spiritum tuum de excelsis per eum, qui »ascen- Ps 67, 19
dit in altum« et »aperuit cataractas« dono- Mal 3, 10
rum suorum, ut »fluminis impetus laetificaret Ps 45, 5
civitatem tuam«.
Illi enim suspirat »sponsi amicus«, habens iam Jo 3, 29
»spiritus primitias« penes eum, sed adhuc in Röm 8, 23
semet ipso ingemescens, »adoptionem expec- [II Kor 5, 2]
tans, redemptionem corporis sui«. Illi suspi- Röm 8, 23
rat - membrum est enim sponsae - et illi zelat
- amicus est enim sponsi - illi zelat, non sibi,
quia in voce cataractarum tuarum, non in
voce sua invocat alteram abyssum, cui zelans
timet, »ne sicut serpens Evam decepit astutia II Kor 11, 3
sua«, sic et eorum »sensus corrumpantur a
castitate«, quae est in sponso nostro, unico
tuo. Quae est illa »speciei« lux, cum »vide- II Kor 5, 7
bimus eum, sicuti est« et transierint »lacri- I Jo 3, 2
mae, quae mihi factae sunt panis die ac nocte, Ps 41, 4
dum dicitur mihi cotidie: ubi est deus tuus«?

Et ego dico: deus meus ubi es? Ecce ubi es? 14,15
Respiro in te paululum, cum »effundo super [Job 32, 20]
me animam meam in voce exultationis et con- Ps 41, 5
fessionis soni festivitatem celebrantis«. Et ad-
huc tristis est, quia relabitur et fit abyssus, vel
potius sentit adhuc se esse abyssum. Dicit ei
fides mea, quam accendisti in nocte ante pedes
meos: »quare tristis es, anima mea, et quare Ps 41, 6; 42, 5

Kindlein sein, um vollerwachsen an Verstand zu sein.« Und wiederum: »O ihr unvernünftigen Galater, wer hat euch bezaubert«? Aber schon ist es nicht mehr seine Stimme; mit der Deinen ruft er, der Du aus der Höhe Deinen Geist gesandt hast durch den, der »aufgefahren ist zur Höhe« und die »Wasserschleusen« seiner Gaben »geöffnet« hat, damit »des Stromes Brausen Deine Stadt erfreue«.

Denn nach ihr seufzt »der Freund des Bräutigams«, mit den »Erstlingen des Geistes« schon bei ihm, aber in sich selbst noch kummervoll, noch erst »in Erwartung der Einkindung, der Erlösung von seiner Leiblichkeit«. Nach ihm seufzte er - er ist ja Glied der Braut [Kirche] -, und für ihn eifert er - er ist ja Freund des Bräutigams -, für ihn eifert er, nicht für sich; denn mit Deiner Wasserstürze Stimme, nicht mit der eigenen, ruft er dem andern Abgrund zu, im Eifer für ihn fürchtet er, »es möchte, wie die Schlange Eva berückt hat mit ihrer Arglist«, auch ihr [der Schwachen] »Sinn verdorben werden und abkommen von der Liebestreue« zu unserm Bräutigam, Deinem Eingeborenen. Und was erst wird es sein um jenes Licht im »Schauen«, wenn »wir ihn sehen werden, wie er ist«, und »die Tränen« ein Ende haben, die »meine Speise geworden sind Tag und Nacht, da ich täglich hören muß: Wo ist denn Dein Gott?«.

Auch ich sage: Mein Gott, wo bist Du? Ja, wo bist Du? Ich veratme ein wenig, wenn »ich beim Aufklingen von Frohlocken und Lobpreisung, dem Jubel des festlich Freudetrunknen meine Seele aus mir schütte«.[19] Noch aber ist sie traurig; denn aufs neue fällt sie und wird Abgrund, vielmehr, sie erlebt es ja, daß sie noch Abgrund ist. Da spricht zu ihr mein Glaube, den Du des Nachts vor meinen Füßen angezündet hast: »Warum bist du traurig, meine Seele, und warum verstörst du

conturbas me? Spera in domino«; »lucerna Ps 118, 105
pedibus tuis verbum eius«. Spera et persevera,
donec transeat nox, mater iniquorum, donec
transeat »ira« domini, cuius »filii« et nos fui- Eph 2, 3 Eph 5, 8
mus »aliquando tenebrae«, quarum residua Röm 8, 10
trahimus in »corpore propter peccatum mor- Hl 2, 17
tuo«, »donec aspiret dies et removeantur um- Ps 41, 6
brae«. »Spera in domino«: »mane astabo« et Ps 5, 5 Ps 42, 5
contemplabor; »semper confitebor illi«. »Mane
astabo et videbo salutare vultus mei«, deum
meum, qui »vivificabit et mortalia corpora Röm 8, 11
nostra propter spiritum, qui habitat in no-
bis«, quia super interius nostrum tenebrosum
et fluvidum misericorditer »superferebatur«.
Unde in hac peregrinatione »pignus« accepi- II Kor 1, 22
mus, ut iam simus »lux«, dum adhuc »spe Röm 8, 24
salvi facti sumus« et »filii lucis et filii diei, I Thess 5, 5
non filii noctis neque tenebrarum«, quod ta-
men fuimus.

Inter quos et nos in isto adhuc incerto huma-
nae notitiae tu solus dividis, »qui probas cor- Ps 16, 3
da nostra« et vocas »lucem diem et tenebras Gen 1, 5
noctem«. Quis enim nos discernit nisi tu? I Kor 4, 7
»Quid autem habemus, quod non accepimus«
a te, »ex eadem massa vasa in honorem«, ex Röm 9, 21
qua sunt et alia facta »in contumeliam«?

Aut quis nisi tu, deus noster, fecisti nobis »fir- 15,16
mamentum« auctoritatis super nos in scrip- Gen 1,7
tura tua divina? »Caelum« enim »plicabitur Is 34, 4 Ps 103, 2
ut liber« et nunc »sicut pellis extenditur« su-
per nos. Sublimioris enim auctoritatis est tua

mich? Hoffe auf den Herrn«; »eine Leuchte für deine Füße ist sein Wort«. Hoffe und harre aus, bis vorübergeht die Nacht, die Mutter der Gottlosen, bis vorübergeht der »Zorn« des Herrn, als dessen »Söhne« auch wir »einst Finsternis« gewesen, von der wir die Nachwehen weiterschleppen in dem »ob der Sünde dem Tod verfallenen Leib«, »bis der Tag aufdämmert und die Schatten weichen«. »Hoffe auf den Herrn«: »des Morgens werde ich aufrecht stehn« und schauen; »immer werde ich ihn preisen«. Ja, »des Morgens werde ich aufrecht stehn und das Heil meines Angesichts schauen«, meinen Gott, der »auch unsern sterblichen Leib lebendig machen wird um des Geistes willen, der in uns wohnt«, - weil er in Erbarmung über unserm finster wogenden Innern »schwebte«. Deshalb haben wir auf dieser Pilgerfahrt »das Unterpfand« empfangen, daß wir jetzt schon, obgleich erst »auf Hoffnung hin des Heils teilhaftig geworden«, »Licht« sind und »Söhne des Lichts und Söhne Gottes, nicht Söhne der Nacht und der Finsternis«, was wir doch gewesen sind.

Nach den einen und den andern auch uns zu scheiden, das steht, weil alles menschliche Wissen hierin noch im Ungewissen bleibt, Dir allein zu, »der Du unsere Herzen prüfst« und nennest »das Licht Tag und die Finsternis Nacht«. Denn wer sonst als Du unterscheidet uns? »Was aber haben wir, das wir nicht empfangen hätten« von Dir, »aus derselben Masse« als »Gefäße zur Ehre« gebildet, aus welcher andere Gefäße »zur Unehre« gebildet wurden?

Oder wer sonst als Du, unser Gott, hat uns das »Firmament« einer Lehrgewalt über uns errichtet in Deiner göttlichen Schrift? Denn »der Himmel wird sich zusammenrollen wie eine Buchrolle«, und jetzt ist er über uns »ausgespannt wie ein Zeltfell«.[20] Denn auch Deine gött-

divina scriptura, cum iam obierunt istam 15,16
mortem illi mortales, per quos eam dispen-
sasti nobis. Et tu scis, domine, tu scis, quem-
admodum pellibus indueris homines, cum
peccato mortales fierent. Unde »sicut pellem« [Gen
extendisti firmamentum libri tui, concordes 3, 21]
utıque sermones tuos, quos per mortalium
ministerium superposuisti nobis. Namque ipsa
eorum morte solidamentum auctoritatis in
eloquiis tuis per eos editis sublimiter exten-
ditur super omnia, quae subter sunt, quod,
cum hic viverent, non ita sublimiter extentum
erat. Nondum »sicut pellem caelum exten-
deras«, nondum mortis eorum famam usque-
quaque dilataveras.

»Videamus«, domine, »caelos, opera digito- 15,17 Ps 8, 4
rum tuorum«: disserena oculis nostris nubi- Ps 18, 8
lum, quo subtexisti eos. Ibi est »testimonium
tuum sapientiam praestans parvulis«. Perfice,
deus meus, »laudem tuam ex ore infantium et Ps 8, 3
lactantium«. Neque enim novimus alios libros
ita destruentes superbiam, ita destruentes [Ez 30, 6]
»inimicum et defensorem« resistentem recon- Ps 8, 3
ciliationi tuae defendendo peccata sua. Non
novi, domine, non novi alia tam casta elo-
quia, quae sic mihi persuaderent confessionem
et lenirent cervicem meam iugo tuo et invita- [Mt 11, 29 f]
rent colere te gratis. Intellegam ea, pater
bone, da mihi hoc subterposito, quia subter-
positis solidasti ea.

Sunt aliae »aquae super hoc firmamentum«, 15,18 Gen 1, 7
credo, inmortales et a terrena corruptione [Ps 148, 2-5]

liche Schrift ist noch erhabener an Würde, seit des irdischen Todes jene Sterblichen gestorben sind, durch die Du ehdem sie uns gegeben hast. Und Du weißt, Herr, Du weißt es, wie Du mit Fellen die Menschen bekleidet hast, als sie durch die Sünde sterblich geworden waren.[21] Deshalb hast Du »wie ein Fell« das Firmament Deines Buches ausgespannt, das Wohlgefüge Deiner Offenbarungsworte, das Du über uns aufgerichtet hast durch sterblicher Menschen Dienst. Und eben auf ihr Sterben hin erstreckt sich nun das zusammenhaltende Werk Deiner machtvollkommenen Worte, die durch sie ergangen sind, hoch und weit über alles, was darunter ist, wie es zeit ihrer irdischen Tage nicht so hoch und weit sich gespannt hatte. Noch nicht »wie ein Zeltfell« hattest Du »den Himmel ausgespannt«, noch nicht den Ruhm ihres Sterbens in alle Lande verbreitet.

Daß wir sie »sähen«, Herr, »die Himmel, Deiner Finger Werk«! Laß unserm Aug das Gewölk zerfahren, mit dem Du sie verdeckt hast. Dort ist Dein »Zeugnis, das weise macht die Kleinen«. Vollende, mein Gott, »Dein Lob aus der Kinder und Säuglinge Mund«! Nein, wir kennen keine andern Bücher, die so den Hochmut vernichten, die so »den Feind und Verteidiger« vernichten, der sich der Aussöhnung mit Dir widersetzt, indem er seine Sünden verteidigt. Nein, ich kenne, Herr, ich kenne keine andere so heilig-lautere Sprache, die in gleicher Weise mich zum Bekenntnis drängte und meinen Nacken Deinem Joche schmiegte und mich riefe, Dein zu sein, und nicht um Lohn. Daß ich Dein Wort verstehe, Vater der Güte, das gib mir, der ich mich beuge, denn für Beugsame hast Du es so fest gegründet!

Noch andere Wasser gibt es, »Wasser über diesem Firmament«, ich glaube es, unvergängliche, irdischer Verderbnis

secretae. Laudent nomen tuum, laudent te 15, 18
supercaelestes populi angelorum tuorum, qui
non opus habent suspicere »firmamentum«
hoc et legendo cognoscere verbum tuum.
»Vident« enim »faciem tuam semper« et ibi Mt 18, 10
legunt sine syllabis temporum, quid velit
aeterna voluntas tua. Legunt, eligunt et dili-
gunt; semper legunt et numquam praeterit
quod legunt. Eligendo enim et diligendo le-
gunt ipsam inconmutabilitatem consilii tui.
Non clauditur codex eorum nec plicatur liber [Lk 4, 20]
eorum, quia tu ipse illis hoc es et es »in Ps 47, 15
aeternum«, quia super hoc firmamentum ordi-
nasti eos, quod firmasti super infirmitatem in-
feriorum populorum, ubi suspicerent et co-
gnoscerent misericordiam tuam temporaliter
enuntiantem te, qui fecisti tempora. »In cae- Ps 35, 6
lo« enim, »domine, misericordia tua et veritas
tua usque ad nubes«. Transeunt nubes, cae-
lum autem manet. Transeunt praedicatores
verbi tui ex hac vita in aliam vitam, scriptura
vero tua usque in finem saeculi super populos
extenditur. Sed et »caelum et terra transibunt, Mt 24, 35
sermones autem tui non transibunt«, quoniam
et »pellis plicabitur« et »faenum«, super quod Is 34, 4
extendebatur, »cum claritate sua« praeteriet, Is 40, 6 ff
»verbum autem tuum manet in aeternum«;
quod nunc »in aenigmate« nubium et »per I Kor 13, 12
speculum« caeli, non sicuti est, apparet nobis,
quia et nos quamvis filio tuo dilecti simus,
»nondum apparuit quod erimus«. Attendit I Jo 3, 2
»per retia« carnis et blanditus est et in-

entrückte Wasser. Preisen sollen sie Deinen Namen, preisen sollen Dich die überhimmlischen Scharen Deiner Engel, die es nicht nötig haben, zu diesem »Firmament« aufzublicken und durch Lesen Dein Wort zu erkennen. Denn sie »schauen Dein Angesicht allezeit«, und dort lesen sie, aber nicht in zeithafter Silbenfolge, was Dein ewiger Wille will; lesen ihn, erwählen ihn, lieben ihn. Immer lesen sie, und nie vergeht es, was sie lesen. Denn was sie erwählend und liebend lesen, ist die Unwandelbarkeit Deines Planes. Ihre Lesetafel wird nicht geschlossen, ihr Buch nicht zusammengerollt, denn Du selbst bist ihnen Tafel und Buch, und bist es ihnen »auf immer und ewig«, weil Du ihre Ordnung jenseits dieser Himmelsfeste begründet hast, die Du gefestigt hast über der Unfeste der irdischen Völker, damit sie im Aufschauen zu ihr Deine Erbarmnis erkennten, die Dich, der die Zeit erschaffen, auch in der Zeit verkündet. Denn »im Himmel, Herr, thront Dein Erbarmen, und Deine Wahrheit sendest Du bis zu den Wolken«.[22] Die Wolken ziehen vorüber, der Himmel aber bleibt; vorüber gehn die Verkünder Deines Wortes aus diesem in ein anderes Leben, Deine Schrift aber wölbt sich über den Völkern bis ans Ende der Welt. Doch auch »Himmel und Erde werden vergehen, aber Deine Worte werden nicht vergehen«; denn auch das »Zeltfell wird aufgerollt« werden, und »das Gras«, über dem es sich spannte, wird »mit all seiner Pracht« vergehen, »Dein Wort aber bleibt auf ewig«. Es erscheint uns einstweilen nur »im Rätsel« der Wolken[23] und nur »im Spiegel« des Himmels, nicht so, wie es wirklich ist, da ja auch an uns, obgleich wir die Geliebten Deines Sohnes sind, »noch nicht erschienen ist, was wir sein werden«; noch hat er nur »durch den Schleier« der Fleischesgestalt geblickt, hat liebgetan, hat Feuer entzündet, und wir »laufen nach dem Salbenduft«, den er ausströmt. Doch »wann er erscheinen wird,

flammavit, et »currimus post odorem« eius. Hl 1, 3
Sed »cum apparuerit, similes ei erimus, quon- I Jo 3, 2
iam videbimus eum, sicuti est«: sicuti est,
domine, videre nostrum, quod nondum est
nobis.

Nam sicut omnino tu es, tu scis solus, qui es 16, 19
inconmutabiliter et scis inconmutabiliter et
vis inconmutabiliter, et essentia tua scit et
vult inconmutabiliter et scientia tua est et
vult inconmutabiliter et voluntas tua est et
scit inconmutabiliter, nec videtur iustum esse
coram te, ut, quemadmodum se scit lumen in-
conmutabile, ita sciatur ab inluminato con-
mutabili. Ideoque »anima mea tamquam Ps 142, 6
terra sine aqua tibi«, quia sicut se inluminare
de se non potest, ita se satiare de se non potest.
Sic enim »apud te fons vitae«, quomodo »in Ps 35, 10
lumine tuo videbimus lumen«.

Quis congregavit amaricantes in societatem 17, 20
unam? Idem namque illis finis est temporalis
et terrenae felicitatis, propter quam faciunt
omnia, quamvis innumerabili varietate cura-
rum fluctuent. Quis, domine, nisi tu, qui di-
xisti, ut congregarentur »aquae in congrega- Gen 1, 9
tionem unam et appareret arida« sitiens tibi, [Ps 62, 2 f]
quoniam tuum »est et mare, et tu fecisti illud, Ps 94, 5
et aridam terram manus tuae formaverunt«?
Neque enim amaritudo voluntatum, sed con-
gregatio aquarum vocatur mare. Tu enim co-
herces etiam malas cupiditates animarum et

werden wir ihm ähnlich sein, weil wir ihn schauen werden, wie er ist«: wie er ist, Herr, ihn zu schauen - dies Unsere, noch ist es nicht unser.

Denn welcherweise Du [als allseiend] ganz und gar nur bist, weißt Du allein: denn unwandelbar bist Du seiend, unwandelbar bist Du wissend, unwandelbar bist Du wollend, und Dein Sein[24] weiß und will unwandelbar, und Dein Wissen ist unwandelbar seiend und wollend, und Dein Wollen unwandelbar seiend und wissend, und nicht in der Ordnung erscheint es in Deinen Augen, daß das unwandelbare Licht in der gleichen Weise, wie es selbst sich weiß, so auch von dem nur erleuchteten, wandelbaren Licht gewußt werde. Und so lechzt »meine Seele wie wasserloses Land nach Dir«: so wenig sie sich erleuchten kann aus sich, so wenig vermag sie sich zu ersättigen aus sich. Denn gleichso, wie wir nur »in Deinem Lichte das Licht schauen« werden, ist auch allein »bei Dir der Quell des Lebens«.

Wer hat die meersalzig bitteren Wasser[25] zu Einer Gesellschaft vereinigt? Denn eins ist in ihnen allen Ziel und Sinn, das Wohlergehen in dieser Erdenzeit, und seinetwegen tun sie alles, wie sehr sie auch vom endlosen Gewoge ihrer Wichtigkeiten herumgetrieben werden. Ja, wer anders, Herr, als Du? Denn Du hast gesprochen: Es sollen sich sammeln »die Wasser zu einer einzigen Masse, und erscheinen soll trockenes Land«, das dürstet nach Dir. Denn, so heißt es: Dein »ist auch das Meer, und Du hast es gemacht, und Deine Hände haben das trockene Land gebildet«. Es ist ja nicht das Widerlich-Bittere der Begehrungen,[26] sondern die Ansammlung der Wasser zu einer Masse, was das Meer genannt wird. Du bist es doch, der auch die schlechten Leidenschaften der Seelen bändigt und die Schranken setzt, bis wohin die Wasser ausschäu-

figis limites, quousque progredi sinantur aquae, 17,20
ut in se comminuantur fluctus earum, atque
ita »facis mare« ordine imperii tui super
omnia.

At animas »sitientes tibi« et »apparentes« tibi 17,21
alio fine distinctas a societate maris occulto et [Gen 2, 6]
dulci fonte irrigas, ut et »terra det fructum Ps 84, 13
suum«: et »dat fructum suum« et te iubente, Ps 66, 7
domino deo suo, »germinat« anima nostra
opera misericordiae »secundum genus«, dili- Gen 1, 12
gens proximum in subsidiis necessitatum car-
nalium, »habens in se semen secundum simi- Gen 1, 12
litudinem«, quoniam ex nostra infirmitate
conpatimur ad subveniendum indigentibus
similiter opitulantes, quemadmodum nobis
vellemus opem ferri, si eodem modo indigere-
mus, non tantum in facilibus, tamquam in
»herba seminali«, sed etiam in protectione Gen 1, 12
adiutorii forti robore, sicut »lignum fructi- Gen 1, 11
ferum«, id est beneficum ad eripiendum eum,
qui iniuriam patitur, de manu potentis et
praebendo protectionis umbraculum valido
robore iusti iudicii.

Ita, domine, ita, oro te, oriatur, sicuti facis, 18,22
sicuti das hilaritatem et facultatem, »oriatur [II Kor 9, 7]
de terra veritas, et iustitia de caelo respiciat«, Ps 84, 12
et »fiant in firmamento luminaria«. Franga- Gen 1, 14
mus »esurienti panem« nostrum et »egenum Is 58, 7
sine tecto« inducamus »in domum nostram«,
nudum vestiamus »et domesticos seminis
nostri non« despiciamus.

men dürfen, so daß sie in ihrem Gewoge einander selbst zerschellen, und in diesem Sinne »machst Du das Meer«, machst es nach der Ordnung Deiner alles überwaltenden Herrschaft.

Aber die Seelen, die »nach Dir dürsten« und vor Deinem Aug »erscheinen«, geschieden von der Gemeinschaft des Meeres durch ein anderes Strebensziel, die tränkst Du aus einem verborgenen süßen Quell, damit auch »das Land seine Frucht hervorbringe«. Und »es bringt seine Frucht«, und auf Dein, ihres Herrn und Gottes, Geheiß läßt »sprießen« unsere Seele »nach ihrer Art« Werke der Barmherzigkeit, dem Nächsten Liebe erweisend durch Hilfe in den Nöten seines Lebens.[27] Dafür »trägt sie den Samen der gleichen Art in sich«, denn aus unserer eigenen Schwachheit kommt es, daß wir mit andern leiden und den Bedürftigen so hilfreich beistehen, wie wir selbst uns gern geholfen wüßten, wenn wir uns in ähnlicher Not befänden; und das [vermag der Mensch] nicht bloß in kleinen Dingen - vergleichbar dem »sprossenden Gras« -, nein, auch wenn das Eintreten für einen andern Mut und Kraft verlangt - vergleichbar dem »tragenden Baum«, dem Baum, der fruchtet in der Wohltat, einen Unrecht Leidenden der Hand des Mächtigen zu entreißen und ihm unter der starken Eiche eines gerechten Richterspruchs unsern Schutz und Schatten zu gewähren.[28]

Wohlan denn, Herr, wohlan, ich bitte Dich, laß entsprießen - so wie Du tust, wenn Du die Fröhlichkeit gibst und was es braucht dazu - laß »Treue aus der Erde sprießen und Gerechtigkeit vom Himmel niederscheinen« und »Lichter werden an der Himmelsfeste«! Teilen wir unser »Brot mit den Hungrigen« und führen wir »den Armen ohne Dach in unser Haus« und bekleiden den Nackten und verachten »nicht die Genossen, die unseres Geschlechtes sind«.

Quibus in »terra« natis fructibus vide, »quia Gen 1, 12
bonum est«, et »erumpat temporanea lux Is 58, 8
nostra«, et de ista inferiore fruge actionis in
delicias contemplationis »verbum vitae« supe- Phil 2, 16
rius »obtinentes« »appareamus« sicut »lumi- Gen 1, 9
naria in mundo« cohaerentes »firmamento« Phil 2, 15
scripturae tuae.

Ibi enim nobiscum disputas, ut »dividamus« Gen 1, 18
inter intellegibilia et sensibilia tamquam inter
»diem et noctem« vel inter animas alias in-
tellegibilibus, alias sensibilibus deditas, ut iam
non tu solus in abdito diiudicationis tuae,
sicut antequam fieret »firmamentum«, dividas
inter »lucem et tenebras«, sed etiam spiritales Gen 1, 4
tui in eodem firmamento positi atque distincti
»manifestata per orbem gratia tua« »luceant II Tim 1, 9 f
super terram« et »dividant inter diem et noc- Gen 1, 17
tem et significent tempora«, quia »vetera Gen 1, 14
transierunt, ecce facta sunt nova«, et quia II Kor 5, 17
»propior est nostra salus, quam cum credidi-
mus«, et quia »nox praecessit, dies autem ad- Röm 13, 11 f
propinquavit« et quia »benedicis coronam Ps 64, 12
anni tui«, »mittens operarios in messem Mt 9, 38
tuam«, in qua seminanda »alii laboraverunt«, Jo 4, 38
mittens etiam in aliam sementem, cuius mes-
sis in fine est.

Ita das vota optanti et benedicis annos iusti,
»tu autem idem ipse es« et in annis tuis, qui Ps 101, 28
»non deficiunt«, horreum praeparas annis
transeuntibus.

Aeterno quippe consilio propriis temporibus *18, 23*
bona caelestia das »super terram«, quoniam Gen 1, 11

Und wenn aus dem »Land« solche Früchte erwachsen, so sieh und sag, »daß es gut ist«. Und »morgendlich breche hervor unser Licht«, und wenn wir von dieser hier unten entsproßten Frucht unseres tätigen Lebens fortgelangen zur Wonne der Betrachtung und »das Wort des Lebens«, das von oben ist, »in uns aufnehmen«, dann laßt uns »erscheinen« wie »Leuchten in der Welt«, die dem »Firmament« Deiner Schrift vereinigt sind.

Denn dort redest Du mit uns, daß wir »scheiden sollen« zwischen Übersinnlichem und Sinnlichem als zwischen »Tag und Nacht«, zwischen Seelen, die dem Übersinnlichen, und solchen, die dem Sinnlichen ergeben sind. Und so scheidest nicht mehr Du allein in unzugänglichem Schiedsspruch, wie ehvor das »Firmament« [die Heilige Schrift] entstand, zwischen »Licht und Finsternis«: auch von Deinen Geistlich-Geistigen, in dieses Firmament gesetzt und geschieden, gilt es nun, da »Deine Gnade geoffenbart worden ist«, daß sie »leuchten über der Erde« und »den Tag und die Nacht voneinander scheiden und die Zeiten zu verstehen geben«. Denn so ist es: »das Alte ist vergangen, seht doch, Neues ist geworden«; »unser Heil ist näher, als da wir zu glauben anfingen«; »die Nacht ist vorgerückt, und der Tag hat sich genaht«; »Du krönst Dein Jahr mit Segen« und »sendest Arbeiter in Deine Ernte«, die auszusäen »andere gearbeitet haben«, und sendest auch wieder zu anderer Saat aus, deren Ernte erst zuletzt kommt.[29]

Und dies nun ist die Weise, wie Du dem Bittenden seine Wünsche erfüllst und die Jahre des Gerechten segnest, »während Du ewig derselbe bleibst« und in Deinen Jahren, die »nicht dahinschwinden«, die Scheuer bereitest für die Jahre, die vorübergehen.

Nämlich: nach ewigem Ratschluß spendest Du »über die Erde hin« himmlische Güter, wie sie den Zeiten gemäß

quidem »alii datur per spiritum sermo sapien- *18,23*
tiae« tamquam »luminare maius« propter eos, Gen 1, 16
qui perspicuae veritatis luce delectantur tam-
quam in principio diei, »alii autem sermo I Kor 12, 7-11
scientiae secundum eundem spiritum« tam-
quam »luminare minus«, »alii fides, alii do-
natio curationum, alii operationes virtutum,
alii prophetia, alii diiudicatio spirituum, al-
teri genera linguarum«, et haec omnia tam-
quam »stellae«. »Omnia« enim »haec opera-
tur unus atque idem spiritus, dividens pro-
pria unicuique prout vult« et faciens appa-
rere »sidera« in »manifestatione ad utili-
tatem«.

»Sermo« autem »scientiae«, qua continentur
omnia sacramenta, quae variantur tempori-
bus tamquam luna, et ceterae notitiae dono-
rum, quae deinceps tamquam stellae conme-
morata sunt, quantum differunt ab illo can-
dore sapientiae, quo gaudet praedictus ‚dies',
tantum in principio noctis sunt. His enim
sunt necessaria, quibus ille prudentissimus ser-
vus tuus »non potuit loqui quasi spiritalibus, I Kor 3, 1
sed quasi carnalibus«, ille, qui »sapientiam« I Kor 2, 6
loquitur »inter perfectos«.

»Animalis autem homo« tamquam »parvulus I Kor 2, 14
in Christo« lactisque potator, donec robore- I Kor 3, 1 f
tur ad solidum cibum et aciem firmet ad solis
aspectum, non habeat desertam noctem suam,
sed luce lunae stellarumque contentus sit.

Haec nobiscum disputas sapientissime, deus
noster, in libro tuo, firmamento tuo, ut discer-

sind. So wird »dem einen Weisheitsrede durch den Geist verliehen«, vergleichbar der »größeren Leuchte«, bestimmt für die, die ihre Wonne finden am Lichte der hellen Wahrheit als am aufstrahlenden Tag; »dem andern die Erkenntnisrede im nämlichen Geist«, vergleichbar der »kleineren Leuchte«; und wiederum »einem andern Glaube, einem andern Gabe der Heilung, einem andern wunderbare Machterweise, einem andern Prophetengabe, einem andern Unterscheidung von Geistern, einem andern Sprechen in Zungen«. Und alle diese Gaben gleichen den »Sternen«: denn »all das wirkt ein und derselbe Geist, der jedem seine eigene Gabe zuteilt, wie er will«, und so »die Sterne« hervortreten läßt »in Geistesoffenbarung zum allgemeinen Besten«.

»Die Erkenntnisrede« aber, in der alle heiligen Zeichen zusammengefaßt sind, die je nach Zeiten wechseln wie der Mond,[30] und die übrigen Begriffe von Gaben, derer hier weiterhin als den Sternen vergleichbar gedacht ward, sind nach dem Maße ihres Abstehens gegen die Leuchtkraft der Weisheit,[31] wie der ‚Tag' - aufgefaßt im angegebenen Sinn - sich ihrer erfreut, auch näher der dämmernden Nacht. Diese Gaben braucht es für die Leute, zu denen Dein wahrlich so kluger Knecht »nicht wie zu Geistesmenschen reden konnte, sondern nur als zu fleischlich Gesinnten«, er, der »vor Gereiften die Sprache der Weisheit« redet.

»Der sinnverhaftete Mensch aber«, gleichsam »noch unmündig in Christo«, sich nährend von Milch, bis er kräftig wird für feste Speise und das Auge für den Blick in die Sonne stärkt - er soll nicht der Öde seiner Nacht überlassen sein, aber er muß sich begnügen, daß ihm nur Mond und Sterne scheinen.

So also redest Du mit uns, Allweiser, unser Gott, in Deinem Buche, Deinem Firmament, damit wir alles in stau-

namus omnia contemplatione mirabili, quam- 18,23
vis adhuc »in signis et in temporibus et in die- Gen 1, 14
bus et in annis«.

Sed prius »lavamini, mundi estote, auferte 19,24
nequitiam ab animis vestris atque a conspectu Is 1, 16
oculorum meorum«, ut »appareat arida«. Gen 1, 9
»Discite bonum facere, iudicate pupillo et Is 1, 17
iustificate viduam«, ut »germinet terra her- Gen 1, 11
bam pabuli et lignum fructiferum«, »et ve- Is 1, 18
nite, disputemus, dicit dominus«, »ut fiant Gen 1, 14. 17
luminaria in firmamento caeli, ut luceant
super terram«.
Quaerebat dives ille a »magistro bono«, quid Mt 19, 16-22
»faceret, ut vitam aeternam consequeretur«:
dicat ei »magister bonus«, quem putabat ho-
minem et nihil amplius - »bonus est« autem
quia »deus« est - dicat ei, ut, si vult »venire
ad vitam«, »servet mandata«, separet a se
amaritudinem malitiae atque nequitiae,
»non occidat, non moechetur, non furetur,
non falsum testimonium dicat«, ut »appareat
arida et germinet« honorem matris et patris
et dilectionem proximi. „Feci“, inquit, „haec
omnia.“ Unde ergo tantae spinae, si terra
fructifera est? »Vade«, extirpa silvosa dumeta
avaritiae, »vende quae possides« et implere
frugibus dando »pauperibus et habebis the-
saurum in caelis et sequere dominum, si vis
esse perfectus«, eis sociatus, »inter quos loqui- I Kor 2, 6
tur sapientiam« ille, qui novit, quid distri-
buat diei et nocti, ut noris et tu, ut »fiant« et

nender Betrachtung unterscheiden lernen, mag sie noch geschränkt sein durch »Zeichen und Zeiten und Tage und Jahre«.

Zuerst aber »waschet euch, reinigt euch, schafft alle Bosheit weg aus euren Seelen und aus meinen Augen«, damit »das trockene Land erscheine«; »lernt Gutes tun, schaffet Recht dem Waisenkind und führt die Sache der Witwe«, damit »der Erde das nährende Gras und der fruchtende Baum entsprosse«; »und dann kommt, so wollen wir reden miteinander, spricht der Herr«, »daß Lichter werden am Firmament des Himmels, zu leuchten über der Erde«.

Es fragte jener Reiche den »guten Meister«, was er »tun soll, um das ewige Leben zu erlangen«. Er sage es ihm nur, der »gute Meister«, den er für einen bloßen Menschen hielt - und ist doch »gut nur«, weil er »Gott« ist -, sage es ihm, er soll, wenn er »zum Leben eingehen« wolle, »die Gebote halten«, sich losmachen von den bitteren Wassern der Bosheit und Nichtswürdigkeit, »nicht töten, nicht ehebrechen, nicht stehlen, kein falsches Zeugnis geben«, damit »das trockene Land erscheine und ihm nun entsprosse« die Ehrfurcht vor Mutter und Vater und die Liebe zum Nächsten. - „Das alles hab ich ja getan“, sagt der Reiche. - Woher dann die vielen Dornen, wenn doch das Erdreich fruchtbar ist? »Geh hin«, hau aus das wilde Gestrüpp der Habsucht, »verkauf, was du hast«, und daß du Frucht in Fülle tragest, verschenk es »an die Armen, so wirst du einen Schatz im Himmel haben, und folge dem Herrn nach, wenn du vollkommen sein willst«, den »Gereiften« zugesellt, »vor denen die Sprache der Weisheit redet« jener Mann, der da weiß, was er zum Tag und was zur Nacht hin zu geben hat. So wirst auch du ein Wissender sein, und auch für dich »sollen Lichter

tibi »luminaria in firmamento caeli«: quod 19,24
non fiet, nisi fuerit illic »cor tuum«; quod
item non fiet, nisi fuerit illic »thesaurus tuus«,
sicut audisti a »magistro bono«. Sed »con- Mt 6, 21 Mt
tristata est« terra sterilis, et »spinae offocave- 19, 22 Mt
runt verbum«. 13, 7. 22

Vos autem, »genus electum«, »infirma mun- 19,25 I Petr
di«, qui »dimisistis omnia, ut sequeremini« 2, 9 I Kor
dominum, ite post eum et »confundite fortia«, 1, 27 Mk
ite post eum, »speciosi pedes«, et »lucete in 10, 28 I Kor
firmamento«, ut »caeli enarrent gloriam« 1, 27 Is 52, 7;
eius dividentes inter »lucem« perfectorum, Röm
sed nondum sicut angelorum, et »tenebras« 10, 15 Gen
»parvulorum«, sed non desperatorum: lucete 1, 15 Ps 18, 2
super omnem terram, et »dies« sole candens [Gen 1, 4]
»eructet diei verbum« sapientiae et »nox«, I Kor 3, 1
luna lucens, »annuntiet nocti verbum scien- [Gen 1, 17]
tiae«. Luna et stellae nocti lucent, sed nox Ps 18, 2
non obscurat eas, quoniam ipsae inluminant
eam pro modulo eius. Ecce enim tamquam
deo dicente: »fiant luminaria in firmamento Gen
caeli«, »factus est subito de caelo sonus, quasi 1, 14 Apg
ferretur flatus vehemens, et visae sunt linguae 2, 2 f
divisae quasi ignis, qui et insedit super unum-
quemque illorum«, et facta sunt »luminaria I Jo 1, 1
in firmamento caeli« »verbum vitae« haben- [Weish
tia. Ubique discurrite, ignes sancti, ignes 3, 7; Deut
decori. »Vos« enim »estis lumen mundi« nec 36, 26] Mt
estis »sub modio«. Exaltatus est, cui ad- 5, 14 f
haesistis, et exaltavit vos. Discurrite et inno-
tescite omnibus gentibus.

werden am Firmament des Himmels«. Und das wird nicht geschehen, wenn nicht »dein Herz« dort ist; und das wird nicht geschehen, wenn nicht »dein Schatz« dort ist, - wie du vernommen hast vom »guten Meister«. Aber »es verdüsterte sich« das unfruchtbare Erdreich, und »die Dornen erstickten das Wort«.

Und ihr, das »auserwählte Geschlecht«, »das Schwache in der Welt«, die ihr »alles verlassen« habt, um dem Herrn »zu folgen«, ziehet ihm nach und »beschämet das Weltstarke«, ziehet ihm nach auf »freudeschön wandelnden Füßen«, und »leuchtet am Firmament«, damit »die Himmel« seinen »Ruhm verkünden«, scheidend zwischen dem »Licht«, den Vollkommenen - ob auch noch nicht in der Weise der Engel -, und »der Finsternis«, den »Unmündigen«, die doch nicht schon aufzugeben sind! Leuchtet über der ganzen Erde, und »der Tag« im Glanz der Sonne »rufe dem Tag das Wort« der Weisheit zu, und »die Nacht«, der leuchtende Mond, »künde der Nacht das Wort der Erkenntnis«! Mond und Sterne leuchten bei Nacht, aber die Nacht verdunkelt sie nicht, empfängt sie doch selber Licht von ihnen, soviel sie dessen fähig ist. So war es doch! Es ist, als hätte Gott gesagt: »Leuchten sollen werden am Firmament«, »und es erhob sich plötzlich vom Himmel her ein Brausen, als führe ein Sturm daher, und Zungen wie von Feuer erschienen, verteilten sich und ließen sich nieder auf jeden von ihnen«; und es wurden »Leuchten am Firmament des Himmels« mit dem »Wort des Lebens« in sich. Überallhin fahret aus, heilige Flammen, herrliche Flammen! Denn »ihr seid das Licht der Welt«, und nicht »unterm Scheffel« ist euer Ort. Dem ihr anhängt, der ist erhöht, und er hat euch erhöht. Fahret aus und werdet allen Völkern kund!

Concipiat et mare et pariat opera vestra, et 20,26
»producant aquae reptilia animarum viva- Gen 1,20
rum«. »Separantes« enim »pretiosum a vili« Jer 15,19
facti estis »os« dei, per quod diceret: »produ- Gen 1,21
cant aquae« non »animam vivam«, quam ter-
ra producit, sed »reptilia animarum vivarum
et volatilia volantia super terram«. Repserunt
enim sacramenta tua, deus, per opera sancto-
rum tuorum inter medios fluctus temptatio-
num saeculi ad imbuendas gentes nomine tuo
in baptismo tuo.

Et inter haec facta sunt »magnalia« mirabilia Ps 70,19
tamquam »coeti grandes« et voces nuntiorum Gen 1,21
tuorum volitantes super terram iuxta firma-
mentum libri tui, praeposito illo sibi ad auc-
toritatem, sub quo volitarent, quocumque
irent. »Neque« enim »sunt loquellae neque Ps 18,4 f
sermones, quorum non audiantur voces
eorum«, quando »in omnem terram exiit so-
nus eorum et in fines orbis terrae verba
eorum«, quoniam tu, domine, »benedicendo Gen 1,22
multiplicasti« haec.

Numquid mentior aut mixtione misceo neque 20,27
distinguo lucidas cognitiones harum rerum in
firmamento caeli et opera corporalia in un-
doso mari et sub firmamento caeli? Quarum
enim rerum notitiae sunt solidae et termi-
natae sine incrementis generationum tam-
quam »lumina« ‚sapientiae' et ‚scientiae',
earundem rerum sunt operationes corporales
multae ac variae, et aliud ex alio crescendo
multiplicantur in benedictione tua, deus, qui

Trächtig werde auch das Meer und gebäre, was ihr gewirkt, an den Tag, und es »sollen die Wasser hervorbringen Kriechgetier für die lebenden Seelen«.[32] Denn da ihr »das Köstliche vom Geringen schiedet«, seid ihr Gottes »Mund« geworden, durch den er sprechen wollte: »Hervorbringen sollen die Wasser ...« nicht die »lebende Seele«, die ja die Erde hervorbringt, sondern »Kriechendes für die lebenden Seelen und Geflügeltes, das über der Erde dahinfliegt«. Denn es sind Deine heiligen Zeichen,[33] Herr, die sich dank dem Wirken Deiner Heiligen im Gewoge der versuchungsreichen Welt kriechend hindurchwanden, die Völker mit Deinem Namen zu tränken in Deiner Taufe.

Da geschehen denn, vergleichbar »gewaltigen Meeresungeheuern«, »Großtaten« wunderherrlich, und die Stimmen Deiner Boten flogen über der Erde, dicht an dem Firmament, als welches ist Dein Buch: das war ihnen festes Geheiß, unter ihm ihre Flüge zu machen, wohin der Weg auch ging. Denn »es gibt keine Sprache, gibt keine Mundart, worin man ihre Stimme nicht vernommen hätte«, da doch »über alle Lande ihr Ruf erscholl und bis an der Erde Enden ihr Wort«: denn Du, Herr, gabst dazu Deinen »Mehrungssegen«.

Oder sollte ich da flunkern? Richte ich einen Mischmasch an? Wüßte nicht zu unterscheiden - dort die lichte Sicht dieser Dinge am Firmament des Himmels und hier das sinnfällige Wirken im aufgeregten Meer und unterm Firmament des Himmels? Aber nein, diese Dinge stehen als Gegenstand des Erkennens fest und geschlossen in ihrem Grunde, ohne Wachstum durch Zeugung, so wie die »Gestirne« ‚Weisheit' und ‚Erkenntnis'; und dieselben Dinge haben im Sinnfälligen ihr breites, mannigfaches Wirkungsleben, und es mehrt sich, indem da eins aus dem andern wächst, kraft Deines Segens, o Gott. Du hast ja den sterblichen Sinnen mit ihrem raschen Überdruß durch

consolatus es fastidia sensuum mortalium, ut in cognitione animi res una multis modis per corporis motiones figuretur atque dicatur. 20, 27

»Aquae produxerunt« haec, sed in verbo tuo: necessitates alienatorum ab aeternitate veritatis tuae populorum produxerunt haec, sed in evangelio tuo, quoniam ipsae »aquae« ista eiecerunt, quarum amarus languor fuit causa, ut in tuo verbo ista procederent. Gen 1, 20

Et pulchra sunt omnia faciente te, et ecce tu inenarrabiliter pulchrior, qui fecisti omnia. A quo si non esset lapsus Adam, non diffunderetur ex utero eius salsugo maris, genus humanum profunde curiosum et procellose tumidum et instabiliter fluvidum, atque ita non opus esset, ut in aquis multis corporaliter et sensibiliter operarentur dispensatores tui mystica facta et dicta. Sic enim mihi nunc occurrerunt reptilia et volatilia, quibus imbuti et initiati homines corporalibus sacramentis subditi non ultra proficerent, nisi spiritaliter vivesceret anima gradu alio et post initii verbum in consummationem respiceret. 20, 28

Ac per hoc in verbo tuo non maris profunditas, sed ab aquarum amaritudine »terra« discreta eicit non »reptilia animarum vivarum et volatilia«, sed »animam vivam«. Neque enim iam opus habet baptismo, quo 21, 29 Gen 1, 20 Gen 1, 24

den Ausgleich geholfen, daß sich dem auffassenden Geist ein Eines durch das, was im Körperhaften sich regt und wegt, auf tausend Weisen sollte dargebildet und ausgesprochen werden.[34]

Das »haben die Wasser hervorgebracht«, aber in der Kraft Deines Wortes: ja der Notstand der weit von der Ewigkeit Deiner Wahrheit abgeirrten Völker hat dies hervorgerufen, aber in Kraft Deines Evangeliums - denn es sind »die Wasser« selbst, die jenes Reden in Bildern aus sich hervorwarfen, und der bewegende Grund, daß es in Kraft Deines Wortes hervorging, war ihre Ermüdung am widerlich gewordenen Dasein.[35]

Und alles von Deiner schaffenden Hand ist schön, aber unsagbar schöner bist Du, der Du es alles erschufst. Und wäre Adam nicht von Dir abgefallen, es hätte sich aus seinen Lenden nicht ein salzbitteres Wasser ergossen, dies Menschengeschlecht, abgründig in seiner Wißbegier, aufgischend in seinem Hochmut, umgetrieben ohne Rast und Ruh; dann wär es auch nicht not gewesen, daß Deine Verkünder im Gewoge leiblich und sinnlich Geheimnisse des Heils in Handlung und Rede tätigen - und solcherweise bedeutungsvoll traten mir jetzt das kriechende und das fliegende Getier vor Augen. Dennoch, auch belehrt und eingeweiht, würden die Menschen, an körperhafte heilige Zeichen gebunden, auf ihrem Heilsweg nicht vorwärts kommen, wenn die Seele nicht auf höherer Stufe geistlichgeistig ihre Lebenskraft erwiese und nach dem Wort der Einweihung[36] auf die Vollwirklichung bedacht wäre.

Und hieraus erklärt sich auch, daß in Kraft Deines Wortes nicht die Meerestiefe, sondern das von den Bitterfluten bereits gesonderte »Land« von sich gab - ja nicht mehr »kriechend und fliegend Getier für die lebenden Seelen«, sondern die nun wirklich »lebendige Seele«. Denn die bedarf nicht mehr der Taufe,[37] deren die Hei-

gentibus opus est, sicut opus habebat, cum 21,29
aquis tegeretur: non enim intratur aliter »in Jo 3,5
regnum caelorum« ex illo, quo instituisti, ut
sic intretur; nec »magnalia« mirabilium Ps 70, 19
»quaerit«, quibus fiat fides: neque enim nisi Mt 12, 39
»signa et prodigia viderit«, non credit, cum Jo 4, 48
iam distincta sit »terra« fidelis ab aquis maris
infidelitate amaris, et »linguae in signo sunt 1 Kor 14, 22
non fidelibus, sed infidelibus«. Nec isto igitur
genere volatili, quod verbo tuo »produxerunt Gen 1, 20 f
aquae«, opus habet »terra«, quam »fundasti Ps 135, 6
super aquas«. Inmitte in eam verbum tuum per nuntios tuos. Opera enim eorum narramus, sed tu es, qui operaris in eis, ut operentur »animam vivam«.

Terra producit eam, quia terra causa est, ut haec agant in ea, sicut mare fuit causa, ut agerent »reptilia animarum vivarum et volatilia sub firmamento caeli«, quibus iam terra non indiget, quamvis piscem manducet levatum
de profundo in ea »mensa«, quam »parasti in Ps 22, 5
conspectu« credentium; ideo enim de profundo levatus est, ut alat aridam. Et aves marina progenies, sed tamen super terram multiplicantur. Primarum enim vocum evangelizantium infidelitas hominum causa extitit; sed et fideles exhortantur et benedicuntur ab eis multipliciter de die in diem. At vero »anima viva« de »terra« sumit exordium, quia non prodest nisi iam fidelibus continere se ab

den bedürfen, wie auch sie selbst ihrer bedurfte, da sie noch von den Wassern überdeckt war: geht man doch anders nicht »ins Himmelreich«, seitdem Du dies Eingehen so angeordnet hast. Auch die »Großtaten« von Wundern »fordert« sie nicht, durch die der Glaube erweckt werden soll; vielmehr glaubt sie, auch ohne »Zeichen und Wunder zu sehen«, weil ja das im Glauben gefestigte »Land« schon gesondert ist von den Wassern des durch Unglauben bitteren Meeres und »die Zungenreden zum Zeichen sind für die Ungläubigen, nicht für die Gläubigen«. Also auch jenes Geschlechts der Flügelwesen, das auf Dein Wort »die Wasser hervorgebracht haben«, bedarf das »Land« nicht, das Du »über den Wassern gefestigt hast«. So sende ihm Dein Wort durch Deine Boten! Denn wir reden wohl von ihren Werken, aber Du bist es, der in ihnen wirkt, so daß sie »lebendige Seele« wirken.

Das Land bringt sie hervor, [nur] insofern als sein Dasein die Voraussetzung ist, daß die Boten ihr Wirken an ihr betätigen können, so wie das Meer Voraussetzung war dafür, daß sie »kriechendes Getier für die lebenden Seelen und fliegendes Getier unterm Firmament des Himmels« wirkten, - woran dem trockenen Land nicht mehr Not ist, obgleich es von dem Fisch,[38] gehoben aus der Meerestiefe, gespeist wird an dem »Tisch«, den »Du gedeckt hast vor den Augen« der Gläubigen: denn dazu ward er aus der Tiefe gehoben, das trockene Land zu nähren. Und meergeboren sind auch jene Vögel, aber es ist das Land, auf dem sich ihr Geschlecht verbreitet: denn der Unglaube der Menschen hat die ersten Stimmen der Heilsverkünder bewirkt, aber auch die Gläubigen empfangen hieraus reichlich Mahnung und Segen von Tag zu Tag. Aber »die lebendige Seele« nimmt ihren Ausgang vom »Land«, denn nur denen, die schon glauben [den vom Meere schon Gesonderten], kann die Enthal-

amore huius saeculi, ut anima eorum tibi vivat, quae »mortua erat in deliciis« vivens, deliciis, domine, mortiferis; nam tu puri cordis vitales deliciae. [II Kor 5, 15] I Tim 5, 6

Operentur ergo iam »in terra« ministri tui, non sicut in aquis infidelitatis annuntiando et loquendo per miracula et sacramenta et voces mysticas, ubi intenta sit ignorantia mater admirationis in timore occultorum signorum - talis enim est introitus ad fidem filiis Adam oblitis tui, dum se abscondunt a facie tua et fiunt »abyssus« - sed operentur etiam sicut in arida discreta a gurgitibus abyssi et sint »forma« fidelibus vivendo coram eis et excitando ad imitationem. 21, 30 [Gen 3, 8] I Thess 1, 7 [I Kor 11, 1]

Sic enim non tantum ad audiendum sed etiam ad faciendum audiunt: »Quaerite deum, et vivet anima vestra«, ut »producat terra animam viventem«. »Nolite conformari huic saeculo«, continete vos ab eo. Evitando vivit anima, quae appetendo moritur. Continete vos ab immani feritate superbiae, ab inerti voluptate luxuriae et a »fallaci nomine scientiae«, ut sint bestiae mansuetae et pecora edomita et innoxii serpentes. Motus enim animae sunt isti in allegoria: sed fastus elationis et delectatio libidinis et venenum curiositatis motus sunt animae mortuae, quia non ita moritur, ut omni motu careat, quoniam discedendo a fonte vitae moritur atque ita suscipitur a praetereunte saeculo et conformatur ei. Ps 68, 33 Röm 12, 2 I Tim 6, 20

tung von der Liebe zu dieser Welt dazu frommen, daß ihre Seele Dir lebe, die einst lebendig »tot in Lüsten war«, in Lüsten, Herr, die den Tod bringen - denn für das reine Herz bist Du die Lust, an der das wahre Leben liegt.

So laß denn Deine Diener schon »zu Land« wirken, anders als in den Wassern des Unglaubens, nicht in einem Verkünden und Sprechen, das auf Wunder baut, auf Heiltümer, auf geheimnishafte Worte, auf was alles die Unwissenheit, die Mutter des Staunens, im Schauer vor rätselhaften Zeichen sich spannen soll - und von dieser Art ist bei den deinvergessenen Adamskindern der Zugang zum Glauben,[39] wenn sie sich verbergen vor Deinem Angesicht und zu »Abgrund« werden -, aber Deine Diener laß auch wirken wie auf trocknem Land, das geschieden ist von den Wirbeln des Abgrunds, und laß sie »Vorbild« sein den Gläubigen, indem sie unter ihren Augen wandeln und so zur Nachahmung bewegen. Denn also hören sie's nicht nur fürs Hören, auch fürs Tun, das Wort: »Suchet Gott, und es wird leben euer Herz«, daß »das Land die wirklich lebendige Seele hervorbringt«. »Macht euch nicht gleichförmig dieser Welt«, lebt im Abstand von ihr: im Meiden lebt die Seele, am Greifen danach stirbt sie. Nehmt euch in Zucht vor dem Hochmut, der immer ins Unbändige wachsen will, vor dem Verliegen in Lüsten der Sinnlichkeit, vor der »trügerisch sich so nennenden Erkenntnis«, bis ihr zahme Bestien habt, handsames Hausvieh, harmlose Schlangen. So sinnbilden Tiere die Bewegungen der Seele; aber die verachtende Überhebung und der genießende Sinnenrausch und die vergiftende Gier nach Wissen sind Bewegungen der toten Seele - ihr Sterben ist ja nicht von solcher Art, daß sie keiner Regung mehr fähig wäre; sie stirbt, weil sie vom Quell des Lebens sich scheidet, und hat sie ihn verlassen, so fällt sie der vergänglichen Welt anheim und ist bald gleich mit ihr.

Verbum autem tuum, deus, »fons vitae aeter- 21,31
nae« est et non praeterit: ideoque in verbo Jo 4, 14
tuo cohibetur ille discessus, dum dicitur no- [Mt 24, 35]
bis: »nolite conformari huic saeculo«, ut »pro- Röm
ducat terra« in fonte vitae »animam viven- 12, 2
tem«, in verbo tuo per evangelistas tuos ani-
mam continentem imitando imitatores Christi [I Kor 11, 1]
tui. Hoc est enim »secundum genus«, quon- Gen
iam aemulatio viri ab amico est: »estote«, 1, 12
inquit, »sicut ego, quia et ego sicut vos«. Gal 4, 12
Ita erunt in »anima viva« bestiae bonae in
mansuetudine actionis. Mandasti enim dicens:
»In mansuetudine opera tua perfice et ab Sir 3, 19
omni homine diligeris.« Et pecora bona ne- [I Kor
que si manducaverint, abundantia, neque si 8, 8]
non manducaverint, egentia, et serpentes boni
non perniciosi ad nocendum, sed astuti ad [Mt 10,
cavendum et tantum explorantes temporalem 16 f]
naturam, quantum sufficit, ut »per ea, quae Röm
facta sunt, intellecta conspiciatur« aeternitas. 1, 20
Serviunt enim rationi haec animalia, cum a
progressu mortifero cohibita vivunt et bona
sunt.

Ecce enim, domine deus noster, creator 22,32
noster, cum cohibitae fuerint affectiones ab
amore saeculi, quibus moriebamur male vi-
vendo, et coeperit esse »anima vivens« bene
vivendo completumque fuerit verbum tuum,
quod per apostolum tuum dixisti: »nolite
conformari huic saeculo«, consequetur et
illud, quod adiunxisti statim et dixisti: »sed Röm 12, 2

Dein Wort aber, Gott, ist »der Quell des ewigen Lebens« und vergeht nicht. Darum ist auch jenem Verlassen Einhalt geboten durch Dein Wort, da uns gesagt wird: »Macht euch nicht gleichförmig dieser Welt« - es soll ja »das Land«, getränkt vom Lebensquell, »die lebendige Seele hervorbringen« - Seele, die, von Deinen Glaubensboten belehrt, nach dem Beispiel der Nachfolger Deines Christus in der Zucht Deines Wortes lebt. Dies nämlich ist mit »artgleich« gemeint, weil die Nacheiferung des Mannes einem Gleichgesinnten folgt:[40] »Seid wie ich, denn auch ich bin, wie ihr seid.«

So werden denn in der »lebendigen Seele« gutartige Wildtiere hausen, sanft in ihrem Verhalten - wie Du ja geboten hast: »In Bescheidenheit vollbringe Deine Werke, so wirst Du bei allen Menschen beliebt sein«; und gutartige Haustiere - sie werden nicht schlemmen, wenn sie zu essen haben, und werden nicht Mangel leiden, wenn sie nichts zu essen haben; und gutartige Schlangen - nicht boshaft auf der Lauer, wie sie schaden könnten, sondern klug für sich selbst auf der Hut und der Erforschung der zeitlichen Natur nur soweit ergeben, als hinreicht, um »durch das hindurch, was geworden ist«, das Überzeitliche »erkennend zu schauen«. All diese Tiere dienen der Vernunft, wenn sie, auf ihrem Wege todwärts aufgehalten, leben und gut sind.

Ja, Herr, unser Gott, unser Schöpfer: hat sich unser Herz einmal abgeschränkt gegen die Weltsucht, durch die wir übel lebend dem Tode verfielen, und hat »die lebendige Seele« Dasein gewonnen in einem guten Leben und hat sich erfüllt Dein Wort, das Du gesprochen durch den Apostel: »Macht euch nicht gleichförmig dieser Welt«, dann wird auch das erfüllt, was gleich der Fortgang Deines Wortes sagt: »Sondern gestaltet euch um durch

reformamini in novitate mentis vestrae«, non iam »secundum genus«, tamquam imitantes praecedentem proximum nec ex hominis melioris auctoritate viventes. Neque enim dixisti: fiat homo »secundum genus«, sed: »faciamus hominem ad imaginem et similitudinem nostram«, ut nos probemus, quae sit voluntas tua. 22, 32 Gen 1, 21 Gen 1, 26

Ad hoc enim ille dispensator ille generans per evangelium filios, ne semper parvulos haberet, quos lacte nutriret et tamquam nutrix foveret: »reformamini«, inquit, »in novitate mentis vestrae ad probandum vos, quae sit voluntas dei, quod bonum et beneplacitum et perfectum«. Ideoque non dicis: »fiat« homo, sed: »faciamus«, nec dicis: »secundum genus« sed: »ad imaginem et similitudinem nostram«. Mente quippe renovatus et conspiciens intellectam veritatem tuam homine demonstratore non indiget, ut suum genus imitetur, sed te demonstrante probat ipse, »quae sit voluntas tua, quod bonum et beneplacitum et perfectum«, et doces eum iam capacem videre trinitatem unitatis vel unitatem trinitatis. Ideoque pluraliter dicto: »faciamus hominem«, singulariter tamen infertur: »et fecit deus hominem«, et pluraliter dicto: »ad imaginem nostram«, singulariter infertur: »ad imaginem dei«. Ita homo »renovatur in agnitionem dei secundum imaginem eius, qui creavit eum«, et »spiritalis« effectus »iudicat [I Kor 4, 15] [I Thess 2, 7] Röm 12, 2 Röm 12, 2 Gen 1, 27 Kol 3, 10

Erneuerung eures Geistes« - also nicht mehr »artgleich«, als sollten wir's einem vorangehenden Nächsten nachtun oder unser Leben nach dem Vorbild eines besseren Mitmenschen gestalten. Du hast ja nicht gesagt: Es werde der Mensch »nach seiner Art«, sondern: »Laßt uns den Menschen machen nach unserm Bild und Gleichnis«, und hast uns hiedurch aufgefordert, uns zu prüfen, was Dein Wille sei.

Darum nämlich hat der Ausspender Deines Worts, da er Söhne zeugte durch das Evangelium, aber nicht auf immer sie als Unmündige um sich haben wollte, die er mit Milch ernähren und wie eine Amme versorgen müßte, das Wort gesprochen: »Wandelt euch um in Erneuerung eures Sinnes, um an euch selbst zu erfahren, was der Wille Gottes, was gut und wohlgefällig und vollkommen ist.« Und darum sagst Du nicht: »Es werde« der Mensch, sondern: »Laßt uns den Menschen machen«; sagst nicht: »nach seiner Art«, sondern: »nach unserm Bild und Gleichnis«. Denn wer in seinem Geist erneuert ist und Deine erkannte Wahrheit vor Augen hat, bedarf nicht des Menschen als Wegzeigers, um doch nur Wesen der eigenen Art nachzuahmen, sondern unter Deiner Führung prüft er selbständig, »was Dein Wille, was gut und wohlgefällig und vollkommen ist«, und Du lehrst ihn - schon ist er fähig dazu - die Dreifaltigkeit der Einheit und die Einheit der Dreifaltigkeit schauen. Darum ist in der Mehrzahl gesagt: »Laßt uns den Menschen machen«, und folgt in der Einzahl: »Und Gott erschuf den Menschen«, und nachdem in der Mehrzahl gesagt ist: »nach unserm Bild«, folgt in der Einzahl: »nach dem Bilde Gottes«. So wird der Mensch »erneuert zur Erkenntnis Gottes nach dem Bilde dessen, der ihn erschaffen hat«, und, »geistlich-geistig« geworden, »hat er Urteil über alles«, was über-

omnia«, quae utique iudicanda sunt, »ipse autem a nemine iudicatur«. I Kor 2, 15

Quod autem »iudicat omnia«, hoc est, quod »habet potestatem piscium maris et volatilium caeli et omnium pecorum et ferarum et omnis terrae et omnium repentium, quae repunt super terram«. Hoc enim agit per mentis intellectum, per quem »percipit quae sunt spiritus dei«. Alioquin »homo in honore positus non intellexit; conparatus est iumentis insensatis et similis factus est eis«. 23, 33 Gen 1, 26. 28 I Kor 2, 14 Ps 48, 13

Ergo in ecclesia tua, deus noster, »secundum gratiam tuam, quam dedisti ei«, quoniam tuum »sumus figmentum creati in operibus bonis«, non solum qui spiritaliter praesunt sed etiam hi qui spiritaliter subduntur eis qui praesunt - »masculum enim et feminam fecisti hominem« hoc modo in gratia tua spiritali, ubi secundum sexum corporis non est masculus et femina, quia »nec Iudaeus neque Graecus neque servus neque liber« - »spiritales« ergo, sive qui praesunt sive qui obtemperant, spiritaliter iudicant, non de cognitionibus spiritalibus, quae lucent in »firmamento« - non enim oportet de tam sublimi auctoritate iudicare - neque de ipso libro tuo, etiamsi quid ibi non lucet, quoniam summittimus ei nostrum intellectum certumque habemus etiam quod clausum est aspectibus nostris, recte veraciterque dictum esse - sic enim homo, licet iam spiritalis et »renovatus in I Kor 3, 10 Eph 2, 10 Gen 1, 27 Gal 3, 28 Kol 3, 10

haupt beurteilt werden kann, »doch über ihn hat niemand Urteil«.

»Er beurteilt alles«, das bedeutet dasselbe, wie »er hat Macht über die Fische des Meeres und die Vögel des Himmels und über alles Haus- und Wildgetier und über das ganze Land und alles Kriechgetier, das da kriecht auf dem Land«. Diese Gewalt nämlich übt er aus durch des Geistes Einsicht, durch die er »aufnimmt, was vom Geiste Gottes kommt«; anders »gelangt der Mensch, so hoch er steht, nicht zur Einsicht; er gleicht unvernünftigen Tieren und ist ihnen ähnlich geworden«.

In Deiner Kirche[41] also, unser Gott, und »dank Deiner Gnade, die Du ihr verliehen hast«, weil wir Dein »Gebilde sind, geschaffen zu guten Werken«, ist das Urteil nicht nur Sache derer, die geistlich führen, sondern auch derer, die sich den Führern geistlich unterstellen - denn »als Mann und Weib« hast Du in diesem Sinn »den Menschen erschaffen« im Reich Deiner geistlichen Gnade, wo es doch dem Geschlecht nach Mann und Weib nicht gibt, so wenig wie da ein Unterschied ist zwischen »Jude und Grieche oder Sklave und Freiem« -, die »geistlich Geistigen« also, ob sie nun führen oder folgen, urteilen geistlich: urteilen freilich nicht über die geistlichen Gedanken, die da leuchten am »Firmament« - es gehört sich ja nicht, eine so erhabene Autorität dem Urteil zu unterstellen -, auch nicht über Deine Schrift selbst,[42] mag auch manches daran nicht leuchten, denn ihr unterwerfen wir unsern Verstand und sind fest davon überzeugt, daß auch unsern Blicken Unzugängliches richtig und aus der Wahrheit gesagt ist. Denn nur so wird der Mensch, sei er auch schon Geistesmensch und »erneuert

agnitionem dei secundum imaginem eius, 23,33
qui creavit eum«, »factor« tamen »legis« Jak 4, 11
debet esse, »non iudex« - neque de illa distinctione iudicat spiritalium videlicet atque carnalium hominum, qui tuis, deus noster, oculis noti sunt et nullis adhuc nobis apparuerunt operibus, ut »ex fructibus eorum co- Mt 7, 20
gnoscamus eos«, sed tu, domine, iam scis eos et divisisti et vocasti in occulto, antequam fieret firmamentum. Neque de turbidis huius [Gen 1, 5]
saeculi populis quamquam spiritalis homo iudicat: »Quid enim ei de his, qui foris sunt, I Kor 5, 12
iudicare« ignoranti, quis inde venturus sit in dulcedinem gratiae tuae et quis in perpetua inpietatis amaritudine remansurus?

Ideoque homo, quem »fecisti ad imaginem 23,34
tuam«, non accepit potestatem »luminarium caeli« neque ipsius occulti »caeli« neque »diei et noctis«, quae ante »caeli« constitutionem vocasti, neque »congregationis aquarum«, quod est mare, sed accepit potestatem piscium maris et volatilium caeli et omnium pecorum et omnis terrae et omnium repentium, »quae Gen 1, 26
repunt super terram«.

Iudicat enim et approbat, quod recte, improbat autem, quod perperam invenerit, sive in ea sollemnitate sacramentorum, quibus initiantur quos pervestigat in aquis multis mise- [Ps 17, 17]
ricordia tua, sive in ea, qua ille piscis exhibetur, quem levatum de profundo terra pia comedit, sive in verborum signis vocibusque subiectis auctoritati libri tui tamquam »sub

zur Erkenntnis Gottes nach dem Bilde dessen, der ihn erschaffen hat«, die Forderung erfüllen, »Befolger, nicht Richter des Gesetzes« zu sein. Er läßt sich auch nicht darauf ein, richterlich jene Unterscheidung zwischen Geistes- und Sinnesmenschen zu treffen[43] - Deinen Augen allein, unser Gott, sind sie bekannt, solang sie uns durch keine Werke offenbar geworden, so daß wir »sie an ihren Früchten erkennten«; doch Du, Herr, kennst sie schon und hast im Verborgenen die Ausscheidung wie die Berufung vollzogen, ehe noch das Firmament entstand. Und auch über das Getümmel der Weltmenschen übt der noch so geistliche Mensch kein Richteramt aus - »ist es denn an ihm, über die zu richten, die draußen sind« -, da er doch nicht weiß, wer von allen zur Süße Deiner Gnade gelangen, wer auf ewig in der Bitternis der Gottlosigkeit verbleiben soll.[44]

Und also hat der Mensch, den Du »nach Deinem Bild geschaffen hast«, nicht Gewalt empfangen über die »Himmelslichter«, auch nicht über den verborgenen »Himmel« selbst, auch nicht über »Tag und Nacht«, die Du schon vor der Erschaffung des »Himmels« berufen hast, und auch nicht über »die Sammlung der Wasser«, die das Meer ausmacht. Wohl aber hat er Gewalt empfangen über die Fische des Meeres und die Vögel des Himmels und über alles Vieh und über alles Land und alles Kriechgetier, »das da kriecht auf dem Lande«.

Denn er urteilt, er billigt, was er als recht, er mißbilligt, was er als unrecht erfindet: so ist es bei der Feier jener Heiligzeichen, durch die man die Einführungsweihe empfängt,[45] wenn einen Dein Erbarmen aufspürt in den großen Wassern; so auch bei der Feier, da jener Fisch dargeboten wird, der, aus der Meerestiefe gehoben, dem gottverbundenen Land zur Speise ist; so endlich bei den Zeichen aus Wort und Stimme, die, der Autorität Deines

firmamento« volitantibus, interpretando, ex- 23,34
ponendo, disserendo, disputando, benedicen-
do atque invocando te, ore erumpentibus at-
que sonantibus signis, ut respondeat populus:
amen. Quibus omnibus vocibus corporaliter
enuntiandis causa est abyssus saeculi et caeci- [I Jo 5, 19]
tas carnis, qua cogitata non possunt videri, ut
opus sit instrepere in auribus. Ita, quamvis
multiplicentur »volatilia« »super terram«, ex Gen 1, 22
»aquis« tamen originem ducunt.

»Iudicat« etiam »spiritalis« approbando, I Kor 2, 15
quod rectum, inprobando autem, quod per-
peram invenerit in operibus moribusque fide-
lium, elemosynis tamquam »terra« fructifera Gen 1, 12
et de »anima viva« mansuefactis affectioni- Gen 1, 24
bus, »in castitate, in ieiuniis«, in cogitationi- II Kor 6, 5 f
bus piis de his, quae per sensum corporis per-
cipiuntur. De his enim iudicare nunc dicitur,
in quibus et potestatem corrigendi habet.

Sed quid est hoc et quale mysterium est? 24,35
Ecce benedicis homines, o domine, ut »cre- Gen 1, 28
scant et multiplicentur et impleant terram«.
Nihilne nobis ex hoc innuis, ut intellegamus
aliquid, cur non ita benedixeris »lucem«, Gen 1, 5
quam »vocasti diem«, nec firmamentum caeli
nec luminaria nec sidera nec terram nec mare?
Dicerem te, deus noster, qui nos ad imaginem
tuam creasti, dicerem te hoc donum benedic-
tionis homini proprie voluisse largiri, nisi hoc
modo benedixisses pisces et coetos, ut cresce-

Buches dienstbar, gleich den Vögeln »unterm Firmament« ihre Flüge machen, wenn da übersetzt, wenn dargelegt, erklärt und ausgedeutet, wenn gesegnet und im Gebet zu Dir gerufen wird, während dem Munde die wortlichen Zeichen dafür entströmen, laut vernehmbar, damit das Volk antworte: Amen.[46] Daß bei all dem das körperlich verlautende Wort notwendig ist, des ist Ursache der Abgrund der [im Argen liegenden] Welt und die Blindheit des Fleischesmenschen, dem Gedachtes nicht sichtbar wird und laut in die Ohren fallen muß. Also, obgleich »die Vögel« »auf dem Lande« sich mehren, so führen sie ihren Ursprung doch von den »Wassern« her.

Ebenso »urteilt der geistlich Geistige«, wenn er billigt, was er als recht, und mißbilligt, was er als unrecht erfindet am Handel und Wandel der Gläubigen, ihren Liebeswerken, gleichsam den Früchten der »Erde«; er urteilt auch über »die lebendige Seele«, lebendig durch die Zähmung der Leidenschaften »in Keuschheit, in Fasten«, in gottverehrenden Gedanken über das, was mit Leibessinnen wahrgenommen wird. - Kurz, das Richten ist ihm zugesprochen, wo er es in der Hand hat, die Dinge ins rechte Geleise zu bringen.[47]

Aber was dann folgt - welches Geheimnis ist hier bedeutet? Wahrhaftig, Herr, Du segnest die Menschen, daß sie »wachsen und sich mehren und die Erde erfüllen«. Gibst Du uns hier nicht zu verstehen, warum Du nicht in gleicher Weise das »Licht« gesegnet, das Du »Tag genannt« hast, nicht das Himmelsgewölbe, noch die Leuchten, noch die Sterne, noch Land, noch Meer? Ich würde sagen, Du, unser Gott, der Du uns nach Deinem Bild erschaffen hast, Du habest, so würde ich einfach sagen, dies Geschenk Deines Segens allein dem Menschen zueignen wollen, wenn Du nicht gleicherweise die Fische und die Meeresungeheuer gesegnet hättest, daß sie wach-

rent et multiplicarentur et implerent aquas 24,35
maris, et volatilia »multiplicarentur super Gen 1, 22
terram«. Item dicerem ad ea rerum genera pertinere benedictionem hanc, quae gignendo ex semet ipsis propagantur, si eam reperirem in arbustis et frutectis et in pecoribus terrae. Nunc autem nec herbis et lignis dictum est nec bestiis et serpentibus: »crescite et multiplicamini«, cum haec quoque omnia sicut pisces et aves et homines gignendo augeantur genusque custodiant.

Quid igitur dicam, lumen meum, veritas? 24,36
Quia vacat hoc, quia inaniter ita dictum est? Nequaquam, pater pietatis, absit, ut hoc dicat servus verbi tui. Et si ego non intellego, quid hoc eloquio significes utantur eo melius meliores, id est intellegentiores, quam ego sum,
unicuique quantum »sapere« dedisti, deus Röm 12, 3
meus.

Placeat autem et confessio mea »coram oculis Ps 78, 10
tuis«, qua tibi confiteor credere me, domine, non incassum te ita locutum, neque silebo, quod mihi lectionis huius occasio suggerit. Verum est enim, nec video, quid inpediat ita me sentire dicta figurata librorum tuorum. Novi enim multipliciter significari per corpus, quod uno modo mente intellegitur et multipliciter mente intellegi, quod uno modo per corpus significatur. Ecce simplex dilectio dei et proximi, quam multiplicibus sacramentis et innumerabilibus linguis et in unaquaque

sen und sich mehren und die Gewässer erfüllen, und die Vögel, daß sie »sich mehren sollten auf dem Land«. Ich würde weiter noch sagen, daß dieser Segen auf jene Arten von Wesen sich erstrecke, die sich durch Zeugung aus sich selbst fortpflanzen, fände ich ihn auch über die Bäume und Sträucher und die Tiere der Erde ausgesprochen; nun aber ist weder zu Gras und Baum, noch zu Wild- und Schlangengetier gesagt worden: »Wachset und mehret euch«, obwohl auch all dies so gut wie die Fische und Vögel und Menschen durch Zeugung sich mehrt und die Art erhält.

Was also soll ich sagen, Du mein Licht, o Wahrheit? Daß hier nichts bedeutet sei; daß ohne tieferen Grund das Wort so stehe? Mitnichten, Vater der Güte, nein, so darf ein Diener Deines Wortes nicht sprechen. Und wenn denn ich es nicht verstehe, was Du mit diesem Wort verkünden willst, so mögen Bessere besseren Gebrauch davon machen, Verständigere meine ich, als ich es bin, jeder nach der »Einsicht«, die Du ihm verliehen, mein Gott.

Aber laß Dir auch mein Bekenntnis »vor Deinen Augen« gefallen. Und ich bekenne Dir, Herr, daß ich des Glaubens bin, Du habest nicht grundlos so gesprochen, und ich will denn auch nicht verschweigen, was für Sinn beim Lesen dieser Stelle sich mir nahelegt. Denn er ist wahr, und ich sehe nicht, was mich hindern sollte, bildliche Sprache in Deiner Schrift so [in Übereinstimmung mit wahren Sachverhalten] zu verstehen. Es ist mir auch nicht unbekannt, daß ein Begriff, der als eine Einheit vor dem Geistesauge steht, auf vielerlei Weise in sinnfälligen Zeichen sich ausdrücken läßt, ebenso umgekehrt ein Gedanke, der nur in einer einzigen Form sinnfälligen Ausdruck gefunden hat, auf vielerlei Weise sich geistig auffassen läßt. Ein Beispiel: der einheitliche Begriff Gottes- und Nächstenliebe - in wie vielerlei heiligen Zeichen, in wie unzähligen Sprachen und wieder, in jeder Sprache, in

lingua innumerabilibus locutionum modis 24,36
corporaliter enuntiatur!

Ita crescunt et multiplicantur fetus aquarum.

Adtende iterum quisquis haec legis: ecce quod uno modo scriptura offert et vox personat:
»in principio deus fecit caelum et terram«, Gen 1, 1
nonne multipliciter intellegitur, non errorum fallacia, sed verarum intellegentiarum generibus?

Ita crescunt et multiplicantur fetus hominum.

Itaque si naturas ipsas rerum non allegorice, 24,37
sed proprie cogitemus, ad omnia, quae de seminibus gignuntur, convenit verbum: »crescite et multiplicamini«; si autem figurate posita ista tractemus - quod potius arbitror intendisse scripturam, quae utique non supervacue solis aquatilium et hominum fetibus istam benedictionem adtribuit - invenimus quidem multitudines et in creaturis spiritalibus atque corporalibus tamquam in »caelo et in terra« et in animis iustis et iniquis tamquam in »luce et tenebris« et in sanctis auctoribus, per quos lex ministrata est, tamquam in »firmamento«, quod solidatum est inter aquam et aquam, et in societate amaricantium populorum tamquam in »mari« et in studio piarum animarum tamquam in »arida« et in operibus misericordiae secundum praesentem vitam tamquam in »herbis seminalibus« et »lignis fructiferis« et in spiritali- Ps 148, 9

wie unzähligen Ausdrucksformen läßt er sich sinnfällig offenbaren!

Das ist die Weise, wie die Sprossen der Wasser wachsen und sich mehren.

Nun bedenke, der du dieses liest, ein Gegenbeispiel! Was die Schrift durch eine einzige Form darstellt und was die Stimme laut auch so verkündigt: »Im Anfang schuf Gott Himmel und Erde« - wird das nicht auf vielerlei Weise aufgefaßt, nicht als spielten Trug und Irrtum mit, sondern weil es wahre Auffassungen von verschiedener Art geben kann?

Das ist die Weise, wie die Sprossen des Menschen wachsen und sich mehren.[48]

Wenn wir also das naturgegebene Wesen der Dinge selbst ins Auge fassen, nicht nach ihrer Bildlichkeit, sondern ihrem eigentlichen Sein,[49] so paßt das Wort: »wachset und mehret euch« auf alles, was durch Samen sich fortpflanzt. Doch nehmen wir die Stelle bildlich - und darauf, glaube ich, hat die Schrift es abgesehen, da sie gewiß nicht unnützerweise nur den Sprossen des Wassers und des Menschen diesen Segen zuteil werden läßt -, dann treffen wir Mehrung und Vielheit freilich auch bei der geistigen und der sinnfälligen Schöpfungswelt - bildlich bei »Himmel und Erde«; bei den gerechten und den gottlosen Seelen - bildlich bei »Licht und Finsternis«; bei den heiligen Schriftstellern, durch die das Gesetz vermittelt ward - bildlich gesprochen das »Firmament«, die Feste zwischen Wasser und Wasser; bei der Gemeinschaft der [im Unglauben] salzig bitteren Völkerfluten - im Bilde das »Meer«; bei dem Ringen und Streben der frommen Seelen - bildlich auf dem »trockenen Land«; bei den Werken der Barmherzigkeit, wie sie dem zeitlichen Leben entsprechen - bildlich bei den »samentragenden Kräutern« und den »fruchtbringenden Bäumen«;

bus donis manifestatis ad utilitatem sicut in [I Kor 12, 7]
»luminaribus caeli« et in affectionibus formatis ad temperantiam tamquam in »anima viva«.

In his omnibus nanciscimur multitudines et ubertates et incrementa; sed quod ita crescat et multiplicetur, ut una res multis modis enuntietur et una enuntiatio multis modis intellegatur, non invenimus nisi in signis corporaliter editis et rebus intellegibiliter excogitatis. Signa corporaliter edita generationes aquarum propter necessarias causas carnalis profunditatis, res autem intellegibiliter excogitatas generationes humanas propter rationis fecunditatem intelleximus.

Et ideo credidimus utrique horum generi dictum esse abs te, domine: »crescite et multiplicamini«. In hac enim benedictione concessam nobis a te facultatem ac potestatem accipio et multis modis enuntiare, quod uno modo intellectum tenuerimus, et multis modis intellegere, quod obscure uno modo enuntiatum legerimus. Sic implentur »aquae maris«, quae non moventur nisi variis significationibus, sic et fetibus humanis impletur et terra, cuius ariditas apparet in studio, et dominatur ei ratio.

Volo etiam dicere, domine deus meus, quod 25, 38
me consequens tua scriptura conmonet, et dicam nec verebor. Vera enim dicam te mihi inspirante, quod ex eis verbis voluisti ut di-

bei den geistlichen Gaben, die sich offenbaren zum allgemeinen Besten - bildlich bei den »Himmelsleuchten«; bei den Leidenschaften, die auf Maß und Zucht geformt sind - bildlich bei der »lebendigen Seele« -.[50]
Bei all dem begegnet uns Vielheit und Fruchtbarkeit und Wachstum: aber ein Wachsen und Sichmehren von solcher Art, daß eine einzige Sache auf viele Weisen sich kundgibt und eine einzige Kundgabe auf viele Weisen sich verstehen läßt, das finde ich nur bei den sinnfällig dargegebenen Zeichen und bei den gedanklich hervorgebrachten Dingen des Geistes.
Die sinnfällig dargegebenen Zeichen möchte ich gleichsetzen den Zeugungen der Wasser - es ist die Tiefe unserer Fleischlichkeit, die sie notwendig macht; aber die gedanklich hervorgebrachten Dinge unseres Geistes den menschlichen Zeugungen - sie entspringen rein nur der Fruchtbarkeit der Vernunft.
Und so glaube ich, daß dies der Grund war, weshalb gerade an jede von diesen beiden Arten Dein Wort erging: »Wachset und mehret euch!« Mit diesem Segen, so fasse ich es auf, ward uns von Dir die Fähigkeit und Macht gewährt, sowohl auf vielerlei Weise zu künden,[51] was wir in einerlei Weise im Geiste vor uns haben, wie auch auf vielerlei Weise im Geiste aufzufassen, was wir unter Einer Form dunkel gekündet lesen. So füllen sich »des Meeres Wasser«, in die erst Bewegung kommt durch wechselnde Deutung des in Zeichen Bedeuteten;[52] so auch füllt sich mit Sprossen des Menschengeschlechts die Erde, deren Trockenheit sich verrät im Wahrheitsdurst, aber ihm gebietet die Vernunft.

Ich will auch sagen, Herr mein Gott, was nun die anschließenden Worte Deiner Schrift mich lehren, und ich sag es ungescheut. Denn es wird wahr sein, was ich sage, wenn Du mir's eingibst, was Du auf Grund dieser Worte

cerem. Neque enim alio praeter te inspirante 25,38
credo me verum dicere, cum tu sis »veritas«, Jo 14,6
»omnis autem homo mendax«. Et ideo qui Ps 115,11; Röm 3,4
»loquitur mendacium, de suo loquitur«. Ergo Jo 8,44
ut verum loquar, de tuo loquar.

»Ecce dedisti nobis in escam omne faenum Gen 1,29
sativum seminans semen, quod est super om-
nem terram, et omne lignum, quod ·habet in
se fructum seminis sativi«. Nec nobis solis
sed et omnibus avibus caeli et bestiis terrae [Gen 1,30]
atque serpentibus; piscibus autem et coetis
magnis non dedisti haec.

Dicebamus enim eis terrae fructibus signi-
ficari et in allegoria figurari opera misericor-
diae, quae huius vitae necessitatibus exhiben-
tur ex terra fructifera. Talis terra erat pius
Onesiforus, cuius »domui« dedisti »misericor- II Tim 1,16
diam, quia frequenter« Paulum tuum »refri-
geravit et catenam« eius »non erubuit«. Hoc
fecerunt et »fratres« et tali fruge fructifica-
verunt, »qui quod ei deerat suppleverunt ex II Kor 11,9
Macedonia«. Quomodo autem dolet quaedam
»ligna«, quae fructum ei debitum non dede-
runt, ubi ait: »in prima mea defensione nemo II Tim 4,16
mihi affuit, sed omnes me dereliquerunt: non
illis inputetur.« Ista enim debentur eis, qui
ministrant doctrinam rationalem per intel-
legentias divinorum mysteriorum et ita eis
debentur tamquam hominibus. Debentur au-
tem eis sicut »animae vivae« praebentibus se [I Kor 11,1;
ad imitandum in omni continentia. Item de- II Kor 6,6]
bentur eis tamquam »volatilibus« propter

von mir gesagt haben willst. Denn nimmer glaubte ich, Wahres zu sagen, wenn ein anderer als Du es mir eingäbe, weil Du »die Wahrheit« bist, aber »jeder Mensch ein Lügner ist«. Und darum »redet aus Eigenem«, wer »Lüge redet«. Um also Wahres zu sagen, will ich aus dem, was Dein ist, reden.

»Siehe«, heißt es, »Du hast uns zur Nahrung gegeben alle samentragende Saathalmfrucht über die ganze Erde hin und alle Bäume, die die Frucht ihres Saatsamens in sich tragen«. Und nicht uns allein, auch allen Vögeln des Himmels und den Tieren der Erde und den Schlangen; den Fischen aber und den Meeresungeheuern hast Du das nicht gegeben.

Nun sagte ich schon, in diesen Früchten der Erde seien die Werke der Barmherzigkeit bedeutet und im Sinnbild dargestellt, die aus fruchtbarem Erdreich wachsend für die Nöte dieses Lebens gespendet werden. Solch ein Erdreich war der liebreiche Onesiphorus, dessen »Hause« Du »Erbarmen« erwiesen hast, »weil er« Deinen Paulus »oft erquickte und sich der Ketten« Deines Dieners »nicht schämte«. Das taten auch, fruchtbar an gleicher Frucht, »die Brüder, die von Mazedonien her seinem Mangel zu Hilfe kamen«. Wie beweglich aber klagt er über »Bäume«, die ihm die geschuldete Frucht nicht boten! »Bei meiner ersten Verantwortung«, sagt er, »stand mir niemand zur Seite, sondern alle haben mich im Stich gelassen; möge es ihnen nicht angerechnet werden!« Solche Früchte der Liebe aber schuldet man denen, die ihr Verständnis der göttlichen Geheimnisse in den Dienst der Unterweisung im Übersinnlichen stellen. So schuldet man sie ihnen als [tätigen] Menschen, aber man schuldet sie ihnen auch als solchen, die sich »der lebendigen Seele« als Vorbild in jeder Enthaltsamkeit erweisen, und man schuldet sie

benedictiones eorum, quae multiplicantur su- 25, 38
per »terram«, quoniam »in omnem terram Ps 18, 5
exiit sonus eorum«.

Pascuntur autem his »escis« qui laetantur eis, 26, 39
nec illi laetantur eis, »quorum deus venter«. Gen 1, 29
Neque enim et in illis, qui praebent ista, ea, Phil 3, 19
quae dant, »fructus« est, sed quo animo dant. Gen 1, 11 f

Itaque ille, qui »deo« serviebat, »non suo ven- Röm 16, 18
tri«, video plane, unde gaudeat, video et con-
gratulor ei valde. Acceperat enim a Filippen-
sibus quae per Epafroditum miserant; sed ta-
men unde gaudeat, video. Unde autem gau-
det, inde pascitur, quia in veritate loquens:
»gavisus sum«, inquit, »magnifice in domino, Phil 4, 10
qui tandem aliquando repullulastis sapere pro
me, in quo sapiebatis; taedium autem habu-
istis«. Isti ergo diuturno taedio marcuerant
et quasi exaruerant ab isto fructu boni operis,
et gaudet eis, quia repullularunt, non sibi,
quia eius indigentiae subvenerunt. Ideo secu-
tus ait: »non quod desit aliquid dico; ego Phil 4, 11 ff
enim didici, in quibus sum, sufficiens esse.
Scio et minus habere, scio et abundare; in om-
nibus et in omni imbutus sum, et satiari et
esurire et abundare et penuriam pati: omnia
possum in eo, qui me confortat«.

Unde ergo gaudes, o Paule magne? Unde gau- 26, 40
des, unde pasceris, »homo renovate in agni- Kol 3, 10
tionem dei secundum imaginem eius, qui crea-
vit te«, et »anima viva« tanta »continentia« Gal 5, 23

ihnen als den »Vögeln« wegen des Segens über diese, der sich mehrt über das »Land« hin, da »über alle Lande ihr Ruf erschallt«.

Doch Erquickung sind diese »Speisen« nur denen, die ihrer sich auch freuen,[53] und ihrer können die sich nicht freuen, »deren Gott der Bauch ist«. Und bei denen, die Früchte bringen, ist nicht das, was sie geben, die »Frucht«, sondern die Gesinnung, in der sie geben.[54]

Jener Treffliche darum, der »Gott« diente, »nicht seinem Bauch«, - ich sehe es deutlich, worüber er sich freut, ich sehe es und freue mich herzlich mit ihm. Er hatte nämlich von den Philippern eine Gabensendung durch Epaphrodites erhalten; aber ich sehe doch, worüber er sich eigentlich freute. Und worüber er sich freut, das ist es, was ihn erquickt; denn ist es ihm Ernst, wenn er sagt: »Es war mir eine große Freude im Herrn, daß euer Wohlwollen für mich, wie ihr es früher gehabt, endlich wieder frische Sprossen treibt; ihr wart es ja schon überdrüssig geworden«.[55] Sie waren also in langem Überdruß welk geworden, gleichsam zu dürr, um die Frucht guten Werkes zu bringen, und nun freut er sich, nicht seinetwegen, weil sie seinem Bedürfnis abhalfen, sondern ihretwegen, weil sie frischen Trieb erkennen lassen. Darum fährt er fort: »Nicht als mangelte etwas, sage ich das; ich meinesteils habe gelernt, mich zu bescheiden mit dem Vorhandenen: ich weiß zu darben, und ich weiß auch mit Überfluß umzugehen; in allem und für alles bin ich geschult, sowohl satt zu sein als zu hungern, Überfluß oder Mangel zu haben: alles vermag ich in dem, der mich stärkt«.

Worüber also freust du dich, erhabener Paulus? Worüber freust du dich, wovon ernährst du dich, du »Mensch, erneuert zur Erkenntnis Gottes nach dem Bilde dessen, der dich erschaffen«, du »lebendige Seele« von so großer

et lingua »volatilis« loquens mysteria? Talibus quippe »animantibus« ista esca debetur. Quid est, quod te pascit? Laetitia. Quod sequitur audiamus: »verum tamen«, inquit, »bene fecistis conmunicantes tribulationi meae«. Hinc gaudet, hinc pascitur, quia illi bene fecerunt, non quia eius angustia relaxata est, qui dicit tibi: »in tribulatione dilatasti mihi«, quia et »abundare et penuriam pati« novit in te, qui confortas eum. »Scitis enim«, inquit, »etiam vos, Filippenses, quoniam in principio evangelii, cum ex Macedonia sum profectus, nulla mihi ecclesia conmunicavit in ratione dati et accepti nisi vos soli, quia et Thessalonicam et semel et iterum usibus meis misistis«. Ad haec bona opera eos redisse nunc gaudet et repullulasse laetatur tamquam revirescente fertilitate agri. Gen 1, 28 Phil 4, 14 Ps 4, 2 Phil 4, 12 Phil 4, 15 f

26, 41 *Numquid propter usus suos, quia dixit: »usibus meis misistis«, numquid propterea gaudet? Non propterea. Et hoc unde scimus? Quoniam ipse sequitur dicens: »non quia quaero datum, sed requiro fructum«.* Phil 4, 17

Didici a te, deus meus, inter »datum« et »fructum« discernere. ‚Datum' est res ipsa, quam dat, qui inpertitur haec necessaria, veluti est nummus, cibus, potus, vestimentum, tectum, adiutorium. ‚Fructus' autem bona et recta voluntas datoris est. Non enim ait »magister bonus«: »qui susceperit prophetam« tantum, sed addidit: »in nomine prophetae«; neque ait Mt 19, 16 Mt 10, 41 f

»Enthaltsamkeit«, du »geflügelte« Zunge, die Geheimnisse kündet? Für solche »Lebewesen« freilich gehört sich diese Speise. Was also ist es, woran du dich erquickst? Die Freude! Aber hören wir weiter! »Dennoch habt ihr wohl daran getan, teilzunehmen an meiner Bedrängnis.« Darüber freut er sich, daran erquickt er sich, daß sie ein gutes Werk getan, nicht daran, daß seiner Enge abgeholfen wurde [das schreibt er vielmehr Dir zu im Sinne des Psalmisten], und er sagt: »In der Bedrängnis hast Du mir Raum gemacht«; denn nur in Dir, der ihn stärkt, versteht er, »mit Überfluß umzugehen und auch Mangel zu leiden«. »Ihr wißt ja selbst, Philipper«, sagt er, »wie zu Beginn meiner Arbeit fürs Evangelium, als ich von Mazedonien abreiste, keine Gemeinde mit mir in Gemeinschaft trat zur Rechnung über Gegebenes und Empfangenes als ihr allein, die ihr denn auch nach Thessalonike mehr als einmal für meine Bedürfnisse gespendet habt.« Daß sie solch gutes Werk nun wieder aufgenommen haben, darüber freut er sich, freut sich am frischen Sprießen wie an einer Flur, die neu ergrünt zur Fruchtbarkeit.

Oder freute er sich doch des Nutzens wegen, da er ja sagt: »Für meine Bedürfnisse habt ihr gespendet«? Nein, deswegen nicht! Und woher weiß ich das? Er sagt es uns doch selbst, indem er fortfährt: »Nicht als wäre ich auf die Gabe aus, sondern um die Frucht vielmehr ist mir zu tun.«

Von Dir, mein Gott, habe ich gelernt, zu unterscheiden zwischen der »Gabe« und der »Frucht«. ‚Gabe' ist die Sache selbst, die der Spender irdischer Notwendigkeiten zuteil werden läßt, wie Geld, Speise, Trank, Gewand, Obdach, Beihilfe; ‚Frucht' hingegen ist der gute und recht-beschaffene Wille dessen, der da gibt. Denn der »gute Meister« sagte nicht schlechthin: »Wer einen Propheten aufnimmt«, sondern setzte bei »als Propheten«,

tantum: »qui susceperit iustum«, sed addidit: 26,41
»in nomine iusti«; ita quippe ille mercedem
prophetae, iste mercedem iusti accipiet. Nec
solum ait: »qui calicem aquae frigidae potum
dederit uni ex minimis meis«, sed addidit:
»tantum in nomine discipuli«, et sic adiunxit:
»amen dico vobis, non perdet mercedem su-
am«. ‚Datum' est suscipere prophetam, susci-
pere iustum, porrigere calicem aquae frigidae
discipulo; ‚fructus' autem in nomine prophe-
tae, in nomine iusti, in nomine discipuli hoc
facere. ‚Fructu' pascitur Helias a vidua sci- [III Kön
ente, quod hominem dei pasceret et propter 17, 6 ff]
hoc pasceret; per corvum autem ‚dato' pasce-
batur. Nec interior Helias, sed exterior pasce-
batur, qui posset etiam talis cibi egestate cor-
rumpi.

Ideoque dicam, quod verum est »coram te, 27,42 Ps 87, 2
domine«, cum homines »idiotae atque infi- I Kor
deles«, quibus initiandis atque lucrandis ne- 14, 23
cessaria sunt sacramenta initiorum et »mag- Ps 70, 19
nalia« miraculorum, quae nomine »piscium et Gen 1, 21
coetorum« significari credimus, »suscipiunt« Mt 18, 5
corporaliter reficiendos aut in aliquo usu prae-
sentis vitae adiuvandos »pueros« tuos, cum id
quare faciendum sit et quo pertineat ignorent,
nec illi istos pascunt nec isti ab illis pascun-
tur, quia nec illi haec sancta et recta volun-
tate operantur nec isti eorum ‚datis', ubi ‚fruc-
tum' nondum vident, laetantur. Inde quippe

und sagte nicht schlechthin: »Wer einen Gerechten aufnimmt«, sondern setzte bei »als Gerechten«; nur so wird jener eines Propheten Lohn, dieser eines Gerechten Lohn empfangen. Auch sagte er nicht einfach: »Wer einem von meinen Geringsten einen Becher frischen Wassers zu trinken reicht«, sondern setzte bei: »nur freilich als einem Jünger«; und er schloß mit den Worten: »Wahrlich ich sage euch, er wird nicht um seinen Lohn kommen.« Die ‚Gabe' ist: einen Propheten aufnehmen, einen Gerechten aufnehmen, einen Becher frischen Wassers einem Jünger reichen; die ‚Frucht' aber: solches tun um des Propheten willen, um des Gerechten willen, um des Jüngers willen. Mit ‚Frucht' ward Elias gespeist von der Witwe, die es wußte, daß sie einen Gottesmann speiste, und ihn als solchen speiste; durch den Raben hingegen wurde er mit ‚Gabe' gespeist; und da ward nicht der innere, sondern der äußere Mensch Elias gespeist, der denn aus Mangel an solcher Speise hätte zugrunde gehen können.

So will ich etwas sagen, was wahr ist »vor Dir, Herr«: Wenn die »Draußenstehenden[56] und Ungläubigen«, die durch die Einführungsweihen und durch »Großtaten« von Wundern - dergleichen ich unter den »Fischen und Meeresungeheuern« bedeutet glaube - erst herangezogen und gewonnen werden müssen, wenn solche, sage ich, Deine »Kleinen aufnehmen«, sie leiblich zu stärken oder in irgend welchem Bedürfnis des irdischen Lebens ihnen beizustehen, ohne doch zu wissen, warum und zu welchem Ende das zu geschehen hat: so erquicken sich die Gebenden nicht an ihren Empfangenden, die Empfangenden nicht an ihren Gebenden, weil die einen ihre Hilfe nicht aus heiligem und rechtbeschaffenem Willen leisten, und weil darum die andern sich nicht freuen an den ‚Gaben' derer, bei denen sie die ‚Frucht' noch nicht

animus pascitur, unde laetatur. Et ideo »pisces 27,42
et coeti« non vescuntur »escis«, quas non ger-
minat nisi iam »terra« ab amaritudine mari- [Gen 1,
norum fluctuum distincta atque discreta. 11.29 f]

Et vidisti, deus, omnia quae fecisti, »et ecce 28,43
bona valde«, quia et nos videmus ea, et ecce Gen
omnia bona valde. In singulis generibus ope- 1, 31
rum tuorum, cum dixisses, ut fierent, et facta
essent, illud atque illud vidisti »quia bonum
est«. Septiens numeravi scriptum esse te vi-
disse, quia bonum est quod fecisti; et hoc oc-
tavum est, quia vidisti omnia quae fecisti, »et
ecce« non solum bona sed etiam »valde bona«
tamquam simul omnia. Nam singula tantum
»bona« erant, simul autem omnia et »bona«
et »valde«. Hoc dicunt etiam quaeque pulchra
corpora, quia longe multo pulchrius est cor-
pus, quod ex membris pulchris omnibus con-
stat, quam ipsa membra singula, quorum or-
dinatissimo conventu conpletur universum,
quamvis et illa etiam singillatim pulchra sint.

Et attendi, ut invenirem, utrum septiens vel 29,44
octiens videris, quia bona sunt opera tua, cum
tibi placuerunt, et in tua visione non inveni
tempora, per quae intellegerem, quod totiens
videris quae fecisti, et dixi: „O domine, nonne
ista scriptura tua vera est, quoniam tu verax [Jo
et veritas edidisti eam? Cur ergo tu mihi dicis 3, 33; 14, 6]
non esse in tua visione tempora, et ista scrip-
tura tua mihi dicit per singulos dies ea quae

sehen;[57] denn erquickt wird der Geist nur durch etwas, woran er sich freuen kann. Und darum nähren sich die »Fische und Meeresungeheuer« nicht von den »Speisen«, die das »Land« erst sprossen läßt, wenn es von den bitteren Meeresfluten schon gesondert und ausgeschieden ist.

Und Du, Gott, sahest alles, was Du geschaffen, »und siehe, es war sehr gut«. Sehen es doch auch wir, und wahrlich, alles [als Ganzes] ist sehr gut. Bei den einzelnen Arten Deiner Werke, als Du sprachst, sie sollen werden, und sie daraufhin wurden, sahest Du ein ums andere mal, »daß es gut ist«. Siebenmal, zählte ich, ist aufgezeichnet, daß gut ist, was Du erschaffen, und das achtemal heißt es, daß Du alles sahest, was Du geschaffen, »und siehe«, nicht nur gut, sondern darüber noch »sehr gut« war es als das Ganz-All; denn die Arten einzeln waren nur »gut«, aber alles im Gesamt war »gut« und war es »sehr«. Das verkündet auch alle schöne Leiblichkeit, da doch ein Leib, der aus lauter schönen Gliedern besteht, weit schöner ist als die einzelnen Glieder für sich, durch deren wohlgeordnete Zusammenstimmung das Ganze sich erst vollendet, wie schön auch im einzelnen die Glieder für sich sind.[58]

Und ich war bedacht, herauszufinden, ob Du denn, als Deine Werke Dir gefielen, sieben- oder achtmal es gesehen, daß sie gut sind, und fand doch in Deinem Schauen der Dinge keine Zeiten, so daß ihr Verlauf mich hätte verstehen lassen, Du habest so und so oft Dir angesehen, was Du erschaffen hast. Und ich sprach: „O Herr, ist denn diese Deine Schrift nicht wahr, da doch Du, der Wahrhaftige und die Wahrheit selbst, sie hast ergehen lassen? Wie kommt es also, daß Du mir sagst, Dein Schauen sei zeitlos, und diese Deine Schrift mir sagt, Du habest Tag um Tag ge-

fecisti te vidisse, quia bona sunt, et cum ea 29,44
numerarem, inveni quotiens?"

Ad haec tu dicis mihi, quoniam tu es deus meus et dicis voce forti in aurem interiorem servo tuo perrumpens meam surditatem et clamans: „O homo, nempe quod scriptura mea dicit, ego dico. Et tamen illa temporaliter dicit, verbo autem meo tempus non accidit, quia aequali mecum aeternitate consistit. Sic ea, quae vos per spiritum meum videtis, ego video, sicut ea, quae vos per spiritum meum dicitis, ego dico. Atque ita cum vos temporaliter ea videatis, non ego temporaliter video, quemadmodum, cum vos temporaliter ea dicatis, non ego temporaliter dico."

Et audivi, domine deus meus, et elinxi stil- 30,45
lam dulcedinis ex tua veritate et intellexi, quoniam sunt quidam, quibus displicent opera tua, et multa eorum dicunt te fecisse necessitate conpulsum, sicut fabricas caelorum et conpositiones siderum, et hoc non de tuo, sed iam fuisse alibi creata et aliunde quae tu contraheres et conpaginares atque contexeres, cum de hostibus victis mundana moenia molireris, ut ea constructione devicti adversus te iterum rebellare non possent; alia vero nec fecisse te nec omnino conpegisse, sicut omnes carnes et minutissima quaeque animantia et quidquid radicibus terram tenet, sed hostilem mentem naturamque aliam non abs te conditam tibi-

sehen, was Du erschaffen, und daß es gut sei, und da ich zählte, fand ich, wie oft es war?“

Darauf sprichst Du zu mir, weil Du mein Gott bist, sprichst mit lauter Stimme Deinem Knecht inwendig in sein Ohr und sprengst meine Taubheit und schreist es mir ein: „O Mensch, was meine Schrift sagt, sage Ich. Dennoch sagt sie es auf Weise der Zeit. Aber meinem Wort kommt Zeit nicht bei: es steht mit mir in meiner gleichen Ewigkeit. So bin ich es, der es sieht, was ihr seht durch meinen Geist, wie ich es bin, der es spricht, was ihr aussprecht durch meinen Geist. Und ebensowenig, während ihr das in zeitlicher Folge seht, sehe ich es in zeitlicher Folge, wie ich in zeitlicher Folge spreche, während ihr es in zeitlicher Folge vorbringen müßt.“ [59]

Und ich vernahm, Herr mein Gott, und kostete den Tropfen Süße aus dem Born Deiner Wahrheit, und ich begriff, warum dies »gut« - »sehr gut«. Denn es gibt Menschen, denen Deine Werke mißfallen, und sie behaupten, Du habest viele davon in Notwehr erschaffen, so den Himmelsbau und das Sterngefüge, und solches nicht aus Eigenem, sondern es sei schon anderswo und von anderer Hand erschaffen gewesen und Du habest es nur zusammengeballt, ineinander gefügt, verflochten, als Du den Weltwall türmtest aus besiegten Feinden, damit sie, festgebannt in solchem Bau, sich nicht wieder gegen Dich erheben könnten; anderes aber habest Du weder geschaffen noch auch nur verbunden, so alles, was Fleisch ist, und alle, auch die kleinsten Lebewesen und alles, was sich mit Wurzeln in die Erde klammert; dergleichen erzeuge und forme ein feindseliger Geist, ein anderes, nicht

que contrariam in inferioribus mundi locis ista 30,45
gignere atque formare.
Insani dicunt haec, quoniam non per spiritum
tuum vident opera tua nec te cognoscunt in eis.

Qui autem per spiritum tuum vident ea, tu 31,46
vides in eis. Ergo cum vident, quia bona sunt,
tu vides, quia bona sunt, et quaecumque prop-
ter te placent, tu in eis places, et quae per
spiritum tuum placent nobis, tibi placent in
nobis. »Quis enim scit hominum, quae sunt I Kor
hominis, nisi spiritus hominis, qui in ipso est? 2, 11 f
Sic et quae dei sunt nemo scit nisi spiritus
dei. Nos autem«, inquit, »non spiritum huius
mundi accepimus, sed spiritum, qui ex deo est,
ut sciamus quae a deo donata sunt nobis«.
Et admoneor, ut dicam: „certe nemo scit, quae
dei, nisi spiritus dei. Quomodo ergo scimus et
nos, quae a deo donata sunt nobis?“ Respon-
detur mihi, quoniam quae per eius spiritum
scimus etiam sic »nemo scit nisi spiritus dei«. Mt
Sicut enim recte dictum est: »non enim vos 10, 20
estis, qui loquimini«, eis, qui in dei spiritu
loquerentur, sic recte dicitur: „Non vos estis,
qui scitis“ eis, qui in dei spiritu sciunt. Nihilo
minus igitur recte dicitur: „Non vos estis, qui
videtis“ eis, qui in spiritu dei vident: ita quic-
quid in spiritu dei vident »quia bonum est«,
non ipsi, sed »deus videt, quia bonum est«.
Aliud ergo est, ut putet quisque malum esse
quod bonum est, quales supra dicti sunt;
aliud, ut quod bonum est videat homo, quia

von Dir erschaffenes, Dir entgegen wirkendes Wesen, das in den unteren Welträumen hause.[60]
Narren sind es, die so reden; sie sehen Deine Werke nicht durch Deinen Geist, noch erkennen sie in ihnen Dich.

Die aber durch Deinen Geist Deine Werke sehen, in denen bist Du es, der sieht. Wenn sie also sehen, daß das Geschaffene gut ist, so siehest Du, daß es gut ist; und was immer wohlgefällt um Deinetwillen, darin bist Du es, was wohlgefällt, und Dein Wohlgefallen ist es, das in uns sich regt, wenn etwas uns durch Deinen Geist gefällt. »Denn wer kennt es, was einem Menschen inne ist, als nur der Geist des Menschen, der in ihm ist? So kennt auch, was in Gott ist, nur der Geist Gottes. Wir aber«, heißt es weiter, »haben nicht den Geist dieser Welt empfangen, sondern den Geist, der aus Gott ist, damit wir wissen, was von Gott uns geschenkt ist«.
Da drängt es mich zu sagen: „Gewiß, niemand weiß, was in Gott ist als nur der Geist Gottes; wie aber wissen dann auch wir, was von Gott uns geschenkt ist?" Mir kommt die Antwort: Auch von dem, was wir durch seinen Geist wissen, gilt es, daß »niemand es weiß als nur der Geist Gottes«. Denn wie es von denen, die da reden würden im Geiste Gottes, mit Recht gesagt ist: »Nicht ihr seid es, die reden«, so kann auch zu denen, die da wissen im Geiste Gottes, mit Recht gesagt werden: „Nicht ihr seid es, die wissen." Man kann sonach auch denen, die da sehen im Geiste Gottes, mit gleichem Rechte sagen: „Nicht ihr seid es, die sehen." Bei allem also, was sie im Geiste Gottes sehen, »daß es gut ist«, sehen nicht sie, »sieht Gott, daß es gut ist«.
So ist es ein anderes, zu wähnen, daß schlecht sei, was gut ist: wie die es tun, von denen oben die Rede war;[61] ein anderes, wenn der Mensch eben sieht, daß gut ist,

bonum est, sicut multis tua creatura placet, 31,46
quia bona est, quibus tamen non tu places in
ea; unde frui magis ipsa quam te volunt: aliud
autem, ut, cum aliquid videt homo quia bo-
num est, deus in illo videat, quia bonum est,
ut scilicet ille ametur in eo, quod fecit, qui
non amaretur nisi per spiritum, quem dedit,
»quoniam caritas dei diffusa est in cordibus Röm 5,5
nostris per spiritum sanctum, qui datus est
nobis«, per quem videmus, quia bonum est,
quidquid aliquo modo est: ab illo enim est,
qui non aliquo modo est, sed quod est, est.

»Gratias tibi, domine!« Videmus »caelum et 32,47
terram«, sive corporalem partem superiorem Offb 11,17
atque inferiorem sive spiritalem corporalem-
que creaturam, atque in ornatu harum par-
tium, quibus constat vel universa mundi mo-
les vel universa omnino creatura, videmus »lu-
cem« factam divisamque a »tenebris«. Vide-
mus »firmamentum caeli«, sive inter spiritales
aquas superiores et corporales inferiores, pri-
marium corpus mundi, sive hoc spatium aeris,
quia et hoc vocatur caelum, per quod vagan-
tur »volatilia caeli« inter aquas, quae vapora-
liter eis superferuntur et serenis etiam nocti-
bus rorant, et has, quae in terris graves flui-
tant. Videmus »congregatarum aquarum« spe-
ciem per campos »maris« et »aridam terram«
vel nudatam vel formatam ut esset visibilis
et conposita herbarumque atque arborum ma-

was gut ist: so die vielen, die an Deinem Geschaffenen, weil es gut ist, ihr Wohlgefallen haben, aber gleichwohl nicht an Dir im Geschöpf, - daher sie denn lieber am Geschöpf als an Dir ihren Freugenuß haben wollen; und ein anderes endlich ist es, wenn im Menschen - der da sieht, daß etwas gut ist - Gott sieht, daß es gut ist, will sagen, daß Gott geliebt wird im Geschöpf. Und diese Liebe zu ihm kommt allein durch den Geist, den er gegeben hat. »Denn die Liebe zu Gott ist ausgegossen in unsern Herzen durch den Heiligen Geist, der uns gegeben ist«, und durch ihn sehen wir, daß gut ist, was nur auf irgendwelche Weise das Sein hat: denn daß es ist, das hat es von Ihm, der nicht auf irgendwelche Weise ist, sondern - was er ist - Ist.[62]

»Dank sei Dir, Herr!« Wir sehen »Himmel und Erde«, ob man dies verstehe nur vom stofflichen Teil der Schöpfung mit ihrem Oben und Unten, oder von der gesamten Schöpfung geistig und stofflich, und als Prächtigung dieser Teile, aus denen also das Ganze der stofflichen Weltmasse oder überhaupt das Ganze der Schöpfung besteht, sehen wir das »Licht«, erschaffen und von der »Finsternis« geschieden. Wir sehen das »Firmament des Himmels«, mag man darunter verstehen, was [als Seinsschicht] zwischen den geistigen Wassern oben und den stofflichen unten das vorzüglichste Stoffwesen der sichtbaren Welt ist,[63] oder den uns nahen Luftraum - Himmel nennt man ja auch ihn, durch den »die Vögel des Himmels« hin und widerfliegen -, den Luftraum zwischen den Wassern, die als Dunstkreis darüber schweben und in heiteren Nächten niedertauen, und den Wassern, die in ihrer Schwere auf dem Erdboden dahinströmen. Wir sehen die Schönheit der »gesammelten Wasser« in den weiten Flächen des »Meeres«, und sehen das »trockene Land«, hier das kahle, dort das zu schaubarer Ordnung geformte, gebil-

ter. Videmus »luminaria« fulgere desuper »so- 32,47
lem« sufficere »diei«, »lunam et stellas« consolari »noctem« atque his omnibus notari et significari »tempora«. Videmus umidam usquequaque naturam »piscibus et beluis« et »alitibus« fecundatam quod aeris corpulentia quae volatus avium portat aquarum exhalatione concrescit. Videmus terrenis »animalibus« faciem terrae decorari hominemque »ad imaginem et similitudinem tuam« cunctis inrationabilibus animantibus ipsa tua imagine ac similitudine, hoc est rationis et intellegentiae virtute, praeponi, et quemadmodum in eius anima aliud est, quod consulendo dominatur, aliud, quod subditur ut obtemperet, sic viro factam esse etiam corporaliter feminam, quae haberet quidem in mente rationalis intellegentiae parem naturam, sexu tamen corporis ita masculino sexui subiceretur quemadmodum subicitur appetitus actionis ad concipiendam de ratione mentis recte agendi sollertiam.
Videmus haec et singula »bona« et »omnia« »bona valde«.

Laudent te opera tua, ut amemus te, et ame- 33,48
mus te, ut laudent te opera tua. Habent initium et finem ex tempore, ortum et occasum, profectum et defectum, speciem et privationem. Habent ergo consequentia »mane et vesperam« partim latenter partim evidenter. De nihilo enim a te, non de te facta sunt, non de

det zum Mutterboden für Kräuter und Bäume. Wir sehen die »Leuchten« herniederstrahlen, die »Sonne«, dem »Tag« zu genügen, »Mond und Sterne« als Tröster der »Nacht«, und wie sie alle den Lauf der »Zeiten« bezeichnen und verkünden. Wir sehen das nasse Element allenthalben bevölkert mit »Fischen und Ungetümen« und selbst »Geflügeltem«: denn durch die Ausdünstung des Wassers wächst die Luft zu der Dichte zusammen, daß sie den Flug des Vogels trägt. Wir sehen, wie sich die Erdoberfläche mit »Landtieren« schmückt, und wie der Mensch, geschaffen »nach Deinem Bild und Gleichnis«, über alle vernunftlosen Lebewesen gestellt ist als dies Dein Bild und Gleichnis, das will sagen: durch die Macht des Geistes und der Einsicht;[64] sehen, daß gleichso, wie in seiner Seele ein Vermögen in Fürsehung die Herrschaft führt, ein anderes untergeordnet ist, um zu gehorchen,[65] auch im leiblichen Bereich für den Mann das Weib erschaffen wurde, das zwar dem Geiste nach, der vernünftig erkennt, die gleiche Natur haben, nach dem Leibesgeschlecht aber dem männlichen Geschlecht so unterstellt sein sollte, wie der Trieb zum Handeln sich zu unterwerfen hat, um von des Geistes Vernunft die Fähigkeit zum Richtighandeln zu empfangen.[66]

Wir sehen das, und »gut« ist jedes für sich und »sehr gut« »alles« zumal.

Rühmen sollen Dich Deine Werke, damit wir Dich lieben, und lieben sollen wir Dich, damit Deine Werke Dich rühmen. Sie nehmen Anfang und Ende in der Zeit, haben Aufstieg und Niedergang, Fortschritt und Rückschritt, erblühen zur Schönheit und verlieren sie. Sie haben also nacheinander »Morgen und Abend«, die einen, ohne daß man's merkt, die andern offensichtlich. Sie sind ja aus dem Nichts von Dir erschaffen, nicht aus Dir erflossen,

aliqua non tua vel quae antea fuerit, sed de 33, 48
concreata, id est simul a te creata materia, quia eius informitatem sine ulla temporis interpositione formasti.

Nam cum aliud sit caeli et terrae materies, aliud caeli et terrae species, materiem quidem de omnino nihilo, mundi autem speciem de informi materia, simul tamen utrumque fecisti, ut materiam forma nulla morae intercapedine sequeretur.

Inspeximus etiam, propter quorum figuratio- 34, 49
nem ista vel tali ordine fieri vel tali ordine scribi voluisti, et vidimus, quia »bona« sunt singula et »omnia« »bona valde«, in verbo tuo, in unico tuo »caelum et terram«, caput et corpus ecclesiae, in praedestinatione ante omnia tempora sine mane et vespera. Ubi autem coepisti praedestinata temporaliter exequi, ut occulta manifestares et inconposita nostra conponeres - quoniam super nos erant peccata nostra et in profundum tenebrosum abieramus abs te, et »spiritus« tuus bonus
»superferebatur« ad subveniendum nobis »in Gen 1, 2
tempore oportuno« - et iustificasti inpios et Ps 144, 15 [Röm 4, 5]
»distinxisti« eos ab iniquis et solidasti auc- Gen 1, 7
toritatem libri tui inter superiores, qui tibi dociles essent, et inferiores, qui eis subderentur, et »congregasti« societatem infidelium in unam conspirationem, ut »apparerent« studia fidelium, ut tibi opera misericordiae pare-

erschaffen nicht aus einem Stoff, der nicht Dein Werk oder vorher schon dagewesen wäre, sondern aus einem miterschaffenen, das ist zugleich von Dir erschaffenen Stoff, weil Du seine Ungestalt ohne jeden Dazwischentritt von Zeit gestaltet hast.[67]
Denn obwohl ein anderes ist der Stoff für Himmel und Erde, ein anderes die Wohlgestalt von Himmel und Erde, hast Du beides geschaffen, den Stoff aus dem reinen Nichts, die Wohlgestalt aber aus dem ungeformten Stoffe, gleichwohl Stoff und Wohlgestalt zumal, so daß dem Stoff die Form ohne jede Zwischenzeit folgte.

Wir haben auch erwogen, um welcher bildlichen Bedeutung willen Du gewollt hast, daß die Dinge in solcher Ordnung entstanden oder in solcher Ordnung aufgeschrieben wurden. Und wir sahen, daß jedes für sich »gut« und »alles« in seiner Gesamtheit »sehr gut« ist, sahen in Deinem Wort, in Deinem Eingeborenen, »Himmel und Erde«, Haupt und Leib der Kirche in ihrer Vorherbestimmung vor allen Zeiten, ohne Morgen und Abend. Als Du aber das Vorherbestimmte in der Zeit auszuführen begannst, um Deine verborgenen Absichten zu offenbaren und unsere Ungeordnetheit in Ordnung zu bringen - waren doch über uns unsere Sünden, und in Abgrundfinsternis, hinweg von Dir, war unser Weg gegangen -, da »schwebte« Dein guter »Geist darüber«, uns zu Hilfe zu kommen »zur rechten Zeit«, und Du hast die Sünder gerechtfertigt und so »gesondert« von den Gottlosen und hast das Heiligwort Deiner Schrift [als »Firmament«] errichtet zwischen denen oben, die sich Dir hörsam erweisen würden, und denen unten, die sich ihnen unterstellen sollten, und hast die Gemeine der Ohngläubigen »vereinigt« zur Einmut in Einem, damit das Sinnen und Trachten der Gläubigen »erscheine«, wie sie Dir Werke der Barmherzigkeit hervorbrächten, den

rent, distribuentes etiam pauperibus terrenas 34,49
facultates ad adquirenda caelestia.
Et inde accendisti quaedam »luminaria in firmamento«, verbum vitae habentes sanctos tuos et spiritalibus donis praelata sublimi auctoritate fulgentes; et inde ad imbuendas infideles gentes sacramenta et miracula visibilia vocesque verborum secundum »firmamentum« libri tui, quibus etiam fideles benedicerentur, ex materia corporali produxisti; et deinde fidelium »animam vivam« per affectus ordinatos continentiae vigore formasti atque inde tibi soli mentem subditam et nullius auctoritatis humanae ad imitandum indigentem renovasti ad »imaginem et similitudinem« tuam praestantique intellectui rationabilem actionem tamquam »viro« »feminam« subdidisti omnibusque tuis ministeriis ad perficiendos fideles in hac vita necessariis ab eisdem fidelibus ad usus temporales »fructuosa« in futurum opera praeberi voluisti.
Haec omnia videmus et »bona sunt valde«, quoniam tu ea vides in nobis, qui spiritum, quo ea videremus et in eis te amaremus, dedisti nobis.

»Domine deus, pacem da nobis - omnia enim 35,50
praestitisti nobis« - pacem quietis, pacem sab- Is 26,12 [I Tim 6,17]
bati, pacem sine vespera. Omnis quippe iste ordo pulcherrimus rerum »valde bonarum« modis suis peractis transiturus est: et »mane« quippe in eis factum est »et vespera«.

Armen auch irdische Güter austeilend, um sich himmlische zu erwerben.

Und hast weiters auch die »Leuchten am Firmament« entzündet, Deine Heiligen, die das Wort des Lebens besitzen und durch des Geistes Gaben mit erhabenem Ansehen voranleuchten. Und hast dann, um die ungläubigen Völker einzuweihen, gemäß dem »Firmament« Deiner Schrift aus körperhaftem Stoff sakramentliche Zeichen und sichtbare Wunder und Stimmen und Worte hervorgehen lassen, auch Deinen Gläubigen zum Segen. Und dann hast Du »die lebendige Seele« der Gläubigen geformt durch die ordnende Zucht des Trieblebens kraft der Enthaltsamkeit. Hast endlich den Geist [als Sehkraft],[68] der Dir allein sich untergibt und keiner menschlichen Autorität zur Nachahmung bedarf, erneuert nach Deinem »Bild und Gleichnis« und dem Verstande als dem Führer das Handeln, daß es vernünftig sei, wie dem »Mann« das »Weib« unterstellt. Und allen, die Dir dienen, um den Gläubigen zur Vervollkommnung zu helfen, wie es in diesem Leben notwendig ist, sollen - so hast Du gewollt - zur Stillung ihres zeitlichen Bedarfes eben diese Gläubigen sich hilfreich erweisen in Werken, die »Frucht« auf Zukunft sind.

Dies alles sehen wir, und es ist »sehr gut«: denn Du siehst es [als das Deine] in uns, der Du den Geist uns gegeben hast, damit wir in ihm es sehen und in all dem Dich lieben sollten.

»Herr, Gott, gib uns den Frieden - Du hast uns ja alles gegeben« -, den Frieden der Ruhe, den Frieden des Sabbats, den Frieden ohne Abend. Denn diese ganze herrliche Ordnung der Dinge, in der sie »sehr gut« sind, - sie wird, wenn ihr Maß und Ziel erfüllt ist, vergehen müssen: ja »Morgen« ward es da »und Abend«.

»Dies« autem »septimus« sine vespera est nec 36, 51
habet occasum, quia »sanctificasti« eum ad Gen 2, 3
permansionem sempiternam, ut id, quod tu post opera tua »bona valde«, quamvis ea quietus feceris, requievisti septimo die, hoc praeloquatur nobis vox libri tui, quod et nos post opera nostra ideo »bona valde«, quia tu nobis ea donasti, sabbato vitae aeternae requiescamus in te.

Etiam tunc enim sic requiesces in nobis, quem- 37, 52
admodum nunc operaris in nobis, et ita erit illa requies tua per nos, quemadmodum sunt ista opera tua per nos. Tu autem, domine, semper operaris et semper requiescis nec vides ad tempus nec moveris ad tempus nec quiescis ad tempus et tamen facis et visiones temporales et ipsa tempora et quietem ex tempore.

Nos itaque ista quae fecisti videmus, quia 38, 53
sunt, tu autem quia vides ea, sunt. Et nos foris videmus, quia sunt, et intus, quia bona sunt: tu autem ibi vidisti facta, ubi vidisti facienda.
Et nos alio tempore moti sumus ad bene faciendum, posteaquam concepit de spiritu tuo cor nostrum; priore autem tempore ad male faciendum movebamur deserentes te: tu vero,
deus une bone, numquam cessasti bene facere. [Mt 19, 17]
Et sunt quaedam bona opera nostra ex munere quidem tuo, sed non sempiterna: post illa nos requieturos in tua grandi sanctificatione spe-

Aber der »siebente Tag« ist ohne Abend, und er hat keinen Untergang, weil Du ihn »geweiht« hast zu ewiger Dauer. Und im Wort von Deinem Ruhen am siebenten Tag nach den »sehr guten« Werken, die Du doch in Ruhe geschaffen, sollte uns die Stimme Deiner Schrift vorausverkünden, daß auch wir nach unsern Werken, die nur deshalb, weil Du sie uns gegeben, »sehr gut« sind, am Sabbat des ewigen Lebens ruhen werden in Dir.

Auch dann wirst Du es sein, der ruht in uns,[69] so wie Du heute wirkest in uns, und jene Ruhe wird sein Dein Ruhen durch uns, so wie die Werke der Zeit sind Dein Wirken durch uns. Du aber, Herr, Du wirkest immer und ruhest immer, Du siehst nicht in der Zeit noch regst Du Dich zuzeiten und ruhst zuzeiten. Und doch bist Du es, der da wirkt den Unbestand des Sehens in der Zeit und die Zeiten selber und das Ruhen, wann Zeit nicht mehr sein wird.

So also steht es. Die Dinge, die Du gemacht hast, sehen wir, weil sie sind; sie sind aber, weil Du sie siehst.[70] Und wir - wir sehen außen, daß sie sind, und sehen innen, daß sie gut sind: Du aber hast ebengleich mit ihrem Werdensollen ihr Gewordensein gesehen.[71]
Und wir - wir sind zum Gut-Tun in späterer Zeit bewogen worden, nachdem von Deinem Geist unser Herz empfangen hatte, in voriger Zeit aber trieb es uns, abtrünnig von Dir, zum Übel-Tun: aber Du, Gott, gut allein, Du hast niemals aufgehört, das Gute zu wirken. Wohl, auch bei uns gibt es gute Werke, gut als Gabe von Dir, gleichwohl nicht Werke von ewiger Dauer, da wir nach ihrem Vollbringen zu ruhen hoffen an Deinem erhabenen Weihetag: Du aber, Gut, das keines Gutes be-

ramus. Tu autem bonum nullo indigens bono 38, 53
semper quietus es, quoniam tua quies tu ipse es.
Et hoc intellegere quis hominum dabit homini?
Quis angelus angelo? Quis angelus homini? A
te petatur, in te quaeratur, ad te pulsetur: sic,
sic accipitur, sic invenietur, sic aperietur. [Mt 7, 8]

darf, bist immer ruhevoll, denn Du bist Deine Ruhe selber.

Und das zu begreifen, wo ist der Mensch, der es dem Menschen, wo der Engel, der es dem Engel, wo der Engel, der es dem Menschen gäbe? Von Dir soll man's erbitten, in Dir es suchen, bei Dir darum anklopfen: so, ja so wird man empfangen, so wird man finden, so wird aufgetan werden.

AUGUSTIN ÜBER SEINE BEKENNTNISSE IM LITERARISCHEN RÜCKBLICK

[um 428]

Retract. l. II c. 32

Die dreizehn Bücher meiner Bekenntnisse rühmen den gerechten und guten Gott aus Anlaß wie des Bösen so des Guten in mir und rufen des Menschen Verstand und Gemüt zu ihm auf. Jedenfalls, was mich anlangt, hatten sie diese Wirkung in mir beim Abfassen und haben sie noch beim Lesen. Was andere von ihnen halten, ist ihre Sache; daß sie aber vielen Brüdern sehr gefallen haben und noch gefallen, weiß ich.[1] - Vom ersten bis zum zehnten Buch handeln sie von mir, in den drei übrigen von der Heiligen Schrift, angefangen von der Stelle: »Im Anfang schuf Gott Himmel und Erde« bis zur Sabbatruhe.

Im vierten Buch, da wo ich den elenden Zustand meiner Seele aus Anlaß des Todes eines Freundes bekenne, heißt es im Anschluß an die Worte, daß unsere Seele gleichsam aus zweien eine geworden war:[2] »Und wenn ich trotzdem vor dem Sterben zurückscheute, so hatte das seinen Grund vielleicht darin, daß der doch nicht ganz sterben sollte, den ich so heiß geliebt hatte«; das mutet mich mehr wie eine leicht hingeworfene Redensart denn wie ein ernst zu nehmendes Bekenntnis an; immerhin ist die Entgleisung einigermaßen gemildert durch Beifügung des »vielleicht«. - Die Stelle im dreizehnten Buch, wo ich vom Firmament als etwas zwischen den geistigen Wassern oben und den stofflichen unten spreche,[3] ist in ihrer Fassung nicht hinreichend überlegt; übrigens liegt die Sache sehr im Dunkel.

Das Werk beginnt mit den Worten: »Groß bist Du, Herr.«

ANMERKUNGEN

[1] Würdigung dieses eröffnenden Kapitels bei A. v. Harnack, *Aus der Friedens- u. Kriegszeit* [*Reden u. Aufsätze,* N. F. III, Gießen 1916], 69–76.
[2] Daß der Glaube an Gott [nicht auch die Erkenntnis Gottes] dem Anrufen vorhergehen müsse, führt A. in Ansprachen an die Taufbewerber öfters aus [z. B. *s.* 56, 1; 57, 1; vgl. *s.* 115, 1].
[3] Nach de Labriolle eine Anspielung auf den hl. Ambrosius.
[4] de Labriolle zu Kap. 2 u. 3: daß sich in den philos. Abschnitten der *Conf.* Beweisführungen in Form einer Folge von Fragen nicht selten finden und mitunter etwas ermüdend wirken.
[5] Thomas v. A., *S. th.* I 12, 7 *resp.*, zitiert aus A., *s. de Verb. Dom.* 38, 3: »Gott mit dem Geiste irgendwie zu berühren, ist die große Seligkeit.« Die bei A. auch sonst wiederkehrende Wendung, Gott sei *incomprehensibilis,* aber doch *attingibilis,* findet sich auffällig auch beim jungen Goethe: er glaube an den *»Unergreiflichen aber Berührlichen«* [an F. L. Stolberg 26. 10. 1775].
[6] A. las nach dem Italatext [vgl. seine *Adnot. in Job* c. 9: CSEL 28, 2, 527]: qui in vetustatem perducit montes, et nesciunt; die hochragenden Berge als Sinnbild der Hochfährigen - ein für A. geläufiges Bild.
[7] Den Sinn dieses oft mißverstandenen Satzes gibt *s.* 117, 7 an die Hand; vgl. *s.* 117, 15 [de Verbo tanta et tam multa diximus, et nihil dignum diximus].
[8] Ich glaube an den wahren Gott der Verkündigung [vgl. I 1], nicht an den Gott der Manichäer, wie ehedem [vgl. V 10, 18], u. darum finde ich Worte [des Schuld- u. Lobbekenntnisses].
[9] Auf Präexistenz der Seele ist angespielt, wie noch in I 6, 9 u. III 4, 8. Vgl. bei X 20, 29 die Anm. 36. - Über A.s Verhältnis z. Präexistenzglauben E. Gilson, *Introduction à l'étude de s. Augustin* [Paris 1929] 65. Deutsche Übers. 134. - Gelegentlich unserer Stelle erinnert Willmann II 288 f. an das scholastische Universalienproblem u. bringt aus Fr. Rückerts *Weisheit des Brahmanen* XII 4 eine Parallele zu I 6, 9.
[10] Daß das sterbliche Leben mehr ein Sterben als ein Leben ist, tritt erschütternd vor Augen *Civ.* XIII 10.
[11] Dazu *Trin.* XIV 5 über das seiner erst halbbewußte, sinnlich schon lustvoll wahrnehmende Kleinkind, bei dem der Geist [*mens*] »non ignorare se potest, sed cogitare se non potest«.
[12] Vgl. XI 15, 20.
[13] Wer die Lösung der Frage Gott und Zeit nicht findet, findet Gott, indem er von dessen Unbegreiflichkeit sich überzeugt.

Wer eine der Gottesvorstellung unwürdige Lösung findet, hat Gott nicht gefunden. - Das hier anklingende Thema der »wissenden Unwissenheit« hatte A. schon im Dialog *De ordine* beschäftigt [II 18, 48: »Von Gott ist kein Wissen in der Seele, es sei denn das Wissen, wieso sie ihn nicht-weiß«. Ebd. II 16, 44: *Scitur melius nesciendo*]. Dann [a. d. J. 412] *ep.* 130 [ad Probam] XIV 27 f.: »Was wir nicht so denken können, wie es ist, das kennen wir offenbar nicht; wir verwerfen vielmehr, auf was immer unsere Gedanken kommen, weisen es zurück, mißbilligen es, weil wir wissen, daß es nicht das ist, was wir suchen, obgleich wir noch nicht wissen, wie es beschaffen ist. Es findet sich also in uns, ich möchte sagen, eine gewisse belehrte Unwissenheit [*quaedam docta ignorantia*], belehrt jedoch vom Geiste Gottes, der unserer Schwachheit zu Hilfe kommt.« - Vgl. J. Bernhart, *Die philos. Mystik des Mittelalters* [1922] 265 f. u. ö.

[14] Die ‚Sünden' der Unmündigen sind Wirkungen der erbsündlichen Schwachheit u. Unwissenheit. *De peccat. mer. et rem.* I, 25.

[15] d. i. mit der Erbsünde behaftet. Vgl. *in ps.* 50, 10.

[16] Auf Redekünste u. -künsteleien war die spätrömische Hochschulbildung vor allem abgestellt.

[17] Zur grausamen Strenge in der Schule von damals vgl. *Civ.* XXI 14.

[18] Zur Übersetzung der Doppelverneinung des Psalmwortes [non ad insipientiam] mit verstärkter Bejahung vgl. *en.* I *in ps.* 21, 3 und *en.* II *in ps.* 21, 4.

[19] Eines der wenigen Beispiele sarkastischen Tons in den *Conf.*

[20] *Civ.* XI 17: Gott ist, wie bester Naturen Schöpfer, so böser Willen nie verlegener Einordner.

[21] Die ersten liturgischen Akte des Katechumenats, sinnbildend u. bewirkend; die erste Angliederung an den mystischen Leib Christi.

[22] s. bei XIII 20, 28 Anm. 36.

[23] »Den Schlüssel zu dieser Stelle gibt XIII 12, 13. Den Schöpfungsbericht der Genesis nach der allegorischen Methode interpretierend, setzt A. die ‚Erde' mit dem ‚fleischlichen Menschen' gleich; diese ‚Erde' empfängt ihre ‚Form' durch die christliche Unterweisung, die dem Menschen Licht und geistliche Sinnesweise zuführt.« [de Labr.]

[24] Ein beherrschender Gedanke bei A. Zu Gottes Natur kommt nichts hinzu, wodurch sie eine Wandlung erführe; sagt man von

ihm, daß er den Bösen zürnt, den Guten gnädig ist, so geschieht Veränderung bei ihnen, nicht bei ihm, - wie dasselbe Licht für schwache Augen grell, für starke sanft ist [*Trin.* V 16, 17]. Auch der Rede von Gottes ‚Zorn' liegt nur die Anschauung menschlicher Gemütsbewegungen zugrunde [*Enchir.* 10, 33]. Gott kann ja nicht beleidigt werden [*Conf.* III 8, 16]. Den allgemein biblischen Gedanken, daß nach der immanenten Weltordnung die Sünde ihre Strafe in sich selbst trägt, führt A. vielfach aus. Vgl. *in ps.* 7, 19; *ps.* 57, 17. Über den Strafcharakter der Verblendung als einer Quelle neuen Sündigens, der Verfinsterung des Geistes, der allmählich weder das Licht mehr sieht noch sich selbst [*en.* I *in ps.* 18, 13; auch *en.* II zum gleichen Psalm] vgl. J. Mausbach, *Die Ethik des hl. A.*, II, 230 ff., 71 ff.

[25] In der Schrift *c. litt. Petil.* [a. d. J. 402] sagt A., vom Griechischen verstehe er sehr wenig, beinahe nichts. Aber seine Kenntnisse reichten immerhin aus, um nötigenfalls griechische Stellen selbständig ins Lateinische zu übersetzen. O. Rottmanner, *Zur Sprachenkenntnis des hl. A.* Tübinger Theol. Quartalschrift 1895, 269 ff. [Abgedruckt bei R. Jud, *Geistesfrüchte aus der Klosterzelle.* 1908, 61 ff.]

[26] In der Behandlung schönwissenschaftlicher Literatur.

[27] Der geringschätzige Ton wiederholt sich III 4, 7 bei der Nennung Ciceros. Wie gut A. Vergil gekannt hat, beweisen allein schon die häufigen Zitate in *Civ.* In *s.* 105, 10 sagt er, V. habe seine Verheißung der endlosen Dauer des Reiches [*Aen.* I 278] einem Lügengott in den Mund gelegt. Gerügt wird *de cura* 10, 12 die poetische Lügensprache des Äneas, der vorgibt, die Unterwelt gesehen zu haben, aus christlicher Auffassung wird dem Messianismus der 4. Ekloge [*Civ.* X 27] des »poeta nobilissimus« zugestimmt. Außer der polemischen Grundhaltung zur heidnischen Kultur ist bei A. eine besondere Ferne von der Wahrheitsform der Poesie zu bedenken. »Kein Wort aus der profanen Literatur mag ihn innerlich tiefer getroffen haben als der alte Ausspruch Platos über die Dichter, die eine wohlgeordnete Republik verbannen müsse ... Er hat die Verse Vergils nie vergessen; aber in seiner Studierstube und im Innersten seines Gewissens beherrschten ihn die Probleme von Gnade und Freiheit, von Sünde und Rechtfertigung ...« [Van der Meer 671]. - Im übrigen J. Vasold, *Augustinus quae hauserit ex Vergilio* [2 Programme]. München 1907—1908. - Vgl. G. Combès, *S. A. et la culture classique.* Paris 1927, S. 18.

[28] *Extrema sequi* im Vergil-Zitat wird hier unvermittelt im Sinne neuplatonischer Eschatologie vom moralischen Tod der Hingabe an die Materie verstanden.

[29] Das Lehrgewerbe trug, nach Libanios *or.* II, im ganzen spätrömischen Reich gleiche Züge. Vgl. G. Grupp, *Kulturgeschichte d. röm. Kaiserzeit* II [1904] 470 ff.

[30] »Überall lernt man nur von dem, den man lieb hat.« Goethe zu Eckermann 1825.

[31] Eine Erfahrung ohne Zweifel aus der eigenen Praxis. Die Übung dieses Grundsatzes erklärt z. T. A.s Lehrerfolg und die Anhänglichkeit seiner Schüler.

[32] Sie haben im Streit mit der Sünde bis aufs Blut gekämpft ... Sie sind wirkliche Brandopfer. *In ps.* 67, 36.

[33] Nur so ist *lignum* zu verstehen. Die Arche als Sinnbild der im Meere [= Welt] dahinschiffenden Kirche ist der altchristlichen Literatur und Kunst gleichermaßen geläufig. ‚Holz' = Schiff *Trin.* IV 15, 20; vgl. *Conf.* III Anm. 26.

[34] Das eine göttlich, das andere sündhaft.

[35] *pulvis* hier in der schon klassischen Bedeutung von Feld, Schauplatz, Kampffeld.

[36] Der für eine Sklavin entflammte, als Eunuch verkappte Held bei Terenz erzählt von der mythologischen Szene als entscheidendem Antrieb zu seinem Verführungswerk.

[37] Dies Verfahren hatte Quintilian, *de instit. oratoria* X 5, 2 empfohlen. Er wünschte die Umsetzung griechischer Gedichte in lateinische Prosa, wobei ein Ausgleich der poetischen und der rhetorischen Sprache zu erstreben sei. »Denn der erhabene Geist der Dichtung kann der Rede einen höheren Schwung verleihen, und die Ausdrücke, welche der poetischen Freiheit entsprechend kühner sind, haben anderseits nicht in gleicher Weise das Treffende des Ausdrucks zur Voraussetzung.«

[38] Eine Anspielung auf die nach antiker, auch jüdischer Anschauung in der Luft hausenden Geisterwesen. ‚Die Geflügelten' sind die Samen holenden Vögel, zugleich die Dämonen der Luft. Die Stelle mischt Motive aus Eph 2, 2 u. Mt 13, 4.

[39] Nach Auctor *ad Herennium* IV 12, 7 bezieht sich Barbarismus auf das *vitiose efferre,* Solözismus auf das grammatikalische Nichtstimmen eines Wortgefüges.

[40] Der jüngere [verlorene] Sohn in der Parabel ist das Heidenvolk, das Gott zur Sohnschaft später berief als das Judenvolk.

[1] Den Begriff im heutigen Sinn genommen. So schon Tertullian, *idol.* 15; *de anima* 46; *Apol.* 47. - Madaura war überwiegend heidnisch-konservativ. A.s Briefwechsel von 390 mit dem dortigen Philosophen und Rhetor Maximus [*ep.* 16, 17], auf ironisch höfliche Zurückhaltung gestimmt, spiegelt die heidnisch-christliche Spannung. Erst 399 wurden im karthagischen Gebiet die heidnischen Tempel geschlossen, der der *dea Caelestis* in eine christliche Kirche verwandelt. Über den Kult der Magna mater *Civ.* II 4; VII 26. Vgl. J. Geffcken, *Der Ausgang des griechisch-römischen Heidentums.* 1929. 184 f. - Wieweit schon der junge A. vom geistigen Nachleben des im 2. Jhrh. in Madaura geborenen Apuleius, der in *Civ.* öfters genannt ist, berührt wurde, läßt sich nicht sagen. *Ep.* 138, 18. 19: Apuleius qui nobis Afris Afer est notior. Marrou 19 [4] hält es für ungewiß, ob Apulejus in den Schulen gelesen wurde. Später hat ihm A. viel von seiner Kenntnis Platons zu verdanken. Ebd. 173 [1]. Ansprechende Vermutungen bei G. Papini, *Der hl. A.*, deutsch 1930. 34 ff.

[2] Über Sitten und Unsitten des spätrömischen Bäderwesens - A. spricht einmal vom ‚pruritus thermarum' - sind wir aus heidnischen und christlichen Quellen sattsam unterrichtet.

[3] Also trieb er es offenbar nicht so schlimm wie andere.

[4] Vorwurf an die Eltern als seine Erzieher, an die Mutter nur, sofern sie es bei bloßen Ermahnungen bewenden ließ. Vgl. *in ps.* 57, 19, wo A. aus eigener Erfahrung von der Schwierigkeit der Selbstüberwindung spricht, wenn es an der Erziehung fehlte.

[5] Wogegen, wie oben aus II 2, 4 hervorgeht, in den Verfehlungen gegen die Keuschheit nicht ein Naturgesetz, sondern das positive christliche Gesetz verletzt wird.

[6] Hier legt sich der Gedanke an die neuplatonische Sympathielehre nahe, etwa den schon bei Platon vorkommenden, von Proklos im Timäus-Kommentar erörterten Begriff der ἐφαρμογή [*congruentia*]. Die sogleich folgende synonyme *convenientia*, von mir mit Sympathie wiedergegeben, erinnert an die stoische ὁμολογία nach ihrer ontologischen Bedeutung; vgl. Cicero *fin.* III 6.

[7] Zum Begriff der »Geradherzigkeit« *in ps.* 50, 15: »Richtet sich der Mensch empor nach dem, was oben ist, so wird sein Herz gerade; kehrt er sich abwärts zu den Lockungen des irdischen Daseins, so krümmt er sich sozusagen.«

[8] Sallust wurde vom 2.—5. Jhrh. in den Schulen Afrikas gelesen. A. zitiert ihn bereits *de vita beata* [a. d. J. 386], später mehrmals *Civ.* III 17.

[9] Zum Folgenden vgl. *Trin.* XI 5, 8: »Selbst bei ihren Sünden jagen die Seelen nur einer Art Gottähnlichkeit nach, in ihrer hochfahrenden, verkehrten, ich möchte sagen knechtischen Freiheit. Ebd. 5 u. 6 wird der Gedanke des rechten Schöpfungsgebrauchs in so großer Art entwickelt, wie vorher X 5, 7 u. 6, 8 die tragische Wendung aller apostatischen Kultur dargelegt worden ist.

[10] Über die *perversa imitatio Dei* als festen augustinischen Begriff s. H. Fuchs, *A. u. der antike Friedensgedanke.* 1926. S. 28 ff. - Der Wille ist notwendig zu Gut gedrängt, in der Wahl aber ist er fähig sowohl der Unordnung wie der Ordnung, d. h. der im rechten Schöpfungsgebrauch zu erlangenden Teilhabe an Gottes Sein. Darum »sind wir Gottes Gebilde nicht nur, daß wir Menschen seien, auch, daß wir gut seien«. *Gen. ad litt.* 8, 27.

[11] II 7 entspricht I 20: wie dort für die Gaben der Knabenzeit, so dankt A. hier für die Vergebung der Sünden der ersten Jugendzeit. Demnach bezieht sich II 7 auf alle Entartung, wie sie in II 1—6 einbekannt wird, 8 u. 9 jedoch kehren nochmals auf das »Geheimnis der Sündenbosheit« zurück und führen die Untersuchung darüber am Birnendiebstahl zu Ende.

[12] Damit ist deutlich gesagt, was im Unterbewußtsein der Burschen vorging und daß A. sich nicht beschuldigt, auch nur die unbewußte Intention gehegt zu haben, eine Sünde um der Sünde willen, sozusagen mit aufgehobener Hand, zu begehen, wie häufig angenommen wird.

[13] Rückgriff auf II 1. Das echt augustinisch kühne Bild entspringt dem Gleichnis vom verlorenen Sohn: der ‚jüngere' Sohn verschleudert in einem ‚Lande' fern vom Vaterhaus seinen Kindsteil und muß nun ‚Entbehrung' leiden [Lk 15, 13 f.]. Das Land, in das man unter Losreißung vom Vater-Gott gelangt, ist ein Seelenzustand, und also wird sich die Seele, der Mensch selbst, zum ‚Land', darin er Entbehrung zu dulden hat.

[1] Die Übersetzung bedenkt A.s Vertrautheit [*ep.* 258, 1] mit Ciceros bekannter Definition der Freundschaft: rerum humanarum et divinarum cum benevolentia et caritate consensio. Hier ist die sittliche Seite der Freundschaftsliebe betont, augustinisch gesprochen die *caritas* und *dilectio*, wogegen die Sympathie, einbefaßt im weiteren Begriff des *amor*, dem Bereich des Naturhaften angehört, wie sogleich aus n. 3 hervorgehen wird [vgl. Anm. 3].

[2] Obszöne Theatereindrücke auch *Civ.* II 4 u. VII 21. — Über Gladiatorenspiel u. Theater z. Z. A.s van d. Meer. 73—83; - Alypius u. Gladiatorenkämpfe *Conf.* VI 7, 11; 7, 12; 8, 13; vgl. van d. Meer. 77 ff. - A.s Erfahrung deutet auf Algophilie, Schmerzlust, die ihm das Mitleid verdächtig macht, zumal im Vergleich mit dem schmerzfreien [göttlichen] Erbarmen, n. 3 Schluß. - *Über den Grund des Vergnügens an tragischen Gegenständen* in der bekannten Abhandlung Fr. Schillers. Ferner: bei J. Volkelt, *Ästhetik des Tragischen* [1916] hauptsächlich die Ausführungen über Teilnehmungsgefühle und die Lust am Tragischen. W. Windelband, *Über Mitleid und Mitfreude* in *Präludien,* [8] II 1921. M. Scheler, *Wesen und Formen der Sympathie.* [3] 1931. - Zum Theaterwesen A. Audollent, *Carthage romaine.* 1901. S. 682—687. [Nach Labr.] J.B. Eriau, *Pourquoi les Pères de l'Eglise ont condamné le théatre de leur temps.* 1914. A.s verstreute Äußerungen zusammengefaßt bei F. van der Meer, *A. als Seelsorger* [deutsch 1951] 77 ff. u. ö. Für Karthago vgl. *Civ.* II 4, 26. Zwei Jahrhunderte zuvor hatte der Afrikaner Tertullian in *de spectaculis* die Zustände beschrieben. Ihm scheinen, von den sinnlichen Erregungen abgesehen, mit den heftigen Gemütserschütterungen, ohne die kein Schauspiel ist, unvereinbar die vom Christen zu erstrebenden Wirkungen des Hl. Geistes, der seinem Wesen nach zart und sanft ist [n. 15. 16]. Vgl. J. Köhne, *Die Schrift Tertullians ‚Über die Schauspiele' in kultur- u. religionsgeschichtlicher Bedeutung.* 1929.

[3] Das Thema von II 2, 2 f. wird wieder aufgenommen. Dort wünschte A., die Drangsal aus der Einmischung der *libido* in die *amicitia* hätte sich zeitiger in einer Ehe lösen mögen. So legt sich die Deutung auf heterosexuelle Erlebnisse nahe. Im Sinne mann-männlicher Inversion ist A.s erotische Struktur gesehen bei W. Achelis, *Die Deutung Augustins* [1921]. Papini [S. 40 ff.] schließt aus den fraglichen Texten in II u. III auf homosexuelles Verhalten. »Seine Biographen suchen über diese

Wirrnis der Sinnlichkeit hinwegzukommen und haben bis jetzt eine Art des Vergehens ins Dunkel gehüllt, Schlimmeres als was man sonst gewohnt ist: er hat es aber wirklich begangen.« Mir scheint diese Auslegung möglich, aber nicht notwendig. Die *vena amicitiae* läßt sich auf Grund der vorausgegangenen Charakteristik der Schmerzlust im Theater als ‚Lebensstrom freundschaftlicher Sympathie', der Grundlage aller Einfühlung u. seelischen Kommunikation, verstehen. *Rui etiam in amorem* bereitet der Übersetzung Schwierigkeit. Über *amor* besteht kein Zweifel, um so mehr über *etiam*. Deutet es auf etwas vom Vorangehenden Verschiedenes [außer der befleckten *amicitia* auch noch diesen quälenden *amor*] oder belegt es das Erzählte durch ein Beispiel für den unseligen *tartarus libidinis*, das etwa auf flüchtige Dirnenbekanntschaften als ernsthaft gemeintes Liebesverhältnis folgte? Sicherlich kann *vena amicitiae* nach dem ganzen Zusammenhang, in dem es steht, nicht gerade nur Freundschaft mit Alters- u. Geschlechtsgenossen bedeuten. [Labriolle übersetzt: *L'amitié est la source de ces sympathies.*] Vgl. auch IV 9 [erster Satz], wo die echte Freundesliebe nähere leibliche Beziehungen ausschließt. Volle Klarheit ergeben die Texte nicht, in der Übersetzung aber wäre sie nur durch vorgreifende Interpretation zu gewinnen.

Zu *vena amoris*. Die Metapher der Strömung für die menschliche Grundkraft der Liebe [*amare*, das erst zum *diligere* sich reinigen und erheben soll] ist bei A. häufig. *In ps.* 31, II 5: »Die Liebe kann nicht feiern. Was ist es denn, was in jeglichem Menschen auch Bös wirkt, wenn nicht die Liebe? ... Verbrechen, Ehebrüche, Schandtaten, Mord, Unzucht aller Art, wirkt das nicht die Liebe? Reinige also deine Liebe; das Wasser, das zur Kloake fließt, leite zum Garten hin; laß die Strömung, die auf die Welt geht, sich auf den Schöpfer der Welt richten!«

[4] Ältere Kommentatoren verweisen auf die Bedeutung von *eversores* in der Gerichtssprache: Verschwender des väterlichen Erbguts, die als unzurechnungsfähig für Lebenszeit entmündigt werden. Der andere Sinn bei A. wird aus den Texten klar, besonders V 8, 14, wo er von den studentischen Rüpeleien erzählt, die ihm, dem Professor der Rhetorik, Karthago verleidet haben.

[5] D. h. nicht mehr nur Deine Gaben.

[6] Der nur mehr in Fragmenten erhaltene *Hortensius* [längeres Zitat daraus *Trin.* XIV 9, 12] war eine Nachbildung des aristotelischen *Protreptikos*, einer Aufforderung zu philosophi-

scher Lebensordnung, zum ‚bios theoretikós‘. Worüber aufschlußreich W. Jaeger, *Aristoteles,* 1923. S. 53—102. Auf die starke Wirkung des Ciceronischen Dialogs kommt A. VIII 7, 17 noch einmal zurück; vgl. *ep.* 118, 1. 5. Wie manches daraus in sein eigenes frühes Philosophieren überging, ist mehrfach gezeigt worden, vgl. die Literatur bei Ueberweg-Praechter, [12]1926. S. 148*. Aber in der für ihn quälendsten Frage sah er sich bei Cicero im Stich gelassen. Vierzehn Jahre später [387] schreibt er *de lib. arb.* I 2: »Sag mir, warum wir Böses tun? Du regst die Frage an, die mir im Jugendalter viel zu schaffen machte [vehementer me exercuit] und nach aller Qual mich zu den Manichäern trieb und niederzog.«

7 Präexistenz? Vgl. bei Buch I Anm. 9.

8 Manichäisch war auch der Glaube, der von Christus verheißene Paraklet [Jo 14, 16. 26] sei erst in Mani erschienen. - Der Manichäismus in der Sicht A.s ist aus seinen dreizehn polemischen Schriften gegen diese Sekte zu erkennen [Überblick bei Bardenhewer IV 464 ff.]. Außerdem sind im Spätwerk *de haeres.* [c. 46] die Grundlehren hervorgestellt: Zwei gegensätzliche gleichewige Urpotenzen, in der sichtbaren Welt gemischt als urguter und urböser geistig-sinnlicher Stoff; Ziel und Ende des Weltgeschehens die Scheidung der Licht- u. Finsterniswelt; Verwerfung des Alten Testaments, Abrücken auch von einem großen Teil des Neuen; das Werk Christi, der auf Erden nur in einem Scheinleib wandelte, findet seine Sinnerfüllung in Mani. - Eine Auswahl der reich angewachsenen modernen Literatur zum Manichäismus verzeichnet H. H. Schaeder in R G G III 1972. E. Peterson, *Ein manichäischer Bücherfund in Ägypten* [in Hochland, 31. Jhrg. 1933/34, 5. Heft, S. 402 ff.], gibt eine aufschlußreiche Orientierung auch von der polit. Geschichte her. Augustin betreffend wichtig P. Alfaric, *L'évolution intellectuelle de s. A.* I: Du Manichéisme au Néoplatonisme. 1918.

9 Nach den Manichäern bestehen die Weltstoffe, Licht und Finsternis, aus je einer Anzahl von Gliedern oder Elementen. Vgl. *de haeres.* 46 und *c. ep. ‚Fundam.‘* 18; s. Anm. 11.

10 *certus* hier und im Folgenden mit ‚wirklich‘ zu übersetzen, verfehlt den Sinn. In Rede stehen nicht die Stufen des Seins, sondern die Grade der Erkenntnisgewißheit. Die sinnliche Erkenntnis der präsenten Welt ist schon der Gattung nach sicherer als die abstraktive der bloßen Imagination.

[11] A. spricht *de haeres.* 46 von ‚fünf Elementen' der Welt des Bösen, die von den Manich. genannt werden: Rauch, Finsternis, Feuer, Wasser, Wind. »Im Rauche sind entstanden die Zweifüßler, von denen die Menschen ihren Ursprung herleiten; in der Finsternis die Kriechtiere; im Feuer die Vierfüßler; im Wasser die Schwimmtiere; im Winde die Flugtiere. Zur Bekämpfung dieser fünf Elemente seien andere fünf Elemente von Gottes Reich und Wesenheit entgegengesandt worden und hätten sich in diesem Kampfe mit jenen vermischt: dem Rauch die Lüfte, dem Finsteren das Licht, dem bösen Feuer das gute Feuer, dem bösen Wasser das gute Wasser, dem bösen Wind der gute Wind.«

[12] Dies lasen die Manichäer aus dem Genesisbericht von der Erschaffung des Menschen nach dem Bilde Gottes heraus. Vgl. den Schlußsatz dieser Nummer, auch VI 3, 4.

[13] *Varium et mutabile,* bei Vergil, *Aen.* 4, 569, zur Charakteristik der Frau.

[14] Nach *doctr. chr.* III 10, 14 besagt *flagitium* [Schandtat], was aus ungezügeltem Begehren Seele und Leib schändet, die Sünde gegen die Liebe zu Gott; *facinus* [Übeltat] alles, was ungezügeltes Begehren zum Schaden des Nächsten unternimmt, die Sünde wider die Nächstenliebe. Vgl. unten IV 15, 25.

[15] Bei A. hat der Begriff der *iniquitas* eine objektive wie subjektive Seite. Er zielt auf die schon mit der Idee des Menschen gegebene sittliche Ordnung, die verletzt wird, ebenso auf den Habitus der ‚Ungerechtigkeit' beim verletzenden Menschen. »Wahrlich ist es *iniquitas,* wenn in einem Menschen das Höhere schändlich dem Niederen dient oder das Niedere gegen das Höhere aufbegehrt« [C. Jul. Pel. 6, 62]. Die seelischen Ursachen dieser Verkehrung liegen in der *epithymia, concupiscentia, libido,* die sich in den drei Formen der ‚Fleischeslust', ‚Augenlust' u. ‚Hoffart des Lebens' [1 Jo 2, 16] aktuiert. Schon in der Geschichte der antiken Ethik erscheinen gegensätzliche Taxierungen der *concupiscentia,* ihre sittliche und religiöse Veranschlagung ist auch bei A. nicht einheitlich, gleich aber bleibt sich die Erkenntnis der vielförmig hervortretenden Macht des Selbstischen, der Ichsucht, - wie denn bereits in der israelisch-jüdischen Religion die Anschauung erreicht war: das Begehren ist das Haupt aller Sünden [Kittel, III 169]. Für die augustinische Konkupiszenzlehre, deren persönlicher Erfahrungsgrund in *Conf.* X 29—39 sich erschließt; im übrigen reichlich Belege bei Mausbach II, bes. 174 ff., 213 ff.

[16] Hiemit übereinstimmend die Ausführungen über die *apostatica superbia* als *initium peccati* in *Trin.* XII 9, 14.

[17] Ähnlich X 29, 40. Beide Stellen zusammen ergeben den religiösen Grundsinn der sittlich-asketischen Verwesentlichung des Menschen, der Sammlung seiner zentrifugal ins Welt-Viele strebenden Kräfte im Zurück zu Gott dem Einen.

[18] Das vom Wildstier genommene Bild der selbstbewußten Kraft.

[19] Deutet auf Fehler, die im Tugendstreben des Menschen begründet sind.

[20] Anspielung auf einen manichäischen Vorwurf, der ägyptische Joseph habe als Getreidespekulant aufgespeichert?

[21] Z. B. beim Befehl an Abraham, den Sohn zu opfern.

[22] In der manichäischen Kirche standen ihre ‚Heiligen' = Vollkommenen, Auserwählten [*electi*] über den bloßen ‚Hörern' [*auditores*].

[23] Vgl. *de mor. manich.* II 36, 27. *In ps.* 140, 12.

[24] Das dreimalige *exaudisti* erinnert an die feierlichen Wiederholungen in den Psalmen [6, 9 f.; 33, 5. 8. 18; 98, 6. 8]. - Monnicas ‚Wehen' I 11, 17 u. wiederum ‚Tränen' V 8, 15.

[25] Beim Freunde Romanianus scheint A. nach *contr. acad.* II 2, 3 einige Zeit gelebt zu haben; s. *Conf.* VI 14, 24 Anm. 28. Er zeichnet ihn *de vera rel.* c. VII als einen Mann »der hin und her schwankenden Fragen«. R. wird von Paulinus v. Nola zu A.s Bischofsweihe [395] beglückwünscht, inter Aug. *epp.* 32, 2 u. 3.

[26] *regula lignea*, Sinnbild des richtungweisenden Glaubens der Kirche [*lignum* das rettende Holz, die Arche, als Sinnbild der Kirche; *regula fidei*, ein bei A. häufiger Ausdruck]. Vgl. *Conf.* I Anm. 33.

[27] IV 15, 26 ist eine solche mitgeteilt, und wohl auch die Manichäerfragen in III 7, 12 u. VI 5, 7 wurden von ihm weitergegeben. Vgl. übrigens die 391 geschriebene Schrift *de duabus animabus* 9, 11; 11, 18.

[1] Vgl. dazu V 8, 14 dritter Satz.

[2] Konkubinat, vom Staatsgesetz gestattet [*de bono coni.* 5], aber ohne die vollen Rechtswirkungen der Ehe. Seit Konstantin d. Gr. 320 war nur mehr der monogame K. rechtlich anerkannt. Formlos, aber auf Lebensdauer eingegangene Verbindungen betrachtete auch die Kirche noch als rechte Ehen. P. Meyer, *Der römische Konkubinat.* 1895. Noch die Mainzer Synode von 852 bestimmt, daß die Verbindung mit einer Konkubine, wofern sie ein anderes Verhältnis ausschließt, nicht zur Verweigerung der Kommunion berechtigt. Mon. Germ. Cap. II S. 190 n. 249.

[3] Vgl. Spr. 9, 13 u. oben III 6, 11, vorletzter Satz.

[4] Der Sprechende ist der unter Valentinian I. als angesehener Arzt wirkende ‚scharfsinnige Mann' Vindicianus. Sein Name wird erst VII 6, 8 genannt. Die *vis sortis* kehrt dort wieder. Auf sie werden an beiden Stellen zusammen die Treffer der Astrologie und der Buchorakel bezogen, dabei das Urteil ausgesprochen, es gebe keine Kunst der Vorschau, sondern in den Bescheiden, denen dann die Ereignisse entsprechen, spiele die *vis sortis* ihre Rolle. Ist dieser Ausdruck mit ‚Macht des Zufalls', ‚l'appui du hasard', ‚la collaboration active du hasard' wiederzugeben? Daß die Meinung des Vindicianus, auf die es hier eigentlich ankommt, über ‚Zufall' [im Sinn von casus] hinausweist, erhellt VII 3, 6 aus *vim sortis . . . in rerum natura usquequaque diffusam.* Dies erinnert an die neuplatonischen Theorien der Mantik. Deshalb hält sich auch unsere Übersetzung im Begriffsfeld des Orakels.

[5] Vgl. VII 6, besonders das Ergebnis am Schlusse. Wie A. *oraculum* als göttliche Auskunft an den die hl. Schrift Befragenden verstanden hat, zeigt VIII 12, 28. 29, Anm. 43.

[6] 19 Jahre zählte damals Augustinus.

[7] Vgl. IX 12, wo A. die vergeblichen Bemühungen, den Schmerz über den Tod der Mutter zurückzudrängen, und die Beruhigung schildert, die ihm der endlich frei gegebene Tränenstrom verschaffte.

[8] Vgl. IX 12, 33.

[9] Horaz, *Oden* I 3, 8.

[10] Auf diese Stelle kommt A. in den Retraktationen zurück mit den Worten: Im vierten Buch, da wo ich den elenden Zustand meiner Seele aus Anlaß des Todes eines Freundes bekenne, heißt es im Anschluß an die Worte, daß unsere Seele gleichsam aus

zweien eine geworden war: »Und wenn ich trotzdem ... geliebt hatte.« Das mutet mich mehr wie eine leicht hingeworfene Stilübung denn wie ein ernst zu nehmendes Bekenntnis an; immerhin ist die Entgleisung einigermaßen gemildert durch Beifügung des Wörtchens ‚vielleicht' [forte].

11 weil in ihm, dem Unsterblichen, »auch alles Irdische das Sein hat«; oben I 6, 10.

12 dadurch, daß er es teilnehmen läßt an seinem Sein.

13 Vgl. die berühmte Stelle I 1: »Ruhelos ist unser Herz, bis daß es seine Ruhe hat in Dir.«

14 A.s Leiden an der Vergänglichkeit wurzelt in seinem heißen Lebensdrang [hier mag man an das Wort Mephistos denken: »Denn alles, was entsteht, ist wert, daß es zugrunde geht«], ist aber von anderer Stimmung getragen, von der eines gottergebenen Ernstes.

15 Ambrosianischer Hymnus. MPL 14, 1409. Vgl. 2 Makk 1, 24.

16 Zum Verständnis vgl. die folgende n. 17.

17 1 Jo 2, 17 mag bei den Ausführungen in n. 16 vorgeschwebt haben.

18 Ein bei A. oft wiederkehrender Gedankengang; z. B. *s.* 25, 2: ‚Empor das Herz', höre darauf! Aber ‚zum Herrn', nicht wider den Herrn. Willst du in Wahrheit ‚empor das Herz' haben, so habe es ‚beim Herrn'.

19 Das platonische καλὸν καὶ ἱκανόν [*Symposion*]. Die vorausgehende Frage, ob wir anderes als Schönes lieben können, auch *de musica* VI 13, 38. K. Holl, *Gesammelte Aufsätze zur Kirchengeschichte* III [1928] S. 75, Anm. 4, bemerkt, daß A. in seinem Schönheitsbegriff immer von der alten pythagoreischen Auffassung abhängig bleibt, daß die Schönheit nicht mit der αἴσθησις, sondern mit dem νοῦς wahrgenommen wird. Z. B. *de musica* 6, 26: Was ist es, was wir an der sinnlichen Rhythmik [in sensibili numerositate] lieben? Was anderes als eine gewisse Gleichheit und ebenso die gemessenen Intervalle? - Gott als die Schönheit *Conf.* X 27. - Die auf platonischem, aber auch biblischem Grunde ruhende Transzendentalästhetik A.s ist m. W. als Ganzes noch nicht dargestellt.

20 Man denkt an die philosophisch fruchtbare ‚Raserei' in Platons *Phädrus*.

21 Ganz in den sensualistischen und dualistischen Gedankengängen des Manichäismus erging sich die Ästhetik A.s in seinem Werk über das Schöne und Angemessene, dessen Grundgedanken er hier mitteilt.

[22] Man wird erinnert an Mörikes Gedicht ‚Auf eine Lampe‘: Was aber schön ist, selig ist es in ihm selbst.

[23] Vgl. IV 16, 31, wonach sich A. Gott, die Wahrheit, als leuchtenden, unermeßlichen Körper vorstellte.

[24] So die Manichäer von den aus der Vermischung mit dem Bösen zu befreienden Menschenseelen; vgl. *de haeres.* 46 und *Conf.* VIII 10, 22.

[25] Zu ergänzen ist der Gedanke: Der ich doch nach Weisheit erst strebte, also noch irreging, mich aber Gott gleichsetzte.

[26] Nämlich im guten, gotthaften, aber noch irrenden Menschen, gezwungen von der Macht der Finsternis, die durch den Leib in ihm Macht hat.

[27] Die zehn Kategorien des Aristoteles sind: Das Substantielle, die eigenschaftliche Bestimmtheit, das Zähl- und Meßbare, das Verhältnis zu anderem, die räumliche und die zeitliche Bedingtheit, die Lage, Haben oder Verhalten, der Doppelzustand des Wirkens oder des Leidens.

[28] durch Lobbekenntnis; vgl. Ps. 58, 13; 115, 17.

[29] Vgl. oben II 6, 14.

[30] Auffällige Selbstzeugnisse der außerordentlichen Begabung A.s.

[31] s. oben IV 15, 26.

[32] *caritas – cupiditas,* Gottes- und Nächstenliebe und Weltgenußliebe [*cupiditas* im Sinne von »Gemütsausrichtung auf Genuß seiner selbst und des Nächsten und alles Greifbaren ohne Bezogenheit auf Gott«, *de doctr. christ.* III 10] sind für A. die zwei großen Gegensätze der Geisteshaltung; oben n. 30 dieses Kap. hatte er im Gegensatz zur *caritas* der ‚Kleinen‘ von seinen *cupiditates* gesprochen. Vgl. unten VIII 5, 12 und etwa *s.* 72, 4; 90, 6; *in ps.* 31 II, 5.

[33] Vgl. dazu unten XII 27.

[34] Zusammenfassung der oben IV 6—12 ausgeführten Gedankengänge.

[35] Ankündigung des Themas der Bücher V—IX, der aufsteigenden Hinkehr zu Gott.

[1] Wichtig für das Verständnis des ganzen Werkes, wie VIII Eingang; IV 1, 1; XI 2, 3 [sacrificium famulatum cogitationis]. XII 24, 33 deutet die Zitierung von Ps. 21, 16 auf die Erfüllung eines Gelübdes: *vovi* tibi sacrificium confessionum mearum. Vgl. J. Stiglmayr, *Zum Aufbau der Conf. d. hl. A.* in Zs. *Scholastik* VII [1932], 399 ff.

[2] Ein rhetorischer Tropus echt augustinischer Art: Zunge als Stellvertreterin der opfernden Hand.

[3] Vgl. oben II 1 u. *Retract.*

[4] Ganz ähnlich, ein Jahrzehnt früher, *de vera rel.* 24, 45: »Wo jemand fiel, eben da muß er sich gegen den Boden stemmen, um wieder aufzustehen. Daher müssen wir auf eben die fleischlichen Formen, von denen wir in Beschlag genommen sind, uns stützen, um Formen zu erkennen, die uns das Fleisch nicht verkündigt.«

[5] Das Bild vom Gemälde, dessen Schönheit sich auch durch die an der richtigen Stelle angesetzten Schatten vollendet, schwebt ihm vor; vgl. *Civ.* XI 23: »Der böse Wille ... vermag sich nicht den Gesetzen des gerechten Gottes zu entziehen, der alles gut zu ordnen weiß; denn wie ein Gemälde mit schwarzen Schatten an ihrem Platz, so ist das Weltall, wenn man es zu betrachten weiß, auch mit den Sündern schön, so sehr ihre eigene Häßlichkeit, faßt man diese für sich ins Auge, sie verunstaltet.«

[6] Vgl. I 12, 19 bei Anm. 24.

[7] Antwort: Bei der Außenwelt; »draußen suchte ich Dich« [unten VI 1 u. ö.].

[8] Im J. 383. Der wichtige Lebensabschnitt, Loslösung vom Manichäismus, wird feierlich und mit genauer Zeitbestimmung eingeleitet. - Faustus v. Mileve [Nordafrika], geb. um 350, ist Verfasser eines manichäisch-polemischen Werkes gegen die christliche Geltung des Alten Testaments [vgl. auch *Civ.* 15, 26], der Geburtsgeschichte Jesu und der Paulusbriefe. Er war schon gestorben, als A. seine umfangreiche, auf dringendes Ersuchen seiner Mitbrüder verfaßte Abwehr 400 vollendete. Aus ihr, die auch *ep.* 82, 17 in der Auseinandersetzung mit Hieronymus [a. d. J. 405] erwähnt wird, läßt sich die Schrift des Faustus großenteils rekonstruieren. - Vgl. P. Monceaux' Rekonstruktion in *Mémoires de l'Académie des Inscriptions.* 1924. - E. de Stoop, *Essai sur la diffusion du Manichéisme dans l'Empire Romain.* Gent 1909. - P. Alfaric, *L'évolution* ... 1918. - A. Bruckner, *Faustus v. Mileve.* 1901.

[9] Die Negation des vorigen Hauptsatzes gehört, obwohl im lateinischen Text nirgends wiederholt, auch zu diesem Satzglied und den folgenden.

[10] Die Bildvorstellungen, die A. an diese aus Ps. 8, 8 f. entnommenen Tierarten knüpft, werden verständlich durch seine Ausführungen *in ps.* 8, 13. Dort sagt er: Die ‚Vögel des Himmels' sind die Hoffärtigen, von denen es heißt: »Bis in den Himmel erheben sie ihr Maul« [Ps. 72, 9] ... Die ‚Fische des Meeres' sind die Vorwitzigen, »die dahinziehen die Pfade des Meeres«, d. h. die da jagen nach zeitgebundenem Wissen über die Dinge hier unten in der Welt, Pfade ziehend, die gleich denen der Schiffe und sonstigen Meeresschwimmer sich sofort wieder verwischen und, sowie das Wasser zusammenschlägt, verschwinden. Unter den ‚Tieren des Feldes' versteht man am passendsten die die Fleischeslust liebenden Menschen. - Die drei johanneischen Weltübel [1 Jo 2, 15] sind gemeint. Vgl. oben III 8, 6.

[11] Manichaeus ist hier Mani selbst, der Religionsstifter, dessen Namen A. ebenfalls mit Manichaeus wiedergibt; z. B. *de agone christ.* n. 30: nescio qui Manes vel Manichaeus. Mani hat ja bekanntlich selbst seine Lehre in vielen Schriften aufgezeichnet. Vgl. RGG III 1959 ff. Dort 1962 auch Aufzählung der hauptsächlichen antimanich. Schriften A.s, die bei Bardenhewer [dreizehn an Zahl] knapp charakterisiert werden.

[12] Was gingen sie ihn, den Religionsstifter, an!

[13] So wie schon der Phrygier Montanus im 2. Jhrh., der Begründer der nach ihm benannten asketisch-eschatologischen Erweckungsbewegung.

[14] Die Liebe, die »allen alles wird« [1 Kor 9, 22], hat er vor Augen; vgl. *cat. rud.* 15, 23; *tr. in ep.* I Jo 2, 4.

[15] Also über allen intellektuellen Anlagen stand ihm die ethische. Stärker als die versprochene Einsicht in alle Dinge [vgl. III 6, 10] bewegte ihn auch schon der bloße Schein sittlicher Tugend [vgl. VI 7, 12 am Schluß]; wie denn an seiner Bekehrung das Vorbild unbedingter Hingabe an Gott [Antonius, die Freunde aus Trier, VIII, 6 f.] den wesentlichsten Anteil hatte.

[16] Fortschritt gegenüber dem Standpunkt vor zehn Jahren, der oben III 5 angedeutet war.

[17] Die Übermittlung der Wahrheit durch Belehrung von außen ist lediglich ein Anregen [admonere]; das Belehren durch die

Wahrheit [docere] geschieht im Innern des Menschen durch Gott, der den Menschen die Wahrheit in seiner ewigen Wahrheit schauen oder erkennen läßt. Vgl. *de magistro* c. 11–14 und kurz zusammengefaßt *Conf.* XI 8.

[18] Feierliche Berufung auf Gottes Zeugnis wegen der Wichtigkeit des Erlebnisses für seine Hinkehr zu Gott. - Zu den Gladiatorenspielen: bei III Anm. 2.

[19] Die erbarmende Auflösung der menschlichen Herzenshärte [vgl. V 1] wird hier demütig und pietätvoll der Mutter als der Mitwirkerin an der Bekehrung zugeschrieben.

[20] So schon III 11, 19 Anfang.

[21] L. Bertrand, *Der hl. A.* [deutsch 1927], 110: »Diese Kapelle war eine *memoria*, dem hl. Cyprian, dem großen Märtyrer und Schutzpatron von Karthago, geweiht. Sie war, wie die meisten Heiligtümer jener Zeit, oder wie die mohammedanischen Kapellen der Gegenwart, von einem Hofe umgeben, mit einer Arkaden-Halle, in der man die Nacht verbringen konnte.« - Memorien hießen nach frühchristlichem Sprachgebrauch hauptsächlich die über dem Einzelgrab von Martyrern errichteten Grabkirchen. Die Darbringung des eucharist. Opfers an diesen Gedächtnisstätten verteidigt A. nachdrücklich gegen Mißverständnisse. »Daß es sich hier nicht um den Martyrern dargebrachte Opfer handelt, weiß jeder, der das eine Opfer der Christen kennt, das auch an den Martyrerstätten dargebracht wird« [*Civ.* VIII 27; XXII 10]. - Näheres L Th K unter Memoria, vieles auch bei van der Meer.

[22] Im J. 383.

[23] Nach der gnostisch gerichteten Lehre der Manichäer hat Jesus, in der Welt nur in einem Scheinleib erschienen, lediglich durch seine Lehre als Erlöser gewirkt.

[24] I 11, 17.

[25] Van d. Meer 404: »Was ihm beim Gedanken an den Gottesdienst der Kirche zuerst in den Sinn kommt, ist nicht die rituell-sakramentliche Seite des Kultus, sondern der ewige Dialog zwischen Gott und den Menschen.«

[25a] III 11 f.

[26] Vgl. III 10. Erheuchelte Askese wirft ihnen A. vor *de mor. eccl.* c. 31.

[27] Daß folgerichtig nach manichäischer Lehre die Sünden der guten Menschen Sünden Gottes seien [vgl. oben IV 15, 26], führt A. aus im *lib. de duab. animabus* 12, 18.

[28] Die Vulgata hat Ps. 140, 4 *cum electis eorum,* d. h. ich will nicht teilhaben an ihren [der Übeltäter] erlesenen Genüssen. A. erklärt es *in ps.* 140, 8 u. 9 als »nicht Gemeinschaft haben mit denen, die sich rechtfertigen« und bezieht auch dort *electis* auf die ‚Auserwählten' der Manichäer. A. las den Text: Non declines cor meum in verba maligna, et non combinabo cum electis eorum.

[29] Die mittlere und neuere Akademie ist gemeint, begründet von Arkesilaos [† 241 v. Chr.], ausgebaut von Karneades [† 129], der die Theorie der bloßen Wahrscheinlichkeitserkenntnis, nicht aber den Skeptizismus im Vollsinn vertrat. - Mangels gegenteiliger Zeugnisse ist anzunehmen, daß A. lediglich aus Ciceros *Academica,* einer populären Darstellung, seine Kenntnis dieser Schule geschöpft hat. Sein in Cassiciacum [386] entstandener Dialog *Contra Academicos* bezeugt das Ringen mit dem Gewißheitsproblem. Rückschauend auf diese Schrift sagt er [etwa 421] in seinem kostbaren *Enchiridion* 7, 20, er habe, um gegen die Verzweiflung an der Wahrheit anzugehen, erst einmal die Argumente der akademischen Skepsis hinwegräumen müssen. Auch die Bemerkungen bei Holl 58 sind zu beachten. - Vgl. C. Thiaucourt, *Les Académiques de Cicéron et le Contra Academicos de Saint Augustin,* in Mélanges Boissier. Paris 1903. A. Guzzo, *Dal Contra Academicos al De vera religione.* Firenze 1925.

[30] Vgl. Cicero, *Acad.* II 18.

[31] Innerhalb der Neueren Akademie gab es sehr unterschiedliche Richtungen. Vgl. Praechter 464 f.

[32] Im römischen Reich war seit 377 die Sekte unter Strafedikte gestellt. Schon ein Dekret Diokletians 296 hatte die Gläubigen des Mani in Afrika mit dem Tod oder mit mörderischer Bergwerksarbeit bedroht. Eine Reihe von christlichen Kaisern, 382 auch Theodosius d. Gr., ging mit strengen Gesetzen gegen sie vor. Vgl. Bocking, *Corpus juris antejustiniani,* I 374.

[33] Was die Manichäer leugneten.

[34] Vgl. III 7, 12 Anm. 12.

[35] Nach der Überwindung solcher materialistischer Vorstellungen vom Bösen durch die metaphysische These, daß es keine Wirklichkeit sei, blieben ihm immer noch die Fragen nach dem Woher und Warum, mit denen er philosophisch und theologisch nie fertig geworden ist, sowenig wie alle Zeit nach ihm. Vor A. hatte sich Tertullian auf die Einfalt des glaubenden Herzens zurückgezogen. »Woher das Übel und warum? Woher

der Mensch und wie? ... Mögen die zusehen, die ein stoisches, platonisches oder dialektisches Christentum vorbringen.« *De praescr.* n. 7. 8.

[36] Die beiden Weltstoffe Licht und Finsternis stoßen nach manichäischer Lehre mit einer Seite aneinander und sind nach den übrigen drei Seiten unbegrenzt. Auf Mani selbst geht eine andere mythisch-bildliche Vorstellung zurück. »Im Anfang der Dinge stehen sich Licht- und Finsterniswelt gegenüber, derart, daß die Lichtwelt in der Höhe ruht, während die Finsterniswelt aus der Tiefe wie ein Kegel in sie hineinragt.« H. H. Schaeder in RGG III 1965.

[37] Eine sonst unbekannte Persönlichkeit.

[38] Schon *de mor. eccl.* 29, 61 hatte A. seinem fiktiven manich. Gegner zugerufen: »Du müßtest doch jene andere Handschrift vorweisen, welche das nämliche enthielt wie die unserige, aber unverfälscht und echter wäre, wo denn allein die Stellen fehlten, die von uns, wie du uns schuld gibst, sollen eingeschoben sein.«

[39] Der immer wieder eingeschärften Lehre, die Sünde sei zu hassen, aber der Sünder zu lieben, entspricht schon vor den *Conf.* das milde Wort an die Manichäer: »Diejenigen mögen gegen euch wüten, die nicht wissen, wie viel Mühe es kostet, die Wahrheit zu finden, und wie schwierig es ist, sich von Irrtümern frei zu halten ... Ich aber muß euch die gleiche Geduld entgegenbringen, wie sie meine Freunde mir entgegenbrachten, als ich in euren Anschauungen toll und blind umherirrte.« *Contra ep. Manich. quam vocant fundam.* 2, 2—3.

[40] Ein Beispiel für *caritas,* den letztlich von Gott her motivierten und auf ihn gerichteten Liebeswillen. So z. B. auch *Trin.* VIII 8, 12: »Aus einer und derselben Liebe [caritate] lieben wir Gott und den Nächsten, Gott aber um Gottes willen, uns aber und den Nächsten - um Gottes willen.«

[41] Möglich, daß Symmachus an A. nicht nur die Fähigkeiten geschätzt hat. Er, der Staatsmann, der gelehrte Schöngeist und Bildungspolitiker, war auch ein Wortführer der zäh um das Fortleben der Götter kämpfenden heidnischen Intelligenz. Er gab sich liberal - »was liegt daran, auf welche Weise einer die Wahrheit sucht; ein einziger Weg genügt nicht, zum großen Geheimnis zu gelangen, - hat doch jeder seine Sitten, seine Formen« [*Symm. ep.* 10, 61] - aber bei seiner Abneigung gegen die Christen war es für den jungen Professor günstig, daß er wenigstens manichäische Empfehlungen aufzuweisen hatte, über-

dies in der heidnischen Literatur beschlagen war. Eben in dieses Berufungsjahr 384 fiel auch eine wichtige Aktion zur Bewahrung des alten Götterkults. Zwei Jahre zuvor hatte der christliche Kaiser Gratian [ermordet 383] unter anderen Maßnahmen gegen das Heidentum auch den Altar der ehernen Victoria im Sitzungssaale des Senats entfernen lassen. Die heidnische Majorität bestürmte - es war nicht das erste Unternehmen dieser Art - 384 den damals in Mailand residierenden [noch ungetauften] blutjungen Kaiser Valentinian II., den Altar wieder aufzurichten. Der Sprecher der Gesandtschaft, Symmachus, war auch der Verfasser der für den Kaiser bestimmten Bittschrift, der berühmten *Relatio,* eines bewegenden Dokuments patriotischen Schmerzes. [Seecks Symmachus-Ausgabe *Mon. Germ. hist. auct. antiquiss.* 6, 1, p. 280—283.] Alles scheiterte am Widerstand des Kaisers, d. h. aber des Ambrosius, [ep. 17—18] trotz der Wucht der Argumente und ihrer Form. Ein Zeitgenosse, der christliche Dichter Prudentius, hat noch 20 Jahre später in seiner dichterisch gefüllten Apologie Contra Symmachum den providentiellen Sinn des Kampfes erwogen. - Vgl. u. a. die Darstellung u. Quellenweisung bei Geffcken, 145—152.

[42] Der hl. Ambrosius, Kirchenvater, war Bischof von Mailand 374—397. A.s Übersiedlung nach Mailand fällt in das Jahr 384.

[43] Hymnus Ambros.: *Splendor paternae gloriae* und Ps. 4, 8; 103, 15. - Man bedenke auch die große musikalische Empfänglichkeit A.s, des Verfassers von *de musica,* der mit den Freunden in Cassiciacum so gern Hymnen sang.

[44] Zur Schwierigkeit des *satis episcopaliter* vgl. J. Stiglmayr S. J. in Zs. f. Aszese und Mystik VI [1931], 161 f. - R. Guardini, *Die Bekehrung d. hl. A.*, 174 f. - Van d. Meer 660.

[45] Vgl. VI 4, 5. Allegorisch-mystische Auslegung kennzeichnet die ambrosianische Behandlung des Bibeltextes [in der Weise des Philon und Origenes] und wurde auch von Augustinus mit Vorliebe angewendet; unten XIII 12—38 ein ergiebiges Beispiel. Vgl. *de cat. rud.* I 9, 13. - Zur Allegorese bei Ambros. Bardenhewer III 509. 525 ff. P. de Labriolle, *St. Ambroise et l'exégèse allégorique:* Annales de philos. chrét. 155 [1907/08], 591—603. - »Von zwei Seiten her kommt somit Plato an ihn heran, oder richtiger ausgedrückt: mit einigem Erstaunen merkt Augustin, daß es so etwas, die rein geistige Auffassung des Göttlichen, auch innerhalb der kath. Kirche gebe. Und bei Ambrosius fand er noch etwas, was über Plato hinausreichte ... er beeindruckte ihn zugleich als Vertreter einer großen, in ihrem

Glauben einigen Gemeinschaft.« Holl 60. - Verständnis des geheimen Schriftsinns mit Paradiesfreuden verglichen *de gen. c. Manich.* - Zur Allegorese auch W. Bousset, Jüdisch-christl. Schulbetrieb in Alexandria u. Rom. 1915. - Über Analogie u. Allegorik bei XIII Anm. 34.

[46] Vgl. III 4, 8 Schluß.

[1] Die Stelle wird nur verständlich durch Vergleich mit V 3, 4 am Schluß. Vgl. Ps. 48, 13 u. 21.

[2] Das Evangelium der Monnica-Messe.

[3] Über die religiösen Mahlfeiern an den Martyrergräbern und deren Ausartung in Trinkgelage J. Zellinger, *Augustin und die Volksfrömmigkeit* [1933], 65 ff. Van der Meer, 577—609. - Der sogleich genannte *ostiarius* [Türhüter] ist Kleriker niederer Weihe.

[4] Man glaubt herauszufühlen, wie sehr es A. auf die Feststellung ankommt, daß seine Mutter die weit verbreiteten schlimmen Auswüchse des Brauches nicht mitmachte.

[5] Das christliche Totengedächtnis sollte vom heidnischen Totenkult streng unterschieden werden. Vgl. *Civ.* VIII 26. 27. Alle Verehrungsformen frommer Christen meinen nicht Opfer für die Verstorbenen, als wären sie Götter. »Auch alle, die ihre Speisen dorthin bringen - und wirklich gute Christen tun das nicht, ja in den meisten Ländern besteht diese Sitte überhaupt nicht - aber alle, die das tun und nach Niedersetzung der Speise beten und sie wieder wegnehmen, um sie zu verzehren oder den Armen zu schenken, haben dabei keine andere Absicht, als sie heiligen zu lassen durch die Verdienste der Martyrer im Namen des Herrn der Martyrer.« [27]

[6] Monnicas Anpassung an örtliche religiöse Gewohnheit betraf auch das Fasten am Samstag, wie A. *ep.* 54, 3 [a. d. J. 400] erzählt. Vgl. auch *ep.* 36 [a. d. J. 396]. Für solche Anpassung an den Brauch der Kirche, bei der man sich jeweils befindet, trat Ambrosius ein, und darin folgte ihm A.

[7] Vornehmlich wohl in Rechtssachen, die man damals noch gemäß 1 Kor 6, 1 ff. vielfach nicht vor den weltlichen Richter, sondern vor den Bischof brachte. Später konnte sich A. selbst der Tätigkeit eines ‚Kadi' nicht entziehen. Van d. Meer 307 ff.

[8] Eine im antiken Schrifttum vereinzelte Stelle, aus der wir erfahren, daß es im Altertum Gepflogenheit war, laut [und zwar Kunstprosa ohne Zweifel deklamatorisch] zu lesen; vgl. E. Norden, *Antike Kunstprosa* I [1898], 6. Das deklamatorische Lesen erklärt auch die Sorgfalt, die die Kunstprosa und nicht zuletzt eben das vorliegende Werk auf Satzbau, Wohlklang und Redefiguren verwendete. Und deklamatorischer Vortrag ist nicht nur die Probe jeder Übersetzung antiker Kunstprosa, er erschließt auch, so sehr unsere Sprache hinter der lateinischen an Klangfülle und Klangfiguren nachsteht, gerade bei den Confessiones erst die Kraft des Gehaltes, von der beim

stillen Lesen viel verlorengeht. - Zu einer tieferen Begegnung zwischen den beiden sehr verschieden gebauten Persönlichkeiten ist es nicht gekommen. »Augustin hat offenbar nicht gewollt« [Guardini 174]. Ambrosius? Schon *solil.* II 26 hatte A. beklagt, daß er mit seiner intellektuellen Not sich Ambrosius nicht, wie er wünsche, eröffnen könne. Er, gefestigt in seiner Überzeugung von der Unsterblichkeit der Seele, »weiß ja nicht, daß es vielleicht Leute gibt, die das Elend ihres Nichtwissens in der Sache sattsam erfahren haben«.

[9] Vgl. bei V Anm. 45.

[10] Das Gesetzhafte, Notwendige und Zwingende in der Welt der Zahl hatte A. schon immer beschäftigt. Das *quaerere sapientiam et numerum* [Pred 7, 26] verhieß ihm feste, unveränderliche Wahrheit auch in der Welt des Sittlichen. Beispiele *solil.* I 4, 9; *de ordine* II 19, 50; *de lib. arb.* II 8 - 10. 20. 21.

[11] Vgl. den Gegensatz V 3, 4 Anm. 9 [über die Fische]. - Der Glaube als Zugang zum [Heils-] Wissen: dieser schon aus dem Neuplatonismus gewonnene Gedanke war für A., den an die kirchliche Autorität sich anschließenden Christen, innerste Erfahrung geworden. [Vgl. VII 10, 16. Zur ganzen Vorgeschichte des ‚Glaubens' bei A. siehe Holl, 61 ff.] Er knüpft ihn biblisch an Is. 7, 9 [nach Sept] an: »Wenn ihr nicht glaubt, werdet ihr nicht verstehen.« [Genauer die Vulgata: si non credideritis, non permanebitis, ... werdet ihr nicht Bestand haben. Beide Übersetzungen aber enthalten nach *doctr. christ.* II 12, 17 eine wichtige Lehre.] In *tract. in Jo. evang.* 8, 6 steht dazu das einprägsame Homoioteleuton: Sit primo pietas in credente, et erit fructus in intellegente. - Vgl. Gilson 59 ff. [ebd. 62: Die augustinische Lehre von den Beziehungen zwischen Vernunft und Glauben umfaßt in ihrer vollendeten Form drei Momente: die Vorbereitung auf den Glauben durch die Vernunft, den Glaubensakt und die Einsicht in den Glaubensinhalt]. Literatur zum Verhältnis von Glauben und Wissen nach A. [*ep.* 119 *ad Consentium*] verzeichnet M. Schmaus im *Floril. Patristicum* 33 [1932], 3 f.

[12] Aber wie schwer sein Weg zum *Verbum caro factum* der Kirche gewesen ist, zeigt VII 19, 25.

[13] Hier und im Folgenden Hinweise auf Beweggründe zur Annahme von Glaubensinhalten [*motiva credibilitatis*]. Auch *de lib. arb.* II 1, 5; *de util. credendi ad Honoratum* 1, 2: über alles am Manichäismus seinerzeit Verlockende, zumal die *pollicitatio rationum*, das Versprechen einer Weltanschauung auf der

Grundlage des Wißbaren ohne das Wagnis des Glaubens und ohne die Last einer Autorität. Vgl. P. Batiffol in der *Revue Biblique* 1917. 9—53. Alsbald nach den *Conf.* handelte A. über die Vernünftigkeit und die Unentbehrlichkeit des Glaubens an ungeschaute Dinge in der abhandlungsartigen Predigt *de fide rerum, quae non videntur* [M PL 40, 171—180]. - Vgl. P. Batiffol, *Le catholicisme de saint Augustin.* ²1920. I 1—75.

[14] Mannigfaches nennt A. *sacramenta.* »Wenn es freilich darauf ankommt, typische Beispiele zu geben, wählt er wie selbstverständlich die Taufe, die Eucharistie und die Ölsalbung und sieht diese dann getrennt von der Menge der übrigen Sakramente. Aber es ist klar, daß das Wort *sacramentum* für ihn noch eine ganz undifferenzierte Wirklichkeit einschließt . . . In einem Atem nennt er sowohl die Taufe und die Eucharistie wie auch die alljährlichen Gedächtnisfeiern des Christusmysteriums, die wir ,Feste' nennen würden, in gleicher Weise *sacramenta.*« [Van d. Meer 333; vgl. überhaupt den zweiten Teil dieses Werkes, der bei der Behandlung des Kultus die *sacramenta* gründlich erörtert.] Die *Literatur* zu Wort und Begriff Sakrament bei A. ebd. 728, Anm. 67. - An unserer Stelle ist der Sinn des Wortes [vgl. das folgende *secreti dignitatem servare*] eindeutig gegeben.

[15] Nicht allzu heftig; vgl. oben V 8, 14 dritter Satz, und *solil.* I 10, 17 [Entschluß zum Verzicht auf das Beilager; denn nichts wirft einen männl. Geist so sehr aus seiner festen Höhe als die Kosungen einer Frau].

[16] Auf den jungen Valentinian II. - A. sprach vor dem heidnischen Konsul Bauto, einem Germanen gleich seinem Freund Arbogast, in Gegenwart einer großen Zuhörerschaft am 1. Januar 385, wenn, wie man annehmen darf, die Stelle in *contra litt. Petil.* III 25, 30 sich auf diese Rede bezieht. - Im gleichen Jahr kommt Monnica mit ihrem zweiten Sohn Navigius nach Mailand, verdrängt die Lebensgefährtin A.s, der nun eine andere Frau zu sich nimmt.

[17] Nach vieler Gemeinsamkeit mit A. wurde Alypius [vgl. auch *Civ.* XXII, 8, 3] 394 oder 395 Bischof v. Thagaste. Sein Besuch beim hl. Hieronymus in Bethlehem 393 wird *ep.* 28 eingangs erwähnt. Als Nachbarbischöfe erfuhren beide auch viele Unbill von den Häretikern [auch wegen der offen bekannten Vergangenheit hatte A. Schmähungen der Donatisten zu ertragen]. Näheres *ASS Aug* III 201/08. H. H. Lesaar in *Misc. Aug.* 220 f. Van d. Meer, bes. 180 ff.; 288 f.; 291.

[18] Ähnliche Erzählungen als Schulanekdoten finden sich bei antiken Moralschriftstellern mehrfach. An der Wirklichkeit der vorgetragenen zu zweifeln, ist das aber kein Grund, wie de Labr. mit Recht bemerkt; um so weniger, als sich A. feierlich auf das Zeugnis Gottes beruft und Alypius ja die Stelle las, ganz abgesehen von der Unmöglichkeit, einem A. eine wenn auch noch so anmutige Lüge zuzutrauen.

[19] Vgl. *de mor. Manich.* XIX 68.

[20] Für die Örtlichkeit verweist de Labr. auf A. Audollent, *Carthage Romaine* [Thèse, Paris 1901], 228—230.

[21] Vgl. bei VI 3, 3 Anm. 7.

[22] Die Freundschaft währte bis zum Tod, der beide annähernd gleichzeitig hinwegnahm. Ein nebensächlicher, aber liebenswürdiger Zug: einem Brief A.s [*ep.* 248, 2] fügt der eben bei ihm weilende Alypius ein paar Zeilen an den Adressaten bei: ut unanimitatem nostram una etiam pagina testaretur. Die Korrespondenz zwischen den Freunden erstreckt sich über 35 Jahre. A. selbst spricht von Alyp. [*ep.* 27, 5] als dem *vere beatus episcopus.* Monceaux, der ihn Bd. VII knapp und glänzend charakterisiert, sagt von ihm: »En acquérant les vertus épiscopales, il n'avait rien perdu de sa bonne humeur et de son esprit.«

[23] »Seit den Reformen Konstantins war das staatliche Finanzressort auf zwei Minister aufgeteilt, den *comes sacrarum largitionum,* der den Fiskus verwaltete, und den *comes rerum privatarum,* den obersten Chef der kaiserlichen Domänen« [J. Wolf, *Die Röm. Kaiserzeit.* 1932. 185 f.]. Alypius war also ‚assessor' des ‚comes' der Finanz für Italien. Die Bezeichnung *comes sacrarum* larg. [Minister der ‚heiligen' Schenkungen], die nach Konstantin fortdauerte, ist bei A. vermieden. Sie besagte: der Kaiser bezahlt nicht, er schenkt nur, da ihm ja alles gehört. Für die Zeit des Domitian hat uns P. P. Statius die Macht eines Finanzministers mit farbigem Glanz geschildert, *silvae* III 3.

[24] Die Verwaltung des göttlichen Wortes.

[25] Vgl. *Conf.* III 4, 7.

[26] A. über die Fortdauer seiner sinnlichen Leidenschaft nach der Bekehrung *solil.* I 17. 23. 25; *de gen. ad litt.* XII 15, 23. Vgl. auch *s.* 162, 2 u. 151, 8. Über geschlechtliche Bedrängnis noch zur Zeit der Niederschrift der *Conf.* ebd. X 30, 42. Bezügliche allgemeine Reflexionen zum ‚Übel der Lust' *Civ.* XIV 16—26. - Vgl. auch Holl 66 f.

[27] Gut bemerkt de Labr., daß dieser Hintergedanke wohl stärker als etwa ein gesellschaftliches Vorurteil die Mutter bestimmt habe, das den peinlichen Zwischenfall nach sich zog, von dem in c. 15 die Rede ist.

[28] Die zehn, oder doch die meisten von ihnen, waren also aus Thagaste, wohl alle dem Freund A. zulieb, nach Mailand gekommen; ‚unser' ist nämlich hier nicht der sog. Pluralis maiestatis, da ja unmittelbar darauf A. von sich selbst im Singular spricht. - Zu Romanianus siehe Conf. III Anm. 25. - Vgl. A. Zumkeller, *Das Mönchtum des hl. A.*, ‚Cassiciacum' Bd. XI. 1954 [Würzburg]. Über Monnicas Teilnahme an den Dialogen zu Cassiciacum *s.* 51, 3; 190, 2; 232, 1; 244, 2; 280, 2; 290, 5; 291, 5. *de mor. eccl.* 68 u. 70; *de beata vita* 10 f.; *de ordine* I 31 f.; II 1.

[29] So wird *regnum uxorium,* eigentlich die Gebieterschaft des verehelichten Mannes in Betreff der Frau, zu verstehen sein. Gegenüber den Manichäern bekämpft A. die Praxis, daß verheiratete *amatores* ihre Frauen zu Dirnen erniedrigen; so in der mit den *Conf.* ungefähr gleichzeitigen Polemik *contra Faust. Manich.* 15, 7.

[30] Ein sicheres und schönes Beispiel dafür, daß die unebenbürtige Verbindung mindestens ebensosehr durch Herzensneigung wie durch sexuelles Bedürfnis zusammengehalten worden und die Wahl auf eine Persönlichkeit von Seelenadel gefallen war. - Wie so oft bei der Ereiferung über seine Sündhaftigkeit schafft sich A. auch hier mit großer Kunst den erregten Ausdruck für seinen Abscheu vor sich selbst. Aber bei aller Selbstentblößung des Sündigen vermißt man ein Selbstgericht im wesentlichen Punkt, der seelischen Mißhandlung des Mädchens. Dieser Ausfall wird eben durch sein indirektes Zeugnis für die sittliche Höhe der Verstoßenen nicht aufgewogen. - Vgl. Holl, 65.

[31] Andeutung des Inhalts von Buch VII. Gleichso deutet im Folgenden »bringst uns auf Deinen Weg« auf VIII u. IX, »euch führen bis ans Ziel« auf X—XIII, »der euch trägt« auf den Schluß von XIII.

[1] Manichäische [*Conf.* III 7, 12], aber auch stoische Lehre ist es, daß nur das Körperhafte wirklich sei. Der Irrtum, die katholische Kirche lehre die Körperlichkeit Gottes, war auch ein Hindernis seiner Bekehrung [vgl. V 10, 20; VI 3, 4; VI 11, 18]; danach ist er bemüht, den Anthropomorphismus in der Gottesvorstellung, den auch andere Kirchenlehrer bekämpfen [z. B. Origenes contra Celsum I 71 u. ö.], abzuwehren.

[2] nämlich von einer rein geistigen, unkörperlichen Schau.

[3] ‚Herz' heißt es hier und oft, wo der Geist gemeint ist; denn der Semite [die Punier waren Semiten, und überdies färbte die Sprache der Bibel auf den augustinischen Wortgebrauch ab] denkt mit dem ‚Herzen'.

[4] Er meint das, wie sich alsbald zeigt, mit Bezug auf die rein geistigen Akte, die seine Seele doch vollzog und die er als solche, als etwas Unkörperliches und gleichwohl Wirkliches, nicht erkannte.

[5] im Gegensatz zum *aër ingenitus,* dem gottgleich ewigen jenseitigen Luftkreis der Manichäer.

[6] Hauptsächlich mit dieser Beweisführung brachte A. im J. 404 den Manichäer Felix in öffentlicher Aussprache zum Eingeständnis seines Irrtums; vgl. *de actis cum Felice manichaeo,* II 14—22.

[7] Abrücken von den Manichäern, die den Leib und das Stoffliche überhaupt für das Werk der Mächte der Finsternis erklärten.

[8] Eine der zahllosen Stellen bei A., wo *malum,* wenn man es nicht einfach mit Übel geben will, den Übersetzer vor die Frage stellt, wo darunter die sittliche Verschuldung gemeint ist. Näheres bei Mausbach die im Sachregister unter *malum* aufgeführten Erörterungen.

[9] Schon *de vera rel.* 27 der Gedanke: Sünde wird überhaupt nicht, oder sie wird mit dem Willen begangen; wenn wir das Böse nicht mit dem Willen tun, fällt das ganze Christentum dahin. »Ich bin es, ich, der gesündigt hat«, *in ps.* 31, 16. Auch *Civ.* XII 6. - In dieser psychologischen Feststellung ist sich A. fortan gleichgeblieben. Metaphysisch und theologisch aber verwickelt sich ihm, wie es anders nicht sein kann, das Problem von Bös und Schuld in unauflösliche Schwierigkeiten. Dafür sorgen bei ihm die Gegebenheiten Erbsünde, Prädestination, Gnade, menschliche Verantwortlichkeit und göttliche Allursächlichkeit. Der Dunkelheiten und Gegensätze im ganzen Fragenbereich der *malitia voluntatis* sind so viele, und die Anführun-

gen einzelner Stellen so wenig beweiskräftig, daß die grundverschiedene Beurteilung A.s in dieser Sache nicht wundernehmen kann. Zu bedenken bleibt, daß Gott für ihn auch darin, daß er die Willen der Menschen neigt [*inclinat*], wohin er will - sei es zum Guten nach seiner Barmherzigkeit oder zum Bösen nach ihrem Verdienst -, als der Heilige eine Gerechtigkeitstat vollzieht. Siehe O. Rottmanner, *Der Augustinismus.* 1892. [Wiedergedruckt in *Geistesfrüchte aus der Klosterzelle*, hrsg. v. R. Jud. 1908. 11 ff.]

[10] Dieselbe Frage ist bei Anselm v. Canterbury *de casu diaboli* 27 Gegenstand eines messerscharfen Schüler-Meister-Gesprächs. Warum wollte der fallende Luzifer, was er nicht durfte? Der Dialog endet mit dem Denkverzicht des Meisters [Anselm]: »Einzig, weil er wollte.« [Dazu W. v. den Steinen, *Vom heiligen Geist des Mittelalters.* 1926. 51.] - Das Böse als Frage der Theodizee religiös überwindend, sagt A. [ca. 421] *enchir.* 24, 26 das Reifste, was sich überhaupt wohl sagen läßt: »Wenn auch nichts Böses, soweit es böse ist, gut sein kann, so ist es doch etwas Gutes, daß es nicht nur Gutes, sondern auch Böses gibt [ut non solum bona, sed etiam sint mala, bonum est]. Denn wenn das Vorhandensein des Bösen nicht gut wäre, so würde das Böse ganz gewiß nicht vom allmächtigen, gütigen Gott zugelassen werden ...« Vgl. V. Stegemann, *Augustins Gottesstaat* [1928], 68 ff.

[11] Vgl. VII 1, 1. Gemeint ist also: auf dem Wege rein geistiger, vom Körperhaften sich losmachender Anschauung.

[12] Vgl. XIII 25, 38. So öfter bei A. Wir sehen die Dinge, weil sie sind, die Dinge aber sind, weil Gott sie sieht.

[13] Daß falsch ansetzende Spekulation über das Böse selber zum Bösen werden kann, war schon VII 3, 4 angedeutet.

[14] Vgl. über sie XIII 15, 18.

[15] 4 Esdras 2, 30: »Ein Korn des bösen Samens war von Anfang in Adams Herz gesät.« Auch 1, 21.

[16] A. ist noch nicht Katholik, aber in der Verfassung des zum Christus der Kirche strebenden Katechumenen.

[17] Der hier auftauchende Begriff einer fides *informis* besagt nicht dasselbe, was im dogmatischen Streit um die Rechtfertigung mit diesem Terminus gemeint ist: den erst in Werken sich als lebendig erweisenden Glauben. Wie sehr aber auch *dieser* Gegenstand A. bewegte, zeigt sich in seiner Schrift [a. d. J. 413] *de fide et operibus.* [Vgl. B. Bartmann, *Lehrbuch der Dogmatik.* [8]1932. II 92 ff.] An unserer Stelle kommt es auf das noch

Unklare, Schwankende seiner werdenden Überzeugung an. Schon anerkennt er das Alte Testament, hält Gott für den Unwandelbaren, die Freiheit des Willens für die Ursache der Sünde, aber er hat noch mit Resten seines Manichäismus zu kämpfen: er kann Gott nicht als unkörperlich fassen, er kann nicht verstehen, daß es Böses gibt, da doch alle Kreatur gut erschaffen ist.

18 Vgl. IV 3, 4—6; V 7, 6 u. 12; VII 6, 9. Ausführlich *Civ.* V. Vgl. auch van d. Meer 88 ff. mit lit. Hinweisen.

19 Vgl. IV 3, 5 u. Anm. 4.

20 Vgl. IV 3, 6.

21 *Constellationes* auch *Civ.* V 7. 8 u. ö. - Vgl. E. Pfeiffer, *Studien zum antiken Sternglauben* [in: Stoicheia, hrsg. v. F. Boll, H. 2] 1916. - L. de Vreese, *Augustinus en de Astrologie.* Amsterd. Diss. [Maastricht 1933].

22 de Labriolle verweist für *dealbatiores* auf eine Erklärung bei Erasmus: die Steinplatten, aus denen die Straßendecke bestand, waren mit Kalk verbunden, der immer wieder erneuert wurde, so daß die helle Tünchung das Vorankommen bequemer machte.

23 Vgl. V 5.

24 Vgl. VI 5, 7 am Schluß.

25 Vgl. VI 16, erstes Drittel.

26 Vgl. III 4 am Schluß; V 14, 25 am Schluß.

27 Also auch in der VI 10, 17 erwähnten Vertraulichkeit der Freunde ließ sich das zuinnerst Bewegende nicht mitteilen.

28 Vgl. IV 15, 26.

29 Die Menschwerdung nennt A. an vielen Stellen das denkbar wirksamste Heilmittel wider den Hochmut des Menschen; z. B. *de agone christ.* 12, 11, wo er fortfährt: »Völlig unheilbar müßte ein Hochmut sein, der an des Gottessohnes Demut nicht genäse.«

30 Vornehmlich wohl von Plotin und Porphyrius, den Platonikern des 3. christlichen Jahrhunderts, und Jamblichus aus dem 4. Jhrh.; *Civ.* VIII 12 sind sie zusammen genannt. A. las sie, wie VIII 2, 3 [vgl. ebd. Anm. 4] berichtet, in der lateinischen Wiedergabe des Rhetors C. Marius Victorinus. »Der Verlust dieser Übersetzungen ist für die Augustinforschung ein schwerer Schaden. Die Entstehung von Augustins eigentümlicher Begriffssprache wird dadurch in wichtigen Punkten undeutlich.« [Holl 59 6.] - Entscheidend ist für A. der Einfluß Plotins, dessen starke römische Schule freilich auch, wie *ep.* 118, 33 berichtet, von Anhängern ‚der magischen Künste' nicht frei war. Hier

ein Beispiel für den *Augustinus plotinizans*. Dem plotinischen »Ziehe dich in dich selbst zurück« [I *enn.* 3, 9] mit der Mahnung zum Gebrauch des inneren Auges entspricht *de vera rel.* 39, 72 das bekannte *noli foras ire, in te ipsum redi . . . illuc ergo tende, unde ipsum lumen rationis accenditur.* Vgl. die bezügliche Literatur bei Überweg-Geyer 664.

[31] So teilt A. ab und meint damit: das Urbild alles Erschaffenen, das in der Weisheit Gottes ruht, ist Leben; vgl. *tract. in Jo. ev.* I 16f. - Auf welche Einzelzüge der [stoischen und] neuplatonischen Logosphilosophie A. hier anspielt, bleibe dahingestellt. Jedenfalls ist hier der künftige Einfluß spätantiker Reflexion auf die Formung seines Geistes zugegeben.

[32] Auch die folgende Antithetik beruht auf der Erkenntnis des Gegensatzes von Antik und Christlich. Das radikal Unterscheidende ist der neue Weg zu Gott durch das Fleisch gewordene Wort: die Heilsbedeutung [sacramentum] der Menschwerdung. Vgl. VII 19, zweiter Satz; 20, vorletzter Satz; 21, vorletzter Satz.

[33] Die Grundbedeutung des Wortes ist unbekannt, aber der Sinn, in dem es hier gebraucht ist, bedarf keiner Erklärung. Ein seltsamer Grund, den Kothurn zu verrufen, findet sich bei Klemens v. Alexandrien: er wolle gleichsam Christus zum Lügner machen, der doch sagt, niemand vermöge seine Leibeslänge zu steigern. - Für das interessante Schicksal des Wortes im metaphorischen Gebrauch verweist de Labr. auf eine Marburger Diss. [1911] von H. Bruhn, *Specimen vocabularii rhetorici etc.*

[34] Das Linsengericht [Gen 25, 33 ff.]; in Ägypten [Sinnbild der Abgötterei] gedieh die Linse vortrefflich; vgl. *in ps.* 46, 6.

[35] Jakob, der erst nach Esau geborene Zwillingsbruder, steht hier für Israel, die Söhne Jakobs. Als früher zum Heil berufen, ist es ‚älter' als die Heidenwelt, die zwar später berufen wurde, aber früher zum Heil gelangte. Ihr, dem ‚Jüngeren', muß nun in der Kirche der ‚Ältere' durch seine prophetischen Bücher dienen. Es ist eine Parallele dazu, daß die stolzen heidnischen Philosophen den demütigen Gläubigen, die von Gott aus Juden und Heiden berufen sind, mit ihren Schätzen an natürlicher Erkenntnis dienen müssen.

[36] Ein älterer Tropus der altchristlichen Apologeten. Die heidnische Philosophie besaß Wahrheitsgold, das sich nach Gottes Willen das Gottesvolk, das Christentum, aneignen soll, wofür das Geheiß an das aus Ägypten ausziehende Judenvolk, das

Gold der Ägypter mitzunehmen, ein Sinnbild war. Vgl. *doctr. christ.* II 40, 60 und 61.

[37] A. rechtfertigt oder begründet sein Wahrheitsuchen in neuplatonischen Schriften mit dem bei den Kirchenvätern nicht seltenen Hinweis auf ein biblisches Sinnbild und ein Wort des Apostels.

[38] Von den Ausführungen in c. 10—12 sagt A. Harnack, der sie geistvoll erläutert [*Aus der Friedens- u. Kriegsarbeit*, 1916, S. 76—86]: »Sie gehören, auch in der Beschreibung eines unbeschreiblichen Vorgangs, zu dem Größten, was geschrieben worden ist« [a. a. O. S. 84].

[39] Vgl. *de vera rel. 39, 72* das bekannte *Noli foras ire, in te ipsum redi* ... [Vgl. vorhin Anm. 30.]

[40] Vgl. X 5, 7 Anfang. Gott als die Ursache der Erkennbarkeit aller Dinge durch den Menschen schon *solil.* I 3.

[41] Vgl. X 26, 37.

[42] Denn Liebe ist auch erkennende Kraft. »Wenn wir glauben, so sehen wir, wenn wir lieben, so sehen wir. Was sehen wir? Gott. Wo ist Gott? Frage Johannes! ‚Gott ist die Liebe' [1 Jo 4, 16]« [*in ps.* 149, 4]. »Kein Gut wird vollkommen gekannt, das nicht vollkommen geliebt wird« [*de div. qu.* 83, qu. 35]. Ähnlich *tr. in Jo* 96, 4: »Was man gar nicht kennt, liebt man nicht. Aber wenn man liebt, was man auch nur einigermaßen kennt, so bewirkt eben diese Liebe, daß man es besser und vollkommener kennen lernt.« Ebenso Goethe an Jacobi [10. V. 1812]: »Man lernt nichts kennen als was man liebt, und je tiefer und vollständiger die Erkenntnis werden soll, desto kräftiger und lebendiger muß Liebe, ja Leidenschaft sein.« Die gemeinmenschliche Erfahrung der Wechselwirkung von Lieben und Erkennen wird bei A. sowohl philosophisch als theologisch veranschlagt. Vgl. zur Stelle Girkon 34 f. Über die Hilflosigkeit mancher Übersetzer ebd. 338 [22]. Harnack a. a. O. 85: »Wahrheit, Ewigkeit und Liebe ist der dreieinige Inhalt des beharrlichen Seins, ist Gott.«

[43] Als Wirkung der Verzückung auch VII 23; XI 9; XII 14. Zu A.s Erfahrung und Theorie der Intuition vgl. Girkon 102—130; 326—334. Er gibt auf Grund vieler Stellen eindringende Analysen. Der ganze Gegenstand ist ein Hauptstück der empirischen und metaphysischen Psychologie A.s.

[44] Überwindung eines manichäischen Grundirrtums; vgl. IV 15, 26 Anm. 26.

[45] Sie besteht, nach der Erklärung dieser Psalmstelle *in ps.* 38, 17 f., in Vermessenheit, im vermessenen Vertrauen in die eigene Kraft, statt auf Gott.

[46] Bezieht sich auf den Zusammenbruch seines Vertrauens in die eigene Kraft und den daraus folgenden, als Zuchtmittel aufgefaßten Zustand der Verzweiflung an der Erkenntnis der Wahrheit.

[47] Vgl. III 7, 12 gegen Mitte.

[48] Vgl. V 10, 20 am Anfang. Das *malum* ist keine Natur, *omnino nulla natura* [*Civ.* XI 32]. *Natura, substantia, essentia* nimmt A. gleichbedeutend, *Trin.* II 18, 35.

[49] Vgl. XIII, bes. 28, 43. Die biblische Stelle ist das Stichwort für die ganz im Sinne des metaphysischen und religiösen Optimismus sich bewegende Gedankenreihe A.s, die aber zu einer entgegengesetzten in polarer Spannung steht. Hiezu K. Staritz, *A.s Schöpfungsglaube* [1931], S. 108—132. Beide Gedankenmassen kämpfen auch in der Geschichtsanschauung des ‚Gottesstaates'. Hier wird das geschichtliche Elend in seiner Tiefe erkannt [V 22; IX 8, 12. 15; XIX 4; XX 17; XXI 14; XXII 22. 23], aber auch [XI 22; XXII 24] die positive Rolle des Negativen, von der nun *Conf.* VII 13 u. 14, wiederum VIII 3 handeln. Zum innerlichen Gegensatzerlebnis besonders VIII 5. 8. 9. 10.; *enchir.* 3, 10. 11.

[50] Der Neuplatonismus bot A. eine Lösung des Rätsels, das ihm das Böse, das Schlechte, das Übel in der Welt aufgab, durch Befreiung von der Vorstellung, es sei etwas Wesenhaftes und von einem bösen Urwesen in die Welt gesetzt, und durch den Hinweis auf die Auflösung der Mißklänge in der Harmonie des Ganzen. Die Verzückung, eine »ekstatische Schauung«, ebenfalls »nach dem Rezept platonischer Philosophen« [Harnack a. a. O. S. 81], machte ihn aus einem Sensualisten zum Intellektualisten und aus einem Skeptiker zum »wissenden Gläubigen«. Der angeführte Psalm wird in populärer, aber großartiger Weise ausgelegt *in ps.* 148. Teilweise übertragen bei U. v. Balthasar, Aur. Aug. *Über die Psalmen.* 1936. 348 ff.

[51] Vgl. V 10, 20.

[52] Vgl. VII 5, 7.

[53] Vgl. VII 10. Daß dieses Schauen noch nicht eine erlebte *visio Dei* war, bemerkt Holl S. 60 A.

[54] Vgl. VII 11.

[55] Vgl. VII 1, 2.

[56] Vgl. VII 13.

57 Vgl. III 7, 13—9, 17.

58 Vgl. VII 5, letztes Viertel.

59 Vgl. XI 11 u. 13.

60 Über den Beitrag des Übels zur Schönheit der All-Ordnung schon in der antimanichäischen Polemik *de lib. arb.* III [z. B. c. 9]. Vgl. oben Anm. 49 und Mausbach I 105 ff.; II 178 ff.

61 Vgl. VII 12.

62 Innerhalb der *Conf.* die erste Angabe der positiven Erkenntnis, durch die A. die Zweisubstanzenlehre im moralischen Bereich überwunden hat.

63 Vgl. VII 10.

64 *consuetudo carnalis,* nicht auf das niedere Begehren zu beschränken, wider das der moralische Mensch in A. keine Stütze fand im Neuplatonismus laut der folgenden Kap. 18—20, sondern auszudehnen auf die Gebundenheit menschlichen Erkennens an die leiblichen Sinne, im besonderen auf den agnostizistischen Sensualismus, von dem er wiederholt gesprochen hat; z. B. V 10, 19 am Schluß.

65 Vgl. VII 1, 1 Mitte.

66 Unter *ictus aspectus* [*oculi*] versteht A. nicht den Augen-Aufschlag, sondern den Augen-Blick. So in den verwandten Ausführungen *Trin.* VIII 2, 3 [Ende], auch *s.* 277, 11. - Die ganze Sprache hier neuplatonisch. Objekt und Inhalt der Intuition ist das *id quod est,* wofür oft auch *ipsum esse,* das Es-Selbst, die wahre Wirklichkeit - Begriffe, die A. auch mit den biblischen Gottesnamen »Ich bin der Ich bin« oder »Der da Ist« zusammenbringt, so *Trin.* V 2, 3. Die Fühlung mit diesem [personalen] Urgrund in unserem *aeternum internum* [*Conf.* IX 4, 11], dem Jenseitig-Inwendigen, wird bald als blitzartig erleuchtende und zurückwerfende intellektive Schauung [Stellensammlung bei Girkon 94—130, auch 60 ff.], bald als willentlich-sittliche und religiöse Erhebung zum Es-Selbst beschrieben [letzteres z. B. *in ps.* 121, 1—6; 8—12]. Vgl. XII 15, 21 Anm. 16.

67 Vom Zurückprallen in der blitzartigen Schauung der Wahrheit hat A. oft gesprochen. Z. B. *de beata vita* 35; *solil.* I 23. 24; *ep.* 4, 2; *Trin.* VIII 2, 3 [coruscatione *perstringeris,* cum dicitur Veritas... *relaberis* in ista solita atque terrena]; XV 6,9 [*lux illa* ineffabilis nostrum *reverberat obtutum*].

68 Daß die heidnische Weltweisheit Gott wohl erkannt, aber den Weg zu ihm nicht gefunden hat, wird auch anderwärts ausgeführt, z. B. *s.* 141, 1.

[69] Vgl. die zu c. 19 folgende Anm. 72.

[70] Also zum Genuß der ewigen Wahrheit, nach dem er verlangte.

[71] Also die häretische Anschauung: Christus bloßer Lehrer, nicht auch Erlöser und durch Erlösung ‚der Weg'. Die Stelle deutet auf eine frühere Zustimmung A.s zu der auch im Abendland wirksamen Lehre des Photin. Siehe Anm. 75. Das christlich Unterscheidende ist die *Sapientia* in Person, als welche Christus im inneren Menschen spricht, nach *de magistro* 11, 38 die *intus ipsi menti praesidens veritas*...

[72] Ergreifend ist diese Heilsbedeutung herausgestellt in der Schrift *de agone christiano* 11, 12: »Der Sohn Gottes hat die Menschheit angenommen und hat in ihr Menschenschicksal erduldet. Das ist die Arznei für uns Menschen, eine Arznei, wie sie wirksamer nicht gedacht werden kann. Völlig unheilbar doch müßte ein Hochmut sein, der an des Gottessohnes Demut nicht genäse, völlig unheilbar eine Habsucht, die des Gottessohnes Armut nicht heilte, völlig unheilbar ein Zornmut, der sich an des Gottessohnes Geduld nicht bräche.«

[73] Also nicht durch Verbindung mit einem bloßen Scheinleib [Manichäer].

[74] Apollinaris, Bischof von Laodicea, dessen Lehre 362 auf einer Synode zu Alexandrien u. 381 vom zweiten Konzil zu Konstantinopel verworfen wurde.

[75] Photinus, Bischof von Sirmium, 351 abgesetzt und verbannt: Christus ein Mensch, zwar wunderbar geboren, aber nicht eine göttliche Person, sondern um seiner sittlichen Vollkommenheit willen zu göttlicher Würde gelangt. Vgl. A.s Spätwerk *de haeres.* 45, wo die eingangs unseres Kap. 19 gegebene Charakteristik des Photinismus wiederkehrt.

[76] Vgl. VII 10; *ep.* 118, 17.

[77] Vgl. VII 1, 2; VII 5.

[78] Vgl. VII 11.

[79] Vgl. VII 15.

[80] *praesumptio - confessio*, letztere im Sinn der Verdemütigung vor Gott [confiteri = humiliari deo: *Sermo Mai* 16, 1 bei Germain Morin, *Sermones s. Aug. post Maur. rep.* 301]. Mit der Hinwendung zur Humilitas beginnt, auf die intellektuelle Krisis folgend, die Willenskrisis, die den Inhalt des folgenden Buches bildet, der hier angedeutet wird. Zu *praesumtio* vgl. Pred. 6, 9.

[81] Zwischen der Weisheit der Platoniker und Deiner Weisheit, Deinem Wort, das der Weg ist und das Leben zugleich.

[82] Vgl. *contr. acad.* II 2, 5.

[1] Vgl. VII 17, am Anfang.

[2] 397—400 Nachfolger des hl. Ambrosius, dessen Lehrer und Vertrauter er gewesen war. Augustin, der den einflußreichen Mann auch in anderen Werken nennt, widmete ihm 397 die zwei Bücher *de diversis qu.*, eine Beantwortung von Fragen, die Simplician über Stellen des Römerbriefes und der Bücher der Könige an ihn gerichtet hatte. Vgl. nächstes Kap.

[3] Die Sorgen um Stellung und Einkommen zum Unterhalt einer Familie.

[4] Unter Kaiser Konstantius [337—361]; um 355 ging er zum Christentum über, dem er nun auch als Schriftsteller diente. Vgl. *ep.* 32; Monceaux III 373 ff. - Vgl. bei VII 9, 13 Anm. 30. Zur philosophischen Bedeutung des Autors E. Benz, *Marius Victorinus u. d. abendländische Willensmetaphysik.* 1932.

[5] Vgl. *Civ.*, bes. VI. Zum zähen Ringen des Heidentums siehe z. B. Geffcken, Kap. 4 u. 5.

[6] Alter ägyptischer Totengott, außer von Vergil auch bei Ovid, Juvenal, Properz und Plinius [*Hist. nat.*] genannt. Die Griechen änderten den nicht mehr verstandenen, die Totenwelt andeutenden Schakalskopf in einen Hundekopf. H. Prümm, *Der christl. Glaube u. d. altheidn. Welt* II [1935], 440 Anm. 119 verweist auf G. Lafaye, *Histoire du culte des divinités d'Alexandrie* [1884], 260: »Anubis fut aussi l'objet d'une méprise.« Über die Verehrung des Gottes im Ptolemäerreich [Anubis als treuer Diener des Osiris und der Isis]: F. Cumont, *Die orient. Religionen im röm. Heidentum* [deutsch 1910], 93.

[7] Vgl. *in ps.* 143, 12: Der geneigte Himmel, auf dem Gott herabgestiegen ist, sind die demütigen, Gott die Ehre gebenden [Apg 14, 14] Apostel, das Wort Gottes; die rauchenden Berge sind die wort- und weisheitsstolzen Selbstgenügsamen, Berge, die Gott durch Berührung mit seiner Gnade zum Rauchen brachte, wie die Tränen der Verdemütigung bekunden, die ihnen der Rauch des Bekenntnisses ihrer sündlichen Selbsterhebung auspreßt.

[8] Gemeint sind neben der Anfängerkatechese: Anhauchung, Bezeichnung mit dem Kreuze, Handauflegung, Darreichung des Salzes. Vgl. W. Roetzer, *Des hl. A. Schriften als liturgiegeschichtl. Quelle* [1930], 139 ff. Weitere Literatur bei van der Meer 687 Anm. 15. - Vgl. bei XIII Anm. 36.

[9] In die amtliche Gemeindeliste der Taufbewerber zu Beginn der Fastenzeit; Tauftag war der Karsamstag.

[10] Vergil, *Aen.* IV 644.
[11] In Buch VI 13, 23 erzählt A., daß er auf das erwählte Mädchen zwei Jahre warten sollte. Selten verheirateten sich die jungen Mädchen vor 13 oder 14 Jahren [nach de Labr.].
[12] Vgl. IV 10.
[13] Dieser erste Satz mit seinem großartig drängenden Inhalt gehört noch an den Schluß des 3. Kapitels.
[14] Vgl. die *libido dominandi Civ.* III 14, übernommen aus Sallust, Catil. 2, 2.
[15] Entsprechend etwa bei uns dem Gymnasium und der Hochschule. Über Julians Verbot des klassischen Unterrichts in den christlichen Schulen 362 Näheres bei Geffcken 126 ff. »Ein wilder, langhin hallender Aufschrei aus dem Lager der Christen antwortete. Über kein Gebot des Kaisers haben sich die griechischen und römischen Christen so erregt wie über den Rhetorenerlaß . . .« [127]. Auch J. Bidez, *L'empéreur Julien, Oeuvres complètes.* I 2, S. 46.
[16] Daß die Macht der bösen Gewohnheit zur *necessitas* werden kann, sagt A. schon 393 *contra Fortun. Man.* 2, 22.
[17] Gegen die Manichäer; vgl. VII 3, 5 bei Anm. 9.
[18] Die Willensschwäche, die Verflechtung in die Todesläufigkeit, die *catena mortalitatis* [II 2, 2] ist die Strafe; vgl. I 12 Schlußsatz und IV 9 Schlußsatz.
[19] Man beachte im Lateinischen auch die Kunstform der Assonanzen und Antithesen.
[20] Vgl. VIII 1, 1 vierter Satz.
[21] Darüber ausführlich *doctr. christ.* IV 3.
[22] *subdocere,* schon bei Cicero ad Atticum VIII 4, neben dem ordentlichen Lehrer noch besonderen Unterricht geben.
[23] Der hl. Antonius d. Gr. [250—356] wurde Patriarch des Mönchtums durch Einführung von Einsiedlergemeinden in Ägypten. Athanasius d. Gr. [295—373] verfaßte spätestens 367 seine Biographie [mehrmals auch ins Deutsche übersetzt]. Aus der reichen Literatur sei nur genannt: K. Holl in *Gesammelte Aufsätze zur Kirchengeschichte* II [Der Osten, 1927] S. 249 ff.; 270 ff.
[24] Trier war eine der Nebenresidenzen der späteren römischen Kaiser.
[25] Ein offizieller Titel, der besonderes Ansehen und die Gunst des Kaisers sicherte. Die *amici* gehörten zu seinem außerordentlichen Rat. Ihre Bedeutung zeichnet im 1. Jhrh. Dion Chrysostomus *or.* 3, 86 ff. [besser der Staat, in dem der Kaiser, als

in dem seine ‚Freunde' schlecht seien]. Vgl. Th. Mommsen, *Röm. Staatsrecht* II³, 813. 833 ff. III, 555.

26 Vgl. III 4, 7.

27 Daß A. dem Manichäismus nie gänzlich verfallen war, sagt er auch *de beata vita* I 4 und *de util. cred.* I 2.

28 Vgl. V 10, 19; 14, 25; VI 1; VII 10.

29 Anspielung auf Platons Seelenmythus im Phaidros?

30 Eine seelenkundliche Untersuchung, die Nummern 20—24 umfassend und von den Schwächezuständen des Willens handelnd, unterbricht den Fluß der Erzählung, mit der sie indes im engsten Zusammenhang steht. Es handelt sich um Erwägungen, die der Abfassungszeit, nicht der Erlebniszeit angehören und in Nr. 22—24 sich gegen die Manichäer wenden.

31 Vgl. VIII 5, 11 und 12.

32 Die Manichäer sind gemeint. Vgl. V 10, 18.

33 Vgl. IV 15, 26 bei Anm. 24.

34 Vgl. VIII 15, 11 Mitte.

35 Überleitung zum Anschluß an den nach 8, 19 unterbrochenen Erzählungsbericht.

36 Vgl. II, 2, 4 zweiter Satz.

37 Der burlesk anmutende Fall von Personifikation der Gewohnheiten weist geistesgeschichtlich auf die nicht erst spätantike, auch nicht nur römische Neigung zur Personifikation sittlicher Begriffe überhaupt zurück. Religionsgeschichtlich ist der Übergang von der Abstraktion zur Hypostasierung bedeutsam. Im römischen Bereich, wo z. B. *Fides, Salus, Concordia, Felicitas, Virtus, Victoria* zu Gottheiten wurden, gedieh die Spezialisierung bis zu einem Grad, daß A. in seiner *Civ.* mit seinem Spott nicht zurückhält. In der christlichen Literatur vor ihm hat für das Tugendreich Tertullian [*de patientia* 15] das farbigste Beispiel ausgeführt. »Machen wir uns auch noch ein Bild von ihr [der Geduld]! Ruhig und sanft ist ihr Angesicht, rein die Stirn, durch keine Runzel der Sorge oder des Zorns verzogen. Die Augenbrauen sind zur Freundlichkeit erhoben; das Auge senkt sich aus Demut, nicht aus Unglück. Den Mund ziert des Schweigens Ehrfurcht. Kummerlos und unschuldig ist die Farbe; die Bewegung des Hauptes ist häufig wider den Teufel, und das Lächeln drohend. Das gegürtete Gewand ist weiß und dem Körper anschließend, so daß es weder sich bläht noch auch beschmutzt wird. Sie sitzt nämlich auf dem Throne des sanften und stillen Geistes, der nie im Wirbel sich dreht noch von einer Wolke bedeckt wird . . . Wo Gott ist, befindet

sich auch seine Pflegetochter ... wenn also Gott herabsteigt, so geleitet Ihn die unzertrennliche Geduld ...«

[38] Man wird die vorstehende Versinnbildlichung eines rein innerlichen Vorgangs, ein von der lateinischen Literatur aus der griechischen [- Herakles am Scheideweg! -] längst übernommenes Einkleidungsmittel, so aufzufassen haben, daß in ihr der Verfasser sein wirkliches seelisches Ringen auf dem Höhepunkt, unmittelbar vor dem Umschwung, nachträglich in dramatischer Form aussprechen wollte.

[39] Vgl. dazu IX 12, 33 Mitte.

[40] Vgl. VIII 8, 19.

[41] Unsere Stelle ist sehr ähnlich Persius, *Sat.* V 66 ff. »Morgen!« Und morgen dasselbe Verschieben. »Was liegt ja an Einem
Tage! Ein rechtes Geschenk!« Doch bricht nun der folgende Tag an,
Ist dein gestriges »Morgen« vorbei, und ein weiteres »Morgen!«
Scheuchet die Jahre von hinnen, und stets ist etwas noch übrig.
Übers. W. S. Teuffel.

[42] Im Leben des hl. Antonius c. 1.

[43] Vgl. IV 3, 5 gegen Schluß. - Im Brief an Januarius [*ep.* 55, 37], fast gleichzeitig mit den Bekenntnissen, schreibt A.: »Wenn manche die Blätter des Evangeliums zur Wahrsagerei benützen, so ist es zwar sicherlich besser, als zu bösen Dämonen seine Zuflucht zu nehmen. Doch mißfällt mir auch diese Gewohnheit, weil man hiebei das göttliche Wort, das um des ewigen Lebens willen redet, zu irdischen Zwecken und zur Eitelkeit dieses Lebens gebrauchen will.« - Über das ‚Aufschlagen' der hl. Bücher vgl. Zellinger, *A. u. die Volksfrömmigkeit*, 1923, 44 und 55.

[44] Vgl. III 11, 19.

[1] Vgl. zu diesem Eingang die Einleitung zum vierten Buch.

[2] Dem Gebet der Mutter verdankt er die Hinwendung zu Gott; als Sohn der Magd Gottes ist er Knecht Gottes geworden.

[3] Vgl. II 7.

[4] Vgl. VIII 11 und X 36, 58.

[5] Vgl. die an körperhafte Bilder gebundene Gottesvorstellung seiner Manichäerzeit: VII 1 und die Befreiung davon VII 10.

[6] Vgl. den Wissensstolz seiner Neuplatonikerzeit VII 20.

[7] Vgl. *contra acad.* I 1, 3; *de ordine* I 2, 5.

[8] Heute Cassiape de Brianza, nördlich von Mailand, Provinz Como; vgl. G. Morin in *La Scuola Cattolica*, 1927, 51—56.

[9] Zur Übersetzung der Psalmstelle vgl. die Auslegung *in ps.* 67, 22, ohne deren Heranziehung die Stelle völlig unverständlich bleibt.

[10] Gnostizistische und manichäische Anschauung. Vgl. unten Anm. 19, auch schon zu V 9, 16 Anm. 23. - Vgl. V 10, 19.

[11] Abrahams Schoß = Aufenthaltsort der Gerechten, bedeutet bald Vorhölle, bald Himmel.

[12] Im Lichte der Gottheit wird uns auch das Innere der Menschenseelen schaubar, *ep.* 92, 1 f. nach 1 Kor 4, 5. Auch *s.* 243, 5: »So werden alle schauen, weit vollkommener, als hienieden Propheten zu schauen pflegen, in göttlicher Art werden sie schauen, wenn sie Gottes voll sein werden. Nichts, was dem Erkennenden anstößig, nichts, was ihm verborgen wäre.«

[13] Mutter, Bruder Navigius, Sohn Adeodatus, die Vettern Rusticus und Lastidianus und die ehemaligen Schüler: Freund Alypius, Licentius, der Sohn des Thagastenser Gönners Romanianus, und Trygetius.

[14] Zu dieser Übersetzung vgl. J. Stiglmayr, *Schwierige Stellen aus den ‚Bekenntnissen' des hl. Augustin:* Zs. für Aszese und Mystik VI [1931], 163 f.

[15] Vgl. *Retract., prol.* n. 3: ... adhuc saecularium litterarum inflatus consuetudine scripsi ...

[16] Nämlich: *contra acad., de beata vita; de ordine; solil.* Vgl. Bardenhewer IV, 453 f.

[17] Nur 12 davon sind erhalten [*epp.* 3—14], 9 von Augustin, 3 von Nebridius [5. 6. 8].

[18] Ähnlich schon um 397 im denkwürdigen Anfang der Schrift *contra ep. Manichaei* ... [2, 3]. »Jene Menschen mögen gegen euch wüten, die nicht wissen, mit wieviel Mühe die Wahrheit gefunden wird, und wie schwer es ist, Irrtümer zu vermeiden,

... wie schwer es ist, das inwendige Auge zu heilen ... Ich bin gänzlich außerstande, gegen euch zu wüten, die ich, wie damals mich selbst, nunmehr ertragen muß, und ich fühle mich verpflichtet, mit soviel Geduld gegen euch zu verfahren, wie sie meine Freunde gegen mich übten, als ich blind in euren Dogmen irrte.«

[19] nicht eines Scheintodes, wie die Manichäer glaubten.

[20] *in ps.* 4, 6 hat zwei Deutungen dieses Wortes: 1. der Zornige soll seine Gemütsbewegung selbst verurteilen. 2. »zürnet auf euch selbst wegen eurer vergangenen Sünden und höret auf zu sündigen«.

[21] Vgl. V 10, 18.

[22] zu *lambiunt:* Cassiodor, *de orthographia*, kennt das Perfekt *lambivi.*

[23] Vgl. *in ps.* 4, 9: ... wie der Denar die Prägung des Königsbildes trägt; denn der Mensch ist nach Gottes Bild und Gleichnis gemacht.

[24] *aeternum internum* - wohl das Grund- und Schlüsselwort der augustinischen Frömmigkeit überhaupt, zugleich Hinweis auf die Urparadoxie aller Mystik.

[25] Die Wendungen schließen sich an Ps 4, 8 an. *A tempore* [so las A., nicht a fructu] *frumenti, vini et olei sui multiplicati sunt* spielt auf das in Vers 9 folgende *id ipsum* an, das im Gegensatz steht zu den *multa,* die beim Menschen das *multiplicari terrenis* verursachen.

[26] *id ipsum,* Es-Selbst, das Eine, ewig sich Gleiche, mit sich Einige, d. i. Gott. Vgl. unten n. 24 mit Anm. 41, auch bei VII Anm. 66 und XII Anm. 16.

[27] Nach *in ps.* 4, 9 ist unter dem Bilde des Einschlafens und des Schlafgenießens zu verstehen »die völlige Geistesabkehr vom Vergänglichen und das Vergessen des Weltabends«; ein Zustand aber der Hoffnung auf das Jenseits, nicht völlig erreichbar im Diesseits.

[28] So faßt A. das *singulariter* auf *in ps.* 4, 10 und ebenso hier, wie der Zusammenhang lehrt.

[29] Die medizinische Erklärung versucht B. Legewie, *Die körperliche Konstitution und die Krankheiten A.s* [Miscellanea Agostiniana II, Rom 1931, 5—21]; nur das Zusammentreffen des Aufhörens der Schmerzen mit dem Gebetsbeginn erklärt er nicht.

[30] Den Evangelisten des Alten Bundes nennt ihn der hl. Hieronymus, *ep.* 117. Vgl. *Civ.* XVIII 29.

[31] in die amtliche Gemeindeliste als Taufbewerber, nach der Sitte beim Herannahen des Osterfestes [das 387 auf den 25. April fiel], wodurch der Katechumen Kompetent wurde. Die vorangehende Vorbereitung, den Katechumenenunterricht, hat sonach A. nicht mitgemacht; er hatte sich selbst unterrichtet.

[32] Vgl. 4, 8 am Schluß.

[33] Also geboren 372, etwa im Mai, als A. ins 19. Jahr ging. Im Dialog *de magistro* hat A. die Antworten des Sechzehnjährigen aufgezeichnet.

[34] Am Karsamstag 387, 24. April.

[35] Über die Kämpfe hat Ambrosius selbst an seine Schwester Marcellina berichtet, *ep.* 20 [a. d. J. 385], auch in der furchtlosen Predigt gegen den arianischen Bischof Auxentius [deutsch bei Th. Köhler, *Ambrosius ... Ausgew. Reden.* 1892, S. 54 bis 70]. - Vgl. H. v. Campenhausen, *Ambrosius als Kirchenpolitiker.* 1929.

[36] Heute S. Ambrogio, vom hl. Ambrosius erbaut und kurz vor der Auffindung eingeweiht.

[37] An dieser textkritisch unsicheren Stelle [*praepositos, praesitos, reprobos*] entscheidet sich de Labriolle zwar für die Lesart der Mauriner, denen er ‚un instinct presque toujours sûr' zuschreibt [I S. XXV], übersetzt aber *praepositos* mit ‚personnes interposées', wodurch »einer klaren Stellungnahme ausgewichen ist«. Vgl. A. Schröder, *Zum Text der Augustinischen Konfessionen IX 8.* Im Verfasserverlag. Dillingen a. D. 1929.

[38] *meribibula* ein sonst unbekanntes Wort.

[39] Über das Rituell der Eheschließung Näheres bei van d. Meer S. 220, 715 Anm. 274.

[40] de Labr. vermerkt die Abweichung von diesem Detail in Ary Scheffers bekannter Darstellung der Szene [Louvre].

[41] Vgl. Ps. 101, 28: Tu autem idem ipse es, et anni tui non deficiunt. Dazu auch *Conf.* VII 20, 26: qui semper idem ipse esses, ex nulla parte nulloque motu alter aut aliter. Ferner *Conf.* IX 4, 11, zu *o in pace! o in idipsum* [Ps. 4, 9]: Et tu es id ipsum valde, qui non mutaris. *In ps.* 4 geht A. auf *id ipsum* nicht ein. Aber in *in ps.* 121 n. 5 wird *idipsum* erläutert: *quod semper eodem modo est . . . quod est* [was schlechthin ist, im höchsten Sinne ist, das Sein ist] . . . *quod aeternum est.* Der Ausdruck deutet also auf die biblische Selbstbezeichnung Jahves: *Ego sum qui sum.* Er ist verwandt dem plotinischen ἕν, jedoch persönlich zu verstehen, nicht unpersönlich. - Vgl. Ps. 101, 28: tu

autem idem ipse es, dazu *in ps.* 101, II 12: *Tu quis es? »Idem ipse es.« Tu qui dixisti: Ego sum qui sum, idem ipse es. Et quamvis etiam ipsa* [terra et coeli] *non essent nisi ex te et per te et in te, tamen non sunt quod ipse es: »Tu« enim »idem ipse es.«*

[42] Schon oben VII 17, 23 [vgl. VII Anm. 66]: *in ictu trepidantis aspectus,* in einem Augenblick zitternden Schauens. - Wie oft bemerkt, ist das Ostia-Erlebnis in plotinischer Stimmung und Farbe wiedergegeben. Plotins Metaphysik kennt, wie einen Abstieg vom Ursächlichen zum Verursachten, so den Aufstieg auf umgekehrtem Wege. Er vollzieht sich in der sittlich reinigenden, zum Letzten und Höchsten sich erhebenden θεωρία. *Enn.* V 1, 2 sagt Plotin: »Auf welche Weise die Seele das Leben dem All und jedem Einzelwesen spendet, darüber ist das Folgende zu sagen. Die einzelne Seele betrachtet die große Weltseele. Ist sie selbst zwar eine andere Seele, so doch von nicht geringer Fähigkeit der Schauung, wenn sie von dem, was andere täuscht und verführt, sich in heiterer Reine abkehrt. Sie sammle sich in tiefer Ruhe, daß ruhig werde ihre leibliche Hülle, ruhig das Wogen der Sinnlichkeit, ja alles auch, was sie umgibt: ruhig die Erde, ruhig das Meer, ruhig die Luft und selbst der Himmel über den andern Elementen ...«

[43] Vgl. *Civ.* XXII 30, 1.

[44] Wäre der Todestag Monnicas der 4. Mai, wie der Eintrag in die Kalendarien anzunehmen nahelegt, so würden die Zeitangaben A.s nicht stimmen; nach n. 28 lag sie 9 Tage krank, nach n. 27 führte sie das Gespräch am Fenster mindestens 5 Tage vor der Erkrankung. Diese 14 Tage zwängen, das Gespräch am Fenster auf frühestens 20. April zu datieren. Allein noch am 24. April waren die beiden in Mailand; A. empfing an diesem Tag dort die Taufe. Der Kalendereintrag wird also nicht den Todestag bezeichnen, der vielmehr auf etwa 12. Mai anzusetzen ist. In den *Acta SS. Boll.* wird die Schwierigkeit nicht berührt.

[45] Navigius. Vgl. IX 4, 7 Anm. 13.

[46] Bezüglich *ista inanitas* spricht de Labr. 231, A. 1, von rigueur [ein ‚atome de vanité' konnte sich bei Monnica der ‚piété du souvenir' beimischen]. In der Tat hat z. B. Gregor d. Gr. milder gedacht und sich gefreut, daß Benedikt seine Schwester Scholastika im eigenen Grab beisetzte; s. in seinem Brevieroffizium lectio VI am 10. Februar.

[47] Vgl. das Trostwort 1 Thess 4, 13.

[48] Auf diese Angabe A.s beruft sich Thomas v. A. [*S. th.,* 1 II

38, 5] in seiner Reflexion über Beruhigung bei Schmerz und Traurigkeit durch Schlaf und Bad.

49 Einer der vier Hymnen, die auf A.s Zeugnis hin als sicher ambrosianisch gelten. Die anderen drei, in der gleichen metrischen Form gehalten, sind: *Aeterne rerum conditor; Jam surgit hora tertia; Veni redemptor gentium.* Vgl. Bardenhewer III, 544.

50 Vgl. Kittel [III, S. 194 ff.] [bes. 204] über ἰάομαι etc. J. Ott, *Die Bezeichnung Christi als* ἰατρὸς *in der urchristlichen Literatur.* Zs. *Der Katholik* Bd. 90 [1910] 457 f.

51 Vgl. VI 2, 2.

52 Den Tod des Vaters erwähnt A. nur *contra acad.* II 2.

53 Das ,wie' bezieht sich auf den Ursprung der Seele, der auch für A. immer ein Problem geblieben ist, über das wir weder aus der Vernunft noch aus der Offenbarung bestimmten Aufschluß erhalten. Unser Text erinnert hier an eine von A. *contra Julianum* V 15, 53 angeführte Stelle der hl. Schrift. 2 Makk 7, 22 sagt die Mutter zu ihren Söhnen: »Ich weiß nicht, wie ihr in meinem Leibe geworden seid usw.« Dieses Nichtwissen, sagt A., beziehe sich auf den Ursprung der Seele. Non sum ausus aliquid definire, quia fateor me nescire [*de anima et eius origine* 4, 2, a. d. J. 419]. - Vgl. bei I Anm. 9 über Präexistenz.

[1] Ganz ähnlich s. 19, 2.

[2] Die Stelle ist wichtig zur Bestimmung des umfangreichen Begriffs *confessio*.

[3] Beachtenswert ist das ‚und', wo wir ‚oder' erwarten möchten; es ist ein Hinweis, daß die Alten sich Kunstprosa beim Lesen zugleich zu Gehör brachten. Vgl. VI 3, 3 Anm. 8.

[4] Vgl. VII 17 Anm. 55.

[5] Weltkindern, in denen statt der *caritas* [vgl. oben 3, 3] die *cupiditas* herrscht.

[6] Zu ‚Preis' vgl. 2 Kor 1, 11. - Am besten entspräche hier die alte Verbindung mit ‚Leis' [Leis mittelhochdeutsches Lehnwort: Gemeindegesang um Gottes Erbarmen - eleison].

[7] Hier also klarer Einschnitt zwischen der Erzählung seiner Vergangenheit und der nicht weniger mutigen Darstellung seines gegenwärtigen Innenlebens.

[8] A. redet sogar, und natürlich nicht spottweise, selbst den Armen, den er über die wahre, die Armut im Geiste belehrt, mit ‚Herr Armer' an; *s.* 14, 4.

[9] A. hat jetzt den gesamten Dienst des Bischofsamtes im Auge.

[10] Vgl. X 27.

[11] Zu Job 42, 5 f. [Staub und Asche] vgl. die Auslegung *Civ.* XXII 29.

[12] Vgl. X 27.

[13] Unter den monistischen jonischen Naturphilosophen erklärte Anaximenes [um 546 v. Chr.] die Luft zum Weltprinzip, genauer ihre Prozesse der Verdünnung und Verdichtung, Erwärmung und Erkaltung als Ursachen der Weltbildung.

[14] Die Antwort des Geschaffenen; s. vorige Nummer.

[15] greift zurück auf den Eingang von X 6, 8.

[16] Über die Tatsache und den Grund der Schönheit.

[17] weil sie nicht über den Dingen stehen, sondern unter ihnen. Die religiöse Weltschau ist nicht von intellektueller, sondern von moralischer Voraussetzung bedingt [Mt 11, 25; 5, 8]; vgl. unten X 26.

[18] Daß die Wahrheit in unserm Innern wohnt und daß sie von außen nur Anregung, Aufforderung zur Selbstbesinnung erhält [veritas intus docet, foris monet], ist platonisch-neuplatonische Lehre. Vgl. auch XI 8.

[19] und daher nicht Gott sein kann, der sich dem innerlich Schauenden als unteilbar verkündet; vgl. VII 2, 1.

[20] Vgl. VII 17, 23 sowie VII 10, 16.

[21] Hier beginnt die Analyse der *memoria* und setzt sich fort bis c. 27. Versuch, den Aufbau in seiner Gliederung sichtbar zu machen, bei Söhngen. Daß *memoria* sich auch auf Gegenwärtiges bezieht, *Trin.* XIV 11, 14: in re praesenti quod sibi est mens, memoria sine absurditate dicenda est, qua sibi praesto est, ut sua cogitatione possit intelligi et utrumque sui amore conjungi.

Unser Wort ‚Gedächtnis' hat sich begrifflich so verengt, daß es für die Übersetzung eigentlich unbrauchbar geworden ist. Treffend wären die mittelhochdeutschen Bezeichnungen gehuht f., hüge f., gehüge f. u. n., gehügede f., gehugnisse f. u. n.: Gedächtnis im Sinne der persönlichen Selbsterfassung in Bewußtsein, Erinnerung, Andenken, was alles etwa in der Bildung ‚Gedenknis' enthalten wäre.

Es scheint, als gebrauche A. bei den Ausführungen über das Verhältnis von *oblivio* und *memoria* [X 16] das Wort *oblivio* in mehrfach verschiedenem Sinn, ohne zwischen diesen Bedeutungen zu unterscheiden, wodurch er zu Sophismen gelangt [auch de Labriolle 258 Anm. 1 spricht von einem aufgelegten Sophismus, »als brächte die bloße geistige Vorstellung des Vergessens das Gedächtnis aus der Fassung«].

Man muß unterscheiden 1. den Vorgang des Vergessens, d. h. des Übergangs vom Wissen zum Nichtmehrwissen; 2. den konkreten Gegenstand, auf den sich das Vergessen bezieht; 3. das Vergessenhaben als Zustand, d. i. die Tatsache, daß wir vieles, was wir gewußt haben, nicht mehr wissen; 4. den Begriff, die geistige Vorstellung ‚Vergessen', welchen Begriff wir aus der Tatsache des Vergessenhabens abstrahieren und unserm Bewußtsein [*memoria*] als einen positiven Begriff, wenn auch negativen Inhalts [Begriff: nicht mehr wissen], einverleiben. Nicht gegenwärtig nun ist unserm Gedenken [*memoria*] 1. der Vorgang des Vergessens, der sich rein negativ als Erlöschen in der Erinnerung abspielt und darum keine Erinnerung hinterläßt, 2. das vergessene Konkretum. Wohl aber ist unserm Bewußtsein gegenwärtig 1. der Zustand des Vergessenhabens, wenigstens teilweise; denn viele Dinge haben wir freilich so völlig vergessen, daß wir uns nicht mehr entsinnen, sie einmal gewußt zu haben; 2. der Begriff ‚Vergessen', die Abstraktion aus der Erfahrung des Vergessenhabens.

Mindestens in dreien von den vier Bedeutungen scheint A. das Wort *oblivio* unterschiedslos zu gebrauchen, im Sinn des

Begriffes *oblivio,* im Sinn des Zustandes von *oblitum esse* und im Sinn von vergessenem Konkretum. Und da zum Teil das Vergessenhaben und völlig die vergessene Sache in der Tat nicht in der *memoria* ist, die *memoria* aber gleichwohl den Begriff *oblivio* festhält, so ergeben sich für ihn bei dem Mangel jener Unterscheidungen unlösbare Widersprüche.

[22] Vgl. *ep.* 7 [an Nebridius]; *Trin* XI 11—18; XIV 13—16; XV 39—40; *de musica* VI 4—6; *de quant. an.* V 8; *contra ep. quam vocant Fundamenti* 17.

[23] Das Bild eines Mückenschwarmes, der das Gesicht umschwirrt, liegt zugrunde.

[24] Unsere Stelle ist auch durch Petrarca berühmt geworden. Nach dem großen Erlebnis des 32jährigen auf dem Mont Ventoux schrieb er: »Während ich so das Einzelne betrachtete, bald den Blick zur Erde senkte, bald Augen und Geist zum Himmel schweifen ließ, da nahm ich unwillkürlich Augustins Bekenntnisse heraus, ein Büchlein von geringem Umfang, aber unendlich reichen Inhalts, das ich immer bei mir trage, und traf gleich beim Öffnen des Buches auf die Stelle: ‚Da gehen die Menschen hin ... vergessen sich aber selbst darob.' Darüber erschrak ich, schloß das Buch, zürnte mir selbst, daß ich noch Irdisches anstaunte, da ich doch längst schon von heidnischen Philosophen hätte lernen können, daß nur der Geist das einzig Große, Bewundernswerte sei. Nun hatte ich den Berg und seine Aussicht genug betrachtet, wandte den Blick in mein Inneres und redete kein Wort, bevor ich in die Ebene hinabgelangt war.« [Deutsch v. L. Geiger, Petrarka, 1874, S. 47 f.] Vgl. E. Wolf, *P., Darstellung seines Lebensgefühls.* 1926. - P.s *Secretum* [1342], seine schönste lat. Prosaschrift, gibt Bekenntnisse in Form eines Zwiegesprächs mit dem hl. Augustin. - A. v. Martin, *P. u. Augustin.* Archiv f. Kulturgeschichte XVIII, Heft 1.

[25] »Denn die Wahrheit selbst liegt in der unveränderlichen und von Gott selbst gesetzten Natur der Dinge« [*doctr. christ.* II 32]. In der Konsequenz des Erkenntnisrealismus unserer Stelle liegt Goethes Urteil: »Das Höchste wäre, zu begreifen, daß alles Faktische schon Theorie ist ... Man suche nur nichts hinter den Phänomenen; sie selbst sind die Lehre.« Maximen und Reflexionen n. 916.

[26] Zum Folgenden vgl. auch die Theorie des Lernens in *de magistro:* Entwicklung der Einsicht am empirischen Stoff, wobei wir aber durch die Wahrheit in uns letztlich mit der gött-

lichen Wahrheit übereinstimmen ... docetur enim non meis verbis, sed ipsis rebus, deo intus pandente manifestius [c. 12 n. 40]. - Vgl. unten X 10, 11.

[27] Gemäß der pythagoreisch-platonisch-aristotelischen Unterscheidung der an gezählten Dingen sich ergebenden Zahl und der idealen Zahl a priori.
Die Reflexion über das Zahl-Sein ist nicht mit sogenannter Zahlenmystik zu verwechseln. Die erstere ist bei A. seit den frühen Dialogen in einer Reihe von Schriften zu verfolgen. Seine Metaphysik der Zahl wird beherrscht von der sowohl platonischen als biblischen Vorstellung eines den Weltbau durchwaltenden Zahlengesetzes. Darin stimmt der Timäus mit biblischen Aussprüchen überein [Is 40, 26 nach Sept.; Job 38, 4—7; Weish. 11, 21; Sir. 1, 9 f.]. Vgl. *Civ* XII 18, auch 13 u. 20. *De musica* verknüpft ‚Weisheit' und Zahl, deren Identität in *de immortalitate animae* 30—32 vermutet wird. In der ersteren Schrift VI 4, 7 ist entscheidend Pred. 7, 26, wo A. las: *Circumivi ego ut scirem et considerarem et quaererem Sapientiam et numerum* [Ich wandte mich in meinem Geiste allerwärts hin, um zu verstehen und zu schauen und zu erforschen die Weisheit und das Zahlgesetz]. Hierüber A. Freiherr v. Thimus, *Die harmonikale Symbolik des Alterthums* II [1876] 262 ff. *De musica* in deutscher Übers. mit wertvollen Anmerkungen von C. J. Perl. [2]1940. Pythagoreisches und Biblisches verknüpft A. auch in den denkwürdigen Ausführungen *de lib. arbitrio* II 11, 30 ff. über »die unveränderliche Wahrheit der Zahlen« und ihre Heimat [*cubile ac penetrale, regio, habitatio, sedes*]. Vgl. *in ps.* 146, 11.

[28] Von den zuständlichen Bewußtseinsinhalten, die durch Erlebnisse der Seele zugeführt werden, handeln c. 14—16.

[29] Zu den logischen Verlegenheiten der Memoria-Analyse siehe Anm. 21.

[30] Zitat nach Ennius bei Cic. *de div.* II 13, 30: »Was vor Füßen liegt, beachtet niemand; des Himmels Weiten erforscht man.«

[31] Ebenso schon *ep.* 7, 1 an Nebridius v. J. 389.

[32] Folgt Zusammenfassung von c. 8—16 und Übergang zu c. 17—25. - Zunächst Anklang an die Ausführungen c. 8 n. 15 beim Abschluß der Betrachtung über die Erinnerungsbilder der sinnfälligen Dinge.

[33] nämlich als die Wahrheit, die im Innern spricht, als von Gott gesprochen; jede Gewißheit ist für A. ein Sprechen Gottes im innern Menschen. Vgl. Anm. 26.

[34] Vgl. in Platons Menon [80 d, c. XIV] die Frage des Menon: »Und auf welche Weise willst du denn das suchen, Sokrates, wovon du gar nicht weißt, was es ist? Denn als was von dem, was du nicht weißt, stellst du es dir denn vor, wenn du es suchst? Oder wenn du es auch noch so gut träfest, wie willst du denn erkennen, daß es dies ist, was du doch nicht wußtest?« [Übers. W. Nestle]

[35] Ein bei A. oft wiederkehrender Gedanke. Vgl. III 6, 10 am Schluß.

[36] Zur Präexistenz der Seele vgl. I 6, 7 und Anm. 9; bei IX Anm. 53.

[37] Vgl. X 4, 21.

[38] Zur Glückseligkeitslehre A.s: Mausbach I 51 ff.

[39] Vgl. *Civ.* VIII 8: »Nur ein ganz Unseliger könnte also in Abrede stellen, daß der glückselig ist, welcher genießt, was er liebt, und das wahre und höchste Gut liebt.« [Übers. A. Schröder]

[40] Vgl. VIII 5.

[41] So hat A. die Stelle aufgefaßt nach dem Zeugnis von *tract. in Jo. ev.* 52 n. 13.

[42] Terenz: Obsequium amicos, veritas odium parit.

[43] Vgl. X, 7.

[44] Vgl. X, 14.

[45] Vgl. c. 15—21.

[46] Vgl. VII 10 u. 17.

[47] Vgl. I 18, 28 zweite Hälfte.

[48] Vgl. X 6, 10.

[49] Vgl. X 41.

[50] Vgl. III 6, 11. De Labriolle verweist auf eine Nachahmung dieser Stelle bei Ernest Renan in dessen Prière sur l'Acropole: *»Tard je t'ai connue, Beauté parfaite, etc.«*

[51] Sind Verzückungen gemeint, wie sie beschrieben oder angedeutet werden VII 10, 17 am Schluß; X 40 am Schluß; XI 9? Oder die Erleuchtungen und Wonnen im Anfang der Bekehrung, wovon IX 4 eine ergreifende Schilderung gibt? - Die Heranziehung der fünf Sinne zur Umschreibung der Gemeinschaft der Seele mit Gott ist der hl. Schrift geläufig, wie H. Scholz, *Glaube und Unglaube in der Weltgeschichte* [1911] 203 bemerkt. Vgl. auch oben X 6, 8.

[52] Von hier bis Schluß die Offenbarung seines Inneren, wie es zur Zeit der Abfassung darum steht [*quis adhuc sim ecce in ipso tempore confessionum mearum:* X 3, 4].

[53] Vgl. X 1.

[54] Vgl. X 5.

[55] An das wuchtige Wort, das sogleich in diesem Kapitel, dann 31, 45 und 37, 60 gewiß nicht ohne Absicht wiederholt wird, hat Pelagius den Gnadenstreit angeknüpft; vgl. *de dono perseverantiae* 20, 53. Knöll, in der Einleitung zur Confessionesausgabe S. IV, vermutet ohne nähere Begründung, daß das Wort aus dem Septuagintatext übernommen sei.

[56] Weltentsagung im Sinn von Jak 1, 27.

[57] *ambitio saeculi* las A., nicht *superbia vitae*.

[58] Vgl. *s.* 151, 8 Schluß: Solch unreine Lust stellt mitunter so heftig den Heiligen nach, daß sie bei ihnen im Schlaf zuwege bringt, was sie im Wachzustand nicht vermag. Allgemeinen Zustimmungsruf laßt ihr vernehmen; warum? Weil ihr es alle zugesteht. Die Scham verwehrt, sich dabei aufzuhalten; aber nicht verdrieße es uns, Gott darob anzuflehen.

[59] Auf dieses Kap. verweisend, spricht W. Achelis, *Die Deutung Augustins* [1921], S. 50 f., von neurotischen Rückständen des mit der Umkehr eingeleiteten Prozesses der Sublimierung. Nun wird »die Verdrängung dieses Restbestandes, die quantitativ allerdings dem Verdrängungsdruck der gesamten Sexualität vor Eintritt der Sublimierung nicht mehr die Waage halten kann, nicht nur nicht aufgehoben, sondern womöglich noch verstärkt. Aus der Gegenwart berichtend klagt A. laut, daß die geschlechtlichen Regungen im Traum nur um so schlimmer ihr Spiel trieben ... Und so bleibt der Krankheitszustand der Neurose bestehen ...«. - Gegenüber der Auffassung bei B. Legewie [*Augustin. Eine Psychographie.* 1927. S. 75 ff.], daß aus dem spaltenden Kampf mit diesen Restbeständen der Libido die Confessiones überhaupt zu verstehen seien, ist das Urteil bei W. Thimme [*A.s Selbstbildnis in den Konfessionen.* 1929. S. 102 Anm. 4] zu bedenken: »Die systematische Durchmusterung seiner Seele, die mancherlei sündhafte Restbestände aufdeckt, verrät keine sonderliche innere Erschütterung. Und man hat den Eindruck, daß ihn mehr als die Reizungen der Sinnlichkeit die weit schwerer zu fassenden und bekämpfenden Regungen des Stolzes beunruhigen.«

[60] Vgl. *s.* 77, 13: Innerhalb sieben Tagen führt Nahrungslosigkeit zum Tode wie ein akutes Fieber. - Zum Folgenden bedenke man A.s höchst einfache Lebenshaltung, wie sie sein Biograph Possidius aus täglicher Gemeinschaft beschreibt, c. 22. - Vgl. van d. Meer 281 ff.

[61] in der militärischen Bildersprache des hl. Paulus [1 Kor 9, 7; 2 Kor 10, 3—6; Ephes 6, 10—18; 1 Thess 5, 8; 1 Tim 1, 18; 2 Tim 2, 3 f. 6; Phil 2, 25; Philem 2]. Im lateinischen alten Christentum ist diese Bildersprache besonders geläufig, so im ersten Klemensbrief, bei Tertullian und in den Briefen Cyprians. Nach Harnack, *Mission etc.* S. 298 Anm. 1 gebraucht Cyprian den Ausdruck castra Christi häufig; »unterstützt wurde die Einbürgerung durch den Umstand, daß im Abendland das Wort *sacramentum* [für jedes μυστήριον, aber auch für alles Heilige] sehr geläufig war und daß speziell auch die Taufe bzw. das Gelöbnis bei derselben *sacramentum* hieß. *Sacramentum* war aber ein militärisches Wort [Fahneneid]; somit empfanden sich alle abendländischen Christen auf Grund des Sakraments notwendig als Soldaten Christi« [ebd. S. 298]. - Vgl. bei VI Anm. 14 u. bei X Anm. 82.

[62] Dieser in Buch X mehrmals vorkommende Kernsatz A.s war für Pelagius besonders anstößig. Vgl. de *dono perseverantiae* 20, 53.

[63] Anspielung auf seine Befreiung von manichäischem Puritanismus.

[64] Diese Bibelstelle zitiert Possidius in der Vita 22 zur Rechtfertigung der Gewohnheit A.s, daß immer Wein auf den Tisch kam [*semper autem vinum habebat* sc. in mensa].

[65] Begründung dieses Entschlusses schon *solil* I 9: »Nichts müsse ich, habe ich bei mir beschlossen, so fliehen als das Beilager. Es gibt nichts, glaube ich, was den männlichen Geist so aus der Feste wirft wie die Kosungen des Weibes und jene Berührung der Leiber, ohne die eine Gattin sich nicht haben läßt.«

[66] Positiven Sinn unserer dauernden gemeinsamen Versuchtheit hatte A. schon [394] in der *Epistolae ad Galates expositio* n. 56 bemerkt: »Nichts beugt so zur Barmherzigkeit als der Gedanke ans eigene In-Gefahr-sein ... Der Friede also und die Liebe sollen im Bewußtsein der gemeinsamen Gefahr bewertet werden.« H. Arendt, *Der Liebesbegriff bei A., Versuch einer philos. Interpretation* [1929]. S. 87.

[67] Zu Athanasius' Weise des Psalmodierens: Van d. Meer 392 f.

[68] *Conf.* IX 6 am Schluß.

[69] *Ep.* 55, 34 [ungefähr gleichzeitig mit den *Conf.*] tritt er für den Kirchengesang ein, »da wir hiefür Beispiele und Gebete vom Herrn selbst und von den Aposteln haben«. Vgl. oben Anm. 67.

[70] Die einigende Kraft des göttlichen Lichtes im Gegensatz zum vielgestaltigen Zustrom des irdischen [n. 51].
[71] Vgl. IX Anm. 47.
[72] Wieder ein Beispiel ästhetisch-sittlicher Gespaltenheit gegenüber den schönen Schöpfungsdingen - entsprechend dem strengen Begriff des *frui*, des hingegebenen Freugenusses an eine Sache um ihrer selbst willen [*de doctr. chr.* I 4]. Es gibt bei A. Schwanken und Inkonsequenz in dieser Frage, auch innerhalb je des nämlichen Werkes, wie *Trin.* und *Civ.*, aber der Verdacht, daß der Mensch sittlich dem Schöpfungsgenuß nicht gewachsen ist, behält die Oberhand. Näheres Mausbach I 222 ff. Vgl. bei XIII Anm. 12.
[73] Über A.s eigenen Hausrat Possidius, vgl. van d. Meer 285.
[74] »jenes Bild Gottes, in dem wir natürlich geschaffen wurden«, *de spir. et litt.* 47. - ‚Draußen' auch VII 7, 11.
[75] Vgl. XI 5.
[76] Vgl. IV 15, 24 Anfang.
[77] Die Sammlung und Hinkehr zu dem Einen ist gemeint, im Gegensatz zum Zerfließen in das Viele: X 29.
[78] In diesem Sinne, nicht auf die Habsucht gedeutet, auch bei Bossuet, wie de Labriolle II 280 anmerkt.
[79] Beispiele oben IX 4, 12; X 30, 42. Vgl. *ep.* 55, 37 über das »Schriftorakel« in weltlichen Geschäften [bei VIII Anm. 43].
[80] Vgl. III 2, 2.
[81] Vgl. IV 3, 4.
[82] Vgl. IV 2, 3. - *Sacramentum* in dem auch *Civ.* X 5 gegebenen weiten Sinn von *sacrum signum*, überhaupt geheimnisvollen oder heiligen Sachen, Lehren, Handlungen, Gebräuchen, Riten usw. - Zu *sacramentum* auch bei VI Anm. 14; bei X Anm. 61.
[83] Vgl. X 4, 5 am Schluß. Die *scelera maiora* machen nötig *vitam mutare*, während die *fragilitas humana* mit ihrem Gefolge der *peccata minuta* nötig macht *vitam tolerare; s.* 9, 18.
[84] *Humilitas* schafft erst die Empfänglichkeit für das Gnadenwirken, sie steht am Anfang der *conversio;* vgl. VII 9, 13; VII 21, 26 Mitte; VIII 2, 3.
[85] Vgl. VI 16; IX 4, 12 am Schluß.
[86] Vgl. IX 1, 1.
[87] *caste timere* in Anlehnung an Ps. 18, 10, wo A. las: *timor dei castus; castus timor* ist die in Liebe zu Gott, in der Furcht vor Entfernung von ihm begründete Scheu, Gott zu beleidigen, und ist Begleiter der *caritas;* Gegensatz: *servilis timor*, ent-

springend der Furcht vor dem strafenden Gott. So A. an vielen Stellen; z. B. *in ps.* 18 I 10; II 10; *tract. in Jo. ev.* 43, 7.

[88] d. i. die Hoffärtigen.

[89] nämlich finster im Geiste und kalt im Herzen. Vgl. die Gestalten Dantes im Eise des untersten Höllenschachts [Inferno XXXI u. XXXII]. In mittelalterlichen Vorstellungen, z. B. bei Hrabanus Maurus oder Hildegard v. Bingen, bezeichnet der Wind aus der Nacht des Nordens den Teufel und die Ungläubigen, für Mittelalterliche ist der Teufel der, der nicht lieben kann.

[90] A., zur Zeit der Abfassung 47 Jahre alt, stand bei seiner geistigen und sittlichen Bedeutung, seiner amtlichen Stellung und seinem Ansehen in der ganzen Kirche in einem wahren Feuer der Versuchung durch Ehrgeiz, wovon sich der Durchschnittschrist um so weniger eine genügende Vorstellung machen kann, als A. unzweifelhaft ehrgeizig veranlagt war. Er selbst gesteht *ep.* 22, 8 diese Schwäche. »Der Kampf ... ist heiß, und ich werde oft in ihm geschlagen, da ich mir die Freude über empfangenes Lob nicht nehmen kann.«

[91] In der Erklärung dieses Psalms [*in ps.* 33, 1. 3] beschreibt A. das Ausweichen vor der Wahrheit in der Selbstprüfung. Er zeichnet die Menschen, »die anscheinend sich bemühen, ihre Ungerechtigkeit zu erforschen, und tatsächlich sich fürchten, sie zu finden, weil es, wenn sie sie fänden, heißen würde: Verlasset sie!« Ähnlich *in ps.* II 18, 13.

[92] Nach dem Beispiel des Apostels; vgl. XIII 26.

[93] D. h. Du als die Wahrheit; denn die Wahrheit hierüber kenne ich [s. eingangs], aber mein eigenes innerliches Verhalten dazu kenne ich nicht; vgl. übrigens X 5, Mitte. - [Von den Übersetzern gewöhnlich mißverstanden.]

[94] Vgl. X 4, 5.

[95] indem ich mich für sündenfrei halte; vgl. 1 Jo 1, 8.

[96] d. h. damit ich mir nicht aus Eigenliebe schmeichle; vgl. *in ps.* 140, 13.

[97] Der Selbstgefällige hält in Selbsttäuschung seine Fehler für Vorzüge.

[98] Vgl. den Bruder des ‚verlorenen Sohnes': Lk 15, 28—30.

[99] c. 40 und 41: Inbegriff der Ausführungen von X.

[100] Gegensatz die Schau der Entzückung, im Vergleich zu der »alle andere Schau« von »ungleich geringerer Art« ist: IX 10, 25.

[101] c. 2.

[102] c. 6.
[103] c. 7.
[104] c. 8—27.
[105] c. 8.
[106] c. 9—16.
[107] c. 8 n. 12 u. 13.
[108] Das unwandelbare Licht = ewige Allwahrheit; vgl. VII 10.
[109] Vgl. XI 24 am Anfang.
[110] Vgl. X 24 Schluß; XI 2, 2.
[111] Vgl. I 1; IV 11, 16; VI 16 Schluß.
[112] In seiner Vollkommenheit, si *perficiatur*, meint offenbar dasselbe wie *continuetur* IX 10, 25 bei der Schilderung der Ekstase.
[113] Vgl. VII 17; XIII 14 am Anfang.
[114] c. 28—39.
[115] VII 17 am Schluß.
[116] Auf heidnischen Mysterienkult spielt er an, in den sich der Götterdienst sublimiert hatte; vgl. *Civ.* IX 23 und X 16 u. 26.
[117] Dies zielt auf die theurgischen Lehren jener Neuplatoniker, die zwischen Gott und Mensch eine Mittlerschaft der [leiblosen] Dämonen verkündigten. Vgl. *Civ.* IX 33 und X 26. Aber die Polemik gegen diese scharfen Feinde des Christentums erschöpft nicht die geistesgeschichtlichen Tatbestände. Was freilich im 5. Jhrh. aus dieser Frömmigkeit, die philosophisch begonnen hatte, geworden ist, bestätigte das Recht des christlichen Abwehrkampfes. Vgl. J. Geffcken, bes. S. 197 ff.
[118] Vgl. VII 9, 13 am Anfang.
[119] Über die Mittlerschaft des Gottmenschen *Civ.* IX 15.
[120] Er spricht von der Zeit seiner Bekehrung und der Wirkung des Antonius-Lebens.
[121] Vgl. oben X 4, 6 und etwa *s.* 78, 6, wo von Petrus gesagt ist: er wollte auf Tabor *sua quaerens deo vacare*, aber in der Schule des Herrn lernte er um. Diese Stellen widersprechen dem Vorwurf Harnacks in *Reden u. Aufsätze* III [1916], 99, der Augustin der Konfessionen stehe noch im Bann einer selbstsüchtigen Frömmigkeit.
[122] In den Predigten hebt A. oft hervor, daß nicht er der Lehrer ist, sondern das Wort Gottes, an dem er ebenso wie die Zuhörerschaft sich nährt.

[1] Vgl. X 3, 4 und *Retract* II 32. A. greift zurück auf die Eingangsworte des Werkes, deutet also an, daß ein neuer Teil beginnt: nach dem *confiteri* im Sinn des Bekennens der Gnade das *confiteri* im Sinn des Gotteslobes auf Grund des *meditari in lege tua* [XI 2, 2].

[2] II 1; X 2.

[3] d. i. demütig und gottesfürchtig; vgl. *de serm. Dom. in monte* I n. 3.

[4] Vgl. X 2 am Schluß.

[5] Er übergeht also die Zeit von seiner Bekehrung bis zur Übernahme des Bischofsamtes.

[6] Seine ‚heiligen Wonnen' [X 24] bezeichnet er näher am Schluß von n. 3. Das Thema »nachzudenken Deinem Gesetz« wird in XI 3 mit Gen. 1, 1 aufgenommen. Alsbald entwickelt sich daraus die Erörterung über den Zeitbegriff, die ab c. 10 das ganze Buch XI füllt. Buch XII bespricht ausschließlich Gen. 1, 2, einen einzigen Vers, da alle Deutungen desselben, die möglich erscheinen oder gegeben sind, dargeboten und geprüft werden. Am Schluß des XII. Buches erscheinen für die weitere Betrachtung Vorsatz und Ankündigung, es solle des weiteren eine einzige Deutung ausgeführt werden. Dadurch gelingt es, im letzten Buch bis Gen 2, 2 vorzudringen, bis zur Sabbatruhe.

[7] Gesetz ist immer gleich Wort, geoffenbartes Wort.

[8] Hierzu und zum Folgenden vgl. Ps 28, 9, wo A. las: »Die Stimme des Herrn, der die Hirsche vervollkommnet, und er wird die Dunkelheiten [Wälder] lichten.«

[9] Wiederum Anspielung auf die Psalmstelle *vox domini perficientis cervos,* zu der A. *in ps.* 28, 9 bemerkt: Die vor allen führt die Stimme des Herrn zur Vollkommenheit, die es fertig bringen, das Gift in der Sprache zu überwinden. Ihnen wird er die Dunkelheiten der hl. Bücher auftun, die schattigen Verborgenheiten ihrer Geheimnisse zeigen, wo sie weidend sich frei ergehen können.

[10] zum zweitenmal *vox;* ich folge de Labr.s Auffassung und gebe es durch *Wort.*

[11] Vgl. XI 22.

[12] Unermüdlich dringt der Prediger A. auf das nicht nur intellektuelle, vielmehr betende, asketische Angehen der hl. Schrift [*nos exerceat, s.* 23, 3]; besonders schön in der Erklärung des 146. Psalms. Sein Rat ist: »Beginne im Bekenntnis. Klage dich erst an, und hast du dich angeklagt, so lobe Gott . . . nicht nur mit der Stimme, auch im Werke« [146, 14].

[13] Nach *de Gen. contra Manich.* I 8, 13 führt der Künstler im Werke aus, was er innerlich *in arte* sieht. ‚Kunst' bedeutet hier also die Konzeption, nicht die Geschicklichkeit des Gestalters. Wenn der Baumeister Schönheit bildet, tut er es ohne Wissen um das Grundgesetz, von dem seine Kunst abhängt, *de vera rel.* 32, 59. Er steht im Dienste der *ars divina*, der göttlichen Weisheit: »Sie ist es auch, die durch den Künstler wirkt, damit er Schönes und Angemessenes hervorbringe«, *de div. qu. 83*, qu. 78. Der Begriff einer objektiv vorgegebenen ‚Kunst' verbleibt durch das ganze Mittelalter. Bei Bonaventura *Breviloquium* II 12, 4 sollte der Mensch »weise sein, indem er alle Geschöpfe in sich, in ihrer eigenen Gattung und in der Kunst erschaut« [videret etiam *in arte*].

[14] So las A. gemäß dem griechischen Text.

[15] Vgl. VII 17. Wiederum ist auf A.s Theorie des Lehrens und Lernens, bes. in *de magistro*, zu verweisen. Vgl. F. X. Eggersdorfer, *Der hl. A. als Pädagog.* 1907.

[16] Vgl. die klassische Formel: *Veritas intus docet, foris monet* [die Wahrheit belehrt inwendig, von außen her gibt sie nur Anregung].

[17] Diese dunklen Ausführungen werden verständlicher an der Hand der Augustinischen Auslegung der Johannesstelle in *tract. in Jo. ev.* 38, 11. Danach bezeichnet sich der Herr, indem er sich den ‚Anfang' nennt, als wandelloses Wesen und verlangt Glauben dafür, »weil ich auch spreche zu euch«, d. h., sagt A.: weil ich, der ich als rein geistiges Wort, als ‚Anfang', unfaßbar bin dem Sinneswesen Mensch, mich euretwegen erniedrigt und zu sinnlich wahrnehmbaren Worten herabgelassen habe, so glaubet, daß ich der Anfang bin; denn ich bin es nicht bloß, sondern ich rede auch zu euch. - Oder *Trin.* IV 18, 24 mit dem Kernsatz: »Wir könnten, weil wir einen Anfang genommen, nicht in das Ewige übergehen, wenn nicht ein Ewiger einen Anfang genommen hätte wie wir und so mit uns verbunden uns zu seiner Ewigkeit führte.« Das Problem der Urerzeugung der Dinge wird aus der Metaphysik der Zeit in die Metaphysik des Grundes übertragen, indem A. ‚in principio' als Urgrund versteht [Gilson, 345].

[18] Diese Worte gelten der heutigen Religionspsychologie als »höchste Prägung seelenkundlicher Weisheit«, sofern sie »die schlichteste und tiefste Auffassung des religiösen Grunderlebnisses«, der »Grundgefühle« wiedergeben, »mit denen der Mensch auf das Tremendum und das Fascinosum in Gott

antwortet«. G. Wunderle, *Einführung in A.s Konfessionen* [1930], 107.
Vgl. unten XII 14.
[19] Vgl. VII 10 Mitte; VII 17 Anfang und Schluß; X 41.
[20] Für *pleni vetustatis suae* verweist de Labr. auf *s.* 267, 2, wo im Hinblick auf die Parabel vom neuen Wein und den alten Schläuchen »der alte Mensch« mit dem fleischlichen gleichgesetzt wird: *carnalitas vetustas est.* Man wird auch an den paulinischen Gegensatz von *novitas spiritus* und *vetustas litterae* [Röm 7, 6] zu denken haben.
[21] Vgl. VII 15; XI 30; *Civ.* XI 4.
[21a] Vgl. *Civ.* XII 12f.
[22] Vgl. IX 10, 24.
[23] An anderer Stelle hat A. prorumpunt saecula. Denn sowohl Schöpfung wie Geschichte [auch als Heilsgeschichte] sind für ihn das Heraustreten eines in verborgener Wirklichkeit Immer-Gegenwärtigen in die zeitlich-bewegte Erfahrungswelt. »Die Ordnung der Zeiten ruht zeitlos in der ewigen Weisheit Gottes... Was vor den leiblichen Augen äußerlich sichtbar geschieht, tritt von dem inneren Gefüge der geistigen Natur her ins Dasein [illa quae coram corporeis oculis foris geruntur, ab *interiore apparatu* naturae spiritalis existunt, *Trin.* II 5, 9]. - Das Ringen mit dem Zeitphänomen zieht sich durch das ganze Lebenswerk A.s. Über die philosophische Vorgeschichte dieser Problematik und der Lösungen siehe P. Duhem, *Système du monde* I [1913].
[24] Dieses Eingeständnis brauchte A. nicht mehr zu widerrufen. Auch die langwierigen Reflexionen *Civ.* XII 12—21 mit ihrer Anführung griechischer Theorie über Zeit, Kreislauf und Wiederkehr bescheiden sich an der Unbegreiflichkeit der Zeit. Sie ist nun einmal die Eigenschaft der Endlichkeit gegenüber der *aeternitas* Gottes. Platon, Aristoteles, die Stoiker und Neuplatoniker haben ihren Anteil an diesen Erwägungen, aber schließlich ist das christliche Bewußtsein von Geschichte und Heilsgeschichte entscheidend dafür, daß unter Gottes ‚ewigem Nun' natürliche Entwicklung, jeder geschichtliche Augenblick und die *series saeculorum* [*Trin.* IV 16, 21] ihren letzten, eschatologischen Ernst behaupten. Das menschliche Unwissen über das Wesen der Zeit hindert nicht an ihrem ewigkeitlichen Gebrauch. Dieser Gedanke durchzieht nicht nur die *Conf.*, auch *Civ.* und *Trin.* Auch dieses letzte Werk enthält Geschichtstheologie unter stets sich erneuernden Aspekten von Zeit und zeitlosem Sein.

Die Tragödie einer nicht im Ewigen befestigten Kultur [*Trin.* X 5, 7], die *male utens et male fruens* ist [ebd. 10, 13], ist auch Hinweis auf die überzeitliche Enthaltenheit der Geschichte in dem Gott, der immer alles sieht [XV 14, 23], »bei dem Vergangenes nicht vergangen und Künftiges schon geschehen ist« [V 16, 17 gegen Ende]. - Eine kritische Darstellung des Zeitproblems bei A. gibt H. Eibl, *Augustin und die Patristik* [1923], 325—340. Eindringend, mit vielen Belegen J. Martin, *S. Augustin.* Par. [2]1923. L. Baurain, *Le temps d'après saint Augustin.* In *Revue augustinienne.* Mai 1902. 183—193.

[25] Gott allein das IST, z. B. *in ps.* 101, 6. Folgerung: Das Diesseitige ist gut und ist es nicht; denn es steht nicht, es fließt, *in ps.* 127, 5. Aber schöpfungsgemäß ist Vergänglichkeit mit Anfang und Ende, nicht Kreislauf und dauernde Wiederkehr, *Civ.* XII 12—21.

[26] Diese und die folgenden Worte befremden zunächst durch die karge Rationalität in der Erklärung der Vorausschau. H. Eibl [s. oben Anm. 24], S. 338, bemerkt: »Es läge nahe, zur Verdeutlichung, zum unmittelbaren Beweis der Existenz dieser ewigen Gegenwart Gottes zurückzugreifen auf die Tatsache der Prophetie, so wie es Jamblichos tut: aber Augustinus erklärt das Voraussehen nicht mystisch, sondern rationalistisch als ein Erfühlen der Zukunft aus vorhandenen Anzeichen, nach Analogie der in die Vergangenheit gerichteten Erinnerung, während das Analogon zur echten Prophezeiung das Hellsehen in die Vergangenheit wäre. Prophetie ist dann ein verfeinertes Erschließen. Doch befriedigt ihn diese Erklärung nicht ganz, und er gibt zu verstehen, daß Gott vielleicht den Propheten die Zukunft, die für ihn etwas Gegenwärtiges ist, unmittelbar mitteile.« - Notwendig ist auf *Trin.* IV 16 u. 17 zu verweisen. Dort spricht A. vom Ahnen vermöge geschärften Sehens [*acuto sensu videntium*], von Mitteilung an den Menschen durch Engel, die belehrt sind durch Gottes Verbum und Weisheit, wo auch die Vergangenheit und Zukunft stehendes Sein hat, vom Geist mancher Menschen selbst, der durch den Heiligen Geist über sich hinausversetzt wird [an ipsorum hominum quorundam mentes in tantum evehantur], daß sie die stehenden Ursachen [stantes causas] des Zukünftigen unmittelbar selbst, ohne Vermittlung von Engeln, aus der Scheitelhöhe der Wirklichkeit erschauen [in ipsa summa rerum arce conspiciant] . . . »Vieles wird auch geweissagt aus einem gewissen Instinkt und der [unbewußt] getriebenen sinnlichen Seele [et impulso spiritu ne-

scientium, dem nicht-intellektiven Bereich der Seele; vgl. *Civ.* X 9 die Polemik gegen Porphyrius]. So hat Kaiphas nicht verstanden, was er sagte; er prophezeite aber, da er Hoherpriester war [Jo 11, 51].«

[27] Daß nicht die Bewegung, auch nicht die des Weltalls, die Zeit ist, wie es stoische Ansicht war, ist auch bei Plotin [Enn. III 7, 8] ausgeführt. Vgl. das folgende Kap. 24.

[28] Wiederum, wie Plotin a. a. O.: jede Bewegung eines Körpers vollzieht sich *in* der Zeit, und wir messen sie *durch* die Zeit.

[29] Für den äußerst seltenen bildlichen Gebrauch von *albescere* verweist de Labr. noch auf Pseudo-Ambrosius, *de sacram.* VI 5, 25 und Cassiodor, *Variae* XI 2, 3.

[30] Von diesem Abendlied war schon IX 12, 32 die Rede. Text auch bei A. Schwend, *Hymnen und Sequenzen.* 1954. S. 31 f.

[31] Ob sich ‚sehen' lasse, daß die Zeit eine Art Ausdehnung, Spannung [*distentio*] der Seele sei, war XI 23, 30 Schluß gefragt. Nun wird das psychologische Ergebnis festgestellt, daß die Existenz und die unterbrochene Dauer der Zeit das Werk unseres Geistes sind. ‚Vor' und ‚Nach' sind Urteile des menschlichen Bewußtseins, nicht auf Gott und Ewigkeit anwendbar. Wie aber das Verhältnis der Zeit zu dieser Transzendenz zu denken sei, macht das metaphysische Zeitproblem aus, mit dem nun A. auch im Fortgang der *Conf.* zu ringen hat.

[32] A. hatte in dieser schwierigen, oft von ihm erörterten Stelle folgende Lesart vor sich: *Unum autem* [Obj. zum folgenden sequor], *quae retro sunt oblitus* [nämlich die temporalia cuncta, nach *in ps.* 89, 5], *in ea quae ante sunt extentus* [= appetitio aeternorum, ib.], *secundum intentionem* [dem Streben nach, non secundum perventionem = perfectionem = apprehensionem - so erläutert A. -] *sequor ad palmam supernae vocationis dei in Christo Jesu.*

[33] in te *con*fluam empfängt seinen Sinn aus dem Gegensatz des ‚splittern' und ‚gezerrt' zu ‚Stand' und ‚Festigkeit' der folgenden Zeilen.

[34] Näher ausgeführt *Civ.* XI 6. »Ohne Zweifel ist die Welt nicht in der Zeit, sondern zugleich mit der Zeit erschaffen worden.«

[35] Gemeint sind die Engel. Von Natur der Veränderlichkeit fähig, sind sie aber durch ihre Seligkeit tatsächlich keinem Wechsel und also auch nicht der Zeitordnung unterworfen. *Conf.* XII 9. *Civ.* XII 16.

[1] Bei diesem schwierigen c. 2 ist die Übersetzung der Verdeutlichung wegen leicht paraphrasierend verfahren. »... in den äußersten Bereichen« [*in novissimis*, vgl. *de vera rel.* 78] ist gemäß XII 12, 14 [*mutationes rerum extremarum atque infimarum*] verstanden. - Man darf hier auch an A.s zärtlichen Blick für die tierische Kleinwelt denken, z. B. für die Schönheit des Wurms, *de vera rel.* 77. Auch Mücken und Fliegen sind an sich Wunderwerke der Natur und einer vollkommenen Intelligenz, *de duabus anim.* 4. - Vgl. Bernhart J., *Das Tier bei Descartes und Augustin*, in der Cartesius-Festschrift der Rivista di Filos. Neoscol., Milano 1937, S. 53 ff.

[2] Das »*invisibilis et incomposita*«, das A. las, entspricht dem ἀόρατος καὶ ἀκάτασκος der Sept [unsichtbar und ungeordnet]. Der dem Hebräischen genügende Begriff des Wüsten und Leeren ist richtiger mit dem *inanis et vacua* der Vulgata wiedergegeben.

[3] Vgl. XI 2, 2 die *hortamenta ... quibus me perduxisti ...*

[4] Das Chaos, an dem sich das schöpferische Scheidewerk, die discretio = distinctio rerum vollzieht. Darüber bei Thomas v. A. z. B. *S. th.* I 47, 1.

[5] Vgl. Weish 11, 18, wo A. las: qui fecisti mundum *de informi materia* [Vulg. ex materia invisa]. Vgl. *informitas* auch XII 12, 15, welcher Passus überhaupt auch dem Verständnis unserer Stelle dient. - Bei Gilson 345 ff., 543 ff.

[6] de Labr. denkt hier an eine Abhängigkeit von Plotin *Enn* II 4, 10. [Dies betrifft wohl den Satz: Wenn die Seele die Materie als das Unbestimmte denkt, so denkt sie es, ohne es eigentlich zu denken.]

[7] Nach *Trin.* XIV 16, 22 spricht man auch von einem Geist [*spiritus*] im Menschen, der nicht Denken [*mens*] ist, dem die vorgestellten Ähnlichkeitsbilder der Körper angehören.

[8] Die nun folgende Frage nach dem Was der Urmaterie, des unendlich bestimmbaren Unbestimmten, schwebt über den weiteren Erörterungen der Schöpfung aus dem Nichts. Vgl. K. Staritz 73 ff.

[9] Hier die Anknüpfung an den Anfang von c. 2 dieses Buches.

[10] Begriff und Vorstellung der Gottesstadt in der Himmelswelt haben ihre reich verzweigte Geschichte. Im Alten und Neuen Testament, nicht weniger in der apok. Literatur des Judentums seit etwa 160 vor bis um 120 nach Chr. Zur letztern die Texte bequem in deutscher Übers. bei P. Rießler, *Altjüd. Schrifttum außerhalb der Bibel* [1928]. Zu den bezügl. Stellen des NT [wie Offenb 3, 12; 21, 2 u. 10; Gal 4, 26; Hebr 12, 22] vgl. die

Kommentare. Der für A. entscheidende Begriff der *civitas* ist aber auch im platonisch-stoisch-philonischen Denken verwurzelt. Hierüber V. Stegemann, *Augustins Gottesstaat.* 1928 [bes. S. 26 bis 29]. Über die biblisch-theokratischen Grundlagen der Idee des Gottesstaates auch B. A. Fuchs, 294 ff.

11 Die Erörterung von c. 3—9 [vgl. Schluß von 9] wird zu Ende geführt.

12 Hier zieht Labr. glücklich die Stelle aus *Contra adversarium legis et prophetarum* [um 420], I 9, 12, heran: »Es ist nicht anzunehmen, daß Gott die ungeformte Masse vorher geschaffen und nach Ablauf einer Zwischenzeit das vorher formlos Geschaffene geformt hätte; vielmehr, wie vom Sprechenden hörbare Worte gebildet werden, wobei nicht die Stimme, vorher formlos, später Form erhält, sondern schon geformt herauskommt, so hat man es zu verstehen, daß Gott die Welt zwar aus formlosem Stoff erschaffen, jedoch diesen zugleich miterschaffen habe mit der Welt. Die Berichterstattung freilich meldet zuerst, woraus etwas entsteht, hernach, was daraus entsteht; sie kann eben nicht beides in gleichem Atem erzählen, wohl aber kann beides zumal entstehen.«

13 *perventio,* wie schon VI 1, die Hinkunft, Gelangung, gebraucht A. auch *de consensu evang.* II 20; ebd. das Nomen *perventor.*

14 *Sermo dei gladius bis acutus,* heißt es *in ps.* 149, 12.

15 Wie *Civ.* XI 21. Auch dort der Begriff des [göttlichen] *contuitus.* Er bezeichnet, wie *visio,* sowohl den Akt des Schauens als das Geschaute; wie auch unser ‚Blick' zugleich Erblicken und Erblicktes besagt [‚einen schönen Blick haben']. Vgl. den aristotelischen Satz [*Über die Seele* III 7, 431 b]: Die im Zustand ihrer Wirklichkeit denkende Vernunft ist mit den Gegenständen des Denkens identisch.

16 Es-Selbst hier deutlich als Bezeichnung für das ungeschaffene Sein. Vgl. bei VII Anm. 66; IX Anm. 26 u. 41.

17 c. 11 und c. 15.

18 in c. 12 und c. 13.

19 *inchoatio,* bei A. z. B. *de gen. ad Manich.* 14 Schluß und *ep.* 222, bedeutet eigentlich ‚Zusammensetzung aus dem Urstoff'; *inchoativus* = zum Anfangen dienend. Die von den Wörterbüchern behauptete Bildung aus *in* und *chaos* mag dahingestellt bleiben.

20 A. vertritt die Statthaftigkeit des *sensus multiplex* in der Bibelauslegung. Dieser Standpunkt A.s in der biblischen Her-

meneutik ist theologisch umstritten. Er selbst vertritt ihn weitsinnig mit aller Entschiedenheit, was besonders *Conf.* XII 25, 35 ff. und 31, 42 und 32, 43 deutlich wird. Als Didaktiker hat er sich darüber *doctr. chr.* III 27 [wohl erst nach den Konfessionen] ausgesprochen: »Wenn in ein und derselben Stelle der Schrift nicht nur ein bestimmter, sondern zweifacher oder mehrfacher Sinn herausgefunden wird, ohne daß sich feststellen läßt, welches der wirklich vom Verfasser beabsichtigte ist, so entsteht daraus doch keine Gefahr, wofern sich nur aus anderen Texten der Schrift nachweisen läßt, daß jede dieser Auffassungen mit der katholischen Wahrheit übereinstimmt. Jedenfalls muß derjenige, der in den Grund der göttlichen Aussprüche eindringen will, sich bemühen, den Gedanken des Verfassers zu treffen, durch den uns der Hl. Geist diesen Teil der hl. Schriften gegeben hat: mag er nun bei seiner Auslegung wirklich diesen Sinn enthüllen oder aus jenen Worten einen anderen, aber der Reinheit des Glaubens nicht widersprechenden Sinn herauslesen, für den er sich auf ein anderes Zeugnis in den göttlichen Aussprüchen berufen kann. Denn vielleicht hat der Verfasser selbst in diesen nämlichen Worten, die wir zu verstehen suchen, auch diesen anderen Sinn gesehen, der ihm beigelegt wird. Wenigstens ist es gewiß, daß der Geist Gottes, dessen Werkzeug der geheiligte Verfasser gewesen ist, vorausgesehen hat, daß auch dieser Sinn dem Gedanken des Lesers oder Hörers sich erbieten werde; ja, ich sage, es ist seine Vorsehung, die auch diesen Sinn ihm eingegeben hat, weil auch er auf der Wahrheit beruht. Konnte denn die göttliche Vorsehung in den Heiligen Büchern sich herrlicher und fruchtbarer erweisen, als indem sie darin in einerlei Wortlaut mehrfachen, verschiedenen Sinn beschloß, der nun je auch durch andere Stellen von nicht weniger göttlicher Autorität das Zeugnis der Wahrheit für sich hat.«

21 In der Lehre von den Zeichen behandelt A. *doctr. chr.* II 3 als die vornehmlichsten die ‚Worte'. Wichtig sei die Klarheit darüber, ob eine Schriftstelle buchstäblich oder bildlich aufzufassen sei. Bei bildlich zu fassendem Ausdruck soll man sich vor Ausschließlichkeit zugunsten einer einzigen Deutung hüten [III 24. 25].

22 Über die Wahrheit als das alle verbindende Gemeingut, das durch keinen Schöpfenden gemindert wird, hat A. immer wieder gesprochen, besonders schön und bewegt *de lib. arb.* II 37 f.; 52 f.; auch *s.* 47, 30.

[23] Vgl. XIII 25, 38.

[24] Es ist somit die subjektive Gewißheit, mit der wir unsere Urteile fällen, in der objektiven Gewißheit begründet, mit der die Sache selbst unserm Verstande einleuchtet. Mit diesem Gedanken hatte schon Platon den Sophisten gegenüber die Philosophie gerettet.

[25] Vgl. oben Anm. 20 zu XII 18, 27.

[26] In den letzten drei Büchern der *Conf.* unternahm A. seinen dritten Versuch, den biblischen Schöpfungsbericht zu erklären. Der erste von 389 [*de Gen. ad Manich.*] war ihm allzu allegorisch ausgefallen, beim zweiten um 393 [*de Gen. ad litt. imperf. liber*], der den Literalsinn erfassen sollte, war er in den Schwierigkeiten steckengeblieben. Nun durchdringen sich beide Methoden der Sinnfindung um die Grundlage und den Rückhalt für Spekulationen über Zeit und Ewigkeit, Gott und Welt. Alsbald [seit 401] unternimmt er einen vierten Versuch der Genesiserklärung [*de Gen. ad litt. libri* XII], der trotz seinem Umfang nur bis zur Vertreibung aus dem Paradiese gelangt. Auch über dieses Unternehmen hat er sich in der Rückschau seiner spätesten Zeit [*Retract.* II 24] unbefriedigt geäußert. Von diesem Urteil wird auch seine beherrschende Absicht getroffen, darzulegen, daß die Genesis nichts enthalte, was nicht buchstäblich wahr sein könne. Eben dieses Werk aber zeigt auch, wie relativ dieses ‚buchstäblich wahr' zu verstehen sei. Es heißt hier [VI 12, 20]: »Daß Gott mit körperlichen Händen den Menschen aus dem Lehm der Erde gebildet habe, ist doch ein gar zu kindischer Glaube.« Und [VII 1, 2] »wie er ihn nicht mit körperlichen Händen gebildet hat, so hat er ihn auch nicht mit seiner Kehle und den Lippen angehaucht«. Auch bei der Erschaffung Evas aus der Seite des Adam wird noch *Civ.* XII 24 [ed. Dombart] das *ut Deus* - wie Gott eben handelt - betont. »Das dürfen wir uns nicht nach Menschenweise denken, wie wir es täglich bei Handwerkern sehen, die aus irgendeinem irdischen Stoffe mit ihren Körpergliedern etwas herstellen, wozu ihre handwerkliche Kunst sie instand setzt. Gottes Hand ist Gottes Macht, und auch das Sichtbare wirkt er auf unsichtbare Weise.« Wer nicht so denken kann, fährt er fort, wird dem Bericht über die Uranfänge [*quae primitus instituta sunt*] wie einer Fabelei gegenüberstehen. Aber wirkt nicht auch in den Bildungen der äußeren Natur der göttliche Geist? - Bedenkt man diese Fühlweise in A.s Schöpfungsglauben, der unmittelbar Glaube an den Schöpfer ist, so wird auch aus den letzten

drei Büchern der Confessiones bei aller Divergenz der Auffassung im Einzelnen doch das durchgängige Sehen der Schöpfung als eines Gleichnisses offenbar. Im Erlebnis der Analogie des Seins ist A. erschrocken über seine Unähnlichkeit mit Gott, aber auch entbrannt im Bewußtsein seiner Ähnlichkeit mit Ihm [*Conf.* XI 9, 1]. Dem entspricht sowohl die Gebrochenheit seines Weltgefühls als seine religiöse Ehrfurcht vor allem Geschaffenen, deren ein Zeugnis auch die letzten Bücher seiner Bekenntnisse sind.

[1] Beachte Wortspiel *colam* ... *incultus* ... *colam.* - Gott braucht uns nicht. Indem er aber Gebrauch von uns macht [utitur nobis], ist dies Wohltat nur für uns und Zeugnis seiner Güte, *doctr. christ.* I 32, 35. Auch *de Gen. ad litt.* VIII 11, 24.

[2] Im Sein zu verbleiben, das verdanken die Dinge nur der dauernden Ursächlichkeit Gottes. Er ist »alles tragend mit dem Worte seiner Wirkkraft«, Hebr 1, 3. Wo Thomas v. A. in *Summa c. gentiles* III 65 dies näher ausführt, zitiert er A. *de Gen. ad litt.* IV 12: »... des Allhaltenden Wirkkraft ist die Ursache des Selbstbestehens [subsistendi] allen Geschöpfes. ... Die Welt wird nicht den Nu eines Augenblicks zu stehen vermögen, wenn Gott ihr sein Regiment entzogen hat.«

[3] Also auch alle geistige Schöpfung ist *ad* Deum.

[4] Vgl. *Civ.* XI 21. Dort wird neben Gottes Billigung seines Werkes [Gen 1, 31] ein Wort aus Platons *Timäus* [37 c] gestellt: Gott sei über die Vollendung des Weltalls von Freude hingerissen worden. Ebd. [29 d] war ja schon gesagt worden, daß der Weltbildner alle Dinge in der Ähnlichkeit mit sich selbst gemacht habe. Aber die platonische Gottheit, die wollte, daß alles gut sei, hat es »nach Möglichkeit« aufs schönste und beste geordnet [37 c; 42 e].

[5] Der Satz wird durch die 15 Bücher *De trinitate* hindurch mit immer neuen Tiefblicken entfaltet.

[6] Vgl. bei V 5, 9 Anm. 14.

[7] Die Liebe Christi, die Liebe Gottes = der Heilige Geist.

[8] *pondus* = Gravitation der Seele nach ihrem erstrebten Gut, der Zug des Willens [*voluntates sumus!*] nach dem, was sie liebt. Das *Gewicht* der Seelen ist ihre Liebe: sie ist [nach *Civ.* 14, 6] als Besitzverlangen Begierde, als Besitzgenuß Freude, in der Flucht vor dem Widrigen Furcht, in der Getroffenheit vom Übel Trauer. Die seelische Gravitation hat ihr Analogon in der Körperwelt, von beiden gilt: *pondus* ist der Drang eines jeglichen Dings, das gleichsam zu seinem Ort hin begehrt [*in ps.* 29, 10]. So ist *pondus* wechselweise auf den physischen und geistigen Bereich anwendbar. Aber schließlich entscheidet der absolut höhere Rang des letzteren. Etwa das physische Licht ist Nachahmung der göttlichen Geistigkeit, die Sonne wirkt wie Gott [*de Gen. ad. litt.* IV 28, 45]. Gleichso *Civ.* 11, 28: *Ita* enim corpus pondere *sicut* animus amore fertur, quocunque fertur. Die physische Welt steht im Gleichnis zur geistigen, nicht

umgekehrt, - so daß also die naturpoetischen Metaphern für das menschliche Innenleben Sinn und Recht vom Menschen her haben: ‚Natur' ist a priori schon auf spiegelnde Interpretation des mundus spiritalis angelegt. Darauf ist notwendig zu achten, wenn man die ringende Genesis-Exegese des 13. Buches nicht als Verschrobenheit abtun will. Der Bedingtheit alles analogischen Redens, allermeist in der Theologie, ist sich A., wie er in *Trin.* oft genug versichert, demütig bewußt gewesen. Eben aus diesem Werk [von M. Schmaus trefflich übersetzt] läßt sich, zumal aus dem 15. Buch, die schöpfungstheologische Grundhaltung erkennen, von der auch schon der drangseliger bewegte Ausklang der *Conf.* bestimmt wird.

[9] ‚Lebensgeister' trotz dem Singular des Latein. Bei A. hat *spiritus* die Bedeutungsweite von Prinzip jeglicher Lebensbewegung und bereicht alles Beseelte, auch das Tier. Er selbst verweist *Civ.* XIV 16, 22 auf den biblischen *spiritus pecoris* [Pred 3, 21] und die Vernichtung alles Fleisches in der Sintflut, welches *habebat in se spiritum vitae* [Gen. 7, 22]. *Civ.* ebd. *tot modis dicitur spiritus.* Mithin sagt Gilson 465 f. unzutreffend, das Wort bedeute in der Schrift den vernünftigen Teil der Seele und also ein besonderes Vermögen des Menschen, das die Tiere nicht besitzen. Im Gegenteil, *spiritus* muß für die hebräischen Wörter *nefeš* und *rûah* zugleich aufkommen. Vgl. W. Eichrodt, *Theol. d. Alten Testaments* II [1935], S. 67 ff. Übrigens scheint ‚Lebensgeister' auch durch die Vielzahl der *affectus, amores* und *curae* des hinunterfließenden *spiritus* berechtigt.

[10] *aquam sine substantia,* nicht *aquam intolerabilem* [Vulg.] oder *impetuosam* [Sept.] las A. und erläutert *in ps.* 123, 9: Quae est aqua sine substantia, nisi aqua peccatorum sine substantia? Peccata enim non habent substantiam. Zu dem Bilde des Überschreitens vgl. den Durchgang durch das Rote Meer mit seiner Symbolik.

[11] Die biblische Begründung und Erklärung des Sondernamens ‚Gabe' [donum] für den Hl. Geist gibt A. *Trin.* XV 19, 33 bis 36, auch V 12, 13—16, 17. Vgl. M. Schmaus in seiner deutschen Ausgabe I S. XXXIII.

[12] *frui* das im beseligenden Gut verruhende Sichfreuen, einer Wesenheit in Liebe Anhangen um ihrer selbst willen: *frui enim est amore alicui rei inhaerere propter seipsam* [*de doctr. christ.* I 4]; hingegen bezeichnet *uti* das Verhältnis des Gebrauchs zu Gütern, die der Mensch nur propter aliud [ebd. 20] lieben soll. Vgl. *Conf.* IV 10, 15. Diese Unterscheidung der Güter ist in

der *Civ.* grundlegend für die ganze Taxierung des menschlichen Verhältnisses zum Dasein. Ausführlich Mausbach I 64 ff.; 233 ff.; 265 ff. - Güterstufungen auch bei Cicero [*de fin* IV 23, 62]. Über die von honestum und utile in de officiis, vgl. Alfaric, L'évolution . . . 436[2].

An unserer Stelle erscheinen *frui* und *requiescere* als Wirkung der an ihrem gehörigen Ort erfüllten Gravitation. [Das Bild von Öl und Wasser auch *in ps.* 29, 10.] Die persönliche Eröffnung in *pondus meum* . . . wirkt nach den gehäuften Nennungen dieses Worts wie der Absprung nach dem Anlauf. Vgl. bei X Anm. 72.

[13] Der Ausdruck bezieht sich auf die geschlossene Folge der sog. Stufen- oder Gradualpsalmen [Ps 119—133 der Vulg.]. Der Name wird hergeleitet von den Liedern, die das Volk beim Tempelbesuch auf den Stufen sang, oder von den Wallfahrtsliedern beim ‚Hinaufziehen' nach Jerusalem. - Ausgehend vom Sammelnamen des Liederzyklus erklärt A. *in ps.* 119, 1 die *ascensio* als Erhebung aus dem Tale der Tränen zu dem Ort, den Er bereitet hat [Ps 83, 6 f.; 1 Kor 2, 9].

[14] *collocabit* erinnert an das Wort der ‚Weisheit': Der mich erschuf, wies mir eine feste Wohnung an [Sir 24, 8, Sept.]

[15] So auch *Civ.* XI 26; *Trin.* IX 4, 4 und 12, 17 f. - Als Geist ist die Seele nach dem Bilde des dreieinigen Gottes geschaffen. In allen übrigen Dingen finden sich Spuren [*vestigia*] der Trinität, insofern in allen Einheit, Form und Ordnung ist [*de vera rel.* 7, 18], in der Seele dagegen ist das Bild [*imago*] Gottes niedergelegt. In *Trin.* wird diese Ebenbildlichkeit in mehreren Ternaren nach verschiedenen Richtungen hin aufgewiesen. Neben der Ähnlichkeit wird auch die Unähnlichkeit ausgesprochen, was von der Anwendung des Prinzips der Analogie zwischen Gott und Schöpfung überhaupt gilt. Vgl. die Texte bei E. Przywara, *Augustinus. Die Gestalt als Gefüge* [1934] 235 bis 258. M. Schmaus, *Die psychol. Trinitätslehre des hl. A.* [1927]. E. Gilson, *Der heilige Augustin* [deutsch 1930] 358—385.

[16] Gemeint ist die fides *qua* creditur, bei A. ungefähr der *pietas* gleichzusetzen. Genauer träfe die nicht-wörtliche Übersetzung ‚mein glaubend Herz'. Es ist, heißt es *Trin.* V 1, 2, keine Ehrfurchtslosigkeit, wenn die *pietas fidelis ardescit* nach der göttlichen Wirklichkeit über uns.

[17] Von seinem Persönlichen sprechend, läßt A. an dieser ganzen Stelle seine Erfahrung und das Schriftwort sich wechselweise erhellen. Die Übersetzung von *conturbata erat etc.* nimmt

Rücksicht auf *in ps.* 41, 12, wo übrigens auch ‚Land am Jordan' auf die Taufe bezogen wird. Der ‚Berg', ‚groß' und ‚klein', deutet auf Christus-Gott und Christus-Mensch; Ps 41, 12 las A. *a monte parvo.* Der Sinn, auf den es ankommt, ist: im Hinblick auf den menschgewordenen Gott verdemütigte ich mich, legte nach der Erschütterung die Selbstherrlichkeit ab und setzte mein Vertrauen auf Gott.

[18] Zum Verständnis vgl. *in ps.* 41, 13: Jeder Mensch, auch der heilige, der gerechte, der weit vorangeschrittene, ist ein Abgrund, nicht bis in den Grund seines Herzens zu verstehen, und er ruft dem Abgrund zu, wenn er einem andern um des ewigen Lebens willen Wahrheit und Glaube verkündet. Aber heilsam ist der Zuruf nur in der Kraft des göttlichen Wahrheitswortes: gewinnt ein Mensch einen Menschen, so nicht mit der eigenen Stimme, sondern »mit Deines Wassergebrauses Stimme«.

[19] *in ps.* 41, 9 f. deutet auf die beseligende Nähe Gottes in der Kirche - »gleich als ob vom Hause Gottes her süß eine Orgel herübertönte«.

[20] Das Gestrüpp von Zitaten und Anspielungen aus der Bibel, die sich mit subjektiven Deutungen des Autors verwickeln - mit c. 13 hat es begonnen -, macht die Lektüre reichlich unwegsam. An unserer Stelle handelt es sich um die bildliche Funktion von Firmament, zusammengerollter Buchrolle und ausgespanntem Zeltfell. Firmament = Autorität der Hl. Schrift, die sich wie der Himmel über die ganze Erde ausspannt. Aber in ‚Himmel' sind auch die Vermittler seiner Offenbarung einbegriffen; Heilige und Apostel, erhoben von der Erde, sind ‚die Himmel', die Gottes Herrlichkeit rühmen [*in ps.* 18, II 2], so daß ausgeht ihr Schall [Ps 18, 5]. Das irdische Leben dieses ‚Himmels', dieser Männer, hat sich im Tode zusammengerollt, wie man nach dem Lesen die Buchrolle - die Bücher der Alten waren auf lange Fellstreifen geschrieben - zusammenrollt. Dank aber ihrem Wirken spannt sich jetzt über der Erde das Firmament der göttlichen Offenbarung wie ein Zeltfell.

[21] Auch der Tod der Gotteszeugen erinnert an den Fall, nach dem die Ureltern ihre Tierfelle empfingen. »Fell bedeutet die Sterblichkeit ... weshalb auch jene zwei Menschen mit Fellröcken bekleidet wurden« [*in ps.* 103 I 8]. Aber, sagt das Folgende, erst durch den ruhmvollen Tod Deiner Zeugen gewann Dein Wort die große Verbreitung und wurde der Himmel, der wie ein Zeltfell sich ausspannt. *Hanc auctoritatem* [sc. sanctam Scripturam] *posuit Deus in ecclesia sua* [ib.].

[22] Die Übersetzung dieser Psalmstelle sucht durch die Einschiebung der Zeitwörter den Sinn klarzumachen, den A. nach *in ps.* 35, 8 in die Stelle hineinlegt.

[23] Die wegen *aenigma* und *speculum* viel erörterte Paulusstelle erhält hier einen besonderen Sinn. Vgl. *Trin.* IX 6, 10: »Lebendig wirkt und leuchtet von oben her das Urteil der Wahrheit, und durch unzerstörbare Richtmaße der Wahrheit steht es fest. Und wenn es auch von Bildern aus der Körperwelt wie von Gewölk durchzogen ist [corporalium *imaginum* quasi quodam *nubilo* subtexitur], so wird es doch nicht eingefinstert und aufgelöst.«

[24] *essentia tua,* die Übersetzung durch ‚Seien' ist begründet in dem vorausgehenden *omnino tu es* [wesest] und *es incommutabiliter* [nicht incommutabilis]. Von Gott ist ausgesagt der reine actus essendi, das *ipsum esse,* das seine *essentia* ist [*Trin.* V 2, 3]. Für ihn, den *Qui est* [Exod 3, 14], *qui summe est, summe vivit,* ist ein und dasselbe selig sein, groß sein, weise sein, wahr sein, gut sein und überhaupt sein [*omnino ipsum esse*], ebd. - Der kleine Abschnitt nimmt bereits das große Thema von *Trin.* auf.

[25] Bildlich für die *civitas terrena,* das *saeculum,* das Reich der Weltlinge. Der pessimistische Gebrauch der Meer-Metapher auch sonst, bes. *in ps.* 64, 9 [Bitterkeit, Stürme, die Menschen als Fische, die je größeren die kleineren fressend]. »Aber in schroffem Kontrast mit diesen Klageliedern vernehmen wir die Jubelklänge eines, man möchte sagen, ästhetisch-metaphysischen Optimismus.« H. Reuter, *Augustinische Studien* [1887], 372 f. Dieses Urteil gilt auch von der großen Aussprache über die Geschichte in *Civ.*

[26] Die *voluntates* hier im Sinne der folgenden *cupiditates. Civ.* XIV 6 heißt es von den Affekten: omnes nihil aliud quam *voluntates* sunt. Die *cupiditas* ist dort *voluntas* in der Einstimmung in das, was wir appetendo wollen.

[27] auch in den seelischen Nöten, worauf *in ps.* 66, 8 hinweist. Frucht trug die Erde unter der Hand des Erlösers und der Predigt der Apostel.

[28] Man beachte bei dem wiederholten *robore* und dem *protectionis umbraculum,* daß *robur* so die Eiche wie Kraft, Festigkeit, Männlichkeit bedeutet. - Vgl. bei van d. Meer 303 ff. das anziehende Kap. Der Kadi.

[29] Gemeint ist die Ernte bei der Heidenwelt, wie aus vielen

augustinischen Predigtstellen belegt werden kann. Vgl. Apg. 13, 46 f.

30 *sacramentum id est sacrum signum: Civ.* X 4. Dazu *in ps.* 73, 2: »Die heiligen Zeichen in beiden Testamenten sind nicht die gleichen ... Die des Neuen Testamentes gewähren das Heil, die des Alten verhießen den Heiland ... Gewechselt haben die heiligen Zeichen.« - Vgl. bei VI Anm. 14.

31 Ihr Gegenstand ist »die unwandelbare und in sich wahre, ewig feststehende Wahrheit«. *Conf.* VII 17, 23.

32 *Reptilia animarum vivarum* [*et volatilia*] las A.

33 Vgl. XIII 18, 23 bei Anm. 30.

34 Eine wichtige Bemerkung. Nach der Eingangsfrage des Abschnitts sollen die wunderlichen Auskünfte der Allegorese, ja diese exegetische Methode überhaupt gerechtfertigt werden. Nicht ausgesprochen, aber vorauszusetzen ist der Gedanke, daß allegorisches Schriftverständnis [vgl. bei V Anm. 45] begründet sei in der Analogie der Dinge, einer doppelten: der Dinge unter sich, wiederum ihrer aller zu ihrem Schöpfer. Die Dinge sind sich nicht gleich, sind nicht identisch, weil die Welt sonst die absolute Einheit wäre, als welche Gott ist, aber sie sind auch nicht so schlechthin verschieden, daß sie nicht Ähnlichkeit aufwiesen, nicht vergleichbar wären. Hierin gründet die Möglichkeit analogischen Redens überhaupt, sei es in der Metapher, im Gleichnis, in der Allegorie. Aber der Menschengeist hat die Fähigkeit oder auch das Bedürfnis, die Welt seiner Erfahrung im ganzen als Zeichen eines Seins zu verstehen, das ihm nicht so wie jene als Bekanntes gegeben ist. Dann nimmt er die gekannte Schöpfung als Zeichen oder Aussage ihres nicht gekannten Schöpfers. So redet die Bibel auf Grund des Glaubens an die zeichliche Bedeutsamkeit der Schöpfung in sinnlichen Bildern vom schlechthin Erhabenen wie vom Vertrauten. Sie spricht anthropomorphisch und hebt doch allen Anthropomorphismus ausdrücklich wieder auf [Job 10, 4 ff. gegenüber Ps 93, 8 ff.].

In beiderlei Hinsicht kennt und vertritt A. das Prinzip der Analogie. Wie unsere Stelle zeigt, ist ihm der geschöpfliche Formenreichtum eine Sprache, in der auf vielerlei Weise ein Nämliches ausgedrückt sein kann. [Vgl. 24, 36 und 37.] Die Mannigfaltigkeit der Erscheinungen - dies sein Gedanke - entspricht nach Gottes Anordnung dem ruhelos regsamen, an Einem leicht ermüdenden Geist des Menschen. Aber wie die auseinanderliegenden Dinge der Natur als *vestigia,* Spuren Gottes, als ein All-Ganzes da sind, so drängt es den Menschengeist,

in dem Gottes Bild ist, am Vielen auf das allenthaltende Eine zurückzukommen [ebd.]. Analog dieser Gegenläufigkeit der Strebungen ins Mannigfaltige und ins Eine, wie sie in Schöpfung und Geschichte, vorab im menschlichen Innenleben sich zeigen, verkündet das Offenbarungswort ein Eines auf viele Weisen und darf die Auslegung im Verfahren der Allegorese dem klar und treu erfaßten Wortsinn biblischer Sprache je auch allegorisch-mystische Deutungen geben, sofern sie im Einklang mit der Offenbarungswahrheit überhaupt sind, und darf umgekehrt unterschiedliche Bilder ihres Redens als Zeichen desselben Wahrgedankens fassen.

Die ganze Mannigfaltigkeit der Worte und Bilder in der Offenbarung entspricht dem Zustand unserer Pilgerschaft, in dem alles noch ‚Stückwerk' ist. Annoch ist »der Himmel der Schriften mit Wolken bedeckt«, aber von Dem, der den Himmel überzieht, um der Erde Regen zu bereiten, d. h. den Geist im Ringen mit der Dunkelheit der Schrift zu stärken [*in ps.* 146 im ganzen; ähnlich *in ps.* 103 I 18: in der Schrift sind hohe Geheimnisse verborgen, damit sie uns nicht gering werde; *ut quaerentes exerceant, s.* 32, 1]. Weil A. überzeugt war, daß die Schrift »an vielen Stellen gleichsam fleischlich redet, wo sie doch immer geistig [spiritalis] ist« [*s.* 23, 3], mußte ihm die Allegorese, eine in der Kirche von Anfang eingebürgerte Methode, willkommen sein. *Conf.* XIII 3, 4 läßt vermuten, wieviel Gewinn und Friede er persönlich ihr verdankte. Zugleich aber ist dieses XIII. Buch ein Zeugnis ihres Auswucherns ins Maßlose. Das stoisch-hellenistische Erbe hat uns den Exegeten des AT entfremdet. Der biblische Bericht vom Anfang ist eine Allegorie, die gewaltigste, aber wofür sie steht, bringt kein einzelner Genius, erst die Geschichte selbst an den Tag. Aber beispielhaft in seinen Versuchen an der Genesis ist der Vollzug des Grundsatzes, der ihn leitet. »Es ist ausgeschlossen«, sagt er, »daß unser Glaube den Verzicht auf vernunftgemäße Erklärung oder vernunftgemäßes Forschen verlangt; denn wir könnten auch nicht glauben, wenn wir nicht vernunftbegabte Seelen hätten ... Wenn es also ein Vernunftgebot ist, daß bei gewissen erhabenen Dingen, die wir noch nicht begreifen können, der Glaube der Vernunft vorausgeht, so geht auch ohne Zweifel das bißchen Vernunft, das uns dieses lehrt, dem Glauben voraus« [*ep.* 120, 3].

[35] *amarus languor* entspricht den vorausgehenden *fastidia.* Wieder, wie schon bei II Anm. 9, meldet sich der pessimistische Aspekt glaubensleerer Zivilisation. Vgl. *Trin.* X 5, 7; 10, 13.

36 Siehe bei VIII Anm. 8 [u. 9]. Zutreffend ist also das Urteil Harnacks [Mission ... 279]: »Die Taufe ist somit nicht eigentlicher Initiationsakt, sondern Abschluß der Initiation.« Der Ernst und die Einläßlichkeit der Vorbereitungspraxis ergibt sich aus *de cat. rud.* und *de fide et operibus.* Eine ausreichende Zusammenfassung bietet S. Mitterer in der Einleitung zu seiner Übersetzung beider Werke in *Bibliothek der Kirchenväter* [A. Bd. VIII] 229 f. - Ausführlich van d. Meer 408 ff. im Kap. »Christwerden«. Ebd. weitere Literatur S. 687 Anm. 15 und 736 Anm. 1.

37 Ihrer zeichlichen Sichtbarkeit nach gehört die Taufe zu den ‚Kriechtieren'. Vgl. 20, 26.

38 Der Fisch als Symbol für Christus spielte in der alten Kirche eine große Rolle. Das Zeichen steht in weiten religionsgeschichtlichen Zusammenhängen. Vgl. F. J. Dölger in seinem mehrbändigen Werk ΙΧΘΥΣ [1910—1927]. - Zur Sache ergreift, nicht als erster, A. selbst *Civ.* XVIII 23 das Wort. »Verbindet man die Anfangsbuchstaben der griechischen Wörter Ἰησοῦς Χριστὸς θεοῦ υἱὸς σωτήρ, d. i. Jesus Christus, Gottessohn, Heiland, so ergibt sich ἰχθύς, d. h. Fisch, eine Bezeichnung, unter der man im Geheimnis Christus versteht [mystice intelligitur], weil er in dem Abgrund dieser Sterblichkeit wie in tiefen Gewässern lebendig, d. h. ohne Sünde sich zu halten vermochte.«

39 Anspielung auf entartetes Kultwesen in spätantiken Religionen und Mysterien, das den ‚Wassern des Unglaubens' zugerechnet wird, wogegen die Kirche das von den ‚Wirbeln des Abgrunds' geschiedene ‚Land' ist, wo das Wirken ihrer Diener, auch ihr Beispiel, ‚lebendige Seelen' hervorbringen soll. Im folgenden wird denn auch die Meidung gnostizistischer Lehren gefordert.

40 In der *versio antiqua* lautet Pred. 4, 4: ... *quia aemulatio viri a sodali eius.* Bei Ambrosius [*De fide resurr.* II 30]: *quia aemulatio viro ab altero eius.* Ich verdanke diese Hinweise dem verstorbenen Augustinus-Übersetzer Alfred Schröder.

41 Der folgende Gedanke ist ein Beispiel des in A. lebendigen Bewußtseins, daß in der Kirche Führende und Geführte sich als »gemeinsame Mitschüler unter dem einen Lehrer« wissen sollen [*s.* 23, 2]. Vgl. das Kapitel ‚Der Bischof und die Gemeinde' bei H. U. v. Balthasar: *Augustinus, Das Antlitz der Kirche.* 1942. Hier ist aus dem gesamten Predigtwerk A.s eine Fülle von Texten in vorbildlicher Übersetzung geboten.

42 scriptura = firmamentum oben 15, 16.

[43] gegen gnostische Sekten, die die Menschen einteilten in animalische, psychische und pneumatische. Diese Bezeichnungen stammen aus der paulinischen Anthropologie [vgl. XII 27, 37], wurden aber von den Gnostikern, besonders Valentin, in mißbräuchlicher Umdeutung verwendet. Näheres RGG unter Valentin, Gnosis. Den Kampf gegen diese größte Gefahr der alten katholischen Großkirche bezeugen die Schriften der führenden Kirchenschriftsteller vor A.

[44] Zur Zeit der Niederschrift der *Conf.* stand für A. das Wesentliche seiner Prädestinationslehre schon fest, wie aus seinen Spätschriften *de praed. sanct.* [c. 4] und *de dono persev.* [21, 55] hervorgeht.

[45] Vgl. oben bei 20, 28 die Anm. 36.

[46] Vgl. *de cat. rud.* I 9, 13. Auch Wörter sind Zeichen: *de doctr. christ.* II 3, 4. 5; *Trin.* IX 7, 12; besonders *de magistro* 2, 3, vgl. Gilson 124 ff.

[47] Nämlich bei sich oder andern. Aber seinem Urteil entzogen sind die ‚Leuchten' am Himmelszelt, die inspirierten Gotteskünder.

[48] Vgl. 20, 27 und 24, 37.

[49] Derselbe Gedanke *de doctr. christ.* I 2, 2.

[50] Sehr verschieden ist also A.s Auffassung der affektiven Seite des Menschen gegenüber dem stoischen Ideal der Apathie, aber auch gegenüber der Ansicht Plotins, die Vollkommenheit der Seele bestehe in einer geistigen Tätigkeit, die von Affektionen frei ist [*Enn.* I 2, 3]. Daß A. in seiner eigenen Frühzeit den Gegensatz von Geistig und Sinnlich übertrieben habe, ist *Retr.* I 5, 3 ausgesprochen. Vgl. Mausbach I 159 ff.; 216 ff.; 249 ff.

[51] Zu den erwähnten ‚menschlichen Zeugungen' gehört die Verkündigung auch deshalb, weil die Sprache selbst ein Zeugungsvorgang ist: *dicendo intus gignimus, Trin.* IX 7, 12.

[52] de Labriolle [II 396 f.] bemerkt hierzu: »Es ist ein Lieblingsgedanke Augustins, daß man dem gebildeten Geist die Hl. Schrift stets als ein Buch voll tiefen Sinnes, der hinter dem Buchstabensinn zu entdecken ist, vorzustellen hat; so wird vermieden, daß solchen Lesern die Schrift verleidet werde: da die Geistesanspannung, die sie lieben, Gelegenheit findet sich zu betätigen.« Er verweist auf *de cat. rud.* I 9, 13 und *de doctr. christ.* II 6, 7 [u. 8].

[53] Sittlichkeit nicht als Last, sondern als innere Lebenskraft: Mausbach II 345; 373; 382. Zur viel erörterten Frage des Eudämonismus bei A. ebd. I 53 ff.; 60 ff.

54 Über A.s Gesinnungsethik innerhalb seiner objektiven Wertethik vgl. Mausbach I 48; 174 ff.; II 204.

55 Der Vulgatatext lautet auch dem Sinne nach anders.

56 Begriffsgeschichtlich schwankt die Bedeutung des *idiota*. An unserer Stelle ist der Sinn eindeutig; vgl. Kittel unter ἰδιώτης, Bd. III, 215 ff. Für das folgende *initiandi* siehe oben Anm. 36.

57 Unsere umständliche Übersetzung sucht den Sinn der Stelle zu klären in Rücksicht auf 26, 39 Anfang.

58 So schon VII 18 bei Anm. 49.

59 Zu A.s Ringen um das Verständnis der Schrift vgl. oben Anm. 34 und auch den Text XI 2, 4.

60 Versteht sich, gegen die Manichäer gerichtet. Für A. steht fest: *Deo ... essentia nulla contraria est* [*Civ.* XII 2].

61 die Manichäer, vgl. 30, 45.

62 Gott ist der, der das Sein nicht hat, wie das Geschöpf, sondern es schlechthin ist. Vgl. *in ps.* 101 II 4: »... Der Ist sandte mich zu euch. Ich bin, der ich bin: der Ist sandte mich zu euch.« Sieh da, das große Ist, das große Ist. Was ist davor der Mensch? Zu jenem so großen Ist gehalten, was ist der Mensch, was immer er ist? - Eingehende Erklärung des Es-Selbst *in ps.* 121, 5 bei H. U. v. Balthasar, *Über die Psalmen*, 277.

63 Zur Stelle *firmamentum ... inferiores* heißt es *Retract.* II 6, 2, dies sei mit nicht genug Überlegung gesagt, aber die Sache selbst sei auch reichlich dunkel. - Leider schweigt A. über den Grund seiner Unzufriedenheit.

64 Vgl. *Civ.* XI 2; XII 24.

65 Die Unterscheidung erinnert an die bei Platon [*Staat*, *Timäus*] durchgeführte Dreiteilung der Gesamtseele, wobei dem obersten Seelenteil, der überlegenden Vernunft, die Herrschaft zukommt über den untersten, das Begehrliche, und das zwischen beiden stehende Mutartige, den Bereich der edleren Affekte und Triebe. Das Verhältnis ist das des Lenkers zu seinem Zwiegespann mit zwei Rossen in losem Geschirr, einem unedlen und einem edlen [*Tim.* 246 a]. Bei Aristoteles ist es der Erkenntnisprozeß, an dem ein aktives und ein passives Moment des Intellekts unterschieden werden.

66 Ein Analogon zu dem so aufgefaßten Geschlechterverhältnis ist - wie dann auch 34, 49 - der Gedanke, daß Geist und Seele in einem ehelichen Verhältnis stehen. So schon Tertullian, *de anima* c. 41 [*connubium*], dann A. *de div. quaest. 83* qu. 64 [wozu Seifert, *Charakterologie*, S. 45], ebenso *Trin.* XII 3, 3

[der höhere und der niedere Verstand sind, wie Mann und Frau zwei in einem Fleische, so zwei in einem Geiste (*duo in mente una*)]. Daß die Analogie A. schon von anderen her bekannt war, sagt er *Trin.* XII 13, 20.

[67] Wieder versucht A. in diesem Abschnitt das An-sich des göttlichen Schöpfungsaktes über die Formen aller menschlichen Aussagen zu stellen. Natürlich ist das Problem der Urerzeugung der Dinge unlösbar auch für ihn. Aber wichtig und wertvoll bleibt sein Bemühen, die menschlichen Aussagen kritisch von dem uns unzugänglichen Sachverhalt abzulösen. Was im Grund hier vorliegt, ist ein Fall von negativer Theologie. Zwei Fragen, die sich wechselseitig durchdringen, sind wesentlich. Erstens: Aus dem Sein in Nicht-Zeit geht Sein-in-Zeit hervor. Der zeitlose, ewige Schöpfungsakt ist das ‚im Anfang', verstanden als Urgrund und als Ursache dafür, daß Geschaffenes ist. Hier gibt es Ausdehnung und Nacheinander [Schöpfungsgeschichte, Entwicklung, Formenwandel], worin das Reden von einem Sechstagewerk begründet ist. Aber Schöpfung als göttlicher Akt erzeugt alles auf einmal in einem *ictus condendi* [*de Gen. ad litt.* IV 33, 51]. Doch auch dieser ‚Augenblick' trüge, zeitlich verstanden, in Gottes Schöpfertum etwas hinein, was mit Ewigkeit nicht vereinbar ist, sowenig wie die menschliche Aussage *creavit:* Gott hat [voreinst] erschaffen, - welche Aussage eine menschlich bedingte ist, wie dies auch die präsentische ‚Gott erschafft' wäre, wofern sie mit dem Urteil und der Vorstellung ‚immerfort' behaftet ist. Diesem Notstand des Menschen, dem das geschöpfliche Sein-in-Zeit zugleich Anzeige von Sein-nicht-in-Zeit ist, kann auch A., versteht sich, in seinen bohrenden, oft reichlich verwickelten Texten nicht entrinnen. - Zweitens: Auch das Problem von Stoff und Form soll über die Kategorie Zeit hinausgehoben werden. Sowohl bei ‚Himmel' [= geistige Schöpfung, Engel] als auch bei ‚Erde' [= ungeformte, chaotische Materie] werden zwar Materie und Form unterschieden, wird auch - wie der folgende Satz des Textes sagt - ihre Erzeugung ‚ohne jede Zwischenzeit' behauptet, so daß die Materie nur nach der Ursachen-Ordnung das Frühere ist, aber es ergibt sich [wie Gilson S. 544 bemerkt] für A. eine große logische Schwierigkeit. »Denn für ihn ist alles Seiende, sofern es ist, gut; ein Sein aber *ist* es nur allein durch seine Form. Wenn sich also die Materie sowenig als eben möglich vom Nichts unterscheidet, so kann das nur auf Grund der Form geschehen. Dann haben wir eben keine Materie mehr.« - So kann man sein *res*

autem in abdito est valde auf seine ganze Ursprungslehre beziehen.

[68] Die *mens* ist das *principale hominis* [*Trin.* VI 8, 10]. Aber sie sieht das Höchste Gut nur mit den völlig gereinigten Augen des Geistes, weil sich dessen schwache Sehkraft auf ein so glänzendes Licht nur richten kann, wenn sie durch die *iustitia fidei* genährt und belebt wird [ebd. I 2, 4]. Denn es gibt auch ein *tendere per pietatem ad videndum* [ebd. VI 10, 12].

[69] Vgl. XIII 4.

[70] Wohl die Grundformel des augustinischen Schöpfungsverständnisses, die öfters wiederkehrt. Vgl. bei VII Anm. 12. Sie schließt auch den Gedanken der Präformiertheit des Menschen, aller Dinge ein. Der Welt inne liegen »verborgene samenhafte Gedanken« [*occultae seminariae rationes*], die, wenn in der Raum-Zeit-Geschöpflichkeit die Bedingungen dazu erfüllt sind, nach bestimmten Maßen und Zwecken als gestaltlich-wirklich hervorbrechen [*prorumpunt in species debitas suis modis et finibus*], *de Gen. ad litt.* IV 33, 51.

[71] in Gottes »Weisheit mit ihren unbegrenzten und unermeßlichen Schätzen an Ideen, darunter sich die unsichtbaren und unwandelbaren Urgedanken der Dinge befinden, und zwar auch der sichtbaren und wandelbaren, die durch sie erschaffen worden sind«. *Civ.* XI 10 gegen Schluß.

[1] S. Augustinus, De dono perseverantiae 20,53: »Von all meiner bescheidenen Schriftstellerei vermochte sich das Werk meiner Bekenntnisse die weiteste und beifälligste Aufnahme zu sichern«. [um 428/29]

[2] IV c. 6.

[3] XIII c. 32.

ANHANG

Sein Subjektives nimmt Augustinus als den ihm vertrautesten Fall menschlicher Existenz. Er prüft und mißt ihn an den objektiven Mächten, die ihn umgeben, an der Kirche Christi und ihrer Verkündigung des Offenbarungswortes, am Treiben ihrer häretischen Widersacher, an den Resten des ausgehenden antiken Heidentums. Eben selbst ein Bischof dieser Kirche geworden, fühlt er sich gedrängt, zu fragen und zu sagen, wer er denn eigentlich sei. Er redet mit Gott, er redet vor Ihm, um beichtend sich zu reinigen, aber redet auch zu den Menschen und überhaupt um des Menschen willen, wobei der Freimut seiner Selbstenthüllung auch die entwaffnen soll, die mit den früheren Abwegen des Bischofs nicht fertig werden. Ihm selbst aber ist dieses Bekennen ein Opfer nicht nur der Demut, auch des Lobes an den Herrn der Gnade, der ihn geführt hat. So wird die Erzählung der eigenen Geschichte zum religiösen Akt der Person, die mit sich und Gott ins reine kommen will. Diese Selbstschau zwingt zum Einblick ins Abgründige - profundum - der menschlichen Existenz, in die Verfassung des menschlichen Geschöpfs an sich, in die Wirklichkeit überhaupt, mit der es vergründet ist. Sie aber bezeugt sich nicht nur in ihren Dingen, die im Grunde so geheimnisvoll als den Sinnen offenbar sind, sie ist auch vom Zeugnis getroffen, in dem der redende Gott über seine Schöpfung und das Heil des Menschen in ihr gesprochen hat.

Von all dem handelt der Aufbau des Ganzen in dreizehn Büchern. Obenhin besehen, ist die thematische Gliederung durchaus deutlich. In den Büchern I—IX erörtert Augustin seine Vergangenheit, in X befaßt er sich mit dem gegenwärtigen Zustand, er tut es in einer Befundsaufnahme seines Bewußtseins, die zu einer Theorie der *memoria* im ganzen übergeht und ihre »transzendentale Weite« [Söhngen] darlegt: daß der Mensch schon in der

reinen Selbsterfassung sich über sich hinausgewiesen findet. Gemessen am Beglückenden des innerlich angetroffenen Ewigen ist die dauernde Versuchlichkeit durch Augenlust, Fleischeslust und Hoffart zu beklagen. Das Heil liegt im Vertrauen auf den Beistand des gott-menschlichen Mittlers Christus. - Dann folgt der Übergang zur Betrachtung des positiven göttlichen Gesetzes in der schriftlichen Offenbarung [XI 2, 2], wobei das Bekenntnis Wissen wie Unwissen enthüllen mag [2, 3]. »Ich will nun hören und verstehen, wie Du geschaffen hast ‚im Anfang Himmel und Erde'.« Die Erkenntnis in dieser Sache, als Darbringung an Gott unternommen, soll ihm, dem Suchenden, und soll den Brüdern dienen. Dies das Thema der Bücher XI—XIII. Alsbald führt das Problem der Ewigkeit zur Erörterung des Problems der Zeit [XI], und das gewonnene Verständnis unterbaut die allegorischen, genauer erbaulich-anagogischen Auslegungen des biblischen Textes.

Die Verbundenheit dieser drei [oder zwei] Teile in einem literarischen Ganzen ist immer schon aufgefallen. Über die Einheit der Stimmung und der Geisteshaltung kann kein Zweifel bestehen, aber der Anschein eines nicht eben organischen Zusammenhangs hat mancherlei Vermutungen über dieses Rätsel hervorgerufen. Nicht erst in modernen Übersetzungen sind die letzten drei Bücher weggelassen. Schon die Textausgabe von Heinrich Wangnereck S. J. [Dillingen 1631], die besonders wegen ihrer knappen theologischen und aszetischen Zutaten hochgeschätzt wurde, beschränkt sich auf die ersten zehn Bücher mit der Begründung, Augustinus habe jene nur *per modum appendicis* für die gelehrten Männer der Kirche beigegeben; denn von den Ungelehrten dürfte sie wohl kaum jemand lesen. Auch dieser Herausgeber verzichtet auf einen eigentlichen Kommentar, *qui in nimiam molem excresceret*. Die lange

Diskussion war nicht vergeblich, weil sie beachtenswerte Gesichtspunkte für die Beurteilung der inneren Bauform ergeben hat.

Zunächst sind die bezüglichen Sätze in seiner Rückschau [Retr. II 32, ed. Dombart] zu bedenken. Hätte er nur Niederschriften aus verschiedener Zeit zusammengestückt, so wäre in seinem Revisionswerk, wie es hinsichtlich anderer Werke [*doctr. christ.*, *Trin.*, *Civ.*] geschehen ist, wenigstens von Unterbrechungen in der Entstehungsdauer die Rede. Was die Gliederung anlangt, so begnügt er sich mit der kargen Angabe, daß er in den ersten zehn Büchern über sich selbst, in den drei anderen über die Heilige Schrift gehandelt habe. Die Gesamtabsicht der dreizehn Bücher ergibt sich aus einer Feststellung: sie rufen den menschlichen Intellekt und Affekt auf [*excitant humanum intellectum et affectum*].

Mag dem Leser die innere Zusammengehörigkeit der Teile erkennbar sein oder nicht: es ist ein vorbedachter Plan, der sie zusammenhält. Dies ergibt sich aus mannigfachen Binnenbezügen.

Der geschlossene Charakter der ersten neun Bücher steht außer Frage. Sie sind Berichte aus der Vergangenheit, *enarrationes*. Diesen Ausdruck gebraucht Augustinus, auf das bereits Geschriebene zurückschauend, im Anfang des XI. Buches und betont hier auch den religiösen und seelsorgerlichen Zweck der Erzählungen. Daß hier X außer Betracht bleibt, dieser und andere Umstände führten [Williger] zu der Annahme, dieses Buch sei von Augustinus erst nachträglich eingefügt worden. Nicht zu übersehen ist gegenüber den erzählenden Büchern das Auftreten eines lehrhaften Teils, der psychologischen Untersuchung der *memoria* in den Kapiteln 6—27. Deshalb wurde X von Wundt kompositionell zum zweiten Teil des Werkes gezogen, das sich in den letzten drei Büchern überwiegend mit Spekulation und Schriftauslegung befaßt, wogegen es, weil sein

autobiographischer Charakter zu deutlich ist, für Williger eine Mittelstellung einnimmt.

Nach Augustinus selbst gehört dieses zehnte Buch zu denen *de me*, während er *de scripturis sanctis* als eigenen Teil abhebt. In keinem anderen hat er sich über die Absicht und den Zweck seiner Confessiones deutlicher und nachdrücklicher ausgesprochen [X 2—4]. Es weist zurück auf das bereits Erzählte und weist schon hin auf das Folgende. Daß X schon geschrieben war, als er XI in Angriff nahm, geht aus XI 1 hervor: »Ich habe schon gesagt und sage es wieder: Aus Liebe zu Deiner Liebe tu ich das.« Wiederum greift er im selben Kapitel mit dem *confiteri miserias et misericordias* auf X 4, 5 zurück.

Das Urteil, die Bücher XI—XIII seien eine innerlich nicht begründete Zutat zu der Selbstdarstellung in den Büchern *de me*, verkennt im Grunde den Plan des Verfassers und scheitert allein schon an festen Gegebenheiten innerhalb des Ganzen. Der Absicht nach - mag sie in der Ausführung auch nicht erfüllt sein - sollte dieser biblische Teil ja wohl das Sinnziel und die Krönung der Bekenntnisse sein. Wenn es Augustinus mit dem Biographischen überhaupt eilig hat, um zu dem zu kommen, was für ihn wichtiger ist [III 12, 21], wie er noch im neunten Buch [4, 7] auf »andere und größere Dinge« zueilt [*mihi . . . ad alia maiora properanti*] und die biographischen Auslassungen mit dem *quia multum festino* [8, 17] begründet, so ist, was ihn weiterdrängt, offenbar nichts anderes als das Bedürfnis, sich zur eigenen Klärung und im Interesse der intellektuell bewegten Schicht seiner Umwelt auszusprechen. Jedenfalls ist die falsche, unhistorische Perspektive zu korrigieren, unter der man in moderner Zeit noch an dem Verfasser der Confessiones Anteil nimmt. Die eindringende und ergiebige Abhandlung von Zepf, die übrigens für jedes Studium der Confessiones unentbehrlich ist, weist [S. 121] die Ansicht Reichards im Sokrates V, in den letzten drei

Büchern sei das Wesen des ganzen Werkes zu finden, allzu bündig zurück. Auch die erkenntnismäßigen Teile des Buches sind organisch zusammenhaltende Glieder des Ganzen. Der Charakter des Bekenntnisses, den Begriff in der Weite verstanden, wie er ihn selbst erläutert und gebraucht, besteht von Anfang bis Ende. In seine Preisungen ist Übel und Gut seines Lebens einbeschlossen, und die *confessio peccati* und die *confessio laudis* sind vom Grunde der religiösen Seele her unscheidbar verbundene Akte. Auch im zehnten Buch, wo ihm die Selbstdurchforschung zur Selbstanklage über seinen gegenwärtigen Zustand wird und die Bitte an die Mitchristen um ihre geistliche Teilnahme an seinem Guten und Schlechten ihm Lobgesänge und Tränen eingibt, eröffnet er seine innere Verfassung zwischen Eigenschwere und bereits gewonnener Gottesnähe im Vertrauensblick zu Dem, der, was er begonnen hat, nicht im Stiche lassen wird [X 4].

Daß Gott »das Opfer meiner Bekenntnisse annehmen möge«, war sein Gebet schon in den ersten Büchern [V Anfang]. Es wiederholt sich XII 24, 33 mitten im Ringen um das Genesisverständnis: *vovi tibi sacrificium confessionis meae in his litteris et oro* ... Darbringung ist sein Wissen wie das Eingeständnis seines Unwissens in all seinem heißen Drang nach den heiligen Schriften [beim Zeitproblem, XI 22, 28], und noch im letzten Buch ermuntert er im Bemühen um Unsagbares den Glauben in seinem Herzen, im Bekenntnis fortzufahren: *Procede in confessione fides mea* [XIII 12, 13].

Das Psalmwort, mit dem das Werk beginnt, bleibt thematisch wirksam durch das Ganze. Das Menschengeschlecht vor Augen, dem es zugedacht ist [*narro haec generi humano*, II 3, 5], vor allem aber die christlichen Brüder, denen der Dienst seines Denkens gilt [*famulatus cogitationis*, XI 2, 3], erhofft er sich eine Wirkung, daß sie alle jenes Anfangswort mit ihm sprechen: *magnus dominus et*

laudabilis valde [XI 1, 1]. Und gleichso dauert das Eröffnungsmotiv »Ruhe in Dir« auch durch die Untersuchungen in den letzten vier Büchern fort bis zum Ende [XIII 35—37]. Es rechtfertigt sowohl das Eingehen auf die *memoria,* in der das Menschsein als dem Ewigen geöffnetes verstanden wird, wie auch die Untersuchung über die Zeit als abermaligen Hinweis auf Ewigkeit. In diesen beiden grundverwandten Tatsachen der menschlichen Verfassung meldet sich der kommende Sabbat unvergänglichen Vollbesitzes, auf den das Offenbarungswort vom ‚Anfang' der Schöpfung, wenn es *mystice* erfaßt wird, hinweist.

Die nahtlose Verbundenheit des XI. mit dem X. Buche, das mit dem Bekenntnis zum gottmenschlichen Mittler und mit dem Vorhaben, die Wunder des göttlichen Gesetzes zu betrachten, abschließt, bezieht sich logisch und tatsächlich auf die letzten drei überhaupt. Sie nur als Zutat des forschungsfreudigen Bibelfreundes anzusehen, als den er freilich Buch XI 2 mit Leidenschaft sich bekennt, ist keine ausreichende Erklärung, warum er auch in den Bekenntnissen den Eingang der Schrift auslegt. Aber mehr als die ‚sieben Tage' stand offenbar nicht in seinem Plan; sein Glaubensbekenntnis kann sich am Schöpfungsbericht genug sein lassen, weil ihm [XIII 34] daraus das Ganze des Schöpfungs-, das ist Heilsgeschehens, erkennbar scheint. Der Wert dieser Auslegung - sie ist nur eine Teilstrecke des langen Weges, auf dem Augustinus in allen Wandlungen seiner Genesisexegese sich mühte - ist eine andere Frage, aber ihre Rolle gehört zur Erfüllung eines einheitlich gefügten Aufbaus.[1]

[1] Zu den verschiedenen Ansichten über die Einheit bemerkt Marrou 64: »Naturellement, il reste possible d'affirmer qu'il existe entre ces trois parties des *Confessions* une unité profonde et secrète. Mais ceux-là même qui ont réussi à le montrer sont les premiers à convenir que cette unité est d'ordre psychologique et non littéraire.«

1. Zum Text

Zum erstenmal erscheinen hier die Konfessionen im Nebeneinander des lateinischen Textes und einer deutschen Übertragung. Der Titel ‚Bekenntnisse' ist anfechtbar und oft schon für unbrauchbar erklärt worden. Er kann sich aber auf sein altes Herkommen berufen und zur Not sogar sein Recht verteidigen. Ein Freund der Genauigkeit versuchte es mit ‚Preisbekenntnissen', aber ihm nachzufolgen verbot mir die Erinnerung an das ‚Preisbekenntnis', das ich am Bodensee an der Aushängetafel eines Fleischerladens gelesen hatte. Wer sich die Mühe nimmt, der ‚confessio' in der Augustinus-Literatur oder im vorliegenden Bande nachzugehen, wird die Hoffnung aufgeben, ein gerechtes deutsches Wort dafür zu finden.

Der lateinische Text, der hier erscheint, ist mit Erlaubnis des Verlags aus der doppelsprachigen Ausgabe eines französischen Philologen und Augustinus-Gelehrten übernommen: Saint Augustin, Confessions. Texte établi et traduit par Pierre de Labriolle I [5]1950, II [3]1947, Paris. Société d'édition »Les belles lettres«. Die umfassende Einführung gibt außer der sachlichen Würdigung des Werkes einen wertvollen historisch-philologischen Überblick. Ebendort sind die Gründe für die neue Textgestaltung durch de Labriolle nachzulesen.[1] Er rühmt an der Arbeit der Mauriner die instinktive Sicherheit, verbessert aber auf Grund seiner kritischen Voraussetzungen eine Reihe von Stellen. Seine französische Übersetzung hat mich an schwierigen,

---

[1] Bei den Hinweisen auf andere Schriften Augustins folgte ich den bezüglichen Texten der P L, des C S E L, für De Trinitate der Edition von H. Hurter in den S. Patrum opuscula selecta, Innsbruck 1881, für De civitate dei der Edition von B. Dombart, Leipzig, I [1877] und II [1892], für die Predigten auch der Sammlung der Sermones post Maurinos reperti ed. G. Morin, Rom 1930.

dunklen Stellen, wo sie, unbestimmt schwebend, auf die schärfere Erfassung des Sinnes verzichtet, im Stich gelassen.[1]

2. Zur Übersetzung

Ein äußerer Zufall gab mir vor zwanzig Jahren den Anstoß zur Übertragung. Aus dem Nachlaß eines hochschätzbaren, auch in Augustinus bewanderten Gelehrten wurde mir die Handschrift seiner Übersetzung der Confessiones übergeben. Den Wunsch, sie zum Druck zu befördern, konnte ich nach manchen Versuchen der Durchbesserung schließlich doch nicht erfüllen. Die schleppend treue Richtigkeit der Wiedergabe auf eine geschmeidigere Sprachform zu bringen, war ohne tiefere Eingriffe nicht möglich. Ich fand es leichter und verlockender, selbst von vorne ans Werk zu gehen; was ich damals sonst an deutschen Übersetzungen kannte, war mir keine Entmutigung. Über Herman Hefeles bestechende und gepriesene Verdeutschung hatte ich nicht nur meine eigene Meinung, auch die ihres Autors. Er war mir Freund und bat mich, seine Arbeit nicht zu genau anzusehen. Betraut mit der Führung von Lazarettzügen, suchte er durch die Übersetzungstätigkeit an den Confessiones Geist und Seele für das Ausdauern bei dieser Aufgabe zu wappnen. An der Hand des Originals gingen mir die Vorzüge und die Mängel seines Werkes auf. Nun beim eigenen Versuch erkannte ich die Schwierigkeit der Aufgabe. Erst die dritte Fassung - sie liegt hier vor - schien mir halbwegs meinem inneren Zielbild zu genügen.

---

[1] Die Traduction nouvelle von Joseph Trabucco [in den Classiques Garnier Paris, 2 Bde., 1950], die den Mauriner-Text zugrunde legt, ist mir leider erst nach Abschluß meiner Arbeit bekannt geworden. Nach flüchtiger Einsicht möchte ich ihr vor der Übersetzung Labriolles den Vorzug geben.

Augustins Sprache ist in den Bekenntnissen eine andere als in den Darlegungen des Werkes über die Trinität oder im Gottesstaat. Das genus dicendi wechselt zwischen dem Hymnischen, der ruhigen Erzählung, dem geduldigen Bohren nach Erkenntnis und dem Geflacker einer Fackel in stürmischer Nacht. Die Form ist streckenweise klar und schön, streckenweise eine Üppigkeit des Wortes, die den Gedanken überwuchert. Hat der Geist seine Blitze an den Himmel geschrieben, bleibt er seine Rechtfertigung schuldig oder überläßt sie dem erschrockenen Gefühl, oder das Gefühl wird in Bewegung gesetzt, damit es Gedanken aus sich folgere. So hat kein antiker Mensch vor ihm gesprochen, und die Nachahmer bewiesen nur, daß sich der Fall Augustinus nicht wiederholen läßt.

Wie soll ein Übersetzer hier verfahren? Die plumpe Wörtlichkeit brächte nur ein lächerliches Gebilde zuwege, zuviel Freiheit des Abstands verfehlte den Zweck der Vermittlung. Begreiflich, daß Verdeutscher anderer Werke der Weltliteratur auf den Ausweg einer je eigens geschaffenen Kunstsprache verfallen sind, aber auch die glücklichsten Beispiele, wie Rudolf Borchardts Dante, konnten sich kein Publikum erwerben, weil das Maß für ein solches Experiment doch immer nur das originale Werk in seiner Sprache ist, die man gar nicht oder mangelhaft versteht.

Meine erste Sorge war die Richtigkeit. In harten Fällen zog ich andere Übersetzer zu Rat, gewöhnlich aber fand ich Lösungen, die, wenn sie nicht geradezu falsch waren, sich mit vernebelnden Umschreibungen halfen. An manchen Stellen kam ich nur auf wunderlichen Umwegen über lateinisch-griechische oder mittelhochdeutsche Wörterbücher zum Ziele; der eine und andere ungewohnte Ausdruck stammt aus unserem versunkenen, immer mehr versinkenden Wortschatz, selten - wenn weit und breit kein gemäßes Wort sich fand - wagte ich eine Neubildung von ehrlicher Abkunft. Ich dachte an Augustins eigene Einsicht,

daß im weiterdrängenden geschichtlichen Leben, vor allem der Religion, auch Wortneuerungen nötig und soweit zulässig sind, als sie das alte Wahre nicht verletzen [tr. in Jo. ev. 97, 4]. Meine Wiedergaben im einzelnen zu begründen, lag mir fern; nur ausnahmsweise ist in den Anmerkungen davon die Rede.

Für den deutschen Übersetzungsstil gegenüber antiker Kunstprosa ist eine Reihe von Fragen bestimmend. Will ich den Autor lassen, wo und wie er ist, oder will ich ihn im Hier und Heute heimisch machen, als wäre er einer von uns? Lasse ich ihn seinen Geist, seine Seele aussprechen, wie er leibt und schreibt, nur eben nicht in seinem Mutterlaut, oder wage ich, ihn auf unsere Verhältnisse umzuziehen, um aus einem fremdländisch sich Tragenden einen weniger auffälligen Bürger nach unserem Schnitt zu bekommen? Soll ich die Spannung zwischen zweierlei Sprachgesetz, dazu auch noch die Selbstkundgabe des Individuums in seinem Verhältnis zur Sprache um einer näheren Nachbarschaft willen verhehlen? In beiden Fällen also zwei geschichtliche Situationen zu einem Dritten mengen, das den Alten nicht gerecht wird, aber auch den Heutigen nicht eingeht? Wie ich zu diesen Fragen mich stelle, wird immer davon abhängen, ob ich mit meiner Vergegenwärtigung eine möglichst getreue Erkenntnis des nun einmal Vergangenen erstrebe oder irgendeinen Zweck verfolge, bei dem es nicht auf reine Anschauung des So-Seienden, sondern in etwelcher Hinsicht auf Wirkung abgesehen ist.

Mit alledem hängt es im akuten Falle Augustinus zusammen, wie ich mit seinen Klangfolgen, seinem Rhythmus - der äußere und der innere lassen sich nicht scheiden -, wie ich mit seinen Satzschlüssen - einem wichtigen Anliegen zumal der spätrömischen Rhetorik -, wie ich vor allem mit seinen Perioden verfahre. Solche der ungetümsten Art, die sich wohl in keiner modernen Sprache mehr nachvoll-

ziehen lassen, begegnen uns gerade in den Bekenntnissen mit ihrem pathetischen Gewoge in den Flutzeiten des Affekts. Da wir kaum mehr gewohnt sind, auch mit dem Ohr zu lesen, wie die Alten, scheint uns auch die Auflösung weiträumiger Satzgefüge erfordert. Wenn sie aber der Ausdruck einer kräftigen Peristaltik sind, in der das Leben der Geistseele in psychisch-logischer Einheit sich bewegt, ist ihre Zertrümmerung, scheint mir, nach Möglichkeit zu vermeiden. Denn im Logischen wie im Organischen kommt die Verselbständigung der Teile dem Verlust der Ganzheit gleich.

Transport in fremde Sphäre - translatio - ist jede Übersetzung. Aber es gibt bei diesem Vorgang ein Mehr oder Weniger an Verlust und Schaden.

Es ist die Erfahrung der besten Autoren, die Augustin von sich selbst kundgibt: Mihi prope semper sermo meus displicet. So wird er auch seinem Übersetzer vieles zugute halten. Denn, mit Diderot gesprochen, es ist leichter, dem Herkules seine Keule zu entreißen, als dem Homer oder Shakespeare einen einzigen Vers.

a] *zu den Confessiones*

Billicsich, Friedrich, Studien zu den Bekenntnissen des hl. Augustinus. Wien 1929.

Böhmer, Heinrich, Die Lobpreisungen des Augustinus. Neue kirchl. Zeitschrift XXVI [1915], S. 419ff.; 487ff.

Boissier, G., La conversion de S. Augustin. Paris 1891. [Zum scheinbaren Gegensatz zwischen dem Bericht in den Bekenntnissen und der Atmosphäre von »Cassiciacum«.]

Frankenheim, H., Weltanschauliche Elemente in den Bekenntnissen des hl. Augustinus. Bonner Ztschr. f. Theol. u. Seelsorge VII [1930], S. 193ff.

Guardini, Romano, Die Bekehrung des hl. Aurelius Augustinus. München-Kempten ²1950.

— Anfang. Eine Interpretation der fünf ersten Kapitel von Augustins Bekenntnissen. München-Kempten ³1953.

Harnack, Adolf v., Augustin's Confessionen. Ein Vortrag. Gießen ²1895.

— Die Höhepunkte in Augustins Konfessionen. In »Reden und Aufsätze«. Gießen 1916. 3. Bd. S. 67—99.

Holl, Karl, Augustins innere Entwicklung. Abhandlungen der preußischen Akademie der Wissenschaften 1922, Philologisch-historische Klasse, Nr. 4. [»Die Darstellung der Konfessionen, die in der Bekehrung den entscheidenden Wendepunkt sieht, ist somit nicht anzufechten.«]

Legewie, B., Augustinus. Eine Psychographie. Bonn 1925. [Die Conf. gleichsam ein Hilferuf zu Gott in sexueller Bedrängnis. Die These hat der Kritik nicht standgehalten.]

Misch, Georg, Geschichte der Autobiographie. I 1907.

Miscellanea Agostiniana. Testi e studie... Volume II. Studi Agostiniani. Roma 1931. XXXVI u. 1042 S. Darin u. a. Di Capua, Il ritmo prosaico..., S. 705 ff. [Der Teil über die Conf. weniger ergiebig als die Untersuchungen über andere Werke A.s]; Mannucci, La conversione... e la critica recente, S. 23 ff. [Auseinandersetzung mit der Gruppe von Autoren, die A.s Selbstdarstellung in den Conf. mißtrauen oder den Tiefgang seiner Wandlung bezweifeln]; Meda, La controversia sul »Rus Cassiciacum«, S. 49ff. [Entscheidung für Cassago di Brianza bei Mailand]; Monceaux, S. Augustin et S. Antoine, S. 61 ff. [A. ist der Begründer des Mönchtums im lat. Afrika].

Schäfer, Peter, Das Schuldbewußtsein in den Confessiones des hl. Augustinus. 1930.

Söhngen, Gottlieb, Der Aufbau der augustinischen Gedächtnislehre [Confessiones X c. 6—27], in der Augustinusfestschrift der Görres-Gesellschaft. Köln 1930. Neuerdings in des Verf. Gesammelten Abhandlungen usw. »Die Einheit in der Theologie«. München 1952. S. 63—100.

Stiglmayr, Jos., Schwierige Stellen aus den »Bekenntnissen des hl. Augustinus«. Ztschr. f. Aszese und Mystik VI, April 1931, S. 156ff.

— Das Werk der Augustinischen Confessionen mit einem Opfergelübde besiegelt. Ebd. V, Juli 1930, S. 234ff.

Thimme, Wilhelm, Augustins Selbstbildnis in den Konfessionen. Religionspsychologie, Beihefte z. Ztschr. f. Religionspsychologie. Heft 2. Gütersloh 1929. [Skeptisch gegen die Objektivität der Selbstdarstellung, weil »ihm eine unbewußte Tendenz den Blick trübte«.]

Williger, E., Der Aufbau der Konfessionen Augustins. Ztschr. f. neutestam. Wiss. XXVIII [1929], S. 81ff.

Wunderle, Georg, Einführung in A.s Konfessionen. Augsburg 1930. [Ein Wendepunkt in Augustins Entwicklung.]

Wundt, Max, Ztschr. f. d. neutestam. Wissenschaft und die Kunde der älteren Kirche, XXI [1922].

— Augustins Konfessionen, ebd. XXII [1923], S. 161ff. [Das Problem der ungleichartigen Bestandteile - Lebensbericht und Genesiserklärung - löse sich durch die Deutung: die Conf. gleichen sich der kirchl. Form der Katechumenenprüfung an.] Wundt gegen Zepf in ders. Zs. XXVII [1928], S. 199ff.

— Der Zeitbegriff bei A., Neue Jhb. f. d. klass. Altert., 1918, S. 32ff.

Zepf, Max, Augustins Confessiones. Tübingen 1926.

b] *aus der übrigen Literatur*

Adam, Karl, Die geistige Entwicklung des hl. Augustinus. Augsburg 1931.

Alfaric, P., L'évolution intellectuelle de saint Augustin, I: Du Manichéisme au Néoplatonisme. 1918.

Bardenhewer, Otto, Geschichte der altkirchlichen Literatur, Bd. IV. Freiburg i. Br. 1924.

Fuchs, Bruno Archibald, Der Geist der bürgerlich-kapitalistischen Gesellschaft. München und Berlin 1914.

Geffcken, J., Der Ausgang des griechisch-römischen Heidentums. Heidelberg 1929.

Gilson, Etienne, Introduction à l'étude de Saint Augustin. Paris 1929. - Deutsche Übersetzung: Stefan Gilson, Der heilige Augustin. Eine Einführung in seine Lehre. Hellerau 1930. [Auf diese Ausgabe beziehen sich unsere Zitierungen.]

Girkon, Paul, Augustinus. Berlin 1929.

Harnack, Adolf v., Die Mission und Ausbreitung des Christentums . . . Leipzig 1902.

Marrou, Henri-Irénée, Saint Augustin et la fin de la culture antique. Paris 1938.

Mausbach, Joseph, Die Ethik des hl. Augustinus, 2 Bde. Freiburg 1929.

van der Meer, F., Augustinus als Seelsorger. Deutsche Übers. Köln 1951.

Monceaux, P., Histoire littéraire de l'Afrique chrétienne depuis les origines jusqu'à l'invasion arabe, 4 vol., P. 1901—1912.

Norden, Eduard, Die antike Kunstprosa. [2]1909.

Prümm, Karl, Religionsgeschichtliches Handbuch für den Raum der altchristlichen Umwelt. Freiburg 1943.

Reitzenstein, Richard, Augustin als antiker und mittelalterlicher Mensch. Vorträge Warburg 1924.

Staritz, Katharina, Augustins Schöpfungsglaube, dargestellt nach seinen Genesisauslegungen. Breslau 1931.

Ueberweg-Praechter, Grundriß der Geschichte der Philosophie I. Berlin 1926.

Ueberweg-Geyer, Grundriß der Geschichte der Philosophie II. Berlin 1928.

Willmann, Otto, Geschichte des Idealismus. 3 Bde. [2]1907.

c] *Lexikalische Werke*

Dictionnaire de Théologie Catholique. Paris 1909 ff. Der umfangreiche Artikel Augustin [Bd. I 2284 ff.] stammt von E. Portalié.

Kittel, Theol. Wörterbuch zum Neuen Testament. Stuttgart, seit 1933. [Kittel]

Lexikon für Theologie und Kirche. Freiburg ²1930. [L Th K]

Lenfant, D., Concordantiae Augustinianae. 2 Bde. P. 1656 bis 1665.

Die Religion in Geschichte und Gegenwart. Tübingen ²1927 ff. [RGG]

Quellen-Abkürzungen

C S E L. Corpus scriptorum ecclesiasticorum latinorum [Wiener Corpus].

Morin. Germain Morin, Sancti Augustini sermones post Maurinos reperti. Rom 1930 [Misc. Agost. I].

M P L. Migne, Patrologia latina.

Der Name Augustin bezeichnet ein Geschick der Menschheit. Wer die Geschichte von ihrem Grunde her erforscht, wird immer auf die Meinungen der Menschen von den Dingen als die geheimnisvoll bewegende Ursache stoßen; wer den abendländischen Weltlauf von der Völkerwanderung bis in die Gegenwart auf seine geistigen Antriebe hin erforscht, sieht sich Jahrhundert für Jahrhundert diesem schimärischen Geiste gegenüber. Die Geschichte seiner Wirkung erzählen hieße die Gräber Ungezählter öffnen, die von seinem Vermächtnis für immer berührt sich zum Schlafe legten. Er hat Karl den Großen und andere deutsche Herrscher bewegt; er ist im Kampfe von Kaiser und Papst der Eideshelfer der einen und der andern Seite; er greift in die Seelen der Dante und Petrarka; er nährt die Scholastiker und die Mystiker, auch die deutschen, die Humanisten und die Inquisitoren, die Reformation und die Gegenreformation; in Pascal und den Jansenisten wiederholt sich seine Schwermut, im hellen Leibniz seine Zuversicht in den innersten Wohlklang der Schöpfung; die Rousseau, Lessing, Herder, Jung-Stilling, Schlegel ziehen ihn auf ihre Wege, so weit sie auch auseinander laufen; die Denker des Risorgimento in Italien gründen auf ihn; Nietzsche lästert dieses Untier der Moral; Psychoanalytiker erörtern ihn als exemplarischen Fall zum Erweis ihrer Sätze; Philosophen der Gegenwart kehren zu seiner abgründigen Insicht in das Rätsel des Menschen zurück, während die Gläubigen der katholischen Kirche sein Bild, wie es immer gewesen, auf den Altären betrachten - den Bischof mit dem durchbohrten Herzen in der Hand, aus dem die Flamme der Liebe schlägt.

Ob wir es wissen oder nicht, er hat sich über anderthalb Jahrtausende her in unsere Gedanken und Gefühle gemischt; ob wir ihn kennen oder nicht, wir atmen seine fortwährende Gegenwart aus der Nähe oder Ferne. Denn

dieser größte unter allen Kundschaftern des andern Ufers hat, wie keiner nach ihm, auch die Menschennatur bis in die geheimsten Gänge erforscht, Welt und Kirche mit Gedanken über die letzten Fragen versorgt, Frieden und Kampf gestiftet zwischen dem geistlichen und weltlichen Arm, Angst und Stillung in die Gemüter gesprochen und der Christenheit das Ja und Nein zu den Dingen unter der Sonne eingegeben. Der Umfang seiner Natur ist der Umfang der Menschennatur, und sein Geist hat sie erobert bis in die unheimliche Tiefe, wo sie aufhört, sie selbst zu sein, und der Mensch mit dem Namen des Menschen nicht mehr zu decken ist.

Jugend und Hochschule

Am römischen Rande Nordafrikas, in der numidischen Kleinstadt Thagaste, dem heutigen Souk-Ahras, kam Aurelius Augustinus am 13. November 354 zur Welt. Sein Vater Patricius war städtischer Beamter, kleiner Grundbesitzer mit Sklaven, von Geblüt echter Numidier, ein Mensch der schroffen Gegensätze wie die Landschaft, zu Willensstarre und Zerfließen gleichermaßen fähig, aufbrausend, sinnlich, wohllebig, hart und weich nach Laune, vom Gott der Christen so wenig angetan als von den Göttern seiner trotz Kaiseredikt noch kräftigen Religion, die er knapp vor seinem Tode erst durch die Taufe verließ. Monnica, seine Frau, war eine eifervolle Christin aus kampferprobter katholischer Familie, allem Anschein nach ein Weib von herber Keuschheit, männlich geartet, zugreifend und innerlich zugleich, zäh im Verfolg ihres Willens und fühlsam für die Dinge der Überwelt, im ganzen vielleicht zu nonnenhaft für den Gefährten an ihrer Seite, der auch als Gatte seine freien Wege ging. Immerhin, sie verstand sich auf den äußeren Frieden dieser Ehe besser

als ihre Freundinnen, die klagend ihr die Striemen und Beulen von der Hand ihrer Männer zeigten. Ein Leben im Schatten, wie Monnica es führte, klammert sich an die Möglichkeiten der Zukunft und formt den Nachwuchs nach ihrem Traum von Glück und Höhe des Menschen.

Früh zeigte sich an dem scharf denkenden, lebhaft phantasierenden und bei aller Weichheit eigenwilligen Kinde der Beruf zum Geistigen. Es fehlte auch seinem Sinnenleben nicht an bunter Eindruckswelt, denn Thagaste war ein Handelsmarkt, den viele Karawanen kreuzten, und lag in einer Landschaft von anmutigem Reichtum an Wiesen und Wäldern, Weinbergen, lebendigen Gewässern und üppig tragenden Gärten. Feinnerviger, als es die Art gesunder Kinder ist, nimmt der Liebling Monnicas die Bilder, Zeichen und Worte der Umwelt auf. Aus den Erzählungen der Mutter ersteht ihm die Gestalt ihrer Wärterin, einer alten Sklavin, die noch die letzten Christenverfolgungen erlebt hatte und selber das Glaubensfeuer im Hause ihrer Herrschaft entfachte. Das religiöse Leben, das der erwachende Augustin bemerkt, ist ein zwiespältiges Gemisch von heidnisch sinnlichem Brauch und christlich in reine Geistigkeit trachtender Anbetung des Unsichtbaren. In sich zerrissen ist das Glauben und Üben der Christen selbst, denn überall, wohl auch in Thagaste, kämpften sie unter den Namen Katholiken und Donatisten gegeneinander; die neue Staatsreligion setzte sich hier am Ra de des Römischen Reiches gegen die alten Götter nur langsam durch, um so mühsamer, als sie von der Parteisucht der Bevölkerung, vielleicht doch auch von tieferen Bewegursachen in zwei Lager aufgespalten wurde, von denen das eine puritanisch und rigoristisch gegen das katholische sich abhob. Wie es afrikanische Sitte war, empfing auch Augustin nicht die Kindertaufe, nur den Ersatz in einer Weihung, die ihn zum Christwerden in den Mannesjahren vorbestimmte.

Die Last der Schule legte sich schwer auf den spielfreudigen Knaben, dem das Streifen durch Feld und Busch, das Vogelstellen, die Reize des Gassenlebens über alles gingen, und die Prügel des Lehrers trafen am empfindlichsten seine Seele: wie die Folter ängstigte ihn der Stock und preßte ihm Gebete um Verschonung hervor. Dann auf der höheren Schule in Madaura, der lichtbefluteten Stadt ausgelassener Götterfeste, wo die Faustnatur des großen Apulejus noch alle Gemüter beherrschte, in dieser Stadt unweit von Thagaste, lohnt sich ihm die Mühsal der Grammatik mit dem Zauber der großen Epopöen von Äneas und Dido, von Odysseus und den Kämpfen um Troja. Homer wird ihm verleidet durch das Griechische, das er haßt, aber Vergil nimmt ihn für Lebenszeit gefangen. In der Rhetorik überflügelt er bald die ganze Schule; sein moralisches Leben mit Streichen und Liebesgenüssen, in denen er seine junge Leibeskraft vergeudet, bewegt sich um das Beispiel seiner schlimmsten Freunde. Als er sechzehnjährig zu den Eltern heimkehrt, ist er die Hoffnung des Vaters und der Kummer seiner Mutter. Ein volles Jahr verbummelt er im Nebel seines Selbstgefühls, und lauter als die Stimme Monnicas sind die Wallungen des Blutes, das erregt ist von erotischer Dichtung und vom Seufzertausch der eigenen Verhältnisse. In seiner unbändig aufbrechenden Sinnlichkeit verdunkelt sich ihm, wie natürlich, das Auge für die Dinge des Geistes und jene andere Welt, an welche seine Mutter glaubte.

Wirtschaftliche Bedrängnis zwang Patricius, seinen Sohn für das weitere Studium einem reichen Bürger, dem mäzenatisch gesinnten Romanian, zu empfehlen. Auf seine Kosten bezog der Siebzehnjährige die Hochschule von Karthago, um Rhetor und Anwalt zu werden. Dieser ungeheure Seeplatz war mit Rom und Konstantinopel, Antiochia und Alexandria eine der fünf Großstädte des Kaiserreiches. Man nannte dieses Paradies des lässigen Genusses

schlechthin die Carthago Veneris; sie bezauberte das Auge, und sie erschlaffte den Willen durch die lauen Dünste, in denen die alte phönizische Tanit, die Schutzherrin dieser Herrlichkeit aus Natur und Menschenwerk, unter dem neuen Namen der Himmlischen Jungfrau den Dienst der Unzucht aufnahm. Das war indessen nicht alles, wodurch die Empore einen jungen Provinzialen bestricken konnte. Die Stadt war trefflich verwaltet und erfüllte ein Völkergemisch aus aller Herren Ländern mit dem Gefühl des Stolzes, römischer Bürger zu sein; wie die Farben der Rassen und Stämme, die Kleider, die Sitten und die Sprachen, so fanden sich auch die Religionen und Philosophien von allerwärts wie zu einem Jahrmarkt des Geistes zusammen. Man schwor beim Namen des Serapis, man tanzte vor dem Bilde der Himmlischen Jungfrau, man feierte Isis in Prozessionen, man drängte sich an den Buden der Wahrsager und Astrologen, und zahllose christliche Sekten, die Donatisten voran, machten sich den wahren Glauben streitig. Halb noch im geheimen gor und warb die Verkündigung des Mani, die auch den Sohn der Monnica sich bald erobern sollte.

Augustin genoß das Leben wie ein flüchtig gegangener Sklave. Doch über all dem Schlendern mit losen Brüdern, dem Theater und Zirkus, dem Musizieren und Astrologieren, dem Flirt, der auch im Gotteshause getrieben wird, wo die Kupplerinnen für Gelegenheiten sorgen, bringt es der ungewöhnlich Begabte, auf dessen künftige Erfolge als rechtsgelehrten Anwalts und Meisters der Rede auch seine Familie rechnet, in seiner Rhetorenschule bald zum Ersten. In dieser Zeit starb der Vater, und der Zuschuß Monnicas zu den Leistungen des Romanian findet seine Grenze an den Verpflichtungen gegen die Gläubiger ihres Mannes. Augustin indessen, der für Geld auch Stunden gibt und Theaterstücke schreibt, hat auskömmlich zu leben. Er tut sich mit einem Mädchen zusammen, einem

geistesfrischen und lebenstüchtigen Kind aus dem unteren Volke, wie es scheint, und ihr freies Verhältnis, zulässig vor dem bürgerlichen Gesetz, bleibt auf dreizehn Jahre hin ein treuer Bund der Leiber und auf der weiblichen Seite auch des Herzens. Diese Kameradschaftsehe hatte für Augustin eine doppelte Wirkung, die aus seinen Bekenntnissen nicht unmittelbar, aber zwischen den Zeilen zu lesen ist. Fürs erste erfuhr er, zumal als antiker Mann, der sich der Seele der Frau nicht als Freund verband, das quälende Defizit seiner geschlechtlichen Liebe. Man vereinigt sich und vereinigt sich nicht; die Lust erschwingt das Letzte nicht, wonach der Eros entbrannt ist. Alles Nachgeben an die Leidenschaft kommt ihm vor wie das Nägelkratzen, mit dem der Räudige sein Übel nur noch schlimmer macht, und Hingaben, Eifersuchten, alle Lust und Pein dieser Mystik des Fleisches fühlt er als die Peitsche eines Andern - Unbekannten. Fürs zweite aber hob sich mit den Entladungen der Sinnlichkeit die Last des Brünstigen von seiner Seele und befreite den geistigen Eros aus der Gefahr des Erstickens. Vorerst mag es in dem jungen Literaten, der auf Eleganz, auf gute Manieren und urbane Bildung hielt, auch »Über das Schöne und Angemessene« seine Gedanken niederschrieb, ein ästhetisches Bedürfnis gewesen sein, sich tiefer auf die Welt des Geistigen einzulassen; aber auch die Dinge der Schönheit führen, wenn die sinnliche Erscheinung einmal in ihre geistigen Gründe verfolgt wird, unaufhaltsam ins Gebiet der Fragen, wo der Ästhetik das Wort entzogen ist. Die Unruhe nach einem höheren Begriff von Mensch und Dasein, als dieses Studentenleben zwischen Vorlesung und Bummel, Literaturgespräch und Liebeslager ihn verwirklichen kann, treibt den Neunzehnjährigen über das Gewöhnliche hinaus. An einem Dialog des Cicero über die Weisheit - heute ist er verloren - ermuntert er sich, im Flüchtigen das Beständige zu ergreifen. Sicherlich hat im Herzen des

Lesers schon mehr gestanden als in dem Buche, das er las, aber diese Art von Selbstbegegnung, die jedes Antreffen einer echten Wahrheit ist, war ein wichtiger Augenblick. Daß der junge Rhetor um des Inhalts willen las, nicht mehr zur Formung seines Stils, dies allein schon empfand er als etwas Neues. Von der Rhetorik dieser Zeit, die der Jugend die ganze klappernde Bildung Spätroms vortrug, fand er plötzlich den Übergang zu der Philosophie, die nach dem Sinn des Wortes die Liebe zur Sache der Weisheit ist. Augustin empfand sich, um es derber zu sagen, als windigen Literaten, sobald er den Ernst der Wirklichkeit begriff, die dem Menschen für seinen Geist und seine Seele aufgegeben ist. Was er in jenen Tagen überwand, war der Intellektuelle im üblen Verstande, die Bildung vom Geblüt der alten Sophisten, wo das Geld des Geistes umlief ohne Deckung bei der Wahrheit. Wie es auch mit dem inneren Gewichte dort bei Cicero sich verhalten habe, der sucherisch mit sich Zerworfene erfuhr aus der Schrift den heftigen Anruf zur Besinnung. Daß er zwischen den heulenden Wölfen nicht ein Wolf wie die andern war, fühlte er selbst in seiner Umgebung, beispielshalber, wenn er mit den Randalierern sich verglich, die als Bund der *eversores* die Hochschulordnung in Karthago nach Kräften zuschanden machten. Wie anders auch als diese Brüder sind seine Freunde, Alypius vor allem und Nebridius, auch jener geheimnisvolle Unbekannte, dessen Tod er bald beweinen sollte, wie kaum ein Freund, auch in antiker Zeit, beweint worden ist.

Die großen Fragen und die größte nach dem Weltgrund hatten ihn berührt. Einmal befallen vom Fieber nach Erkenntnis, suchte und forschte er weiter, auch über die stoischen Sätze Ciceros hinaus, die beim innern Klang des Namens Christus doch in den Schatten treten. Er greift zur Bibel, aber diese Redeweise stößt den antiken Schöngeist ab; er hält sich die Kirche vor Augen, diese Kirche

seiner Mutter, aber das Selbstgefühl des Studierten, der nun im Begriffe steht, Lehrer der Rhetorik zu werden, erschrickt an dem definitiven, autoritären Wesen, und der geschlechtliche Freisinn des Ehelosen wehrt sich gegen eine Beherrschung des Fleisches, wie sie dort verlangt wird. Er hatte um Keuschheit bereits an der Schwelle der Mannbarkeit gebetet, doch mit der beigesetzten Bitte um Verschub dieser Gnade, da er die Stillung seines Triebes mehr als sein Erlöschen wünsche. Was Monnica nach ihrem Ideal an diesem Sohn erzogen hatte, schien vergeblich und vertan.

Im Mythus von Gott und Gegengott

Augustin empfand sein Ich als den wunden Punkt in aller Wirklichkeit. Seine Gedanken bohrten nach der reinen Erkenntnis, aber der Mensch von Fleisch und Blut sträubte sich, Entgelt zu zahlen; er suchte die Wahrheit ohne den Einsatz des Ganzen, den sie fordert, damit sich Welt und Mensch einander offenbaren - Zug um Zug.

Aus dem weiten Römischen Reiche war seit den Zeiten des Hellenismus ein ungeheurer Markt von Angeboten wahrer Erkenntnis und erlösenden Heils geworden. Es gor und wogte in den Untergründen des Menschlichen das Alte mit dem Neuen durcheinander, oder beides brachte ein Drittes herauf, das alt und neu in einem war. Rom, Griechenland, Ägypten, Palästina und das Zweiströmeland hatten zur Zeit der christlichen Verkündigung ihre geistigen Güter schon vermischt, auch die Botschaft von Jesus dem Christus verband sich mit manchem Besitze der Vorzeit und der Gegenwart, der sich in dem fieberhaften Stoffwechsel des Reiches und des Weltverkehrs ihm anvermischte. Die Gefahr des Verderbens an der Wurzel warf sich auf das junge Christentum unter der Losung der Gnosis, der Selbstbefriedigung des Geistes in Kraft seiner eige-

nen Lichtnatur, die Gott und Welt und Mensch aus sich selber durchkennen und darin auch ihr Heil finden kann. Seit den Tagen Konstantins, als die Katakomben längst verlassen waren und das Kreuz die allgemeine Staatsreligion bedeutete, erstarkte die Kirche zu ihrem nächsten irdischen Werke, der zweiten Organisation der römischen Gesellschaft. In den siebzig Jahren vom Regierungsantritt dieses Kaisers bis zum Tode des Theodosius lebten sich Kirche und Staat ineinander, mit ihnen auch, so gut oder schlecht es ging, das Himmelreich der Evangelien und der Erdgeist der Virtus Romana. Auf den großen Konzilien ging das Ringen der christlichen Parteien und Bekenntnisse um die Wahrheit und Klarheit, die Einheit und Allgemeinheit des Lehrbegriffs; in der Frömmigkeit der Völker im Reiche trieben die alten Götter noch ihren Spuk; philosophische Schulen pflegten in vornehmer Abseitigkeit ihre Weltanschauung oder mengten sie mit Beständen christlichen Glaubens und Übens; Skeptiker gingen über die Kirchenschwelle, kamen skeptischer noch zurück, verdrossen über Jungfrauengeburt und Auferstehung, den Elegantien ihrer Dichter mehr geneigt als den Zumutungen der Bergpredigt; Platoniker huldigten dem Logos, dem gottentstammten Weltgestalter Geist, aber sie stießen sich an dem Logos Christus, der statt der Flucht aus den Niederungen des Stoffes in die kühlen, reinen Himmel des Geistes seinen Weg umgekehrt ins Fleisch genommen habe. Endlich aber zog sich, lange schon vor Augustin, mit voller Kraft aber seit dem Niedergang der Mithrasreligion, über das Reich von einem Ende bis zum andern eine Lehre, die dem Gesetz der Gegensätze in aller Wirklichkeit, des Kampfes in Natur, Geschichte, Menschenbrust entsprang und Leid und Ohnmacht dieser Welt zwischen Gut und Böse, Geist und Stoff durch einen bestrickenden Mythus erklärte und verklärte.

Wer bin ich? fragte Augustin. Wer ist der Mensch? Wozu?

Und ist ein Gott - wie kann die Welt so laufen, wie sie läuft? »Ein großes Rätsel war ich mir geworden, ich mir selbst, und ich fragte meine Seele, warum sie traurig wäre, und sie wußte mir keine Antwort.«
Die Wahrheit! Die Wahrheit! Mit dieser Losung empfahl sich auch in Karthago die Kirche des Mani. Sie warb in Versammlungen, im privaten Verkehr, durch Predigten, Kulte, Bücher, die unter himmlischer Erleuchtung geschrieben sein und das wahrhaftige Erlösungswissen enthalten sollten. Die Menge mochte die öffentlich zur Schau gestellten Bände in Pergament bestaunen; was sie besser verstand, war die Verkündigung von Mund zu Mund, daß es mit der Wahrheit der Katholiken, ihren Glaubenssätzen, ja schon ihren Heiligen Schriften, dem Alten Testament und auch den vielfach gefälschten und unzuverlässigen Evangelien übel bestellt sei. Aus der Lehre des Mani aber, aus ihr allein. komme das Heil. Er und kein anderer ist der wahre, von Christus verheißene Paraklet, der die christliche Lehre zur Vollendung brachte. Er führt euch ein in alle Wahrheit, und ihn sollt ihr hören!
Vor reichlich hundert Jahren war der Perser Mani als Reformator der Religion Zarathustras hervorgetreten. Am Hofe nicht genehm, trug er seine Lehre weit über das persische Reich hinaus. Die Kraft seiner Mission erfloß aus dem Bewußtsein eines hohen Auftrags: der Fortschritt der göttlichen Offenbarung von Abraham auf Zoroaster, Buddha und Christus soll in ihm, dem letzten der himmlischen Sendboten, zum gültigen Ende kommen. Was er lehrte, ist nach den Trümmern der Überlieferung ein Gemenge aus den Weltbildern des Ostens in gnostisch-christlicher Verbrämung, das mit der letzten Wurzel in Babylon-Chaldäa gründete. Verglichen mit dem Persien der älteren Zarathustra-Religion, wo man das Pflügen, Säen und Kinderzeugen als gottgefälliges Werk ansah, trägt der Manichäismus die müden Züge des Niedergangs, und müde Ge-

schlechter und Zeiten der Überreife haben sich ihm Jahrhunderte später noch am tiefsten verbunden. Verzweiflung an der Welt, wie sie ist, und Seinslust, die ihre Hoffnung wie goldene Taue voranwirft in eine irdisch gedachte Ewigkeit nur ewig hinwährender Zeiten, verknoten sich in diesem Mythus vom Götterkampf des Weltgeschehens. Zwei Mächte, das Licht und die Finsternis, stehen von Uranfang sich entgegen. Das Licht in Person hat sich aus gleichewigem Stoffe von geistig-sinnlicher Beschaffenheit die ganze lichte Schöpfung, mit ihr auch den Urmenschen, ins Dasein gerufen; hingegen das Reich der Finsternis, von je und für immer gebunden an die rohe Materie, hat seinen Herrn, den Satan, erst in der Zeit hervorgebracht. Er ist in dem Kampfe, den er mit dem Lichtreich aufnahm, der Sieger geworden und hat die Lichtelemente, die er überwältigte, während andere ihm entkamen, mit den Elementen seiner Finsternis vermischt. Aus diesem Gemenge ist auch unsere Erde gebildet, ein Schauplatz des Losringens der gefangenen guten Geister aus der Umstrickung der bösen. Was im Kosmos geschieht, geschieht auch im Menschen, der ein Ringkampf zweier Seelen ist, der Leibseele, die mit Hilfe der Habgier und Wollust vom bösen Urwesen erschaffen ist, und der Lichtseele, die dem guten entsprungen ist. Die Erlösung des lichten Teils, die am schwierigsten im Weibe ist, in dem das Finstere überwiegt, ist das Werk und der Sinn der Religion, welche die Erkenntnis vom Gesetze des Weltkampfes in die asketische Erhebung über die Materie umzusetzen hat. Die Vollkommenen und Auserwählten legen das dreifache Siegel der Enthaltung an: auf den Mund, der nicht unrein reden und den Genuß von Fleisch und Wein sich versagen soll; auf die Hände, die auf Eigentum und gemeine Arbeit zu verzichten, auf den Schoß, der sich Ehe und Geschlechtsverkehr zu versagen hat. Den bloßen Hörern aber wurde dieser Bruch mit allem Lebenstrieb nicht auferlegt; war

ihnen die Ehe und Zeugung verboten, so nicht die unfruchtbare Lust des fleischlichen Umgangs. Wie der Erwählte aber ist auch die Masse der Hörer zu bestimmten Fasten und Gebeten verpflichtet, alle glauben sie an die vier großen Herrlichkeiten: Gott, sein Licht, seine Kraft, seine Weisheit, und alle erwarten sie, daß im Fortgang der allmählichen Erlösung durch das kosmische und sittliche Scheidewerk, das der Sinn der Weltgeschichte ist, der Tag des vollen Auseinandertretens von Licht und Finsternis sich naht. Dann fällt die lichtlos gewordene Welt, von Engeln in Brand gesteckt, in Asche, die Getreuen Manis aber gehen für ewig ins Licht des Himmels ein, die andern in die Hölle, das Reich der vollen Finsternis.

Um der reinen Herrlichkeit Gottes willen hatte Mani diese Welt des Stoffes, der Triebe und der Übel dem Herrn der Finsternisse aufgeladen, und dieser Teufel, den man brauchte, um an Gott nicht zu verzweifeln, ist von Rang ein wahrer Gegengott, den mit allem, woran und wodurch er herrscht, aus der Schöpfung Gottes auszustoßen den Inbegriff des menschlichen Sollens ausmacht. Seltsam vertrugen sich in dieser Religion aus dem Zweiströmeland mit der regenfeuchten Schwüle und den brennenden Sommern der steigende und der sinkende Wille, ohne daß der letzte Spruch von einem inneren Gericht oder Gottes heiligem Urteil erging; denn was zur Befreiung des Lichtes dem Menschen nicht gelang, das fiel zu Lasten Satans. Da hing im Grunde alles, auch der Geist und die Seele, an dem Auf und Nieder der kosmischen Bewegung, der Mensch war gut oder böse, stark oder schwach auf Geheiß der Natur, und der Fatalismus von Tag und Nacht regierte auch den dialektischen Prozeß der Geschichte. Aber dieses Evangelium von den zwei Reichen zweier urverfeindeter Bewirker der Welt, für welches Mani unter dem Hasse der persischen Priester am Kreuze gestorben war, drang im Osten bis nach China, im Westen so weit, als der römische

Name reichte, auch nach Karthago und tief, allzu tief in die Seele Augustins.

Er war Hörer bei den Manichäern, als er sein Studium abschloß und aus Gründen, die wir nicht kennen, vielleicht vom Mangel genötigt, der juristischen Laufbahn entsagte und in seine Vaterstadt zurückging, während sein Mädchen in der zaubervollen Stadt am Meere verblieb. Im Selbstgefühl des Zwanzigjährigen, der sich die Lehrberechtigung erworben, viel gelesen und auf manichäischen Zusammenkünften seine Kraft und Schärfe als Meister der Sprache und des Geisteskampfes empfunden hatte, trat er vor Monnica, die Witwe. Mutter und Sohn, beide fühlten, daß sie sich fremd geworden waren. Er war, nach allem, was sie von ihm hörte oder ahnte, in die Irre gegangen; sie aber hatte, nach dem ganzen Eindruck ihrer Rede und Lebensgewohnheit, mit ihrem Christentum noch tiefer, herber Ernst gemacht als zuvor. Was verband sie noch? Die eisige Fremde der ersten Begegnung löste sich in einem schweren Zerwürfnis. Sie drang in ihn mit allen Waffen der Mutter und der Gläubigen, aber nicht ihre Vorwürfe, nicht ihre Tränen erreichten sein Herz; ihre Stimme war das Gebot ihres Gottes, sein Echo war der Spott eines hochtragenden, selbstgewissen Geistes. Er war und blieb Manichäer und warb, wo er konnte, auch in Thagaste, für seinen neuen Glauben. Es kam der Tag, wo die Mutter ihm ihr Haus verschloß.

Er fand sein Unterkommen im Hause des Romanian. Dort verdiente er als Lehrer der Familie und genoß das Paradies des reichen Grundherrn in vollen Zügen. Suavitates illius vitae! Jagden wechselten mit Gelagen, bei denen die Gäste nach Belieben aus den Geldsäcken dieses vergötterten Herrn über eine ganze Landschaft sich nehmen durften, Bärenhatzen mit Geplänkeln des Geistes zwischen vornehmer Welt, in denen sich der ganze per-

sönliche Zauber des urbanen jungen Mannes entfalten und Wirt und Gast entzücken konnte.

Monnica zu Hause betete für ihren Sohn. Im Gedanken an die Gefahren seiner neuen Umgebung, auch von einem Traumgesicht mit Hoffnung auf seine künftige Hinkehr zu ihrem Glauben erfüllt, bereute sie seine Verstoßung und rief ihn zurück. Er kam, aber er bekehrte sich nicht. Sie seufzte durch ihr Haus, und ihre Tränen fielen auf die Fliesen der Basilika. Sie wollte einen befreundeten Bischof bewegen, ihm seine Irrtümer auszureden, aber dieser Wohlerfahrene mißtraute der Kraft seiner Worte über einen jungen Fanatiker, er fand auch den Geist des Betörten zu mächtig und empfänglich für das Rechte, seine Religion aber, der er selbst schon angehangen, zu töricht, als daß er Monnica, die strömend vor ihm weinte, willfahrt hätte. Geh nur, sagte er, denn so wahr du lebst, es ist nicht möglich, daß ein Sohn solcher Tränen verloren gehe.

Da gab es unversehens einen Wettersturz über dieser jeunesse dorée. Jener Freund von der Schule her, den Augustin die Hälfte seiner Seele nannte, erkrankte am Fieber und erhielt im bewußtlosen Zustande die katholische Taufe. Augustin aber, der ihn bereits auf seinen manichäischen Weg gezogen hatte, ergoß seinen Spott und hoffte am Erwachten den Mitspötter zu finden. Der Freund indessen sprach aus einem andern Ton und drohte mit dem Bruche. Wird er genesen sein, so dachte Augustin in der Heimlichkeit seines seelefernen Geistes, will er in Debatten ihn wieder auf seine Seite bringen. Da starb der Freund. Augustin tobt und rast in einem Schmerze, der in Weltschmerz überschlägt, und gerät ihm die ehrliche Träne, so verschönt sie sich bald und versüßt sich ihm im Schimmer der Hysterie, in der er das Spiel der Selbstzerreißung auch sich selbst zum Besten gibt.

Nun war Thagaste, das Grab des Freundes, ihm leer und

verleidet, und auch die Villa seines epikurischen Gönners konnte den Anspruch des ruhelos Umgetriebenen auf Rolle und Bedeutung nicht mehr erfüllen. Er ging zurück nach Karthago, 375; acht schwere Jahre sollten ihn dort über Ich und Welt belehren. Seine Geliebte war die Mutter seines Kindes geworden; so unerwünscht ihm der Knabe gekommen war, er nannte ihn Adeodat, das Gottgeschenk. Die Eltern lebten nun in ehrlichem Zusammenhalten wie Mann und Frau, doch ohne Bindung durch das Gesetz der Kirche oder des Staates. Die Sorge für Mutter und Kind, vielleicht auch für Monnica und die Geschwister, brachte ihn sogleich in wirtschaftliche Enge und zwang ihn eine Rednerschule zu eröffnen, in der auch die Freunde Alypius und Nebridius und die beiden Söhne des Romanian - von ihnen blieb Licentius seinem Herzen auf lange verbunden - seine Schüler wurden. Daneben schrieb er fürs Theater, las und forschte viel zu seiner Weiterbildung und verlor sich in Mantik und Magie, Astrologie und okkulte Wissenschaften. Aber manches Lächerliche oder Rohe in diesem modischen Überbleibsel aus dem Heidentum, das auch mit Julian Apostata nicht gestorben war, beleidigte seine Nerven, wenn nicht seine zarte, alles einfühlsam und leidentlich durchkennende Seele. Ein Magier, am Vorabend eines Dichterwettstreites von ihm befragt, wie er ihm zum Erfolg verhelfen könne, riet zur Schlachtung einiger Tiere; nein, nicht eine Fliege sollte darum sterben, auch wenn ihr Tod ihm die Krone der Unsterblichkeit verschaffte. Sein ästhetischer Feinsinn erschrak zuweilen auch an dem obszönen Gebaren der Manichäer, wie denn manches an diesen Leuten ihm verdächtig wurde. Selbst bei den Vollkommenen deckte die züchtige Moral einen Morast von Unzucht, und so vieles, was der Verstand des Denkers und Gelehrten Augustin als feste Wahrheit besaß, stand in hellem Widerspruch zur Phantastik ihrer Welterklärung. Er war ihnen sichtlich unbequem,

und sie verwehrten dem Hörer die Aufnahme in den Kreis der Erwählten. Seine Fragen und Einwürfe waren bedrängerisch, und auch der vielgerühmte Faustus, ihr Bischof, erwies sich ihm, sobald das Gespräch ins Tiefere ging, als gewandter Schwätzer und nicht mehr.

Der Lehrer der Rhetorik, der auch an der Hochschule las, machte in der Weltstadt keine große Schule. Sein Stil erreichte nicht die großen Muster, seine Stimme kam klanglos aus einer schwachen Lunge, von seiner kleinen, schmächtigen Figur ging ein herrlich reicher Geist, der Zauber eines tiefen Innenlebens aus, aber nicht die autoritäre Bannkraft des öffentlichen Mannes, die der organisierten Lümmelei des Studentenpöbels hätte gebieten können. Der geistige und wirtschaftliche Erfolg dieser Wirksamkeit blieb weit zurück hinter dem, was Augustin im dunklen Gefühl seiner Bedeutung und Berufung von sich selbst erwartet hatte.

Als zu allen diesen Ursachen der Enttäuschung auch der scharfe inquisitorische Zugriff des Kaisers Theodosius gegen die Häresie des Mani hinzukam, beschloß er, Karthago, wo seit ungewisser Zeit auch die Mutter bei ihm lebte, mit Rom zu vertauschen. Fluchtartig war dieser Aufbruch im Herbst 382 und ein gewaltsames Wegstürmen aus seiner Umgebung, auch von der Seite Monnicas, die ihn angstvoll beschwor, zu bleiben oder doch nicht ohne sie zu reisen. Während das Schiff zur Abfahrt bereit lag, beschwätzte er sie, die kommende Nacht in den Arkaden der nahen Kapelle des heiligen Cyprian, des großen Lehrers und Blutzeugen Afrikas, zu verbringen; er selbst werde bei einem mitreisenden Freunde schlafen, bis günstiger Fahrtwind gehe. Monnica willfahrte ihm, aber als sie in der Frühe an den Hafen kam, hatten die Segel ihren Sohn längst ins Weite geführt.

In Rom, wohin Alypius, der Freund, ihm vorangegangen war, wohnte Augustin bei einem manichäischen Genossen

und fiel sogleich in schwere Krankheit. Wenn er in Fieber und Todesnähe die Barschaft seines Innern überschlug, stieß er auf den Menschengeist als das höchste und unwandelbare Gut, und wenn er ihm als Letztes nicht genügen wollte, traf sein Gedanke, der die Ruhe nur in einer Einheit und den Trost nur in der Gutheit des Weltgrundes finden konnte, auf den Urkampf zweier Gottwesen, von denen das böse als der wahre Herr der Welt durch alle Dinge schlich. Aber jener eine Gott der Mutter schimmerte ihm aus der Jugendzeit als Herr und Gebieter auch über das Böse her.

Dieses Rom im prallen Glanze seiner Bauten aus Gold und Marmor, wo die Stämme aus Orient und Okzident in Luxus und Armut sich durcheinander drängten, wo es keiner Sünde an Vergnügen, keiner Schurkerei an Göttern und Patronen fehlte und die Vision des Mani sich aller Enden zu erwahren schien, wurde dem Genesenen alles eher als ein fester Boden. Er brachte wohl eine stattliche Zahl von Schülern zusammen, denen er in seiner Wohnung, vielleicht im sechsten Stockwerk eines Hauses in elendem Viertel, Vorlesungen über Literatur, Philosophie und Rhetorik hielt; aber diesem Privatdozenten ohne staatlichen oder städtischen Auftrag blieben seine Hörer die Honorare schuldig. Sein äußerer Verkehr treibt ihn nur noch weiter in die innere Vereinsamung, denn auch am Freund Alypius, jetzt Beamter in der hohen Finanz, bleibt ihm die alte Leidenschaft für Zirkus und Sklavenhetzen widerwärtig und unverständlich, und der manichäische Umgang macht ihn mehr und mehr zum aristophanischen Spötter auf Leute, die ihren Lichtgott in weißem Lattich und goldener Melone, aber nicht in weißer Sahne oder im goldhell gebratenen Spanferkel zu finden und zu genießen glaubten. Überfiel ihn jetzt die Qual seiner alten Frage nach der Wahrheit, so hielt er es mit der Skepsis jener Zeitphilosophen - Akademiker genannt -,

die er eben las und wie einen Zug frischer Luft empfand. Alles, sagten sie, muß der Mensch bezweifeln, und von der Wahrheit weiß er nichts.

Über Nacht tat sich der innen und außen verklemmten Existenz des Dreißigjährigen eine helle Zukunft auf. Mailand - die Stadt war der Sitz des weströmischen Hofes - hatte sich um einen Lehrer für Rhetorik nach Rom gewandt. Augustin bewarb sich, Protektoren liefen für ihn, und der römische Präfekt, der als früherer Prokonsul in Karthago die Afrikaner begünstigte, als Feind der Katholiken einem Manichäer nicht gram war, entschied sich nach der Anhörung des Probevortrags für Augustin. Der Erwählte fuhr in einem kaiserlichen Wagen durch Italien; die Stadt seiner Erwartung sollte sein Damaskus werden. Die beiden Mächte, die in nächster Zeit sein Innerstes in Bewegung brachten, nannten sich nach Platon und nach Christus, und jede nahm ihn ins Verhör.

Platonische Sicht

Die Ehre einer öffentlichen Professur, die Aussicht auf eine noch höhere Laufbahn, eine reiche Frau, ein großes Haus - es wird genug sein, einen herabgekommenen Intellektuellen über den Sinn des Lebens zu beschwichtigen. Im Selbstgefühl schwoll er auf - aber sein eigenes Wort von dem verschwollenen Gesicht, in dem das Auge seinen Blick verliert, zeichnet ihn mit schonungsloser Wahrheit.

Anfang 385 hielt er seine Antrittsrede und stellte sich, um der Schicklichkeit zu genügen, auch dem katholischen Bischof vor. Der aber war Ambrosius. Satis episcopaliter - recht wie ein Bischof - empfing er ihn. Da stand vor dem Römer edlen Geschlechts, dem Organisator, dem Kirchenfürsten, der gegen die Heiden und Arianer kämpfte, auch gegen den Präfekten in Rom - stand dieser Günst-

ling des Präfekten, Afrikaner aus kleinem Hause, schmächtiger Magister und Grübler, dem man's ansah, daß ihm der Geist an der Seele nagte. Immerhin, Augustin erfühlte das Wohlwollen aus dem Herzen des Hirten, bald hörte er auch den machtvollen Prediger, an dem er ahnen konnte, was Kirche ist. Anfänglich zog ihn nur die Form, allmählich auch die Sache an, und manche Erzählung der Bibel, anstößig für antike Ohren, wurde in der allegorischen Auslegung, die Ambrosius als bewährten Zauberschlüssel handhabte, auch dem Philosophen erträglich. Zuweilen trat er in die Kanzlei des Bischofs, um sich über persönliche Fragen Rats zu erholen, aber der Vielbeschäftigte, Überlaufene hatte für den künftigen Wortführer eines Jahrtausends keine Witterung; er stand ihm gütig und väterlich zur Verfügung, zur Begegnung in der Tiefe oder auch nur Freundschaft zwischen den beiden Männern ist es nie gekommen. »Man hätte damals einen Schüler an mir gefunden, begabt und gelehrig wie kein anderer, wäre nur jemand dagewesen, der mich unterrichtet hätte.«
In einem Hause mit Garten lebte er zwischen Beruf und Neigungen zu Büchern und Menschen. Er hatte die Geliebte und den genial erwachenden Sohn bei sich, aus Afrika war ein stattlicher Schwarm von Verwandten an seinen Tisch herbeigekommen, Alypius und Nebridius sind dem Freunde nachgezogen, nicht ohne Absicht auf seine Seele, und auch Monnica, von Liebe und Sorge getrieben, kam übers Meer. In Seenot, als die Matrosen verzweifelten, hatte sie ihre rettende Zuversicht hinausgerufen, sie und alle kämen heil an Land, Gott habe es ihr versprochen [jener Traum in Thagaste war ihr vor der Seele]. Jetzt stand die Matrone mit gebieterischer Tüchtigkeit dem großen, gewiß nicht reibungslosen Haushalt vor. Ins Getriebe ihres Innern blickt die Nachwelt mit den Augen Augustins, des verklärenden Sohnes, der mit seinem Denkmal für manchen Schlag, den er ihr versetzt

hat, Genugtuung leistet. Damals in Mailand war ihr innerstes Anliegen, wie immer, das Heil des Sohnes, aber das zeitliche so gut wie das ewige. Sie leistet ihm das Beispiel übender, hart ums Letzte ringender Frömmigkeit, sie erstaunt ihn durch ihr Eindringen in die Bibel, sie treibt ihn, es im Himmel und auf Erden voranzubringen: denn dieses Leben in epikureischem Genügen, zwar gesichert, ehrenvoll, vom Glanze der guten Gesellschaft umgeben, hatte doch Ursachen der Verstimmung, wohl auch gegenseitiger Verwundung zwischen Mutter und Sohn. Ihr frommes Beispiel übte zum wenigsten noch keine Kraft über seine Seele, ob auch Ambrosius ihn beglückwünschte zu solch einer Mutter [von tieferem Erkennen des Bischofs für die werdende Heilige hören wir nichts]; ihr eigentliches Ärgernis aber war sein Zusammenleben mit der Kebse. Das Gewissen der Christin protestierte gegen die Sünde, der Ehrgeiz der Mutter gegen das Hindernis für den höheren Aufstieg des Beamten eines offiziell christlichen Staates. Sie suchte und fand ihm eine Braut, ein wohlhabendes Mädchen, das als Katholikin vielleicht einmal über ihn vermöchte, was den andern nicht gelang. Noch hing sein Herz an der Mutter Adeodats, aber aus bürgerlicher Überlegung und gefüge dem unablässigen Drängen Monnicas und der Freunde warb er um die Erwählte und erhielt das Jawort. Nun scheidet eine Verstoßene aus dem Hause, um das Haupt einen Schimmer von Adel und Größe, der an keinem der Zurückbleibenden zu bemerken war. Sie, die mit Augustin geschlafen hatte, »kehrte nach Afrika zurück und gelobte Gott, keinem andern Manne mehr anzugehören«.

Was darauf folgte, war eine bittere Niederlage für die Beteiligten alle. Augustin konnte die allzu junge Braut erst in zwei Jahren freien; unfähig, die Zärtlichkeit einer Frau zu entbehren, nahm er bis dahin ein anderes Mädchen in sein Haus. Aber das schmerzliche Nachgefühl um

die Verlorene, das um so beschämender war, als er »es nicht fertig brachte, zu tun, was jenes Weib getan hatte«, bleibt auf ihm, und die abgründige Melancholie eines großen Geistes ohne größeren Gegenstand nimmt tief und tiefer von ihm Besitz. Auch die gesünderen Freunde, den sprunghaft eigenwilligen Licentius, Nebridius, den jenseitig gestimmten, mehr im Ideal geborgenen Nachdenker, und Alypius, den zugreifenden Meisterer der täglichen Dinge, zieht er hinein in das heimliche Defizit seiner menschlichen Lage. Wenn sie im Garten unter dem Weinlaub der Pergola sich ergehen oder im Schatten der alten Platane beisammen sitzen, ihre Gespräche um Wollust und Ehe, um die Predigt des Ambrosius, um die Philosophie des Epikur, der Skeptiker und Agnostiker sich drehen oder am Plane eines Laienklosters sich begeistern, in dem sie alle - wenn nur die Frauen nicht das Hindernis wären - zur Erforschung der Wahrheit und der endlichen Gründung der vita beata sich zusammenschließen wollten, so wandeln und reden sie als spätantike Menschen in der Bedrängnis zwischen den verlorenen Göttern und dem ungefundenen Gott. Was ist es, was dieses taedium vitae verscheuchen, an der Wurzel vernichten könnte? Die Arbeit an der Lobrede auf den Kaiser erfüllt ihn mit giftigen Gedanken gegen das Leben, sich selbst, den Händler mit Redensarten, und ein bezechter Bettler auf der Gasse, der mit seinen erfochtenen Pfennigen als wahrer Hans im Glück sich aufführt, versetzt ihn plötzlich in eine grelle Selbsterkenntnis. Was der Betrunkene da will, Glück und Lust des Tages, das hat er auch und hat es ohne Philosophie. Was anders erwartet sich der angstfiebernde Redner des Kaiserfestes von dem Gleißen seines Pathos? Und wenn es ihm zufällt, wieviel teurer zahlt er für den Ruhm, der so echt ist wie das Rauschglück des verlumpten Bruders!

Von Berufs wegen mit den philosophischen Systemen der

Vorzeit beschäftigt, kam der Mailänder Rhetor, der es überdrüssig war, die Jahre zu verschlingen und von den Jahren verschlungen zu werden, an die Schriften des Plotin. Vor reichlich hundert Jahren [270] war dieser Fortdenker Platons gestorben, sein Jünger Porphyrius hatte den Nachlaß veröffentlicht, und die lateinische Welt las ihn in der Übersetzung des Marius Viktorinus, eines vielbeschlagenen Redners und Gelehrten, der im Greisenalter noch Christ geworden war und seinem Bewundrer Augustin mehr als nur Plotin vermittelte. Vorerst schlug sich dieser Spätplatoniker tief in sein ganzes inneres Leben, in Gefühl und Verstand, und nie mehr sollte die Wirkung in ihm erlöschen. Noch mancher Weltflüchtling hat auf der steilen, lichten Jakobsleiter der neuplatonischen Philosophie den Himmel gesucht, jedes Jahrhundert unserer Geistesgeschichte bevölkert sie aufs neue, aber kein zweiter hat ihr so wie Augustin die Rettung aus einer hoffnungslosen Anschauung der Dinge zu verdanken. Was im Manichäismus ihn zuerst bestrickt, dann gequält hatte, zerging in diesem Denksystem wie ein nächtlicher Spuk am Lichte des Morgens. Es war keine Zwiewelt mehr, keine Schlachtordnung aus der Feindschaft des Urgrunds mit sich selbst, sondern Einheit des Alls von dem Einen her, aus dem es ausfließt, und dieses Eine, wenn ihm schon ein Name zukommen soll, ist reines, vom Stoffe unbefecktes Geist-Sein, in sich unbewegt und wandellos, das Übel aber und das Böse hat keine Wirklichkeit, es ist nur als Fehle Gottes da, und der Mensch in der Umarmung des Stofflichen kann in Kraft des Eros, seines angeborenen Auf- und Rückdrangs in die eine, geistige Urquelle alles Seins in einem von Verstand und Gemüt zu leistenden Prozesse der Vergeistigung diese Welt der Sinne und des Fleisches überklimmen, um jenseits von Zeit und Raum zur Anschauung des Einen, Wahren und Guten zu gelangen.
Platon-Plotin eröffnete dem in der Enge seines Ichs Er-

stickenden den Ausblick und den Ausweg in eine zweite, die wirkliche Wirklichkeit, und wenn er diese Begegnung später auch in schwächerem Lichte sah, er hat sie doch immer als eine Gnade Gottes gepriesen, die ihn »erbeben« ließ »in Liebe und Schrecken«, daß sein Geist ein Abbild des Unendlichen war und das Böse nur zu Lasten seines freien Willens falle. Aus der Einsicht aber, wie tief unsere Erkenntnis von unserm sittlichen Leben her bedingt sei, auch die entschlossene Folgerung zu ziehen, fand er noch nicht die Kraft. Er war überzeugt von einem Selbstand der Wahrheit außer uns und über uns, Betrachtungen über die Immergültigkeit mathematischer Verhältnisse zwangen ihn zum gleichen, aber diese Gestirne, die sein Auge erquickten, zogen ihn nicht von den alten Wegen. Was noch erst Anschauung war, konnte nicht Leben werden, bevor er den alten Sauerteig nicht aus dem Herzen fegte. Manches in der neuplatonischen Weltbetrachtung erinnerte ihn an biblische Gedanken, zumal die Vorstellung eines Logos, der als Gottes Geist durch das Sein und Werden der Dinge des Alls sich schlingt. Wiederum griff er zur Bibel, und er las sie mit neuen Augen. Hatte ihm Jesus immer als überragender Mensch von vorbildlicher Bedeutung gegolten, so gewann jetzt der Christus Jesus der paulinischen Briefe eine ungekannte Kraft. Jene höhere Wirklichkeit der Platoniker, schaubar in ihrer fernen Herrlichkeit, die Sehnsucht erregend aus ihrer regungslosen Ewigkeit, verlor das Kühle, Stumme, Menschenfremde, sie lebte, atmete, blickte und sprach und liebte und drohte. Ihr Logos hat einmal in Menschenweise unter uns gewohnt, und jedes Menschenbild ist von Anfang der Dinge in ihn eingestiftet. Sünde ist wahrhaft Sünde des Menschen, und streiten auch Gesetz des Fleisches und Gesetz des Geistes gegeneinander, so ist der Zwiespalt nicht in Gottes Sein, nur in der Lage unseres Geschlechtes, welchem Rettung wird, wenn es will, von oben. Der Römer-

brief hatte die Frage: »Ich unseliger Mensch, wer wird mich erlösen von dem Leibe dieses Todes?«, und er hatte die Antwort: »Die Gnade Gottes durch Jesum Christum, unsern Herrn.« Also nicht unüberwindlich ist das Gesetz des Fleisches, und auch die Enthaltung vom Weibe, die nach Paulus noch besser wäre als selbst die Ehe, das große Geheimnis in Christus und der Kirche, leistet der Mensch in Kraft seines Anschlusses an die Kraft Gottes und seines Gesandten.

Seit dieser Berührung mit Saulus-Paulus und seiner Verkündigung gor es fort in Augustin, und der neuen Richtung seines Auges kamen Fall um Fall Menschen und Dinge der christlichen Lebenswelt scheinbar wie von selbst entgegen. Was damals und in der nächsten Folge geschah, galt ihm als höhere Führung; auch der fremde Betrachter und Erzähler seines Lebens, und lotete er mit allen und noch feineren Maßen und Sonden als dieser größte Psycholog und Anatom des menschlichen Labyrinthes selber in die verborgensten Tiefen, kann den natürlichen Hergang seiner Wandlung nicht als notwendig erweisen, noch weniger den immer offenen Glauben zerstören, daß auch ein Naturverlauf nur ein Mittel ist, so wie schlagender Hammer und splitternder Marmor, die am Ende ein Bild ausmachen, das auf die natürlichste Weise entstanden ist und doch nicht allein im Zusammenspiel von Hammer, Meißel und Marmor gründet.

Augustin wußte jetzt das eine, daß ihm Leben um des bloßen Lebens willen nicht genug sein konnte, auch das andere, daß Denken und Begriffe-Haben, selbst so hoher Ideale wie der platonischen, den Menschen nicht wandelt, wenn er nicht sich an die Wahrheit und die Wahrheit an sich heranlebt, und das dritte, daß Menschen in der Kraft und Gefolgschaft des Christus Jesus sich im Grunde gewandelt und ihre Natur überklommen haben.

Ambrosius war ihm ein mächtiger Eindruck, und er hätte

diesen Mann der Kirche für den glücklichsten Menschen gehalten, wenn er nicht die Frau entbehren müßte. Er lernte auch den greisen Priester Simplizian kennen, der Ambrosius, den Staatsmann, in seinen reifen Jahren erst getauft hatte, und von ihm auch hörte er die bewegende Geschichte jenes Marius Viktorinus, des gelehrten, im Standbild auf dem römischen Forum verewigten Pädagogen, der nach langem Hinschieben endlich, obgleich er nach einem Gesetz des Julian Apostata dadurch Amt und Brot verlor, die Taufe empfangen hatte. Aber wie dieses Beispiel auch und viele andere in seine Seele schlugen - immer vertraten ihm den Weg »die alten Freundinnen«, seine Leidenschaften. Er marktete schwächlich und erbärmlich mit sich selbst; er glich einem Menschen im halben Morgenschlafe, der die Zeit des Aufstehens gekommen sieht, aber mit »Gleich, ja gleich« und »Noch ein wenig« säumig und träumig liegen bleibt. Aus der unschlüssigen Selbstverzehrung riß ihn auch der Beruf nicht heraus, im Gegenteil empfand er eine wachsende Abneigung gegen sein öffentliches Wirken. Die Gründe lagen nicht allein in seiner Person, im Bruche des alten Ich, aus dem ein neues heraufdrängte, oder im Verfall seiner Gesundheit, die das mailändische Klima und die rauhe Nähe der Alpen nicht vertrug; auch die Roheit und Niedertracht im gesellschaftlichen Leben des entartenden Kaiserreichs, das Aufkommen der Barbaren, politische Verbrechen und Attentate, Zwischenfälle wie der Anschlag der Kaiserin Justina auf die Basilika des Ambrosius, um welche gotische Bewaffnete den Wachtdienst hielten, als der Bischof gegen die Arianer sich dort eingeschlossen hatte, alles dies nährte seine Sehnsucht nach Ruhe und Fernsein von den Menschen. Gerne zog er sich jetzt in die Stille der Gotteshäuser zurück, meditierte oder ergab sich den neuen liturgischen Gesängen, den Psalmen und den Hymnen des Ambrosius, die damals zu ihrem ersten silberigen Fluge sich

erhoben und als Schönheit und Wahrheit zugleich sein Herz, ein Herz voll Leidenschaft für Musik, übermannten. Er begann zu beten.

Auf den fühlsameren Gemütern der Zeit lag die Vorempfindung einer kommenden allgemeinen Trübsal. In solchen Menschen solcher Zeiten sammeln sich wie nach einem geheimen Gesetze der Systole die inneren Kräfte des Widerstandes und der Überwindung. Man sieht, woran man ist mit dem Dasein, und zieht sich aus den ewig unsicheren Gütern in die Sicherheit der ewigen zurück. Dann hat der Metaphysiker das Wort, der Prophet, der Mönch und der Heilige; heroische Menschen erwachen, und die Heroen der Vergangenheit steigen mit neuer Kraft und Herrlichkeit herauf.

Es war nicht lange vor der Weinlese des Jahres 386. Pontizian, ein kaiserlicher Offizier, hielt sich auf der Reise von Trier nach seiner afrikanischen Heimat in Mailand auf. Er besuchte als seinen Landsmann auch Augustin. Auf einem Spieltisch sah er zufällig die Briefe des Paulus liegen, und als der Christ, der er war, freute er sich darüber. Von diesem Buche lenkte sich das Gespräch auf einen verwandten, damals aktuellen Gegenstand, das Leben des Wüstenvaters Antonius, das der große Athanasius aus eigener Anschauung beschrieben hatte. Augustin und die Freunde wußten nichts davon, auch nicht vom Leben der ägyptischen Einsiedler nach dem Beispiel des Antonius, obgleich ein Kloster dieser Art vor den Toren Mailands lag. Von der Wirkung jenes Buches erzählte Pontizian einen merkwürdigen Vorfall. Er war in Trier ein Tages mit drei andern Offizieren in den Gärten vor der Stadt geschlendert, da trennten sich die vier in Paare, und jedes ging seiner Wege. Als er und sein Begleiter am Abend mit den andern zusammentrafen, fanden sie veränderte Menschen. Die andern waren in der Hütte einiger Eremiten eingekehrt und von dem Antonius-Leben, das sie dort

fanden und flüchtig überlasen, im Grunde ihrer Seelen ergriffen worden. Ihr Entschluß, dort bei den Eremiten einzutreten, obgleich sie beide verlobt waren, stand unabänderlich fest; sie kehrten nicht mehr an den Hof zurück, und auch ihre Bräute gelobten Gott die Jungfräulichkeit.

Unter der Folter dieser Erzählung von heroischem Bruch mit den ungenügenden Gütern des Lebens wandten sich die beiden Seelen Augustins gegeneinander. In seiner Erregung bemerkte er kaum, daß der Gast sich empfahl. Als er sich mit Alypius allein befand, packte er den Freund an beiden Schultern. »Was muß ich leiden! Was soll das alles - wie leben wir dahin! Hast du's gehört: die Ungelehrten stehen auf und reißen den Himmel an sich. Aber wir mit unserer Bildung - Bildung ohne Herz -, wir wälzen uns in Fleisch und Blut, und wir vergehen nicht vor Scham!«

Alypius erschrak an dieser Stimme, diesen Augen. Augustin stürmte hinaus in den Garten. Dort fand ihn der Freund, der besorgt nach ihm schaute, wie er auf der Bank saß und das Gesicht in die Hände vergraben hatte. Die letzte Fessel, Geschlechtlichkeit und Frauenliebe, wollte er zerbrechen. Er wollte und er wollte nicht. Die »alten Freundinnen«, Lust, Genuß, Gewohnheit, spielten sich vor seinem Auge auf und sprachen auf diesen Sinnesmenschen, der auch das Unsinnliche allezeit wie Sichtbares und Greifliches erfuhr, als leibhaftige Wesen ein. Vor nicht langer Zeit hatte der Ursacher aller Dinge aus einem Lichtgesicht ihn angeredet: »Ich bin, der da ist.« Nun zogen ihn die Freundinnen, die Stimmen seines Blutes, ins Gespräch: »Willst du uns verlassen? Non erimus tecum ultra in aeternum? Und fortan und in Ewigkeit sollen wir ohne dich sein? So viele Jahre hast du uns gehuldigt, nun willst du ohne uns fertig werden?« Seine Tage waren ein Zwiegespräch mit diesen Freundinnen geworden. »Ihr redet

wie zu einem Feigen; ich aber weiß, es gibt noch etwas anderes.« Und die Freundinnen erheben die Gegenfrage, ob sie nicht selber doch die sicherste Wirklichkeit sind, wahrer, verlässiger als jener Gott, der vielleicht ein Wahn ist. »Warte noch zu, wie schimpflich wäre es, kämest du später doch zu uns zurück.« - Nun rüttelte der Sturm die Seele; Alypius saß an seiner Seite.

Plötzlich sprang er auf, lief fort und warf sich unter einem Feigenbaum auf die Erde. Ein Tränenausbruch begleitete die Wehen, in denen sich seine beiden Seelen voneinander trennen wollten. »Herr, wie lange noch?« Er rief es laut hinaus. »Warum nicht jetzt ein Ende meiner Schmach?« - Er trank den Kelch seiner bittersten Stunde.

Da hörte er vom Nachbarhause herüber eine Stimme, die immer wieder rief: Tolle, lege - tolle, lege [nimm und lies]; im Singsang kam es, als ob Kinder im Spiele so machten. Aber er entsann sich nicht, es je einmal gehört zu haben. Das Weinen ließ nach, und er erhob sich. Er dachte nichts anderes, als daß Gott ihm befohlen habe, ein Buch zu öffnen und zu lesen, worauf zuerst sein Auge träfe. Denn auch Antonius, hatte er gehört, war durch ein solches Buchorakel auf die Stelle gestoßen: »Geh hin, verkaufe alles ...« Alypius saß noch auf der Bank, und auch der Band mit den Briefen des Apostels lag dort. Er öffnete und las auf den ersten Blick: »Nicht im Fressen und Saufen, nicht in Schlafkammern und Unzüchten, nicht in Hadern und Eifern - sondern ziehet den Herrn Jesum Christum an und pfleget das Fleisch nicht zur Erregung eurer Lüste.« Er las nicht weiter. Ein Licht der Zuversicht kam über ihn, und alle Finsternis des Unschlüssigen verging. Ein zweiter Wille hatte sich über den seinigen geworfen. Er erzählte alles dem Freunde, und auch dieser las die Stelle, und er las, was ihr folgte, und hatte auch sein Teil: »Des Schwachen aber im Glauben nehmt euch

an.« - Sie gingen hinein zu Monnica, sagten ihr, was geschehen war, und sie frohlockte.
Augustin, jetzt im Alter von zweiunddreißig, entsagte für immer dem Weibe, an seiner Mannheit aber so wenig gebrochen, daß in Schlaf und Traum und wacher Zeit die alten Gespenster ihn noch lange bedrängten.

Bukolikon und Tedeum

»Tetigisti me - du hast mich berührt, und ich brenne nach dem Frieden in dir.«
Augustin war entschlossen, sein Lehramt aufzugeben. An chronischer Bronchitis leidend, überdrüssig der Wortmacherei, zog er sich, nachdem er die drei Wochen von seiner Erschütterung bis zu den Ferien der Weinlese noch ausgehalten hatte, geräuschlos zurück. Ein Amtsgenosse, Verecundus, der ihm verpflichtet war, stellte ihm sein Landgut zur Verfügung, wogegen Augustin nur die Verwaltung des kleinen Besitztums übernehmen mußte. Es hieß Cassiciacum und lag in der Brianza, der anmutigen, windgeschützten Landschaft südlich des Comosees, wo das wohlhabende Mailand seine Villen und Erholungsplätze hatte. Die einfache Behausung, von Wiesen, Gewässer und alten Bäumen umgeben, war immerhin groß genug, die kleine afrikanische Kolonie des augustinischen Haushalts aufzunehmen. Monnica leitet die Wirtschaft, gesellt sich auch zu manchen Disputen, und Adeodat beweist in dieser geistigen Luft eine Höhe der Begabung, die den Vater ängstigt. Auch zwei Schüler, darunter der geliebte Unband Licentius, der Sohn des reichen Romanian, waren bei ihm und sicherten durch ihre Honorare den Unterhalt. Die Heiterkeit dieses bukolischen Idylls zwischen Bauern und Büchern, Tieren und Musen wirkte wohltätig auf das Gemüt und den Körper des Genesenden. Philosophische Gespräche, die bald von den Eklogen des Vergil, bald von

einem Hahnenkampf oder dem Rhythmus des Bachgemurmels ihren Ausgang nahmen, gab es Tag für Tag, heute im Schatten einer Kastanie, morgen in der Liegehalle neben dem Bad, bei der abendlichen Öllampe und auf dem Nachtlager, wenn Mäuse und Ratten, Regenschauer und Mondlicht die Schläfer wach erhielten. Es waren dialektische Waffengänge, halb Plauderei, halb mehr, die gewöhnlich von einem Geschwindschreiber in Kurzschrift festgehalten, danach von Augustin überarbeitet und zu literarisch gültigen Dialogen ausgestattet wurden.

Man liest sie heute als die seelisch und sprachlich hochgestimmten Frühwerke Augustins, diese Pfade und Brücken von Platon und der Stoa zu dem Christus des Paulus und Johannes. »Gegen die Akademiker« überschrieb er seine Auseinandersetzung mit der Skepsis. Dem Zweifel selbst rang er hier die Bürgschaft ab, daß es eine Wahrheit gebe. Der Zweifler zweifelt an dem einen nicht, daß er zweifelt, und dieses Wahre könnte gar nicht sein, gäbe es nicht Wahrheit überhaupt. Und wo gründet sie? Wäre Wahrheit ohne den Menschen? Ist der Weltzusammenhang, der sich uns darstellt, nicht unser eigenes Erzeugnis? Nein, es gibt eine ewige, göttlich errichtete Ordnung der Dinge, die wir vorfinden und herauslesen, weil sie ohne uns und immer schon besteht. Diese Ursache und diesen Grund der Wahrheit, nämlich Gott, die wesenhafte Wahrheit, zu erkennen - so zeigt die Schrift »Vom wahren Glück« -, macht allein das Genügen des Menschen aus. Auf die Stellung des Guten und Bösen in der göttlichen Einrichtung der Welt blickt der Dialog »Über die Ordnung« mit dem getrosten Auge des Neuplatonikers, wie er denn auch in den »Alleingesprächen« mit seiner Vernunft, dem Erzeugnis schlafloser Nächte, fast ganz in der Schule der Alten bleibt. Plotinisch klingt hier sein »Kehre dich in dich selbst«, seine Weisung zum intellektuellen Schauen Got-

tes, seine Preisung der Tugend und Reinheit als Erkenntnisquelle und sein Begriff von Erlösung als sittlicher Befreiung durch das Eingehen in die lautere Wirklichkeit des Geistes.

In diesen Präludien hat der Mensch, der wissen und erkennen will, noch die Vorhand vor dem glaubenden, das Autoritative und Institutionelle hat noch wenig Bedeutung vor der Instanz des inneren Lichtes, auch das Asketische, obgleich schon als Lebenswert gesehen und gefordert, ist weit mehr denkerisch und sittlich gewürdigt als religiös begriffen; noch fühlt man aus diesen Dialogen nicht heraus, daß ihr Verfasser zur gleichen Zeit sich an den Psalmen begeisterte und sie beim frühen Morgenlicht, am Abend bei flackernder Ampel mit den Seinigen betete und sang. Er begann auf Anraten des Ambrosius auch den Propheten Isaias zu lesen, aber auf diese fremde Welt gab die Seele des Philosophen noch kein Echo.

Der Herbst ging hin, der Winter kam. Augustin wußte, daß er nichts sehnlicher wissen wolle als »Gott und die Seele«. Vom städtischen Dienste in aller Form ausgeschieden, beichtete er Ambrosius in einem Briefe sein vergangenes Leben und meldete sich für Ostern 387 zur Taufe an. Um die Fastenzeit verließ er, und die andern mit ihm, das Landgut und kehrte zur Vorbereitung nach Mailand zurück. In der Schar der Täuflinge, die die Osternacht unter Gebet und Gesang in der Basilika verbrachten, waren mit Augustin auch Alypius und Adeodat. Am Auferstehungsmorgen, es war der 25. April, empfingen sie das Sakrament der Wiedergeburt.

Der Plan eines religiösen Gemeinschaftslebens gewann über die afrikanische Familie neue Kraft. Auch ein Landsmann, Evodius, der aus religiösen Gründen den Offiziersberuf aufgab, schloß sich an. In den Beratungen über den Ort der Niederlassung entschied das Heimweh Monnicas nach dem Grab ihres Gatten, neben dem sie in ihrer Vor-

liebe für Gräberkult das ihrige längst angelegt hatte, aber auch die Sehnsucht Augustins nach dem Klima seiner Jugend. Überdies, man liebte die Afrikaner nirgends in Italien und machte ihnen das Leben schwer, in Thagaste aber sicherte das väterliche Erbe einen bescheidenen Unterhalt. Die kleine Gesellschaft machte sich im Sommer auf den Weg. Über Pavia und Genua ging es auf der Via Ämilia und Via Aurelia nach Ostia, der Hafenstadt, von der man zur See in die Heimat reisen wollte. Von Woche zu Woche verschob sich die Überfahrt; Monnica, von den Strapazen des Landweges erschöpft, fühlte unter der Hitze und dem Hinwarten ihre Kräfte schwinden. Sprach man der Todesmüden von dem Schrecken, so weit von der Heimat zu sterben, so meinte sie, nichts sei weit von Gott, und er wisse sie am jüngsten Tage überall zu finden. Der Lärm des Stapelplatzes schien ihre jenseitig fühlende Seele mit doppeltem Antrieb auf die Pfade des Übersinnlichen zu drängen. Ob ihr in der Todesnähe das Auge durchblickender, die Dinge durchscheinender geworden waren - sie zog ihren Sohn in Gespräche, in denen das Hier und Dort, wie Erde und Himmel am abendlich glühenden Horizont, zusammenschmolzen. Aus verklärender Erinnerung hat Augustin die letzte Zwiesprache zu einem unvergänglichen Hymnus auf das Glück zweier Menschen in der Schauung des Göttlich-Dritten über allem Ich gestaltet.

»Als der Tag schon nahe war, an dem sie aus der Zeitlichkeit hinwegscheiden sollte - der Tag, den du, Gott, kanntest, da er uns noch verborgen war -, da hattest du's, wie ich glaube, nach deiner stillgeheimen Art gefügt, daß wir beide, ich mit ihr allein, ans Fenster gelehnt standen, von dem hinab man auf den Garten des Hauses sah, das wir bewohnten ... So im Alleinsein kamen wir süß-vertraulich ins Gespräch. ...«

Die Erzählung vom Tausch der Gefühle und Gedanken - man liest dieses erhabene Stück Prosa im neunten Buch

der Bekenntnisse - verrät, wenn nicht den ganzen Augustin, so gewiß doch seine innerlichste Teilhabe an der spätantiken, freilich längst nicht mehr eigentlich hellenischen Frömmigkeit des Geistes, der aus den Zerklüftungen des Daseins hinüberstrebt in die Einheit des im vollen Sinne wirklichen Seins. Man geht vielleicht nicht fehl mit der Vermutung, daß Augustin mit diesem durchgeformten Lyrismus, einem Höhepunkt seines Buches, auch den öffentlichen Dank an den Neuplatonismus zahlte, der ihm, wie viel er an den Platonikern auch auszusetzen hatte, eine Brücke vom Manichäismus zum neuen, christlichen Ufer geworden war. Der Abschluß dieser Erinnerung an eine Ekstase zu zweien, der zur Sterbenssehnsucht der Mutter übergeht, läßt keinen Zweifel über die literarische Bewußtheit des Darstellers:

»Also sprach ich. Und war's nach Wort und Hergang nicht das gleiche, so weißt du doch, mein Herr, daß an jenem Tage über den Worten unseres Zwiegesprächs die Welt versank mit allen ihren Freuden. Es sagte dann die Mutter: ‚Mein Sohn, was mich angeht, so hat dies Leben keine Freude mehr für mich. Ich weiß nicht, was ich hier noch soll. Was will ich auf der Welt, von der ich nichts mehr zu hoffen habe! Eines war's, dessentwegen ich mir noch ein Weilchen das Leben wünschte: vor meinem Tode dich als katholischen Christen zu sehen. Überreich hat mein Gott mir dies verliehen - ich sehe dich als seinen Knecht, der die Welt mit ihrem Glück dahingegeben. Was tu ich hier?‘«

Bald darauf starb sie. An der Leiche ging der Jammer Adeodats dem Vater ins Mark, er selber staute die Tränen, bis sie unter der Erde war; dann brach ihm der wilde Schmerz hervor. Seit den Tagen von Cassiciacum war er überzeugt, und er hatte es dort bereits hingeschrieben, daß er seine neue Sinnesrichtung dem Gebet der Mutter zu verdanken habe.

Priester, Hirt und Lehrer

Die Weiterreise verschob sich aus unbekannten Gründen fast ein Jahr. Augustin verbrachte diese Zeit in Rom mit literarischer Arbeit, mit dem Besuche von Klöstern und dem Studium des Ordenswesens. Die Bücher, die er dort schrieb, Altes zu Ende führend, Neues beginnend, zeigen schon die Breite der Fragen und Interessen, die diesen Denker und Führer im Übergang zwischen Epochen von grundverschiedenen Bewegursachen der Weltauffassung erregen. Er schrieb aus dem Glücke seines neuen Glaubens »Über das Leben in der katholischen Kirche«, in Erwartung von Angriffen auch »Über das Leben der Manichäer«, »Über die Unsterblichkeit der Seele«, »Über die Größe der Seele« [in ihrem Verhältnis zum Leibe], woneben auch »die zarten Dinge«, wie die Schrift »Über Musik« [Metrik und Rhythmus] zeigt, den Ästhetiker beschäftigen, dem jeglicher Ort und Gegenstand des Sinnlichen Anlaß werden kann, als Metaphysiker in die jenseitigen Gründe der Seinswelt zu bohren. Noch liegt auf weite Strecken plotinischer Geist über seinen Büchern, dazwischen aber fallen Sätze, die allen Platonismus erschüttern und vorweg schon den Ausgang des Ringens in dieser antikisch-christlichen Doppelseele ahnen lassen. Spricht er von der kleinen Schar, die auf das wahrhaft Seiende sich rettet, so spielt in die neuplatonische Ästhetik des Übels bereits der Gedanke einer Scheidung der Menschheit nach Gut und Böse hinein.

Im Spätsommer dieses Jahres 388 fuhr er von Ostia über See in die Heimat. Er stand erst im Beginn der eigentlichen Mannesjahre, dennoch war ihm nichts Menschliches mehr fremd, keine Passion des Herzens, kein Weg und Irrweg des Intellekts, und die Stimmung des Heimkehrers mochte zugleich ins Große einer alles bewegenden Wirksamkeit für die katholische Kirche gehen und ins Ein-

wenig abgebrochen, daß er die längst begonnene Schrift »Über die Musik« zu Ende führt; aber die Art, dieser geliebten Kunst, die mehr als andere in aller Bewegtheit an etwas unverbrüchlich Festes und Gültiges gebunden ist, gleichsam auf die ewige Spur zu kommen, erweist ihn auch als Metaphysiker des sinnlich Gegenwärtigen: es ist im Grunde die geheimnisvolle Ordnung und ihr Gesetzgeber, was ihn anzieht und mächtiger noch als Reiz und Wohlgefallen der Klangwelt bewegt. Dieser Zug zum Innersten und Letzten, der von selbst ein Zug zum übermenschlichen und überdinglichen Urgrund des Seienden wurde, beherrscht schon jetzt, wie alle Zeit danach, seine Bücher. In der Schrift »Über die wahre Religion« steht das berühmte Wort: »Geh nicht aus dir hinaus, in dich selber kehr ein, denn im innern Menschen wohnt die Wahrheit; und wenn du deine Seele wandelbar findest, so übersteige dich selbst ... Ein jeder, der einsieht, daß er ein Zweifelnder ist, sieht etwas Wahres ein, und über diesen Sachverhalt, den er einsieht, ist er sich gewiß. Ein jeder also, der im Zweifel ist, ob es Wahrheit gibt, hat in sich selbst ein Wahres, woran er nicht zweifeln kann, und irgendwelches Wahre gibt es nicht, ohne daß es Wahrheit gäbe. Also braucht auch am Sein von Wahrheit keiner zu zweifeln, der an irgend etwas in Zweifel geraten ist.« Dieser später noch erweiterte Ausgang des Philosophierens von der ursprünglichen und unabweislichen Gewißheit des Selbstbewußtseins war dem Cartesius vorweggenommen, aber mit dem Unterschied, daß Augustin den Menschengeist als das Einfallstor eines eigenständig über dem Menschen wesenden Reiches der Wahrheit ansah. In Gesprächen mit seinem Sohne erwog er das Geheimnis der Verständigung zwischen Lehrer und Schüler mit dem Ende, daß in aller wahren Erkenntnis, in welcher Menschen übereinkommen, ein innerer Meister enthüllend wirksam sei. Das bleibende Zeugnis dieser Unterhaltung, der Dialog

»Vom Lehrmeister«, der getreu die Gedanken des sechzehnjährigen Partners wiedergibt, beginnt mit scharfsinnigen Untersuchungen über die Sprache, die von den neuesten analytischen Forschungen nur bestätigt werden, und kommt zu dem Ende, daß gemeinsame Wahrheitsschau zwischen Lehrenden und Lernenden einen Dritten als Mittler voraussetzt. Ein jenseitiger Lehrer lehrt uns alles durch innere Erleuchtung, er lehrt es die Lehrenden wie die Lernenden in gemeinsamer Schule, und dieser Eine Lehrer ist Gott selbst in seiner persongewordenen Weisheit Christus, der jedem Fragenden nach seinem guten oder bösen Willen sich enthüllt oder versagt.

Die Unruhe der Zeit pochte an die Tür des Denkers und verlangte seinen Geist und seine Seele. Das Anwachsen der manichäischen Bewegung zwingt ihn zu polemischen Schriften; Anliegen der Freunde, bekannter und unbekannter Menschen im Okzident und Orient machen ihn zum rastlosen Briefschreiber, der oft in Not um Papier ist und auf elende Zettel schreibt; die vielen schlaflosen Nächte gehören der Betrachtung oder der Klärung eines literarischen Vorhabens; und in dieser Zeit, da er sein Leben neu baut, sterben ihm der geliebte Freund Nebridius und der herrlich erwachsene Sohn Adeodat. Wir wissen nicht, wie er die Verluste getragen, nur wie er nach manchem Jahre in verklärender Erinnerung sie ansah, und daß die frische Wunde den Sämann des Reiches Gottes nicht gehindert hat, machtvoll in ein neues Lebensfeld zu schreiten und seine Gabe aus unerschöpflicher Fülle auszuwerfen.

Augustin erfuhr das Los vieler Weltflüchtlinge, daß die Leuchte unter dem Scheffel den Scheffel selbst in Brand setzt und mit hundertfacher Feuerhelle sich den Menschen verkündigt. Die Geschichte der großen Solitudines, der einsamen Plätze freiwillig sich vereinsamender Geister von gewaltiger Berufung, ob sie Antonius, Benedikt, Ignatius von Loyola oder Pascal und Rousseau heißen, erzählt

auch die Geschichte unbewegter Beweger und der gesteigerten Anziehungskraft abseitiger Menschen. Der Gottesmann in Thagaste erregte gegen seine Absicht in der Nähe und Weite die Aufmerksamkeit auf seine Person. Als er eines Tages nach Hippo Regius reiste, um einen angesehenen Beamten, der zum Christentum übertreten wollte, zu beraten, griff der Wille des Volkes plötzlich und entscheidend in sein Leben ein. Die Katholiken der Stadt, in ihrem sozialen und religiösen Leben von der schismatischen Partei des Donatus bedrängt, hatten an ihrem alten Bischof Valerius, der als Grieche auch ihre lateinische und punische Muttersprache nur ungenügend beherrschte, einen trefflichen Diener des Altars, aber einen schwachen Vorkämpfer ihres kirchenpolitischen Interesses. Der Bischof selbst erkannte dies und predigte eines Sonntags sein Verlangen nach einer jüngeren tüchtigen Kraft, die ihm als Priester zur Seite stünde. Augustin war als einfacher Gläubiger unter den Hörern, aber die Menge erkannte ihn als den Mönch von Thagaste, einige Entschlossene warfen sich auf ihn und brachten den Widerstrebenden mit Gewalt vor Valerius. Der Zuruf des Volkes genügte nach der Sitte der Zeit, einen Mann zum Bischof oder Priester der Gemeinde zu erwählen. Als das Geschrei »Augustinus, Augustinus soll der Priester sein!« die Basilika erfüllte, gab es weder für den Erkorenen noch für den Bischof ein Sträuben. Valerius war beglückt, Augustinus erschrak bis zu Tränen, aber er beugte sich dem allgemeinen Willen und wurde alsbald, im Alter von siebenunddreißig Jahren, zum Priester geweiht. Man bewilligte ihm die Verlegung seines Klosters von Thagaste in ein Landhaus vor der Stadt, das im Garten der Basilica Pacis lag. Mit den Jahren ging aus dieser Pflanzstätte eine Reihe tüchtiger Kirchenmänner hervor.

Nicht im Einklang mit dem Brauche des Westens übertrug Valerius seinem neuen Helfer auch das Amt der Predigt,

das den Bischöfen vorbehalten war. Trotz dem Einspruch aus dem numidischen Episkopat blieb es dabei; Augustin eröffnete in der Karwoche 391 seine Tätigkeit auf der Kanzel und übte sie die weiteren vierzig Jahre bis zu seinem Tode aus. Der Rhetor fand sich aus der schwierigen Kunstform öffentlicher Rede immer mehr zur schlichten Anpassung an die Fassungskraft der Menge und gewann sich den Grundsatz, lieber den Tadel gelehrter Kritik zu ertragen als vom Volke nicht verstanden zu werden. Die vielen Hunderte von Kanzelreden, die von ihm erhalten sind, zumal die Behandlung biblischer Bücher, wie die vollständige Auslegung der Psalmen, bewegen sich von der kindlich einfachen Christenlehre bis zur gewaltigen Enthüllung letzter Tiefe eines schauenden Wissens um die Geheimnisse des göttlichen Waltens im natürlichen Kosmos, in der Heilsgeschichte und in der Menschenbrust. Vieles trägt den spätantiken, heute fremd anmutenden Zeitcharakter des Allegorischen, der Umsetzung des warmen Lebens in kühle, kristallisch spröde Gedanklichkeit, anderes das augustinisch eigentümliche Gepräge einer logisch bohrenden, ins Spitze getriebenen Begrifflichkeit, des blitzenden Wortspiels, der überfeinerten Linie des Beweises, das geistreiche Übermaß einer Beleuchtung, die gleich der scharfen Lichtfülle der numidischen Landschaft die Dinge bis hinaus an den Horizont ebenso in stechender Deutlichkeit als in der Dämmerwirkung südlicher Überhelle erscheinen läßt. Dazwischen bricht immer wieder in heißer Quellung und überraschender Ursprünglichkeit der Reichtum eines durch Intuition und Erfahrung über die Fülle des Daseins, die Berge und Schluchten unseres Weges belehrten Repräsentanten der Menschheit hervor. Eine milde Noblesse der Einempfindung und des Urteils, ein immerzu gewinnender Zug von weltdurchkennender Weltüberlegenheit, eine Liebe, die alles Alltäglichen, auch des Kleinsten, sich annimmt und es in behendem Griffe mit

großen Gedanken und ewiger Zielsicht verknüpft, macht die Kunst und den Erfolg dieses religiösen Erziehers aus, der eine halbbarbarische Hörerschaft für jenseitig gründende Wahrheit, Sittlichkeit und Frömmigkeit gewinnen soll: er hält sein Häuflein, wenn draußen vor der Basilika die alten Götterfeste lärmen, oft nur mit Mühe beisammen, dann wieder packt er ihre Gemüter, daß ihnen die Tränen aus den Augen stürzen. Am schwersten hat er es mit seinem Hirtenwort, wenn er den Christen begreiflich machen will, daß ihre öffentlichen Gelage, ihre obszönen Tänze bei Flöte und Tamburin, Orgien an Märtyrergräbern, in Höfen und Vorhallen der Gotteshäuser, Bräuche, die man den Heiden einmal nachsah, um sie nicht vor der Bekehrung abzuschrecken, mit der Religion zu Jesus Christus unvereinbar seien. Eine gereizte, drohende Stimmung kehrte sich gegen ihn, schließlich aber trägt Augustin, der mit der Geduld des Mahners auch die Festigkeit verbindet, eher sein Amt niederzulegen, als die Verquickung von Gott und Göttern gewähren zu lassen, den Sieg davon.
Neben der Predigt war der Kampf gegen Häresie und Schisma die zweite große Pflicht des Priesters. Als der Manichäer Fortunatus in Hippo erfolgreich seine Propaganda betrieb, hielten selbst die Donatisten Augustin für den einzig berufenen Anwalt der gemeinchristlichen Abwehr dieser Gefahr. Auf einer zweitägigen öffentlichen Disputation in den Thermen des Sossius, vor vielem Volk, vor Notaren und Stenographen, setzte er im Sommer 392 seinen Gegner matt, so daß er, unfähig, die katholische Lehre zu widerlegen und die Wahrheit der seinigen zu erweisen, die Stadt verlassen mußte [worauf denn sogleich ein neuer Apostel der Manichäer in Hippo erschien]. Darüber hörte freilich der Kampf gegen die Donatisten nicht auf, und im folgenden Jahr schon erhebt sich gegen diesen revolutionären Flügel der Christenheit die Stimme des

Redners, den das afrikanische Konzil mit dem Thema »Über den Glauben und das Glaubensbekenntnis« betraut hat.
Das dritte Wirkensfeld des Presbyters lag in der Enge seiner klostermäßigen Behausung. Die kluge Verbindung von mönchischer Abgeschiedenheit und geistiger Geselligkeit befriedigte wohl am besten das Naturell eines Mannes, der mit seinen innersten Organen für die Empfängnisse aus der unsichtbaren Welt geschaffen war und für seine monologische Natur die Leben entzündende Reibung eines dialektischen Austausches mit der Umwelt doppelt nötig hatte. Das Monastische an dieser Lebensform entsprach dem Christen, der den langwierigen Bruch mit der gemeinen Veranschlagung des Daseins vollzogen hatte, die bundesmäßige Männergemeinschaft im Erkennen, Streben und Wirken aber der antiken Schätzung der Freundschaft und des Schule bildenden Zusammenschlusses. »Wenn das Gewirre der Welt mich ermüdet hat, stürze ich mich in die Liebe meiner Freunde, und in ihrer Mitte kann ich mich getrost der Ruhe hingeben; denn ich fühle hier die Nähe meines Gottes, dem ich sorglos mich vertraue und als dem sicheren Hort überlasse.« Die Strenge der evangelischen Forderung wurde auf dem Boden eines christlich verstandenen Kommunismus mit dem Gehaben schlichten Wohlanstands vollzogen. Die Bewertung der äußeren Lebensgüter, die den Theoretiker Augustin zuweilen in schwankender Haltung zeigt, war in der Praxis dieses Hauses bald gelöst. Das einfachste Essen kam auf den Tisch, aber das Besteck war von Silber; die Mahlzeit durfte die Sinnlichkeit nicht erregen, aber der Wein war erlaubt, nur den Regelbrechern zur Strafe versagt; und pharisäisch sich zeigender Asketismus fand sein Urteil in dem Grundsatz, die Reinheit des Herzens mache auch die Speisen rein. Augustin, sagt einer aus der Genossenschaft, sein erster Biograph

Possidius, hielt in allem den Mittelweg, ohne nach rechts oder links zu weichen. »Die Kleider und Schuhe, die er trug, und das Bett, das er benutzte, waren seinem Stande gemäß von schlichter Güte, weder auffallend schön noch abstoßend häßlich.« Er trägt den Byrrhus, den Mantel mit Kapuze, und was man ihm schenkt, darf nicht prunkhaft und kostbar sein, es muß der inneren Armut des Sohnes armer Eltern und dem Geiste seiner Predigt angemessen sein. Am strengsten aber sieht er in seinem Kreise auf die Erfüllung des Liebesgebotes. Im Speiseraum mahnt von der Wand ein Distichon, daß Übelreden über Abwesende den Ausschluß von der Tafel nach sich ziehe. Als sogar Bischöfe eines Tages dagegen verstießen, wies er sie erregt mit aller Schärfe zurecht: entweder müsse er die Verse entfernen lassen oder selbst vom Tische aufstehen und sich in seine Zelle begeben. Liest man diese Episode oder hört aus den Predigten, mehr noch aus den Briefen, die Stimme des mit dem Alltag verstrickten Seelsorgers, so stellt sich erst das Bild des ganzen Augustinus her, den die Welt viel mehr als Denker kennt denn als den Heiligen, der die stündliche Wirklichkeit als die Gelegenheit des Reiches Gottes erkennt und ergreift und den Maßen der Ewigkeit unterwirft.

Valerius hatte allen Grund zu der Sorge, daß ein Presbyter von der Bedeutung Augustins ihm bald entrissen würde. Zuerst verbarg er ihn auf einem Posten, wo er nicht leicht zu finden war, dann tat er das Klügere, ließ ihn im Einverständnis mit Aurelius, dem Primas von Afrika, zu seinem Mitbischof weihen und bestimmte ihn zum Nachfolger auf seinem Stuhle. Diesem ungewohnten Vorgang war ein häßliches Zwischenspiel von Klatsch und Verleumdung vorausgegangen, schließlich aber wurde aus dem heftigsten Gegner der Neuerung, dem Primas von Numidien, eben der Mann, der zu Beginn des Jahres 396

ihm die Bischofsweihe erteilte. Valerius starb; Augustinus warf aus der kleinen Stadt, deren Namen er unsterblich machte, sein Licht über den Erdkreis und in alle Zeiten der Geschichte.

Die Bekenntnisse

In der Zelle des Presbyters hatte sich ein Manuskript ans andere gereiht. Einige wandten sich gegen den Manichäismus, verteidigten das Alte Testament, erörterten sein Verhältnis zum Neuen oder zerpflückten die Lehre, daß im Menschen eine gute und eine böse Seele neben- und gegeneinander bestehen, andere befaßten sich mit ethischen Fragen, so die Schriften »Über die Lüge«, »Über die geschlechtliche Enthaltsamkeit«; das Gewichtigste aber sind seine Auslegungen biblischer Bücher, der Paulusbriefe an die Römer und die Galater, des Schöpfungsberichtes und der Bergpredigt, daneben aphoristische Beleuchtungen philosophischer Dinge und die oft zu Traktaten schwellenden Briefe an heidnische und christliche Empfänger.

Alsbald, nachdem er die vielbeseufzte Last des Bischofsamtes auf sich genommen hatte, wohl in den Jahren 397 und 398, also ein reichliches Jahrzehnt nach seiner inneren Wandlung, schrieb er seine Bekenntnisse. Dieser Titel - Confessiones - ist im doppelten Sinne des Wortes zu verstehen, des Bekennens der Schuld und des Sichbekennens zu Gott. Augustin beichtet vor aller Welt seine Vergangenheit, und hymnisch dankt er dem Beweger und Begnader seines Lebens, dem Erwecker des ewigen Teils seines Wesens, dem Erwähler und Erretter aus der Masse der Verwerfung. Er überblickt seine Jahre bis zum Tode der Mutter, und die Geschichte des äußeren Lebens dient dem Verständnis und der Deutung des inneren. Nachdem die ersten neun der dreizehn Bücher hiervon berichtet haben, erweitert sich im zehnten die Selbstschau des Verfassers auf

seinen gegenwärtigen Zustand hin zu einer Analyse des bewußten und unterbewußten menschlichen Innenlebens überhaupt; danach erwachsen die drei letzten Bücher auf biblischem Grunde zum Abriß einer völligen Religionsphilosophie. Wie bei einem Flusse geht es vom dünnen Faden des Ursprungs bis zur breiten Deltamündung, wo Strom und Meer ihre Wasser zusammenwerfen. Der Einzelfall Augustin führt hinüber zum Falle Mensch und weiter zum Falle Menschheit, ja Schöpfung überhaupt, welches Ganze, vom ersten Geriesel des Lebens bis zum Auslauf in den Ozean, der Himmel des allmächtigen Ewigen überwölbt, der schon im Eingang angesprochen wird: Zu dir hin hast du uns erschaffen, und ruhelos ist unser Herz, bis daß es ruhe in dir.

Die Frage der Zuverlässigkeit in den berichtenden Teilen ist mannigfach erörtert worden. Kleine malende Züge, manchmal ein ehrlich gezeigtes Stocken der Erinnerung erwecken unser Vertrauen; dennoch ist der Widerspruch zwischen mancher Stelle dieser stilisierenden Selbstbeschreibung zu Mitteilungen Augustins in andern Schriften nicht zu übersehen. Vor allem spiegeln sich die Bekehrung und die erste Zeit danach in den Bekenntnissen umwälzender, damaskushafter als in den literarischen Arbeiten eben dieser Jahre. Nach einem Wort im zehnten Buche glaubt sich Augustin in der Zeit der Niederschrift zum Teil schon nach dem Sinne dessen gewandelt, der diese Wandlung mit ihm begonnen habe. Halb enthüllend, halb verschleiernd spricht er, jetzt ein Mann von vierundvierzig Jahren, über das Fortdauern der Versuchungen und Bedrängnisse von seiner sinnlichen Seite her. Der Fluß hat unter wilden Veränderungen seinen Lauf verlegt, aber das Element ist das gleiche geblieben; Anlagen, Naturell und Fähigkeiten des früheren Menschen sind nicht vernichtet, aber alles ist in eine höhere Sphäre des Strebens und Wir-

kens hinübergehoben. Wie Dante, auf des Weges Mitte, vollzieht er in einer aufwallenden Epopöe die Inventur seines Selbst mit dem Ende, daß er die Wirklichkeit dieses Selbst ganz aus der Wirklichkeit des Ewigen begreift, welches er, weil es ihn angesprochen hat, wiederum anspricht mit einem Du, wie es seit den Psalmen des Alten Testaments vor dem Angesicht der Menschheit leidenschaftlicher nicht hervorgebrochen ist. Es ist zugleich das Du des Kindes gegen den Vater, des Selbstanklägers gegen den Richter, des Flüchtlings vor sich selbst gegen den Schoß, in den er sich hineinwirft als in den Schoß der Allmacht, Güte und Gerechtigkeit, in welchem alles geborgen ist, wenn es geborgen sein will. Dieses »Werk von einsamer Großartigkeit« behandelt den Prozeß zwischen dem ewigen Gott und einem Menschen, der seine Sache, ja die ganze Welt verloren gäbe, wenn der ungleiche, der göttliche Partner nicht an und für sich schon der Gewinnende wäre, weil er das Recht und die Gerechtigkeit, aber auch die Erbarmung und die Noblesse, die Gnade und der Friede in Person ist. Aber die Akten dieses Prozesses sind vom Urheber für alle Menschen hingeschrieben. »Die dreizehn Bücher meiner Bekenntnisse«, sagt er in der Rückschau des Alters, »preisen Gott den Guten und Gerechten um des Bösen und des Guten willen, das ich an mir gefunden, und rufen das menschliche Sinnen und Trachten auf zu Ihm. Was mich selbst betrifft, so geschah mir dies beim Schreiben schon und geschieht mir noch beim Lesen. Was andere davon halten, das mögen sie selber sehen; aber daß sie bei vielen Brüdern Gefallen fanden und noch finden, das weiß ich.« Man hat nicht nötig, wie es geschehen ist, den Ursprung des Werkes, das »zu den ewigen Besitztümern der Menschheit gehört«, aus einem Bedürfnis der Selbstverteidigung gegen Feinde und Übelredner zu erklären; es bricht hervor wie die Beichte eines Beladenen und der strömende

Dank eines aus Seenot unbegreiflich an Land geretteten Menschen.

Als ungetümer erratischer Block liegt das Buch in der Weltliteratur. Es sind nicht Memorabilien wie die eines Xenophon oder Cäsar, Ämilius Scaurus oder Cicero, auch nicht bloße Selbstbetrachtungen, mit allgemeinen Reflexionen untermischt, wie die des Marc Aurel, es ist trotz allem antikischen Einschlag ganz und gar nicht antik in der Weise, wie hier ein Mensch sich selbst begegnet. Es ist auch nicht schlechthin ein christliches Werk zu nennen, denn solche Lotungen ins Seelentief, wie sie vorher schon ein anderer heißer Christ, der Afrikaner Tertullian, versucht hat, freilich mit geringerem Erfolg, sind vom Evangelium weder geboten noch aus seinem Geist zu begründen. Das Werk ist schlechthin augustinisch und ein einmaliger Fall in der Geschichte der Seele. Was andere Selbstbeschauer wie Petrarca, Rousseau und sonst noch viele geschrieben haben, ist Nachahmung oder unbewußte Gefolgschaft auf dem vorgebahnten Weg. Sie alle mitsammen tragen die Wirkung Augustins in unmeßbare Weiten des geschichtlichen Lebens fort und bringen auch den Nichtkenner des Urbildes in die mittelbare Berührung mit ihm.

Vergeblich sucht man, diese Bekenntnisse einer literarischen Gattung einzureihen. Sie sind, wie gesagt, in Einem Erzählung und Hymnus, Bericht und Spekulation, psychologische Forschung und mystischer Bundesschluß einer Seele mit ihrem Gott. Bald in vernebelnder Rhetorik, bald mit kühnster Entblößung stellt sich unter dem Auge des Absoluten ein Mensch in der Not seines Reichtums und im Drange seiner Schuldigkeit selbst zur Rede. Indem er seine Vergangenheit, ja die menschliche Lage im allgemeinen abschreitet, immer von dem Danke erfüllt, daß sein heilloses Ich das ewige Du als das Heil erkannt und erfahren hat, enthüllt er die Landschaft der Seele mit allen Höhen

und Tiefen, aller Schönheit und Gefahr. Niemand ist, der nicht auf dieser und auf jener Seite des Buches sein Heimlichstes aufgedeckt und sein Offenbarstes ins Geheimnis verloren fände. Man fühlt sich bald hingezogen von der Macht des Aufschwungs in die ewige Quelle des Seins, bald auch fremd, ja peinlich berührt von der weltflüchtigen Augendrehung; man staunt und schauert an den Abgründen der Erkenntnis, die sich auftun, und folgt, wider Willen fast, der Gebärde, mit welcher der Führer durch das Labyrinth unserer Existenz die Nacht in Tag und den Tag in Nacht verwandelt, Gott enträtselt, den Menschen verrätselt und mit dem Jubel eines ersten Entdeckers das aeternum internum gewahrt: daß wir Bescheid um das Ewige in uns tragen, welches zugleich doch die Grenzen unseres Wesens übersteigt - ein Haben, das auch ein Nichthaben, und ein Nichthaben, das doch auch ein Haben ist. Als Odyssee und Ilias des inneren Menschen zugleich erzählt das Werk die Irrfahrt eines Ich und den Krieg seiner geistigen und sinnlichen Mächte, um endlich die Höhe der ruhigen Schau auf den Bau der Menschenseele, die Satzung und den Setzer der Welt zu gewinnen.

Ohnegleichen ist der gedankliche Ertrag dieses Epos von Natur und Gnade, aber sein Eigentümlichstes ist das persönliche Ereignis, aus dem es quillt und die jubelnde Gewißheit der erglaubten jenseitigen Welt empfängt. Denn mitten im Vorgang der wahren Befreiung hat Augustin die befreiende Hand verspürt, und preisend erschauert er an ihr, weil er empfindet und erkennt, daß es nicht die seinige und die keines Menschen ist. Nicht das Menschliche für sich, sondern Gott als Herr des Menschen und des Alls bewegt, erregt und überwältigt den sich selbst zur Frage Gewordenen, als er den Spruch über sich als Wort aus der Ewigkeit definitiv vernommen hat.

Die Alltagslast des Amtes

Von der Komik ins Große gespannter, aber im Nahen und Kleinen versagender Geister ist nichts an Augustin; die Treue seiner Bewährung erstreckt sich vom schwierigsten Gedanken über die Geheimnisse der verborgenen Welt bis herab in die staubigsten Geschäfte des Tages. Durch die vierunddreißig Jahre seines bischöflichen Wirkens fordert die Plackerei mit Menschen und Dingen seine Seele nicht weniger als der Kampf um die Formung der Gesellschaft und den inneren Ausbau der Kirche. Wie als Gelehrter, so überragt er auch als Hirt und Führer des Volkes den katholischen und donatistischen Episkopat in Afrika. Es gab unter diesen Hunderten von Bischöfen, deren Sprengel ja nicht größer war als der eines städtischen Pfarrers von heute, gewalttätige Barbaren, pflichtvergessene Genießer ihres Amtes, Intriganten und Spekulanten, die außer ihrer Weihe keine Berechtigung als kirchliche Führer aufzuweisen hatten. Wie kein anderer ließ Augustin sich's sauer werden, das Beispiel eines Bischofs, der allen alles werden will, vorzuleben, und zu Recht steht er auf den katholischen Altären mit Stab und Mitra, in der Hand das Buch der Bücher oder - aus sich hinausgestellt, für alle Welt zu sehen - das flammende, pfeildurchbohrte Herz.

Klösterlich lebte er mit andern auch in seinem bischöflichen Hause zusammen. Die Stadt ist überwiegend donatistisch, und die Feindseligkeiten von dieser Seite sind die drückende Luft, die er täglich atmet. Aber sein Gotteshaus, anfangs vielleicht das einzige katholische in Hippo Regius, heißt die Basilica pacis nach der Pax, die als Name für die katholische Kirche gebräuchlich war, und der Friede, der um seiner selbst willen eine Hand am Schwerte haben muß, ist auch die Losung des Hirten Augustin. Welche Lasten von Verwaltung und Sorge lagen auf den Schultern des Gelehrten, welche Mühen des Denkers, des Ge-

lehrten, des Schriftstellers verlangen vom Verwalter die Freiheit des Geistes und die Ruhe der Seele!

Die Bereiche des Staatlichen und Kirchlichen flossen noch ineinander, oder die Art ihrer Begrenzung schob der Kirche außer der religiösen Führung der Menschen auch die Obsorge für ihre leiblichen, sozialen und sogar rechtlichen Verhältnisse zu. Augustin, der persönlich arme Mahner zur religiösen Armut, hat die ausgedehnten Kirchengüter zu verwalten und reitet wie ein Großgrundbesitzer zur Inspektion der Felder, Weingärten und Olivenhaine, er bespricht sich mit Pächtern, Bauern und Sklaven über Keltern, Ölpressen und Mühlen, über Obstsorten und Getreidekeller, über das Eingraben von Kohlen um jeden Feldstein her, die nach einem Verschwinden dieser Gemarkung das Auffinden der Grenze noch ermöglichen sollen. Er hat sich um die Fälligkeit von Verträgen zu kümmern, um die Steuern der kleinen Leute, der Bauern und Handwerker, die auf Grundstücken und in Häusern der Kirche wohnen und leichter und lieber dem Bischof als dem Fiskus zinsen. Als Inhaber der bischöflichen Richtergewalt, die eben noch Theodosius beträchtlich erweitert hatte, sitzt er wie ein Kadi im Hofe oder im Portikus seiner Basilika, schlichtet, ärgert sich, spricht frei, verurteilt und schwendet an die Händel des niederen Volkes seine kostbare Zeit, während ihm die Sehnsucht nach dem Schreibtisch steht, wo große Werke wie »Über die Dreieinigkeit« oder »Über den Gottesstaat« vierzehn und sechzehn Jahre seiner zersplitternden Kraft in Anspruch nehmen. Er hat Legate und Schenkungen an die Kirche auf die rechtliche und sittliche Lauterkeit ihrer Herkunft, auf ihre Tragbarkeit und die möglichen Verwicklungen mit den Angehörigen und Erben der Geber zu prüfen, er befaßt sich mit der sozialen und wirtschaftlichen Seite der Armenversorgung, des Bettels, der Krankenhospize und des Herbergwesens für das durchreisende Volk. Zu alledem hat er, wie natürlich

auch die Vorwürfe abgewiesener Kläger oder den Tadel einzustecken, daß er es nicht verstehe, reiche Spender und Stifter einzufangen, und zum Schaden der Kirche und ihrer Karitas so viele Vermächtnisse und Beteiligungen an Handelsgeschäften ablehne.

Auch die engere Seelsorge verstrickt ihn mit dem Allzumenschlichen. Das Volk, dem er predigt, oft mehrmals in der Woche, ja auch zweimal am Tage, ist ein gewürfelter, ungeschlachter Haufen. Wenn er väterlichen Tones von seinem erhöhten Sitz im Chore auf sie einspricht, manchmal von Applaus oder Zwischenrufen unterbrochen, sieht er von Arbeit geschundene Sklaven, sehnige Schiffer, Handarbeiter aller Zweige, verhärmte Mütter oder gepflegte Matronen mit geschminkten, bemalten Gesichtern und protzigem Schmuck an Hals und Ohren. Geht er mit seinem Wort ins Tiefe, so legt sich die Langeweile auf die Mienen; er belebt sie wieder, wenn er vom Torenglauben an Quacksalber und Wundermittel, an Arzneibücher und Amulette spricht, wenn er eine Geschichte, eine lehrreiche Neuigkeit aus dem römischen Reiche, von Alarichs Wüten in der ewigen Stadt, vom Erdbeben in Jerusalem und der Kollekte für die Geschädigten erzählt, wenn er das Grundsätzliche über Ehe und Keuschheit, Besitz und Armut, Ausbeutung und Gerechtigkeit an Beispielen erörtert oder die Drastik des Lebens bildhaft verwendet: wie die Donatisten den kranken Mauleseln glichen, die beim Einschütten des Heiltrankes ausschlagen, oder der Sünder in seiner Mühsal der Ziege, die sich auf die Hinterbeine stellt, um die bitteren Blätter der Olive zu fressen. Oft stört ihn der Lärm von der benachbarten Basilika der Donatisten oder die sabbatliche Tanzmusik jüdischer Weiber auf den Terrassen umliegender Häuser, manchmal redet er, wenn Gladiatorenspiele sind, zu einer dünnen Hörerschaft und kann, wie er scherzend bemerkt, mit seiner schwachen Stimme sparen, und wenn an schwülen Tagen der Schweißgeruch

der Menge ihn belästigt, bemerkt er auch dies: es sei ihm ein Zeichen, daß er wohl allzu lang schon gesprochen habe. Gewohnt, aus dem Stegreif zu reden - Stenographen schrieben ihm nach -, schüttet er Gedanken und Gefühle zuweilen planlos hin, und seine Ergüsse gleichen oft dem Flug der Schwalbe, wenn ihr die eine Schwinge gegen Himmel steht, die andere fast den Staub berührt.

Die vielen Übertritte aus der Heidenwelt zum Christentum legten auch dem Bischof von Hippo, der diese Sorge nicht seinen Diakonen überließ, das Amt der Katechese auf. Er verstand es mit dem schlichten Manne, und er wußte auch die schwierigeren Fälle, wenn Gebildete und Gelehrte, Leute von Dünkel und geistiger Starre zu ihm kamen, mit entschiedenem Griff zu meistern. Wie so häufig die Menschen von schwerer Erfahrung mit ihrem Selbst, die Überwinder eines irren Lebensweges, die sich mühselig und opfernd zum Glück im Rechten durchgefunden, war auch Augustin der berufene Pädagog. Schriften wie »Über die religiöse Unterweisung der Neulinge« [400], »Über die christliche Lehrweise« [397—426], von den überall verstreuten Gedanken über Menschenführung zu schweigen, stellen ihn unter die großen, in allem Menschlichen befahrenen Lehrer und Erzieher. Ob er den Plan einer Wissenschaftslehre für die Zwecke der Kirche entwirft, ob er das freudige Gemüt als erste Voraussetzung des Pädagogen fordert oder den Wert der Selbsttätigkeit, das Prinzip der Aktivität bei allem Erlernen betont, nie hebt seine Anschauung vom gnadenhaften Leuchten der Wahrheit für den Verstand und das Herz seinen Grundsatz auf, Bildung und Führung habe durch Menschen auf Menschen fortzuwirken.

Der Prediger und der Grundherr, der Mystiker und der Verwalter, der Richter und der Philosoph, der Vorsteher in der Gemeinschaft seines Hauses, wo es manches Mal zu schlichten gibt - denn auch in den Hafen dringt der Wind-

stoß, so daß die Schiffe sich stoßen -, der Berater in tausend Fragen der Leute, denen sein Zimmer allzeit offen steht - was ihm nur die Nöte und Klagen der Eheleute, die Konkubinate, das Heidentum in der Kirche, verstiegenes Christentum, Nonnenhochmut und Klosterrevolten zu schaffen machten! -, der Briefschreiber, der heute staatlich-kirchliche Konflikte zu bereinigen hat, morgen über seine Stellung zu Ciceros Philosophie, einem Mädchen den Dank für eine geschenkte Tunika, einer Matrone über den rechten Gebetsgeist, einem Sektierer über das Recht der Gewaltanwendung gegen Irrgläubige schreibt oder das Zerwürfnis mit einem Gewaltigen wie Hieronymus als Weltmann und Heiliger aus der Welt schaffen möchte, der Schriftsteller, der seine Bücher mehr zur Zeit der Sterne als im Licht des Tages fördert: alles in einem ist der asthenisch sensible, immer kränkelnde, aber die Kräfte eines Riesen aus sich schöpfende Mann auf dem Stuhle von Hippo.

Im Nahkampf um die Kirche

Aus seiner elenden Stadt, immer tätig, in der Verstrickung des Kleinen ein Wirker ins Große, machte Augustin allmählich den Westen und Osten des Reiches aufmerksam. Dennoch setzt er seinen Fuß nicht mehr über die Provinz hinaus, keiner ruft ihn aus seiner halben Verbannung - er bleibt wie ein schrundiger, niemanden lockender Berg an seinem Ort und schüttet aus allen Seiten die Wasser in die Täler und Ebenen, wo die Menschen sie trinken und zu tausend Diensten gebrauchen. Im Grunde einsam, mit der Trauer beladen, die seiner Größe gebührt, hat er wahre Gemeinschaft nur mit dem Ewigen, von dem er empfängt und dem er das Opfer jeder Kraft - und seine beste ist das Wort - dahingibt. Aber die Welt und das Ewige lagen seinem Auge in der ernstesten Verschränkung; alles, jeder

Ort, jeder Zeitpunkt, jede Last und Pflicht wird ihm Angebot des Reiches Gottes. Man ist an Platon, Leibniz und Goethe erinnert, wenn man seinen Alltag überall ins zeitlos Wesentliche gegründet und seine Augenblicke, Stunden und Tage als die Silben, die das Unendliche bedeuten, sich folgen sieht. So wird es auch niemand wundern, daß Entscheidungen auf lange Sicht im Spiele sind, wo der Streiter sich ins Gemenge der Zeitkämpfe wirft. Wer den Zusammenstößen, die als theologisches Gezänk verschrien sind, auf den Grund geht, erlebt am Ende nichts anderes als die Nöte seines eigenen Geistes und die Kampfstellung der geheimen Mächte seiner und jeder Zeit. Man hat richtig gesagt, daß Augustin in Wirklichkeit mit Theosophen, Protestanten und Romantikern gekämpft hat und statt der Namen Mani, Donatus und Pelagius ungefähr auch die Namen Blavatsky, Luther und Rousseau sich setzen ließen.

Fast bis zu seinem Tode, geduldig und wie zum Danke für seine eigene Befreiung, führte Augustin in Gesprächen und Schriften die Auseinandersetzung mit den Manichäern fort, um den Monotheismus und mit ihm die Allursächlichkeit des Einen Gottes in der kosmischen und sittlichen Welt zu behaupten. Zwanzig Jahre lang, in zahllosen Briefen und Schriften, in vertrauten Gesprächen und öffentlichen Disputen, rang er mit dem Donatismus. Diese Bewegung war zu Anfang des vierten Jahrhunderts in der diokletianischen Verfolgung entstanden, zum Teil verursacht durch die Lockerung der Moral und feige Verräterei der Katholiken an ihrer eigenen Religion. Die urchristliche Strenge und den Mut der Märtyrer vor Augen, schlossen sich nicht die Schlechtesten zu einer religiösen Erneuerung zusammen und erhielten in dem schismatisch geweihten Bischof Donatus einen hinreißenden Führer. Aus politischen und kirchlichen Gegensätzen zu Rom, aus der unkatholischen Anschauung, daß ein unwürdiger Prie-

ster die Sakramente nicht spenden dürfe, aus wiedertäuferischer Praxis und der Verbindung mit sozial-revolutionären Geistern erwuchs eine nationalistisch verengte, individualistisch eigenwillige Sonderkirche, die ihren Grundsatz, daß die wahre Kirche Christi nur aus »Heiligen«, aus Vollkommenen und Sündelosen bestehen könne, mit Leidenschaft, Gewalt und Greueln verfocht. Für Augustin galt es den Kampf um den katholischen Begriff der Kirche und des Priesters. Die Kirche ist Weltkirche und soll es bleiben, sie wird immer ein Gemisch von Gut und Böse sein, ein Netz voll guter und schlechter Fische, eine Herde von Schafen und Böcken, ein Acker mit Weizen und Unkraut. Eine Gefahr ist die spiritualistische Überspanntheit jener allzu innerlichen Auffassung des Religiösen, die so leicht der Entartung ins Willkürliche und Zügellose verfällt; um jeden Preis zu erhalten ist die Idee einer eigenständigen Ordnung des Göttlichen, die aller Laune und Zufälligkeit des Menschlichen entrückt in ihrer eigenen Hoheit ruht.

Es war nur ein Ausfluß ihrer Grundüberzeugung vom Gewicht des Persönlichen und Sittlichen in der Kirche, wenn die Donatisten auf die Freiheit des Glaubens und Gewissens sich beriefen, um das Recht allen Zwanges und somit auch der Staatsgewalt in Dingen der Seele zu bestreiten. So hatte Augustin im Anfang selbst gedacht. Er fürchtete als Frucht des Zwanges die Heuchelei, den Widerspruch zwischen Sein und Schein, Erkenntnis und Bekenntnis und vertraute auf die siegreiche Kraft der frei sich durchsetzenden Wahrheit. Wie er allmählich, als Donatistenhorden seinen bischöflichen Freund [und späteren Biographen] Possidius überfallen, Priestern Essig und Kalk in die Augen schütten und die fanatisierten Banden der Circumcelliones ihr donatistisches Bekenntnis in Raub, Mord und Brandschatzung an den Katholiken austoben, wie er diese Hoffnung begraben mußte, wie er das Banner seiner

vielberufenen Liebe senkte und die Sache des Geistes und der Seele endlich doch, als er das Schwert des Kaisers anrief, der Idee der harten Ordnung und des Zwangs unterwarf, dieses Schauspiel, das sein Ende auf ein Jahrtausend erstrecken sollte, sieht man mit Ergriffenheit, Wehmut vielleicht, und im letzten Urteil darüber, ob er recht getan oder nicht, stehen sich zwei Lager entgegen, deren Ausgleich nicht zu hoffen ist, solange Mensch und Menschheit, Persönlichkeit und Welt, der Einzelwille und das Gesetz des Allgemeinen in notwendiger Kreuzung sich schneiden. So geriet auch Augustin in den alten Wirbel der tragischen Antinomie, daß im Recht und Rechten auch die Pflicht zur Macht enthalten ist. Es war nicht seine Schuld, daß 404 auf einem Konzil in Karthago sein Wille, das kaiserliche Strafgesetz nur auf die Greueltäter in der Sekte anzuwenden, nicht zur Geltung kam. Endlich aber prägte er selbst den Satz, ein Fürst von Gottesfurcht sei verpflichtet, das Böse ebenso in der Kirche wie in der bürgerlichen Welt zu verhüten, und mit seiner Macht zu beugen, was immer sich weigert, dem göttlichen Willen zu dienen. Coguntur intrare! So sei das Wort im Gleichnis vom Gastmahl zu verstehen: Geht hinaus auf die Straßen, an die Zäune, und alle, die ihr findet, zwingt hereinzukommen!

Den Geist der Versöhnlichkeit mit den Irrenden bewahrte Augustin in aller Unversöhnlichkeit mit dem Irrtum, den er das Wesen der Kirche als gottgesetzter, auch über menschlicher Schändung heilig erhabener Ordnung zerstören sah. Als Redner zum Frieden, der selber einem donatistischen Anschlag mit Mühe entgangen war, siegte er, gestützt auf den weltlichen Arm, in den Einigungsverhandlungen zu Karthago 411. Allmählich verlief sich Häresie und Schisma, die Basiliken der Donatisten fielen an die Katholiken zurück, und für die Verbrecher legte der Menschenfreund, der ein Gegner der Todesstrafe war, noch manches Fürwort um Begnadigung ein.

chen, gerecht und heilig nicht für unsern Begriff, aber vor dem uns verborgenen Stuhl ihrer eigenen Hoheit. Ein vom Menschen begriffener Gott, sagt Augustin, - wäre er Gott?
Die Jahrhunderte haben sich an diesem Augustin zerrieben, und dieser eigentliche Augustinismus ist für Welt und Kirche der wunde Punkt in seiner Größe. Aber die Unmöglichkeit der Verrechnung zwischen Gott und Mensch, die eben dort am vergeblichsten ist, wo wir sie am tiefsten und heißesten fordern, ist der Fels des Ärgernisses, an dem der pelagianisch Sittliche sich erschreckt auf seine eigenen Kräfte wendet, der augustinisch Religiöse mit einem erschauernden Ja ohne Grund und Einsicht sich beugt.

Die beiden Reiche

Drei seiner Werke enthüllen die Seele und die Welt Augustins in die letzte Tiefe und äußerste Breite: die Bekenntnisse, das Buch »Über die Dreieinigkeit« und das umfangreichste »Über den Gottesstaat«. Im ersten ging er aus vom eigenen Ich, seinen Wegen in der Zeit, fahndete hinab in seinen ewigen Gehalt und erhob sich zu dem Stifter eines jeden Ichs und aller Dinge. Er unternahm hier eine Analyse des Bewußtseins, aus der sich ihm, zum erstenmal in der Geschichte, die Entdeckung des unbewußten Seelischen ergab, er entblößte unsern Zusammenhang mit einem jenseitigen Quellgrund, er sprach von der Urparadoxie des Geistes, der an seinen tiefsten Schauungen im Moment der Erkenntnis selbst zersplittert, von der Versehenheit unserer Seele mit Abbildern der göttlichen Wirklichkeit, vom Wesen der Zeit als einer Form des Bewußtseins, das an sich immer Seiende in der Ausdehnung des Sichfolgens zu erfahren. Alle diese Funde und Sichten bestätigten dem Philosophen sein religiöses Urgefühl vom Fragmentarischen, erst in einer Überwelt Erfüllbaren der

Gegensätzliche Anlagen der menschlichen Natur [von einer geheimnisvolleren Wirklichkeit zu schweigen] waren im Grunde auch die Ursache des Kampfes, den Augustin schon im folgenden Jahr 412 gegen den Laienmönch Pelagius eröffnete und für seinen Teil bis zum Tode fortführte. Dieser mutvolle, athletisch gebaute Brite verkörperte auf seiner römischen Kanzel den prallgesunden, ungebrochenen Menschen des Nordens, und seine Tugendstrenge gab dem Wort, mit dem er der verkommenen römischen Gesellschaft ins Gewissen fuhr, die Macht einer Beredsamkeit, die auf Rhetorenschulen nicht zu lernen war. Mit seinem Freunde Cölestius floh er 411 vor den Goten nach Afrika und machte hier die persönliche Bekanntschaft des Verfassers der »Confessiones«, die er gelesen hatte. Weder die flüchtige Begegnung noch der Wechsel einiger freundlicher Briefe verhüteten den Ausbruch des elementaren Gegensatzes.
Pelagius war mehr eine sittliche als religiöse Natur und stellte sich vor Gott als der breite self made man. Was soll diese Lehre von der Erbsünde! Ist Gott gerecht, wie kann er die Sünde eines Einzigen dem ganzen Geschlecht aufbürden! Der Mensch ist gut und unschuldig von Natur und des Guten und Bösen so fähig wie Adam im Paradiese, dem seine Sünde nur für seinen Teil geschadet hat. Und was ist denn Sünde! Nicht die Folge jenes ersten Falles, als wäre seither die Natur vergiftet; sie ist mit unserm freien Willen selbst gegeben, weil er Gutes und Böses vermag, und die Begierlichkeit ist nur die Folge der Gewöhnung an das Niedere. Der Mensch kann völlig ohne Sünde sein, und er braucht dazu nicht einmal die Hilfe einer innern Gnade. Zum Menschen hat mich Gott gemacht, zum Gerechten mache ich mich selbst. Gnade ist ja nur die Kraft zum Guten in uns, Gnade ist das von Gott gegebene Sittengesetz, Gnade und Erlösung durch Christus ist nur sein Beispiel und sein Wort.

In prometheisch kraftbewußtem Selbstvertrauen blickte Pelagius verächtlich auf das orantehaft flehende, in der Not der Schuld nach der Hilfe von oben seufzende Christentum. Mit seinen Gedanken über die zureichende Menschenkraft stand er in der Reihe der hellen, scharfen Optimisten, die nicht mit Konfuzius oder Sokrates erst begonnen hat und mit Leibniz und Rousseau, mit Lessing, Herder und Goethe - dem Goethe, der den Philosophenmantel Kants durch die Lehre vom radikalen Bösen beschlabbert fand - nicht zu Ende ist.

Die Erfahrung und Fühlung Augustins zeugten von nichts so mächtig als von Wirklichkeit und Wirksamkeit der Gnade. Er war draußen weit vom Vaterhause auf dem Dünger gesessen; er hatte die Stimme zur Heimkehr nicht als die seinige vernommen. Sein großes, allzeit nachhaltendes, ihm gegenwärtiges Erlebnis war der fremde Griff von außen und oben her in seine Seele, und all sein Denken und Beten wurde zur Antwort auf diesen Griff und machte ihm umgekehrt den Greifenden selbst und die erwählende Gnade seines Griffes zur Antwort auf alles, was Frage ist in dieser Welt, die Frage vor allem, als die er selbst sich aufgegeben ist, und also - »ist mein Herz denn nicht das menschliche Herz?« - auf die Frage Mensch überhaupt. Jenes Grundwort in seinen Bekenntnissen »Du hast mich erfaßt, und ich entbrannte nach dem Frieden in Dir« erklärt den Denker und den Frommen, den ruhelos ins Letzte Langenden, dem das Endliche nur der Ort des Absprungs ins Unendliche ist.

Als Pelagius 412 zur Ausbreitung seiner Lehre nach Palästina gegangen war und der weitum reisende Cölestius, von der Kirche ausgeschlossen, seine Werbungen mit wechselndem Glücke fortsetzte, befaßte sich die Kirche des Ostens wie des Westens mit der neuen Verkündigung. Es zeigte sich eine gewisse Hinneigung zu ihr im Lager des alten Glaubens und selbst bei manchem seiner Hüter, so

bei dem Bischof Julian von Eklanum, dem späteren
matiker der Irrlehre, der seinem Amtsbruder in Hi
gefährlicher Gegner wurde und mit einiger Berec
aus dessen Abwehrschriften den Dualismus und P
mus des alten Manichäers hörte.

Lange vor und lange nach den entscheidenden S
die dem Pelagianismus 416 auf Konzilien in K
und Mileve, 417 durch die Verurteilung unter Pa
nozenz I. versetzt wurden, bohrte sich Augustin
blick der neuen Gefahr für Christentum und Kir
welche er diese stoisch geartete Laienreligion er
tief und tiefer in die alte Finsternis der Fragen um
und Gnade, Gotteswille und Menschentat, Vorher
mung und Freiheit. Es fehlte nicht viel, und sein
gegen eine Irrlehre wäre ins Verhängnis einer ande
gelaufen. Das Gefühl für die tiefste Abhängigk
Weltlaufs und der Seelen von der Führung eines d
absoluten Willens drängte ihn an jenes äußerste
ende, wo er mit der Lehre von der unabwendbare
werfung der weitaus größeren Masse aller Gebore
Kirche selbst nicht zu seiner Gefolgschaft brachte, w
seine eigene unbeugsame Innenwelt auch dem un
Düsteren Zeugnis gab, weil er anders nicht konnte.
fehligte in diesem immer unaufhellbaren Bereich
von Anbeginn schon feindlicher Gedanken, und e
ihrem hoffnungslosen Kampfe mit eisiger Ruhe z
einen ordnen sich unter die Idee der menschlichen F
die andern unter die des allmächtigen Allverursach
Welt, die gut und böse ist zugleich und sonach den
denden Gericht verfällt. Das Grundgefühl der a
Tragiker ist bei Augustin noch überboten in der sc
den Unvereinbarkeit unserer Ansprüche auf eine
nach unsern sittlichen Maßen und der souveränen
lichkeit Gottes, welche frei mit der menschlichen F
verfährt, erhaben über Verstand und Urteil der S

menschlichen Kreatur. Um so tiefer war die Sehnsucht des Gespaltenen, die Einheit des Seins von der Seite Gottes her zu verstehen. Er versuchte dies in der Entfaltung des christlichen Dogmas vom dreifaltig-einen Sein und Wirken Gottes, einem an Tiefsinn, Adel und allgemeiner Leuchtung in die Rätsel des Daseins beispiellosen Werke. Endlich legte er, über Ich und Gott so im reinen, als es ihm gegeben war, in den Sturzfluten der Völkerwanderung seiner Mit- und aller Nachwelt die große Gesamtaussprache über den Sinn der Menschheit und ihres geschichtlichen Ganges hin.

In den Jahren 413—426 brachte er die zweiundzwanzig Bücher des Gottesstaates hervor und übergab sie stückweise der aufgewühlten Zeit, die gierig jeden neuen Teil ergriff. Die Katastrophe des römischen Westens durch die gotische Eroberung 410 zwang ihn, den erschütternden Zweifeln auch der ernsteren Christen an der Vorsehung Antwort zu stehen. Unter ihnen war auch der Mann, von dem der äußere Anstoß zur Abfassung ausgegangen war, der kaiserliche Tribun und Notar Marzellin in Karthago, der im weltstädtischen Chaos der Meinungen über Gott und Götter und Reichsschicksale unter dem Glauben des Heidentums an das Rachewerk der vom Christentum verdrängten Götter schwerer zu leiden hatte als der Bischof des kleinen Hippo. Indem nun Augustin in der ersten Hälfte polemisch, in der zweiten programmatisch verfuhr, hat er die eigene Zeit und die folgende Weltgeschichte befruchtet. Gezwungen von der Stunde, befähigt von seinem alles unternehmenden Intellekt und Willen, geleitet von der Sicht des Zieles, das ihm längst aus seinem eigenen innern Schicksal, dem unendlich mühsamen und unendlich fruchtbaren Ringen einer zum Überklimmen ihrer selbst befohlenen Natur aufgegangen war, sah und beschrieb er das geschichtliche Leben als den Heilskampf der Menschheit zwischen Gott und Teufel. Oder sollte dies zu

platt und mythisch klingen: er erkannte die Geschichte als allmähliche Sonderung des Bösen von dem Guten, als das zeitlich geschehende, aber ins Ewige fortwirkende Auseinandergehen dessen, was zu Gott hält, und dessen, was ihn verlassen hat. Die furchtbare Spaltung der erschaffenen Geister, sie sei verhängt oder Sache eigener Entscheidung, vollzieht sich in dem Willen. »Die beiden Arten Liebe lassen auch die beiden Reiche werden: das irdische die Selbstliebe, die bis zur Verachtung Gottes geht, das himmlische aber die Liebe zu Gott, die bis zum Nichtachten des Selbst geht.« Die Frage, warum das Römische Reich im Christentum seinen schwersten Schlag erlitten, braucht niemand zu beschweren. Das verlotterte Rom zahlt jetzt seine Buße, und der Christ soll wissen, daß Religion keine Sicherung gegen zeitliches Unglück ist, am wenigsten für die Bekenner des Gekreuzigten. Ist das Summum bonum, das Höchste Gut, um das die Welt ringt, nicht jenseitig, über Welt und Zeit erhaben? Und war die Geschichte nicht immer schon, in den großen Weltreichen, ja seit dem Anbeginn des Menschlichen, ein Kampf zweier Reiche? Der Geist der Entzweiung unter den Engeln setzt sich fort im ersten Menschenpaar und seinen Söhnen. »Von Kain steht geschrieben, daß er einen Staat gegründet; doch Abel, wie ein Fremdling in der Welt, hat nicht gegründet. Denn droben ist der Staat der Heiligen, obgleich er hienieden Bürger erzeugt, in denen er durch die Fremde pilgert, bis herankommt die Zeit seiner Herrschaft.« Zweierlei Liebe, zweierlei Sehnen und Trachten - ein jeder in dem Frieden, der seiner Art gebührt! Die Bürger des Gottesstaates gebrauchen die Welt um Gottes willen und des Heiles in ihm, der Staat der Weltlinge genießt sie als den letzten Zweck, Gottes vielleicht dazu gebrauchend - wofern sie ihn noch glauben. Immer und überall, auch in der Kirche, mischen sich die einen und die andern. Dem ewigen Sabbat pilgern die Guten zu, der Qual auf immer die Bösen

für ihre zeitliche Verräterschaft am Ewigen. Aber so ist und war es vorbestimmt; denn Gottes Heilswille erstreckt sich nicht auf alle. Die einen waren auserwählt, ihn zu erwählen, die Nichterwählten sind im Buche des Lebens nie gestanden. Auf das Warum aber wird dem Menschen keine Antwort, und die ewigen Ratschlüsse ändern nichts an der heiligen Welt unseres Sollens.

Entlang dieser Grundidee, die antike und christliche Vorbilder hatte, wälzt sich eine vom Zielwillen nur mühsam gebändigte Gedankenmasse. Im Ringen mit Entwürfen des Orients, auch dem nicht ganz vertilgten Manis, mit der Moira, dem Eros und Ideenhimmel der Griechen, mit der Bibel beider Testamente, mit römischen Gedanken von Friede, Recht und Ordnung, hat der Politiker des Gottesstaates sich seines ungeheuren Auftrags entledigt. »Man wird wohl sagen dürfen, daß außer Platon kein Schriftsteller auf die Gedanken der Kulturmenschheit so bestimmend eingewirkt hat wie Augustinus durch dieses Werk« [Eduard Norden].

Das Ende

Als der Gottesstaat vollendet war, verkündigte Augustin - zweiundsiebzigjährig - in schlichten Worten seiner Gemeinde, daß er den Priester Heraklius zu seinem Nachfolger bestimmt habe. Mit einem Buche der Rückschau auf sein literarisches Wirken befaßt, trank er mit der Neige seines Kelches auch das Bitterste. Durch die Schuld des Statthalters der Provinz überzogen die Vandalen das römische Afrika. Nach einem kurzen Waffenstillstand, den der zur Ordnung gesandte kaiserliche Feldherr erwirkt hatte, begannen 430 die Horden unter Genserich ihr Wüten aufs neue. Possidius, der Biograph und Augenzeuge, hat uns sowohl die Leiden Augustins, der an Rom als Sinn und Sein des Erdkreises glaubte, als sein rastloses Hilfswerk

an den seelisch und leiblich Verstümmelten in dem großen Flüchtlingslager Hippo beschrieben. Als greiser Apostel der Liebe ging er von Elend zu Elend, sorgte für Nahrung und Pflege, verkaufte zur Stillung der Not die Goldgefäße der Kirche und betete oft laut zum Himmel, er möge die Stadt befreien oder ihn selbst im Tode zum Opfer für die andern nehmen. Als auch Hippo belagert war, im dritten Monat schon, warf ihn das Fieber auf sein Sterbebett. Die letzten zehn Tage bat er sich völlige Einsamkeit aus. Oft mit lautem Schluchzen las er nur die Bußpsalmen Davids, die seinem Bette gegenüber an die Wand geheftet waren. Dann wieder ging ein Lächeln des Trostes über sein Gesicht, und die durchsichtig gewordenen Hände erhoben sich im Aussprechen eines Verses von der gottgeborgenen Seele. Endlich, am 28. August 430, fand sein Herz die Ruhe.

Seine einzige Habe waren seine Bücher und Manuskripte, deren letzte, die »Rückschau«, und ein Werk gegen den Pelagianer Julian von Eklanum, unvollendet lagen. Sie alle wurden, als die Vandalen die Stadt in Asche legten, aus dem Brande gerettet.

Überdenke ich, was auf diesen Seiten gesagt ist, so erschrecke ich über die Fülle des Ungesagten. Glaube niemand, er kenne Augustin, wenn er diese wenigen Blätter überflogen hat. Um zu wissen, was er ist, muß man ihn selbst vernommen haben, diesen Liebenden, der so schwer zu lieben ist, dieses feurige Herz, aus welchem jede reine und jede gefährliche Liebe brannte, dieses kalte Herz, das seinen düstersten Auftrag mit eisiger Ruhe verkündigte - ihn selbst, den Propheten und den Mystiker, den Hymniker und den Politiker, den Kämpfer im Wirbel der beiden Welten, denen wir angehören, den Kenner jedes Abgrunds und jeder Höhe des Daseins. Manches Kranke, Verkrümmte und Verhängnisvolle hat er von seinem Herzen auf die Schultern der Menschheit geworfen, aber mehr

ist das Herrliche, das nie vergehen kann. Wie ein Wanderer, der bei sinkender Sonne von Abend her schreitet, warf er den mächtigen Schatten seiner Gestalt weit voraus in das Gefilde, das vor ihm lag, und in der Unruhe dieses Schattens erregte sich das Abendland an dem Prediger des höchsten Gutes, das bedeutet ist in den Gütern hier, die es nicht sind, und es beruhigte sich an demselben Prediger, der nach dem Kampfe den großen Frieden verhieß, den Sabbat nach aller Geschichte, das ewige Heute Gottes über Raum und Zeit. Er wird uns ferner erregen und stillen, befremden und erobern durch sein Zeugnis von dem furchtbaren Ernst der Dinge, die wir nicht wissen. Denn er ist ein Unerschöpflicher wie wenige unseres Geschlechts.

REGISTER

Abraham 117, 431.
Adam, Adamskinder 33, 219, 401, 405, 797, 801.
Adeodatus 445, 471.
Aegypten 333, 335, 389.
Aeneas 43, 45, 47.
Afrika 231, 245, 295, 397, 431, 451.
Akademiker 225, 239, 283.
Allegorie s. Schriftauslegung.
Alypius 265, 267, 269, 275, 277, 279, 287, 289, 297, 385, 387, 397, 399, 413, 415, 417, 435.
Ambrosius [Hl.] 247, 367; erste Begegnung mit Au. 233, 235; seine Predigtweise 235, 245, 255; A. im Urteil Au.s 249; A. und Monnica 245, 247; Au. wagt nicht, sich A. zu eröffnen 249 f.; Au.s Brief an A. nach der Bekehrung 443; A. und Justina 447 f.; A.s Hymnen 163, 477, 569, 659; A.s Basilika 449.
Anaximenes 499.
Antonius [Hl.], Einsiedler 389, 391, 415.
Anubis 369.
Apollinaristen 353.
Arche 51.
Arianer 447.
Aristoteles' Kategorien 181.
Astrologie 143, 317-325.
Astronomie 195, 203.
Athanasius [Hl.] 565.
Athener 335.
Augenlust 567, 571.
Augustinus [Hl.], erste Kindheit 21 ff.; Sprechenlernen 31; Schule 33; Begabung 55, 185; A. kommt nach Madaura 71; Jugendfehler 61 f., 103; der Jüngling 67 ff.; Geschlechtliches 67 ff., 73, 75, 77, 287, 289, 291, 365, 385, 411, 551, 553, 555; Konkubinat 141; Konkubine entlassen 295; Studium in Karthago 97 ff.; Theater, Theaterleidenschaft 37, 99 [575]; Lektüre des *Hortensius* 105, 395; A. im Manichäismus 109 [s. Manichäer, Manichäische Irrtümer]; Rhetor 141, 267; Lehrer der Rhetorik in Rom 217-231; in Mailand 233; A. und Ambrosius 233 [s. Ambrosius]; Überwindung des Manichäismus 301-329; A. und der Neuplatonismus 329 ff. [s. Platoniker]; Lesung der Paulusbriefe 355; Bekehrungsvorgang 413-419; zwischen Bekehrung und Taufe 425 ff.; Taufe 447; A. bei der Abfassung der Confessiones 493.

Babylon 75, 77, 369.
Bekehrungsvorgang 413-419.
Bekenntnisse, ihre Intention 489-495.
Berühmtheit schafft Vorurteil 173.

Bettler, betrunkener 263.
Bibel, ästhetisch enttäuschend 109; s. Schrift, Hl., und Schriftauslegung.
Birnendiebstahl 77-83.
Böse, das, ohne Wesenheit 177; -, Ursprungsfrage 307-329; -, der gottentwundene Wille 345.

Caesar 196.
Cassiciacum 431.
Catilina 83.
Christus Jesus 39, 109, 111, 219, 325, 349, 351, 355, 417, 423, 435; Weg zum Logos Christus 329 ff.; Christus, der Mittler 597 f.
Cicero 105, 107, 109, 209, 395.
Creusa 47.
Cyprian [Hl.], seine Memorie in Karthago 217.

Dämonen 369, 371, 449.
Danae 53.
David 117, 435, 561, 565.
Dido 45.
Dreifaltigkeit 759, 769, 783, 805.
Dyas und Monas 177.

Ehrsucht 579-589.
Einführungsweihe, Einweihung, Initiatio 39, 371, 797, 809.
Elias 561, 825.
Elpidius 231.
Engel 781.
Epaphrodites 821.
Epikur 297.
Erkennen, himmlisches, ein Zusammenwissen 695.
Erschaffung im Anfang durch das Wort 609 ff.; E. aus dem Nichts 683.
Esaias 443.
Esau 323, 333, 561.
Eva 51, 219, 775.
Eversoren 105.
Evodius 451, 473.

Faustus der Manichäer 193, 205, 209, 211, 213, 235, 283.
Feindhaß 59.
Firminus 319, 321, 323.
Form als Prinzip der Verschiedenheit 695.
Form und Stoff zugleich erschaffen 837.
Freundestod 149 ff.
Freundschaft 97.
Freundschaft, Güter der 159.
Fürwitz 571-579.

Galater 775.
Gebet 35.
Gebote der Liebe 731.
Gedächtnis [Memorialehre] 503 ff.
Gehör, Freuden des 563 bis 567.
Geist, Hl. 111, 201; - über den Wassern 761, 765.
Gemeinschaftsleben als Plan der Freunde 293.
Gervasius [Hl.] 449; s. Protasius.

Gewissen 59.
Gewohnheit, ihr Zwang 411.
»Gib, was Du verlangst, dann verlange, was Du willst« 551.
Gladiatorenkampf 271.
Gleichnisse, vom Wiederfinden 373 f.
Glückseligkeit, die Suche nach 165 ff.
Gott als Ist 833; -, das wandellose Es-Selbst 703; - über allen Kategorien 183; -, die Schönheit [»Du hast mich berührt«] 547; - »vor der Schöpfung« 621-627; 667; -, A.s Kampf gegen seine sinnliche Vorstellung 301 bis 307; Gottes Schöpfungsakt ewig 697.
Gottesliebe, Aufstieg zur 497 ff.
Grieche 475, 535, 807; griechische Sprache 43.

Hebräische Sprache 609.
Hierius 171, 173.
Hippokrates 145.
Homer 47, 51.
Hortensius 105, 395.
Hunger und Durst, ihre Stillung 555-563.

Initiatio s. Einführungsweihe.
Inwendig - Ewige, das 439.
ipsum esse 347, 441, 463, 703, 833.
Isaak 117, 569.
Isaias s. Esaias.
Italien [Latium] 55, 279, 445.

Jakob 117, 323, 333, 569.
Jerusalem 483, 577, 705, 767.
Johannes [Täufer] 561.
Jordan 773.
Joseph 569.
Julian [Kaiser] 381.
Juno 55.
Jupiter 51, 53.
Justina [Kaiserin] 447.

Karthago 47, 71, 97, 159, 211, 213, 215, 217, 231, 267, 273, 281, 305, 537.
Katechumen 239, 435.
Keuschheit, Wendung zur 411.
Kind, Kindheit 21, 27; Sprechenlernen 31.
Kirchengesang in Mailand 447.
Klostergedanke 389.
Konkubinat 141; Konkubine entlassen 295.
Krankenlager in Rom 219.
Kreuz 369.
Künste, Freie 185, 195.

Lateiner 535.
Lernzwang 41, 49.
Libanon 369.
Liebe zu Freund und Feind um Gottes willen 161.
Lobrede auf den Kaiser 261.
Logos, Weg zum Logos Christus 329 ff.

Madaura 71.
Mailand 233, 277, 281, 389; Kündigung des Lehramts 443; Kirchengesang in - 447.
Mani 199, 201, 203.
Manichäer 129 f., 205, 209, 211, 225, 231, 237, 243, 271, 435.
Manichäische Irrtümer 177, 179, 223, 227, 229; Überwindung der 301-329, 435.
Maria [Jungfrau] 229, 349.
Mars 143.
Materie, formlose 677.
Mazedonien 819, 823.
Medea 115.
Memorien 217, 245, 247.
Mensch, abgründiges Geheimnis 175.
Minerva 369.
Mitleid 99 f.
Monas und Dyas 177.
Monnica, Au.s Mutter 39, 73, 75, 77, 107; Zerwürfnis mit Au. und Traumgesicht 131; M. von einem Bischof beruhigt 135; M. von Au. belogen 217; M.s Gebete und Tränen 221 f.; M. kommt nach Mailand 243; M. und der hl. Ambrosius 245 ff.; M., ihr Totenkult 245; M. drängt Au. zur Heirat 291; M.s Freude bei Au.s Bekehrung 417; M. in Cassiciacum 435; M.s Charakteristik 451 ff.; Gespräch in Ostia 463 ff.; M.s Tod 451, 467 bis 483.
Moses 117, 609, 697, 703, 707, 715, 723, 725, 727, 729, 731, 743, 747.
Musikalischer Genuß 563.

Navigius, Augustins Bruder 469.
Nebridius 265, 281, 297, 305, 317, 387, 431, 433.
Neptun 369.
Neuplatonismus s. Platoniker.
Noe 561.

Onesiphorus 819.
Orestes 155.
Osiris 369.
Ostia, Tiber - 451, 463, 471

Patrizius, Augustins Vater 39, 73, 77, 107, 457 f., 483.
Paulus [Apostel] 355, 387, 821.
Paulus [Prokonsul] 379.
Philipper 821, 823.
Philosophische Studien 107, 109.
Photinus 353.
Platoniker 329, 333, 353, 355, 357, 367.
Ponticianus 387, 391, 393, 397.
Präexistenz 21, 23, 25.
Priorität von Stoff oder Form 739, 741.
Protasius und Gervasius [Hl.], Auffindung ihrer Gebeine 449.

Psalmenlesung 435.
Psychologie des Säuglings 21; - des Kindes 27.
Pylades 155.

Rednerruhm 59.
Rhetorik, Augustin Lehrer der 231, 265, 267.
Rhetorik und Wahrheit 207.
Rom 213, 215, 217, 219, 223, 227, 231, 277, 279, 367, 371.
Romanianus 293.
Ruhe ist nicht in den Dingen 163 f.

Sabbatruhe, ewige 841.
Sakrament 872, 898 f.
Saturn 143.
Saulus 379.
Schläfrigkeit, die sittliche 383 f.
Schöne, Buch über das 171, 175, 181.
Schönheit 827. Sein und Schönsein fällt nicht zusammen 755.
Schöpfung, gut samt Übel 337—347; -, Werk der göttlichen Dreifaltigkeit 759. Schöpfungsdinge, gut in ihrer Verschiedenheit 339.
Schrift, Hl. 55, 325, 707, 779, 811; - redet von Gott auf zeitliche Weise 829; Manichäer gegen - 229.
Schriftauslegung, allegorisch 255, 259 f.; Mehrdeutigkeit des Schriftwortes 815 ff.; Schriftwort birgt verschiedenen Sinngehalt 711-745.
Schule 33, 35, 41.
Schwerkraft der Begierlichkeit 763; - der Liebe 767.
Sehen durch Gottes Geist 831; Gottes schöpferisches Sehen 841.
Seliges Leben, das alle wollen 537 ff.
Seneca 209.
Simplicianus 363, 367, 369, 371, 381.
Sitten, gerechterweise verschieden 117-121.
Sittliche Ordnung [nicht Sitte] unwandelbar 121-129.
Spiel 35.
Sprache, Erlernung 49; hebräische - 609; griechische - 43.
Sprechenlernen 31.
Stoff und Form zugleich erschaffen 837.
Strafe, körperliche 35.
Sünde, in schlechter Gesellschaft 91; Verblendung, Strafe der - 215; Sünde, Sündhaftigkeit, Beweggrund, Anlaß, Ursache, Frucht 79 ff.
Symmachus 233.
Syrer 171.

Taufe 447; Aufschub der - 39; Verlangen nach - 221.
Terenz 53.
Teukrer 55.

Thagaste 71, 159, 265.
Theater, Theaterleidenschaft 37, 99, 575.
Thessalonike 823.
Tobias 569.
Tränen der Rührung 99; - der Trauer 153, 155, 161; - Monnicas 223.
Tribunalpräsident 285.
Trier 389.
Troja 47.

Übel ist seinslos 117; - gut im Schöpfungsplan 341.
Urstoff, das Beinah-Nichts 705, 713.
Urteil, geistliches 807 ff.

Valentinianus [Kaiser] 447.
Venus 369; -, Planet 143.
Verblendung, Strafe der Sünde 215.
Verecundus 387, 429, 431, 433.
Vergil 47.
Verlorene Drachme 531.
Victorinus 367, 369, 371, 373, 379, 381.
Vindicianus 317.

Weib, als Vernunftwesen dem Manne gleich 835.
Weisheit, erschaffende und erschaffene 701.
Wille, Wollen und Nichtwollen, Gutwollen undBöswollen, Akte des einen Willens 399; -, Wahlfreiheit 309.
Wissen um Unwissenheit 211.
Wohlgerüche 563.

Zahnschmerz, Heilung von 443.
Zeit, Lehre von der 629 ff.; -, Messen der 643 ff.; -, Bewegung der Gestirne 647; -, in Geist gemessen 661; -, Gott Schöpfer der 669; - setzt Veränderung, diese aber Form voraus 693; Zeiten, als eine Art Dreiheit in der Seele 643; Zeitliches, uns verschlingend 441.
Zirkusspiele 267, 389.
Zuerst [schuf Gott] in vierfachem Sinn 739, s. Priorität.